미국 문명의 역사

1 농업 시대

찰스 A. 비어드 지음 | 김석중 옮김

서커스

차례

2권 차례

서 문

한 문명의 역사는 지성적으로 숙고된다면 문명의 도구가 될 수 있다. 부문별 미시적 분석과 구별되는, 전체로서의 삶을 조사하는 것은, 어떤 부분적인 역사보다도 계몽illumination의 요건에 더 가까워야 한다. 버클*이 말했듯이, 어떤 주제이든 그것의 철학은(즉, 그 주제의 진실은), 그 중심에 있는 것이 아니라 다른 모든 학문에 영향을 미치는 주변부에 있기 때문에, 역사의 다양한 부문이 분리되어 있는 한 각각은 불완전하고 왜곡된 것임에 틀림없다. 전쟁과 정치의 덧뿐만 아니라, 한 민족의 내적 힘의 모든 징후를 다루는 한 문명의 역사는 본질적으로 역동적이며, 아직 탐험되지 않은 능력을 암시하고 외적 불가피함으로부터의 해방을 암시한다. 매 영역마다 제기되는 날카로운 질문을 통해 문명의 역사는 자기 비판과 창조적 에너지에 새로운 방향을 제시하고, 보

---

* Henry Thomas Buckle(1821~1862). '과학적 역사학의 아버지'로 불린다. 영국 문명의 발전을 다룬 미완의 대작 『영국 문명의 역사The History of Civilization in England』가 대표작이다. 저자 찰스 비어드에게 큰 영향을 준 역사가 중 한 명이고, 이 책의 집필에 자극을 주었으리라는 것은 책의 내용에서 이따금 짐작할 수 있을 것이다.

다 풍요로운 '지적 환경'을 조성하며, 높은 계획, 설계 또는 이상에 대한 주권을 확립하는 데 도움을 줄 수 있다. 따라서 한 문명의 역사는 여러 단계에 걸친 특정 사회 드라마를 이해하려는 노력을 나타내는 것 외에도 그 문명 자체의 성숙을 상징할 수 있다. 정신이 성숙했다고 주장하는 성인이라면, 어떤 사람이 스스로를 전사로, 정치인으로, 돈 버는 사람으로, 소설가로, 스포츠맨으로, 장의사로, 언론인으로, 남편으로, 아내로, 아버지로, 어머니로 역사의 한 범주에만 속하고, 그 이상은 열망하지 않는다고 할 수 있을까? 지구의 먼지가 먼지를 의식하게 되었을 때,[*] 지구의 얼굴에 변화가 일어나기 시작했다.

이것은 관심의 집중이 예술, 과학, 철학, 그리고 '사랑과 기쁨과 경탄의 모든 힘을 지닌' 삶 자체의 가장 훌륭한 꽃을 피우기 위한 전제 조건이라는 월터 페이터의 설득력 있는 주장을 반복하는 또 다른 방법일 뿐이다. 계몽과 고양 高揚의 위대한 시대를 만들기 위해서는 '다방면에 걸쳐 있고 집중된, 개성들'이 필요하며, 예술가, 사상가, 연출가들이 고립된 채 자신의 전문 분야에만 몰두하고 큰 흐름에 무관심한 한, 그들은 천재성을 충분히 발휘할 수 있는 보편성에 미치지 못한다. 한 민족의 과거를 마을의 가십이나 대도시 사회 뉴스 수준의 단순한 에피소드로만 생각한다면, 어떻게 복잡하고 완전한 인격에 자양분을 공급하고 영감을 줄 수 있을까? 어떤 바탕 위에서 그들은 번성할 수 있을까? 절대적인 철학의 추상성에서? 우월한 것으로 추정되는 이웃 국가로부터의 차용? 지금 시대의 현실과는 거리가 멀지만, 그리스인과 로마인들이 가치 있다고 생각했던 것들에서? 콘플레이크, 전기다리미, 학문적 연구의 언어로 표현된 '가치'에서?

'미술'조차도 어떤 종류의 토양에 뿌리를 두고 있어야 한다는 점을 인식한

---

[*] '지구의 먼지가 먼지를 의식하게 되었을 때'라는 표현은 인간의 진화에 대한 상징적이고 철학적인 비유로 볼 수 있다. 여기서 '먼지'는 성경적 또는 우주적 의미에서 인간의 물질적 기원을 나타내며, '먼지가 먼지를 의식하게 되었다'는 것은 인간이 자신의 존재(기원)를 인식하고, 지적·정신적으로 진화하는 순간을 의미한다.

어느 작가는 최근 한 비평 잡지에서 화가가 지적인 사람이 되는 것이 바람직한 일인지 물었다. 그 질문은 여기서 고려되고 있는 주제와 매우 관련이 있다. 그리고 적어도 한 예술계에서는 이 문제에 대해 열띤 토론을 벌였다. 논쟁에 참여한 모든 토론자들은 모델을 모방하는 것만으로는 결코 예술가가 될 수 없으며, 어떤 모방품도 원작자의 작품보다 본질적으로 우월하지 않다는 점을 인정했다. 또한 바보가 붓과 색채를 다루는 데는 독창적일 수 있지만, 바보가 화가가 될 수는 없다는 데는 모두 동의했다. 그는 '뭔가'를 알고 분별력도 어느 정도 가지고 있어야 한다. 어떤 '뭔가'? 인물과 피사체의 본질에 대해, 인물 묘사를 통해 달성해야 할 목표에 대한 뭔가를 말이다. 그 정도는 쉽게 인정되었다. 그리고 일반적인 결론은 오래된 예술 형식과 개인적 역량을 고려할 때 화가가 자신이 살고 작업하는 문명, 그 원동력, 지배 질서, 그 야망, 명백한 미래에 대해 더 많이 알수록 문명에 더해지는 예술적 성취에 더 적합하다는 것이었다. 그렇다면 분별력은 어떻게 키울 수 있을까? 그저 안개 속으로 밀어 넣는 것으로는 거의 불가능하다. 한 민족의 역사가 성장하는 과정의 사회 유기체 전체에 대한 철학이라면, 그것은 분별력을 자극할 수 있는 자료를 제공해야 한다. 그것이 바로 에머슨이 온전한 삶을 추구하는 아메리카인들에게 지금 있는 곳에 굳건히 서서 역사가 부여한 자리에서 자신의 능력을 발휘해 운명을 개척하라고 조언했을 때 염두에 두었던 사실이었을 것이다.

예술가들이 뭔가를 알아야 할 필요가 있다면, 문학가들과 그들의 비평가들에 대해서는 무엇을 말해야 할까? 위대한 소설가가 숫자 3을 넘어서는 어떤 것에 대한 인식도 갖지 못한 채 영원한 삼각관계 주위의 영웅, 악당, 여주인공을 쫓아다닐 수 있을까? 천재성의 결정적 요소가 유전이라고 굳게 믿는 사도使徒조차도 환경에 허점을 남기기도 하고, 생물학 분야의 가장 신중한 사색가는 유전과 환경이 동일한 것의 서로 다른 측면이라고 의심하기도 한다. 어쨌든, 그것들을 분리하는 것은 무의미하다. 그렇다면 소설가가 적어도 자신이 훌륭하다고 믿거나 인류의 평결에 의해 위대하다고 선언되기를 희망한다면,

어떻게 그 자신의 유산과 그의 캐릭터와 플롯을 무시할 수 있겠는가? 그가 귀족, 부르주아지, 프롤레타리아트에 속하는 남성과 여성의 기원에 대해, 이 여러 질서 안에 만연한 충돌, 유형, 생활 방식에 대해 알지 못한 채 뛰어난 기술로 그것들을 그릴 수 있을까? 스콧에게서 봉건주의를, 디킨스에게서 빅토리아 시대의 빈곤을, 졸라에게서 현대 도시의 비참함을 제거하면 무엇이 남을까? 혹은 어쨌든, 그 흔적들의 의미는 무엇일까? 오늘날의 러시아 소설가는 1898년의 러시아 소설과 같은 맥락에서 글을 쓰고 있을까? 1950년의 그의 후계자들은 오늘날의 방식으로 글을 쓸까? 그렇지 않다면 왜 그렇지 않을까? 우리는 문명의 변화와 함께 작가와 도덕주의자를 먹여 살리는 영양분과 그들이 작업하는 재료에도 변화가 있다는 결론을 피할 수 없다. 그렇다면 이상적인 문명의 역사는 작가와 관객과 배우의 상호 관계를 드러내면서 작가를 작가에게, 관객을 관객에게, 배우를 배우에게 설명하는 데 도움이 될 것이다. 역사가 더 심오하고, 더 넓고, 더 사실적일수록 문학과 비평에 더 큰 도움을 줄 수 있을 것이다.

이와 관련하여 예술가와 작가가 후원으로 살아간다는 사실을 강조하는 것이 좋다. 항상 그래 왔다. 파라오를 위한 문을 조각한 조각가들은 그들의 후원자가 소중히 여기는 욕망, 변덕, 야망, 권력 개념들을 존중하여 작업했다. 중세의 예술가들은 영주와 귀부인, 상인, 교회 사람들을 위해 일했다. 현대의 소설가들도 시장과 문학적 중재자를 염두에 두어야 한다. 『엘머 갠트리Elmer Gantry』*가 아메리카 혁명의 딸들Daughters of the American Revolution**에 의해 대량으로 구매된다는 것은 거의 생각할 수 없다. 그렇다면 누가 예술을 위한 예술이라는 순수하고 순결하며 세속적이지 않은 것을 오랫동안 추구할 수 있을

---

* 제목과 동명의 그리스도교 복음 전도자의 이야기를 다룬 싱클레어 루이스의 소설. 주인공은 종교적 신념이 없는 위선자이자 기회주의자로 묘사되며, 나중에 교회의 지도자가 되어 점차 탐욕적이고 타락한 모습을 드러낸다. 이 책은 종교 지도자들의 위선, 부패, 탐욕을 신랄하게 풍자하고 비판하면서 미국의 종교적 위선에 대한 사회적 논쟁을 촉발했다.

까? 조형적이든 언어적이든 가장 위대한 예술은 비현실적인 것에서 흘러나왔을까? 예술의 후원자들의 있는 그대로의 모습을 보여주는 문명의 역사에 의해, 예술을 위한 새로운 환경이 만들어질 수 있고, 묘사되고 해석되는 문명의 의식적인 진화에 기여할 수 있다. 그러나 한 문명의 역사가, 예술과 문학은 나머지 유기체와 물리적 폭력 없이 분리될 수 있다는 가정하에, 이른바 문화적 성취들과 주로 관련되어 있다고 생각해서는 안 된다. 예술과 문학을 만드는 사람들에게는, 무역과 산업을 '정신적 노력'과 구별되는 '물질적 추구'로서 경멸적으로 말해야 한다는 취지의 전통이 있는 것은 사실이다. 그리고 피차일반의 원칙으로, 실용적인 사람들은 때때로 예술가와 작가를 존중의 이름으로 용인되는 단순한 사치품으로(거의 광적인 주변부처럼 두려운) 취급한다. 그러나 분명한 진실은, 현대의 무역과 산업은 지적, 예술적 사막에서는 번창할 수 없는 반면, 조형 예술은 실천의 장인 정신에 기반을 두고 있다. 사회철학의 역사에서 현대의 기업이 종교적 규율, 법과 도덕, 공예와 기술, 과학과 예술, 취향과 열망 등 서구 문명의 모든 유산 위에 놓여 있다는 사실을 뒤늦게 인정한 것보다 더 흥미로운 것은 없다. 예를 들어, 수학이나 디자인 없이 어떻게 그런 기업이 운영될 수 있겠는가? 영리한 자본가가 아프리카 정글에 공장을 세우고 전기제품을 팔기 위해 유능한 노동력과 시장을 찾는다고 가정해 보라!

  기업은 문명의 유산 위에 세워졌으며, 기업의 경영자는 그 유산의 역사를 이해하는 정도에 비례하여 문명화될 가능성이 높으며, 그것 없이는 경제적 유아乳兒에 불과할 것이다. 그뿐만이 아니다. 그들은 차례로 문명의 창조자이자

** 미합중국 혁명을 지원한 사람의 직계 후손인 여성을 위한 혈통 기반 회원제 봉사 단체이다. 비영리 단체인 이 단체는 교육과 애국심을 장려하는 활동을 하고 있고 회원 자격은 미합중국 독립혁명 당시 군인이나 혁명과 그 이후의 전쟁을 지원한 사람들의 직계 후손으로 제한된다. 지원자는 만 18세 이상이어야 하며 성별이 여성임을 나타내는 출생증명서를 소지해야 한다. 현재 미합중국 및 기타 국가에 19만 명 이상의 회원을 보유하고 있으며 조직의 모토는 '신, 가정, 국가'이다.

예술의 후원자다. 불가사의한 어떤 방식으로 생각과 삶의 재료는 함께 진화한다.

이에 대한 한 가지 고전적인 예는 화약의 발명이다. 이 화약은 얼핏 처음에는 문명과 관련이 없는 것처럼, 적어도 예술과 정신의 관점에서 좁게 고려되는 문명과는 관련이 없는 것처럼 보였다. 그러나 버클이 지적했듯이 화약과 그것에 수반된 기구engine들로 인하여 유능한 군사 전문가를 양성하는 게 필수적이 되었고, 창과 활, 화살이 전쟁 무기였던 시절 모든 자유민에게 맡겨진 전투 책임에서, 국가 인구의 상당수를 해방시켜 주었다. '이런 식으로 엄청난 수의 사람들이 점차 과거의 호전적인 습관에서 벗어나 시민 생활에 편입되면서, 그들의 에너지는 사회의 일반적인 목적과 이전에는 소홀히 여겨졌던 평화의 예술을 함양하는 데 사용될 수 있게 되었다. 그 결과 유럽의 정신은 이전처럼 전쟁이나 신학에만 몰두하는 대신, 이제 중도의 길로 나아가 현대 문명이 그 기원을 두고 있는 위대한 지식의 분파를 창조하게 되었다.' 아무리 강조해도 지나치지 않은 진실이다. 게다가 화약은 성을 쌓고, 성벽을 쌓고, 차단하고, 전투를 벌이던 봉건 귀족의 몰락에 기여했고, 그런 세계관과의 단절을 통해 근대 도시주의가 발흥하는 데도 기여했다. 화약 하나가 이처럼 '문명에 대한 기여들'을 할 수 있었다면, 현대 기업의 손에 쥐어진 전기의 가능성은 어떨까? 지금으로부터 5세기 후에 새로운 도덕적, 지적 질서의 시작을 최초로 작동한 발전기에서 찾는 것은 불가능할까?

복잡한 문화유산에서 비롯되고 그 자체가 문화의 창조자인 기업은 문명 없이는 생존하고 발전할 수 없다. 때때로 노동력의 고용주들은 로봇들만이 그들의 엔진과 바퀴를 담당하기를 바라는 공상을 하기도 한다. 일부 작가들이 즐겨 칭찬하듯이, 귀족을 위한 고급품을 생산하는 매우 제한된 생산 시스템에서는, 톱니바퀴가 거대한 설계를 따를 수 있다는 가정하에 자본주의는 노동자를 톱니바퀴처럼 다루는 작은 성공을 거둘 수 있을지도 모른다. 그러나 다품종 대량 생산 시스템은 순수 로봇 국가에서는 결코 등장할 수 없으며, 설령 수입되더라도 견딜 수 없을 것이다. 인간 로봇은 음식과 주거지만 있으면 된다. 디자인, 색상, 모양, 상품의 다양성은 톱니바퀴에 불과하다. 따라서 현대의 자본가가 종종 묘사되는 것처럼 물질주의적이고 원시적이며 문화에 무관심하다면, 내부 모순으로 인해 사회 질서는 해체될 운명에 처해지게 된다. 만약 기계 산업에 기반을 둔 어떤 형태의 사회주의가 현 체제를 넘어선다면, 그것을 운영하는 데는 분명 문명화된 사람들이 필요할 것이다.

여성은 전쟁과 평화 속에서, 문화 유산의 전달자이자 예술과 과학의 일꾼으로서, 인간 진화의 전체 과정에 깊이 관여할 뿐만 아니라, 현대 산업이 중심으로 삼고 있는 심리적 중심, 즉 시장과 문화 전반에 영향을 미치는 주변부와도 독특한 관계를 맺고 있다. 카이사르 시대 이후로 강인한 남성들은 '여성적인 경향을 보이는 것들'을 비난해 왔지만, 냉엄한 사실은 바로 그러한 것들이 없다면 넓은 세상은 동굴과 막사 또는 헐벗은 수도원 벽에 지나지 않았을 것이다. 그러나 역사적으로 그랬든 아니든, 여성은 이제 문학과 예술을 포함한 상품의 주요 구매자이며, 따라서 상당한 범위 내에서 기업 경영과 취향의 지배자 역할을 하고 있다. 최근 추정에 따르면 미합중국 여성은 연간 30억 달러 이상의 개인 소득에 대해 세금을 납부하고, 남성이 남긴 재산의 70퍼센트, 여성이 남긴 재산의 64퍼센트를 상속받는다. 한 통계학자는 현재의 양도율이 계속 유지된다고 가정하면, 2035년까지 미합중국의 모든 재산은 여성의 손에 들어갈 것이라고 예언했다!

그렇다면 한 문명은 여성의 지위보다 더 높아질 수 없다는 여성운동가의 주장은 어떻게 될까? 이 주장이 전쟁과 종교적 사제들이 중심인 제도에 기반을 둔 사회에 해당되는지는 확실치 않지만, 다양한 소비 대중을 위한 대량 생산 시스템인 산업 질서에는 분명 해당되는 것 같다. 예술과 문학과 여성의 관계는 잠시 제쳐두고, 상품 구매자로서의 여성의 힘이 현대 문명의 전개에서 전략적으로 중요한 위치를 차지한다는 사실을 인정해야 한다. 따라서 그들도 사상처럼 역사의 주요 흐름으로 끌어들여야 한다.

한 문명의 역사가 제공할 수 있는 건설적인 서비스는 그 정도다. 부정적인 측면에서도 무언가가 주장될 수 있다. 이러한 유형의 역사는 본질적으로 2차원이 아니라 3차원적이다. 제대로 수행되면, 이 역사적 접근법은 국가가 더 높은 지혜나 더 낮은 타락 중에서 삶의 방식을 선택한 도덕적 인격체라는 개념을 배격한다. 그것은 문명을, 제멋대로인 남성과 여성이 무지나 자만심으로 의도적으로 입고 벗을 수 있는 일종의 옷이라고 생각하는 것에도 마찬가지로 파멸적이다. 그것은 국수주의적 허영심, 관심사, 음모에 전혀 경의를 표하지 않으며, 지성에 대한 배신의 위험에 대해 끊임없이 경고한다. 주어진 문명을 하나의 성장하는 유기체로 취급하면서, 그것은 경이로움과 당혹감의 광경과 소리에 기반한 2차원적 조사에 대한 해독제가 된다. 그것은 국내외를 막론하고, 어떤 정치적 원한도 저널리즘의 초상화로 가장하지 않는다.

그러나 우리는 이 모든 일반화에 '지성적으로 구상되고 적절하게 수행될 경우'라는 조건을 붙였다. 한 문명의 역사는 헌법, 법령, 정치 연설, 신문 기사, 사적인 편지, 회고록, 외교 기록 등을 짜깁기해서 쓸 수 있는 것이 아니다. 그러한 책의 저자는 처음부터 '역사는 양쪽 끝이 열려 있는 철학이다'라는 정리를 받아들여야 하며, 자료를 선택하고 구성할 때 이 당혹스러운 명제와 끊임없이 씨름해야 한다. 오류의 위험은 엄청나다. 하지만 어리석음의 위험은 더 크다. 하지만 삶을 무기물처럼 연속적인 것으로, 역사를 일화처럼 나열하는 것으로 만족하지 않는 사람들에게 대안은 무엇일까? 아마도 길이 없는 곳에서도 길을 찾으려고 노력하는 사람들은 실수를 통해서라도 길 찾기를 자극할 것이다. 예술가들을 위해 골조를 만드는 아마추어들도 그 용도가 없는 것은 아니다. 전문 분야에 몰두하는 고수들에게 일종의 기준점이나 주장할 수 있는 지점을 제시하는 것은 모든 문명의 역사가 하나로 모이는 과정에 도움이 될 수 있으며, 그 과정에서 문명의 풍요로움에 강력하게 기여할 수 있다.

일찍이 1752년에 볼테르는 이러한 유형의 역사를 주장했고, 대군주 치하의 프랑스에 대한 그의 작품에서 이를 예시하고자 했다. 그의 책 제목인 '루이 14

세의 시대'는 매우 의미심장했다. 그는 이 책을 '루이 14세의 삶과 행적에 대한 진솔한 기록에서 추출한 루이 14세의 놀랍고 기적적인 업적'이라고 부르지 않았고, '루이 14세: 그의 연인들'이라는 제목도 붙이지 않았다. 서문에서 그는 '한 사람의 행동이 아니라 사회의 성격'을 묘사하겠다는 의도를 밝혔다. 볼테르는 군사적 업적을 요약하고, 내정 문제에 대해서는 충분한 지면을 할애했으며, 교회 문제도 다루었다. 그러나 옛 역사의 주요 내용에 상업, 금융, 과학, 순수 예술의 발전이 추가되었다. 볼테르는 또 다른 역사책에서 이렇게 설명했다. '나는 전쟁이 아니라 사회에 관한 역사를 쓰고 싶고, 사람들이 가정 내부에서 어떻게 살았는지, 그리고 그들이 일반적으로 배양한 예술은 무엇이었는지를 밝히고 싶다…… 인류가 야만에서 문명으로 넘어가는 단계가 무엇이었는지 알고 싶다.' 논증과 시연은 훌륭했지만, 전통에 익숙한 작가들은 이 도전에 위축되었다. 초심자인 헨리 토머스 버클이 이 문제에 도전했을 때, 그의 주목할 만한 업적보다는 우울한 실패가 더 널리 알려졌다. 이러한 좌절은 역사 속 탐험가들의 좌절감을 더욱 가중시켰다.

하지만 울타리가 잘 쳐진 목재 야적장에서 옆길로 나뒹구는 화물차에 갇혀 있는 것보다는 목적지로 향하는 급행열차에서 사고를 당하는 것이 더 나을 수도 있다.

미국 문명의 역사

농업 시대

일러두기

1 이 책은 Charles A. Beard, The Rise of American Civilization을 완역한 것이다.

2 본문의 [ ]는 해당 용어나 구문에 대한 이해를 돕기 위해 역자가 붙인 것으로 원서에는 없는 역자의 간략한 주석이나 해설이다. 설명이 다소 길거나 책을 전반적으로 이해하는 데 도움이 된다고 생각하는 내용은 해당 페이지의 아래에 각주로 정리했다.

3 사이시옷은 발음과 표기법이 관용적으로 굳어져 있는 경우를 제외하고는 가급적 쓰지 않았다.

1

영국의 식민지 비밀

아메리카 대륙의 발견, 정착, 확장은 인류의 기나긴 지구 표면 이동의 한 단계에 불과하다. 인류에게 본격적인 역사의 막이 처음 올랐을 때 이미 부족, 전사대, 군대는 평원과 계곡을 길과 도로로 개척하고 길 없는 바다에 배를 띄웠다. 높은 지점에서 보면 여러 종족의 드라마는 바빌로니아, 이집트, 페르시아, 아비시니아, 아테네, 로마, 몽골, 투르크, 만주 등 광범위한 제국들이 우주적 흐름 속에서 잠시 멈추고 집중했던 찰나의 시기로서 이주와 이동하는 문명에 대한 기록에 지나지 않는 것처럼 보인다.

그리스도교 시대보다 5세기 이상 앞선 초기 그리스 철학자 중 한 명인 아낙시만드로스가 꿰뚫어보는 눈으로 바라본 우주가 끊임없이 움직이는 무한한 홍수라는 놀라운 결론에 도달한 것은 어쩌면 당연한 결과였을지도 모른다. 소용돌이치는 세계, 출렁이는 파도, 자라는 농작물, 방황하는 무리, 하찮은 인간, 그리고 영원에 대항하여 하루 동안 자랑스럽게 세워진 작은 체계는 변하지 않는 힘, 모든 현실의 본질을 상징할 뿐이라는 운명의 법칙에 따라 새로운 형태와 존재들을 다시 삼키는 광대함 속으로 끌어들이고 있었다. 현대 수학의 관점에서 보더라도 순전히 기계론적 철학은 그 단순성에 매몰되어 있지만, 최근의 역사가인 헨리 애덤스는 '단순한 운동으로는 방향이나 생명력의 문제를 설명할 수 없다'고 경고했고, 또 다른 역사가인 오스발트 슈펭글러는 '무기물의 논리, 이해의 논리, 이해된 것의 논리와는 반대로 모든 존재에는 유기적 논리, 본능적이고 꿈을 꾸는 논리가 있다, 즉 연장延長의 논리에 반대되는 방향의 논리가 존재한다'고 주장했다.

아낙시만드로스 이후 2천여 년이 지난 19세기에 독일의 철학자 헤겔은 끝없는 역사의 변화에 대한 해답을 찾던 중 인류의 진화는 본질적으로 신성한 정신의 점진적인 계시라는 결론에 도달했다. 헤겔은 필요에 따라 신을 조건 없는 창조주이자 만물의 주재자라고 가정하면서, 여러 시대에 걸쳐 흩어져 있는 문명의 만화경 같은 시간 패턴을 우주의 근간을 이루는 거대한 이데아, 즉 '세계의 절대이성적인 설계 속에서 자신의 목표를 실현하는 무한한 힘'의 부분적인 반영에 불과하다고 보았다. 그에게 흥망성쇠하는 국가는 장엄한 게임의 졸卒에 불과했으며, 각자의 사명을 완수해야 하는 영웅들은 그 시대의 하인으로서 이데아의 실현을 위해 운명을 걸었다.

그리고 이 철학자에 따르면 절대자가 선택한 방법은 정언명령, 정반합, 종합에 의한 운동, 즉 모든 체계, 모든 개념, 모든 상황이 광대한 심층으로부터 그것의 반대, 그것의 도전을 불러일으키고, 이 둘의 갈등이 마침내 화해하는 종합 또는 해결책에 도달하는 것이었다. 이 논리는 과거와 마찬가지로 미래에도 변화가 멈추지 않아야 한다는 것을 암시하는 것처럼 보이지만, 사실 헤겔은 독일과 프로이센 군주제에서 긴 과정의 목표가 달성되었음을 선언했다. 신은 헤겔이 발견한 이상적인 상황을 만들기 위해 수 세기에 걸쳐 수고를 아끼지 않았다. 그러나 그 순진한 확신이 그의 위대한 가설이 근대 사상에 심대한 영향을 미치는 것을 막지는 못했다. 궁극적인 개념보다는 구체적인 관계를 다루는 덜 야심 찬 개념으로 작업하는 역사가들이 최근 헤겔의 강령을 피하려는 경향이 있었다 해도, 신학자들과 정치가들은 최근까지도 헤겔의 강령에서 설득력 있는 주장의 무게를 발견하기 위해 노력해 왔다.

헤겔의 세기가 끝나갈 무렵, 독일의 경제학자 베르너 좀바르트는 제국주의의 역동성을 탐구하면서 이 과정을 넓은 지구 표면의 식량 공급처와 세계 천연자원의 분배를 둘러싼 인간 사회의 영원한 투쟁으로 축소했다. 이 교리는 그 보편성이 너무 광범위하지만, 예시는 적지 않았다. 3천 년 이상 고대 종족과 제국 건설자들의 충돌은 나일 강과 유프라테스 강의 풍부한 유역을 점령하여 혼잡한 인구를 위한 식량을 손쉽게 확보하고 예속적인 노동력을 바탕으로 지배 계급을 손쉽게 세우는 것을 목표로 삼았다. 이러한 비옥한 지역에서 일어나 안정을 누렸던 강력한 제국들은 차례로 그 땅과 축적된 부를 탐내는 정복자들에 의해 압도당했다. 산업industry의 전리품[현대적 의미가 아니라 제국의 팽창을 통해 얻은 물질적 이익을 가리킨다]은 용맹에 대한 보상이었다. 아테네 제국이 전성기를 구가하던 시절, 천 개 이상의 도시가 아테네의 국고에 조공을 바쳤고, 지중해 전역에 퍼진 수익성 높은 상업은 아테네 상인들의 부를 늘려 주었다. 페리클레스 시대는 그만한 대가가 따랐다. 북부 아프리카, 스페인 남부, 코르시카, 사르데냐, 시칠리아의 절반을 정복한 카르타고 제국은 무엇보다도 무력으로 빼앗을 수 있는 모든 부를 피지배 지역으로부터 모으거나 독점권을 통해 짜낼 수 있다는 생각이 지배적인 무역 국가였다.

로마의 칼 앞에 부유한 카르타고가 무너졌다. 시칠리아 땅에서 두 세력이 대면했을 때, 로마 원로원에서 전쟁에 대한 표결이 이뤄진 것은 이득에 대한 희망과 죽음에 대한 두려움 때문이었다. 여기에 대해 우리는 폴리비우스의 권위 있는 기록을 가지고 있다. '군인들은 국민에게 전쟁을 통해 중요한 물질적 이익을 얻을 수 있을 것이라고 말했다.' 이 단순한 섬광 속에서 이탈리아 국경을 넘어 공화정의 군대를 이끌고 수 세기에 걸친 거의 끊임없는 침략으로 로마 제국을 아라비아의 모래와 스코틀랜드의 눈밭까지 확장시킨 강력한 열정이 드러난다. 아마도 근대의 집정관이라 할 커즌 경Lord Curzon[영국의 정치가이자 작가였으며 1899년부터 1905년까지 인도 총독을 역임했다]이 정당화하기 위해 말했듯이, 그 주된 동기는 전 세계 어느 군사령관도 아직 찾지 못한 '방어 가능한 국경'을 찾기 위해서였을 것이다. 하지만 이 고귀한 귀족은 세계를 정복한 로마가 자신의 속주들을 '오로지 수익의 관점에서만' 바라봤다고 고백해야만 했다. 시리아 통치자로 파견된 가난한 바루스Varus[*]는 2년 만에 거액을 모았다.

　로마가 방어할 수 있는 것보다 더 많은 영토를 점령했을 때, 로마의 아름다운 도시와 비옥한 들판은 오랫동안 국경을 침범한 게르만 야만족의 전리품이 되었다. 적어도 200년 동안 지중해 세계의 문명은 이동하는 튜턴족의 손아귀에 놓여 있었다. 마침내 더 이상 점령할 로마의 속주가 없어지자 봉건적 전쟁 영주들은 이후 천 년 동안 영지와 마을을 놓고 서로 싸우는 데 재능을 발휘했고, 때때로 이들을 모두 멸망으로 위협하는 이슬람교도에 대항하기 위해 단결하기도 했다. 결국 이 투쟁을 통해 스페인, 포르투갈, 프랑스, 네덜란드, 영국 등 5개국이 무력과 재정이 강대해져 더 큰 사업을 벌일 수 있게 되었을 때, 이들에게 대서양과 세계 무대가 열렸고, 불안한 에너지를 펼칠 수 있는 행운이 찾아왔다. 훗날 런던의 감사할 줄 아는 상인들이 현대 제국주의의 빛나는 선구자인 윌리엄 피트William Pitt의 무덤에 새긴 것처럼, 상업은 다시 전쟁과 결합하여 번영을 이루었다.

　1492년 콜럼버스가 대서양을 횡단하고, 6년 후 바스코 다 가마가 희망봉을 돌아 인도로 향하는 등 바다의 개척자들이 위험한 여정을 떠난 것은 물질적

---

[*]　고대 로마의 정치가이자 장군 푸블리우스 퀸틸리우스 바루스Publius Quinctilius Varus를 가리킨다. 그의 이름은 주로 기원후 9년에 게르마니아에서 벌어진 토이토부르크 숲 전투Battle of the Teutoburg Forest로 알려져 있으며, 이 전투에서 그는 게르만 부족에게 대패하여, 세 개의 로마 군단을 잃는 대패배를 맛봤다. 바루스는 여러 속주에서 총독을 지냈는데 시리아 총독으로 재임했을 때 상당한 부를 축적했다는 게 널리 알려졌다. 다만 '가난한 바루스'라는 말은 그가 귀족 가문 태생임을 고려하면 저자의 아이러니적인 표현일 것이다.

풍요에 대한 오래된 유혹 때문이었다. 이들의 모험은 부를 향한 끊임없는 탐험 과정에서 일어난 새로운 사건에 불과했다. 수 세기 전부터 로마인들은 화려한 동방과 엄청나게 교역을 해왔으며, 동양의 시장에서 향신료, 비단, 향수, 보석 등을 모아들여 로마Eternal City의 세련된 상점들에 공급했고, 보물 상자에서 황금 동전들을 쏟아부어 사치품 값을 지불했다. 당시의 청교도들, 즉 엄격한 로마의 도덕주의자들은 땅끝에서 비싼 값을 치르고 가져온 보석과 장신구를 사느라 지갑을 비운 무분별한 처녀와 교만한 여인들을 향해 헛되이 외쳤다. 로마인들이 지나갔을 때, 그들의 튜턴족 상속자들은 비아 사크라Via Sacra의 귀부인들을 사로잡았던 것과 같은 매혹으로 동방의 전리품들을 바라보았다. 중세 내내 동양의 사치품을 실어 나르는 물동량은 계속 증가하여 인도와 동남아시아Indies 시장과 마드리드, 리스본, 파리, 브뤼허, 런던의 상점을 중개하는 이슬람 상인들과 이탈리아 상인들을 부유하게 만들었다. 육로 여행의 위험이 컸다 해도, 위험한 사업에서 얻은 이익은 엄청났다.

따라서 필연적으로 직접 운영을 통해 이익을 확대하려는 열렬한 열망이 유럽의 상인들을 사로잡았고, 처음에는 이탈리아인, 스페인인, 포르투갈인, 네덜란드인, 영국인 및 프랑스인을 극동아시아로 가는 끊이지 않는 물길을 찾아 넓은 대서양으로 몰아냈다. 이사벨라 여왕이 콜럼버스의 끈덕진 요구에 굴복해 이교도들을 진정한 카톨릭 신앙으로 개종시키는 것을 약정에 명시한 것도 사실이고, 카톨릭 선교사들이 미지의 땅에 경제적으로 침투하는 선구자였던 것도 사실이지만, 아시아, 아메리카, 아프리카로 원정대를 조직하고 지휘한 사람들은 대체로 무역의 이익과 제국의 전리품에 마음을 두고 있었다. 사실 스페인은 정복, 노예화, 통치, 착취를 위해 군대를 파견한 문명의 어머니 로마의 모범을 충실히 따른 것이다.

이 방법으로 부를 모으는 데 열심이었던 점에서는 영국도 스페인 못지않았다. 엘리자베스 여왕의 통치 기간 동안 전 세계를 약탈했던 프랜시스 드레이크 경은, 로마 거리를 약탈하던 고딕 시대의 야만인들을 기쁘게 했을 방식으로, 사유재산권을 대범하게 무시하고 보물을 가슴팍에 쑤셔 넣었다. 존 스미스 선장[*]은 상부로부터 버지니아[1788년, 10번째로 연방에 가입]에서 금을 사냥하고 더 많은 전리품이 기다리고 있을 것으로 생각되는 남태평양의 항로를 찾으라는 명령을 받았다. 원주민들의 치열하고 자존심 강한 정신이 그들의 계획을 방해하지 않았다면, 그의 부하들 역시 인디언들을 노예로 삼아 지배했을 것이다. 그들은 시도했지만 실패했다. 양심을 지키기 위해 아메리카로 떠난 청교도들의 항해에도 자금이 필요했고, 이 위험한 모험에 자금을 지원한 자본가들은 원조에 대한 보상을 기대했다.

그럼에도 불구하고 인류의 이동을 상업, 이윤, 정복, 착취의 관점에서만 이야기할 수는 없다. 무역에 대한 추구만이 먼 곳으로 떠돌아다닌 사람들을 이끈 유일한 동기는 아니었으며, 고된 노동에 시달리는 신민들의 제국만이 철새 떼 앞에 놓인 유일한 비전은 아니었다. 의심할 여지 없이 지중해 변두리를 장식한 그리스 식민지 중 상당수는 단순히 무역 기지가 있던 자리에 생겨났거나 본국의 잉여 인구를 위한 공간을 마련하기 위해 세워졌지만, 다른 식민지들은 국내 불안과 지도자들의 야망에서 비롯된 것이기도 했다. 또한 그리스인들은 단순한 지배와 착취를 넘어 식민지에 자신들의 인종을 정착시켜 고국의 문화를 재생산하고 때로는 그 유산을 개량하기도 했다. 그리스의 가장 위대한 두 철학자인 탈레스와 피타고라스가 학교를 세운 곳은 외딴 지방이었고, 아테네에서 멀리 떨어진 작은 도시의 폐허에서 오늘날 그리스 문화를 충실히 재현한 가장 고귀한 기념물들이 발견되고 있다.

게르만인들이 로마 제국으로 이주한 것도 순전히 경제적인 이유 때문만은

---

[*] John Smith(1580~1631)는 영국의 군인, 탐험가, 식민지 총독, 작가. 17세기 초 북아메리카 최초의 영국인 영구 정착지인 버지니아 주 제임스타운에 식민지를 설립하는 데 중요한 역할을 했다.

아니었다. 일부 학자들은 단순히 인구 과잉 때문이라고 주장하지만, 지금까지 전해 내려오는 기록은 그러한 단순한 논리를 뒷받침하지 않는다. 침략자들이 독일인들을 자국 땅에서 몰아내려는 압력, 정복자들이 국경을 넘어 로마로 도망치는 내전, 욕망과 야망에서 비롯된 수많은 부족 전쟁, 마지막으로 로마의 사치와 평화에 대한 유혹 등 원인은 다양했다. 게르만족의 로마 침략 마지막 단계에 이르러서야, 그 과정의 방향이 양떼, 소떼, 가재도구를 이끌고 이동하는 부족이 아니라, 피정복민을 정복하고 정착시킨 조직화된 전쟁 집단에 의해 결정되었다. 훗날 이베리아 문명을 이끌고 전 세계를 아우르는 새로운 라틴 제국을 건설한 스페인의 이주도 약탈 작전의 연장선상에 있었지만, 종교를 위해 고문과 죽음을 무릅쓴 카톨릭 선교사들의 영웅적인 행위들은 세계 지배의 새로운 세력이 등장했음을 증명했다.

영국인의 아메리카 이주에는 무역과 정복 외에 다른 요인도 작용했다. 의심할 여지 없이 정치적 동기는 경제적인 뿌리를 가지고 있기는 하지만, 대서양 연안 식민지 개척의 강력한 요소였으며, 구세계의 왕조와 국가 간 경쟁을 신세계로 이동시켰다. 유럽의 전장에서 불타오르고 전소될 수도 있었던 원한과 야망이 이제 전 세계로 확산되어 지구의 4분의 1을 차지하기 위한 경쟁을 촉발시켰다. 영국 국기 아래 버지니아에 정착한 것은 무엇보다도 교황 알렉산데르 6세가 아메리카 대륙을 할양한 스페인과 포르투갈의 주권자에 대한 도전 행위였다.

비록 개신교 선교사들이 인디언을 자기편으로 끌어들이고 교황의 권한 확장을 견제하려는 왕조적, 경제적 요소가 그들의 활동과 뒤섞여 있었지만, 기록에 폭력을 가하지 않고는 영국의 확장에서 종교적 동기를 무시할 수는 없다. 존 스미스 선장이 선언한 버지니아 선교사들의 첫 번째 의무는 '그리스도교 종교를 전파해 세례를 베풀고, 복음을 전파하여 거의 불가항력적인 무지에 빠져 죽음에 이르는 수많은 가난하고 비참한 영혼들을 악령의 품에서 건져내는 것'이었다. 구원을 받을 영혼을 찾아 나선 설교자들의 노력보다 더 중요한 것은 자신만의 안식처를 찾아 광야로 떠난 다양한 종교 종파 평신도들의 노동이었다.

따라서 무함마드에 대한 신앙이 초승달 깃발 아래에서 언월도를 들고 세 대륙을 정복하겠다고 위협한 군대에 영감을 주었듯이, 그리스도에 대한 신앙은 유럽 확장의 선구자들과 함께 봉사한 선교사들에게 영감을 주었고 신세계의 황무지를 구세계의 경제와 문화로 정복한 식민지 개척자들의 희망과 열정과 섞여 있었다고 말해야 할 것이다. 그리고 이러한 종교적 동기에는 모험에 대한 사랑, 미지에 대한 호기심, 노예의 강제 매매, 문명의 경계에서 손짓하는 자유의 정신, 법의 채찍, 질서정연한 일상의 단조로움에 반항하는 평범하지 않은 사람들을 사로잡는 맹렬하고 타고난 불안감이 더해져야 한다.

§

인류를 지구 곳곳으로 흩어지게 한 수많은 이동 중에서도 영국인의 아메리카 이주는 근본적인 면에서 독특했다. 스페인은 로마와 마찬가지로 정복하고 착취했지만, 영국인은 상황의 힘에 의해 또 다른 팽창의 길로 내몰렸다. 영국인들도 스페인인 못지않게 황금에 대한 욕망을 가지고 있었지만, 처음에 그들의 손에 들어온 지리적 여건 때문에 귀중한 보물을 얻지 못했다. 그들은 고대 아메리카 문명, 즉 또 다른 멕시코나 페루를 발견하고 극복하고 착취하는 것을 기뻐했을 것이고, 인도에서 그들의 작업은 정신과 육체의 의지를 드러냈지만, 역사의 경제학에서 이것은 신세계에서 그들의 운명이 아니었다.

영국인들은 노예 생활에 복종하는 원주민 대신, 정복을 위해 무르익은 오래된 문명 대신, 속박 대신 죽음을 택한 원시적인 종족들이 드문드문 정착한 원시 토양과 숲으로 이루어진 거대한 대륙을 발견했다. 영국 식민지 지도자들은, 그리스인들과 마찬가지로 자신들의 민족과 경제, 그리고 그들이 발흥한 계급의 문화를 이 대륙으로 옮겨와 모국의 문명을 상당 부분 재현했다. 스페인이나 다른 제국 건설자들과 달리 영국인들은 광대한 영토와 독립적인 정부,

그리고 기본적으로 유럽적인 요소를 갖춘 새로운 국가를 건설하는 데 성공했다. 이러한 성과는 세계사의 중요한 사실 중 하나이다.

유럽 열강 중 가장 늦게 제국주의에 뛰어든 영국이 어떻게 이런 성과를 거둘 수 있었을까? 영국이 탐험, 전쟁, 식민지 개척에서 앞서 있었기 때문은 아니다. 그와는 거리가 멀었다. 이탈리아는 공해公海의 길잡이였다. 영국인들이 버지니아에 식민지를 개척하기 위해 작은 섬을 떠나기 300년 전, 이탈리아의 선원들은 동방의 전설적인 시장으로 가는 물길을 찾아 지브롤터 해협을 지나 아프리카 해안을 따라 항해했다. 다양한 국적의 선원들을 이끌고 1492년 운명적인 항해를 통해 아메리카 대륙을 발견한 것은 이탈리아 출신의 크리스토퍼 콜럼버스였다. 포르투갈의 깃발을 돛대에 꽂고 희망봉을 돌고 인도 시장을 방문하여 보물과 이야기를 가져와 전 유럽을 떠들썩하게 만든 것은 포르투갈인 바스코 다 가마였다.

단 한 명의 영국 선장도 감히 넓은 대서양을 항해하기 전에, 성급한 스페인은 서인도 제도를 점령하고 두 개의 아메리카 대륙에서 거대한 제국을 통치했으며 동양의 멋진 영토에 대한 권리를 주장했다. 프랜시스 드레이크가 엘리자베스 여왕의 페넌트를 달고 세계 일주를 하기 반세기 전, 불굴의 포르투갈인 마젤란 탐험대가 스페인의 후원을 받아 바다의 연대기에서 가장 위험한 항해를 하며 지구를 일주했다. 고립의 무기력증에서 잠시 벗어나 1497년 대서양 너머의 모험을 꿈꾸던 헨리 7세가 대서양을 건넜을 때, 왕의 선단을 책임지고 래브라도Labrador 해안을 지나는 항해를 지휘하여 영국에 북아메리카 대륙에 대한 권리를 부여한 사람은 이탈리아인 존 캐벗John Cabot[Giovanni Caboto]이었다.

제임스타운에 아메리카 최초의 영국 기지가 세워지기 3년 전, 프랑스인들은 아나폴리스 강 유역의 포트 로얄에 영구 식민지를 건설했다. 영국 선박 한 척이 인도양의 바다를 개척하거나 황금빛 동쪽의 향신료 섬들 사이를 항해하기 훨씬 전부터 네덜란드인들은 100개의 인도 항구를 방문하여 무역 공장을 설립하고 제국의 전초기지를 건설했다. 다른 나라들이 바다를 건너 상품, 종교, 문화, 칼을 운반할 수는 있지만, 영국인들의 마음속에는 자국민이 주로 점령하고 통치하는 위대한 국가를 세울 수 있다는 생각이 서서히 떠올랐다.

§

영국이 이러한 형태의 식민지 사업에서 성공할 수 있었던 것은 여러 가지 상황과 정책적 요인에 기인한다. 영국은 고립된 위치에 있었기 때문에 대규모 군대를 유지하는 비용이 들지 않았고, 자위를 위해 해군에 자금을 투입했다. 그들을 보호하는 배는 군대와 달리 7대양을 항해하고, 먼 영토를 점령하고, 넓은 영토를 방어할 수 있었다. 엘리자베스 여왕 치세 초기에 영국의 정치인들은 해양력sea power의 징후를 반쯤은 간파했다. 그들은 앨프리드 매핸Alfred Mahan 제독과 같은 원대한 계획을 일관성 있고 설득력 있는 이론으로 발전시키지는 못했지만, 바다 너머의 땅은 파도를 다스리는 군주만이 영구적으로 지배할 수 있다는 사실을 발견했다.

이러한 이해를 바탕으로 해군의 기초를 다진 영국은 1588년 아르마다 해전에서 스페인을 격파하고, 오랜 분쟁 끝에 네덜란드를 격파하고, 200년에 걸친 전쟁에서 프랑스를 격파하고, 마침내 삼지창[바다의 신 포세이돈을 상징하는 무기로 해양력의 은유]을 손에 넣으려 하는 독일을 격파할 수 있었다. 영국이 상업 및 식민지 제국을 위한 지리적 요충지를 점령하고 장악할 수 있었던 것은 바로 해양력을 통해서였다.

대륙 국가들의 경쟁과 질투는 영국의 제국적 운명에도 영향을 미쳤다. 영국의 정치인들은 해협 건너편 통치자들과의 끊임없는 분쟁을 통해 '세력 균형'이라는 유연한 시스템을 구축했고, 이를 통해 국내에서는 안정을, 아메리카, 아시아, 아프리카에서는 지배권을 확보할 수 있었다. 유럽의 노련한 재상들도 경탄할 만한 기술로, 그들은 네덜란드가 프랑스에, 프랑스가 네덜란드에, 프로이센이 프랑스에, 프랑스가 프로이센과 맞서게 했다.

그렇게 해서 단독으로 또는 연합하여 해상에서 영국에 대항할 수도 있었던 유럽의 정부들은 분노에 찬 무력감에 시달리게 되었다. 영국과 동맹을 맺은 네덜란드 군인들은 살아 있었다면 캐나다에 프랑스 국가의 기초를 튼튼히 세울 수 있었던 루이 14세의 최측근 수천 명을 무덤으로 보냈다. 인도를 장악할 수도 있었던 프랑스의 힘은 프리드리히 대왕이 선발한 프로이센 군대가 유럽의 전장에서 보여준 충격으로 무너졌다.

유럽 대륙의 정치적 상황과 끊임없는 경쟁은 영국의 식민지 성공에 유리한 또 다른 요인이었다. 17세기에 동유럽 전체가 내륙으로 둘러싸여 고대 관습에 젖어 있거나 무역과 제국과는 거의 또는 전혀 관련이 없는 지역 분쟁에 휘말렸다. 현재 독일, 오스트리아, 이탈리아 및 여러 군소 국가가 차지하고 있는 중부 유럽은 혼란에 빠져 있었다. 독일은, 프로이센이 호엔촐레른 가문의 지배하에 막 부상하고 있던 소규모 봉건 국가들의 집합체였다. 이탈리아는 국가가 아니라 전쟁 중인 공국公國과 질투심 많은 도시들이 모여 있는 '지리적 표현'에 불과했다.

게다가, 여러 가지 이유로 영국의 식민지 계획을 좌절시켰을 수도 있었을 대서양 열강들은 신세계의 토지를 소유할 자국민을 공급할 준비가 되어 있지 않았다. 네덜란드는 양쪽 반구 모두에서 열정과 기업가 정신으로 가득 차 있었지만 주로 상인이었고, 그들의 뉴네덜란드가 될 허드슨 밸리*를 영국의 해양력에 의해 빼앗겼다. 프랑스는 영국보다 인구가 몇 배나 많았고, 국민은 열렬한 탐험가이자 원거리 시장의 숙련된 상인이었으며, 상업에 있어서는 영리한 경영자였지만, 프랑스 군주들은 새로운 공국公國의 추가나 가문의 강화와 확대를 약속했던 대륙에서의 끝없는 전쟁으로 자원을 낭비했다. 뉴프랑스를

---

* valley란 용어는 허드슨 밸리Hudson Valley, 미시시피 밸리Mississippi Valley, 오하이오 밸리Ohio Valley처럼 보통 큰 강 유역이나 강을 따라 펼쳐진 비옥하고 광대한 지역을 뜻하는 경우가 일반적이다. 이 책에서도 혼란을 피하기 위해 산록 지대의 협곡이 아니라 강 유역이나 광범위한 일대를 가리킬 때는 '밸리'로 표기했다.

단순한 꿈이 아닌 살아 있는 현실로 만들었을지도 모르는 사람들, 돈, 노동력은 영광도 이익도 얻지 못한 헛된 싸움으로 파괴되었다. 게다가 1685년 프랑스 왕이 모든 프로테스탄트 신민을 불법화하면서 아메리카 영토에서 그들의 안식처마저 박탈했다.[*]

전 세계 곳곳에 스페인의 깃발을 꽂고 선교사들이 넘을 수 없는 장벽을 세웠던 스페인은 상업과 제조업 국가라기보다는 봉건적이고 성직자적인 국가였다. 농노 신분으로 토지에 묶여 있던 농민들은 마음대로 이주할 수 없었고 칼로 얻은 땅을 쟁기와 괭이로 정복하기 위해 노력했다. 실제로 아메리카의 영국 식민지가 이제 막 걸음마를 떼고 있을 때, 스페인 제국은 겉모습은 장엄했지만 이미 행정적 무능과 재정적 쇠퇴로 몸살을 앓고 있었다. 마지막으로 스페인의 단호한 이웃 국가인 포르투갈은 브라질을 점령할 만큼 강대했지만, 바다에서 영국의 힘을 극복하기에는 너무 작았다. 이처럼 유럽 대륙의 상서로운 상황들이 영국의 대의에 유리하게 작용했다.

§

그러나 대서양을 가로질러 식민지를 성공적으로 개척하기 위해서는 바다에서의 힘, 힘의 균형을 조종하는 독창성, 이웃 국가들의 약점 이상의 무언가가 필요했다. 본질적으로 이 사업은 민간적인 성격이 강했다. 원정대를 갖추고 정착지를 확장하는 데 필요한 자금을 조달하기 위해서는 자본이 필요했다. 그것은 또한 행정의 리더십과 기업가 정신을 요구했다. 적어도 초기 단계에서는 지원을 위해 주로 농업에 의존했기 때문에 식민지 개척에는 해당 경제 분야

---

[*] 낭트 칙령(1598)은 프랑스에서 개신교 신자들에게 종교적 자유를 보장하는 법령이었는데, 루이 14세는 이를 폐지하고, 개신교 신자들에게 가혹한 탄압을 가했다. 개신교 신자들은 프랑스 내에서의 종교적 자유를 박탈당하고, 해외로의 이주를 강요당했다. 특히, 루이 14세는 그들이 아메리카의 프랑스 식민지에서도 피난처를 찾는 것을 허용하지 않았다. 이는 프랑스 내에서의 개신교 신자들의 이동과 탈출을 더욱 어렵게 만든 조치였다.

를 지휘할 수 있는 관리자도 필요했다. 땅을 개간하고, 양모를 짜고, 밭을 갈고, 씨를 뿌리고, 수확하고, 거두어들이고, 생명을 유지하는 다른 과정을 계속하는 등, 모든 세분화된 분야에서 사회에 힘과 번영을 가져다주는 소박한 일들을 밭에서, 집에서, 상점에서 열성적으로 할 수 있는 강한 사람들의 노동력에 의존했다.

그뿐만이 아니었다. 스페인계 아메리카인의 대다수가 그랬던 것처럼 유럽계가 인종적 특성을 보존하고 인디언이나 흑인과 섞이지 않으려면 개척자 생활의 고난을 견딜 수 있는 모든 계층의 유능하고 활기찬 여성 없이는 식민지화가 성공할 수 없었다. 마지막으로, 기업의 한 분야로서 식민지 개척은 질서와 협력을 보장하는 권위와 자치, 그리고 낯설고 척박한 환경에 대처하는 데 필요한 개인의 주도성이라는 행운의 조합 없이는 번성할 수 없었다.

17세기 초, 유럽의 모든 강대국 중에서 이 위대한 인류의 과업에 가장 적합한 나라는 영국이었다. 당시 영국인들은 봉건 경제에서 부르주아 경제로 가는 길, 즉 고된 노동과 혁명, 전쟁으로 점철된 길고 먼지가 많은 길에서 대륙의 이웃 국가들보다 훨씬 앞서 있었다. 이것이 구체적으로 무엇을 의미했을까? 무엇보다도, 그것은 봉건 계급과 군인 계급의 전복, 또는 적어도 그들의 사회적 예속을 의미했다. 봉건 계급과 군인 계급은 토지 소유에 의해 양육되고 전투가 인간의 가장 고귀한 일이라는 이상에 전념하는 계급이었다.

봉건적인 질서의 쇠퇴와 함께 토지 소유를 바탕으로 유지되던 독점적 성직 계급의 몰락도 함께 진행되었다. 이러한 사회 변화와 함께 소규모 토지 소유자gentry, 자유 농민층yeomanry, 영세 농민들peasants이 대영주의 엄격한 지배로부터 해방되었으며, 이러한 개별화 과정은 남성뿐만 아니라 여성에게도 영향을 미쳐, 농업에 새로운 형태의 소유권과 경영권을 부여했다. 마침내 구질서가 해체되면서 영국에서는 상인, 무역업자, 자본가, 도시 거주자, 또는 현대 문명을 특징짓는 보다 포괄적이고 정확한 용어인 부르주아라는 단어가 거기에서 파생된 '부어그bourg'라는 계급이 권력을 잡게 되었다.

봉건제 및 성직층 권위의 붕괴와 함께 정치적, 법적 변화는 매우 중요한 의미를 가졌다. 신민臣民들에게 마음대로 세금을 부과하고 투옥하고 괴롭히는 데 익숙한 절대 군주의 방만하고 무책임한 행동으로는 성공적인 기업 경영이 불가능했다. 경제의 규칙성은 정부의 규칙성, 즉 회계 규칙에 의한 군주제의 표준화를 요구했고, 따라서 헌법의 발전, 즉 헌법을 이해하고 유지할 수 있는 계층을 위한 정치적 자치를 요구했다. 본질적으로 세속적인 성격의 기업은 신학적 의견보다는 거래 상대방의 인격과 신용에 더 관심을 가졌고, 그 결과 종교적 편협함이 감소하고 실용적인 수용의 정신이 부상했다.

역사학자들은 봉건적이고 성직자적인 문명에서 민간적이고 부르주아적인 문화로 전환한 영국의 초기 과정을 설명하기 위해 오랫동안 논쟁을 벌여왔다. 북유럽 학파Nordic school의 학자들은 이러한 발전이 자유와 자치를 향한 튜턴족의 독특한 천재성 덕분이라고 기꺼이 주장한다. 인종적 자부심과 복음주의적 열정을 결합한 가장 설득력 있는 옹호자인 존 리처드 그린은 독일 북부의 숲에서 열린 무례한 부족민들의 지역 집회에서, 러시아 농민mujik들의 집회보다 더 무지한 영국 의회의 기원, 즉 대중적 자유의 원천을 보았다. 그는 그것을 거대한 강의 상류처럼 바라보며 외쳤다.

한때 널리 받아들여졌던 튜턴 학파의 해석은 최근 들어 급격한 도전을 받고 있지만, 프랑스 학자들은 놀랍지 않게도 튜턴 학파의 해석을 무너뜨리기 위해 전진하고 있다. 이러한 의구심을 가진 학자들 중의 지도자들은 영국인의 대부분이 튜턴족이 아니라 로마인, 앵글로색슨족, 그리고 마지막으로 노르만족에 의해 정복된 켈트족이라는 것을 학문적으로 훌륭하게 입증하려고 한다. 그들은 우리에게, 영국인들은 게르만족이 아니라 원시 켈트족, 고대 로마, 야만적인 북유럽, 갈로-노르만 문화가 독특하게 혼합된 민족이라고 말한다. 만약 튜턴족이 의회 정부, 배심원 재판, 언론과 언론의 자유, 자유로운 농민, 승리의 부르주아지를 발전시키는 데 천재적인 재능을 가졌다면, 왜 튜턴족의 원조인 독일이 서유럽에서 이러한 문명의 요소를 보여준 마지막 국가 중 하나였냐고 묻는다. 이 질문에는 답이 없으며 영국 사회 발전의 진정한 열쇠를 둘러싼 격렬한 논쟁battle royal이 계속되고 있다.

논쟁보다는 연구에 몰두하는 사람들의 냉정한 판단은 17세기 영국 제도의 특수성에 대한 어떤 단일 설명과도 상반된다. 현대 학자들은 영국인의 타고난 특성보다는 전제 군주제의 조기 확립과 영국 해협으로 인한 고립성 같은 외적 요인에 더 중점을 두는 경향이 있다. 정복자 윌리엄William the Conqueror과 그의 강력한 후계자들은 대체로 봉건 영주와 평민, 성직자들을 복종시킬 수 있었고, 전쟁 중인 왕국, 공국, 공작령들을 하나의 법, 하나의 행정, 하나의 언어에 기반한 상당히 동질적인 사회로 통합할 수 있었다. 성장하는 국가를 위해서는 다행스럽게도, 봉건적 특권을 세습하기 위해 마그나 카르타Magna Carta의 무정부주의적인 구속을 가함으로써 왕권을 무너뜨리려는 시도는, 존 왕King John의 후계자들이 그 역사적인 문서에 기록된 대부분의 금지 사항을 장엄하게 무시하는 모습을 보여줌으로써, 패배했다.

이 문명화 과정과 밀접한 관련된 것이 영국 해협―'실버 스트릭The Silver Streak'―인데, 이것은 영국을 대륙의 호전적이고 야심 찬 이웃 국가들로부터 차단시켜 침략군으로부터 영국 정부와 국민을 보호했다. 1066년 이후에는 외국 약탈자가 영국 땅에 발을 들여놓지 않았고, 1485년 장미 전쟁Wars of the Roses이 끝난 후에도, 봉건 영주들의 필사적인 다툼으로 도시와 국가의 산업이 마비될 정도는 아니었다. 왕은 자신의 영토와 도시를 방어하기 위해 강력한 군대와 군사 계급이 필요하지 않았다. 이러한 기관들은 위축되었으며, 그것들이 쇠퇴함에 따라 그들을 지휘하는 군주와 그들을 축복하는 교회도 쇠퇴를 공유하게 되었다. 러스킨의 표현을 빌리자면, 권력자들은 눈살을 찌푸리게 하는 암벽에서 내려왔고, 부르주아들은 돈 가방 위에 안전하게 앉을 수 있었으며, 노동자들은 너덜너덜해진 누더기를 입고, 멀리 떨어진 곳에서 일자리를 찾을 수 있었다.

§

봉건 귀족이 지배 계급으로서 확실히 몰락하자, 왕의 의회와 귀족 계급은 하층 계급에서 꾸준히 모집되었다. 모든 영국 사회는 상점과 창고를 지향하는 방향으로 나아갔다. 헨리 8세의 무자비한 세속적 조언자였던 토머스 크롬웰 Thomas Cromwell은 대장장이의 아들이었고, 신보다 왕을 더 충실히 섬겼다고 한탄했던 울시 추기경Cardinal Wolsey은 무역업자의 아들이었다. 헨리는 앤 볼 린Anne Boleyn을 둘러싸고 교황과 다툰 후 수도원의 땅을 몰수하고 그중 상당 부분을 하층민 출신에게 분배하여 유서 깊은 귀족 계급은 신출내기들의 물결 속에서 더 깊이 가라앉았다.

완고한 하원Commons과의 분쟁으로 재정난에 시달리던 제임스 1세는 상인 과 소작농에게 명예와 작위爵位를 정해진 가격에 장외에서 판매함으로써 군 대 카스트를 더욱 희석시켰고, 이를 통해 돈을 벌 수 있는 상인들과 소작농들 을 끌어들였다. 따라서 17세기 말에는 소수의 귀족 가문만이 노르만 왕들의 기준에 따라 모인 자랑스러운 영주와 기사의 혈통으로 자신들의 기원을 거슬 러 올라갈 수 있었다. 1642년부터 1649년까지 벌어진 내전으로 인해 전장에 서 수많은 사람이 죽고 영지가 몰수되면서 봉신封臣 가문은 거의 몰락의 길을 걸었다. 그 이후로는 적어도 야심 찬 부르주아들이 귀족 계급이나 국왕의 공 정한 영역에 접근하는 것을 봉쇄하는 철문은 없었다.

전쟁의 봉신과 교회 영주에게 재앙을 가져오고 부유한 상인에게 작위를 부 여한 이 세력의 흐름은 상업의 번영과 활동을 동반했다. 16세기에 영국을 방 문한 대륙 여행자들의 글을 관통하는 한 가지 공통점은 영국 도시의 중간 계 급과 장인들이 누리는 부와 안락함, 복지에 대한 놀라움이다. 엘리자베스가 통치하던 영국을 잘 알고 있던 『이탈리아 관계Italian Relations』의 저자는 '영국 의 부는 유럽의 다른 어떤 나라보다 크다!'라고 외쳤다. 이 놀라운 사실을 설 명하면서 그는 런던의 부는 '주민들이 귀족과 신사이기 때문이 아니라, 반대 로 그들은 섬의 모든 지역, 플랑드르 및 기타 다른 모든 곳에서 그곳으로 모여든 하층민들과 장인들이다……그럼에도 불구하고 런던 시민들은 베네치아 신사들만큼이나 그곳에서 높은 평가를 받고 있다'고 덧붙였다. 장인들은 상인이 되었고, 상인들은 시골의 영지를 매입했으며, 새로 상륙한 신사들은 오래된 가문들의 생활 양식을 따랐다.

요약하자면, 부르주아의 안락함에 대한 열정이 모든 곳에 퍼졌다. 상인 계급의 가정생활 전반이 변화되었다. 집의 층수가 늘어나고, 방의 수가 증가하고, 현관을 수면 장소로 사용하는 것을 포기하고, 하인이 가족과 더 엄격히 분리되고, 침대가 침상을 대신하고, 접시와 가구가 쌓이고, 원시적인 단순성에 대한 만족이 물질적 재화에 대한 추구로 이어졌다.

중간 계급이 중시하는 안락함은 이제 돈으로 살 수 있게 되었고, 봉건 전쟁의 약탈이 멈춘 이후에는 특히 바다 너머에서 상업을 통해 돈을 가장 쉽게 얻을 수 있었다. 무역 원정을 추진하는 사람들이 100퍼센트에서 400퍼센트에 이르는 수익을 거두는 것은 드문 일이 아니었고, 실제로 초기 인도 항해단 중 일부는 1,200퍼센트의 수익을 올렸다. 1622년 한 해 동안 인도에서 38만 6천 파운드에 구입한 상품이 영국에서 191만 5천 파운드에 팔렸다. 평화로운 무역으로 얻은 이익은, 드레이크와 호킨스 같은 해적들이 아메리카의 스페인 마을을 습격하고, 멕시코와 페루에서 금은보화를 실은 갈레온galleon을 점검하고, 동인도 제도에서 왕의 몸값에 필적하는 향신료와 귀중품을 실은 스페인 상선을 나포해 더욱 늘어났다. 신세계에서 유럽으로 쏟아져 들어온 금과 은은 훔볼트[Alexander von Humboldt]의 추정에 따르면 16세기 초 연간 5만 2천 파운드에서 세기가 끝날 무렵에는 28만 파운드로 증가했으며, 이 유입된 물량을 가지고 영국의 제조업자와 상인들은 다양한 사업을 통해 자신들의 몫을 챙겼다. 교통에 대한 열광은 영국의 모든 계층에 활기를 불어넣었고, 돈에 대한 사랑과 무역 정신은 '삶의 모든 부문에 스며들어 거의 모든 정서에 영향을 미쳤다.'

토지를 소유하는 것이 옛 귀족에게 품위와 권력을 주었듯이, 집과 공장, 상점을 소유하는 것이 새로운 중간 계급에게 힘과 독립성을 준 것은 놀랄 일이 아니다. 남성에게는 국정에 영향력을 행사할 수 있는 길을 열어주었고, 아내와 딸에게는 안정된 삶과 여유로운 생활, 재산을 획득하고 직접 무역에 뛰어들 수 있는 기회를 제공했다. 17세기가 시작될 무렵, 팽창하는 영국의 상업 및 정착지와 관련된 수많은 투기적 사업에는 부를 늘리기 위한 계획들이 가득 차 있었다.

마을에서 서로 가까이 살면서 상인 계급은 개인이 감당할 수 없는 자본이 필요할 때마다 협력하는 습관을 일찍이 터득했다. 이들은 오래된 상인 길드에서 힌트를 얻어 무역과 식민지 개척을 위해 왕실에서 허가한 거대 기업이나 회사에서 축적된 자본과 독창성을 결합하는 방법을 배웠다. 엘리자베스 시대에 그들은 이탈리아인들이 독점하고 있던 동방과의 무역을 장악하기 위해 잉글리시 레반트 회사English Levant Company를 설립했고, 1587년 아드리아해 여왕[베네치아 공화국의 별칭]의 끔찍한 파멸을 기념하기라도 하듯 베네치아의 마지막 선단들argosies이 런던 시장으로 향하던 중 니들스 섬에서 폭풍을 만나 침몰했을 때, 영국 자본가들은 자신들의 책임으로 사업을 추진해 나갈 준비가 되어 있었다. 또 다른 회사인 머스코비 회사Muscovy Company는 러시아로 진출하여 러시아의 강줄기를 따라 멀리 남쪽으로 페르시아까지 진출했다. 세 번째로 1600년에 설립된 동인도 회사East India Company는 100년 전 바스코 다가마가 개척한 항로를 따라 대리인들을 파견하여 갠지스 강 유역에 영국 통치령으로 발전된 교역소를 설립했다.

따라서 아메리카에 영구 정착지를 건설할 분위기가 무르익었을 때, 영국 사회 전반에 이윤에 대한 유혹이 퍼져 있었고, 자본이 축적되었으며, 영리를 목적으로 하는 기업 설립 관행이 제대로 정착되어 있었다. 획기적인 탐험을 시작하기 위해 왕실의 재무부에 약간의 돈을 구걸할 필요도 없었다. 중간 계급은 스스로 리더십과 자금을 모두 제공할 준비가 되어 있었다. 버지니아를 개발하기 위해 설립된 런던 회사London Company에는 백작, 주교, 기사, 신사 외에도 평범한 평민, 상인 재단사, 문구업자stationer[문구와 서적, 신문, 잡지 등의 인쇄물을 판매], 제화공, 액세서리 판매인haberdasher, 식료품상, 금속상iron-monger[도구, 기계 부품 등의 철물을 취급], 커틀러cutler[칼, 포크, 나이프 등의 식탁용 날붙이를 취급], 피혁상, 안장 상인saddler, 고급 제화공cordwainer, 직조공, 목수, 기타 모든 중요한 업종의 대표와 두 여성, 캐서린 웨스트와 과부 밀리센트 램던트도 포함되었다. 최초의 성공적인 식민지를 개척한 이 위대한 회사는 사실상 영국 상업 생활의 지배적인 요소를 대표했다. 이 회사의 주식은 시장뿐만 아니라 설교단에서도 광고되었고 종교, 애국심, 이윤을 위해 출자가 이루어졌다.

§

식민지 농업을 위해 영국에는 유능한 지도자를 뽑을 수 있는 두 계급, 즉 시골 신사gentleman*와 요먼yeoman이 있었다. 첫 번째 그룹은 드넓은 땅의 편안한 장원에 살면서 왕의 임명을 받아 지역 치안판사로 일했고, 이웃 주민의 선거를 통해 하원에 진출하여 영지 관리와 통치 계급의 기능을 결합한 실질적인 토지 소유주로 구성되었다. 이 질서에서 스튜어트 왕가의 통치에 도전하여 찰스 1세를 왕좌에 올려놓은 크롬웰, 햄던, 핌 가문과 뉴잉글랜드**에서 자치

---

* '신사gentleman'라는 단어는 오늘날의 일반적인 예의 바르고 품격 있는 사람이라는 의미와는 다소 다른, 사회적·경제적 계급과 연결된 특별한 함의를 가지고 있었다. 16~18세기 영국에서는 '신사'가 귀족에 속하지는 않지만, 중상류층 이상의 지위와 재산을 가진 자유민을 의미했다. 신사는 흔히 땅을 소유하거나, 부유한 상인, 법률가, 고위 성직자, 혹은 전문직 종사자들로 이루어져 농민, 일꾼, 혹은 도시의 소규모 상인 계급과는 분명히 구분되었다. 즉 이들이 바로 산업 혁명을 이끈 주역이었다. 초기 신대륙 정착민들 중에는 신사 계급 출신들이 많이 포함되어 있었고 이들은 영국에서의 사회적 위상을 유지하려 노력하며, 정착지에서 기존의 영국식 계급 체제를 재현하려고 했다. 예를 들어, 버지니아 식민지의 많은 대지주들은 영국의 신사 계급 출신이었으며, 이러한 계급 의식은 남부의 플랜테이션 주들에서 특히 강하게 남아 있었다. 같은 계급이지만 구세계와 신세계의 신사는 문화와 풍토에 따라 시간이 갈수록 그 성향이 이질적이 되어갔다는 것을 이후의 역사를 통해 알 수 있다.

주인 매사추세츠의 시작을 만든 윈스롭, 엔디콧, 이튼 가문이 나왔다.

두 번째로 중요한 집단인 요먼층Yeomanry은 자유롭고 자랑스러운 소규모 농장의 소유주였으며, 근면함과 독립적인 정신으로 유명했다. 그들은 에너지, 주도권, 인격, 재산을 가지고 있었다. 그들은 땅을 경작하고, 농작물을 돌아가며 돌보고, 노동자를 관리하고, 이익을 보존하는 방법을 알고 있었다. 그들은 신사 계급gentry보다 더, 경제 관리자들로서 아메리카 내 식민지 개발을 지휘하는 데, 큰 역할을 했다.

영국을 봉건제 국가에서 상업 국가로 탈바꿈시킨 바로 그 과정에서 수많은 노동자들이 땅에서 떨어져 나와 아메리카 개척지에서 원시적인 생활과 노동의 조건에 맞설 준비를 갖추게 되었다. 농노제가 유럽 대륙에서 마지막 법적 흔적이 제거되기 200여 년 전에 영국에서 그것은 사실상 사라졌다는 것은 아메리카 이주의 역사에서 매우 중요한 사실이다. 농노제의 본질적인 경제적 특성은 토지에 대한 예속이었다. 농노는 시장에서 사고 팔 수 있는, 소유물chattel이 아니었다. 토지에 묶여 있으면서, 토지가 양도될 때마다 땅과 함께 이전되었다. 농노의 노동력이 없는 토지는 가치가 없었기 때문에 농노를 토지에 묶어두는 것이 영주에게는 이익이었으며, 따라서 농노는 사실상 부동산의 일부가 되었고 이주에 대한 모든 주도권을 박탈당했다.

농노제에 반대하는 영국의 경제 생활은 15세기 중엽부터 크게 변하기 시작했지만, 1861년 러시아의 알렉산데르나 2년 후 미합중국에서 시작한 링컨처럼, 한 번의 과감한 조치로 농노제가 폐지되지는 않았다. 오히려 2세기에 걸친 점진적인 단계를 통해 영국의 농노들은 고정된 노동력과 생산물을 현금으

** 1614년 탐험가 존 스미스가 붙인 이름이다. 플리머스 식민지, 메사추세츠 베이 식민지가 초기의 주요 정착지였고 현재의 코네티컷, 메인, 메사추세츠, 뉴햄프셔, 로드아일랜드, 버몬트 주로 구성되어 있다. 청교도 전통이 강하고 회중교회Congregational Church가 강력한 영향을 끼쳤고 에머슨, 소로, 에밀리 디킨슨 등이 태어나 문학 활동을 펼친 곳이기도 하다.

로 지불하는 형태로 전환했고, 마침내 임차인이 됨으로써 자신을 땅에 묶어두었던 끈을 끊고 자유를 얻게 되었다. 그러나 그 자유에는 단점도 있었다. 소작인이 자신을 부양하는 땅을 자발적으로 떠날 수 있다면, 그의 주인이 땅에서 더 수익성 있는 용도를 찾으면 그 땅에서 쫓겨날 수도 있었기 때문이다.

결과적으로 농노제가 사라지면서 영국의 농촌 경제 전체가 변화했다. 탐욕스러운 영주들은 이제 의회에서 만들어진 법들에 따라, 그들의 대리인들에게 마을의 공유지를 점령하여 넓은 지역을 둘러싸고 농민의 오랜 권리를 소멸시킬 수 있는 권한을 부여했다. 16세기에 모직 산업이 번성하고 양을 기르는 것이 농사보다 수익성이 높아지자 수천 명의 지주들이 소작인을 몰아내고 밭을 목초지로 바꾸면서 번영하던 마을이 황량한 마을로 변했다. 동시에 농민들이 경작하던 수도원의 광대한 영지는 이익에 집착하는 세속적인 주인의 손에 넘어갔고, 웅장하고 오래된 수도원의 벽은 그들의 담쟁이덩굴 왕관을 받기 위해 폐허가 되었다. 따라서 여러 과정을 통해 자신을 키워준 토양에 매료된 강인하고 활동적인 농민들은 임금노동자나 다부진 거지로 전락했고, 수도원의 구호품을 대신하는 공공 빈민 구제는 큰 부담을 안게 되었으며, 도시의 거리는 빈민으로 가득 찼고, 정치경제학자들은 이렇게 외치게 되었다. '잉여 인구를 어떻게 할 것인가?'

모든 유럽 국가 중에서, 영국에만 밭에서의 고된 노동에 익숙하면서도 흙에 대한 속박에서 벗어난 남성과 여성이 많았다. 그들이 누렸던 너무나 모호한 자유는 모든 위험에도 불구하고 그들을 신세계로 이주할 수 있도록 준비시켜 주었다.

§

아메리카에서 유럽 문명이 성공적으로 발전하기 위해서는 삶과 노동의 모든 영역에서 여성의 참여가 절대적으로 필요했다. 군인들은 원주민을 정복하고 통치할 수 있었지만, 여성 없이는 식민지를 건설하고 유지할 수 없었다. 그리고 17세기 영국에는 재능과 경험이 풍부하고 산업 기술에 능숙하며 재산과 종업원 관리에 익숙한 여성들이 있었다. 영국 여성들은 산업, 정치, 종교 활동 전반에 걸쳐 활발한 관심을 보였다. 이 사실에 대한 확실한 증거는 농업과 수공예에 관한 오래된 책, 법을 어긴 범죄자를 재판하고 노동자의 임금을 정했던 치안판사의 명령과 서류, 공예 길드의 문서와 항목, 정부 주요 부서의 기록 보관소, 당시의 개인 회고록 등의 기록에 나타난다.

지주 가문의 여성들조차도 한가롭게 부자가 된 것은 아니었다. 오히려 그들은 대가족의 책임 있는 관리자였으며, 지금은 공장이 된 수많은 산업이 그들의 감시 아래에서 이루어졌다. 그들의 에너지가 가정에만 국한된 것도 아니었다. 올리버 크롬웰의 손녀는 소금 공장의 책임자였다. 그녀에 대해 '하루의 고된 노동을 마치고 야머스에 있는 의회에 가면 그곳에서 그녀는 가장 뛰어난 인물 중 하나로 보였다'는 말이 전해진다. 교황주의자Papist로 비난받은 신자의 아내였던 뮤리엘 리텔튼은 제임스 국왕에게 남편의 몰수 재산을 돌려달라고 청원했고, '최대한 신중하고 경제적으로' 재산을 되찾아 자녀를 교육하고 가장의 의무를 다했다. 유명한 청교도 대령의 아내였던 허친슨 부인의 회고록에 따르면, 그녀는 당시의 정치적 논쟁에 깊은 관심을 보였으며 남편이 부재 중일 때 하원 로비에서 불쾌한 법안 통과를 반대하는 활동을 한 적이 있다. 같은 계급의 여성들은 종종 유산 집행자로 활동했으며, 영지권, 독점권, 특허권 및 기타 왕실의 호의를 청원하는 법정에서 군중 속에 섞여 있었다.

재산이 상대적으로 적었던 시대에 상류층 여성들은 아직 사치스럽고 사소한 일에 몰두하는 여가 질서에 합류하지 않았다. 오히려 그들은 남편의 사업 파트너이거나 상인의 미망인이자 딸로서 자신의 계좌로 사업을 하는 경우가 많았다. 당시의 기록에는 전당포 중개인, 고리대금업자, 문구점 주인, 다양한 종류의 상점주, 선주, 육군과 해군의 의류 계약자 등이 눈에 띄게 자주 등장한다. 예를 들어, 우리는 1636년 과부였던 수잔나 앤젤과 그녀의 딸이 화약 화물을 상륙시켜 왕국에서 판매하거나 네덜란드로 운송할 수 있는 권리를 달라고 왕에게 청원하는 장면을 볼 수 있다. 법원 기록에 따르면 제철업자 엘리너 우드워드는 밀매 혐의로 기소되었다. 퀘이커교도이자 가난한 직공의 미망인이었던 조안 단트는 행상으로 무역업에 뛰어들어 9천 파운드의 재산을 모아 자선 단체에 기부했다. 그녀는 '그것은 부자들로부터 받은 돈이며 나는 그것을 가난한 사람들에게 남겨주려고 한다'는 흥미로운 말을 했다.

무역업 못지않게, 산업 분야에서도 여성은 활발히 활동했으며, 종종 생산과 판매를 병행했다. 그들은 제빵사였고, 때로는 제빵 조합의 일원이기도 했는데, 옛 맨체스터의 법원 기록에 따르면 마사 리글리는 고객에게 빵의 무게를 속였다는 이유로 징역형을 선고받았다. 때때로 그들은 정육점을 운영하기도 했는데, 체스터에 있던 23명의 정육상 중 3명이 여성이었다. 그들은 제분소를 관리하고 밀가루를 판매했다. 그들은 초기에는 양조업자와 여관 주인이었지만 국가가 무역을 독점하게 되면서 그들의 사업은 국내용으로 국한되었다. 많은 주요 공예품에서 여성의 노동력은 특히 길드 체제가 해체되기 시작한 후 중요한 요소였다. 예를 들어, 모직물이 영국 전체 수출 무역의 3분의 1을 차지하던 17세기 말, 한 추정에 따르면 모직물 산업에서 남성 1명당 여성은 8명이었고, 가장 보수적으로 추정해도 3 대 1이었다.

비단 산업은 전적으로 여성의 독점 산업은 아니더라도 거의 대부분 여성의 손에 달려 있었지만, 제임스 1세의 통치 기간 동안에는 저임금의 착취 직종으로 전락했다. 남성들은 자신의 이익을 위해 수익성이 좋은 브로드천broadcloth 제조를 통제하려고 최선을 다했지만, 여성, 특히 과부들은 지방 법령을 무시하고 이 산업에 종사했다. 당시에는 여성방직공spinster이라는 용어가 나이를 알 수 없는 처녀[노처녀]를 지칭하는 것이 아니라, 웹스터가 웨버의 여성형인 것처럼 방직공spinner의 여성형일 뿐이었다. 실제로 방직업은 여성들에게 매우 매력적이어서 여성들이 들과 부엌에서 방직업으로 몰려들었고, 18세기 초에 디포는 '방적공으로 주당 7실링이나 8실링을 받을 수 있는데 주당 12펜스를 받고 하녀로 일하러 가겠느냐'[당시 영국의 화폐 제도에서 1실링은 12펜스에 해당했다]고 불평하며, 당시 영국 중간 계급에서 하인 문제가 존재했음을 그의 탄식에서 드러냈다.

식민지 개척에서 특히 중요한 것은 농업에서 여성의 기술과 힘이었다. 농업에 관한 오래된 논문과 평화의 재판관들이 정한 임금표를 보면 여성들이 밭에서 건초를 긁어모으고, 마차를 몰고, 건초를 깎는 기계에 싣고, 목초지에서 양떼를 지키며, 동일 노동 동일 임금이 요구되기 전의 먼 옛날 남성보다 적은 임금을 받았다는 인상적인 이야기가 전해진다. 양털을 깎고 완두콩을 뽑을 때 여성은 하루에 6펜스를 받았는데, 남성 경쟁자들은 8펜스를 받았다. '양조, 제빵, 돛단배 몰기, 젖 짜기, 맥아 만들기 등을 담당하는' 여성 하인에게는 특별 임금이 지급되었다. 초가지붕을 이는 일을 하는 사람들은 그렇게 호의적으로 대우받지 못했다. 농촌 경제에 관한 책 중 하나에는 다음과 같은 내용이 나온다. '이엉을 옮기는 여자는 하루에 3페니를 받고, 이엉장이를 돕는 여자는 하루에 4페니를 받는데, 이는 모르타르를 개어 지붕 꼭대기까지 운반해야 하기 때문이다.' 옛 영국의 한 여행자가 '남자와 여자 모두 말처럼 노동했다'고 쓴 것도 그럴 만한 이유가 있어서였다. 따라서 아메리카 식민지 개척에 참여한 여러 회사와 소유주들이 기혼 남성에게 독신 남성의 두 배에 달하는 토지를 제공하고 총각뿐만 아니라 하녀에게도 보조금을 지급했을 때, 그들은 축산업의 모든 분야에서 영국 여성들의 노동이 얼마나 가치 있는지를 알고 있었다. 의심할 여지 없이 가족의 이주는 대부분 가족 회의에서 결정되었으며, 중대한 조치가 취해진 후 여성들은 고난의 몫과 책임의 짐을 모두 떠맡았다.

§

중간 계급과 노동 계급의 부상으로 대표되는 봉건 질서의 해체는 부수적으로 식민지 확장을 촉진하는 종교적, 정치적 변화를 낳았다. 중세 경제생활의 경직성이 종교와 정치의 독단과 권위와 연관되어 있었기 때문에 그 질서의 해체는 신학의 논쟁과 정치의 혁명을 동반했다.

한편으로, 카톨릭 체제에 대한 프로테스탄트 반란은 경제적 성격이 강했는데, 이는 그들 자신을 성직자들의 십일조, 수임료, 법률, 관할권으로부터 해방시키고 동시에 그 교회의 거대한 영지들을 소유하기 위한 왕족들과 중간 계급의 투쟁이었다. 헨리 8세가 교황과 다투고 로마로부터 분리된 것은 피할 수 없는 일을 가속화했을 뿐이다. 헨리의 입장에서는, 종교적 교리를 크게 수정하지 않는 선에서 반란은 수습되어야 했다. 그의 통치 기간 동안 영국의 교회는 단순히 왕에게 종속되어 주교와 대주교는 왕이 임명했으며, 몰수된 교회 재산의 대부분은 왕과 그가 총애하는 사람들에게 돌아갔고 나머지는 국가의 통제하에 종교적 용도에 바쳐졌다.

그러나 한번 제방이 뚫리자, 헨리는 '비뚤어진 의견'의 홍수를 막을 수 없었고 곧 종교 문제에서 격렬한 진동이 일어났다. 그의 아들 에드워드 6세 때 평등주의적 복음주의로 물든 개신교 교리가 국법이 되었고, 메리 여왕 때 국가는 다시 카톨릭으로 돌아갔으며, 엘리자베스 여왕 때 신경信經과 기도서를 갖춘 잘 정돈된 개신교 교회가 의회의 법에 의해 설립되었다.

이 땅의 법적 종교에서 일어난 이러한 변화는 사람들에게 순응을 강요하려는 모든 공식적인 노력에도 불구하고 사람들의 의견을 불안정하게 만들었을 뿐이다. 인쇄술, 이교도 문학의 부활, 여행, 상업, 경제에 관한 서적의 증가, 성서가 영어로 번역되어 많은 사람들이 성서를 읽고 해석 문제를 놓고 논쟁을 벌일 수 있게 된 것, 상업과 자연과학의 파괴력 있는 암시는 다양한 종교적 종파들을 만들어냈다.

오른쪽에는 합법적 질서를 고수하는 기성 교회 당파와 그들보다 더 극단적으로 사리진 괴거로의 회귀를 희망하는 카톨릭 신자들이 있었고, 왼쪽에는 독립파 또는 분리주의자들이 있었는데, 이들은 기성 교회를 포기하거나 아예 폐지하자고 제안했다. 중앙에는 신경과 예식에 약간의 변화를 주어 성공회 체제를 '정화'하려는 청교도들이 있었다. 서로 다른 지점에 흩어져 있던 침례교, 퀘이커교도, 장로교 및 기타 종파는 각자 자신의 복음과 천국으로 향하는 특별한 길을 선포했다.

왕과 성공회 성직자, 그리고 그 신봉자들은 처음에는 교의의 범람에 당황하여 밀려오는 물결을 막으려 노력했고, 반체제 세력에 대해 다양한 탄압의 엔진을 가동시켰다. 이러한 정책 노선을 추구하면서 그들은 자신도 모르게 식민지화 작업을 도왔다. 그 후 플리머스[1620년 메이플라워 호가 출발한 곳]에 도착한 스크루비 회중Scrooby Congregation 신도들은 '사방에서 사냥과 박해를 받았다…… 어떤 이들은 잡혀가 감옥에 갇혔고, 어떤 이들은 집이 포위되어 밤낮으로 감시를 받았으며, 대부분의 사람들은 집과 거주지를 떠나는 것을 두려워했다.'

통일성과 억압을 옹호하는 사람들은 결국 실패했다. 종파의 충돌, 의견의 혼란, 의심의 증대, 지적 에너지가 실용적인 고려 사항으로 향하는 과정에서, 마침내 종교적 억압보다 성공적인 식민지화에 더 큰 영향을 미친 어느 정도의 종교적 관용이 이루어졌다. 영국의 왕들과 그들의 고문들이 이단자들을 미워했다 해도, 그들은 멀리 떨어져 있는 영토에 이단자들을 배제함으로써 프랑스 부르봉 왕가 군주들의 모범을 따르지 않았다.

영국의 정치인들은 상인과 장인들을 추방하여 다른 나라를 부유하게 만들기보다는, 영국 제도의 카톨릭, 분리주의자, 청교도, 퀘이커교도, 장로교도, 침례교도, 대륙의 루터교, 덩커드, 모라비아파, 메노파, 위그노, 잘츠부르크파 등 구세계의 격동의 삶이 제공할 수 있는 모든 종류의 종교 신앙에 아메리카 식민지의 문을 활짝 열어젖혔다. 그들은 펜실베이니아[1787년, 2번째로 연방에 가입]로 몰려가 황야를 정복하고 밀, 옥수수, 베이컨, 목재를 생산하여 영국산 제품과 교환한 독일 루터교도들을 호의적으로 보았다. 특히 올리버 크롬웰의 관용 정책 이후 식민지 곳곳에 유대인이 정착했다는 소식에 그들은 눈짓을 보내기도 했다. 일단 농장이 시작되고 무역과 제국에 대한 그들의 중요성이 드러났을 때, 그들을 종교적 통일 계획에 끌어들이는 것은 불가능했다. 반대로 성직자의 권위는 사업의 성장과 함께 약화되었다.

§

봉건 영주의 권력을 해체하고 성직자의 권력을 무너뜨리는 과정에서 영국의 상인과 지주들은 높은 수준의 자치권과 시민적 자유를 얻게 되었다. 프랑스나 스페인과 달리 영국은 중세에 생겨난 대의제 정부 제도를 결코 폐기하지 않았다. 유권자이자 하원 의원, 카운티, 마을, 교구에서 치안판사 역할을 하는 젠트리와 상인들은 오랫동안 공공 업무 관리에 참여했다. 그리고 17세기에 의회 주권의 확립으로 그들은 확실히 국가에서 우위를 차지했다. 오랜 시간이 흐른 후 프랑스에서와 마찬가지로 이 혁명은 폭력, 왕의 처형, 사회적 무질서, 재산 압류, 극단적인 조치, 독재, 반동, 그리고 봉기의 지도자들이 내세운 본질적인 사상의 궁극적인 승리로 이어졌다.

엘리자베스 시대에는 불만의 목소리가 높았고, 그녀의 후계자 제임스 1세가 통치하는 동안 하원은 소작농과 상인을 대변하여 스튜어트 왕가도 이해할 수 있는 언어로 국민의 권리를 명시했으며, 찰스 1세는 아무것도 배우지 못하고 무엇이든 잊은 채 10년 동안 개인 통치를 시도했지만, 그것은 내전과 1649년 그가 단두대에 오름으로써 끝을 맞이했다. 그 후 시대를 200년이나 앞선 민주주의 실험이 이어졌지만, 이것은 단지 크롬웰이 이끈 독재, 가혹한 올리버 크롬웰의 죽음 이후 왕정복고로 절정에 달했다. 밤이 낮을 이기자 반동이 찾아왔지만, 영국 상업의 부흥은 중간 계급을 꾸준히 끌어모았다. 그 결과 1688년 제임스 2세가 흐름을 되돌리려 했지만, 그는 전복되고 의회의 우위는 영원히 고정되었다. 의회는 신참들로 가득 찬 상원과 식민지 및 외교 문제에서 상업적 고려에 의해 지배되는 하원으로 나뉘었다.

역사는 이 혁명이 마치 본질적으로 종교적인 성격의 것인 양 '청교도'라는 제목을 붙였지만, 그 칭호는 주로 그 시대의 '지적 분위기'에 기인한다. 당시의 사상은 여전히 신학에 깊이 물들어 있었고, 세금과 기타 강제에 저항하는 사람들의 방어 메커니즘은 자연스럽게 그들에게 가장 친숙한 문헌인 구약과 신약 성서에서 도출되었다. '군주제가 전복될 때, 우리는 그 사실을 정당화하기 위해 무엇이 필요한지 알고 있었다'라고 당시의 한 현명한 관찰자는 썼다. 이 모든 것이 충분히 합리적이지만 역사가가 행동하는 사람들의 논리적 책략에 오래 머무를 필요는 없다.

실제로 17세기의 영국 혁명은 다음 세기의 프랑스 혁명과 본질적으로 거의 동일한 사회 변혁이었다. 민간인 평신도가 왕실, 귀족, 성직자의 지배로부터 스스로를 해방시켰다. 이 과정은 길고 고통스러웠고, 그 과정에서 많은 사람들이 내전의 위험보다는 먼 식민지 건설의 불확실성을 더 선호했다.

조지아[1788년, 4번째로 연방에 가입]를 제외한, 아메리카의 모든 식민지는 국내 갈등으로 점철된 정부 하에서 설립되었고, 식민지들이 강력한 경제 및 정치 사회로 성장한 것은 점점 더 상업적인 성격을 띠게 된 의회 하에서였으며, 1776년 독립선언을 위한 세속적 권위를 발견한 것은 1688년 '명예 혁명 Glorious Revolution'의 철학자 존 로크의 교리에서였다. 따라서 영국의 사회적 변화는 식민지화를 촉진하고, 제국 행정에 실질적인 경제적 전환을 가져왔으며, 마침내 식민지 혁명의 언어학을 가능하게 했다.

이 모든 것들 속에 영국의 세력 확장의 비밀이 숨어 있다. 영국은 강력하지만 제한적인 군주제를 유지했고, 베르사유 궁정에서 추방된 귀족이 아닌 중간 계급이 지배했다. 스페인과 프랑스가 그들의 대표 기관을 폐기하는 동안 영국은 상원과 하원Lords and Commons을 유지하여 상업 및 산업 진흥을 위한 강력한 기관으로 만들었다. 끝없이 번성하는 종파로 인해 산산이 부서진 영국 교회는 일찍이 평화의 대가로 어느 정도의 관용을 베풀 수밖에 없었다. 두 차례의 혁명에 시달리고 끊임없는 비판의 불길에 휩싸인 국가는 언론 검열을 포기하고 세속적인 계급의 지적 관심사를 위해 수문을 활짝 열어야만 했다.

교회와 국가와 마찬가지로, 사회 발전에서도 영국은 근대를 향해 빠르게 나아가고 있었다. 영국은 점점 더 많은 상인들과 모험을 떠날 준비가 된 젊은이들, 그리고 봉건적 속박에서 벗어난 남녀 자유 농업 노동자들을 보유하고 있었다. 요컨대, 17세기와 18세기의 영국은 비즈니스에 점점 더 많은 에너지를 쏟는 나라였으며, 그중 신세계 식민지 개척은 자본과 행정의 천재성을 활용하기 위한 한 분야였다.

2

식민지들의 구조적 기반 마련하기

제국 건설과 식민지 개척은, 각각의 요구 사항에 따라, 적절한 리더십을 필요로 한다. 제국 건설의 최전선에서 우리는 용기와 무예를 겸비한 군인, 즉 몽골과 중국을 휩쓸었던 칭기즈칸, 인도의 수백만 대군을 물리친 아크바르, 몬테주마의 수도에서 화염 속에서 병사들을 독려하는 코르테스 등을 볼 수 있다. 볼티모어와 펜이 자본을 조성하고, 소작인tenant을 모집하고, 순수한 개인 자원의 힘으로 주들states을 건설하려는 시도; 게이츠, 윙필드, 윈스롭이 무역 회사와 연합하여 한 명의 발기인의 힘을 넘어서는 목적을 달성하고, 카버와 브래드포드가 플리머스의 완고한 땅을 깨는 작은 필그림들* 에게 방향과 영감

---

* Pilgrims. 필그림 파더스Pilgrim Fathers라고도 불리는 청교도들은 메이플라워 호를 타고 아메리카로 건너가 매사추세츠 주 플리머스에 플리머스 식민지를 세운 영국 정착민이다. 존 스미스는 1620년 이 지역을 뉴플리머스라고 명명했는데, 이는 청교도들의 최종 출발지인 영국 데본 주 플리머스의 이름을 따서 지은 것이다. 청교도들의 리더십은 17세기 영국에서 종교적 박해를 피해 홀란드로 건너간 브라운주의자, 혹은 분리주의자들의 종교적 회중에서 나왔다.

을 주는 등 본질적으로 민간사업이었던 식민지화의 선봉에서 우리는 비전과 사업가 정신을 가진 관리자들을 발견하게 된다.

사물의 본질상, 운명의 위험을 두려워하지 않는 대담한 지도자들은 현명한 상인들이 미지의 바다 너머의 모호한 투기에 자본을 투자하기 전에 길을 터야 했다. 영국의 고유한 사명을 처음으로 간파하고 모험의 위험을 두려워하지 않았던 선구자 중 한 명을 예로 든다면, 엘리자베스 여왕으로부터 기사 작위를 받은 시골 신사의 아들인 월터 롤리Walter Raleigh가 그 주인공이 될 수 있다.

식민지 개척이라는 위대한 사업을 위해 롤리의 성품과 초기 경험은 그에게 독특한 방식으로 적합했다. 당대의 모든 중요한 관심사에 관심이 많았던 그는 탐험과 발견에 관한 수많은 이야기에 매료되었다. 그의 친구들 중에는 겸손한 지리학자들도 있었다. 드레이크, 호킨스, 프로비셔와 같은 바다의 개들*은 그를 존경했고, 그는 그들과 같은 부류였다. 그는 전쟁터에서 대담함을 발휘하여 네덜란드가 스페인의 지배에 저항하고 영국의 용감한 선원들이 스페인 함대Armada를 바다 밑으로 가라앉히도록 도왔다. 대담한 모험을 즐기며 국가의 운명에 대해 깊이 생각한 그는 말년에 세계의 철학적 역사에 대한 원대한 계획을 스케치했다. 그는 자신의 모국인들이 아메리카의 황야를 정복하는 것을 꿈에서 본 영국 식민지 모험의 최초의 설계자였다.

탐험 항해를 마치고 돌아오던 중 폭풍우에 휩쓸려 사망한 용감한 이복형 험프리 길버트 경의 운명에 흔들리지 않고, '우리는 육지만큼이나 바다를 통해

---

* Sea Dogs. 이 용어는 역사적으로 엘리자베스 1세 시대에 주로 대서양과 카리브해에서 활동하던 영국 해적과 사병들을 일컫는 말이다. 이들은 특히 라이벌 국가인 스페인의 선박과 영토를 습격할 수 있는 권한을 영국 정부로부터 부여받았다. '바다의 개들'은 영국-스페인 전쟁(1585~1604)으로 절정에 달한 영국과 스페인 간의 분쟁에서 중요한 역할을 담당했다. 가장 유명한 바다의 개들은 경험 많은 선원, 탐험가, 군인이었던 경우가 많았다. 1588년 스페인 함대를 격파하는 데 핵심적인 역할을 한 프랜시스 드레이크, 존 호킨스, 마틴 프로비셔, 월터 롤리 등이 바다의 개와 관련된 저명한 인물들이다.

천국에 가까이 있다'는 전통을 외쳤던 월터 롤리 경은 남부 해안의 온화한 하늘 아래 제2의 영국을 개척하기로 결심했다. 처음에는 조심스러웠던 롤리 경은 아마다스[Philip Amadas]와 발로우[Arthur Barlowe]가 이끄는 정찰 탐험대를 자비로 파견하여 캐롤라이나 해안의 낙원에 대한 보고서를 가져왔다. 그런 다음 월터 경은 주권자의 도움을 청해 엘리자베스 여왕으로부터 와인 독점권을 확보하여 실험에 필요한 수입을 얻었으며, 아메리카 내의 토지를 부여받아 왕자에 필적하는 광대한 영지의 봉건 영주로 만들겠다는 약속을 얻어냈다. 이렇게 모은 자금으로 두 번, 그리고 상인 자본가들의 도움을 받아 한 번, 그는 귀금속을 발견할 가능성을 간과하지 않고, 아메리카에 영구적인 농업 정착지를 세우려고 시도했다.

그러나 온갖 종류의 불행이 그의 모험을 방해했고, 결국 재산이 바닥난 롤리는 실패의 평결을 받아들일 수밖에 없었다. 그가 꿈꾸었던 제국은 다른 사람들이 다른 방식으로 건설해야 했다. 아메리카 식민지 개척자들이 이마에 땀을 흘리며 3천 마일에 달하는 숲과 평원, 사막과 산을 가로질러 대륙의 끝자락에 도달할 때까지 롤리가 찾으려 했던 황금의 보물창고는 발견되지 않았다. 롤리의 부하들이 귀금속 대신 발견한 것은 하찮은 담배잎과 보잘것없는 감자라는 주state[식민지]의 기반이 될 수 있는 작물이었다. 이 톡 쏘는 잡초는 금보다 더 확실한 화폐를 제공했고, 엘리자베스 시대의 롤리 가문, 레스터 가문, 벌러 가문의 후손들과의 극적인 경쟁에서 승리의 결말을 향해 갈 수 있었던 지배 계급이 부와 여가를 누릴 수 있는 영지領地의 주요 작물을 제공했다. 장기적으로 볼 때 경제에 대한 평범한 산문은 소설의 낭만보다 더 흥미롭다.

§

비록 롤리의 실험은 실패했지만, 그의 실험은 귀중한 교훈을 남겼고 그의 정신은 동시대 사람들에게 모방 욕구를 불러일으켰다. 그는 성공적인 식민지 개척은 적어도 초기에는 개인의 힘과 자원만으로는 불가능하다는 것을 증명했다. 막대한 자본과 다양한 인재가 요구되었기 때문에 첫 번째 난관이 해결되고 길을 개척하기 전까지는 어떤 경우에도 협력이 필수적이었다. 따라서 최초의 영구 정착지는 상업적인 회사들에 의해 만들어졌다.

4개의 아메리카 식민지는 네 개의 무역 회사, 그중 두 개는 영국, 세 번째는 더치-왈룬Dutch-Walloon의 후원 아래, 네 번째는 스웨덴의 지원 아래에서 시작되었다. 1606년에 국왕의 칙허장을 받은 런던 회사London Company는 버지니아 식민지를 설립하는 데 앞장섰고, 1629년에 설립된 매사추세츠 베이 회사는 작은 플리머스 교우회를 파멸에서 구하고 뉴잉글랜드를 발전의 길로 이끈 주역이었다. 치열한 무역 경쟁 속에서 1621년에 설립된 네덜란드의 서인도 회사는, 43년 후에 영국인들이 뉴욕[1788년, 11번째로 연방에 가입]을 건설한 식민지의 기반을 뉴네덜란드에 마련했다. 네덜란드와 영국에 뒤지지 않기 위해 스웨덴 국왕은 자신의 서인도 회사를 설립하고 델라웨어 강 유역에 스웨덴 주를 건설하도록 명령했다.

어떤 의미에서는 조지아도 '회사Company' 식민지에 포함될 수 있다. 주요 발기인인 제임스 오글소프James Oglethorpe가 공언한 목적이 가난한 채무자들을 위한 망명지 설립이라는 자선 사업이었다 해도, 그 설계를 실현하기 위한 법적 수단은 1732년 조지 2세가 부여한 칙허장으로, '아메리카 조지아 식민지 설립을 위한 신탁위원회'로 알려진 '정치적이며 기업적인 단체'로 기업의 후원자들을 하나로 묶어주는 것이었다. 정부 형태와 자금 조달 방법에서 조지아의 관심사는 무역회사와 크게 다르지 않았다. 따라서 상업적 실행을 위한 도구로서 자본가들의 회사가 최초의 성공적인 식민지를 개척하고 교회와 국가 및 경제에서 그들의 초기 정부 형태를 형성한 기관agency이라고 할 수 있다.

식민지 개척을 위한 상업적 기업은 이윤 창출이라는 유일한 동기에서 비롯되었든, 무역 진흥이나 종교 선전 확산과 같은 복합적인 동기에서 비롯되었든, 사실상 일종의 자치 국가였다. 국가와 마찬가지로, 칙허장이 지속되는 한 그것은 무기한 존속할 수 있었고, 구성원들이 사망하더라도, 후계자들을 계속 선출함으로써 회사는 계속 존속할 수 있었다. 국가와 마찬가지로, 그것은 헌법, 왕실에서 발행한 칙허장이 있었고, 이는 구성원과 관리들을 구속하는 상위 법률이 되었다.

국가와 마찬가지로, 그것은 유럽의 여러 공국보다 더 넓은 면적의 토지라는 영토적 기반을 가지고 있었다. 주주들이 새로운 회원에게 참정권을 부여하고, 임원을 선출하고, 부칙을 만들었기 때문에 그것은 그 자체로 작은 민주주의였다. 과세를 위한 사정査定, 화폐 주조, 무역 규제, 기업 재산 처분, 세금 징수, 재무 관리, 국방 제공 등 주권 정부의 여러 기능을 수행했다. 그리하여 아메리카 주 정부에서 오랜 뒤에 발견되는 모든 필수 요소들이 아메리카에서 영국 문명의 시작을 알린 칙허장 회사에 등장했다.

게다가 영국 국가의 또 다른 큰 팔인 교회는 대개 이러한 기업체들의 필수적인 부분을 형성했다. 식민지 회사들은 어떤 경우에는 열성적으로, 어떤 경우에는 형식적으로 — 버지니아 최초의 칙허장의 표현을 쓰자면 — '하느님에 대한 참된 지식과 예배에 대해 아직 어둠과 비참한 무지 속에 살고 있는 사람들에게 그리스도교 종교를 전파'해야 할 의무가 있었다. 실제로든 이론적으로든 영국 권력자들의 비위를 맞추기 위해, 이것은 법에 의해 설립된 성공회Anglican Church의 신앙을 의미했다. 버지니아 식민지에서는 이 명령에 대해 의심의 여지가 없었다. 회사는 성공회의 교의를 농장의 엄격한 규칙으로 삼았다. 아메리카 땅에 세워진 최초의 입법부인 버지니아 식민지 의회House of Burgesses*는 '안식일에 모든 사람은, 오전과 오후에, 신성한 예배와 설교를 자주 드려야 한다'는 규정을 제정했다.

---

* 버지니아 식민지Colony of Virginia의 입법 기관으로 1619년 7월 30일 아메리카에서 최초로 설립된 입법 기관이다. 식민지 시대 주 의회는 왕실에서 임명된 식민지 총독, 상원의 국가평의회와 함께 정부의 한 축을 담당했다.

§

1606년 제임스 1세가 버지니아 식민지 설립을 위해 런던 회사에 첫 번째 칙허장을 발급하면서 설립한 이 기관의 성격은 바로 이러한 것이었다. 열정으로 회사를 설립한 사람들 중에는 아메리카를 직접 눈으로 본 존 스미스나 퍼디난도 고지스와 같은 노련한 항해사들과 롤리의 불운한 실험에 참여했던 리처드 하클루이트와 같은 부지런한 해양 사업의 근면한 학생들이 있었다. 상인, 토지를 소유한 신사, 그리고 아메리카에 대해 거의 또는 전혀 알지 못하고 이 사업을 주로 이윤을 창출하는 사업으로 여겼던 다른 사람들도 그들과 함께했다.

투자자들은 인디언들 사이에서 경건한 삶을 살 것을 강요했지만, 자본의 빠른 회수 또한 원했다. 식민지가 생긴 지 1년도 되지 않아 금 한 조각을 요구했고 2천 파운드 상당의 상품을 즉시 가져오지 않으면 정착민들을 '추방자'로 내치겠다고 협박했다. 주주들도, 대부분의 초기 이민자들도 성공적인 식민지 개척에 필요한 노동력, 토지, 행정 시스템에 대한 명확한 개념을 가지고 있지 않았다.

사실 영국의 공기는 여전히 스페인의 행운이 불러일으킨 허망한 상상들로 가득 차 있었다. 1605년 아메리카의 영광을 찬양하기 위해 쓰인 한 희곡의 대사는 그것을 표현하고 있다. '그들의 사금 채취 냄비에는 순금이 가득하고, 거리를 묶는 쇠사슬은 모두 거대한 금이며, 그들이 데려가는 포로들은 모두 금으로 묶여 있다. 그리고 루비와 다이아몬드를 위해 그들은 거룩한 날에 해안가에 가서, 그것들을 모아 아이들의 코트에 걸고 아이들의 모자에 꽂아주는데, 그것은 마치 우리 아이들이 사프란 금박 브로치와 옷자락에 구멍이 뚫린 그로트groat를 착용하는 것처럼 흔하다.'

탐욕스러운 사람들의 호기심을 자극하는 그런 분방한 이야기들이 떠돌면서 버지니아로 이주할 기회를 처음 잡은 것은 당연히 모험가soldier of fortune들이었다. 회사의 이사들은 근면하고 하느님을 경외하는 정착민을 확보하려고 노력했지만, 105명으로 구성된 첫 번째 이민자 그룹에는 장인 몇 명에 노동자는 12명에 불과했고, 절반 정도는 '신사', 4명은 목수로 집 없는 황야에 묶이게 되었다! 두 번째 원정대는 더 많은 신사들과 여러 명의 금세공인을 데려왔는데, 이들은 정착촌을 부에 대한 아우성으로 가득 채웠고, 그 자리에 있던 존 스미스는 '이제 말과 희망과 일은 없고, 오직 금을 캐고, 금을 씻고, 금을 정제하고, 금을 싣는 것만 남았다'고 외쳤다. 세 번째와 네 번째 항해에는 더 많은 신사, 상인, 군인, 행운 사냥꾼들이 참여했다. 결국 좌절을 맛본 스미스 선장은 선원들에게 쓰라린 진실을 털어놓았다. '다시 보낼 때는, 우리 같은 천 명보다는 차라리 목수, 마부, 정원사, 어부, 대장장이, 석공, 나무뿌리 캐는 사람 서른 명만이라도 잘 준비해서 보내주기를 간청한다.'

실제로 초기 이민자들 중 식민지 경제의 본질을 제대로 파악한 사람은 스미스 선장 한 명뿐이었던 것으로 보인다. 인디언 하녀 포카혼타스에게 구출된 이야기를 비롯한 그의 매력적인 이야기는 이제 대부분 불신을 사고, 비록 그가 카사노바나 산초 판자 같은 위대한 로맨티스트들 사이에 놓여 있지만, 스미스는 버지니아에서 벌어진 투쟁의 현실을 예리하게 꿰뚫고 있었다. 그는 '그곳에서는 노동에 의한 것 외에는 아무것도 기대할 수 없다'고 썼다.

그 원칙에 입각하여, 스미스는 수고하기를 두려워하지 않는 이민자들을 끊임없이 요구했고, 일하지 않는 사람은 먹지 말라는 규칙을 시행하여 여러 번 위기를 모면했다. 자부심이 높고 인기가 없었지만 스미스는 개인적으로 전투에서 용감했고 정착지를 방어하고 생계 수단을 마련하기 위한 실용적인 계획에 능했다. 버지니아를 탐험하고 개발하는 데 앞장섰던 그는 화약 폭발로 심각한 부상을 입고, 질병과 기근으로 식민지가 거의 전멸할 뻔한 상황에서, 영국으로 돌아가 수술을 받았다. 외부의 구호물자가 도착한 후에야 생존자들은 완전한 파멸에서 벗어날 수 있었다. 회사는 스미스에게 금을 요구했지만 그는 그보다 더 가치 있는 것, 즉 이 지역의 지도와 자원에 대한 스케치, 식민지 개척에 적합한 이민자의 종류에 대해 건전한 조언을 제공했다.

버지니아 회사는 토지 정책을 수립할 때 이민자들의 다양한 성격에 맞게 보유권tenure 계획을 수립해야 했다. 회사는 빠른 수익, 운송에 사용할 수 있는 자유 노동자의 조건, 자신의 계정으로 농업에 종사하고자 하는 독립 자본가들의 요구 사항을 염두에 두고 기업과 개인의 소유권을 결합했다. 우선, 이사들은 토지의 일부를 회사가 영구적으로 소유하고 회사의 비용으로 파견된 사용인servant들이 경작하도록 결정했다. 이 계약에 따라 회사는 도구와 초기 소모품을 제공하고, 각 사용인은 자신에게 할당된 작업을 수행해야 하며, 수익금은 공동 창고로 들어가서 사용인의 생필품과 회사의 그들에 대한 투자에 따르는 이익으로 분배되어야 했다.

두 번째로, 토지의 상당 부분이 '지갑의 모험'으로 알려진 개인적인 개척에 사용되었다. 회사 금고에 고정된 금액인 12파운드 10실링을 납부한 모든 기부자는 100에이커[1에이커는 약 4,050평방미터이고 200평을 한 마지기로 잡으면 대략 6마지기의 크기다]토지에 대한 보증서warrant를 받을 수 있었고, 첫 번째 땅이 경작되는 즉시 동일한 크기의 땅을 추가로 받을 수 있었다. 자신의 여비를 지불하고 스스로 출발할 수 있는 정착민들의 이주를 장려하기 위해 회사는 버지니아의 위험을 직접 감수할 모든 모험가에게 100에이커의 땅을 제공했다. 자비로 한 명의 노동자를 식민지로 수송한 자본가에게는 100에이커와 그렇게 수송한 추가 노동자에 대해 동일한 면적의 수당— 이 수당은 나중에 50에이커로 줄었다 —이 주어졌으며, 어떤 경우에도 100에이커당 2실링의 연간 임대료를 회사에 지불해야 했다.

마지막으로 버지니아에 있는 회사의 임원들에게 어느 정도 규모 있는 생활이 가능하도록 막대한 토지가 그들에게 할당되었다. 그리고 때때로 수많은 죄악을 포괄하는 탄력적인 표현인 '공로meritorious serveices'를 이유로 개인들에게 막대한 보조금이 지급되었다. 그러나 바다를 건너온 진취적인 영혼들이 왕국의 영지를 점령하는 것이 얼마나 쉬운지를 알게 되자, 그들은 어떤 식으로든 단기간에 해안의 모든 땅을 점령하고 대규모 농장으로 바꾸어 소규모 자유보유자freeholder* 들을 산록 지대로 몰아냈다.

이 여러 가지 계획 중 회사의 비용으로 파견된 사용인들이 경작하는 방식은 가장 명백한 실패로 판명되었다. 식민지가 멀리 떨어져 있었기 때문에 감독이 어려웠다. 노동자가 최선을 다해 노력할 수 있는 동기가 거의 없었는데, 노동의 결과가 회사의 창고로 흘러 들어가서 간신히 생계를 유지하는 것 외에는 자신이 얻을 수 있는 것이 거의 없었기 때문이다.

비참한 게으름이 이 프로그램의 결실이었다. 1611년 데일 총독이 각 회사 노동자에게 3에이커의 땅을 할당해 한 달 동안 자유롭게 경작할 수 있는 시간을 주고, 공동 창고에서 소량의 옥수수를 내주도록 허용하면서 일부 개선이 이루어졌다. 그러나 이러한 변화조차도 회사 경작 시스템을 구원할 수는 없었다. 정착민을 끌어들이기에는 여건이 너무 혐오스러웠다. 직접적이고 개인적인 감독의 요소가 결여되어 있었으며, 10년이 지나자 그 계획에 따라 일하는 노동자는 한 줌의 남성, 여성, 아이에 불과했다. 그 무렵, 이 실험을 통해 런던에 본사를 둔 어떤 회사에게도 자비를 들여 파견한 부적합한 노동자를 3천 마일 떨어진 곳에 있는 대리인이 관리하면서 아메리카에서 성공적으로 플랜테이션을 진행할 수 없다는 사실이 분명해졌다. 따라서 얼마 지나지 않아 버지니아 저지대의 농장 개발은 위에서 언급한 대로 투자, 구매 또는 보조금으로 토지를 확보한 개인 지주들의 손에 넘어갈 수밖에 없었고, 이들은 노동자—자유인, 고용 하인bond servant,** 혹은 노예 —를 어떤 방식으로든 고용하여 그

---

* 재산을 소유한 사람, 특히 토지를 소유하고 있는 사람을 가리킨다. '자유보유자'는 재산 소유가 투표권이나 공직 자격의 기준으로 사용되던 미국 초기 정치사에서 중요한 개념이었다.

** 일정 기간 동안 계약을 맺고 일하는 계약 하인을 뜻한다. 이들은 보통 유럽에서 아메리카 대륙으로 이주하는 여비를 지불할 수 없었던 사람들이었고, 그 대가로 특정 기간 동안 지주나 고용주를 위해 일하는 계약을 맺었다. 계약 기간이 끝나면 자유를 얻었지만, 계약 기간 동안은 거의 노예에 가까운 처우를 받았다.

들의 땅을 경작하게 되었다.

경제뿐만 아니라, 정부 분야에서도 버지니아 회사의 경험은 다음 세대를 위한 이익으로 가득 차 있었다. 버지니아 회사는 고난의 역사가 거의 끝날 때까지, 고국의 정치에 일정 부분 참여했던 영국인들이 런던에서 선출된 총독과 사용인 무리를 파견하여 영구적으로 행복하게 통치할 수 있다는 망상에 시달렸다. 1606, 1609, 1612년 세 차례에 걸친 칙허장 중 어느 것도 식민지의 자치권을 고려하지 않았다. 왕권과의 경쟁에서 회사와 주주들의 권리는 확대되었지만, 결국 버지니아의 정착민들은 모든 중요한 사안에 대해 멀리 떨어져 있는 회사의 의지에 법적으로 종속되어 있었다.

회사의 이름으로 정착지를 관리하기 위해 여러 명의 총독이 파견되었다. 동양의 전제군주처럼 위풍당당한 델라웨어, 가혹하고 잔인하며 '효율적'이었던 데일, 정착민을 강탈하고 회사를 속인 소심한 폭군 아걸Argall, '담배를 심는 데 대부분을 바친' 자유주의 신사 이어들리, 그리고 식민지가 회사Company에서 왕령Crown에 이르는 5년 동안 근무한 와이어트까지. 이 총독들 중 일부는 눈에 띄는 공로를 세웠지만, 모두 행정 능력보다는 정치와 음모에 의해 임명된 사람들이었다.

스미스 선장은 기묘한 아이러니로 이런 이야기를 들려주었다. '총독이 많다는 것은 어느 주에나 큰 손해이지만, 매일의 불확실한 변화는 부담스럽다. 왜냐하면 그들의 향응은 비용이 많이 들고, 많은 사람들이 해가 비추는 동안에 건초를 만들 것이기 때문이다. 하지만 전체적으로는 수지가 맞을 것이다.' 회사가 왕실과 격렬한 다툼을 벌이고 나서야 왕실은 관용의 제스처로 식민지 주민들과 동맹을 맺었고, 1619년 버지니아 주 의회House of Burgesses를 설립하여 지방 정부에 발언권을 부여했다.

런던 회사가 성공을 약속하는 정책으로 나아가는 동안 버지니아의 식민지 주민들은 고난의 나날을 보내며 나름의 교훈을 얻고 있었다. 1607년 제임스 타운의 첫 여름은 길고 지루한 고통, 견딜 수 없는 더위, 건강에 해로운 물, 상한 음식으로 인해 질병과 죽음에 시달리는 시간이었다. 비극적인 현장을 직접 목격한 마스터 조지 퍼시의 기록 중 일부가 그 끔찍한 이야기를 들려준다. '15일째 되던 날, 에드워드 브라운과 스티븐 갈소프가 사망했다. 열여섯째 날, 토머스 가워 젠틀맨이 사망했다. 열일곱째 날, 토머스 먼슬리가 죽었다. 18일째 되는 날, 로버트 페닝턴과 존 마틴이 사망했다.' 그렇게 사람들의 작은 생명들이 하나씩 사라졌다. 가을이 왔을 때, 용감하고 소란스러웠던 대원 중 절반이 무덤에 잠들어 있었다.

끔찍한 시절을 살았던 사람들은 다투고 음모를 꾸몄다. 데일 총독은 계엄령을 선포하고, 주모자들을 교수형에 처하고, 총살하고, 박살 냈다. 그는 한 악당을 나무에 묶어 혀를 꿰매고 죽을 때까지 그곳에 내버려두었다. 하지만 그의 온갖 잔인함에도 불구하고 무질서를 진압할 수 없었다. 역병과 소요에 이따금 기근이 더해졌다. 1609년 '굶주림의 시기'에 거의 500명에 달하던 식민지는 6개월 만에 60명의 비참한 생존자로 줄어들었고, 영국에서 구호선이 도착했을 때 그들은 필사적으로 고통의 현장을 영원히 떠날 준비를 했다. 1622년 300명의 남성과 여성, 아이를 한꺼번에 쓸어버린 끔찍한 학살 사건과 같은 인디언과의 충돌은 정착민들의 숫자를 줄였고 이 작은 식민지를 항상 공포의 그늘에 가두어 두었다. 1606년부터 1624년까지 회사가 존재하는 동안 총 5,649명의 이민자를 보냈으며, 그중 1,095명만이 마지막까지 식민지에 남아 있었던 것으로 추정된다. 일부는 환멸을 느껴 영국으로 돌아갔고, 대부분은 버지니아에서 사망했다.

하지만 이 20년 동안 온갖 장애물에도 불구하고 주택이 건설되고, 노동력 공급이 확대되고, 수익성 있는 작물이 개발되면서 번영하는 식민지의 토대가 마련되었다. 이 몇 년 사이에 영국 식민지를 그렇게 독특하게 만든 근본적 요소인 유럽의 가정생활이 도입되었다. 1608년 두 명의 백인 여성, '미스트리스 포레스트와 그녀의 시녀인 앤 부라스'가 두 번째 보급선을 타고 왔기 때문이다.

식민지 주민들을 아메리카에 묶는 영구적인 유대의 중요성을 인식한 회사는 여성들의 이주를 장려하기 위해 1619년에 '젊고 타락하지 않은, 상냥한 성격'의 처녀 90명을 위험을 무릅쓰고 보내서, '그들 자신의 동의를 얻어 정착민에게 그들의 여비를 받고 아내로 팔았다.' 이 모험적 사업은 남성들의 난동을 억제하는 것 외에도 회사에 상당한 이익을 가져다주었기 때문에 해마다 여성들의 다른 위탁물들이 보내졌다. 때로는 큰 어려움을 겪었는데, 상륙 단계에서 우르르 몰려와 담배로 구매 대금을 제안하는 허풍쟁이 입식자들 사이에서 좋은 남편을 얻는 행운을 시험하기 위해 '도덕적으로 교육받은, 젊고, 미모의 추천받은' 적당한 영국 처녀를 유혹하는 것은 쉬운 일이 아니었기 때문이다. 비록 그 과정이 험난하고 힘들었지만, 버지니아를 집으로 채우는 데, 그리고 총독 델라웨어 경이 말했듯이 '아이들을 부양하는 정직한 노동자들'로 채우는 데 도움이 되었다. 시간이 지나면서 버지니아에서의 생활이 어느 정도 안정되자 모든 종류의 이민자들이 아내와 자녀를 데려왔고, 30년이 지나자 버지니아에서는 선조들과 함께 '주여, 우리의 사랑스러운 조국 영국을 축복하소서'라고 말할 수 없는 세대가 태어났다.

　토지 소유주들의 번영에 필수적인 두 번째 요소인 버지니아의 뜨거운 태양 아래서 농장을 경작할 풍부한 노동력 공급은 구하기가 훨씬 더 어려웠지만, 회사가 문을 닫기 전에 이 문제에 대한 해결책이 발견되었다. 회사는 초창기에 자체 계정으로 수년간 노동에 종사할 '계약 하인indentured servant'을 파견하는 관행을 채택하여 모범을 보였고, 곧 지갑의 모험가들과 회사로부터 토지를 구입한 다른 식민지 주민들이 이 관행을 따랐다. 남성과 여성, 소년과 소녀를 막론하고 이 노동자들 중 일부는, 납치의 '정령'에 유혹되어 목적지와 운명을 알기도 전에 배에 태워져 바다로 내몰렸다. 다른 사람들은 영국의 판사들이 그들을 제거하기를 원했기 때문에 국외 추방된 죄수들이었다. 수천 명의 죄수들은 그저 영국 도시의 길거리에 쓰러져 있다가, 그 사악한 교통수단을 상시적인 사업으로 하는 흉악한 무리들에 의해 끌려갔다. 이 계약 하인들에 곧 흑인 노예가 추가되었는데, 1619년 네덜란드 선박이 처음으로 버지니아로 끌고 왔지만, 이 새로운 계급은 반세기가 지날 때까지 그 수가 그리 많지 않았다. 50년 동안은 영국에서 온 계약된 백인 하인들이 들판에 필요한 노동력의 대부분을 제공했다.

버지니아의 경제생활에 특별한 자극을 준 것은 쉽게 대량으로 재배할 수 있고 현금과 상품으로 쉽게 교환할 수 있는 하나의 필수품, 즉 '불쾌한 잡초'인 담배의 발견이었다. 정착민들은 일찌감치 옥수수를 재배하거나 철과 유리를 만들어서는 돈을 벌 수 없다는 사실을 알게 되었고, 그래서 거의 모든 사람들이 담배 재배에 뛰어들었는데, 심지어 제임스타운의 거리에도 담배를 심었다. 현재 화폐로 환산하면 연간 7만 5천 달러에 해당하는 막대한 돈이 담배 작물에서 얻어졌고, 모든 모험가들의 머릿속은 갑작스러운 부의 전망으로 가득 찼던 것으로 보인다. 초창기 현장에 있었던 한 사람은 '오직 담배만이 사업이었으며, 모든 사람이 담배에 미쳐서 다른 것은 거의 생각하거나 찾지도 않았다'고 외쳤다.

담배는 빠른 번영을 가져왔을 뿐만 아니라 남부의 사회 발전 과정에 결정적인 영향을 미쳤는데, 특히 해안가의 토지는 뉴잉글랜드에 정착한 소규모 자유민들이 아니라 대영주의 지시에 따르는 법적, 도덕적, 지적으로 연결된 예속 노동자에 의해 주로 경작되어야 한다는 결정이 내려졌기 때문이다. 따라서 버지니아의 습한 공기와 뜨거운 태양 아래서 넓은 잎을 펼친 담배 공장은 운명처럼 경제의 큰 방향을 제시했다.

버지니아의 번영은 회사에 부와 안정을 가져다주기는커녕 문제만 가중시켰다. 인구가 증가함에 따라 관리의 어려움은 배가되었고, 이는 런던에서 끊임없이 불거지는 불화를 더욱 악화시켰다. 한쪽에서는 왕권과 귀족, 다른 한쪽에서는 상인과 소작농 사이의 갈등으로 영국 사회 질서의 모든 부분이 흔들리고 있었고, 이 갈등은 몇 년 후 내전과 혁명으로 발전할 조짐을 보였다. 이 논쟁의 각 당사자는 버지니아 회사의 대변인을 통해 상거래에 대해 격렬한 논쟁을 벌였다. 회사와 영국 하원 모두에서 두드러진 중상주의 요소는 왕실의 특권에 대한 모든 고상한 관념과 모든 자의적인 과세 제도에 꾸준히 반대했다.

의회Parliament[*]를 폐지할 수 없었던 제임스 1세는 회사에 그 분노를 표출했다. 칙허장을 몰수하려는 사법 절차가 시작되었고, 왕이 국익을 위해 임명한 판사들에 의해 사건이 심리되었다. 결론은 기정사실이었다. 1624년, 칙허장은 무효화되었고 식민지는 왕의 권한으로 직접 관리되는 왕실의 속주가 되었다. 회사는 수익성 없는 투기에 15만 파운드를 쏟아부었지만 성공적인 식민지 개척의 길을 제시하는 실험을 한 후, 그렇게 불명예스러운 종말을 맞이했다. 그러나 버지니아의 경제 및 정치 생활에 급진적인 변화는 당분간 일어나지 않았다. 회사가 파견한 마지막 경영진은 왕실 임명직으로 계속 재임했으며, 버지니아의 업무는 왕실이 지정한 소규모 위원회와 농장주들에 의해 선출된 버지니아 의회House of Burgesses의 도움을 받아 왕실 총독에 의해 관리되었다.

이것이, 마치 자유사상가들에 의해 수행된 세속적인 사업인 것처럼, 역사가들이 청교도 뉴잉글랜드와 대비시키는 식민지의 시작이었다. 사실, 기록을 액면 그대로 받아들인다면 '보물에 대한 갈망도, 심지어 영국의 힘을 키우려는 소망도' 버지니아 회사의 주된 목적은 아니었다. 그 핵심 목표는 하느님의 영광과 어둠 속에 있는 이들에게 그리스도교 신앙을 전파하는 것이었다. 식민지 주민들을 위한 광고에서 버지니아 회사 임원들은 올바른 종교 생활을 하는 정착민들만을 원한다는 것을 나타내기 위해 고심했다. '그들은 또한 그들이 그토록 소중히 여기는 종교적 습관을 유지하기 위해 세심하게 준비했다. 교회

---

[*] Parliament of the United Kingdom of Great Britain and Northern Ireland, 줄여서 영국 의회 Parliament는 영국 본토 및 왕실 속령과 해외 영토를 모두 관할하는 최고 입법부이다. 당연히 아메리카 독립혁명 이전에 아메리카 식민지는 영국 의회의 통제를 받았고 식민지 주 의회는 제한적인 권한만을 인정받았다. 이것이 식민지의 성장에 따라 결국 핵심적인 양쪽의 갈등으로 부상하게 된다.

는 그들의 수단이 허용하는 한 정교하게 지어졌고, 매일 예배에 참석하는 관행은 신중하게 시행되었다. 식민지화 작업 전체가 경건한 마음으로 참여하는 사업으로 취급되었고, 헨리코 정착지의 영국인과 인디언을 위해 계획된 대학을 위해 교구 교회에서 모금이 이루어졌다.'

　게다가 버지니아의 자유보유자들에 의해 선출된 버지니아 의회는 회사와 왕실의 종교적 신념과 완전히 일치했다. 버지니아 주 의회는 교회 감독들에게 '부정하고 불경건한 생활을 하는 자, 상습적인 욕설자와 주정뱅이, 간통자, 음행자, 중상모략자, 유언비어 유포자, "신성한 예배 중에 질서를 문란케 하는 자", 아동의 교리문답 교육에 불성실한 모든 주인과 여주인, "무지한 자"를 자신의 책임하에 둔 모든 사람을 재판에 회부할 것을 요구했다.'

　버지니아의 기록이 성서의 인용문과 하느님의 놀라운 섭리에 대한 언급으로 뒤덮여 있지 않았다는 것은 사실이지만, 법령, 명령, 포고가 조금이라도 무엇인가를 의미한다면 버지니아는 매사추세츠[1788년, 6번째로 연방에 가입]만큼이나 경건하고 플리머스만큼이나 독실했다. 사실, 청교도들이 버지니아 회사에 정착하기 위해 원래 버지니아 회사와 합의했으며 이 새로운 신병 그룹의 가입을 확보할 수 있는 전망이 회사의 주요 구성원들에게 환영받았다는 사실을 잊어서는 안 된다. 청교도들은 종교적 신앙에 있어 '비뚤어진' 면이 있었음에도 불구하고 회사가 간절히 원했던 건실하고 맑은 정신의 노동자였으며, 단지 항해 중 사고로 인해 버지니아 주 경계 밖의 땅을 밟게 된 것일 뿐이었다.

§

　식민지 회사를 위해 자본을 조달한 런던 상인들의 동기의 차이보다는 실질적인 상황이 버지니아와 플리머스 사이의 대조를 설명했다. 북부 해안의 기후와 토양은 플랜테이션에 적합하지 않을 뿐 아니라 단기간에 재산을 축적할 수 있는 기반을 제공하지 못했고, 뉴잉글랜드 식민지로 이주한 대부분의 사람들은 버지니아 회사가 착취한 사람들이 아닌 다른 출처에서 온 사람들이었다. 플리머스에 정착한 청교도 대부분은 하인과 노예를 수입하는 데 위험을 감수할 수 있는 신사, 요먼, 상인이 아니라 소농, 노동자, 장인이었다.

네덜란드를 거쳐 케이프 코드로 온 이주민들도 낯선 땅에서 고된 밤낮을 보냈다. 분리주의자Separatist로서 그들이 영국 국교회와 충돌하여 북해를 건너 도망쳤을 때, 그들은 새로운 거주지에서 생계를 유지하기 위해 다양한 상업을 배워야 했다. 따라서 청교도들은 근검절약과 깊은 종교적 신앙을 바탕으로 농업과 수공예품에 대한 지식을 겸비했다. 게다가 그들은 혹독한 고난에도 익숙했다. 네덜란드의 공예 길드가 그들을 가장 수지가 맞는 장사에서 제외시켰기 때문에, 그들은 네덜란드에 머무는 동안 하루 12~15시간 동안 가장 힘든 육체노동을 해야만 생계를 유지할 수 있었다. 그 작은 무리의 역사가인 브래드퍼드는 그들이 '새로운 것에 대한 갈망이나 그와 같은 경솔한 충동' 때문에 다른 나라로 이주하려고 했던 것이 아니었다고 기록했다.

그는 순례자들이 이주해야 했던 '중대하고 확실한 이유'를 열거하면서, '그 지역과 나라가 얼마나 힘든 곳인지 알게 되었기 때문에, 그곳으로 오는 사람은 거의 없고, 그 일을 견디고 계속 함께할 사람은 더욱 적을 것이다. 그들에게 온 많은 사람들과 그들과 함께 있기를 원하는 더 많은 사람들이 다른 불편함들과 함께 그렇게 엄청난 노동과 힘든 여정을 견디지 못하고 만족할 수 없을 것이기 때문이다'라고 경험으로 발견한 이주의 이유를 선언했다. 연대기 기록자가 제시한 이주의 또 다른 이유는 무거운 의무로 인해 일찍부터 쇠약해진 자녀들에 대한 억압과 다른 신앙을 가졌거나 전혀 신앙이 없는 사람들과의 접촉을 통해 불경건한 길로 빠질 위험이었다. 네덜란드에서 오랜 시간 허드렛일을 하는 데 익숙한 남성, 여성, 젊은이들은 새로운 나라에서 식민지의 고난을 이겨낼 의지와 힘을 가지고 있었다.

그러나 분리주의자들은 큰 발걸음을 내딛기에 충분한 자본이 없었기 때문에 토지, 선박, 보급품, 임시 정비소를 확보하기 위해 일단의 런던 상인들과 협상을 시작해야 했다. 그들은 런던 회사로부터 버지니아 경계 내에 정착할 수 있는 허가를 받았고, 많은 흥정 끝에 그들의 사업에 돈을 투자할 의향이 있는 몇몇 상인 모험가들과 합의에 도달했다. 이민자들과 자본가들이 연합한 느슨한 주식회사가 설립되었다. 원정을 떠난 16세 이상의 모든 사람은 자동으로 주주가 되어 10파운드 상당의 주식 1주를 받았고, 10세에서 16세 사이의 아이 2명은 주식 1주의 가치와 동등한 것으로 간주되었다. 이민자 자신도 돈이나 물품으로 주식을 추가로 매입할 수 있었다. 나머지 자본은 일반 투자자, 주로 런던의 시민들이 제공했다. 자본가들에 대한 보증으로 이민자 전체는 7년 동안 일하고, 농산물을 공동 창고에 넣고, 공동 상점에서 생계를 유지해야 한다는 계약 조건에 따라 스스로를 구속했는데, 약정 기간이 끝나면 정착하고 의무로부터 벗어난다는 이해 하에서였다.

가혹한 속박의 조건을 받아들인 순례자들은 1620년 여름 델프스하벤Delfshaven에서 스피드웰 호를 타고 출항했고, 사우샘프턴에서 메이플라워 호의 다른 일행과 합류해 바다로 나섰다. 첫 번째 배가 여행에 적합하지 않다는 것을 알게 된 그들은 곧 항구로 돌아왔고, 불만을 품은 몇몇 이민자들은 항해를 포기한 반면 나머지 사람들은 메이플라워 호로 몰려들었다. 마침내 '한 배에 다닥다닥 붙어' 자유와 결속을 다진 이들은 9월 플리머스 항구를 떠났다.

선체의 작은 나무껍질 하나하나를 뒤흔드는 수많은 강풍과 사나운 폭풍을 이겨내고 '하느님의 섭리의 수많은 특별한 역사'를 목격한 후, 그들은 11월 6일에 정착 허가를 받은 버지니아 영토의 한계를 벗어나 북쪽으로 멀리 떨어진 땅을 발견했다. 며칠 동안 그들은 열심히 해안을 수색했고 마침내 12월 21일 플리머스 항구에 징식으로 상륙했다.

배가 출발하기 전, 41명의 성인 남성들은 — 필그림 '파더스'로 불리는 그들은 대부분 40세 미만이었다 — 엄숙한 협약에 따라 공공의 이익을 위한 법과 조례를 제정하고 준수할 것에 동의했다. '그들 사이에서 경건하고 인정을 받은 사람'인 존 카버를 1년 동안 총독으로 선출한 그들은 '빈곤의 음울하고 음침한 얼굴'에 맞설 준비가 되어 있었다. 곧 차가운 회색빛 뉴잉글랜드의 겨울이 그들을 덮쳤고, 여름이 다시 오기 전에 '100명이 넘는 사람들 중 50명만이 남았다.' 그러나 그들은 죽음의 그늘에서 힘든 나날을 보내면서도 나무를 베고 통나무집을 지었고, 파종기가 되자 역경의 겨울 동안 그들을 찾아와 숲과 들판, 개울에 대해 가르쳐준 친절한 인디언들의 지도 아래 20에이커의 옥수수를 심었다.

플리머스의 작은 정착촌에 때때로 이민자들이 조금씩 추가되었지만 버지니아처럼 큰 주로 성장할 운명은 아니었다. 자본이 부족했고, 노동력을 구할 수 있는 급진적 분리주의자의 수가 적었으며, 런던 시장에 대량으로 공급할 수 있는 담배와 같은 지역 필수품이 없었기 때문이다. 1691년, 칙허장에 따라 플리머스가 매사추세츠 주로 흡수된 70년 뒤, 플리머스의 인구는 7천 명에 불과했다.

그러므로 실제로 플리머스의 기록은 주Commonwealth[*]의 역사에서 큰 비중을 차지하지 못했다. 그것은 가난한 사람들의 연대기처럼 짧고 단순했다. 농업은 모피 교역, 어업, 벌목업으로 보완되었고, 이를 통해 귀환 항해에 필요한 화물을 조달했다. 3년이 지나자, 게으름을 보상하고 산업에 불이익을 주던 공동 경작 제도는 포기되었고, 각 가정에는 경작을 위한 일정량의 토지가 할당되었다. 런던 상인들에게 속박된 채 3년을 더 보낸 후, 이전 계약은 폐기되었고 식민지 주민들은 원래 투자자들의 모든 소유권을 완전히 매입했다.

---

[*] Commonwealth는 어원적으로 '공공의 복지public welfare' 또는 '공동체의 이익common good'을 뜻한다. 따라서 기본적으로 공공의 이익을 위한 정치적 조직이나 지역을 표현할 때 사용되는 용어다. 미국의 50개 주 중 켄터키, 매사추세츠, 펜실베이니아, 버지니아 네 개 주는 공식적으로 스스로를 commonwealth로 부르는데 이는 역사적, 상징적 용어로서 이들 주가 공공의 이익을 위한 정부를 강조한다는 점에서 비롯되었다. 푸에르토리코 같은 미국의 일부 속령도 commonwealth라고 불린다. 영국에서는 영연방The Commonwealth of Nations에 대표적으로 사용되고, 찰스 1세 처형 이후 올리버 크롬웰의 지도 아래 왕정이 폐지된 공화정 시절(1649~1660)을 지칭하기도 한다. 이 시기에 The Commonwealth는 왕정이 아닌 공화국 정부를 뜻했다.

플리머스 정착민들은 토지에 대해 사유재산 개념을 도입했지만, 공동선을 명분으로 높은 수준의 집단적 통제를 유지했다. 사생활의 가장 사소한 문제도 장로들의 면밀한 조사를 받아야 했고, 엿보기, 염탐, 밀고는 최고조에 달했으며, 신성모독, 음주, 게으름, 난잡한 행동을 저지른 모든 사람에게 신속하고 엄중한 처벌이 내려졌다. 하지만 이러한 지배 방식에도 약간의 숨구멍은 있었다. 흡연이 허용되었고, 좋은 맥주가 양조되었으며, '증류주strong waters'가 자유롭게 소비되었고, 얼마 후에는 외국에서 훌륭한 와인이 수입되었다. 몇 년 안에 모든 순례자들은 자신들의 고향에서 익숙했던 것보다 더 좋은 집과 더 많은 세속적인 재화를 갖게 되었다. 느릅나무가 퍼지면서 아름다운 마을이 생겨났고, 상인들은 행운의 항해에 나섰다. 사실, 다른 사람들보다 좀 더 부유한 사람들은 우월함을 과시했고, 아무런 직함이나 명예도 없는 평범한 사람들에 비해 자신들은 '신사들gentlemen'이라고 기록에 남기기도 했다. 물론 엄밀한 의미에서 젠트리 계층에 속하는 사람은 거의 없었지만, 이러한 것은 '품격'에 대한 타고난 열정을 충족시키고 평범한 사회 질서에 인위적인 다양성을 부여했다.

§

1629년 매사추세츠 베이 회사Massachusetts Bay Company라는 이름으로 설립된 거대 상거래 기업의 후원으로 북쪽 지역에 정착지가 나타나기 시작했을 때, 플리머스의 작은 종교적 우애단은 겨우 10년밖에 되지 않았다. 두 기업은 참으로 묘한 대조를 이루었다! 가족과 함께 케이프 코드 정착민의 대부분을 차지했던 소박한 농부, 노동자, 장인들은 불법 종교 단체에 소속되어 있었다. 런던 주교가 보기에 그러한 종파는 '그들에게 적합한 안내서의 지시를 받는 구두 수선공, 재단사, 펠트 제작자 같은 쓰레기'였다.

반면 베이 식민지를 설립한 이민자들은 영국 사회의 중간 계급에 속했다. 이들은 종교적으로 급진적이지 않았고, 영국 국교회의 온건한 개혁을 원했지만 혁명은 바라지 않았다. 그들은 런던 투자자들의 호의에 자본을 의존하지 않았고, 스스로 자본을 갖춘 사람들이었다. 그들 중 일부는 영국에 대규모 토지를 소유하고 있었고, 일부는 부유한 상인이었으며, 다른 일부는 전문직 계층 출신이었다. 많은 사람들이 대학에서 교육을 받은 사람들이었으며, 초기의 대다수는 영국 동부 카운티의 농장을 소유한 요먼 계층 출신이었다. 이 회사의 명단에는 헨리 로스웰 경, 존 영 경, 리처드 샐튼스톨 경, 존 엔디콧, 존 윈스롭, 그리고 앞서 말했듯이 영국에서 크롬웰, 햄든, 핌 가문을 낳은 혈기왕성하고 튼튼한 상류층을 대표하는 지주 젠트리 층 및 상업 계층 대표들의 이름도 포함되어 있다.

플리머스 일단—團과 달리 매사추세츠 회사는 왕으로부터 공식적인 칙허장을 받았다. 매사추세츠 회사의 구성원들은 이러한 영리 기업의 방식으로 그 수를 늘리고, 총독과 그의 조력자들을 선출하고, 법을 만들고, 그들에게 부여된 막대한 토지를 처분하고, 거의 모든 종류의 지역 경제 사업에 참여할 수 있는 권한을 가졌다. 요컨대, 종교적 동질감으로 결속되고, 풍부한 자본을 지원받으며, 경제적, 법적, 영적 측면에서 유능한 리더십을 갖춘 기업이었다.

매사추세츠 회사는 바로 전에 소멸한 버지니아 회사의 일반적인 형태를 띠고 있었지만, 회사의 소재지, 주주의 다수, 칙허장의 적법성이 모두 아메리카로 이전되었다는 한 가지 중요한 점에서 버지니아 회사와는 달랐다. 매사추세츠 회사는 바다 건너 식민지를 개척하고 통치하는 대신 직접 현장으로 건너가 개척자들의 노동을 지휘하고 사업의 모든 단계에 직접 참여했다. 따라서 매사추세츠 회사는 사실상 신세계에 세워진 실질적인 자치 국가였다.

1630년 봄, 존 윈스롭은 그들의 가족 및 백인 계약 하인들을 거느린 청교도 신사와 요먼들로 구성된 대규모 무리를 이끌고 신세계를 향해 항해했다. 그렇게 해서 이후 약 20년 동안 지속된 혼란과 혁명의 영국에서의 대탈출이 시작되었다. 찰스 1세는 새로운 법인에 칙허장을 부여한 해에 의회 없이 그의 백성들을 통치하기 시작했고, 11년 동안 직권으로 세금을 부과하고, 반대자를 투옥하고, 자신의 권한으로 강제 대출을 하고 징수했다. 영국은 전제주의로 향하는 듯했다.

하원에서 발언권을 박탈당한 중간 계급의 지주 젠트리, 요먼, 상인, 왕실의 과도한 강요에 부담을 느낀 장인들은 이제 혁명의 열정으로 불타올랐다. 크롬웰 가문과 햄튼 가문의 호전파에 속한 사람들은 반란의 수위를 높여 7년간의 전쟁을 벌인 끝에 마침내 왕을 화이트홀의 단두대에 세웠다. 고국의 자유와 승리에 낙담한 다른 사람들은 자유를 찾아 신세계로 이주하기로 결심했다. 그들은 재산을 팔고, 사업을 정리하고, 하인과 노동자를 모아 그들의 자본과 에너지를 다른 영역, 즉 보스턴, 찰스타운, 세일럼 및 인근 지역에 생겨난 새로운 정착촌으로 옮겼다.

이 베이 식민지 개척자들은 가축, 도구, 막대한 양의 물자, 그리고 대규모 경제 사업의 주 목표인 인디언과의 교역을 위한 물품을 가지고 왔다. 의심할 여지 없이, 그들의 지도자들은 영국에서 경험했던 계층화된 사회를 아메리카에서 재현하기를 원했지만, 신분과 왕의 애정에서 그들보다 우위에 있는 귀족들은 예외였다. 만일 그들이 장애물에 부딪히지 않았다면, 그들은 매사추세츠를 소작인과 노동자가 경작하는 땅으로 만들었을 것이며, 자유보유자가 산재해 있고, 이민자들의 취향과 기질에 맞게 '정화'되었지만 영국 양식에 따라 학식 있는 성직자가 이끄는 영국 국교회Established Church의 본거지로 만들었을 것이다. 첫 번째 거대한 원정에 나섰던 청교도 지도자는 이렇게 외쳤다. '우리는 분리주의자들이 영국을 떠날 때 흔히 말하는 것처럼, 잘 가라 바빌론, 잘 가라 로마!라고 말하지 않고, 잘 있거라 친애하는 영국, 잘 있거라 영국의 하느님의 교회와 그곳의 모든 그리스도교인 친구들이여!라고 말할 것이다.' 이 세상의 재물이 풍부하고, 학교의 종교적 학문이 풍부하고, 하급 계급의 적절한 송속에 대한 확고한 믿음으로 가득 차 있으며, 자치 칙허장을 부여받은 매사추세츠 회사의 이사들은 그들의 위대한 실험에 착수했다.

매사추세츠 베이 식민지Massachusetts Bay Colony가 수적으로 늘어나고 번영을 누리면서 신세계에서 벌어지는 일들은 종교, 경제 생활에 결정적인 변화를 예고했다. 성공회 주교들의 규율과 성공회 성직자들의 야망에서 멀어진 청교도들은 독립을 선언했고, 몇 년이 지나기도 전에 각각의 작은 교회는 주권적인 교회가 되었다. 농촌 경제는 당초 계획과는 달리 소작인, 노동자, 농노가 경작하는 대규모 영지가 설립되기를 바랐던 부유한 관리자들의 기대와는 다소 상반된 방향으로 흘러갔다.

여기에서도 이론보다는 환경이 결정적인 요소로 작용했는데, 뉴잉글랜드의 기후와 토양, 풍부한 토지와 부족한 노동력이 결합되어 봉건제와 같은 것은 불가능하게 만들었다. 청교도들이 이러한 형태의 농업에서 등을 돌렸다고 해서 예속과 노예 제도에 반감을 가진 것은 아니었다. 그들은 수익성이 있는 곳이라면 어디든 백인 계약 하인을 고용하고, 인디언을 노예로 삼으려 하고, 속박된 흑인을 고용했다. 긴 겨울, 자갈밭, 다양한 작물이 있는 땅에서 대규모의 노예 구속은 경제적으로 불가능하다는 것을 그들은 알았다. 따라서 청교도들은 자유 지주 농부들의 지도 아래 뉴잉글랜드 전역으로 퍼져 나갔고, 고된 농사일을 견디지 못하거나 언덕과 바위 사이의 고된 삶을 좋아하지 않는 사람들은 공해公海에서 자본과 에너지의 출구를 찾았다. 신성한 대구와 거대한 고래를 잡는 어업과 먼 곳과 가까운 항구에서의 인신매매를 통해, 뉴잉글랜드의 경제 책임자들은 버지니아 농장주의 후손들과 함께 연단과 들판에서 기량을 겨뤄야 했고, 그 후손들은 올드 도미니언Old Dominion[버지니아 주의 속칭]의 담배잎에서 나오는 부와 맞먹는 규모의 재산을 축적해 나갔다.

이러한 경제적 요인들은 정부의 정신과 절차에 지대한 영향을 미쳤다. 대체로 뉴잉글랜드에 온 신사, 요먼, 상인의 정치적 경험은 버지니아의 지배 계급과 다르지 않았지만, 농장이 아닌 공동체에 정착했기 때문에 카운티county가 아니라 작고 조밀한 타운town이 정치 생활의 단위가 되었다. 매사추세츠에서는 60년 동안 교인을 제외한 모든 사람이 참정권에서 제외되었기 때문에 마을 교회와 주[식민지]는 동일시되었고, 기도와 권면에 익숙한 자유 회중의 민주적 성향이 토론을 통한 정부 운영 과정을 지원했다.

마을이 늘어나면서 매사추세츠 베이 컴퍼니 전체가 한자리에서 회의를 여는 것이 번거로워지자 1634년에 지역사회로 나누는 것을 기반으로 한 대의제가 도입되었다. 이후 각 마을은 공개 회의를 통해 보통 많은 토론을 거쳐 커먼웰스[메사추세츠 베이 식민지]의 일반 법정에서 마을을 대표할 한두 명의 의원을 선출했다. 곧 모든 마을은 신학과 정치에 관한 어떤 문제든 즉시 논의할 준비가 된 정치인들을 보유하게 되었고, 공동체와 회중의 분위기를 전체에 전달할 수 있게 되었다.

§

매사추세츠의 척박한 토양과 혹독한 생활, 종교적 엄격함은 이주를 강요했고, 시간이 지나면서 로드아일랜드[1790년, 13번째로 연방에 가입], 코네티컷[1788년, 5번째로 연방에 가입], 뉴햄프셔[1788년, 9번째로 연방에 가입]에 식민지가 세워졌다. 비타협적인 급진주의자 로저 윌리엄스와 앤 허친슨이 주도한 종교적 논쟁에서 이러한 분파 중 첫 번째 분파가 생겨났다. 케임브리지 출신의 학자인 윌리엄스는 1631년 찰스 1세의 교회 신하인 로드 대주교 Archbishop Laud의 독재 통치를 피해 아메리카로 온 망명자로, 옛 영국에서와 마찬가지로 매사추세츠의 체제에 혼란을 주는 삶과 행동에 대한 이론을 가져왔다. 그는 편의주의가 아닌 원칙에 입각해 종교적 관용을 선포한 세계의 대담한 선구적 사상가 중 한 사람이었다.

윌리엄스의 신조에는 네 가지 핵심 사항이 있었다. 첫 번째는 '양심의 문제를 이유로 한 박해는 그리스도 예수의 교리에 가장 명백하고도 개탄스러울 정도로 위배된다'는 신조였다. 이 단순한 선언에서 '누구도 자신의 동의에 반하여 예배를 드리거나 예배를 유지하도록 구속되어서는 안 된다'는 원칙이 이어졌다. 윌리엄스의 세 번째 원칙은 교회와 국가는 분리되어야 하며, 민사 치안판사의 선택을 교인으로 제한하는 것은 조종사나 의사를 직업의 숙련도가 아니라 그들의 내세에서의 구원 계획에 따라 선택하는 것과 같다는 것이었다. 마지막으로, 민사 치안판사는 양심에 관한 문제에 전혀 간섭해서는 안 되며, '그의 권한은 인간의 신체와 재물에 대해서만 미칠 수 있다.' 따라서 청교도주의를 낳게 한 발효醱酵는 모든 독단적 신앙의 본질적 교리인 보편적 순응을 부정하는 탐구심도 낳았다.

당황한 윈스롭이 외쳤던 것처럼, '로저 윌리엄스와 같거나 그보다 더 나쁜 사람'은 케임브리지의 젊은 학자보다 3년 후에 도착한 앤 허친슨이었다. 허친슨 부인은 탁월한 용기, 훌륭한 성품, 좋은 가정, 의심할 여지 없는 능력, 즉 '준비된 재치와 대담한 정신'을 가진 여성이었다고, 그녀가 우월성을 인정하기를 거부한 총독은 불평했다. 신자들에 따르면 그녀는 '두 가지 위험한 오류'를 가지고 왔다. 그녀는 신앙으로 의로워진다는 교리doctrine of justification by faith[*]를 옹호하고 모든 신자 안에 성령이 거해 있다고 선언했다. 그녀는 또한 성직자의 처벌과 시민 치안판사의 형벌에 대항하여 종교적 문제에 대한 사적 판단의 주권을 주장함으로써 기존 청교도주의의 뿌리를 잘라 버렸다. 매사추세츠 당국은 한 남성이 주장했을 때 도저히 묵과할 수 없는 발언을 '여성운동가' 기질의 여성이 공표하자 두 배로 격분했다. 곧 매사추세츠에는, 버지니아 국교회나 스페인 종교재판소 치하에서와 마찬가지로, 윌리엄스와 허친슨 같은 사람들이 설 자리가 없다는 것이 분명해졌다. 그래서 두 사람은 최후의 말씀과 마지막 선의 땅에서 추방당했다.

숲 속에서 끔찍한 겨울을 보낸 윌리엄스는 5명의 동료를 모아 1636년 나라간세트 만의 고지대에 프로비던스Providence 정착촌을 세웠다. 2년 후, 같은 분

---

[*] 유대교에서 분리, 독립된 그리스도교 성립에서 가장 핵심적인 신학적 의제 중 하나다. 예수 사후 사도 바울로는 신의 구원이 율법의 준수에 기초한다는 유대교의 가장 기초적인 전제를 폐기하고 신 앞에서 의롭게 여겨지는 기준은 그리스도에 대한 신앙뿐이라고 주장해서 원시 그리스도교가 유대교의 분파에서 하나의 독립된 종교로 서는 데 결정적인 역할을 했다. 이것을 '칭의론稱義論'이라고 하는데 바울로 이후 시대와 교파에 따라 그에 대한 해석에서 현저한 차이를 보이며 여러 종파가 생겨나게 되었다.

노를 피해 도망친 허친슨 부인은 포츠머스에 식민지를 건설했다. 개척자들의 길을 따른 것은, 청교도들이 찰스 1세와 로드 대주교, 귀족의 지배 아래서 마찰을 빚었던 것처럼, 매사추세츠 신사와 성직자들의 엄격한 통치 아래서 갈등을 겪고 있던 겸손한 농부와 노동자들이 대부분이었다.

이 운동으로부터, 만을 벗어난 곳에서, 1663년 찰스 2세가 왕실 칙허장을 부여한 여러 마을의 연합체인 로드아일랜드 식민지가 생겨났다. 곧 숲과 바위 언덕으로 인한 제약에 불만을 품은 진취적인 개척자들은 직접 만든 배를 타고 바다로 나갔고, 그들 중 많은 사람들이 서인도 당밀을 증류하여 럼주로 만들어 남부 농장으로 운반할 노예와 럼주를 교환하며 부를 축적했다. 아메리카 독립혁명 직전에 총독과 회사는 '증류소는 식민지의 무역을 좌우하는 핵심 요소'라고 말했다.

매사추세츠의 두 번째 분파인 코네티컷의 정착지에서는 종교적 논란도 한 요소가 되었지만, 그것이 주된 요인은 아니었다. 매사추세츠 만 주변의 땅을 모두 차지하자마자 모험가들은 더 좋은 땅을 찾기 시작했고, 얼마 지나지 않아 서쪽에 있는 멋진 코네티컷 강 유역에 대한 소식을 듣게 되었다. 그래서 그들은 그곳을 보고 소유하기 위해 나섰다. 1635~36년 겨울, 소를 몰고 가재도구를 운반한 선발대가 숲을 지나 육로를 통해 새로운 가나안 땅으로 향했고, 그곳의 탐스러운 밸리에 하트포드, 윈저, 웨더스필드 세 타운을 개척했다. '천둥의 아들'[신약의 복음서에서 예수가 그의 사도인 야고보와 요한에게 붙여 준 별칭] 토머스 후커의 영적 지도하에 이들은 모 식민지의 종교 정책을 그대로 재현했고, 불굴의 존 메이슨의 지휘 아래 이웃 페쿼드족Pequods을 공격하여 칼과 불로 그들을 몰살시켰다. 이들은 물려받거나 습득한 공동 경영의 재능에 영감을 받아 1639년 '정부를 세운 역사상 최초의 문서화된 헌법'으로 알려진 코네티컷 기본 조례Fundamental Orders를 만들었다.

거의 같은 시기에 런던의 부유한 상인 테오필러스 이튼과 유명한 성직자 존 데이븐포트의 지도하에 다른 청교도들이 뉴헤이븐과 사운드 강변의 다른 지점에 작은 정착지를 세웠는데, 이 자치 마을은 성서가 교회와 국가, 가정에서 모든 사람의 통치를 위한 완벽한 규칙을 제시한다는 믿음에 기초한 '기본 조항Fundamental Articles'으로 알려진 서면 헌법에 따라 연합을 이뤘다. 1662년, 두 개의 작은 커먼웰스는 '아메리카 코네티컷 식민지의 회사와 사회는…… 아메리카 뉴잉글랜드의 영국 식민지 코네티컷의 주지사 및 회사라는 사실과 이름으로 기업적 및 정치적으로 하나의 단체'라는 왕실 칙허장에 따라 통합되었다.

매사추세츠에서 메리맥 강 너머로 떨어져 나온 다른 정착지들은 번성하는 식민지로 성장했고, 1679년 모계에서 분리되어 뉴햄프셔 왕실 속주로 세워졌다.

§

아메리카의 식민지 개척 실험을 지켜본 정계 인사 중에는 요크셔 출신의 신중하고 영리한 카톨릭 신사 조지 칼버트 경이 있었는데, 그는 재능과 공손함으로 왕실을 위해 봉사하면서 높은 지위에 올랐다. 그는 버지니아 회사 주식의 투자자였으며, 다른 유력한 인물의 음모로 궁정에서 쫓겨났을 때 볼티모어 경Lord으로 작위를 받고 거액의 돈과 신세계를 모험하는 것으로 자신을 위로했다. 뉴펀들랜드에서 몇 차례의 헛된 시험 끝에 그는 버지니아를 방문했고, 그 지역의 온화한 기후에 만족한 그는 찰스 1세로부터 이 지역의 막대한 토지를 하사받아 왕의 프랑스인 아내 헨리에타 마리아를 기리기 위해 메릴랜드[1788년, 7번째로 연방에 가입]라는 이름을 붙였다.

칙허장의 조건에 따라 볼티모어 경과 그의 상속인 및 양수인은 매년 인디언 화살촉 두 개와 식민지에서 발견되는 금은 광석의 5분의 1을 왕실에 바치는 조건으로 부여된 땅의 '진정하고 절대적인 영주 및 소유주'가 되었다. 같은 조건으로 소유주는 군대의 총사령관, 교회의 수장, 모든 공직, 민사 및 성직의 처분자가 되었다. 그는 자유 영지를 만들 수 있는 권한 외에도 봉건적 의무에 따라 가신 영주에게 영지를 부여함으로써 신세계에 중세 제도를 확립할 수 있는 명시적 권리를 부여받았다. 그러나 이러한 막강하고 광범위한 권한은 자유민 또는 그 대표의 동의를 얻어 법률을 제정해야 한다는 조항으로 인해 제한되었다. 이 중요한 문서에 왕이 서명하기 전에 초대 볼티모어 경이 사망했고, 적법하게 봉인된 왕의 칙허장은 1632년 6월에 그의 후계자인 세실리어스 칼버트에게 전달되었다.

볼티모어 가문은 메릴랜드 식민지를 처음부터 끝까지 경제적 모험으로 간주하여 막대한 투자를 했고, 시간이 지나면서 엄청난 연간 수입을 얻게 되었다. 처음에 볼티모어 2세는 자신의 광대한 영토를 수익성 있게 개발할 수 있는 자격을 갖춘 다양한 유형의 이민자를 받아들였다. 그의 계획의 첫 번째는 유능한 남성 5명을 수송하는 모든 신사에게 1,000에이커를 할당하고, 추가로 해외에서 데려오는 5명의 남성 그룹마다 추가로 1,000에이커를 할당하는 것이었는데, 이러한 각 영지는 '일반적으로 영국의 영지에 속한 것과 똑같은 모든 권리와 특권을 가진' 장원으로 세워질 것이었다. 두 번째로, 자비로 온 남성과 여성에게 50에이커와 100에이커의 땅이 제공되었으며, 아내, 자녀, 하인을 위한 추가 수당이 주어졌다. 그렇게 부여된 모든 토지는 소유주에게 매년 영구적인 면역지대免役地代를 지불해야 했다. 토지를 신속하게 경작하기 위해 계약 하인bond servant을 위한 특별한 형태의 계약서가 작성되었고, 얼마 지나지 않아 흑인 노예 제도가 도입되었다. 따라서 메릴랜드는 대지주가 소유하고 백인 계약 하인, 소작인, 노예가 경작하는 장원과 중간 계층의 농민이 경작하는 소규모 자유지로 구성된 반봉건적 질서가 지배하는 지역이 되었다.

볼티모어 경은 자신의 식민지 계획을 짜면서 종교적 관용이라는 광범위한 원칙을 채택했다. 개신교 국왕의 칙허장을 받았고, 청교도의 물결이 거세게 일고 있는 국가가 질투심에 찬 눈으로 지켜보는 상황에서 메릴랜드에 순수한 카톨릭 공동체를 세운다는 것은 상상도 할 수 없는 일이었다. 실제로 그의 칙허장은, 엄격하게 해석하면, 영국에서 카톨릭 신자의 존재조차 법으로 승인하지 않았기 때문에 카톨릭 신자의 이주를 아예 고려하지 않았다. 그러나 로마에 충성하는 볼티모어 경은 자신의 형제들에게 그의 영토를 닫을 수 없었다. 오히려 반대로, 그의 첫 번째 젠트리 계층에서의 이민자 호소는 주로 자신과 같은 교의를 가진 사람들에게 전달된 것으로 보인다.

그럼에도 불구하고 모든 볼티모어 가문 사람들에게는 신중함이 규칙이었던 것 같고, 독창성을 발휘해야만 신세계의 식민지를 혼란에 빠뜨리는 종교 분쟁 속에서 자신의 재산을 지킬 수 있을 것으로 기대할 수 있었다. 초대 볼티모어 경의 손으로 작성된 최초의 칙허장에는, 식민지에 세워진 교회는 '영국의 교회법에 따라' 봉헌되어야 한다고 명시적으로 규정되어 있었으며, 따라서 적어도 형식적으로는 영국 국교인 개신교가 메릴랜드의 합법적인 종교가 되었다.

최초의 볼티모어 경의 후계자들도 마찬가지로 신중했다. 그의 아들이자 후계자는 초대 총독과 위원들에게 보낸 지침에서 바다를 건너는 탐험에서 프로테스탄트에게 어떤 불쾌감이나 불명예를 느끼도록 해서는 안 된다고 경고했다. 예방책으로 그는 '로마 카톨릭 종교의 모든 행위는 가능한 한 사적으로 행하도록 하고 모든 로마 카톨릭 신자들에게 종교 문제에 관한 어떤 담론에서도 침묵하도록 지시했다.' 앞으로 닥칠 문제들을 감지한 그는, 성공회 버지니아와의 신중을 요하는 거래를 시작할 때 '영국 국교회에 부합하는 사람'을 그들의 메신저로 선택해야 한다고 말했다.

1642년 찰스 1세의 독단적인 개인 정부가 막을 내리고 영국이 혁명의 길로 들어섰을 때, 볼티모어 경은 폭풍이 자신의 방향으로 불어오고 있다는 것을 재빨리 알아차렸다. 그래서 그는 메릴랜드 총독에게 편지를 보내 '이 지방의 어떤 교인도, 로마 카톨릭 신자인 볼티모어 경을 포함해 그의 관리들 또한, 양심에 따라 폐하나 다른 관리들이 영국에 있는 사람들에게 허용하는 것보다 더 많은 특권, 면제 또는 면책특권을 그들의 사람들, 토지 또는 상품에 대해 허용할 것이라고 기대해서는 안 된다'고 말했다. 1688년 두 번째 혁명으로 카톨릭 신자인 제임스 2세가 영국 왕좌에서 쫓겨났을 때 볼티모어 가문은 수익성이 좋은 식민지 메릴랜드를 잃었다. 20년이 지난 후, 베네딕트 레너드 칼버트는 이전의 조건으로는 회복이 불가능하다고 판단하여 조상들의 종교적 신앙을 포기하고, 배교 행위를 통해 후손들에게 그 자리를 되찾아주고 풍요로운 유산을 물려주었다.

개신교도들의 파벌 다툼 속에서 신중하게 움직이면서, 볼티모어 가문 사람들은 자신의 영지에 농장주와 노동자를 배치하는 데 신중을 기했다. 예비 이민자들을 대상으로 한 첫 번째 광고에서는 식민지의 기후와 토양, 그리고 운송되는 각 계약 사용인으로부터 100퍼센트 이상의 수익을 올릴 수 있는 가능성에 대해 크게 강조했지만, 기록에 따르면 이민자들의 종교적 신념은 명백히 소유주에게 무관심한 문제였다. 정확한 비율은 논란의 여지가 있지만, 첫 번째 원정대에는 카톨릭 신자와 개신교 신자가 모두 있었다. 초기에 도착한 한 예수회원에 따르면 식민지는 '주로' 카톨릭 신자였으며, 개신교 역사가인 헨리 캐벗 로지에 따르면 '정착민 대다수가 개신교 신자였다는 것은 공정한 추정이다.'

그에 대한 평결이 어떻든 간에, 볼티모어 가문이 자신들의 신앙을 가진 사제들에게 조심스럽게 도움을 주었다 해도, 뉴잉글랜드의 검소한 청교도들을 간과하지 않았고, 개신교 신조를 가진 농부들에게 기꺼이 땅을 팔거나 임대할 의사를 보였다는 것은 확실하다. 매사추세츠 총독 윈스롭의 일기에 따르면, '볼티모어 경은 버지니아 근처의 많은 땅을 소유하고 있었기 때문에……그곳으로 이주하려는 우리 중 누구에게나 종교의 자유와 그 장소가 제공하는 다른 모든 특권과 함께 합의된 연간 임대료를 지불하는 조건으로 땅을 내주었다'라고 기록되어 있다. 윈스롭은 그의 주민 중에 '그런 유혹'을 받은 사람은 아무도 없었다고 덧붙였지만, 실제로 매사추세츠의 많은 청교도들과 버지니아의 많은 성공회 신자들이 제안을 받아들여 체서피크 해안의 비옥한 땅에 정착했다. 실제로 이들은 몇 년 만에 너무 많아져서 원래 소유주의 정치 형태를 뒤엎을 정도로 위협적인 존재가 되었다. 그들은 해묵은 원한을 잊은 채, 카톨릭교도와 퀘이커교도들을 공격하기 위해 그의 온화한 관용에 반대하는 공동의 명분을 만들었다. 지역의 역사에서 유명한 1649년 관용법Toleration Act이 아니었다면 카톨릭은 곧바로 개신교의 지배력에 굴복했을 것이다.

이러한 종교적 면죄부는 카톨릭과 개신교 모두에서 자유라는 명분으로 이루어진 큰 논쟁의 대상이었으므로, 그 역사를 자세히 살펴볼 필요가 있다. 볼티모어 경이 취한 원칙, 개신교 군주 치하에서의 이례적인 입장, 이민자들에게 땅을 팔려는 열망에서 비롯된 관용의 관행은 앞서 언급했듯이 메릴랜드에 카톨릭보다 개신교 요소가 더 빠르게 증가하면서 종교적 종파의 확실한 혼합을 가져왔다. 1648년 찰스 1세는 청교도당과 필사적인 투쟁을 벌이고 있었고 이미 그에게는 단두대의 어두운 그림자가 드리워져 있었기 때문에, 볼티모어 경에게 그의 식민지가 실제로 카톨릭의 거점이라는 혐의를 피할 수 있는 조치를 취해 달라고 간청했다. 이 긴급한 요청에 따라 볼티모어는 카톨릭교도 총독과 자문위원회를 해임하고 프로테스탄트들을 후임자로 임명했으며, 종교의 자유를 제한하는 법안 초안을 자신의 영지에 보냈다.

그로부터 얼마 지나지 않아 메릴랜드 의회에서 위대한 '관용법'이 통과되었다. 당시 총독과 협의회는 개신교였다. 흔히 주장하듯 하원의 과반수가 카톨릭 신자로 구성되었다는 주장은 다른 쪽에서 강력하게 의문시되어 왔다. 진실은 논쟁을 해결할 수 있는 확실한 기록이 없고, 의원들이 어떻게 투표했는지를 보여주는 입법부의 일지日誌도 없으며, 어쨌든 추상적인 자유를 사랑하는 사람들이 이 광경에 흥분할 이유는 없다는 것이다. 일반적인 양심의 자유는 그 당시까지 카톨릭, 성공회, 청교도들이 강요할 수 있는 위치에 있는 모든 곳에서 선포한 기본 원칙이 아니었다고 말하는 것은 자제력을 발휘하는 것이다.

관용법의 조항 자체는 그것을 법령에 명시한 당사자들이 소중히 여기는 자유의 본질을 반영하고 있다. 이 법은 예수 그리스도를 믿는다고 공언하는 사람은 종교를 행사하는 과정에서 어떤 식으로든 모욕을 당하지 않아야 한다고 규정했다. 한편으로 '우리 구주 예수 그리스도가 하느님의 아들이라는 것을 부인하거나 성부, 성자, 성령 삼위일체 또는 삼위일체 중 어느 한 위격의 신격 또는 신격의 단일성을 부인하거나 성삼위 또는 삼위일체 중 어느 한 위격에 대해 모욕적인 언행, 말 또는 언어를 사용하거나 발언하는 사람에게는 재산 몰수와 함께 사형을 선고할 수 있다'고 규정했다.

성모 마리아 또는 청교도, 장로교도, 독립교도, 카톨릭, 예수회, 루터교도, 칼뱅파, 재세례파, 브라운파, 율법폐기론자Antinomianism, 배로파Barrowist, 라운드헤드파Roundhead, 분리파Separatist 등 여러 종파 및 분파에 대해 모욕적인 말을 한 사람에게는 벌금, 공개 채찍질 등의 벌칙이 규정되어 있었다. '잦은 욕설, 술주정, 또는 무례하거나 무질서한 오락으로 안식일 또는 일요일이라고 불리는 주일을 어기거나 절대적인 필요성이 없는 날에 일을 함으로써' 안식일을 어기는 모든 사람에게는 벌금과 채찍형이 부과되었다. 이런 것들이 바로 이 법의 조항이다. 법이 통과될 때의 상황이 이런 분위기였다. 정의로운 판단을 내려야 한다고 느끼는 사람들이 판결의 근거로 삼은 유명한 사건들이 바로 이런 상황 속에서 내려졌다.

한 가지는 확실하다. 관용법이 부여한 유예는 일시적인 것에 불과했다. 40년 후 제임스 2세를 왕위에서 끌어내린 격변 속에서 관용의 서약은 큰 상처를 입었다. 이때부터 성공회는 우위를 점했고, 기회를 최대한 활용하여 메릴랜드에 영국 국교회를 설립하고, 지원을 위한 세금 징수를 승인하고, 카톨릭 예배의 공개 행사를 금지하고, 카톨릭 이민자의 입국을 금지했다. 따라서 그들은 영국 정부로부터 강력하고 부유한 계층의 애정을 멀어지게 하는 방식으로 성공회의 지고함의 상징을 보여주었다. 조지 3세가 슬프게도 알게 된 것처럼, 카톨릭 신자들은 때때로 분리주의자들만큼이나 혁명적일 수 있었다.*

§

볼티모어의 성공은 고난에도 불구하고 다른 궁정인들의 상상력을 자극했다. 내전의 긴 밤이 끝나고 찰스 2세가 그의 아버지들의 왕위에 안정적으로 올랐을 때, 굴종적이지는 않더라도 충성스러운 옛 군주제 지지자들이 보상을 받았고, 새 군주에게 국고에서의 지급과 보상금을 청구하는 채권자들도 많았다. 왕위를 둘러싸고 몰려든 군중 중에는 뛰어난 명성을 지닌 여덟 사람이 있었다. 왕당파의 대의에 대한 헌신에서 의심의 여지가 없는 수상 클라렌던, 찰스에게 나라를 넘겨주고 작위 승격으로 보상을 받은 배신자인 의회 군대의 장군 몽크, 시류에 따라 의견을 바꾸는 능력으로 통치자의 환심을 사고 나중에 샤프츠베리 백작이 된 애슐리 쿠퍼 경, 영국 해협 저지 섬의 총독으로 크롬웰의 승전군 앞에서 왕실의 깃발을 마지막으로 내린 조지 카터렛 경, 대중 당에 맞서 군주정을 유지했던 버지니아의 토리당 총독이었던 윌리엄 버클리 경과 그의 동생 버클리 경, 크레이븐 경과 찰스 2세의 명예에 대해 다소 약하지만 그래도 꽤 비중 있는 주장을 했던 존 콜튼 경 등이 있었다. 찰스는 소유주로서, 대서양에서 태평양까지 뻗어 있는 캐롤라이나라는 거대한 영토를 자신이 총애하는 이들에게 수여했는데, 이 영토는 영국 법률과 지역 의회의 동의를 얻어 그들이 원하는 대로 공동으로 통치할 수 있는 땅이었다.

칙허장이 내려지고 몇 년 뒤, 샤프츠베리는 정치 철학자이자 휘그당 이론가

---

* 조지 3세(재위 1760~1820)의 통치 기간 동안 가톨릭과 관련된 중요한 사건 중 하나는 가톨릭 해방Catholic Emancipation 문제이다. 영국에서는 오랫동안 가톨릭 신자들이 정치적으로 억압받았고, 공직에 오르지 못하는 등의 제약이 있었다. 18세기 후반과 19세기 초반에 가톨릭 신자들이 이러한 차별에 반발하여 더 큰 정치적 자유를 요구하게 되었고, 이는 정치적으로 민감한 문제로 발전했다. 특히 고든 폭동Gordon Riots(1780)이 그와 연관된 주요 사건이다. 이 폭동은 영국 정부가 가톨릭 신자들에 대한 일부 제한을 완화하려는 움직임에 반대하는 항의로 촉발되었다. 여기에서 가톨릭은 사회적으로 억압받은 소수였다. 또 하나의 사건은 1798년 아일랜드 반란으로 프랑스 혁명의 영향을 받아 아일랜드의 가톨릭 신자들과 개신교 분리주의자들이 영국에 저항하며 일으킨 폭동이다. 하지만 이것을 신구교 간의 갈등이 주 원인이었다고 보기는 어려울 것이다. 따라서 저자의 이 문장은 가톨릭 신도들이 소수였고 주로 영국 정부의 탄압의 대상이었음을 생각하면 무엇을 암시하고 있는지 다소 불분명하다. 혹은 아메리카 독립 전쟁 당시 영국 왕실의 정책 아래에서 차별받은 가톨릭 신자들이 앞장선 것을 가리키거나 프랑스가 그들을 외교적으로 군사적으로 도운 것 등을 뭉뚱그려 암시하는 것일지도 모르지만 독립 전쟁의 지도자들 중에 지명한 가톨릭 신자는 없으므로 이 또한 확실한 근거는 될 수 없을 듯하다.

인 존 로크에게 자신들의 제국을 위한 헌법을 만들어 달라고 의뢰했다. 학식이 풍부했던 로크는 현재 환멸의 기록보관소에서 찾아볼 수 있는 가장 환상적인 문서 중 하나를 초안으로 작성하여 이 임무를 완수했다. 그는 가장 연장자가 팔라틴palatine[영토 안에서 국왕과 같은 특권을 행사하는 영주]이 되고 나머지는 제비뽑기로 제독, 의전관chamberlain, 대신constable, 대법관, 대가령high stewart, 재무관treasurer으로 임명할 것을 제안했다. 주인들은 토지의 5분의 1을 개인 재산으로 보유해야 하고, 또 다른 큰 부분은 귀족이 소유하는데 땅에 묶인 세습 농노가 경작할 수 있도록 남작령과 장원으로 나누었으며, 나머지는 자유 소유자에게 매각해야 했다.

이러한 경제 구조에 맞춰 대중 집회popular assembly* 를 포함한 정교한 정부 시스템이 고안되었고, 이는 휘그당이 꿈꾸던 야생에 적합한 완벽한 질서, 즉 귀족이 예속적 노동에 의존하고 요먼들이 이를 견제하는 질서를 반영한 것으로, 로크가 말한 것처럼 '무수한 민주주의a numerous democracy'를 피하는 동시에 '군주제에 가장 적합한' 정부를 만드는 것이 큰 목적이었다. 그럴듯한 제목의 이 재미있는 헌법은 소유주들의 비준을 거쳐 발효되었지만, 달나라에서만큼이나 캐롤라이나에서도 실현될 수 없었다. 오늘날 이 헌법에 대한 관심은 영국의 지배 계급 중 가장 자유주의적이었던 휘그당이 변경 지역의 억압적이고 완고한 삶의 현실에 패배하지 않았다면 아메리카에 세웠을 사회 유형을 보여준다는 사실에 있다.

철학자가 계획을 완성할 때까지 기다리지 않고, 소유주들은 1만 2천 파운드의 기금을 모아 1670년에 식민지 개척 탐험대를 파견하여 찰스턴이라는 정착

---

* 대중 집회(또는 인민 집회people's assembly)는 참석자들에게 중요한 문제를 다루기 위해 소집되는 모임이다. 직접 민주주의에 의해 운영되는 경향이 있다. 특정 지역의 사람들이 모이는 집회도 있고, 특정 직장, 산업 또는 교육 기관의 사람들이 모이는 집회도 있으며, 특정 이슈를 다루기 위해 소집되는 집회도 있다. 아메리카 식민지 시대에는 초창기의 교회 모임에서 성장한 것이 일반적인 모델이다.

지를 세웠고, 10년 후 현재의 도시 부지로 이전했다. 그들은 또한 자신들의 양보로 땅을 차지할 모험가들에게 인센티브를 제공하여 이주의 흐름을 그 방향으로 돌렸다. 실제로 그들의 영토 북부에는 이미 버지니아에 있는 영국 국교회의 엄격한 통치를 피해 도망친 퀘이커교도들과 버지니아Old Dominion의 가장 존경할 만한 공물보다는 숲의 자유를 선호하는 무법자들이 조잡한 정착지를 만들었다.

토지를 팔아치우려 안달하는 소유주들이 종교적 관용을 보장하자, 각지에서 쫓겨나고 불만을 품은 사람들이 식민지로 쏟아져 들어왔다. 뉴욕의 영국 우월주의에 분노한 네덜란드인, 성직자 통치에 지친 청교도, 루이 14세의 용기병龍騎兵을 피해 도망친 위그노, 본국과 아일랜드에서 종교적, 경제적 분쟁에 휘말린 스코틀랜드 장로교도, 토지나 종교적 자유 또는 둘 다를 원하는 독일인, 산악 지대에 비해 온화한 기후와 풍요로운 토양을 가진 뉴베른New Berne에 정착한 스위스인 등 다양한 사람들이 모여들었다. 숙련된 관리 아래 쌀과 인디고 재배가 곧 도입되었고, 아프리카에서 끌어온 노동력의 도움으로 경제적 번영의 기반이 빠르게 마련되었다. 폭력으로부터 주인을 보호하기 위해 채찍질, 낙인 찍기, 귀 자르기, 거세, 사형 등 다양한 범죄에 대해 엄격한 법규가 채택되었지만, 법에 따라 그리스도교 신앙의 위로는 보류되지 않았으며, 노예 해방은 부정하면서 세례는 명시적으로 승인했다.

얼마 지나지 않아 소유주들은 지구의 여러 지역에서 캐롤라이나로 이주해 온 사람들 가운데 목이 뻣뻣한 세대가 있다는 사실을 발견했다. 식민지가 북부와 남부로 나뉘어져 있는 두 구역에 차례로 파견된 총독들은 항상 대중 집회와 갈등을 빚었다. 한 명 이상의 관리가 면역지대와 기타 수입을 징수하려다가 분노한 사람들에 의해 쫓겨났다. 정금正金의 희소성 때문에 사우스캐롤라이나[1788년, 8번째로 연방에 가입] 의회는 거듭해서 대량의 불환지폐 발행을 고집했고, 이는 아메리카 제국의 중심이 서쪽으로 이동하면서 2세기 이상 격화될 채무자와 채권자 간의 논쟁의 초기 장면을 연출했다. 지폐 발행에 반대하는 지역 상인들이 사과할 때까지 감옥에 갇히기도 했고, 바다 건너 영국 상인들이 지폐 발행에 반대하는 총독들에게 거부권을 행사하도록 유도하자 사우스캐롤라이나 의회는 혁명으로 대응하기도 했다. 이 과정에서 총독이 해임되고, 지폐를 지지하는 지역 인사가 왕이라는 이름으로 통치자로 선출되었으며, '혼란스럽고 태만하며 무기력한 소유주들의 정부'에 대한 항의가 왕실에 제기되기도 했다.

이익도 영광도 가져다주지 못한 무익한 경쟁에 지친 캐롤라이나의 소유주들은 1729년에 각 영토를 왕실에 매각했고, 이로써 각 영토는 왕실의 속주가 되었다. 이 매각이 완료됨에 따라 한때 소유주들이 선정한 총독을 둘러싸고 격렬했던 식민지 주민들의 분노는 왕의 관리들에게로 옮겨졌다. 자유 지주와 농장주들은 영국인 지주 8명에게보다도 왕실 국고에 지대를 지불하고 싶어 하지 않았고, 자신들의 기득권에 대한 광범위한 간섭을 기꺼이 용납하지도 않았다. 이러한 문제로 거의 반세기 동안이나 갈등을 겪은 캐롤라이나 주민들은 왕실 대리인의 통제를 종식시킬 혁명을 준비했다.

§

최초의 캐롤라이나 소유주 중 두 명인 버클리와 조지 카터렛은 남부 프로젝트가 처음 시작되었을 때 아메리카 토지 투기에 행운이 따르는 것을 보고 자신들의 책임으로 모험을 감행하기로 결심했다. 그리고 1664년에 친한 친구인 요크 공작으로부터 허드슨과 델라웨어[1787년, 첫 번째로 연방에 가입] 사이의 영토를 확보하여 그러한 경우에 적용되는 관습적인 조건에 따라 보유할 수 있도록 했다. 카터렛의 고향을 기리기 위해 그들의 부동산에 뉴저지[1787년, 3번째로 연방에 가입]라는 이름을 부여한 발기인들은 이민자들에게 쉬운 조건으로 작은 자유 지대를 제공하여 토지를 개발하기 시작했다. 문이 열리자 영국 제도의 모든 지역에서 정착민들이 허드슨 강 서안에 이미 여러 개의 마을을 건설한 네덜란드인들과 합류하기 위해 몰려들었다. 초대 총독 필립 카터렛은 약 30명의 모험가들과 하인들을 데려와 엘리자베스에 공동체를 세웠다. 코네티컷에서 온 청교도들은 뉴어크 마을을 세웠고, 스코틀랜드-아일랜드 장로교도들은 동부 카운티로 몰려들었으며, 영국 퀘이커교도들은 델라웨어의 비옥한 지역에서 서쪽으로 평화와 번영을 추구했다.

사업이 크게 발전하기 전에 소유주들은 대중 집회의 도움을 받아 온건하게 통치하려 했음에도 불구하고 곤경에 빠졌다. 매사추세츠의 관습에 따라 일부 청교도 마을은 지역 참정권을 교인으로 제한해야 한다고 주장했고, 이 문제와 관련해서는 공동 의회의 권위에 굴복하기를 거부했다. 그러나 한 가지에 대해서는 퀘이커교도, 장로교도, 네덜란드인들과 의견을 같이했는데, 그것은 바로 토지의 소유권에 대한 면역지대proprietary chest quitrents를 납부하는 데 반대하는 것이었다. 1670년에 공식적인 징수가 시작되자 모든 지역적 차이는 면역지대에 대한 일반적인 저항에 묻혀버렸다. 의회는 총독을 축출하고 시늉만 내는 가짜 총독을 임명한 다음 양보를 요구했다. 협상에 지친 버클리는 4년 동안 흥정을 벌인 끝에 자신의 지분을 일부 퀘이커교도들에게 팔았고, 얼마 후 카터렛의 지분도 다른 사람들의 손에 넘어갔다.

그러나 동부와 서부로 나뉜 뉴저지의 새로운 소유주들은 혼란스러운 주민들을 다스리는 데 있어서 똑같이 불행했고, 결국 '매우 비싼 깃털[명예]'에 지친 나머지 1702년에 식민지를 왕에게 반환했다. 이로써 뉴저지는 한동안 뉴욕과 통합된 왕실의 영토가 되었고, 왕실 총독들은 행정과 사유지 확장을 병행하면서 이전 소유주들의 문제를 물려받게 되었다. 식민지의 과거 기록에 굴하지 않고 클라렌던 경의 장남인 에드워드 하이드는 영국 채권자들에 의해 혼란에 빠진 상황에서 통합된 지방의 수장 자리를 확보하고 놀랍도록 짧은 시간에 산산조각 난 재정을 회복했다. 우연히도 그는 기민한 대법관 로저 몸페슨의 도움을 받았는데, 그 역시 일시적으로 '아버지의 빚을 갚기 위해 해외로 떠났던' 사람이었다. 뉴저지 주민들은 행정에 능통한 이들의 설계를 물리칠 수는 없었지만, 적어도 영국 국교회의 교리와 규율을 강요하려는 시도를 차단할 만큼은 능숙했다. 나중에 별도의 왕실 총독을 따로 두게 되었을 때에도 그들은 법과 세금을 둘러싸고 행정부와 계속 싸웠고, 그렇게 시간의 흐름에 따라 어느 정도 폭풍우를 일으키며 아메리카 혁명의 위기까지 나아갔다.

§

캐롤라이나와 저지Jersey의 소유주들이 겪은 수많은 낙담은, 상당한 재산을 소유했고 신중한 연설로 찰스 2세의 관심을 끈 젊은 퀘이커교도 윌리엄 펜을 두렵게 하지 않았다. 옥스퍼드에 재학 중이던 펜은 종교적인 삶에 매료되어 경멸과 박해를 받던 프렌즈 종파Friends— 당시에는 더 자주 랜터교Ranters 또는 퀘이커교라고 불렸던 —에 전적으로 헌신하기로 결심했다. 한 번 이상 수감되었던 감옥의 가혹한 체제나 분노한 아버지의 심한 구타도 그의 결심을 흔들 수 없었고, 1670년 엄격한 부모가 죽은 후 상당한 부를 소유하게 된 청년은 형제들을 위한 종교적 안식처이자 신중한 투자를 위한 장소로서 아메리카에 관심을 갖게 되었다.

아버지로부터 물려받은 재산 중에서, 펜은 찰스 2세를 상대로 1만 6천 파운드에 달하는 막대한 금액의 청구권을 가지고 있었는데 당시로서는 엄청난 금액이었다. 찰스 2세Merry Monarch에게서 그 빚을 어떻게 받아내야 할지 오랫동안 젊은 채권자는 고민했는데, 마침내 그는 궁정의 부드러운 기술의 도움을 받아 왕이 고집한 대로 펜실베이니아라는 커다란 영토를 받을 수 있었다. 형식상으로는 메릴랜드의 칙허장을 모델로 삼았지만, 명시적인 조건에 따라 펜은 자신의 영토의 진정한 절대군주가 되었고, '신의 도움으로' 전쟁을 일으키고, 군대를 모으고, 적을 정복할 수 있는 권력을 포함하여 자유민들의 조언과 동의에 따라 광범위한 정부 권한을 부여받았다.

이 왕실 칙허장이 적용되는 영토에 해안선이 없다는 사실을 알게 된 펜은 요크 공작에게 스웨덴이 네덜란드에게, 네덜란드가 영국에게 빼앗긴 남쪽의 델라웨어 지역을 자신에게 넘기도록 유도했다. 이 하부 카운티는 펜이 원래

교부받은 것과 동일한 조건으로 펜에게 할당되었는데, 1702년에 델라웨어의 분리된 식민지로 전환되어 아메리카 독립선언이 있을 때까지 펜 가문 아래에서 그 지위를 유지했다.

펜은 자신의 땅을 확실하게 소유하자마자, 이미 약 6천 명의 스웨덴인과 네덜란드인, 그리고 그보다 앞서 피난처를 찾아온 퀘이커교도들이 거주하고 있던 이 지역을 개발하기 위해 실질적인 업무에 착수했다. 온화하고 치유적인 관용의 원칙을 신념으로 삼은 그는 식민지에 정착한 모든 사람이 종교의 자유를 누려야 한다는 것을 알렸다. 이러한 확신을 바탕으로 그는 추종자들을 모아 1682년 아메리카를 향해 출항했다. 도착하자마자 그는 퀘이커 평화주의에 따라 인디언들과 화평을 맺고 그들의 주장에 따라 대가를 지불했다. 양심의 가책에서 벗어난 펜은 대중 집회popular assembly를 구성하고 자유주의 정부체제를 도입했으며, 구세계의 지방자치체를 저주스럽게 한 혼잡의 끔찍한 폐단을 미연에 방지하기 위해 계산된 방식으로 형제애의 도시 필라델피아를 건설했다.

의심할 여지 없이 볼티모어 경의 방식을 염두에 둔 펜은 대규모 투자자에게 5천 에이커의 토지를 각각 100파운드에 제공하고, 계약된 하인을 데려올 때마다 50에이커를 추가했으며, 식민지에 자신의 가족을 데려와 '정착'시키는 모든 사람에게 500에이커의 토지를 소유주에게 연간 지대를 지급하는 조건으로 제공했다. 기후와 토양, 부유한 정착민을 끌어들이는 것이 어렵지 않았다면 펜실베이니아는 소작농과 노동자가 경작하는 거대한 사유지의 식민지가 되었을지 모르지만, 최종적인 상황은 상인과 농부의 고향이 되었다. 펜은 영국과 대륙에서 독창적인 광고를 통해 영국 퀘이커교도, 다양한 개신교 신앙을 가진 독일인, 스코틀랜드-아일랜드 장로교도, 웨일스 침례교도, 나중에 카톨릭을 믿는 일부 아일랜드인 등, 자본을 가진 부유층으로 호화로운 대저택의 잠재적 지주가 될 사람들이 아니라 상인, 요먼, 농민 등 농장을 찾고 있는 사람들을 끌어들였다.

펜이 세운 정부 체제 하에서는 '전능하고 영원하신 한 분 하느님을 세계의 창조주, 지지자, 통치자로 고백하고 인정하며 시민 사회에서 평화롭고 정의롭게 살 의무가 있다고 생각하는 모든 사람'에게 관용이 주어졌고, 예수 그리스도를 믿는다고 고백하는 자유보유자와 납세자에게는 대중 집회 의원 선거권이 부여되었다. 그러나 실제로는 카톨릭 신자나 유대인 모두 적어도 기업 초기에는 종교적 예배의 자유를 누리지 못한 것으로 보인다. 게다가 불경건한 유흥객들은 법의 지배를 받았고, 연극, 카드, 주사위, 메이 게임[봄의 축제], 가면극, 과도한 유희는 금지되었다. 재산에 대한 세금 부담을 덜어주기 위해 정부의 지원을 위한 소비세가 주류에 부과되었다.

펜의 국가 이론은 온건함이 특징이었지만, 그의 삶은 그의 경력이 끝날 때까지 '조급함과 당혹스러움'으로 가득 차 있었다. 아메리카 개척지에서의 삶에 대한 가족들의 불만과 영국에서의 이해관계로 인해 그는 식민지 행정은 다른 사람들에게 맡기고 고국으로 돌아와야 했다. 어떤 이상한 이유에서인지 그는 정착민들에게 동정심이 거의 없는 총독, 군사적으로 엄격하게 통치하는 군인, 신을 두려워하는 그의 진지한 신민들을 불쾌하게 하는 분방한 탕아를 총독으로 선택했다.

마치 잔을 넘치기 직전까지 가득 채우려는 듯, 식민지 주민들은 펜이 토지 판매로 부를 축적하고 엄격한 지주 역할을 했다고 비난했다. 이러한 비난에 슬픔을 느낀 펜은 사실 그의 지출이 수입보다 많았고, 고집불통인 정착민들이 지대를 지불하지 않았다고 대답했다. 사실 이 분쟁은 너무 격렬해져서 지칠 대로 지친 펜은 왕실에 매각할 것을 고려했지만, 펜실베이니아 의회는 이 제안이 '먼저 양털을 깎고 나서 매각하는 것'이라는 취지의 선언을 내렸다. 슬픔에 가득 찬 펜은 1718년 일흔네 살의 나이로 세상을 떠났다.

자연스럽게 소유권은 그의 세 아들이 물려받았는데, 이들은 모두 효율적인 행정을 위한 고된 노력보다 쾌락과 유쾌한 생활을 더 좋아했다. 따라서 식민지와의 갈등은 계속되었다. 소유권 명령에도 불구하고 의회가 발행한 지폐를 둘러싼 다툼, 의회가 펜 가문 소유의 재산에 세금을 부과하려는 시도, 난폭한 정착민으로부터 지대를 징수하려는 노력, 변경의 호전적인 스코틀랜드-아일랜드인이 인디언과의 끊임없는 분쟁에 대해 평화적인 퀘이커교도들로부터 도움을 얻으려는 시도를 두고 다툼이 계속되었다.

펜 가문은 거래와 행상을 통해서만 가까스로 재산을 지키고 있었고 아무리 해도 지는 게임을 하고 있었다. 해가 갈수록 불만의 목소리는 점점 커졌다. 1764년 의회에서 우위를 점한 이들은 벤자민 프랭클린을 영국으로 보내 사유체제 폐지와 왕권 체제로의 대체를 요청했다. 모국의 제한적인 조치로 인해 펜실베이니아의 불만 세력이 다른 식민지들과 함께 바다 너머에 그들 권력의 원천을 가진 모든 정부에 반대하는 공동의 대의명분을 만들게 되면서 이런 일이 발생했다.

§

네덜란드 서인도 회사가 허드슨과 델라웨어 밸리에 깃발을 꽂고 뉴네덜란드의 설립을 선포할 때 영국의 식민지 설립에 그렇게 큰 영향을 미친 종교적 동기는 딱히 강조되지 않았다. 1621년 설립 당시 이 회사의 목적에는 전혀 잘못된 점이 없었는데, 그 주된 목적은 무역을 통해 주주들에게 배당금을 지급하는 것이었다. 그것은 대서양 유역에서 대규모 상업을 영위하고, 스페인 상권을 잠식하고, 브라질을 정복하고, 노예를 아메리카 농장으로 운송하고, 모피 무역을 통해 이익을 얻고, 정착촌을 건설하는 것으로 이루어졌다. 정식으로 칙허장이 작성되고 나서 2년 후, 회사는 허드슨 밸리를 점령하기 위한 발걸음을 내디뎠다. 얼마 지나지 않아 현재 올버니가 있는 포트 오렌지와 맨해튼 섬에, 인디언들로부터 60길더, 즉 약 24달러에 매입한 교역소를 건설했다.

두 곳의 전략적 군사 거점을 확보한 회사는 토지를 유상 부동산으로 개발하기 시작했다. 자유보유 농민의 중요성을 인식한 회사는 가족과 함께 새로운 정착지로 이주할 자유민에게 작은 토지를 제공했다. 이 과정을 통해 식민지로 유입된 소수의 이민자, 왈룬인Walloon, 또는 스페인령 네덜란드에서 온 프로테스탄트들이 롱아일랜드와 허드슨 강 양쪽의 유리한 지점에 농장을 짓고 건장한 네덜란드 농부들과 어울리기 시작했다.

일이 더디게 진행된다는 것을 알게 된 회사는 1629년, 15세 이상 50명을 수송해 그 땅에 노역으로 묶인 노동자로 정착시키는 모든 후원자에게 거대한 토지를 부여하겠다고 제안했다. 이러한 방식으로 수많은 위대한 봉건 가문이 탄생했으며, 그중 일부는 매우 강력하여 19세기 중반까지 파벌, 전쟁, 혁명의 폭풍 속에서도 살아남았다. 현지 산업의 성장에 만족하지 못한 회사는 정기적으로 아프리카에서 노예를 수입하여 밭, 상점, 주방에서 일하게 했다.

하지만 이러한 노력에도 불구하고, 40년이 지난 뒤 뉴네덜란드의 인구는 약 1만 명에 불과했으며, 그중 약 6분의 1이 맨해튼 섬 남단의 번영하는 마을 뉴암스테르담에 살고 있었다. 인디언과의 모피 거래가 회사에 가장 수익성이 높은 사업 부문이었기 때문에, 회사의 대리인과 침입자들은 럼주와 총기를 유리한 조건으로 좋은 모피와 교환하여 높은 이익을 얻으면서 분쟁의 씨앗dragon's teeth[*]을 뿌려 놓았다. 백인과 인디언의 갈등에 수반된 모든 역겨운 도살극 중에서 뉴네덜란드 국경에서 일어난 비극보다 더 끔찍한 것은 없었다.

그럼에도 네덜란드인들이 영적인 문제에 완전히 무관심했다고 생각해서는 안 된다. 오히려 식민지에 그들의 개혁파 교회Reformed Church가 설립되었다. 회사가 파송한 총독들은 대개 무자비한 실무가들이었지만 주민들에게 목사, 교사, '병자를 위로하는 자'를 제공하는 데 조금도 관심을 기울이지 않았다. 그들의 서류에는 영국 식민지 간부들처럼 신의 개입에 대한 언급으로 가득 차 있지는 않았지만, 한 번은 자신의 통치에 대한 불만에 매우 화가 났을

---

[*] 그리스 신화에서 용의 이빨은 페니키아 왕자 카드모스의 전설과 이아손의 황금 양털 탐험에 두드러지게 등장한다. 각각의 경우 불을 뿜어내는 용이 나오는데, 그 이빨을 심으면 완전히 무장한 전사로 성장할 수 있다. 여기에서 미래에 일어날 '분쟁(갈등, 문제)의 씨앗'이라는 관용적 표현이 생겨났다.

때 용맹한 늙은 스타위베산트는 자신의 권위의 원천으로 네덜란드 서인도 회사뿐만 아니라 하느님을 언급했다. 네덜란드인들이 인디언들의 영적 상태에 완전히 무관심했던 것도 아니다. 선교사들이 이교도들에게 파송되었고, 영웅적인 노력으로 일부 모호크족이 그리스도교 신앙을 갖게 되었다. 그러나 수확은 크지 않았고, 그들의 노력에도 불구하고 한 프랑스인은 네덜란드인들에게 '참된 그리스도 교회의 가장 분명하고 구별되는 표지인 불신자들의 구원을 위한 지속적이고 고된 열정이 부족하다'는 비난을 퍼부었다.

처음부터 네덜란드 식민지였던 뉴네덜란드의 운명은 위태로웠다. 영국인들은 식민지가 세워진 영토를 자신들이 먼저 발견했다는 이유로 소유권을 주장했다. 동쪽 변경에서는 허드슨 밸리의 농부와 상인들에게 직접적인 위협을 가하는 코네티컷의 개척자들에 의해 일찍부터 위협을 받았다. 멀리 플리머스에 있는 청교도들조차 네덜란드에서 받았던 친절한 대접을 기억하면서도 네덜란드인들이 해안을 따라 순항하는 무역선과 뉴암스테르담의 시장으로 모피 사업을 이전하는 것에 대해 불평했다. 이 외에도 이미 두 개의 반구에서 네덜란드와 제국적 라이벌 관계에 있던 본국의 영국인들은 적어도 신세계에서 그들과의 경쟁은 끝내야 한다는 분위기에 휩싸여 있었다.

1664년에 타격이 떨어졌다. 찰스 2세는 동생인 요크 공작에게 허드슨 강과 델라웨어 강 사이의 모든 지역을 허락했고, 영국 함대는 네덜란드에 아무런 경고도 하지 않은 채 항복하라는 천둥 같은 명령을 내리고 뉴암스테르담으로 내려왔다. 성마른 노총독 페터르 스타위베산트의 거친 항의도 헛수고였다. 뉴네덜란드에는 영국의 깃발이 내걸리게 되었다.

요크 공작은 뉴저지 식민지를 위해 카터렛과 버클리에게 영지의 일부를 양도한 후, 1685년 왕위에 오를 때까지 자신의 이름을 딴 영지를 소유하고 대영주로서 통치했다. 포트 오렌지는 올버니가 되었고, 뉴암스테르담은 뉴욕이 되었으며, 네덜란드의 저택들boweries 사이로 영국인 가정집들이 생겨나기 시작했다. 공작의 아낌 없는 호의 아래 영국의 재산 사냥꾼들은 5만 에이커에서

100만 에이커에 이르는 막대한 규모의 농지를 미미한 지대로 확보할 수 있었고, 이렇게 해서 서인도 회사가 만든 네덜란드 상류층에 부분적으로 부재지주 신분인 영국 귀족이 더해져 자유 지주들의 성장이 방해받아 식민지의 발전이 지체되었다. 그러나 농업의 더딘 발전으로 인해 잃어버린 것은 무역의 증가로 부분적으로 보충되었다. 그래서 어떤 의미에서 [뉴저지 식민지의] 영국 사회는 이중화되었다. 지주의 아들은 교회와 군대뿐만 아니라 무역업에도 진출했고, 부유한 상인의 딸은 지주의 아들과 결혼했으며, 1685년 제임스 [2세]의 대관식에서 뉴욕이 왕실 영토가 된 후 상류층의 의전에 약간의 궁중 풍미가 더해졌다.

§

회사와 소유주들에 의해 경제 사업과 종교적 안식처로 개발된 식민지 중에서 아메리카의 마지막 영국인 정착지인 조지아를 꼽는 것은 다소 어렵다. 조지아는 상업 회사의 사업이나 부유한 모험가의 야망, 종교적 자유를 추구하는 구도자들의 열망에서 비롯된 것이 아니다. 그것은 자선사업가 제임스 오글소프의 꿈에서 비롯되었다. 이 용감한 군인은 영국 감옥에 갇혀 있는 불쌍한 자들, 종종 단지 불운한 채무자, 때로는 종교의 통념을 받아들이지 못하는 불행한 사람들, 또는 인류의 비인륜적인 연대기에서 찾아볼 수 있는 가장 엄격한 형법 중 하나의 희생자들이 겪는 끔찍한 곤경에 오랫동안 정신적으로 고통받고 있었다.

이렇게 제시된 문제에 대해 오랫동안 고민한 끝에 오글소프는 또 하나의 아메리카 식민지 건설에 해결책이 있다는 결론에 도달했다. 1732년 조지 2세는 그의 세안을 받아들여 사우스캐롤라이나 아래의 넓은 영토를 이사회에 위임하고 '정치적, 기업적 일체로서' 재산을 관리할 것을 명령했다. 이듬해 사바나에, 오글소프는 새로운 식민지의 첫 번째 정착지를 마련했다.

이 사업에서 사업과 자선사업은 결합되어야 했다. 이민자들에게는 500에이커를 넘지 않는 소규모의 토지가 주어졌고, 포도주와 비단을 주요 작물로 생산해야 했다. 카톨릭 신자를 제외한 모든 이들에게 문호를 개방하고, 인디언들은 그리스도교로 개종하게 했다. 노예 제도는 금지되었는데, 수탁자들이 '백인 주민은 없고 소수의 불안정한 재산인 흑인으로만 가득 찬' 주를 만들고 싶지 않았기 때문이다. 럼주 판매는 산업과 공공질서를 위해 금지되었다.

이러한 상황에서 조지아는 곧 유럽 여러 지역에서 온 유대인, 동부 알프스 계곡의 잘츠부르크인, 친첸도르프Zinzendorf 백작이 이끈 모라비아인, 스카이 Skye의 존 매클레오드 휘하의 하일랜더[스코틀랜드인], 그리고 온갖 유형과 조건의 영국인 등 다양한 언어를 사용하는 인구가 모여들기 시작했다. 선교사들은 식민지의 영적 삶에 영양을 공급하기 위해 이곳에 왔다. 존 웨슬리와 찰스 웨슬리는 호기심 가득한 포도밭에서 한동안 수고했고, 화이트필드와 하버샴은 천둥 같은 기도와 설교로 죄인들을 사로잡았다.

이 모든 다양성을 고려할 때 조지아가 일찍이 국내 분쟁의 현장이 된 것은 놀라운 일이 아니다. 찰스 웨슬리는 오글소프와 다투고 표면적으로는 급보 전달자라는 명목으로 집으로 보내졌다. 존 웨슬리는 불륜이라는 이해하기 어려운 경솔함을 보인 후, 이 사건의 부인의 남편이 제기한 소송의 결과를 피하기 위해 때맞춰 '조지아의 먼지를 발에서 털어냈다.' 식민지 주민 일반도, 럼주와 노예, 그리고 그들의 땅을 처분할 때 더 많은 자유를 요구함으로써 행정 당국을 곤란하게 만들었다.

럼주에 관해서, 수탁자들은 결국 10년 뒤에 양보해야만 했다. 얼마 뒤에는 노예 제도에 대한 압력도 거부할 수 없게 되었다. 화이트필드와 하버샴은 노예 제도가 예수의 복음 전파를 촉진할 수 있다는 이유로 노예 제도를 찬성하는 강력한 탄원을 했다. 하버샴은 '아메리카의 많은 불쌍한 노예들이 이미 천국의 예루살렘에서 자유인이 되었다'고 외쳤다. 독일에 있는 영적 지도자들에게 조언을 구한 잘츠부르크 사람들은 '믿음으로 노예를 그리스도께 인도하려는 의도로 노예를 데려간다면 그 행위는 죄가 아니라 축복이 될 수 있다'는 말을 듣고 기뻐했다. 이렇게 복음 사역자들의 격려를 받은 사바나의 상인들은 '꼭 필요한 한 가지'를 외쳤다. 그래서 괴롭힘을 당하던 신탁 관리자들은 동의하게 되었고, 이미 혼합된 조지아 인구에 노예를 추가했다.

그 결과 식민지의 저지 지역lowlands은 '천국의 예루살렘'에서 자유인의 지위를 얻기 위해 노예들이 경작하는 농장으로 조성되었고, 요먼은 산록 지대로 꾸준히 밀려나면서 포퓰리즘 시대와 그 이후까지 지속된 조지아의 경제와 정치에 지방 분파적인 색채를 부여했다. 럼주와 노예가 도입되자 수탁자들의 불안감은 줄어들기는커녕 더욱 커졌고, 지방 의회와의 지루한 싸움에 지친 수탁자들은 1752년 회사를 포기하고, 조지아는 인근 캐롤라이나 주와 마찬가지로 왕실령이 되었다.

3

경제 및 정치 권력의 성장

제임스타운이 설립되고 독립선언서가 발표되기까지는 170년이라는 긴 세월이 놓여 있는데, 이는 아메리카가 지구상의 주권국가 사이에 자리 잡은 이후 경과한 시간보다 더 긴 기간이라는 사실을 기억하는 것이 유익하다.[*] 편지, 일기, 일지, 기타 당시의 기록들을 대수롭지 않게 여기는 독자들에게 식민지 시대는 주로 목적 없는 전쟁과 정치의 소용돌이로 가득 찬 것처럼 보인다. 인디언과의 충돌은 무수히 많았고, 항상 잔인했으며, 종종 무익했다. 프랑스, 스페인과의 전쟁은 7대양의 바다와 5대륙의 땅을 차지하려는 영국이 전 세계를 포위하기 위해 벌인 고통스러운 투쟁의 시기였다.

지나간 날들을 기록한 사람들의 페이지를 가득 채운 국내 사건들이 있었다. 영국에서 경쟁하는 정당들의 운명이 혁명, 복고, 혁명을 거치며 흥망성쇠를 거듭하는 가운데 아메리카에서 벌어진 흥미진진한 경합, 식민지와 소유주 간

---

[*] 이 책의 초판은 1927년에 나왔다.

의 경계와 상업 규정을 둘러싼 갈등, 코튼 매더[*]와 조너선 에드워즈^{**}가 죄인을 비난하거나 영국 국교회 목사들이 왕의 모든 신민臣民에 대한 권한을 확대하려는 시도로 인한 소란스럽고 긴 신학 논쟁, 카톨릭, 유대인, 새로운 사상의 보유자들에 대한 편협한 시각의 번쩍이는 섬광. 왕실 대리인들이 여론을 탄압하려 할 때마다 언론의 자유를 둘러싼 극적인 투쟁, 때로는 왕의 관리인 추방으로 끝난 총독과 대중 집회 사이의 격렬한 논쟁, 광범위한 지역사회에 공포를 퍼뜨린 천연두의 창궐, 뉴잉글랜드의 마녀 처형과 뉴욕의 흑인 학살과 같은 대중적 광란의 창궐, 농업 개선을 위한 인내심 있는 실험, 해마다 반복되는 일상적인 노동 속에서 사람들을 사로잡는 평범한 인류의 끊임없는 축제 행렬 등이 그것이다.

그러나 우리는 이제 유리한 위치에서 겉으로 보기에는 표류하지 않는 사건의 소용돌이 아래에서 독립을 향한 깊숙한 곳의 흐름이 시작되는 것을 볼 수 있다. 서부 개척지에서는 도끼 찍는 소리와 소총이 울리는 소리가 아메리카 제국의 무자비한 진격을 알렸다. 쉴 새 없이 드나드는 배들은 더 많은 일손과 더 많은 부를 개인들에게 안겨주었다. 주름 셔츠와 무릎 바지를 입은 근엄한 노신사들은 아메리카 혁명의 개즈든, 핑크니, 모리스, 워싱턴, 제퍼슨, 애덤스 가문에게 여가와 권력을 안겨줄 유산을 부풀리고 있었다. 식민지 의회에서의 다툼은 요먼과 상인의 아들들에게 결의안을 작성하고, 선언문을 짜고, 재정을

---

[*] Cotton Mather(1663~1728). 청교도 성직자이자 작가로, 신학, 역사, 과학에 관한 폭넓은 저술 활동을 펼친 식민 시대 뉴잉글랜드의 인물이다. 하버드 대학에서 교육을 받은 후 매사추세츠 주 보스턴에 있는 회중교회 올드 노스 미팅 하우스의 목사로 부임하여 평생을 설교했다. '최초의 미합중국 복음주의자'로 불린다.

^{**} Jonathan Edwards(1703~1758). 아메리카 계몽주의의 대표적 인물로 아메리카에서 가장 중요하고 독창적인 철학 신학자 중 한 명으로 널리 알려져 있다. 그의 유명한 설교인 '진노하시는 하나님의 손 안에 있는 죄인'은 대각성 운동의 시발점으로 인정되고 있다. 하지만 당시 그가 아메리카 식민지에 불러일으킨 종교적 열정은 영적인 고통으로 인해 자살하는 수많은 사람들을 낳기도 했다.

관리하고, 헌법을 만들고, 공론장에서 전쟁을 수행하는 방법을 가르치고 있었다.

회의실, 서재, 대학 강의실, 작은 편집실에서 활동적인 지식인들은 자신들의 주장을 뒷받침할 지식을 수집하고, 잠잠하지만 잠재력이 있는 국가가 주권으로 나아갈 수 있도록 호소할 근거를 마련하고 있었다. 인디언과 프랑스와의 전쟁을 통해 각 지방 정부는 국가의 필수 요소인 군대를 조직하고, 공급하고, 지휘하는 방법을 배웠다. 프랑스와 스페인의 상업에 편승한 식민지 사병들은 영국 선원들과의 경쟁에 대비해 돛을 다듬고 총을 사용하는 방법을 배우고 있었다. 요컨대, 아메리카는 식민지 시대에 대륙의 절반을 휩쓸고 독립을 쟁취하고 이를 유지할 수 있는 지배 계급으로 성장하는 데 필요한 경제적 자원, 정치적 경험, 지적 통찰력, 군사 기술을 습득하고 있었다.

§

식민지 개발 초기에 아메리카 이주의 흐름은 상인, 요먼, 노동자, 장인, 옥스퍼드와 케임브리지 출신의 학자, 그리고 손해 입은 재산을 복구할 재료를 찾아 아메리카로 이주한 소수 귀족 가문의 후손 등 거의 순수하게 영국인이 주류를 이루었다. 이 운동은 식민지 건설이 시작된 세기에 가장 강력하게 일어났다. 약 2만 명의 모험가들을 뉴잉글랜드로 데려간 청교도들의 탈출은 찰스 1세가 런던에서 개인 독재 체제를 구축하기 위해 노력하던 1629년에서 1640년 사이에 특히 많았으나, 그 후로는 그 수가 점점 줄어들었다.

따라서 독립혁명 직전에 그 지역 주민의 대부분은 원래 개척자의 후손이었다. 아마도 다른 이유 때문일 수도 있지만, 비슷한 결과로 남부 식민지로의 영국인 이주도 첫 번째 열정이 분출된 후 속도가 느려져 오래된 가계들이 조상의 유산을 소유하게 되었다.

18세기 동안 아메리카 내 영국인 인구의 증가는 모국으로부터의 증가보다는 정착민들 사이에서 대가족이 증가했기 때문이다. 값싼 토지가 풍부했기 때문에 조혼早婚이 장려되었고, 아내와 자녀는 남편의 지갑을 털어가는 존재가 아니라 경제적 자산이 되었다. 성서의 가족에 대한 기록이 증언하듯이, 땅을 충만하게 하라는 고대의 명령은 문자 그대로 성취되었다. 예를 들어 로드아일랜드에서 태어난 마리아 해저드는 100세까지 살면서 '자녀, 손자, 증손자, 고손자까지 500명을 셀 수 있었다. 그녀가 죽었을 때 그중 205명이 살아 있었고, 그녀의 손녀는 이미 15년 전에 할머니가 되어 있었다.' 이러한 가족들의 다산 덕분에 식민지는 영국을 알지 못하고 아메리카를 조국으로 여기며 애정을 쏟는 아메리카 땅에서 자란 세대가 지배하게 되었다. 거의 예외 없이 독립전쟁을 이끈 국가의 지도자들은 가장 오래된 가문 출신이었다. 애덤스 가문의 창시자는 1636년경 매사추세츠에 상륙했고, 최초의 워싱턴은 1656년 버지니아 해안에 도착했으며, 최초의 프랭클린은 1685년 이 대륙에서 그의 소박한 노동을 시작했다.

나중에 식민지 인구에 추가된 사람들은 주로 런던의 정부에 적대적이거나, 적어도 머리 위에서 흔들리는 영국 국기를 볼 때 애국심의 감격을 느끼지 못하는 사람들이었다. 영국인 다음으로 많은 스코틀랜드계 아일랜드인은 청교도들처럼 영국 정부의 통치에서 도망쳐 나온 사람들이었다. 그들의 조상은 17세기에 스코틀랜드에서 북아일랜드로 이주했는데, 이 지역은 원주민들이 크롬웰의 칼과 횃불 앞에서 채찍질당하고 쫓겨나면서 비운 비옥한 지역이었다. 그곳에서 스코틀랜드인들은 장로교 신앙을 지키며 리넨과 모직물 제조로 번영을 누렸지만, 산업과 종교로 인해 영국 당국과 갈등을 겪기도 했다. 영국과의 경쟁에서 비롯된 불만에 대해 의회는 그들의 직물 수출을 금지했고, 성공회의 우위를 확립하기 위한 법안에서 그들의 예배도 금지 대상에 포함시켰다. 그들이 피난처로 아메리카로 눈을 돌린 것은 아일랜드에서의 압제에 구원의 희망이 보이지 않는 절망적인 상황에서였다.

17세기 말경, 스코틀랜드계 아일랜드인 이주의 물결이 — 스코틀랜드에서 바로 개인과 공동체 전체가 신세계로 향하는 이주가 더해져 — 거세게 일기 시작하여 몇 세대에 걸쳐 끊이지 않고 계속되었다. 먼저 도착한 영국인, 네덜란드인, 스웨덴인 등이 해안 지역을 점령하고 있다는 것을 발견한 스코틀랜드인들은 대개 변경으로 내몰렸고, 외진 곳에서의 열악한 생활 조건과 생존을 위한 치열한 투쟁은 그들을 구세계와 묶어주는 유대를 더욱 약하게 만들었다. 뉴잉글랜드의 청교도들보다도 스코틀랜드인들은 조지 왕에게 충성을 맹세할 이유가 없었고, 식민지 인구의 약 6분의 1을 차지한 스코틀랜드인들의 숫자는 그들을 강력하게 만들었다.

스코틀랜드-아일랜드계 이민자들과 마찬가지로 독일인들도 몇몇 산발적인 모험가들을 제외하고는 아메리카 땅에 뒤늦게 나타났으며, 윌리엄 펜이 17세기 후반에 식민지의 문을 활짝 열고 나서야 대량으로 이주하기 시작했다. 또한 대부분의 독일인들은 내륙으로 강제 이주되어, 언어, 언론, 종교, 학교를 분리하여 유지하면서 영국 국교화를 위한 모든 노력에 대해 냉담한 무관심을 나타냈다. 런던에 대해 적극적인 적대감을 가지고 있지는 않았지만, 이웃 국가에 대항하여 조지 3세의 편을 들 딱히 특별한 이유는 없었고, 1776년 당시 독일인의 수는 최소 20만 명에 달했기 때문에 무시할 수 없는 존재였다.

프랑스 위그노도 뒤늦게 온 이민자들이었는데, 17세기 말 루이 14세가 이들에 대한 종교 관용령― 낭트 칙령 ―을 철회하고 프랑스 땅에서 쫓아냈다. 주로 고국에서 상업 활동을 하던 위그노 대부분은 신세계에 도착한 후에도 그 직업을 계속 유지했다. 상인으로서 그들은 아메리카 시장에서 영국인들과의 경쟁에 빈틈없는 활력으로 대응했다. 영국 전통과는 다른 물질적, 교육적 배경을 가진 이들은 영국의 지배를 전복하는 운동에서 그들의 몫 이상의 정치적 리더십을 발휘하는 데 큰 역할을 했다.

인종적으로는 켈트족, 종교적으로는 카톨릭을 믿는 아일랜드 원주민은 앵글로색슨족과의 오랜 갈등의 상처를 안고 수천 명 단위는 아니더라도 수백 명씩 아메리카로 건너온 것으로 추정된다. 그들을 받아들인 땅에서 그다지 따뜻한 환영을 받지는 못했지만, 반란의 기운이 높아졌을 때 아메리카 군대로 몰려들었다. 많은 나라에서 경제적, 종교적 박해를 피해 도망친 유대인들은 위그노와 마찬가지로 상공업으로 전향했고, 비슷한 방식으로 영국과의 경쟁에서 압박을 받았다. 그리하여 식민지 주민들 사이에서는 구세계와 그 세력, 총독, 권력자에 대한 정치적 충성을 지속하는 것에 반대하는 흐름이 일어났다.

한편 식민지 간 이주는 순전한 지역적 환경의 장벽을 허물고 있었다. 코네티컷에 거의 정착하지 못한 청교도들은 거기에서 철수해 롱아일랜드로 이동한 후 뉴저지로 진출했다. 플리머스의 퀘이커교도들은 이웃들과의 갈등으로 시달리다가 버지니아로 이주했지만, 그곳에서 별다른 환영을 받지 못한 채 결국 노스캐롤라이나[1789년, 12번째로 연방에 가입]의 서부 황야에서 터전을 찾았다. 프랑스 위그노교도인 패뉴일Faneuil은 뉴욕에서 사업을 시작하여 로드아일랜드로 사업을 이전하고 아들 피터[보스턴을 상징하는 역사적 건축물 패뉴일 홀을 지어 시민들에게 기부한 인물]를 보스턴으로 보냈다. 많은 2세대 식민지 주민의 혈통에는 두세 나라의 피가 섞여 있어 영어 이름에 네덜란드인, 스웨덴인, 스코틀랜드 장로파 등의 이름이 포함되었다. 예를 들어, 더크 스토펠스 랑게스트레트Langesstraet는 1657년 네덜란드에서 신세계로 항해했고, 한 후손은 뉴저지의 퀘이커교도와 결혼했는데, 네덜란드의 고색창연한 이름은 롱스트리트Longstreet가 되었고, 안정을 찾지 못한 자손들은 배를 타고 조지아로 향했다. 마침내 제임스 롱스트리트는 한때 네덜란드가 차지했던 강가에 있는 웨스트포인트에서 훈련받고 머내서스Manassas[남북전쟁 중 불 런Bull Run 전투가 벌어진 곳]에서 애퍼매톡스까지 남부연합을 위해 복무했다. 보스턴에서 성장한 벤자민 프랭클린은 필라델피아의 온화한 분위기에서 자신의 재능을 키웠고, 말년에는 대륙을 위해 봉사하는 데 헌신했다. 인구 이동의 교차 흐름이 크지 않았던 것은 사실이지만 이주는 이미 많은 변종을 혼합하여 아메리카인이라는 새로운 융합을 만들어냈다.

§

해안선에 발판을 마련한 아메리카 식민지 개척자들은 비옥한 밸리, 험준한 산맥의 틈새, 넓은 바다의 길을 따라 지칠 줄 모르는 활력으로 사방으로 사업을 확장해 나갔다. 기계적인 장비가 거의 없었기 때문에 그들의 항로는 주로 그들이 처한 지리적 환경에 의해 형성되었다. 그들은 자연이 펼쳐놓은 길을 따라갔다. 그들은 적대적인 인디언 부족과 프랑스 제국주의의 선봉대에도 불구하고 해안에서 서쪽 내륙으로 놀라울 정도로 빠르게 이동했다. 모피 상인과 사냥꾼들이 석양을 향해 전진하는 파도의 외곽에 있었고, 그 바로 뒤에는 호기심과 모험을 좋아하는 실용적인 사람들이 뒤따랐다. 그다음은 땅에 굶주린 농부들이었다. 기나긴 대열의 모든 곳에서 밤낮으로 진격이 계속되었다.

청교도 개척자들은 북쪽 내륙으로 꾸준히 진격하여 보스턴이 세워진 지 한 세기도 채 되지 않아 매사추세츠와 코네티컷의 가장자리에 있는 하우사토닉 밸리에 전초 기지를 세웠다. 이웃 식민지였던 뉴욕에서는 주로 허드슨 강을 따라 옛 네덜란드의 중심지였던 올버니로 진격했고, 그곳에서 농장이 확산되면서 나침반의 모든 지점으로 뻗어나갔다. 번영하는 두 상업 정착지 사이에 위치한 뉴저지는 구세계뿐만 아니라 양 방향에서 이주해 온 사람들로 빠르게 채워졌고, 1681년 뉴브런즈윅이, 4년 후 트렌턴이 시작되었다. 펜실베이니아로 북상하기 위해 서스크해나 강은 교통로를 열었고, 1726년까지는 현재의 해리스버그 부지에 농장이 조성되었으며, 남부 변경을 따라 가느다란 정착촌이 오하이오 강 상류로 꾸준히 뻗어나가 미시시피 밸리Mississipi Valley[*]의 관

---

[*] 미시시피 밸리는 미국 역사와 경제에서 중요한 역할을 했다. 이 지역은 미시시피 강 유역을 따라 형성된 광대한 지역으로, 미국 중부와 남부의 여러 주에 걸쳐 있다. 미시시피 강은 미국 내에서 두 번째로 긴 강이며(지류인 미주리 강이 제일 긴 강이다), 북쪽의 미네소타에서 시작해 남쪽의 루이지애나까지 흘러 멕시코만으로 이어진다. 미시시피 밸리는 이 강의 주요 지류들까지 포함하는데, 미주리 강, 오하이오 강 같은 큰 강들도 유역에 속해 있다. 따라서 이 지역은 중서부와 남부의 주요 농업 및 산업 중심지로 발전했으며, 특히 19세기에는 농업, 교역, 철도 건설 등의 경제적 활동이 활발하게 이루어졌다.

문에 이르러서야 식민지는 펜 가문의 지배에서 벗어나게 되었다.

　남부에서는 서쪽으로의 진격이 더욱 빨랐다. 노예 노동력에 의한 광범위하고 소모적인 경작 체제 아래에서 풍요로운 해안 평야는 빠르게 점령되었고, 집을 찾던 소규모 농부들은 고지대로 몰려들 수밖에 없었다. 산록 지역에 정착이 시작되자마자 펜실베이니아의 독일인과 스코틀랜드계 아일랜드인 지역으로부터 이주민이 유입되었다. 이러한 끊임없는 침투 과정을 통해 블루 릿지 지역과 셰난도아 밸리는 점령되었고, 변경 초소에는 여전히 영국 국기가 휘날렸다. 더 높은 산악 지대의 장벽도 뚫렸다. 1654년 초 버지니아의 한 대령이 켄터키에 도착했고, 40년 만에 테네시의 숲에서 체로키족과의 인신매매가 시작되었다.

　아메리카 독립혁명 직전, 탐험가들은 개척지의 구석구석을 열심히 찾아다녔고, 국가 건설자들은 열심히 일하고 있었다. 1751년 크리스토퍼 기스트는 켄터키 강에서 카누에 타 노를 저었고, 몇 년 후 존 핀리는 곧 피투성이로 뒤덮일 땅을 밟고 있었다. 1769년, '황야에 정착촌을 지으라는 신의 계시를 받은' 용감한 니므롯* 대니얼 분은 무리를 이끌고 컴벌랜드 갭을 통과해 새로운 약속의 땅으로 향했다. 선구자들의 뒤를 이어 개척자 농부들이 뒤를 따랐다.

　이 보고서에서 영감을 얻은 노스캐롤라이나의 한 후원자 리처드 헨더슨은 서쪽 땅에서 수익을 창출할 수 있기를 꿈꾸며 회사를 조직하고 1775년 인디언들로부터 켄터키 강과 컴벌랜드 강 사이에 있는 광대한 땅을 매입하여 트랜실베이니아 정착지를 설립했다. 이렇게, 워싱턴이 케임브리지에서 혁명군을 지휘하기 전에 해안선을 훨씬 넘어 14번째 영국 식민지[트랜실바니아 식민지가 현재의 어떤 주에 해당하는지는 명확하게 정의하기 어렵다. 그 이유는 트랜실바니아가 당시 구체적인 행정 구역을 형성하지 않고, 단지 영국 식민지

---

* 　구약성서 창세기(10장 8~9절)에 나오는 인물로 용맹한 사냥꾼이다.

로서 설립된 시도였기 때문이다.현재의 켄터키 주와 테네시 주에 걸쳐 있었다가 형성되고 있었다. 아메리카 전체에 대해 말하자면, 영국 면적의 몇 배에 달하는 비옥한 땅이 이미 개척되어 드문드문 사람들이 정착했고, 조잡하지만 생산적인 경작이 이루어지고 있었다. 칼라일이 말했듯이, 사실들은 광대하고 명백하다!

식민지 제국의 내륙 진출은 아메리카의 농업 경제에서 자유 농민이 우세해지는 경향을 가속화했다. 뉴햄프셔에서 조지아에 이르는 국경 지대를 따라 정착민의 선봉대를 이끈 것은 땅을 소유하려는 열정에 불타는 사람이었다. 그에게 값싼 땅은 자유를 의미했고, 그의 가족에게는 거칠지만 충분한 안락함을 제공했다. 그래서 좁은 계곡, 깊은 숲, 높은 산록 지대로 들어온 영국인, 독일인, 스코틀랜드계 아일랜드인 개척자들은 자유 지주 제도와 그에 필연적으로 수반되는 사회 질서를 함께 짊어지고 들어왔다. 이들은 이미 착취당한 농업 자원에 둘러싸여 있고, 노동자를 사회 규율에 복종시키기 위해 국가와 교회라는 엔진으로 무장한 지주와 성직자의 통치 명령에 둘러싸인 유럽적 의미의 농민이 아니었다. 반대로 이 행진하는 개척자들은 태초의 비옥함으로 가득한 대지, 사냥감과 물고기가 살아 숨 쉬는 숲과 개울을 마주했고, 태양과 별빛 아래서 스스로가 주인이 되었다.

이러한 상황에서 새로운 심리가 일깨워졌고, 뉴욕과 메릴랜드의 대저택, 드넓은 남부의 대농장plantation, 구세계의 마을에 살던 사람들과는 완전히 다른 정신세계를 가진 남성과 여성들이 생겨났다. 게다가 이 자유 농부들은 유럽이 아닌 새로운 서부를 마주하고 있었으며, 그들의 지역사회는 대서양 연안 지역보다 더 고립되고, 더 지방적이며, 더 독립적이고, 더 아메리카적이었다. 세월이 흐르면서 이들의 결속력과 자유에 대한 사랑은 더욱 강해졌지만, 구세계에 대한 기억과 애정의 끈은 망각 속으로 사라졌다.

그들의 삶과 사상의 흐름은 가차 없이 새로운 수로로 흘러갔다. 그들은 존슨 박사[Samuel Johnson]의 그러브 스트리트 친구들이 모이는 훌륭한 회합에 어울리지 않았을 것이며, 조지 3세의 알현식에서 호의와 특혜, 자리를 차지하기 위해 궁정 복장이나 화려한 소매lawn sleeves로 차려입은 신사들과 어울리지도 못했을 것이다. 그들의 삶에서 18세기 영국 정부를 구성하는 특권과 계급 통치 체제의 일부가 된 것은 아무것도 없었다. 그들의 삶에서 그 어떤 것도 그 체제의 사절들— 농부들이 사냥감의 서식지로 침입할 때마다 분개했던 영국 모피 상인이나 왕실 총독의 총애를 받으며 자신과 가족을 부유하게 할 막대한 보조금을 노리고 식민지 지도를 연구하는 영국 토지 투기꾼 등 —을 우호적인 눈으로 바라볼 수 있게 만드는 것은 없었다. 내륙 주민과 영국 정부를 하나로 묶어주던 유대는 거미줄처럼 가벼웠고, 프랑스와 스페인에 대한 공포가 전쟁으로 사라지고 나자, 콩코드에서 첫 총성이 울렸을 때 그 유대감은 아침 이슬처럼 사라졌다.

1765년에 이미 점령된 거대한 농경지에서 매년 엄청난 양의 농산물이 쏟아져 나왔다. 뉴잉글랜드를 제외한 모든 지역에서, 소비할 수 있는 식량보다 더 많은 식량이 생산되었다. 중부 식민지*에서는 옥수수, 밀가루, 염장 돼지고기, 아마, 대마, 모피, 완두콩은 물론 가축, 목재, 오크통 막대, 곧바로 지을 수 있는 모든 형태의 집 등을 선적하기 위해 항구 도시로 보냈다. 메릴랜드와 버지니아는 경제생활의 주축인 담배를 공급했는데, 담배는 경쟁에 구애받지 않고 꾸준한 수요가 있는 품목이었다. 수입된 직물, 차, 커피, 가구, 은, 카펫, 태피스트리를 구입하고 옥스퍼드나 케임브리지에서 공부하는 아들의 학비를 충

---

* middle colonies. 13개 식민지 중에서 뉴잉글랜드 식민지와 남부 식민지 사이에 위치한 식민지들을 가리킨다. 이 지역은 현재 대략적으로 중부 대서양의 주들로 구성되었다. 영국이 이 지역을 지배하기 전까지 이 지역의 대부분은 뉴네덜란드의 일부였다. 영국은 1664년경 네덜란드와의 전쟁을 통해 이 지역의 대부분을 점령했고, 정복한 땅의 대부분은 뉴욕 주가 되었다. 요크 공작과 영국 국왕은 나중에 다른 사람들에게 이 땅의 소유권을 부여하여 뉴저지 주와 펜실베이니아 주가 되었다. 델라웨어 식민지는 나중에 윌리엄 펜이 설립한 펜실베이니아 주에서 분리되었다. 참고로 남부 식민지는 메릴랜드, 버지니아, 캐롤라이나, 조지아 주를 가리킨다.

당한 것은 담배였다. 작황이 확실했기 때문에 농산물을 생산하는 사람들은 상품과 현금을 미리 받을 수 있었다. 실제로 해마다 외상은 점점 더 늘어났으며, 혁명 직전까지 남부 신사들은 영국 상인들에게 막대한 빚을 지고 있었다. 그들은 독립을 위한 투쟁 중에 그 빚이 그대로 남아 있는 상황에 불만이 없었고, 나중에는 그들의 형제 중 한 명인 토머스 제퍼슨의 너그러운 행정으로 미합중국 정부에 의해 상당 부분 빚에서 자유로워졌다. 노스캐롤라이나는 농산물과 약간의 담배를 시장에 공급했지만 주로 타르, 피치, 테레빈유로 런던에 대금을 지불했다. 사우스캐롤라이나와 조지아는 대서양과 지중해 무역에 쌀, 지붕널, 베이컨, 염장 소고기를 공급했으며, 18세기 중반에는 엘리자 핑크니의 끈질긴 실험 끝에 수익성 있는 주요 품목에 인디고를 추가했다.

§

육지에서와 마찬가지로 바다에서도 아메리카 식민지 개척자들은 영국 국기를 달고 전 세계와 모든 알려진 항구의 시장으로 진출하는 강인한 선원들의 경쟁자가 될 때까지 사업을 추진했다. 뉴잉글랜드의 척박한 토양은 일찍이 청교도들의 산업을 바다, 어업, 해운, 무역 및 그와 관련된 모든 다양한 이해관계로 이끌었다. 이 지역의 숲은 목재와 판자를 위한 참나무, 돛대를 위한 전나무, 테레빈유와 타르를 위한 피치, 밭에서는 밧줄을 위한 대마, 광산에서는 닻과 쇠사슬을 위한 철을 생산했다. 간선도로에 올라탈 수 있는데 왜 인간이 땅의 농노로 살아야 하는가? 북부 해안, 특히 뉴잉글랜드 연안에는 망치와 톱의 음악에 맞춰 어떤 바다도 항해할 수 있을 만큼 크고 어떤 강풍도 견딜 수 있을 만큼 튼튼한, 빠르고 아름다운 멋진 범선과 스쿠너가 만들어지는 분주한 조선소가 있었다. 18세기 중반까지 뉴잉글랜드에서는 매년 70척, 뉴욕과 펜실베이니아에서는 45척, 그리고 남쪽의 주에서는 40척의 새로운 선박이 진수되었다. 이미 템스 강변의 런던 조선소들은 아메리카와의 경쟁으로 인해 무역이 감소하고, 노동자들이 이주하며, 수익이 사라지고 있다고 불평하기 시작했다.

식민지 시대의 젊은이들에게 최고의 모험을 선사한 것은 바로 바다였다. 뉴잉글랜드 소년들은 어린 시절 자갈밭에서 도망쳐 항해 기술을 익히고 약간의 돈을 모아 열아홉 살이나 스무 살이 되면 그들 자신의 함대를 지휘했다. 바다는 그들이 코튼 매더스의 끔찍한 설교에서 벗어나 돈을 벌고, 사회적 지위를 높이고, 신사라는 칭호를 품위 있게 입을 수 있게 해주었다. 바닷바람은 그들을 먼 땅으로 데려갔고, 그곳에서 그들은 낯선 민족과 낯선 관습을 목격했고, 그것들은 조상들의 신앙과 관습에 대한 회의로 서서히 녹아들었다.

영국과 다른 제국주의 열강 간의 전쟁으로 인해 평화의 시대가 깨졌을 때, 정기적인 무역의 손실은 프랑스나 네덜란드, 스페인의 배들을 약탈하는 해적질을 통해 그 이상으로 상쇄할 수 있었다. 전쟁의 폭풍우가 몰아치자마자 정부는 민간 선주들에게 공해상에서 적의 선박과 물품을 발견하면 어디에서든 나포할 수 있는 면허장을 발급했다. 선원들과 전리품을 나눈 대담한 선장들은 지역의 무역 영주들로부터 자금을 지원받아 적을 향해 그들의 배를 풀어놓았다. 선실에 인장과 면허증을 붙이고 법의 테두리 안에서 활동한 그런 해적들이 남긴 일기에는 흥미진진한 모험담이 가득하다. 1741년 서인도 제도로 항해하여 스페인인의 수염을 태워버린 벤자민 노튼 선장은 이렇게 썼다. '우리 선원들과 함께하는 용감한 삶은 매일 주먹을 날리고 이상한 꿈을 꾸게 만드는 데, 그것은 우리 항해의 큰 성공을 예고한다. 그들은 격렬한 전투mad Bulls, 스페인 사람, 황금 자루만 꿈꾼다.'

사략선私掠船을 통한 약탈에서 해적질로 전환하는 것은 쉬운 일이었다. 대담한 선원들과 함께 파나마 해안을 유린했던 소킨스 선장도 마찬가지였다. 현지 스페인 총독이 그들의 위임장을 보여 달라고 요청했을 때, 선장은 '위임장은 우리 총의 총구에 새겨져 있으니 화약의 불꽃이 터지면 그것을 선명하게 읽을 수 있을 것'이라고 대답했다. 그러나 소킨스 선장은 신을 믿지 않는 사람이 아니었다. 일요일에 그의 해적 선원들이 주사위를 흔드는 것을 발견하면, 그는 빛나는 상아[주사위]를 배 밖으로 던지며 성스러운 날에 대한 모독에 깊은 분노를 표출했다.

　똑같이 용감한 다른 사람들은 그들의 인생관에서 더 일관되게 이교도적이었다. 예를 들어 바르톨로뮤 로버츠 선장은 '진홍색 다마스크 웨이스트코트에 승마바지를 입고, 모자에 붉은 깃털을 꽂고 목에는 금사슬을 열 겹이나 두른 채' 설교 강단, 신도석, 회계실의 예의 바른 관습을 조롱했다. 그의 용감한 부하들은 키드 선장처럼 붙잡혀 교수형에 처해지는 일은 절대 없을 것이며, 차라리 '그들의 권총 중 하나에 화약을 넣고 함께 즐겁게 지옥으로 가겠다'고 맹세했다. 아마도 갇힌 해적들이 교수대에 오를 준비를 하고 있을 때 일어나는 일을 알고서, 그들은 그렇게 결심을 굳혔는지도 모른다. '매일 그들의 귀에 설교가 들려왔다…… 그리고 그들을 위해 할 수 있는 일은 아무것도 남아 있지 않았다.'

　물론 아메리카인의 노동력으로 건조된 선박은 주로 평화적인 무역이라는 수익성 높은 사업에 투입되었다. 손이 닿는 바다에는 고래, 대구, 연어, 고등어 및 기타 어류가 풍부해서 어획, 가공, 운송이라는 거대하고 성장하는 사업을 위한 재료가 제공되었다. 이를 바탕으로 아메리카 경제의 중요한 한 분야가 자리 잡았고, 그다음으로 중요한 것은 아마도 담배 재배였을 것이며 그것은 식민지의 번영에 절대적으로 필요한 것이었다. 가장 좋은 생선은 영국, 스페인, 이탈리아로 운송되었고 그 수익금은 주로 모국에서 구입한 제조품에 대한 지불에 사용되었다. 품질이 떨어지는 생선은 서인도 제도로 보내져 노예들의 식량으로 제공되었고, 그곳에서 설탕과 당밀로 교환되어 럼주로 만들어졌다.

　포경 산업은 그 규모와 대담함에서 특히 구세계의 감탄을 불러일으켰다. 버크[Edmond Burke]는 영국 의회의 동료 의원들에게 아메리카인들을 대단치 않은 어린애로 취급하지 말라고 경고했다. '뉴잉글랜드 사람들이 최근 고래잡이를 하는 방식을 보라. 우리가 고래를 따라 빙산 사이를 지나 허드슨 만과 데이비스 해협의 가장 깊은 얼어붙은 움푹 팬 곳으로 들어가는 것을 보는 동안, 북극권 아래에서 고래를 찾고 있는 동안, 우리는 그들이 극한의 추위를 뚫고 반대편 극지방을 지나 남극 대륙frozen serpent 아래에서 활동하고 있다는 소식을 듣는다…… 또한 양쪽 극지방에 쌓인 겨울보다 적도의 더위가 그들에게 더 낙담스러운 것도 아니다. 우리는 그들 중 일부가 아프리카 해안에서 경계선을 긋고 작살을 던지는 동안, 다른 사람들은 경도를 달리고 브라질 해안을 따라 엄청난 어획을 추구한다는 것을 알고 있다. 어떤 바다도 그들의 어업에 방해가 되는 것은 없다. 어떤 기후도 그들의 수고에 대한 증인이 아닌 게 없다. 네덜란드의 인내심도, 프랑스의 활동력도, 영국 기업의 민첩하고 확고한 지혜도 이 가장 위험한 형태의 산업이 최근의 이들, 즉 아직은 미숙하고 아직 인간다움의 뼈대가 굳어지지 않은 사람들에 의해 밀려난 정도까지 나아간 적은 없었다.'

이 위험한 추적을 통해 얻은 기름과 양초는 모국과 유럽의 거대한 사업으로 이어졌다. 경유鯨油 램프의 불빛 아래 뉴잉글랜드 농부들의 오두막집은 밤이 되면 허름한 오두막에서 하루 일과를 마친 후 책을 읽고 오락을 즐길 수 있는 환한 집으로 변모했고, 이는 농업 역사상 새롭고 매력적인 장면이자 문화 혁명의 시작이 되었다.

바다에서 발달한 산업 중에는 많은 해안에 닿아 번성하는 여러 도시를 지탱한 럼주 운송이 막강했다. 서인도 제도의 설탕과 당밀은 뉴잉글랜드, 특히 로드아일랜드로 운반되어 증류소에서 액체 불liquid fire의 성질을 가진 증류주로 변모했다. 이 음료는 매서운 바람과 차가운 물보라 속에서 그물과 작살로 조업하는 어부, 조선소의 성실한 노동자들, 약정에 명시된 대로 정해진 시간에 독주를 제공하는 데 실패한 적이 없는 범선의 선장들에게 엄청난 양으로 판매되었다.

더 많은 양의 럼주가 노예 무역으로 유입되었다. 럼주는 아프리카 서부 해안에서 화폐로 통용되었으며, 흑인들은 그들의 강렬한 식욕을 달래기 위해 적과 친구, 어머니, 아버지, 아내, 딸, 아들을 뉴잉글랜드의 화끈한 묘약을 위해 팔아넘겼다. 술통들이 치워진 텅 빈 공간에 잔뜩 웅크리고서 모여든 불행한 희생자들은 더 많은 설탕을 얻기 위해 서인도 제도로 끌려가거나 남부 식민지의 농장으로 끌려가 쌀과 담배밭에서 고된 노동을 해야 했다.

이 교환의 이익은 큰 가문들의 재산과 공동체 전체의 번영을 가져왔다. 따라서 영국 정부가 프랑스에 속한 이웃 섬들에서 나온 설탕에 세금을 부과하면서까지 영국령 서인도 제도 농장을 보호하려고 했을 때, 이 조치는 뉴잉글랜드의 제조업체들과 여러 하늘 아래에서 돛을 펼친 운송업자들의 이익에 깊은 타격을 입혔다.

어업과 그와 관련된 다양한 사업 분야 다음으로 중요한 것은 수천 척의 아메리카 선박을 고용한 일반 운송 무역이었다. 이와 관련하여 우선, 그 자체로 엄청난 규모의 연안 교통량이 있었다. 식민지를 연결하는 도로는 그 수가 적고 일 년 중 상당 기간 동안 역마차나 마차가 다닐 수 없었기 때문에 바다와 강이 그 대안을 제공해야 했다. 따라서 연안을 따라 정기 화물 및 여객 서비스가 생겨나면서 보스턴, 볼티모어, 찰스턴 또는 뉴욕의 상인들은 거의 매일 먼 아메리카 항구로 출항할 수 있게 되었다.

해상 무역의 또 다른 분야는 농장과 농장의 농산물을 서인도 제도와 유럽으로 운송하고 귀환 항해에서 제품들을 가지고 돌아오는 것이었다. 한 늙은 작가[18세기 영국의 경제학자 조지프 애덤스를 가리키는 것으로 보인다]가 말했듯이, 양키들은 '이익을 창출할 수 있는 가장 사소한 물건에도 끊임없는 관심을 기울였고', '아메리카의 네덜란드인이라는 호칭을 얻었다.' 홀란드의 시민들은 차에 설탕을 원할까? 아메리카인들은 서인도 제도에서 재빨리 설탕을 가져와 런던에서 환어음을 받고 팔았다. 스페인의 대부호들은 뉴욕이나 펜실베이니아의 고급 밀가루를 좋아할까? 아메리카의 선주들은 곧 보스턴, 찰스턴 또는 필라델피아에서 좋은 저녁 식사에 활기를 불어넣을 귀한 정금正金이나 오래된 포도주로 교환할 화물을 싣고 가장 가까운 스페인 항구로 향했다. 대서양 유역이나 지중해의 어느 항구에서도 무역으로 '정직한 한 푼'을 벌려는 아메리카인 선장들이 정기적으로 드나들지 않는 곳은 없었으며, 그들은 때로는 현지 세법에 대하여 시적인 존경심만 가지고 있었다.

§

바다의 매력보다는 덜 낭만적이지만 경제력을 키우는 데 그 못지않게 강력한 것은 식민지에서의 산업 발전이었다. 제조에 필요한 모든 재료와 천연자원을 손에 넣은 아메리카인들은 필연성과 모험심을 통해 베틀과 대장간의 수공예품으로 화덕과 쟁기질에 투입되는 노동력을 보충했다. 초기에는 거의 모든 가정의 여성들이 방적과 직조, 바느질을 통해 서지, 린지-울시 및 기타 거친 모직물로 옷감을 만들었다. 시간이 지남에 따라 여성들의 기술이 향상되어 까다로운 취향을 가진 신사들이 교회나 회계실에서 부끄러움 없이 입을 수 있는 브로드천을 만들 수 있게 되었다.

이 가내 수공업에서 수익성 높은 사업의 싹을 발견한 사람들은 그들의 관심을 물 흐르는 개울을 따라 여기저기 작은 공장mill을 짓고 기계에 노동의 짐을 지우는 데도 기울였다. 이러한 두 가지 자극에 따라 가족을 위한 생산은 지역사회를 위한 생산으로 확대되었고, 남부와 서인도 제도 농장으로의 활발한 수출 무역으로 확대되었다. 18세기가 시작될 무렵에는 교통량이 너무 많아져 뉴욕의 왕실 총독은 직물 경쟁의 위협에 경각심을 갖게 되었고, 선견지명을 가지고 런던의 당국자들에게 영국의 도움 없이도 멋지게 옷을 입을 수 있는 사람들이 곧 영국의 감독 없이 스스로 통치할 생각을 하기 시작할 것이라고 경고했다. 경제적으로는 그다지 중요하지 않았지만 예술적으로 모직물 산업에 뒤지지 않았던 것은 알뜰한 주부들이 제조한 고급 리넨이었다. 우리에게 전해지는 그들의 작품 샘플은 베틀과 직기를 다루는 그들의 능력을 증명한다.

진취적인 식민지인들은 다른 산업 분야에도 진출하여 큰 성공을 거두었다. 곳곳에 흩어져 있는 상점에서는 지역 무역과 먼 정착지로의 수출을 위해 스타일과 마감이 조잡하지 않은 모자가 만들어졌다. 저먼타운의 숙련된 직공들은 한 켤레에 1달러짜리 실스타킹을 수천 다스씩 공급했다. 식민지 상인들의 장부에 따르면 밧줄, 전분, 양초, 질그릇, 가죽 제품, 셔츠, 시트, 방수천duck, 유리, 정제 설탕, 종이 등이 아메리카인의 노동력으로 생산되어 많은 시장에서 영국산 수입품을 압박하고 유리한 조건에서 무한한 확장을 약속하고 있었다.

근대 제국주의 권력의 근간이 된 철 산업에서도 아메리카 기업은 미래의 위대함을 보여줬다. 거의 모든 식민지에서 광석층이 발견되었고, 초기 정착이 끝나자마자 뉴잉글랜드, 뉴저지, 펜실베이니아, 버지니아의 강을 따라 대장간이 등장했다. 에이브러햄 링컨의 선조들의 발전 과정을 보면 대장간이 어떻게 발전했는지 알 수 있다. 1637년 매사추세츠에 온 최초의 링컨의 셋째아들은 인근 개울가에 대장간을 세워 번창했고, 다른 후손들은 뉴저지로 그 산업을 옮겼으며, 100년 후 링컨 집안은 펜실베이니아의 슈일킬에서 투발 카인*의 예술에 종사하고 있었다. 1709년 코네티컷의 심즈베리에서 광업 회사가 조직되는 등 개인의 독창성과 회사 사업이 결합되었다.

회사에서 일하든 개인 자격으로 일하든 대부분의 장인들은 현지에서 사용할 철봉이나 영국 제철소로 운반할 선철銑鐵을 만드는 데 만족했다. 하지만 특히 북부 식민지의 더 모험심이 강한 지도자들은 자신들의 야망에서 그리 겸손하지 않았다. 그들은 압연 및 절단 공장을 설립하여 못, 총, 쇠사슬, 주전자, 철물, 경첩, 괭이, 삽 등 금속으로 만들 수 있는 모든 거친 제품을 제조했다. 많은 식민지 주조 공장의 제품은 조지아풍 주택의 굴뚝과 최근 경건한 사람들의 손에 의해 세워진 박물관에 남아 있다.

§

---

* 창세기 4장 22절에 나오는 날붙이를 만드는 사람. '칠라도 투발 카인을 낳았는데, 그는 구리와 쇠로 된 온갖 도구를 만드는 이였다.'

현대의 무역 통계학자에게 식민지 시대 아메리카 산업은 사소해 보이지만, 당시 영국의 기업과 비교하면 상당한 비중을 차지했다. 어쨌든 — 그리고 이것이 중요한 점이다 — 그것은 모든 분야에서 영국 경쟁자들의 두려움과 질투를 불러일으켰다. 일곱 개의 바다를 지배할 수 있었음에도 불구하고 어업 경쟁은 뜨거웠고, 1775년 한 영국 작가는 이렇게 외쳤다. '북부 식민지들은 선원들의 위대한 산실인 뉴펀들랜드 어업에서 우리를 거의 이길 뻔했다. 뉴잉글랜드의 점유율 하나만으로도 영국을 능가한다.' 앞서 말했듯이 템스 강변의 조선소들은 아메리카의 조선소들이 자신들의 사업과 노동자, 이윤을 빼앗아 갔다고 항의했다.

식민지 운송 회사의 성장에 분노한 당시의 어느 영국인 관찰자는 '식민지의 무역업은 3만 명의 선원이라는 귀중한 보물과 그들의 고용으로 인한 모든 이익을 이 나라에서 빼앗아간다. 다시 말해, 우리의 부와 힘에 아무것도 기여하지 않는 북부 식민지들은 설탕 섬들, 남부, 대륙, 담배 재배 정착지로 인해 우리가 누리는 모든 항해의 두 배 이상을 박탈한다! 그 식민지들의 필수품 화물들은 우리에게 1백만 파운드 이상, 즉 1만 2천 명 선원들의 항해를 가져다준다. 이 단일 품목에서만 북부 식민지들과의 경쟁으로 인해 우리는 250만 파운드를 잃었다'고 격렬하게 불평했다. 작가는 자신의 고뇌를 강조하기 위해 '250만'을 대문자로 표기했다. 식민지 농부들도 그의 분노를 자아내 '영국의 옥수수 무역에 해를 끼치지 않고는 아메리카 옥수수가 유럽 시장에 진출할 수 없다'고 선언했다.

지금은 상대적으로 사소해 보이지만, 식민지 제조업은 영국 자본가들 사이에서 큰 논쟁을 불러일으켰다. 예를 들어, 1751년 영국의 제철업자, 제련에 필요한 목재를 공급하는 산림 소유주, 가죽 산업을 위해 값싼 나무껍질이 필요했던 무두질업자들은 모두 단결하여 아메리카의 경쟁에 대해 항의하고 의회의 위원회가 그들의 반대에 귀를 기울이도록 유도했다. 지루한 경제 이야기를 짧게 요약하자면, 경제의 모든 영역에서 아메리카 회사는 영국 내 라이벌 이익집단의 반발을 불러일으켰고, 후자는 런던 정부에 영국 상인, 화주, 제조업체에 유리한 법률 및 행정 조치를 요구하며 런던의 정부에 지속적인 압력을 가했다.

영국 자본가들이 식민지인들의 자급자족 노력에도 불구하고 유지할 수 있었던 수익성 높은 완제품 무역조차도 그 안에는 자극의 씨앗을 품고 있었다. 영국 시장에서 구입한 상품에 대해 식민지 주민들은 지불할 귀금속을 대량으로 공급받지 못했고, 상품 구입과 자본 차입으로 인해 항상 큰 빚을 지고 있었다. 런던에서 채무를 이행할 수 있는 정화正貨, 환어음, 만족스러운 자재를 확보하기 위한 노력은 식민지 주민들을 늘 초조하게 만들었다.

예를 들어 로드아일랜드 주민들은 영국에서 구입한 물품 대금을 지불하기 위해 연간 10만 파운드가 넘는 돈을 구해야 했지만, 현지에서 생산되는 유럽 시장에 적합한 물품은 아마씨, 목재, 치즈 등 몇 가지 품목에 불과했다. 따라서 영국에 진 빚을 갚는 데 필요한 자금과 신용을 확보하기 위해 주로 서인도제도를 통해 우회 무역을 함으로써 영국 화주들과 경쟁해야 했다. 남부의 농장주들은 경제적으로 더 운이 좋은 편이 아니었다. 담배는 시장성이 있는 필수품이었지만 그 가격은 런던에서 고정되어 있었고, 그들은 사치스러운 생활로 인해 늘어나는 부채를 감당하기 위해 항상 압박을 받았다.

대도시의 채권자들에게 급류처럼 돈이 빨려 들어가 거기에서 정화 한 푼도 빠져나가지 못한다는 비판적인 불만이 사방에서 들렸다. 최상의 상황에서도 식민지 주민의 긴급 상황은 매우 절박했고, 그로부터 발생한 초조함은 심각하고 지속적이었다. 이런 배경에서 '쉬운 돈easy money'에 대한 요구가 나왔고, 영국 의회가 위압적인 법으로 그러한 구제 조치를 중단시킬 때까지 지역 의회가 종이 화폐를 발행하도록 이끌었다. 아무리 애를 쓰고 노력해도, 식민지 주민들은 만성 채무자라는 불리한 조건을 안고 계속해서 노동에 시달렸다.

§

전 세계의 절반을 차지하는 무역 네트워크와 연결되어 해안을 따라 여러 도시가 번성했다. 독립혁명 직전에 리버풀과 브리스톨 같은 영국 도시와 부와 인구면에서 호의적으로 비교되는 몇몇 도시들이 있었는데 필라델피아, 보스턴, 뉴욕, 찰스턴, 뉴포트 등 5개 도시가 선두를 차지했다. 첫 번째 도시는 교외 지역을 포함하여 약 2만 5천 명의 주민이 거주했고, 마지막 도시는 7천 명의 주민이 거주했다. 볼티모어, 노포크, 랭커스터, 올버니는 인구가 많지는 않지만, 그럼에도 성장하는 도시라는 자부심을 가지고 있었다.

이 도시 중심지들은 혁명의 발발에 중요한 역할을 할 운명의 세 계층, 즉 상인, 장인, 변호사의 본거지였다. 보스턴의 에이모리, 핸콕, 패뉴일, 필라델피아의 워튼, 윌링, 모리스, 뉴욕의 리빙스턴, 크루거, 로우, 프로비던스의 브라운 — 니키, 조시, 존, 모시 — 등 각 도시에는 나머지 가문들을 이끌었던 몇 개의 가문이 있었다. 부유하고 활동적이며 영리한 이들은 자신들의 이익과 영국 경쟁자들의 이익이 충돌하는 지점을 재빨리 파악하고 영국 의회의 불리한 입법에 반대하는 시위를 벌였지만, 근본적으로 보수적이고 폭력 앞에서는 소심했던 탓에 실제 전쟁의 가능성 앞에서 움츠러들었다.

폭풍우가 몰아치고 선택의 기로에 놓였을 때 많은 사람들이 토리당Tory* 으로 넘어갔고, 어떤 사람들은 동요하다가 처음에는 패트리오트Patriot**에, 그다음에는 토리당에 물자를 팔아 재산을 불렸으며, 어떤 사람들은 혁명에 몸을 던져 자금을 조달하고 그 결과에 목숨과 재산을 걸었다. 존 핸콕의 이름은 독립선언서 서명자 목록의 맨 앞자리를 차지했고, 조지 3세가 안경 없이도 볼

---

* 아메리카 독립전쟁에서 '토리'라는 용어는 영국 정부에 충성을 맹세하는 사람들, 즉 왕당파를 가리키는 말로 사용되었다. 18세기 초에는 의회 우파의 왕당파를 가리키는 말로 사용되었고, 혁명 시기, 특히 1776년 독립선언 이후 '토리'는 영국 정부에 충성하는 모든 사람을 가리키는 말로 쓰이게 되었다. 캐나다, 노바스코샤 또는 바하마 제도에 정착한 왕당파 사람들은 로열리스트(이 경우 특히 영국 왕에게 충성을 맹세하는 사람을 뜻한다)로 알려져 있다. '토리'는 종종 혁명파에 의해 중립파를 가리키는 경멸적 의미로 사용되었다. 토리당의 시민군은 아메리카 독립전쟁에서 영국 편에 섰다.

수 있을 정도로 크고 힘 있는 글씨로 쓰여 있었다. 필라델피아의 로버트 모리스는 자신의 재산을 이 문제에 쏟아부었고, 재무관으로서 자신의 재능을 대륙회의Continental Congress***를 위해 기부했다.

영국 인지세印紙稅 대행인에게 돌을 던지고, 동상을 부수고, 관저를 약탈하고, 항구로 화물을 실어 나르는 데 필요한 힘을 제공한 마을의 장인들은 귀중하지만 때때로 골칫거리였던 동맹이었다. 상인들이 엄숙하게 결의하고 진지하게 청원하는 동안 장인들은 큰 소리로 외치고 격렬한 폭동을 일으켜, 영국의 조치에 대한 저항이 계수실計數室에서 차분하게 이루어지기를 바랐던 상점과 창고의 소심한 신사들에게 충격을 주었다.

더 신중하지만 경제나 정치의 모든 구두口頭 경쟁에서 특히 유용한 것은 변호사였다. 점진적인 단계를 거친 뒤에, 그들은 높은 사회적 지위로 올라섰다. 초기에는 그들을 위한 자리가 없었고, 실제로 황야를 개간하는 거친 작업에 종사하는 개척자들에게 그들은 호의적으로 여겨지지 않았다. 1641년에 채택된 매사추세츠 자유의 모임Massachusetts Body of Liberties의 저자들은 모든 소송 당사자가 자신의 주장을 변론할 수 있도록 명시적으로 허용하는 것 외에도, 스스로 도울 수 없어 조력자를 고용할 수밖에 없는 경우 변호인에게 '그의 수고에 대해 수임료나 보수를 지급하지 않는다'고 규정하는 데 주의를 기울였

** 아메리카 독립혁명을 추진한 세력. 아메리카 독립전쟁이 시작되기 몇 년 전부터 독립을 지향하는 패트리어트(애국자)와 영국 본국과 왕에 대한 충성을 맹세하는 로열리스트(왕당파)의 대립 구도가 형성되었다. 패트리어트들은 자칭 또는 타칭으로 Americans(아메리카인), Whigs(휘그), Congress-Men(대륙회의파) 또는 Rebels(반역자)로 불렸다. 원래 영국에서 온 이민자들이 많았던 아메리카 식민지였지만, 아메리카 독립전쟁 당시에는 이민이 시작된 지 150년이 지나, 자주독립의 기운이 고조되는 가운데 영국 정부의 압력을 계기로 패트리어트라는 이름으로 이들은 조직화되기 시작했다.

*** 대륙회의는 영국 본국의 고압적인 식민지 경영에 대해 북아메리카 13개 주의 자치 의식이 높아지면서 1774년부터 개최된 각 식민지 대표들의 회의이다. 제1차 대륙회의와 제2차 대륙회의가 있으며, 아메리카의 독립 승인 이후 연합 회의(1781~1789)로 발전하는데, 이 연합 회의를 포함하여 대륙회의로 통칭하기도 한다.

다. 메릴랜드 주 설립 초기에 한 지역 연대기 작가는 그 식민지에는 변호사가 없고, 지역사회 구성원을 분쟁에 휘말리게 만드는 사업체가 없다는 사실에 감사했다고 표현했다.

하지만 시간이 흐르면서 상황이 바뀌고 오랜 편견이 사라졌다. 사회가 더욱 복잡해지고 법적 문제가 많아지면서 숙련된 변호사의 필요성이 인식되었고, 모든 식민지에서 전문직 종사자 계층이 생겨났으며, 18세기 수십 년 동안 그 수와 영향력이 급격히 성장했다. 일단 문호가 개방되자 변호사들은 모국에서 그들의 형제들이 누렸던 것보다 아메리카에서 더 높은 사회적 지위를 차지할 수 있었다. 여전히 봉건적 전통에 충실한 영국 귀족과 여우 사냥을 취미로 하는 지방 대지주들은 변호사를 서류를 작성하는 데 유용한 일종의 하인으로 경시했지만, 아메리카에서는 그런 격차가 그들 사이에 놓여 있지 않았다. 식민지의 상인, 농장주, 농부들은 코크와 리틀턴*의 제자들에게 넘을 수 없는 장벽을 세울 수 없었다.

정치 분야에서도 마찬가지로 마을 회의와 의회에서 변호사는 영국보다 더 활발하게 활동했다. 영국의 지주와 상인들은 자신들을 대표할 의회의 의원으로 자신들과 같은 계급의 사람들을 선출하는 것이 유행이었지만, 아메리카, 특히 북부 식민지의 유권자들은 여러 가지 이유로 지역 기관에서 자신들의 대변인으로 변호사를 선택하는 관행을 더 자주 채택했다. 1690년 뉴욕에서 열린 제1차 식민지 회의에서는 7명의 의원 중 2명이 변호사였고, 1754년 올버니 회의에서는 참석한 24명의 남성 중 13명이 법조계 출신이었으며, 아메리카 독립혁명을 시작한 첫 번째 대륙회의에서는 45명의 대의원 중 24명이, 독립을 선언한 두 번째 회의에서는 56명의 대의원 중 26명이, 연방 헌법을 제정한 대표자 회의에서는 55명의 의원 중 33명이 법조인이었다.

---

* 에드워드 코크Sir Edward Coke(1552~1634)와 토마스 드 리틀턴Thomas de Little-ton(1407~1481)을 가리킨다.

따라서 에드먼드 버크가 아메리카를 위험한 존재로 만드는 세력을 열거하면서 법조계에 특별한 위치를 부여한 데는 그럴 만한 이유가 있다. 그는 의회 동료들에게 식민지 동요의 위험성에 대해 경고하면서 법조계의 직업적 성향을 특히 강조했다. 그는 청강자들에게 아메리카에서 법학이 다른 어떤 나라보다 일반화되어 있고, 법조계는 다양하고 강력하며, 의회에 파견된 대표들은 주로 변호사들이고, 법에 대한 훈련은 사람들을 '예민하고, 호기심이 많고, 민첩하고, 공격에 신속하고, 방어에 준비되어 있고, 지략이 풍부한' 사람으로 만든다고 말했다. 그런 다음 그는 '화려한 영예와 막대한 보수가 이러한 지식을 국가에 봉사하도록 끌어들이지 못할 때, 이는 정부에 있어 무서운 적이 될 것이다'라는 생각을 폭넓은 암시와 함께 제출했다.

변호사들은 사회적, 정치적 권력을 장악하면서 아메리카 정치의 수사학에 독특한 변형을 가했다. 그 이전에는 지적인 연구를 추구하던 사람들이 주로 복음을 전하는 설교자였고, 심지어 그래머 스쿨*과 대학의 교사들도 이 계층에서 배출되었으며, 신학자들이 지적 관심사를 지배하는 동안 세속적, 종교적 논쟁의 무기는 성서의 전승에서 가져왔다. 반면에 법률가들은 본질적으로 세속적 성격의 학문을 참조하고 그것을 확장했다. 게다가, 변호사들은 자신에게 맡겨진 어떤 사건이든 그리고 어느 쪽을 맡든 자신의 학문을 활용하는 것이 그들의 업무였기 때문에 후퍼 가문과 매더 가문보다 훨씬 더 유연하고 분쟁

---

* Grammar school은 본래 라틴어와 고전을 가르치는 학교에서 출발했다. 중세 유럽에서 이러한 학교는 성직자를 양성하거나 상위 교육으로 나아가기 위한 기초 교육을 제공하는 역할을 했다. 잉글랜드에서 Grammar school은 16세기 이후 본격적으로 등장했고 헨리 8세와 엘리사베스 1세의 후원으로 여러 Grammar school이 설립되었다. 현대 영국에서는 학업 능력에 따라 선발된 학생들에게 엘리트 교육을 제공하는 중등학교를 의미한다. 역사적 맥락과 현대적 의미 모두에서, 이 용어는 선발과 학문적 우수성과 밀접하게 관련되어 있다. 아메리카에서는 식민지 시절과 독립 이전까지 영국식 Grammar school이 뉴잉글랜드를 중심으로 생겨났고 이후 공교육이 서서히 확산되면서 영국식 그래머 스쿨은 점차 사라졌다. 그래머 스쿨은 19세기와 20세기 초반까지 미합중국에서는 초등학교를 의미했다.

의 해결에 능숙했다.

따라서 변호사들은 모든 공개 논쟁에서 주도권을 잡을 준비가 되어 있었고 실제로 모국과의 갈등에서 최전선에 섰다. 제퍼슨, 패트릭 헨리, 존 애덤스, 매디슨, 디킨슨, 마셜, 윌리엄 리빙스턴 등 아메리카 독립혁명의 빛과 소금 역할을 했던 많은 인물들이 실제 업무에 종사하지는 않았더라도 교육을 통해 법률가가 된 사람들이었다. 투쟁에 관한 대부분의 논증과 국가 문서를 제공한 사람들이 바로 이들이었다. 그 위대한 소송의 철학과 변론에 법과 헌법의 옷을 입힌 사람들, 100년보다도 이전 청교도 혁명의 계책과는 기이하게 대조되는 사람들이 바로 그런 사람들이었다. 크롬웰 시대에는 성서의 인용문과 코크와 리틀턴의 웅변이 결단의 이유를 제공하고 정당화에 대한 욕구를 만족시켰다. 그러나 아메리카 독립혁명에서는 법률가들이 이끌고 가르친 정치인들과 군인들이 주로 칙허장, 법률, 규범적 권리, 면허증, 인장 등에 의존하여 높은 수준의 권위를 구했고, 이는 전투의 언어적 장치에 독특한 사상과 장식을 부여했다. 이러한 무기가 손에 들어왔을 때, 그들은 신학이 아닌 또 다른 세속적인 무기고武器庫, 자연과 인간의 마음에 햇빛으로 기록된 불가침의 권리로 향했다.

§

아메리카 식민지 사회 구조의 근간을 이루는 노동력의 상당 부분은 수년간의 예속 계약을 맺고 수입된 반노예 백인들과 매매 노예로 팔려 온 흑인들이 제공했다. 이것은 전문 작가들이 대개 훑어보기만 하고 지나치는 아메리카 역사의 한 단계다. 뱅크로프트는 이 주제에 대해 '한 줌의' 데이터만 취하고 그의 '손에서 놓아버렸다'고 인정했다. 실제로 모든 식민지에 대한 철저한 조사가 이루어지지는 않았지만, 아메리카 독립혁명 이전에 아메리카로 이주한 이민자 중 적어도 절반 이상이 뉴잉글랜드 이외의 지역에서는 계약직 하인이나 흑인 노예였을 가능성이 높다.

백인 하인들은 두 부류로 나뉘었다. 첫 번째 부류는 여비를 지불하기 위해 자발적으로 몇 년 동안 자신을 예속시킨 사람들이었다. 두 번째 부류는 자신의 의지와 상관없이 배에 실려 바다를 건너온 뒤 노예로 팔려온 사람들이었다. 이 끔찍한 수송은 많은 비극으로 인해 어두워지고 소수의 로맨스로 인해 조명된 정기적인 사업이었다. 런던의 거리에는 '유령'이라고 불리는 납치범들로 가득했고, 어떤 노동자도 안전하지 않았으며, 거지들은 '아메리카'라는 무서운 단어를 언급하는 사람과 대화하는 것을 두려워했다. 부모는 집에서, 남편은 아내에게서 찢겨져 나와 죽음에 삼켜지듯 영원히 사라졌다. 아이들은 무가치한 아버지로부터, 고아들은 보호자로부터, 의존적이거나 바람직하지 않은 친척들은 부양에 지친 가족으로부터 사들여졌다.

비자발적 이민자 부대에는 영국 판사가 보냈거나 벌금, 감옥, 태형 또는 교수형 대신 추방을 선택한 수천 명의 죄수들이 추가되었다. 이들 중 상당수는 범죄자나 교화 불가능한 불량배였지만, 상당수는 영국 지배층의 재산을 보호하기 위해 제정된 야만적인 법률의 불운한 희생자였다. 몇몇 지주의 사유지에서 토끼를 쏘다 잡힌 농민이나 스타킹이나 손수건 한 짝을 훔친 혐의로 기소된 하인 소녀들이 그 예이다. 이 다양한 희생자 중에는 실패한 선동과 봉기에 가담한 정치적 범죄자들도 섞여 있었다.

모든 백인 노예의 운명은 그들이 자발적으로 아메리카로 가기 위해 몇 년 동안 자신을 팔기로 선택했든, 아니면 자신의 의지에 반해 이송되었든 거의 비슷했다. 그들은 5년에서 7년에 이르는 기간 동안 어떤 주인을 섬겨야 했다. 그들은 중세의 농노처럼 땅에 묶여 있지도 않았고 노예로 팔려가 평생을 예속되어 살지도 않았지만, 속박 기간 동안 많은 불리한 조건을 감당해야 했다. 법을 어기면 자유인보다 더 무거운 형벌이 부과되었고, 탈출을 시도하거나 범죄를 저지르면 속박 기간이 늘어날 수 있었으며, 주인의 동의 없이는 결혼하거나 직장을 떠나거나 어떤 직업에도 종사할 수 없었다.

주인의 손짓과 부름에 전부 따라야 했고, 게으름을 피우거나 의무를 소홀히

하면 가혹한 처벌을 받을 수 있었다. 사실 노역이 지속되는 동안에는 노예보다 별로 나은 대우를 받지 못했고, 주인의 변덕에 따라 운명이 좌우되었으며, 그것은 기껏해야 가혹하기 짝이 없었다. 지긋지긋한 속박에서 벗어나면 그들은 자신들이 자격을 갖춘 모든 직업에 자유롭게 진출할 수 있었다. 운이 좋은 이들은 독립적인 장인이 되거나 내륙으로 들어가 작은 농가의 경작자로 일하며 속박에서 벗어나 자유를 찾았다. 그러나 개인적이든, 사회적이든 그들의 유산에 짓눌린 다른 사람들은 시골의 프롤레타리아트인 '가난한 백인'이라는 절망적인 존재로 가라앉았다.

계약직 하인의 적절한 공급을 확보하는 것이 어렵다는 것을 알게 된 정착지 추진자들은 시간이 지남에 따라 흑인 노예로 전환했다. 청교도나 왕당파Cava-liers[귀족이나 지주 계층] 모두 피부 색깔이 그들과 같은 다르든 동료 인간을 노예로 삼는 것에 대해 양심의 가책을 느끼지 않았다. 아프리카인들에게 의지하게 된 것은 선택이 아니라 필연이었던 것으로 보인다. 양쪽 다 인디언을 노예로 만들려고 시도했지만 약간의 성공만을 거두었을 뿐이다. 채찍질에 시달리는 불쌍한 일꾼이 되기에는 붉은 인간들은 자부심이 너무도 높았다.

영국의 청교도들도 백인 남성과 여성을 영구적인 예속 상태로 몰아넣는 것에 대해 어떤 거부감도 보이지 않았다. 크롬웰은 아일랜드인들이 그들의 일에 잘 적응한다고 생각했는데, 왜냐하면 그는 드로게다Drogheda 학살에서 살해되지 않은 모든 수비대를 바베이도스에서 노예로 팔았고, 그의 대리인들은 서인도 제도의 영국 농장주들을 위해 경매에 부칠 소년 소녀들을 아일랜드에서 샅샅이 뒤지는 사업을 벌였기 때문이다. 심지어 크롬웰 자신의 동향인들도 때때로 그물에 걸리기도 했다. 런던의 기록 보관소에는 플리머스에서 끌려와 서인도 제도에서 '한 개당 1,550파운드 내외의 설탕을 받고 팔려간' 70명의 영국인에 대한 불쌍한 탄원서가 있다. 그럼에도 불구하고 17세기 후반에 이르러 영국의 여론은 이러한 형태의 국내 사업에 반대하고 해외에서 노예를 구하는 것에 찬성했다.

버지니아 식민지가 설립될 당시 스페인 지방에서는 100년 이상 흑인 노예 제도가 일반적이었고, 영국 식민지화가 시작되기 훨씬 전부터 엘리자베스 시대의 선원들은 노예 무역에 열정적으로 뛰어들었는데, 1619년 제임스타운에서 제도가 도입된 후 해안 지역에서는 노예 제도가 서서히 확산되었다. 30년 전만 해도 버지니아Old Dominion에는 약 300명의 아프리카인만 있었다. 그러나 세기가 끝나기 전에 노예의 수는 엄청난 비율로 증가했다. 흑인들은 북유럽 형제들보다 속박 상태에서 더 유순함을 보였고, 백인 하인을 적절히 공급받는 것은 더 어려워졌다. 게다가 영국과 아메리카의 자본가들은 노예 운송으로 막대한 이윤을 얻을 수 있다는 사실을 발견했고, 이에 자극을 받아 아프리카인을 신세계로 운송하는 것이 해운업에서 가장 수익성이 높은 분야 중 하나가 되었다. 최고의 가문, 귀족, 주교, 대상인, 정치인들이 막대한 투자를 했고, 영국 정부는 그들의 이익을 잘 챙겨주었다. 예를 들어 스페인 왕위 계승 전쟁으로 마드리드 왕실이 약해지자, 1713년에는 영국 노예상들에게 흑인들을 식민지로 운송할 독점권을 부여하고 수익의 4분의 1씩을 영국과 스페인의 국왕 폐하한테 바치도록 강요당했다.

그해와 1780년 사이에 매년 2만 명의 노예가 바다로 운반된 것으로 추정되며, 1771년에는 주로 리버풀, 런던, 브리스톨에서 약 200척의 영국 선박이 운송에 참여했다. 사실 이 도시들 중 첫 번째 도시는 번영의 상당 부분이 무역에 기인했으며, 유명한 배우가 그 상업 대도시에서 청중에게 야유를 들었을 때 이렇게 비아냥거린 것은 이유가 없지도 않았다. '당신네 집의 돌은 아프리카 노예의 피로 지어진 것이다.' 로드아일랜드와 뉴포트 같은 뉴잉글랜드의 일부 도시에서도 그는 같은 말을 할 수 있었을 것이다. 왜냐하면 사업의 이익을 잽싸게 냄새 맡는 청교도들은 수확을 위해 손을 뻗치는 데 모국의 상인들에 비해 조금도 뒤처지지 않았기 때문이다.

비천한 자들의 쓰라린 연대기에서 인간 육체 거래에 관한 이야기보다 더 끔찍한 장은 없다. 아프리카에서 납치된 불쌍한 인간들은 창문도 없는 낮은 선박의 우리에서 악취가 진동하는 가축처럼 취급되었다. 물이 부족하거나 기근으로 위협받거나 전염병이 창궐하면 무자비한 선주들은 생사를 가리지 않고 화물을 통째로 배 밖으로 던져버렸다. 고문에 시달리던 희생자 중 한 명이라도 그를 납치한 사람을 향해 손가락 하나라도 까딱하면 형언할 수 없는 신체 훼손으로 처벌받아야 했다. 러스킨은 터너의 폭풍에 휩쓸린 바다 위에 부서진 구름이 하늘을 뒤덮고 바다 위에 점점이 떠 있는 희생자들의 시신을 묘사한 〈노예선Slave Ship〉을 불멸의 글로 옮겨 이 무역의 모습을 고치려 했다. '하늘은 공포로 물들고 불타는 듯 범람하는 햇빛을 혼합해 비난의 띠를 두른 그 무서운 색조는 — 그리고 멀리 음침한 파도를 따라 멀리 드리워져 — 광대한 바다를 붉게 물들인다.'[*] 러스킨의 빛나는 페이지는 실제 노예 사업에 대한 기록의 끔찍한 잎사귀들과 비교하면 칙칙한 빛으로 가라앉아 있다.

이윤 추구자들의 압력으로 남부 식민지 주민들은 항상 값싼 노동력을 요구했고, 시간이 지나면서 아프리카 노예를 풍부하게 공급받았으며, 북부에서도 경제적 여건이 허락하는 한 노예 제도가 널리 퍼졌다. 초기에는 미미했던 흑인 인구는 비약적으로 증가하여 혁명 직전에는 50만 명이 넘었다. 조지아, [사우스, 노스]캐롤라이나the Carolinas, 버지니아, 메릴랜드 등 5개 식민지에서는 흑인 인구가 백인 인구와 같거나 더 많았고, 델라웨어와 펜실베이니아에서도 주민의 5분의 1이 흑인이었다. 뉴욕에서는 6명 중 1명, 뉴잉글랜드에서는 50명 중 1명이 아프리카 출신이었다.

수치는 심상치 않았지만 노예 제도에 대해 격렬하게 항의하는 영국인은 그리 많지 않았다. 일반적으로 퀘이커교도들은 종교적 양심의 가책을 불러일으

---

* 러스킨은 1844년 그의 아버지로부터 터너의 〈노예선〉을 선물로 받았고 『근대 화가들』이란 책에 이 작품에 대한 자세한 비평을 실었다. '터너의 불멸성을 단 하나의 작품에 맡겨야 한다면 나는 이 작품을 선택할 것이다'라고 했을 정도로 러스킨은 이 그림을 높이 평가했다. 1872년 러스킨은 그림을 뉴욕 메트로폴리탄 미술관 전시를 위해 매각했고 러스킨의 명성이 아메리카에서 높았기 때문에 이 그림은 대중들에게도 큰 관심을 불러일으켰다.

킨다는 이유로 노예 제도를 좋아하지 않았고, 일부는 그리스도교인들이 노예 제도를 용납할 수는 없다고 공개적으로 선언했지만, 독립 이후까지 광범위한 노예제 폐지 운동이 진행되지는 않았다. 그러나 노예 무역 자체에 대한 항의는 빈번하게 일어났다. 간혹 멀리 내다보는 경제학자들은 인신매매업자들의 탐욕으로 인해 백인들이 늪에 빠질 위험에 처해 있고, 국내 시장을 위해 노예를 키우던 농장주들은 자연스럽게 수입업자들의 경쟁에 반발했으며, 이미 충분히 노예를 공급받은 주인들은 계속 유입되는 신규 노예로 인해 자신들의 재산 가치가 하락하는 것을 보고 불안해했다. 이에 따라 몇몇 식민지에서는 노예 무역을 금지하려는 시도가 있었지만, 왕실의 거부권 행사로 무산되었다. 영국의 지배 계급은 수익성 좋은 영국 상업의 한 분야로부터 받는 왕실 배당금을 끊을 생각이 없었고, 혁명으로 붕괴될 때까지 사업 규모는 상당히 규칙적으로 증가한 것으로 보인다.

　대저택, 플랜테이션, 거대한 사유지의 소유주들은 그들의 들판에 필요한 노동력을 구하는 데 큰 어려움을 겪지 않았지만, 제조업을 발전시키려는 사람들은 그런 행운을 누리지 못했다. 영국의 숙련된 장인들을 아메리카로 유인하기 위해 특권과 장려금 등 다양한 유인책이 제공되었지만 별다른 성과를 거두지 못했다. 게다가 아메리카로 건너온 장인들은 주인master 밑에서 오래 일하는 데 만족하는 경우가 드물었다. 여행자나 견습생은 이 나라의 무역에 대해 잘 알게 되자마자 서둘러 새로운 정착지로 나가 작지만 독립적인 사업을 시작하거나, 몇 년 동안 저축한 돈으로 농장을 살 수 있다는 사실을 알고는 마을의 먼지를 털어내고 경제적 자유를 찾아 시골로 떠났다. 프랭클린은 '북미의 영토는 너무 광대해서 완전히 정착하려면 많은 세월이 필요할 것이며, 완전히 정착할 때까지는 남을 위해 오랫동안 노동하는 사람이 없는 이곳에서 노동력은 결코 저렴하지 않을 것'이라고 말했다. 따라서 소수의 숙련된 노동자를 고용해 제조업을 하던 식민지 시대의 상인 자본가들은 경기 불황기를 제외하고는 온순한 노동력을 풍부하게 공급받지 못해 지속적으로 어려움을 겪었다. 그럼에도 불구하고 보스턴, 뉴욕, 필라델피아와 같은 주요 중심지에는 영국의 강력한 영향력이 사라진 후에도 지역 지배층에게 별다른 문제를 일으키지 않을 만큼 많은 장인들이 생겨났다.

§

식민지 아메리카의 경제 구조가 기반을 튼튼히 다지면서, 통치 질서를 유지하고 모국과의 갈등을 해결하는 데 도움이 되는 자치 기관도 세워졌다. 수 세기 동안 영국의 상류층은 세금 부과와 법률 제정에 참여했으며, 의회의 관행은 신세계에 쉽게 이식되었다. 식민지가 설립된 지 얼마 되지 않아 모든 식민지에는 일정한 재산 자격을 갖춘 유권자들이 선출한 대중 집회popular assembly를 자랑할 수 있었다. 버지니아는 런던 회사의 후원으로 식민지 개척자들이 뽑은 버지니아 의회House of Burgesses가 출범한 지 10년이 채 되지 않았을 때였다. 첫 탐험을 시작한 지 4년 만에 매사추세츠 베이 컴퍼니는 회사 구성원들의 총회를 대신할 대표 기구를 구성했다. 볼티모어 경과 윌리엄 펜 같은 소유주들은 '모든 정치적 특권을 보류하면 정착민을 자신의 영지로 끌어들일 수 없다'는 사실을 잘 알고 있었기 때문에, 일찌감치 식민지 주민들을 그들의 사업 운영에 참여하도록 초대함으로써 칙허장의 요구 사항을 준수했다.

각 식민지에서 대표 의회는 어떤 절차에 의해 설립되었든 재산 소유자들에 의해 선출되었다. 유권자들에게 부과된 자격은 종종 변경되었지만 모든 변경에서 영국의 전통에 따라 재산의 권한이 명시적으로 인정되었다. 농업이 가장 큰 경제적 이익이었던 남부에서는 토지가 참정권의 기초였는데, 예를 들어 버지니아는 도시나 시골의 선거권자가 일정 규모의 농장이나 마을 부지를 소유한 토지 보유자여야 했다. 예를 들어 매사추세츠에서는 연간 40실링의 소득을 올리는 부동산을 소유하거나 40파운드 상당의 기타 재산을 소유한 모든 남성에게 참정권이 부여되었다. 마찬가지로 상업과 농업을 겸업하는 펜실베이니아는 자유보유자뿐만 아니라 50파운드 상당의 개인 재산을 보유한 모든 남성에게 의원 선거권을 허용했다. 재산 테스트에 종교 조항이 추가되기도 했다. 카톨릭 신자와 유대인은 종종 법적으로, 또는 어느 정도 실실적으로 선거권을 박탈당했다.

비록 아메리카에는 재산이 널리 분포되어 있었고 자유 식민지 주민의 대부분이 프로테스탄트와 이방인Gentile[*]이었지만, 선거권에 대한 다양한 제한으로 인해 인구의 상당 부분이 투표에서 제외되었다. 현재 이용 가능한 어떤 기록으로도 그 비율을 확인할 수는 없다. 확실히 펜실베이니아의 시골 지역구에서는 성인 남성의 절반이 투표권을 박탈당했고, 필라델피아에서는 남성의 약 10분의 9가 선거권을 박탈당했는데, 이는 장인 계층의 증가로 인한 아픈 점이자 해당 도시 지역의 부의 집중에 대한 흥미로운 측면이기도 하다. 반면 매사추세츠에서는 남성의 약 5분의 4가 투표권을 가진 것으로 추정되는데, 그중 상당수가 소규모 농장주였다.

아마도 법보다는 무관심 때문에 투표에 참여하지 않은 시민이 더 많았을 것이다. 식민지 인구의 상당수는 영국과 유럽에서 통치 과정에 참여한 적이 없는 계급 출신이었다는 점을 기억해야 한다. 일반적으로 영국의 농업 노동자와 장인들은 프랑스 위그노나 독일 농민보다 더 많은 정치적 권리를 누리지 못했고, 신세계로의 이동이 그들에게 정치적 감각을 자동으로 부여할 수는 없었다. 어쨌든 정치 문제에 대한 관심이 유난히 높았던 매사추세츠에서도 성인 남성의 2분의 1에서 3분의 2가 투표에 참여하지 않았다고 해도 무방할 것 같다.

식민지 정부에서 적극적인 재산 소유자의 비중은 의회 의원의 자격을 통해 더욱 강화되었다. 예를 들어, 사우스캐롤라이나에서는 의원이 되려면 500에이커의 토지와 10명의 노예를 소유하거나 1천 파운드 상당의 토지, 주택 또는

---

[*] 유대인이 말하는 이방인, 특히 그리스도교도 일반을 지칭한다. 모르몬 교도가 '이방인'이라고 할 때는 비모르몬 교도들을 지칭하는데, 여기에는 다른 그리스도교도들과 함께 흥미롭게도 유대교도들도 포함되었다.

기타 재산의 소유자여야 했다. 뉴저지에서는 1천 에이커의 토지를 소유한 자유보유자만 의원실에 앉을 수 있었다. 따라서 어떤 식으로든 아메리카 식민지의 대중 집회 통제권은 과세에 저항하는 데 공통의 이해관계를 가진 재산가, 자유보유자, 상인, 농장주로 구성된 다소 소수의 단체의 손에 집중되었다.

이 작은 의회들parliaments은 법률, 칙허장, 법령에 엄격하게 정의되지 않은 권한을 누렸다. 작고 모호하게 시작했던 그것들은 점차 위엄을 더해갔고, 결국 영국 하원House of Commons에 버금가는 위용과 환경을 갖추게 되었다. 시간이 지남에 따라 그들은 세금 부과, 군대 모집, 부채 도입, 화폐 발행, 왕실 관리의 급여 책정, 런던에서 정부와의 거래에서 그들을 대표할 대리인 임명 등의 권리를 자신들의 권한으로 주장하고 실제로 행사했으며, 이러한 기능을 넘어, 항상 칙허장, 의회법, 왕실의 특권에 종속되는 민법과 형법의 광범위한 영역에 대해 자신들만의 법률을 제정했다.

이러한 막강한 권한을 부여받은 의회는 자연스럽게 법과 조례에서 그들의 요구를 실현하기 위해 고군분투하는 모든 지역 이해 관계자들을 끌어모았다. 그것들은 영국 정부에 대한 식민지 주민들의 모든 불만을 공식화하는 실험실이었다. 그것들은 변호사가 정치적 선언에 자신의 재능을 발휘하고 영리한 법적 고안으로 왕실 관리들을 능가할 수 있게 하는 훈련소였다. 요컨대, 대표 의회에서는 아메리카에 힘을 실어주고 모국의 지배 계급에 반대하는 신흥 경제 집단의 기획과 열정에 초점을 맞추게 되었다. 왕실 관리 및 영국 왕실과 접점역할을 한 그들은, 왕의 총독이나 소유주들의 대리인들이 법률안을 거부하고 훈령을 내릴 때 전투의 첫 번째 영향을 받았다[식민지의 대표 의회가 영국 정부의 조치와 갈등의 최전선에서 직접적으로 영향을 받았다는 의미].

§

아메리카 농민, 농장주, 상인을 대변하는 각 주의 의회가 주권적인 입법부의 지위로 꾸준히 권한을 확장하며 발전하는 동안, 영국 왕실과 의회는 식민지 민주주의의 팽창하는 권력을 견제하고 통제하기 위한 기관들을 발전시켰다. 그중 가장 중요한 것은 왕실 직속 또는 주의 총독이었다. 1624년 버지니아 회사의 해산을 시작으로 1752년 조지아 회사의 소멸에 이르기까지 점진적인 과정을 통해 13개 식민지 중 8개가 왕실 주, 즉 영국 왕이 임명한 총독이 행정부를 통제하는 주 정부가 되었다. 펜실베이니아, 델라웨어, 메릴랜드 등 3개 주에서는 1776년까지 기존의 독점 체제가 그대로 유지되어 총독들은 대중 집회로부터 동등하게 독립된 존재였다. 로드아일랜드와 코네티컷 두 곳만이 식민지 시대의 모든 변화를 겪으면서도 총독 선출권을 유지했는데, 이것들은 아메리카의 '민주적' 허울을 두려워한 영국 제국주의자들에게는 의혹의 대상이었다.

'고결한high-toned 정부'의 친구들이 마음대로 할 수 있었다면, 모든 식민지는 의회의 권한 아래 영구적인 세입으로 유지되는 독립적인 행정부와 사법부가 관리하는 단일한 계획으로 축소되었을 것이다. 그러나 사건들은 13개의 공동체에 불을 지피는 데는 8명의 왕실 총독만 있으면 충분하다는 것을 증명했다.

비록 한 세기가 넘는 기간 동안 식민지 행정을 관리하기 위해 선택된 총독의 유형은 매우 다양했지만, 그들은 일반적으로 관습에 순응하는 경향을 보였다. 대개 그들은 오랫동안 정부를 후원과 소득의 체제로 여기는 데 익숙한 지배 계급, 즉 영국의 부와 인구가 증가함에 따라 왕실과 장관들에게 승진, 직위, 연금에 대해 점점 더 많은 압력을 가하는 계급에서 비롯되었다. 엘리자베스 여왕의 마지막 의회에는 59명의 세속 귀족temporal peer이 있었으나 18세기가 시작되면서 그 수는 168명으로 늘어났고, 1700년에서 1760년 사이에 26명의 공작, 19명의 후작, 71명의 백작, 53명의 자작, 111명의 남작이 생겨났으며 수많은 준남작, 기사, 훈장 서훈자들이 배출되었다. 메이는 외쳤다. '부자들을 위한 작위, 준남작 작위, 기타 명예 작위, 후원, 궁정의 호의! 갈구하는 사람들을 위한 직위, 연금, 뇌물!'

18세기 영국 정치는 그런 식이었다. 국내 관직의 이권에 인도와 아메리카의 수많은 관직이 더해져 손재주 좋은 보좌관들의 일자리만 늘어났을 뿐이었다. 제국의 끝자락에서 수고하는 사람들의 작업에 윤리적 어조를 부여하기 위해 '백인의 짐the white man's burden'*이나 '공공 서비스public service'와 같은 문구를 만들어낸 시인은 아직 없었다.

아메리카 지방의 왕실 간부 대부분은 모험심이 강한 영국 정치인, 군인, 법률가 중에서 선발되었고, 일부는 식민지의 유능한 관리들 중에서 선발되었다. 총독 중 일부는 종합적인 시각을 가진 유능한 행정가로서 왕의 보살핌을 받는 신하들과 좋은 관계를 유지할 준비가 되어 있었다. 다른 이들은 영국 훈련병의 도덕성과 매너를 갖춘 조교 유형이었다. 몇몇은 아무렇지 않게 거칠고 잔인했는데 버지니아의 버클리가 그런 유형이었다. 그는 학교와 신문이 없는 것을 기뻐했고 너새니얼 베이컨의 반란 때 수많은 사람들의 피를 흘리게 했다. 찰스 2세는 대규모 처형 소식을 듣고 '이 늙은 바보가 그 헐벗은 나라에서 아버지를 살해한 것에 대해 내가 한 것보다 더 많은 목숨을 앗아갔다'**고 외쳤다.

대다수의 총독들이 동의한 한 가지는 바로 개인 재산의 증가였다. 남해회사 거품 사태***가 일어나면서 대가족을 부양하기 위해 막대한 세금을 내야 했던 윌리엄 버넷은 우선 뉴욕 주, 그리고 매사추세츠 주 포도원을 받았다. 블렌하임****에서 싸워 '돈 조달의 준비된 기술'을 지휘했던 로버트 헌터는 뉴욕과 뉴저지에서 일할 수 있었다. 존 몽고메리는 왕실 군대에서 복무한 후 왕실 가족의 침실 부서bedchamber division에서 근무하다가 유산을 늘리기 위해 같은 영

---

* 1899년에 러디어드 키플링이 필리핀-미합중국 전쟁을 소재로 발표한 시의 제목이다. 19세기 호전적인 제국주의 시대를 배경으로 제국의 일원으로서의 시대적 편견이 노골적으로 드러나 발표 이후 현재까지 식민 시기를 겪은 나라들에서 많은 비판을 받고 있다.

** 버클리는 베이컨의 반란 때 13명을 처형했다고 인정했으나 학자들은 대략 그 숫자의 두 배를 그가 처형했다고 보고 있다.

지로 파견되었다. 매사추세츠의 허친슨은 근엄하고 학식이 풍부했지만 냉정한 겉모습 뒤에 돈에 대한 열정을 숨기고 있었고, 그의 아들들은 보스턴의 차 사업에 깊이 관여했으며, 그의 사적인 편지에는 차의 가격과 품질에 대한 언급이 가득했다.

일찍이 1715년, 무역위원회에 제출된 한 논문에서, 사태의 중심에 있어서 사정을 잘 아는 한 관찰자는, 식민지 관직이 '때때로 왕실에 대한 봉사의 보상으로, 그리고 그러한 사람들이 재산을 축적할 수 있도록 고안되었다'는 취지의 의견을 제시했다. '그러나 그것들은 일반적으로 권세 있는 사람들의 호의에 의해 그들의 부양가족이나 친척 중 일부에게 주어졌으며, 때로는 그 이익을 그것을 얻게 해준 사람들과 나눌 의무가 있는 사람들에게 주어졌다.' 승자에게는 이권이 돌아갔고, 뉴욕 의회는 총독들이 주민의 복지를 거의 염두에 두지 않고 자신의 특정 이익에 종속되게 만들었으며, 재임 기간이 한정되어

*** 남해회사The South Sea Company는 영국의 재정 위기를 타개하기 위해, 부채의 일부를 남해회사로 넘기고, 남아메리카 무역을 통해 얻는 이윤으로 부채를 갚아나갈 목적으로 만들어졌다. 노예 무역을 위해 설립되었으나 본 사업은 스페인과의 관계 악화 등으로 지지부진해 경영이 위태로워졌다. 궁지에 몰린 남해회사는 1718년 복권 발행으로 큰 성공을 거두고 금융기관으로 변신을 꾀했다. 당시 투자처를 찾고 있던 영국 부유층의 자금이 몰려들었고 약 6개월 만에 회사의 주가는 천 퍼센트 이상 올랐다. 하지만 정부의 거품 회사 규제법이 발표되고 시장은 진정 국면을 넘어 모든 주가가 폭락하는 위기에 빠졌다. 파산으로 자살하는 사람이 속출했고 과학자 아이작 뉴턴도 1만 3천 파운드의 손실을 봤다. 이 사태를 계기로 일반 대중으로부터 자금 조달을 하는 사업 형태는 제삼자에 의한 회계 기록 평가가 필수적이라는 것이 인식되었고 여기에서 공인회계사 제도와 회계감사 제도가 탄생했다. 참고로 'South Sea'라는 용어는 당시 유럽에서 태평양을 지칭하는 일반적인 명칭이었다.

**** 블렌하임 전투Battle of Blenheim는 1704년, 스페인 왕위 계승 전쟁 중에 일어난 전투이다. 이 전투에서 연합군(영국, 네덜란드, 오스트리아, 그리고 그들의 동맹국들)은 프랑스-바이에른 연합군에 맞섰다. 연합군의 주요 지휘관은 영국의 말버러 공작John Churchill, 1st Duke of Marlborough과 오스트리아의 오이겐 폰 슈타인부르크Eugen of Savoy였다. 블렌하임 전투는 연합군의 대승으로 끝났고 그 동맹국들의 중요한 군사적 승리로 평가받으며 유럽의 정치적 세력 균형에 큰 영향을 미쳤다.

있다는 것을 알고 '자신들의 재산을 모으기 위해' 계산된 모든 수단을 서둘러 사용하고 있다고 엄숙하게 선언했다.

아메리카가 '부패한 영국 의회 의원들과 실각한 궁정인들을 위한 영국의 병원'이었다는 밴크로프트의 말에 찬동할 필요는 없지만, 대영제국을 분열시킨 논쟁의 뿌리를 찾을 때 우리는 로마의 정치만큼이나 오래되고 최근의 선거만큼이나 새로운 투쟁인 공직의 이권과 권력의 상징을 둘러싼 투쟁을 무시할 수 없다.

매사추세츠를 제외하고는 총독이 의원을 임명했고 행정, 사법, 군대 등의 모든 수익성이 좋은 직책은 관직 사냥꾼들로 채워졌다. 이런 자리 중 일부는 인허가를 얻고 확정하는 데 있어 부정한 방법을 동원할 수 있는 길을 열어주었고, 버지니아의 토지 사무소는 부패의 온상이었다. 다른 자리들은 총독의 관료 가족 중 야망이 덜한 부양자들에게 돌아가는 매력적인 사무직에 불과했다. 그것들 중 많은 부분은, 영국의 방식에 따라, 왕실 총독들이 도움이 필요한 친구들의 길을 열어주기 위해 월급은 있지만 의무는 없는 한직이었다. 사우스캐롤라이나와 메릴랜드에서는 정무직 판매가 악명 높았고, 뉴저지에서는 부지런한 총독이 많은 지원자를 돌봐준 후 왕실에 '내 아들 빌리'를 위한 자리를 청탁했으며, 모든 곳에서 후원의 재량권은 식민지 무역의 한 분야로 간주되었다. 이러한 관행은 당시에는 결코 비난받을 만한 것으로 여겨지지 않았으며, 당의 하인들에게 공공의 비용으로 명예, 자리, 작위를 공개적으로 보상하는 당시의 영국에서는 관습이자 관행이었다.

관직의 화려함에 개인적인 관심을 쏟아붓는 총독들이 있는 한편, 더 효율적인 왕실 총독들은 식민지 경영에 경제적 이해관계가 걸려 있는 영국 지배 계급에게 이익이 되는 행정 정책을 고안하기 위해 열심히 공을 들였다. 매사추세츠에서 오랫동안 근무한 프랜시스 버나드 경은 그러한 정신적 훈련을 받은 식민지 총독proconsul 중 한 명이었다.

경제와 관련하여 그는 단순함 그 자체인 계획을 발전시켰다. 그는 이렇게 말했다. '아메리카 무역과 관련하여 영국의 두 가지 큰 목표는 아메리카인들이 영국에서 공급할 수 있는 모든 공산품과 유럽 상품을 영국으로부터만 가져가도록 의무화하는 것이다. 그리고 아메리카인의 대외 무역을 규제하여 그 이익이 결국 영국에 집중되거나 제국의 개선에 적용될 수 있도록 하는 것이다. 이 두 가지 목적이 서로 충돌할 때마다 영국에 가장 유리한 것을 우선시해야 한다.' 명확하고 핵심을 찌르는 말이었다.

정치적인 측면에서 버나드 총독은 각 식민지의 의회가 가능한 한 영국 상원House of Lords과 비슷해야 하며, 남작이나 준남작 작위를 가진 부유한 사람들로 구성되어야 한다고 주장했는데, 이들은 모두 영국 왕실의 명예와 인정을 기대할 수밖에 없었다. 이 행복한 제도는 영국 의회의 법령에 따라 식민지 입법부가 총독, 의원, 판사, 기타 민관과 군 관리에게 지급할 영구적인 세입을 마련함으로써 완성될 예정이었다. 이 원대한 계획에 따라 제국 정부의 자리와 직무는 전체적인 왕실 후원의 일부가 되어야 했다. 버나드만큼 이 목표를 명확하게 본 총독은 많지 않았지만, 행정에 대한 지배적인 관념이 그의 견해를 지지한 것은 의심할 여지가 없다. 확실히 아메리카 독립혁명의 시기가 가까워지면서 영국의 정책은 그 지칠 줄 모르는 총독이 제시한 방향으로 나아가고 있었다.

§

당연히, 왕실 총독들이 그토록 소중히 여긴 식민지 정치의 급여, 수당, 토지교부 및 기타 특혜는 아메리카 입법부 의원들에게는 사소한 문제가 아니었다. 이 나라에 삶의 터전을 둔 영주권자인 하원 의원들은 바다 건너에서 온 총독을 약간의 존경을 받을 자격이 있는 침입자로 간주하지 않을 수 없었다. 그들은 자신들의 비용으로 총독의 돈벌이에 종사하는 심복 부하들로 수익성 있는 공직이 채워지는 것을 보고 슬픔의 탄식을 내뱉었다. 지방의 답답한 분위기 속에서 욕망을 억누르던 총독과 그의 수하들이 전리품을 가득 싣고 대도시로 떠나, 런던에서 즐거운 사치를 누리는 것을 보는 것은 더욱 큰 비통함을 안겨주었다.

그러나 이 관찰력이 뛰어난 의원들에게 방책이 없는 것은 아니었다. 돈줄을 쥐고 있는 그들은 주도州都에 있는 작은 궁정을 유지하기 위해 자금을 교부하는 데 인색하지는 않더라도 부주의할 수 있었고, 자금 교부의 대가로 양보, 임명 및 기타 호의를 둘러싼 다툼으로 식민지 총독의 나날을 어둡게 만들 수도 있었다. 뉴저지의 벨처는 '나는 스킬라와 카리브디스* 사이에서 키를 잡아야 한다. 본국에서는 왕의 대신들을 기쁘게 해주고, 여기서는 예민한 백성들을 기쁘게 해줘야 하며, 누구에게는 호의를 베풀고 누구에게는 버림받아야 한다'고 불평했다. 그는 '그리고 인민의 대표들로부터 나의 월급을 받기 위해 시장의 상인이나 거간꾼처럼 거래하고 흥정해야 한다'고 덧붙였을지도 모른다. 버지니아의 딘위디 총독은 자신의 의회를 '고집스럽고 독선적이며 완고한 세대'라고 표현했다. 뉴욕 총독은 의회에 5년간의 고정 세입을 의결해 달라고 요청했지만, 의회는 교부금에서 나오는 모든 관리를 임명할 권한을 달라는 요구로 답했다. 이 대담함에 격분한 총독은 의회를 휴회시키고 '모든 봉사에 대한 보상, 그리고 사실상 모든 공직에 대한 고유의 임명권을 공직이 아니라, 그 공직에 누군가를 지명하여 매년 급여를 지급함으로써' 의원들 자신이 가져갔다고 집에 편지를 보냈다. 고민에 빠진 왕실 대리인의 의견에 따르면, 왕실의 권위에 대한 이러한 침해에 대한 해결책은 영국 의회가 뉴욕을 법령으로 작게 만드는 것이었다. '그때까지는 왕의 권위와 나 자신을 경멸에 노출시키는 위험 없이 의회를 만날 수 없다'고 그는 덧붙였다.

이 분쟁에서 전세는 결국 아메리카 의회의 편에 서게 되었다. 영국 하원과 마찬가지로, 의회는 왕권이 의회에 종속되는 강력한 동력인 지역 예산을 쥐고

---

* 스킬라Scylla는 시칠리아 섬 앞바다의 소용돌이 카리브디스Charybdis와 마주하고 있는 이탈리아 해안의 큰 바위이며, 카리브디스는 가이아와 포세이돈의 딸로 배를 삼키는 소용돌이를 의인화한 신화적 존재이다.

있었다. 입법부의 교부금 없이는 급여를 지급할 돈이 없었고, 이는 어떤 정치 지도자도 피할 수 없는 딜레마였다. 게다가 많은 총독들은 왕의 특권이라는 훌륭한 관념을 지키기 위해 식솔들을 위한 자리를 찾는 데 열심이었으며, 세출 결의 없이는 아무리 훌륭한 공무원이라도 최고의 일자리는 무의미했다. 결국 식민지 입법부의 대중 지부는 이 영역에서 거의 주권자가 되었다.

혁명 전야, 의회 문 앞에서 거지처럼 구걸하던 왕과 총독들은 영국에서 내려온 훈령을 민사 절차로 집행할 힘이 없었고, 지방 자문위원회는 법률 제정에 대한 통제권을 대부분 상실했으며, 판사와 하급 관리들은 자신의 봉급이 위태로워지는 것을 피하기 위해 입법자들에게 아부해야 했다. 실질적으로 식민지 의회는 국내 문제에 있어서는 그들 자신의 주인이었고 그들의 힘은 점점 커지고 있었다. 혁명은 실제로 일어났고, 그것을 세상에 알리기 위해서는 폭발만이 필요했다. 적어도 왕, 궁정인, 정치인들의 회고록이 아닌 식민지 시대의 먼지투성이 기록을 연구한 현대 학자들의 판단은 이렇다.

§

따라서 통치 기술의 경험이 있는 지배층과 막대한 경제 자원을 보유한 식민지는 독립 국가로 변모하는 데 필요한 두 가지, 즉 전쟁 기술의 숙달과 대륙적 규모에서 협력할 수 있는 능력만 있으면 되었다. 이 두 가지 분야에서도 식민지 개발의 다사다난한 세월은 그들에게 약간의 훈련을 제공했다. 자기 방어를 위해 그들은 스스로 선택한 장교 밑에서 군사 교육과 훈련을 받은 지역 군대를 유지해야 했고, 언제라도 변경 인디언과의 필사적인 전투에 참여할 준비가 되어 있으며, 포화 속에서도 인내심을 시험할 수 있었다.

영국과 프랑스가 북아메리카의 지배권을 놓고 벌인 모든 격렬한 분쟁에서 식민지 주민들은 군인과 물자를 지원하며 전투에 참여했다. 1689년부터 1763년까지 네 차례에 — 윌리엄 왕, 앤 여왕, 조지 왕, 7년 전쟁 — 걸쳐 제국의 패권을 놓고 벌어진 이 세계적인 경쟁에 식민지 주민들은 참여해야 했다. 74

년 중 31년 동안 그들은 영국 정규군 편에 서서 총검과 대검으로 무자비한 야전 및 숲 전투에 능숙한 프랑스와 인디언 전사들과 맞서 싸우며 최전선에서 무장한 채 전투를 벌였다. 식민지 주민들에게, 주권의 반박할 수 없는 논거인 군사력 사용의 경험을 제공하지 않고 지나간 세대는 한 세대도 없었다.

전쟁은 또한 이해관계가 매우 다양하고 종교와 정치적으로 서로 적대적이었던 식민지들에게 협력의 기술을 가르쳐주었다. 1643년 매사추세츠, 플리머스, 코네티컷, 뉴헤이븐이 20년 이상 공격과 방어, 상호 봉사를 위해 연합한 뉴잉글랜드 연합New England Confederation을 탄생시킨 것도 인디언에 대한 공통의 치명적인 공포가 있었기 때문이다. 버지니아와 캐롤라이나의 민병대가 상호 동맹을 맺게 된 것도 몇 년 후의 인디언의 위협 때문이었다. 1754년 올버니에서 뉴햄프셔, 매사추세츠, 코네티컷, 로드아일랜드, 뉴욕, 펜실베이니아, 메릴랜드의 대표들이 참석한 유명한 식민지 회의가 열린 것은 아메리카인들이 일반적인 방어와 임박한 프랑스와의 투쟁에 대비하기 위해서였다. 이 회의에서 논의된 연합 계획은 채택되지 않았지만, 이 계획의 밑그림을 그린 프랭클린은 미합중국 헌법을 초안한 회의의 일원으로 활동했다. 올버니 회의는 실패로 끝났지만 3년 후 발발한 프렌치 인디언 전쟁French and Indian War으로 인해 식민지들은 대륙 단위의 협력에 나서게 되었다.

사건들이 증명하듯, 이 시기는 북아메리카의 심장부를 차지하기 위한 치열한 경쟁의 마지막 단계였다. 제임스타운이 세워진 지 1년 후인 1608년 퀘벡에, 조지아에 정착하기 14년 전인 1718년 뉴올리언스에 자리를 잡은 프랑스군은 오하이오와 미시시피 밸리에 초소를 잇달아 설치하며 영국군의 진출을 해안선으로 제한할 것을 예고한 상태였다. 1753년 루이 왕의 군인들이 오하이오 강 상류에 있는 듀크네 요새에 깃발을 올리자, 필라델피아의 가장 평화적인 퀘이커교도들도 귀를 기울여야 할 도전장을 던졌다. 그리고 그 제스처는 곧바로 응답되었다. 버지니아의 젊은 민병대 장교였던 조지 워싱턴은 침략자들에게 '영국 왕실의 소유라는 게 주지의 사실인' 영토에 그들이 발을 들여놓

앗다고 경고하기 위해 국경으로 파견되었는데, 그는 '최근 서부 개척을 위해 설립된 오하이오 토지 회사가 탐내는' 영토라고 덧붙였을지도 모른다.

그리하여 전 세계를 에워쌀 전쟁의 첫 포성이 펜실베이니아의 황야에서 발사되었고, 독립을 위해 투쟁하는 아메리카 군대를 지휘하게 될 사람은 그 총성이 숲에 울려 퍼지는 것을 들었다. 한편은 영국과 프로이센, 다른 한편은 프랑스, 오스트리아, 스페인 및 군소 열강이 참여한 유럽으로 번진 전쟁, 즉 7년 전쟁이 시작되었고, 인도에서 불길이 오른 전쟁은 지구 반대편에 사는 수백만 명의 운명을 결정지었다.

바다에서 프랑스 세력을 격파하고 3개 대륙에서 프랑스 제국을 무너뜨리기 위해 인력과 재물을 아끼지 않았던 윌리엄 피트의 제국주의적 천재성 아래, 영국의 모든 에너지가 투입되었다. 프로이센은 프리드리히 대왕의 보조금을 가지고 줄을 섰고, 아메리카는 바로 문 앞에서 벌어진 치열한 전쟁의 열기에 휩싸여 있었다. 비록 1755년 펜실베이니아의 황야에서 브래독이 패배했지만 울프는 4년 후 퀘벡을 점령하고 캐나다에서 프랑스 지배의 종말을 고하며 균형을 회복했다. 1763년 마침내 공식적으로 평화가 찾아왔을 때, 캐나다와 뉴올리언스를 제외한 미시시피 강 동쪽의 모든 영토는 영국 국기 아래 놓였고, 나머지 영토는 이미 제국의 끝자락에서 약화되고 있던 스페인에 넘어갔다. 이제 성문을 두드리는 강력한 이웃이 없었기 때문에 13개 아메리카 식민지의 지배 계급은 영국의 지배 계급을 상대로 자유롭게 힘을 시험해볼 수 있었다.

바람이 불 때마다 승전 소식으로 런던의 종소리가 울려 퍼지던 바로 그 전쟁이 또 다른 폭발의 길을 열었다. 피트가 쓰러지고 전쟁이 끝났을 때, 냉철한 회계사들은 영국의 공공 부채가 1억 4천만 파운드에 달하고 이를 충당하기 위해 새로운 세금을 부과해야 한다는 사실을 깨닫고 그 비용을 계산해야 했다. 누가 지불해야 하는가? 어쨌든 2만 5천 명의 병력을 전쟁터에 투입하고 막대한 지출로 그들을 지탱해주었던 식민지 주민들은 추가적인 부담을 감당하고 싶은 기분이 아니었다. 설상가상으로 부풀려진 전쟁 물가는 폭락했고,

절망적인 세계대전이 끝나면 대개 그렇듯 청산을 강요하며 파국을 불러왔다. 영국 통치 기구와의 새로운 충돌의 원인은 여기에 있었다.

그리고 아메리카는 힘을 시험해볼 준비가 되어 있었다. 전쟁은 장교와 병사들로 구성된 참전 용사들을 길러냈고, 이들은 혁명의 시험이 닥쳤을 때를 대비해 어느 정도 준비되어 있었다. 전쟁은 그 이상을 해냈다. 아메리카 주둔 영국군 장교들의 오만한 행동은 식민지 주민들의 가슴에 왕실 총독에 대한 악감정과 비슷한 열렬한 분노를 불러일으켰고, 전투 경험은 민병대원들에게 자신감을 불어넣었다. 많은 경우 그들은 스스로 잘못을 저질렀지만, 다른 경우에는 영국 장교들의 으스대는 모습과 영국 정규군의 오만함이 사람들을 자극했다. 프랭클린이 말했듯이, 브래독에게 대패를 안긴 재앙은 '영국 정규군의 능력에 대한 우리의 고상한 생각이 제대로 된 근거가 없었다는 최초의 의심을 우리 아메리카인들에게 안겨주었다.' 펜실베이니아의 황야에서 브래독의 군대를 완전한 파멸로부터 구하기 위해 애썼던 젊은 장교가 20년 후 아메리카 혁명을 위해 케임브리지의 느릅나무 아래서 칼을 뽑아야 했던 것은 단순한 우연이 아니었다.

4

식민지 아메리카

　식민지 시대의 문화— 그 사회 및 종교 생활, 지적 및 미적 관심사, 지식의 확산과 예술적 감상을 위한 장치 —는 모든 지방 문명에 공통된 조건의 영향을 받았다. 가장 고귀한 이상부터 가장 저속한 것까지 모든 전통적 유산은 유럽, 엄밀한 의미에서는 영국에서 파생된 것이었다. 다른 모든 시대의 문화와 마찬가지로 지배적인 경제 질서, 생계 유지 방식, 계급의 성향, 부의 축적, 후원과 여가의 발달, 인구 집중, 실제 경험의 다양화 등에 따라 달라졌다. 또한 경제 계층의 성격과 비중의 변화, 세속적 관심사의 성장, 해외로부터의 새로운 흐름의 영향 등 모든 영역에서 영향을 받는 변화의 법칙에 따라 필연적으로 구부러졌다.

　식민지 시대의 문화사 자료는 헤아릴 수 없을 정도로 풍부하다. 한 시대의 정신은 죽은 과거에서 수천 가지 모양과 형태로 살아 있는 현재에 어깨를 들이밀고 있다. 잊혀지지 않는 그림자 속에서 가정 생활은 아치형 느릅나무와 넓게 퍼진 참나무로 장식된 박공博栱이 있는 오래된 집 주위를 맴돌고 있다.

토머스 제퍼슨의 펜이 독립선언문을 쓰던 당시 마을 교회 마당에서 곰팡이가 피어오르던 창틀과 깔개는 지금도 민첩한 손길 아래에서 형태를 만들어가고 있는 것처럼 보인다. 프랭클린과 워싱턴 시대에 그랬던 것처럼 벽에 걸린 그림은 그 먼 옛날에 통치하고 설교하고 교역하고 씨를 뿌렸던 계층의 주인들과 여주인들을 불러낸다. 일기와 편지는 결혼식, 여우 사냥, 무도회와 같은 흥겨운 시간과 예배, 비극, 죽음의 엄숙한 장면에 대한 장막을 걷어낸다. 강력한 공동의 목적을 가지고 계획된 고풍스러운 마을, 주 정부 청사, 교회, 대학 강당 등은 오랜 세월의 무게에도 불구하고 여전히 견고해 활기찬 공공 생활의 가시적, 외형적 상징으로 살아남아 있다. 역마차와 범선 모형은 육지와 바다를 오가는 식민지 상인과 나그네의 모습을 보여준다. 이야기와 일지는 지나간 파노라마에 동시대 여론의 빛을 던진다. 신세계에서 제작된 책, 팸플릿, 연감, 신문, 잡지는 아메리카 지성의 깊이와 얕음을 반영하며, 유럽 각지에서 수집된 공립 및 사립 도서관은 식민지 연구와 이해의 폭이 넓다는 것을 보여준다.

　이 풍요로운 보물창고에서 다양한 사람들이 다양한 관심사의 패턴에 맞게 조각을 골라냈다. 조상 숭배만큼이나 깊은 정서에 감동한 가족 전통의 열정적인 제작자들은 옛 영국의 벌리 가문Burleighs과 퍼시 가문Percys만큼이나 자랑스럽고 우아한 선조들의 따뜻한 욕망의 빛을 드러냈다. 단순한 호기심에 사로잡힌 수집가들은 백랍 접시, 유리, 윈저 의자Windsor chair를 모았다. 소설가들은 플롯을 발견하고 설교자들은 주제를 발굴했다. 현대 언론의 먹잇감을 제공하는 성급한 비평가들은 호기심을 자극하는 신조를 강화하고 다양한 분위기를 정당화할 수 있는 삽화를 찾아냈다. 멀리 튜턴족의 핏줄을 희미하게 이은 볼티모어의 한 저널리스트는 청교도 신들의 거칠고 시큰둥한 얼굴이 기록에 반영되어 있는 것을 보았고, 필그림 정통파 안에서 자란 일리노이의 수필가는 지치고 경건한 사람들을 영원까지 인도할 위대한 빛이 그들로부터 빛나는 것을 목격했다. 인간적인 전통을 찾는 사람들은 로저 윌리엄스의 철학, 존 울먼의 일기, 벤자민 프랭클린의 생생한 지혜, 존 와이즈의 민주주의 교리, 언론의 자유를 둘러싼 젱거 전투*에서 앤드루 해밀턴의 웅장한 탄원을 기쁨으로 받아들였다. 훈련된 역사가들은 경제, 정치, 사회, 지성, 예술 등 식민지 생활의 한 부분을 관찰하고 전문가를 위해 아메리카 사상의 주류에 포함되지 않은 방대한 책을 저술했다.

이러한 방법으로는 아메리카 문화의 내밀한 본질을 파악할 수 없다는 것이 분명하다. 실제로 모든 문명의 유산, 경제, 정치, 문화, 국제적 친연 관계는 운명에 의해 하나의 직물로 긴밀하게 짜여 있어 어떤 인간의 눈으로도 그 날실과 씨실의 시작을 식별할 수 없다. 그리고 이 난해한 사실을 무시하는 모든 경제적 해석, 정치 이론, 문학 비평, 미학적 감상은 피상적일 수밖에 없다. 소수의 학생들이 문제의 본질을 인식하고 종합을 모색하기 시작했다는 것은 아메리카 지성 발전의 새로운 시대가 열리고 있음을 보여주는 놀라운 신호이다.

§

우리가 말해왔듯이 식민지 문화의 본질적인 형태는 그 기원이 영국에서 비롯되었다. 스코틀랜드, 아일랜드, 네덜란드, 스위스, 웨일스, 스웨덴, 유대계 저명한 옹호자들은 이 판결에 반대하는 탄원서를 여러 권에 걸쳐 제출했으며, 냉정하게 검토할 가치가 있는 사실과 주장을 기록에 남겨 놓았다. 일부는 지나친 인종차별적 주장을 하기도 했다. 한 강경한 파르티잔은 아메리카의 정치 제도가 이주한 청교도들을 통해 네덜란드로 거슬러 올라간다고 주장했다. 또 다른 강경론자는 아메리카 독립혁명을 스코틀랜드인과 영국인 사이의 오랜 경쟁의 한 단계로 보았다. 한 열성적인 아일랜드인은 부스러지는 종이들과 이끼 긴 묘비에서 오루크O'Rourkes, 오두나휴O'Donahues, 오브라이언O'Briens

---

* 존 피터 젱거(John Peter Zenger, 1697~1746)는 독일 출신의 아메리카의 인쇄업자로 뉴욕 식민지 총독에 반대하는 주간 신문의 책임자였다. 젱거는 명예 훼손 혐의로 고소되었지만 무죄를 선고받았고 그의 이름은 아메리카에서 표현과 언론의 자유의 상징으로 기억되고 있다.

들의 방대한 자료를 수집하여 식민지 역사를 에린Erin[아일랜드의 옛 이름]의 아들들에 관한 이야기의 영광스러운 한 페이지처럼 보이게 만들었다.

그럼에도 불구하고 식민지 생활의 모든 다양한 요소에 대해 마지막 한마디를 할 때, 어떤 부인할 수 없는 사실이 평원의 거대한 바위처럼 시야에 들어온다. 식민지 백인의 압도적 다수가 영국계이고, 계급 체계가 영국적이며, 전체 사회 질서를 하나로 묶는 법이, 물론 변형되었지만, 본질적으로 영국식이고, 지배적인 종교 제도와 신학 방식이 그리스도교를 영국식으로 변형한 것이며, 정규 교육의 유형, 오락, 가구, 패션, 예술, 가정 규범도 모두 근본적으로 영국식이었다는 점은 의심의 여지가 없다. 법정, 설교 강단과 언론의 언어도 영국적이었다. 네덜란드어와 독일어로 쓰여진 이 시대의 팸플릿과 서적은 도서관 서가의 넓은 공간을 가득 채우고 있지만, 사실은 그 양이 많아서가 아니라 그 지방성의 시대부터 내려온 영어로 된 산더미 같은 거대한 선언과 논쟁에 비하면 상대적으로 사소하다는 점에서 주목할 만하다. 혁명군의 스코틀랜드 및 아일랜드 병사 명단은 인상적이지만, 영국인들의 명단은 더욱 그렇다. 펜실베이니아의 장로교도들은 워싱턴 치하에서 잘 싸웠고, 전 세계에 들렸던 그 총성은 콩코드에서 한 청교도에 의해 발사되었다. 칭찬이든 비난이든 혹은 단순한 유흥이든, 식민지 아메리카는 기본적으로 영국적이었고, 영국 지배층의 보호 아래 통치되었으며, 유럽과의 주요 소통 채널은 영국 항로를 따라 이어졌다.

§

아메리카의 지방적인 문화가 이처럼 크게 좌우된 지배적인 계급 구조는 주로 모국에서 파생되었다. 때때로 교과서의 허구에 근거하여 식민지들이 신세계 철학의 순수한 원칙에 기초하여 형성되고 실질적인 경제적 평등에 기초한 지역 민주주의라고 상상하지만, 사건의 사실은 그러한 견해에 거의 색채를 부여하지 않는다. 실제로 식민지화 과정에서 영국의 중간 계급— 토지 소유 젠트리 계층의 하층, 상인, 요먼 ―의 심리와 사회적 가치관이 새로운 환경에서 재생산된 것이다.

영국 내에서는 이러한 계급이 봉건제로부터 근대로의 긴 여정에서 사회를 이끌어 왔고, 아메리카에서는 귀족과 성직자 계층의 즉각적인 압박에서 벗어나 법, 종교, 지성, 미적 관심사에 대한 주권의 정도에서 영국의 동시대 사람들보다 빠르게 앞서 나갔다. 모든 식민지에서는 이러한 계급적 유산이 잘 표현된 사회적 종속 체계로 발전했다. 지배층의 지위가 모국에서처럼 법적 표시로 명확하게 드러나지 않았고 진입하는 문이 살짝 더 열려 있었던 것은 사실이지만, 산업과 지역 정치에 대한 지배력은 그다지 안정적이지 않았다.

뉴잉글랜드 해안가의 지배적인 질서는 주로 부유한 상인, 그들이 부양하는 가족 및 옹호자들로 구성되었으며, 이들 중 일부는 영국 신사의 자손이었다. 왕실 총독의 공식적인 가문들보다는 사회적 지위가 다소 낮았지만 복장, 주택, 마차, 예의범절의 차이로 인해 농부, 장인, 하인 등 서민층과 크게 구분되었다. 후대의 한 후손은 '대부분의 보스턴 상인들은 노예를 집안의 하인으로 소유하고 다른 상품처럼 그들을 사고 팔았다'고 썼다.

물론 옛 영국에서는 상인들의 옷에서 타르와 소금에 절인 생선 냄새를 맡으면 킁킁거리는 사람들이 있었지만, 기운 찬 청교도들은 그런 푸대접에 대해 걱정하지 않았다. 그들은 심지어 그 냄새를 자랑하기까지 했다. '우리 조상들은 종교를 위해 이곳에 온 것이 아니다. 그들의 주된 목적은 물고기를 잡는 것이었다.' 설교자가 너무 과장해서 설교하자 마블헤드의 선원이 외쳤다. 마치 반항이라도 하듯 보스턴과 세일럼의 가장 웅장한 유서 깊은 가문들은 저택을 신성한 대구 모형으로 장식하고 럼주, 소금, 밧줄, 타르, 숫돌, 낚시 도구 등을 파는 상인으로 신문 지면에 부끄러움 없이 등장했다. 왕실 총독을 압박하던 상류층이 '신참들'의 침입에 분개할지라도, 오랜 혈통을 자랑하는 귀족 출신이 경멸감을 보일지라도, 바다의 상인들은 농부와 장인 및 하인의 간섭을 거의 받지 않고 뉴잉글랜드 의회의 정치를 관리했다.

포토맥 강 아래에서 상류층은 또 다른 경제적 기반을 가졌는데, 영국에서와 같이 대대로 양도금지entail[재산이 가족 내의 특정 후계자에게만 상속되도록 규정하는 법적 제도이다. 이 제도는 재산이 외부로 유출되는 것을 방지해 여러 세대에 걸쳐 한 집안의 재산이 유지되도록 보장한다]나 장자 상속 또는 둘 다에 의해 대대로 유지되는 토지 재산이었다. 남부 농장주들은 토지와 관련된 전통적인 감정을 소중히 여기며 모든 사회적 위신을 오만할 정도로 자랑하고 상업과 무역에 종사하는 사람들을 경멸했지만, 가끔 찰스턴에서 한 지주 가족이 상인과의 행복한 합작으로 재산을 늘린 경우는 제외되었다.

노예를 소유한 귀족baron들은 모국의 영주lord나 지방 영주squire처럼 사회 문제에서와 마찬가지로 정치에서도 주도권을 잡았다. 그들은 카운티 타운의 야외에서 치러진 선거에서 가장 용감한 자유 농부들을 제외하고는 쉽게 겁을 주고 자신의 부하들을 공직에 임명했다. 그들 사이의 분열이 그들의 지배권을 위협하면 그들은 반대파의 숨통을 끊어버릴 정도로 재빠르게 다시 단결했다. 오지의 요먼들은 종종 주의 수도에 와서 그들에 대항하려 했지만 모두 헛수고로 끝났다. 평야에 정착한 젠트리들은 결코 권력을 빼앗길 수 없었다. 시대가 요구하는 대로 개인 가정교사나 옥스퍼드와 케임브리지에 의지해 학문을 익힌 이들은 남부에서 대중 교육과 그에 따른 민주주의의 성장을 막았다.

경제적, 정치적 권력을 확보한 버지니아의 대농장주들은 곧 왕당파 귀족 Cavalier의 생활양식을 취했다. 그리고 그들의 후손들은 과학적 성격을 지닌 현대 역사가인 T. J. 워텐베이커가 사건의 진상을 조사하고 그 결과를 발표하기 전까지 귀족의 피가 흐르는 전통을 자랑스럽게 이어갔다. 그는 서문에서 '카발리에'라는 칭호는 소유자의 계급이나 혈통에 대한 단서를 제공하기는커녕 단지 정치적 파벌의 일원임을 나타낼 뿐이며, 많은 땜장이들이 찰스 왕을 지지했다고 지적했다.

그런 다음 가계도를 조사한 후, 워텐베이커는 '기록에서 한 자리를 차지할 만큼 저명한 캐벌리어의 이름을 주의 깊게 수집한 결과 그 수가 미미하다는 결론에 도달했다'고 말했다. 그는 버지니아 전체에서 '역사적으로 주목할 만한 영국 가문에서 유래한' 세 가문과 '소小 젠트리'에서 유래한 세 가문만 보고할 수 있었다. 따라서 버지니아는 상인, 선원, 요먼, 계약 하인, 노예가 정착했다는 평결이 내려졌다. 그러나 거대한 플랜테이션을 소유하기 위해 위로 올라간 사람들은 모든 인류의 특징인 유연한 방식으로 영국 귀족의 문화적 외양을 재빠르게 취했다.

중부 식민지의 사회 질서는 토지와 무역의 혼합이 경제적 기반을 제공했다. 펜실베이니아에서는 보통 부유한 상인들이 정치적, 문화적 명예와 부를 누렸다. 뉴욕에서는 영국인이 유산을 물려받았을 때, 네덜란드 출신의 지주patroon와 상인 가족이 사회에서 높은 지위를 유지했지만, 시간이 지남에 따라 정복자들이 통치하는 새로운 집들이 도시와 시골의 네덜란드 시설 옆에 생겨났다. 무역과 토지는 이 지방의 군사, 정치, 사회 지도자들을 먹여 살렸다. 실제로 뉴욕의 지배적인 젠트리는 토지 재산과 사업에 투자한 재산을 통합한 영국의 휘그 영주들과 닮았으며 어떤 경우에는 영국 귀족과의 결혼 관계로 연결되어 있었다. 예를 들어, 거버니어Gouverneur의 이복형인 스타츠 롱 모리스*는 영국군 소령에 올랐고 고든 공작 부인과 결혼했으며 조지 왕에게 마지막까지 충성을 다했다. 델런시Delancey 가문이 부와 책략에서 뉴캐슬 가문과 같지는 않았지만, 적어도 정치적 이권을 관리하는 데는 유능했다.

옛 영국의 작은 자치구borough도 허드슨 강변에 복사본이 있었고, 뉴욕 저택의 영주에 버금가는 주인 중 일부는 자신이 선택한 대리인을 통해 주 의회를 대표했으며, 그의 소작인들의 동의는 형식에 지나지 않았다. 존슨 가문은

---

* Staats Long Morris(1728~1800)은 영국 육군 장교이자 정치인으로, 영국 하원 의원을 지냈고 또한 1797년부터 사망할 때까지 퀘벡 주지사를 역임했다. 뉴욕 식민지에서 태어난 모리스는 스코틀랜드 귀족 여성과의 결혼을 계기로 영국 의회에서 군 장교와 정치인으로서 성공적인 경력을 쌓았다. 웨스트민스터 사원에 안장된 유일한 아메리카 식민지 출신 인물이다.

성처럼 생긴 저택에서 반은 봉건적이고 반은 야만적인 방식으로 모호크 밸리 상류 지역을 통치했으며, 수많은 친족, 무장한 흑인 노예, 훈련된 게일족 가신들, 무시무시한 이로쿼이족Iroquois과의 야만적인 동맹에 의존하여 숲과 평원에 대한 주권을 유지해 나갔다.

모든 식민지에서 통치 질서는, 영국의 방식으로, 부와 재능, 일반적인 탁월함으로 인해 자신들에게 권리가 있다고 생각하는 복종을 대중에게 요구했다. 하버드대와 예일대에서는 권위, 집, 토지, 동산動産이 학적부에서 학생의 순위를 결정했다. 교회에서는 청교도든 성공회든 상관없이 나이, 사회적 지위, 재산에 따라 회중의 자리가 정해졌다. 버지니아의 한 오래된 가문은 매주 일요일마다 사회적으로 우월한 인사들인 자신들을 위해 특별히 마련된 큰 신도석에 다 앉을 때까지 평민들을 교회 밖에서 기다리도록 함으로써 그들의 위세를 드러냈다. 올드 도미니언[버지니아]의 또 다른 자랑스러운 가문의 한 구성원은 살아 있는 동안 서민들을 너무 가혹하게 대했기 때문에 죽어서도 속죄가 필요하다고 생각하여, 겸손과 보상의 행위로서 시신을 가난한 사람들을 위해 마련된 교회 구역의 포장도로 아래에 묻도록 명령했다. 심지어 남부의 성공회 성직자들조차도 때때로 낮은 계급에 배정되었다. 예를 들어, 한 유능한 목사가 스파츠우드 총독 미망인의 손을 잡으려 하자, 그녀의 가족은 하느님의 사람이 차지하는 지위의 사회적 열등성을 입증하기 위해 고심 끝에 결혼에 반대했다. 물론 뉴잉글랜드에서는 설교자의 머리에 그런 모욕감을 얹을 수 없었다. 그곳에서 성직자는 여성들을 선택할 수 있었으며 강력한 상인들에게 교황의 역할을 할 수도 있었다. 그러나 식민지 후기 수십 년 동안 매사추세츠에서는 성직자의 힘이 너무 약해져서, 포경, 무역trafficking[불법적인 활동을 암시하는 현대적 의미가 아니라, 당시 식민지에서 이루어졌던 합법적인 상품 무역을 뜻한다] 및 노예 거래와 같은 심각한 사업에 그들은 간섭할 용기를 내지 못했다.

§

지배적인 가문의 다음 순서로 농부— 영국에서 그들은 요먼이라고 불렸다
—가 있었는데, 이들은 대영주인 젠트리와 구별되는 소규모 토지를 소유한 사
람들이었다. 이들은 뉴잉글랜드와 중부 식민지에서 인구의 대부분을 차지했
으며 남부 지방의 오지에 거주했다. 북부에서 그들은 밭이나 베틀, 염색 공장
에서 아내와 아이들과 함께 일하지 않을 때는, 배를 타고 전 세계 사방으로 물
건을 나르던 다재다능한 양키*의 대부분을 공급했다. 앞서 살펴본 바와 같이
남부 해안에서 그들은 후대에 캐벌리어 조상을 자랑스럽게 여기는 많은 지주
가문을 세웠다. 변경 지역, 특히 버지니아에서 아래쪽으로 내려갈수록 요먼은
복무 기간이 끝나면 그러한 기회의 땅에서 일어날 수 있다는 것을 알게 된 보
다 운이 좋은 계약 하인 계층에서 어느 정도 모집되었다.

그 기원이 아무리 다양하더라도, 이 대규모의 자유민은 근면하고 야심 찬
남녀로 구성되어 있었다. 그들은 종종 문맹이었고, 허름한 오두막집에 살았으
며, 상류층으로부터 외면당하기도 했지만 식민지 시대 내내 가난에서 벗어나
안락함, 안전, 영향력을 얻기 위해 끊임없이 싸웠다. 풍부한 천연자원의 도움
으로 그들은 구세계에서보다 신세계에서 더 높이, 더 빨리 신분 상승을 이루
었고, 그 과정에서 아메리카의 혁명을 위한 길을 준비했다.

지주로서 투표권을 누린 이 계급의 남성들은 모든 곳에서 영국 정부와 아메
리카 대리인의 허세에 저항하는 대중 정당의 수적 다수를 제공했다. 마을의
상인들과 폭동 기술자들이 자신도 모르게 독립전쟁을 일으켰다면, 전쟁을 이

---

* Yankee. 아메리카 북동부에 거주하는 백인을 가리키는 속칭. 미합중국 밖에서는 남부를
  포함한 아메리카인 전체에 대한 속칭 또는 멸칭이다. 원래는 코네티컷 주에 사는 영국계
  이민자들이 남서쪽 이웃 뉴암스테르담(훗날의 뉴욕)에 사는 네덜란드계 이민자들을 부르
  는 별명인 얀 키스Jan Kees에서 유래했다는 설과 그 반대라는 설이 있다. Jan Kees를 영
  어로 직역하면 John Cheese가 되는데, 영국계 이민자들은 'Kees'의 '-s'를 복수형으로 오
  해하여 영어에서는 'Yankee'를 단수, 'Yankees'를 복수로 표기했다. 다만 이 외에도 양키
  의 유래와 어원은 여러 설(인디언어로 '비겁자' 등)이 있어 명확하게 단정 지을 수는 없다.

끌고 전장에서 대부분의 피를 흘린 것은 농부들이었다. 버지니아의 높은 지위에 있는 신사가 군대를 지휘했다면, 대열을 채우고 총을 든 것은 쟁기질을 막 끝낸 젊은이들이었다. 이들은 아메리카에서 영국의 지배가 전복된 후 아메리카에서 태어난 상인, 금융가, 농장주들의 지배에 항의하는 목소리를 냈다.

사회 질서의 세 번째 계층은 자유 장인과 노동자로 구성되었다. 각 도시의 경계 안에는 우리가 보았듯이 소심한 상인들에게 때때로 경고를 보내고 앞으로의 문제를 예고할 수 있을 만큼 충분히 성장한 독립 노동자들이 있었지만 이 계급의 수와 권력의 성장은 느렸다. 약간의 재산을 축적한 사람만 투표할 수 있었고 모든 곳에서 열등의 낙인이 그들에게 찍혔다. 1759년 보스턴 벽돌공의 아들이 치안판사 직에 올랐을 때, 그의 낮은 사회적 출신을 이유로 그의 권리가 공격받았고, 그는 그의 소명의 존엄성이 아니라 그 혐의가 거짓이라는 대답으로 자신을 방어했다. 1776년 봄, 필라델피아의 한 식민지 민주주의자는 '가난한 사람은 선거 전 몇 주 동안을 제외하고는 신사분과 어떤 조건으로도, 어떤 친분으로도 대화할 수 있는 영광을 거의 누리지 못한다'고 한탄했다. '지난 7년 동안 자신을 경멸의 눈으로 쳐다보던 신사들과 악수하고, 기분 좋은 미소를 짓고, 약간의 친근한 대화를 나누면서 이 2주 동안 얼마나 많은 가난한 사람들, 서민들, 장인들이 행복해졌는가. 모든 것을 거의 평등하게 만드는 축복받은 상태이다…… 자유인이 되어라. 그러면 당신은 매년 신사들의 동반자가 될 것이다.'

이렇게 활기차게 표현된 노동 계급의 희망은 관대했지만, 그들의 경제적으로 불리한 지위는 단순한 상상력의 작동으로 빠르게 극복될 수 있는 것이 아니었다. 독립선언 이후에도 그들의 지위는 급진적인 교리를 가진 지배자들의 눈에는 그다지 높아지지 않았다. 1777년 대륙회의에서 존 애덤스는 '자유인이든 노예든 국민을 어떤 이름으로 부르든 그것은 아무런 의미가 없다. 어떤 나라에서는 노동하는 빈민을 자유인이라고 부르고, 어떤 나라에서는 노예라고 부르지만 국가의 입장에서 그 차이는 상상에 불과하다'고 냉정하게 말했다. '농장에서 10명의 노동자를 고용한 지주가 매년 그들에게 생활필수품을 살 수 있을 만큼의 돈을 주든, 아니면 그 생활필수품을 주든 무슨 차이가 있겠는가? ……나라 대부분에서 노동 빈곤층의 ─ 특히 북부 주 어부들의 ─ 처지는 노예제의 상황만큼이나 비참하다.'

§

자유인의 기준 아래쪽에는 주로 농업이나 허드렛일에 종사하는 계약 하인들이 있었다. 이 임시 노예들은 특히 뉴욕 남부 지역에서 인구의 많은 부분을 차지했다. 노예 계약 기간이 만료되면 그러한 하인들은 자유인 계급으로 넘어갔고 많은 사람들이 시간이 지남에 따라 재산과 지위를 획득한 것은 사실이지만, 그들의 계급은 영국과 유럽 대륙에서 온 새로운 이민자들에 의해 끊임없이 모집되었으며 상당수는 계약 기간이 끝난 후에도 일반 노동자 수준 이상으로 올라가지 못했다. 자유를 얻었을 때 법적인 장애가 그들을 일반 인구와 분리시키지 않았다 해도, 보통 그들의 목에는 예속적인 경험의 배지가 무겁게 매달려 있었다. 어쨌든 노예 소유주와 노예 모두에게 멸시를 받았던 남부에서는 '가난한 백인들'이 대규모 정착촌을 형성하여 이 땅에 어두운 그림자로 자리 잡았다.

사회 최하층에는 독립을 향한 전쟁이 시작되었을 때 50만 명이 넘는 동산動産 노예가 있었다. 일부 식민지에서는 노예 해방이 가능했지만, 대부분의 노예는 법에 따라 영구적으로 노예로 살아야 했고, 노예의 피부색으로 인해 모든 계급의 다른 노예와 구별되었다. 경제적 지위에서 주인을 잘 만난 운이 좋은 노예는 종종 가난한 백인이나 불행한 계약 하인보다 우월한 지위를 가졌지만, 최상의 조건에서도 그들은 사소한 불복종에 대한 처벌과 심각한 범죄에 대한 끔찍한 처벌을 받을 수 있는 사회 질서의 침묵하는 구성원이었다. 그들은 남부에서 개척 귀족의 기초가 되었고 모든 분야에서 상인 계층의 하인으로 일했다. 스스로 목소리를 내지 못하는 그들은 백인 인종에서 대변자를 거의 찾지 못했다. 존 울먼은 1746년 '흑인 유지에 관한 고찰'이라는 제목의 팸플릿 제1부에서 극도로 조심스럽게 흑인은 '우리와 같은 종'이며 천부적 권리를 부여받았으나 의롭지도 거룩하지도 않은 이유로 속박되어 있다고 주장하는 글을 썼다.

§

　영국 계급 구조의 많은 요소와 마찬가지로, 역사의 여명기부터 이어져 온 전통과 재산과 생존을 위한 투쟁으로 깊이 얽혀 있는 영국의 가족 제도는 아메리카 식민지로 옮겨졌다. 관습법의 원칙에 따라 남편과 아버지는 가족의 영주이자 주인이었지만, 실제로 그의 주권은 명목상으로만 존재하는 경우가 많았다. 이 제도에서 아내이자 어머니인 기혼 여성은 자신의 인격이 남편의 인격과 합쳐지고, 법적 존재가 완전히 소멸되지는 않더라도 정지되며, 수많은 불리한 조건을 안게 되었다.

　결혼식 당일에 그녀의 땅과 집은 엄숙한 혼전 계약서에 의해 그녀에게 유보되지 않는 한 남편의 통제하에 넘겨졌다. 남편은 자신의 목적을 위해 임대료와 이익을 취하고 사용할 수 있으며, 그녀의 동의 없이 그녀의 이익을 처분할 수 있고, 남편이 낭비를 저질러도 그녀는 남편에 대해 아무런 조치를 취할 수 없으며, 남편이 빚을 지게 되면 채권자의 이익을 위해 부동산이 매각될 수 있었다. 돈, 지폐, 채권, 보석, 동산 등 여성의 개인 재산도 남편이 마음대로 보유, 사용, 판매, 양도, 소비할 수 있었다. 학식과 인품을 겸비한 블랙스톤은 '영국 법의 가장 큰 장점은 여성의 성性'이라고 썼다. 청교도들이 상륙한 지 200년이 지난 후 아메리카의 법학자이자 논평가인 제임스 켄트는 이러한 높은 교리를 열거하고, 약간의 변형만 가미하여 당시 아메리카에서 시행되던 가정 관계의 법적 규칙을 묘사하는 데 그쳤을 정도로 그것들은 아메리카 식민지 법에 철저하게 통합되어 있었다. 아내에 대한 남편의 명령과 마찬가지로 자녀에 대한 아버지의 권위는 자녀가 성인이 될 때까지 국가의 간섭을 거의 또는 전혀 받지 않고 아들과 딸의 노동과 봉사를 엄격하게 통제할 수 있게 했다.

 그러나 이러한 특권 및 우월한 지위와 함께 가족법에 명시된 많은 의무가 있었다. 가장은 결혼 전이나 결혼 생활 중 일상적인 물품 구매로 인해 발생한 아내의 빚을 탕감해 주어야 했다. 남편은 자신의 재산과 조건에 맞는 안락함과 필수품을 제공함으로써 아내를 부양해야 했다. 그는 아내가 저지른 불법 행위와 사기에 대해 책임을 져야 했으며, 아내의 잘못에 대해 징역형이 부과될 경우 감옥에 보내질 수도 있었다. 또한, 그는 자신의 소득 상태가 인정되는 경우 자녀가 성인이 될 때까지 부양해야 했으며, 일부 식민지의 법률에 따라 자녀에게 교육의 기초를 제공하라는 명령을 받았다. 사실, 매사추세츠에서 제한적으로 의무 교육을 실시하도록 한 법은 지역사회가 부모의 거의 절대적인 권위를 마침내 깨뜨리는 쐐기를 박은 것으로 간주될 수 있다.

 영국인들이 아메리카로 들여온 또 다른 오랜 가족 제도는 부유한 집을 그대로 유지하기 위해 토지 재산의 이전을 규제하는 관습이었다. 이를 위해 특히 두 가지 주요한 원칙이 적용되었다. 토지 소유자가 자신의 재산을 팔거나 양도할 수 없도록 한 양도금지법law of entail*과 반대 유언이 없는 경우 '두 명 이상의 남성이 동등할 경우 장남이 상속한다, 하지만 여성의 경우는 전혀 상속하지 못한다'는 장자 상속primogeniture의 원칙이었다. 봉건 사회의 경제와 정부를 기반으로 한 장남의 우위는 13개 식민지 중 8개 식민지에서 채택되었다.

 버지니아에서 조지아에 이르는 남부 지역에서는 장자 상속이 당연한 것으

---

* 전 세계적으로 널리 읽힌 제인 오스틴의 『오만과 편견』에서 우리는 양도금지entail에 대한 생생한 실례를 볼 수 있다. 베넷 가족의 재산은 미스터 베넷이 죽은 후, 여자 후손에게는 상속되지 않도록 entail이 설정되어 있고 그 재산을 상속할 사람은 베넷 씨의 친척인 콜린스이다. 콜린스는 베넷 씨의 친척이자 entail에 따라 재산을 물려받을 사람이기 때문에 베넷 가족의 딸들에게 결혼 제안을 하는데 그의 결혼 제안은 정치적이고 실용적인 측면에서 이루어지며, 사랑보다는 재산 상속이라는 법적 문제를 해결하려는 면이 크다. 상대적으로 베넷 집안의 다섯 딸들은 모두 결혼을 통해 재정적인 안정을 확보해야 하는 절박한 상황에 처해 있고 그렇기 때문에 이상적이면서 헌신적인 남성인 다시의 존재가 더욱 독자들에게 매력적으로 다가온 측면이 있었을 것이다.

로 받아들여졌는데, 그 이유는 장자 상속이 개척 가족에게 재산 소유의 연속성을 보장했기 때문이며, 법으로 금지된 사우스캐롤라이나를 제외하고는 양도금지 관행도 그 지역 전체로 확대되었다. 뉴욕과 뉴저지는 왕실 지방으로서 높은 수준의 일관성을 가지고 장자 상속과 양도금지를 모두 고수했으며, 로드 아일랜드도 우왕좌왕했지만 몇 년 동안을 제외하고는 그렇게 했다. 농노와 상인의 대변인들은 종종 그러한 제도에 반대했지만 이러한 봉건주의의 흔적을 파괴할 수는 없었다. 자유 토지 보유자의 평등 정신이 강하고 일반적으로 남아를 포함한 자녀들 사이의 평등을 선호하는 법률이 제정된 뉴잉글랜드에서도 장남에게 유산의 두 배를 주는 조항이 만들어졌다.

친족 전통에 따라 부모는 결혼 협상, 특히 세속적인 재산을 부여받은 결혼 협상에서 큰 역할을 했으며 항상 가족의 지위를 보존하는 데 예리한 눈을 번뜩였다. 옛 영국에서와 마찬가지로 남부의 상류층 신사들은 자신의 재산을 불리고 사회적 지위를 높여줄 수 있는 행복한 배우자를 찾았다. 종교적 승인보다는 결혼의 시민적 성격을 강조한 청교도들은 결혼에 있어서도 마찬가지로 현명했으며, '좋은 부양자'와 '좋은 위치에 있는' 딸과 과부를 찾는 관습은 매사추세츠에서 관습법만큼이나 확고하게 정착되어 있었다. 예를 들어, 수얼 판사의 일기, 광고, 프랭클린의 풍자문 등에는 이러한 관행에 대한 재미있는 삽화가 등장한다. 행운의 거래가 성사될 때마다 신문은 기쁜 소식을 전했다. 한 식민지 시대의 편집자는 행복한 신랑이 '1만 파운드의 재산을 가진, 최고로 상냥한 젊은 여성과 결혼했다'고 발표하면서 대중을 위해 그 자세한 내용을 적었다.

가족 제도의 고결성은 일반적으로 육욕에 관한 법률에 의해 보호되었다. 수세기에 걸친 카톨릭의 선전에 의해 축성祝聖되고 청교도와 성공회가 문자 그대로 받아들인 인간 본성의 사악함에 대한 교부들의 가르침은, 당연한 절차처럼, 그들의 새로운 고향의 법으로 만들어졌다. 음란한 사람에게는 보통 벌금, 공개 고백, 낙인 찍기, 채찍질 등의 처벌이 내려졌다. 기록에 따르면 일반적으로 남성보다는 여성이 더 무거운 처벌을 받는 것으로 나타났는데, 이는 여성의 범죄는 가정을 파괴할 수 있다는 이유로 옹호된 관행이었다. 원래 코네티컷과 매사추세츠는 간통을 사형에 해당하는 범죄로 규정했지만, 1673년 코네티컷은 사형 대신 낙인을 찍는 것으로 대체했고, 그로부터 약 20년 후 메사추세츠는 플리머스에서 차용한 더 온화한 규정인 주홍 글씨를 부착하도록 하는 법을 대신 채택했다. 자의적인 요소들과 평판을 해칠 수 있는 착오들을 고려할 때, 버지니아의 형벌은 매사추세츠의 형벌만큼이나 야만적이었다.

일반적으로 그렇듯이, 법의 눈은 비천한 사람들의 단점을 가장 빨리 발견할 수 있었다. 예를 들어, 하인 계약을 맺은 소녀의 운명은 특히 힘들었다. 공동체의 은총에서 벗어나 혼외로 아이를 낳은 경우, 그녀는 추가로 1년 이상의 수감이나 노예 계약이 연장되었으며, 아이의 아버지는 만약 주인master이라면, 대개 동료들이 주재하는 법정에서 부과한 사소한 처벌을 받고 풀려났다. 뉴잉글랜드의 여성들은 경망한 언동에 대해서도 설교에서 혹독한 점수를 받았다. 한 성직자는 외쳤다. '의인이 부활할 때, 천사들이 덕지덕지 처바른 여인들을 품에 안고 있는 것과 같은 광경은 결코 볼 수 없을 것이다.'

그들이 물려받은 영국식 관습의 완고함에도 불구하고, 신세계의 상대적인 종교적 자유와 경제적 기회는 가족 제도의 정신에 급격한 변화를 가져왔다. 매사추세츠의 청교도들은 결혼에 관한 카톨릭과 성공회의 교리에 공개적으로 반기를 들었고, 그들의 신념에 따라 결혼을 성직자의 손에서 빼앗아 시민적인 제도로 만들었으나, 1692년 왕실로부터 교회 예식을 동등한 효력을 가진 것으로 인정하라는 강요를 받게 되었다. 칙허장을 관장하는 영국 법이 결혼식은 목사가 엄숙하게 집례해야 한다고 규정하고 있다는 사실을 잘 알고 있던 이들은, 모국에 반기를 들고 법으로 그것을 승인하기 훨씬 전부터 행동으로 모국으로부터의 이탈을 달성했다.

카톨릭의 이혼 금지 조항과 간통에 한해서만 별거를 허용하는 성공회의 수정안을 제쳐두고, 청교도들은 방치와 잔혹한 대우를 포함한 다양한 이유로 결혼 관계의 해소를 승인했다. 마찬가지로 퀘이커교도들 사이에서 결혼은 증인 앞에서 충성을 맹세하는 것만으로 합법성을 요구할 수 있는 시민적 제도가 되었고 이혼은 성서에 근거해 허용되었다. 또한 매사추세츠에서는 남편이 아내를 체벌할 수 있었던 영국의 관습이 폐지되고 아내를 구타하는 것이 법으로 금지되어 결혼 생활 중의 행동도 어느 정도 법으로 통제되었다. 그리하여 청교도 여성은 잔인한 남편으로부터 보호받을 수 있었고, 원할 경우 그의 가혹한 지배에서 벗어날 수 있었다. 성공회가 지배적이었던 식민지에서만 영국 법의 엄격한 규칙이 결혼의 유대를 만들고 파기하는 데 적용되었지만, 그곳에서도 결혼의 시민적 및 종교적 축하 행사의 유효성을 평등하게 인정하는 방향으로 나아가는 경향을 보였다.

아메리카의 경제적 여건은 종교적인 관념과 마찬가지로 가족의 진화에 방향을 제시했다. 젊은이들이 상인, 술집 운영, 어업, 해운업과 같은 새로운 직업에 쉽게 진출할 수 있게 되면서 가족의 계급적 지위의 경직성이 깨지고 계층의 위아래로 빠르게 이동할 수 있게 되었다. 이 과정을 다시 강화한 것은 풍부한 값싼 토지, 즉 부모의 슬하에서 벗어나 먼 곳에서 스스로 농사를 지으라고 아들딸들을 유혹하는 변경의 처녀지였다. 또한 이미 지적했듯이, 13개 식민지 중 매사추세츠, 코네티컷, 뉴햄프셔, 메릴랜드, 펜실베이니아 5개 주에서는 장자 상속 규칙이 적용되지 않은 모든 자녀에게 상속 재산이 균등하게 분배되었으며 장남에게는 일반적으로 두 배의 몫이 남겨졌다. 토지의 분할로 장남이 가장의 지위에서 내려오면서 오랜 통합의 기둥이 무너졌다.

이러한 힘의 압박과 확대된 기회로 인해 친족의 유대가 끊어졌고, 가족과 해방된 개인이 뉴햄프셔에서 조지아에 이르는 정착지로 흩어졌으며, 능력 있는 젊은이들이 빈곤에서 벗어나는 속도가 빨라지면서 사회 전체가 끓어오르게 되었다. 아메리카에서는 어떤 사회적 마법으로도 영국 카운티의 가족만큼 안정적인 제도가 유지될 수 없었다. 계급 장벽을 지키기 위해 가장 영웅적인 노력을 기울였던 버지니아에서도 요먼 계층이 오래된, 뼈대 있는 계층에 침입하는 일이 빈번했고, 시골 농부의 아들인 제퍼슨이 랜돌프의 딸과 결혼할 수 있었다. 이러한 방식으로 식민지 시대의 개인은 가족 집단에서 벗어나기 시작했고, 자녀들은 배우자, 직업, 경력을 선택할 때 계급과 부모의 제약을 벗어던지기 시작했다.

§

지배 질서 중 식민지 시대의 매너와 교양은 국내 제도와 밀접한 관련이 있었기 때문에 영국의 같은 유형의 중간 계급과 거의 동일했다. 역사가들은 편의상 청교도적인 뉴잉글랜드, 귀족적인 남부, 상업적인 중부 식민지를 서로 다른 문화 체계를 대표하는 것으로 말하고는 했지만, 이러한 분류의 단순성 때문에 많은 오류가 발생했다. 우리가 보편성을 가장한 법령집을 살펴보면, 버지니아와 매사추세츠에서는 육체의 쾌락과 종교에 대한 회의가 아무리 희미하더라도 똑같이 엄격하게 정죄된 것으로 보인다. 청교도적인 보스턴은 식민지 시대의 가장 위대한 자유 사상가 중 한 명인 벤자민 프랭클린을 인류에게 선사했다. 그는 여성과의 관계를 포함한 대부분의 문제에서 찰리 왕세자 [Charles Edward Stuart]에게 축배를 들었던 유쾌한 신사들에 비해 파격적이었으며, 좀 더 자유로운 공기를 마시기 위해 보스턴에서 필라델피아로 도망쳤지만 코튼 매더의 땅이 낳은 산물이었다.

다른 한편으로, 화창한 남부 하늘 아래에서는 19세기의 뛰어난 경건주의자 두 사람, 즉 선서, 위스키, 담배로 입술을 더럽히지 않았던 로버트 E. 리와 모든 전투를 기도로 시작한 스톤월 잭슨을 아메리카에 배출한 가정이 길러졌다. 보스턴의 우아한 농장주의 식탁에 놓인 뜨거운 럼주와 풍부한 와인은 가장 고귀하고 신성한 사람들과 가장 엄격한 상인들의 벽장에서도 볼 수 있었다.

그럼에도 불구하고 청교도주의는 버지니아에서 무해하다고 여겨지는 많은 오락에 어두운 그림자를 드리웠다. 크롬웰 세대의 엄격함— 엘리자베스 시대의 음란함과 저속함에 대한 과도한 반응 —은 뉴잉글랜드의 법전에서 성서에 버금가는 구속력을 통해 재현되었다. 안식일은 오직 설교와 기도, 성서 읽기만을 위해 만나는 엄숙한 날이 되었고, 필수적인 노동을 제외한 모든 노동과 모든 경박한 행위는 법으로 금지되었다. 극장과 역사적으로 열정적인 육욕의 상징으로 여겨진 5월제의 기둥Maypole은 사람들의 눈살을 찌푸리게 만들었다. 술주정, 난잡한 생활, 간통은 선출된 사람들에게 공포의 대상으로 여겨졌고, 입법자들은 부분적으로는 신학적 측면에서, 부분적으로는 근면과 검약의 관점에서 처벌을 가했다.

그렇기는 하지만, 청교도주의가 널리 퍼진 뉴잉글랜드는 피상적인 작가들이 상상하는 것만큼 지루하고 획일적인 사회는 아니었다. 보스턴은 세 세대가 지나기도 전에, 이질적인 요소들이 교부敎父들의 엄격한 규율을 깨뜨렸다. 성공회, 장로교, 위그노는 이들에 대한 적대적인 대접에도 불구하고 신자들 사이에 정착하기를 고집했고, 수적으로나 부에 있어서도 매우 강해져서 영국 정부는 1691년 새 칙허장에 교인 자격 대신 재산이 참정권의 기준이 되도록 하는 조항을 넣었다. 혁명 직전, 보스턴의 부유한 상인 중 3분의 1 이상이 회중교회Congregational church의 울타리 밖에서 그들만의 예절과 관습을 고수하고 있었다.

매사추세츠와 마찬가지로 코네티컷에는 청교도적인 엄격한 법blue laws에 눈짓을 보내며, 찰스 2세와 마찬가지로, 하느님이 약간의 쾌락을 맛본다고 그 사람을 처벌하지는 않을 것이라고 생각한 선량한 성공회 신자들이 많이 있었다. 로드아일랜드 역시 처음부터 종교적 견해가 느슨하고 전통을 위반하는 개인의 자유를 용인했기 때문에 보스턴에서 의로운 사람들의 눈엣가시가 되었다. 실제로 로저 윌리엄스와 앤 허친슨을 따라 황야로 들어온 개척자들의 후손들은 안식일 규율의 준수보다 럼주 제조와 판매에 더 적극적으로 나섰다. 뉴햄프셔도 마찬가지로 이상한 풍습이 나타났는데, 특히 스코틀랜드계 아일랜드인이 뉴햄프셔에 들어와 그들의 언덕을 개간하기 시작한 이후에는 더욱 그러했다. 어쨌든 법과 그것의 집행은 별개의 문제였고, 성직자들과 정치인들은 법안을 실행에 옮기는 것보다는 입법부를 통해 형벌 법안을 쉽게 얻을 수 있었다.

일요일 준수와 육체의 죄에 관한 엄격한 법에도 불구하고 남부, 특히 버지니아에는 뉴잉글랜드의 더 냉정한 색조와 강한 대조를 이루는 즐겁고 경쾌하며 유쾌한 삶의 방식이 존재했다. 넓은 지역에 걸쳐 영국 상류 가문의 취향과 관습이 재현되었다. 여우 사냥, 경마, 서커스, 도박, 닭싸움, 춤, 음주 시합은 당시 빈번하고 평판이 좋았던 오락 중 하나였다. 식민지 남부의 농업 기반 경제는, 그 전통과 마찬가지로, 상류층의 더 쉽고 유쾌한 삶의 편이었다. 뉴잉글랜드의 농부와 매일의 빵을 위해 절제와 사업에 의존해야 하는 항해 상인보다 노예의 주인과 여주인에게는 더 많은 여가가 있었다. 구세계의 가구, 접시, 좋은 와인 등 여흥을 즐겁게 해주는 사치품을 갖춘 훌륭한 저택들이 생겨났다.

일반적으로, 거대한 저택을 가진 농장주들은 서로 멀리 떨어져 있었는데, 일상의 외로운 시간을 무겁게 짓누르는 지루한 시골 생활에서 벗어나 즐거운 시간을 보낼 수 있는 기회를 간절히 찾았다. 손님과 여행자, 특히 바깥세상의 소식을 전해주는 나그네는 왕자처럼 대접받았고, 흥청거리는 유쾌한 파티는 지루한 일상의 억눌린 감정을 표출할 수 있는 출구가 되어주었다. 게다가 남부에서는 일요일이 청교도의 거룩한 안식일이 아니라 그냥 일요일이었다. 모든 사람이 지정된 예배를 위해 교구 교회에 참석해야 했지만, 성공회와 카톨릭의 관습에 따라, 예배가 끝나면 엄숙함은 해제되었다. 따라서 농장 구역은 넓은 영토, 대저택, 노예의 소유주에게 '좋은 삶'의 땅이었다.

버지니아의 부유한 신사 조지 워싱턴의 삶에서 이 진술에 대한 풍부한 삽화를 볼 수 있다. 워싱턴은 최고급 주홍색 천, 금색 레이스, 주름 장식 셔츠, 은색 버클 등 최고의 옷을 좋아했다. 그는 런던에 있는 자신의 후원자에게 '어떤 물건을 보내든 유행에 맞는 것을 보내라'고 편지를 보냈다. 좋은 와인에 대한 그의 취향은 널리 알려져 있으며, 절제하는 날도 보통 저녁 식사로 마데이라 와인 네댓 잔을 마시고 맥주와 작은 펀치 한 잔으로 마무리했다.

자신이 훌륭한 기수이기도 했던 워싱턴은 경마에 대한 열정을 가지고 있었으며, 그 열정을 경마에 기부하고, 자신의 말을 출전시키고, 경주에 참석하고, 자신이 좋아하는 말에 조심스럽게 베팅하면서 탐닉했다. 그는 일기에 종종 '악천후 속에서 하루 종일 집에서 카드놀이를 했다'고 기록할 정도로 우연에 좌우되는 게임을 즐겼지만, 그의 베팅은 결코 사치스럽지는 않았다. 그의 계좌에 들어온 가장 큰 승리는 3파운드, 가장 큰 손실은 9파운드 14실링으로, 오늘날로 치면 3~4백 달러에 해당한다. 극장, 서커스, 닭싸움은 그에게 거부할 수 없는 매력이었다. 그는 동네에서 열리는 전원 무도회, 선술집에서의 적당한 술자리, 여우 사냥 파티의 선두에 섰다. 1768년 한 해 동안, 두 달 중 29일을 저녁 식사를 대접하거나 손님을 접대했고, 7일은 집을 비우고 다른 여가를 즐겼다. 사회적 의무와 재산 관리 때문에 워싱턴은 국가의 무거운 의무를 맡기 전에도 문학을 위한 시간이 거의 없었다. 그가 시간을 어떻게 보냈는지 기록한 일기에는 젊었을 때 읽은 작품 두 편이 기록되어 있지만, 그 이후에는 언급할 만한 책을 찾지 못하거나 아예 독서를 포기했다.

남부의 사회생활은 주로 시골에서 이루어졌지만 도시가 번성했던 곳이 몇몇 있었다. 예를 들어, 찰스턴은 즐거움을 사랑하고 부유한 사람들이 계절만 되면 사방에서 모여드는 중심지였다. 음악, 미술, 연극, 강연이 일상적인 생활에 추가되었고, 1737년부터 1822년까지 성 세실리아 협회의 후원으로 훌륭한 콘서트가 열렸다. 극장에 대한 금지령은 없었고 영국인 배우들과 현지의 재능 있는 사람들은 신사들 못지않게 사교계를 즐겁게 하거나 흥분시켰다. 남부 항구에서는 영국 군함이 몇 주 동안 정박하는 경우가 많았는데, 이 기간 동안 군함의 장교들은 해안에서 열리는 파티와 의식에 색채와 활기를 더했다.

펜실베이니아는 세 번째 유형의 매너와 관습을 발전시켰다. 퀘이커 교파의 충실한 신도들은 교단 규약에 따라 화려한 장식이 금지되었고 소박함의 이상을 지켰다. 청교도들처럼 신앙심이 깊었지만, 친구들Friends*은 죄보다는 완전함을, 성직자와 치안판사의 권위에 의한 구속보다는 내면의 빛에 의한 인도를 더 믿었다. 그들은 육체의 기쁨, 음악, 드라마, 춤에 대해 어두운 얼굴로 눈살을 찌푸렸지만, 부유한 이웃들 사이에서 그러한 유흥을 근절시키는 데는 그리 힘을 쏟지 않았다. 소박한 삶에 대한 그들의 신조는 종종 부유한 사람들, 특히 펜 가문에 의해 위반되었지만 구별보다는 평등을 강조했으며, 그런 식으로 바깥 '사회'의 대부분의 종파를 낭비와 소비력에 기반한 것으로 여겼다. 철학적 무정부주의에 대한 신앙으로 기운 퀘이커교도들은 뉴잉글랜드의 청교도나 버지니아의 성공회처럼 정치에 몰두하지 않았다. 종파적 교리보다 예수의 가르침에 의지한 이들은 획일성보다는 관용, 권위보다는 탐구, 저주보다는 자선을 지향했다.

이러한 모든 상황이 필라델피아를 아메리카 대륙에서 가장 관용적이고 세속적인 도시로 만들었다. 부와 박애, 절제가 결합하여 인도적이고 현실적인 성격의 지적 활동이 촉진되었다. 이탈리아의 베카리아Beccaria가 감옥 개혁 이론에 관한 논문을 쓰기 훨씬 전에 퀘이커교도들은 이미 그 실천을 시작했다. 필라델피아는 최초의 순회도서관, 최초의 의과대학과 병원, 아메리카 최초의 소방 회사, 최초의 시정 개선 사업, 최초의 법률 잡지를 만들었다고 당당하게 주장할 수 있다. 필라델피아는 식물학, 천문학, 수학, 물리학, 자연사를 연구하는 식민지의 과학 중심지이기도 했다. 벤자민 프랭클린이 뉴잉글랜드를 떠나 출판 사업을 위한 장소를 선택할 때 올바르게 선택한 곳이었으며, 그가 아메리카철학학회American Philosophical Society의 창립을 촉구한 장소이자 독립 혁명 당시 영국이 그곳을 점령할 때까지 과학자와 자유 사상가들의 지속적인 모임의 현장이었던 곳이기도 하다. 고풍스러운 저택에서의 저녁 식사 자리나 선술집에서 열리는 활기찬 파티에서, 도시의 상인과 학자들이 모여 햇볕 아래

---

* 신 앞에서 모두가 평등하는 의미에서 퀘이커교도는 스스로를 종교친우회Religious Society of Friends라고 불렀다.

서 모든 것을 토론했다. 청교도적인 분위기는 아니었지만 진지한 분위기가 그곳에 드리워져 있었다.

매사추세츠처럼 청교도도 아니고 펜실베이니아처럼 퀘이커교도도 아닌 식민지 뉴욕에서는 네 번째 유형의 사회생활이 발달했다. 뉴욕의 지배 계층은 영국, 네덜란드, 스코틀랜드, 프랑스 위그노로 구성되어 상인과 토지 귀족이 혼합되어 있었지만, 뉴잉글랜드나 중하류 식민지보다 사회적 구분이 더 뚜렷했던 것으로 보인다. 가장 부유한 가족들은 극장에서 불-베이팅*에 이르기까지 다양한 종류의 오락이 제공되는 뉴욕 시에서 겨울을 보냈고, 여름에는 허드슨 강이나 롱아일랜드의 영지에서 여름을 보냈다. 일반적으로 이 지방의 상류층은 쾌락에 대한 종교적 제약에서 자유로웠고 청교도 이웃에 비해 철학적 사변에 대한 관심이 덜했으며 필라델피아의 지식인들에 비해 과학적 관심도 덜했다. 성공회가 법에 의해 식민지에 설립되었지만, 식민지 주민의 10분의 1도 성공회에 소속되어 있지 않았고, 성공회의 사역에 관심을 기울이지도 않았다. 어떤 문제든 순응보다는 이의 제기가 이 지방의 기조였다. 따라서 카톨릭 신자를 제외한 모든 사람들에게 폭넓은 의견의 자유가 있었지만, 그것은 합리적인 관용이나 회의주의가 아닌 무관심의 자유였던 것 같다.

따라서 식민지 시대 아메리카를 전체적으로 볼 때, 어떤 유사성에도 불구하고 예절과 관습에 광범위한 다양성이 있었음이 분명하다. 18세기 외국에서 온 모든 관광객들은 '미개한 것과 완전히 야생적인 것, 고도로 문명화되고 교양 있는 것의 기묘한 혼합'에 놀라움을 금치 못했다. 그들은 남부 여성들의 매력, 농장주들의 도서관에 있는 수많은 훌륭한 프랑스어 서적, 필라델피아와

---

* bull-baiting. 불베이팅은 이집트, 그리스, 로마를 비롯한 많은 고대 문명권에서도 찾아볼 수 있다. 하지만 중세 영국에서 이 스포츠가 인기를 끌면서 현대 불독의 조상이 탄생했다. 불 베이팅은 개와 황소가 맞붙는 경기인데 황소를 철제 말뚝에 묶은 후 땅에 볼트로 고정시켰다. 개들은 황소의 몸에서 가장 민감한 부분인 주둥이를 물고 쓰러뜨릴 때까지 황소와 씨름하여 제압하는 것이 목표였다.

보스턴 상인들의 식탁에 놓인 우아한 접시, 시골 양키들의 끊임없는 호기심과 질문, 항구의 북적거리는 사업, 노동자들의 진취성, 다양한 지적 관심사 등에 깊은 인상을 받았다.

여행자들이 1743년 조너선 에드워즈가 지옥처럼 타오르는 불길로 뉴잉글랜드 전역을 뒤흔드는 것을 보았다면, 그들은 또한 벤자민 프랭클린이 '새로운 식민지 정착의 첫 번째 고난은 "꽤 잘 끝났다." 아메리카인들은 과학과 철학적 탐구에서 자신의 역할을 다해야 한다'고 외치는 것을 들었다. 여행자가 아메리카인 고유의 특성이라고 할 수 있는 것을 어떤 것을 발견했다면, 그들은 또한 가장 뚜렷한 성격의 적대감을 발견했다. 1760년 버나비는 식민지를 1천 마일 이상 여행한 후 '불과 물은 북아메리카의 다양한 식민지들보다 더 이질적이지 않다'고 썼다. 유럽의 끔찍한 구걸과 노예 제도의 슬픔과는 대조적으로 자유로운 대중의 안락함은 모든 항해자들에게 깊은 인상을 남겼다. 버나비는 '1,200마일을 항해하는 동안 자비를 구걸하는 것은 단 하나도 보지 못했다…… 노예들의 상태는 비참했다. 그들의 노동은 극도로 고되고, 식단은 열악하고 부족하며, 그들에 대한 처우는 잔인하고 억압적이었다'라고 말했다.

§

계급의 위계, 사회적 취향, 국내 제도 등 식민지의 지적 생활은 17세기 영국의 유산에서 비롯되었고, 현지 상황의 영향을 받아 발전했으며, 때때로 식민지 해안에 닿은 구세계의 새로운 의견의 흐름에 의해 수정되었다. 필연적으로 초기에는 신학이 지배적인 관심사였다. 로마 제국이 해체된 이후부터 식민지 시대가 시작될 때까지 성직자들은 사상과 교육의 지도자였다. 일반적으로 성직자는 책을 만들고, 학교와 대학의 교사를 가르치고, 법률을 편찬하고, 정신의 모든 것을 지키는 수호자였다.

존 스미스가 영국에서 버지니아를 향해 배를 탔을 때도 성직자들은 여전히 유럽 전역의 지적 생활을 지배하고 있었다. 세속적인 학문, 여행에 관한 책,

고전의 재인쇄본, 법률에 관한 논문이 신학 서적에 영향을 미치고 있었지만, 공식적인 학문에 대한 성직자들의 독점은 깨지지 않았다. 프로테스탄트 반란이 일어났다. 라티머, 리들리, 후퍼, 주얼, 그린달 등 성공회 교회의 개혁가들은 교황, 주교의 예복, 제단, 기타 로마의 상징물들을 미신의 덫이라고 공격했지만, 초대교회 교부들과 같은 열정으로 그들 역시 신학의 논리와 수사에 의지해 자신들의 주장을 펼쳤고, 이성에 호소해 지지를 호소할 때에도 그 위대한 학문 분야에 그들의 마음을 의탁하고 있었다. 청교도 신학자들은 리들리와 후퍼의 교회가 여전히 로마의 것을 너무 많이 음미하고 있다고 공격했지만, 그들은 영혼의 구원을 논하든 정치 기구의 문제를 논하든 신학의 언어를 사용했다. 청교도로부터 떨어져 나온 분리파Separatist들은 자신 안에 있는 신앙과 자신을 기쁘게 하는 행동을 정당화하기 위한 말과 사상을 찾는 데 종교적 원천에서 벗어나지 않았다. 장로교, 위그노, 루터교, 네덜란드 개혁교회, 모라비아 형제회, 그리고 뉴햄프셔에서 조지아까지 흩어져 있던 다른 종파를 대변하는 성직자들도 마찬가지였다. 성직자의 사유지가 없는 퀘이커교를 제외한 모든 곳에서 설교자들은 교리와 신학, 그리고 평신도들의 마음을 지배하는 데 열정적인 관심을 가지고 불타는 검*을 들고 지식의 문 앞에 섰다.

뉴잉글랜드의 청교도 성직자들은 구세계에서 1,600년 동안 이어져 온 전통에 따라 거룩한 열정으로 인쇄된 말씀을 받아들여 책장 가득 책, 전도지, 팸플릿을 채웠다. 그들은 원죄에 관한 위대한 그리스도교 교리에 관한 방대한 논문과 영원한 저주와 죄인의 형벌에 관한 소책자를 썼다. 전쟁이나 난파선 사고와 같은 세속적인 문제도 신의 목적에 비추어 바라보았다. 인디언과의 문제에 관한 책자에서 한 학식 있는 작가는 부제를 덧붙여 그의 정신과 방법을 드러냈다. '영국을 차단하려는 인디언들의 빈번한 음모와 그들의 계략을 실망시

---

* 〈창세기〉 3장 24절에는 신이 에덴동산에서 인간들을 내쫓은 뒤 불타는 검으로 생명나무에 이르는 길목을 지켰다는 대목이 나온다.

키는 하느님의 놀라운 섭리가 선언된다.' 악마학이라는 어려운 주제는 풍만한 제목 아래 다루었다. '악령이 인간, 주술, 그 범죄로 기소된 것과 같은 죄에 대한 양심에 관한 사례. 성서, 역사, 경험, 그리고 많은 학식을 갖춘 사람들의 판단에 따라 고려된 모든 것.' 그런 것들이 성직자주의 시대에 뉴잉글랜드의 가장 영향력 있는 지성인들을 사로잡은 커다란 주제였다.

아메리카의 위대한 신학자 중 두 사람은 진정한 거인으로 두각을 나타냈다. 학자 코튼 매더와 전도자이자 사상가인 조너선 에드워즈이다. 매사추세츠 주에서 교회를 국가에 예속시키고 기성 성직자를 교회의 주인으로 만들려고 했던 천둥 같은 성직자 인크리스 매더*의 아들인 코튼 매더는 보스턴에서 태어나고 자랐다. 지칠 줄 모르는 노동으로 코튼 매더는 당시의 기이한 망상과 놀라운 믿음이 뒤섞인 엄청난 양의 지식을 축적했다. 그는 히브리어와 그리스어, 라틴어를 공부하고 신학의 신비를 탐구했으며 고대인들의 세속적 학문에도 손을 댔고 라틴어에서 막 분리된 영어 문법, 인디언 선교, 당시 뜨거운 이슈였던 천연두 예방 접종에도 관심을 가졌다. 그는 구원의 길과 지옥으로 가는 길 등 종교적인 문제에 대해 방대한 분량의 글을 썼다. 그는 떠올릴 수 있는 모든 신학적 관심사에 대한 수많은 팸플릿을 언론에 배포했고, 튜더나 부르봉 왕조에 걸맞은 권위를 내세웠다. 그의 말투처럼, 그의 스타일은 동시대 사람들의 평으로는 '매우 박력이 있었다.'

코네티컷 주 경계 너머, 코튼 매더의 별이 지평선으로 가라앉은 직후 예일 대의 아들인 조너선 에드워즈가 신학계에서 높이 솟아올랐다. 매더는 1728년에 죽었고, 에드워즈는 1703년에 태어나 식민지 시대가 막바지에 이르렀을 때 힘의 정점에 올랐다. 코네티컷의 신성한 인물은 열정적인 복음주의자의 기질과 인간의 운명에 대한 냉철한 사고를 결합했다. 그는 죄인들을 끔찍한 분

---

* Increase Mather(1639~1723). 매사추세츠 베이 식민지의 뉴잉글랜드 청교도 성직자이자 20년간(1681~1701) 하버드 대학의 총장이었다. 그는 식민지 행정에 영향력을 발휘했는데 악명 높은 세일럼 마녀 재판과 그 시기가 겹친다. 코튼 매더의 부친이다.

노로 채찍질했다. '거미나 혐오스러운 벌레를 불 위에 들고 있는 것처럼 여러분을 지옥 구덩이 위에 들고 있는 하느님은 여러분을 혐오하고 무섭게 분노하시며, 여러분을 향한 그의 진노는 불처럼 타오른다.'

에드워즈는 이처럼 확신에 차서 강력하게 복음을 전했고, 그의 수고는 겁에 질린 청중들 사이에서 외침과 통곡, 갑작스러운 회개라는 열매를 맺었으며, 결국 뉴잉글랜드를 들불처럼 휩쓸고 다른 식민지로 퍼져 나간 '대각성Great Awakening'이라는 격렬한 열풍으로 절정에 달했다가 마침내 탈진으로 숨을 거뒀다. 하지만 그 어떤 과잉이나 어떤 실패도 그의 열정을 꺾지 못했다. 그는 아메리카의 발견이 신의 섭리의 역사였고, 자신이 설교한 마을이 하느님의 특별한 관심의 대상이었으며, 자신은 이 땅의 개조를 시작하기 위해 높은 곳에서 부름을 받았다고 굳게 믿었다.

에드워즈의 야망 중 일부는 실현되지 못했지만, 여러 외국어로 번역된 그의 신비주의적인 저술은 지구 반대편에 있는 개신교 신학자들의 열정과 찬사를 불러일으켰고, 네덜란드 설교자들은 네덜란드어로 에드워즈를 읽었으며, 베이루트에서는 그의 책이 아랍어로 출간되기도 했다. 에드워즈의 뒤를 이어 신학의 십자군으로 활동할 운명을 타고난 영국의 복음 전도자 존 웨슬리는 에드워즈의 삶과 설교에서 그의 영감을 얻었다. 독일의 철학자 피히테는 그를 '아메리카에서 가장 독창적인 사상가'라고 불렀다. 판단할 수 있는 위치에 있는 사람들은 죄의 기원에 관한 그의 논문에서 자유의지에 대한 그의 논의가 선험적 시대의 위대한 고전 중 하나라고 말한다. 존슨 박사와의 대화에서 에드워드의 교리에 대해 언급하며 익살스러운 보스웰[새뮤얼 존슨의 전기를 쓴 작가]은 이렇게 말했다. '내가 가진 유일한 안도감은 그것을 잊어버리는 것이었다.'

인쇄술의 보급과 함께 신학 이론은, 때로 호기심을 자아내는 형태로, 특히 천둥 같은 매더 부자조차도 신도석을 침묵하게 만들 수 없었던 뉴잉글랜드에서, 유통되는 주화처럼 대중들 사이를 흘러갔다. 실제로 청교도들은 남녀노소할 것 없이 공책을 들고 교회에 가서 설교자의 주장을 가장 주의 깊게 듣고, 주중에는 열심히 공부하고, 이를 위해 정기적으로 열리는 공개 포럼에서 심도 있는 토론을 벌였다. 그들은 바늘 끝에 몇 명의 천사가 설 수 있는지 알아내려는 수도승이 아니라, 신앙과 행동에 관한 엄숙한 질문에 대해 냉정하게 토론하는 평범한 시민이자 공동체 전체였다. '인격적인 연합 없이 신자 안에 성령이 내재할 수 있는가? 프랑스인 같은 우상 숭배자들과 거래하는 것이 합법적인가? 여성은 베일을 써야 하는가?'

특히 그들이 관심을 쏟았던 것은 개인의 구원에 과한 세세한 지점들이었다. 수얼 판사가 구혼하려던 한 젊은 여성은 신학적 논쟁에 너무 몰두해 있어서 결혼을 고려할 수 없다는 이유로 그를 거절했다. 판사는 종교적 문제들에 관한 책들을 선물하고 설탕 입힌 아몬드, 케이크, 종이 한 첩으로 그것들을 보충했지만 그녀는 자신이 가장 좋아하는 이 기분 전환을 포기하지 않았다. 사실 매사추세츠의 치안판사들은 평신도들이 사업과 노동에 더 많은 시간을 할애할 수 있도록 종교 강연 횟수를 줄여야 했다.

악의 기원에 대한 열광적인 탐구, 학술적 문헌의 지속적인 생산, 신학의 모호한 지점에 대한 끝없는 논쟁, 그리고 가끔씩 터져 나오는 종교적 광란 속에서 식민지 아메리카인들은 동시대 유럽인들의 정신적 지평에서 움직인 것일 뿐이었다. 종교적 경험의 한 단계인 매사추세츠의 마술 히스테리조차도 메이플라워 호가 케이프 코드에 닻을 내렸을 때 이미 만 년 동안의 법과 관습에 의해 승인된 것이었다. 성서는 여러 구절에서 마술의 개념에 권위를 부여했다. '철학자와 의사, 교황, 성직자, 고위 성직자, 정치인, 판사, 군주'— 현명하고, 학식 있고, 높은 데 있고, 선한 사람들 —는 옛날부터 마술을 깊이 믿어왔으며, 종종 악마학의 과학을 동원하여 적을 처단하는 것을 승인하기도 했다.

제임스타운이 설립되던 바로 10년 동안, 영국 의회는 마술, 주술, 마법, 마력, 그리고 그러한 '지옥의 기술'을 행한 사람에게 사형을 선고하는 새로운 법을 제정했고, 세일럼의 마녀 열풍이 불고 나서 거의 100년이 지난 후 맑은 정신의 블랙스톤은 마술과 마법을 부정하는 것은 성서와 경험에 정면으로 도전하는 것이라고 선언했다. 1692년 세일럼 시민들은 '여러 시대들을 통해 축적된 지혜'를 바탕으로 그들만의 악마학에 대한 모험을 시작했다.

이러한 상황에서 청교도 후손들을 놀라게 한 것은 마녀 사냥꾼들이 저지른 잔학 행위가 아니라 그들의 온건함이다. 발작은 국지적으로 이루어졌고 그 기간도 짧았으며 살해 기간은 약 4개월에 불과했다. 희생자의 수는 비교적 적었다. 교수형에 처해진 사람이 20명, 자백한 50명은 풀려났고, 폭풍이 잦아들자 150명은 감옥에 갇혔으며, 200명 이상이 고발을 당했다. 매사추세츠 판사들은 의심할 여지 없이 가혹했지만 헨리 8세, 칼뱅, 스페인 종교 재판소도 마찬가지였다. 그 시대는 어디에서나 박해의 정신으로 잔인했지만, 뉴잉글랜드의 마녀 사냥꾼들은 대부분 자신의 잘못을 깨닫고 공개 애도의 형태로 속죄하고 희생자의 가족에게 구호품을 제공했다는 점에서, 자신들의 편견과 망상의 먹이를 교수형에 처하고 불태운 사람들의 연대기에서 흔히 볼 수 없는 어리석음에 대한 겸손과 사과를 보여주었다고 할 수 있다.

따라서 실제로 뉴잉글랜드의 마술 소동은 서양에서 악마학이 사라지는 과정의 한 장면에 불과했다. 세일럼이 발작에서 회복된 지 20년 후 영국은 엄숙한 재판을 통해 마녀에게 유죄를 선고했고, 60년 후 세비야의 이단 심문소는 흑마술을 행한 여성에게 화형을 명령했으며, 1793년에는 독일에서 그 범죄에 대해 공개 처형이 이루어졌다.

§

모든 종파, 학파, 파벌의 신학자들은 근대 세계의 지성을 지배하는 그들의 제국을 유지하기 위해 고군분투하면서 패배하는 싸움을 벌이고 있었다. 식민지 시대, 즉 제임스타운이 설립되고 독립선언이 이루어진 1607년에서 1776년 사이에는 서구 문명 전반에 걸쳐 인류의 관심사와 사상에 근본적인 격변이 일어났다. 풍부한 천연자원을 보유한 신세계의 발견과 개발은 그 숫자를 배가시켰고, 그 종파가 무엇이든, 행동과 관심에서 기본적으로는 세속적인 부르주아지의 부를 더 많이 쌓아 올렸다.

굶주린 유럽 농민 수천 명에게 아메리카에서의 번영을 선사하고 세계 시장에 보물과 재화를 쏟아부은 것과 동일한 결실을 맺은 경제 발전은 오랜 역사상 처음으로 영국과 유럽 대륙의 침체된 대중 앞에 어떤 확실성, 영주, 상인, 주교만이 누렸던 쾌락과 사치 이상의 것을 스스로 얻을 수 있는 가능성을 열어주었다. 타고난 죄에 대한 철학도, 고달픈 삶에 대한 철학도, 천국으로 가는 교통편에 대한 약속도 뛰어난 사람들이 누리는 현세의 쾌락에 대한 수많은 사람들의 커다란 열망을 막을 수 없었다. 그리고 이러한 모든 분투는 정신과 결과 모두 세속적인 것이었다.

이 운동과 밀접하게 관련이 있는 것은 정신과 물질의 본질에 대한 탐구의 도구이자 지상地上의 유용성을 위한 하인으로서의 자연과학, 자유 사상의 부상과 개화였다. 1620년, 청교도들이 플리머스의 완고한 토양과 씨름하기 시작한 해에 프랜시스 베이컨 경은 『학문의 진보*Advancement of Learning*』의 두 번째 부분인 『노붐 오르가눔*Novum Organum*』을 세상에 내놓았는데, 이 책에서 그는 처음으로는 아니지만 인상적인 웅변으로 인간이 관찰과 실험을 통해 자연을 지배할 수 있으며 자연을 정복하는 것이 학자들의 추측에 능숙해지는 것보다 더 중요하다는 혁명적인 교리를 제시했다. 그의 말대로, 그는 철학의 어둠 속에 귀납歸納의 빛을 던졌고, 그 빛은 이후 궁전, 극장, 다리의 건립, 도로와 운하의 건설, 청소년 교육을 위한 학교 설립, 인류의 발전을 위한 법률 제정에 오랫동안 빛을 비추었다. 새로운 날의 종소리가 울렸다.

베이컨은 존 밀턴이 장엄한 산문에서 사상과 언론의 자유를 모든 시대의 이상, 즉 성직자 검열로부터 학문의 해방으로 선포했을 때의 장면에서 거의 나아가지 않았다. '순수한 자에게는 모든 것이 순수하다…… 의지와 양심이 더럽혀지지 않는다면 지식도 더럽혀질 수 없고, 결과적으로 책도 더럽혀질 수 없다…… 모든 의견, 즉 오류를 알고, 읽고, 정리한 것은 진실에 빨리 도달하는 데 주요한 이바지가 되고 도움이 된다…… 언론에 제약을 가함으로써 사람들이 스스로 생각하고 행동하는 것을 막는 것은 공원 문을 닫아 까마귀를 쫓아내겠다고 생각한 용감한 사람의 업적과 같다…… 금지된 글은 그것을 짓밟으려는 자들의 얼굴에 날아오르는 어떤 진실의 불꽃으로 여겨진다…… 다른 모든 자유보다 양심에 따라 자유롭게 알고, 말하고, 논쟁할 수 있는 자유를 달라.' 토머스 제퍼슨이 태어나기 거의 100년 전에 한 청교도 정치인이 내세운 참신한 주장이었다.

베이컨과 밀턴의 정신에 따라 영국과 유럽 대륙의 수많은 과학자들은 비록 독립적이기는 했지만 17세기를 그 무게에서 일급인 지적 성취로 풍요롭게 만들었다. 프랑스의 우상 파괴적인 철학자 데카르트는 스콜라적인 학문의 축적으로 형성된 정신을 제거하는 과업에 힘써, 이성 위에 군림하는 권위의 힘을 깨뜨리고 수학, 물리학, 심리학 분야의 지식을 넓히는 놀라운 업적을 남겼다. 1650년 데카르트가 사망하기 4년 전, 독일에서는 '여러 분야에서 정확한 지식을 확대하고 독창적인 연구를 장려하며 자연과학을 인류의 복지로 이끈' 역대 최고의 사상가 중 한 명인 라이프니츠가 태어났다. 1628년 케임브리지 대학 졸업생이자 왕의 주치의였던 하비는 혈액 순환에 관한 논문을 발표했고, 그 세기가 끝나기 전에 이탈리아의 위대한 의사 말피기는 현미경 해부학의 기초를 닦았다. 밤하늘의 별조차도 이제 점술이 아닌 이해를 위해 정밀하게 관찰되고 있었다. 다빈치, 코페르니쿠스, 케플러, 갈릴레오가 차례로 하늘의 무한한 공간에 강력한 광선을 더 멀리, 더 깊이 던졌다. 그리고 코튼 매더가 죄와 죽음, 지옥에 대한 설교를 작곡하던 바로 그 시대에 아이작 뉴턴 경은 궤도를 도는 행성들의 중력 이론을 설명하여 천문학이 오랫동안 지속되어 온 주술과 예언의 영향에서 벗어날 수 있게 해 주었다.

1727년 뉴턴의 장례식을 지켜본 수많은 군중 중에는 그 세기 말에 절대 왕정과 성직자가 지배하는 프랑스를 전복시킨 공병대의 최고 사령관이 될 운명의 프랑스 청년이 있었다. 그의 이름은 볼테르였다. 그는 정부에 대한 공격 때문에 자신의 땅에서 쫓겨났고, 망명 중에도 프랑스의 편협함과 전제주의의 어두운 풍경을 배경으로 영국의 종교적, 정치적 자유를 있는 그대로 묘사하는 편지를 썼다. 반세기 이상 그는 역사, 희곡, 소설, 편지, 기사 등을 통해 이성을 높이고 부르주아의 안락함을 찬양하며 카톨릭교회의 교리와 관리들을 조롱하는 글을 지속적으로 발표했다. 말년에는 루이 16세의 궁정에서, 신세계에서 온 회의론자로 자유의 정신이 불타오르던 인물로 아메리카 공화국의 장관이었던 벤자민 프랭클린을 맞이했다. 볼테르의 주변에는 디드로, 달랑베르, 콩도르세 등 지칠 줄 모르는 열정으로 지식의 구석구석을 탐구하고 스콜라주의와 성직자 지배에 맞서 전쟁을 벌인 뛰어난 작가들이 모여 있었다. 이들과는 다소 차이가 있지만 역시 18세기의 위대한 선동가 중 한 명인 몽테스키외의 『법의 정신』은 미합중국의 정치 사상가와 작가들의 교과서가 되었다.

§

고기의 부패에서 별의 구성에 이르기까지 현상의 원인에 대한 탐구를 확장한 새로운 유형의 세속적 학문의 발전은 신학의 숙달과는 달리 수도원 감방이나 개신교 도서관에서 혼자만의 힘으로 이루어질 수 있는 것이 아니었다. 망원경, 실험실, 다양한 종류의 수학 도구가 필요했고, 수많은 작업자들의 협력이 필요했다. 이러한 필요를 충족시키기 위한 노력은 거의 이루어지지 않았다. 영국에서는 1660년 왕립학회Royal Society가 설립되면서 과학 활동의 진흥을 위한 중심이 만들어졌고, 바로 이듬해에 '지구의 가장 먼 곳에서 탐구해야 할 질문들'을 검토하기 위한 위원회를 설립하여 연구를 장려하고 출판물을 발행해, 멀리 떨어진 버지니아 주와 프로이센까지 과학적 기질을 가진 사람들 사이에 유대감을 형성시켰다.

루이 14세의 위대한 장관 콜베르의 후원 아래, 프랑스 과학 아카데미French Academy of Sciences가 설립되어 새로운 학문의 공화국이 확장되었다. 이미 오스트리아에는 자연의 신기함에 대한 연구를 장려하는 기관이 있었고, 17세기 말에는 라이프니츠의 영향으로 유사한 학회가 베를린에서 문을 열어, 훗날 프리드리히 대왕이 설립한 과학 및 학예 아카데미Academy of Science and Letters의 길을 닦았다. 왕실과 개인의 후원으로 과학에 관심이 있는 사람들에게 여행과 연구를 위한 돈과 여가를 제공하고, 고급 학생들을 위한 책과 도구를 마련하고, 식물학, 지질학, 동물학 표본을 수집하기 시작했으며, 연구를 통해 얻은 지식을 모든 국가의 지적이고 호기심 많은 사람들에게 전파했다. 인쇄기의 도움으로 선별된 세계의 지혜가 영국 문명의 변방에 있는 아메리카의 개척자들에게도 제공되었고, 속도 면에서 부족한 부분은 사적인 서신으로 보완되었다.

세속적 학문에 대한 이 열광적인 활동 속에서 지식의 오래된 분야들이 새로운 형태로 나타났고, 일반화가 이루어지면서 방대한 데이터에서 새로운 분야들이 등장했다. 그리스인과 아랍인에 의해 고도로 발전된 수학은 이제 데카르트에 의해 더 높은 단계로 발전했다. 물리학, 화학, 지질학, 식물학 등 오늘날 알려진 자연과학의 다양한 분야는 전문가들의 일생에 걸친 헌신을 요구하기 시작했고, 18세기가 끝나기도 전에 각 분야는 상당한 양의 자료와 발견, 가설을 손에 넣었다. 이와 같은 지적인 힘의 움직임 속에서 사회학은 좀 더 과학적이고 실제적인 형태를 띠게 되었다. 로마의 몰락 이후 주로 수도원에서 일어난 사건에 대한 연대기에 국한되었던 역사가 긴 정치사의 모습으로 나타나기 시작했고, 마침내 근대 사회사학자 중 최초의 인물인 다재다능한 볼테르의 지도 아래 과거에 속해 있던 학생들은 왕, 사제, 의회, 전사의 행위뿐만 아니라 사람들의 예의범절과 관습을 조사하기 시작했다. 경제와 정치에 관한 연구는 대개 의회 논쟁의 열기에 휩싸여 자연스럽게 논란의 가면을 썼지만, 논쟁의 여지가 있는 기원에도 불구하고 18세기로 접어들면서 점점 더 과학의 정신을 띠게 되었다.

신학의 독점을 잠식하고 과학을 고양하며 실용 예술을 포함한 세속적 문제에 점점 더 큰 중요성을 부여한 유럽의 발전의 메아리는 자연스럽게 모든 대륙으로 퍼져 나갔고, 네덜란드가 데지마出島에 열어둔 문을 통해 일본 해안에까지 영향을 미쳤다. 유럽 체제의 일부인 아메리카 식민지들도 필연적으로 새로운 힘의 영향을 받았으며, 특히 정착 초기의 조잡한 시기가 지나고 부와 여가의 증가가 연구와 탐구의 기회와 시간을 제공한 이후에는 더욱 그러했다. 비록 그들이 데카르트나 뉴턴, 라이프니츠가 한 만큼 학문과 사변의 세계에 기여하지는 못했지만 식민지는 처음부터 과학 정신에 호의적이었다.

실제로 영국에서 처음으로 왕립학회를 설립한 사람들이 신세계로의 이주를 고려했다는 전승이 있다. 그 이야기에 따르면, 그들은 존 윈스롭의 주도 아래 코네티컷에 '자연에 관한 지식의 증진을 위한' 협회를 설립할 계획이었으나 찰스 왕의 요청에 따라 이를 포기했다고 한다. 어쨌든 그들은 런던에서 프로젝트 홍보를 돕고 있던 윈스롭을 '서부에 있는' 새로운 아카데미의 '수석 특파원'으로 임명했다. 이때부터 아메리카인들은 왕립학회에 회원으로 등록되어 심의와 수집을 위해 표본, 논문, 보고서, 데이터를 제공했다. 매사추세츠의 폴더들리는 왕립학회의 철학적 거래에 주목할 만한 글을 제공했다. 뉴잉글랜드의 신학자들조차도 이 운동에 흥분했다. 인크리스 매더는 자연사 연구를 위해 보스턴에 학자 클럽을 결성했다. 코네티컷의 '설교자, 의사, 자연주의자, 농부'였던 재러드 엘리엇은 농업에 대한 연구를 진행하여 1748년에 축산학에 관한 중요한 저작을 발표했다.

남부와 북부를 막론하고 탐험가들은 열정과 지성을 가지고 과학적인 연구를 진행했다. 버지니아에서 존 배니스터는 영국의 자연주의자인 존 레이의 위대한 저작[Historia Plantarum] 두 번째 권에 실린 지역 식물에 대한 철저한 연구를 수행했으며, 1693년 죽음으로 인해 그의 유용한 삶이 단절되었을 때 버지니아의 자연사를 준비 중이었다. 또 다른 버지니아 사람인 마크 케이츠비는 자연의 사물에 대한 포괄적인 연구를 위해 1710년부터 1726년까지 16년 동안 자신의 고향인 버지니아뿐만 아니라 캐롤라이나, 플로리다[1845년 27번째로 연방에 가입], 바하마까지 취재해 이 과제를 수행했다. 이 분야의 후계자인 버지니아 출신의 의사이자 식물학자인 존 클레이튼과 존 미첼은 왕립학회 회원으로 활동하며 학회지에 논문을 기고하고 구세계 여러 지역의 과학자 및 과학 학회와 연락을 주고받았다. 클레이튼은 스웨덴의 위대한 린네와 서신을 주고받았고, 런던의 동료들에게 귀중한 보고서를 보냈다.

펜실베이니아의 온화한 신학 풍토와 국제적인 중심지 필라델피아의 자극은 과학 정신의 개화에 특히 유리했다. 1743년 그 자신도 왕립학회 회원이었던 프랭클린은 아메리카 아카데미를 설립할 때가 되었다고 발표하고, 이 주제에 관한 팸플릿에서 새로운 나라를 세우는 데 따르는 어려움에도 불구하고 협동적인 노력을 통해 아메리카가 과학의 발전을 위해 무언가를 할 수 있다고 주장했다. 1727년 프랭클린이 설립한 준토Junto라는 문학 및 과학 클럽의 후신인 그의 프로젝트는 이듬해 소박하게 시작되었고, 이후 재조직을 거쳐 1769년 아메리카철학학회American Philosophical Society로 출범하여 그 길고 탁월한 경력을 시작했다.

이 학회의 목적은 응용 과학과 실용 예술의 진흥과 '사물의 본질을 밝히고 물질에 대한 인간의 힘을 증가시키며 삶의 편리함과 즐거움을 배가시키는 모든 철학적 실험'을 장려하는 것이었으며, 회원에는 식민지의 모든 세속 학문을 대표하는 인물들과 뷔퐁, 린네, 콩도르세, 레날, 라부아지에 등 구세계의 저명한 과학자가 포함되었다. 회원들이 학자들의 관련 연구에 접근할 수 있도록 협회는 프랭클린의 지도와 그의 재능을 바탕으로 과학적이고 실용적인 성격의 최신 유럽 작품으로 채워진 도서관을 발전시켰는데, 이것은 신학 서적 위주의 식민지 대학들과 묘한 대조를 이뤘다. 이 도서관은 '자연사'의 다양한 분야에서 중요한 장서들을 수집하기 시작했고, 연구 논문을 발표하고 토론하는 컨퍼런스를 개최했으며, 지역 학회와 박물관의 설립에 영감을 주었고, 오늘날까지 중단 없이 그 중요한 경력을 이어오고 있다.

프랭클린의 서클 멤버 중 몇몇은 사상가 및 연구자로서 지역적 영예를 넘어서는 영예를 얻었다. 벤자민 러시 박사는 당대 몇 안 되는 위대한 수학자 중 한 명으로 의학에 관한 중요한 저술을 남겼으며, 1773년에는 철학학회에 '꿈과 수면에 대한 탐구'를 발표했다. 데이비드 리튼하우스는 온도계, 보정 진자 및 여러 수학 도구의 개발에 기여했다. 독립혁명이 발발하고 그가 애국주의의 대의에 동참했을 때, 한 토리당 시인은 그에게 마지막까지 본업에 충실하라고 경고했다.

> 국정에 간섭하지 말고
> 별들과 친분을 유지하라
> 데이비드, 과학은 너의 길이니
> 네가 명성을 얻으려거든
> 자연의 위대한 설계를 뒤틀지 말라.

이 펠로십의 네 번째 과학자인 존 바트람은 식물학 분야에서 두각을 나타내 식민지 곳곳을 돌아다니며 식물을 연구했고, 1739년 필라델피아에 식물원을 설립했으며, 린네로부터 '세계에서 가장 위대한 자연 식물학자'라는 극찬을 받기도 했다.

다재다능함과 총명함에서 그의 동포들의 어깨 위에 우뚝했던 프랭클린은 당대 세계 최고의 인물 중 한 명으로 어느 나라에 가져다놓아도 훌륭한 장식물이 되었을 것이라고 말한다 해도 조금도 과장은 아니다. 그는 독창적인 사상가이자 부지런한 조사자였다. 그의 관심 범위는 무한했다. 그는 애디슨Ad-dison과 스틸Steele과 같은 최고의 모델들을 열심히 연구하여 영어를 마스터했을 뿐만 아니라 프랑스어, 독일어, 이탈리아어를 읽는 법을 배웠고, 그 노력으로 대륙의 지혜를 접할 수 있는 문을 열었다. 그는 영국, 프랑스, 네덜란드, 이탈리아, 독일의 젊은 과학부 학생들과 정기적으로 서신을 주고받았고, 화학자 라부아지에와 자연주의자 뷔퐁과 같은 인물들과 개인적으로 친분이 있었으며, 폭넓은 지식과 새로운 학문에 대한 공헌으로 당대 최고의 과학자들로부터 찬사를 받았다.

프랭클린은 자연과학과 마찬가지로 지방 정부의 실용적인 기술 분야에서도 매우 중요한 공헌을 여럿 했다. 그는 인쇄소를 통해 구세계의 사상을 신세계의 가정으로 가져왔고, 아메리카 최초의 과학 학회에 영감을 불어넣었으며, 근대적 노선을 따르는 최초의 대학을 설립하는 데 영감을 주었고, 사회 경제 분야에서 중요한 저작을 남겼으며, 발명가이자 전기 분야의 실험자이자 발견자, 필라델피아 최초 병원의 설립자였다. 대학들은 프랭클린에게 학위를 수여하여 그를 기렸고, 그가 가는 곳마다 근대의 선구자들이 그를 찾았다. 프랭클린은 유럽의 모든 중요한 과학 협회의 회원이 되었으며, 서양 세계의 사상적 흐름에 영향을 미치는 의견과 비평이 그에게 전달되었다. 그의 관심사의 범위, 관찰의 예리함과 신선함, 정신의 보편성에 깊은 감명을 받지 않고 그의 출판된 저작을 훑어볼 수 있는 사람은 아무도 없다. 프랭클린은 지적인 모든 관심사에 사업, 여행, 오랜 공직 생활이라는 무거운 짐을 더했다. 조지 2세 시대의 벤자민 프랭클린은 20세기의 흐름을 거의 예언했다고 해도 과언이 아니다.

§

아메리카 식민지 개척자들은 자연과학보다 역사 저술 분야에서 유럽의 동시대 사람들과 상당히 비슷한 수준의 작업을 수행했다. 브래드포드의 필그림에 대한 놀라운 이야기[Of Plymouth Plantation]를 통해 수도사의 좁은 작업과 학자의 논문 사이에 다리가 놓였다. 브래드포드는 계절마다 일어나는 사건들 속에서 신의 섭리의 경이로움을 보았지만, 번개 치는 밤의 한 장면처럼 오래된 플리머스를 과거에서 돋보이게 하는 이야기를 들려주었다. 얼마 뒤, 신의 내밀한 목적에 대해 덜 확신하게 된 역사가들은 기록과 설명하는 것으로 만족함으로써 과학적인 학교의 길을 준비했다. 18세기가 시작되면서 유럽에서와 마찬가지로 미합중국에서도 근대의 비판적 학문 정신이 역사 서술에 등장했다. 1747년에 출간된 윌리엄 스티스의 초기 버지니아에 대한 기록은 오늘날의 박사도 인정할 만한 세심한 기록 연구를 바탕으로 했지만, 안타깝게도 첫 권은 너무 지루해서 구매자가 없어 출판을 중단해야 했다.

거의 같은 시기에 보스턴의 토머스 프린스는 새로운 방법을 뉴잉글랜드의 역사에 적용했다. 그는 '나는 모든 구절에 내 증거 자료를 인용했다. 먼저 진실을 알아내고, 그다음에는 가장 명확한 순서로 서술하기 위해 최선을 다했다'고 말했다. 안타깝게도 그의 문체는 너무 장중해서 작품을 완성해보라는 격려를 얻지 못했다. 식민지 시대 말기에 토머스 허친슨은 대영제국에 대한 충성심이 모든 페이지에서 빛났음에도 불구하고, 연구에 대한 재능과 품위 있는 구성, 공정함을 겸비한 매사추세츠 역사의 첫 번째 책을 내놓았다. 따라서 이해를 목적으로 한 과거 연구는, 영국의 흄과 로버트슨의 저술만큼은 아니더라도 적어도 가식적이지는 않은, 엄격하고 객관적인 아메리카의 저작을 생산하기 시작했다. 식민지 개발에 대한 체계적인 탐구를 통해 아메리카의 지적인 선도자들은 지역적 경향에 대한 의식과 그들 자신의 역사적 사명감을 발전시키고 있었다.

막 걸음마를 뗀 것에 불과했지만, 마찬가지로 중요했던 것은 사회과학의 부상이었다. 시간이 지남에 따라 무역, 산업, 토지, 지폐, 인디언과의 관계, 서부 개척, 농업, 식민지 간 연합 등 당대의 시급한 문제들이 프랭클린을 필두로 수많은 독립성과 역량을 발휘한 식민지 시대의 작가들에 의해 논의되었다. 식민지 시대를 괴롭혔던 경제와 정치의 모든 문제는 식민지 시대의 팸플릿, 서적, 논문, 잡지의 빛바랜 페이지에서 상세하고 전반적으로 추적할 수 있다. 실제로 당시 이슈가 되었던 문제에서 당대의 기민한 작가들의 눈을 피해간 것은 거의 없었다.

예를 들어, 퀘이커교 재단사이자 순회 설교자였던 존 울먼은 사회 질서의 근간에 대해 차분하고 굳건한 마음을 가졌으며, 그의 강력한 소책자 제목은 그의 탐구의 보편적인 정신을 드러낸다. 흑인의 유지에 관한 고찰…… 순수한 지혜와 인간 정책에 관한 고찰; 노동에 관한 고찰; 학교에 관한 고찰; 그리고 주님의 외적 은사의 올바른 사용에 관한 고찰…… 무역에 관한 진지한 고찰……가난한 사람들을 위한 탄원…… 인류의 참된 조화에 대한 고찰…… 노동하는 사람과 돈 많은 사람 사이의 대화의 내용…… 검소한 지주와 노동하는 사람 사이의 대화의 내용.

울먼은 그러한 제목으로 예수의 정신과 세속적인 인간의 경각심을 가지고 노예 제도, 부의 남용, 막대한 축적의 폐해, 가난의 비참함, 전쟁의 낭비 등을 비난했다.

울먼은 토지 사유화의 윤리에 관한 몇 가지 적절한 질문을 제기하는 것 외에도 수고하는 사람들에게 짧은 노동 시간과 적절한 삶의 조건을 제공해야 한다고 호소했다. 그는 '땅의 창조주가 땅의 주인'이라고 말했다. 소유에 대한 열망이 많은 사악함과 억압, 전쟁의 원인이라고 확신한 그는 힘 있는 자들이 천국으로부터 신탁을 받은 사람들처럼 재산을 사용하라고 경고했고, 그의 직설적인 언어가 그의 부유한 형제들 사이에서 경각심을 불러일으켰기 때문에, 1764년에 작성되었지만 그의 글은 30년 동안 출판되지 못했다. 조지 2세의 치세 때 아메리카 땅에서 태어난 이 소박한 노동자의 글에서 아메리카의 지적 급진주의의 뿌리를 찾을 수 있다.

과학, 역사, 사회적 경제 등 점점 더 넓어지는 세속적 이해관계에 법이 추가되었다. 중세 시대에는 성직자들이 거의 모든 변호사를 제공했고 교회 법정에서 다양한 중요 사건을 재판했다. 그러나 프로테스탄트 반란이 일어나면서 성직자 법원은 세속 업무의 상당 부분을 박탈당했고, 세속 변호사들이 참석하는 왕실 재판소가 경제 및 사회적으로 중대한 영향을 미치는 법학의 발전을 이어받았다. 아메리카 식민지 역사의 말기에, 우리가 말했듯이 이 새로운 직업은 녹색 월계수처럼 번성하여 언어 전쟁의 긴 전선, 특히 정치의 분열에서 거대한 부문을 차지했다. 과학자들과 달리 변호사들이 회의주의의 방향으로 움직이지 않았다 해도, 그들은 정신의 제국에 대한 성직자들의 주장에 대항해 세속적인 전선을 펼쳤다.

§

　지성과 마찬가지로 아메리카 식민지 개척자들의 미학적 관심은 상속의 법칙, 지역 환경의 요구, 변화의 과정, 외부로부터의 영향에 따라 달라졌다. 당연히 아름다움에 대한 열정은, 적어도 노동과 어느 정도 어울리려는 가장 낮은 욕망을 제외하면, 처음에는 유용성이 있는 물건에서 표현되었다. 너무 가난해서 거처를 마련할 수 없는 사람은 없었고, 통나무집의 초기 시대가 지나자 아메리카 건축은 필요에 의해 파생되었지만 아메리카 곳곳에서 품위와 우아함으로 꽃을 피웠다. 네덜란드인들은 관습적으로 자신들에게 익숙한 모델을 고수했다. 루이스 멈포드는 『막대기와 돌*Sticks and Stones*』에서 '뉴암스테르담은 박공 벽돌집과 제방이 잘 정비된 운하, 멋진 정원이 있는 구세계 항구의 복제품이었다'고 지적한다. 남부의 남작 영지의 주인들은 본능적으로 영국식 컨트리하우스* 모델을 따랐고, 때로는 벽돌과 돌을 수입하여 정확성을 기하기도 했다. 따라서 메릴랜드, 버지니아, 캐롤라이나, 조지아에서는 반半봉건적 영향하에, 이탈리아 및 프랑스의 재료를 통해 여과된 고전적 유산을 반영하고 영국의 부유한 조지 왕 시대 상인들을 위해 변형된 웅장한 스타일의 저택이 등장했다. 이 저택들은 취향과 정밀함, 강인함을 드러냈지만, 네덜란드 뉴암스테르담의 주택과 마찬가지로 전통적인 디자인을 새로운 환경에 강제로 도입한 복제품이었다. 결국 남부 풍경의 요구 사항들은 원래의 양식에서 본질적으로 크게 벗어날 수는 없었다.

　국내 건축이 가장 광범위하게 원형의 정신을 배반한 것은 오히려 민주주의와 확고한 공동체 생활이 밀접하게 연결되어 있던 뉴잉글랜드에서였다. 일반적인 관심에 대한 존중의 미묘한 영향이 디자이너-목수-건축가의 마음속에

---

* 이름에서 풍기는 이미지는 우리의 시골집을 연상하게 하지만 영국식 컨트리하우스는 귀족들의 전원 별장으로 규모가 으리으리했다.

강하게 작용하여 그들의 손으로 세운 구조물에는 적절성, 장엄한 힘, 매력적인 평온함이 있었다.

식민지 전역에서 실제로 긴급한 요인들이 공공 및 개인 건물을 사물의 본질에 가깝게 유지하기 위해 공모했다. 아직 많은 부를 축적하지 못했기 때문에 많은 디자이너가 오랜 기간의 견습 생활을 위해 해외로 떠나 조상의 땅과 애정 어린 결합을 끊을 수는 없었다. 식민지 시대 아메리카에는 부유한 사람들이 많았지만, 예술과 생업을 분리하는 호화로운 전시를 허용할 만큼 부유한 사람은 거의 없었다. 이러한 이유로 식민지 건축의 가장 고귀한 사례는 절제와 단순한 아름다움의 힘을 드러내 후대의 찬사를 받았고, 모델에 영양을 공급하는 조건이 영원히 사라진 후에도 오랫동안 비굴한 복제자들을 끌어들였다.

비슷한 영향은 물론 식민지 시대 가구의 제조와 구매에서도 볼 수 있는데, 영국의 유산이 그 모델을 제공했다. 판매나 이윤과 구별되는 사용 동기는 식민지 빈곤의 초창기에는 모든 막대기와 모든 천에 진정성을 부여했다. 플리머스에서 만들어진 탁자와 의자는 중세 영국의 그것처럼 튼튼하고 수 세기 동안 견딜 수 있도록 제작되었으며, 존 올던John Alden의 작품은 300년의 세월이 흐른 지금도 여전히 견고하다. 단순한 선과 엄격한 형태에는 강인함과 실용성에 대한 관심, 그리고 아마도 종교적 반란과 비슷한 성직자 시선의 화려한 디자인에 대한 반란의 정신이 반영되었을 것이다. 부드러운 것에 대한 경멸은 황야와의 첫 전투에서 승리할 때까지 수정되지 않았고, 그 이후 특히 코네티컷에서 청교도 목공예가들의 노동에 일종의 상냥함이 스며들 수 있게 해주었다.

식민지 여성들의 베틀에서 나온 최고급 직물에도 아름다움이 있었고, 거칠고 형식적으로 조잡한 다른 예술 분야에서도 희망의 미래를 기대할 수 있는 아름다움이 있었다. 18세기 뉴저지와 펜실베이니아의 ― 특히 독일 출신 공동체에서 ― 도자기와 유리 실험은 영국의 제약과 값싼 네덜란드 도자기의 유입으로 현지 장인들의 사업이 견제되지 않았다면 의심할 여지 없이 찬사를 받을 만한 성과로 꽃을 피웠을 것이다. 북부 도시의 부유한 상인들보다 더 많은 부유한 농장주들이 영국과 대륙에서 더 좋은 상품과 제품을 사들인 반면, 노예 노동은 장인 정신에서 아무런 결실을 맺지 못했다.

모든 곳에서, 식민지 주민의 취향은 필연적으로 해외에서 수입되는 변화하는 스타일의 영향을 받았다. 크롬웰 시대의 혹독함이 지나가고 왕정복고 시대의 화려함이 뒤따르자 지방에서는 기회주의적으로 유행이 새롭게 방향을 틀었다. 앤 여왕 시대와 조지 왕 시대에는 신세계에 더 많은 장식, 프릴, 반짝이가 도입되면서 그에 상응하는 패션이 등장했다.

붓을 잡은 식민지 예술가들은 영국의 관습법과 생활 패턴을 따르는 일반인들보다 영국의 표준에 더 충실했다. 영국에서 지배적인 예술 형식이었던 초상화는 자연스럽게 식민지에서도 지배적인 표현 양식이 되었다. 왕, 왕비, 성직자, 귀족, 위대한 부르주아들의 얼굴은 모국의 후손들을 내려다보았고, 아메리카에서도 저명한 성직자, 번영하는 상인, 부유한 농장주— 주인, 여주인, 그들의 자녀 일부 —의 얼굴이 후손들을 위해 유화로 고정되었다. 처음에 이 식민지 초상화는 이탈리아의 초기 그리스도교 예술가들이 그린 성인과 천사처럼 딱딱하고 어색했지만, 시간이 지나면서 부의 축적으로 여유가 생기고 기술이 향상되면서 각도가 부드러워지고 간혹 입술과 턱의 곡선을 살려 우아함을 표현하기도 했다.

이 시대가 끝날 무렵 벤자민 웨스트, 존 싱글턴 코플리, 찰스 윌슨 필, 길버트 스튜어트 등 네 명의 화가가 명성을 얻었고, 이들은 대부분 식민지의 지방적인 성격을 크게 벗어났다. 가장 전형적인 퀘이커교도 부모를 둔 웨스트는 1738년 필라델피아 근처의 작은 마을에서 태어났다. 처음에는 독학으로 그림을 그렸지만, 스물두 살에 모든 예술가 지망생들의 목표인 로마에 도착했고, 위대한 전통의 그늘 아래서 그의 정신은 기성 양식의 형태를 갖추게 되었다. 마침내 풍요로운 시장이 오랫동안 서구 세계의 화가들에게 유혹의 손길을 내밀었던 런던에 정착한 웨스트는 재능과 돈을 가진 사람들의 후원을 받았다. 그는 조슈아 레이놀즈 경의 뒤를 이어 왕립 아카데미의 회장이 되었고, 왕의 총애를 받으며 왕실로부터 작품 의뢰를 받았다. 그에게 기사 작위가 수여되었고, 성공한 삶을 마감하면서 세인트 폴 대성당에 화려하게 묻혔다. 웨스트의 그림은 '웅장하고, 화려하고, 가식적으로' 퀘이커교도로서는 특이했지만, 그의 초상화는 궁중과 당대의 떠오르는 부르주아들에게 강한 호소력을 발휘했다.

코플리도 마찬가지로 하층민 출신으로 말년을 유행에 민감한 런던에서 보냈다. 그는 벤자민 웨스트보다 1년 먼저 보스턴에서 아일랜드계 부모 사이에서 태어났으며, 화가이자 동판화 제작자였던 아버지의 가르침을 받은 것 외에는 독학으로 배웠다. 부유한 미망인과 결혼한 후 코플리는 예술가의 전통적인 코스인 로마 여행을 떠났다. 유럽 유학을 마치고 보스턴으로 돌아온 그는 상류층의 후원을 받았고, 혁명이 일어나지 않았다면 그곳에 계속 머물렀을지도 모른다.

왕실의 특권에 대한 높은 개념과 비슷한 정치 교리를 가진 신사 숙녀를 묘사하는 기술을 결합한 코플리는 독립전쟁이 발발하자 왕당파 사람들 쪽으로 그의 운명을 던졌고, 그들이 비탄에 잠겨 있을 때 런던으로 도망쳐야 했다. 그곳에서 그는 웨스트와 마찬가지로 인기를 얻었고 아카데미에서 전시회를 열었고 우아한 사람들에게 자비롭게 받아들여졌으며 돈을 지불할 수 있는 사람들의 초상화를 그리며 번창했다. 현대의 비평가 월터 파크Pach가 말했듯이, 코플리는 '인물을 연구하는 강렬함에서 원시적인 참모습을 지니고 있으며 거의 최고 수준의 초상화 작가로 간주되어야' 하지만, 그의 어떤 작품도 전통을 깨뜨린 적은 없었다. 이러한 세대의 정신에 따라 필과 스튜어트가 독립 이후 설립된 '공화국 궁정'의 예술가가 되기 위한 훈련을 받은 것은 바로 그러한 세대의 정신이었다.

§

모든 다양한 지적 관심과 새로운 경향의 흐름은 당연히 학교, 도서관, 서점, 언론 등 지식의 확산을 위한 식민지 기관에 반영되었다. 당연히 구세계의 유산인 조직화된 교육은, 불과 4~5주간의 바다 여행으로 혁명이 일어날 수는 없었기 때문에, 그 전통을 이어갔다. 정착 시대가 열렸을 때 모든 계층의 자녀를 위해 공공 세금으로 지원되는 무료 및 의무 교육에 대한 아이디어는 정치인들의 머릿속을 차지하지 못했다. 유럽에서의 교육은 성직자가 지도하는 학교와 대학에서 사회의 상류층부터 시작되었고, 보편적 성격에는 훨씬 못 미쳤다.

영국은 대륙으로부터 이 교육을 차용했다. 식민지가 설립된 스튜어트 시대에는 옥스퍼드와 케임브리지라는 두 개의 대학, 윈체스터와 이튼이라는 유명한 예비학교, 그리스어와 라틴어가 교과 과정을 지배하는 수많은 사립 그래머스쿨, 그리고 수도원 사람들이 학문의 가장 기초적인 것을 가르쳤던 여학교를 비롯해 다양한 초등교육 기관이 있었다. 모든 고등교육 기관은 군주, 유력한 교회 지도자, 영주, 귀족, 길드, 상인 등의 개인 기부금에서 시작되었다. 일부는 특정 계층의 학생에게 무료로 제공되었고, 일부는 장학금과 수업료를 결합했다. 세금으로 지원되는 무상 교육의 흔적은 빈곤층 자녀를 공적 비용으로 도제식으로 훈련시켜 학비 부담을 덜어주기 위한 빈민을 위한 법들을 제외하고는 나타나지 않았다. 배움에 굶주린 수많은 장인들과 농업 노동자들은 주로 반대파 종교 종파가 회원의 대부분을 차지하는 하급 교단에서 제공하는 제한된 초등교육에 의존해야 했다.

이 교육 체계는 특징이 거의 없고 단순했다. 가장 기초적인 교육을 제외한 모든 공식적인 교육은 성직자나 성공회의 정통 표준을 따르는 사람들이 제공했다. 헨리 8세가 의견의 다양성을 폐지한 법의 정신을 깊이 간직하고 있던 옥스퍼드와 케임브리지에서만큼 종교적 의심이나 이단 시비가 치열하게 벌어졌던 학문의 장은 없었다. 그리스어와 라틴어를 중심으로 한 고등 학문의 주된 목적은 교회를 위한 젊은 남성들의 준비, 즉 신학이었지만, 법률, 의학 및 기타 지식의 핵심인 고전에 대한 훈련을 원하는 세속적인 학생들에 의해 종교적 요소는 급속히 희석되고 있었다. 17세기에는 예절과 평판의 문제로서 시골 귀족과 부유한 상인들이 아들을 옥스퍼드나 케임브리지에 보내는 것이 당연한 일이 되었다. 이러한 고등교육의 목표가 있었기 때문에 이 제도의 다른 두 가지 특징, 즉 대학 교육 기관에서 여성을 완전히 배제하고 최신 학문, 특히 떠오르는 자연과학 분야에 대해 보인 현저한 무관심이 필연적으로 뒤따랐다.

영국의 교육 체제는 아메리카에 식민지를 건설한 이민자들에게 위에서부터 아래로 안내자 역할을 했다. 물론 네덜란드의 사례와 유사점을 지적하고 독일인, 스코틀랜드인, 위그노의 중요한 업적을 나열하는 것은 쉬운 일이다. 실제로 일부 작가들은 식민지 교육의 근원을 네덜란드까지 기발하게 추적했다. 그리고 모든 개신교 국가의 초기 학교들 사이에서 카톨릭 전통과 종파적 열망의 융합이라는 두드러진 유사성이 나타난다는 사실을 인정해야 한다.

그러나 식민지 역사의 이 단계에서 주목할 만한 사실은 기록에 분명하게 나타나 있다. 초기 식민지 정착지의 교육 지도자들은 옥스퍼드와 케임브리지 졸업생들이었으며, 플리머스 설립 후 20년 이내에 약 200명이 뉴잉글랜드로 건너왔고, 그들이 버지니아의 초기 설교자와 교사였다. 식민지에 설립된 최초의 대학은 하버드로, 1636년 매사추세츠 의회의 투표로 인가를 받고 2년 후 존 하버드의 기부와 청교도의 후원으로 문을 열었다. 두 번째 아메리카의 대학은 버지니아에 있는 윌리엄 앤드 메리 대학으로, 1693년 왕실로부터 인가를 받아 성공회의 통제하에 출범했다. 고등교육 기관에 대한 아이디어는 1617년 초에 버지니아에서 시작되었지만 실무자들이었던 총독들은 눈살을 찌푸렸다. 그로부터 한참 후 스코틀랜드 출신의 성공회 신자인 제임스 블레어 박사가 법무장관에게 대학 설립을 요청하며 버지니아 주민들의 영혼도 돌봐야 한다고 촉구했을 때, 그는 격발적인 반응에 맞닥뜨렸다. '망할놈의 저들의 영혼! 담배나 만들게 내버려둬요!' 그러나 학식을 갖춘 의사는 끈질기게 버텼고 1693년에 대학이 설립되었다. 몇 년 후 세 번째 대학인 청교도 기관 예일 대학은 코네티컷 주 의회에서 '교회와 시민 주Civil State 모두에서 고용하기에 적합한' 젊은이들을 양성하기 위해 설립되었다.

18세기 중반에 추가로 설립된 5개 대학 중 3개 대학은 주로 영국에서 그 기원을 찾을 수 있으며, 한 곳을 제외한 모든 대학은 종교적 지도력 아래에서 생겨났다. 프린스턴은 장로교, 킹스 칼리지(현 컬럼비아 대학)는 성공회, 브라운은 침례교, 러트거스는 네덜란드 개혁파, 다트머스는 비종파적이지만 선교의 동기를 가지고 있었다. 그러나 이들 대학은 다양한 개신교 종파의 구성원이 이사회에 참여하고 있었으며, 옥스퍼드나 케임브리지와는 달리, 다양한 종파의 그리스도교인들에게 문호를 개방했다.

신학적 목적의 전통에서 벗어난 한 출발은, 훗날 필라델피아의 칼리지[현재의 펜실베이니아 대학으로 발전]로 알려진 어느 아카데미에서 이루어졌다. 이 독특한 교육 기관은 현실을 파악하는 데 있어 동시대 학생들보다 100년 이상 앞섰던 벤자민 프랭클린의 노력에서 주로 비롯되었다. 프랭클린 자신은 대학이라는 제작소를 거친 적이 없었지만, 활기찬 상상력과 호기심, 지식에 대한 사랑, 교육을 통해 얻을 수 있는 사회적 이익에 대한 이해를 가지고 있었다. 필라델피아에 도착한 직후 그는 책을 읽고 스스로 생각하는 인쇄공, 구두 제조공, 목수들을 모아 '준토Junto'라는 단체를 만들었는데, 이 단체를 그는 '당시 이 지역에 존재했던 최고의 철학, 도덕, 정치 학교'라고 불렀다. 신입 회원들에게 던진 세 가지 질문은 이 이상한 학교의 정신을 드러냈다. '당신은 어떤 직업이나 종교를 가졌든 인류 일반을 사랑한다고 진심으로 선언하는가? 단순한 사변적 의견이나 외형적 예배 방식 때문에 어떤 사람이 신체, 이름 또는 재산에 해를 입어야 한다고 생각하는가? 진리를 위해 진리를 사랑하며, 진리를 스스로 찾아서 받아들이고 다른 사람에게 전달하기 위해 공정하게 노력할 것인가?'

프랭클린은 준토의 지원을 받아 대학 설립 계획을 발표하면서 경건한 사람들을 놀라게 할까봐 자신의 자유주의적 소신을 조심스럽게 숨겼다. 기금 마련을 위한 호소 끝에 5천 파운드가 모금되어 대학을 설립할 수 있었다. 그 후 여러 종파의 대변인으로 구성된 이사회가 조직되고 스코틀랜드 성직자가 교장으로 선출되었지만, 앞으로 살펴볼 것처럼 그리스어와 라틴어에 집중하고 싶지 않은 사람들에게 제공되는 과학적이고 세속적인 교육 프로그램에서 설립자의 독창성과 성품의 일부가 드러났다.

§

초기 식민지 대학의 교육 과정은 기본적으로 카톨릭교회의 후원으로 중세 시대에 성장한 옥스퍼드와 케임브리지의 프로그램을 기반으로 했다. 교회의 법률, 법령, 예배, 문헌이 라틴어로 되어 있었기 때문에 라틴어는 모든 서유럽에서 교육의 기본 언어가 되었다. 그러나 르네상스 시대의 고전 부흥기에 그리스어 연구는 진보적인 학자들의 관심을 끌기 시작했고, 그리스어의 옹호자들은 고된 노력 끝에 라틴어 독점에 만족하는 라틴주의자들의 항의에 맞서 그리스어를 대학에 강제로 도입할 수 있었다.

중세 대학 커리큘럼의 내용은 아테네의 아카데미만큼이나 오래된 기초 위에 놓여 있었다. 그리스인들은 교육의 구조를 찾기 위해 오랫동안 고민한 끝에 무역, 산업, 노동의 저속한 기술과는 대조적으로 여가를 즐기는 사람들에게 적합하다고 생각되는 '자유 교양liberal arts'에 대해 일반적인 합의를 도출했다. 중세 초기에 카톨릭 학자들은 그리스의 계획에 기초하여 문법, 수사학, 변증법[논리학], 산술, 기하학, 천문학, 음악의 7가지 교양 과목 프로그램을 세웠고, 이를 신학적 목적에 맞게 변형시켰다. 영국 국교회의 개신교 성직자들이 영국의 대학을 장악했을 때, 그들은 이러한 학문을 다른 신조의 용도로 전환했지만, 여전히 영어와 문학을 실질적으로 배제하면서 옛 언어와 옛 방식을 계속 사용했다.

무역과 농업의 목적과는 거리가 먼, 과거로 거슬러 올라가는 이 역사적인 모델에 뿌리를 두고서 식민지 시대의 대학에서 교육이 이루어졌다. 각 대학에서는 주로 그리스어와 라틴어, 아리스토텔레스 논리학, 약간의 초등 수학, 자연과학의 단편적인 지식에 국한된 교육 과정을 제공했다. 보다 야심 찬 신학생들을 위해 히브리어가 추가되기도 했다. 식민지 후기에 생겨난 대학들은 학문 분야를 확장하는 경향을 보였지만, 주로 신학자들을 위해 형성된 고대 언어, 수사학, 스콜라 철학, 논리학은 고등 학문의 성채를 계속 지켰다. 영국과 아메리카의 대학에 도입된 법학, 의학, 과학 등의 요소는 주로 고대 모자이크의 파편에 불과했다.

영문학, 역사, 지리, 정치경제학 등의 중요한 과목은, 자연스럽게, 이러한 형식적 학문의 대가들로부터 거의 관심을 받지 못했다. 탐험과 정착의 시대가 셰익스피어, 스펜서, 벤 존슨, 프랜시스 베이컨, 버니언, 페피스, 드라이든, 버틀러, 스위프트, 애디슨, 스틸, 포프, 디포 등을 배출한 것은 사실이지만 영국이나 아메리카의 대학에서 영국 작가들의 위대한 작품에 대한 교육은 체계적으로 고려되지 못했다. 학생들의 눈에는 라틴어가 영국인들이 일반적으로 사용하는 바다, 집, 들판, 상점의 언어보다 더 가치 있는 언어였다. 실제로 1594년에 등장한 최초의 자국어 문법은 라틴어로 작성되었으며, 25년 후 영어로 된 문법이 발표되었을 때 그 저자는 이 문법이 라틴어 연구의 토대를 제공한다는 사실을 강조했다. 대중의 언어가 마침내 라틴어에서 벗어나고 고귀한 책들이 그 언어로 쓰여졌을 때에도, 영어는 대학에서 아직 제자리를 찾지 못했다.

역사와 정치학은 여가 생활을 즐기는 호기심 많은 신사나 팸플릿을 만드는 사람들에 의해서만 추구되는 과목으로 남아 있었다. 옥스퍼드에는 1622년에 이미 고대사 교수가 있었지만, 영국 대학에 근대사를 가르치는 레지우스 교수직*이 설립되기까지는 한 세기가 지나야 했고, 그런 점에서 식민지는 모국보다 뒤처져 있었다. 예일대에 식민지 최초의 역사학과인 교회사 교수직이 반

---

* Regius Professor. 영국과 아일랜드에서 왕실의 후원이나 임명을 받은 대학 교수를 말한다. 최초의 레지우스 교수직은 의학 분야로, 1497년 스코틀랜드 국왕 제임스 4세가 애버딘 대학에 설립했다.

들어졌을 때는 독립혁명이 한창 진행 중이었고, 하버드대에서 제러드 스팍스에게 아메리카 역사를 가르칠 기회를 주었을 때는 19세기가 한참 진행되었을 때였다.

학자들의 외면으로 지리학은 여행자, 항해사, 책과 지도 수집가들의 손에 의해 형성되는 데 그쳤고, 교육 과목으로서 지리학은 할당된 분야를 벗어나 방황하는 일부 열정적인 스승이나 천문학자들에 의해 여기저기서만 호의적인 반응을 얻었다. 프랭클린이 자신의 방대하고 다양한 관심사에 정치경제학을 추가해 필라델피아 대학의 복잡한 커리큘럼에서 최소한 한 자리를 차지하기는 했지만, 다른 곳에서 학문의 한 분야로 자리 잡지는 못했다. 다른 대학에서는 프랭클린의 도덕 철학을 폭넓게 다루면서 이 주제를 스쳐 지나가는 정도로만 다뤘을 뿐이었다. 한마디로, 현대 대학에서 연구와 교육의 영광인 물질 세계와 사회과학에 관한 지식의 모든 거대한 분야는 영국이나 아메리카의 식민지 시대 대학에서 일시적인 인정을 받은 것에 불과했다. 그 구조 자체는 아직 형성 과정에 있었다.

프랭클린이 우여곡절 끝에 필라델피아의 대학에서 계획한 교육 과정에서 완전한 혁명을 이룰 수 없다는 사실을 알게 되자 전통의 지배는 더욱 확고하게 고정되었다. 평화와 기부를 위해 타협이 이루어졌다. 법학, 의학 또는 신학을 준비하고자 하는 남학생들을 위해 라틴어, 그리스어, 그리고 당시의 학문적 과목이 제공되었다. 여기에 수학, 측량, 항해, 회계와 같은 실용적인 학문, 역학, 물리학, 화학, 농업, 자연사 등 과학 분야, 역사, 시민, 윤리, 정부, 무역, 상업, 국제법 교육, 마지막으로 세상의 현명하고 호기심 많은 사람들을 위한 현대 언어 교육 등 다른 길을 가려는 사람들을 위한 과목이 추가되었다.

프랭클린이 1755년에 설립된 이 대학을 위해 초대 총장인 윌리엄 스미스와 협력하여 마련한 계획이 그런 것이었다. 그것이 19세기 후반의 자유주의 대학이 발전시킨 가장 계몽적인 프로그램을 예견했다고 말하는 것은 조심스러워야 하지만, 사실 이 대학은 인류 지성의 오랜 역사에서 등대와 같은 존재이다. 서구 세계 최초의 자유주의 고등교육 기관이 문명의 개척지, 즉 풍요로운 자연의 현실과 자치 문제와 씨름하던 식민지 아메리카에 등장했다는 사실도 중요한 의미를 갖는다. 스코틀랜드의 한 성직자가 필라델피아의 교육 과정에 학문적 형식을 부여했지만, 그 정신과 개념은 독학으로 교육을 받은 지방의 노동자로 스콜라적 학문에 정복된 적이 없었던 벤자민 프랭클린에게서 나왔다.

전반적으로 식민지 대학이 지적 범위가 좁았다고 해서, 모든 경우에 그에 상응하는 엄격한 규율이 제공되거나 케임브리지에서 윌리엄스버그에 이르는 모든 강의실에서 치명적인 의견의 획일성이 지배했다고 가정할 필요는 없다. 1680년 하버드를 방문한 두 명의 네덜란드인 여행자는 기숙사 학생 수가 10~20명에 불과하다는 사실을 발견하고 학생들의 학업 성취도에 대해 다소 부정적으로 보고했다. '그들은 라틴어를 거의 한마디도 할 줄 몰라서 내 동료는 그들과 대화할 수 없었다. 그들은 우리를 특별한 게 없는 도서관으로 데려갔다. 우리는 그것을 조금 살펴보았다. 그들은 우리에게 와인 한 잔을 권했다…… 그곳의 목사가 아침저녁으로 그곳에 와서 기도를 드린다고 했다.'

반세기가 지난 후 저 열정적인 전도자 조지 휫필드[*]도 그 이상의 호의적인 인상을 받지 못했다. 그는 하버드가 '신실함과 참된 경건함에서 우리 대학들보다 훨씬 뛰어나지 않다'고 생각했다. '교사들은 학생들과 함께 기도하고 그들의 마음을 살피는 것을 게을리한다. 훈육의 수준이 너무 낮다. 나쁜 책들이 그들 사이에서 유행처럼 번지고 있다.' 윌리엄 앤드 메리 대학에서 경건한 이

---

[*]   George Whitefield(1714~1770). 영국 글로스터에서 태어나 1732년 옥스퍼드 대학의 펨브룩 칼리지에 입학했다. 그곳에서 그는 '홀리 클럽Holy Club'에 가입하여 웨슬리 형제와 알게 되었고, 훗날 함께 사역하며 긴밀히 협력했다. 문학 학사 학위를 받은 후 목사 안수를 받고 즉시 설교를 시작했지만 특정 교구의 목사로 정착하지 않고 순회 설교자이자 전도자가 되었다. 1740년, 북아메리카를 여행하며 '대각성 운동'의 일부가 된 일련의 부흥회에서 설교했다. 휫필드는 사역 기간 동안 영국과 아메리카 식민지에서 약 1,000만 명의 청중을 대상으로 최소 18,000회 이상 설교를 했다.

들은 모더니즘의 만연에 대해서도 충격을 받았다. 수학과 철학 교수였던 윌리엄 스몰은 19세기를 거의 예견한 교리를 강단에서 가르쳤고, 토머스 제퍼슨 같은 젊은이들의 마음을 불안하게 만들어 자식들의 도덕을 걱정하는 부모들의 마음을 떨리게 했다. 제임스 매디슨이 '학문의 샘이 더럽혀지지 않은' 프린스턴으로 보내진 것도 바로 이러한 이유 때문이었다.

역사가인 기번의 말을 권위 있는 것으로 받아들인다면, 전체적으로 볼 때 학문과는 별개로 지식을 습득할 수 있는 기회는 영국만큼이나 아메리카에서도 좋았던 것 같다. 기번은 18세기 중반 옥스퍼드에 대해 이렇게 한탄했다. '당시의 펠로 또는 수도사들은 게으르게 설립자의 은사를 누리며, 지쳐서 은퇴하고 만족스러운 긴 잠에 들 때까지 예배당, 사무소, 커피하우스, 휴게실 등에서 일련의 획일적인 시간들로 하루하루를 채운다. 그들은 읽고, 쓰고, 생각하는 수고로움에서 양심의 사면을 받았다. 그들의 대화는 대학 사업, 토리당 정책, 신변잡기, 사적인 스캔들 속에서 정체되었다.' 어쨌든 18세기의 대학 교육은 모국과 아메리카의 지방 모두에서 창의적 지성이나 독립적 사고와는 거의 또는 전혀 관련이 없는 이론과 도그마에 학생들을 몰입시켰다.

물론 여기에 부자연스러운 것은 없었다. 필라델피아를 제외한 모든 대학 설립의 근본적인 목적은 성직자를 양성하는 것이지 자연과학의 탐구 정신을 키우는 것이 아니었기 때문이다. 하버드 대학 설립자들에게 영감을 준 주요 동기 중 하나는 '현재의 목사들이 흙 속에 누워 있을 때 문맹의 목사들에게 교회를 맡기는 것'에 대한 두려움이었다. 초기 졸업생 7명 중 5명이 목사가 되었고, 17세기 말까지 절반 이상이 그 소명으로 눈을 돌렸다. 1753년 말 코네티컷 의회는 예일대를 언급하는 결의안에서 '이 대학을 세우면서 제안된 주요 목적 중 하나는 이 식민지의 교회에 학식 있고 경건하며 정통적인 사역자를 공급하는 것'이라고 선언했다. 학식 있는 목사의 부족은 윌리엄 앤드 메리 대학과 프랭클린의 대학을 제외한 다른 모든 식민지 대학을 설립하게 된 탄원서에서도 중요한 논거로 작용했다.

직업의 요구 사항을 충족시키기 위해 고전 및 신학 커리큘럼에 급진적인 변화가 일어나지는 않았지만, 시간이 흐르면서 법학과 의학을 준비하는 젊은이들이 대학에 점점 더 많이 몰려들었다. 사실 그리스어와 라틴어는 그 언어에 담긴 많은 세속적 학문으로 인해 변호사와 의사에게 유용했다. 게다가 설교자들이 종파적 적과 악마를 정복하기 위해 고안된 변증법의 상당 부분은 프랑스 혁명 이전과 그에 수반된 지혜의 싸움에서 변호사–정치인들이 잘 활용할 수 있었으며, 그리스인들이 발전시키고 로마인들이 채택하고 신학자들이 이어받은 논증과 설득의 과학은 너무 완벽해서 전통적인 방법을 개선할 필요가 거의 없어 보였다. 그러나 영국에서와 마찬가지로 아메리카에서도 변호사와 의사는 전문 교육을 받기 위해 대학 과정을 개업에 필요한 수습 과정으로 보완해야 했고, 1765년 필라델피아가 북아메리카 대륙 최초로 의과대학을 설립함으로써 후발주자였던 모국에 모범을 보인 것은 바로 이 시기였다.

§

비슷한 전통에 따라 아메리카의 초기 중등교육 기관은 남학생의 대학 진학을 준비하기 위해 고안된 영국의 그래머 스쿨grammar school을 본떠서 만들어졌다. 1647년 매사추세츠 주 의회가 마을에 중등학교를 세우는 것을 승인했을 때, 그 목적은 '청소년들이 대학에 진학할 수 있도록 교육하는 것'이라고 명시했다. 그러나 윌리엄 앤드 메리 대학을 제외하고는 독립 투쟁 직전까지 대학이 없었던 중남부 식민지에서는 대학 진학보다는 무역에 필요한 요구 사항들을 충족시키기 위해 중등교육 기관이 설립되었다. 예를 들어, 1712년에 설립된 사우스캐롤라이나 주 찰스턴의 자유 학교 또는 아카데미는 '글쓰기, 산술, 상인 회계, 항해 및 측량 기술, 기타 유용하고 실용적인 수학의 일부'를 가르쳤다. 같은 시기 뉴욕에 있던 비슷한 기관의 안내서는 '수학, 기하학, 대수학, 지리학, 항해학, 상업 부기의 모든 분야'를 가르친다고 광고했다. 필라델피아 대학으로 성장한 프랭클린 아카데미의 교육 과정에서도 실용적인 목표가 중요하게 작용했다.

버지니아 주에서는 옥스퍼드나 케임브리지로 유학을 떠나거나 인근의 윌리엄 앤드 메리 대학에 입학한 농장주의 아들은 대개 가정교사나 성직자가 운영하는 몇 안 되는 사립학교에서 입학 준비를 했다. 예를 들어 제퍼슨은 다섯 살 때 동네의 작은 영국 학교에 입학했고, 아홉 살 때는 스코틀랜드 목사의 가정에서 기숙하면서 생활했으며, 회의주의와 선한 삶에 관심이 많았던 위그노교도 제임스 모리의 사립학교에서 윌리엄 앤드 메리 대학을 위한 준비를 마쳤다. 열일곱 살에 대학에 진학하기 위해 말을 타고 집을 떠났을 때, 그는 집 주변 20마일 밖의 세상을 본 적이 없었고 주민이 100명이 넘는 마을에 가본 적도 없었다.

§

정규 교육 체계의 가장 밑바닥에 위치한 초등학교는 대학과 마찬가지로 종교적 동기에 의해 영향을 받았으며, 때로는 가난한 사람들의 자녀를 도제식으로 준비시키는 물질적 고려가 결합되기도 했다. 세금으로 지원되는 초등학교가 성직자의 통제에서 벗어나 모든 계층의 아동에게 교육을 제공한다는 개념은 식민지 시대 아메리카에서는 찾아볼 수 없었다. 실제로 이 개념은 여전히 서구를 지배하고 있던 그리스, 로마, 중세 유럽인들의 경험에는 전혀 낯선 것이었다. 아테네와 로마의 노예, 중세의 농노와 장인들은 똑똑한 소년들이 낮은 신분에서 어지러울 정도로 높은 지위에 오르는 경우가 많았음에도 불구하고 당시 교육 체계의 범위 내에서 대중에 속하지 않았다. 게다가 카톨릭의 권위 개념은 프로테스탄트 반란으로 교회가 무례하게 흔들릴 때까지 평신도들에게 혹독한 정신 훈련을 요구하지 않았다.

대중 교육의 시작을 알린 것은 바로 그러한 대격변이었다. 개신교 종파, 특히 영국의 국교 반대파Dissenters는 제한된 사적 판단에 대한 자신들의 권리를 주장하면서 학교 교장에게 의지하여 각자의 신조를 자녀에게 강제하고 잘못된 것으로 간주되는 다른 사상들로부터 자녀를 보호해야 할 필요성을 발견했다. 반대파는 주로 귀족보다는 상인과 노동 계급에 속해 있었기 때문에 교리문답을 암기하는 것과 함께 글쓰기, 산술 및 실용적인 예술에 대한 추가 교육을 결합하는 것이 상점과 회계실에 유용하다는 것을 알게 되었다.

따라서 유럽이나 영국에서 위그노, 루터교, 장로교, 청교도, 분리파, 침례교, 퀘이커교 등 반대 종파가 생겨난 곳에는 곧 회중의 기부금이나 학부모의 비용으로 지원되는 초등학교가 생겨나 어린아이들에게 기초적인 학문을 가르치는 데 전념했다. 선교사들의 열정이 초등교육 분야에도 영향을 미쳐 악한 자들의 계략에 넘어가기 쉬운 가난한 사람들을 위한 자선 학교도 생겨났다. 예를 들어, 1698년에 설립된 성공회의 그리스도교지식증진협회Society for the Promotion of Christian Knowledge는 영국 여러 지역에 초등교육 기관을 설립하여 노동 계급의 자녀들에게 성공회의 구원관과 함께 읽기와 쓰기, '봉사 또는 견습생에 적합한 산술의 근거'를 가르쳤다.

종파적, 선교적, 자선적 동기에 또 다른 동기가 추가되었는데, 바로 공적 부담 대상자가 될 가능성이 있는 아동을 교육함으로써 빈민을 지원하기 위해 징수하는 세금을 완화하는 것이었다. 이러한 현실적인 요구에 부응하기 위해 엘리자베스 여왕 통치 말기에 제정된 1601년의 위대한 구빈법은 독립적인 생활이 보장되지 않는 모든 아동을 의무적으로 도제식으로 교육하도록 명령하고, 재산 소유자에게 초등학교 교육 지원의 부담을 전적으로 부과했다. 이것이 아메리카 초등교육의 뿌리이다. 그들은 네덜란드인이나 영국인, 장로교나 청교도가 아니었다. 그들은 개신교도이자 현실주의자였다.

당시 아메리카 식민지에는 기존 종교에 반대하는 신교도들이 주로 거주했다. 청교도, 침례교, 장로교, 퀘이커교, 루터교로 구성된 작은 공동체가 형성되는 곳마다 시간이 지나면서 그 종파의 자녀들을 위한 일종의 초등학교가 반드시 뒤따랐다. 그러나 기초 교육이 쉽게 제공되지 않는 인구 집단도 있었다. 흩어져 있는 농가, 넓은 농장 체제를 갖춘 남부 해안 지대, 세속적인 재화가 부족하여 가난한 하인들이 많고 종종 하인들의 종교에 대한 존중이 부족한 좀 더 밀집된 정착 지역은, 여건이 허락하는 한 특별한 조처가 필요한, 특별한 문제들을 제기했다.

이러한 요구에 부응하여 식민지에서는 여러 유형의 교육 활동이 펼쳐졌다. 개척지의 가장자리에서 열성적인 선교사들은 자신의 종파 신도들과 다른 종파 신도들을 위해 통나무집 학교를 열었다. 빈민층 자녀들을 위한 영국 자선학교가 도시와 시골 여기저기에 생겨났다. 펜실베이니아와 뉴저지의 친구회 Friends는 1722년 연례 회의에서 '우리의 조언은 모든 친구회 자녀들이 성서와 다른 영어 서적을 읽고, 회계 장부를 작성할 수 있을 정도로 많은 것을 배워야 하며, 이를 위해 부자들이 가난한 사람들을 돕도록 하는 것'이라고 선언했다. 뉴잉글랜드에서는 부모가 자녀를 교육하고 견습생과 하인에게 구원의 길과 실용적인 기술을 가르칠 의무가 법률 제정을 통해 일찍이 강조되었다.

이 점에 대한 매사추세츠 주의 법은 무비판적인 논평들로 얼버무려져 현대적이고 세속적인 형태의 공교육의 시작을 알리는 것으로 칭찬받았다. 하지만 역사적 배경을 살펴보면 실제로는 그렇지 않다. 1642년 법에 따르면 각 마을에서 선출된 사람들은 지역사회의 아이들을 감독하고 '특히 종교의 원칙과 이 나라의 주요한 법률을 읽고 이해하는 능력을 고려해야 한다'고 규정했다. 또한 엘리자베스 여왕의 입법에 따라 빈민층 감독관들이 의무적으로 해야 했던 것처럼 '양육할 능력과 자격이 없는' 모든 부모의 자녀를 도제식으로 교육해야 했다. 이 법의 명분은 스승과 부모가 '자녀를 학습과 노동으로' 훈련시키는 데 소홀한 주인과 부모들의 존재였다. 5년 후인 1647년에 제정된 법은 50가구가 거주하는 모든 마을에 '읽고 쓰는 것을 그에게 의지해야 하는 모든 아이'를 위해 교사를 임명하도록 명령했으며, 100가구가 거주하는 모든 마을에 대학 진학을 준비하는 청소년을 가르치는 그래머 스쿨을 설립하도록 추가했다.

이 법은 위반과 준수 양면에서 존중된 것으로 보이는데, 현대의 어느 교육학자는 '국가가 지역사회에 일반 학습 학교를 설립하고 유지하도록 요구할 수 있는 권리에 대한 법적으로 유효한 주장'을 영어로 처음으로 제기한 것으로 평가했다. 주의력이 없는 경솔한 사람들은 이 주장에 현혹되기 쉽다. 의심할 여지 없이 이러한 행위 중 첫 번째 행위는 부분적으로 영국 구빈법의 정신으로 고안된 반면, 두 번째 행위는 모든 아동에게 청교도 종파의 신조를 강요하려는 커다란 열망에서 비롯되었다. 당시 매사추세츠에서는 국가와 교회가 하나였기 때문에 교육이 '국가'에 의해 명령되었다는 사실은 특별한 의미가 없었으며, 실제로 매더스의 말을 믿는다면, 교회가 국가보다 우월했다.

영국 왕실이 1691년 칙허장의 장벽을 허물기 전까지는 매사추세츠에서 청교도 회중의 일원이 아닌 사람은 어떤 경우에도 투표할 수 없었으며, 법에 의해 설립된 학교 제도에 따라 선발된 교사들은 신자들의 회비와 기부금으로 지원되는 종파 학교나 신자들의 기부금으로 유지되는 자선 학교의 교사들만큼이나 정통적인 교파의 사람들이었다. '수백만 명에게 읽기를 가르치고 한 명도 죄를 짓지 않게' 한 뉴잉글랜드 프라이머The New England Primer *는 분명 세속적인 관점이나 목적을 가지고 있지 않았다. 실제로 1647년에 제정된 매사추세츠 법은 청소년들에게 성서에 대한 올바른 지식을 제공함으로써 '그 오래된 현혹자 사탄'을 물리치기 위한 목적으로 만들어졌다. 그리고 적절하게도 뉴잉글랜드 프라이머도 그 기원과 목적이 영국이었으며, 본국뿐만 아니라 식민지에서도 널리 사용되었다.

어쨌든 매사추세츠와 코네티컷, 뉴햄프셔, 메릴랜드에서처럼 어떤 형태로든 대중 교육이 법으로 규정되어 있든 없든, 식민지에서 배움의 등불을 계속 태우는 것은 공무원의 계몽보다는 종교 교파의 열정이었다. 어떤 정착지든, 어

---

* 뉴잉글랜드 프라이머는 아메리카 식민지를 위해 고안된 최초의 읽기 입문서다. 17세기 식민지 아메리카에서 출판된 가장 성공적인 교과서로, 1790년대 이전 대부분의 학교 교육의 기초가 되었다. 17세기에 사용된 교과서는 영국에서 가져온 성서였다. 1690년, 보스턴의 출판업자들은 '뉴잉글랜드 프라이머'라는 제목으로 『영국 개신교 교사English Protestant Tutor』를 인쇄했다. 이 입문서에는 추가 자료가 포함되어 있었고, 1790년 이후 노아 웹스터의 책으로 대체될 때까지 식민지 학교들에서 널리 사용되었다.

떤 중요한 종파든, 적어도 초등교육 기관이 없는 곳은 없었으며, 영국에서 아메리카의 선교 활동을 돕기 위해 보내온 기부금과 수업료로 그 교사들을 지원했다. 종파별 학교를 보충하는 것은 학부모로부터 수업료를 징수하고 '하숙으로 떠돌며' 생계를 꾸려나가는 순회 교육자였다.

일기와 회고록이 제공하는 식민지 시대의 초등학교를 이따금 들여다보면, 엄격한 훈육과 교훈의 독단이 드러난다. 사회 유산은 이 두 가지를 모두 승인했다. 스파르타는 아이들을 때리고 전쟁의 회초리로 그들을 겁먹게 했다. 로마인들은 심지어 추가 사항을 더해, 스파르타의 모범을 따랐던 것 같다. 호라티우스는 그의 교사를 '매질하는 사람'이라고 불렀다. 중세 시대에도 이러한 유행이 이어져, 중세 교사의 그림에는 마치 때릴 구실을 찾으려는 듯 손에 몽둥이를 들고 있는 교사의 모습이 그려져 있다. 마르틴 루터는 적절한 매질이 뻔뻔함을 억제하고 학습을 증진시키는 데 도움이 된다고 가르쳤다. 식민지 도체스터의 학교 규칙은 '체벌의 매는 때때로 아이들에게 분배되는 하느님의 포고'라고 선언했다.

더욱이 식민지 시대의 학교 아버지들은 종종 가난에 시달렸기 때문에 교사 선발에 항상 까다로울 수는 없었다. 때때로 그들은 부두로 내려가 기초를 알고 있다고 공언한 계약 하인을 사서 지역사회의 소년 소녀들을 위한 학교 교사로 만들었다. 실제로 노예, 쌀, 장화, 라임 주스, 그릇 등의 광고로 뒤덮인 신문 지면에는 계약 조건으로 판매되는 교사들의 공고가 산재해 있었다. 1735년 필라델피아의 〈머큐리Mercury〉에는 '사무원 혹은 읽기, 쓰기, 산수를 잘 이해하고 잘 따르는 학교에서 가르칠 자격이 있는, 4년 동안 하인으로 일할 수 있는 사람을 구하니 인쇄업자에게 문의하시오'라는 공고가 실려 있다. 자신의 주인에게 합법적으로 구타를 당할 수 있는 교사는 자신의 보살핌 아래 맡겨진 아이에게 권위의 매를 아끼지 않았을 것이다.

이러한 식민지 교육 제도 속에서 여학생들은 전통적인 차별에 직면했다. 여자아이들은 설교자, 연설가, 정치인, 의사, 변호사가 될 수 없었기 때문에 당연히 대학과 대학 진학을 준비하는 그래머 스쿨에서 배제되었다. 요컨대, 가정교사의 도움을 받지 못하면 고등교육을 받을 수 있는 길은 자동적으로 그들에게 닫혔다. 초등학교에는 일반적으로 여자아이들이 입학할 수 있었는데, 적어도 읽기, 교리문답, 약간의 산수 정도는 배울 수 있었다. 중간 계급을 대상으로 읽기, 쓰기, 산수, 바느질, 음악, 춤 등 사회적 품격에 필수적인 기초를 가르치기 위해 많은 지역에서 민간 후원으로 주간晝間 및 기숙 학교가 문을 열었다. 그러나 교육자들에 의해 호기심을 자극하는 대상을 탐험하도록 초대받은 여성은 어디에도 없었다. 그 당시 여성은 윈스롭 총독이 선언했듯이 집안일에 충실하고 '정신력이 더 강한 남성에게 적합한 일'에 간섭하는 것은 삼가야 했다.

§

학교가 학생들을 고전과 신학에 치우쳐 교육시켰다면, 상점 주인은 남녀노소에게 영국과 유럽 대륙의 최신 문학을 제공했다. 초창기부터 상인들은 수입할 책을 주문받아 그들의 서가에 꽂을 책을 꾸러미째 제공하는 것이 일반적인 관행이었다. 이러한 무역 관습에 따라 1744년 로버트 프링글은 '잡화, 특별히 매우 엄선된 인쇄된 책, 그림, 지도, 피클 컬렉션'을 '아주 합리적인 가격'에 판매한다는 사실을 사우스캐롤라이나 주민들에게 알렸다.

신문 사업이 어느 정도 시작된 후, 인쇄업자들은 자체적으로 아메리카의 서적을 출판했을 뿐만 아니라 고객을 위해 작품을 수입하는 일에도 계속 손을 대고 있었다. 프랭클린은 필라델피아에서 사업을 시작한 초창기에 베이컨, 드라이든, 로크, 밀턴, 스위프트, 세네카, 오비디우스 등을 고객들에게 제공했다. 따라서 웨스트오버의 버드 대령과 같은 사립 도서관의 소유주나 스스로 교육을 받으려는 진취적인 개인에게 고전뿐만 아니라 당대의 위대한 저서들이 어떤 식으로든 제공될 수 있었다. 적어도 영국과 프랑스에서 가장 중요한 책들은 거의 간과된 것 같지 않다. 몽테스키외, 볼테르, 루소, 백과전서파 등 프랑스 철학자들의 저술은 영국의 무거운 신학 서적이나 최신 과학 서적 못지않게 식민지 주민들에게 놀라울 정도로 신속하게 저렴한 가격으로 제공되었다.

특히 대도시의 경우, 책을 살 여유가 없는 사람들도 도서관을 이용할 수 있었다. 18세기 중반에는 보스턴, 뉴포트, 뉴욕, 필라델피아, 찰스턴에 작은 도서관이 일반에 개방되었다. 1653년 로버트 케인은 보스턴 시민들에게 작은 도서관을 선물했고, 1731년 프랭클린은 준토와 연계하여 회원제 도서관subscription library을 시작했으며, 1748년 찰스턴의 17명의 청년들은 '자기 계발'을 위해 도서관을 열었고, 1754년에는 뉴욕에 소사이어티 라이브러리NYSL[뉴욕이 미합중국의 수도였을 때 실제적으로 의회 도서관의 역할을 했다]가 설립되었다.

식민지 아메리카의 민주주의가 발전하는 과정에서 가장 주목할 만한 실험은 프랭클린이 몇몇 가난한 상인과 장인의 도움을 받아 설립한 회원제 도서관이다. 프랭클린은 40~50명의 얼마 안 되는 저축을 모아 당시까지 부유층에게만 닫혀 있던 문호를 개방하는 방법을 보여준 사람이었다. 그가 말했듯이 '이 제도는 곧 그 유용성을 드러냈고 다른 도시와 다른 지방에서도 모방되었다. 도서관은 기부금으로 확충되었고, 독서는 유행이 되었으며, 공부에서 관심을 돌릴 만한 대중적 오락거리가 없었던 우리 인민은 책과 더 친숙해졌고, 몇 년 만에 다른 나라의 같은 계급 사람들보다 일반적으로 더 잘 교육받고 더 똑똑하다는 것을 이방인들이 관찰했다…… 도서관은 아메리카인들의 일반적인 대화의 수준을 향상시켰고, 일반 상인과 농부들을 다른 나라에서 온 대부분의 신사들만큼 똑똑하게 만들었으며, 아마도 식민지 전체가 그들의 특권을 지키기 위해 일반적으로 취한 입장에 어느 정도 기여했을 것이다.'

식민지 시대에는 문맹률에 대한 인구조사가 실시된 적이 없었지만, 아메리카인의 상당수가 읽고 쓸 수 있다는 프랭클린의 주장을 뒷받침할 수 있는 풍부한 증거가 있다. 독립을 촉구하는 토머스 페인의 첫 번째 팸플릿이 언론에 보도된 지 얼마 되지 않아 10만 부나 팔렸다는 사실은 시사하는 바가 적지 않다. 학교, 가정교사, 도서관, 인쇄소, 서점의 노력은 자녀와 함께 입문서나 철자법 책을 들여다보던 인내심 많은 아버지와 어머니의 노력으로 널리 보완되었다. 이러한 경로를 통해 작은 의견들의 물줄기가 13개의 영국 식민지를 아메리카 공화국으로 휩쓸고 지나간 급류로 흘러 들어갔다.

§

지적 관심의 증진을 위한 또 다른 위대한 기관인 언론은 세상사에 대한 지식을, 마치 강조하듯이, 배포하면서 일어서고 번성했다. 따라서 또 다른 설교자 집단인 신문 편집자들은 식민지 관리들과의 충돌만 피한다면 매주 한 번씩 천둥을 울리며 전쟁, 정치, 사업, 시사, 스캔들 등 모든 영역을 다룰 수 있었다. 1690년에 창간되었다가 폐간된 초창기 브로드사이드broadside*와 작은 판형 신문인 〈국내외 공식 사건들Publick Occurrences Both Forreign and Domestick〉**을 제외하면, 식민지 최초의 정규 신문은 1704년에 창간된 4면 2열의 작은 신문인 〈보스턴 뉴스-레터〉였다. 그로부터 15년 후, 필라델피아의 앤드루 브래드포드 출판사에서 〈아메리칸 위클리 머큐리〉가 나왔고 얼마 지나지 않아 뉴욕, 메릴랜드, 사우스캐롤라이나, 로드 아일랜드, 버지니아에서도 지역 신문을 자랑할 수 있게 되었다.

세기의 중반에는 저널리즘 사업의 두 번째 폭발적인 증가가 일어났다. 1755년 뉴헤이븐에 〈가제트〉가 창간되었고, 10년 만에 노스캐롤라이나, 뉴햄프셔, 조지아에서 국내외 뉴스, 에세이, 가십을 전달하는 인쇄소가 설립되었다. 1765년 인지세법Stamp Act***을 둘러싼 투쟁이 시작되었을 때 델라웨어와 뉴

---

* 브로드사이드는 한 면에만 인쇄된 큰 종이를 말한다. 역사적으로 유럽에서 브로드사이드는 포스터, 행사나 포고문 발표, 정치적 견해, 발라드 형식의 논평 또는 단순한 광고로 사용되었다. 이것은 18세기 아메리카 식민지에서 중요한 역할을 했으며 아메리카 독립전쟁에서 양측 모두에 중요한 선전 매체가 되었다.

** 영국의 아메리카 식민지에서 발행된 최초의 다면 신문이었다. 식민지 총독의 심기를 건드린 기사가 실린 창간호 이후, 이 신문은 며칠 만에 영국 식민지 당국에 의해 곧바로 폐간되었다. 그로부터 14년 뒤까지 식민지에서는 신문이 발행되지 않았다.

저지를 제외한 모든 식민지에는 대립하는 정파를 대변하는 신문이 하나 이상 있었으며, 이 두 식민지에는 뉴욕과 필라델피아의 인쇄업자들이 많은 도움을 주었다. 일부 발행인은 공공 인쇄의 수익으로 유지되어 왕실 총독의 지배를 받았으며, 다른 발행인은 우호적인 상인들의 광고에 힘입은 대중 정파의 후원을 받아 분투했다.

현대의 세련된 사람들에게는 조잡해 보이는 이 초기 아메리카 저널리즘의 정치적, 문화적 중요성은 아무리 강조해도 지나치지 않다. 그 범위에서 좁았지만, 설교 강단이나 교실보다 더 넓고 자유로웠으며, 식민지 당국의 강압을 피할 수 있을 만큼 언론을 구매하고 문학적 능력을 발휘할 수 있는 개인, 그룹, 파벌, 정파라면 누구에게나 열려 있던 분야였다.

영혼을 편집하는 사람이라면 누구나 독립 선언을 발표할 수 있었을 것이다. 벤자민 프랭클린의 형[제임스 프랭클린]이 1721년에 창간한 〈뉴잉글랜드 쿠란트The New England Courant〉가 18세기 초에 독립을 외쳤고, '지옥불 클럽The Hell-Fire Club'이라는 대담한 이름을 가진, '존경할 만한 인물들'의 지원을 받아 총독의 연설과 공식적인 행적에 대한 보고서에 양념을 더하기 위해 다소 자극적인 글을 쓴 작은 우애회도 있었다. 대부분 젊은 시절의 프랭클린이 쓴, 애디슨Addison과 스틸Steele의 스타일로 작성된 에세이는 위대하고 선한 사람들에 대한 조롱을 쏟아냈다. 저자들이 의심할 여지 없이 예상했던 대로, 그들의 풍자 중 일부는 권력자들의 비위를 건드렸고, 한 번은 식민지의 8월 의회

*** 식민지 의회의 승인 없이 영국 정부가 부과한 첫 번째 직접세로 이 법에 따라 식민지 주민들은 다양한 형태의 서류, 문서, 놀이용 카드에 인지를 붙여 세금을 납부해야 했다. 게다가 식민지에서 통용되는 지폐가 아닌 구하기 어려운 영국 통화로 납부해야 했다. 세금의 목적은 프렌치 인디언 전쟁 이후 아메리카 식민지에 주둔하는 영국군의 비용 지불을 위한 것이었지만 식민지 주민들은 애초에 프랑스의 침략을 두려워하지 않았고 이미 전쟁 비용의 몫을 지불했다고 주장했다. 식민지 주민들은 잉여 영국 장교와 직업 군인에 대한 지불은 영국의 문제이며 그러므로 그 비용은 런던 정부에서 지불해야 한다고 주장했다. 여기에 대한 저항은 '대표 없이 과세 없다No taxation without representation'는 구호로 집약되었다.

에 대한 글로 형 프랭클린이 투옥되기도 했다. 버지니아의 광적인 총독이 예견한 날이 왔다. 1671년 그는 공식적인 의견을 불쑥 드러냈다. '나는 우리에게 무료 학교나 인쇄술이 없는 것에 대해 하느님께 감사드리며, 이런 것들이 앞으로 백 년 동안 우리에게 없기를 바란다. 학문은 불순종과 이단, 종파를 세상에 가져왔고, 인쇄술은 그것들을 누설하고 정부에 대한 비방을 일삼기 때문이다. 신이여 우리를 이 두 가지로부터 지켜주소서.'

총독에게 할당된 한 세기가 사라지기 훨씬 전에 왕실 대리인들은 비무장 상태에서 위험한 사상을 전파하는 자들을 잡아들이기 시작했다. 1734년 뉴욕에서 총독의 행정부를 공격한 혐의로 〈더 저널〉의 발행인 피터 젱거가 체포되면서 언론의 자유를 둘러싼 아메리카 최초의 큰 논쟁이 시작되었다. 그 후 이어진 재판은 왕의 대리인이 패배한 극적인 사건이었다. 지역 변호사들이 굴복한 후 인쇄업자를 변호하기 위해 필라델피아에서 온 유능한 변호사 앤드루 해밀턴은 이 사건을 '자유의 대의'로 삼아 대대적으로 변론을 펼쳤다. 해밀턴의 변론에 감동한 배심원단은 의심의 여지 없이 대중의 동감에 고취되었고, 판사의 판결에 불복해 감옥에 갇힌 편집인에게 자유를 부여했다.

그러나 그로부터 한참 뒤 뉴햄프셔에서 식민지 입법부와 대륙회의Continental Congress의 위엄을 공격한 지역 편집자에 의해 전세가 역전되자, 희생자는 그렇게 쉽게 도망치지 못했다. 그는 주 의회에 출두하라는 명령을 받았고 그곳에서 날카로운 견책을 받고 대중 정파에 대한 비판을 더 이상 인쇄하지 말라는 엄숙한 경고를 받았다. 이렇게 오늘날 우리에게 익숙한 자유와 권위 사이의 투쟁에서 발견되는 우여곡절은 18세기 저널리즘에까지 영향을 미쳤다.

열성적인 편집자들에 의해 들끓은 의견은 시간이 흐르면서 전국적인 성격을 띠게 되었다. 각 신문의 배포는 주로 지역적으로 이루어졌지만, 발행인들은 서로 지면을 교환하고 대륙의 관심을 끄는 기사를 재인쇄하여 포츠머스에서 서배너Savannah에 이르기까지 널리 퍼뜨렸다. 게다가 더 큰 전망을 가진 시민들은 멀리 떨어진 도시에서 온 신문을 구독했는데, 1758년 오랫동안 무료로 신문을 배달하던 식민지 우체국은 '지금까지 우체국에서 무료로 보낼 수 있었던 이 대륙의 여러 식민지의 신문이 최근 몇 년 동안 너무 많이 증가하여 배달원들에게 극심한 부담을 주고 있다'는 이유로 요금을 책정해야만 했다. 식민지에서 인쇄된 아마도 최초의 카툰— 프랭클린이 1754년 프랑스와 인디언에 맞서 단결할 것을 호소하기 위해 뱀을 여덟 조각으로 잘라 '결합 아니면 죽음Join or Die'이라는 제목을 붙인 —은 널리 복사되어 당대 위대한 아메리카의 상징 중 하나가 되었다. 거의 같은 시기에 〈버지니아 가제트〉에서 발행한 프랑스군에 대항해 무장을 호소한 감동적인 호소문은 공동의 적에 대한 연대를 촉구하는 캠페인에서 북부의 신문들에 의해 거듭해서 인쇄되었다. 적어도 어느 정도는 전국적인 규모로 운영되는 언론 기관은 혁명의 불길을 지필 변호사와 정치인들에게 봉사할 준비가 되어 있었던 것이 분명하다.

§

신문과 팸플릿— 후자는 때때로 주간지 칼럼에 먼저 인쇄되고 때로는 별도로 발행되기도 했다 —에는 식민지의 위상이 커지고 영국 정부와의 논쟁이 격화됨에 따라 부피가 커지면서 새로운 정치에 대한 문헌이 나타나기 시작했다. 집회와 선술집 밖에서 분쟁의 열기가 처음 알려진 것은 주로 편지와 특별 기사의 형태였다. 구체제Old Regime의 프랑스와 달리 지방적인 아메리카에서는 투쟁이 시작되기 훨씬 전부터 백과전서파의 위대한 논문들이나 루소의 『사회계약론』처럼 반란을 촉구하는 목소리가 나오지 않았다.

그 이유를 찾는 것은 어렵지 않다. 식민지 주민들은 이미 17세기의 절차를 옹호하고 정당화했던 영국인들의 저서, 특히 존 로크의 저서에서 자신의 동의 없이 돈이나 재산을 빼앗은 정부를 전복시킬 수 있는 시민의 권리를 명시한 혁명의 교과서를 가지고 있었기 때문이다. 이러한 문서에는 아메리카 혁명에 대한 논거가 명확하고 권위 있는 영어로 제시되어 있었다. 편집자와 홍보 담당자가 해야 할 일은 이를 의역하고 꾸미고 반복하는 것뿐이었다. 게다가 프랑스 부르주아지와 달리 아메리카의 지배 계급은 1765년에 이미 왕실로부터 정부를 탈취한 상태였다. 그들의 봉기는 새롭고 시도되지 않은 것을 얻기 위한 것이 아니라 가진 것을 보존하기 위한 것이었다.

그래서 오티스, 애덤스, 디킨슨, 해밀턴, 제퍼슨, 그리고 다른 반란의 철학자들이 팸플릿, 편지, 결의문, 포고문, 선언문, 헌법을 작성하기 시작했을 때, 그들은 그들의 대의에 필요한 모든 이론과 교리가 그들 앞에 준비되어 있고 독자들이 이해할 수 있다는 것을 발견했다. 그들은 자신들만의 더 큰 논거를 만들기 위해 영어의 수사학과 선례를 사용하기만 하면 되었지만, 실제로는 경험의 법칙을 뛰어넘어 가장 고귀한 글에 로마 연설가의 무게와 라틴 시인의 리듬과 운율의 일부를 부여했다.

모든 시대의 혁명 문헌을 비교 연구하면서 아메리카 독립전쟁의 문서에 드러난 독창성, 학문, 모국어의 숙달에 대한 깊은 경외심을 느끼지 않을 수 있는 사람은 아무도 없다. 채텀 경은 동료들에게 이렇게 말했다. '당신들 영주들이 아메리카로부터 우리에게 전달된 문서들을 보고, 그들의 품위와 굳건함, 그리고 지혜를 생각할 때, 당신들은 그들의 대의를 존중하고 그것을 여러분의 것으로 만들고 싶지 않을 수 없을 것이다. 나 자신은, 투키디데스를 읽었고 세계의 위대한 정치인들을 연구하고 그들을 존경해왔는데, 모든 독서와 관찰을 통해, 그러한 복잡하고 어려운 상황 속에서 그 추론의 견고함, 현명함의 힘, 결론의 지혜에서 어떤 국가나 단체도 필라델피아의 의회보다 낫지 않았다는 것을 솔직하게 선언할 수 있다.'

5

런던과 식민지의 충돌

아메리카 독립혁명의 기원에 관해서는 무용담saga의 작가들만큼이나 많은 이론이 있다. 가장 오래된 가설은 아메리카 땅에서의 갈등에서 비롯된 것으로, 교과서에 실린 성스러운 이야기이다. 즉, 혁명은 질서 있고 진보적인 정부를 사랑하는 도덕적 국민이 잔인하고 비자연적이며 헌법에 어긋나는 조지 3세의 행위에 맞서 일으킨 분노에 찬 봉기였다는 것이다. 같은 갈등에서, 반대편에서는 보수적인 해석이 나왔다. 독립 전쟁은 법을 무시하고자 하는 시골 촌뜨기들과 변호사 자격이 없는 소송꾼들, 밀수 상인들이 영어를 사용하는 제국의 이익을 위해 폭넓게 고안된 현명하고 온건한 법을 회피하려는 무법한 노력의 폭력적 결과였다는 것이다. 이러한 해석들이 초기 신념의 정통 교리였다.

시간이 흐르면서 이 두 판결의 최종성에 대한 의구심이 생겼다. 19세기 영국에서 민주주의가 부상하면서 그 나라에서 오랫동안 통용되던 이론이 수정되었다. 노스 경[Frederick North]과 존슨 박사[새뮤얼 존슨]가 새뮤얼 애덤스와 패트릭 헨리를 증오했던 것만큼이나 토리당을 증오했던 영국 자유주의자들의 머릿속에는 마침내 새로운 도안이 생겨났다. 아메리카에서 벌어진 경쟁은 러셀, 코브든, 브라이트, 글래드스톤이 이끈 영국 공장주들이 왕과 성직자, 귀족에 대해 지배권을 확립하기 위한 영웅적인 투쟁의 대응물에 불과하다는 것이다.

당파적 갈등에 의해 지지를 받은 이 논제는 메이, 그린, 트레벨리언의 저술에서 냉정한 역사의 모습을 띠게 되었고, 지성인이라는 자부심을 가진 미합중국의 소수의 선택된 집단에 의해 마침내 진실로 받아들여졌다. 한편 아메리카에서는 문서에 의해 뒷받침되기는 했지만 모든 당파적 이론을 냉정하게 검토하고 그 위대한 시대와 관련된 원본 기록, 논문, 회고록 및 기타 현대 자료로 곧장 나아가는 소위 과학적 역사가 학파가 성장했다. 그들의 노력의 결과로 수많은 탁월한 연구가 이루어졌고, 그 결과 웅변가들의 화려하고 빛나는 시기는 다소 썰렁해졌고 학문의 무게에 눌려 아메리카 고유의 신앙 고백은 서서히 무너져 내렸다. 재산을 축적하거나 물려받은 혁명 영웅의 많은 후손들은 영국 최고의 상류 사회에서 환영받았으며, 그들은 '조지 3세의 하수인'의 후손들을 더 호의적인 눈으로 바라보기 시작했다.

특히 아메리카가 세계대전에 참여한 후 열정으로 불이 붙은 분노가 이러한 경향의 흐름에 불을 지폈다. 순간의 열기에 휩싸인 지나치게 열성적인 아메리카 학자들은 연구에서 선전으로 달려갔고, 아메리카 독립혁명이 패트리어트 건국의 아버지들Patriot Fathers의 도덕적, 전술적 오류에 가깝다는 것을 보여주기 위해 책을 다시 썼다. 결국, 최신 가설을 적용하면, 독립혁명은 많은 진실하지 않고 부당한 말과 행동이 있었던 불필요하고 불행한 싸움의 결과였다. 따라서 과거를 망각의 망토로 덮고, 태고적부터 독재에 맞선 민주주의의 싸움에서 세계를 이끌었던 것은 영어권 사람들이라는 사실을 기뻐하는 것이 가장 최선으로 보였다.

그러나 옛 대영제국의 분열된 부분들의 경제적, 윤리적 재결합이 거의 이뤄진 것처럼 보였을 때, 베르사유의 평화[1919년 베르사유 조약]가 끼어들었다. 그 후 독일인과 아일랜드인의 목소리가 땅에서 다시 들리기 시작했고, 영미 동맹의 햇살을 만끽하던 사람들은 갑자기 새로운 비판의 광풍에 휩싸였다. 역사는 다시 한 번 변화하는 바람을 기록했다.

따라서 아메리카 혁명을 다루는 작업을 수행할 때 저자가 사용하는 가정에 대해 질문할 필요가 있다. 그는 다음 세계대전에서 영어권 민족을 통합할 준비를 하고 있는가? 그는 아메리카의 정치 형태에 대해 약간은 튜턴적 또는 아일랜드적인 개념을 염두에 두고 있는가? 아니면 그는 현재 정치인들의 책략에 대한 언급 없이 갈등이 어떻게 발생했는지 발견하고 싶은가? 이 책의 목적은 간단하다. 즉, 영국을 통치한 사람들과 13개 식민지를 통치한 사람들 사이의 투쟁을 좌우한 관련 사실들을 조사하는 것이다.

§

아메리카 측과 관련하여, 앞의 지면에 정리된 필수 자료들이 아메리카 사람들과 모국 사람들을 구별하는 경제 활동, 정치 제도 및 문화 생활을 공정하게 설명하기를 바란다. 다른 한편으로, 중요한 자료는 똑같이 대담한 부조로 눈에 띄게 만들 수 있다. 18세기 영국은 지주andlord와 상인merchant이라는 두 개의 강력하고 잘 짜여진 계급에 의해 통치되었으며, 장인과 농업 노동자로부터 거의 또는 전혀 구속을 받지 않았다. 17세기를 혁명으로 가득 채웠던 귀족과 중간 계급 사이의 치열한 경쟁은 비교적 온건한 정치적 논쟁으로 귀결되었다.

실제로 귀족 계급은 이제 대부분 무역계에서 모집되었으며, 백작은 아들이 부유한 상인의 딸과 결혼하는 것을 종종 반대하지 않았으며, 공작은 야채 상인만큼이나 아프리카 노예상이나 아메리카의 상업적 모험에 투자하기를 열망했다. 의회의 양원은 영국 사회의 이 두 부류의 대리인들에 의해 지배되었다. 토지 소유주들은 상원에 영구적인 거점을 확보한 것 외에도 하원의 많은 의석을 차지했고, 상인들은 대개 마을에서 하원으로 보내진 의원들 중에서 훌륭한 대변인들을 발견했다.

대의제를 통해 토지 및 상업 계급의 작고 활동적인 그룹들의 지배가 특히 선호되었다. 참정권은 재산상의 자격에 의해 매우 제한되어 있었기 때문에 800만 명 중 16만 명 이하의 영국인만이 투표권을 누렸다. 리버풀, 맨체스터, 리즈와 같이 중세 의회가 생겨난 이후 성장한 새로운 도시는 하원에 대표자가 전혀 없었고, 반면에 이웃에 사는 지주의 지배를 받는 유권자가 거의 없는 작은 마을은 한두 명의 의원을 웨스트민스터에 보냈다. 1만 명의 지주와 상인이 조지 3세 시대의 영국을 통치했다고 말해도 보수적인 추산일 것이다. 왕실조차도 이들의 이익을 실현하기 위해 고용된 정부의 한 부서에 불과했다. 1688년 혁명으로 의회에 종속된 왕실은 지갑이 채워지는 한 의회 지도자들과 역사적인 특권을 놓고 다투기보다 고향인 독일의 하노버에 더 관심이 많았던 초대 조지 왕조 통치 기간 동안 더욱 약화되었다. 따라서 1750년 영국 정치 체제의 입법부, 행정부, 사법부는 지주와 부유한 상인들로 촘촘하게 짜여진 조직에 의해 지배되었으며, 후자는 부와 숫자, 권력을 키워나갔다.

당연히 영국 정부의 정책과 행위는 이 두 재산을 가진 집단의 이해관계와 욕구를 반영했다. 당연히 두 집단 모두 아메리카 플랜테이션의 경제 발전 과정에 영향을 받았다. 제국에 대한 세금 부담의 일부는 지주들에게 돌아갔고, 지주들은 그들의 주요 생필품 중 하나와 경쟁하게 된 식민지의 양모와 영국과 유럽 시장으로 쏟아져 들어오는 식민지 농산물 전반에 대해 우려했다. 그들 중 일부는 놀라운 선견지명을 가진 사람들로, 원시 토양에서 생산된 값싼 밀이 머지않아 영국 농업을 망칠 수 있다는 점을 간파했다. 상인들이 식민지 문제와 접촉한 지점은 훨씬 더 다양하고 직접적이었다. 그들은 모든 무역과 해운 분야에서 활발히 활동했을 뿐만 아니라 아메리카에서의 사업을 진흥하기 위해 막대한 자본을 투입했고, 그렇게 해서 지역 경제의 모든 분야를 그들의 열망의 대상으로 삼았다.

§

영국 지주들과 상인들의 이해관계에서 비롯된 법률들은, 분명 제국에 대한 높은 이상들로 빛났으며, 이는 그들의 이익과 무관하지 않았다. 이 법률들은 아메리카 식민지 주민들의 경제적 활동을 통제했고, 같은 목적을 위해 행정 조치들도 시행되었다. 이러한 법률과 결정들은 1760년 조지 3세가 즉위하면서 갑작스럽게 세상에 등장한 것이 아니었다. 오히려 그것들은 크롬웰 하에서 상인 정당이 등장하면서 시작되어, 1세기 이상에 걸쳐 점진적으로 시행되었다. 1660년 찰스 2세의 대관식부터 아메리카 혁명의 발발에 이르기까지, 법령집과 영국 식민지 사무소의 기록들은 그러한 법률들로 가득 차 있었다. 이 법률들은 정치적 논쟁의 열기 속에서 우발적으로 만들어진 것이 아니라, 식민지 무역을 본국의 재산으로 여기고, 본국 시민들에 의해 독점되어야 하며 그들의 이익에 완전히 종속되어야 한다고 보는 성숙한 중상주의 국가 이론의 산물이었다. 이러한 이론은 여기저기서 약간의 수정이 있기는 했지만, 더 온건한 표현과 더 고상한 감정 아래 여전히 번성하고 있다.

이 정책에 효력을 부여한 영국 의회의 법률은 크게 몇 가지로 분류할 수 있다. 첫 번째는 1651년의 유명한 법령으로 시작된 항해법으로, 식민지를 오가는 무역을 주로 영국 선원이 승무하는 영국 건조 선박으로 제한했다. 제국을 지킨 해상 전력의 원천이 바로 여기에 있었다. 아메리카 식민지 주민들은 영국 국민으로서 수익성 있는 사업에서 외국인 선박을 배제하는 이 제한으로 인해 이 권력의 보호를 받으며 이익을 얻었다.

무역법으로 알려진 두 번째 법령들은 식민지와 플랜테이션의 수출입을 규제했다. 이러한 조치에 따라 식민지 주민들은 담배, 송진, 타르, 테레빈유, 돛대 및 기타 열거된 물품을 영국으로 운송해야 했지만, 이러한 품목들을 제외하고는, 그들은 그들의 제품을 구매자를 찾을 수 있는 어디서든 판매할 수 있었다. 그들의 수입 사업 역시 제한되었으며, 유럽에서 생산된 농산물과 제조품들은 대체로 영국의 중개인을 통해서만 구입할 수 있었다. 이는 영국 상인들의 번영을 증대시키기 위한 것이었다. 세 번째 법률 더미는 식민지 제조업에 제한을 가했다. 예를 들어, 모직물과 모자는 일반 무역을 위해 만들 수 없었고, 철을 자르고 압연하는 공장mill과 강철을 만드는 용광로는 금지되었다.

네 번째 법률들에 의해 영국 채권자들의 이익은 친절하게 보호되었다. 건전한 교환 수단을 유지하고 부채에 시달리는 식민지 주민들이 통화를 부풀리는 것을 방지하기 위해 의회는 1751년 뉴잉글랜드에서 지폐 발행을 금지하는 법안을 제정했고, 이 법안은 나중에 다른 식민지로 확대되었다. 영국 채권자에게 마찬가지로 중요한 것은 1752년 아메리카 채무자의 토지, 소작지, 노예를 소유자의 채무에 대한 압류 대상으로 삼고, 영국 거주자의 진술서를 식민지 내 공개 법정에서 지방인의 증언과 동등한 지위에 놓는 법안이 제정된 것이었다. 채권 보유자와 채무자 간의 다툼이 본격적으로 시작되었다.

이 법안의 기원이나 적어도 가장 두드러진 부분은 기록에 어느 정도 명확하게 드러나 있다. 확실히 아메리카의 모직물 제조업에 대한 규제는 경쟁 산업인 영국의 지주와 양모 재배자, 상인과 제조업체가 1699년 규제법이 통과될 당시 영국 전체 수출 무역의 약 3분의 1을 공급하던 사업을 보호하기 위해 단결한 데서 비롯된 것이다. 식민지 모자와 철 산업에 대한 의회 입법도 마찬가지로 이해 당사자들의 구체적인 항의의 결과였다.

이것이 식민지 지폐 금지의 기원이기도 하다. 프랭클린의 증언에 따르면, 이 성가신 금지령은 소수의 채권자들의 요청에 따라 고안된 것이다. 그는 '버지니아의 몇몇 상인들의 사소한 불만 때문에 9개 식민지가 내부 상거래에 절대적으로 필요한 지폐를 발행하지 못하게 되었고, 금과 은을 영국으로 계속 송금할 수밖에 없게 되었다'고 개탄했다. 그는 다른 법령에도 같은 논리를 적용하면서 다음과 같이 덧붙였다. '영국의 모자 상인들은 아메리카에서의 모자 제조를 억제하는 자신들에게 유리한 법률을 얻는 데 승리했다…… 같은 방식으로 소수의 못 제조업자들과 더 적은 수의 제철업자(아마도 영국에 6명도

되지 않았을 것이다)들이 의회의 법으로 아메리카에 슬리팅 밀slitting mill*이나 강철 용광로를 세우는 것을 완전히 금지하는 데 성공했다. 아메리카인들은 그들의 건물에 필요한 모든 못과 도구에 필요한 강철을 이 장인들로부터 의무적으로 가져와야 했다.' 외국산 설탕과 당밀에 관세를 부과하는 법안은 서인도 제도 영국 농장주들의 주장에 따라 통과되었는데, 법안이 제정될 당시 의회에는 그들 중 74명이 의원이었다고 한다.

따라서 1765년 4월 29일자 〈보스턴 가제트〉에 실린 불평에는 근거가 있었다. '식민지 주민은 단추, 편자, 구두 징 하나도 만들 수 없지만, 영국의 어떤 그을음 나는 철공소나 존경할 만한 단추 제작자는 자신의 존중받아야 할 명예가 아메리카의 공화주의자들에 의해 말도 안 되게 학대당하고, 손상되고, 사취되고, 강탈당하고 있다고 비명을 지르고 아우성을 칠 것이다.'

식민지 정치의 현대 수학자들은 영국 제국의 법률이 메트로폴리스[런던]의 이익을 위해 고안되었다는 사실을 인정하면서도, 모국이 식민지 기업을 어떤 방향에서는 억제하는 한편 다른 방향에서는 육성하고 자극했다는 주장을 제기한다. 이것은 부인할 수 없는 사실이다. 아메리카인들은 항해법에서 뚜렷한 이익을 얻었다. 목재와 해군 용품을 대량으로 생산하면서 그들은 법의 보호 아래에서 전면적인 독점의 풍성한 혜택을 법의 보호 아래서 거두었다. 게다가 많은 아메리카산 제품이 영국 시장에서 특혜를 받았다. 예를 들어, 영국에서 담배를 재배하는 것은 매우 실용적인 이유로 절대적으로 금지되었다. 기후와 토양이 좋지 않았고, 담배에 대한 수입세는 토지와 주택을 구제하는 데 큰 수입원이었으며, 남부 농장주들은 영국 상인들에게 부채를 갚는 데 주로 담배에 의존했다. 마지막으로 대마, 돛대 및 특정 해군 용품과 같은, 영국의 모든 상업이 보호되는 해상 전력에 유용한 식민지 물품에 대해 장려금이 지급되었

---

* 슬리팅 밀은 철봉을 막대 모양으로 자르는 공장이었다. 그렇게 자른 막대를 못 제조업자에게 넘겨주면 못 제조업자는 끝과 머리를 가공해 못으로 만들었다. 영국 최초의 슬리팅 밀은 16세기 말에 생겼고 이후 영국의 여러 지역에서 철을 만드는 제철소가 생겨났다.

다. 대체로, 식민지 제품은 영국 항구에서 외국의 동일한 상품에 부과되는 것과 동일한 관세를 지불했지만, 애덤 스미스가 영국의 제국주의 정책이 '다른 어떤 유럽 국가보다 덜 옹졸하고 덜 억압적'이라고 한 것은 옳았다.

이 주장을 확대하여 현대의 계산가들은 아메리카 식민지 주민 전체가 영국의 정책으로부터 얻은 이익이 영국이 가한 제약으로 인한 손실보다 훨씬 더 크다는 것을 보여주기 위해 고군분투하고 있다. 논쟁을 위해 이 주장은 인정할 수 있지만, 이는 역사의 용도와는 무관하다. 이 법안의 기원은 분명하며, 이 법안이 여러 측면에서 아메리카의 경제적 사업을 제한했다는 사실은 논란의 여지가 없다. 폭력적인 경제적 충돌에서 흔히 발생하는 것처럼, 1776년에 균형은 원장과 장부에 나타난 이익과 손실에 대한 정확한 계산이 아니라 적대감에서 비롯된 심정과 이론에 의해 바뀌었다. 상인의 마음, 또는 그 문제와 관련하여 가장 냉철한 정치인의 마음이 어떤 위대한 법안이나 중요한 행정적 결정의 가까운 또는 먼 결과를 파운드, 실링, 펜스 단위로 정확하게 예측하는 것은 거의 불가능하다. 회계학의 판결이 무엇이든, 식민지 무역과 관련된 법률을 법령집에 펼쳐놓은 영국의 지주와 상인들은, 어떤 경우에는 한 계급의 관심사가 다른 계급의 이익을 위해 때로 구부러질 수 있다는 유보와 함께, 그것들로부터 손해가 아니라 이익을 기대했다는 것은 의심할 여지가 없다.

§

그 출처와 목적이 무엇이든 이러한 조치는 저절로 실행되지 않았다. 한편으로는 영국법을 집행하고 다른 한편으로는 식민지 의회를 견제하기 위한 기관을 만들거나 조정해야 했다. 이 기관들 중 가장 중요한 기관은 시대에 따라 다른 이름으로 알려진 중앙 행정 통제위원회였다. 이 아이디어는 식민지와 해외 무역에 막대한 투자를 한 두 명의 상인으로부터 나왔다. 1660년, 식민지에 관한 청원, 진정, 연설문 등을 검토하기 위해 일주일에 두 번씩 모이는 왕실 위원회가 설립되면서 확실한 형태를 갖추게 되었다. 36년 후, 식민지 경제의 모든 분야와 국왕 폐하의 정부가 바다 너머에서 영향을 미치는 모든 거래를 하나의 높은 권위 아래 두기 위한 목적으로 무역위원회Board of Trade and Plantations로 알려진 정규 기구가 조직되었다.

혁명이 일어나기 직전까지 이 위원회는 대부분의 활동 기간 동안 일주일에 다섯 차례 회의를 열었고, 휴식기에는 한 달에 여덟 번 또는 열 번 회의를 열면서 아메리카의 모든 문제를 자신의 그물망 안에 단단히 묶어두었다. 영국 상인이나 제조업체가 식민지 의회의 행위, 식민지 당국의 행위 또는 아메리카 산업을 통제하는 방법에 대해 불만이나 제안을 할 경우, 그는 위원회에서 동정적인 청문회를 가질 수 있었다. 아메리카 내 자신의 재산권이 현지 법률에 의해 위태로워졌다고 생각하는 사람은 위원회에 구제를 요청할 수 있었다. 실제로 식민지 의회의 모든 법안은 몇 가지 예외를 제외하고는 이 위원회의 심의를 거쳤고, 그 권고에 따라 거부권이나 각하却下를 위해 왕실에 회부되었다. 반면에 식민지가 불만을 제기할 경우, 식민지는 런던에 있는 대리인에게 위원회에 그 사건을 제출하도록 지시할 수 있었다.

영국 기록보관소에 보존된 수천 통의 편지는 위원회의 활동 범위, 정확성, 다양성, 세밀함을 증명한다. 설립 초기부터 조지 2세가 즉위할 때까지 이 위원회는 독수리의 눈으로 식민지 경제를 면밀히 조사하고 식민지 의회에서 통과된 불합리한 법안의 무효화를 단호하게 권고하는 등 엄격한 통제를 가했다. 국내외 정치에 대해 '잠자는 개는 가만히 놔두라'를 모토로 삼았던 로버트 월폴의 온화한 통치 아래 부드러운 시기가 있었지만, 그것이 기존 정책의 포기를 의미한 것은 아니었다. 월폴이 몰락한 후 프랑스 혁명의 폭풍우가 몰아치는 서곡이 발표될 때까지 계속된 철저함의 시대가 열렸다. 날마다, 해마다, 이 통제의 엔진은 식민지 문제에 대해 연일 쿵쾅거리며 돌아갔다. 피상적인 관찰자의 눈에만 영국 제국주의의 수호자들이 잠들어 있는 것처럼 보였을 뿐이다.

무역위원회가 때때로 중요한 사안을 그물망에서 벗어나도록 내버려 두는 경우, 불만을 품은 소송인이 항소할 수 있는 다른 기관이 영국에 남아 있었다.

영국이나 아메리카에 있는 사람은 누구나 적절한 규정에 따라 식민지 입법부의 행위와 식민지 법원의 결정과 관련된 사건을 런던으로 가져갈 수 있었다. 항소심 재판소의 역할을 하는 국왕은 식민지 지방 의회가 통과시킨 법안이 식민지 칙허장이나 영국 법률을 위반한 것으로 무효라고 선언할 수 있었고, 종종 그렇게 했다. 무역위원회와 항소법원이 민원인을 만족시키지 못하면 식민지 문제를 담당하는 국무장관에게 수시로 다른 제목으로 항소할 수 있는 또 다른 수단이 항상 열려 있었다. 이런 식으로 문제는 정치로 옮겨질 수 있었고, 필요한 경우 의회에서 현안이 될 수 있었으며, 때때로 식민지의 경쟁에 대해 좀 더 엄격한 규제를 요구하는 영국 상인과 제조업자의 목소리를 조사하거나 듣기 위해 특별위원회가 만들어졌다. 이러한 행정 당국 외에도 재무부 및 해군위원회, 법무장관, 검찰총장, 런던 주교가 지방 문제에 대해 감독권을 행사했다.

영국의 제한 및 통제 시스템은 그 목적을 위한 기관들에 의해 실제로 어느 정도까지 시행되었을까? 이 질문에 대한 진정한 답을 얻으려면 법을 위반하여 영향을 받은 수출, 수입 및 제조물의 비율에 대한 정확한 기록이 필요하다. 물론 그러한 측정은 불가능하다. 금지령 시행 후 1년 동안 아메리카에서 위스키가 얼마나 소비되었을까? 통계 자료가 없는 상황에서 역사가들은 부득이하게 식민지 시대의 논문에서 발견되는 관련 파편들에 의존할 수밖에 없다. 이러한 증거를 바탕으로 한 학파는 식민지에서의 세수법 위반이 같은 시대 영국에서의 밀수 사건보다 더 많거나 악명 높지는 않았다는 결론을 내린다. 또 다른 그림은 영국의 식민지 정책이 아메리카의 음모와 반항에 완전히 패배한 모습을 보여준다. 물론 총독들의 보고서에는 위법 행위에 대한 불만이 가득했다. 식민지 주민들조차도 많은 실책을 고백했다. 존 애덤스는 1774년 매사추세츠에서 철법이나 모자법이 준수되지 않았다고 인정했다. 일반적인 합의에 따라 1733년의 당밀법은 공개적으로 무시되었다.

영국과 식민지 정부가 프랑스와 벌인 7년 전쟁 기간 동안 아메리카인들이 적과 노골적으로 저지른 교역 행위에 대해 수많은 증인이 증언했다. 그 사투가 한창일 때 토머스 펜은 윌리엄 피트에게 필라델피아의 강이 '적에게 식량과 현금을 운반하는 것 외에도 왕의 직무를 속이고 돌아와서 불법 화물을 하역하는 배들로 붐빈다'고 알렸다. 같은 맥락에서 펜실베이니아 총독은 필라델피아의 '주요 상인들 중 상당수'가 서인도 제도에서 프랑스와 공개적으로 무역을 하며 전쟁이 벌어지는 동안 이익을 얻고 있다고 보고했다.

로드아일랜드에서는 적과의 교역이 훨씬 더 도전적이었다. 프로비던스[로드아일랜드의 주도州都]의 상인과 선주들의 행동에 분노한 매사추세츠 총독 버나드는 무역위원회에 '로드아일랜드가 영국 제국에 복속될 때까지 이러한 관행은 결코 종식되지 않을 것이며, 현재 바하마 제도는 해적들Buccaneers이 거주했던 때와 다를 바 없다'고 편지를 보냈다. 뉴욕도 이보다 더 나은 점이 없었다. 뉴욕 총독은 뉴욕의 상인들이 '오직 사적인 이익만을 생각한다'고 불평하며 그들의 불법 상업을 뿌리 뽑기 위해 특별한 노력을 기울였다. 실제로 거의 모든 아메리카 항구의 선박이 적과 밀무역密貿易을 하고 있었다는 증거가 있다. 피트가 '이 위험하고 불명예스러운 무역'에 대해 소리 높여 외치고, 육군과 해군의 장교들이 밀수꾼들을 '조국의 반역자'라고 통렬하게 비난했지만, 허사였다.

영국과 마찬가지로 그들 자신의 안전이 위태로운 전쟁 중에도 아메리카 식민지 주민들이 그렇게 행동했다면, 평시에 그들의 활동과 관련하여 많은 추론을 할 수 있을 것이다. 물론 1760년 조지 3세가 왕위에 올랐을 때 영국 정부는 억제 수단을 강화해야 할 온갖 이유가 있었다. 법을 강화하려고 시도함으로써 이미 통상적인 과정에서 충분히 위협적이었던 마찰은 고조될 수밖에 없었다.

§

아메리카의 무역과 산업을 통제하기 위해 왕실 대리인과 기관들의 문서에 기록된 수천 건의 고소, 항소, 청원, 진정, 판결, 거부권, 재정裁定, 지침에는 영국과 13개의 질투심 많은 식민지를 혁명에 대비한 사회로 만들기 위해 망치질하고 용접하는 아메리카 세력이 지속적으로 충돌하는 과정이 드러나 있다. 논쟁의 주제는 명확했고 주로 경제적 성격이 강했다. 현지 기업의 이익을 위해 제정되었지만 영국의 규정에 반하는 식민지 법률은 종종 왕실의 거부권 행사로 무산되었고, 때로는 식민지 총독에게 영국의 상업적인 사업에 불리한 법률의 제정을 허용하지 말라는 포괄적인 명령이 내려지기도 했다. 식민지 포퓰리즘은 거부권, 경고, 그리고 마침내 지폐에 대한 의회의 조치에 의해 제동이 걸렸다. 이러한 경제적 반목의 큰 원인에 왕실 장교에 대한 급여와 수당, 토지 소유권land title과 토지 불하land grant, 왕실 또는 토지 소유자들에게 납부해야 하는 지대地代 문제, 영국 채권자를 희생하여 아메리카 채무자의 부담을 덜어주기 위해 고안된 파산법, 그들의 이웃 식민지나 영국을 희생시켜 무역을 촉진하려는 식민지 주민들의 노력 등을 둘러싼 의회와 총독 간의 끊임없는 다툼이 추가되었다.

아메리카의 비즈니스와 진취적 농업은 성장과 팽창을 거듭하며 영국 제국주의의 지배에 정면으로 맞서고 있었다. 식민지 의회와 영국 왕실 관리들은 대륙을 뒤흔드는 거대한 경제적 투쟁에서 정치적 편력 기사knight-errant*역할을 하고 있었다.

백 년이 넘는 기간에 걸쳐 펼쳐진 영국과 식민지 지방의 법령, 지방과 런던metropolis 사이의 끝없는 충돌에 관한 확실한 기록에 비추어 볼 때, 아메리카 독립혁명이 고집불통의 왕과 알랑거리는 장관들이 일으킨 싸움이라는 개념은 시시한 농담으로 축소된다. 조지 3세가 왕위에 오르기 훨씬 전, 그렌빌

---

* 편력 기사는 자신이 태어난 세계에서 벗어나 스스로 잘못을 바로잡거나 자신의 기사도적 이상을 시험하고 주장하기 위해 떠난 인물을 말한다. 그는 종종 환상적인 이상주의와 목표에 의해 동기를 부여받는다. 아서 왕의 원탁의 기사들, 돈 키호테를 비롯해 서양 중세 문학에서 대표적인 캐릭터들을 많이 찾아볼 수 있다.

Grenville이 국정을 지휘하기 훨씬 전에, 수천 명의 아메리카인이 영국의 경제 제국주의와 충돌했고, 18세기 중반에 이르러 프랭클린과 같은 선견지명이 있는 사람들이 갈등의 본질을 알아차렸다.

조지 3세가 즉위하기 6년 전인 1754년에 쓴 편지에서 철학자 불쌍한 리처드Poor Richard[*]는 오해의 여지가 없는 용어로 이 사건을 설명했다. 그는 정치 문제와 관련하여, 왕실 총독들은 종종 그저 재산을 모으기 위해 신세계에 왔고, 지방의 왕실 관리들은 종종 그들을 먹여 살리는 총독에게 복종하는 작은 재산을 가진 하수인들이었으며, 실제로 아메리카인들은 독점법에 의해 강요된 영국 상품 가격 상승의 형태로 영국 세금의 많은 부분을 부담하고 있다고 주장했다. 프랭클린은 상업 경제 문제로 눈을 돌려 아메리카인들이 특정 상품을 만드는 것을 금지하는 영국 의회의 행위가 영국에서 만들어진 그러한 상품을 구매하도록 강요하여 영국 국고에 더 많은 공물貢物을 쏟아붓고, 외국과의 무역을 제한하는 법령이 영국에서 더 비싼 상품을 구매하도록 강요하여 같은 국고에 그 황금의 흐름을 더하고, 아메리카인들이 영국의 '사치품su-perfluities'의 수입과 소비를 막을 방법이 없었기 때문에 '모든 부는 결국 영국의 상인과 주민들에 집중되었다'고 덧붙였다. 요컨대, 프랭클린은 수십 년 동안 누적된 불만을 열거하면서 곧 농업 전쟁으로 번질 마찰에 대한 단서를 제공했다.

더 큰 의미에서 아메리카 독립혁명은 이 대륙에서 2세기 이상 지속되어 온 긴 정치적 운동의 한 전투에 불과했다. 런던과 식민지의 제도와 그 분쟁의 쟁점은 그날부터 지금까지 모든 국가적 위기에서 나타난 제도와 쟁점과 유사했다. 모국의 편에서는, 왕과 영국 의회가 1787년 연방 헌법에 따라 대통령과

---

[*] 벤자민 프랭클린의 필명. 프랭클린은 1732년부터 1758까지 매년 『불쌍한 리처드 연감 Poor Richard's Almanack』을 발행했는데, 그는 이를 위해 '불쌍한 리처드' 또는 '리처드 손더스'라는 가명을 사용했다. 13개 식민지에서 발행된 팸플릿으로는 이례적으로 잘 팔렸으며, 인쇄 부수는 연간 1만 부에 달했다.

의회를 통해 아메리카 전역을 어느 정도 통치하는 방식을 추구하려 했다. 영국 중앙 정부는 영국의 제조 및 상업 계급의 이익을 위해 13개 식민지의 주간 및 대외 상거래를 규제하고, 서부 토지의 처분을 지시하고, 지폐를 폐기해 통화를 통제하고, 공동의 국방을 제공하고, 아메리카 대륙의 외교를 수행했다. 영국 왕실과 사법부는 실질적인 이익을 보호하기 위해, 오랜 뒤에 마셜 대법원장*이 무효로 선언한 것과 유사한 성격의, 각 주 의회의 법안들을 무효화했다.

식민지 분쟁에서 아메리카 측 지역 권력의 대리인은 주권과 독립을 열망하는 대중 집회popular assembly로, 개인과 재산의 모든 권리를 다수결에 따라 처분할 수 있는 권한을 가졌다. 그것은 지폐 발행을 승인하고, 채무자의 이익을 위해 파산법을 통과시키고, 연체된 채무의 징수를 유예하고, 서부 토지 매각을 통제하고, 지역 무역과 산업을 규제할 수 있는 권한을 갖게 되었다. 영국 정부는 강력한 압력을 가했고 그 결과 폭발이 일어났다. 10년 동안 주 입법부는 주권을 행사하며 재정, 통화, 부채, 무역, 재산 문제에서 자신의 의지를 관철시켰다. 그 후 헌법의 비호와 아메리카의 지도력 아래 이전에 영국이 사용했던 것과 유사한 통제 기관과 경제 정책이 복원되는 불가피한 반응이 뒤따랐다. 한마디로 아메리카 독립혁명은 제임스타운이 세워지기 훨씬 전부터 시작되어 아직 끝나지 않은 사회적 과정의 한 단계에 불과했다.

---

* John Marshall(1755~1835)은 미합중국의 정치인, 법관. 아메리카 건국의 아버지 중 한 명으로 1801년부터 1835년 사망할 때까지 미합중국의 제4대 대법원장을 역임했다. 그는 미합중국 대법원 역사상 최장수 대법관이자, 역대 가장 영향력 있는 대법관 중 한 명으로 널리 알려져 있다. 법원에 합류하기 전에 마셜은 존 애덤스 대통령 밑에서 국무장관, 버지니아 주 하원 의원을 역임하여 미합중국 연방 정부의 삼부 요직을 모두 역임한 몇 안 되는 사람 중 한 명이기도 하다. 그가 내린 판결에서 가장 유명한 것은 마베리 대 매디슨 판결이다. 연방 법에 대한 위헌 입법 심사 제도의 원리는 마셜의 '헌법에 반하는 법률은 법이 아니다'라는 법정 의견에 의해 단적으로 표현되었다. 당시까지 연방 대법원에서도 연방 법률의 합헌성을 판단하는 사례는 존재했지만, 위헌이라고 표현한 것은 최초의 사건이었으며, 마셜의 판결에 따라 이론적인 의미에서 연방 대법원에 위헌 법률 심사 제도가 확립되었다.

§

1763년 프렌치 인디언 전쟁이 끝나갈 무렵, 영국은 특이한 상황에 처해 있었고 새로운 인물들의 지휘 아래 놓여 있었다. 느릿느릿한 걸음걸이와 독일식 억양, 튜턴적인 안락함에 대한 열정을 지닌 조지 2세는 세상을 떠났고, '영국Briton이라는 이름'을 자랑스러워하며 영어를 원어민처럼 구사하고 어머니의 좌우명인 '조지, 왕이 되라!'를 소중히 여기며 자신만의 적당한 모험을 할 준비가 된 어린 손자에게 왕권이 넘어갔다. 백 년이 넘는 기간 동안 영국의 어떤 통치자도 왕의 특권을 지킬 수 있는 유리한 위치에 있지 않았다. 거만한 스튜어트 가문과는 달리 조지 3세는 하원Commons과 다투지 않았고, 윌리엄 3세와는 달리 유럽의 정치에 관심이 없었으며, 하노버 왕가의 전임자들과는 달리 부친 영지의 조용한 휴양지를 그리워하지도 않았다. 스튜어트 가문을 지지하는 마지막 자코바이트Jacobite* 봉기는 유혈 진압되었고, 찰리 왕자는 대륙에서 방종으로 삶을 허비하고 있었다. 가장 비타협적이었던 옛 반대파는 극복되었고, 매콜리[Thomas Babington Macaulay]가 말했듯이, 항상 스스로 엎드리려하는 토리당은 조지 3세에게 경의를 표했고 호의적인 반응을 얻었다. 두 번의 혁명 이후 의회의 동의 없이 세금을 부과하려는 시도는 더 이상 일어나지 않았고, 영국을 지배하던 수천 명의 지주와 상인 자본가들은 가능한 최고의 세상에서 가능한 최고의 헌법에 상당히 만족하고 있었다. 그들 사이에는 휘그당과 토리당으로 분류되는 오랜 차이에 대한 기억이 남아 있었지만, 조지 3세가 즉위하면서 논쟁의 주요 원인은 공직의 이권이었다. 신흥 상인들을 제외한 대부분의 귀족들은 토리당에 속해 있었고 휘그당은 주로 도시와 중간 계급에서

---

* 영국사에서 자코바이트는 명예혁명 이후 추방된 스튜어트 왕가의 제임스 2세(라틴명: 야코부스Jacobus)와 그의 후손을 지지하는 세력을 말한다. 자코바이트 운동의 정치적 중요성은 1688년부터 적어도 1750년대까지 이어졌다. 특히 윌리엄 3세와 앤 여왕 치하의 자코바이트들은 왕권에 대한 실현 가능한 대안을 제시할 수 있었고, 프랑스(그리고 이후 이탈리아)의 망명 궁정에는 불만을 품은 군인과 정치인들이 자주 찾아왔다. 1714년 이후 휘그당의 권력 독점으로 인해 많은 토리당이 자코바이트와 음모를 꾸몄다.

힘을 얻었지만, 스튜어트 왕조 시대처럼 그들을 급격히 분열시키는 큰 경제적 문제는 없었다.

거의 반세기 동안 휘그당은 공직을 차지하고, 연금을 받고, 주교를 배출하고, 정치의 수입을 독점했다. 그들은 주권을 행사하고 반대자들을 오만하게 경멸적으로 다루었고, 무릎을 꿇으려 하지 않는 모든 사람들을 악의적으로 배척했다. 그러나 긴 여정에는 전환점이 있게 마련이다. 일부 진실한 애국자들과 실망한 엽관獵官 운동자 등 수많은 적들이 일어났고, 조지 3세가 안전하게 취임하자마자 휘그당은 권좌에서 축출되었다.

이렇게 해서 새로운 왕과 낡은 당이 외국과의 전쟁과 그 경제적 영향이 진행 중이던 중요한 시점에 등장했다. 이러한 사실에 주목한 한 학파의 역사가는 아메리카 독립혁명을 조지 3세와 그의 토리당 지지자들이 고안한 새로운 조치의 쓰라린 결실이라고 표현했다. '영국 역사상 가장 암울했던 시기의 부끄러움은 전적으로 국왕의 책임'이라고 그린[영국의 역사학자 John Richard Green(1837~1883)]은 말한다. 그러나 현대의 학생은, 성급한 판단을 경계하면서, 이 신조의 주요 저자들이 휘그당이나 자유당 지지자였으며, 자연히 그들 정당의 역사적인 행동을 옹호하고 재앙의 책임을 왕과 그의 토리당 지지자들의 어깨에 지우려는 경향이 있다는 것을 기억하는 편이 좋다.

그들의 가설은 사건의 핵심적인 사실과 일치하지 않는다. 인지세를 제외하고는 본질적으로 새로운 원칙이 식민지에 적용되지 않았고, 인지세는 조지 왕의 승인으로 신속하게 폐지되었다. 식민지 의회를 제압하기 위한 새로운 통제 기관은 고안되지 않았다. 휘그당과 토리당 모두에 의해 승인된 오래된 법률은 이제 더욱 활기차게 시행되었고, 기존의 정부 기관은 확립된 규칙을 시행하기 위해 더욱 효율적으로 작동했다. 실제로 무력 충돌을 불러온 것은 새로운 세력을 확보하는 것만큼이나 잃어버린 기반을 되찾으려는 노력이었다.

휘그당과 토리당은 이러한 사안에 대해 원칙적으로 의견이 나뉘지 않았다. 식민지 정책과 관련하여 근본적인 차이점은 없었다. 자리, 후원, 권력, 명예,

이권 등 두 당의 국내에서의 재산은 식민지 통치를 위한 조치의 운명에 달려 있지 않았었다. 휘그당 상인들이 아메리카 무역에 대한 규제로 이익을 얻었다면, 토리당 지주들은 아메리카 모직물 제조업에 대한 규제로 동등한 이득을 얻었다. 양쪽 모두에게, 아메리카산 담배에 대한 관세는 그들의 주택과 토지에 대한 세금 경감이라는 기분 좋은 안락을 가져다주었고, 최근에 발생한 전쟁 부담의 일부를 식민지로 이전하는 프로젝트는 반대파 의원들의 벤치로부터 열렬한 박수를 받았다.

아메리카 식민지의 무역에 세금을 부과하고 통제하기 위해 고안된 법안 중 휘그당의 고위 지도자들을 포함한 일부 학파의 지지를 받지 않은 것은 하나도 없었다. 전진 정책forward policy의 주 입안자인 조지 그렌빌은 오랫동안 휘그당과 연관되어 있었고, 그의 견해가 무엇이든 간에, 그는 낡은 신념의 토리당원은 아니었다. 몰락을 완성하는 데 도움을 준 찰스 타운센드는 휘그당원— '기회주의적 휘그'—이었지만 여전히 그 파벌의 친구였다. 정부의 수장으로서 인지세법을 폐지할 때 의회가 모든 사안에서 식민지를 구속하는 법을 제정할 권리를 선언해야 한다고 주장한 로킹엄 경은 휘그당의 뛰어난 인물로 에드먼드 버크의 후원자였다. 강압적인 조치에 반대하는 목소리를 자주 냈던 채텀은 타운센드가 식민지 주민들에게 세금을 부과하고 밀수 금지법을 엄격하게 시행하는 법을 고안하고 추진할 때 수상으로 재직하고 있었다. 그의 친구들은 당시 고귀한 군주가 병으로 정신이 없었기 때문에 자선 단체가 커튼을 치고 있었다고 말한다. 하지만 조지 3세에게 아첨한 모든 사람들 중 채텀 백작을 능가하는 사람은 없었고, 버크에 따르면 왕실 옷장을 살짝 들여다보는 것만으로도 그는 취해버렸다고 한다. 그는 반란을 일으킬 수 있는 과감한 조치에 반대하며 죽는 순간까지 아메리카의 독립을 반대했다. 모든 위대한 휘그당원 중에서 버크만이 아메리카를 이해하고 아메리카 문제와 관련하여 일관된 노선을 추구했다.

아메리카의 독립전쟁을 불러온 것은 토리당의 완고함이나 조지 3세의 의지가 아니었다. 아메리카에 축적된 부싯깃에 불을 붙이는 구체적인 조치를 시작한 그렌빌은 왕의 비굴한 도구가 아니었다. 반대로, 조지 3세는 그 장관을 진심으로 미워했고, 그의 의견을 다음과 같이 요약했다. '내 방에서 그렌빌 씨보다는 차라리 악마를 보고 싶다.' 그렌빌은 이권과 뇌물을 이용해 권력을 잡은 단순한 당의 대리인이 아니었다. 버크가 진정으로 말했듯이, 그렌빌은 궁정의 '뚜쟁이 정치'가 아니라 양심적인 공공 서비스, 특히 식민지 행정을 통해 자신의 자리를 차지했다.

　체계적이고 검소한 관료이자 공무를 인허가 발급의 관점으로 본 법률가였던 그렌빌은 자유보다는 법에 의해 무역에서 더 많은 것을 성취할 수 있다고 생각했으며, 이론을 논리적인 결론으로 이끌어내는 데 소인배의 열정을 가지고 있었다. 그는 아메리카 밀수꾼들이 무역법을 위반하는 것을 보고 이를 단속하기로 결심했다. 영국 재무부가 프랑스에 대항해 식민지를 방어하는 과정에서 발생한 막대한 전쟁 부채로 가득 차 있다는 사실을 알게 된 그는 그 부담의 일부를 수혜자들에게 전가하는 것이 합리적이라고 생각했다. 그러나 이 꼼꼼한 철학자는 영국의 유일한 통치자가 아니었다. 그의 권력 과시와 의회 의원들에 대한 뇌물 제공에도 불구하고 조지 3세도 마찬가지였다. 인지세법은 '통행료 징수 법안turnpike bill보다 더 적은 반대로' 상하 양원을 통과했다.

§

　타운센드의 도움을 받고, 수고스럽고 체계적인 그렌빌의 지휘 아래, 원칙적으로 완전히 새로운 것은 아니지만 결정적으로 중요한 조치들이 영국 정부의 협의회들에서 나왔다. 영국 채권자들을 대표하여 의회는 모든 식민지의 입법부를 구속하는 지폐 금지법을 제정했다. 영국 모피 상인과 토지 투기꾼의 이익을 위해 왕실 포고령은 최근 프랑스에서 빼앗은 영토의 모든 토지에 대한 소유권과 처분권을 왕실에 유보하고 왕실의 허가 없이는 모피 거래를 금지했는데, 이는 인디언과의 유혈 충돌을 막기 위해 계산된 것이라 할지라도 무단

216

정착민과 자유분방한 사냥꾼에게 아픈 타격을 입혔다.

영국 납세자들을 구제하기 위한 정교한 자금 조달 계획이 1764년 설탕법에 포함되었는데, 이 법안의 제목은 식민지에서 수입을 확보하여 '그들을 보호하고 방비하고' 밀수를 방지하는 비용에 사용하는 것이 목적임을 명시적으로 선언하고 있다. 이 법안에 따라 당밀에 대한 기존의 과중한 세율은 국고로 환원하기 위해 인하되었고, 여러 수입품에 대해 특정 관세가 부과되었으며, 영국에서만 판매할 수 있는 열거된 물품의 목록은 확대되었다.

식민지 주민의 감정은 아랑곳하지 않고, 밀수를 억제하기 위해 생각할 수 있는 모든 수단이 동원되었다. 세입 징수관, 육군 및 해군 장교, 왕실 총독은 자신의 임무를 완수하라는 명령을 받았다. 사법 절차에 익숙하지 않은 해군 장교들은 해안을 순찰하고 법적 예방 조치를 소홀히 한 것으로 의심되는 선박을 점검해야 했고, 선주와 선장은 면밀한 감시를 받았으며, 스파이와 제보자에게는 포상금이 주어졌고, 밀수꾼을 잡는 데 도움을 준 사람은 전리품을 나눠 가졌다. 식민지 주민들은 거의 아무런 경고도 없이 갑자기 안이하게 생각했던 일상이 불법화되고, 그들의 배와 창고, 심지어 집 안 구석구석까지 샅샅이 뒤질 수 있는 수색 영장으로 무장한 법의 하수인들이 들이닥친 것을 발견했다.

영국인 납세자를 대상으로 한 설탕법에 이어 식민지 주민들에게 영국인이 본국에서 부담하는 것과 유사한 부담을 지우는 인지세법Stamp Act이 제정되었다. 이 법 역시 식민지를 '방어, 보호, 방비하는 데' 드는 비용에 충당하기 위해 세입을 늘리는 법이었다. 이 법은 60개 이상의 섹션으로 구성된 긴 법안으로, 법안을 작성한 숙련된 초안가가 발견할 수 있는 거의 모든 종류의 법적, 상업적, 사회적 운영을 광범위한 그물망 안에 끌어들였다. 증서, 저당권, 재고 목록inventories* 등 법적 거래에 사용되는 서류, 변호사 면허증이나 주류 판매 면허증, 대학 졸업장, 놀이용 카드, 주사위, 팸플릿, 신문, 달력, 광고 등에 세금을 납부해야 했다. 인지세는 무거웠고, 법 위반 시 벌금이 부과되었으며, 총독들은 이 법을 집행할 때 신중을 기하도록 명령받았다.

이 법의 세 가지 특징이 이 법에 혁명적인 동력을 부여했다. 무역 및 운송과 관련된 대부분의 법률과 달리 이 법은 아메리카의 모든 지역과 거의 모든 계층에 영향을 미쳤다. 설탕과 당밀에 대한 세금은 뉴잉글랜드의 운송업자와 럼주 양조업자에게 타격을 주었고, 담배에 대한 관세는 버지니아의 농장주를 괴롭혔지만, 인지세법은 사회의 모든 질서에 타격을 주어 불만이 보편화되었다. 처음으로 13개 식민지 주민들은 지갑에 부과된 하나의 동일한 세금에 의해 행동에 나섰다. 인지세법은 보편적으로 적용되었을 뿐만 아니라 혁신적이었다. 의회의 명령에 따라 항구에서 부과되는 '외부세', 즉 관세는 새로운 것이 아니었지만, 이렇게 직접적으로 식민지 주민의 주머니에서 돈을 걷는 법은 런던에서 통과된 적이 없었다. 식민지 주민들은 이 시작을 묵인한다면 과연 끝이 있을 것인지 의문을 품을 수밖에 없었다. 마지막으로, 그러나 역시 중요한 것은, 논쟁에 능숙하고, 자신을 표현하는 데 능하며, 험한 물에서 물고기를 잡는 데 익숙한 두 계층, 즉 변호사와 편집자에게 세금이 많이 부과되었다는 점이었다.

아마도 그렌빌과 타운센드가 석유 램프 아래에서 머리를 쥐어짜 아메리카에서 반란이 일어나게 하기 위해 더 계산된 계획을 평생 동안 찾았다 해도, 그들은 그것을 찾을 수 없었을 것이다. 그러나 의회의 동료 의원들도 똑같이 결백했고, 인지세 부과를 승인하는 결의안은 반대 의견 없이 통과되었다. 법안 자체는 하원에서 205 대 49의 표결로 파문을 일으키지 않고 통과되었고, 상원에서는 형식적인 표결 확인 절차조차 거칠 필요가 없었다. 조지 왕도 죄가 없는데, 일시적으로 정신이 나간 상태였기 때문에 법안은 섭정에 의해 승인되

---

* '재고 목록'이 인지세 대상이었던 이유는 이러한 목록이 거래나 문서 작성 또는 상속 문제에서 중요한 역할을 했기 때문이다. 여기에서 말하는 재고 목록은 단순히 상점이나 회사의 재고를 의미하는 것이 아니라, 상속, 파산, 법적 거래와 그에 수반되는 문서 작성을 위해 필요했다.

었다. 비슷한 무사태평함으로 그렌빌의 프로그램은 법률 집행에 필요한 모든 군대를 아메리카에 파견할 수 있도록 한 1765년 선상 반란법Mutiny Act과 '보호, 방어 및 안전'을 위해 해외로 파견된 군대를 식민지 주민들이 수용하고, 먹이고, 공급해야 하는 조건을 명시한 특별 병참법Quartering Act에 의해 강화되었다.

법안 추진자들이 보기에, 이 프로그램은 단지 영국 제국의 힘과 통합을 유지하기 위한 합리적인 시스템에 불과해 보였다. 아메리카 식민지는 영국 육군과 해군의 보호를 받고 있으며, 런던의 국방부는 그들이 그 서비스의 비용을 함께 부담하는 것은 전적으로 공평하다고 생각했다. 이는 한 세기 동안의 관행에 의해 승인된 정책의 논리적 발전이었다. 휘그당이 이 정책을 구상하고 표결에 부쳤기 때문에 그것은 토리당의 원칙으로 인한 결과가 아니었다.

실제로, 그것은 매우 교묘하게 설계되어 토리당의 지주와 휘그당의 상인 모두 이 법안이 열어준 전망에 기뻐했다. 전자는 세금을 조금이라도 줄일 수 있다는 생각에 기뻐했다. 에드먼드 버크는 몇 년 후 '타운센드 씨가 이 주제에 대해 현란한 연설로 아메리카에서 막대한 세금이 걷힐 것이라는 이미지를 눈앞에서 보여줌으로써 그들을 현혹시켰던 것을 똑똑히 기억한다'고 말했다. 설탕법은 세금 감면이라는 금전적 이득을 약속하는 것 외에도 서인도 제도 농장주들에게 직접적인 이득을 제공했는데, 의회에는 그들 중 60명 이상에 달하는 농장주들이 있었다. 다른 한편으로, 식민지 상공업을 제한하는 법으로 이미 자신의 이익을 잘 보호받고 있던 영국 제조업체와 상인들은 그렌빌의 고안으로 보이는 엄격한 법 집행을 자연스럽게 승인했다.

재산의 많고 적음에 관계없이 영국의 많은 사람들이 새로운 제도에 대해 원칙적으로 강력한 반대를 표명했지만, 그들은 정부의 위원회들에 영향을 미칠 만큼 충분히 목소리를 내는 데 실패했다. 따라서 조지 3세가 이 기념비적인 규제 법안을 구상하고 의회에서 통과시켰다는 신화는 허무맹랑한 것으로 치부되어야 한다. 이 법은 대개 식민지를 메트로폴리스의 이익을 위해 착취해야 할 지방으로 여기는 영국 지주와 상인 자본가들에 의해 또는 그들을 위해 작성된 것이기 때문이다. 의심할 여지 없이, 조지 왕은 이러한 격조 높은 계략을 선호했고, 아메리카 대중이 법과 질서를 무시하고 폭동을 일으켰을 때 슬퍼했지만, 그가 아메리카에서 대영제국을 무너뜨린 정책의 저자이자 완결자는 아니었다.

§

아메리카의 특이한 상황 때문에 그렌빌의 프로그램에 대한 반응은 특히 격앙되었다. 광범위한 경기 침체가 막 시작되었을 때였다. 프렌치 인디언 전쟁이 벌어진 7년 동안 아메리카의 상인, 농장주, 농부들은 이례적으로 번영을 누렸고, 모든 종류의 농산물이 높은 가격을 유지했으며, 병참 장교들이 지급한 정화正貨는 모든 분야의 경제 활동을 촉진했다. 전쟁 수익자들이 취득한 재산은 많고 컸다. 많은 상인들이 갑자기 '사람들 중 가장 낮은 계층에서 상당한 재산가가 되었는데, 그것은 주로 지난 전쟁의 불법 무역에 의해 이루어진 것'이라고 뉴욕 부총독은 불평했다. 그러나 부풀려진 물가가 폭락하고, 경기가 침체되고, 실직한 마을의 노동자들과 가격 하락의 부담을 지게 된 농부와 농장주들은 꾸준히 성장하는 안정된 정화를 확보하는 데 어려움이 점점 커지고 있다는 것을 알게 되었다.

새로운 제국주의 프로그램으로 인해 불황의 악영향은 더욱 심해졌다. 사업과 정화의 풍요로운 원천이었던 서인도 제도 무역이 타격을 입었다. 식민지 지폐의 발행이 중단되면서 통화가 급격히 위축되었다. 새로운 세금을 주화로 영국 국고에 납부해야 했기 때문에 식민지 주민의 고갈된 재원은 또다시 고갈되었다. 또한 아메리카 상인들을 자극적인 수색과 압류로 괴롭혀 불확실성과 당혹감으로 가득 차게 하고 사업의 혼란을 가중시켰다. 게다가 상업 지역인 북부뿐만 아니라 모든 식민지, 즉 농부, 농장주, 상인뿐만 아니라 도시의 노동자들이 권리를 박탈당하고 실직하는 등 모든 계층이 고통에 빠졌다. 이것은 중요한 사실인데, 상인들의 시위를 영국과 아메리카의 법과 질서의 친구들을 놀라게 만들고 전쟁의 불길에 불을 지피는 데 필요한 힘과 용기를 제공한 것은 상업 중심지의 노동자들이었다.

사실, 아메리카의 그렌빌 프로그램에 대한 반응은 대서양 양쪽의 지배 계급을 놀라게 했다. 설탕법이 통과되기 전, 법안이 임박했다는 소문을 들은 보스턴 상인들은 위원회를 조직하고 입법부에 진정서를 제출하고 다른 식민지의 상인들과 서신을 주고받기 시작했다. 뉴욕에서도 마찬가지로 상인들은 문제가 생길 것을 예상하고 힘을 모으기 시작했다. 설탕법의 파격적인 조항과 인지세법의 광범위한 조항이 알려지자 사람들의 분노는 끝을 알 수 없었다. 상인, 변호사, 출판인들은 회의를 열고 영국의 조치와 정책을 규탄하는 결의안을 통과시켰다. 애국적인 여성들은 모임에 모여 차를 마시지 않겠다고 서약하고 영국 제품의 구매를 거부하는 한편, '해가 뜰 때부터 어두워질 때까지' 그 어느 때보다 힘차게 방적과 직조 작업에 몰두하기 시작했다. 프로비던스의 처녀들은 인지세법을 승인하는 구혼자에게는 절대 호감을 갖지 않겠다고 스스로를 구속했다.

경기 침체로 유휴 인력이 된 수백 명의 장인과 노동자들이 '자유의 아들들 Sons of Liberty'이라는 단체를 결성했다. 19세기 초에 도래할 정치적 권력을 향해 나아갈 수 있다고 생각한 이들은 우아한 예의범절의 경계를 뛰어넘었다. 이들은 보스턴, 뉴욕, 필라델피아, 찰스턴에서 폭동을 일으켜 인지세 대리인의 사무실들을 약탈하고 파괴했으며, 거리에서 인지를 불태우고, 왕실 장교들의 집을 습격하고, 보스턴에서는 부총독의 집을 열어 그의 방을 약탈하고 그의 재산을 길거리에 내동댕이쳤다. 사실, 상인들과 변호사들의 의도와는 달리 동요는 법과 질서의 한계를 상당히 넘어섰다. 모리스 총독이 말했듯이, '폭도들의 우두머리는 신사들에게 위험해졌고, 그들을 어떻게 제압하느냐가 문제였다.' 실제로 장인과 노동자들의 행동은 너무도 무법적이어서 현대의 혁명의 아들과 딸들에게 충분히 차분한 톤으로 현장을 묘사하기는 어렵다.

물론 식민지 의회에서는 영국 정책에 대한 항의가 법적 논쟁과 품위 있는 결의의 형태로 이어졌다. 버지니아 의회는 지방 입법부를 통하지 않고 버지니아 주민들에게 세금을 부과하려는 시도는 '불법, 위헌, 부당'하다고 선언했는데, 이 선언은 패트릭 헨리가 조지 3세에게 카이사르와 찰스 1세의 운명에 대해 경고하며 '이것이 반역이라면 최대한 활용하라!'는 외침으로 반대 의견을 침묵시킨 감동적인 연설로 뒷받침되었다. 매사추세츠 의회는 공식적인 항의에 만족하지 않고 다른 주 의회에 뉴욕에서 열리는 회의에 대표단을 파견하여 아메리카의 상황에 대해 협의하고 구제를 얻기 위한 일반적인 계획을 고려할 것을 요청하면서 공동 행동을 호소했다.

놀랍게도 9개 식민지가 소환에 응했고, 1765년 가을 뉴욕에서 인지세법 회의가 정식으로 소집되었다. 통상적인 예비 회의가 끝난 후 회의는 일련의 엄숙한 결의안에 담긴 신앙 고백profession of faith에 동의했다. 영국인은 그들의 동의 없이는 세금을 부과할 수 없다. 식민지 주민은 본질적으로 영국 의회에서 대표될 수 없다. 그들은 각 주 의회에서만 과세할 수 있다. 인지세법은 그들의 권리와 자유를 파괴할 우려가 있다. 식민지 주민에게 의무를 부과하고 무역을 규제하는 다른 법은 비통하고 부담스러운 법이다. 이 신조는 왕과 의회에 제출한 호소문으로 보완되어 여러 가지 불쾌한 조치의 폐지를 호소했다. 반란군은 '겸손한 탄원'을 넘어 시기적절한 경제적 타격, 즉 영국 상품에 대한 전반적인 불매 운동으로 그들의 요구를 효과적으로 추진했고, 이는 몇 달 만에 수입輸入을 30년 만에 최저치로 끌어내리는 치명적인 효과를 가져왔다. 영국 상인들은 수익도 없고 그들의 사업도 망가뜨린 인지세법의 폐지를 요구하며 의회를 향해 고뇌의 외침을 쏟아냈다.

§

뉴햄프셔에서 조지아에 이르기까지 식민지를 뒤흔든 격동적인 사건들이 벌어지는 동안 조지 3세와 그의 내각 사이에 집안싸움이 일어났다. 왕은 자신의 집의 주인이 아니라 실제로는 하인이었다. 그는 아메리카에서 강압 정책을 공식화하고 강요하지 않았다. 그가 이해하는 한, 그는 그것을 승인했지만 정책 자체는 그의 장관들로부터 나왔다. 매콜리가 정당하게 말했듯이, '장관들의 승리가 완성되었다. 왕은 와이트 섬에 있을 때 찰스 1세가 그랬던 것처럼 거의 포로가 된 거나 마찬가지였다.' 그렌빌의 거만한 무례에 화가 머리끝까지 난 조지는 휘그당에 구원을 요청했고, 로킹엄 경의 지휘로 조각組閣을 하도록 승인했다.

취임식 날 새 수상은 아메리카에서는 봉기에, 국내에서는 정치적 반란에 직면해야 했다. 버크가 말했듯이, '이 제국의 모든 무역의 이해관계가 수상의 로비로 몰려들었다.' 불매 운동과 함께 인지세법은 사업을 망쳐버렸고, 책에서 이 법령을 삭제하는 것만이 유일한 해결책이었다. 일부 특권층 인사들이 반발했지만, 왕은 후퇴에 대한 개인적 혐오감을 표명한 후, 인지세법 철회에 반대하는 사람들이 자신을 대변하지 않으며 무력 사용보다는 후퇴를 선호한다는 사실을 알렸다. 그래서 철회안은 로비스트들의 환호 속에 통과되었다.

하지만, 아메리카인들의 승리에도 불구하고, 로킹엄 경의 주장에 따라 식민지 주민들의 그들 자신에 대한 배타적 과세권에 대한 주장을 근거 없는 것으로 명시적으로 거부하고, 그러한 문제에 대한 영국 의회의 권한을 부정하는 그들의 결의, 투표, 명령 및 행위를 완전히 무효로 부인하고, 식민지와 아메리카인들을 '모든 경우에' 구속하는 법을 제정하는 영국 의회의 권한을 이중 해석의 여지가 없는 언어로 선포하는 선언법Declaratory Act이 수반되었다.

인지세법을 폐지한 후 의회는 골칫거리였던 당밀법과 설탕법 개정에 착수했다. 프랑스산 제품에 대한 차별을 없애고 식민지로 수입되는 영국산과 외국산 당밀에 대해 1갤런당 1페니의 일률적인 관세를 부과했다. 외국산 설탕에 대한 높은 세율을 유지하면서도 현지 항구에서 수출세를 폐지하여 영국산 서인도 제도 설탕의 가격을 낮췄다. 따라서 의회는 '대표 없이 과세 없다'는 슬로건 아래 나온 식민지 주민의 모든 주장을 명시적으로 거부했을 뿐만 아니라 실제로 식민지 주민의 동의 없이 세금을 부과하는 법안을 통과시켰는데, 영국산 및 외국산 당밀에 관세를 부과하는 새로운 당밀법은 세수 증대를 위해 고안된 관세 프로젝트였다.

따라서 실제로는 인지세법 폐지를 제외하면 아메리카인들은 피로스의 승리 Pyrrhic victory*를 거두었지만 최근 그들의 시위로 인해 법과 질서가 위협받는 것에 놀란 식민지 상인들은 의회의 조치를 감사의 표시로 받아들였다. 종이 울리고, 대포가 발사되고, 연회가 열리고, 잔을 세게 부딪치며 왕을 위해 건배하고, 깊은 충성을 맹세했다. 그러나 거의 동시에 상업 식민지의 상인들은 하원에 청원서를 제출하여 여전히 배려받지 못하고 있는 불만들을 제기하기 시작했다. 그들은 당밀에 대한 관세에 항의했는데, 이는 뉴잉글랜드 증류업자들의 이익을 감소시켰다. 그들은 밀수에 대한 행정 규제에 반대했다. 그것은 화주들에게는 성가신 일이었다. 그들은 외국산 설탕에 대한 높은 관세에 반대했다. 그것이 불법 거래를 조장하고 사업에 바람직하지 않다고 선언했다. 그들은 식민지 통화에 대한 금지 조치로 인해 디플레이션과 화폐 부족을 초래한 것에 대해 비통해했다. 모든 식민지 주민들을 단결시키고 변호사와 발행인들을 끓어오르게 했던 인지세법은 법령집에서 지워졌고, 상업에 대한 일부 양보가 이루어졌지만, 대체로 그렌빌-타운센드 학파의 전진 정책은 포기되지 않았다.

§

오히려 바로 이듬해에 그 정책은 연장되었다. 영국 정치인들 사이에서 끊임없이 반복되는 권력, 후원, 왕실의 호의를 둘러싼 다툼 중 하나로, 인지세법 폐지 내각은 곧 쫓겨났다. 그의 지원을 거부함으로써 로킹엄이 이끄는 내각을

---

* 패배와 다름없을 정도로 승자에게 치명적인 타격을 입히는 승리를 말한다. 이 문구는 기원전 279년 헤라클레아 전투와 아스쿨룸 전투에서 로마를 상대로 승리를 거둔 에피루스의 피로스가 자신의 군대 대부분을 잃고 전쟁을 끝내야 했던 말을 인용한 것에서 유래했다.

끌어내린 뒤, 어린 시절 조지 3세를 아첨으로 기쁘게 했던 윌리엄 피트는 이제 채텀 백작으로 귀족의 반열에 있었다. 윌리엄 피트는 다시 정부의 수장으로 올라섰고, 모두가 알다시피 신중과 중용이라는 오랜 식민지 정책의 기조에 정면으로 반대하는 찰스 타운센드를 재무장관으로 선택했다.

이미 언급했듯이 채텀이 이 내각 기간 동안 병에 걸렸다는 것은 사실이다. 그의 열렬한 변호인인 휘그 역사가들은 항상 그 가벼운 병을 강조해 왔다. 그럼에도 불구하고 그가 국정 방향에 대한 책임을 맡으면서 전全 휘그계 행정부의 구성을 막았고, '모든 당에 속해 있으면서 아무에게도 신경 쓰지 않는' 찰스 타운센드를 그가 소중히 여기는 식민지 정책에 영향을 줄 수 있는 직책에 앉혔다는 사실은 여전히 남아 있다.

타운센드가 취임하자마자 직면한 첫 번째 문제는 세수 부족이었는데, 지주들의 아우성에 대한 양보로 국내 토지세가 대폭 인하되었기 때문이다. 식민지로부터의 수입이 영국에서 괴로움을 당하는 시골의 신사들을 가장 쉽게 구제할 수 있는 대책이라는 것은 모든 면에서 인정되었고, 타운센드는 이 기회를 최대한 활용해야 한다고 믿었다. 인지세와 같은 '내국세'는 불가능하다는 것을 경험을 통해 알게 된 열성적인 장관은 식민지 주민들이 받아들일 수 있는 일종의 사기극을 신중하게 고민했다.

마침내 한 가지 분명한 길이 열린 것 같았다. 오랫동안 의회의 법에 따라 아메리카 항구에서는 특정 상품에 대해 관세를 징수해왔고, 최근 설탕에 관세를 부과하는 설탕법이 제정되었지만 지방에서는 혁명적인 기운이 일어나지 않았다. 식민지 철학자들은 아직 이러한 '외부세'를 헌법과 자연권에 대한 명백한 침해라고 선언하지 않았고, '대표 없는 과세 금지' 원칙에 따라 금지된 신비로운 세금 범주에 포함시키지도 않았다. 이러한 상황을 충분히 인식한 타운센드는 1767년 세법에서 납, 유리, 차 및 기타 몇 가지 아메리카 수입품에 관세를 부과하고 그 수익금을 식민지 정부 지원에 사용하도록 했을 때 아메리카인의 정서를 충분히 고려했다는 결론에 도달했다. 세금은 그다지 무겁지 않았고, 인지세법 폐지 이후 부과된 당밀 관세보다 더 부담스럽지도 않았다. 식민지 상인들이 당밀 관세에 대해 항의한 것은 사실이지만, 그들의 항의는 정중한 어조로 이루어졌고 반란의 위협은 보이지 않았다. 그래서 타운센드와 의회는 마침내 올바른 절차를 찾았다고 생각했다.

아메리카 식민지로 수입되는 상품에 관세를 부과하는 것이 합헌적이고 적절하다면, 그 수입금을 징수하는 조항을 마련하는 것도 합헌적이고 적절한 것으로 보였다. 적어도 영국 의회에는 그렇게 보였다. 따라서 타운센드 프로그램은 강제 집행을 위한 특별 조치를 채택했다. 그중 하나는 식민지 세금 징수를 영국 왕실에 의해 임명되고 식민지에 거주하며 영국 국고에서 급여를 받고 현지 통제로부터 독립된 영국 위원의 손에 맡기는 것이었다.

그것만으로도 충분히 불길했지만, 더 나아가 새로운 세입법은 이전의 집행 수단에 '이빨'을 추가했다. 식민지 상급 법원이 세관원에게 영국 식민지나 아메리카 농장의 어떤 집, 창고, 상점, 지하실 또는 기타 장소에 들어가 금지품이나 밀수품을 수색하고 압수할 수 있는 권한을 부여함으로써 지원 영장writ of assistance*을 명시적으로 합법화했다. 이 적극적인 약속에는 또 다른 권고의 제스처가 수반되었다. 뉴욕 의회가 법 집행을 돕기 위해 파견된 국왕의 군인들에 대한 급여 지급을 거부하자, 영국 의회는 부과된 의무를 준수할 것을 약속할 때까지 뉴욕 의회의 활동을 정지시켰다.

타운센드와 의회의 동료 의원들은 아메리카에서 상당한 수입을 올리고 크롬웰 시대까지 거슬러 올라가는 거의 100개에 달하는 법령에 규정된 식민지 무역과 산업에 대한 다양한 제한을 시행하기 위해 이러한 법률을 제정했다. 만일 수상이 자신의 법이 가져올 혼란을 조금이라도 짐작했다 해도, 그는 아무런 신호도 보이지 않았다. 그는 자신의 행동으로 인해 벌어진 혼란을 보도

---

* 지원 영장은 당사자에게 증서, 문서 또는 소유권을 전달, 인도 또는 넘겨주도록 지시하는 명령서이다. 이 영장은 배상 명령서 또는 소유권 영장이라고도 하며, 일반적으로 부동산에서 퇴거 명령을 내리는 데 사용된다.

록 운명 지워지지 않았다.

타운센드 프로그램의 조치 중 지원 영장에 대한 명시적 제재보다 더 불쾌한 것은 없었다. 물론 영국에서 오랫동안 사용되어 왔던 수색 및 압수 절차에 새로운 것은 없었지만, 그것은 아메리카, 특히 매사추세츠에서 문제를 일으켰다. 실제로 1755년 매사추세츠에서 불법 거래와 관련하여 이 사법 명령이 내려지자 강력한 반대가 일어났다. 그리고 6년 후 매사추세츠 주 법원에 '평소처럼' 영장이 신청되면서 그 문제는 치열한 논쟁의 대상이 되었다.

당시 제임스 오티스는 5시간에 걸친 열정적인 연설로 이 프로젝트에 반대했다. 그는 이 관행이 한 왕의 목을 베고 다른 왕의 왕좌를 빼앗게 한 자의적인 권력 행사라고 비난했으며, 모든 사람의 자유와 재산을 법에 대한 열의만큼이나 악의에 사로잡힌 하급 관리의 손에 맡기는 폭군의 장치라고 비난했다. 오티스는 선서 하에 발부되는 특정 장소 수색을 위한 고유 영장special writ에는 이의를 제기하지 않았지만, 일반 영장general writ에 대한 분노는 끝이 없었다. 그는 외쳤다. '이런 일이 벌어지다니! 복수심, 악감정, 또는 이웃집 내부를 조사하고 싶은 충동을 느끼는 사람은 누구나 영장을 받을 수 있다. 다른 사람들은 자기 방어에서 그것을 요구할 것이다. 하나의 자의적인 권력 행사는 사회가 소란과 피에 말려들 때까지 또 다른 자의적인 권력 행사를 자극할 것이다.' 이 설득력 있는 연설의 내용을 그대로 기록한 사람은 없었지만, 그 연설을 들은 모든 사람들이 왜 지원 영장에 반대하며 무기를 들고 나갔는지는 남아 있는 기록 조각으로 알 수 있다. 타운센드가 영국 식민지 정책의 조항을 집행하는 왕실 세관원들의 손에 넣자고 제안한 혐오스러운 법률 문서에 대한 아메리카인들의 태도는 이와 같았다.

식민지 주민들이 타운센드의 프로그램에 대해 어떻게 생각했든, 사실 그것은 그렌빌의 정책과 마찬가지로 영국 지배 계급의 생각을 완벽하게 반영한 것이었다. 이를 위해 우리는 에드먼드 버크라는 높은 권위자를 가지고 있다. 아메리카의 세금에 관한 연설에서 아일랜드 출신의 연설가인 버크는 나중에 자신이 목격했던 장면을 회고했다. 그는 청중들에게 보편적으로 모두를 만족시키는 것이 타운센드 인생의 목표라고 말했다. '아메리카 세입의 당파가 세금을 납득할 수 있도록 하기 위해, 타운센드는 세입의 필요성을 설명하는 서문을 작성했다. 아메리카인의 입장에서 보면 이 세입은 외부적인, 혹은 항구세port duty였지만, 상대방에게 부드럽게 다가가기 위해서는 공급세duty of supply였다. 식민지 주민들을 만족시키기 위해 영국의 제조품에 부과되었고, 영국의 상인들을 만족시키기 위한 관세는 사소한 것이었으며, (헌신적인 동인도회사에게만 영향을 미치는 차에 대한 관세를 제외하고는) 상업의 어떤 거대한 품목들에도 부과되지 않았다. 아메리카의 밀수품에 대응하기 위해 차에 대한 관세를 1실링에서 3펜스로 낮췄다. 그러나 아메리카에 세금을 부과하려는 사람들의 호의를 얻기 위해 징수 장소가 변경되었고 다른 것들과 함께 식민지에서 부과되었다…… 세금의 원래 계획과 그 계획을 실행하는 방식은 모두 우리의 박수갈채에 대한 사랑에서 비롯된 것이다. 타운센드는 진정으로 하원House의 자식이었다. 그는 여러분을 생각하지 않고는 어떤 생각도, 행동도, 말도 하지 않았다. 그는 매일 당신의 성향에 자신을 적응시켰고, 거울을 보듯이 그 앞에서 자신을 조정했다.'

§

타운센드 프로그램이 영국 정규군의 지원을 받는 세관원 부대와 세수 커터cutter[세금을 징수하고 밀수 방지를 위한 목적으로 사용된 해양 순찰선] 함대의 형태로 아메리카에서 현실화되자마자 아메리카 독립전쟁이 시작되었다. 물론 국가의 모든 힘을 총동원한 것이 아니라 법에 대한 부끄럽지 않고 노골적이며 단호한 저항의 모습으로 시작되었다. 몇 달 만에 폭동 행위의 긴 목록이 등록되었다. 보스턴의 밀수꾼을 밀고한 한 정보원은 타르와 깃털을 뒤집어쓰고 도시의 거리를 질질 끌려다녔고, 뉴욕의 밀고자 세 명에게도 같은 처방이 내려졌으며, 프로비던스의 기회주의자는 구타당하고 타르와 깃털 코트를 뒤집어썼다. 밀수 혐의로 기소된 두 척의 선박을 항구로 들여보냈다는 이유로 뉴포트 폭도들에 의해 한 감시선이 부숴지고 불에 탔다. 필라델피아의 왕실 관리들이 관세가 납부되지 않은 마데이라 와인 50파이프*를 압수했을 때 폭도들이 그들을 폭행하고 압수된 물품을 훔쳤다.

며칠마다 보스턴은 법을 무시하고 물품을 상륙시키는 행위, 세무 당국의 강제 압수, 관리에 대한 폭행을 동반한 강제 탈환에 대한 우려로 가득 찼다. 1768년 6월, 존 핸콕이 소유하고 있던 슬루프 리버티 호가 와인을 싣고 보스턴에 도착했을 때 사람들의 성난 민심은 극에 달했다. 법을 집행하기 위해 승선한 세관원은 배의 선실에 내동댕이쳐졌고, 그의 외침에도 불구하고 대부분의 와인이 압수되었다. 세관이 배를 압수하라고 명령하자 폭도들이 세관원들을 공격하고 집에 돌을 던지는 것으로 응수했다. 질서를 회복하기 위해 정규군이 도시로 들어왔을 때, 치료법은 질병보다 더 나쁜 것으로 판명되었다. 심지어 학교 아이들도 어른들을 흉내 내 군인과 장교를 조롱했고, 실제로 이 분쟁에서 최초로 사망한 아메리칸 중 한 명은 유치한 조롱에 분개한 어느 밀고자가 쏜 총에 맞은 소년이었다.

이 사건은 곧이어 1770년 3월에 발생한 '보스턴 대학살'[5명이 사망했다]로 이어졌는데, 일부 젊은이들이 영국인 정규군들에게 눈덩이와 돌을 던지는 희극으로 시작하여 몇몇 시민이 죽고 다치는 비극으로 끝났다. '보스턴 시민들은 미쳐 날뛰고 있다. 나의 경건한 증조할머니를 추방했을 때, 퀘이커교도들을 교수형에 처했을 때, 불쌍하고 무고한 마녀들을 교수형에 처했을 때도 이정도로 광란의 도가니는 아니었다'라고 총독은 탄식했다. 다른 식민지에서도 폭풍은 거세게 몰아쳤다. '대학살' 2년 후, 프로비던스에서 가장 부유한 상인이었던 존 브라운이 무장 폭도들을 이끌고 밀수꾼을 쫓다가 해안으로 밀려온 수입선 가스피 호에 승선했고, 폭도들은 선원들을 붙잡은 후 배에 불을 질렀

---

* 마데이라 와인을 보관하는 술통을 가리킨다. 꽤 커서 그 양은 약 423리터였다.

다.

　법을 무시한 이러한 작전 기간 동안 상인들은 수입 금지 협회를 조직하고 영국 정부에 대한 강력한 불매 운동을 벌였다. 다시 한 번 여성들은 영국 제품을 거부하고 부족한 물자를 공급하기 위해 물레와 베틀을 열심히 돌리며 구원에 나섰다. '여성 방적공들은 일주일 중 6일 동안 계속 물레를 돌렸다. 7일째에는 교구 목사들이 돌아가면서 기도와 설교를 정치의 긴 실타래에 꿰어 넣었다'라고 한 고위 토리당원은 신랄하게 말했다. 타운센드는 곧 전장에서 영국의 패권에 도전할 열정을 식민지에 불러일으켰다.

　급진주의자들이 선동하고, 상인들이 결의안을 작성하고, 여성들이 물레를 돌리는 동안 식민지 의회들은 협력의 교훈을 배우고 있었다. 1768년 매사추세츠 주 하원은 새뮤얼 애덤스의 영리한 지시에 따라 다른 식민지 의회에 회람 서한 형식으로 단결을 호소하는 서한을 보냈다. 이 서한은 조심스럽게 매사추세츠의 상황을 설명하고, 영국의 계획을 비난하고, 의회Parliament가 수입을 늘리기 위한 목적으로 아메리카에서 어떤 세금도 부과할 수 없다는 의견을 표명했으며, 사물의 본질상 식민지는 의회에서 대표될 수 없다고 선언했다.

　이 서한은 겸손한 예의의 수사修辭로, 왕실이 임명한 총독과 판사의 지배를 받는 한 모든 사람이 자유로울 수 있는지에 대한 질문을 고려하기 위해 제출되었다. 마지막으로 병참법의 시행과 세관 위원들의 행동으로 인한 어려움에 대해 언급했다. 애덤스의 의지를 훨씬 뛰어넘는 자제력을 보여준 이 서한은 '우리의 공동 수장이자 아버지인 국왕에 대한 확고한 신뢰'를 표현하고 '단합된 충실한 간청'이 국왕의 호의와 수용을 얻을 수 있으리라는 믿음을 고백했다. 이 서한은 비굴에 가까울 정도로 온건했지만, 매사추세츠 총독은 이 서한을 철회하라고 명령했고, 이를 거부하자 주 의회General Court*를 해산시켰다. 항소가 제기되었다. 메릴랜드, 조지아, 사우스캐롤라이나 의회는 이 회람 서한의 정서를 지지했고, 그들의 반항으로 인해 즉시 해산되었다.

　같은 결의의 정신으로, 버지니아 의회는 식민지 내 무질서 행위로 유죄 판결을 받은 사람을 영국으로 이송해 재판을 받도록 요구하는 영국 의회의 결의안에 자극받아 1769년 5월 원칙에 관한 선언을 제출했다. 이 선언문은 세금을 부과할 수 있는 유일한 권한이 주 의회에 있다고 선언하고 아메리카인이 바다 건너 영국 법정에 서는 것에 반대했다. 결의안의 어조는 단호했지만, 왕에 대해서는 '그의 신성한 인격과 정부에 대한 우리의 불가침의 애착'을 확인했다.

§

훗날의 사건에 비추어 볼 때 아메리카의 시위와 폭동은 경고로 가득 차 있었지만, 영국 정부는 당시에는 놀라지 않은 것 같다. 폭풍이 몰아치는 동안 런던에서는 기존 노선에 따라 정치적 책략이 계속되었다. 식민지 문제와 거의 관련이 없는 관리들이 새로 생기고 없어졌으며, 관례적인 흥미를 끌기 위해 재무부에서 일하고 나중에 엑스체커Exchequer**에서 일한 노스 경이 1770년에 12년 동안 지속될 임기를 시작하면서 수상직에 올랐다. 그의 지도력 아래 영국 지배층은 임박한 재앙을 의식하지 않고 평온한 길을 걸었다. 1770년 4월 의회는 차에 대한 세금을 제외한 모든 타운센드 관세를 폐지했는데, 내각의 말을 믿어야 한다면, 아메리카인에 대한 양보로서가 아니라 영국산 제품에 대한 세금이 '터무니없기' 때문에 이런 조치를 취한 것이다. 사실, 영국의 풍

---

* 메사추세츠 주 입법부는 현재 공식 명칭이 General Court of Massachusetts인데 General Court라는 말은 매사추세츠 베이 식민지 초기에 식민지 의회가 법률 제정과 더불어 항소법원의 역할을 수행한 것에서 이어져 온 이름이다.

** 역사적으로 영국 정부 부서의 이름이었다. 세금 및 수입의 징수 및 관리, 주권자를 대신하여 지불하고 공식 계정을 감사하는 일을 담당했다. 또한 회계 책임과 함께 사법적 역할도 수행하여 세입과 관련된 법적 사건을 재판했다. 현대의 국고國庫라는 개념과 비슷하다고 볼 수 있다. 현재 영국의 재무장관은 Chancellor of the Exchequer, 혹은 Second Lord of the Treasury라고 부른다. First Lord of the Treasury는 내각의 수반인 수상에게 자동적으로 부여되는 직위 중 하나인데 실제적으로 수상은 재무에 관한 업무를 맡지는 않는다.

작과 대륙에서의 전쟁은 영국 무역의 돛을 번영의 바람으로 가득 채웠기 때문에 인지세법 시대의 반란과 달리 아메리카의 불매 운동에는 아무도 무릎을 꿇지 않았다. 노스 경은 속주에 불만이 있다는 사실을 인정하면서도, 왕실 총독들이 보내오는 소식이나 런던에 있는 지방 대리인들의 항의에 잠을 설치지 않고 담담하게 자신의 길을 걸었다.

실제로 노스는 식민지에서 벌어지는 사건에 별로 신경을 쓰지 않았기 때문에 타운센드 관세나 인지세법보다 더 많은 문제를 일으킬 수 있는 법을 후원했다. 이 시기에 동인도 회사는 재정적 어려움에 처해 있었는데, 기근으로 인해 사업이 위축되고 탐욕스러운 이사들이 고액 배당을 선언해 재정을 고갈시켰기 때문이다. 1772년 동인도 회사는 파산의 길로 빠르게 치닫고 있었고, 수많은 정치인과 자본가들이 파산 직전까지 몰리는 상황이었다. 의회는 회사의 호소에 따라 저금리로 거액의 대출을 해주고 인도에 대한 많은 특권을 영국 왕실에 양도하는 등 지원에 나섰다. 합의 과정에서 정부는 회사가 보유하고 있던 1,700만 파운드의 잉여 차를 처분할 방법을 모색했고, 자연스럽게 아메리카가 이와 관련해서 머리에 떠올랐다.

그 결과 1773년 차 법Tea Act이 제정되었다. 이 법에 따라 회사는 영국으로 수입된 후 식민지로 환적된 모든 차에 대해 납부한 관세를 환불받을 수 있었다. 그런 다음 회사에 추가적인 호의가 부여되었다. 지금까지 회사는 영국에서 공개 경매를 통해 차를 아메리카로 수출해 판매하는 상인들에게 차를 팔았다. 이러한 관행과는 달리, 새로운 차 법은 회사가 자체 선박으로 차를 수출하고 식민지의 자체 대리점을 통해 직접 차를 판매할 수 있는 자체 계정으로 사업을 시작할 수 있도록 승인했다. 아메리카의 상인들에게 이것은 엄청난 타격이었고, 한 세기 후 독립 생산자와 소매업자들을 파멸로 몰아넣은 아메리카 스탠다드 오일 컴퍼니의 선례가 되었다.

차 법에 의해 생산자에서 소비자에게 직접 공급되는 경로가 열렸다. 이 법이 통과되기 전에는 영국 차 상인들은 영국에 있는 회사로부터 재고를 구입하고, 아메리카 수입업자들은 영국인 중개인들로부터 구입하고, 식민지 소매상들은 현지 수입업자들로부터 공급받았기 때문에 지방의 소비자들은 네 가지 이윤을 지불해야 했다. 새로운 차 법에 따라 그들은 중개인의 개입 없이 회사로부터 직접 차를 구매할 수 있는 특권을 갖게 되었다. 따라서 타운센드 수익법의 나머지 조각에 따라 약간의 관세가 부과되었음에도 불구하고, 이제 회사는 런던에서 합법적으로 재고를 구입하거나 심지어 네덜란드에서 밀수한 아메리카 상인들이 부과하는 가격보다 훨씬 낮은 가격으로 차를 아메리카에서 합법적으로 판매할 수 있게 되었다.

수익성 높은 무역의 이익이 펜 한 자루와 아메리카 땅에서 직접 운영할 수 있는 권한을 가진 강력한 독점 기업의 대리인에 의해 사라질 위기에 처했기 때문에 당연히 이 차 법 소식은 아메리카 사업가들을 경악에 빠트렸다. 이 관행이 확대되면 영국의 이익을 위해 아메리카 기업은 완전히 파괴될 수 있는 즉각적인 위협이었다. 뉴욕의 한 시위자가 외쳤다. '아메리카에 동인도 회사가 문을 열면 영국의 모든 대기업들도 똑같이 하도록 부추기지 않을까? 만약 그렇다면 우리는 그들에게 나무를 찍고 물을 길어 올리는 사람에 지나지 않는 게 아닐까?'

§

식민지 시대의 모든 상황을 한마디로 요약하면, 보유 중인 차 재고의 가치가 원가 이하로 떨어지고 이익이 사라졌으며, 아메리카가 영국 자본주의 체제의 단순한 지류로 전락할 가능성이 열렸다는 것이다. 넓은 바다와 막대한 천연자원을 눈앞에 둔 젊고 활기찬 민족에게 부와 권력을 런던으로 돌리는 지방 종속의 위치는 견딜 수 없고, 불가능한 일이었다.

신속함이 차 법에 대한 항구 도시의 아메리카 상인들의 대답이었다. 첫 화물이 보스턴 항구에 도착하자마자 올드 사우스 집회소Old South Meeting House[1729년 설립된 청교도 교회]에서 열린 대중 집회에서 만장일치로, 관세를 부과하는 영예 없이 차를 돌려보내야 한다고 결의했다. 이 조치를 듣고 왕실 총독은 반대자들의 집회에 해산 명령을 내렸지만, 그의 명령은 소란스럽고 끊이지 않는 야유를 맞이했을 뿐이었다. 며칠 동안 대중 집회의 대변인과 정부의 대리인 사이에 협상이 이어졌다.

마침내 20일째 되던 날 저녁, 군중들의 인내심이 바닥을 드러냈고 마을에 어둠이 내리자 새뮤얼 애덤스는 교회에서 일어나 이렇게 말했다. '이 회의는 나라를 구하기 위해 더 이상 아무것도 할 수 없다.' 이것이 직접 행동의 신호탄이었는지 여부는 아직까지 미스터리로 남아 있지만, 분명 몇 분 만에 인디언으로 변장한 거대한 군중이 부두로 몰려가 차를 실은 배에 올라타 1만 8천 파운드 상당의 재산을 바다에 던져버렸다. 말이 행동으로 옮겨진 것이다. 이 무법천지 티 파티tea party의 배후가 누구인지는 아직 밝혀지지 않았지만, A.M. 슐레진저의 끈질긴 추적 끝에 상인들이 '목수, 석공, 농부, 대장장이, 이발사들과 나란히' 수고했음을 밝혀냈다.

다른 도시에서는 차 법에 대한 폭풍이 놀라울 정도로 거세게 일어났다. 포츠머스, 뉴욕, 필라델피아, 찰스턴의 거리에서는 폭도들이 행진을 벌였고, 세관원과 차 수탁인들은 신중함을 용맹함의 더 나은 일부라고 생각했기 때문에 공개적인 폭력을 자제했다. 그리고 아나폴리스는 '보스턴을 능가했다.' 페기 스튜어트 호가 차 더미를 싣고 도착했을 때, 지역 대중 집회가 열렸고 그 물품이 상륙해서는 안 된다는 엄숙한 결의가 내려졌다.

급진적인 세력이 집회를 장악하고 배와 화물을 불태울 것을 요구할 때까지 폭풍은 점점 더 거세게 몰아쳤다. 이미 지역 패트리어트*들과 악연이 있는 수입업자인 제임스 딕과 그의 사위 앤서니 스튜어트는 무력시위를 통해 배보다 더 가치 있는 스튜어트의 집이 파괴되는 등 더 큰 피해를 피하는 대가로 이제 그들의 재산을 희생하는 데 동의할 수밖에 없었다. 그래서 수많은 군중이 지켜보는 가운데 페기 스튜어트 호와 차는 하늘로 솟구치는 장엄한 화염 속에 올려졌다. 분명 아메리카의 문제는 응접실 패트리어티즘의 영역을 넘어선 것이었다.

보스턴 티 파티에 대한 보도가 런던에 도착하자마자 영국 정부는 거대 무역 회사의 재산이 파괴된 매사추세츠에서 법이 존중되어야 한다고 결의했다. 그 때까지 영국 정부는 상당한 인내심을 가지고 무질서의 과정을 견뎌냈다. 가난한 세관원에게 타르와 깃털로 된 외투를 선물하는 것과 대영제국과 영국 정계를 움직이는 가장 강력한 기업의 1만 8천 파운드 상당의 차를 파손하는 것은 전혀 다른 문제였다. 적어도 노스 경의 내각에서는 이 사건을 그렇게 여겼다.

이에 따라, 의회는 아메리카의 불온 상태를 해소하기 위한 다섯 가지 '불관용 법안intolerable acts'을 압도적인 다수로 통과시켰다. 보스턴 항구의 모든 외부 상거래를 완전히 봉쇄하고, 1691년에 부여된 칙허장을 취소하고 총독이 승인한 경우를 제외하고는 마을 회의를 금지하고, 법 집행과 관련하여 살인 혐의로 기소된 사람은 재판을 위해 영국으로 이송하고, 매사추세츠 주 도시들

---

* patriot, patriotism은 애국자, 애국심 등으로 쉽게 넘어갈 수 있는 용어이지만, 고향이나 나라 등 공통의 기반을 가진 사람들을 가리킨다는 의미가 있다. 고대 그리스어에서 patriotes는 '동포, 동향인fellow countryman'을 말하며, 유럽에서 처음으로 사용되었을 때도 사회-경제적 계급과 상관없이 '같은 땅의 사람'이라는 의미를 지녔다. 즉 패트리어트, 패트리오티즘에는 향토애가 깊이 결합되었다고 볼 수 있다. 그 정도에 따라 민족주의, 국수주의, 배타적 민족주의jingoism 등과 결합될 수도 있지만 본래는 관념적인 것에 기반한 것이 아니라 현실의 환경과 밀접하게 연관된 생활 감각에 기반을 둔 것이라 할 수 있다. 조지 오웰은 1945년에 발표한 에세이 〈민족주의에 관한 메모Notes on Nationalism〉에서 패트리어티즘을 민족주의와 구별했다. 그가 주장한 핵심 사항은 첫째, 패트리어티즘은 특정 장소와 삶의 방식에 대한 헌신이며 이는 자신이 최고라고 믿지만 다른 사람들에게 강요하고 싶지 않은 마음인데 이것은 권력욕과 자신의 삶의 방식을 타인에게 강요하려는 충동과 분리할 수 없는 민족주의와 내조적이다. 둘째로 패트리어티즘은 군사적으로나 문화적으로나 방어적이라고 주장했다. 여기에는 국가와 문화에 대한 충성심이 포함되지만 본질적으로 다른 집단이나 사람을 지배하려는 의도는 없다. 세 번째로 패트리어티즘은 특정 문화와 역사에 깊이 뿌리를 두고 있으며 조국의 친숙하고 일상적인 측면에 대한 애정을 포함한다고 강조했다. 따라서 이 책에서는 국가 형성 이전 식민지 시대에 영국으로부터의 독립을 추구한 정파의 하나로서, 그리고 문맥에 따라서 '패트리어트' '패트리어티즘'이란 단어를 그대로 음역했다.

에 군대를 배치하는 것이 법률화되었다. 특히 청교도들을 격분시킨 다섯 번째 법안인 퀘벡 법Quebec Act은 매사추세츠, 코네티컷, 버지니아의 주장에도 불구하고 퀘벡 주의 경계를 오하이오 강까지 확장해 캐나다의 카톨릭 신자들에게 관용을 베풀었다.

행정 조치가 법을 보완했다. 식민지 군대의 수장인 게이지 장군이 매사추세츠 총독으로 임명되었고, 증원군은 불만을 품을 정도로 서둘러 투입되었으며, 조지 3세가 이제 아메리카의 신민들을 '반역자들'이라고 부르고 있으니, 강력한 약을 투여하여 법의 위엄을 입증해야 했다. 영국 내각의 입장에서는, 매사추세츠에서 태어나고 자란 허친슨이 약간의 군인만 있으면 민중을 위압하여 복종시킬 수 있다고 했고, 게이지 장군은 4개 연대만 있으면 '어떤 소요를 막기에도 충분하다'고 했기 때문에, 가벼운 마음으로 임무에 착수했다. 군 당국과 기술 전문가들은 평소의 선견지명으로 식민지 주민들을 경멸의 눈으로 바라보았고, 습관적인 경솔함으로 난투에 뛰어들 준비를 했다. 퀘벡의 영웅 울프 장군이 '아메리카인들은 일반적으로 생각할 수 있는 가장 더럽고 경멸스럽고 비겁한 개들'이라고 선언했기 때문에, 영국 장교들이 약간의 차가운 강철로 그런 사람들을 순식간에 질서정연하게 만들 수 있다고 가정하는 것은 타당하다고 여겨졌다.

6

독립과 내부 갈등

　1774년 5월 30일 월요일, 당시 버지니아를 여행 중이던 토리당 일기 작가인 니컬러스 크레스웰은 자신의 일기에 이렇게 적었다. '해리슨 대령의 집에서 식사했다. 보스턴 항구의 봉쇄 외에는 아무 얘기도 나오지 않았다. 사람들은 내각의 조처에 매우 격분한 것 같았고 칼로 이 문제를 다투기로 결심한 것처럼 이야기했다.' 불관용법의 소식이 전해졌다. 항의, 불매 운동, 저항에 이은 의회의 항복으로 이어진 인지세법 사태의 반복은 없을 것이라는 게 분명해졌다. 영국 정부는 반란에 강압으로, 폭동에 군사력 시위로 맞설 것이다. 이 시점까지만 해도 아메리카의 최근 선동은 지역적이고 단속적인 성격을 띠고 있었으며, 타운 및 카운티 위원회와 식민지 회의에 의해 계속되었다. 이제 그것은 전국적인 성격을 띠게 되었다.

　6월 17일, 매사추세츠 주 의회는 새뮤얼 애덤스로부터 영감을 받아 다른 모든 식민지에도 대륙회의Continental Congress에 대표단을 파견하도록 초청했다. 반응은 인상적이었다. 식민지 의회나 두려움 없는 지도자들이 주재하는 대규모 회의에서 서둘러 고르지 않은 방식으로 대표를 선출했는데, 왕실 총독이 대표 선출을 막은 조지아를 제외한 모든 식민지가 보스턴의 요청에 즉각적으로 응답했다. 담담한 크레스웰은 한탄했다. '뉴잉글랜드 사람들은 정부가 자신들을 절대적인 노예로 만들 것이라고 나머지 식민지 주민들을 설득했다. 이것은 결코 의도된 것이 아니라고 생각하지만, 장로교 악당들은 다른 식민지들을 그들의 계획에 끌어들이기에 충분한 연설을 했다.' 이것이 토리당의 관점이었다.

필라델피아의 카펜터 홀에서 첫 번째 대륙회의가 열렸을 때, 식민지의 불만 세력을 대변하기 위해 아메리카에서 가장 유능한 사람들이 파견된 것으로 나타났다. 일부는 대담했다. 사우스캐롤라이나의 개즈든은 보스턴의 게이지 장군을 즉시 공격해야 한다고 주장했다. 펜실베이니아의 디킨슨은 왕에게 정중하게 청원하면 화합을 회복할 수 있다고 생각했고, 워싱턴은 그보다 훨씬 전의 크롬웰처럼 신의 섭리의 명령을 기다리는 듯했다. 존 애덤스는 '휘그당원 3분의 1, 토리당원 3분의 1, 나머지는 잡종'이라고 썼다. 그럼에도 불구하고 대표들은 식민지 주민들의 불만과 원칙을 명확하면서도 품위 있는 언어로 명시한 아메리카의 권리 선언에 동의했다. 이 선언문은 영국 왕과 영국 국민에게 보내는 인사말로 보완되었으며, 영국 정부가 추구하는 정책을 강력하게 비판하면서 독립이라는 생각을 부인했다.

선언과 청원의 언어를 뛰어넘어, 대륙회의는 영국의 조치에 저항하는 매사추세츠의 행동을 승인하고 자매 식민지의 단합된 지지를 약속했는데, 이는 불길한 제스처였지만 권력을 휘두른다기보다는 플라토닉한 표현이었다. 이 결의안에 찬성표를 던진 회의의 급진파들은 수사학 이상의 무언가가 필요하다는 것을 인식하고 영국 내각의 항복을 이끌어낼 수 있는 강압적인 조치를 요구했다. 격렬한 논쟁 끝에 대륙회의는 그들의 요구가 받아들여질 때까지 영국의 통상을 마비시키기로 결정했고, 영국 상품의 아메리카 수입을 중단하고 투표에서 선출된 '안전 및 검사' 위원회를 설치하여 그 법령에 대한 복종을 강제하기로 결의했다.

이는 흔들리는 대중에 대한 최후통첩이자 아메리카의 대의에 대한 충성심을 시험하는 것이었다. 대중의 외침 속에서도 침묵하거나 결과에 무관심했던 사람들은 더 이상 수입 금지법에 찬성하거나 반대하거나, 영국 제품을 사거나 사지 않거나, 급진주의자 편에 서거나 반대하는 등 모두에게 보이는 선택을 피할 수 없었다. 그들은 누구를 섬길지 선택해야 했고, 협상을 위한 시간이 허락되지 않았기 때문에 신속하게 선택해야 했다. 숨이 멎을 듯이 신속하게 수입 금지 협정을 집행하기 위해 지역 위원회가 구성되었고, 영국 제품을 판매하거나 소비하는 사람들에 대해 엄중한 조치가 취해졌다. 반항하는 시민들은 타르와 깃털로 대접받았고, 수입 금지의 옹호자들은 영웅으로 추앙받았다. 보스턴 시민들을 구제하기 위한 기금이 조성되었다.

전국 각지에서 민병대가 훈련을 시작했고, 의회의 행동을 지지하는 대규모 집회가 열렸다. 크레스웰은 기록했다. '국왕은 공개적으로 저주를 받고 있으며, 그의 권위는 도전에 직면해 있다. 요컨대 반란을 위한 모든 것이 무르익은 상태이다.' 반란의 수위를 높인 대륙회의는 미래를 위한 예방 조치를 취했다. 회의는 휴회하기 전에 필요하다면 이듬해 5월에 두 번째 대륙회의를 소집할 것을 규정했다.

식민지 주민들이 확고했다면, 영국 내각은 더 확고했다. 대륙회의의 청원서와 선언문은 웨스트민스터의 냉담한 반응에 부딪혔다. 채텀과 버크가 아메리카인들의 분노를 불러일으킨 법의 폐지를 촉구한 것은 헛된 일이었다. 보스턴에서 왕의 군대를 철수시키자는 채텀의 설득력 있는 주장에 힘을 실어주고 지지를 보낸 것은 헛된 일이었다. 연설자는 상원에 청원하면서 경고했다. '정의와 정책, 품위와 신중함의 모든 동기는 보스턴에서 군대를 철수하고, 의회의 법안을 폐지하고, 식민지에 대한 우호적인 자세를 보여줌으로써 아메리카의 들끓는 감정을 진정시킬 것을 촉구한다. 다른 한편으로, 모든 위협과 위험 요소는 현재의 파멸적인 행로를 인내하지 못하게 하기 위해 임박해 있다. 외국과의 전쟁이 여러분의 머리 위에 걸려 있다. 프랑스와 스페인은 여러분의 행동을 지켜보며 여러분의 잘못이 무르익기를 기다리고 있다. 아메리카와 여러분의 식민지들의 분위기를 조심스러운 눈으로 지켜보면서.'

그러나 그러한 모든 조언에 노스 경은 완전히 냉담했다. 그는 그 요구에 굴복하지 않았다. 그가 제시할 수 있는 최선은 제국 국방에서 자신의 몫을 떠맡고 왕실 관리들에게 급여를 지급하는 식민지에 대해서는 의회의 과세를 경감한다는 일련의 화해 결의안이었다. 이 '올리브 가지'*조차도 그는 반란 진압에 대한 왕의 협력을 보장하는 결의안과 뉴잉글랜드의 전체 해상 무역을 사실상 파괴하기 위한 1775년 3월 30일의 제한법Restraining Acts으로 보완했다.

메트로폴리스[런던]와 식민지들 사이의 긴장은 이제 위험 수위에 이르렀다. 대륙을 불바다로 만들려면 약간의 폭력 행위만 있으면 됐고, 보스턴의 영국 정규군을 지휘하는 게이지 장군은 그 운명적인 사건을 위한 길을 준비했다. 그의 상관인 영국 장관들은 군인들의 존재가 식민지 주민들을 겁에 질리게 해 복종시키지 못했다고 불만을 품었고, 그가 무기력하다고 비난하는 경향이 있었다. 어떤 이유에서였는지는 분명하지 않지만, 게이지는 권위를 보여주기로 결단을 내렸다.

1775년 4월 19일, 식민지 주민들이 콩코드에 군수 물자를 모았다는 소식을 들은 그는 그것을 탈취하기 위해 소규모 병력을 파견했다. 폴 리비어와 루퍼스 도스가 이끄는 병력의 이동 소식은 시골로 들불처럼 퍼져 나갔고, 수많은 군중이 전투 현장으로 몰려들었다. 콩코드로 향하는 길목인 렉싱턴에서 영국군은 들에서 모집된 소규모 민병대와 마주쳤고, 해산 명령과 함께 발포가 이

---

* 올리브 가지는 서양 문화에서 '평화'의 상징으로 받아들여지는데 그 기원은 헬레니즘과 헤브라이즘에서 각각 찾을 수 있다. 창세기 8장 1절에서는 노아의 대홍수 뒤 비둘기가 올리브 가지를 물고 방주로 귀환한 데서 신과 인간 사이의 새로운 평화로운 관계를 상징하게 되었고 그리스 신화에서 아테나 여신은 도시국가 아테네에 올리브 나무를 선물했는데 이는 평화와 번영을 상징하는 나무였다. 고대 올림픽 경기에서 승리한 선수들에게 올리브 가지로 만든 관을 씌운 것도 거기에서 유래한 것이다.

어졌다. 누구의 손에 의해 불꽃이 타오르게 되었는지는 지금까지도 군사 로맨스의 미스터리 중 하나이다. 아메리카인들은 정규군을 지휘하는 핏케언 소령에게 책임을 돌렸고, 영국인들은 민병대의 소행이라고 주장했다. 증언이 엇갈리고 역사가들은 여전히 '전쟁 책임' 문제에 대한 논쟁을 벌이고 있다. 그러나 렉싱턴의 화창한 봄날 아침과 대비되는 극명하고 운명적인 사실이 눈에 띄는데, 바로 그 순간 다툼은 광장에서 전쟁터로 옮겨졌다.

노스 경의 내각은 이제 공개적으로 도전을 받아들였다. 조지 왕은 반란군에 대한 포고령을 발표했다. 그는 식민지 주민들이 '위험하고 악의적인 사람들에 의해 오도되어' 반란 상태에 있다고 선언하고, 민사 및 군사 당국에 '반역자들'을 법의 심판대에 세우라고 명령했으며, '그러한 반역적 설계의 저자, 가해자 및 방조자들을 단호하게 처벌'하겠다고 위협했다. 그해 말, 영국 의회는 아메리카와의 무역과 교류를 단절하는 전면적인 법안을 통과시켰다. 화해에 대한 희망이 아직 죽은 것은 아니었지만 아메리카 지도자들의 마음속에서 그것은 빠르게 사라지고 있었다.

§

1775년 5월 필라델피아에서 열린 두 번째 대륙회의는 곧 혁명으로 이어지는 길을 택했다. 이 회의는 의회의 과세 권리를 철회하거나 문제의 법안을 폐지하지 않았다는 이유로 노스 경의 평화 제안을 거절했다. 대륙회의는 왕에게 다시 한 번 불만을 해결해달라고 청원하면서도, 미국의 권리를 지키기 위해 사용할 수 있는 모든 무기를 동원하여 결연하게 방어를 준비했다. 운명은 이 놀라운 회합이 수년 동안 폭풍을 이끌고 모든 식민지가 협의회를 위해 탁월한 인재들을 제공해야 한다고 선언했다. 버지니아에서 워싱턴, 제퍼슨, 위스, 해리슨, 리 가문Lees, 매사추세츠의 새뮤얼과 존 애덤스, 게리와 핸콕, 펜실베이니아의 프랭클린과 모리스, 델라웨어의 리드와 로드니, 코네티컷의 로저 셔먼과 올리버 울콧 등 거의 모든 혁명의 뛰어난 지도자들이 기나긴 협의의 과정에 참여했다.

그곳의 대표들은 거의 모두 실질적이고 사무적인 시민들이었다. 독립선언서에 서명한 56명 중 8명은 상인, 6명은 의사, 5명은 농부, 25명은 변호사로, 버크가 동포들에게 경고했던 학식 있고 논쟁적인 직업군에 속하는 사람들이었다. 이들 대부분은 지방 정치의 기술에 대해 배웠고, 식민지 의회에서 활동한 이들도 많았으며, 대다수는 영국 정책에 반대하는 선동에 적극적으로 참여했고, 거의 모두가 정치 운영에 천부적인 재능을 가진 평범한 민간인이었다. 이들 중에는 율리우스 카이사르처럼 불안한 시대에 모험을 갈망하는 오랜 가문의 들떠 있는 아들도 없었고, 올리버 크롬웰처럼 전장과 토론장에서 폭풍을 일으키기 위해 기다리는 광신자도 없었으며, 보나파르트처럼 권력을 잡을 기회를 노리는 직업 군인도 없었고, 당통처럼 프롤레타리아를 선동하여 동료들에게 대항하는 선동가도 없었다.

처음부터 끝까지 대륙회의의 정신은 군사적이라기보다는 시민적이었다. 모든 토론에서 군사력에 대한 두려움에 휩싸였는데, 대표들은 조지 3세의 군인들만큼이나 승리하는 아메리카 군대를 두려워하는 듯했다. 독재자가 정부를 장악하려 시도한 적은 단 한 번도 없었다. 워싱턴은 쉽게 현장의 주인이 될 수 있었을지 모르지만, 그 작전은 버지니아 신사의 정신과는 거리가 멀었다. 때때로 대륙회의가 그에게 통치권을 부여했을 때, 그는 항상 개인적인 야망에 더럽혀지지 않고 제때에 그것을 반납했다. 가장 결정적인 순간에도 프랑스 혁명의 가장 암울한 시기에 프랑스를 통치했던 것과 같은 폭압적인 공안위원회는 대륙회의에 존재하지 않았다.

대륙회의의 행동도 그다지 극적이지 않았다. 보통 20명에서 30명을 넘지 않는 회원들이 참석했고, 그런 회의에서 마라Marat의 폭풍 같은 웅변은 코믹했을 것이다. 참석한 변호사들은 몇 주, 몇 달 동안 자신의 논리적 역량을 발휘하는 데 시간을 소비했지만, 전반적으로 이 회의는 프랑스를 공포정치로 이끈 대표자 회의라기보다는 마을 토론회와 비슷했다. 게다가 군인, 사제, 귀족,

상인, 장인, 성난 여장부, 열정적인 급진주의자 등 50만 명이 모인 파리가 아닌 퀘이커교도들이 주류를 이루는 2만 명의 주민이 사는 필라델피아라는 작은 마을에서 회의가 열렸다. 1776년 무더운 날, 독립선언서를 논의할 때 흔들리는 대륙회의를 위협하기 위해 회의장으로 몰려든 군중도 없었고, 결단을 촉구하며 문을 부수는 소란스러운 폭도도 없었다. 일반적으로 이 회의는 결의와 숙달 대신 소심함과 협상의 분위기를 풍겼고, 분쟁, 공전, 지연으로 인해 회기마다 운영이 지연되었다.

그러나 비평가들이 주장하듯 대륙회의의 무능이 모두 비뚤어진 인간 본성에서 비롯된 것은 아니었다. 회의의 구성원들은 극심한 어려움 속에서 고군분투했다. 크롬웰의 당이나 프랑스의 국민의회와는 달리, 그들은 이미 조직되어 작동하고 있는 행정 조직을 인수할 수 없었다. 정부, 재정, 군대, 심지어는 부기簿記 시스템과 물자 구매 기관 등 국가를 운영하는 모든 것을 무에서 창조해야 했다.

영국이나 프랑스 혁명가들과는 달리 이들은 수 세기에 걸친 국가적 전통이 없었고, 확신을 가지고 지지를 호소할 수 있는 역사적 이해관계의 연대에 기반한 전국적인 계층도 없었다. 대신 그들은 처음부터 마지막까지 주 의회와 총독들의 병력, 자금, 보급품, 결의안 집행에 대한 선의에 크게 의존해야 했다. 그리고 최상의 시기에도, 주 정부들이 지불해야 하는 모든 내역은 체불되고 있었다. 요크타운 전투 직전에 워싱턴은 할당 병력의 8분의 1을 혁명을 위해 제공한 주가 한 주도 없다고 기록했다.

설상가상으로 대륙회의 자체는 주를 분열시키는 분파적 질투에 시달렸다. 모든 사안은 상업적 이익이나 식민지 개처에 미칠 영향을 염두에 두고 검토되어야 했다. 회원들 중에는 특정 목적을 위해 무적의 단결력을 발휘하는 지배적 다수가 없었고, 한 사람이 큰 권력을 쥐고 회의의 결의를 순전히 의지의 힘으로 집행하려는 움직임도 없었다. 모든 사업은 위원회를 통해 이루어져야 했고, 모든 중요한 위원회에는 보통 각 주마다 한 명 이상의 위원이 있었다.

입법뿐만 아니라 행정도 위원회에 의해 통제되었으며 외교, 재정, 보급 및 기타 중요한 사안은 최고 집행부에 위임되었다. 심지어 재무부도 투쟁이 거의 끝날 때까지 위원회의 감독을 받았는데, 급박한 필요에 따라 로버트 모리스를 재무 관리자로 임명해야 했다. 그러나 이것이 바로 국가 혁명 운동에 목소리를 내고, 전쟁을 지휘하고, 대외 관계를 맺고, 조약을 맺고, 독립을 쟁취하고, 정부를 세우고, 아메리카라는 국가의 싹을 키운 몸통이었다.

§

대륙회의를 괴롭혔던 끈질긴 질투를 고려할 때, 구성원들이 군대를 한 장군의 지휘에 맡기는 데 동의할 수 있었다는 것은 놀라운 일이었다. 아마도 여기서 행운의 바람이 그들에게 유리하게 작용했을 것이다. 필요가 그들에게 서둘러 결정을 내리게 했고, 역사상 가장 희한한 아이러니 중 하나인 식민지의 지역별 불화가 단결에 기여했다는 것이다. 1775년 5월 10일, 두 번째 회의가 열렸을 때 이미 렉싱턴과 콩코드에 타격이 가해졌고, 보스턴 주변 지역에는 보급품도 없고 조직되지도 않은 수천 명의 민병대가 몰려들었다. 이 병사들에게 식량을 공급하고 임금을 지급해야 하는 문제에 직면한 매사추세츠 주 의회는 대륙회의에 도움을 요청했다. 존 애덤스에 따르면, '대륙회의의 도움 없이는 병사들을 유지할 수 없다는 것을 애처로운 말로 촉구하는' 친구들의 편지가 모든 우체국에 도착했다.

하지만 도움을 요청했을 때, 애덤스는 처음부터 질투에 시달렸다. 그뿐만 아니라 전쟁을 일으킨 매사추세츠 주가 이웃 주와 전쟁 비용을 분담하려 한다고 의심하는 불친절한 사람들도 있었다. 어떤 경우든 단결된 행동의 대가는 버지니아의 군인 조지 워싱턴이 총사령관으로 선택된 것이었다. 따라서 혁명의 영웅, 의심할 여지 없이 지도자의 임무를 훌륭하게 수행할 고귀한 자격을 갖춘 사람은 부분적으로 정치적 흥정에 빚을 지고 있었다. 거래가 이루어졌을 때 대륙회의에 있던 워싱턴은 다소 건조한 유머로 자신의 임명이 '대륙회의의 편파성이 정치적 동기와 결합되었기 때문'이라고 언급했다.

독립을 주장하는 사람들이 지역 간 질투와 보수적인 두려움을 극복하고 1776년 7월 2일의 중대한 결정을 위해 대의원 과반수의 동의를 이끌어낼 수 있었던 것은 바로 이와 같은 타협 기술을 발휘했기 때문이었다. 사실 모국과 확실히 결별해야 한다는 생각은 사람들 사이에서 형성되는 속도가 느렸고, 그들의 지지를 얻는 것도 더디게 진행되었다. 워싱턴과 프랭클린은 렉싱턴 전투 전에는 아무도 혁명적 행동을 생각하지 않았다고 공언했다. 새뮤얼 애덤스조차도 토리당으로부터 처음부터 그런 동기를 은밀히 품고 있었다는 혐의를 받았는데, 만약 분리 독립이라는 목표가 항상 그의 앞에 있었다 해도, 그는 자신의 의견을 숨기려고 조심했다.

첫 번째 피를 흘린 지 몇 달이 지난 후에도 영국에 대한 애정을 표현하고 장기적인 교착 상태에서 평화적으로 벗어날 수 있기를 바라는 강인한 남성들이 계속 등장했다. 스위스 출신의 한 설교자는 조지아 주 의회에서 설교를 통해 '우리의 관심사가 조국과의 영원한 관계에 있다는 사실을 결코 잊어서는 안 된다'고 촉구했다. 존 디킨슨은 존 애덤스를 향해 '이봐요! 당신이 우리의 평화 체제에 동의하지 않는다면 나와 우리 중 다수는 뉴잉글랜드에서 당신과 결별하고 우리만의 방식으로 반대를 계속할 겁니다'라고 소리쳤다.

그러나 이러한 회유의 정신에도 불구하고 의견과 사실은 궁극적인 독립을 향한 방향으로 꾸준히 나아갔다. 이러한 생각은 신문과 브로드사이드broadside의 토론으로, 설교에 곁들여져, 선술집에서의 논쟁으로, 식민지 의회들의 극단주의자들에 의해 은밀하게 언급되면서 진전되었다. 1775년 5월 31일 하버드대 총장은 매사추세츠 지역 의회에서 행한 설교에서 '한 형태의 정부가 다수에 의해 중요한 목적을 어느 정도라도 만족시키지 못한다고 여겨지면, 그들은 공동의 합의로 그것을 끝내고 다른 정부를 세울 수 있다'고 매사추세츠 주 의회 앞에서 설교를 통해 암시했다. 간선도로와 샛길에서, 존 로크의 저서로부터 수집한 이 익숙한 정서는 점차 대화와 토론의 주요 주제가 되었다. 그것은 행동으로 옮겨지는 단계에 불과하다는 생각에서, 사건들이 매일, 매시간 일어나면서 움직임은 더욱 빨라졌다. 전쟁이 눈앞에 다가왔다. 왕실 총독과 수행원들은 그들의 수도에서 도망치고 있었다. 혁명 위원회가 모든 식민지의 옛 권력 기관을 접수하고 있었는데, 대영제국 아래서 살아온 공직자들은 자신들의 자리에서 대영제국을 위해 죽기를 꺼려하는 기묘한 모습을 보였다.

1776년이 열리는 며칠 동안, 토머스 페인이 언론을 통해 두려움 없이 그리고 변명 없이 절대적인 독립을 요구하는 강력한 팸플릿 '상식Common sense'을 처음 배포했을 때 공기는 활기차게 달아올랐다. 페인은 아메리카인들이 왕실에 청원서를 제출할 때 사용했던 충성심과 비굴의 언어를 내던지고, 영국의 신민으로서 헌법에 보장된 권리를 탄원하는 변호사들의 태도를 옆으로 밀어 놓고, 왕과 영국 헌법, 영국 정부의 정책에 대담하게 도전했다.

그는 인간 본성의 권리는 아메리카의 대의를 지지할 만큼 충분히 광범위하고 확고하며, 살해된 자들의 피는 분리[독립]를 요구하고 이는 도시, 카운티, 하나의 식민지, 혹은 하나의 왕국의 문제가 아니라 대륙의 문제이며, 당대의 문제가 아니라 모든 후손의 문제라는 등의 정치적, 경제적 논거를 연이어 제시했다. 그러고서 이렇게 외쳤다. '오! 인류를 사랑하는 자들이여! 폭정뿐만 아니라 폭군에게도 감히 반대하는 자들이여, 일어나라!' 워싱턴은 그것을 읽고 나서 이렇게 외쳤다. '건전한 교리와 반박할 수 없는 이유들!' 곧 10만 부의 탄원서가 식민지 곳곳에 배포되었고, 소심한 사람들에게는 용기를 주고 대담한 사람들에게는 행동으로 나아가게 했다.

식민지 의회들에서도 대의명분은 진전을 보이고 있었다. 그해 초 매사추세츠는 필라델피아의 대리인들에게 독립을 환영할 것이라고 알렸다. 4월 13일, 노스캐롤라이나는 앨런 네빈스의 표현을 빌리자면 '최초로 명시적인 승인을 한' 주로서 대표자들에게 영국으로부터 분리 독립하는 데 동료 의원들과 동의할 수도 있다고 말했다. 그로부터 약 한 달 후, 버지니아는 의회의 대표들에게 독립을 제안하고 그 대담한 행동에 동의하라고 분명히 지시했다. 비록 뉴욕은 사람들이 혁명을 일으킬 준비가 되어 있지 않다고 판단했고, 메릴랜드는 여전히 영국과의 행복한 재회를 희망했지만, 충성심의 끈은 빠르게 끊어지고 있었다. 이미 여러 식민지가 독자적인 정부를 수립해 사실상 영국의 통치에서 벗어났고, 게이지 장군은 보스턴에서 철수해야 했으며, 워싱턴은 뉴욕으로 진격하고 있었다. 성질이 조급한 대륙회의 구성원들은 공개적으로 분리 독립의 때가 왔다고 선언했다. '아메리카는 이미 독립적이지 않은가? 그렇다면 왜 독립을 선언하지 않는가?' 새뮤얼 애덤스는 물었다.

6월 7일, 리처드 헨리 리는 버지니아 대표단의 이름으로 '이 통합된 식민지들은 자유롭고 독립된 국가state들이며, 마땅히 그렇게 되어야 한다'고 주장했다. 이에 따라 혁명을 선포하고 그 중대한 사건의 이유를 설명하는 주 정부 신문의 초안을 작성할 위원회가 선정되었다. 동료들에게 표현력이 뛰어난 것으로 알려진 토머스 제퍼슨이 위원장이 되어 문안의 틀을 짜는 섬세한 임무를 맡았다. 제퍼슨은 18일 동안 자르고, 다듬고, 균형을 맞추며 이 작업에 몰두했다.

마침내 위대한 연설이 끝나자 벤자민 프랭클린과 존 애덤스의 몇 가지 제안이 반영되었고, 이 법안은 대륙회의에 상정되어 격렬한 논쟁이 이어졌다. 제퍼슨이 고심하는 동안 일부 문구는 삭제되고, 일부는 수정되었으며, 일부는 추가되었다. 7월 2일, 대륙회의는 독립에 찬성하는 결정을 내렸다. 7월 4일, 제퍼슨이 작성한 최종 문서가 공식적으로 채택되었고, 이는 이미 취해진 운명적인 조치를 확인하는 것에 불과했다. 전해져 내려온 것과는 달리, 이날은 드라마틱한 연출도 없었고, 독립의 종소리가 기쁘게 울려 퍼지지도 않았으며, 멀리 내다보는 선지자도 없었지만, 수많은 세대가 엄숙한 경건함과 폭죽으로 그 순간을 축하하는 모습을 지켜보았다. 3~4일 후 독립선언서는 훗날 독립광장Independence Square으로 알려진 공공 광장에서 낭독되었다. 뉴햄프셔에서 조지아에 이르는 도시, 타운, 시골 마을로 선언문 사본이 뿌려지고 퍼져 나갔다. 뉴욕에서는 왕의 동상이 철거되었고, 로드아일랜드에서는 몇 달 전만 해

도 정중하게 언급되었던 조지 3세를 위해 기도한 죄로 유죄 판결을 받은 사람
은 1천 파운드의 벌금을 물어야 한다는 법이 제정되었다.

독립선언서Declaration of Independence는 크게 두 부분으로 나뉜다. 첫 번째
부분은 혁명가들의 대의명분이 된 도덕적 근거를 담고 있으며, '자명한 진리'
의 형식을 취하고 있다. 모든 인간은 평등하게 창조되었고, 창조주로부터 생
명, 자유, 행복추구권 등 양도할 수 없는 권리를 부여받았다. 정부의 목적은
이러한 권리를 보장하는 것이다. 이러한 이유로 정부는 피지배자의 동의로부
터 정당한 권력을 도출하여 설립된다. 어떤 형태의 정부라도 이러한 목적을
파괴할 경우, 국민은 이를 바꾸거나 폐지하고 자신의 안전과 행복에 가장 적
합한 형태의 새로운 정부를 수립할 권리가 있다.

나중에 한 비평가가 '빛나는 일반성들glittering generalities'이라고 불렀던 이
고상한 교리들은, 흔히 생각하는 것처럼 그 기원이 프랑스가 아니었다. 사실
이 교리들은 제임스 2세의 축출로 끝난 1688년 휘그 혁명의 수사학적 방어
메커니즘을 제공한 철학자 존 로크의 저서에서 유래한 것으로, 본질적으로 영
국에서 유래한 것이었다. 로크는 정부의 목적이 재산을 보호하는 것이며, 어
떤 정부가 재산의 특권을 침해할 경우 국민은 그 정부를 바꾸거나 폐지하고
새로운 정부를 수립할 권리가 있다는 정치의 교리를 간결하게 정리했다. 제
퍼슨이 아메리카 혁명의 긴급한 상황에 맞게 수정된 형태로 교묘하게 적용했
을 때, 이 아이디어는 거의 한 세기 전의 것이었다. 비판자들은 이 신조가 영
국에서 빌려온 것이며 삶의 현실과는 상반된다고 공격했지만 아무런 효과가
없었다. 제퍼슨은 신조의 독창성을 자신이 주장하지는 않았다고 쉽게 반박했
다. 그는 신조에 대해 제기될 수 있는 역사적 반대를 의식하지 않은 것은 아니
었지만, 무거운 관습의 제재가 아니라 다가오는 미래의 평결에 호소하고 있었
다.

선언문의 두 번째 부분에는 조지 3세 때 시작된 식민지의 불만을 요약했는
데, 영국 의회와 내각을 위해 왕을 희생양으로 삼았다. 국왕은 식민지 의회가

통과시킨 법률을 막고, 식민지 주민의 의사와 무관하게 판사를 임명하고, 왕실 관리를 잔뜩 보내 재산을 빼앗고, 군대를 파견하고, 상거래를 끊고, 동의 없이 세금을 부과하고, 군인을 보내 해안을 약탈하고 마을을 불태우고 주민을 살해했다는 비난을 받았다. 이러한 행위에 대한 탄원과 경고는 헛되고 무익한 것이었다. 따라서 식민지들은 스스로 자유롭고 독립된 국가임을 선언하고 지구상의 주권 국가들 사이에 자리 잡는 것 외에는 어떤 길도 열려 있지 않았다.

§

만약 대륙회의의 변호사들이 국가의 문서를 작성하는 것만큼이나 자금을 제공하고, 군대를 모으고, 물자를 모으고, 혁명 과정을 지휘하는 데 능숙했다면 독립전쟁War of Independence은 단기간에 끝났을 것이다. 그러나 말의 영역에서 물질적 재화와 행동의 영역으로 이동하는 과정에서 그들은 거의 극복할 수 없는 장애물을 만났다. 우선 그들에게는 국고treasury라는 게 없었는데, 아메리카 대륙에 그런 제도가 있었던 적이 없었기 때문이다. 그들에게 채무가 없었다면, 국가의 신용 또한 없었다. 모든 재원은 무로부터, 매우 신중하게 조달해야 했다.

영국에 대한 주요 불만 중 하나가 세금이었기 때문에 대륙회의는 당연히 인민들에게 부담을 지우는 데 신중할 수밖에 없었다. 그래서 대륙회의는 지폐, 징발, 차관에 의존하여 전쟁에 필요한 자금을 마련하고자 했다. 1775년에서 1779년 사이에 대륙회의는 약 2억 4천만 달러의 지폐를 발행하여 각 주에 할당해 상환하도록 했는데, 이는 식민지 의회들의 지출액과 거의 맞먹는 엄청난 액수였으며, 최종적으로 4억 5천만 달러가 넘는 지폐가 발행되었다. 그 종이 신용장은 의회가 주 정부에 재정 지원을 요청하여 보완했으며, 이 작업으로 약 5,500만 달러의 인플레이션된 통화와 약간의 정화正貨를 얻었다.

그다음 수단은 국내 및 해외 대출이었다. 현대의 채권과 유사한 증서는 각 주에 설치된 대출 사무소를 통해 국내 시장에서 판매되었으며, 이 과정을 통해 총 6,700만 달러의 종이가 국고로 유입되었다. 이 불안정한 피라미드에는 군 장교와 보급 요원이 군대용으로 징발한 식량, 의복 및 기타 물품의 지불을 위해 발행한 증서가 대량으로 첨부되었다. 분쟁이 진행된 후 해외에서 약간의 도움을 얻었다. 프랑스와 스페인으로부터 선물의 형태로 소액의 보조금이 확보되었다. 그 뒤에는 정기적인 차관이 이어졌다. 프랑스는 전체 금액의 4분의 3 이상을, 스페인은 일부를, 네덜란드는 사실상 승리를 거둔 후인 1782년에 나머지를 부담했다.

혁명 회계의 대차대조표를 작성하려는 많은 시도가 있었지만 만족스러운 것은 없는데, 발행된 지폐의 종류가 워낙 다양하고 국내 채권 판매로 모은 돈의 가치가 천차만별이라는 점이 모든 추정을 매우 어렵게 만든다. 가장 양호한 추정에 따르면, 프랑스에서 얻은 돈은 아메리카 내부 증권 구매자로부터 받은 지폐의 정화正貨 가치와 거의 같았다. 대륙회의가 파리 정부로부터 그토록 관대한 재정 지원을 받지 못했다면 혁명을 무사히 완수할 수 있었을 것이라고 믿기는 어렵다.

이 재정 시스템 운영에 군림했던 혼란은 이루 말할 수 없을 정도였다. 대륙회의가 지폐를 쏟아내면서 지폐의 가치는 급락하여 1779년에는 지폐 1달러의 가치가 경화硬貨 2, 3센트에 불과했다. 이를 안정시키려는 시도는 수포로 돌아갔고, 거의 꾸준히 심연 속으로 빠져들어 결국에는 '대륙의 가치가 없다 not worth a Continental'*는 경멸의 표현이 나올 정도였다. 각 주의 금고에서 흘러나온 종이도 비슷한 운명을 겪었고 때로는 더 나쁜 운명을 겪기도 했다. 버

---

* '대륙 달러의 가치가 없다'는 뜻의 표현으로 지폐에 대한 의존으로 물가가 오르고 경제가 파탄 나 전쟁에서 패할 뻔했던 독립전쟁 중에 등장했다. 사실상 적대 행위가 시작되던 1775년, 대륙회의는 2백만 달러의 지폐 발행을 승인했다. 1776년 말에는 이미 은화 대비 30퍼센트 할인된 가격으로 2,500만 달러가 유통되었다. 1777년 말에는 은화 대비 70퍼센트 할인된 가격으로 3,800만 달러가 유통되었다. 1779년 말에는 1억 9,200만 달러가 유통되었고 지폐 1달러의 가치는 경화 1센트 또는 2센트에 불과했다. 각 주에서도 자체 지폐를 발행하여 인플레이션에 기여했다.

지니아는 결국 발행한 지폐가 경화硬貨와 1,000 대 1의 비율로 통용될 정도로 바닥을 쳤고 그 대부분은 소유자의 손에서 생을 마감했다. 대륙회의와 주 정부의 화폐 가치 하락 방지와 물가를 고정시키려는 노력은 허사가 되었다. 그들의 가장 과감한 조치는 빈약한 결과만을 낳았다.

결국 상황은 그야말로 어처구니가 없었다. '이발소는 지폐로 도배를 했고, 항해에서 돌아온 선원들은 이 아무 가치도 없는 지폐 다발로 급여를 받고는 그 지폐로 만든 옷을 입고, 특유의 가벼운 마음으로 퇴락한 화려한 차림으로 거리를 행진하며 그들의 손실을 흥겨운 장난으로 바꿨다.' 이 난장판에서 이익을 보고 나온 사람은 전장에서 들려오는 희소식과 프랑스에서 더 많은 경화를 들여온다는 소문으로 화폐가 하락세를 보일 때 투기를 한 도박꾼들뿐이었다. 물론 수많은 재정의 박사들이 조언을 제공했지만 질병을 극복할 수 있는 방법을 찾지는 못했다.

자금 관리에서 대륙회의는 그다지 성공적이지 못했다. 끈질긴 질시와 반목으로 인해 대륙회의는 6년 동안 유능한 임원이 책임지는 독립적인 국고를 설립하는 것을 거부했다. 한동안은 과반수 찬성으로 임명된 두 명의 재무관을 통해 일을 처리하려 했지만, 이후 13명의 대의원으로 구성된 재정위원회를 만들었고, 1776년에는 5명의 위원으로 구성된 재무위원회를 임명했다. 2년 후에는 5명 중 3명을 대륙회의 외부에서 선출하도록 규정했다. 결국 절박한 심정으로 1781년 초 재무위원회를 폐지하고 필라델피아 출신의 로버트 모리스를 막강한 권한을 가진 재무 관리자로 임명했다.

모리스는 3년 동안 통화를 안정시키고, 주 정부로부터 연체액을 징수하고, 정부의 신용을 안정적으로 유지하기 위해 노력하면서 그의 앞에 놓인 대혼돈과 씨름했다. 의심할 여지 없이 그는 훌륭한 성과를 거두었지만 그의 업무와 관련해 스캔들에 휘말렸고, 일부 비판자들은 그가 부정 계좌를 개설하고 공적 자금을 투기했다고 비난하기까지 했다. 모리스는 분노에 찬 목소리로 이러한 혐의를 부인하며 각각의 혐의에 대해 상세히 설명했다. 증거를 검토한 결과, 그의 친구들은 그의 입증이 완료되었다고 믿었고, 그의 가족 전기 작가도 그들의 평결을 지지했다. 그러나 또 다른 역사가인 데이비스 R. 듀이는 금융가의 사적 업무가 어디에서 끝나고 공적 업무가 어디에서 시작되었는지 알기 어렵다는 점을 발견하고, 모리스가 어떻게 한 부서에서 얻은 지식을 다른 부서에서 사용할 수 있었는지 의문을 제기했다.

복잡한 이야기를 간단히 요약하자면, 주와 대륙의 정부 기구를 장악한 패트리어트들은 전쟁을 지원할 만큼 자신들의 재산에 세금을 많이 부과할 수도 없었거나 부과하지도 않으려 했다. 그들이 할 수 있는 변명은 동산 재산의 상당 부분이 토지에서 도망친 토리당의 손에 있었고, 인구의 대부분을 차지하는 농부들은 세금을 낼 돈이 거의 없었다는 것이다. 그럼에도 사실은 군건하다. 유럽이 제공한 원조를 제외하고 전쟁 비용의 대부분은 사실상 모두 거부된 지폐와, 나중에 주로 소비자에 대한 간접세로 유지되는 국가 부채로 조달된 채권으로 충당되었다. 이 과정에서 가장 큰 손해를 본 것은 군인들이었는데, 그들은 희생의 대가로 종이 다발과 서부의 황무지에 대한 종이 청구권을 받았다.

§

이 엄청난 사업에 대한 지원을 얻기 위해 대륙회의는 자연스럽게 외국으로 눈을 돌렸다. 식민지 주민들이 오랫동안 합법적이든 불법적이든 네덜란드, 프랑스, 스페인과 수익성 높은 무역을 해왔다는 사실을 알고 있던 대륙회의는 영국의 압제를 벗어났으니 이제 그 사업을 확대하기를 희망했다. 프랭클린, 존 애덤스, 제퍼슨과 같은 지도층 인사들도 유럽의 이해관계, 편견, 질투에 대해 잘 알고 있었으며, 이를 혁명적 대의에 유리하게 활용할 수 있었다. 무엇보다도 그들은 세계 제국과 세계 상거래를 둘러싼 대륙 열강과 영국의 장기적인 경쟁에 대해 잘 알고 있었다. 대륙회의가 이러한 해묵은 원한을 긴급한 필요에 부응하기 위해 사용할 수 있다는 것을 분별하는 데는 예리한 선견지명이 필요하지 않았다.

　예를 들어, 프랑스 정치인들이 식민지의 분쟁이 군비 문제로 비화되기를 간절히 바랐다는 것은 잘 알려진 사실이다. 그들은 7년 전쟁으로 아메리카 대륙에서 전리품을 잃은 이후, 피해를 복구할 기회가 될 수 있는 위기를 초조하게 지켜보고 있었다. 인지세법에 대한 열기가 최고조에 달했을 때 루이 15세는 아메리카에 대리인들을 파견해 사태의 진전 상황을 관찰하고, 혁명의 전망에 대해 보고받고, 심지어 불만을 품은 당사자들을 은밀히 지원하기도 했다. 10년 후 프랭클린이 런던 주재 식민지 공사직을 떠나려고 할 때, 주영 프랑스 대사가 그를 찾아와 아메리카가 프랑스의 도움을 기대해도 좋다는 암시를 주었다. 채텀과 같은 선견지명이 있는 영국인들은 바로 그 순간 식민지 문제를 다룰 때 프랑스를 고려해야 하며, 전쟁이 발발하면 프랑스의 칼날이 아메리카를 향할 것이라고 자국민에게 경고하고 있었다.

　이 모든 것을 알고 있던 대륙회의는 1775년 활동에 들어간 직후 외국 열강과 접촉하고 그들과 직접 협상하기 위해 비밀 위원회를 만들었다. 이듬해 초에는 아메리카 최초의 외교관으로 불리는 코네티컷 주의 사일러스 딘을 파리로 파견해 여론을 환기시켰다. 몇 달 후 독립이 선언된 뒤 대륙회의는 프랭클린과 아서 리를 딘과 함께 프랑스 궁정에 아메리카 대표로 파견했다. 혁명이 상당히 진전되었을 때 존 제이는 스페인으로, 존 애덤스는 네덜란드로, 다른 대리인들은 빈, 베를린, 상트페테르부르크에 파견되었지만 프랑스에서 받은 원조에 비해 그들의 노력은 별다른 성과를 가져오지 못했다. 프로이센의 국왕 프리드리히 대제는 아메리카에서의 무역을 늘리고 싶었지만 식민지에 대한 야망이 없었고 영국의 해양력과 충돌하는 것을 두려워해 아메리카의 대의에 대한 직접적인 지원을 영리하게 거부했다. 러시아의 여제 예카트리나는 그다지 호의적이지 않았고, 아메리카인 대리인을 그냥 무시하고 2년의 복무 기간 동안 추운 수도에서 굴욕적인 무명 생활을 하도록 허락했다. 지브롤터 해협과 인도를 둘러싼 러시아와 영국의 경쟁은 아직 외교관들의 계획에서 큰 비중을 차지하지 않았다.

　오직 파리에서만 전망은 어느 정도 호의적이었고, 아메리카의 모든 외교관 중에서 프랭클린이 그 전략적 도시에서의 섬세한 임무를 수행하는 데 가장 적합했다. 프랭클린은 작가이자 과학 애호가, 자유 사상가, 재치 있는 인물로 이미 명성이 자자했다. 그의 진지한 작품들은 프랑스 철학자들의 사랑을 받았으며, 과학 아카데미에서 수많은 사람이 몰려든 가운데 볼테르와 키스를 나눴을 때 터져나온 외침은 프랑스 전역에 울려 퍼졌다. '솔론과 소포클레스가 포옹하는 모습은 얼마나 아름다운가!' 프랭클린의 전기 실험은 프랑스 과학자들에게도 알려져 있었으며, 실제로 프랑스 과학자들은 더 나은 장비로 그가 발전시킨 이론을 실험하고 있었다. '불쌍한 리처드Poor Richard'에 기록된 그의 소박한 격언들은 프랑스 부르주아와 검소한 농부들에게 깊은 감동을 주었다.

　게다가 당시 프랑스는 궁정 생활의 인위성에 대한 격렬한 반발에서 나온 루소의 자연주의 사상에 매료되어 있었고, 평범한 양복을 입은 소박한 노인이 상인과 농민으로 구성된 공화국을 대변한다는 생각은 왕국을 흥분에 빠지게 했다. 심지어 왕비 마리 앙투아네트도 '우리의 친애하는 공화주의자'를 격려하는 부주의한 불장난을 쳤다. 나중에 프랑스 주재 아메리카 대사로 부임한 존 애덤스는 프랭클린에 대해 비판적인 시각을 가지고 있었지만 프랭클린의 승리가 완벽했음을 인정할 수밖에 없었다. '그의 이름은 정부와 국민, 왕과 궁정, 귀족, 성직자, 철학자는 물론 평민들에게도 친숙했으며, 농민이나 시민, 시종, 마부나 마차 운전사, 여인숙의 하녀나 부엌데기 중 그를 알지 못하고 그를 인류의 친구로 생각하지 않는 사람은 거의 없을 정도였다.' 튀르고의 프랭클린에 대한 언급은 예언의 울림이 있었다. '그는 하늘에서 번개를 찢었으니 곧 왕들의 홀笏을 부러뜨릴 것이다.' 프랑스 혁명이 불과 몇 년 남지 않았다.

　그러나 프랭클린의 뛰어난 능력도, 상황의 흐름이 그에게 유리하지 않았다면, 즉 그들 중 일부가 이미 운명으로 가득 찬 시간이 다가오고 있다고 확신하지 않았다면 왕실 금고를 지휘하는 빈틈 없는 프랑스 정치인들에게는 아무

소용이 없었을 것이다. 실제로 딘이 현장에 도착하기 전에 루이 16세의 외무장관인 베르젠[Charles de Vergennes] 백작은 프랑스가 영국에 대한 불만을 해소하고 오만한 제국의 힘을 약화시킬 수 있는 방법을 왕에게 보여주었다.

전쟁 초기, 용감한 프랑스인 보마르셰는 모험에 대한 끊임없는 사랑과 아메리카 독립전쟁에 대한 관심에 불타 바다 너머의 혁명가들을 돕기 위해 자신의 재능과 재산을 바쳤다. 그는 천성이 주최자였다. 『세비야의 이발사』와 『피가로의 결혼』의 저자이자 궁정인, 음악가, 출판인, 선주, 제조업자, 금융가였던 그는 민중들 사이에서 널리 알려졌고 권력자들의 자리에도 접근할 수 있었다. 그는 아메리카의 대의를 지지하는 가벼운 말 한마디로 거리와 궁정, 사업가들 사이에서 아메리카의 대의에 대한 열정을 불러일으켰다. 프랑스 내각의 동정을 비교적 쉽게 얻은 보마르셰는 1776년 6월, 자신의 지휘 아래 회사를 조직하고 곧바로 투쟁 중인 반란군에게 보급품을 수송하기 시작했다. 프랑스 정부가 은밀함을 벗어던지고 아메리카와 공식적인 동맹을 맺을 때까지 보마르셰는 충분한 보수도 받지 않고 계속 이 임무를 수행했으며, 이는 역사에 남을 미스터리 중 하나 '보마르셰와 사라진 백만 리브르Beaumarchais And The Lost Million'*로 남게 되었다.

프랑스인들은 은밀하게 아메리카의 모험에 기꺼이 돈을 걸었지만, 그 이상의 일에 대해서는 매우 조심스러웠다. 1776년 11월 프랭클린이 파리에 도착한 후 1년이 넘도록 왕실은 그에게 공개적인 지원을 약속하지 않았다. 왕은 당연히 혁명을 조장한다는 생각에 동의하지 않았고, 왕 자신의 재정도 혼란스

---

* 펜실베니아 대학의 학장 Charles J. Stillé이 쓴 책의 제목으로 '아메리카 혁명의 비밀스러운 역사의 한 장'이라는 부제가 붙어 있다. 프랑스 극작가 보마르셰와 그가 아메리카 혁명에 참여한 이야기를 다루고 있다. 보마르셰는 아메리카 반군에게 무기와 탄약을 공급하는 비밀 임무를 수행했는데, 이를 위해서는 당연히 돈이 필요했다. 그는 루이 16세에게 100만 리브르를 빌려달라고 설득했으나, 그 돈은 목적지에 도착하기도 전에 사라져 버렸다. 스틸의 책은 잃어버린 100만 리브르에 무슨 일이 일어났는지, 그리고 그것이 아메리카 혁명의 과정에 어떤 영향을 미쳤는지에 대한 미스터리를 파헤쳤다.

러웠으며, 영국과의 전쟁은 가볍게 시작할 수 있는 일이 아니었다. 게다가 아메리카 군비의 진전은 최종 승리에 대한 어떠한 기미도 보여주지 않았다. 워싱턴이 보스턴에서 영국군을 축출한 후, 전반적인 상황은 그에게 불리하게 흘러갔다. 1776년 여름 롱아일랜드에서 대패한 워싱턴은 북쪽으로 할렘을 거쳐 화이트플레인즈로 밀려났고, 허드슨 강을 건너 뉴저지로 물러나 펜실베이니아로 내려가야 했다. 크리스마스 밤 트렌턴에서의 눈부신 활약과 프린스턴에서 콘월리스와의 교전 이후 브랜디와인에서의 재앙, 필라델피아의 패배, 저먼타운에서의 반전, 밸리포지로의 후퇴가 이어졌다. 두 개의 전략적 항구인 뉴욕과 필라델피아가 영국군의 수중에 들어갔고, 허드슨 강과 델라웨어 강이 봉쇄되었으며, 영국군 장군 버고인이 뉴욕 중심부로 진격하면서 뉴잉글랜드와 나머지 주 사이에 쐐기를 박고 있었다.

모든 소식은 프랭클린에게 슬픈 소식이었지만 그는 용기를 잃지 않았다. '글쎄요, 박사님.' 한 영국인이 비아냥거리는 말투로 말했다. '하우가 필라델피아를 점령했군요.' 잠시 당황했지만 재치 있는 노인은 대답을 찾았다. '실례합니다만, 선생님, 필라델피아가 하우를 점령한 겁니다.' 그가 그것을 깨달았다면, 그 농담은 재치 그 이상이었을 것이다. 필라델피아의 여유롭고 유쾌한 삶이 실제로 하우를 사로잡아 그의 주도권을 잠식했지만, 파리의 두 외교관은 이를 예견하지 못했다. 따라서 모든 언어적 성찬에도 불구하고 프랭클린의 전망은 어두웠다. 그러던 중 1777년 10월 16일 버고인 장군이 사라토가에서 항복하는 도저히 믿기 힘든 일이 벌어졌다. 12월 초, 아메리카에서 온 특사 한 명이 소식을 들고 파시Passy에 있는 프랭클린의 저택 마당으로 달려왔다. '버고인과 그의 군대 전체가 전쟁 포로가 되었습니다.'

바로 그 순간 마침 프랭클린과 식사를 하고 있던 보마르셰는 보고의 전모를 파악한 후, 마부를 화나게 하고 그의 팔이 탈골될 정도로 서둘러 베르사유로 달려갔다. 이 소식에 깊은 감명을 받은 왕은 이제 은밀함을 벗어던지고 영국에 대항하는 아메리카인들의 투쟁에 동참할 때가 왔다고 생각했다. 이에 따라 통상 및 동맹 조약의 틀이 잡혔고, 몇 가지 조건에 대한 흥정 끝에 1778년 2월 6일 정식으로 조약이 조인되었다. 프랑스는 아메리카의 독립을 인정하고, 방어 동맹을 맺고, 공동 군사 행동 계획 초안을 작성했으며, 루이 16세는 영국에 공개적으로 선전포고를 했다.

노스 경은 아메리카인들에게 관대한 조건을 제시하고 평화 협상을 제안함으로써 이 연합을 깨뜨리려고 했으나 허사였다. 이미 물길을 되돌리기에는 너무 늦었다. 몇 달이 지나지 않아 펜실베이니아의 광야와 에이브러햄 평원에서 20년 전에 서로 싸웠던 사람들이 연합하여 조지 왕의 군대에 대항하는 전열을 갖추게 되었다. 프랭클린은 런던에서 식민지 대리인으로서 실패했지만, 프랑스 궁정에서는 탁월한 성공을 거두었다.

우리가 이미 말했듯이, 운이 좋지 않은 것은 스페인과 네덜란드의 아메리카 대사들이었다. 마드리드 궁정의 존 제이는 끈질긴 노력에도 불구하고 스페인 국왕을 아메리카와의 동맹으로 이끌지 못했다. 그 신중한 군주는 아메리카 영토의 동쪽 변경에 있는 민주주의라는 개념에 위축되었을 뿐만 아니라 오하이오 밸리의 무역에 라 누벨 오를레앙[뉴올리언스, 원래 프랑스의 식민지였다가 파리 조약으로 스페인으로 소유권이 넘어갔다]을 개방할 기분이 아니었다.

하지만 그는 영국이 스페인 함대를 파괴하고 스페인의 식민지 독점권을 무시했으며 지브롤터를 거점으로 지중해를 지배하고 있다는 사실을 기억하고 있었다. 여러 가지 전망을 저울질한 끝에 1779년 프랑스와 조약을 맺어 영국과의 전쟁에 참전하기로 했지만, 당장은 아메리카의 독립을 인정하거나 혁명적인 사람들과 동맹을 맺는 것은 거부했다. 공화국은 장려할 만한 게 아니며 누적된 피해를 복구하기만 하면 되었다.

스페인과 마찬가지로 네덜란드도 영국과 사이가 좋지 않았다. 그들도 영국의 힘에 의해 폐허가 된 식민지 제국의 기억을 가지고 있었으며, 또한 현재의 짜증 나는 정세로 인해 고통을 받고 있었다. 아메리카 독립혁명이 시작되자 그들은 서인도 제도의 세인트 유스타티우스 섬에 아메리카로 환적하기 위해 군수품을 실은 화물을 보내, 서둘러 반란을 일으킨 식민지들과 수익성 있는 무역을 시작했다.

이 움직임은 국제적 관례에 엄격하게 부합하는 것이었지만, 오랜 라이벌이 아메리카의 무역으로 돈을 벌고, 워싱턴의 군대를 위해 화약과 포탄을 만들고, 헤이그에서 아메리카 대사와 협상을 벌이는 등은 영국인들에게는 생각하기조차 고통스러운 일이었다. 수색과 압수 절차로는 이 사업을 막을 수 없다고 판단한 영국은 네덜란드에 선전포고를 하고, 성 유스타티우스 섬을 점령하고, 군수품을 무자비하게 몰수했다. 비교적 수월하게 네덜란드와 유리한 조약을 맺은 애덤스는 전쟁 수익으로 배를 불린 네덜란드 은행가들이 유럽 시장에서의 낮은 지위에도 불구하고 어려움을 겪고 있는 공화국에 대출을 하도록 유도했다.

§

군사적, 재정적, 외교적 문제에서 대륙회의는 기둥에서 말뚝으로 밀려났고, 스스로의 무능함에 시달렸으며, 필요성에 의해 채찍질당했다. 과격한 압력으로 인해 아무런 준비도 되지 않은 전쟁에 돌입한 대륙회의는 즉흥적으로 대처할 수밖에 없었다. 최종 결과는 전투원들에게 달려 있다는 것을 잘 알고 있었지만, 현실의 냉혹한 시험 앞에서 위축될 수밖에 없었다. 그 구성원들은 역사를 읽었고, 다른 시대와 장소에서 군대가 어떻게 민간인을 지배하고 의회를 무너뜨리고 독재자를 세웠는지 알고 있었으며, 카이사르와 크롬웰의 교훈을 떠올렸고, 선출된 장교가 지휘하고 임금과 연금보다는 신앙으로 지탱되는 민병대가 전쟁에서 승리할 수 있기를 간절히 바랐다.

처음에 대륙회의의 정치인들은 보스턴에서 영국군을 포위하기 위해 달려온 훈련되지 않은 군대를 우연히 통제하게 되었다. 긴박한 상황에서 그들은 이 잡동사니 부대를 대륙군으로 전환시켰고, 나중에 각 주에 16세에서 50세 사이의 모든 신체 건강한 남성을 민병대에 입대시키도록 권고함으로써 이 조치를 보완했다. 그러나 대륙회의는 얼마 지나지 않아 그러한 '군대'가 가혹하고 장기적인 전투에서 의지할 수 없다는 사실을 발견했다. 남성들은 짧은 기간을 복무했고, 훈련이 부족했다. 그들의 이바지가 가장 필요할 때 그들은 떼를 지어 떠났다.

전쟁이 발발한 지 6개월이 지나기도 전에 자원 민병대 제도가 실패했다는 사실이 명백해졌다. 워싱턴은 이 제도가 실패할 수밖에 없다는 것을 처음부터 알고 있었다. 그는 '민병대에 의존하는 것은 분명히 부러진 지팡이에 의지하는 것'이라고 말했다. 1776년 2월 초, 그는 대륙회의에 정규군 창설을 위한 조치를 취할 것을 촉구했다. 그는 8월 상인, 의사, 변호사들로 구성된 대륙회의에서 '군인의 임무에 대해 잘 알게 하려면 시간이 필요하다'고 말했다. '남자들이 제때 의무를 다하도록 하는 세 가지 요소는 타고난 용기와 보상에 대한 희망, 그리고 처벌에 대한 두려움이다.' 따라서 그는 전쟁을 위해 입대한 남성들로 구성된 국민군을 창설하고, 정치적 지형학보다는 자질을 기준으로 임명된 장교들이 지휘하며, 대의에 합당한 보상을 보장할 것을 촉구했다.

대륙회의는 주저하고 반신반의하는 태도로만 워싱턴의 요구에 응했다. 워싱턴이 강력하게 도움을 요청한 지 8개월 만인 1776년 9월, 대륙회의는 전쟁 기간 동안 88개 대대의 입대를 명령했고 — 나중에 3년으로 복무 기간이 변경되었다 — 소액의 현금 보상과 함께 전쟁이 끝나면 토지를 지급하겠다고 약속했다. 12월, 대륙회의는 끔찍한 공포 속에서 워싱턴을 6개월 동안 독재자-장군으로 만들어 군대를 모으고, 물자를 모으고, 불만을 품은 사람들을 처벌할 수 있는 전권을 부여했다. 그리고 이 기간이 만료된 후 얼마 지나지 않아 더 엄격한 제한을 두면서 그의 최고 권한을 갱신했다. 군대를 창설하려는 이러한 노력에 실망해, 대륙회의는 마침내 각 주에 9개월 동안 복무할 남성 징집으로 할당량을 채우라고 '권고'했다. 그러나 중앙 정부가 주에 대한 비굴한 의존에서 벗어난 적은 단 한 번도 없었다. 새로운 징병을 부과할 때마다 중앙 정부는 자의든 타의든 할당량을 채우기 위해 주 정부에 의존했다. 서류상으로 등록되어 있을 뿐, 그 어느 때도 오합지졸의 전투에 대비한 준비와 훈련은 전혀 이루어지지 않았다.

이러한 무능함의 쓰라린 결실은 장기간의 전쟁으로 인한 유혈과 고통, 비용으로 돌아왔다. 전쟁이 시작되었을 때 약 9만 명의 아메리카군이 영국군 2만 명에 맞서 싸웠다. 전쟁이 끝날 무렵 아메리카군은 원래의 3분의 1 이하로 줄어들었고 영국군은 두 배로 늘어났다. 1776년 2월 워싱턴이 요청했을 때 대륙회의가 상비군을 제공했더라면 전쟁은 6개월 안에 끝났을 것이다. 그러나 대륙회의는 그의 긴급한 호소를 받아들이지 않았고, 전쟁은 7년 동안 지칠 대로 지칠 때까지 지속되었다.

그 과정에서 거의 40만 명의 아메리카인이 무적의 전열을 전혀 갖추지 않고서 모종의 복무를 위해 징집되었다. 게다가 대륙회의는 전쟁이 시작될 때부터 끝날 때까지 비용에 대해 격렬하게 불평했지만, 결국 국가는 대륙회의의 인색함에 대해 막대한 비용을 지불해야 했다. 독립선언 100년 후, 연방 정부는 혁명 군인들에게 누적 8천만 달러의 연금을 지급했고, '전쟁 미망인'에게도 여전히 보상을 지급하고 있었다.

대륙회의의 군사 정책에 영감을 준 군대에 대한 민간인의 두려움은, 워싱턴을 질투하거나 그의 결단력과 에너지가 부족하다고 솔직히 믿는 장교들에 의해 자극을 받아, 총사령관에게까지 확대되었다. 호레이쇼 게이츠, 토머스 미플린, 토머스 콘웨이, 찰스 리와 같은 영향력 있는 인물들은 자신들의 막강한 영향력을 극한까지 활용하여 대륙회의와 군대에서 '콘웨이 카벌Conway Cabal'로 알려진 위험한 반대 세력을 형성했다.

이 과정의 초기 단계에는 모호함이 있었지만, 1777년 말 무렵에는 사령관의 권력을 축소하고 그를 전장에서 몰아내려는 강력한 움직임이 있다는 것이 분명해졌다. 이러한 움직임의 징후는 분명했다. 대륙회의는 워싱턴의 반대에도 불구하고 콘웨이를 승진시키고, 그를 육군 감찰관으로 임명하고, 독립 사령부를 창설하고, 최악의 군사 기관인 통제위원회를 설립했다.

비판에 시달리던 워싱턴은 대륙회의에 '춥고 황량한 언덕에서 옷도 담요도 없이 서리와 눈 아래에서 자는 것보다 따뜻한 벽난로가 있는 편안한 방에서 진정서를 작성하는 것이 훨씬 쉽고 덜 고통스러운 일'이라고 도량 넓게 비꼬았다. 그의 확고함과 현명함은 친구들을 결집시켰고, 결국 그는 반란 세력이 실패하는 것을 보는 기쁨을 누렸다. 그러나 요크타운에서 승리할 때까지 그의 움직임은 대륙회의의 비방자들에 의해 방해받았고, 한 번 이상 대륙회의가 공세에 필요한 병력과 물자를 제공하지 않아 그의 계획은 실패했다.

§

어쩌면 재정, 외교, 군사 문제에서 대륙회의의 단점을 확대하는 것은 지나친 비판일 수 있다. 물론 균형 잡힌 판단은 대륙회의가 13개의 독립 주를 대변하는 미화된 토론회에 지나지 않았으며, 각 주가 주권을 주장하고 각자의 민사 및 군사 문제에 깊이 몰두해 있었다는 사실을 고려해야 한다. 결국 대륙회의는 혁명적 대중 운동의 외딴 기관에, 각 주에서 반란을 일으킨 기관이 만든 도구에 불과했다. 후자는 실제로 영국과의 갈등을 주도한 주요 요인이었다. 앞서 살펴본 바와 같이 독립을 위한 주도권은 필라델피아에 모인 대표단보다는 각 식민지 의회 상층부에서 나왔고, 전쟁에 대한 지지는 주로 그들에게 쏟아졌다. 코네티컷의 트럼불, 뉴욕의 클린턴, 사우스캐롤라이나의 러틀리지와 같은 주지사들은 대륙회의 의장보다 더 무거운 짐을 지고 있었다.

혁명가들이 조지 3세 정부를 전복시키는 데 사용한 가장 큰 동력 중에는 불규칙한 구성과 독재적인 권한을 가진 지역 통신 위원회와 주 대회state convention가 있었다. 선동의 초기 단계에서 불만을 품은 식민지 주민들은 정규 기관인 마을 의회와 지방 입법부를 통해 활동했지만, 경쟁이 더욱 가열됨에 따라 혁명 지도자들은 마침내 새로운 아메리카 정부의 싹이 된 독립 기관을 형성하기 시작했다. 1772년 11월 초, 보스턴에서는 새뮤얼 애덤스의 지휘 아래 회의를 개최하고, 다른 도시에 사절을 파견하며, 영국의 정책에 반대하는 대중 교육 캠페인을 벌이는 임무를 맡은 통신 위원회가 조직되었다. 거의 순식간에 식민지들은 이러한 성격의 지역 협회 네트워크로 뒤덮였다.

그 사이를 오가는 통신 정기 왕복은 애덤스의 지칠 줄 모르는 노력으로 뉴잉글랜드에 경각심을 불러일으키고 변경의 게으름뱅이들을 자극했다. 그는 떨리는 손으로 여러 타운의 위원회 지도자들에게 편지를 써서 영국 왕실에 대한 저항에 굳건히 맞서도록 독려했다. 그 답장으로 그는 여론의 향방에 대한 보고를 받았다. 바다의 분노를 잘 아는 어부의 거친 낙서에서 그는 지역 자유의 온도를 알 수 있었고, 불타는 대장간에서 돌아와 문의에 답하는 대장장이에게서 대중의 대의가 번성하고 있다는 소식을 들었다.

타운과 카운티의 구조 위에 식민지의 상위 기관이 세워졌다. 이 움직임을 주도한 버지니아 주 의회는 1773년 반란을 일으킨 의원들을 중심으로 자매 식민지와의 소통을 위한 특별위원회를 임명했고, 12개월 만에 한 곳을 제외한 모든 식민지가 이러한 초법적인 의견과 권력을 가진 기관을 갖게 되었다. 투쟁이 급속도로 진전됨에 따라 식민지 의회에서 왕당파가 숙청되거나 그들을 대신할 대회가 조직되어 지역사회에서 주의 수도에 이르기까지 일련의 혁명적 동력을 제공했다. 끊임없는 뉴스 교환을 통해 연대의식을 고취한 활동적인 급진주의자들은 정기적인 회의를 소집하여 선동을 주도하고, 왕실 관리들의 손에서 정부를 장악하고, 지역 국고를 장악하고, 전쟁을 벌이고, 아메리카의 대의를 지지했다.

처음에 왕의 관리들은 하찮은 통신 위원회를 터무니없는 당파 싸움의 도구로 여겼지만 곧 새로운 주의 위협적인 힘을 거기에서 발견했다. 한 고위 토리당원인 대니얼 레너드는 그것을 '선동의 알에서 나온 가장 사악하고 교묘하며 가장 독한 뱀'이라고 불렀다. 그는 비유를 바꾸어 계속 말했다. '나는 그 작은 씨앗이 심어졌을 때 보았다. 그것은 겨자씨 한 알이었다. 나는 그 식물이 큰 나무가 될 때까지 지켜보았다.' 이 무렵 지역 위원회와 대회는 주 위원회와 대회로 이어졌고 입법, 재정, 전쟁, 외교 등 주권의 모든 영역에서 활동하는 수많은 행동 기관을 갖춘 대회의체인 대륙회의로 전체 구조가 완성되었다. 처음에는 미약했지만 대륙과 먼 바다의 섬들을 통치할 운명을 지닌 새로운 정치적 유기체가 탄생한 것이다.

§

　영국 당국과 그 동조자들을 권좌에서 축출하는 과정에서 이 위원회와 대회의 책임자들은 대중의 지지를 일부만 받았다. 실제로 국민 중 몇 퍼센트가 혁명을 지지했는지는 국민 투표를 통해 확인되지 않았고, 패트리어트 정파의 세력에 대한 정확한 보고서도 공식 기관에서 작성된 적이 없다. 그러나 보존된 초기 선거의 단편적인 수치로 볼 때, 당파적 경합의 특징으로 자주 나타났던 흥분에도 불구하고 식민지 주민의 극히 일부만이 정치적으로 활동한 것으로 보인다.

　예를 들어 보스턴의 경험을 살펴보자. 혁명 직전 보스턴의 인구는 약 2만 명으로, 그중 성인 남성은 약 4,000명이었다. 대략적으로 말하면 그중 1,000명이 기존의 재산 자격 기준으로 인해 선거권이 박탈되어 3,000명의 잠재적 유권자가 남았다. 1765년에서 1775년 사이의 격동적인 10년의 기록에 따르면 이 기간 동안 이 도시에서 가장 많이 득표한 사람은 1,089표였고, 평균 득표는 555명, 즉 유권자 6명 중 1명 정도에 불과한 것으로 추정된다. 인지세법을 둘러싸고 보스턴이 중심부에서 주변부까지 흔들리던 1765년 폭풍 같은 해에 새뮤얼 애덤스가 후보로 나선 식민지 의회 선거가 열렸는데, 448표 중 265표가 애덤스에게 돌아가 애덤스는 승리를 거머쥐었다. 다시 말해, 그날 선출된 혁명의 불씨는 보스턴 유권자의 10퍼센트도 안 되는 유권자를 대변한 것이었다. 1775년 코네티컷 주 총선거에서 선거 열기가 뜨거웠던 당시 인구 약 20만 명 중 3,477명이 투표에 참여했는데, 20만 명 중 40,797명이 20세 이상 남성이었다. 다른 식민지에서도 비슷한 무관심이 만연했던 것으로 보이며, 박빙의 경합이 있었을 때도 유권자의 3분의 1이 투표장에 모였을 뿐이다.

의심할 여지 없이 혁명의 대의를 지지하는 투표권 없는 장인들이 많았다. 그들은 선동하고 폭동을 일으키고 군대에서 싸웠지만 그 숫자는 상대적으로 적었다. 게다가 이들의 지지는 그다지 환영받지 못했고, 실제로 위원회와 대회 선거에 참여할 권리를 요구하는 이들의 요구는 처음에는 선거권을 가진 패트리어트들에 의해 냉담하게 거부당했다. 심지어 1774년 대륙회의가 선포한 영국산 제품에 대한 불매 운동을 집행할 현지 대리인을 선정하는 일조차 식민지 법률에 따라 적절한 재산이나 납세 자격을 갖춘 사람에게만 맡겨졌다. 사실, 위에서 혁명을 설계한 지도자들은 아래쪽의 제도를 급격하게 변경하는 것을 고려하지 않았다. 따라서 이 모든 것을 고려할 때, 투표를 대중적 지지의 척도로 본다면, 아메리카 성인 백인 남성의 3분의 1 이하가 위원과 대의원들에 투표함으로써 혁명에 대해 지지의 도장을 찍었다고 말하는 것은 보수적인 추정이라고 할 수 있다.

독립 뒤에 숨어 있던 정서는 기껏해야 점진적인 성장의 문제였다. 전쟁이 1년 동안 이어진 후, 독립을 주장하는 사람은 위험한 사람으로 간주되어 필라델피아 거리에서 성난 눈초리를 받을 가능성이 높았다. 그 무렵 대륙회의는 영국의 정책에 공개적으로 반대하는 대표들로 구성되었고 토리당 지지자들이 모두 배제된 단체들의 선택을 받은 대의원들로 구성되었지만, '모든 중요한 조치는 반대되거나 근소한 과반수에 의해 실행되었다'고 할 정도로 의견이 분열되어 있었다. 적어도 존 애덤스의 증언은 그렇다. 마침내 독립이 선언되기 4개월 전에도 대륙회의에는 어떤 형태로든 혁명에 적대적인 강력한 그룹이 존재했는데, 주로 펜실베이니아, 뉴저지, 메릴랜드, 델라웨어, 뉴욕, 사우스캐롤라이나의 대의원들로 구성된 그룹이었다. 독립을 주장하는 사람들은 가장 교묘한 협상을 통해서만 그날을 넘길 수 있었고, 결국 뉴욕은 투표에서 기권했다.

존 애덤스는 최종 산정에서, 사람들의 3분의 2가 마침내 혁명에 헌신하고 있으며 모든 단계에서 3분의 1 이상이 반대하지 않는다고 판단했다. 그러나 토리당 측에는 이 추정이 받아들여지지 않았다. 펜실베이니아에서 공직을 그만두고 폭풍이 몰아치는 것을 보고 영국으로 피신한 조지프 갤러웨이는 1779년 의회 위원회에서 전쟁 초기에는 국민의 5분의 1도 독립을 고려하지 않았으며, 현재 '5분의 4 이상의 사람들이 독립보다 헌법의 원칙에 따른 영국과의 연합을 선호한다'고 말했다.

분명히 애덤스와 갤러웨이 모두 추측을 하고 있었다. 의심할 여지 없이 의견은 투쟁의 과정에 따라 한 구역에서는 격렬하게, 다른 구역에서는 성공과 함께, 또 다른 구역에서는 실패와 낙담을 동반하며 변동했다. 전반적으로, 영국의 역사가 레키는 몇 가지 근거를 가지고 다음과 같이 말했다. '아메리카 혁명은 다른 대부분의 혁명과 마찬가지로 결정되지 않고 변동이 심한 다수를 그들이 거의 좋아하지 않는 길로 이끌고 한 걸음 한 걸음 물러설 수 없는 위치로 이끄는 데 성공한 활기찬 소수의 작품이다.' 결국 이 질문에 대한 멋진 논의는 수학적 정치를 강조하는 시대에나 적절한 것일지도 모르겠다.

혁명적 대중은 대중의 다수를 형성하든 그렇지 않든 의무를 떠맡고 가장 중요성이 큰 활동들을 설계했다. 그들은, 광범위하게, 많은 기관들을 통해 끊임없는 열정을 가지고 패트리어트의 대의를 위한 선동을 주장했다. 독립적인 주 헌법이 제정되었다. 반대파인 토리당은 탄압을 받거나 엄격한 감시를 받았다. 사법 행정, 세금 부과, 질서 유지, 계몽적이고 인도적인 법률 제정 등 정부의 모든 일상적인 기능이 적어도 어떤 방식으로든 수행되었다. 이러한 의무에는 전쟁과 관련된 엄격한 의무, 즉 병력과 돈의 할당량을 늘리고, 물자를 모으고 수송하고, 대륙 채권의 판매를 촉진하고, 투기꾼과 폭리꾼들을 억제하기 위해 대륙회의와 협력하는 등의 의무가 더해졌다. 또한 전투가 해안을 따라 오르내리며 전개되었기 때문에 대부분의 주에서는 때때로 지역 병력을 결성해 자신들의 땅에서 적과 맞서 싸워야 한다는 요청을 받았다.

§

패트리어트들의 선동은 강렬하고 광범위했음에 틀림없다. 수백 권의 팸플릿, 빛바랜 편지 묶음, 신문철, 카툰, 브로드사이드, 만평 모음집은 100여 년 전 영국 청교도 혁명의 과정에 비견할 만한 지적 흥분을 보여준다. 포럼의 지도자들과 현장의 군대를 응원하기 위해 열린 공개 회의의 공지들은 아메리카 대의의 진전을 특징 짓는 의견의 소용돌이를 보여준다. 한 일기에는 '장로 요한John the Presbyter, 윌 데모크랙Will Democrack, 네이선 스머글Nathan Smuggle'이 토리당을 조롱하는 표현을 빌려 왕과 그의 '하수인들'을 맹렬히 비난하고 왕당파와 미온적인 신민臣民들의 마음에 전투와 갑작스러운 죽음에 대한 공포를 심어주었던 선술집에서의 열띤 토론에 관한 기록이 남아 있다. 편지들은 개인 주택의 문을 열어 가족과 친구들이 저녁 식사를 하거나 벽난로 옆에 앉아 그날의 운세와 앞으로의 과제에 대해 활발한 토론을 벌이는 모습을 공개한다. 존과 애비게일 애덤스, 제임스와 머시 워렌의 편지처럼 남편과 아내가 주고받은 친밀한 서신에는 행동의 원동력이 된 신앙과 애정의 샘이 드러나 있다.

많은 수의 종교 성직자들, 특히 국교 반대파는 복음에서 혁명으로 돌아섰던 것 같다. 이것이 친구와 적의 증언이다. '위버드 씨는 압제에 반대하는 설교를 하나요?' 존 애덤스가 아내에게 걱정스럽게 물었다. '성공회를 제외한 모든 교파의 성직자들은 안식일마다 천둥과 번개를 치고 있어요'라고 애비게일이 대답했다. 토리당인 크레스웰은 비웃었다. '설교하는 척하는 소수의 성직자들은 정치 소매업자에 불과하며, 선동과 반란의 씨를 뿌리고 불화의 불씨를 지피고 백성들을 흥분시키는 역할을 한다. 장로교 성직자들은 특히 연단에서 대륙회의의 조치를 지지하고, 개종자를 얻고, 불신자들을 박해하고, 대의의 정당성을 설교하고, 생각 없는 대중에게 성공의 무류성을 설득하는 데 적극적이다!'

인쇄술이 보존한 설교에는 존 로크의 철학이 구약성서의 삽화와 흥미롭게 어우러져 있다. 사람들이 정부를 폐지하고 설립할 권리가 선포되는 동안 조지 3세는 르호보암의 운명을 상기시키고, 아메리카의 대의에 병력과 돈을 제공하지 않는 주들은 메로즈Meroz* 주민들이 비슷한 잘못으로 저주를 받았다고 말한다. 심지어 찰스턴의 올리버 하트 목사도 독립혁명의 한가운데서 시간을 내어 '춤이 터져나오고 있다'라는 강력한 설교를 했는데, 그는 영국군이 점령한 후에 감히 그 도시에 남아 있지 못할 정도로 독립을 지지하는 데 열성적이었다.

세속 작가 중 토머스 페인은 가장 날카롭고 영향력 있는 작가였다. 1776년 초에 인쇄된 『상식Common Sense』에 실린 그의 독립 호소문은 12월에 또 한 번 국민을 향한 날카로운 외침으로 이어져 국민을 패트리어트 편으로 결집시켰다. 그는 워싱턴의 낙담한 군대가 포트 리에서 뉴저지를 거쳐 후퇴할 때 그들과 함께 있었고, 그들과 함께 고통을 겪으며 혁명이 어떤 연약한 갈대로 지탱되고 있는지 잘 알고 있었다. '지금은 인간의 영혼을 시험하는 시대이다.' 그는 흔들리는 군중을 추스르기 위해 계산된 힘찬 문장으로 말문을 열었다. '여름의 군인, 햇볕의 패트리어트는 이 위기 속에서 조국을 위해 봉사하는 일에서 물러날 테지만, 지금 그 자리에 서 있는 사람은 남성과 여성의 사랑과 감사를 받을 자격이 있다.'

페인은 토리당의 이기심, 비굴함, 두려움을 맹렬히 비난했다. 그는 할렘에서 화이트 플레인스, 허드슨 강을 건너 펜실베이니아까지 최근의 반전을 언급하며 이 전략적 후퇴가 재앙이 아니라 승리의 약속임을 대중에게 확신시켰다.

---

* 메로즈는 〈사사기〉 5장 23절('메로즈를 저주하여라.' 야훼의 천사가 말했다. '그 주민들을 저주하여라. 그들은 야훼를 도우러, 용사 되어 야훼를 도우러 오지 않았다.')에 언급된 도시이다. 이스라엘의 타보르 산 북쪽 갈릴리 평야에 있는 도시로, 드보라와 바락의 노래에서 야훼의 천사가 저주한 도시로 알려져 있으며, 주민들은 시스라 군대와의 전투에서 이스라엘 백성을 도우러 오지 않았다. 아메리카 독립혁명 당시 패트리어트 작가들은 왕당파가 그들의 국가와 종교, 자유를 수호하는 데 소홀히 했다는 점에서 메로즈의 죄를 범했다고 주장했다.

그는 자신의 주장이 부담스러워지자 패트리어트들에게 그날을 구하기 위해서는 더 많은 영웅적인 노력이 필요하며, 민병대는 임무에 적합하지 않고, 정규군을 키워야 하고, 더 큰 인내심을 보여야 한다고 경고했다. 결론적으로 그는 불굴의 의지로 쟁취한 승리와 비겁한 패배의 그림을 그려 아메리카인들에게 자신의 운명을 선택하라고 촉구했다.

페인은 이 팸플릿에 이어 목표가 마침내 시아에 들어올 때까지 똑같이 생생한 다른 팸플릿을 이어갔다. 그의 결점과 변덕스러운 정신에 대해 뭐라고 말하든 ─ 시어도어 루즈벨트는 특유의 조급함과 정확성을 비통하게 무시하는 태도로 그를 '역겨운 꼬마 무신론자'라고 불렀다 ─ 페인이 혁명에 기여한 공로는 헤아릴 수 없을 정도로 컸다. 이에 대해 우리는 워싱턴과 제퍼슨만큼이나 일반적인 견해에서 멀리 떨어져 있는 사람들의 증거를 가지고 있다.

§

한 유형의 패트리어트가 혁명적 열정을 불러일으키고 구질서의 지적, 도덕적 유대를 해체하며 새 시대의 윤리를 구축하는 데 몰두하는 동안 다른 유형의 패트리어트는 정치적 행동에 전념했다. 식민지 사회에서 혁명 위원회와 대회들이 생겨나자 곧 기존 정부가 무너졌다. 왕실과 사유 식민지 모두에서 총독, 판사, 기타 고위 관료들은 대개 서둘러 도망쳤다. 웬트워스는 1775년 여름 뉴햄프셔에서 도망쳤고, 노스캐롤라이나의 마틴은 4월의 어두운 밤에 윌밍턴에서 케이프 피어까지 슬그머니 도망쳤으며, 뉴욕의 트라이언은 7월에 항구에 있는 군함을 타고 안전을 찾으며 다음과 같이 간결하게 말했다. '위원회가 정부의 모든 권한을 장악했다.'

왕권 체제가 무너지고 있었기 때문에 새로운 정치 계획에 대한 제안이 필요했다. 식민지에서 국가state로의 전환을 예상한 페인은 '상식'이라는 팸플릿에 프로젝트의 밑그림을 그렸다. 얼마 후 존 애덤스는 「정부에 관한 고찰Thoughts on Government」을 발표했는데, 거기에서 그는 특유의 장중함으로 보수적인 질서를 주장했다. 한편에서는 각 주 의회가 활동 중이었다. 1776년 1월, 뉴햄프셔는 영국과의 화해를 전제로 한 비상 행정 계획 초안을 작성했고, 3월에는 사우스캐롤라이나가 그 뒤를 따랐다. 이것은 독립을 향한 제스처였으며 비판자들에게는 그렇게 보였다.

일련의 사태를 지켜본 대륙회의는 5월에 모든 식민지 주민들에게 각자의 필요에 맞는 새로운 정부를 수립할 것을 권고하는 결의안을 보냈다. 해가 채 지나가기도 전에 버지니아, 뉴저지, 펜실베이니아, 델라웨어, 메릴랜드, 조지아, 뉴욕은 헌법을 제정하고 자결권을 행사하기 위한 절차에 착수했다. 코네티컷과 로드아일랜드는 이미 자체적으로 행정부와 의회를 선출하는 데 익숙해져 있었기 때문에 왕에 대한 언급이 삭제된 기존 칙허장이 그들의 요구를 충족시킬 수 있다고 답했다. 1778년 사우스캐롤라이나는 독립 전에 채택한 칙허장을 개정했고, 2년 후 매사추세츠는 격렬한 논쟁 끝에 한 세기 이상 지속될 헌법을 발효시켰다.

이 새로운 계획에 따라 주 정부는 지금까지 13개 식민지의 운명을 좌우했던 혁명적 의회를 대신하여 일정한 형식에 따라 권력의 책임을 맡게 되었다. 물론 그들의 임무 중 첫 번째는 대륙회의가 반대파를 진압하고 전쟁을 수행하는 데 도움을 주는 것이었다. 이제 충성심에 대한 명확한 시험대가 제공되었으므로 각 주의 사람들은 새로운 제도에 대한 헌신을 선언하도록 요청받았으며, 식민지 의회와 고르지 않은 패트리어트들의 조합으로 왕당파에게 가해지는 압력은 두 배가 되었다. 폭도들은 토리당원들에게 타르와 깃털을 꽂았고, 그렇지 않으면 잔인하게 대우하고 그들의 집을 부숴버렸다. 이제부터는 반대파에 대한 관리가 더욱 체계적으로 진행되었다. 가장 열렬하고 적극적인 혁명 반대자들은 감옥에 갇혔고, 코네티컷의 수용소에는 한때 전 뉴저지 총독과 뉴욕 시장이 수감되기도 했다.

덜 호전적인 사람들은, 정식으로 경고를 받은 후, 감시를 받았다. 존 애덤스가 온건한 토리당원들을 묘사한 것처럼, 소심하고 겁이 많은 사람들은 자극적인 행동을 자제함으로써 법의 그물을 피했다. 크레스웰은 이렇게 탄식했다. '내 생각이 알려진 이 나라에 있느니 차라리 지옥에 있는 편이 낫다. 모든 악당들이 나를 적으로 여기고, 내가 모든 모욕에 암묵적으로 복종하거나 시각, 언어, 청각 기능을 상실하지 않는 한 비참할 수밖에 없다.' 새로운 질서를 견디지 못하거나 가혹한 대우를 두려워한 수천 명이 캐나다, 영국 또는 대영제국의 다른 지역으로 도망쳤다.

토리당의 재산은 물론, 이제 그 사람들도 공식적인 통제를 받게 되었다. 혁명 초기에 몇몇 주에서는 왕당파의 재산을 몰수하기 시작했다. 1777년 11월에 열린 대륙회의는 이러한 급진적인 공화국들의 움직임에 자극받아, '보호'를 받을 자격이 없는 사람들의 재산을 몰수하고 그 수익금을 대륙 채권을 구입하는 데 사용하라고 각 주에 권고했다. 무력 충돌이 끝날 무렵에는 모든 곳에서 규탄과 몰수에 관한 법령이 제정되었다.

물론 이것은 매우 민감한 문제였다. 배심원 재판이나 사법 조사를 통해 어느 정도의 부정부패가 재산 몰수를 정당화할 수 있는지를 밝혀내기는 어려웠다. 게다가 사유지 매각과 자금 관리에는, 혁명의 혼란 속에서는 늘 찾아볼 수 없는 일종의 스파르타식 정직성, 즉 가장 고상한 질서의 정직성이 요구되었다. 사실 토지의 몰수는 모든 민감한 사람들에게 충격을 준 부패와 스캔들로 특징지어졌다. 왕당파에게 혁명 위원들은 피에 굶주린 떼강도였고, 독립을 위해 필사적으로 싸우는 패트리어트들에게는 국내의 적에 대한 온건한 대우가 시적 정의poetic justice에 미치지 못하는 것처럼 보였다.

주 정부는 지역 행정과 애국심 외에도 전쟁에 필요한 병력과 물자의 대부분을 제공했다. 직접적인 과세 권한이 없던 대륙회의는 주 정부에 의존해 재정 지원을 받았다. 대륙회의의 희망과 요구는 약하고 태만한 입법부들에 의해 끊임없이 좌절되었지만, 가까스로 그들의 금고에서 경화 가치로 거의 600만 달러에 달하는 금액을 끌어냈는데, 이는 사무소들을 통한 대륙 채권 판매로 얻은 금액과 거의 같은 액수였다. 또한 보급품, 옥수수, 돼지고기, 소고기, 럼주 및 기타 물품을 징발했고, 대체로 그러한 방법으로 많은 양을 확보하는 데 성공했다.

워싱턴의 병사들이 밸리 포지에서 얼어 죽고 굶주리고 펜실베이니아의 농부들이 필라델피아의 영국인에게 좋은 가격으로 농산물을 팔고 있을 때, 버지니아 지사 헨리[Patrick Henry]는 병사들에게 많은 양의 음식과 의복을 보내 균형을 바로 잡는 데 도움을 주었다. 대륙회의는 군대의 병력을 채우기 위해서도 주에 의존해야 했으며, 그들의 부족함이 눈에 띄는 경우에도 종종 요구를 따르기 위해 영웅적인 노력이 이루어졌다고 말할 수 있다. 게다가 일부 지사들은 군인 출신으로 직접 전장에 나가 적과 싸웠고, 많은 무대에서 지역 민병대가 대륙군Continental Army 부대와 나란히 싸웠다. 비판자들이 그들의 약점을 개탄했다면, 옹호자들은 명백한 사실들을 언급하며 그들을 방어하는 모습을 보여줄 수 있었다.

§

설교자, 팸플릿 제작자, 위원회, 변호사, 주 정부 등이 혁명적 대의를 추진한 이 대중 운동에서 모든 부문의 여성들은, 소수의 평화주의 퀘이커교도들을 제외하고는, 전쟁이 항상 '온화한' 성에게 불러일으킨 강렬한 감정과 동족에 대한 충성심으로 남성 전사들을 지원하는 관습적인 역할을 수행했다. 무력에 대항하기 위해 자매들을 소환한 뤼시스트라타Lysistrata*는 인간의 정신이 만들어낸 허구의 인물이다. 혁명의 기록은 남성의 열정에 상응하는 여성의 애국적

---

* 뤼시스트라타(그리스어:Λυσιστράτη)는 아리스토파네스의 고대 그리스 희극으로 제목이자 등장인물의 이름으로 '군대 해산자'라는 뜻이다. 기원전 411년 아테네에서 공연되었다. 그리스 도시 국가들 간의 펠로폰네소스 전쟁을 끝내기 위해 모든 남성들이 진정으로 원했던 유일한 것인 섹스를 거부함으로써 전쟁을 종식시키려 한 여성의 특별한 임무를 코믹하게 묘사한 작품이다. 뤼시스트라타는 전쟁 중인 도시의 여성들에게 남편과 연인에게 성적인 특권을 주지 말라고 설득하여 남성들이 평화 협상을 하도록 유도하지만, 이 전략은 오히려 남녀 간의 전쟁에 불을 붙이는 결과를 낳는다.

용기를 보여주는 것처럼 보인다.

반란의 거의 모든 남성 지도자들은 두 번째 방어선에서 적극적으로 활약한 아내, 누이, 딸을 가졌다. 제임스 오티스의 누이이자 제임스 워렌의 아내인 머시 워렌은 당시의 정교한 문체로 풍자극과 익살극을 써서 왕당파를 비난하고 자유를 찬양하는 글을 써, 패트리어트들의 캐리커처로 뉴욕 군중을 즐겁게 해주던 영국 극작가들과 배우들에게 화답했다. 신문 발행인과 편집자 사이에서도 여성들이 눈에 띄었는데, 이들은 펜을 칼만큼 강력한 도구로 만들어 독립을 호소하는 글을 쓰는 작가들을 독려했다.

사회 질서를 유지하고 군대에 보급품을 공급하는 모든 경제 분야에서 여성은 부지런한 노동자였고 정력적인 추진자였다. 여성들은 오랫동안 섬유 산업 노동자의 대부분을 차지했으며, 전쟁 내내 군인과 민간인 모두를 위해 방적기를 돌리고 직물을 짜는 여성들의 물레와 베틀 소리가 온 나라에 울려 퍼졌다. 당시의 편지를 보면 여성들이 농사를 짓고, 수확을 거두고, 부엌과 농장의 일을 관리하는 모습을 볼 수 있다. 그들은 창문에서 나온 납과 선반에서 나온 백랍을 녹여서 총알로 만들게 했고, 영국의 사치품 불매 운동에 동참했으며, 군대를 위한 돈과 식량이 가장 필요할 때 가가호호 방문하며 식민지에서 만든 제품의 사용을 확대하기 위해 힘을 합쳤다.

전투원이 아닌 몸으로 약탈하는 군인들과 맞서 싸우는 것은 종종 여성의 의무였다. 캐서린 슈일러는 진격하는 영국군 앞에서 사라토가 근처의 밭에서 자신의 농작물에 횃불을 놓고, 자신의 농작물과 함께 식량을 삼키는 불길을 침착하게 지켜보며 여성이 얼마나 용감하게 자신들의 방식으로 싸울 수 있는지 증명해 보였다. 영국군이 쓸고 지나간 남부와 북부에서, 그들은 폐허가 된 집을 복구하고 참전 용사들이 돌아올 때를 대비해 파편이 된 가족의 재산을 모으는 데 힘썼다.

그들도 신앙에 대한 확고한 신념으로 무장한 엄격한 훈육자였다. 그들은 위원회를 구성하여 부당한 이윤을 추구하는 사람들을 찾아가 그들의 폭리에 대해 경고했다. 한 번은 고집불통 상인의 손에 있는 차를 압수하여 자신들이 정한 가격으로 판매하기도 했다. 존 애덤스가 팔머스의 휴스턴 부인에게 '부인, 지친 여행자가 정직하게 밀수하거나 관세를 내지 않은 차 한 잔으로 기분을 전환하는 것이 합법적인 일일까요?'라고 물었다. 대답은 단호했다. '아니요, 선생님, 이곳의 모든 차는 포기했지만 대신 커피를 드릴게요.' 그에 대한 항의는 없었다. 나그네는 한탄했다. '단념해야겠군요. 그리고 빠르면 빠를수록 좋겠지요.' 버지니아 주 아멜리아 카운티의 젊은 여성들은 '아메리카 군대에서 오랫동안 복무하여 용맹함으로 그들이 사랑을 받을 자격이 있음을 증명하지 않는 한, 그의 환경이나 인생의 상황이 어떻든 간에 누구의 강연도 허용하지 않기로' 합의한 것으로 알려졌다.

§

그러나 이 광범위한 민중의 움직임을 묘사할 때 적에 맞서 싸우는 패트리어트 대중을 단결된 모습으로 표현하는 것은 실수일 것이다. 그 반대가 진실이다. 모든 곳에서 혁명의 지지자들은 보수파와 급진파로 나뉘었는데, 전자는 주로 상인과 물질적 부유층으로, 후자는 장인과 자유 농민으로 구성되었으며 때로는 다른 부류의 사람들이 이끌었다. 매사추세츠에서는 반란을 일으킨 좌파 정치인들이 만족할 만한 주 헌법을 작성했지만, 이를 채택하도록 강요할 만큼 강력하지는 못했다. '부와 재능'을 가진 귀족들은 교묘한 조합으로 이 계획을 무산시키고 모든 보루에서 재산의 권리와 특권을 보호하는 제도로 대체했다. 모리슨은 이 제도에 대해 간략하게 설명한다. '1780년 헌법은 변호사와 상인들을 위한 헌법으로, 정부 운영에서 해군 사관의 효율성으로 민주주의적인 해적에 맞서 재산을 보호하는 것이 목표였다.'

펜실베이니아는 비슷한 파벌들에 의해 괴롭힘을 당했는데, 분열이 극심하고 관계는 폭력적이었으며, 매 사안마다 길고 볼썽사나운 언쟁을 벌였다. 한때는 혁명 정부 자체가 더 혁명적인 집단의 공격을 받아 유혈 사태가 벌어지기도 했다. 빈틈없는 관리로 패트리어트들 사이에서 평온을 되찾은 후에도 지역 갈등은 마침내 독립을 쟁취할 때까지 지도자들의 에너지를 계속 소모시켰다. 이러한 이유로 펜실베이니아는 가장 크고 부유한 주 중 하나임에도 불구하고 대륙회의의 요청을 따르는 데 늘 발목을 잡혔다.

남부 주들도 그보다 더 운이 좋지는 않았다. 전쟁 기간 내내 버지니아에서는 해안가의 농장주들과 내륙의 소농들 사이에 필사적인 투쟁이 벌어졌는데, '이 투쟁은 영국 국교회와 토착 귀족이 있는 올드 도미니언[버지니아]의 사회질서에 대한 혁명과 다름없었다.' 그 결과 해안 평야의 많은 유서 깊은 가문들은 왕의 관리로 복무한 영국인보다 토머스 제퍼슨과 패트릭 헨리를 훨씬 더 미워했다.

사우스캐롤라이나에서는 저지대의 노예 소유주와 마을의 상인들이 상점의 기술자 및 시골의 농부들과 거의 매일 경쟁을 벌이는 혈연 정신이 불타올랐다. 한 번은 분쟁의 열기로 인해 급진파의 지도자 개즈든조차 '경멸스럽고 수출해버려야 할 토리당 무리 전체에서 발생할 수 있는 것보다 훨씬 더 위험한 위험이 우리 사이에 있지 않은지' 묻게 되었다. 실제로 '부와 재능'을 가진 귀족층을 전복시키려는 '평등주의자' 집단은 매우 위협적이었기 때문에, 국가의 저명인사들은 자신들의 특권과 명성을 지키기 위해 상당한 기술을 발휘해야만 했다.

변경 너머 조지아에서 보수주의자와 급진주의자 사이의 사회적 싸움은 가장 격렬한 순간에 패트리어트 당파가 두 개의 입법부와 두 개의 행정부를 자랑할 수 있을 정도로 치열하게 전개되었다. 영국군이 주를 황폐화시키는 동안 이 두 당파는 무익한 논쟁으로 힘을 소진했고, 역사가 앨런 네빈스에 따르면, 양쪽 모두 아메리카 라이벌의 승리보다 그들 공동의 적에게 패배하는 것을 선호하는 사람들이 많았다.

§

패트리어트들 사이의 이러한 분열은 총을 고수하는 왕당파의 지속적이고 비열한 공격으로 인해 더욱 심해졌다. 혁명이 더 진전되기 전에 토리당의 편집자, 시인, 팸플릿 제작자들은 완벽한 수사학적 공격 계획을 세웠다. 온건파들은 영국의 정책과 조치에 악이 있었다는 것을 인정하면서도 청원과 논쟁을 통해 모든 잘못을 바로잡을 수 있다고 주장했다. 이들은 모두 역사의 판결에 호소했다. 혁명은 먼 과거로부터 물려받은 전통과 오랜 유대紐帶와 의식을 위반했고, 영국의 정체政體에 표현된 신성한 질서에 위배되며, 혁명이 호소하는 평등 교리는 '그 전제와 결론 모두에서 근거가 없고 허위'이며, 혁명에 의해 촉진된 평등 운동은 국가를 '단순히 인간의 법령'으로, 통치자를 '대중의 단순한 하인'으로 취급함으로써 '정부에 대한 수준 낮은 견해'로 세계를 위협했다.

이 학파에 따르면 전체 혁명 프로그램은 역사나 이성에 비추어 볼 때 옹호할 수 없는 것이었다. 능변인 토리당의 성직자 조너선 바우처는 이렇게 썼다. '세계가 당혹스러워하거나, 즐거워하거나, 교훈을 얻었던 정부의 기원에 관한 모든 이론들 중에서 오직 성서의 이론만이 극복할 수 없는 어려움이 없다. 전적으로 지혜롭고 자비로우신 창조주께서 질서와 통치할 수 있는 피조물을 만드신 후, 그 피조물을 그들의 무질서한 의지에 따라 세상에 풀어놓는다는 것은 기대할 수 없는 일이다.' 아니, 신은 세상을 다스리기 위해 왕과 우월한 사람들을 세상에 두었다고 주장했다. 요컨대, 토리당이 보기에 아메리카 혁명은 경험, 역사, 신의 제가裁可를 무시한 채 진행되었다. 백발이 성성하고 고색창연한 평판은 모두 식민지 상태의 편에 선 것이었다.

이 정리定理를 바탕으로 토리당 선전가들은 다음 단계로 나아갔다. 혁명은 군중의 무지와 열정을 이용한 소수의 교활한 사람들에 의해 선동되었고, 소수의 음모자들은 '군중을 속이고 인류를 매혹시키기 위해 고안된 초안'이었다. 그리고 이 음모자들은 '지옥 같은 어둠의 설계자 집단…… 무명의 궤변만 늘어놓는 변호사, 파산한 상점 주인, 불법 밀수업자, 비열한 산적…… 인류의 쓰레기와 찌꺼기들'이었다. 적어도 1778년 5월 23일, 〈뉴욕 가제트〉의 편집자에게 그들은 이런 모습으로 등장했다.

> 올드 캐틸린과 크롬웰도,
> 잭 케이드와 그의 선동적인 부하들,
> 첫눈에 반란의 형제들을 환영하고,
> 대륙회의에서 모이기를 희망한다,

  독립선언서를 작성하고 채택한 패트리어트들에 대한 토리당의 어느 발라드는 이렇게 흐른다. 거기에 참여한 개인들의 본성에 대해, 존 설리번 장군은 꽤 공정한 유형의 시인으로 등장한다.

> 만 개의 저명한 기지 가운데,
> 설리번, 너는 가장 높은 자리를 차지하라!
> 선원, 농부, 잘 나가는 변호사,
> 각 주가 너의 것이었고, 너희 각자는 도적이다.

  토리당 서기관들은 위대한 워싱턴도 그냥 놔두지 않았다. 혁명의 불굴의 영혼을 향해 조너선 오델은 향해 다음과 같은 구절과 그 이상을 발사했다.

> 그대는 왕과 나라와 법에 반하는
> 잔혹한 대의를 지지했다,
> 위증을 저지르고, 거짓말을 부추기고,
> 양심을 강요하고, 가장 신성한 유대를 끊었다,
> 수많은 아내와 아버지가 그대의 손에
> 살해당한 남편과 살해당한 아들을 요구한다,
> 저 목초지에서는 더 이상 암소의 낮은 울음 들리지 않고,

저 황폐해진 마을은, 모두 ─ 모두 너의 것이다.

아메리카 대의의 걸출한 인물들인 혁명 지도자들에 대한 토리당의 견해가 이렇긴 했지만, 왕당파들의 의견은 이보다도 덜 호의적이었다. 토머스 페인은 '우리의 매문賣文 작가…… 그러브 스트리트Grub Street*의 진정한 아들'로 불렸다. '차관 위원, 전쟁 위원회, 해양 위원회, 교회 공무원, 서기관, 의회, 평의회, 상원 의원 종족은 프랑스인들이 혐오하는 행위 그 자체인 비열한 자들'이었다. 워싱턴은 '누더기 대열의 우두머리에 있었다. 기아와 빈대가 그와 함께 하고…… 그가 지나간 자리에는 이집트의 모든 이lice가 있고…… 서부 고트족과 훈족의 위대한 우두머리'였다. 병사들은 '벽지에서 온 반半 야만인'이었다. 패트리어트 진영에는 '사제, 재단사, 구두수선공…… 선원, 사자굴에 깃든 쥐들…… 불빛에 기어나온 사악한 벌레들'이 가득했다. 그들을 행동하게 만드는 영감은 '반역, 야망, 위선, 사기, 거짓말 다발, 중상모략, 열망, 폭동, 잔인함, 교활함, 악의, 박해…… 그리고 미신'이었다.

> 여기 무정부 상태의 군중이
> 민중의 위엄을 소리 높여 선포한다……
> 대륙회의를 위해 싸우거나 대륙회의에서 싸우는
> 불순분자, 겁쟁이, 사악한 자, 약한 자들이.

혁명 당파의 수뇌부에 분노의 약병을 쏟아부은 후, 토리당 선동가들은 패트

---

* 그러브 스트리트는 런던의 빈민가로 저임금자들을 위한 쪽방촌, 매춘 업소, 커피하우스 등을 배경으로 형성되었다. 파리의 몽파르나스처럼 여기에 보헤미안적인 작가, 예술가들이 모여들어 돈이 되면 어떤 글도 마다않는 작가hack writer, 시인 지망생, 싸구려 출판사 및 서점들이 밀집한 것으로 유명하다. 그러브 스트리트는 런던의 저널리즘과 문학계의 변방에 존재했다. 18세기 초 아메리카에서 '그러브 스트리트'라는 용어는 경멸적인 상업 인쇄의 은유로 쓰였다.

리어트들이 자유를 그들의 목표로 선포하고는, 그것을 달성하기 위해 타르와 피와 폭정의 냇물을 헤쳐나갔다고 비난했다.

>한 명의 합법적인 통치자를 위해, 젊은이와 늙은이를
>그들의 전쟁터로 내모는
>우리의 수많은 폭군들을 총살해야 한다,

토리당의 한 시인이 외쳤다.

>홍차bohea를 마셨다고 타르로 칠해져, 깃털을 붙이고,
> 수레에 실려 간다고요?
>강압과 압제에 의해 자유로워지기를 강요당하는
> 건가요? ―
>같은 사람들이 모든 인류는
>바람처럼 자유로웠고, 자유로워야 한다고 주장하고,
>그들이 끊임없이 주는 교훈의 진실을 믿었다는 이유로
>그들의 노예들을 찔러 죽이고 불태우는데?

또 다른 의혹이 던져졌다. '압제의 적으로 가장한 이들이 가장 무자비한 압제자이며 그들의 새끼손가락은 왕의 허리보다 무겁다…… 터키에는 대륙회의의 영토보다 더 많은 자유가 있다'고 뉴욕 트리니티 교회 목사는 한탄했다. 그리고 이 모든 일들은 권위를 찬탈하고 입법자와 총독 역할을 자처한 자칭 위원회, 대회, 집회에 의해 이루어졌다.

§

논쟁, 정치, 정부, 행정에서 드러난 혁명 운동의 약점은 당연히 군사 작전의 모든 단계에 반영되었다. 즉흥적인 판단과 추측이 모든 단계를 지배했다. 혁명이 조직적인 분쟁의 양상을 띠었을 때, 국지전과 구별되는 대규모 전투 전략의 경험이 있는 군 장교는 단 한 명도 없었다. 워싱턴은 프렌치 인디언 전쟁에서 위험과 죽음 앞에서도 용기와 지략을 발휘했지만, 1775년 케임브리지에서 군대를 지휘할 때만 해도 그의 위대함을 가늠하는 사람은 아무도 없었다.

　호레이쇼 게이츠, 대니얼 모건, 필립 슐러 등 몇몇 장교들은 프랑스 전쟁에 참전한 경험이 있었지만 군사학에 대한 지식은 제한적이었다. 그의 직속 부하들은 대부분 민간인 출신이었다. 마지막에 가서 동포들을 배신한 베네딕트 아널드는 렉싱턴 전투의 소식을 듣고 군에 입대한 뉴헤이븐의 상인이었고, 로드아일랜드의 농부이자 대장장이였던 너새니얼 그린, 펜실베이니아의 농부이자 측량사였던 앤서니 웨인, 군대 경험은 인디언과 잡목림에서 싸운 것이 전부였던 사우스캐롤라이나의 농장주 프랜시스 매리언, 칼보다는 법률 서류에 더 익숙한 변호사였던 뉴햄프셔의 존 설리번이 그 예이다. 코네티컷 출신의 농부 이스라엘 퍼트넘은 옥수수밭에 있는 것처럼 셔츠 소매를 걷어붙이고 낡은 모자를 쓴 채 보스턴에서 부하들의 선두에 서겠다고 고집해 중부와 남부 주 출신의 젊은 장교들의 고개를 갸우뚱하게 만들었다. 이 병사들은 모두 타고난 능력과 의심할 여지 없는 용기를 가졌지만, 그들의 비범한 재능은 긴 전투에서 시험대에 오르지 못했다.

　장교들보다 경험이 더 적은 군대는 보통 훈련을 받지 않은 대장이 지휘했다. 대륙 전선의 정규군은 결코 많지 않았고, 초기 전투의 불운 속에서 살아남아 혹독한 훈련과 채찍질, 고문을 견뎌낸 이들은 시간이 지나면서 소총과 총검을 잘 다루는 일급 병사로 성장했다. 그러나 그 군대조차도 사기가 저하될 위험에 처해 있었다. 병사들의 급여는 거의 항상 애처롭게도 체납되었고, 체납된 급여를 받을 때는 대개 가치가 떨어진 지폐의 형태였다. 물질적인 지원도 부족했다. 웨인 장군은 상관에게 '우리 병원은, 아니 대학살의 집은 모든 면에서 거지 수준이며 병자에게 적합한 약이나 처방도 없고, 누울 침대나 짚도 없으며, 얇고 비참한 옷 외에는 그들을 따뜻하게 해줄 덮을 것도 없어 방문하는 모든 사람에게 충격을 준다'고 적었다.

시간이 지나면서 상황이 나아지는 것 같지도 않았다. 1782년 그린 장군은 '우리 병사들은 거의 벌거벗은 상태며 작업복과 셔츠가 부족해 군대 대부분이 맨발로 다니고 있다'고 단언했다. 기병대의 상황도 마찬가지였다. 버지니아 연대가 지나가는 것을 보고 한 목격자는 이렇게 기록했다. '어떤 이들은 부츠가 하나뿐이었고, 어떤 이들은 양말이 없어 신발 밖으로 발이 훤히 들여다보일 정도였으며, 어떤 이들은 품위 있는 사람들의 얼굴을 붉어지게 하는 바지를 입고, 어떤 이들은 짧은 재킷을 입고, 어떤 이들은 긴 코트를 입었는데, 어쨌든 모두 기병대 모자는 쓰고 있었다.' 물론 상황이 항상 나쁜 것은 아니었지만, 가장 헌신적인 패트리어트의 영혼을 시험하기에 충분한 악조건이었다. 약한 병사들은 떼를 지어 탈영했고, 채찍질이나 교수대의 위협도 그들의 도주를 막지 못했다.

정규군과 독립군 모두 민병대원들은 장교들에게 끝없이 문제를 일으켰다. 한 번 이상의 시험에서 그들은 총격전에서 믿을 수 없다는 것이 입증되었다. 롱아일랜드 전투에서 워싱턴이 보고한 것처럼, '적의 출현에…… 총 한 발 쏘지 않고 극도의 혼란 가운데 도망쳤다.' 재난 이후, 그는 '거의 모든 종류의 구속과 관리'에 분노하고 나머지 군대의 사기를 떨어뜨리는 '당황하고, 고집스럽고, 참을성이 없는' 병사들을 발견했다. 그는 대륙회의에 제출한 보고서에서 '나는 군대에 대해 전반적으로 신뢰가 부족하다는 사실을 고백하지 않을 수 없다'고 외쳤다. 민병대는 부름을 받았을 때 전혀 나오지 않거나, 총사령관의 영혼을 괴롭힐 정도로 게으르고 무관심하게 집결하는 일이 잦았다.

1776년 말, 1년여의 경험 끝에 그는 대륙회의에, 자원병들이 '언제 어떻게 들어오는지 알 수 없고, 언제 어디로 가는지 알 수 없으며, 어디에서 행동하는지 알 수 없고, 식량을 소모하고, 창고를 텅텅 비게 하고, 마지막에는 결정적인 순간에 떠난다'고 불평했다. 그러나 심각한 전투가 벌어진 마지막 해, 즉 1781년에 병력 3만 명 중 절반 이상이 정규군 대열 밖에 있었다. 물론 예외도 많았지만, 워싱턴이 특히 전투가 자신의 지역을 벗어난 곳에서 벌어지는 경우 전쟁의 승패보다는 목숨을 부지하고 집으로 돌아가는 데 더 관심이 있는 훈련되지 않은 병사들을 신뢰하지 않은 데에는 충분한 이유가 있었다.

그로부터 한참 뒤, 미합중국군 장교인 에모리 업튼 장군은 혁명군의 군사 대차대조표를 작성하면서 쟁기질이나 난로 앞에서 막 전투에 나선 농부들이 대영제국의 무게를 이겨냈다고 생각했던 아메리카인들에게 충격을 주는 이야기를 보고해야 했다. 그의 간결한 기록에서 사실들은 인상적인 대담함으로 돋보였다. 투쟁이 시작되었을 때 수많은 패트리어트 자원자들이 흥분된 마음으로 현장으로 달려갔지만, 유혈과 죽음의 참상을 철저히 맛보는 순간 많은 사람들이 고향과 안전에 대한 놀라운 애착을 보였다.

남은 전쟁 기간 동안 300만 명의 인구 중 3~4만 명의 사병이 전쟁터에 남아 있을 수 있었던 것은 영웅적인 노력 덕분이었다. 전쟁이 끝나기 한참 전부터 병사들을 군에 입대시키기 위해 돈과 토지를 아낌없이 지원해야 했다. 예를 들어, 남부 주 중 한 곳은 자원병에게 '10세에서 30세 사이의 건강한 흑인, 또는 병사의 선택에 따라 금과 은 60파운드'를 장려금으로 제공했다. 병력을 구하는 데 절박한 상황에 처해 있던 주들은 군대에 들어가는 조건으로 해방시킨 흑인 노예를 상당수 입대시켰는데, 1778년 공식적으로 워싱턴의 각 대대에는 평균 54명의 흑인이 있는 것으로 추산되었다.

실제로 어떤 주에서는 할당량을 채우기가 너무 어려워서 영국군 탈영병들을 고용하여 그들을 위해 싸우게 하기도 했다. 워싱턴은 매사추세츠 주에 보낸 서한에서 이렇게 탄식했다. '귀 주의 여러 마을과 지역의 위원회가 비고인 장군의 군대에서 탈영한 병사들을 고용하여 주민의 개인적 복무를 면제해주기 위해 그들을 대리인으로 고용한다는 최고로 신뢰할 만한 거듭되는 정보를 받은 것은 말로 표현할 수 없는 우려를 안겨줍니다.' 결국 아메리카 독립의 대의는 마지막 순간까지 신념을 지킨 비교적 적은 수의 병사와 장교들의 불굴의 의지와 꺾을 수 없는 헌신에 의해 전투 현장에서 이루어졌다고 말할 수밖에 없다. 승리가 그들의 오랜 수고에 마침표를 찍었을 때, 그들은 종이돈 다발을 받았고 냉혹한 세상의 부드러운 자비에서 풀려났다. 바로 군인들과 그들의 친구들의 끈질긴 노력이 종이 독립선언서를 현실로 만든 용감한 공로는 결국 대륙회의의 소극적인 민간인들로부터 뒤늦게나마 인정받게 되었다.

§

아메리카 내 영국 지배의 폐허를 딛고 일어선 다투기 좋아하는 정부들과 작고 형편없이 지원받은 아메리카군의 무력에 세계 최강 제국의 힘이 맞섰다. 대륙회의와는 달리 영국의 정치 체제는 강력하게 조직되어 있었으며, 웨스트민스터에 있는 의회는 신민들의 지갑과 충성을 명령했다. 바다를 지배하는 영국 해군은 비교적 쉽게 바다를 건너거나 해안을 따라 병력과 물자를 수송할 수 있었다. 게다가 조지 왕은 전쟁 기술을 훈련받은 상당한 수의 정규군을 보유하고 있었을 뿐만 아니라, 전략의 최고 대가는 아니더라도 적어도 워싱턴과 그의 부하들보다는 더 심각한 전투를 경험한 수많은 고위 장교들을 불러들일 수 있었다. 그렇다면 약하고 협의회들로 분열된 13개 주[뉴햄프셔, 매사추세츠, 로드아일랜드, 코네티컷, 뉴욕, 뉴저지, 펜실베이니아, 델라웨어, 메릴랜드, 버지니아, 노스캐롤라이나, 사우스캐롤라이나, 조지아]가 어떻게 무력 시험에서 독립을 쟁취할 수 있었을까?

그 해답을 구성하는 항목을 열거할 때 모든 역사가들은 지치고 발이 피곤한 대륙 군대의 사령관인 워싱턴이라는 인물에 첫 번째 순위를 부여하는 데 동의한다. 신화, 정치, 영웅 숭배는 이 놀라운 인물을 엄숙하게 추앙하기 위해 최선을 다했지만, 그의 인격은 결국 그를 추종하는 사람들의 어리석음과 우상 숭배에 반발하는 비방자들의 공격에서도 살아남았다. 워싱턴은 거물이었고 지칠 줄 모르는 체계적인 일꾼이었으며, 확고한 통치자였지만 카이사르나

크롬웰의 야망은 없었고, 고난과 죽음에도 흔들림 없이 맞선 군인이자 확고한 패트리어트였으며, 냉철하고 실용적인 국정 책임자였다. 기술자들은 그의 전략에 대해 오랫동안 논쟁을 벌여왔고, 어떤 이들은 전쟁의 장기화를 그의 능청 부리는 태도 탓으로 돌렸으며, 어떤 이들은 그의 에너지와 결단력이 부족하다고 말했지만, 모두가 그가 승리에 필수적인 한 가지, 즉 역경과 번영의 시기에 일종의 군대를 전쟁터에 유지하고, 질투심 많고 개인주의적인 사람들의 뿔뿔이 흩어져 있는 불확실한 힘을 결집시켰다는 점에는 동의했다.

워싱턴과 독립의 대의를 위해서는 다행스럽게도 영국의 군사력에는 약한 요소들이 있었다. '아메리카에 강력한 조치를' 외친 영국의 토지 귀족과 상인 계급은 그들이 요구한 전투에 맞서 싸우기 위해 서두르지 않았다. 오랫동안 해군을 통해 침략으로부터 보호받아왔기 때문에, 영국 국민은 상무尙武 정신을 키우지 못했다. 따라서 수 세대에 걸쳐 영국 왕실은 정규군 대열을 채울 충분한 병력을 확보하기 위해 편법을 동원하는 것이 필수적이라는 사실을 깨달았다.

이론적으로는 주로 지원병에 의존했지만, 실제로는 법령과 관습법에 따라 무질서하게 징병이 이루어졌고, 이 두 가지 편법을 통해 거의 비슷한 유형의 병사들이 배출되었다. 지원자들은 주로 비참한 프롤레타리아 계급에서 뽑혔고, 강압과 술, 폭력에 의해 군복을 입게 된 남성들은 영국 역사가 레키가 '인구의 찌꺼기'라고 불렀던 사람들이다. 징병에 관한 법률은 건장한 거지, 점쟁이, 게으름뱅이, 정체를 알 수 없는 자, 의심스러운 사람들, 구제할 수 없는 불량배, 밀렵꾼, 전과자 등을 잡아들이는 것을 구체적으로 승인했다. 범죄자들은 '폐하의 군대에 입대하는 조건으로' 사면되었으며, 영국군 3개 연대는 전적으로 감옥에서 석방된 범법자들로 구성되었다.

그러나 이러한 모든 방법들은 영국의 지주와 상인들을 위해 아메리카를 구하는 임무를 수행하기에 충분한 병력을 확보하는 데 실패했다. 렉싱턴 전투 6개월 후, 영국 정부는 병력을 충원하려는 노력이 실패했다고 고백했다. 그래서 '왕은 대륙에서 싸울 군대를 모집하기 위해 공개 시장에 나섰고' 독일 왕자들로부터 밭에서 끌려온 농민,[*] 인신매매업자들에게 납치된 장인, 큰길과 샛길에서 긁어모은 비참한 사람 등 수천 명의 전투병을 고용했다.

영국군의 뒤에는 통상적으로 부랑자 부대 후위가 이어졌다. 버고인의 군대에는 약 2천 명의 여성이 동행했는데, 그중 일부는 장교의 아내였으며, 300명은 '연대의 힘으로', 나머지는 '병사들이 직접 먹이고 유지'했다. 영국군 대열에는 훌륭한 전사들이 있었고, 일부 범죄자 연대는 용맹으로 두각을 나타냈지만, 영국군에 가장 우호적인 역사가들도 그것이 생명과 사지를 희생해서라도 아메리카 반군을 압도하려는 강렬한 열망에서 나온 게 아니라는 것을 인정해야 했다.

물론 영국 장교들은 다른 계급에서 선발되었지만 어떤 이유로든 아메리카에서 지휘권을 맡은 장교들은 기술이나 에너지가, 혹은 둘 다 부족했다. 윌리엄 하우에게 많은 부담이 지워졌는데 그는 경험 많고 뛰어난 장군이었지만 많은 장애로 인해 고통받았다. 그는 전쟁을 초래한 강압적인 조치에 격렬하게 반대했으며 무기를 들라는 요청을 받으면 아메리카인과 싸우지 않겠다고 공개적으로 선언했다. 그럼에도 불구하고 그는 그러한 공언을 한 후 주권자의 호소에 굴복하여 명령을 수락했다. 그의 태도를 고려할 때 왜 그가 중요한 직책에 선택되었는지는 분명하지 않지만 당시에는 그가 '할머니의 약점', 즉 그가 불법적인 연고緣故를 통해 조지 1세의 손자라는 사실에 영예를 빚지고 있다는 암시가 있었다.

어쨌든 하우는 여유와 와인, 도박, 여성들과의 교제를 사랑한 세계의 쾌남아

---

[*] 당시 독일은 통일된 국가가 아니었고, 여러 독립적인 공국들로 나뉘어 있었다. 영국은 아메리카 독립 전쟁 당시 병력 부족 문제를 해결하기 위해 이들 독일 공국의 군주들에게 돈을 주고 군인들을 임대하듯이 고용했다. 이 군인들은 대부분 농민이나 일꾼들이었고, 인신매매에 가까운 방식으로 끌려왔다. 가장 유명한 예로는 헤센-카셀 출신의 병사들이 있는데, 이들은 흔히 '헤센 용병Hessians'이라고 불렸다.

였다. 아메리카인들은 즐겨 이렇게 말했다. '보스턴에서 이 영국인 안토니우스가 클레오파트라를 찾았다.' 유능한 비판자들은 그의 마지막 괴멸을 '이 저명한 창녀[엘리자베스 로링이란 배우가 윌리엄 하우 장군과의 연인 관계로 유명했다]의 파멸적인 영향력' 때문이라고 했다. 나태와 술, 호화로운 생활에 푹 빠져 화해를 통해 평화를 이루고자 했던 하우는 무자비하고 신속하고 집요한 징벌적 조치를 취하는 데 위축되었다. 그는 뉴욕과 필라델피아를 계속 점령하고 해안을 봉쇄함으로써 패트리어트들을 지치게 할 수 있다는 이론을 내세웠다. 만약 프랑스가 그들의 해군으로 개입하지 않았다면 그는 계획에 성공하여 당대의 선견지명이 있는 정치인이자 전사 중 한 명으로 칭송받았을지도 모른다. 그러나 사건들은 그의 행운을 회복할 수 없을 정도로 침몰시켰다. 1778년 하우의 뒤를 이어 총사령관이 된 헨리 클린턴은 전쟁에 더 적극적이긴 했지만 군사적 재능을 발휘하는 데는 그다지 만족스럽지 못했고, 콘월리스 경의 경우는 별로 그에 대해 말하지 않는 편이 그를 위해서는 나을 것 같다.

아메리카의 대의에 유리한 다른 요인 중에는 지리적 상황으로 인한 이점도 있었다. 영국군은 3,000마일의 바다를 건너와 남북으로 거의 1,000마일에 걸쳐 펼쳐져 있고 서쪽으로는 황야로 이어진 들판에서 싸워야 했다. 해군의 도움으로 그들은 쉽게 항구를 점령하고 해안 지대의 상권을 공격할 수 있었으며, 벙커힐Bunker Hill에서 값비싼 대가를 치르고 승리했음에도 불구하고 1776년 보스턴에서 쫓겨났지만, 전쟁이 진행되는 동안 뉴욕, 필라델피아, 찰스턴, 서배너를 점령할 수 있었다. 필라델피아를 제외한 이 모든 도시들은 콘월리스가 요크타운에서 항복할 때까지 계속 점령했고, 그 도시에 대한 그들의 지배력은 프랑스 함대의 위협으로 인해 깨졌을 뿐이었다.

그러나 내륙으로 깊숙이 들어가면 역공을 당하거나 일시적인 승리를 거두는 데 그쳤다. 버고인은 사라토가에서 포위되어 괴롭힘을 당하고 보급로가 차단되어 항복할 수밖에 없었다. 영국군은 1780년 찰스턴을 점령하고 캠든에서 게이츠를 격파한 후 주 대부분을 점령했지만, 해상 지원에서 멀어질 때마다 민병대의 공격과 위협에 시달려야 했다. 콘월리스는 노스캐롤라이나와 버지니아의 해안을 거의 마음대로 유린할 수 있었고, 심지어 내륙까지 진격해 길포드에서 그린에게 큰 타격을 입힐 수 있었지만, 그가 그의 깃발을 꽂았던 내륙을 점령하지는 못했다. 그의 군대가 철수하자마자 혁명군이 버려진 영토를 점령했다. 요컨대, 무기로 아메리카 대륙을 정복하려면 지속적인 점령과 군사적 절차에 의한 정규 정부가 필요했는데, 이는 아메리카에 파견된 영국군이 감당할 수 없는 거대한 과제였다.

아메리카에 승리를 가져다준 요소를 계산할 때 프랑스가 제공한 원조에 큰 비중을 두어야 한다. 루이 16세의 재무부에서 받은 돈은 절실히 필요한 물자를 구입하고 가라앉는 신생 공화국의 신용을 끌어올리는 데 사용되었다. 모험심이 강한 군인답게 라파예트 후작과 칼브 남작을 필두로 한 프랑스 장교들은 프로이센의 슈토이벤 남작, 풀라스키 백작, 폴란드의 타데우시 코시치우슈코와 함께 아메리카 농장과 상점에서 온 신병들에게 영감과 규율을 제공하는 데 도움을 주었다. 아메리카군 주둔지와 야전에 파견된 프랑스 정규군은 워싱턴의 지휘 아래 낙담한 군인들에게 용기를 북돋아주는 것 외에도 전쟁 수행에서도 좋은 평가를 받았다. 대작전의 마지막 장면인 요크타운에서 아메리카군과 거의 같은 숫자의 프랑스군은 포위망을 뚫으려는 콘월리스의 시도에 맞서 바위처럼 버티고 있었다. 육지에서와 마찬가지로 해상에서도 영국의 우세한 전력에도 불구하고 프랑스의 무력은 아메리카의 승리에 크게 작용했다. 프랑스 함장들은 폴 존스와 존 배리가 이끄는 아메리카 해군 지휘관들과 연합하여 영국의 상권을 잠식하고, 새로운 병력과 보급품을 싣고 요크타운으로 향하는 배를 차단하고, 해안에서 콘월리스를 봉쇄하는 데 성공했다. 그리하여 영국 내각을 협상에 나서게 한 최후의 일격을 가했을 때, 그 영광은 프랑스와 아메리카가 함께 나누었다. 다시 한 번 세력 균형이 활용되었고, 이번에는 신생 공화국을 국가들의 가족으로 끌어들이는 데 성공했다.

§

독립전쟁의 결과를 설명하기 위해 많은 작가들은 과거와 현재를 막론하고 영국이 긴 전쟁 기간 동안 전쟁에 대한 열의를 거의 보이지 않았다는 주장을 강조해 왔다. 어떤 이들은 무력으로 식민지를 강압하려는 노력을 영국 국민들 사이에서 거의 지지를 받지 못한 오만한 왕과 순종적인 장관들의 노역勞役으로 표현하기도 했다. 실제로 영국의 휘그당 역사가들과 그들의 복제판인 아메리카의 역사가들은 전쟁의 수행과 전쟁을 초래한 조치에 대한 주된 책임을 조지 3세에게 돌리고 있다. 휘그당의 토머스 어스킨 메이 경은 1871년에 발간된 『영국 헌정사*Constitutional History of England*』에서 왕이 전쟁 기간 동안 의회를 관리하고, 후원금을 분배하고, 국내외 정책을 지시하고, 토론을 지휘하고, 작위와 명예를 수여하고, 장관의 운명을 결정한 것은 루이 14세Louis the Great의 웅장하고 자의적인 방식이었다고 주장했다. '이 비참한 싸움이 왕의 전쟁이라고 불린 것은 이유가 없지 않다'고 그는 결론지었다. 존 리처드 그린은 1874년에 출간된 『영국인의 짧은 역사*Short History of the english People*』에서 노스 행정부를 설명하면서 '조지 왕은 1770년부터 아메리카 전쟁이 끝날 때까지 12년 동안 사실상 장관이었다'고 선언했다.

수년 후 영국의 또 다른 자유주의자인 조지 트레벨리언 경은 위대한 휘그당 변증가인 매콜리의 조카로, '전쟁 자체가 국민에게 혐오감을 주었다'는 증거를 수집하기 위해 특별한 노력을 기울였다. 그는 수집한 증거를 통해 런던의 하원 의원들이 전쟁에 반대했고, 영국 육군과 해군의 몇몇 장교들이 전쟁에 참여하기를 거부했으며, 전쟁이 격화되던 1779년 보궐선거에서 공개적으로 전쟁에 반대하는 사람이 뉴캐슬에서 의원으로 당선될 뻔했고, 영국 콘솔 공채Consols*의 가격이 하락했으며, 아메리카에 대한 무력 강압이 인기가 있었다

---

* 콘솔(원래는 연결 연금consolidated annuities의 줄임말이지만 이후 연결 주식consolidated stock을 의미하게 되었다)은 정부의 선택에 따라 상환할 수 있는 영구 채권 형태의 정부 발행 채무였다. 최초의 영국 공채는 1751년 영국 은행에서 발행되었다.

면 거의 용납되기 않았을 정부에 대한 노골적인 비판이 많이 있었다는 것을 보여주었다.

이러한 일반적인 논의를 가로지르려 시도하지 않고, 반대되는 결론을 가리키는 똑같이 중요한 특정 사실을 상기하는 것이 적절하다. 조지 3세가 의회의 의사 진행에 활발한 관심을 보였고, 자신의 특권에 대해 공상적인 언어를 구사했으며, 자신의 권력을 이용해 자신이 정한 조처에 반대하는 사람들을 처벌했고, 자신의 친구들을 고위 공직에 임명했으며, 한 번은 다소 유치한 제스처로 칼을 가리키며 의회의 해산이 자신에게 강요되면 칼을 사용하겠다고 위협했다는 것은 사실이다. 그러나 왕의 서신을 샅샅이 뒤져온 휘그당 역사가들은 조지 3세가 자신의 대권을 이용해 아메리카 식민지에 대한 강압적인 법 제정을 강요했다는 구절은 발견하지 못했다.

실제로는 그런 과정이 필요하지 않았다. 현명한 레키의 말처럼 '독립 선언 이전의 모든 아메리카에 대한 강압적 법안들은 의회에서 압도적인 다수에 의해 통과되었다.' 그리고 그는 그 사건 이후에 통과된 모든 전쟁 법안도 마찬가지로 압도적인 다수에 의해 통과되었다고 덧붙일 수도 있었을 것이다. 사실 전쟁 중 의회에 왕실의 권력이 눈에 띄게 사용된 사례는 1775년 노스 경 Lord이 아메리카에 '올리브 가지'를 제공하겠다는 화해 결의안이었는데, 이 제안은 하원의 격렬한 저항을 받아 왕의 영향력이 동원되고서야 통과되었다. 의심할 여지 없이 조지 3세는 자신의 정부의 방침을 옹호하는 데 솔직했다. 그는 전쟁을 멈추거나 아메리카의 독립을 찬성하는 장관은 받아들이지 않겠다고 선언한 적이 있지만, 이런 단호한 말을 하기 1년 전에는 실제로 평화와 독립을 위한 내각을 수락하겠다고 제안한 적이 있다. 따라서 휘그당 역사가들의 평결은 수정이 필요해 보인다. 영국에 관한 한 전쟁의 책임은 조지 3세 한 사람이 아니라 주로 지배 계급에게 있었다.

영국 '국가'가 전쟁을 어디까지 승인할지는 국민투표와 같은 방식으로 결정된 적이 없다. 식민지 분쟁이 격화되는 가운데 치러진 1774년 총선거는 노스 경의 내각을 지지하고 그에게 압도적인 과반수를 안겨주었다. 일반적으로 분쟁이 진행되는 동안 그는 하원에서 야당 측의 90표에 대해 약 260표를 모을 수 있었다. 의심할 여지 없이 지주 계급은 정부에 대한 지지가 확고했고, 에드먼드 버크의 발언을 권위 있는 것으로 받아들인다면, 산업계와 상업계도 거의 똑같이 충성심이 강했다. 버크는 1775년 1월에 이렇게 한탄했다. '이 모든 잡음의 치명적인 원인에 대한 반대를 효과와 힘으로 뒷받침했어야 할 상업적 이해관계가 우리에게 불리하게 작용했고, 우리는 이 왕국의 모든 이해관계의 누적된 무게 아래서 허리를 굽혀야 했다.'

　같은 해 말, 버크는 다시 한 번 같은 불만을 제기했다. '상인들은 우리와 그들 자신에게서 사라졌다……그중 선두 주자들은 계약과 송금 및 무수히 많은 업무로 가득 차 있으며 다른 사람들을 조용히 시키려는 노력에 지칠 줄 몰랐다…… 그들 모두, 또는 그들 중 대다수가 수익성 높은 전쟁의 시체 냄새를 맡기 시작한다.' 버크는 또한 전쟁을 지지하는 장관들과 일치하는 '영국 국민의 일반성'을 발견했는데, '국방부, 궁정, 그리고 그 방조자들의 허위 진술과 기교에 속아 의심할 여지 없이 속아 넘어갔지만' 전쟁의 시간에는 여전히 정부에 충성하고 있었다. 버크의 증언이 있은 지 한참 후, 방대한 증언을 검토한 레키도 비슷한 판단을 내렸다. '1775년과 1776년에 미합중국 문제에 대한 지배적인 의견, 또는 적어도 그 사회에서 가장 강력하고 가장 지적인 계층의 의견은 왕과 그의 장관들의 편이었다는 것이 분명해 보인다.'

　확실히 성공회 주교들은 정부를 지지했고 대학들은 의심의 여지 없이 그들의 충성을 선언했으며, 법조인들은 내각의 절차를 뒷받침할 역사적, 헌법적 근거를 찾았다. 공식 정책을 구두로 표현하기 위해 많은 편집자, 성직자, 경제학자, 역사가, 문필가들이 신념에 따라 또는 대가를 받고 아메리카 혁명가들을 어떻게든 무너뜨리기로 결심한 사람들의 성질을 부채질하는 데 자신의 재능을 바쳤다. 왕실 연금 수급자였던 새뮤얼 존슨 박사는 아메리카인들을 향해 '과세는 폭정이 아니다'라는 묵직한 격문을 던졌고, 신실한 보스웰에 따르면 아메리카인이 언급될 때마다 '그의 인화성引火性 반감'이 끔찍한 불길로 타올랐으며, 그들을 악당, 강도, 해적이라고 부르고 불태워 없애겠다고 외치며 위협과 살기를 내뿜었는데, 이것은 안전하게 선술집에서 구운 빵과 맥주 단지를 앞에 놓고 이루어졌다.

아메리카에서의 다양하고 모호한 경력을 통해 아메리카인의 감정의 본질을 알게 된 존 웨슬리는 목회자들과 함께 혁명을 비난하고 식민지 저항의 원인이 반란을 부추기고 완벽한 영국 헌법을 뒤집으려는 버크와 같은 사악한 영국인들의 글 때문이라고 주장했다. 웨슬리는 차분한 어조로 아메리카인들에게 과세와 대의제 문제를 잠시 제쳐두고 단 한마디로 자신들에게 아무런 근거가 없음을 알렸다. '여러분은 투표권을 갖지 못했거나 이민으로 투표권을 포기한 사람들의 후손이다. 그러므로 여러분은 조상들이 남긴 것을 그대로 물려받았다. 법을 만들거나 의원을 선출할 때 투표권이 아니라 법의 보호를 받는 행복과 법에 순종해야 할 의무를 갖게 된 것이다.' 당시 로마 비극의 역사를 연구하던 위대한 에드워드 기번은 처음에는 노스 경의 정책을 비판하는 경향이 있었지만, 잠시 동안 당대의 게임을 위풍당당하게 즐기며 지켜본 후, 정부를 지지하는 쪽으로 돌아섰다. 그 과정에서 그는 연간 1천 파운드의 명예직을 받았는데, 이는 그의 부족한 수입을 보충하는 데 도움이 되었고, 그가 불멸의 페이지들을 완성하는 동안 좋은 와인을 즐길 수 있게 해주었다. 그럼에도 그는 이 일에 대해 유쾌하게 받아들였고, 버크가 자신을 아무 쓸모없는 해악을 끼치면서 공공 자금을 받는다고 비난할 때, 자신의 일관성 없는 행동에 웃고 얼굴을 붉혔다고 말했다.

영국에서 벌어진 논쟁의 반대편에는 의심할 여지 없이 독립전쟁이 끝날 때까지 정부를 계속 짜증 나게 한 골치 아픈 반대파가 있었다. 이 그룹의 지도자 중 에드먼드 버크는 아메리카 경제와 아메리카인의 기질에 대한 정확한 지식과 관용과 관대함의 치유력에 대한 깊은 신념을 결합하여 분별력에서 첫 번째에 서 있었으며, 이 신념은 얼마 후에 프랑스 혁명에 관한 그의 천둥 같은 팸플릿에서 나타난 지독한 독단주의와 묘하게 대조되는 신념이었다. 그의 여동생이 자주 말했듯이, '스펜서[Edmund Spenser]의 『요정 여왕*The Faerie Queene*』 외에는 정확히 아는 것이 없다[예술과 문학에는 정통했지만 실무적인 문제에 대해서는 약했다는 의미]'고 했던 채텀과 달리, 버크는 아메리카 무역 통계와 아메리카 발전의 역사를 항상 혀끝에 달고 있었다. 그는 하원에서 아메리카 상업의 규모, 인구의 증가, 식민지의 치열한 자유 정신, 종교 문제에 대한 '국교 반대파의 반대', '예리하고 호기심이 많고 손재주가 있으며 공격에는 신속하고 방어에는 준비가 되어 있으며 자질이 풍부한' 변호사의 부상, 각 주 의회를 통한 대중 정부의 성장, 성공회의 허약함, 남부 노예 소유주들의 높은 자부심 등을 반복해서 지적했다. 그는 아메리카의 힘을 설명한 후, 동포들에게 강압은 저항과 반란을 불러올 뿐이라고 말했다.

버크의 웅장한 주장은 이성과 중용에서 비롯된 것이었다. 그는 국가 간의 관계는 감성과 관련하여 개인 간의 관계와 동일한 방식으로 고려되어야 하며, 관대함은 관대함을 불러일으키고, 인간사는 흑백의 독단적인 계획에 맞추기 위해 왜곡될 수 없으며, 폭압적인 통치와 체계적인 정책에 의해 금지되지 않은 자유에서 위대한 선이 나올 수 있고, '식민지 주민의 순진한 신뢰'는 번영을 위한 최고의 희망이며, 세련되고 사소한 것에 구애되는 정책은 항상 혼란의 원인이 되고, 정부는 반드시 물물교환과 타협에 기초해야 한다고 촉구했다. 평범하고 선한 의도는 인류를 다스리는 데 큰 힘이 된다. 현명한 정부는 다스리는 사람의 성격과 환경을 고려한다. 신중한 협상이 무력보다 낫다. 무력을 써야 한다면 어리석은 오만의 결과가 아니라 칼을 쓸 만한 가치가 있는 대상을 위한 것이어야 한다. 흑자체black letter 학습[*]에 대한 경외심, 정확한

---

* 흑자체는 고딕 문자, 고딕 소문자, 혹은 텍스투라Textura라고도 한다. 1150년경부터 17세기까지 서유럽 전역에서 사용된 서체였다. 이탤릭체 및 로마체와 함께 흑자체는 서양 타이포그래피의 역사에서 주요 서체 중 하나로 사용되었다. '흑자체 학습'은 여기서 고문서나 법적 문서, 특히 오래된 법이나 학문적인 연구에 대한 깊은 존중을 의미한다.

헌법적 권리에 대한 경외심은 군대 전체가 가라앉은 세르보니아 늪Serbonian bog*에 대한 경외심이다. '변호사가 내게 무엇을 해도 된다고 말하는 것이 아니라 인류, 이성, 정의가 내게 무엇을 해야 한다고 말하는 것이다.' 그러한 고상한 말에는 버크가 영국 정부에 그렌빌과 타운센드가 '체계적인 제국주의 정책'을 시작하기 전의 옛 방식으로 돌아갈 것을 간청했던 고요하고 우호적이며 관용적인 정신이 표현되었다.

의회 밖에서 버크는 약간의 문학적 지지를 얻었다. 철학자이자 역사가인 데이비드 흄은 '다른 반구의 불쌍하고 불행한 아메리카인들을 괴롭히는 것'에 반대했다. 전쟁이 시작될 무렵, 런던 시장의 여동생이자 당시 영국에서 큰 인기를 끌었던 역사 작가이자 파리에서 '과도한 찬사'의 대상이었던 캐서린 매콜리는 아메리카의 대의를 찬양하고, 워싱턴에게 그가 선택한 길을 격려하는 편지를 보냈다. 또 다른 진영에서는 헌법 개혁에 관한 설교로 나중에 버크에게 프랑스 혁명에 관한 성찰을 쓰게 한 유명한 비순응주의 성직자 리처드 프라이스 박사가 강력한 소책자를 통해 아메리카를 옹호했고, 이 책은 8판까지 빠르게 팔려나가며 영국 대중, 특히 반대파에게 깊은 인상을 남겼다.

의회에서 내각의 정책에 대한 버크의 공격은 소수지만 저명한 휘그당 의원들의 박수를 받았다. 그들의 상반된 의견이 주로 공직 배제에 대한 분노에서 비롯된 것인지, 아니면 대對아메리카 전쟁의 부당성에 대한 확고한 신념에서 비롯된 것인지는 확인할 수 없다. 실제로 그들 사이에 만장일치의 교리는 없었다. 예를 들어 채텀은 의회가 식민지에 내국세를 부과할 헌법적 권리가 없다고 선언하고 강압적 조치의 폐지에 찬성했지만, 무력 충돌이 시작된 후 독립을 허용하는 데는 단호하게 반대했다. 반면 로킹엄은 의회의 과세권을 강력하게 옹호하며 노스 경의 조치가 편의주의적이라는 이유로 공격했다.

---

* 고대 이집트에 있던 전설적인 세르보니아 늪에 군대가 빠져 전멸했다는 설화가 있다. 이 비유는 위험한 상황이나 무의미한 논쟁, 헛된 법적 세부사항에 지나치게 빠져들어 큰 문제를 초래하는 상황을 설명할 때 자주 사용된다.

본질적으로 훌륭했지만, 휘그당의 혼란은 식민지 주민들의 요구로 인해 더욱 가중되었다. 오랜 전통에 따라 왕실의 권력을 축소하고 입법부의 권위를 높여야 한다는 신념을 고수하던 휘그당은 아메리카 선동가들로부터 왕실의 특권이라는 명목으로 의회의 법안들을 비난하라는 요청을 받게 되었다. 뿐만 아니라 벤자민 프랭클린으로부터 아메리카에 대한 의회의 간섭을 왕의 고유 권한 영역에 대한 침탈로 간주해 달라는 요청을 받았고, 독립선언서 작성자들로부터는 재앙의 책임을 조지 3세에게 돌리라는 요청을 받았다.

　소수의 휘그당원들은 논리의 미사여구를 버리고 독립을 조건으로 아메리카와의 평화를 옹호함으로써 이 법률적 표현을 깔끔하게 잘라냈지만, 대다수는 주로 내각을 패배시키고 그들의 당을 예전의 정부 및 후원 통제권으로 회복시키기 위한 전술로 이 표현을 사용했다. 이에 대해서는 부인할 수 없는 증거가 있었다. 전쟁이 한창이던 1778년, 조지 3세는 포기할 준비가 되어 있었고, 그의 이름으로 휘그당은 '아메리카에서 군대를 철수하고 프랑스와의 전쟁을 적극적으로 추진하는 조건으로 웨이머스 경이 이끄는 새 내각에서 과반수를 차지할 것'을 제안받았다.

　그랬다면 휘그당은 아메리카와의 무력 충돌을 끝낼 수 있었을 것이다. 폭스는 그렇게 해달라고 간청했지만 그들은 이를 거부했고, 결국 자신들이 비난한 전쟁에 대한 책임을 스스로 짊어져야 하는, 영국에는 너무도 쓰라린 결론에 이르게 되었다. 따라서 미합중국의 원칙에 대한 단순한 헌신 이론으로는 아메리카 독립혁명 기간 동안 휘그당 정치의 과정을 설명할 수 없지만 1783년의 관대한 평화는 주로 그들이 이룩한 일이었다. 결국 노스 경을 퇴임시키고 조지 3세에게 필요에 따라 양보하도록 촉구하고 미합중국을 지구상의 자유 국가 중 하나로 받아들여 불행한 싸움을 종식시킨 것은 바로 그들이었다.

§

　평화 조약 협상은 영국 정부뿐만 아니라 프랭클린과 파리에 있는 그의 동료들에게도 민감한 작업이었다. 대륙회의의 지시와 프랑스 동맹의 조건에 따라 아메리카 측 대리인들은 거래의 모든 단계에서 루이 16세의 각료들과 협의해야 했다. 아무런 간섭이 없었다면 프랑스인을 좋아하는 온순한 프랭클린은 엄격한 예의의 규범을 그대로 따랐을지 모르지만, 마드리드의 음모에서 갓 돌아온 존 제이와 헤이그에서 새로운 전술을 배운 존 애덤스는 베르사유 외교에 대해 너무 영리했다. 그들은 프랑스와 스페인이 단지 서반구에 강력한 공화국을 세우기 위해 피를 흘리거나 국고를 소비한 게 아니라는 사실을 알고 있었다. 여전히 제국의 꿈을 간직한 프랑스가 미시시피 밸리를 되찾고 서부 해역에서 어업권을 확대하기를 희망한 것은 어두운 미스터리가 아니었다. 스페인도 여러 이권이 걸려 있었다는 것은 비밀이 아니었다. 어쨌든 두 강대국은 아메리카인들이 해안으로 만족해야 한다는 데 동의했고 내륙에 대한 아메리카의 설계를 차단할 준비가 되어 있었다.

한편으로는 아메리카를, 다른 한편으로는 프랑스와 스페인을 선호하도록 요청받은 영국 내각은 반란을 일으킨 식민지를 후원하기로 결정했다. 더욱이 런던의 새 식민지장관은 '가장 고귀한 조건과 가장 고귀한 수단으로 아메리카와의 화해'를 진심으로 원했다. 이렇게 제시된 문제의 현실을 재빨리 파악한 아메리카 위원들은 행사의 예의범절을 교묘하게 무시했다. 그들은 영국 기관과 비밀리에 대화를 나눴을 뿐 아니라, 프랑스 외무장관에게 자신들의 작전을 알리기 전에 전반적인 평화 조건에 합의했다. 결국 이 은밀한 행동에 대한 소식을 들은 루이 16세의 외무장관 베르젠은 프랭클린을 비난했지만, 이 노신사로부터 아메리카인들이 매너를 지키지 않은 것은 사실이지만 '단 한 번의 경솔함'으로 위대한 사업이 망쳐지지 않기를 바란다는 정중한 대답만 들을 수 있었다. 의심할 여지 없이 프랑스인들은 화를 냈고, 엄밀히 말하면 그럴 만도 했지만, 당시 외교 기술을 익힌 사람들은 대개 게임의 규칙과 전투의 위험을 받아들일 준비가 되어 있었다.

결국 아메리카 위원들의 영리한 책략과 영국 내각의 관대한 태도로 1783년 파리 조약은 미합중국의 승리로 귀결되었다. 독립국은 모국으로부터 독립을 명백하게 인정받았고, 서쪽으로는 미시시피 [강], 북쪽으로는 캐나다, 남쪽으로는 플로리다에 이르는 탐나는 영토가 신생 공화국의 정당한 유산으로 인정받았다. 스페인은 미노르카와 플로리다를 얻었지만 지브롤터는 얻지 못했다. 피와 돈을 바친 희생으로 프랑스는 영토와 상업에서 거의 아무것도 얻지 못했지만, 대영제국이 분할되고 힘의 균형이 재조정되는 것을 보는 만족감을 얻었다. 아메리카에서의 패배에도 불구하고 영국은 캐나다, 뉴펀들랜드, 서인도제도의 섬들을 확보하고 인도에서 이득을 얻었으며 해상에서의 패권을 유지했다.

대강의 윤곽이 드러난 파리에서의 조정은 많은 문제를 남겼다. 당연히 토리당은 압류된 영지의 반환을 요구했고, 영국 상인들은 아메리카 시민들이 그들에게 진 빚을 갚아야 한다고 주장했다. 이는 패트리어트들에게는 아픈 부분이었으며 타협만이 가능했다. 조약의 최종 형태는 대륙회의가 주 정부에 몰수한 재산을 반환하도록 권고하고, 정당한 채무― 원만한 약속이지만 이행하기는 어려운 ―를 징수하는 데 어떠한 법적 장해도 가해서는 안 된다는 조항을 명시하는 것이었다. 이에 맞서 아메리카인들은 전쟁 중 영국군이 압수한 모든 물품과 노예의 반환을 요구했고, 조약의 조항에 따라 그들의 요구는 받아들여졌다. 여기에서도 서약을 하는 것이 수행하는 것보다 더 쉬웠다. 영국인 중 일부는 인간을 다시 노예로 보낸다는 생각에 겁을 먹었고 식민지 패트리어트들이 주장한 다른 재산의 회복은 실제적으로 불가능한 것으로 판명되었다. 또한 연안 어업권 문제는 100년 이상 양국을 괴롭힌 골치 아픈 문제였다.

많은 패트리어트들이 조약에서 토리당의 재산 반환과 부채 상환이 약속되었다는 소식을 듣고 불평했지만, 전쟁의 종결을 환영하는 보편적인 환희 속에서 그런 모든 비탄은 사라졌다. 독립 축하 행사의 열기를 꺾을 수 있는 것은 아무것도 없었다. 연설가들은 독립의 이점을 묘사하고 구세계의 독재자들을 조롱하는 프레임을 짜는 데 모든 역량을 쏟아부었다. 한 설교자는 어느 산

봉우리에 올라 동포들에게 이제 펼쳐진 공정한 기회를 바라보라고 호소했다. '이 거대한 북부 대륙을 지식과 자유, 농업과 상업, 유용한 기술과 제조업, 그리스도교의 경건과 미덕의 터전으로 바꾸어 수백만 인류에게 매력적이고 편안한 거처로 만들고, 전 세계 모든 곳에서 다치고 억압받는 사람들을 위한 피난처, 하느님과 선한 사람들의 기쁨, 온 땅의 기쁨과 자부심, 문학, 부, 인구, 종교, 미덕, 그리고 탁월하고 행복한 모든 것의 날개를 달고 세계가 지금까지 본 적 없는 더 높은 완성도와 영광의 높이로 날아오를 것이다!'

§

먼 시간이 지나면 놀라운 정도로 성취될 설교자의 공정한 예언은, 그 순간에는 빈약한 기초 위에 놓여 있는 것처럼 보였다. 연설자가 경의를 표한 '아메리카'는 이제 막 만들어지는 과정에 있었을 뿐이다. 정치적으로는 13개의 독립 주로 구성되어 있었고, 각 주는 서로의 권리를 질투하고, 각 시민들의 충성을 맹렬히 요구했고, 야심 찬 사람들이 지배하고 있었다. 이들을 하나로 묶어준 연합은 시민들의 애정에서 영속성을 보장할 수 없었다. 그것은 새로운 것이었다. 그것은 필요성, 오랜 논쟁, 마지못한 동의의 결과물이었다. 독립선언이 있기 몇 달 전에 대륙회의에서 제기된 영속적인 연합에 대한 아이디어는 그 사건이 있고 나서 1년이 넘도록 연합 규약Articles of Confederation의 구체적인 형태를 갖추지 못했다. 1777년 가을, 지루한 논쟁 끝에 대륙회의가 마침내 문서에 합의하고 비준을 위해 각 주에 보냈을 때는 이미 한참 지난 후였다. 모든 지방 입법부는 공동의 운명이 신속하고 단결된 행동에 달려 있다는 것을 알고 있었지만, 마지막 한 명이 연합 규약에 서명하고 날인하기까지는 오랜 시간이 걸렸다. 요크타운에서 콘월리스가 항복한 해는 마지막 남은 후발주자 메릴랜드가 규약을 승인하면서 시작되었다. 1781년 3월 1일, 델라웨어 호에서 울려 퍼지는 천둥 같은 함포 소리는 연방이 '필요에 의해 시작되어 불가분할 만큼 굳어졌다'는 것을 알렸다.

대륙회의의 내키지 않아 하는 대의원들과 더 내키지 않아 하는 주들로부터 이끌어낸 연합 규약은 사실 혁명적 목적을 위해 수립된 체제에 거의 변화를 주지 못했다. 1774년에 임시로 만들어진 대륙 정부의 구조나 권한은 크게 바뀌지 않았다. 미합중국의 일반 관심사에 대한 관리는 이전과 마찬가지로, 연합 규약에 따라, 입법부의 지시에 따라 임명되고 언제든지 소환될 수 있으며 주의 금고에서 급여를 받는 각 주의 대리인으로 구성된 대륙회의에 여전히 귀속되었다.

이 체제가 잠재적 국가의 요건에 이상하리만큼 부적절해 보인다 해도, 그것은 혁명을 설계한 급진주의자들의 생각에 상당히 부합하는 것이었다. 여러 식민지 주에서 그들은 영국 정부가 행사하는 재정적, 상업적, 정치적 통제에 반기를 들었고, 전쟁을 통해 영국 정부의 지배를 의도적으로 파괴했으며, 중앙 정부 형태의 강력하고 효과적인 대체물, 심지어 아메리카인이 통제하는 정부도 원하지 않았다. 이런 의미에서 대륙 정치의 상위 범위에서 근본적인 변화가 일어났다.

대외 관계 못지않게 각 주 내부에서도 혁명은 권위의 탈구脫臼를 시작했는데, 역사가들은 이 다사다난했던 시기를 너무 오랫동안 장엄한 에피소드에 집중한 나머지 이제 막 인식하기 시작했다. 이 대격변으로 인한 사회 구조의 변화와 균열이 모두 즉각적으로 드러난 것은 아니었고, 제퍼슨의 독립선언문에서 선언된 평등한 민주주의가 권력을 잡기까지 반세기가 지났다. 그러나 여전히 연방의 주들은, 초록 우산의 영웅 루이 필리프[왕위에 있을 때 주로 초록색 우산을 사용한 것으로 유명했다]의 프랑스가 루이 15세 정권과 달랐던 것처럼, 셜리 총독 시절의 식민지 주들과는 많은 차이가 있었다. 프랑스 혁명으로 이민자들이 독일과 영국으로 도망친 것처럼, 아메리카 독립혁명은 약 10만 명의 옛 고위 토리당을 몰아냈다. 아메리카의 이권에 대한 영국의 경제적, 정치적 모험가들의 지배를 무너뜨림으로써 새로운 원칙과 행동 기준을 가진 새로운 사람들이 권력을 잡게 되었다.

혁명을 지지하는 보수파와 급진파 사이의 심각하고 때로는 야만적인 경쟁에서 전자는 일반적으로 당장의 승자였으며, 최초의 주 헌법에 경제적 권리에 대한 그들의 견해를 폭넓게 적어 넣을 수 있었던 것은 사실이다. 대체로 식민지 시대와 마찬가지로 납세자 또는 재산 소유자에게만 투표권이 주어졌고, 상당한 재산을 가진 남성에게만 공직에 진출할 수 있는 자격이 주어졌다. 그러나 많은 경우에서 자격은 낮춰졌고 기존 사회 제도의 구조는 심각하게 손상되었다.

무엇보다도, 특히 왕실령이었던 주들에서, 영국 지배 계급— 야만적인 형법, 편협하고 불관용적인 대학 제도, 일자리와 특권의 거대한 집합체로 여겨진 정부, 밭에서 일하고 가게에서 일하는 남성과 여성에 대한 경멸, 대중에 대한 교육을 거부한 계급 —이 갑자기 제거되면서 국내 정치의 정신은 뚜렷하게 변화했다, 국교 반대파와 카톨릭교도들에게도 똑같이 강요된 성공회, 카운티와 타운의 대지주와 목사의 지배, 육군과 해군의 냉혹한 잔인성, 상륙한 신사들의 통치를 뒷받침하는 장자 상속 제도, 관직과 성직, 연금을 대가로 왕에게 아첨하는 굶주린 신하들, 그리고 이 거대한 교만과 약탈의 더미를 대중에게 고정시킬 정도로 질서 정연한 정교 분리의 헌법. 아메리카 혁명가들은 이 산의 무게에 짓눌려 있던 식민지 신민들을 영국 왕실로부터 구해냈다. 해방 후 10여 년 만에 그들은 모국에서 100년 이상의 끈질긴 선동이 필요했던 법과 정책의 개혁을 이뤄냈고, 이 개혁은 선동을 주도한 정치인들에게 영국 역사에서 불멸의 칭호를 부여했다.

항의하는 상인들과 폭동을 일으킨 직공들에 의해 시작되었지만, 투쟁한 농민들의 총검에 의해 쓰라린 결말을 맞이한 아메리카 혁명은 당연히 영국의 영감과 통제하에 개발되었던 토지 제도에 광범위한 변화를 가져왔다. 이러한 변화는 J. 프랭클린 제임슨의 훌륭한 저서 『사회 운동으로 본 아메리카 독립혁명 *The American Revolution Considered as a Social Movement*』에 간결하고도 흥미롭게 요약되어 있다. 우선, 빈 땅의 점유와 향유에 대한 왕실의 제한, 특히 1763년 포고령에 포함된 앨러게니 산맥[*] 너머의 지역에 대한 자유로운 정착 금지가 사라졌고, 동시에 '왕실의 광대한 영역'이 주 의회의 손에 넘겨져 그들의 유권자들을 위한 용도로 사용될 수 있게 되었다.

둘째, 농부와 농장주가 경작 면적에 따라 왕과 소유주인 펜 가문과 볼티모어 가문에 지불하던 면역지대가 폐지되어 아메리카인들은 연간 약 10만 달러에 달하는 지대 부담을 덜게 되었다. 셋째, 돛대에 적합한 왕실 해군용 백송白松을 확보하기 위한 규칙과 관행이 의식 없이 폐지되어 지주들이 성가신 규제에서 벗어날 수 있었다. 넷째, 해안을 따라 30마일에 이르는 윌리엄 페퍼렐 경의 메인 주[1820년, 23번째로 연방에 가입] 영지, 약 300평방마일에 달하는 뉴욕의 필립스 유산, 500만 달러에 달하는 펜 가문의 재산, 하나의 식민지처럼 펼쳐진 버지니아의 페어팩스 영지 등 토리당의 영지를 대대적으로 몰수했다. 전체적으로 토리당은 4천만 달러 이상의 손실을 입었다고 계산했고, 영국 의회는 이들의 요구를 최소한으로 조정한 후 청구인들에게 1,500만 달러를 보상금으로 지급했다.

그들의 원칙에 따라 이 거대한 재산을 몰수한 혁명가들은 진취적인 농부들에게 관대한 조건으로 토지를 소규모로 분할하여 분배했다. 예를 들어, 뉴욕의 로저 모리스의 영지는 250개 이상의 구획으로 나뉘었고, 제임스 드 랜시의 몰수된 소유지에는 훨씬 더 많은 수의 농장이 만들어졌다.

마지막으로, 농업 경제에 대한 혁명의 영향 중 하나로, 양도금지법과 장자상속 제도의 폐지를 들 수 있다. 영국의 집약적인 토지 독점에 균열을 가하는 데는 한 세기의 논쟁과 전쟁의 부식성 세금이 필요했지만, 미합중국 혁명가들은 많은 오랜 구조를 신속하고 결정적인 타격으로 무너뜨렸다. 독립 선언서를

---

[*] 앨러게니 산맥Allegheny Mountains은 미국과 캐나다의 동부로 이어지는 장대한 애팔래치아 산맥의 일부(북동부)를 이루는 산맥이다. 북동쪽에서 남서쪽으로 향하고 있어 펜실베이니아 북중부에서 메릴랜드 서부와 웨스트버지니아 동부를 지나 웨스트버지니아 남서부까지 총 길이는 약 640킬로미터이다.

작성한 지 세 달도 안 되어, 제퍼슨은 올드 도미니언[버지니아]의 양도금지된 entailed 토지에 대한 전쟁을 시작했고, 이는 가장 신사적인 사람들을 경악하게 만들었다. 그로부터 1년이 채 지나기 전에 그는 입법부를 통해 그의 급진적인 구상을 실현하는 법안을 통과시켰으며, 이 법안은 '버지니아 전체 거주 면적의 최소 절반, 아마도 4분의 3을' 양도금지로부터 해방시켰다. 10년이 지나기 전에 '두 주를 제외한 모든 주에서 양도금지법을 폐지했는데, 그 두 주는 양도금지법이 거의 적용되는 일이 없는 곳이었다. 15년 만에 모든 주는 예외 없이 장자 상속을 폐지했다.' 그리고 4개 주를 제외하고는 딸을 아들과 동등하게 토지 상속 재산 분배에 포함시켰다.

따라서 상대적으로 볼 때, 독립을 위한 전쟁에서 사슬에 묶이지 않은 세력에 의한 아메리카 내 지주 특권의 파괴는 프랑스 대혁명 당시 성직자와 귀족의 경제적 지위에 일어난 변화만큼이나 크고 중요한 것이었다. 프랑스에서 시골 출신 변호사와 새로 부자가 된 상인들이 한때 자랑스러웠던 귀족의 자리에 몰려들었던 것처럼, 아메리카에서도 대격변 기간과 그 이후에 제섭, 드 랜시, 모리스 가문의 영지에 쟁기질과 계수計數 작업을 하다가 갓 들어온 포복식물groundling의 숙주들이 몰려들었다. 당통, 마라, 로베스피에르 시대에, 프랑스 최고의 가문 출신들이 생계를 위해 런던에서 개인교습과 통역을 하거나 아메리카에서 춤과 예의범절을 가르치는 일을 시작했을 때, 그들은 옛 식민지 시절을 그리워하며 한숨짓던 신사 숙녀들이 인간의 권리를 저주하는 데 동참할 준비가 되어 있다는 것을 발견했다.

성직자뿐만 아니라 토지 귀족들gentry도 아메리카 독립혁명의 충격을 느꼈다. 위기가 닥쳤을 때 13개 식민지 중 9개 식민지는 공식적으로 설립된 교회를 가지고 있었다. 뉴햄프셔, 매사추세츠, 코네티컷에서는 회중교회Congregationalist가 법적 특권을 누렸고, 버지니아, 메릴랜드, 뉴욕, 캐롤라이나, 조지아에서는 미합중국 성공회Episcopalian가 세금으로 지원되는 종교의 독점을 주장했다. 렉싱턴과 콩코드의 반향이 사라지기도 전에 교회 기관에 대한 공격이 시작되었고, 성공회 성직자들이 법에 따라 특권과 면책특권을 가진 5개 주에서는 반대파들이 수적 우위를 통해 신속한 승리를 거두었다. 그러나 성공회가 강세를 보였던 버지니아와 회중교회가 우위를 점하고 있던 뉴잉글랜드에서는 모든 성직자의 보루가 완강하게 방어되었다.

카톨릭 신자들과 프로테스탄트들의 정치적 평등을 쟁취하고, 공식 종교를 지원하기 위한 십일조를 없애기 위해 모국에서는 반세기가 넘는 투쟁이 필요했다. 프랑스는 영국을 넘어선 진화를 이룩하기까지 20세기를 맞이해야 했고, 결국 교회와 국가를 분리하는 데 성공했다. 제퍼슨이 발의한 '종교의 자유를 위한 버지니아 법령'이 입법부를 통과하는 데는 10년밖에 걸리지 않았고, 19세기가 훨씬 진행되기도 전에 1817년 뉴햄프셔, 이듬해 코네티컷, 1833년 매사추세츠에서 마침내 회중교회가 해산되었다. 따라서 제퍼슨이 사망하기 전에, 코네티컷의 성공회 신자들 역시 한때 자신들이 버지니아에서 다른 종파에 거부했던 종교적 자유를 누릴 수 있게 되었다.[*]

종교에서와 마찬가지로 법에서도 이성의 빛이 고대 관습에 맞서고 있었다. 지적, 영적 각성의 격동기에 영국 정부는 형법을 점점 더 야만적으로 만들었고, 1760년 조지 3세가 왕위에 올랐을 때 약 160개의 죄목으로 남녀와 아이가 사형에 처해졌으며, 그의 통치가 끝나기 전에는 거의 100개의 새로운 범죄가 이 끔찍한 목록에 추가되었다.

아메리카 식민지 개척자들은 영국의 입법가들처럼 복수심에 불타는 열정을 가진 사람은 없었지만, 그들 역시 인류의 공동 운명에 대한 새로운 신앙에 반하는 어둡고 불길한 형벌 규정을 채택했다. 이러한 부조리에 깊은 감명을 받

---

[*] 얼핏 불명확한 이 문장은 성공회 전체를 대상으로 한 관점에서 쓴 것이다. 버지니아의 성공회 신자들은 다수파였기 때문에 다른 교파의 종교적 자유를 제한하거나 억압했다. 그러나 코네티컷에서는 정반대의 상황이 펼쳐졌다. 코네티컷의 성공회 신자들은 그곳에서 소수파였고 다수파인 회중교회로부터 억압을 받았다. 따라서, 이 문장은 성공회라는 집단이 버지니아에서 다수파로서 다른 교파에게 거부했던 자유를, 코네티컷에서 소수파로서 비로소 누리게 되었다는 역사적 아이러니를 지적하는 것이다.

은 성급한 제퍼슨은 자신의 선언이 단순히 반짝이는 일반론의 덩어리가 아니라고 생각했고, 독립 직후 서둘러 필라델피아를 떠나 버지니아의 법률 체계에 혁명을 일으키기 시작했다. 그는 도착하자마자 '오직 이성과 정부가 그들의 이익을 위해 만들어진 사람들을 위해' 법이 뿌리부터 가지까지 개혁되어야 한다고 발표했는데, 그의 무모함으로 인해 법원과 법조계는 경악을 금치 못했고, 결국 그의 주장이 관철되기까지 20년이 걸렸다. 다른 주에서도 비슷한 캠페인이 법전의 야만성에 대항하여 벌어졌고, 이제는 잔인한 유산의 큰 조각을 망각에 빠뜨리기 위해 어떨 때는 신속하게, 어떨 때는 느리게 진행되었다. 최악의 상황에서도 해방된 식민지 주민들은 형법과 관련된 대부분의 문제에서 모국보다 반세기나 앞서 있었다.

　실제로 계몽 활동의 거의 모든 분야, 자유주의 사상의 모든 영역에서 아메리카 혁명은 새로운 인간적 시대의 개막을 알렸다. 물론 노예 제도는 혁명의 원대한 교리와는 극명한 대조를 이루었지만, 제퍼슨과 그의 친구들이 노예 제도가 시대착오적이라는 사실을 고통스럽게 인식하고 있었다는 점, 버지니아주가 1778년 노예 무역을 금지한 것은 영국 왕실이 20년 전에 거부권을 행사했던 조치였다는 점에 주목할 필요가 있다. 노예제 폐지를 위한 운동이 당시의 새로운 사회 세력들 사이에서 일어났다는 점, 그리고 시간이 흘러 노예 제도가 마침내 깨지게 될 때 링컨이 외친 것이 혁명의 고상한 교리였다는 점도 마찬가지다. 만약 대차대조표가 정리되고 독립기념일Fourth of July 행사의 수사학을 적절히 할인한다면, 만약 갈등의 외적 배경을 제대로 파악한다면, 아메리카 독립혁명은 영국과의 전쟁 그 이상이었다는 것을 알 수 있다. 사실, 그것은 경제적, 사회적, 지적 변혁의 중요한 시작점이었으며, 인류가 현실의 복잡하고 고집스러운 망을 자신의 꿈의 패턴에 맞게 자르고 형성하려 했던 현대 세계를 뒤흔드는 재구성의 첫 번째 사례였다.

7

포퓰리즘과 반동

렉싱턴 전투가 끝난 지 거의 9년이 지난 1783년 12월 4일, 워싱턴 장군은 뉴욕의 프라운즈 선술집 큰 방에서 장교들과 작별 인사를 나눴다. 간소하지만 감동적인 고별식이 끝나자 사령관은 군인들과 수많은 시민들 사이로 거리를 행진하여 마운트 버논으로 돌아가기 위해 허드슨 강을 건너는 화이트홀 페리의 바지선까지 이동했다. 대포가 울리고 교회 첨탑의 종소리가 요란하게 울리는 가운데, 버지니아의 키 큰 신사가 배에 서서 백발이 성성한 머리를 드러내고 마지막 인사를 하자 군중은 환호했다.

저지Jersey 해안에서 익숙한 그의 모습이 사라지자 도시의 수많은 군중은 혁명의 승리를 축하하기 시작했다. 며칠 전 마지막 영국군이 만을 따라 사라졌고, 멀리 떨어진 변경 요새를 제외하고는 영국 지배의 마지막 상징이 꿈결처럼 사라졌다. 아메리카는 이제 독립적인 공화국이 되었다. 이 감동적인 드라마에서 리더십을 발휘한 사람들은 모국과의 싸움이 임박한 운명적인 시간에 보았던 모든 곳을 훨씬 뛰어넘는 길에 자신들이 서 있다는 것을 발견했다. 의심할 여지 없이 몇몇 대담한 사상가들은 일찍이 반란의 결과로 독립을 구상했지만, 그들의 작은 구상에는 독립이 가져올 영향이 모두 포함되지 않았다. 이렇게 사람들이 쟁취한 것은 그들의 의식적인 목적을 뛰어넘었다.

§

일련의 사건들의 행진 속에서 심대한 사회적, 정치적 변화가 일어났다. 전통도, 권위도, 힘도 없는 즉흥적인 대륙회의가 벌인 7년간의 전쟁은 모든 경제 기능을 혼란에 빠뜨리고 사회를 사방으로 와해시켰다. 식민지 시대에 사람들의 번영은 주로 영국 시장에서의 원자재와 공산품의 교환에 달려 있었으며, 아메리카 농부와 장인에게 농업과 산업에 사용되는 대부분의 도구와 그것을 공급하는 교통은 아메리카 상인을 풍요롭게 하고 영국 자본을 이 해안으로 꾸준히 유입시켰으며 상류층의 저택에 거의 모든 세련미를 제공했다. 전쟁에도 불구하고 계속된 밀수 및 적국과의 무역을 제외하고는 혁명의 발발로 이러한 상거래가 파괴되었고, 영국의 봉쇄로 인해 그 자리를 대신할 만한 새로운 통로가 열리지 못했다.

더욱이 무장 투쟁 자체는 광범위한 지역에서 사람들이 생계를 위해 의존하는 농업과 산업의 일반적인 과정을 방해하고, 불모지 문명의 빈약한 자원을 견딜 수 없을 정도로 고갈시키고, 엄청난 가치의 재산을 화재와 약탈로 파괴하고, 심각한 몰수 및 재산 양도의 기회를 제공하고, 도시와 공동체가 분열되고, 사업의 질서 있는 거래를 불가능하게 만드는 다양하고 요동치는 통화를 도입하고, 부채를 상환할 수단의 가치가 떨어지면서 부채 상환을 지연시켰다. 동시에 영국 왕실에 충성을 다하던 영국 고위 경영자, 판사, 상인, 자본가, 일반 재산 소유자 등 지배 계급의 대다수를 배척해 아메리카 땅에서 몰아냈다.

전부는 아니더라도, 많은 측면에서 혁명의 즉각적인 결과는 급진적이긴 했지만, 혁명을 설계한 비타협적 지도자들, 특히 투쟁하는 대중과 가장 가까운 두 번째 사회 계층의 역동적인 성격의 더 깊은 목적을 드러냈는데, 그들은 영국의 정치적, 경제적, 사법적 간섭을 완전히 없애기를 원했기 때문이다. 전쟁이 발발했을 당시 13개 식민지는 대영제국의 영토에 불과했고, 대영제국의 지배 아래서 신용장 발행, 채무 변제에서 법정 화폐로서의 지폐 사용, 외국 및 식민지 간 무역이 금지되어 있었다. 영국의 권위 아래 그들의 산업과 무역은 영국 상인과 제조업체의 이익을 위해 규제되었으며, 아메리카 농업은 런던의 자본주의 과정에 의해 규정된 규칙에 종속되었다. 동일한 권위 아래 서부 땅에 대한 통제권은 아메리카 개척자들과 정치인들의 손아귀에서 벗어나 왕실 관리들에게 귀속되었다. 경제적 주권을 확보하기 위해 고도로 중앙집권화된 사법 및 행정 우위 체계는 식민지의 입법부를 사업적 타당성의 범위 내에서 엄격하게 통제했다. 요컨대, 식민지 주민들이 지방 정부에서 힘을 얻고 있었지만 그들의 권한은 제한적이었고 외교, 국방, 궁극적인 사회 통제라는 상위 기능은 영국의 손에 달려 있었다.

혁명가들은 바로 이 정교한 상부 구조를 무너뜨리고 농민이 다수를 차지하는 각 주 의회를 모든 것의 최상위에 두는 체제로 뒤엎은 것이었다. 이제 왕실도, 왕실 총독도, 런던의 무역위원회도, 상급 판사도 농민들의 욕구를 꺾을 수 없었다. 그들은 자치권을 요구했고 결국 독립을 쟁취했다.

중앙집권적인 거대한 정치 및 경제 기구를 거부한 급진파 지도자들은 주권주들sovereign states의 느슨한 연합을 통해 자신들의 이상을 실현하고자 했으며, 연합 규약Articles of Confederation에는 그들의 원대한 이상이 상당히 반영되어 있다. 연합 규약에 의해 설립된 유일한 정부 기관은 각 주의 대표로 구성된 대륙회의였으며, 그들은 각 주의 입법부에서 선출되고 유급일 경우 주의 금고에서 급여를 지급했다. 인민으로부터 직접 부여받은 독립적이고 고유한 권한이 없었던 이 정부는 주 정부들이 만들어낸 산물이자 지역 정치판을 가득 채운 파벌 분쟁의 희생물이었다. 사실상 그것은 경제 문제에 간섭할 권한이 없이 13개 주의 개별적인 이익을 증진하는 데 관여하는 외교 대리인들의 협의체에 지나지 않았다. 모든 중요한 문제를 결정할 때 각 주는 동등하게 한 표씩을 행사했으며, 델라웨어는 매사추세츠와 동급인 버지니아, 로드아일랜드만큼이나 강력한 권한을 가졌다.

마치 영국 왕실에 대한 거부를 강조하기라도 하듯, 국가 통합을 상징하고 관심과 애정을 집중시키며 실제로 법을 집행할 대통령에 대한 규정은 없었다. 대륙회의가 회기 중이 아닐 때 연방을 대표할 집행부를 선출할 수 있었던 것은 사실이지만, 그 집행부는 각 주에서 한 명씩 선출된 13인의 위원회였고, 이 기구를 통해 기능을 수행하려고 시도했을 때 그 결과는 우스꽝스러운 연극과 크게 다르지 않았다.

이제 혁명으로 무너진 영국의 사법 통제를 기억하면서, 연합 규약의 설계자들은 시민들이 자신의 권리 보호를 위해 호소할 수 있는 국가 법원 시스템을 세우지 않았다. 독립된 부서를 통해 기능하는 대륙회의의 위원회들에 의해 관리되는 연방 정부 구조는 서로 질투하는 많은 사람들 사이에서 권한이 분산되고, 현안과 관련된 주들의 명령과 소환에 따르며, 어떠한 리더십에 의해서도 구속되지 않고, 주 입법부, 주지사 및 법원의 의지보다 우월한 권한이 부여되지 않는 영국 식민지 행정의 방식에 따라 형성되었다.

실질적인 정부에 필수적인 기능, 즉 영국 왕실과 영국 의회가 행사할 때 식민지 주민들이 저항했던 권한은 당연히 혁명가들이 연합 규약에 따라 만든 대륙회의에서 보류되었다. 당연히, 대륙회의는 국가를 방위하는 엄숙한 임무가 주어졌다. 전쟁을 선포하고, 군대를 모집하고, 해군을 제공할 수 있었다. 그러나 단 한 명의 군인이나 선원도 징집할 수 없었고, 각 주에 할당제에 따라 병력을 공급하도록 요청할 수 있을 뿐이었다. 대륙회의가 이러한 과정을 통해 병력을 늘릴 수 있었다고 해도, 그들을 지원하는 데 필요한 물자를 확보할 수 있을 것이라고는 결코 확신할 수 없었을 것이다.

의심할 여지 없이 돈을 적절히 사용할 권한은 있었지만, 시민의 재산이나 경제적 자원에 징수할 권한은 없었다. 공동의 금고로 들어가는 모든 돈에 대해서는 지방 입법부들의 동의를 받아야 했다. 대륙회의는 일정 회계 기간이나 특정 목적에 필요한 금액을 결정할 때 각 주에 있는 토지와 개선 사항improve-ments[단순히 토지 자체의 가치뿐 아니라, 그 위에 더해진 경제적 가치를 의미한다. 농업용 토지라면 작물 재배를 위한 개간 상태를, 도시 지역이라면 건물, 도로, 공공 설비 등의 개발 수준을 말한다]을 기준으로 총액을 13개 주에 배분했으며, 당시 집권 정당의 분위기에 따라 할당된 양을 어떻게 채울지, 또는 전혀 채우지 않을지, 자유롭게 결정할 수 있도록 했다. 따라서 사실상 대륙회의는 여러 연방의 수도에서, 모자를 손에 든, 거지의 역할을 맡아야 했다. 실제로 대륙회의는 거지들이 흔히 겪는 일, 즉 환대보다는 거절을 더 많이 경험했다.

주요 고려 사항인 군사력과 돈에 대한 연방의 약점이 그러한 것이라면 다른 영역에서도 동일한 무능력을 발견하는 것은 이상한 일이 아니다. 식민지의 농업 전통에 따라 대륙회의는 독립 전 영국 정부가 아메리카에서 행사했던 것처럼 통화와 은행에 대한 통제권이 없었으며, 오히려 이러한 중요한 경제 기능은 개별 주의 재량에 맡겨졌다. 또한 대륙회의는, 영국이 엄청 세세하게 통제했던, 주 간 또는 다른 나라와의 무역도 규제할 수 없었다.

대륙회의는 외국과 상업적 문제에 영향을 미치는 조약을 맺을 수는 있었지만, 반항적인 주들의 의사에 반하여 조약을 집행할 권한이 없었으며, 사실 그런 주들에 대한 통제력은 그 어떤 중요한 측면에서도 없었다. 법과 명령의 집행을 위해 거의 전적으로 주들에 의존하고 있었기 때문에 그들에게 복종을 강요하거나 금전적 처벌을 가하거나 특권을 정지하거나 군사력을 사용할 수 없었다. 또한 내전으로 인해 지방 정부가 전복되고 경제적 유대가 해체되더라도 주의 내정에 개입할 수 없었다.

상황을 간결하게 정리하자면, 주들은 국내적으로는 주권자인 반면, 대륙회의는 '자체 법률의 집행을 강제할 헌법적 권한의 그림자조차 없는 정부의 기이한 광경'을 연출한 것이다. 혁명의 급진적 지도자들은 단순히 입법, 행정, 사법의 중앙집권적 통제 시스템을 대체할 목적으로 영국의 경제적 강압 기관을 내던져 버린 것이 아니었다.

§

이 연합 규약에 따른 8년간의 정부에 대해 '위기의 시기critical period'라는 용어가 적용되어 왔으며, 심연을 향해 휩쓸리는 국가를 적시에 구출해낸 헌법의 영웅적인 틀을 만든 사람들을 묘사해, 시대의 서글픈 초상을 그리는 것이 유행이 되었다. 그러나 이러한 관점의 근거가 되는 데이터를 분석해 보면 회의론이 제기된다. 이 논제에 대한 정보의 주요 출처는 커다란 분쟁에서 한 정파의 주장과 한탄에 불과하므로, 앤드루 잭슨에 대한 휘그당 사설이나 우드로 윌슨에 대한 공화당의 에세이를 접할 때와 같은 신중한 자세로 접근해야 한다.

의심할 여지 없이 독립전쟁이 끝난 후의 시기는 해체와 재건의 시기였으며, 이것은 모든 큰 사회적 혼란에서 흔히 보는 이야기이다. 하지만 아메리카가 경멸의 대상이 되었던 연합 규약 하에서도 여러 측면에서 질서와 번영을 꾸준히 회복하고 있었음을 보여주는 많은 증거가 있다. 13개 주 중 7개 주가 지폐로 위험한 실험을 했다면, 6개 주는 좀 더 실용적인 방법에 매달렸고, 무제한 인플레이션에 착수한 주 중 2~3개 주는 노선을 변경하려는 조짐을 보였다. 몇몇 주에서는 혁명 부채를 갚는 데 무정하게 태만한 모습을 보였지만, 다른 주에서는 이 문제에 진지하게 관심을 기울였다. 조세와 상업에 대한 더 큰 권한을 확보하려는 대륙회의의 노력은 실패로 돌아갔지만, 더 이상 지체할 수 없다고 여긴 사람들이 제헌 회의를 소집했을 때 대외 무역을 일부 통제하는 데 대한 합의가 거의 가시화되고 있었다. 제헌 회의가 소집될 수 있었다는 사실 자체가 나라의 분위기가 바뀌고 있다는 증거였다.

전반적으로 국가의 경제 상황은 개선되고 있는 것처럼 보였다. 전쟁 이후 국내외의 상충되는 관세 정책으로 인해 뉴잉글랜드의 해운업과 제조업 전반이 어려움을 겪었지만, 1787년이 시작되었을 때, 벤자민 프랭클린은 신에 대한 감사thanksgiving를 선포할 정도로 국가의 번영이 엄청나다고 선언했다. 그의 판단에 따르면, 당시 시장 보고서는 농부들이 자신이 생산한 농산물에 대해 더 나은 대가를 받은 적이 없었고, 농지의 가치가 지속적으로 상승하고 있으며, 유럽의 어느 지역에서도 노동 빈곤층이 이토록 행운을 누린 적이 없다는 사실을 보여주었다. 프랭클린은 일부 지역에 경제적 불만이 있다는 사실을 인정하면서도 국가 전체가 건전한 상태에 있다는 확신을 표명했다.

프랭클린 시대로부터 거의 100년이 지난 후, 논란의 여지는 있지만 박식한 역사가 헨리 B. 도슨은 세밀한 연구를 바탕으로 '위기의 시기'의 '혼란'이 대부분 정치적 상상력의 산물이라는 취지의 매우 훌륭한 논증을 펼쳤다. 이 점에 대한 평결이 무엇이든, 헌법이 내키지 않아 하는 사람들로부터 '뜯어낸' 것이고 변화에 공세적으로 반대하는 많은 유권자들이 있었다는 사실은, 신중한 탐구자에게 임박한 재난에 대한 위기감에 국가 전체가 사로잡혀 있었다는 쉬운 가정에 대해 경계하게 만들 것이다.

그럼에도 불구하고 그 중요한 시기에 대해 가능한 한 최선의 사례를 만들었을 때, 그 시기의 기록에는 부인하거나 설명될 수 없는 인상적인 사실들이 남아 있다. 금융가들이 불만을 제기할 만한 근거가 있었다는 것은 의심의 여지가 없다. 대륙 부채의 원금은 연방 하에서 약간 감소했지만 연체 이자는 거의 4배 가까이 증가했고 외채에 대한 미지급 이자는 꾸준히 증가했다. 재정도 마찬가지로 혼란스러운 상태였다. 대륙회의는 당연히 주 정부에 청구서를 지불하도록 요구했지만, 어느 해에든 요구 금액의 4분의 1을 받으면 다행이었고, 마지막 14개월 동안에는 50만 달러 미만의 지폐가 국고에 입금되었는데 이는 외채에 대한 이자를 충당하기에도 충분하지 않은 금액이었다.

따라서 연방에 대한 청구권을 가진 모든 사람들은 불만을 가질 충분한 이유가 있었다. 국채 보유자들— 희생을 감수한 애초의 가입자들과 감가상각된 종이를 무더기로 사들인 투기꾼들 모두 —은 기존 정부 형태의 변화를 원할 만한 충분한 이유가 있었다. 여기에 후기 혁명군의 병사들, 특히 5년 동안의 전액 보너스가 여전히 종이 약속의 형태로 남아 있는 장교들이 추가되었다.

산업과 상업은 물론 정부 재정도 침체 상태에 빠져 있었다. 평화가 찾아오고 억눌려 있던 영국산 상품이 국내 시장에 쏟아져 들어오자 농부와 농장주들은 크게 기뻐했지만, 영국과의 무역 중단 기간 동안 별다른 어려움 없이 기업을 일궈온 아메리카 제조업자들은 국내 사업의 독점이 무례하게 깨졌다는 사실을 알게 되었다. 그들은 보호관세만이 그들을 파멸에서 구할 수 있다고 생각했다. 아메리카 선주들과 대외 무역에 종사하는 사람들, 특히 대영제국 항구 도처에서 이제는 외국인으로서 차별을 받던 양키들도 같은 범주에 속했다. 영웅적인 노력에도 불구하고 그들은 번영을 되찾을 수 없었고, 연합 규약에 따라 대륙회의가 외국을 굴복시키기 위해 계산된 보복 조치를 제정할 권한이 없는 한 구제의 기미는 보이지 않았다.

국내 상인들도 똑같이 불행한 처지에 놓여 있었다. 이들에게는 국토의 길이와 폭에 걸쳐 균일한 가치를 지닌 국가의 화폐가 없었다. 단지 무게가 불확실하고, 가위로 깎이고, 위조범에 의해 가치가 떨어진 기이한 모양의 동전들과, 언론에서 새로운 문제가 흘러나올 때마다 요동치는 종이 돈만 있을 뿐이었다. 통화 체제보다 더 심각한 문제는 주 간 상거래를 방해하는 장애물이었다. 지방의 영향력 아래 입법부들은 외국 수입품과 마찬가지로 이웃 주에서 들어오는 상품에 관세를 부과하고, 서로 보복 무역 전쟁을 벌였으며, 파벌 분쟁에 따라 관세를 인상하거나 인하했고, 뉴욕에서는 코네티컷의 장작과 뉴저지의 양배추에 관세를 부과하는 지경에 이르렀다.

상인이 통화의 무정부 상태와 관세 일정의 혼란으로 인한 장애물을 극복하고 주 간 사업을 구축하는 데 성공하더라도 그는 징수를 확신할 수 없었다. 왜냐하면 그는 항상 지방 법원과 배심원— 가까운 이웃의 아우성에 비해 멀리 떨어져 있는 채권자의 청구와 권리를 처리하는 데 그다지 다정하지 않은 기관 —의 자비에 놓여 있었기 때문이다. 연합 규약이 지속되는 동안에는 주 간 사업의 원활하고 쉬운 거래를 가로막는 이러한 압도적인 장벽을 무너뜨릴 수 있으리라는 희망이 없었다.

다른 경제 집단들도 정부 형태의 변화를 원할 강력한 동기를 가지고 있었다. 미결제 어음과 담보를 보유한 대부업자들은 농업 주에서 발행한 지폐로 대금을 받는 것에 반대했고, 그러한 법정 통화 발행 권리에 제한을 요구했다. 영국 채권자들과 영국의 청구권이 양도된 아메리카인들도 결코 덜 고통스럽지 않은 곤경에 처했다. 주 의회와 지방 법원의 적대감으로 인해 그들은 일반적으로 평화 조약에 의해 엄숙하게 인정된 채무를 징수할 수 없었으며 특히 남부에서는 연방이 지속되는 동안 적절한 해결을 기대할 수 없었다. 혁명 기간 동안 재산을 잃은 왕당파들도 지역 판사와 배심원 앞에서 비슷한 어려움을 겪었다. 마지막으로, 전쟁 복무의 대가로 토지 보증서를 발급받은 장교와 병사들, 그리고 서부 토지 투기에 관여한 자본가들은 변경에서 적대적인 인디언들을 진압할 수 있을 만큼 강력한 국군이 있을 때까지는 자신들의 청구권이 실현되리라 기대할 수 없었다.

요컨대, 새로운 연방 공화국의 금융, 채권자, 상업, 투기 계층은 혁명 직전에 반항적인 패트리어트들에 의해 괴롭힘을 당했던 것처럼 '위기의 시기'에 괴롭힘을 당했다. 모든 관점에서 볼 때, 그들은 이전에 영국이 행사했던 것과 유사한 성격의 중앙집권적 정치, 사법, 경제 통제 시스템을 아메리카 땅에 자신들의 후원 아래 세워야 할 타당한 이유가 있었다. 그들은 빚을 갚고, 건전한 통화 제도를 확립하고, 상거래를 규제하고, 지폐를 폐지하고, 서부의 땅을 적절히 분배하기를 원했다. 그들은 식민지 시대에 영국의 지배 계급이 원했던 것만큼이나 이러한 것들을 원했다. 런던이나 보스턴의 가장 강경한 토리당만이 농업적인 정치를 즐겼고, 그런 경제적 분위기에서는 상업이 번창할 수 없었다. 따라서 사업 기업을 지지하는 사람들은 새로운 중앙 권력 및 통제 기관과 일반적으로 농민들이 지배하는 각 주 의회의 평준화 경향[농부들이 지배하는 지역 의회가 제정하는 법률이 부유한 상업 집단이나 기업의 이익을 희생시키며, 모든 계층을 동등하게 만드는 방향을 의미한다]에 대한 새로운 제한을 요구했다.

만약 그들이 국가 정부 체제에 반대한다면, 그들은 동등하게 각 주의 행정부에도 항의할 수 있었다. 실제로 매사추세츠는 이들에게 극단적인 혁명적 좌파로의 전환을 예고하는 충격을 주었다. 그 주에서는 상인, 선주, 대부업자로 구성된 보수 정파가 1780년에 힘겨운 싸움을 통해 지방 헌법을 제정하여 참정권, 상원의 구성, 법률을 집행하는 공직자의 자격에서 그들의 재산에 특별한 방어권을 부여했다. 그 후 혁명 과정에서 발생한 주의 부채를 갚기 위해 무거운 세금이 부과되었으며, 그중 상당 부분이 투기꾼의 손에 넘어갔다. 그리고 이러한 부담이 대중에게 전가될 무렵, 미수금을 회수하기 위해 서두른 민간 채권자들은 지방 법원에 소송을 제기하고 대출 담보로 잡아 놓은 농지를 압류했다.

이러한 경제적 압박에 대한 해답은 혁명의 군인이었던 대니얼 셰이스Daniel Shays가 주도한 포퓰리즘 운동이었다. 새로운 혁명적 호소에 고무된 농민들은 이제 주의 부채를 줄이고, 재산가들이 누리는 특권을 헌법에서 폐지하고, 지폐를 발행하고, 도시와 시골의 채무자와 노동 빈곤층의 지위를 전반적으로 완화할 것을 제안했다. 실제로 독립을 위해 싸웠던 군인들이 대의를 위해 재산 소유자들에게 그들의 재산을 희생해야 한다고 주장할 것이라는 어두운 암시가 있었다. 1786년 셰이스의 반란으로 알려진 무장봉기로 절정에 달할 때까지 다양한 모습으로 동요는 계속되었다.

비록 반란은 진압되었지만, 그것은 아메리카의 상류 사회 질서 전체에 경종을 울렸다. 농업 자유의 정신을 지키기 위해서 때로는 약간의 유혈 사태가 필요하다고 생각한 제퍼슨이 여기에 동요하지 않았다 해도, 워싱턴은 완전히 겁에 질렸다. 이 소식을 들은 제퍼슨은 지방의 소요를 진압하는 데 국가가 지원할 수 있는 더 강력한 헌법을 만들기 위한 노력을 배가했다. 심지어 상인들의 자금 지원을 받는 군사 독재, 즉 반혁명에 대한 이야기도 나왔다.

대외 관계에는 국내 행정의 어려움만큼이나 위협적인 위험이 도사리고 있었다. 영국과 관련하여 평화 조약으로 인해 발생한 많은 당혹스러운 문제들이 아직 해결되지 않았고 상업적 관계에 대한 새로운 조정이 이루어져야 했다. 당연히 모국은 이러한 모든 문제에서 제멋대로 행동하는 자식에게 다소 불친절했다. 미합중국 장관으로서 존 애덤스가 국왕의 궁정에 나타났을 때 그는 냉담한 환대를 받았고, 그가 대표하는 정부가 정말 무능하다는 사실을 끊임없이 상기시킴으로써 냉담함을 몇 도 더 차갑게 만들었다. 애덤스가 미합중국 서부에서 영국군을 철수시키거나 영국령 서인도 제도의 항구를 아메리카 선박에 유리한 조건으로 다시 개방해야 한다고 암시하면, 그는 동료 동포들이 영국 상인들에게 진 정당한 빚을 갚지 않았다는 사실을 지적받아야 했고, 아메리카인을, 정당한 이유로, 외국인으로 취급하는 영국 의회의 법안들이 통과되는 것을 바라보아야 했다.

국내에 더 가까운 외교 관계에서는 미합중국의 대륙회의가 제시한 것보다 더 많은 판단력과 해결책을 필요로 하는 문제를 안고 있었다. 명목상으로는 신세계에 고립되어 있었지만, 연방은 200년 동안 아메리카를 지배하기 위해 경쟁해 온 영국과 스페인의 거대한 영토와 육지로 둘러싸여 있었다. 언제든 새로운 폭풍이 불어 닥칠 수 있었고, 그 폭풍은 이제 막 걸음마를 떼기 시작한 미약한 공화국을 덮칠 수도 있었다. 아무리 완고한 농민이라 할지라도 1793년에 찾아온 유럽 열강 간의 새로운 분쟁 가능성, 국내 정치에 대한 외국 개입의 위험성, 주들 간 파괴적 경쟁의 위험성을 피할 수 없었다. 구제를 호소하는 공공 채권자, 금융가, 상인들의 요구에 무관심하더라도, 외국으로부터의 위협을 무시할 수는 없었다.

§

이것이 연합 규약의 대폭적인 개정을 위한 운동이 일어나게 된 상황이었다. 이러한 결집된 힘을 인식한 대륙회의는 공공 의무를 이행하기 위해 특정 수입 관세를 부과하고 징수할 수 있는 권한을 부여하는 수정안을 승인해달라고 주들에 거듭 호소했다. 그러나 그러한 모든 호소는 소용이 없었다. 아주 작은 변화를 위해서도 모든 주의 승인이 필요했고 그들 중 적어도 하나의 주는 언제나 '주권의 귀중한 보석'인 지갑에 대한 통제권을 포기하지 않으려고 했다.

대륙회의의 노력이 소용이 없다고 생각한 시민들은 경제적, 정치적 혁명을 요구했고, 실제로 ― 심지어 연합 규약이 채택되기도 전인 ― 1780년에 알렉산더 해밀턴은 그 문서의 단점에 깊은 인상을 받아 제헌 대회를 소집하고 더 나은 정부 헌장을 만들자고 제안한 바 있다. 그로부터 3년 뒤, 워싱턴은 주지사들에게 보낸 그의 유명한 회람 서한Circular Letter에서 연방의 전반적인 관심사를 규제할 최고 중앙 권력의 필요성을 강조했다. 1785년, 셰이스의 반란이 곧 일어나게 될 소란에 이미 불안해하던 매사추세츠 주지사는, 특히 대륙회의의 권한을 강화하는 방향으로, 연합 규약을 개정할 것을 제안했고 입법부는 이를 결의했다.

이러한 헌법 수정 선동에 대한 초기 반응은 인상적이지 않았다. 버지니아가 1786년 아나폴리스에서 열린 대회에 각 주에 대표단을 파견해 달라고 요청하면서 수사학에서 행동으로 전환했을 때, 13개 주 중 5개 주만이 이에 응했다. 해밀턴의 탁월한 능력이 아니었다면 회의는 암울하게 막을 내렸을 것이다. 해밀턴은 패배를 인정하지 않기로 결심하고 아나폴리스 회의에서 이듬해 필라델피아에서 열릴 두 번째 대회에 참석할 각 주의 대표를 선출하도록 권고하는 결의안을 통과시키도록 유도했다. 해밀턴은 이러한 계획에 대한 반대의 목소리가 높다는 점을 충분히 고려하여 결의안을 최대한 신중하게 작성했다. 형식상 그는 단지 '연합의 긴급한 상황에 적합하도록' 연합 규약을 '수정'할 것을 권고했을 뿐이며, 필라델피아에서 이루어진 모든 개정안은 연합 규약에 규정된 대로 각 주에 비준을 위해 제출되어야 한다고 덧붙여 각 주 의회의 의심을 누그러뜨렸다.

일이 순조롭게 진행되어 아나폴리스 회의의 제안서는 주 의회들과 대륙회의에 보내졌고, 1787년 2월 대륙회의는 필라델피아 회의의 소집을 요청했다.

해밀턴식 신중함을 발휘해, 이 회의는 신중하게 결의문을 작성했다. 회의는 오직 연합 규약 개정을 목적으로 개최되어야 하고, 개정안은 대륙회의와 주 정부에 제출되어 승인을 받아야 하며, 연합 규약의 문장과 정신은 준수되어야 한다는 내용이었다. 수정주의 운동의 지도자들을 놀라게 할 정도로 민첩하게, 로드아일랜드를 제외한 모든 주가 그들의 입법부를 통해 요구대로 대표를 선출했고, 일부는 심지어 그러한 요청을 예상하기도 했다. 그러나 대부분의 주에서는 해밀턴의 중재안을 액면 그대로 받아들여 기존 헌법[연합 규약]에 규정된 절차는 그대로 유지하고 연합 규약 수정에 관해서만 대의원의 권한을 명시적으로 제한했다.

인류 역사에 혁명을 일으킨 수많은 역사적 회의 중에서 1787년 필라델피아 회의보다 더 많은 정치적 재능과 실무 경험, 건전한 실체를 갖춘 회의는 없었다고 해도 과언이 아닐 것이다. 총 62명의 대표가 각 주에서 공식적으로 임명되었고, 55명이 어느 정도 정기적으로 회의에 참석했으며, 39명이 새 헌법 Constitution의 최종안에 서명했다. 이 명단에는 전쟁과 외교에서 훈련을 받고, 입법과 행정에 능숙하며, 금융과 상업에 정통하고, 자기 시대와 그 이전 시대의 정치 철학을 배운 사람들이 포함되었다. 7명은 각 주의 주지사를 지냈고, 최소 28명은 혁명 기간이나 연합 규약에 따라 대륙회의에서 활동한 경험이 있었다. 8명은 독립선언서에 서명한 사람이었다. 그 선두에는 만장일치로 대회의 의장으로 선출된 워싱턴이 있었다. 그 아래에는 두 명의 모리스, 두 명의 핑크니, 매디슨, 해밀턴, 프랭클린, 러틀리지, 게리, 엘스워스, 윌슨, 랜돌프, 와이스, 디킨슨, 셔먼 등 거의 모든 사람들이 옛 혁명당의 보수파를 대표했다.

어쨌든 1774년의 불같은 급진파 중에는 아무도 참석하지 않았다. 당시 파리 주재 아메리카 대사로 재직 중이던 제퍼슨은 외국에 있었고, 패트릭 헨리는 선출되었지만 '쥐 냄새가 난다[무언가 수상하거나 의심스러운 일이 벌어지고 있다고 느낀다는 의미]'는 이유로 참석을 거부했으며, 새뮤얼 애덤스는 선출되지 않았고, 토머스 페인은 자신이 설계한 철교를 전시하고 바다 건너 폭정에 맞서 전쟁을 벌이기 위해 그해 유럽으로 떠났다. 따라서 필라델피아 회의는 좌익 이론가들로 구성되는 대신 주 및 대륙 채권 보유자, 대부업자, 상인, 변호사, 투기꾼 등 연합 규약 하에서 그들이 겪은 불이익에 대해 지식과 느낌을 가지고 말할 수 있는 실제적인 사람들로 구성되었다. 참석한 대의원의 절반 이상이 새 헌법에 의해 부양될 공공 증권의 투자자 또는 투기꾼이었다. 이들은 모두 경험을 통해 재산과 정부의 관계를 잘 알고 있었다.

1787년 5월 말 대회가 열렸을 때, 회의가 일반 대중에게 공개되어야 하는지 아니면 비공개로 진행되어야 하는지에 대한 의문이 즉시 제기되었다. 회의장은 협소했고, 웅변은 명백히 부적절했으며, 참석자들 중 누구도 청중에게 호소하고 싶어 하지 않았다. 현실적인 정치인으로서 그들은 키케로식 웅변과 너덜너덜해진 열정보다는 협상과 타협이 목적을 달성하는 데 더 효과적이라는 것을 알고 있었다. 외부의 무책임한 당파들이 이 사실을 알게 되고 대중 선동으로 대표들을 계속 자극하면 대회에서 일어날 불협화음이 커지리라는 점을 잘 알고 있었다. 또한 국가 전체가 해결해야 할 문제를 놓고 얼마나 첨예하게 분열되어 있는지, 그리고 소심한 참석자들이 흥분한 유권자들의 요구에 겁을 먹고, 자신의 판단에 반하는 투표를 할 수 있는지도 잘 알고 있었다.

그래서 참석자들은 별다른 논쟁 없이 대회 진행 과정을 비밀로 하고, 그 누구도 대회 심의와 관련된 정보를 어떤 형태로든 유출해서는 안 된다고 결의했다. 이 결정에 따라 그들은 토론에 대한 공식적인 기록을 남기지 않기로 했으며, 회의에 상정된 안건과 찬반 투표를 제외하고는 그 어떤 것도 기록해서는 안 된다는 데도 동의했다. 보안에 대한 불안감으로 대표들은 논의가 공개되지 않도록 모든 주의를 기울였는데, 심지어는 신중한 동료에게 프랭클린의 유쾌한 만찬에 동행하게 하여 그 상냥한 신사가 언제라도, 부주의한 순간에, 국가 기밀을 누설할지 모른다는 위협을 가하지 않는지 살펴보도록 했다.

몇몇 참석자들, 특히 제임스 매디슨이 회의에서 이루어진 연설을 메모하지 않았다면 후손들은 토론에 활기를 불어넣은 진정한 정신을 결코 발견하지 못했을 것이다. 그리고 반세기가 지난 후, 마지막 생존 위원인 매디슨이 사망하고 그의 사적인 글들이 출판된 후에야 아메리카인들은 존경받는 헌법의 초안을 작성한 위대한 회의의 진행 과정을 명확하게 파악할 수 있었다.

비밀회의에 대한 문제를 해결한 후, 대회 참석자들은 근본적인 문제에 직면하게 되었다. 단순히 연합 규약을 개정하여 그들에게 내려진 지침의 내용을 고수할 것인가, 아니면 완전히 다른 원칙에 기초한 새로운 헌법을 작성하여 정치 체제 전반에 혁명을 일으킬 것인가. 좋은 요점이었다. 그들을 소집한 대륙회의와 그들을 선출한 주들은 그들에게 기존 헌법에 대한 개정안을 제안할 권한을 부여했을 뿐이었다. 그럼에도 불구하고 그러한 개정은, 동일한 지침에 따라, 기존 연합 규약을 '정부의 긴급 상황과 연방의 보존에 적절하게' 만드는 것이었다.

민첩한 사람이라면 이 딜레마를 놓고 고민할 이유가 있었다. 뉴저지의 패터슨은 그들의 평등하고 부풀려진 권력을 잃을 위기에 처한 작은 주들을 대변하여 '연합이 근본적으로 잘못되었다면, 우리 각자의 주에 돌아가서 더 큰 권한을 얻어야지, 우리가 권한을 갖고 있는 것처럼 여기면 안 된다'고 주장했다. 버지니아의 랜돌프는 이에 대해 '나는 권한 문제에 대해 그렇게 까다롭지 않다'고 응수했다. 해밀턴도 동의했는데, 그는 지침에 명시되지 않았다는 이유로, 연합의 긴급한 상황에 적절하지 않은 계획을 제안하는 것은 수단을 위해 목적을 희생하는 것이라고 생각했다.

논리를 따지기보다는 성과를 내기 위해 모인 대다수 참석자들은 자유주의적 관점을 받아들였고 기존 법의 문구에 얽매이기를 거부했다. 그들은 연합 규약을 개정하지 않았다. 그들은 그것을 제쳐두고 정부의 새로운 계획 초안을 작성했다. 또한 그들은 단순히 새로운 문서를 대륙회의에 보낸 다음 승인을 위해 주 의회에 보낸 것이 아니라, 이들 당국의 수장들을 너머서 각 주의 유권자들에게 혁명적 작업에 대한 비준을 호소했다. 마지막으로, 모든 개정안에 대해 만장일치로 승인되어야 한다는 연합 규약 조항을 거부하면서 그들은 13

개 주 중 9개 주가 승인하면 새로운 정부 체제가 발효되고, 다른 주들이 비준을 거부할 경우, 그들은 기존 법질서의 폐허 아래 차갑게 방치해야 한다고 솔직하게 제안했다.

§

100년이 넘는 기간 동안 역사가들은 대표자들의 업적을 말할 때 그들의 의견 차이, 열정적인 논쟁, 타협을 강조하는 것이 관습이었지만, 사실 그들은 그들이 달성하기 위해 모인 위대한 경제적 목표에 대해서는 놀라운 만장일치를 보여주었다. 이에 대해 우리는 유능한 현대 학자인 R.L.슈일러의 증언을 참고할 수 있는데, 그는 확실한 연구를 바탕으로 필라델피아 회의의 핵심적인 합의가 논쟁보다 더 중요하다는 것을 보여줌으로써 헌법 제정의 전체 이야기를 새로운 시각에서 바라보게 해 주었다.

그의 조사에 비추어 볼 때, 거의 모든 근본적인 문제에 대해 일찍부터 안전한 다수 의견이 형성된 것으로 보인다. 그들은 수단과 도구에 관한 많은 문제에 대해 열띤 토론을 벌였지만, 육지와 해상에서 국가를 방어하고, 국가 부채를 갚고, 농민적인 입법부로부터 사유재산을 보호하고, 도망친 노예들의 귀환을 보장하고, 국내 반란에 맞서 공공질서를 유지할 수 있는 충분한 권한을 부여받은 중앙 정부가 세워져야 한다는 데 비교적 쉽게 동의했다. 이 기본적인 사실은, 새 정부의 형태와 그 안에서 주의 대표성을 둘러싸고 길고 격렬한 논쟁이 벌어졌을지라도, 가려져서는 안 된다.

최고 질서의 특정 임무를 수행할 정치적 권한을 부여받은 거대한 국가 기관의 창설에 대한 폭넓은 의견의 연대連帶는, 소수 반란군의 반대를 단지 일반적인 합의를 강조해 보여줬을 뿐이었다. 공식적으로 조직된 지 며칠 후, 즉 5월 30일, 대표자들은 전체 위원회에서 '최고 입법부, 행정부, 사법부로 구성된 국민 정부national government가 수립되어야 한다'는 중대한 결의안을 엄숙히 채택했다. 이 결의안에 대한 표결에서 찬성 6주, 반대 1주, 무효 1주가 나왔고 나중에 '국민national'이라는 단어가 삭제된 것은 사실이지만, 이 결의안 채택과 그에 뒤따른 논쟁은 당시 회의의 성향을 분명히 보여주었다. 거버니어 모리스Gouverneur Morris는 연합confederacy과 국민 최고 정부national supreme government의 차이에 대해 언급하면서 전자는 '당사자들의 선의에 의존하는 단순한 협정'인 반면 후자는 완전하고 강압적인 운영을 한다는 점을 분명히 했다. 다른 참석자들도 같은 맥락에서 발언했기 때문에 다수파의 생각이 무엇인지는 의심할 여지가 없었고, 그들은 효율적인 국민 정부를 수립하기로 결심했다. 여기에 저항한 사람 중 한 명인 메릴랜드의 루터 마틴은 나중에 분노하여 대회에서 탈퇴했는데, 필라델피아 회합의 목적이 '연방 정부가 아닌, 국가 a national, not a federal government'를 설립하는 것이라고 명백한 진실을 얼떨결에 말했다. 다소 격정적이긴 했지만 마틴의 판단은 놀라울 정도로 정확했다.

가장 중요한 다른 문제들에 관해서는 더 많은 만장일치가 있었다. 의회Congress가 세금을 부과 및 징수하고, 외국 및 주 간 상거래를 규제하며, 열거된 기능을 수행하는 데 필요하고 적절한 모든 것을 할 수 있는 권한을 가져야 한다는 합의를 이끌어내는 데는 영웅적인 조치가 필요하지 않았다. 어떤 참석자도 국가 부채를 부인하거나 급격히 줄이는 데 찬성하지 않았다. 모든 미결제 채무와 계약의 유효성을 유지하는 조항은 단 한 명의 불협화음만으로 통과되었다.

주 정부들이 신용장을 발행하거나 계약의 의무를 손상시켜서는 안 된다는 신념도 마찬가지로 일반적이었다. 민주주의는 헌법에 의해 장려되는 것이 아니라 억제되어야 하고, 새로운 체제에서 가능한 한 작은 목소리를 내야 하며, 견제와 균형에 의해 족쇄를 채워야 할 위험한 것이라는 의견은 거의 만장일치에 가까웠다. 제리Gerry는 아메리카가 경험한 악은 '민주주의의 과잉'에서 비롯되었다고 선언했다. 랜돌프는 지난 몇 년 동안의 문제를 '민주주의의 혼란과 어리석음'에서 찾았다. 해밀턴은 상원 의원의 종신 임기제를 찬성하면서 외쳤다. '모든 공동체는 소수와 다수로 나뉜다. 전자는 부유하고 집안이 좋은 사람들이고, 후자는 옳은 판단이나 결정을 하는 일이 거의 없는 대중이다.' 모리스는 부유한 귀족으로 구성된 상원이 '민주주의의 혼란을 억제'하기를 원했다. 매디슨은 다수결의 위험성에 대해 논하면서 그들의 목적은 '그러한 파벌의 위험으로부터 공공의 선과 사적 권리를 보호하는 동시에 대중 정부Popular Government[*]의 정신과 형태를 보존하는 것'이라고 말했다.

§

가장 첨예한 의견의 다양성이 발전한 것은 그들의 원대한 목표를 달성할 수 있는 정부 형태와 균형 잡힌 기관에서 국가의 주요 이익에 할당될 각각의 무게와 관련이 있었다. 이와 관련하여 기록은 이상한 이야기를 공개한다. 이 기록에는 영감을 받은 개인들이 하나의 정부 프로젝트만이 그들이 분명히 염두에 둔 일반적인 목적을 달성할 수 있다고 미리 확신하는 모습이 그려져 있지 않다. 북극성을 향해 국가라는 배를 조종하는 엄격하고 밝은 눈의 선장 아래 훈련된 선원들 대신, 우리는 사려 깊고 경험이 풍부하며 유능하지만 이해관계와 편견, 열정에 휩싸여 하루는 한 방향으로, 다음 날은 다른 방향으로 표류하며 오랫동안 논의된 문제를 결정하고, 다시 열어보고, 이전의 견해를 바꾸고, 새로운 해결책을 채택하는 티격태격하는 사람들을 보게 된다.

대회 초반에 제시된 진정한 계획과 폐회 때 발표된 완성된 헌법을 비교하는 것은 정치인들의 오류 가능성에 대한 놀라운 교훈이 될 것이다. 예를 들어, 랜돌프가 제시한 버지니아 계획은 재산 또는 자유 백인 인구에 따라 각 주에 할당된 의원들로 채워진 두 개의 하원으로 이루어진 의회를 구성하고, 이 의회가 행정부— 한 사람 또는 한 그룹의 여러 사람 —를 선출하며, 헌법에 위배

---

[*] 대중 정부란 국민이 선출한 행정부와 입법부를 통하여 통제되는 정부를 말하는데 제임스 매디슨과 미합중국 혁명의 다른 지도자들은 민주주의적인 이상을 나타내기 위해 이 용어를 사용했다. 훗날 에이브러햄 링컨은 '국민의, 국민에 의한, 국민을 위한'이란 말로 정부의 역할을 간결하게 정의했다.

되는 각 주의 법을 무효화하는 권한을 포함한 일반적인 입법권을 행사하도록 규정하고 있었다. 호기심 많은 사람들은 이 계획이 채택되었다면 아메리카 연방의 운명이 어떻게 되었을지 궁금해할 수밖에 없다. 그러나 그러한 추측은 한가한 일이다. 랜돌프의 계획이 읽히기가 무섭게, 뉴저지의 패터슨은 소규모 주들의 이름으로 이를 비난했으며, 대중이 아닌, 각 주가 대표되고 모든 주가 동등한 표를 가지는 단일 의회 구성을 요구했다. 두 계획 모두 채택되지 않았다.

정부 구조에 관한 한 헌법의 최종 형태는 '타협의 뭉치'였다. 그것은 그 이상이었다. 그것은 연합의 이익과 연합을 통해 얻을 수 있는 실질적인 이익을 위해 받아들여진 두 번째 선택의 모자이크였다.

근본적인 성격의 타협 중 하나는 헌법에 관한 논의에서 높은 위치를 차지하고 있으며, 그것은 큰 주와 작은 주 간의 조정이었다. 소수의 지배에 지친 전자는 방금 지적했듯이 정치 단체가 아니라 인구를 기반으로 한 의회를 요구했다. 자신들의 이익을 지키기 위해 끈질기게 저항한 후자는 의회에서 주com-monwealth 간의 평등을 똑같이 강조하며 주장했다. 그리고 이 문제에 대한 논쟁은 흥미진진한 여러 회의를 통해 치열하게 진행되었다.

해산이 임박한 것처럼 보였던 여러 차례의 회의에서 대표들은, 그들 중 하나가 말했듯이, 단지 '머리카락 한 올의 힘으로'만 결속되어 있었다. 이 광경에 겁을 먹은 프랭클린은 인간의 간지奸智에 절망하여 대회를 파멸로부터 구하기 위해 매일 신의 인도를 구하는 기도로 대회를 열자고 제안했다. 이 제안에 대해서도 합의는 불가능했다. 강경파인 해밀턴은 전통에 따라 '외부의 도움'이 필요하지 않다고 생각했고, 그의 동료들은 절차 변경 소식이 새어나가 대회가 지상의 자원이 바닥났다는 인상을 줄 것을 우려해 다른 이유로 반대했다. 결국 그들은 극도의 재치를 발휘하여 기도에 의지하지 않고 폭풍우를 극복하고 협상과 행복한 타협을 통해 위기를 피할 수 있었다. 결국 그들은 상원과 하원으로 구성된 국가 입법부에 합의했다. 상원은 더 큰 권한과 위엄을 가지고 주들의 열망을 동등한 대표성을 통해 충족시키고, 하원에서는 인구를 기준으로 의원 수를 배정하여 더 큰 주들의 이익이 보장되도록 하며, 노예는 5분의 3[*]으로 계산되었다.

큰 주와 작은 주가 누려야 할 정치적 권력을 둘러싼 분쟁만큼이나 근본적인 문제는 각 지역의 경제적 이해관계와 깊이 관련되어 있었다. 실제로 몇 주 동안 토론을 주의 깊게 경청한 매디슨은 대회에서 진정한 분열은 노예 노동에 기반을 둔 남부의 플랜테이션 이해관계와 북부의 상업 및 산업 이해관계 사이에 있다고 지적했는데, 이는 반세기를 정치적 논쟁으로 채우고 사회 혁명의 불길 속에서 헌법을 시험하는 '억누를 수 없는 갈등'을 예견한 놀라운 선견지명이었다.

노예 주는, 작은 델라웨어 주를 포함해 6개 주에 불과했고, 7개 상업 주의 자원에 비할 만한 부와 인구도 없었다. 기후, 토양, 전통, 노동력 공급은 이 주들이 유리한 시장에서 공산품으로 교환될 식료품과 원자재를 생산할 운명을 타고난 것처럼 보였다. 따라서 어떤 국적의 선박이든 가장 낮은 운임으로 운송하고, 지구상 어디에서든 가장 유리한 조건으로 자신들의 생산품을 사고파는 것이 가장 큰 관심사였다. 수적으로 열세인 그들은 수적 다수가 지배하는 대륙회의가 자신들에게 과도한 관세와 세금— 한 계급에서 다른 계급으로 부를 이전하기 위한 정치의 거대한 장치 중 하나 —을 부과할까봐 두려워했다. 그들은 또한 대륙회의가 자본주의의 영향을 받아 그들의 사업에 해로운 관세법이나 항해법을 제정하는 것을 두려워했다.

반면에 자유무역과 금융의 장애, 영국의 차별 아래서 어려움을 겪고 있는

---

[*] 1787년 헌법의 3/5 타협Three-Fifths Compromise을 의미한다. 이 타협은 노예를 보유한 남부 주들이 더 많은 하원의 의석을 얻으려는 욕구와 노예를 보유하지 않은 북부 주들의 반대 사이에서 이루어진 절충안이었다. 즉, 노예 인구가 있는 주들은 그 인구가 정치적 대표를 결정하는 데 영향을 미치지만, 노예 한 명당 완전한 한 명으로 계산하지 않고 5분의 3으로 계산한다는 규정이었다.

북부의 무역 및 산업계는 번영을 위한 유일한 희망이 보호관세와 우호적인 상법 제정에 있다고 생각했다. 문제는 확실하고 친숙했다. 그것은 영국 의회가 영국 상인, 선주, 제조업체의 이익과 관련하여 식민지 입법부와 식민지 무역을 억제하려고 할 때 분명하게 드러났던 것이었다. 이 문제는 앞으로 다가올 수 세기의 역사에서 교차하게 될 것이었다.

이러한 내재적 이해관계의 충돌로 인한 분쟁은 주요 쟁점과는 거리가 멀어 보이는 질문이 다루어졌을 때에도 대회 진행 내내 이어졌다. 특히 혁명적인 투쟁의 골칫거리인 대의제 및 과세 문제에 대해서는 더욱 격렬하게 대립했다. 하원에서 최대한 많은 의석을 확보해 새 정부에서 전략적 위치를 확보하고자 했던 남부 농장주들은 노예를 인구 기준으로 대표를 배분하는 데 포함시키자고 제안했다. 동시에 자신들의 주가 북부의 상업 주들보다 주민 수가 적다는 사실을 알고 있던 농장주들은 자유 백인 인구를 기준으로만 직접세를 배분할 것을 촉구했다. 똑같이 명백한 이유로 대부분의 북부 대표들은 이 두 가지 제안의 정반대를 원했다. 따라서 이 문제에서 타협은 최후의 수단이었다. 잘 알려진 편법을 채택한 이 대회는 노예를 5분의 3으로 대의제 및 직접 과세 모두에서 국민으로 산정하는 데 동의했다.

상업 규제와 관련된 조항을 구성하는 데 있어서도 동일한 의견 충돌이 나타났다. 새 정부가 무역을 통제하고 외국과 조약을 맺을 권한을 갖게 된다면 노예 수입을 금지하고 농장주들의 이익에 해로운 상업 협약을 체결할 수도 있었다. 여기에서도 융통성이 분명히 필수적이었고 두 가지 조항의 형태를 취했다. 노예 수입은 20년이 경과하기 전에 금지되어서는 안 되며 조약 비준에는 상원에서 3분의 2의 득표가 필요했다. 도망친 노예의 반환을 보장하는 조항에서 남부에 추가로 양보가 이루어졌는데, 이는 도망친 하인들의 반환이 북부의 주인들에게도 받아들일 만한 매우 유용한 것이었기 때문이다.

경제적 이해관계의 충돌에서 비롯된 논쟁 과정에서 노예제 자체의 윤리가 주요 이슈로 떠오르지는 않았지만, 그에 대한 논의는 이루어졌다. 이 기회를 이용하여 몇몇 대회 참가자들은 타협하지 않는 언어로 노예 제도를 비난했다. 펜실베이니아의 거버너어 모리스는 노예 제도를 범죄적인 제도이자 그것이 만연한 주에 골칫거리가 될 것이라고 비난했다. 노예 소유주였던 버지니아의 메이슨은 노예 제도에는 오직 악만 있으며, 노예 제도가 예술과 산업을 낙담시키고 가난한 사람들에게 정직한 노동을 경멸하도록 이끌며, 노동으로 이 땅에 힘과 부를 가져다줄 백인들의 이민을 막는다고 선언했다.

이에 대한 방어의 목소리는 멀리 남쪽에서 나왔다. 사우스캐롤라이나의 대변인은 주 전체 경제가 노예 제도에 의존하고 있으며, 벼 습지의 끔찍한 사망률 때문에 지속적인 수입이 필요하다고 주장했다. 코네티컷의 올리버 엘스워스는 냉정한 낙관론으로 절제할 것을 조언했다. '노예 제도의 도덕성이나 지혜는 각 주가 결정할 고려 사항이다. 부분을 풍요롭게 하는 것은 전체를 풍요롭게 한다…… 인구가 증가하면 가난한 노동자는 노예를 쓸모없게 만들 정도로 많아질 것이다.'

기술적으로는, 엘스워스가 옳았다. 제도로서의 노예제는 대회 이전에는 없었지만 흑인의 수입과 관련해서 어떤 결정이 내려져야 했기 때문이다. 이 점에서도 조정이 필요하다는 것이 밝혀졌다. 이미 노예가 넘쳐나는 버지니아와 노스캐롤라이나는 아프리카 노예의 수송을 중단할 준비가 되어 있었지만 사우스캐롤라이나는 단호했다. 수입을 통해 새로운 노예 공급을 확보해야 하고 그게 안 되면 연방에 가입하지 않겠다. 따라서 적어도 1808년까지 조치를 연기하는 조항이 삽입되었다. 이것들이 바로 헌법의 큰 타협들이었다.

§

실질적인 조정을 위한 무한한 능력과 근본적인 목적을 달성하려는 깊은 결의로 인해 대회 참석자들은 마침내 위대한 정치적 프로젝트에 동의할 수 있었다. 이렇게 탄생한 정부는 그 형태에 있어서 강력하고 안정된 정부를 약속했다. 완성된 헌법은 간접적으로 선출된 ─ 주 의회들이 결정하는 대로 선출된 선거인들에 의해 ― 한 명의 대통령을 임기 4년(탄핵될 수 있는)의 미합중국 대통령으로 규정하고 법 집행과 무력 사용에 있어 당당한 권한을 부여했다. 위기 상황에서 독재의 가능성이 예견되었고, 이 문제는 정면으로 부딪쳤다. 이후 해밀턴은 동료 시민들에게 로마 역사에서 종종 국내의 사회적 혼란과 해외의 침략에 맞서기 위해 절대 권력에 의지해야 했다는 것을 상기시켰다. 반세기 후 링컨이 군사력을 동원해 분리주의를 분쇄했을 때, 그는 혁명의 아버지들의 예언을 이행했을 뿐이었다.

그러나 이러한 결과를 숙고해볼 때, 대통령제가 대회에서 적지 않은 추측의 산물이었다는 사실을 상기하는 것은 흥미롭다. 버지니아 안은 의회가 선출하는 행정부를 제안했지만 한 명으로 구성할지 여러 명으로 구성할지는 명시하지 않았다. 마찬가지로 의회에서의 선거를 제안한 뉴저지 안은 한 명의 수장首長 대신 위원회를 구성할 것을 요구했다.

여러 가지 쟁점에 대해 대회는 먼저 한 가지 방식으로 투표한 다음 다른 방식으로 투표하여 의도한 것만큼이나 우연에 의해 최종 결과에 도달했다. 버지니아나 뉴저지의 제도가 채택되었다면 아메리카에서 의회가 주도하는 정치가 발전했을 것이고, 현대의 홍보 전문가들은 그 제도의 장점을 알리는 데 열정과 재능을 발휘했을 것이다. 아메리카 정치의 역사는 본질적으로 달라졌을까?

안정성과 힘에 대한 동일한 고려로 인해 입법부와 관련된 조항이 채택되었다. 헌법은 주 정부가 세비를 지급하고 그들의 결정에 따르는 단일 대사들ambassadors의 협의회 ― 사실상 연합 규약에 따른 대륙회의였기 때문에 ― 대신 독립적인 양원제를 만들었다. 각 주에서 두 명의 상원Senate 구성원을 선출하도록 한 조항에서 옛 질서를 떠올릴 수 있었다 해도, 상원 의원에게 부여된 지위는 본질적으로 독창적이었다. 상원 의원은 개인 자격으로 투표할 수 있었고, 소환되거나 지시에 구속되지 않으며, 임기는 6년으로 고정되었고, 보수는 국고에서 지급되었다.

상원의 측면에는 완전히 새로운 기관인 하원House of Representatives이 배치되었으며, 주로 인구를 기준으로 주에 배분되고, 대중의 투표로 선출되고, 상원 의원과 마찬가지로 국고에서 보수를 지급받았다. 이러한 방식으로 한 주를 지배하는 특정 세력이나 정당의 권력이 그 원천과 분리되어 다수결의 힘을 무너뜨릴 수 있다고 생각되었다. 매디슨이 지적했듯이, 이 메커니즘은 현실 정치에서 사람들이 '분할할 수 없는 주권'이라는 신화적 실체가 아니라 실질적인 권력을 상대해야 한다는 생각에 기초한 것이다.

이전에 영국 법원이 행사했던 것과 유사한 중앙 통제를 만들겠다는 생각으로 헌법에 의해 행정부뿐만 아니라 사법부도 정부에 추가되었다. 연합 규약에 따라 주 법원은 상부의 모든 감독으로부터 실질적으로 독립되어 있었으며, 대륙회의는 사법 절차가 필요한 법률이나 조약의 집행에 대해 거의 전적으로 그 연약한 갈대에 의존해왔다.

혁명의 산물인 이 조치는 우연이 아니었는데, 봉기에 참여한 많은 사람들의 주요 목표 중 하나가 농업 세력이 주도하는 입법부와 재판소에 대한 영국 기관의 지배를 깨뜨리는 것이었기 때문이다. 이제 투쟁이 끝났으므로 영국 상인들에게 빚을 갚거나 토리당 재산의 복원을 바라지 않는 시민들은 해방에 집착할 또 다른 이유가 있었다. 그러나 사업 비전과 투자, 상업적 사업에서 국가적인 시각을 가진 사업가들은 지역 판사와 배심원들을 다른 시각으로 바라보았다.

어떤 각도에서 보더라도 이 문제는 까다로운 것이었고 대회에서 교묘하게 처리해야 했다. 거버니어 모리스가 말했듯이, 이 문제를 담당한 위원회는 극도의 주의를 기울여야만 수용 가능한 조항을 작성하고 대법원과 의회가 권한을 부여하는 '기타 법원들'의 설립에 합의할 수 있었다. 이러한 법원들은 헌법, 연방 법률들, 조약들에 따라 발생하는 모든 법과 형평법 사건all cases in law and equity[법적 판례와 형평법에 따라 판결되어야 하는 모든 사건]에 대한 관할권을 부여받았다.

라마르틴이 비슷한 상황에서 언급했듯이 이러한 상황에서는 많은 부분이 미래와 신의 섭리Providence에 맡겨졌다. 예를 들어, 연방 법원이 헌법에 근거하여 의회의 행위를 무효로 선언할 수 있는 권한을 누려야 한다고 명시적으로 언급되지는 않았지만, 연방 사법부가 이 최고의 특권을 사용할 것이라는 생각은 당시 법학 전문가들 사이에서 충분히 인식되고 있었다. 식민지 의회가 통과시킨 법안은 영국 법원에 의해 반복적으로 무효화되었고, 이 중요한 시기에 아메리카 판사들에 의해 몇 가지 선례가 세워졌다. 물론 대중적으로는 이 이론과 관행이 격렬한 공격을 받았지만, 다른 한편으로는 필라델피아 대회 안팎에서 고위 사법 업무에 익숙한 변호사들에 의해 강력하게 옹호되었다. 앨러게니 산등성이의 일부 농부들은 그 의미를 이해하지 못하더라도, 법률 길드의 더 눈치 빠른 그룹들은 이 문제의 중요성을 이해할 것이라고 노련한 혁명가들은 생각했다.

§

새 정부의 기능은 구조 못지않게 눈에 띄는 혁신을 보여주었다. 앞서 언급했듯이 대통령에게는 카이사르의 특권을 행사하는 경우에도 적법성을 갖추기에 충분한 권한이 부여되었다. 사법부의 지고함은 표현되지는 않았지만 암묵적으로 존재했으며, 쓰여진 글자를 조명하는 것이 신성한 전통의 일부가 되는 데는 존 마셜의 마술이 필요했을 뿐이었다. 입법 의무와 관련하여 의회는 조항에 따라 불리한 영향을 받는 계층의 경제적 요구 사항에 적합한 명시적이고 일반적인 권한을 받았다.

우선 ― 영국 의회가 주 의회의 동의 없이 세금을 부과하려던 과거의 시도를 떠올리면 ― 연방 세입을 주 의회에 의존해야 할 필요성이 완전히 사라졌다. 대륙회의는 세금, 관세, 부과금, 소비세를 국민 개개인에게 직접 징수할 수 있는 권한을 부여받았으며, 이 광범위한 조항을 통해 기업 보호와 과세 분야에서 놀라운 일을 할 수 있게 되었다. 차별적으로 거둬들일 수 있는 풍부한 세수에 대한 전망은 가치가 하락한 정부 발행 유가증권 소유자들에게 환호를 불러일으켰고, 침체된 산업에 희망을 안겨주었고, 또 다른 조항은 무역업에 종사하는 사람들에게도 지원을 약속했다.

외국의 차별과 주들 사이에 존재하는 상업적 무정부 상태를 분명히 염두에 둔 헌법 입안자들은 대륙회의가 외국 및 주들 간의 상거래를 규제할 권한을 가져야 한다고 규정하여 주별 관세선을 없애고 연방의 장벽 뒤에 전국 시장 영역을 만들었다. 또한 아메리카의 영토는 효과적인 군사적 방어에 의해 보호되어야 했다. 대륙회의는 더 이상 군인과 선원에 대해 주 정부들의 선의에 의존하지 않고, 비상시 주 민병대를 활용할 수 있는 특권 외에도 육지와 바다의 군대를 모집하고 유지할 수 있는 무제한의 권한을 부여받았다. 마지막으로 열거된 권한은 의회가 명시적으로 부여된 권한을 실행하는 데 필요하고 적절한 모든 법률을 제정할 수 있는 일반적인 권한을 부여하는 포괄적인 조항으로 마무리되었다. 마셜 대법원장의 폭넓은 상상력이 빛을 발하면서 이 조항은 경이로움의 판도라 상자가 되었다.

§

새로운 정부에 이러한 막강한 권한을 부여해야 한다는 데 동의하면서도 헌법 입안자들은 자신들이 만든 거대한 정부에서 축소되었다. 매디슨은 머지않은 미래에 국민 대다수가 토지나 다른 종류의 재산이 없는 상태에서 모든 예방책에도 불구하고 승리한 다수가 정치 기구를 장악하여 공익을 해치는, 즉 주로 사유재산에 해를 끼치는 목적의 엔진으로 삼을 수 있는 시대가 올 것이라고 예견했다.

이러한 민주주의의 유령에 겁을 먹은 일부 대회 참가자들은 참정권과 연방 고위 공직자에게 재산 자격 기준을 설정하여 대중의 접근을 억제할 것을 제안했다. 이 제안은 열렬한 지지를 받았지만 토론 과정에서 중대한 장애물들이 지적되었다. 각 유권자나 공직자가 주식이나 채권과 같은 대량의 개인 재산을 소유해야 한다면, 3분의 2가 농민인 기존 유권자들은 자신들의 참정권을 박탈하는 법안을 비준하지 않을 것이다. 따라서 지주 자격이 유일한 대안이었지만, 급진주의자들을 주 의회에 보내 대부업자, 상인, 기타 개인 재산 보유자들과 전쟁을 벌인 것은 바로 농민들이었다는 쓰라린 경험이 있었다. 며칠 동안 안절부절못하던 대의원들은 투표권과 공직 보유에 대한 구체적인 제한을 통해 재산권을 헌법에 명시하려는 생각을 포기했다.

그 길이 막혔다는 것을 확인한 대의원들은 민주적 다수의 에너지를 용해시키는 다른 방법을 선택했다. 그들은 새 정부의 기관을 선출하는 다양한 방법을 제공함으로써 그 힘을 원천적으로 차단하고, 여러 가지 야망과 특권, 휘장을 가진 기관들을 서로 다른 목적으로 설정함으로써 그 길에 특별한 장벽을 던졌다. 요컨대, 건국의 아버지들은 '견제와 균형'이라는 시스템을 만들어 정부 권력을 입법부, 행정부, 사법부로 나누고 그 경계를 혼란스럽고 불확실하게 만들었다. 전 세계가 그들의 손재주에 감탄했다.

그들이 고안한 입법부는 복잡한 구조를 가지고 있었다. 하원의 의석은 대략 인구에 따라 각 주에 배분되었으며, 각 주에서 하원 의원 선출에 참여할 권한을 부여받은 유권자들이 격년으로 선출했다. 해밀턴이 말했듯이, 이는 정부에 가난한 계층의 목소리를 반영하는 데 도움이 되었다. 그러나 대중과 직접적으로 연계된 회의실이 법률을 제정하는 데 있어 명확한 길을 제공하는 것은 결코 아니었다. 강력한 상원이 그 길을 가로막았다. 상원 의원들은 주 의회에서 대중으로부터 한 단계 떨어져서 선출되어야 했고, 임기는 2년이 아닌 6년이었으며, 언제든지 3분의 1만이 교체되었기 때문에 새로운 선거가 끝나고 어떠한 격변이 있더라도 안정적인 다수는 그 자리에 그대로 남아 있게 되었다. 나이의 보수적 효과가 작용했다. 상원 의원은 하원의 최소 연령보다 5년 이상 높은 30세 이상이어야 했다.

이렇게 나누어진 입법부의 반대편에는 주 의회들이 정하는 대로 선출된 특별 선거인단이 또 다른 절차를 통해 선출하는, 어쩌면 대중의 열정과 두세 단계 떨어진 대통령이 세워졌다. 이렇게 자신의 기반을 확고히 다진 대통령은 행정 기능에 더해 의회의 법안에 대한 거부권을 행사할 수 있었다. 기구들 간의 마찰을 증가시키기 위해 대통령의 임기는 2년이나 6년이 아닌 4년으로 고정되었고, 탄핵이라는 어려운 방법으로만 그를 제거할 수 있도록 규정되었다.

행정부와 입법부에 맞서 2년, 4년, 6년 임기가 아닌 종신직으로 임명된 판사들로 구성된 대법원— 국민과 직접 접촉하지 않는 두 연방 기관인 대통령과 상원이 선출한 판사들 —이 배치되었고, 실제로 시간이 증명했듯이 다른 부처의 행위를 무효로 선언할 수 있는 권한이 부여되었다. 해밀턴이 설명했듯이, 선한 정부의 친구들은 '과도한 법률 제정을 억제하고 주어진 기간 동안 사물을 현재와 같은 상태로 유지하기 위해 계산된 모든 제도가 해를 끼치기보다는 선을 행할 가능성이 더 높다'고 생각했다.

이 교리가 막 혁명을 일으키고 수행한 사람들에게는 이상하게 보였을지라도, 이 교리가 전달된 사람들의 귀에는 고마운 소리로 들렸다. 그들이 공공의 이익을 위해 선하다고 생각되는 일을 성취하고 그들의 시각에서 연방 정부가 악한 일을 하지 못하도록 막아야 하는 문제는 건국의 아버지들에게 당혹스러운 문제였지만, 그들의 독창성은 그 상황에 걸맞은 것이었다.

주 정부들을 견제할 필요성에 대한 인식은 심의 과정에서도 두드러지게 나타났다. 부채에 시달리는 농민들이 잘 알고 있듯이, 몇몇 주 의회는 지폐를 발행하여 채무자들이 가치가 떨어지는 화폐로 더 쉽게 채무를 변제할 수 있도록 했다. 이러한 기득권에 대한 공격으로 대회는 헌법에 어떤 주도 신용장을 발행하거나 부채 상환에 금화나 은화 외의 다른 것을 법정화폐로 만들어서는 안 된다고 선언함으로써 이를 종식시키려 했다. 주들은 공공 부채를 갚는 데 소홀했고, 개인 채무자가 토지나 현물로 갚고 채권자로부터 자유로워지는 것을 허용하는 법을 제정했으며, 만기 채무의 추심을 지연시키고 그러한 절차에 다른 장애물을 두는 법을 통과시켰다. 그중 하나는 법인 대학의 인가를 폐지했으며, 개인 재산 소유자에게 해로운 다른 일들— 건국의 아버지들이 생각한 것처럼 공익에 해로운 ──을 저질렀다. 이에 따라 대회는 사적 권리를 인정하여, 국가가 계약의 의무를 손상시키는 것을 금지하는 조항을 헌법에 삽입했다.

그것으로도 만족하지 않았다. 매사추세츠의 위험한 급진주의자들은 법과 질서에 반하는 반란의 수위를 높였고, 그런 일이 다시 일어나고 불길이 번질 수도 있었다. 따라서 건국의 아버지들은 주 당국의 요청이 있을 경우 대통령이 국내 반란을 진압하기 위해 군대를 파견할 수 있도록 규정했다. 이런 식으로 대회는 영국 정부의 무거운 멍에를 벗어던진 후 날뛰는 지역 정치인들의 영혼을 길들이려고 노력했다. 이렇게 해서 사실상 영국의 낡은 정치, 경제, 사법 통제 체제가 재건되었는데, 이번에는 아메리카의 헌법에 의해 만들어진 아메리카의 권위에 기반을 둔 것이었다.

§

그들의 계획이 다수의 대중에게 쓴 약이 되리라는 것을 충분히 알고 있었던 대표자들은 그들의 법안을 비준받을 수 있는 최선의 방법을 놓고 당황했다. 합법적인 헌법과 연합 규약Articles of Confederation, 그리고 대의원들이 선출될 당시의 요청은 그들의 계획이 기존 대륙회의에 상정되어 승인을 받고, 비준을 위해 각 주에 전달되며, 만장일치의 동의를 받은 후에야 발효되도록 규정하고 있었다. 건국의 아버지들은 쓰라린 경험을 통해 주 의회가 공적 신용과 사적 권리를 침해하는 주범이라는 것을 알고 있었지만, 주 의회는 자신들의 권한에 대한 제한을 거듭 거부해왔기 때문에 만장일치의 동의는 거의 기대할 수 없었다.

이론보다는 현실을 중시한 건국의 아버지들은 더 높은 차원의 고려를 위해 기존 법률의 문구에서 벗어났다. 실제로 건국의 아버지들은 형식상으로는 새로운 헌법을 구 대륙회의에 보내야 한다고 규정했지만, 비준 문제를 결정하기 위해 특별 회의를 소집하라는 권고와 함께 대륙회의가 이 법안을 각 주에 전달할 것을 권고했을 뿐이다. 그들은, 각 주 의회에서 봉사하는 데 어려움을 겪지 않을 많은 올바른 종류의 시민들이 비준 대회에 기꺼이 참여할 것이며, 포퓰리즘적인 주 의회의 장벽이 일단 무너지면 승리의 희망을 볼 수 있다고 추론했다.

여전히 만장일치 비준의 유령은 남아 있었다. 이 점에 대해 많은 토론을 거친 후, 대회는 3분의 2가 동의하는 즉시 헌법이 관련 주들 사이에서 발효되어야 한다는 대담한 제안으로 그 유령을 내려놓았다. 박식한 논평가 존 버지스는 이 프로그램이 혁명을 위한 프로젝트였으며, 지배적인 법질서와의 단절, 쿠데타, 기존 기관의 수장들 너머의 유권자 또는 적어도 연합 규약을 전복할 준비가 된 유권자의 일부에게 호소하는 것이었다고 분명히 말한다.

9월 17일, 거의 4개월에 걸친 격렬한 논쟁 끝에 대회가 막을 내렸다. 헌법이 완성되고 비준 계획이 수립되었다. 동료들의 결정에 불만을 품은 참석자들 중 일부는 분노에 휩싸여 집으로 돌아갔고, 남아 있던 일부는 문서에 서명하기를 거부하며 공개적으로 비난하고 국민에 의한 채택을 반대했다. 반면에 한 번 이상 회의에 참석했던 55명의 회원 중 39명은 공동의 수작업에 대한 열정의 정도는 서로 크게 달랐지만, 양피지에 이름을 적고 축도祝禱와 함께 문서를 제출했다.

해밀턴은 새 정부가 충분히 강력하지 않을 것이라고 생각했고 그 성공에 대해 심각한 의구심을 품었다. 프랭클린은 그들이 단지 '정치적 실험을 하고 있다'는 점을 인정하고 이 문서에 포함된 여러 조항에 대해 반대 의사를 표명하면서도, 이 문제에 대한 신의 인도에 대한 믿음을 표명했다. 당시 죽음의 그림자 속에 서 있던 그는 대회가 이룬 성과에 대해 이렇게 썼다. '나는 현재 존재하고 있고 위대한 국가의 후손들에게 존재할 수백만 명의 복지와 관련 있는 그토록 중요한 거래가, 모든 열등한 영혼들이 살고 움직이고 그들의 존재를 빚지고 있는, 전능하고 편재하며 자애로운 통치자Ruler의 영향과 인도와 통치를 어느 정도 받지 않고 통과될 수 있으리라고는 거의 상상할 수 없다.'

위싱턴은 평소의 실용적인 시각으로 동료 서명자들의 일반적인 정서를 대변하며 다음과 같이 말했다. '제출된 헌법에 결함이 없는 것은 아니다. 그러나 제헌 회의가 이질적인 집단으로 구성되어 있고 다양한 이해관계가 반영되어야 한다는 점을 고려할 때 예상할 수 있을 만큼의 근본적인 결함은 거의 없다. 향후 수정과 변경을 위한 헌법의 문이 열려 있는 만큼, 국민들은 제안된 내용들을 받아들이는 것이 현명하리라고 생각한다.'

필라델피아에서 진행된 절차에 대한 보고를 파리에서 받았을 때 제퍼슨은 처음에는 많은 고민을 했다. 그는 제안된 하원이 큰일을 처리하는 데 무능하고, 군대의 도움을 받는 대통령이 독재자가 될 수 있으며, '종교적 유물로서라도 보존되어야 할 훌륭하고 오래되고 유서 깊은 헌법'인 연합 규약에 몇 가지 조항을 추가하는 정도로 대회가 만족해야 한다고 생각했다. 그러나 나중에 그는 마음을 바꾸고 수정의 가능성을 고려한 끝에 건국의 아버지들이 인간적 상황이 허락하는 한도에서 최선을 다했다는 결론에 도달했다. 결국 그는 이 작전 전체를 인류의 고귀한 승리로 간주하게 되었다. 그는 말했다. '군대를 모으는 대신 국가의 현자들을 모아 헌법을 바꾼 사례는 우리가 이전에 보여준 사례만큼이나 세계에 가치가 있을 것이다.'

§

대회의 권고에 따라 대륙회의는 헌법을 주 정부에 제출하여 승인 또는 거부를 요청했고, 각 주 의회는 유권자들에게 새로운 정부 계획을 통과시킬 대회를 선택하도록 요청했다. 새로운 정부 프로젝트를 지지하거나 반대하기 위해 모든 선전과 정치적 책략의 엔진이 작동하면서 세 번 만에 국가는 적대적인 진영으로 나뉘었다. 몇 년 전 혁명적 당파의 분파 투쟁을 떠올리게 하는 쓸쓸함으로 양측은 격렬한 전술을 구사했다.

예를 들어, 펜실베이니아 주 의회에서 헌법에 반대하는 일부 의원들이 자리를 떠나 정족수를 깨뜨리는 방식으로 심의 시간을 벌려고 하자 연방주의자 폭도들이 그들의 숙소에 침입하여 거리로 끌고 나와 회의장으로 밀어 넣었다. 승리자들의 박수를 받으며 투표가 진행되었고, 주 비준 회의 대의원 선출은 단 5주 앞으로 다가온 날짜로 확정되어 '국민의 엄숙한 심판'을 받을 수 있는 기간을 최소한으로 줄였다. 물론 구파의 일부 신사들은 새로운 법이 무질서하게 도입된 것에 대해 유감스러워하기도 했지만, 상황은 매우 긴박했다.

뉴햄프셔 대회가 열리고 다수가 헌법에 반대한다는 것을 확인했을 때, 의회는 반대표를 방지하고 새로운 제도의 지지자들에게 반대자들을 설득할 기회를 주기 위해 휴회했다. 어떤 경우에는 서두르고 어떤 경우에는 지연하는 것이 비준에 유리했다.

1787~88년 겨울이 지나고 봄으로 접어들면서 새로운 정부 형태를 지지하는 사람들이 꾸준히 늘어남에 따라 갈등은 근거리에서 치열하게 전개되었다. 연방에서 가장 작고 힘이 약한 4개 주, 즉 델라웨어, 코네티컷, 뉴저지, 조지아가 별다른 소동 없이 신속하게 헌법을 비준했다. 펜실베이니아 주 역시 위에서 설명한 사건 이후 비슷한 속도로 비준을 추가했다. 마찬가지로 메릴랜드와 사우스캐롤라이나는 유권자들에게 충분한 숙의 시간을 준 후 관대한 제스처로 비준에 찬성했다. 대중의 평결이 의심스러웠던 버지니아에서는 워싱턴, 마셜, 랜돌프, 와이스 같은 거물급 인사의 무게감이 결국 승리를 이끌었다. 뉴햄프셔, 뉴욕, 매사추세츠에서는 선거 결과 헌법 반대가 다수를 차지했지만, 교묘한 공작을 통해 몇몇 대의원이 당초 지침에서 벗어나 비준에 찬성표를 던지도록 유도했다. 그러나 마지막까지 노스캐롤라이나와 로드아일랜드 두 곳은 동의를 거부했고, 결국 강력한 경제 세력의 압력에 굴복해 새 정부의 지붕 아래로 들어갈 때까지 고립된 상태로 있었다.

투쟁의 열기는 뜨거웠지만, 그 열기로 인해 투표소에서 자신의 의견을 표출하려는 유권자들이 대거 투표장에 나오지는 않았다. 이용 가능한 단편적인 수치로 볼 때, 국가 내 성인 백인 남성의 4분의 1 이상이 주 비준 협약 대표를 선출하는 선거에서 어느 한쪽에 투표하지 않은 것으로 보인다. 신중한 계산에 따르면, 아마도 6분의 1, 즉 10만 명 정도가 새로운 정부 형태의 비준에 찬성했을 것으로 추정된다. 어쨌든 '전 국민이 헌법을 받아들임으로써 스스로를 구속했다'고 말하는 것은 통계상의 결과를 요약하는 것이 아니라 법리적 개념을 차용한 것이다.

대체로 이 문서에 대한 유권자들의 의견은 경제적인 측면에 따라 나뉘었다. 상인, 제조업자, 개인 채권자, 공공 증권 보유자들은 새로운 제도의 지지자들 사이에서 큰 비중을 차지한 반면, 반대는 주로 해안가의 소농들, 특히 초기에 부채 부담을 완화하기 위해 지폐와 기타 장치를 요구했던 사람들로부터 나왔다. 헌법에 찬성하며 녹스 장군은 1788년 1월 12일 매사추세츠에서 워싱턴에게 편지를 썼다. '모든 법원의 판사들과 지난 혁명 군대의 모든 장교들을 포함하여 상당한 재산을 가진 모든 사람들, 성직자들, 변호사들, 그리고 모든 큰 마을의 이웃들이 추가되는 주의 상업 지역…… 이들은 강력한 정부를 지지하고 있으며, 아마도 그들 중 많은 사람들이 새 헌법이 영국 헌법과 더 유사했다면 훨씬 더 만족했을 것이다.' 반대파에 대해 녹스 장군은 '폭도들 또는 그들의 지지자들은 대부분 공적, 사적 부채를 소멸시키려는 사람들이라고 비난했다.

비준을 둘러싼 전투에서 양측의 옹호자들은 인간 정부의 과학에 대한 대규모의 계몽적인 문헌, 즉 혁명의 웅장한 스타일을 연상시키는 문헌을 제작했다. 시간이 흐르면서 패배한 쪽의 논거는 대부분 망각 속으로 가라앉았지만, 해밀턴, 매디슨, 제이가 헌법을 지지하기 위해 언론에 보낸 편지 등 가장 고귀한 변호 자료는 『연방주의자 논집The Federalist』이라는 이름으로 먼지 속에서 구출되어 불멸성을 부여받았다.

이 위대한 시리즈의 열 번째 편에서 정당하게 '헌법의 아버지'로 불려왔으며 헌법에 서명한 사람들의 대변인으로 간주될 수 있는 매디슨은 실용적인 근거를 바탕으로 비준을 강력하게 호소했다. '정부의 첫 번째 목적은 재산권의 기원이 되는 인간 능력의 다양성'을 보호하는 것이다. 매디슨은 현대 사회에서 이러한 보호 아래 필연적으로 생겨나는 주요 재산 소유자 계층을 열거한 후, '이러한 다양하고 간섭하는 이해관계를 규제하는 것이 근대 입법의 주요 임무이며, 정부의 일상적 운영에 당파와 파벌의 정신이 개입된다'는 점을 보여주었다.

그런 다음 매디슨은 정치적 분쟁이 매번 경제적 문제와 어떻게 연관되어 있는지 설명했다. '파벌의 가장 흔하고 지속적인 원인은 다양하고 불평등한 재산 분배였다. 재산을 가진 자와 재산이 없는 자는 항상 사회에서 구별된 이해관계를 형성해왔다. 채권자인 사람과 채무자인 사람도 마찬가지다. 문명화된 국가에서는 지주의 이해관계, 제조업의 이해관계, 상업적 이해관계, 금전적 이해관계, 그리고 그보다 더 작은 많은 이해관계가 필요에 의해 생겨나며 서로 다른 정서와 견해에 의해 작용하는 여러 계급으로 나뉘게 된다…… 재산을 획득할 수 있는 다양한 능력의 보호로부터 재산의 다른 정도와 종류가 바로 결과로 나타나며, 이러한 재산의 영향으로 각 소유자들의 감정과 관점이 달라지고, 이로 인해 사회는 서로 다른 이해관계와 당파로 나뉘게 된다.'

매디슨의 논리에 따르면 당연히 입법부는 이러한 이해관계를 반영한다. 그는 '입법자들은 다양한 계층의 사람들이지만 그들이 결정하는 대의의 옹호자이자 당사자 외에 무엇인가?'라고 묻는다. 이에 대해서는 아무런 해결책이 없다. '분파의 원인은 제거할 수 없으며, 우리는 경험을 통해 도덕적, 종교적 동기가 적절한 통제 수단이 될 수 없다는 것을 알고 있다.' 그렇기 때문에 특정 집단, 특히 재산이 없는 대중이 과대망상적인 다수에 융합되어 소수의 이익을 그 뜻에 희생시킬 수 있는 심각한 위험이 발생한다. 이러한 위험을 고려할 때 필라델피아 대회 이전의 근본적인 문제는 '그러한 분파의 위험으로부터 공공의 선과 사적 권리를 보호하는 동시에 대중 정부의 정신과 형태를 보존하는 것'이었다. 그리고 그 해결책으로 제시된 것은 '선택된 시민들의 기구를 매개로 하여' 대중의 견해를 정제하고 확대하는 견제와 균형 시스템이었다. 지도적인 헌법의 아버지의 표현으로는, 이것이 바로 새 헌법의 정신이자 모든 실무자들에게 강력하게 호소하는 내용이다.

논쟁과 협상, 그리고 인격의 무게를 통해 혁명을 제안한 친구들이 결국 승리를 거두었다. 1788년 6월 21일, 아홉 번째 주인 뉴햄프셔가 헌법을 비준했고, 계약서에 도장을 찍은 당사자들 사이에서 새로운 제도가 시행될 수 있었다. 몇 주가 지나지 않아 버지니아와 뉴욕은 이미 주사위가 던져졌다는 사실을 알고 마지못해 동의했다. 이렇게 승리가 두 배로 확실해진 연방주의자들은 여러 개헌안을 제안했던 반대파의 타오르는 분노를 무시할 수 있었고, 헌법 수정을 위해 또 다른 전국 회의를 소집해야 한다는 뉴욕의 엄숙한 결의를 비웃을 수 있었다. 여전히 연방주의의 이득에 확신을 갖지 못한 노스캐롤라이나와 로드아일랜드는 장외에 남겨두고서, 기존의 대륙회의는 새 정부를 구성할 인물을 선택하기 위한 선거를 요청하며 해산할 준비를 했다.

8

전국 정당들의 부상

　연방 헌법 비준에 대한 논란은 새 정부를 이끌 지도자 선출을 위한 경선에 참여하기 위해 나라가 소집되었을 때도 사라지지 않았다. 이 투쟁에서 논쟁자들은 이전 전투에서 불러일으켰던 열정에 호소했지만 이제 그들은 사람들 사이의 놀라운 무관심에 직면했다. 상원 의원과 대통령 선거인은 대중의 소란을 일으키지 않고 주 의원들에 의해 선출되었다. 몇몇 선거구에서 치열한 접전이 있었던 것은 사실이지만, 대체로 의원들은 소수의 유권자들에 의해 선출되었다. 예를 들어 메릴랜드와 매사추세츠에서는 성인 남성의 6분의 1도 하원 의원 투표에 참여하지 않았다. 역사상 여러 번 그랬듯이 정보에 밝고 적극적인 소수가 선거를 관리했다.

　투표 결과가 모두 나오고 새 정부가 구성되었을 때, 최근 헌법 혁명을 일으킨 사람들이 1787년에 시작한 일을 계속 이어가고 있다는 것은 모든 사람에게 명백했다. 제헌 회의 의장이었던 워싱턴은 만장일치로 미합중국 대통령으로 선출되었다. 헌법에 따른 초대 의회Congress의 상원 의원 24명[헌법 발효는

1789년 3월이지만 노스캐롤라이나가 헌법을 비준한 1789년 11월 이후를 언급한 것으로 보인다] 중 11명이 '새로운 자유의 헌장' 초안을 작성하는 데 도움을 주었다. 하원에는 '헌법의 아버지' 제임스 매디슨을 필두로 한 초안 작성자와 비준자들로 구성된 강력한 분견대가 있었다. 언약궤The Ark of the Covenant는 분명히 하원에 우호적인 사람들에게 있었으며, 다른 방식으로 말하면, 경제 및 정치 권력의 메커니즘은 주로 그것을 구상하고 확립한 사람들이 지시했다. 그리고 얼마 지나지 않아 행정부와 사법부는 헌법을 만들거나 비준하는 데 참여했던 지도자들로 채워졌다.

위싱턴은 자신의 행정부에서 가장 중요한 직책인 재무장관으로 제헌 회의에 참여했던 로버트 모리스를 선택했지만, 그가 거절하자 다른 동료, 연방주의의 거인 알렉산더 해밀턴을 선택했다. 법무장관에는 필라델피아 대회에서 버지니아 대표단의 대변인이었던 에드먼드 랜돌프를 지명했다. 전쟁장관으로는 또 다른 열렬한 헌법 옹호자인 매사추세츠의 녹스 장군을 임명했다. 새 정부에 대한 견해가 불확실한 정치인에게는 고위 행정직 한 자리만 맡겼는데, 헌법 제정과 채택 당시 파리에 있었던 토머스 제퍼슨이 외교를 담당하는 국무장관으로 임명되었다. 사법부에서는 단 한 명의 예외도 없었다. 1789년 사법부법Judiciary Act에 따라 만들어진 모든 연방 판사직은 지위 고하를 막론하고 헌법 초안을 작성하는 데 도움을 주었거나 주 대회나 비준 운동에서 헌법을 지지했던 사람들에게 주어졌다. 위싱턴은 정부의 작은 직책을 임명할 때도 마찬가지로 신중을 기했는데, 몇몇 반대파에게 직책을 제안하여 화해를 시도한 후, 그는 자신의 행정 원칙을 공격하는 사람에게는 직책을 주지 않겠다고 단호하게 선언했다.

따라서 최초의 정부는 어떤 의미에서도 연합이 아니었다. 필라델피아의 종이 문서가 현실이 되었을 때, 그것은 그것을 만들고 채택한 사람들의 이성과 의지 속에 살아 있었다. 법을 제정하고, 법령을 집행하고, 군대를 키우고, 세금을 징수하여 새로운 헌법을 국가 경제와 부의 분배를 위한 권력 도구로 만든 것은 바로 그들이었다. 그들의 손에서 양피지에 적힌 단순한 문구가 국토의 길고 넓은 곳 어디에서도 거부할 수 없는 주권 강제의 엔진으로 변모했다.

§

　1789년 4월 30일 정오 직후, 조지 워싱턴은 소규모 기병대, 의회 위원회, 환호하는 시민 군중의 호위를 받으며 뉴욕에 있는 자신의 거주지에서 월스트리트의 새 연방 청사Federal Hall로 이동하여 브로드 스트리트를 마주 보고 있는 건물 발코니에서 미합중국의 초대 대통령 취임 선서를 했다. 그 직후 선서를 주관한 리빙스턴 '대법관Chancellor'*은 아래에 있는 군중을 향해 외쳤다. '미합중국 대통령 조지 워싱턴 만세!' 이 외침은 거리에서 반복되었고 그날의 나머지는 이 위대한 행사를 축하하는 데 사용되었다. 이제 양원 의회가 개회되었으므로, 아메리카의 새 정부는 헌법에 명시된 법과 정책의 수립이라는 앞으로의 막중한 임무를 수행할 준비가 되어 있었다.

　물론 이러한 업무 책임자들은 연합 규약에 따라 확립된 관습을 안내역으로 삼았지만, 기껏해야 그러한 관행은 다르게 구성되고 더 광범위한 권한을 부여받은 정부, 특히 행정부에 대한 잘못된 항해 차트를 형성했다. 따라서 워싱턴은 친구들의 조언을 받아 자신만의 선례를 만들어야 했다. 그는 의회에 보내는 메시지를 상하 양원 합동 회의에서 엄숙하고 품위 있게 읽었는데, 이는 미합중국의 입법 절차에 당당함을 더했다. 행정부의 최고 책임자들을 한자리에 모아 회의를 소집하는 관행은 일찍이 채택되어 영국식 제도를 변형한 내각Cabinet의 기원이 되었다. 워싱턴은 공공의 이익에 부합한다고 판단되는 한, 혁명 전쟁에서의 희생과 재정적 여건으로 '대중의 인정을 받을 만한 가치가

---

*　Robert Robert Livingston(1746~1813). 은 뉴욕 출신의 변호사, 정치인, 외교관이자 미합중국 건국의 아버지 중 한 명. 25년 동안 뉴욕 주 고위 법관직을 역임해 '대법관'이라는 별명으로 불렸다. 토머스 제퍼슨, 벤자민 프랭클린, 존 애덤스, 로저 셔먼과 함께 독립선언서 초안을 작성한 '5인 위원회'의 일원이었다.

있는' 동료들에게 공직 임명을 통해 보답했다. 그는 상원을 상대할 때 협상 중인 조약에 대해 공식적으로, 그리고 직접 상원과 협의하는 관례를 확립하려고 노력했다. 하지만 상원 의원들은 그의 존재에 제약을 느낀 나머지 경직되고 냉담한 반응을 보여 그는 결국 그 계획을 포기했다.

행정 분야에서도 새로운 지평을 열 필요가 있었고 임시 수입을 마련한 후 의회는 정부 조직을 완성하는 시급한 과제로 전환했다. 외교, 재정, 육상 및 해상 국방의 관리는 해당 부서에 맡겨졌다. 각각 국무부, 재무부, 전쟁부였다. 정부의 법적 요구 사항이 증가할 것으로 예상한 의회는 법무장관 직을 설립했다. 우체국은 이미 운영되고 있었기 때문에, 큰 변화 없이 시스템을 그대로 유지했다.

정부의 사법부는 아메리카 대륙 역사상 가장 주목할 만한 법률 중 하나인 1789년 사법부법Judiciary Act에 의해 설립되었다. 이 법은 대법원장과 5명의 대법관으로 구성된 대법원과 각 주마다 자체 검사, 보안관, 적절한 수의 대리인으로 구성된 연방 지방법원을 상세히 규정했다. 이러한 권력 기관은 뉴햄프셔에서 조지아까지, 해안에서 변경에 이르기까지 모든 지역사회에서 중앙 정부의 의지를 실현하기 위해 만들어졌다.

새로운 질서의 정신에 따라 주 법원과 주 의회를 연방의 통제하에 두기 위한 예방 조치가 취해졌다. 연방 대법원까지 사건을 이송할 수 있는 독창적인 항소 시스템을 고안한 후, 사법부법 제정자들은 지방 정부의 조치가 연방 헌법과 충돌할 때마다 무효화할 수 있는 절차를 고안했다. 법의 조건은 명확했다. 어떤 사안에 대해 최종 관할권을 가진 주 법원이 의회의 법안을 무효로 선언하거나 주 의회의 행위를 유효한 것으로 인정하는 경우, 식민지 시대 런던에서와 마찬가지로 수도에 있는 고등법원에 항소할 수 있었다. 헌법에 보장된 개인의 자유나 재산권이 주변 정치 당국에 의해 위태로워진 모든 시민은 이제 지방 당국으로부터 독립된 구제 기관, 즉 중앙에서 재정적, 도덕적, 물리적 힘을 빌려 구제받을 수 있는 기관을 손에 쥐게 된 것이다. 한마디로 옛 영국 제국의 각 주의 의회에 대한 통제와 같은 것이 미합중국 국경 내에서 간접적으로 종신직으로 선출된 사법 기관에 의해 다시 확립되었다.

의회는 새 정부 조직을 세부적으로 구성하고 결정 사항을 실행하는 데 필요한 권한을 부여하는 한편, 조정 조치를 통해 새로운 정체政體에 대한 반대를 일부 완화해야 한다는 사실을 잘 알고 있었다. 연방 정부 책임자들은 헌법에 대한 승인이 얼마나 근소한 차이로 내켜 하지 않는 국민들로부터 얻어졌는지 잘 알고 있었다. 그들은 노스캐롤라이나와 로드아일랜드가 여전히 연방 밖에 있고 회개하지 않는 것을 보았다. 그들 앞에는 몇몇 주 대회에서 제안된 수많은 수정안이 있었고, 비준에 필요한 표를 얻기 위해 일부 요구 사항을 즉시 시행하겠다는 약속을 한 비판자들이 많았다. 의회가 간과할 수 없었던 이러한 모든 수정안은 연방 정부에 대한 두려움을 보여주었고 그 권한에 대한 제한을 제시했다. 일부는 충분히 무해했지만, 다른 일부는 패배하더라도 결코 죽지 않은 대니얼 셰이스의 정신을 드러냈다.

따라서 매디슨은 몇 가지 발의안에서 표현된 분노를, 제거하지는 못하더라도, 완화하기 위해 하원에 법안을 제출했고, 첫 번째 의회는 일련의 헌법 수정안을 채택했다. 그중 10개는 곧 비준되어 1791년 미합중국 헌법의 일부가 되었다. 무엇보다도 이러한 수정안에는 의회가 종교의 설립, 언론이나 출판의 자유, 국민이 평화적으로 집회하고 정부에 고충을 구제해 달라고 청원할 수 있는 권리를 제한하는 법률을 제정해서는 안 된다고 명시되었다. 대배심grand jury[*]에 의한 기소와 배심원에 의한 재판은 심각한 범죄로 연방 관리에 의해 기소된 모든 사람에게 보장되었다. 마지막으로, 지방 정치인들의 분노를 누그

---

[*] 대배심은 일반 시민으로 구성되며, 각 지역의 법원이 소환하여 특정 기간 동안 활동을 한다. 구성원 수는 관할권에 따라 다를 수 있지만, 일반적으로 16명에서 23명 사이이다. 대배심은 증인을 심문하고 증거를 검토하여 형사 사건이 기소될 만한 충분한 근거가 있는지를 조사한다. 사건이 심각하다고 판단되면 기소 결정을 내린다. 이것이 검찰이 형사 소송을 진행할 수 있는 법적 근거를 제공한다. 대배심의 심리는 비공식적이고 비밀리에 진행되며 일반 대중과 피고는 그 진행 상황을 알 수 없다.

러뜨리기 위해 수정헌법 제10조에서 헌법에 의해 연방 정부에 위임되지 않았거나 주로부터 보류된 연방 정부의 모든 권한은 각각의 주 또는 국민에게 유보한다고 선언했다.

이 명백한 선언은 7년 후 같은 정신으로 작성된 수정헌법 제11조에 의해 보완되어, 연방 사법부가 시민이 주를 상대로 소송을 제기한 사건을 심리하는 것을 금지했다. 중앙 정부의 우호적인 지원과 경제적 필요성에 의해 노스캐롤라이나는 1789년 11월, 로드아일랜드는 이듬해 5월, 연방에 가입했다.

§

행정 기구가 작동하고 자연권을 존중하는 공표가 정식으로 이루어지면서, 연방 정부의 책임자들은 금융, 상업 및 산업 입법에 관한 주요 문제에 전념할 수 있었다. 사실, 철학자들이 헌법 개정에 대해 논의하는 동안 재무장관 해밀턴은 그의 이름과 영원히 연관되는 위대한 제도와 부수적인 보고서를 공식화하고 있었다. 그의 프로그램 중 첫 번째는 액면가 기준으로 약 5천만 달러에 달하는 국내외 원금과 이자를 포함한 전체 국가 부채를 조달하는 것이었다. 즉, 오래된 채권과 증권을 소각하고 새로운 증권을 발행하여 이 막대한 금액의 일부는 6퍼센트의 이자를, 일부는 3퍼센트의 이자를 지급하고 나머지에 대한 이자는 10년간 유예하는 것이었다.

두 번째로 해밀턴은 중앙 정부가 약 2천만 달러에 달하는 주들의 혁명 부채를 액면 그대로 인수하여 재무부가 부담하는 부채에 추가할 것을 제안했다. 이러한 방식으로 그는 미합중국의 재정 기반을 확보하고 모든 공공 채권자가 돈을 받기 위해 주 정부가 아닌 연방 정부를 바라보도록 만들려고 했다. 재무 구조의 초석을 마련하기 위해 해밀턴은 정부와 민간 투자자들이 대표로 참여하는 국가 은행을 설립해야 한다고 주장했다. 이 기관의 자본금의 4분의 3은 연리 6퍼센트의 새로운 연방 채권으로, 나머지는 경화硬貨로 구성되었다. 정부와 증권 보유자가 공공 신용, 즉 연방 채권 가격을 부양하는 데 도움을 주기 위해 재무부는 수시로 시장에서 증권을 매입할 수 있는 감채 기금을 마련했다.

연방 정부의 과세권 위에 세워진 이 웅장한 종이 건축물을 유지하기 위해, 미합중국의 산업과 상업을 장려하고 보호하는 방식으로 수입품에 관세가 부과되었다. 마지막으로, 영국 왕실이 한때 식민지 정치인들로부터 빼앗으려 했던 서부의 공공 토지를 매각하고 연방 정부의 유가증권이 그 대금으로 인정되었다.

해밀턴 프로그램의 중요성을 이해하는 데는 그다지 심오한 경제적 통찰력이 필요하지 않았다. 대륙과 주의 오래된 부채를 보유한 사람들은 가치가 하락한 종이를 액면가 그대로, 이자가 붙고 충분한 과세권을 가진 정부가 보증하는, 새로운 채권으로 교환하기만 하면 되었다. 이제 발행될 최우량 공채는 손에서 손으로 쉽게 전달되어 국가의 유동 자본을 늘리고 상업, 제조업, 농업을 활성화할 수 있었다. 자본 확충 과정에서 국채 발행이 기대에 미치지 못할 경우, 국가 은행이 발행한 지폐가 그 부족분을 보충할 예정이었다. 마침내 통화와 신용 부족으로 어려움을 겪던 아메리카 기업들은 이 두 가지를 풍부하게 공급받는 동시에 유리한 상법에 의해 외국과의 경쟁으로부터 보호받을 수 있게 되었다. 당연히 해밀턴 제도로부터 이익을 기대했던 사람들은 그러한 전망에 기쁨을 감추지 못했다. 반면에 전체 재정 구조가 과세에 기반하고 있었기 때문에 대부분의 부담을 떠안아야 하는 토지 소유주와 상품 소비자는 이 새로운 모험에 대한 비용을 지불해야 한다는 생각을 머릿속에 갖게 되었다.

해밀턴의 프로젝트에서 제기된 이슈들이 하나씩 국민 앞에 제시되면서, 정치적 열정의 물결은 점점 더 높아졌다. 주 채권, 대륙 채권 등 오래된 채권의 상당 부분이 원 구매자의 손에서 영리하고 진취적인 투기꾼의 금고로 넘어갔다는 사실은 이미 잘 알려져 있다. 헌법의 채택이 확실해진 후, 선견지명이 있는 금융가들은 전국 각지, 특히 남부 주에 귀중한 경화를 한 보따리씩 들려 대리인을 파견해 가치가 떨어진 엄청난 양의 종이를 달러당 10센트 또는 15센트라는 낮은 가격에 매입하여 필라델피아, 뉴욕, 보스턴에 공채가 집중되는 효과를 가져왔다. 이 투기에 돈을 걸었던 사람들의 탐욕과 원래의 증권을 헐값에 팔았던 사람들의 고뇌는 해밀턴의 재정 계획이 정치 무대에 등장했을 때 폭발의 연료가 될 수밖에 없었다.

그다지 크지 않은 의회의 한 그룹은 즉시 채무를 액면가가 아닌 시장가로 매입하여 기존 부채를 축소할 것을 제안했다. 이 파벌의 구성원들은 발행된 대부분의 채권 중 대륙 재무부에 납부된 경화는 거의 없으며, 부채의 상당 부분은 부풀려진 가격으로 구입한 상품과 혁명 정부가 대출을 실행할 때 수락한 액면 가치 이하의 지폐라고 주장했다. 이 주장에는 많은 진실이 담겨 있었지만, 액면가로 채권을 상환하려는 당파의 입맛에는 맞지 않았다. 이를 제기한 사람들은 의회의 여론에 맞서 아무런 진전을 이루지 못했다. 여기서 다수의 채권을 보유한 의원들이 공공 신용을 중시하는 동료들과 연합해, 채무 불이행의 냄새가 나는 모든 제안을 강력하게 저지했다.

해밀턴과 마찬가지로 공공 신용 회복을 열망했던 두 번째 의회 그룹은 특히 혁명 참전 용사, 채권의 최초 구매자, 혁명 정부에 물품을 판매한 사람들의 복지를 염두에 두었다. 매디슨은 이 당파에 속해 있었다. 길고 신중한 연설에서 그는 논쟁의 장단점을 분석했다. 그는, 합법적인 이자와 함께 제공받은 가치에 대해 지불해야 할 신성한 의무가 정부에 있다는 것은 모두가 인정하지만 한 가지, 즉 누구에게 지불해야 하는지에 대해 논쟁하는 것은 전적으로 적절하다고 말했다. 채권자 명단의 맨 앞자리에 원래의 투자자들, 즉 여전히 그들의 증권을 보유하고 있는 이들이 있는 것은 공통된 양해 사항이었고, 그들의 청구권을 완전히 이행할 권리를 부정할 수 있는 사람은 없었다.

그다음 순서로는 보유 자산을 헐값에 매각한 원래의 구매자와 시장으로부터 채권을 매입한 투기꾼들이 있었다. 전자는 정부에 가치와 봉사를 제공했지만 무시와 경멸의 대우를 받고 파멸적인 조건으로 증권을 팔아야만 했기 때문에 공공의 신념에 정당하게 호소할 수 있었다. 반면에 투기로 증권을 매입한 사람들은 위험을 감수했고, 확실한 지불 약속이 담긴 증권을 보유하고 있었으며, 문자 그대로 의무를 이행하는 것이 공공 신용의 가장 좋은 토대라는 격언을 합리적으로 지적할 수 있다는 주장을 펼쳤다. 그러나 투기성 구매자와 원래 보유자 모두에게 돈을 지불하는 것은 명백히 불가능한 일이었다.

따라서 매디슨은 타협안을 제안했다. 원투자자들에게는 시장에서 형성된 최고 가격을 지급하고, 나머지 차액은 액면가와 시장가의 차이만큼 지급하자는 것이었다. 그는 이 방안이 완벽한 정의를 실현할 수는 없지만, 지금까지 제안된 어떤 다른 계획보다 명예를 충족시킬 것이라고 고백했다. 그의 강력한 호소에도 불구하고, 그는 하원에서 지지를 얻지 못했고, 1790년 2월 22일, 그의 제안은 36대 13으로 부결되었다. 모든 타협안을 거부한 의회는 대륙 부채를 액면가로 상환하기로 결의했다.

첫 번째 요새를 별 탈 없이 점령한 해밀턴 체제의 옹호자들은 자신감을 가지고 각 주의 부채를 인수하는 쪽으로 방향을 틀었다. 그들은 어떤 의미에서 이러한 부채도 공동의 대의를 위해 발생한 국가적 부채라고 생각했지만, 그러한 유동 부채에 대한 자금 조달이 국가의 유동 자본을 증가시키고, 사람들의 이기심으로 그들을 연방 정부에 묶고, 화폐 유통을 촉진할 것이라는 주장도 강조했다. 이 탄원의 강조가 어디에 놓여 있든, 인수를 반대하는 이들, 특히 남부 출신들은 그 주장에 그다지 인상을 받지 않았다. 앞서 언급했듯이, 주 채권의 상당 부분이 이제 북부 투기꾼들의 손에 있었으며, 국가 부채를 지원하기 위한 세금은 주로 과세 대상 수입품의 소비자들에게 부담될 터였다. 따라서 비판자들의 눈에는 부채 인수가 주로 제조품을 수입하고 세금을 내는 농장주와 농민들의 희생으로 투기꾼들을 부유하게 만드는 계획으로 보였다. 어쨌든 이러한 맥락의 주장은 일시적으로 효과가 있었고, 이를 받아들이는 세력은 크고 단호했다. 그리고 1790년 4월 12일, 의회의 대중 지부인 하원에서 부채 인수안은 패배했다.

농업 중심의 남부 정치인들에게 이 결과는 상업적인 북부에 대한 승리로 보였다. 어쨌든 정부의 부채 인수안이 패배한 것을 목격한 한 관찰력 있는 정치인은 즉시 버지니아에 있는 친구에게 유머러스한 편지를 보냈다. '지난 월요일 (매사추세츠의) 세지윅 씨는 어섬션[인수] 양의 죽음에 대해 추도사를 했다…… 그녀의 죽음으로 뉴잉글랜드 출신인 그녀의 부모님은 무척이나 슬퍼했다. 가장 유명한 설교자였던 세지윅 씨는 그녀의 장례식 추도사를 요청받았다. 추도사는 청교도적인 무게로 이루어졌다…… 이 나라의 정치적 아버지 중 61명이 참석했고, 문상객과 축하객으로 가득 찼다. 스페큘레이터[투기꾼] 부인은 가장 큰 애도객이었고 경탄할 만큼 자신의 역할을 잘 수행했다. 그녀는 가족의 희망이었던 어섬션 양의 어머니였다…… 엑사이즈[소비세] 부인은 어섬션 양뿐만 아니라 그녀의 어머니와 모든 친척들의 주요한 지원자였을 것이므로 고된 많은 일에서 벗어날 수 있어서 기뻤을 것이다. 다이렉트 택스[직접세] 부인은 해외 봉사에 소집되지 않았기 때문에 버지니아에서 더 편히 쉴 수 있을 것이다.' 그러나 필자에게는 안타깝게도 그의 기쁨의 찬가는 시기상조로 판명되었는데, 재심의 동의안이 즉각 제출되었고, 펜실베이니아의 매클레이 상원 의원이 일기에 쓴 것처럼 '투기꾼은 양쪽 눈의 눈물을 닦았다.'

이 조치로 새로운 희망을 얻은 해밀턴과 그의 지지자들은 인수안이 하원을 통과할 수 있을 만큼의 반대파를 설득하기 위해 몇 주 동안 맹렬히 노력했다. 작전이 진행되는 동안 제퍼슨은 파리에서 돌아와 국무부 수장으로 취임했고, 해밀턴은 절박한 심정으로 신임 장관에게, 그의 영향력을 남부 의원들에게 발휘해 달라고 간청했다. 그는 30분 동안 워싱턴 대통령 관저 앞에서 제퍼슨 앞을 왔다 갔다 하며 헌법의 운명이 인수 법안 통과에 달려 있으며, 이 계획이 실현되지 않을 경우 채권자 주들은 탈퇴할 준비가 되어 있다고 설명했다.

해밀턴의 애처로운 불안에 깊은 인상을 받은 제퍼슨은 연방을 구하고자 하는 열망으로 관련 정치인들을 초청해 만찬을 준비했다. 참석자들이 모이자마자 제퍼슨은 남부 의원들에게 '인수'는 참으로 쓴 약이며, 이를 달래기 위해서는 무언가 조치가 필요하다는 사실을 깨달았다. 많은 논쟁이 있고 나서야 타협이 이루어졌다. 그 내용은 한쪽에서는 두 명의 의원이 마음을 바꾸어 인수에 투표하고 펜실베이니아의 로버트 모리스가 다른 일부 의원을 관리하며, 다른 쪽에서는 그 대가로 국가의 수도를 필라델피아에서의 10년 후에 최종적으로 포토맥 강변에 위치시키는 데 합의했다.

제퍼슨은 오랜 시간이 지난 뒤 이렇게 썼다. '그렇게 해서 인수 법안은 통과되었고, 2천만 달러의 채권이 그들이 사랑하는 주에 분배되어 투기꾼 무리에게 먹이로 던져졌다.' 1790년 8월 4일, 국가 및 주 정부 부채를 충당하기 위한 대규모 법안이 법률로 제정되었다. 덧붙여 의회는 혁명 기간 동안 대륙회의가 발행한 신용 증서를 달러당 1센트라는 낮은 가격으로 상환하도록 규정했는데, 이는 사실상 2~3억 장[달러]의 종이를 거부하는 것과 같은 낮은 수치로, 해당 사업 분야에서도 풍성한 수확을 기대했던 투기꾼들에게 깊은 슬픔을 안겨주었다. 실제로 금액이 너무 미미해서 상환을 위해 화폐를 가져온 사람은 극히 일부에 불과했고, 대부분은 보유자의 손에서 소멸되었다.

잠시 휴회한 후, 의회는 해밀턴이 제안한 세 번째 안건인 미합중국 제1은행 United States Bank* 설립을 처리했다. 12월 14일, 이 문제를 다룬 재무장관의 보고서가 공개되었고, 5주 후 상원은 해밀턴의 권고에 따라 법안을 통과시켰다. 이후 하원에서는 국민들의 열정이 보다 정확하게 반영된 열띤 토론이 벌어졌다. 실제로 토론은 매우 격렬해졌고 제퍼슨은 워싱턴이 경악할 정도로 격렬하게 반대파를 지지했다.

---

* First Bank of the United States라고도 하는 이 은행은 연방 정부가 지분을 일부 보유했지만 민간 자본이 대다수를 차지한 관민 혼합 소유 구조를 가지고 있었다. 구체적으로, First Bank의 자본금은 총 1,000만 달러였으며, 이 중 20퍼센트는 연방 정부가 보유하고, 80퍼센트는 민간 투자자들이 소유했다. 따라서 연방 정부가 지분을 보유하긴 했으나, 은행 자체는 민간 소유자들의 투자와 관리 하에 운영되었다. 이 은행은 알렉산더 해밀턴이 제안한 미국의 첫 국가 은행이었으며, 미국의 금융 시스템을 안정화하고 공공 신용을 회복하는 데 중요한 역할을 했다. 향후 20년 동안 운영될 수 있도록 법적 인가를 받았지만 1811년에 재인가에 실패하면서 결국 해산되었고 5년 간의 재정적 혼란과 전쟁 자금 문제로 국가 은행의 필요성이 대두되어 1816년 미합중국 제2은행이 설립되었다.

워싱턴은 폭풍 속에서 자신의 지침을 얻기 위해 내각 구성원들에게 법안의 합헌성에 대한 서면 의견을 요청했고, 이에 대한 답변으로 두 개의 중요한 주 정부 보고서를 받았다. 하나는 법안을 옹호하는 해밀턴의 글이고 다른 하나는 이에 반대하는 제퍼슨과 랜돌프의 글이었는데, 헌법의 자유주의적 구성과 엄격한 정부 구성에 대한 두 개의 위대한 설명서였다.

　이러한 의견을 읽은 워싱턴은 이 은행이 법률적으로나 경제적으로 건전하다고 확신했고, 하원이 법안을 통과시켜 상원의 동의를 얻자마자 1791년 2월 25일에 서명했다. 이 법안의 조항에 따르면, 은행의 인가charter는 20년간 유효하고, 주식 1천만 달러 중 5분의 1은 정부가 출자하며, 은행의 본부는 필라델피아에 두고 이사들의 재량에 따라 다른 도시에 지점을 설립할 수 있었다. 일반 은행 업무에 종사할 수 있는 권한 외에도 일정한 제한 하에 지폐를 발행할 수 있었으며, 주화로 상환받을 수 있는 지폐는 미합중국의 모든 지불에 대한 법정화폐가 되었다.

　세 차례의 정치적 격변을 성공적으로 극복한 해밀턴은 미합중국의 산업을 보호하는 문제에 착수했다. 1791년 12월 5일, 그는 두툼한 〈제조업에 관한 보고서〉에서 관세와 보상금 제도를 통해 기업을 육성해야 한다는 강력한 논거를 제시했다. 그는 이러한 제도의 이점으로 기계의 보다 광범위한 사용, 여성과 '연약한 나이의' 아동 등 다른 방법으로는 수익성이 없는 계층의 고용, 이민 장려, 재능과 기술을 위한 보다 풍부하고 다양한 기회의 제공, 토지의 잉여 농산물에 대한 꾸준한 수요 창출 등을 꼽았다. 그런 다음 해밀턴은 철, 구리, 납, 석탄, 목재, 가죽, 곡물, 대마, 양모, 비단, 유리, 종이, 설탕 등 바람직한 보호 대상 품목을 구체적으로 명시하며 자세히 설명했다.

　해밀턴의 제안에는 특별히 이상할 것이 없었다. 1789년 최초의 세입법은 주로 세입을 목적으로 제정되었지만 보호주의를 원칙으로 한다고 선언했고, 워싱턴은 이미, 의회는 아메리카의 산업을 진흥하고 '필수적인 물품, 특히 군수품 공급은 다른 나라로부터 독립해야 한다'는 교리에 이미 전념하고 있었다.

그러나 해밀턴은 관세를 경제 철학의 수준으로 끌어올리고 이를 미합중국의 경제 체제로 간주하도록 국가에 강요했다. 1792년 세입법에서 의회는 재무장관의 제안을 일부 수정하여 실행했으며, 아메리카의 산업에 도움을 줄 수 있는 관세에 특히 주의를 기울였다.

§

해밀턴의 법안이 의회를 통과하는 과정에서 벌어진 격렬한 논쟁을 거치면서 국가는 점차 두 개의 정당으로 나뉘었고, 이 두 정당은 조직의 일관성과 강령의 명확성 면에서 꾸준히 성장해 나갔다. 좀 더 구체적으로 말하면, 식민지 시대에 그토록 뚜렷하게 나타났고 헌법을 둘러싼 논쟁에서 팽팽하게 대립했던 농업과 상업 세력 간의 적대감이 이제 지도자, 코커스caucus, 전당대회convention, 당명, 상징, 수사적 방어 메커니즘 등 완벽한 도구를 갖춘 정규 정당들에서 결실을 맺게 되었다. 후보자가 지명되고, 정책이 선포되고, 신문이 편집되고, 이권이 분배되는 등 한 집단 또는 다른 집단의 운명과 관련된 일들이 이루어졌다. 전쟁에 수반되는 모든 열정이 머리 수를 세는 경연에 투입되었다.

이러한 두 당파가 어떤 형태로든 국가를 분열시키면서 정치인과 이론가들은 이러한 정치적 적대감의 원인을 설명해야 할 필요성을 느꼈다. 일부 사람들은 정당의 기원을 사람들 사이의 본능적 차이에서 찾으려는 매콜리의 주장에 동의한다. 그 유명한 휘그당원Whig은 모든 나라에는 질서의 정당과 진보의 정당이 있으며, 전자는 성질이 보수적이어서 기존의 것에 집착하는 반면, 후자는 모험심이 강해 실험을 열망한다고 선언한 적이 있다. 오랜 뒤 문학 평론가 브랜더 매튜스는 타고난 사상에 대한 매콜리 교리를 아메리카 정치에 적용하여 '직관적인 해밀턴주의자'는 부유한 사람들의 정부를 믿는 반면, '직관적인 제퍼슨주의자'는 서민을 사랑하고 신뢰한다고 말했다. 독립기념일 연설가들이 더 일반적으로 받아들이는 미합중국 정당에 대한 또 다른 설명은 제임스 브라이스가 『아메리카 연방The American Commonwealth』에서 공식화한 것으로, 우리의 정당들은 원래 연방의 성격과 기능에 관한 의견 차이에서 비롯되었으며, 하나는 연방 정부의 권위를 높이고 다른 하나는 주의 권리를 소중히 여긴다는 것이다.

그러나 실제로 이러한 간단한 설명은 정치의 표면을 훑어보는 것 이상의 역할을 하지 못한다. 예를 들어, 어느 누구도 타고난 성향의 기원을 밝히는 설명은 한 적은 없다. 이 점에 관해서는 신이 연방주의자와 공화주의자를 만들었다는 말처럼 신비롭기만 하다. 왜 한 정치인 그룹은 헌법에 대해 자유주의적 관점을 취하고 다른 그룹은 편협한 관점을 취했을까? 인간을 분열시키는 직관은 어디에서 왔을까? 역사가 시작된 이래로 존재해 왔을까? 왜 어떤 사람들은 대중을 신뢰하고 어떤 사람들은 대중을 두려워했을까? 뉴욕의 변호사가 대중을 경멸하는 정당의 수장이 되고 버지니아의 노예 소유주가 대중에 대한 민주주의 신앙을 고백하는 정당을 이끌게 된 게 우연이었을까?

이 질문들에 대한 답변은, 제공되는 범위 내에서, 정치인들의 발언, 의회 논쟁, 신문, 서신, 해밀턴 시대의 정파적 팸플릿에 담겨 있으며, 이러한 증거가 법정에서 받아들여진다면, 정당 분열의 원인은 성격이나 법리 이론의 문제보다 더 실질적이었다. 정파적 전투가 격렬하게 벌어지기 시작했을 때, 연방당원들은 자부심과 확신을 가지고 지적할 수 있는 긍정적인 업적을 가지고 있었다. 그들은 액면가 그대로 대륙과 주 정부의 채무를 지원함으로써 공공의 신용을 회복했고, 그 과정에서 부수적으로 수천 명의 선량한 연방당원들을 부유하게 만들었다. 그들은 외국 기업에 대한 적절한 경제적 차별을 통해 아메리카의 산업과 해운을 보호했다.

국가 은행과 금속 주화를 만들기 위한 조폐국을 설립하면서 그들은 사업 거래를 위한 통일된 국가 화폐를 제공했다. 그들은 막대한 국가 부채와 그 견고한 토대 위에 놓인 모든 자본주의적 사업을 유지하기 위해 적절한 세수를 쉽게 확보할 수 있는 조세 제도를 고안했다. 그들은 한 주의 시민이 다른 주의 시민에 대한 청구권을 효과적으로 징수할 수 있는 전국적인 법원 체제를 구축했으며, 지폐나 계약 의무를 손상시키는 유사한 방법을 통해 채무자가 채권자를 속이는 것을 불가능하게 만들었다. 그들은 육군과 해군을 건설하기 시작했고, 외국 세력이 더 이상 감히 그 장관minister[대사]들을 경멸할 수 없을 정도로 아메리카의 국가를 해외에서 존경받게 만들었으며, 양키 선장이 유럽 항구의 바다에 나가거나 아프리카 해안의 흑인들과 럼주를 거래하거나 광동廣東에서 차와 비단을 교환할 때에도 국기에 자부심과 안정감을 느낄 정도로 상당한 의미를 부여했다. 이는 경제적 번영의 외형적이고 가시적인 징후만큼이나 국가의 명예와 자부심이라는 측면에서도 측정할 수 있는 성과였다.

이 일반 프로그램에 반대하는 사람들은 처음에는 반연방주의자라는 부정적인 명칭을 사용했고 나중에는 공화당원Republican이라는 좀 더 발음하기에 기분 좋은 이름을 사용했지만, 아메리카의 신용을 높이고 지구상의 국가들 사이에서 나라의 위상을 높이려는 아이디어를 결코 공격하지 않았다. 그러나 세부적으로 그들은 연방주의 경제 프로그램에 포함된 제안에 대해 강조점은 다르지만 반대했다. 그들은 국가 부채를 탕감하길 원했지만 투기꾼의 배를 불리거나 대중에게 과중한 세금 부담을 지우는 방식은 원하지 않았다. 특히 그들은 농업에 종사하는 사람들을 배려했다. 영구적인 국채와 이를 기반으로 설립된 국가 은행은 채권 보유자와 투기꾼 부대를 유지하기 위해 농민과 농장주에게 세금을 부과할 것이라고 그들은 불평했다.

남부 시민들을 대상으로 이 주제에 대해 말하면서, 어느 반연방주의자는 하원에 경고했다. '그의 유권자들은 정부의 자리에 앉은 투기꾼들의 식욕을 충족시키기 위해 계속되는 정화正貨의 유출을 느낄 것이다…… 코네티컷은 많은 제품을 생산한다. 조지아는 아무것도 생산하지 않고 모든 것을 수입한다. 따라서 조지아는 인구가 그렇게 많지는 않지만 관세impost로 국고에 더 많이 기여한다.' 국가 은행 설립 제안이 의회에 상정되었을 때, 같은 농업 웅변가는 비슷한 맥락에서 다음과 같이 한탄했다. '국가 은행 계획은 미합중국의 일부, 즉 상업적 이해관계자에게만 이익이 되도록 계산된 것이며, 농민, 요먼들은 그로부터 아무런 이득을 얻지 못할 것이다.' 버지니아 주의 리Lee는 미가공 철강에 대한 관세법안의 일정이 검토되고 있을 때 '그것은 농업에 대한 억압적이면서 간접적인 세금으로 작용할 것이며, 현 시점에서 이 이해관계에 대한 직간접적인 어떤 세금도 현명하지 못하고 예의에 어긋난 것'이라고 선언했다.

1792년 필라델피아의 한 열성적인 팸플릿 제작자는 〈미합중국의 요먼에게 보내는 다섯 통의 편지〉에서 연방의 법률이 '그 자체로 무례하고 우리나라의 농업 이익에 매우 해로운 상업적 규제, 가난하지만 공로가 있는 시민의 재산과 권리가 부유한 도박꾼과 투기꾼에게 희생되는 자금 지원 제도, 소수의 사람들이 근면 없이도 빠르게 재산을 획득할 수 있는 허구의 돈을 만들 수 있는 은행의 설립으로 얼룩졌다'고 선언했다.

다른 팸플릿 제작자와 정파적 편집자들은 일종의 철학적 완결성을 가지고 글을 쓰면서 반연방주의 파벌의 이름으로 해밀턴 시스템의 뿌리와 가지를 비난했다. 그들의 열띤 논쟁을 요약하면 다음과 같다. 부채 자금 조달, 감채 기금 관리, 은행 통제, 유리한 법률에 의한 산업 및 상업 보호와 관련된 재정적 이익이 연방 정부를 장악하고, 재무부와 '주식 장난질을 치는stock-jobbing' 의원을 통해 운영되며, 국가의 수도에서 채택된 모든 재정 및 상업 조치는 이러한 지배적 이익을 위해 농업과 노동에 부담을 부과한다. 한마디로, 반연방주의 지도자들은 해밀턴의 정책에서 자본가, 선주, 제조업체의 이익을 위해 농민, 농장주, 노동자를 착취하려는 계획을 보았다.

이러한 견해는 흥분한 정치인들의 허황된 말에 불과한 것이 아니라, 숙고와 분석을 통한 지도자의 성숙한 신념을 대변하는 것이었다. 제퍼슨은 워싱턴에게 비밀리에 보낸 여러 통의 편지에서 자신이 속한 정파의 경제적 불만을 토로했다. 그는 국가 부채가 불필요하게 증가했고, 국가 은행이 정부 운영에 영향을 미치는 금전적 이자의 영구적 엔진으로 만들어졌으며, '이 종이 매개물의 대출 기관에게 지급되는 연간 10~12퍼센트의 이익은 이자가 없는 주화를 가지고 있는 국민들의 주머니에서 빠져나가고 있다. 종이 투기에 사용되는 모든 자본은 무익하고 쓸모없으며, 게임 테이블에서와 같이 그 자체에 아무런 도움이 되지 않으며, 일반 대중을 위해 추가적으로 생산할 수 있는 상업과 농업을 후퇴시키고, 근면과 도덕 대신 악덕과 게으름의 습관으로 우리 시민을 키우고, 입법부의 일부를 부패시키는 효과적인 수단을 제공하여 정직한 유권자 사이의 균형을 어느 방향으로든 뒤바꿔 놓았다.' 제퍼슨이 연방주의 체제에서 본 모든 악행 중에서 '입법부의 부패만큼 모든 정직한 희망을 괴롭히고 치명적인 것은 없다.' 물론 제퍼슨은 연방주의 정책을 입안하고 법으로 제정한 사람들이 헌법을 자유주의적으로 해석하는 것에 대해 우려를 표명했지만, 그의 불만의 핵심은 해밀턴의 경제 조치가 사회의 한 부분을 다른 부분의 이익을 위해 착취한다는 것이었다.

반대파가 연방주의자들을 상대로 제기한 수많은 기소 혐의들 중에서, 의회의 구성원들이 연방 채권과 은행 주식에 투기하여 부를 축적했다는 혐의만큼 날카롭고 충격적인 것은 없었다. 제퍼슨은 아무런 의심 없이 해밀턴 제도의 큰 윤곽이 '그가 던진 미끼를 삼켜 그의 계획에 의해 이익을 얻으려는 바로 그 사람들의 표에 의해' 이루어졌다고 단호하게 선언하고, '만약 이 사람들이 어떤 문제에 관심이 있는 사람들이 그랬던 것처럼 지지를 철회했다면, 무관심한 다수의 표는 분명히 그들이 만든 것과는 반대였을 것'이라고 덧붙였다.

버지니아의 존 테일러는 두 개의 신랄한 팸플릿을 통해 '의회에 대한 투기 거래꾼들의 이해관계'를 비난했고, 심지어 소문에 따르면 대담하게도 정부 증권을 보유하고 은행에 관심이 있는 상원 의원과 하원 의원의 이름을 약간 위장하여 인쇄하기도 했다. 이 기소에 대해 연방당 편집자들과 정치인들은 간결한 표현으로 답했다. 그들은 테일러의 발언이 비방과 모략이라고 분개하며 항의 시위를 요청했고, 입증될 때까지 이 주장은 '거짓과 비겁함으로 인해 경멸할 만한 무기력한 악의로 간주되어야 한다'고 주장했다.

물론 반연방주의자들이 자신들이 제기한 혐의를 입증하는 것은 불가능했는데, 그 이유는 연방주의자들이 정부를 장악하고 있는 동안 재무부의 기록에 접근할 수 없었기 때문이었다. 마침내 1801년, 제퍼슨파가 정부를 장악하려고 할 때 재무부에서 화재가 발생하여 사건의 증거가 담긴 많은 책과 서류가 소실되었다. 그날로부터 이 문제는 학술적인 문제가 되었다.

그러나 백여 년이 지나 여러 주에 있는 연방 대출 기관의 기록이 워싱턴에서 수집된 후, 조사 결과 반연방주의자들의 기소가 사실로 확인되었다. 그 조사를 통해 초대 의회 의원 중 최소 29명이 연방 증권을 보유하고 있었고, 일부 의원은 임기 중 공적 자금을 광범위하게 운용했으며, 존 테일러가 제공한 명단이 놀라울 정도로 정확하다는 것이 밝혀졌다. 따라서 제퍼슨이 주의 부채를 국가가 떠맡은 것은 이 사업을 통해 이익을 얻은 사람들이 개인적으로 이해관계자이므로 그들이 투표에서 기권했다면 결코 이루어질 수 없는 일이었다고 말했을 때 그는 진실을 말한 것이었다.

그러나 1790년 3월 23일 의회에 제출된 노예 제도에 반대하는 퀘이커교도 청원서를 기각시킨 노예 소유주들은 사면된 반면, 국채 보유자들이 그들의 관심사에 영향을 미치는 법안에 찬성표를 던졌다는 이유로 비난을 받아야 하는 것은 이해하기 어렵다. 사실 제퍼슨 자신은 '농업적 이익'이 국가를 통치하고 아마도 그 사회 집단에 유리한 정책을 추구하기를 원한다고 솔직하게 털어놓았다. 따라서 정당 간의 논쟁은 정치적 타당성 문제보다는 근본적으로 경제적 조치에 관한 것이었다.

그리고 이 논쟁에서 비롯된 헌법 교리와 정치 이론은 각 정당이 취한 입장과 매우 밀접한 관계를 맺고 있었다. 해밀턴의 목적을 달성하기 위해서는 의회에 부여된 권한을 자유롭고 광범위하게 사용해야 하며, 재정 구조를 유지하기 위해 대중에게 무거운 세금을 부과해야 했다. 무엇보다도 특정한 경제적 목적을 달성하기를 원했던 연방주의자들은 자연스럽게 헌법을 자유롭게 해석하여 목표를 향해 곧장 진군할 수 있도록 해야 한다는 결론에 도달했다. 게다가 해밀턴의 체제에 반대하는 것은 부유층이 아니라 농부와 직공이었기 때문에 해밀턴의 후원자들이 투표에서 대중의 승리를 두려워한 것은 당연한 일이었다. 다른 한편으로, 그 체제에 반대하는 사람들은 부정negation의 당파*를 결성하여 그들이 진심으로 싫어하는 조치를 막는 데 도움이 되는 모든 무기를 손에 쥐고 헌법의 엄격한 해석을 통해 연방주의자들의 제안에 대한 법적 금지 근거를 발견했다.

논리학 훈련을 받은 변호사들이 대부분인 나라에서 이런 일이 벌어지는 것은 당연한 일이었지만, 그런 법학적 도구를 사용하는 지성인들은 사고의 원천에 대해 망상을 갖고 있지 않았다. 존 마셜은 은행에 대해 간결하게 이렇게 썼다. '판단은 어떤 정치적 제안이 결정되는 사람들의 소망, 애정, 일반 이론에 의해 많은 영향을 받는다. 이 거대한 헌법적 문제에 대한 의견의 불일치는 놀랄 일이 아니다.' 양측의 논리학자들은 똑같이 유능하고 똑같이 성실했기 때문에, 자유주의적이든 엄격주의적이든 헌법에 대한 해석은 헌법 자체의 언어에서 나온 절박한 수학의 힘으로 흘러나오지 않았다고 결론을 내리는 것이 합리적일 것이다.

그럼에도 불구하고 당시의 정치 지도자들과 정치인들은 헌법에 대한 올바른 시각을 갖도록 많은 호소를 했다. 연방당 지도자들은 그 문서의 구성과 채택에 큰 책임이 있었다. 그들은 그 문서를 이해했으며, 그 문서가 그들이 원하는 모든 것을 승인한다는 것을 대단한 학구열로 보여주었다. 반대파는 정반대의 목적을 위해 동일한 항변을 사용했다. '이것은 위헌이다'라는 말은 해밀턴주의를 무너뜨리려는 반연방주의자들이 매일같이 부르짖었던 외침이었다. '헌법으로 돌아가자!' 존 테일러는 해밀턴 장관의 프로그램과 정책에 대한 격

---

* 부정적 당파성Negative partisanship은 유권자가 주로 자신이 싫어하는 정당에 반대하여 정치적 의견을 형성하는 경향이다. 전통적인 당파성은 자신이 속한 정당의 입장을 지지하는 것과 관련이 있지만, 부정적 당파성은 반대로 싫어하는 정당의 입장에 반대하는 것을 의미한다. 이는 미합중국 정치에서 심각한 양극화의 원인이라고 주장되어 왔다. 국가 간 비교 연구에 따르면 부정적인 당파성은 민주주의에 대한 대중의 만족도를 약화시켜 민주주의의 안정을 위협한다. 반면에 전통적인 당파성은 자국의 민주주의를 지지할 가능성이 더 높으며 이는 민주주의의 안정을 촉진한다.

렬한 기소를 마무리하면서 이렇게 외쳤다. 피셔 에임스는 이렇게 탄식했다. '지연을 위한 동의안을 제외하고는, 이런 외침이 나오지 않은 적이 없다……어업 법안은 위헌이고, 장관으로부터 재정 계획을 받는 것은 위헌이고, 보상금을 주는 것은 위헌이고, 보유할 가치가 있는 민병대를 만드는 것은 위헌이고, 질서는 위헌이고, 신용은 열 배나 나빠졌다.' 소수의 정치인들이 그들의 언어 패턴이 답이 없는 전제에서 끝없이 피어났다고 생각했는지 몰라도, 미합중국 헌법 이론을 직조하는 베틀에 앉은 최초의 사상가들이 자신이 무엇을 어떻게 설계하고 있는지 알고 있었다는 것은 의심의 여지가 없다. 결국 소수의 사람들만이 연방 법학을 미합중국의 엘레우시스 신비들Eleusinian Mysteries 중 하나로 다루게 되었다.*

1794년 해밀턴의 조치 중 하나가 폭발적인 반응을 불러일으키면서 논쟁의 본질은 다시금 참가자들에게로 돌아왔다. 1791년 의회는 격렬한 논쟁 끝에 주 부채를 떠안으면서 늘어난 세금을 충당하기 위해 곡물에서 증류한 술에 세금을 부과하는 소비세법을 통과시켰는데, 이는 이미 반대파의 반대에도 불구하고 내륙의 농민들을 특히 자극하는 법안이었다. 주로 도로 사정이 좋지 않아, 부피가 큰 농작물을 시장으로 운반하기 어려웠던 농민들은 옥수수와 호밀을 농축한 위스키로 만들어 최악의 오솔길과 진흙탕을 지나 말을 타고 마을로 가져갈 수 있는 관행을 채택했다. 펜실베이니아, 버지니아, 노스캐롤라이나의 서쪽 지역에서는 거의 모든 농부들이 소규모로 술을 제조하는 관행이 매우 광범위하게 퍼져 있었으며, 이 중 첫 번째 주에만 추산에 의하면 5천 개의 양조장이 있었다. 따라서 소비세법은 사실상 정부 관리들이 민가에 들어가 양조장의 생산량을 측정하고 농민의 주머니에서 직접 세금을 징수하도록 규

---

* 엘레우시스 신비는 고대 그리스에서 비밀리에 수행된 종교적 의식으로, 그 내용이 외부인에게는 숨겨져 있었기 때문에, 이 비유는 연방 법학이 일반 대중에게는 접근하기 어렵고, 특별한 지식을 요구하는 영역이라는 점을 강조한 것이다. 물론 역사학의 발전으로 이들은 소수가 되었다고 저자는 말하고 있다.

정했다.

 이 소비세 법안에 대한 소식이 내륙에 전해지자마자 폭동이 일어났다. 광범위한 대중의 불만에 겁에 질린 연방 의회는 영세한 증류소의 세금을 없애 버지니아와 노스캐롤라이나의 농부들을 진정시키려 했다. 그러나 펜실베이니아에서는 저항이 더욱 거세졌다. 펜실베이니아 주의 일부 양조업자들은 세금 납부를 적극적으로 거부했고, 폭도들은 30년 전 혁명가들이 인지印紙를 팔려고 한 조지 왕의 대리인들에게 분노를 표출했던 것처럼 세금징수원들의 집을 약탈하고 불태웠다. 1794년 여름, 미합중국 연방 보안관이 특정 범죄자들을 체포하려 하자 위스키 반란Whiskey Rebellion으로 알려진 소요가 발생하여 부상자와 사망자가 발생했다.

 해밀턴은 이러한 사건에 대한 현장의 보고에 충격을 받아 대중에게 법과 질서에 대한 존중을 가르치기 위해 엄중한 조치가 필요하다고 워싱턴에 조언했다. 해밀턴의 반대파는 해밀턴의 주장이 불공정하고 부정확하며, 권위의 과시로 집권당을 강화하려는 의도적인 술책이라고 반박했지만, 대통령은 군사 행동을 결심했다. 그는 해밀턴과 함께 강력한 무장 병력을 소집하고 직접 무질서의 현장으로 출발했다. 이 무력 시위가 있기 전에 반란군은 흩어졌지만 반란의 신화는 폭발했다. 몇 명이 체포되어 재판을 받았고, 두 명은 유죄 판결을 받았지만 대통령에 의해 사면되었다. 조사 결과 범죄의 심각성은 과장된 것으로 밝혀졌다. 이 사건은 행정부의 위상을 높이기는커녕 반대파의 힘과 명분을 더해주는 결과를 낳았다. 해밀턴과의 오랜 불화로 국무장관 직에서 사임한 제퍼슨은 이 기회를 이용해 자신의 농업적 기치를 내걸고 새로운 병사들을 규합했다.

§

 이 무렵 국내 문제로 촉발된 열정은 외교 분야의 극적인 사건으로 인해 더욱 뜨거워졌다. 프랑스 혁명과 그로 인해 촉발된 전쟁이라는 끔찍한 정치적 폭풍이 유럽에서 진행 중이었고, 왕, 제후, 귀족, 성직자 계급을 평준화하고 구세계의 지도를 다시 그리며 모든 사회 체제의 근간을 흔들고 있었다.

워싱턴이 취임한 지 불과 며칠 후인 1789년 봄, 프랑스 군주 루이 16세는 왕실의 사치와 독립을 위해 투쟁하는 아메리카인들에게 제공한 막대한 원조를 포함한 값비싼 전쟁으로 인해 파산 위기에 처하자 여러 가지 방법으로 자금을 마련하려 한 후 국민들에게 도움을 호소할 수밖에 없었다. 가장 어려운 상황에서 그는 150여 년 동안 한 번도 열리지 않았던 국회, 즉 삼부회Estates General를 베르사유에 소집했고, 프랑스의 귀족, 성직자, 평민들은 왕의 연설을 듣고 답사를 통해 오랫동안 쌓인 불만을 토로하기 위해 큰 흥분 속에 모여들었다. 회의장에서 미라보의 우레와 같은 웅변에 감동을 받은 '제3신분'인 부르주아지 대표들은 귀족과 성직자를 밀어내고 국민의회를 결성하고, 폐단을 개혁하기 위해 주권적 권한을 행사하기 시작했다. 오래된 제방이 일단 무너지자, 홍수와 같은 대중은 모든 것을 쓸어 버렸다.

이후 놀라운 사건들이 연이어 일어났다. 7월 14일, 파리의 왕실 감옥이자 절대주의의 상징이었던 바스티유 감옥이 습격당해 파괴되고 죄수들이 풀려났다. 8월 4일 밤, 불타는 성채의 시뻘건 불길 가운데, 이미 해체 과정에 있던 귀족들의 봉건적 특권은 국민의회에서 우레와 같은 박수 속에 공식적으로 항복했다는 선언이 이루어졌다. 며칠 후 의회는 국민의 주권을 선언하고 인권선언 Declaration of the Rights of Man을 통해 시민의 특권을 선포했으며, 이 선언은 즉시 인간 자유의 역사에서, 제퍼슨의 위대한 헌장 옆에 불멸의 문서 중 하나로 자리 잡았다.

2년이라는 긴 시간 동안 의회에서는 연이어 법령이 쏟아져 나왔고, 마침내 국민 투표로 선출된 단일 의회에 입법권을 부여한 프랑스 왕국의 정교한 헌법이 완성되었다. 1791년 가을, 폭도들에게 겁을 먹고 탈출구를 찾지 못한 루이 16세는 이 혁명의 결정적인 도구를 받아들였다. 인간이 볼 수 있는 한, 프랑스는 대부분 평화적인 방법으로, 피지배층의 동의를 바탕으로 한 정부를 수립했다. 미합중국 공화국은 구세계 민주주의자들의 눈에는 정당한 것으로 보였다.

거의 모든 아메리카의 패트리어트들은 그들이 최근에 옹호했던 교리가 운좋게 적용된 것처럼 보이는 것에 기뻐했다. 토머스 페인은 '아메리카의 원칙이 바스티유 감옥을 열었다'고 선언하면서 단순한 말장난에 빠져들지 않았다. 확실히 오랫동안 구체제의 악행을 비판해 온 프랑스 자유주의자들은 미합중국의 사례에 고무되어 이 같은 전면적인 혁신에 착수했다. 프랑스 장교와 병사들은 워싱턴의 군대에서 복무한 후 귀국하면서 모방 정신을 일깨워준 아메리카의 실험에 대한 이야기를 가지고 왔다. 미합중국에서 갓 건너온 빨간 구두를 신은 젊은 철학자들은 루이의 궁정 무도회에서 춤을 추며 군주제보다 공화제가 우월하다는 이야기를 농담 반 진담 반으로 떠들어댔다. 왕비 마리 앙투아네트는 그들과 함께 왕과 귀족의 허약함을 비웃었고, 프랭클린을 후원함으로써 위험한 공화주의 교리를 어느 정도 유행시켰다.

따라서 미합중국 시민들이 자부심을 느끼며 프랑스 혁명의 첫 단계를 자신들의 정치적 지혜와 진보적 사상이 어느 정도 반영된 것으로 바라본 것은 당연한 일이었다. 존 마셜은 '전 세계 어느 곳에서도 아메리카보다 더 큰 기쁨으로 이 혁명을 환영한 곳은 없었다'고 썼다. 불안감을 가진 사람들은 그것을 숨겼다. 1789년, 보스턴의 한 편집자는 매우 공들인 언어로 이렇게 외쳤다. '자유는 모자에 또 다른 깃털을 달게 될 것이다⋯⋯ 다가오는 겨울은 황금시대의 시작이 될 것이다.' 라파예트가 폐허가 된 바스티유 감옥의 열쇠를 보내자 워싱턴은 그것을 '자유가 얻은 승리의 증표'로 받아들였다.

그러나 거의 바로 그 순간, 상서롭게 시작된 혁명이 불길한 내전으로 변하고 있다는 소문이 미합중국에 전해지기 시작했다. 특권을 잃고 새로운 질서가 부과하는 제약에 분노한 봉건 영주와 성직자들은 독일로 도망쳐 독일의 원조를 받아 프랑스를 침공해 구체제를 복원하려는 계획을 세웠다. 최근의 개혁을 마지못해 승인하고 의회가 자신에게 씌운 족쇄를 풀기 위해 도움을 구하던 루이 16세는 라인 강 건너편에 있는 형제 군주들과 협상을 시작했다. 사실 루이 16세는 헌법 초안을 승인하기도 전에 프랑스를 탈출하려다 국경으로 향하던 중 바렌에서 스라소니의 눈을 가진 신민에게 발각되어 실패했다.

군주론자들이 반혁명을 준비하는 동안, 파리 노동자들은 인권선언을 한 의회에 의해 참정권이 거부당하자 남성 참정권을 포함한 보다 전면적인 개혁을 요구하며 샹 드 마르스에서 무시무시한 시위를 벌였다. 해산 명령이 내려졌지만, 이들은 민주주의의 평등화에 동조하지 않는 입헌 정부를 지지하는 자유주의자 라파예트의 군대에 의해 사방으로 쫓겨날 때까지 복종을 거부했다. 따라서 지금까지 혁명의 진로를 주도했던 부르주아지와 더 급진적인 성취를 추구하는 파리 대중 사이에 유혈 사태가 벌어졌다.

그 후 프랑스의 삶은 더욱 급박하고 절박하게 흘러갔고, 루이 16세가 최근에 승인한 헌법에 따라 선출된 입법의회가 새로운 인물들에 의해 운영되면서 폭력이 법과 논쟁의 전면에 나서며 숨 가쁘게 서둘러 하나의 행동에서 다른 행동으로 나아갔다. 오스트리아 황제가 프랑스의 개혁 정권에 대한 음모를 꾸몄다는 혐의로 그에게 전쟁을 선포하고, 내분에 외국과의 갈등을 더하고, 행진하는 사람들의 떠들썩함이 선동가들의 함성과 뒤섞였다. 모든 숨 가쁜 위기가 그러하듯, 역동적인 지도자들이 정국의 주도권을 잡기 위해 나섰고, 같은 이름의 수도회에서 첫 회의를 열어 '자코뱅'으로 알려진 혁명 정파가 온건파의 나약한 손에서 정국의 주도권을 빼앗았다. 1792년 6월에는 폭도들이 왕궁에 침입했고, 7월에는 프로이센에 전쟁이 선포되었으며, 8월에는 루이가 퇴위했고, 9월에는 무고한 반혁명 세력이 유죄와 무죄를 불문하고 처형되는 끔찍한 학살극이 벌어졌다. 이듬해 1월, 루이 16세는 형장의 이슬로 사라졌다. 2월에는 전쟁의 범위가 영국과 스페인으로 확대되었다. 민주주의를 파괴하려는 군주들에 대한 대담한 방어책으로 처음 선포된 이 무장 투쟁은 곧 침략과 정복의 캠페인으로 발전했고, 제국의 상징 아래 독재를 향한 회오리바람을 타고 오른 보나파르트와 함께 1815년 워털루에서 마침내 네메시스nemesis를 만날 때까지 거의 22년 동안 격렬하게 진행되었다.

이 치열한 투쟁이 본격적으로 전개되기 전에, 대국민대회가 열렸고, 프랑스 정부는 공안위원회Committee of Public Safety로 알려진 소수의 결단력 있는 급진주의자들의 손에 넘어갔다. 민간과 군대를 비롯한 모든 분야에서 극단주의자들이 권력의 덫을 장악했다. 군주제 지지자들을 몰아내겠다고 결심한 이들은 파리에서는 공포의 통치를, 지방에서는 내전을 촉발시켰다. 폭력은 폭력으로 응답되었고, 자연의 무자비한 정확성으로 잔학 행위에서 잔학 행위로 옮겨갔다. 국내외 갈등의 파도가 밀려오고 썰물처럼 빠져나가는 가운데 마라, 당통, 로베스피에르 등 한 파벌의 지도자가 다른 파벌의 지도자를 이어받아 권력을 잡았고, 인간 인내의 한계에 다다를 때까지 열정을 불태웠다. 그리고 1795년 보나파르트는 '포도주 한 잔의 향기'*로 혁명의 주역들을 날려버리고, 프랑스에 소모적인 외국과의 전쟁이 결합된, 20년간의 국내 '질서'를 선사했다.

§

경제적, 성직적, 정치적 갈등의 메아리는 전 세계에 울려 퍼졌다. 서구 문명 전체에서 사람들은 프랑스 사태에 대한 반응의 성격에 따라 여러 파벌로 나뉘었다. 해협 건너 영국에서는 에드먼드 버크가 프랑스 원칙의 확산을 견제하기 위해 천둥 같은 웅변을 쏟아냈고, 1790년 파리에서 심각한 폭동이 일어나기도 전에, 프랑스 국회가 평화적으로 재건한 프랑스 혁명에 대한 굉장한 고발서인 『프랑스 혁명에 대한 성찰Reflections on the French Revolution』을 출간했다. 이 강력한 논고에서 그는 민주주의의 냄새가 나는 모든 것을 공격했는데, 영국 국민은, 예를 들어, 스스로 통치자를 선택하고, 스스로 정부를 구성하며, 정

---

* 이 표현은 나폴레옹 보나파르트가 1795년에 반란을 진압하기 위해 발포한 포격의 은유로, 그가 사용한 포의 종류인 '포도탄grape shot'에서 유래되었다. 포도탄은 여러 개의 작은 철구슬을 담은 포탄으로, 대량 인명 살상을 노리는 무기이다.

치 당국의 위법 행위를 처벌할 권리가 있다는 개념 자체를 비난했다. 그는 영국 국민은 이런 생각을 전적으로 거부하며, 아니 그보다 더 나아가 '그들의 목숨과 재산을 바쳐서라도 그 실제적인 주장에 저항할 것'이라고 말했다.

단순한 암시에도 분노에 휩싸여서, 버크는 프랑스 혁명의 원동력이 된 '사기, 사칭, 폭력, 강간, 살인, 몰수, 강제적인 종이 화폐, 온갖 폭정과 잔인함의 양상들'에 대해 자신의 감정을 제대로 표출할 수 있을 만큼 뜨거운 언어를 찾지 못했다. '학문은 수렁에 던져지고 돼지 같은 다중의 발굽 아래 짓밟힐 것이다.' 존엄성, 우아함, 세련미, 그리고 사회생활에 향기와 아름다움을 주는 모든 것이 망가지고 미용사와 양초 장사꾼들이 지배하고 스스로를 파멸시킨 다음 세상을 불태울 것이라고 그는 주장했다. 이 과정을 멈추게 하기 위해 버크는 프랑스인을 괴물과 무법자로 규정하고 영국의 무력으로 루이 16세의 자애롭고 자비로운 전제정치를 회복할 것을 요구하며 전쟁, 가차 없는 전쟁을 촉구했다. 프랑스 민주주의에 대한 이 첫 번째 공격에 이어 그는 꺼지지 않는 분노로 거의 숨이 넘어갈 지경에 이를 때까지 점점 더 격렬하고 발작적인 편지와 팸플릿을 써나갔다.

버크의 글은 영국에서 큰 반향을 일으켰지만, 토머스 페인이 프랑스에 대한 증오 캠페인에 맞서지 않았다면 아메리카에서는 거의 주목받지 못했을 것이다. 그러나 독립전쟁의 암흑기에 아메리카 혁명가들의 등을 떠밀고 모든 주에 전율을 불러일으켰던 이 열혈 팸플릿 제작자는 이제 버크에게 답하기 위해 다시 펜을 잡았다. 몇 주 만에 그는 민주주의에 대한 위대한 변증의 첫 번째 부분인 『인간의 권리Rights of Man』를 세상에 내놓았고, 제퍼슨의 승인 서한과 함께 아메리카 대중에게 배포된 판본은 선술집, 커피하우스, 편집실, 응접실 등에서 열렬한 호응을 얻으며 활발한 토론의 주제를 제공했다.

페인은 '아메리카에서 불붙은 작은 불꽃에서 꺼지지 않는 불꽃이 일어났다'고 썼다. 그는 프랑스 혁명과 관련하여 혼란이 나타났다는 것을 인정했지만, 국회에서 시작된 작업의 결실을 거두기 위해 시간이 충분히 주어질 때까지 기다려 달라고 전 세계에 요청했다. 페인은 어쨌든 인간은 자유로워지기로 결심했고, 스스로 정부 형태를 정할 것이며, 군주, 귀족, 성직자는 해안을 따라 밀려오는 조류를 막을 수 없다고 주장했다. 제퍼슨은 페인에게 이렇게 썼다. '우리 국민은…… 당신이 쓴 글을 좋아하고 즐겁게 읽습니다. 인쇄업자들은 당신의 마지막 글에서 발췌한 내용으로 모든 신문을 장식하고 있습니다. 이 두 가지가 알곡과 쭉정이를 구분하는 역할을 하고 있습니다.' 미합중국 정치의 격동적인 순간에, 팸플릿 제작자 페인은 당시 해밀턴의 부유층 대열에 맞서 격렬히 선거운동을 벌이고 있던 사람들의 열정에 완벽하게 부합하는 글을 썼다.

반연방주의자들은 프랑스 정치 클럽을 모델로 삼아 놀라울 정도로 신속하게 미합중국의 한쪽 끝에서 다른 쪽 끝까지 민주주의적 사회 네트워크를 조직했다. 연방주의자들과 구 토리당원들에게는 마치 조지 3세에 대항해 혁명을 일으켰던 새로운 통신 위원회가 무한한 장난을 치며 다시 살아난 것처럼 보였다. 모든 도시와 주요 타운에서는 프랑스 혁명에서 급진적 정당이 승리한 것을 축하하는 집회가 열렸고, 필라델피아에서 열린 대규모 연회에서는 열혈 연설가들이 루이 16세의 처형을 공개적으로 기뻐했으며, 반연방주의자 서클에서는 프랑스에 대항하는 유럽 군주들의 연합― 민주주의에 대한 방역 경계선 ―이 아메리카 공화국의 건국 원칙에 반하는 독재 연합이라고 비난했다.

극단주의자들은 이 교훈을 국내 정치에 적용하여 프랑스 교리에 따라 미합중국에서 평준화 과정을 완료할 것을 요구했다. 선생님Sir, 존경할 만한 분The Honorable[주지사, 상원 의원, 하원 의원, 그리고 기타 고위 공직자 등에게 붙여진 경칭], 각하His Excellency와 같은 무해한 호칭은 너무 귀족적이라고 비난받았고, 새로운 동지애의 언어로 시민Citizen 존스, 시민 판사, 여성시민Citizeness 스미스라고 말하는 것이 유행이 되었다. 동질적인 정신으로 보스턴의 흥분한 민주주의자들은 로열 익스체인지 앨리Royal Exchange Alley를 이퀄리티 레인Equality Lane으로 바꾸자고 주장했고, 뉴욕에서는 킹King 스트리트가 리버티Liberty 스트리트로 이름이 바뀌었다. 대통령은 보통 사람처럼 가끔 거리를 걸어 다닌다는 이유로 칭찬을 받았고, 부통령은 여섯 마리의 말이 모는 마차를 타고 다닌다는 이유로 비난을 받았다. 젊은 존 퀸시 애덤스는 이렇게 외쳤다. '잭 케이드*의 뒤를 이은 폭도들이, 프랑스를 모방하여 미합중국에서 행해진 것보다, 더 큰 부조리를 고안해낼 수는 없었을 것이다.' 대중의 열광적인 분위기의 이면에는 권리를 박탈당한 마을의 장인들과 고군분투하는 농부들에 대한 진정한 동정심이 있었다. 역경에 맞서 싸우는 가난한 사람들은 프랑스 혁명의 성공으로 '인민의 적'에 대한 자기 진영의 최종 승리를 보았거나, 그들의 적들이 보았다고 생각했다.

이미 국내의 동요에 깊은 감동을 받은 연방주의자들은 파리 정치의 소용돌이 속에서 극단주의자들이 권좌의 꼭대기에 오르자 공포에 질려 히스테리를 일으켰다. 그들은 버크가 영국의 급진파를 공격했던 것처럼 아메리카의 민주주의적인 단체들을 향해 분노를 표출하며, 그들을 헌법을 파괴하는 공병대라고 비난했다. 자제심 없이, 그들은 프랑스 공화정의 절차를 승인하거나 소극적으로 비난을 거부하는 모든 사람을 가차 없이 학대했다. 그들은 프랑스에 동조하거나 국내의 '주식 투기 부대'를 공격하는 모든 미합중국 시민에게 '자코뱅'이라는 용어를 무차별적으로 적용했다. 점잖은 모임에서 '부유한 좋은 집안의 사람들'이 싫어하는 모든 것에는 '자코뱅적Jacobinical'이라는 저주스러운 이름이 붙여졌다.

예일대 총장 티모시 드와이트는 격분하여 외쳤다. '우리의 아들들은 볼테르

---

* 잭 케이드의 반란은 1450년 4월과 7월 사이에 영국 남동부에서 일어난 영국 정부에 대한 대중의 반란이다. 이 반란은 왕의 최측근과 지방 관리들의 부패, 잘못된 행정, 권력 남용에 대한 지역 주민들의 불만과 백년전쟁 중 프랑스가 겪은 군사적 손실에서 비롯되었다. 반란의 지도자였던 잭 케이드는 런던으로 진군해 정부를 개혁하고 잘못된 통치에 책임이 있는 것으로 간주되는 반역자를 권좌에서 끌어내리려 했다. 1497년 콘월 반란을 제외하고는 15세기 영국에서 일어난 가장 큰 민중 봉기였다.

의 제자나 마라의 제자가 될 것인가, 혹은 딸들은 일루미나티*의 첩이 될 것인가?' 현실을 똑같이 존중하는 또 다른 뉴잉글랜드의 성직자는 제퍼슨과 그의 추종자들이 '무신론적이고 무정부주의적이며 다른 측면에서는 부도덕한 프랑스 혁명의 원칙'을 퍼뜨리고 있다고 선언했다. 그는 분노에 찬 목소리로 고상한 사회의 심정을 대변했다. '이러한 중상모략의 편집자, 후원자, 방조자들은 조국의 적으로 간주되고 그렇게 취급해야 한다…… 모든 반역자 중에서 그들은 가장 심각한 범죄자이며, 모든 악당 중에서 가장 악명 높고 혐오스러운 존재들이다.'

세 번째 청교도 성직자는 연방주의자 행정부가 국내의 비판자들을 파멸시킬 수 있도록 프랑스와의 전쟁을 제안했다. 정치적 반대자들을 반역자로 만들기 위한 간단한 제안이었다. 프랑스 원칙의 승리를 한탄하는 네 번째 복음 설교자는 '매년 뉴잉글랜드에서 배출되어 유럽의 여러 나라로 흩어지는 대여섯 명의 입법자나 학자'가 구세계의 '정치적 상황'을 바꿀 수 있었기 때문에 사건의 진행 과정이 특히 비통하다고 생각했다. 그리고 이제 아메리카의 급진주의자들은 순수의 샘을 오염시켜 모든 것을 망쳐 놓았다고 탄식했다.

§

공해상에서 벌어진 영국과 프랑스 간의 전쟁에 아메리카의 상업적 이해관계가 얽히면서 혁명의 정치학을 둘러싼 투사들의 논쟁은 더욱 치열한 양상을 띠게 되었고, 이제 이론뿐만 아니라 사실도 논쟁의 대상이 되었다. 영국의 해

---

* 일루미나티는 실존하는, 혹은 가상의 여러 단체에 부여된 이름이다. 역사적으로 이 이름은 일반적으로 1776년 5월 1일 독일의 바이에른에서 설립된 계몽주의 시대의 비밀 단체인 바이에른 일루미나티를 지칭한다. 이 단체의 설립 목적은 미신, 신비주의, 공공 생활에 대한 종교적 영향력, 국가 권력 남용에 반대하는 것이었다. 일루미나티는 프리메이슨 및 기타 비밀 단체와 함께 카톨릭교회의 압력으로 불법화되었다. 그 후 이 단체가 지하에서 계속 활동하면서 프랑스 혁명을 부추겼다고 주장하는 보수적 인사, 성직자 비판자들의 근거 없는 비난의 표적이 되었다.

군 지휘관들은 프랑스 선박에 실려 있던 아메리카산 농산물을 압수하고, 프랑스 상품을 운반하던 아메리카 상인들을 나포했으며, 아메리카 선박을 수색해 유니언잭의 기치 아래 복무할 영국 출신의 선원들을 찾았다. 한편, 프랑스인들은 더 부드럽지 않았다. 그들은 영국과 아메리카의 무역을 약탈하기 위해 해적선보다 약간 나은 사략선들을 풀어놓았다. 그들이 아메리카 선원들을 강제로 징집하지는 않았다 해도, 종종 그들은 수중에 들어온 장교와 병사들을 잔인하게 대했다.

이러한 만행에 대한 이야기가 아메리카 언론에 퍼지자 당파심도 그에 따라 고조되었다. 연방주의자들은 프랑스가 저지른 모든 잘못을 볼 수 있었고, 반연방주의자들은 영국이 저지른 모든 잘못을 볼 수 있었다. 그리고 프랑스 공화국이 예전 1778년에 체결된 동맹 및 우호 조약에 따라 영국과의 전투에 대해 미합중국의 도움을 요청하면서 상황은 절정에 달했다. 의심할 여지 없이 이 호소는 영국과의 투쟁의 암흑기에 아메리카 공화국에 제공된 프랑스의 원조를 잊지 않고 있는 아메리카의 약한 부분을 건드렸다.

그러나 보수적인 사람들이 주도권을 쥐고 있었고 시대는 신중함을 요구했다. 해밀턴은 프랑스의 급진주의자들을 극도로 싫어했고, 논리보다는 기지를 발휘해, 조약은 프랑스 왕과 맺은 것이고 부르봉 왕가가 전복되면서 프랑스에 대한 의무가 중단되었다고 주장했다. 또한 어떤 대가를 치르더라도 전쟁을 막고 싶었던 워싱턴은 프랭클린의 유명한 문서를 무시하고 1793년 유럽의 교전국들에게 미합중국의 중립을 선언했다. 프랑스 공화국의 외교 대표인 시민 주네는 아메리카에 도착하자마자 반연방주의자들의 열렬한 환영을 받았지만, 워싱턴은 대중의 환호에 감동받기를 거부하고 엄숙한 격식으로 사절단을 맞이했다. 이러한 대우에 분노한 주네가 선언문을 발표하고, 회의를 개최하고, 아메리카 항구를 프랑스 사략선의 작전 기지로 사용하려고 시도하고, 혁명에 호의적인 아메리카 당파의 도움을 받아 워싱턴 행정부를 무너뜨리려고 하자, 대통령은 프랑스 정부에 퉁명스럽게 귀찮은 손님을 소환해달라고 요청했다.

워싱턴은 이 단호한 조치와 함께 반대파의 분노를 증폭시키는 정책을 병행했다. 프랑스에 대해서는 냉정하게 대하면서도, 워싱턴은 영국에 대해서는 온건한 태도를 보였다. 영국군은 여전히 서부의 요새를 점령하고 있었고, 아메리카 독립혁명 당시 영국군이 약탈해간 노예와 기타 재산은 반환되거나 보상되지 않았으며, 영국 해군은 아메리카 상업에 막대한 피해를 주고 있었다. 이러한 '잘못된 행동'에 대해 제퍼슨은 여러 차례 항의했고, 이러한 이유로 그의 추종자 중 일부는 어떠한 자제심도 내려놓고 분노에 찬 목소리로 영국과의 전쟁을 거듭해서 촉구했다.

반면에 연방주의자들은 평화를 주장했고, 평소와 같이 그 지도자들은 자신들의 정책을 지지하는 주장을 공식화했다. 그들은 워싱턴 행정부가 현재 지출을 위한 자금을 조달하는 것은 매우 어려우며, 어떤 특별한 지출이라도 발생하면 해밀턴이 최근에 어렵게 세운 재정 구조, 즉 부채 기금과 은행이 붕괴될 것이라고 말했다. 게다가 아메리카 타운들에는 영국 상인들이 몰려들었고, 영국 투자자들은 국채와 은행 주식을 매입하는 것 외에도 무역을 위한 신용과 토지 투기 및 산업 기업을 위한 자금을 조달하여 해밀턴의 당과 대영제국을 실용적인 성격의 수천 개의 관계로 연결했다. 이 모든 것 외에도 영국은 급진적인 프랑스와, 그 공화국의 혐오스러운 원칙과, 제퍼슨적 민주주의의 교리와 전쟁을 벌이고 있었다. 연방주의자들은 상업에 대한 약탈로 인해 막대한 손실을 입었지만, 경제적 이익과 정치적 신중함을 고려할 때 조지 왕에 대한 두 번째 전쟁에 반대해야 했다. 그들의 뜻에 따라 워싱턴은 대법원장 존 제이를 영국으로 보내 논란이 되고 있는 문제를 처리하기 위한 새로운 조약을 협상하도록 했다.

미합중국의 경제적 지위와 군사적 약점을 잘 알고 있던 영국 정부에 맞서 존[*] 제이는 힘든 협상을 이어갔다. 영국은 아무런 희생 없이 서부 요새에서 군대를 철수하고 무역에서 약간의 양보를 했지만, 영국군이 끌고간 노예를 돌려주거나 향후 아메리카 선박을 나포하는 것, 선원들의 강제 징모에 대해서는 아무런 언급이 없었다. 영국은 해상에서 발생한 특정 피해에 대해 배상하기로 합의했지만, 영국 채권자들에게 지불해야 할 개인 채무 문제에 대해 제이를 굴복시킴으로써 해묵은 상처를 다시 끄집어냈다.

많은 식민지 패트리어트들은 1776년 혁명 운동에 동참하면서 영국 상인들과 대부업자들의 부채를 탕감받기를 바랐는데, 그 희망은 결코 사라지지 않았다. 1783년 독립전쟁을 종식시킨 평화 조약에서 이전의 채권을 회수하는 데 어떠한 장애물도 두지 않도록 규정했지만, 여전히 많은 아메리카의 채무자들은 채무 확정 및 면책일을 미루고 있었다. 영국 채권자들은 지연에 실망하지 않고 웨스트민스터의 대표들을 계속 압박하여 마침내 제이 조약의 한 조항, 즉 미합중국 정부가 사법 절차에 의한 추심 방해로 인한 영국 청구인의 손실을 보상하도록 구속하는 조항을 얻어냈다. 계산 결과, 총액의 4분의 3이 남부 주 시민들의 빚인 것으로 밝혀졌다. 그것은 인내의 한계를 건드렸다. 영국군이 데려간 노예는 돌려받지 못하고 가증스러운 채무는 갚아야 했다. 제퍼슨의 프랑스 사상을 의심스러워하던 농장주들은 이제 적어도 연방주의자들은 권좌에서 축출되어야 하고 제이 조약은 거부되어야 한다고 확신했다.

제퍼슨은 이 조약을 미합중국과 영국이 국민과 입법부를 무시하고 맺은 악명 높은 동맹이라고 비난했다. 한시적인 공화국의 수도 필라델피아의 영국 대사는 야유하는 군중으로부터 공개적으로 모욕을 당했고, 해밀턴은 조약을 옹호하려다 돌에 맞았으며, 제이의 허수아비는 분노한 공화당원들*의 조롱 속에 화형에 처해졌다. 앞으로 한동안 비준에 찬성하는 상원 의원 3분의 2를 확

---

* 당시 'Republican'는 현재의 공화당이 아니라 토마스 제퍼슨과 제임스 매디슨을 중심으로 한 민주공화당Democratic-Republican Party을 가리킨다. 참고로 토머스 제퍼슨의 정치 철학은 오늘날의 미국 민주당과 공화당 모두와 일정 부분 연관이 있지만, 두 당의 변천 과정을 고려할 때 현재는 민주당이 제퍼슨의 사상에 조금 더 가깝다고 볼 수 있다. 민주주의 정신에서 제퍼슨은 당시 가장 진보적인 사고의 소유자였지만 농업적인 사회를 이상적인 사회로 생각해 중앙 정부의 권한을 제한하는 분권 구조를 선호해 '작은 정부'를 추구하는 공화당과도 연결되어 있다

보하는 것이 불가능하다는 사실이 밝혀지면서 조약의 운명은 풍전등화와 같았다.

마침내 패배의 위험에 화들짝 놀란 행정부는 모든 영향력을 발휘하기로 결심했다. 해밀턴은 장부를 내려놓고 일련의 강력한 논문을 작성하여 익명으로 발표했다. 그는 예리한 수사修辭로 무관심한 연방주의자들에게 행동에 나설 것을 촉구하며 '끔찍한 자코뱅주의의 원리'가 이 땅에 만연해 있으며 영국과의 전쟁은 이 끔찍한 교리를 신봉하는 사람들의 손에 정국의 주도권을 넘겨줄 수 있다고 경고했다. 그는 '그 결과는 상상만으로도 고결한 사람을 전율케 할 정도'라고 말했다. 결국 워싱턴은 많은 책략과 개인적 영향력을 사용하여 1795년 6월, 상원의 조약 승인을 이끌어낼 수 있었다.

조약은 체결되었지만 그로 인해 야기된 악감정은 가라앉지 않았다. 하원의 반대파는 그들의 분노를 드러내기 위해 대통령에게 조약 협상과 관련된 서류를 요구했다. 요구가 무뚝뚝하게 거절당하자 분노는 더욱 깊어졌고, 정부가 조약 체결에서 의존했던 대중의 지지는 새로운 국면을 맞자 동요했다. 이 무렵 반연방주의자, 즉 공화주의자들은 여러 방면에서 영입한 인재들로 인해 상당히 내실 있는 정당으로 성장했고, 다가오는 총선거에서 연방 정부의 권력을 장악할 것이 분명해졌다.

§

이러한 상황은 워싱턴이 두 번째 임기가 끝날 때 은퇴하기로 결심하는 계기가 되었다. 당시 그의 나이는 65세였고, 현장과 공론장에서의 과중한 노동에 지쳐 있었다. 혁명이 시작된 이래 지방에서의 경력은 계산에 넣지 않고도 거의 15년을 공직에서 보냈으며 은퇴 후에도 헌법을 만드는 움직임에 짜증스럽고 불안한 몇 달을 바쳤다. 공직의 영광은 바래지기 시작했다. 한때 그는 모든 경우에 정중한 경의로 대해졌다. 이제 두 번째 행정부가 끝날 무렵 정치적 비판의 진흙탕에 빠져 있는 자신을 발견한 워싱턴은 충격과 슬픔에 빠졌다. 그는 분명히 연방주의자 그룹과 동조해, 그 그룹이 짜놓은 행정 정책에 대한 책임을 맡았기 때문에 자발적으로 당파적 공격의 위험을 감수한 셈이었다. 그럼에도 불구하고 그는 '악명 높은 채무 불이행자 네로나 평범한 소매치기에게도 거의 적용될 수 없는 과장되고 선정적인 용어로' 자신을 공격하는 소리를 듣고 한없이 괴로웠다고 불만을 토로했다.

이것이 그가 자신의 포토맥 영지의 평화로 돌아갈 수 있는 첫 번째 기회를 활용하게 만든 상황이었다. 그는 1792년 해밀턴과 제퍼슨의 간곡한 권유에 따라 재선을 수락했는데, 두 사람은 워싱턴에게 그만이 새로운 정부 조직을 구할 수 있다고 말했다. 그러나 또 한 번의 선거는 고려의 여지도 없었는데, 그가 세 번째 연임이 부적절하거나 심각한 반대에 부딪힐 수 있다고 생각했기 때문이 아니라 그저 정치의 혼란 속에서 자신의 명예로운 역할은 다했다고 생각했기 때문이었다. 따라서 1796년 9월, 대통령 선거 전날에 워싱턴은 현재 아메리카의 소중한 국가 문서 중 하나인 고별 연설Farewell Address에서 자신의 결정을 발표했다.

워싱턴은 동료 시민들에게 보내는 애정과 경고의 글에서 특히 세 가지 중요한 관심사에 대해 주의를 환기시켰다. 남부와 북부 사이의 갈등이 임박했음을 어렴풋이 감지한 그는 분파적 질투에 대해 엄중히 경고했다. 극심한 당파 갈등으로 고통을 겪은 그는 대중 정부에서 당파 싸움은 장려해서는 안 되는 정신이라며 극단적인 당파 싸움에 대해 경계하라고 경고했다. 외교 문제가 국내 정치에 미치는 격동적인 영향을 관찰한 그는 '외부 세계 어디와든 영구적인 동맹을 맺는 것', 유럽 경쟁국들 간의 인위적인 분규에 얽히는 것, 외국의 교활한 음모에 대해 경계를 늦추지 말 것을 당부했다.

그런 다음 그는 간단한 화해의 말로 조국이 45년간의 공직 생활 동안 자신이 저지른 실수를 용서하고 '내 마음이 가장 좋아하는 대상인 자유 정부 아래에서 선한 법의 자비로운 영향력, 그리고 내가 믿는 바와 같이 우리의 상호 배려, 수고 및 위험에 대한 행복한 보상'을 동포들 가운데서 누릴 수 있기를 희망했다. 많은 반연방주의자들은 이 연설에서 그들의 당파성과 프랑스에 대한 애정이 은밀하게 공격당하는 것을 보았지만, 양당의 온건파들은 이 연설을 동기가 순수하고 공익에 대한 헌신에서 의심할 여지가 없는 사람의 건전한 충고의 메시지로 받아들였다.

워싱턴이 은퇴한다는 소식을 들은 반대파는 모든 거리낌을 던져버렸다. 그 순간까지 가장 잔인한 비판자들을 제외하고는 모두 위대한 대통령 뒤에 숨어 있던 최악의 악당들을 비난하는 데 있어서 그들의 열정을 어느 정도 억제해왔었다. 마침내 워싱턴이 수도에서 영원히 떠나고 이제 평범한 작자들이 그가 그토록 훌륭한 고상함으로 채웠던 고위 공직을 맡게 되었다. 이로써 수문이 열렸다. 반연방주의자들은 반항의 표시로 해밀턴파를 군주주의자로 낙인찍고, 프랑스적인 과잉이 풍기기는 했지만 공화주의자Republican라는 이름을 스스로에게 붙였다. 그들 중 일부는 이제 스스로를 민주주의자Democrat라고 부르는 모험을 감행했는데 이는, 하딩 대통령 시대의 볼셰비키라는 용어만큼이나, 조지 워싱턴의 시절에는 악취가 나는 용어였다. 제퍼슨을 무신론자이자 무정부주의자라고 부르는 청교도 성직자들을 비웃으며, 모든 반연방주의자들은 제퍼슨이 그들의 지도자이자 다음 선거에서 대통령 후보가 되어야 한다는 데 동의했다.

이에 연방주의자들은 정반대의 의견을 가진 매사추세츠의 존 애덤스를 후보로 지명하여 이 도전을 받아들였다. 대중 정부에 대한 애덤스의 견해는 잘 알려져 있었다. 그는 자신이 여느 군주만큼이나 대중을 두려워하며 '재능과 부를 가진 귀족에 의한 정부'를 선호한다고 공개적으로 선언한 바 있었다. 따라서 요점만 놓고 보면 그의 이론은 연방주의자라면 누구나 공감할 수 있는 것이었지만, 그럼에도 불구하고 애덤스는 격렬한 선거운동을 벌일 강력한 후보가 아니었다. 그는 군중을 경멸하는 말을 충분히 많이 했지만, 귀족의 발치에 술을 붓지는 않았다. 그는 정교한 작업을 통해 모든 정치 사회에는 부자와 빈자 사이에 끊임없는 갈등이 있고, 서로가 서로를 파괴하려고 노력하며, 정치인의 임무는 경쟁하는 두 당사자 모두에게 한계를 설정하는 것임을 증명하려고 노력했다.

애덤스는 상류층과 하류층에 대한 어느 정도 합리적인 의심을 품고 있는 것 외에, 학생[학문적인 사람]이었기 때문에 선거운동에 적합하지 않았다. 그는 연설가도 능숙한 협상가도 아니었고, 가벼운 말투와 친절한 제스처에도 짜증이 배어 있었다. 따라서 그를 3표라는 근소한 차이로 대통령에 당선시키기 위해서는 필사적인 선거운동이 필요했고, 제퍼슨이 2위를 차지하면서 애덤스는 가장 두려운 정적을 부통령으로 삼아 4년 임기의 멍에를 짊어지게 되었다.

짐을 덜게 된 워싱턴은 이제 수도를 떠나 그의 안식처인 마운트 버논으로 서둘러 떠났고, 그곳에서 칭찬과 애정이 이어졌지만, 때때로 감사의 찬가에 끼어드는 공화당 지지자들의 조롱은 끊이지 않았다. 실제로 벤자민 프랭클린의 손자인 비판자 중 한 명은 퇴임하는 대통령에게 불같은 말을 던졌다. '기뻐할 때가 있었다면 지금이 바로 그 순간이다. 국민의 자유와 행복을 위해 모든 국민은 오늘부터 워싱턴이라는 이름이 정치적 죄악과 부패를 합법화하는 데 더 이상 통용되지 않는다는 사실에 환호하며 가슴을 두드리며 기뻐해야 한다.' 독립혁명의 위대한 영웅에 대한 예우가 이 정도였으니, 애덤스는 자비를 바랄 수 없었을 것이다. 그리고 그는 아무것도 받지 못했다.

애덤스 행정부가 보편적인 지지를 얻은 것은 단 한 가지뿐이었는데, 그것은 주로 프랑스 정치의 어느 사고 때문이었다. 1795년 헌법에 따라 설립된 행정부인 파리의 총재정부는 워싱턴 대통령의 친영親英 성향에 분개하여, 대서양 이쪽의 가장 열렬한 프랑스 옹호자조차 모욕감을 느낄 정도로 미합중국을 콧대 높은 경멸로 대했다. 워싱턴 행정부 말기에 파견된 아메리카 대사의 영접을 퉁명스럽게 거부했을 뿐만 아니라 총재정부는 대통령의 중립 선언이 미합중국의 진정한 뜻을 표현한 것은 아니라고 고집스럽게 믿었다. 프랑스는 영국 항구를 오가거나 영국 상품을 운반하는 아메리카 선박을 몰수하도록 명령하는 한편, 프랑스 민간인들이 서인도 제도에서 아메리카의 상거래를 방해하는 것을 허용했다. 이제 연방주의자들이 평화주의를 버리고 '자코뱅적인' 프랑스에 전쟁을 외칠 차례였다. 그러나 애덤스는 그 게임을 거부하고 화를 내는 대신 우호 관계를 회복하는 임무를 맡은 특별 사절단을 프랑스에 보냈다.

이 사절단 일행이 파리에 도착했을 때, 그들은 적절한 영접 대신 면전에서는 무례함과 모욕감을, 등 뒤에서는 음모를 발견했다고 보고했다. 그들은 공식적인 승인을 거부당했다. 그러나 프랑스 정부를 대변한다고 하는 의문의 사람들이 촛불을 들고 그들을 방문했다. 선의의 징후는 어디에서도 볼 수 없었다. 오히려 그들의 설명에 따르면, 사절단은 아메리카 정부의 과거 행위에 대한 사과, 거액의 차관, 프랑스 관리들을 위한 상당한 뇌물의 요구에 맞닥뜨렸다. 몇 달 동안 헛된 희망을 품고 협상을 벌인 사절단은 협상을 중단하고, 정치적인 수사로 조금도 치장하지 않은, 어려움을 토로하는 전문을 담은 파견단을 본국으로 보냈다. 기민한 전략적 감각으로 애덤스 대통령은 즉시 의회에 협상 보고서를 제출하면서 공물貢物과 사과를 요구한 프랑스인들을 X, Y, Z 씨*로 지칭했다.

대통령이 복용량을 관리하는 형태에서, 이것은 미합중국에서 가장 강인한 자코뱅에게도 너무 많은 양이었다. 물론 일부 공화당원들은 워싱턴이 파견하고 프랑스가 거부한 아메리카 대사가 프랑스 혁명의 격렬한 적으로 공공연하게 알려져 있다는 점을 지적했고, 다른 이들은 워싱턴 행정부가 별다른 반감을 보이지 않았던 영국 해군의 행태를 강조하기도 했다. 그러나 제퍼슨파 대다수는 애덤스를 싫어하는 만큼이나 프랑스에 대한 그들의 동정심도 잠시 잊고 연방주의자들과 함께 외쳤다. '조공은 한 푼도 주지 말고, 국방비로 수백만

---

* 영어에서 'X'는 미지의 대상을 나타내는 기호로 사용되며, 'Y'와 'Z'는 그 뒤를 따르는 다른 미지수를 의미한다. 따라서 이 조합은 비밀스럽거나 알려지지 않은 인물을 지칭하는 데 적합했다. 또한, 이 이름들은 프랑스 외교관들의 실제 이름을 밝히지 않으면서도 대중의 호기심을 자극하고 사건의 중대성을 강조하는 효과를 가져왔다. 결과적으로, 'XYZ 사건'이라는 명칭이 생겨났고, 이는 역사적으로도 기억에 남게 되었다.

달러를!' 워싱턴은 다시 한 번 군대를 지휘하라는 요청을 받았다. 전투를 위한 활발한 준비가 시작되었고, 의회의 공식적인 선전포고 없이 공해상에서 실제 전투가 시작되었다.

그럼에도 불구하고 품위 있게 얻을 수만 있다면 평화를 원했던 애덤스는 연방주의자들의 분노의 함성 속에서 프랑스와의 협상을 재개했다. 이때 나폴레옹 보나파르트가 쿠데타로 파리 총재정부를 전복한 후 자신이 제1통령으로서 협상에 나설 의사를 밝혔다. 이듬해 두 정부는 최악의 문제를 제거하지는 못했지만 체면을 살릴 수 있는 일종의 합의에 도달하는 데 성공했다. 이 무렵 애덤스는 절망적으로 표류하고 있었다. 프랑스와의 전쟁에 뛰어들지 않음으로써 공화당원들 사이에서 일부 우군을 얻었다면, 부분적으로는 그의 평화주의 정신과 부분적으로는 전투를 하지 않을 군대에서 우선순위를 놓고 장교들 사이에서 발생한 유치한 다툼을 조정하는 데 실패함으로써 연방주의자들 사이에서 지지자를 잃었다.

공화당이 프랑스와의 관계를 둘러싼 세력 분열로 일시적으로 약화되는 동안, 연방주의자들은 1798년 아메리카 역사에서 유명한 두 가지 과감한 조치, 외국인법과 치안제諸법Alien and Sedition Acts으로, 가능하다면, 반대파를 파괴하기로 결의했다. 이 법 중 첫 번째 법은 전쟁이나 약탈적 침략이 발생할 경우 대통령이 공공의 안전이 요구하는 대로 외국인 적을 추방하거나 투옥할 수 있는 조건을 규정할 수 있는 권한을 부여함으로써 영국에 대한 반감을 공유하는 프랑스 대리인과 아일랜드 동조자들의 활동을 진압할 수 있는 무기를 애덤스에게 부여했다. 두 번째 법안은 더욱 가혹한 조항들을 담고 있었다. 그 법안은 정부의 어떤 조치에 반대하거나, 어떤 법의 운영을 방해하거나, 미합중국 관리의 직무 수행을 위협하기 위해 결합한 사람들에 대해 벌금과 징역형을 규정했으며, 미합중국 정부 또는 그 관리들의 평판을 떨어뜨리거나 국민의 증오심을 자극하는 경향이 있는 거짓되고, 추악하며 악의적인 감정을 발언하거나 발표하는 모든 사람을 처벌했다.

외국인법은 비록 시행되지는 않았지만, 특히 그 조항으로 인해 위험에 처한 많은 외국인들에게 큰 불쾌감을 주었다. 치안제법諸法은 강력하게 적용되어 태풍을 일으켰다. 몇몇 공화당 신문 편집자들은 곧 감옥에 갇히거나 무거운 벌금을 물어야 했고, 정치 회의에서 애덤스나 그의 정책에 대해 경멸적인 발언을 한 방관자들은 서둘러 법정으로 끌려가 분노한 연방주의자 판사들로부터 선동죄로 유죄 판결을 받았다. 존 마셜은 치안제법이 쓸모없고 불만을 가라앉히기보다는 자극하기 위해 계산된 법이라고 설명하며 주의를 촉구했지만 헛수고였다. 해밀턴이 동료들에게 경고한 것도 헛수고였다. '폭정을 수립하지 말자. 에너지는 폭력과 전혀 다른 것이다.' '재능과 부'를 가진 당의 막강한 고위 지도자들은 그들의 반대파를 파괴하는 것으로야 만족할 것이었다.

마셜과 해밀턴이 예견한 대로 공화당원들의 분노가 박해에 응답했고 마침내 모든 한계를 뛰어넘었다. 그들은 이 법안을 전제주의적이라고 비난하고 그 지지자들을 폭군이라고 비난했다. 그들은 의회가 언론과 출판의 자유를 금하는 어떠한 법률도 제정하는 것을 명시적으로 금지한 수정헌법 제1조의 보호를 요청했다. 그들은 시민권과 각 주의 권리에 호소했다.

제퍼슨은 정치의 일반적인 언어적 표현에 만족하지 않고 저항과 유사한 것을 제안했다. 그는 외국인법과 치안제법이 헌법에 위배되므로 무효임을 선언하는 일련의 결의안 초안을 작성했으며, 이 결의안은 켄터키 주 의회에 제출되어 통과되고 주지사가 서명하여 주 정부의 신조를 대변하는 것으로 전국에 선포되었다. 동시에 제퍼슨의 유능한 보좌관 제임스 매디슨은 버지니아에서도 비슷한 반란을 일으켜 입법부가 이 불쾌한 법안을 비난하고 각 주에 권리 수호를 위해 협력할 것을 권고하는 결의안을 채택하도록 유도했다.

켄터키 주와 버지니아 주는 그들의 호소가 이웃 주들의 무관심이나 심지어 반대에 부딪혔다는 사실을 알게 되었지만 주눅 들지 않았다. 전자는 북부 일부 주에서 고도의 법률 문제를 결정하는 것이 대법원의 업무라는 말을 듣고 주 정부가 직접 의회의 행위를 검토하고 위헌으로 간주되는 모든 조치를 무효화할 수 있다는 운명적인 원칙을 발표했다. 버지니아 주 의회는 이 강력한 원칙의 논리를 완전히 받아들이지는 않았지만, 무기와 보급품에 대한 예산을 적절히 배정했다. 공화당에는 다행히도 네 번째 대통령 선거가 다가왔고, 유권자들에게 투표에서 외국인법과 치안제법의 저자들을 거부할 것을 요청할 수 있었다. 이 문제는 전국적인 선거운동에서 하나의 요소, 적어도 수사적 요소가 되었다.

§

만장일치로 공화당의 지도권은 제퍼슨에게로 넘어갔다. 제퍼슨은 해밀턴이 운영 중인 시스템을 어느 정도 연구한 후, 재무장관이 추진하는 모든 주요 조치에 대해 화해할 수 없는 반대자가 되었다. 그는 경제 및 헌법상의 이유로 국가 은행에 반대했다. 그는 워싱턴과 애덤스 행정부에 대해 비판적인 의견을 표명했는데, 이는 농업 진영 중에서 가장 급진적인 사람들을 기쁘게 했다. 실제로 제퍼슨은, 성숙한 신념을 바탕으로, 주로 농업의 옹호자였기 때문에 그 당의 열망을 충족시키는 것은 쉬웠다. 그는 공화국의 유일한 안전한 기반은, 자신의 수고에 대한 결실을 누리고, 하늘의 태양을 바라보며, 자신의 지원과 독립을 위해 자신의 손으로 노동하는 자유로운 토지 소유 농부들의 집단이라고 진심으로 믿었다.

2천 년 전의 아리스토텔레스나 그 이후 모든 시대의 농업 철학자들과 마찬가지로 제퍼슨은 가장 싼 시장에서 사서 가장 비싼 곳에 파는 상공업의 기술을 불신했다. 이러한 추구는 필연적으로 투기, 음모, 착취를 통한 막대한 부의 축적으로 이어진다고 그는 생각했다. 그는 혼잡한 도시에서 상공업의 주인들을 섬기는 장인들과 노동자들을 매우 싫어했으며, 한때는 대도시의 폭도들이 정치에 염증을 느끼고 악덕을 일삼으며 혁명을 일으키는 자들이라고 선언하기까지 했다. 결론적으로 그는 사람들이 도시에 밀집하고 무역의 변덕에 생계를 의존하게 되면 아메리카의 자유 체제가 종말을 맞이할 것이라고 확신했다.

이는 헌법이 제정되거나 정치의 운명이 그에게 대통령 직을 맡기기 훨씬 전부터 형성된 그의 신중한 판단이었다. 이 의견은 수도에서의 경험과 그가 그토록 가혹하게 비난했던 '종이 돈 인간들the paper men'로부터 받았던 지독한 대우로 인해 더욱 굳어졌다.

그러나 제퍼슨은 해밀턴의 재정 제도에 대한 열렬한 반대자 그 이상이었고 농업에 대한 확고한 옹호자 그 이상이었다. 그는 독단적인 종교적 제재로 유지되는 기존 사회 체제에서 평온을 사랑하는 사람들에게는 혐오스러운 인간 본성과 인간 진보에 관한 견해를 가지고 있었다. 유럽의 대중이 교육을 받지 못하고 열등한 인간으로 여겨지던 시대에 제퍼슨은 '인간은 이성적인 동물이며, 자연으로부터 권리를 부여받고 타고난 정의감을 지니고 있으며, 자신이 선택한 사람에게 부여된 적당한 권력에 의해 잘못으로부터 제지되고 올바르게 보호받을 수 있으며, 자신의 의지에 의존하여 의무를 지킬 수 있다'는 믿음을 선언했다. 연방주의 학파의 노련한 정치인들이 대중 통치 이론에 경멸을 표현하는 동안 제퍼슨은 '스스로 생각하고 이성을 지침으로 따르는 데 습관화된' 사람들이 '무지, 빈곤, 억압에 의해 쇠퇴한' 사람들보다 더 쉽고 안전하게 통치될 수 있다고 주장했다. 그에게 이것은 형식적인 신앙 그 이상이었다. 그는 1800년 한 친구에게 이렇게 썼다. '나는 인간의 정신에 대한 모든 형태의 폭정에 대해 영원한 적대감을 하느님의 제단에 맹세했다.'

같은 정신이 그의 교육 이론을 특징지었다. 뉴잉글랜드의 한 대학 총장이 대중에게 기번의 『로마제국 쇠망사』를 자신의 교육 기관에서 가르칠 수 없다고 자랑스럽게 말할 때[당시의 종교적 분위기에서 기번의 책 내용이 이교도적이라고 여겨졌기 때문이다], 제퍼슨은 보편적인 세속 교육 시스템을 꿈꾸고 있었다. 훗날 그는 자신의 지도하에 설립된 버지니아 대학에서 교수들에 의한 민주적 자치 제도를 마련하고 교사와 학생에 대한 모든 종교 시험을 거부했으며, 과학, 농업, 현대 언어를 고전과 동등한 위치로 격상시키고, 학생의 명예를 중시하는 훈육을 통해 이러한 고상한 이상을 실현해 나갔다. 당시 그는 이렇게 말했다. '이 기관은 인간 정신의 불가침의 자유를 기반으로 할 것이다. 여기서 우리는 진리가 어디로 인도하든 그 진리를 따르는 것을 두려워하지 않으며, 이성이 오류에 맞서 싸울 수 있는 자유가 주어지는 한 어떤 오류도 용납하지 않을 것이다.'

제퍼슨은 정치 및 교육 이론과 마찬가지로 종교적 사상에 있어서도 모든 종파의 정통파를 증오했다. 당시의 많은 철학자들과 마찬가지로 그는 예수를 위대한 스승이자 선한 사람으로 여긴 이신론자deist였다. 그는 성서에 고도의 비판을 가하고, 이성에 비추어 성서의 과학적 타당성을 시험했으며, 창조, 홍수 및 자연계와 관련된 다른 점들에 관한 성서 진술의 진위에 대해 심각한 의구심을 표명했다. 신학자들로부터 '무신론자'라고, 정확성과 공정성이 모두 결여된, 비난을 받았지만 제퍼슨은 자신의 자유주의적인 견해를 숨기려 하지 않았다.

이성이 정치, 종교, 교육의 지침이 되려면 언론과 표현의 자유가 인간의 계획에서 필수적인 요소여야 한다. 제퍼슨은 이 이론을 논리적 결론에까지 적용하여, 자유는 '방탕을 타파함으로써' 가장 잘 보호될 수 있다는 폭군의 주장을 완전히 거부하고, 정부가 명백한 행위로 합쳐질 때까지 의견 표현을 간섭해서는 안 된다고 주장했다. 매사추세츠 주에서 일어난 셰이스의 봉기 소식을 듣고 그는 이렇게 외쳤다. '신이시여, 우리가 20년 동안 이런 반란 없이 지내는 것을 금하시옵소서.'

§

제퍼슨의 신조들에 비추어 볼 때, 1800년 가을에 그의 대통령 당선 소식이 전해졌을 때 중부와 북부의 부유층과 사교계에서 경각심이 급속도로 퍼진 것은 전혀 놀라운 일이 아니다. 연방주의자 숙녀들은 '버지니아 출신의 무신론자이자 평등주의자'에 대해 이야기하면서 찻잔을 들고 그들의 영리한 고개를 저으며 공포에 떨었다. 연방당 정치인들과 보수적인 신사들은 삶의 모든 품위와 존엄성, 지식과 도덕에 기초한 모든 것이 순식간에 무너지는 것 같아 경악을 금치 못했다. 한 문필가는 이렇게 썼다. '이성, 상식, 재능, 미덕은 민주주의 앞에 설 수 없다. 민주주의는 저항할 수 없는 홍수처럼 모든 것을 쓸어 버릴 것이다.' 모든 좋은 것의 종말이 온 것이다. 존 제이의 친구 중 한 명은 이렇게 말했다. '호레이쇼 게이츠*는 1776년 내게, 그 위태위태한 [아메리카의] 독립 Independence이 1년만 버텨도 므두셀라의 나이만큼 지속될 것이라고 말했다. 하지만 우리는 아메리카의 독립이 극심하게 노쇠해져, 노년기의 모든 병과 무능함을 겪는 모습을 보게 되었다.' 독립전쟁을 무사히 통과한 한 저널리스트는 '최근 우리 변경에서 힘을 얻고 있는 혁신의 정신이 이제 일반적인 관습의 가장 좋은 경향에 역행하고 있다'고 탄식했다.

연방주의자들이 얼마나 당황했는지는 해밀턴이 제퍼슨의 승리를 막기 위해 합법성이 의심스럽고 품위도 의심스러운 방식으로 한 놀라운 제안에서 잘 드러났다. 아직 주 의회에서 대통령 선거인단을 선출하고 있던 뉴욕에서는 1800년 5월 상하 양원 선거에서 제퍼슨이 가을에 승리할 것으로 예상되었다. 따라서 해밀턴은 주지사 존 제이가 특별 회기에 구舊 의회를 소집하여 법을 개정하고 연방당 후보가 과반수를 확보할 수 있도록 선거구에서 대중 투표로 대통령 선거인을 선출할 수 있도록 할 것을 제안했다. 이 제안을 하면서 해밀턴은 '종교적으로는 무신론자이고 정치적으로는 광신도인 사람이 국가 통치권을 장악하는 것을 막아야 하는 과제에 직면했을 때 우아함과 적절함에 대한 양심의 가책은 양보해야 한다'고 덧붙였다. 해밀턴은 '공공의 안전이라는 명백한 이유'로 이 특별한 조치가 정당화된다고 생각했지만, 제이 주지사는

---

* Horatio Lloyd Gates(1727~1806). 영국 태생의 미합중국 육군 장교로 독립전쟁 초기에 대륙군 장군으로 복무했다. 그는 당대와 역사적으로 논란이 되고 있는 사라토가 전투(1777)에서 미국의 승리를 이끈 공로를 인정받았지만 1780년 캠든 전투에서는 패배의 책임을 지고 비난을 받았다. 게이츠는 조지 워싱턴 장군을 불신임하고 교체하려 했던 콘웨이 패거리에서의 역할, 사라토가 전투, 캠든 전투에서의 패배와 그 이후의 행동으로 인해 '독립혁명에서 가장 논란이 많은 군사적 인물 중 한 명'으로 묘사되고 있다.

흔들리지 않았다. 그는 해밀턴의 편지 뒷면에 다음과 같이 간결하고 직설적으로 적었다. '당의 목적을 위해 제안한 법안으로, 내가 채택할 수 없는 법안이다.' 정직한 주지사는 일이 정상적으로 진행되도록 내버려둠으로써 자신이 정말로 싫어하는 견해를 가진 사람의 승리를 보장했다.

가을의 폭풍이 지나고 개표가 모두 끝났을 때, 공화당 후보인 제퍼슨과 버가 연방당 후보인 애덤스와 핑크니를 상당한 차이로 이겼으나 선거인단 수는 동일한 것으로 밝혀졌다. 물론 공화당이 제퍼슨을 대통령으로 원한다는 것은 모두가 알고 있었지만, 헌법에 따라 선택은 하원에서 결정해야 했다.* 그 결과 연방주의자들의 패배라는 컴컴하고 흐릿한 어둠을 뚫고 한 줄기 희망의 빛이 비춰졌다. 결정을 내릴 때 하원의 각 주 대표단은 한 표씩만 행사할 수 있었고, 이 법 조항에 따라 연방주의자들이 과반수를 차지했다. 그들은 제퍼슨과 버 중 한 명을 대통령으로 선택할 수도 있고, 선택을 무기한 연기할 수도 있었다.

동점 소식이 확인되자마자 하원에서는 대통령 선출을 둘러싼 치열하고 지

---

* 당시 헌법에 따르면 대통령과 부통령은 각 선거인이 두 표를 행사했고, 가장 많은 표를 받은 후보가 대통령이 되고, 그 다음 표를 받은 후보가 부통령이 되는 구조였다. 연방당의 방해 전략과 제퍼슨과 버의 내부 분열로 35차례의 투표로도 당선자를 뽑을 수 없게 되었고 그 교착 상태는 본문에서 말하듯이 해밀턴의 개입으로 풀렸다. 이 사태를 계기로 1804년 제12차 수정헌법이 비준되어 현재의 대통령-부통령 러닝메이트 제도가 그해부터 적용되었다. 참고로 대통령 선거가 간접선거라는 점에서 당시와 현재의 차이는 없다. 하지만 초기에는 선거인단이 독립적인 재량을 가지고 대통령을 선택할 수 있었던 데 반해 현재는 선거인단이 거의 모든 주에서 다수표를 얻은 후보에게 일괄적으로 투표하기 때문에 유권자들은 사실상 직접적으로 대통령 후보를 선택한다고 할 수 있다. 이것을 위임 투표제(선거인단 투표제)라고 하는데 극소수이긴 하지만 선거인단 중에 자신이 속한 주의 선거 결과와 다르게 투표하는 경우가 전혀 없지는 않다. 이런 예외적인 상황을 신의 없는 선거인 Faithless Elector라고 하는데 실제로 2016년 도널드 트럼프와 힐러리 클린턴이 맞붙은 선거에서 10명의 신의 없는 선거인이 발생했다. 이 일을 계기로 2020년 대법원은 신의 없는 선거인에게 벌금을 부과하거나 교체할 수 있는 권리를 인정했다. 전체적으로 미합중국 대통령 선거에서 총 165명의 신의 없는 선거인이 발생했고 결과에 영향을 끼치지 않았지만 1836년 대선에서 신의 없는 선거인으로 인해 부통령이 상원에서 결정되는 사상 초유의 사태가 발생하기도 했다.

저분한 전투가 시작되었다. 연방주의자들은 버의 도덕적 감각으로 인해 그가 경선에서 사퇴하지 않을 것이라고 판단하고, 최종 선택 후보로 당선되면 해밀턴 프로그램의 모든 핵심 사항을 지키겠다는 약속을 얻어내기 위해 버와 제퍼슨과 협상을 시작했다. 처음에는 그들 중 많은 사람들이 일반적인 원칙에 따라 조녀선 에드워즈의 그 변덕스럽고 화려하며 신비한 손자인 버에게 확실히 기울어졌다. 연방당 지도자 중 한 명은 이상한 이유로 버를 '해로운 이론이 전혀 없고 우리의 상업 및 국가 시스템으로 인한 혜택을 정당하게 인정하는 실제적인 사람'이라고 생각했다. 이에 따라 버는 좋은 평판을 들었지만 정작 필수적인 서약은 하려 하지 않았다.

그러는 동안 그의 치명적인 적인 해밀턴은 제퍼슨에 대한 격렬한 반감을 버리고 버지니아 주 후보의 편에 서서 싸움에 뛰어들었다. 해밀턴이 버를 증오한 이유가 한 여인의 애정에 대한 경쟁 때문이라는 소문이 돌았지만, 그 가설을 정치적 분쟁 사건에 추가할 필요는 없다. 해밀턴은 단순히 연방당 형제들의 견해를 공유하지 않았을 뿐 아니라, 오히려 버를 '카틸리나'*라고 대놓고 낙인찍었다. 그는 제퍼슨이 광신적이고 파렴치하며 진실을 염두에 두지 않고 실제로 경멸할 만한 위선자라고 생각했다. 하지만, 그럼에도 불구하고 공화당 티켓을 가진 그의 동료[버]보다 제퍼슨이 타협하고 흥정하고 좀 더 온건한 노선을 추구할 가능성이 더 높다고 생각했다.

그래서 해밀턴은 라이벌인 제퍼슨에게 '실제 재정 시스템'의 보존, 중립성 준수, 최고 행정직을 제외한 모든 직책에서 연방주의자의 존속에 관한 보증을 제공해줄 것을 제안했다. 결국 제퍼슨은 자신의 견해를 알리고 설명해서, 버

---

* Lucius Sergius Catilina(기원전 108 − 62). 로마 공화정 말기의 정치인으로 원로원에 맞서서 로마 공화정을 전복하려 시도한 카틸리나의 모반으로 유명하다. 카틸리나는 부채의 전액 탕감을 공약으로 내걸었는데 그런 급진적인 공약을 두려워한 원로원은 그를 방해했고 그에게는 부채의 탕감을 원하는 지지자들이 모여들기 시작했다. 당시 집정관인 키케로는 결정적인 물증 없이 카틸리나가 모반을 꾀하고 있다고 원로원에서 탄핵했고 카틸리나는 모반의 증거를 대라고 주장했으나 결국 처형이 결정되었다.

를 제치고 하원의 선택을 받았다. 해밀턴은 이 사건에서 보여준 행동으로 적대감의 불씨에 기름을 부었고, 3년 후 아메리카 땅에서 벌어진 가장 센세이셔널한 결투 중 하나에서 버의 손에 의해 사망했다.

§

제퍼슨은 자신의 공약과 의회 내 연방주의자들의 힘 때문에 취임 후 조심스럽게 일을 진행해야 했다. 그럼에도 불구하고 제퍼슨과 그의 추종자들은 1800년 선거운동 기간 동안 계획했던 방향으로 꾸준히 나아갔다. 그들은 애덤스의 여섯 마리 말이 모는 마차와, 아메리카인들이 유럽 궁정의 의식을 모방하려는 시도를 비웃었다. 1801년 3월 4일, 새 수도 워싱턴에서 열린 제퍼슨의 취임식은 농경 사회의 정서에 맞게 간소하게 치러졌다. 공화당원들은 워싱턴이 의회에서 연설문을 낭독하는 관습이 왕좌에서 하는 연설의 냄새가 난다고 생각했다. 제퍼슨은 연설가가 아니었다. 그래서 그는 서기를 통해 의회에 건의문을 보내는 관행을 채택했는데, 이 관행은 1913년 윌슨 대통령이 워싱턴의 모범을 따르기 전까지 깨지지 않고 유지되었다.

제퍼슨은 공식적인 의전에 대한 자신의 반대를 강조하기라도 하듯 영국 대사를 단정치 못한 차림새에 발에는 슬리퍼를 신은 채 영접했다. 흔히 알려진 것처럼, 제퍼슨은 말을 타고 의사당으로 가서 기둥에 말을 묶은 다음 걸어가서 취임 선서를 하지는 않았다. 그러나 이 믿기 힘든 외경적apocryphal인 이야기는, 제퍼슨이 즐겨 언급한 '1800년의 위대한 혁명'이라는 새로운 통치의 정신을 잘 보여주고 있다.

정부 업무에서 공화당은 비타협적이지는 않았지만 그들의 논지를 확실히 염두에 두었다. 그들은 국채를 '돈의 권력'을 만드는 수단이라고 비난했다. 그들은 국채의 그 어떤 일부도 거부하지 않고 가능한 한 빨리 갚았다. 그들은 특히 위스키에 부과되는 소비세에 반대했고, 오지의 농민들이 대체로 기뻐하는 가운데 소비세를 신속하게 폐지했다. 그들은 연방 기관 설립에 드는 많은 비용에 항의했고, 많은 관공서를 없애 비용을 절감했다. 그들은 상업을 낮게 평가하고 해군을 연방주의자들이 상업을 방어하기 위한 장치로 간주했으며, 이 이론에 따라 해군 프로그램을 축소했다.

공화당은 연방의 공직을 분배하는 과정에서 연방당 정치인들이 좋은 자리를 모두 차지하고 있다는 것을 발견했지만, 신중하게 일을 진행시켰다. 보고에 따르면, 제퍼슨은 당선 전 협상 과정에서 정부의 하급 직원들을 부드럽게 다루기로 합의했으며, 공직은 능력만으로 모든 사람에게 개방되어야 한다는 고귀한 정서를 표명했다. 그 결과 제퍼슨은 대대적인 해임은 하지 않았지만, 때때로 공석이 생기면 당연히 자신이 신뢰할 수 있는 당파로 채우려고 주의를 기울였다. 제퍼슨은 해밀턴의 당이 미합중국 제1은행United States Bank의 지점을 이용해 조직을 구축했다고 믿었기 때문에 '모든 은행이 보여주는 성향에 비례하여 예금을 공유함으로써 모든 은행을 공화당적으로 만드는 데 확실히 찬성한다'고 밝혔다. 그러나 실제 운영 과정에서 그는 '실천 가능한 것이 때로는 순수한 이론을 지배해야 한다'는 사실을 발견했다.

치안제법에 대한 공화당의 비판에 따라 제퍼슨은 처음에는 의회에 보낸 메시지에서 이 법을 무효로 선언할 것을 제안했지만, 결국 1801년 3월 3일 법이 만료되기 전에 체포된 범죄자에 대해서는 이 법을 집행하지 않고 당시 법 조항을 위반하여 수감 중인 사람들을 사면하기로 결정했다. 결국 의회는 이 법에 따라 징수된 벌금을 전부는 아니더라도 대부분 환급해 주었다. 공화당원들은 연방주의 판사들이 배심원들을 가르칠 때 하는 모두 연설stump speech*에 깊은 불쾌감을 느꼈고, 특히 법정에서 민주주의의 교리를 가혹하게 비난했던

---

* 직역하면 '그루터기 연설'이라는 이 용어는 대통령 후보자가 마을을 돌아다니며 선거운동을 할 때 톱으로 잘라낸 나무 그루터기 위에 서서 연설을 하던 초기 미합중국 관습에서 유래했다. 미합중국의 대통령 선거에서 후보자가 소속 정당의 대통령 지명 대회에서 한 후보 수락 연설은 일반적으로 전국 선거운동 기간 동안 그루터기 연설의 기초를 형성했고, 거기에는 공직에 출마하려는 정치인의 핵심 비전과 정책 방향이 담겨 있었다. 사법과 관련해서는 쓰이지 않는 용어이므로 본문에서는 은유적으로 쓰였다고 봐야 할 것이다.

대법원 판사 새뮤얼 체이스에 대한 탄핵을 즉각적으로 표결에 부쳤다. 체이스에 대해 유죄 판결이 내려지지 않은 것은, 그를 기소하려는 열의가 부족했기 때문이 아니라 재판이 열렸던 상원에서 연방주의자들이 너무 강했기 때문이었다.

공화당은 체이스를 축출하려는 노력에는 실패했지만, 애덤스 행정부의 '자정 시간midnight hours'에 임명된 새 지방 법원 판사들을 제거할 수 있었으며, 이는 판사직을 창설하는 법률을 폐지하는 영웅적인 과정을 통해 달성할 수 있었다. 연방주의적 상원 의원들은 이 '사법부에 대한 공격'에 대해 격렬히 반대하고, 판사들은 종신직의 권리가 있다고 선언하고, 이 법이 폐지되면 헌법이 완전히 무너질 것이라고 외쳤지만 헛수고였다. 공화당원들은 연방주의 성향의 판사들 때문에 많은 고통을 겪었기 때문에 권좌에서 쫓아낼 수 있는 한 단 한 명의 판사라도 용납하고 싶은 기분이 아니었다.

배척, 축소, 폐지, 철회 과정에서 공화당은 우연히도 엄격한 건설 노선을 따르고 있었지만 당시에는 이 문제를 특별히 쟁점으로 삼지는 않았다. 그들은 제퍼슨의 자유 농민들이 도움을 필요로 하고 공화당의 기준으로 모여들고 있는 서부로 향하는 국도를 건설하기 위한 연방 기금에 기꺼이 투표했다. 그들은 루이지애나[1812년, 18번째로 연방에 가입] 영토를 기꺼이 매입했는데, 제퍼슨은 헌법상의 보장 없이도 그것을 매입할 수 있다고 믿었다. 그 헌법의 확장과 국가의 확장을 통해 건실한 농부들을 키울 수 있는 더 많은 땅을 확보할 수 있었다. 이론가이자 실용주의자였던 제퍼슨은 멀리 떨어져 있는 고정된 별이 아닌 항구를 기준으로 국가라는 배를 이끌었다.

§

그들의 항해에서, 그러나 공화당원들, 특히 그 파의 지역 정치인들은 1801년부터 1835년까지 미합중국 대법원 대법원장으로서 해밀턴의 교리를 주 정부의 주장보다 높이는 데 실패한 적이 없는 존 마셜의 연방주의적 헌법 해석을 고려해야 했다. 그의 정치적 견해에 대한 어떤 의견의 차이에도 불구하고, 가장 열렬한 반대자조차도 그의 탁월한 능력이나 국가 개념에 대한 그의 진지한 헌신을 부정한 적은 없었다. 타고난 재능이든 후천적 재능이든 그는 자신을 낳은 겸손한 민주주의의 장식품이었다는 데 모두 동의했다. 그의 모든 경력은 아메리카적이었다. 버지니아 주 변경에서 태어나 통나무집에서 자랐고, 윌리엄 앤드 메리 대학에서 몇 달간의 법학 교육으로 보충한 가장 기초적인 정규 교육만 받았으며, 고난과 거친 환경에 길들여진 마셜은 탁월한 노력으로 아메리카가 수여할 수 있는 최고의 사법적 영예에 올랐다.

혁명과 그 후의 쓰라린 경험은 그에게 깊은 인상을 남겼다. 그는 '여름 패트리어트*가 아니었다. 그는 혁명군의 군인이었다. 그는 밸리 포지에서 워싱턴과 함께 고난을 겪었다. 그는 전우들이 굶주리고 얼어 죽는 것을 보았는데, 대륙회의가 각 주에 의무를 다하도록 강제할 힘도, 의지도 없었기 때문이었다. 그에게 연합 규약은 처음부터 무익함의 상징이었다. 버지니아에서의 헌법 제정과 비준을 둘러싼 투쟁에 그는 군인의 열정으로 몸을 던졌다. 이후 하원 의원, 프랑스 특사, 국무장관으로서 그는 연방주의자들이 그들의 정부 원칙을 적용하는 데 도움을 주었다. 결국 연방주의자들이 행정부와 입법부에서 쫓겨났을 때, 그는 최후의 보루인 연방 대법원장으로 발탁되었다. 역사적으로 아이러니하게도 그는 자신의 숙적이었던 토머스 제퍼슨의 취임 선서를 집행했으며, 독립선언서의 작성자가 사생활로 은퇴한 후에도 25년 동안 대법원에서 옛 연방주의적 판결을 계속 발표했다.

마셜이 대법원장으로 취임한 지 2년밖에 되지 않았을 때 처음으로 판사들이 헌법에 위배된다고 판단되는 의회의 행위를 무효로 선언할 권한이 있다는 원칙을 법원 진체의 이름으로 징립했다. 이 권한은 법원에 명시적으로 부여된

---

* 토머스 페인은 '여름 군인, 햇빛 패트리어트the summer soldier and the sunshine patriot'를 언급했다. 이 말은 전쟁 전에는 독립을 지지했지만 전쟁이 발발하자 마음을 바꾼 사람들을 가리킨다.

것은 아니었다. 많은 유능한 사람들이 정부의 사법부가 이 권한을 누리고 있다고 주장했지만, 이 원칙은 1803년 연방 법의 일부 조항과 관련된 마베리 대 매디슨 사건이 결정될 때까지 명확하게 확립되지 않았다.

마셜 대법원장은 판결문을 작성할 때 선례를 인용하지 않았고, 논증에서 고대 문헌에 근거를 두지도 않았다. 오히려 그는 아메리카 제도의 일반적인 특성에 근거를 두었다. 마셜이 전제로 삼은 헌법은 이 땅의 최고법이며, 미합중국의 이름으로 행동하는 모든 사람을 통제하고 구속하며, 의회의 권한을 제한하고 시민의 권리를 규정했다. 마셜은 만약 의회가 그 한계를 무시하고 시민의 특권을 침해할 수 있다면 헌법은 사라지고 의회가 주권자가 될 것이라고 주장했다. 헌법은 본질적으로 의회보다 우위에 있어야 하고 또 그렇게 되어야 하므로, 이를 위반하는 조치에 맞서 헌법을 수호하는 것은 직무 선서에 따른 판사의 의무이다. 따라서 아메리카 헌법 체계의 본질적 구조에 따라 법원은 권한이 부여되지 않은 모든 행위를 무효로 선언해야 한다. '헌법에 위배되는 법률은 무효이며 법원은 물론 다른 부처도 그 법에 구속된다'고 그는 결론지었다. 그날부터 지금까지 법률의 합헌성을 판단하는 연방 및 주 법원의 관행은 흔들림 없이 유지되고 있다.

그러나 당시 제퍼슨과 그의 추종자들은 이 교리를 경악할 만한 것으로 받아들였다. 제퍼슨은 이렇게 외쳤다. '만약 이러한 생각이 타당하다면 우리 헌법은 참으로 완전한 펠로 데 세*[법적 자살 행위]이다. 이 의견에 따르면, 서로 견제하고 균형을 잡을 수 있도록 조정되고 독립된 세 부서를 설립하려는 의도로, 그중 한 부서에만 다른 부서의 정부에 대한 규칙을 규정할 권리를 부

---

* felo de se. 중세 라틴어로 '스스로의 중죄인'이라는 의미. 스스로 목숨을 끊은 성인의 개인 재산에 적용되는 개념이었다. 초기 영국 관습법에서는 이 개념에 따라 자살을 범죄로 간주했으며, 유죄 판결을 받은 사람은 비록 사망했지만 일반적으로 군주에 의한 재산 몰수 및 수치스러운 매장 등의 처벌을 받았다. 17세기부터 판례와 검시관들의 관습에 따라 자살을 일시적 정신이상으로 간주하여 법원에서 유죄 판결을 내리고 상속인에게 벌금을 부과하는 것이 점차 폐지되었다.

여했으며, 그 부서도 선출되지 않은 독립적인 부서이다…… 이 가설에 따르면 헌법은 사법부의 손에 쥐어진 밀랍인형에 불과하며, 사법부는 이를 원하는 형태로 비틀고 변형할 수 있다. 정치에서 영원한 진리의 공리로서, 어떤 정부의 어떤 독립적인 권력은 그 권력 또한 절대적이라는 것을 기억해야 한다…… 왕이나 행정부로부터 독립된 사법부는 좋은 것이지만, 적어도 공화주의 정부에서 국민의 의사와 독립된 사법부는 독재이다.' 그러나 마셜은 강력했고 그의 견해가 지배적이 되었지만, 때때로 제퍼슨의 의견에 집착하는 다른 사람들도 마베리 대 매디슨 판결에서 선언된 사법부의 강력한 권력 행사에 반대했다.

마셜이 의회의 법률을 위헌으로 선언하는 데 그쳤다면 공화당 일각의 비판을 덜 받았을 테지만, 그는 같은 단호함으로 주 의회의 중요한 법률도 연방 헌법에 위배된다고 판단될 때마다 무시했다. 1818년 플레처 대 펙 사건에서 그는 조지아 주 의회의 법률을 무효화하면서 조지아 주는 주권국이 아니라 '커다란 제국帝國의 일부이자…… 아메리카 연방의 일원이며, 그 연방에는 여러 주의 의회에 한계를 부과하는 헌법이 있다'는 사실을 통보했다. 1819년에 판결된 매컬록 대 메릴랜드 사건에서 대법원은 메릴랜드 주에 설립된 국가 은행의 지점을 마비시키기 위해 고안된 메릴랜드 주 의회의 행위를 무효라고 선언했다. 같은 해, 훨씬 더 기억에 남는 다트머스 대학 사건에서 그는 다트머스 대학이 오래전에 조지 왕으로부터 받은 칙허장을 침해한 뉴햄프셔 주 의회의 행위를 무효화했다. 그는 이 칙허장은 주와 대학 간의 계약으로, 연방 헌법에 따라 주 입법부가 이를 훼손할 수 없다고 주장했다. 2년 후 마셜은 버지니아 주의 법률 중 하나의 효력과 관련된 사건에서 버지니아 주를 대법원 법정에 소환하여 답변하도록 함으로써 버지니아 주의 분노를 불러일으켰고, 코헨스 대 버지니아 사건에서 강력한 의견서를 통해 자신의 행동을 정당화했다.

이 모든 결정은 각 주의 입법부, 특히 공화당이 장악하고 있던 주 의회를 자극했다. 주 의회는 항의와 비난 결의안을 무더기로 통과시켰지만 마셜은 결코 돌아서지 않았고 멈추지도 않았다. 그는 그들에게 미합중국 헌법은 이 땅의 최고법이며, 대법원은 각 주 법률의 유효성을 최종적으로 판단하는 적절한 재판소이며, '그 주권체들'은, 검토 및 무효화 권한을 갖기는커녕, 대법원의 결정에 취소될 수 없는 구속을 받는다고 공정하게 호통을 쳤다. 이는 켄터키 결의안과 버지니아 결의안 작성자와 하트포드 대회 참가자들에게는 강력한 약이었지만, 그들은 그것을 삼켜야만 했다.

마셜은 마베리 사건에서 의회를 견제하고 여러 사건에서 주 의회를 견제하는 한편, 헌법을 좁고 엄격하게 해석하는 것이 아니라 광범위하고 자유주의적으로 해석하는 사법적 토대를 마련했다. 매컬록 대 메릴랜드 사건에서 그는 의회에 명시적 권한 외에 광범위한 '묵시적 권한'을 부여하는 방식으로 '필요하고 적절한'이라는 단어를 관대하게 해석했다. 이 사건은 무엇보다도 미합중국 제2은행 설립법이 헌법에 의해 승인되었는지 여부와 관련된 것이었기 때문에 마셜은 이 문제를 전면적이고 긍정적인 의견으로 해결해야 한다는 충동을 느꼈다. 그는 의회는 과세와 통화에 대한 막강한 권한을 가지고 있으며, 은행은 열거된 권한을 행사하는 데 적절하게 사용될 수 있으므로 절대적으로 필요한 것은 아니지만 은행은 전적으로 적절하고 합헌이라고 주장했다. 그는 '헌법이 부여한 권한을 실행하는 수단과 관련하여' 의회는 '국민에게 가장 유익한 방식으로 의회에 부여된 고도의 의무를 수행할 수 있는 재량권을 부여받아야 한다'고 말했다. 요컨대, 미합중국 헌법은 국가적 문제가 발생했을 때 이를 해결할 수 있는 모든 권한을 국회에 부여하는 유연한 수단이었다. 마셜은 이 의견을 전달하면서 링컨이 게티스버그 전장에 서서 '국민의, 국민에 의한, 국민을 위한 정부는 지구상에서 사라지지 않을 것'이라고 선언할 때 사용한 것과 거의 동일한 언어를 사용했다.

9

농업 제국주의와 세력 균형

　철학적인 제퍼슨과 그의 관료 일족이 평화와 가벼운 세금, 목가적인 쾌락을 누릴 수 있는 정치 권력에 안주할 수 있을 것이라고 생각했다면, 그들은 곧 환멸을 느끼게 되었다. 그들이 그토록 자랑스럽게 대표했던 농업 이익은 그 자체로 충분한 지방의 재산이 아니었다. 오히려 그들의 번영은 구세계 시장에서 농산물을 판매하는 데 의존했고, 변경의 전진 경비대는 영국과 스페인의 인접 영토에 대한 제국의 설계도를 소중히 여겼다.

　따라서 아메리카 농업은 유럽의 세력 균형이 흔들릴 때마다 그 운명이 요동쳤는데, 나폴레옹의 폭풍이 다시 바다를 건너온 제퍼슨 집권 3년차 때보다 더 크게 흔들린 적은 없었다. 런던에서 실론까지, 모스크바에서 멕시코시티까지, 코펜하겐에서 케이프타운까지 전 세계를 불길에 휩싸이게 한 제국 쟁탈전의 충격으로부터 고립으로 그것을 막는다는 이론은 통하지 않았다. 유럽뿐만 아니라 아메리카도 그런 상황 속에서 표류했다. 몇 년 만에 연방 정부를 장악한 공화당은 해외의 강풍과 국내의 열정에 힘입어 해밀턴이 주장했던 것보다 더 큰 권한을 행사하고 한때 거부했던 법률의 합헌성을 옹호하고 있었다. 이러한 사실과 철학의 소용돌이 속에서 반대파인 연방주의자들은, 제퍼슨의 미합중국 제1은행에 대한 법리적 주장이 관대해 보일 정도로, 편협한 지방주의에 갇혀 버렸다.

인간사의 변덕스러움과 정치라는 업의 허무함을 보여주기 위해 이 운명의 반전을 인용하는 것은 오랫동안 역사가들의 유행이었다. 채권에는 항목이 명확하게 적혀 있지 않은가? 공화당은 헌법에 대한 협소한 해석에 대한 흔들리지 않는 믿음을 표명했다. 1803년 그들은 루이지애나를 매입했는데, 제퍼슨은 이를 최고법supreme law 위반이라고 불렀다. 몇 년 후 그들은 상업 규제 권한을 발동해 이를 폐지하는 법안과 금수 조치embargo를 시행하는 '강제 법안'을 정당화했다. 농업의 미덕을 찬양하면서 무역의 기술을 경멸했지만, 영국과의 전쟁은 공해상에서 아메리카의 상업권을 지키기 위한 것이라고 공언했다. 그들은 국가 은행과 보호관세에 반대했지만, 전쟁 실험이 끝날 무렵에는 법적인 꺼림칙함에도 불구하고 두 가지 편법을 모두 사용했다.

그리고 반대편에는 연방주의자들의 기록이 있었다. 그들은 헌법에 대한 자유주의적 견해에 대한 확고한 믿음을 선언했지만, 루이지애나 매입이나 금수 조치에 대한 보증을 양피지 문서[헌법]에서 찾을 수 없었다. 그들은 무역 기술을 소중히 여기는 데 자부심을 가지고 있었지만 아메리카 상업의 불가침성을 유지하기 위한 영국과의 전쟁에는 반대표를 던졌다. 정치적 수사학의 관점에서 볼 때 정치의 반전은 절대적인 것처럼 보였다.

그러나 경제적인 측면에서 보면 이는 목적이 아닌 수단의 역전이었다고 볼 수 있다. 루이지애나 매입이 위헌이라 해도, 적어도 제퍼슨이 사랑했던 '농업 이익'에 의해 개발될 수백만 에이커의 풍부한 농지가 추가되었다. 정치의 영역에서 그것은 또한, 연방주의자들이 말했듯이, 농업 주들에 의한 '상업 주들'의 과잉에 평형을 잡는 것을 의미하기도 했다. 형식상 영국과의 전쟁이 상업적 동기로 선포되었다 해도, 실제로는 주로 농업의 이익을 위해 구상되었다.

줄리어스 W. 프랫의 학문적 연구는 이 사실을 설득력 있게 입증했다. 아메리카의 수출품은 주로 제조업 제품이 아니라 농가와 플랜테이션에서 생산된 농산물이었기 때문에 해운업이 영국의 약탈로 어려움을 겪었던 것과 마찬가지로 농업도 어려움을 겪었다. 1812년 영국에 대한 선전포고에 투표한 사람들은 내륙의 농업 선거구를 대표했으며, 그들의 주요 목표는 플로리다와 캐나다의 합병이었다. 따라서 과도한 다수에 맞서 더 많은 농부와 농장주를 추가하기 위해 벌어진 무력 충돌에 대한 상업 부문의 반대는 근본적으로 심오한 미스터리가 아니었다.

금융에 대한 공화당의 입장이 뒤집힌 것도 모호하지 않았다. 공화당이 설립한 미합중국 제2은행은 해밀턴 시대처럼 은행권을 정부의 지원으로 끌어들이려는 욕망에서 비롯된 것이 아니라, 실제로는 연방 재무부를 동부의 금융 이해관계에 대한 과도한 의존에서 해방시키고 전쟁으로 인한 혼란에서 통화를 구하기 위한 투쟁에서 비롯된 것이었다. 마지막으로, 1816년 공화당이 채택한 보호관세는 플랜테이션 이해관계의 대변인인 존 C. 캘훈이 관세 계획이 제대로 수립되면 면화, 옥수수, 베이컨의 국내 시장을 확보할 수 있다는 이유로 옹호했다. 당시 뉴잉글랜드 은행들은 독자적으로 설 수 있을 만큼 충분히 강해 제퍼슨주의 정치인들의 손에 의해 새로운 경쟁자가 들어오는 것을 환영하지 않았다. 그리고 주로 운송 무역에 몰두하던 뉴잉글랜드 자본가들은 그것의 인하를 약속하는 관세에 대해 호의적으로 보지 않았다. 따라서 원하는 것의 실체에 대한 언급이 있어야 한다면, 법학의 모호함이 일부 제거되고 경제력의 연속성이 다시 한 번 입증된 것처럼 보인다.

§

대외 관계 분야에서 공화당 정책의 첫 번째 큰 획, 즉 1803년 루이지애나 영토 매입에 의한 서쪽으로의 확장은 서부의 농장주와 농부나 그들의 이익을 소중히 여긴다고 공언한 제퍼슨에게 갑작스러운 일이 아니었다. 그 사건이 일어나기 10년 전, 미시시피 강 너머 스페인 영토에는 수백 명의 아메리카인 개척자들이 있었고, 18세기 말 루이지애나 주교는 '아메리카인들이 텍사스[1845년, 27번째로 연방에 가입]까지 흩어져 살면서 불안하고 야심에 찬 기질로 인디언과 크레올Creole들을 타락시켰다'고 보고했다. 이미 서부의 발기인들은 멕시코를 주목하고 있었고, 그 방향으로 제국 합병을 실현하기 위해 다채로운 꿈을 부풀리고 있었다.

이미 유럽에서 벌어진 전쟁으로 인해 서부의 운명은 연방 정부의 관심을 끌수밖에 없었다. 그 투쟁의 첫 번째 단계는 앞서 살펴본 바와 같이 1793년 토머스 제퍼슨이 워싱턴 대통령 밑에서 국무장관으로 재직하고 있을 때 전략적 관찰을 할 수 있었던 직책에서 많은 것을 발견한 후 시작되었다. 특히 그는 구세계 열강들의 전리품 쟁탈전에서 영국이 스페인 군주의 약한 손아귀에서 루이지애나를 빼앗을 수 있다는 사실 – 이는 미합중국이 어떤 대가를 치르더라도 피해야 할 위협 —의 의미를 파악했다, 제퍼슨은 1793년 국무부에서 물러났지만, 발전하는 개척지에 대한 깊은 관심을 유지하며 그 중요성을 계속해서 인식하고 있었다.

제퍼슨이 대통령에 취임하기까지 몇 년 동안 앨러게니 산맥 너머 지역에서는 정착민들이 해를 따라 꾸준히 서쪽으로 이동하면서 사건이 빠르게 진행되었다. 켄터키는 1792년, 테네시는 1796년에 주의 자격으로 연방에 가입했으며, 두 주 모두 1800년에 제퍼슨에게 선거인단을 준 착한 농업 공동체였다. 당시 빠르게 인구가 늘어났던 오하이오는 다음 대통령 선거에서 발언권을 갖게 되었다. 서부 전체가 거대한 농업 사업에 대한 전망으로 활기를 띠고 있었고, 미시시피 밸리에서 행정을 이끌던 지도자들은 그들이 원하는 것이 무엇인지 알고 있었다. 그들은 미시시피 강이 멕시코 만까지 아메리카 무역에 개방되어야 한다는 데 만장일치로 결의를 모았고, 방금 말했듯이 상상력이 가장 뛰어난 사람들은 거대한 강 너머의 제국의 사업에 대비하고 있었다. 제퍼슨이 외세에 소심하게 대응하고 주저하는 경향이 있었지만, 그는 개척지 유권자들의 확고한 압력을 피할 수 없었다. 사실, 서부의 농부들과 농장주들의 존재 자체가, 짭짤한 수입은 말할 것도 없고, 미시시피 강을 아무런 지장 없이 항행할 수 있느냐에 달려 있었다.

그들은 강을 따라 뉴올리언스로 향하는 배에 담배, 옥수수, 대마, 밀, 돼지고기, 목재를 실어 동부 해안의 타운들이나 구세계의 시장들로 보냈다. 그들에게 바다로 향하는 이 출구는 보스턴의 상인들에게 보스턴 항구가 중요한 만큼이나 중요했다. 부피가 큰 농산물을 산맥의 장벽을 넘어 진흙길을 통해 운송하는 데 드는 비용은 거의 감당할 수 없을 정도였다. 차, 커피, 천, 못은 그런 식으로 운송할 수 있었지만, 증기선이 등장하고 도로가 개선되기 전에는, 농산물은 더 저렴하고 실용적인 경로를 찾아야 했다. 따라서 생계를 위해, 수익성 있는 사업을 위해 개척민들은 뉴올리언스 항구를 계속 열어두지 않을 수 없었다. 게다가 그들의 불안한 이주 정신이 미시시피 강 동쪽 강둑에서 영원히 꺼지지 않으려면 그들의 다음 행진은 기존 아메리카 영토의 경계를 넘어야 했다. 1800년이 되자 켄터키는 대니얼 분*이 보기에는 너무 문명화되어 있었다. 그리고 앞으로 밀려나갈 조짐은 분명하게 보였다.

따라서 개척자들은 1763년 7년 전쟁이 끝날 무렵 루이지애나를 빼앗긴 스페인 국왕의 운명을 독수리의 눈으로 지켜보았다. 그가 뉴올리언스를 지배하는 동안에는 두려워할 것이 거의 없었다. 미시시피 강 유역에서 아메리카인들이 끊이지 않고 활동하는 것에 대해 스페인 국왕은 분개했고, 이 침략적인 외계인들이 미개척지를 탐욕스럽게 바라보고 있다는 총독들의 보고를 읽으며 분노를 참을 수 없었지만, 그들을 제지할 힘이 그에게는 없었다.

---

* Daniel Boone(1734~1820). 미합중국 서부 개척자이자 사냥꾼이며 미합중국 최초의 민중 영웅이다. 켄터키 주의 탐험가이자 정착자로 널리 알려져 있다. 당시 아메리카 대륙에 있던 인디언들의 저항에도 불구하고, 컴벌랜드 협곡을 지나서 켄터키를 향하는 '윌더니스 통로'를 개척했다. 그는 애팔래치아 산맥을 넘어 정착한 최초의 아메리카인이다. 18세기 후반, 20만 명 이상의 인구가 대니얼 분의 길을 따라서 켄터키로 이주했다.

그의 거대한 제국의 외형적 징표는 여전히 위풍당당했지만, 무서운 마비가 제국의 중심부에서 주변부까지 덮쳤다. 16세기에 유럽과 전 세계에 스페인의 이름을 떨쳤던 용맹함과 에너지, 위대한 사업을 수행할 수 있는 능력은 사라졌고 마드리드와 지방에는 허약함과 무능함만이 지배했다. 그래서 1795년 워싱턴은 스페인 군주에게 뉴올리언스를 통한 무역권을 아메리카인에게 부여하는 조약을 체결하도록 압박했고, 비교적 쉽게 그 특권을 획득했다. 5년 후 나폴레옹이 루이지애나를 프랑스에 반환할 것을 은밀히 요구했을 때, 비밀리에 순응하는 것 외에는 다른 대안이 없었다.

1802년 여름, 위기가 닥쳤다. 7월 스페인 왕실의 명령으로 뉴올리언스 항구에 아메리카산 농산물에 대한 통관 금지 조치가 내려졌다. 이 소식에 이어 나폴레옹이 스페인으로부터 루이지애나를 빼앗았다는 소문이 사실로 확인되었다. 그해 봄에 체결된 아미앵 조약으로 인해 유럽 전쟁이 일시적으로 소강 상태에 접어들면서 코르시카인[나폴레옹]은 신세계에서 행운을 노릴 수 있는 기회를 얻게 되었다. 몇 달 안에 '알프스의 높이를 잰 자들과 베네치아의 정복자들'이 뉴올리언스, 나체스, 세인트루이스에 나타날지도 몰랐다. 그들의 행동력은 악명 높았다.

즉시 서부는 흥분과 경각심으로 가득 찼다. 프랑스군의 상륙을 막기 위한 원정대가 조직되었고, 켄터키 주 의원들은 자신들의 권리를 지키기 위해 목숨과 재산을 바치겠다는 '침략'에 반대하는 항의 결의안을 통과시켰으며, 백악관의 철학자에게 즉각적인 지원을 요청하는 청원서가 쏟아져 들어왔다. 그의 성향이 어떻든 간에, 연방 정부가 협상을 통해 뉴올리언스를 개방하지 않을 경우 서부의 고의적이고 무모한 지도자들이 무력으로 뉴올리언스를 개방할 것이라는 사실을 제퍼슨은 알고 있었다.

만약 제퍼슨의 평화를 사랑하는 타고난 성향과 헌법의 엄격한 해석에 대한 애착이 열 배나 더 컸더라도, 서부의 강한 요구는 그로 하여금 행동하지 않을 수 없게 만들었을 것이다. 제퍼슨은 정치적 폭풍이 몰아칠 것을 예견하고 있었기 때문에 외교적 수단을 동원할 수 있을 때까지 열성적인 서부 유권자들에게 행동을 자제할 것을 촉구했다.

그런 다음 그는 추상적인 아메리카의 확장보다는 뉴올리언스에 쌓여 있는 농산물을 생각하며 파리에서 정부 기구를 움직이기 시작했다. 그는 옥수수, 담배, 베이컨의 측면에서 위기를 고려해야 한다고 생각한 것이 분명하다. 그는 파리 주재 미합중국 공사 리빙스턴에게 '스페인이 루이지애나와 플로리다를 프랑스에 양도한 것은 미합중국에 심각한 영향을 미칠 것이다. 그것은 미합중국의 모든 정치적 관계를 완전히 뒤집고 우리의 정치 과정에 새로운 시대를 열 것이다…… 지구상에는 우리의 천적이자 상습적인 적이 소유한 곳이 하나 있다. 그것은 우리 영토의 8분의 3의 농산물이 반드시 거쳐야 하는 뉴올리언스이다.' 제퍼슨은 스페인이 약화된 힘으로 뉴올리언스를 몇 년간 더 유지할 수 있을지도 모르지만, 프랑스가 뉴올리언스를 점령한다면 무시할 수 없는 위협이 될 것이라고 말했다. 따라서 제퍼슨은 현실에 이끌려 리빙스턴에게 뉴올리언스와 미시시피 동쪽의 플로리다 영토를 ― 그것이 루이지애나 지역과 함께 프랑스에 넘어간다는 가정 하에 ― 매입할 의사가 있다는 것을 나폴레옹에게 알리라고 지시했다.

리빙스턴의 협상을 돕고 행동의 시급성을 강조하기 위해 제퍼슨은 제임스 먼로를 프랑스에 보내 미시시피와 '그 동쪽의 영토'에 대한 아메리카의 권익을 확대하고 확보하는 조약을 체결하도록 지시했다. 그러나 먼로가 파리에 도착하기 전에 이미 사건은 빠른 속도로 움직이기 시작했다. 반란을 일으킨 산토도밍고를 정복하기 위한 프랑스 원정대가 재앙적인 결과에 맞닥뜨렸고, 원정대는 나폴레옹에게 신세계에서의 모험에 대해 경고했다. 게다가 나폴레옹은 유럽 전쟁을 재개하기로 결정했기 때문에 그의 모든 자원을 동원해야 했다. 영국에 대응할 수 있는 함대가 없다는 사실을 잘 알고 있던 나폴레옹은 임박한 전쟁에서 루이지애나를 잃는 것이 운명만큼이나 확실하다는 것을 알고 있었다.

나폴레옹은 특유의 느닷없음으로 최근 스페인으로부터 빼앗은 영토를 한 자락도 남기지 않고 미합중국에 팔기로 결정하고 외무장관에게 이를 위한 협상을 시작하라고 지시했다. 몇 시간 후 리빙스턴은 갑자기 루이지애나 전역을 팔겠다는 놀라운 제안에 직면했다. 그는 제국 하나를 사라는 명령을 받은 적이 없었기 때문에 잠시 당황했지만, 용기를 내 제안을 수락했다. 이 순간 현장에 나타난 먼로도 찬성의 뜻을 표시했고, 1803년 4월 30일, 협상 대표들은 양도 조약에 서명했다. 조약의 조건에 따르면, 스페인으로부터 받은 루이지애나 영토는 연리 6퍼센트의 채권 1,125만 달러와 아메리카 시민이 프랑스에 대해 가지고 있는 특정 청구권의 면제를 받는 대가로 미합중국으로 이전되었으며, 총 매입 가격은 1,500만 달러에 달했다. 이 조약이 체결되자 리빙스턴은 이 조약으로 인해 광대한 오지가 번영하는 공동체로 변모하고, 영국이 아메리카 문제에서 지배적인 위치를 차지하지 못하게 될 것이며, 미합중국이 지구상의 강대국들 사이에서 1등의 지위를 차지하게 될 것이라고 외쳤다.

스페인은 격렬하게 항의했고 프랑스 신문들은 폭풍 같은 비난을 쏟아냈다. 나폴레옹의 형제인 뤼시앵과 조제프는 나폴레옹에게 항의하기 위해 그를 방문했다. 한 이야기에 따르면, 그들은 나폴레옹이 목욕하고 있는 것을 발견했지만 매각에 대한 반대 의견을 제시하기 위해 당장 그를 만나야 한다고 주장했다. 그들의 침입에 화가 난 나폴레옹은 급히 일어나 그들의 무례함을 꾸짖은 후 다시 욕조로 뛰어들어 그들을 물로 흠뻑 적셨다. 아직 진정되지 않은 뤼시앵이 그토록 괜찮은 영토의 처분에 반대하는 목소리를 계속 내자, 제1통령은 성마른 몸짓으로 코담배 상자를 바닥에 내던지고는, 계속 반대하면 자신의 형제라도 같은 방식으로 부숴 버리겠다고 선언했다. 프랑스에서 이 문제는 종결되었다.

이 소식이 대서양을 건너자 미합중국 국민들은 일제히 흥분했다. 제퍼슨보다 더 놀란 사람은 없었다. 그는 뉴올리언스와 서부 플로리다를 약간의 금액으로 매입할 생각이었지만, 엄청난 가격에 하나의 제국이 그의 발 앞에 내던져진 것이었다. 해밀턴이 쌓아놓은 막대한 국가 부채에 대해 큰 소리로 공격하고 재무장관 갤러틴에게 부채를 줄이기 위해 모든 노력을 기울이라고 지시했던 그가 이제 단번에 1,500만 달러를 추가 부담하라는 요구를 받은 것이었다. 그는 헌법을 준수하겠다고 스스로 서약했지만, 헌법 어디에서도 미합중국 정부가 1평방피트의 땅이라도 매입할 수 있는 권한을 명시적으로 부여하는 문구를 찾을 수 없었다.

제퍼슨은 격식의 정확성을 가장 먼저 생각했고, 토지 매입을 승인하는 헌법 개정안을 준비했다. 하지만 지체하는 것은 위험했고 토지의 기본법을 바꾸는 것은 시간이 오래 걸릴 과정이었다. 결국 제퍼슨은 긴박한 상황에서 이 프로젝트를 포기하고 상원에 양도 조약의 비준을 요청했다. 몇 년 전보다 더 예리한 통찰력을 발휘한 그의 친구들은 이제 조약 체결 조항과 국가 최고법의 다른 구석에서 그러한 행동에 대한 권한을 발견했다.

법적으로 승인받게 된 것을 기쁘게 생각한 제퍼슨은 '건설이 악한 결과를 낳을 때 우리나라의 양식이 악을 바로잡을 것'이라며 이론적인 관점에서 묵인했다. 따라서 그는 언약[헌법]의 문구에 대한 노예적 고착에서 동료 시민 전체의 모호한 '양식'에 의존하는 단계로 넘어가게 되었다. 그러나 양심의 가책을 느낀 그는 한 친구에게 정부는 자신의 권한을 넘어선 대리인과 같으며, 국민에게 기회가 주어졌다면 그 조치를 취했을 것이라는 것을 알고 국가의 자비에 몸을 던져야 한다고 썼다. 다시 말해, 정부는 국민들이 그렇게 할 것이라는 확신이 들면 언제든지 헌법을 바꿀 수 있었다. 존 마셜은 분명 스스로 헌법을 개정할 능력이 있다고 생각했지만, 흑백논리에 빠져 그런 일을 저지른 적은 결코 없었다.

이제 언방주의자들이 싸구려 변호사와 경제학자의 역할을 맡을 차례였다. 그들은 영토 매입에 대한 헌법적 보장도, 그토록 광대한 영토의 필요성도, 그 비용을 지불할 돈도 찾을 수 없었다. 펜실베이니아의 제조업자와 뉴잉글랜드의 상인들은 오하이오, 켄터키, 테네시의 곤경에 대해 흥분할 이유를 찾을 수 없었다. 사실 그들은 서부의 성장을 두려워했다. 그들은 의회에서 개척지 출신 농부들에게 표를 빼앗기고 싶지 않았다. 또한 백악관을 점거한 자들의 상스러운 목소리와 한심한 식탁 예절에 불쾌감을 느꼈다. 연방주의자들은 교육을 많이 받은 사람일수록 아메리카의 운명을 제대로 이해하지 못한 것 같았다. 윌리엄스 칼리지의 연방주의자 아버지들의 아들들은 엄숙한 토론 끝에 루이지애나 매입이 바람직하지 않다고 15 대 1로 투표했다. 그들의 선조들처럼 그들은 바다를 마주하고 있었다. 런던의 거리, 리스본의 부두, 광동廣東의 행行은 해안의 상인들에게 서부 아메리카의 음침한 숲과 그루터기만 가득한 개간지보다 더 친숙한 풍경이었다.

상원의 연방주의자들은 모든 논거를 동원해 매입 조약의 비준에 반대하며 격렬하게 저항했다. 해밀턴 은행의 합헌성을 쉽게 인정했던 사람들이 토지 기본법에서는 더 많은 영토를 획득할 수 있는 근거를 찾을 수 없었다. '아메리카의 넓은 등'이 해밀턴의 통합 부채를 6퍼센트의 이자로 감당할 수 있다고 생각했던 사람들이 이제 같은 이자율로 그 액수의 5분의 1도 안 되는 새로운 채권 발행을 놓고 고민에 빠졌다. 그들은 황무지 개척을 위해 대중들로부터 거둬들일 금과 은의 양을 세면서 끔찍한 그림을 그렸다. 그들은 윌리엄 펜이 그의 봉건 제후 규모의 영지를 사들이기 위해 지불한 낮은 가격을 대조적으로 지적했다. 마지막으로 더 직접적으로, 그들은 루이지애나를 매입하면 오래되고 보수적인 동부 주들이 누리던 권위가 무너지고 정치 권력의 균형이 서부로 이동하여 연방 정부가 평준화 성향의 뿔 달린 농부들에게 이전될 것이라고 불평했다. 그들은 다가오는 앤드루 잭슨 무리의 침략을 거의 눈앞에 그려볼 수 있었다.

그러나 연방주의자들의 웅변도 조약을 무력화시킬 수는 없었다. 제퍼슨은 표결을 지휘했고 조약은 비준되었다. '위대한 옛 공화국이 사라졌다'라고 열성적인 지지자들은 일기와 장부를 뒤적거리며 슬퍼했다. 1803년 12월, 뉴올리언스의 정부 건물에 성조기가 게양되면서 코로나도, 드 소토, 마르퀘트, 라살의 땅이 미합중국의 주권 아래 놓이게 되었다.

실제로 경계가 확정된 적이 없었기 때문에 취득한 땅의 면적이 얼마나 큰지 아무도 몰랐다. 리빙스턴이 프랑스 장관에게 그 점에 대해 질문했을 때 그는 회피적인 답변을 받았으며, 장관이나 다른 누구도 정확한 지도를 제공하지 못했다. 그러나 루이지애나는 현재의 아칸소[1836년, 25번째로 연방에 가입], 미주리[1821년, 24번째로 연방에 가입], 아이오와[1846년, 29번째로 연방에 가입], 오클라호마[1907년, 46번째로 연방에 가입], 캔자스[1861년, 34번째로 연방에 가입], 네브래스카[1867년, 37번째로 연방에 가입], 사우스다코타[1889년, 40번째로 연방에 가입] 주의 경계 내에 있는 모든 영토와 현재의 루이지애나, 미네소타[1858년, 32번째로 연방에 가입], 노스다코타[1889년, 39번째로 연방에 가입], 콜로라도[1876년, 38번째로 연방에 가입], 몬태나[1889년, 41번째로 연방에 가입], 와이오밍[1890년, 44번째로 연방에 가입] 주의 많은 부분을 포함한다고 말하면 안전할 것이다. 해안가의 '작은 아메리카' 당[연방당]이 '쓸모없는 황무지'라고 불렀던 이 농지는 한 세기도 채 되지 않아 잘 정착되어 나폴레옹에게 지불한 가격의 500배에 달하는 70억 달러의 가치를 지니게 되었다.

§

제퍼슨의 의지와 목적을 넘어 헌법에 대한 협소한 시각에서 루이지애나 매입의 넓은 민족주의로 그를 끌어올린 유럽에서 일어난 동일한 운명적 사건 과정은 그와 그의 직계 추종자들을 해밀턴의 가장 대담한 사업보다 더 독재적이고 전면적인 국내 정책으로 이끌었다. 평화적이고자 했던 그들을 스스로 의도하지 않은 투쟁으로 몰아넣었고, 혐오스러운 세입과 재정 조치에 의지하도록 강요했다. 그리고 절정을 이루기 위해 그들의 반대자인 연방주의자들을 켄터키 결의안에 기술된 한계를 훨씬 넘어 분리와 반란의 경계에 가까운 완전한 암흑 속으로 몰아넣었다. 북극으로 항해를 떠났던 사람들이 갑자기 남극권 아래에 있는 자신을 발견했다. 이 모든 것은 1803년 나폴레옹 전쟁이 재개되고 아메리카 국경이 남쪽과 서쪽으로 꾸준히 진군하는 상황에서 무자비하게 흘러갔다.

1793년 시작된 전 세계를 둘러싼 전쟁은 이제 마지막 단계에 접어들었고, 영국과 프랑스는 두 반구에서 패권을 차지하기 위해 목숨을 건 투쟁에 돌입했다. 마침내 무력 충돌의 본질이 드러났다. 프랑스 혁명은 온건 개혁에서 급진주의로, 마라의 급진주의에서 보나파르트의 전제주의로 이어졌다. 권력의 홀笏을 쥔 나폴레옹은 프랑스를 통치했던 그 어떤 부르봉 가문의 왕보다 훨씬 더 유능했으며, 오랜 적수로부터 이전 전쟁들에서 잃어버린 상업과 영토를 되찾고 유럽의 중재자가 되기 위한 작업에 착수했다.

그의 목적을 달성하기 위해, 나폴레옹은 벨기에와 네덜란드를 합병하고, 황제의 자리에 올랐으며, 동생 조제프를 스페인의 왕위에 앉히고, 이탈리아를 자신의 발아래로 끌어들였으며, 프리드리히 대왕이 로스바흐와 로이텐에서 휘두른 프로이센의 칼을 부러뜨리고, 자신의 패권 아래 독일 국가들로 구성된 라인 연맹Rhine Confederation을 결성하고, 교황을 모욕하고 러시아의 차르를 자신의 발아래로 끌어들였다. 유럽을 짓밟는 동안 나폴레옹은 수익성이 좋은 영국의 무역을 마비시키고 인도 제국에 치명적인 타격을 가하려 했다. 하지만 이 사업은 그의 파멸을 가져왔다. 당연히 영국의 지배층은 두려움에 떨며 절망에 빠졌다. 그들은 자코뱅 교리의 누룩이 조만간 런던에서 혁명을 일으키지 않을까 두려웠을 뿐만 아니라, 나폴레옹의 승리에 힘입어 해외 영토의 가장 괜찮은 부분을 빼앗길까봐 극심한 공포에 떨었다.

정글의 법칙이 지배했고, 그 후 이어진 끔찍한 전투에서 중립국들의 권리는 허리케인 앞의 겨와 같았다. 육지에서 나폴레옹을 이길 만큼 강력한 연합군을 구성할 수 없었던 영국은 바다를 장악해 나폴레옹과 그의 동맹국들을 굶겨서 굴복시키려 했다. 1806년 5월, 영국은 브레스트에서 엘베 강 하구까지 유럽 해안을 봉쇄한다고 선언했다. 그해 11월, 나폴레옹은 베를린 포고령으로 영국 제도에 대한 봉쇄를 선포하며 보복했지만, 이를 집행할 해군은 없었다. 영국은 12개월 만에 금수 구역으로 향하는 아메리카 선박은 영국 항구에 먼저 기항해 면허를 취득한 후 세금을 납부해야 한다는 더 강력한 우카세ukase─ 영국 의회 명령 ─로 맞섰다. 나폴레옹은 이를 오만함의 극치라고 비난하며, 배의 주인이 영국의 최근 명령에 복종하는 모든 선박을 나포하고 압류하겠다는 밀라노 칙령으로 맞섰다.

아메리카의 상업적 이해관계는 이제 극도로 곤경에 처했다. 대륙으로 직접 항해하는 배는 영국군에 나포될 위험이 있었고, 영국으로 통항하는 배는 프랑스의 손에 떨어질 수도 있었다. 영국 항구에 입항해 면허세를 내고 안전을 도모한 아메리카인 선장은 나폴레옹의 감시 장교에게 발각되면 화물과 배를 모두 잃을 수도 있었다. 하지만 위험이 컸음에도 탈출의 보상은 위험에 상응했다. 세 척의 배 중 한 척이 그물을 통과하면 운이 좋아서 얻은 수익으로 손실을 만회하고 배당금까지 챙길 수 있었다. 그래서 샌프란시스코와 호놀룰루를 경유해 중국으로 가는 혼Horn 항로를 아무것도 아닌 것으로 여겼던 아메리카 상인들과 선원들은 작은 대서양을 배로 가득 채웠다. 유럽 교전국들의 끔찍한 파괴, 중립권 침해, 아메리카의 자존심에 대한 끔찍한 모욕에도 불구하고 대외 무역에 종사하는 이들의 선박 톤수는 꾸준히 증가했다.

원칙적으로 영국과 프랑스 사이에는 약간의 차이가 있었다. 영국이 더 많은 아메리카 함선을 나포했다면, 그것은 나폴레옹의 경비병들이 부드러워서가 아니라 영국의 전력이 강했기 때문이다. 그러나 영국이 더 큰 범죄를 저지른 한 가지 측면이 있었는데, 이 역시 차별이라기보다는 상황 때문이었다. 영국은 해군에 수병이 절실히 필요했다. 영국 해군의 선장들은 병사들에게 더러운 음식을 주고, 사소한 이유를 들어 채찍질로 반쯤 죽여놓고, 사람이 살기에 부적합한 숙소에 몰아넣었는데, 1797년 노어Nore 호 선상 반란은 이러한 끔찍한 관행에 대한 증언이었다. 그 결과 수많은 영국 선원들이 더 나은 대우를 받고 더 높은 임금을 받으며 전쟁을 피하기 위해 아메리카 선박으로 도망쳤다.

따라서 아메리카 선박이 영국에서 합법적으로 복무를 요구할 수 있는 선원을 선원들 사이에 태우는 경우가 종종 발생했다. 그러나 많은 경우 선원이 영국인인지 아메리카인인지 구분하기 어려웠는데, 특히 두 나라 국민이 같은 언어를 사용했기 때문이다. 사실 공식적인 기록 외에는 선원의 국적을 확인할 수 있는 방법이 없었고, 망망대해를 항해하는 선원은 자신의 정당한 충성심을 증명하는 확실한 문서가 없는 경우가 많았다. 게다가 영국은 아메리카의 귀화 서류를 받아들이지 않았다. '한 번 영국인은 영원한 영국인'이라는 고대의 법칙을 고수하며 국적 이탈을 꾸준하게 인정하지 않았다.

분명히 이러한 상황에서는 말다툼과 적대 행위의 근거가 충분할 정도로 있었다. 미합중국 정부는 영국 선장들이 마음대로 아메리카 선박을 억류하고 수색할 수 있는 권리를 거부했다. 가능한 모든 예의를 갖추고 수행하더라도 그 과정 자체는 견딜 수 없을 정도로 괴로웠다. 수색대가 기록을 뒤지고, 선장과 선원들을 심문하고, 반항하는 선원들을 붙잡아 수갑을 채우고, 연행하는 동안 아메리카 선박은 명령만 내려지면 영국군의 총구 아래서 '몸을 숙이고' 복종해야 했다. 영국 선장들은 종교재판을 할 때 늘 현명한 판단을 내리지는 못했고, 어떤 경우에는 아메리카 국기 아래에서 태어난 사람들을 쇠사슬에 묶어 끌고 가기도 했다. 성인聖人들도 분노를 불러일으키지 않고는 이런 일을 겪을 수 없었을 것이고 인내의 한계에 도달하지 않고는 굴욕을 이겨낼 수 없었을 것이다.

사실 그 시대의 선원들은 매너가 좋기로 유명하지는 않았고, 수색과 압수 과정에서 항상 응접실의 예의를 준수하지는 않았다. 예를 들어, 1807년 여름 아메리카 호위함 체서피크 호가 조지 왕의 해군 탈영병으로 추정되는 일부 선원들을 내주기를 거부하자 영국 군함 레오파드 호가 발포하여 3명이 사망하고 18명이 부상을 입었는데, 이는 영국 내각조차 방어하기 힘든 고압적인 행동이었다. 공해상에서 제멋대로 행동하는 것 외에도 호전적인 사람들은 아메리카 해역에서도 그다지 자제심을 발휘하지 않았다. 영국과 프랑스 함선 모두 아메리카 해안을 순찰하며 3마일 범위 내에서 먹잇감을 쫓았다. 프랑스가 더 적은 피해를 입히고 더 적은 모욕을 가했다면, 그것은 다른 측면에서 그들의 독재적인 행동이 잘 증명했듯이, 법학과 미학에 대한 높은 존중에서가 아니라 힘과 기회가 부족했기 때문이었다.

해상에서의 폭력 캠페인은 관련 세력들 사이에서 격렬한 의견 교환을 수반했다. 이 영역에서 영국이나 프랑스 정부 모두 그 방법이 지나치게 세련되지 않았다. 전자는 아메리카의 항의에 거의 관심을 기울이지 않았고, 응답하기로 결정했을 때는 종종 경멸에서 비롯된 아이러니의 언어를 사용했다. 나폴레옹은 제퍼슨이 대영제국에 대한 무조건적인 복종을 받아들이고, 거짓 성명을 발표하고, 이행할 의도가 없는 약속을 했다고 비난했다. 끝없는 외교적 협상의 복잡성을 더하기 위해, 아메리카의 의원들은 영국과 프랑스 대표들과 묘한 관계를 맺었는데, 그 관계는 충성심까지는 아니더라도 품위가 부족했다고 할 만했다.

이러한 거래에 대한 이야기와 공해상에서의 잔학 행위에 대한 보도는 미합중국 전역에 논란과 경각심을 불러일으켰고, 당파적 기운이 불타오르게 했다. 어떤 시민들은 영국과 싸우길 원했고, 어떤 시민들은 프랑스와 싸우길 원했으며, 어떤 시민들은 어떤 대가를 치르더라도 평화를 원했다. 해상에서 배와 화물을 잃은 유권자들의 분노를 자극하는 동시에 정치적 이득을 취하려는 연방당 상원 의원과 하원 의원들은 음모와 기발한 아이디어로 모든 수단을 동원해 딜레마에서 벗어날 방법을 찾던 제퍼슨을 당혹스럽게 만들고 불쾌하게 만들었다.

이러한 혼란 속에서 대통령의 외교에 대해 뭐라고 말할 수 있든, 한 가지는 확실했다. 그가 자신의 조국을 유럽의 분쟁에서 벗어나게 하려고 열망했고, 그가 집권한 6년[1801년부터 대통령으로 재직했지만 1803년 루이지애나 매입 이후 1809년 퇴임까지를 가리킨다] 동안 그렇게 할 수 있었다는 점이다. 전쟁에 반대하는 이 단호한 입장을 유지하면서 제퍼슨은 오랜 경험과 폭넓은 연구를 바탕으로 숙성된 정책을 냉철하게 따랐다. 그에게 평화는 단순히 '열정'이 아니라 하나의 체계였다.

그는 결코 보편적 평화주의자는 아니었지만 지리적 위치, 민주주의적 제도, 농업 국가인 미합중국의 특성을 고려할 때 평화가 최선의 정책이라고 확신했고, 워싱턴과 마찬가지로 유럽의 오래된 전쟁은 아메리카가 관여할 바가 아니라고 주장했다. 그는 유혈 사태나 전쟁의 본질적인 악을 두려워한 것이 아니라 무력 충돌로 인한 사회적 결과를 두려워했다. 그는 전쟁이 유럽의 왕들을 미치광이로 만들고 유럽 국가들을 정신병자 수용소로 만든 반면, 평화는 '현존하는 유일한 자유롭고 합리적인 정부를 세계에서 구원했다'고 외쳤다. 그의 생각에 부패와 폭정은 무력 충돌에서 비롯된 반면, '평화, 번영, 자유, 도덕은 밀접한 관련이 있다.' 따라서 '대서양 건너편에 있는 모든 나라의 명예, 권력, 독립, 법률, 재산을 무너뜨린' 잔인한 투쟁으로부터 그가 국가를 지켜낸 것에 대해 '성마른pepper-potted 정치인'을 제외한 모든 사람들이 높이 평가할 것이라고 추론했다. 모든 비판에도 불구하고 제퍼슨이 행정부를 그토록 혼란스럽게 만든 협상과 동요의 와중에도 평화라는 목표를 잃지 않았던 것은 충동이나 변덕이 아닌 이성적이고 뿌리 깊은 신념 때문이었다.

모든 재능을 총동원해 전쟁을 피할 수 있는 방법을 모색하던 대통령은 처음에는 외교적 협상에 의지했다. 요청과 탄원이 교전국들에게 실질적인 영향을 미치지 못한다는 사실을 알게 된 그는 교역을 억제하고 공급을 차단함으로써 교전국들의 합의를 이끌어내는 데 착수했다. 1806년 영국이 아메리카 대륙을 봉쇄했을 때 제퍼슨과 그의 당이 내놓은 즉각적인 대응책은 특정 영국 상품에 대해 아메리카 항구를 폐쇄하는 수입금지법으로, 비유적으로 말하자면 조지 왕의 내각에 몽둥이를 휘두르는 역할을 하도록 고안된 도구였다.

그러나 이 법은 공허한 제스처에 불과했고, 아메리카 무역에 대한 영국과 프랑스의 규제는 더욱 거세졌다. 따라서 의회는 1807년 12월 모든 아메리카 선박이 해안을 떠나 유럽 항구로 가는 것을 금지하는 금수법을 통과시켰다.

이러한 방식으로 대외 무역 규제를 승인하는 헌법 조항이 이를 폐지하는 조치를 승인하는 방향으로 확대되었다. 이 법은 미합중국에도 해가 되는 구제책이었지만, 유럽 열강들의 합의를 이끌어내는 데도 역시 아무런 도움이 되지 못했다. 제퍼슨 행정부 말기에 의회는 이 쓸데없고 성가신 조치를 폐지하고 대신 영국과 프랑스와의 무역을 금지하는 한편 나머지 유럽 국가들과의 무역은 다시 허용하는 '비교섭법Non-Intercourse Act'을 제정했는데, 이 법은 다른 법들과 마찬가지로 교전국들의 강제 징수와 징발에 대해 아무런 도움을 주지 못하는 자의적 법안이었다.

실제로 금수법은 항해 중인 선박에 대한 영국과 프랑스의 약탈보다 상업과 농업에 더 큰 타격을 입혔다. 이 법이 통과되기 전에는 높은 수익에 이끌린 대담한 선원들이 위험을 무릅쓰고 외국 항구로 안전하게 화물을 운반했다. 이 모험에는 위험과 손실뿐만 아니라 역경을 뛰어넘으려는 정신과 투기도 있었다. 영국 왕실 위원회의 명령과 나폴레옹의 칙령을 어기지 않았다고 제퍼슨을 욕하던 사람들은 봉쇄령을 빠져나가는 흥분 속에서 그들의 광란을 어느 정도 해소할 수 있었다.

하지만 금수법이 통과되자 용감한 사람들도 소심한 사람들과 함께 항구에 묶이게 되었다. 배들은 부두에서 한가롭게 바닷물에 흔들렸다. 물품은 창고에서 썩어갔다. 상인들은 파산에 내몰렸고 회계사, 조선업자, 항만 노동자, 선원들은 일자리를 잃었다. 남부와 서부의 농부와 농장주들의 면화, 쌀, 담배, 옥수수, 돼지고기의 수출 시장은 마비된 반면, 제조업 제품의 가격은 두 배로 뛰었다.

요컨대, 법을 준수하는 사람들은 가난해졌고, 항구를 빠져나가거나 캐나다나 플로리다로 물건을 밀수해 해외로 수송하는 등 법을 위반하는 사람들은 언제든 연방 정부의 대리인들과 마주쳐 파멸할 수 있었다. 온 나라가 분노와 무력감에 휩싸여 격렬한 몸싸움이 벌어졌고, 신문 편집자들은 분노하고 연방당 정치인들은 분노를 터뜨렸다. 제퍼슨 자신도 이 모든 일에 진절머리가 났다. 그는 마지막 임기가 만료되는 날 이렇게 투덜거렸다. '쇠사슬에서 풀려난 어떤 죄수도 권력의 족쇄를 떨쳐버린 나처럼 안도감을 느낀 적은 없을 것이다. 자연의 의도는 나에게 과학을 최고의 즐거움으로 삼아 보다 평온하게 그것을 추구하게 함으로써 최고의 기쁨을 주는 것이다.'

§

제퍼슨이 재선을 거부하고 3선 [금지] 원칙을 불문법의 일부로 만들었을 때, 대통령 직은 역시 평화의 사람이었던 제임스 매디슨에게 넘어갔다. 국무장관으로서 매디슨은 8년 동안 충성심과 신념을 바탕으로 제퍼슨주의 정책을 일관되게 지지했다. 사실 그의 경력 전체가 평화주의적이었다. 혁명 기간 동안 공적 업무에 적극적으로 참여했지만, 그는 전쟁터가 아닌 입법부와 의회 회의실에서 일했다. 키가 작고, 공부하는 게 습관이고, 감정이 예민한 그는 마음속 깊이 평화를 사랑하는 사람이었으며, 만약 그가 제퍼슨처럼 당의 주인이었다면, 1812년 의회가 무기를 들지 않았을지도 모른다. 그러나 매디슨은 지휘하는 성격이 아니었고, 그의 행정부는 몇 달이 지나면서 전쟁을 향한 표류가 점점 더 뚜렷해졌다.

수색, 압수, 나포, 강제 징모, 충돌은 계속해서 나라를 동요시키고 분노를 심화시켰다. 1811년 봄, 영국 호위함 한 척이 뉴욕 항 근처에서 아메리카 선박을 붙잡아 '선장의 견습생이자 메인 주 출신인 존 디지오를 납치'했다. 이러한 포악한 행위를 막으라는 해군장관의 명령을 받고 순항하던 중 프리깃함 프레지던트 호를 지휘하던 존 로저스 준장은 영국 소형 군함 리틀벨트 호와 충돌하여 상부 구조물을 부수고 승조원 몇 명을 죽였다. 만약 국가가 상업권을 지키기 위해 영국에 대항해 무기를 들 구실을 찾고 있었다면, 어디서나 쉽게 그것을 찾을 수 있었을 것이다.

사실, 의회를 전쟁의 방향으로 이끌었던 여론의 물결은 주로 미합중국의 상업 부문에서 흘러 나온 것이 아니었다. 아메리카 신화의 한 지점은 영국과의 두 번째 전쟁이 아메리카 무역에 대한 영국의 침략과 아메리카 선원들에 대한 강제 징모에서 필연적으로 비롯된 것으로 표현하지만, 사건의 증거는 그러한 견해를 정확히 뒷받침하지 않는다. 특히 손실이 컸던 북부 선주들은 무력 개입을 요청하지 않았다. 오히려 그들은 수천 명의 포악한 강제 징모를 나열한 연방 정부의 보고서가 거짓임을 증명하기 위해 많은 노력을 기울였으며 영국에 대해 칼을 뽑는 것에 거의 만장일치로 반대했다. 게다가 미합중국이 선전포고를 한 지 이틀 후 – 그러니까 그 소식이 런던에 전해지기 전에 — 영국 정부는 왕실 위원회의 역겨운 명령을 철회했고, 강제 징모 문제만 협상과 외교를 통해 해결되지 못한 채로 남았다는 사실을 기억해야 한다. 알려진 바와 같이 그것만으로도 전쟁의 명분이 충분했다면, 전쟁으로 인해 가장 큰 피해를 입은 공동체들은 그 문제를 그렇게 생각하지 않았다는 사실이 여전히 남아 있다.

프랫이 『1812년의 팽창주의자들*Expansionists of 1812*』에서 결정적으로 보여준 것처럼, 전쟁의 열기가 고조되었던 것은 다른 지역에서였다. 버몬트[1791년, 14번째로 연방에 가입]에서 켄터키에 이르는 변경 지대에서는 개척자들이 새로운 도약을 준비하고 있었다. 서부 뉴욕과 오하이오는 정착민들로 가득 차 있었고, 이 땅에는 더 많은 처녀지를 요구하는 목소리가 들려오고 있었다. 이 요구의 중대성을 충분히 이해한 인디언들은 본능적으로 영국에 도움을 요청했고, 영국은 이를 받아들였다. 캐나다는 아직 정착민이 드문드문 있었고, 서부 지역은 실질적으로 모피 무역업자들에게 거의 모든 것을 내준 상태였다. 그렇기 때문에 인디언과 영국인 모두 다가오는 아메리카인 개척자들로부터 모피를 가진 동물들의 서식지인 사냥터를 지키기 위해 별 어려움 없이 공동의 대의를 만들 수 있었다.

이러한 상황에서 미합중국과 캐나다 국경 양쪽의 인디언 부족들 전체가 — 한 추산에 따르면 6만 명에 달하는 — 영국의 영향력 아래 있었으며, 언제든 신호만 보내면 불과 도끼tomahawk로 아메리카의 전초기지를 공격할 준비가 되어 있었다. 헨리 클레이가 영국과의 전쟁에서 캐나다 획득을 촉구하며 다음과 같이 외친 것도 바로 이러한 외교적 요소를 고려한 것이었다. '야만적인 전쟁을 밝히는 횃불을 꺼뜨리는 것이 우리에게 아무것도 아닐까? 그 나라와 관련된 모피 무역 전체를 인수하고 수입 및 기타 법률을 위반할 유혹과 기회를 없애는 것이 아무것도 아닐까?'

농업 개척에 대한 인디언의 장벽을 없애고 영국이 누리는 풍부한 모피 무역을 확보하는 것 외에도 아메리카 전쟁론자들은 캐나다의 농경지 획득을 희망했다. 1801년 영국과의 관계에서의 미묘한 문제들이 하원에서 논의되고 있을 때 이 문제가 회부된 특별위원회의 위원장은 그 나라에 대항하여 무기를 들어야 할 실질적인 이유를 솔직하게 밝혔다. '우리는 북쪽 국경을 따라 놓여 있는 영국의 광대한 영토를 빼앗을 수 있다. 이 지방은 그 자체로 엄청난 가치가 있을 뿐만 아니라 영국의 존재에 거의 필수 불가결한 것이다…… 그런 전쟁을 계속함으로써…… 우리는 짧은 시간 안에 영국이 우리 무역에 저지른 모든 약탈에 대해 열 배로 갚아줄 수 있을 것이다.'

지리적 운명도 길을 알려주는 듯했다. 하원의 또 다른 의원은 '세인트로렌스 강과 미시시피 강은 여러 곳에서 서로 맞물려 있다. 인간사의 위대한 처분자께서는 이 두 강이 같은 사람들의 소유가 되도록 의도하셨다'고 주장했다.

북서부 지역의 농부들이 영국과의 전쟁에서 제 몫을 얻는다면, 남부 지역의 농장주들도 보상을 받아야 했다. 오랫동안 이 지역의 지도자들, 특히 조지아와 테네시의 지도자들은 두 개의 플로리다[동부 플로리다와 서부 플로리다]를 자신들의 경제 제국의 일부로 간주했다. 이 넓은 땅덩어리는 긴 해안선을 따라 만을 가로막고 있었고, 때때로 미합중국으로 원정을 떠났던 인디언들이 살고 있었으며, 가출한 노예들이 피난처로 삼았던 습지와 소택지가 있었다. 여기에 미합중국의 '자연적 국경'을 확장해야 하는 전략적 이유가 있었다.

게다가 고려해야 할 합법성 문제도 있었다. 루이지애나 매입의 조건이 모호했기 때문에 아메리카의 전쟁론자들은, 근거가 얼마나 의심스럽든 간에, 서부 플로리다에 대한 소유권을 주장할 수 있었고, 스페인이 아메리카 시민들에게 무역 피해에 대한 막대한 배상금을 지불해야 했기 때문에, 동일한 야심 찬 세력은 보상을 위해 동부 플로리다를 점령하는 것이 정당하다고 생각했다.

결국 우발적인 상황이 발생했다. 스페인 군주국이 유럽 전쟁에서 영국과 동맹을 맺었기 때문에 미합중국과 모국 사이에 적대 행위가 발생하면 플로리다 영토가 영국 기지로 사용될 수도 있었다. 따라서 서부 플로리다는 아메리카 영토로 선언되었고, 이 작전을 완료하기 위해 1811년 초 의회는 대통령에게 동부 플로리다를 점령하고 협상이 진행될 때까지 보유할 수 있는 권한을 승인했다. 1812년에 이르러서는 영국과의 전쟁이 그토록 간절히 바라던 종결을 가져올 수 있다는 것이 명백해졌다.

'1812년의 팽창주의자들'은 상상력을 발휘해 멕시코를 그들의 사정권 안으로 끌어들였다. 1804년, 나중에 뉴올리언스 전투에서 잭슨의 휘하에서 복무한 용감한 군인 존 아데어는 야심 찬 자유주의자 제임스 윌킨슨에게 다음과 같은 편지를 보냈다. '켄터키 사람들은 진취적인 정신으로 가득 차 있고, 가난하지는 않지만 옛 로마인들처럼 약탈에 탐욕스럽다. 멕시코— 우리 모두가 간절히 기다리는 단어 —는 우리 눈앞에 반짝반짝 빛나고 있다.' 그로부터 2년 후, 애런 버는 무엇보다도 남서부의 희망, 즉 스페인으로부터 멕시코를 빼앗고 앵글로색슨의 패권 아래 새로운 제국을 건설하기 위해 탐험을 시작했다.

버는 실패했지만 그의 프로젝트는 잊히지 않았다. 1812년 봄, 내슈빌의 한 작가는 '서부의 시민들'에게 격려를 보냈다. '더 멋진 운명이 여러분을 위해 준비되어 있다. 멕시코 제국을 보라…… 정치인들은 공화국의 범위를 두 배로 늘리기에 충분한 영토를 확보하게 될 것이다.' 전체 프로그램이 실행될 수 있다면 클레이가 말한 '새로운 미합중국'에는 북아메리카 대륙이 통째로 들어갈 터였다. 어쨌든 몇 년 안에 스티븐 오스틴은 텍사스를 점령했다.

이러한 야망을 품고 마침내 1812년 영국에 대한 적대 행위 선언을 이끌어 낸 것은 농업 개척지의 사람들이었다. 그 점에 대해서는 의심의 여지가 없다.

프랫 교수는 전쟁 결의안에 찬성한 의원들의 선거구를 지도에 표시한 결과, 그들의 지역구가 뉴햄프셔에서 조지아까지 서쪽으로 구부러진 거대한 초승달 모양으로 뻗어 있음을 보여주었다. '초승달 모양은 끝에서 끝까지 영국이나 스페인 등 외국 땅과 접해 있거나, 외국의 영향이 의심되고 두려움의 대상인 위험한 인디언 부족과 맞닥뜨리는 변경 지역을 가로지르고 있다…… 초승달의 가장자리에서 수도의 중심부로 넘어가면서 점진적으로 쇠퇴하는 것을 관찰하는 것보다 전쟁 정신의 개척자적 성격을 더 잘 보여줄 수 있는 것은 없다. 팽창주의적 열정은 훨씬 더 빠르게 쇠퇴했다.'

전쟁에 반대하는 입장도 마찬가지로 실용적인 고려에 뿌리를 두고 있었다. 프랫 교수는 '연방주의자들은 주로 해안 도시들의 상업적, 재정적 이해관계에 기반을 두고 있었고, 대학을 나온 전문직 남성들, 즉 사회에서 더 견고하고 "존경받을 만한" 요소들로 구성되어 있었으며, 대외 및 국내 정치에 대한 신념이 상당히 동질적이었다. 해외에서는 나폴레옹을 적그리스도로 간주하고 피커링*의 유명한 건배사, "세계의 마지막 희망—영국의 굳건히 닻을 내린 섬"을 지지했다. 국내 문제와 관련해서는 공화당 행정부가 고의적으로 상업을 망치고 번영을 소멸시키려고 결심했다고 확신했다. 이러한 견해를 유지하면서 나폴레옹을 간접적으로 원조하는 영국과의 전쟁보다 더 나쁜 국가적 범죄는 없으며, 의회 내 공화당 세력을 늘리기 위해 새로운 주를 추가하는 형태의 확장보다 국익에 더 나쁜 재앙은 없다고 보았다.' 영국과의 2차 전쟁에 대한 찬반 세력의 정렬이 이루어졌다.

---

* Timothy Pickering(1745~1829). 정치가이자 외교관으로, 연방당의 중요한 인물 중 한 명이었다. 독립 전쟁 동안 군 복무를 했으며, 전후에는 매사추세츠 주의 연방 하원 의원과 상원 의원으로 활동했다. 또한, 존 애덤스 대통령 하에서 국무장관으로 임명되어 외교 문제를 다루었다. 피커링은 반나폴레옹 전선에서 영국과의 관계를 중요시하며, 연방당의 입장을 강하게 지지했다. 그의 발언과 정책은 당시 미국의 정치적 흐름에 큰 영향을 미쳤다.

§

전쟁론자들은 연방주의자들과 그 동맹들을 제압하기 위해 단결했지만, 목표와 방법을 놓고 날카롭게 분열했고, 그 분열 속에서 결국 두 정파의 목적을 달성하지 못하게 한 치명적인 약점을 드러냈다. 플로리다를 원했던 남부 농장주들은 북부의 세력 확장에 캐나다를 추가하려는 계획에 깊은 우려를 표했고, 캐나다를 원했던 북부 농장주들은 멕시코 만의 새로운 영지를 통해 농장주의 세력이 강화되는 것을 그다지 원하지 않았다.

이러한 의견 분열은 전쟁이 선포되기 전인 1811년에도 나타났다. 대통령에게 캐나다를 정복할 군대를 모집할 수 있는 권한을 부여하는 임시 계획이 의회에 제출되었을 때, '거의 단일대오를 이룬 남부가 연방주의 뉴잉글랜드와 연합하여 그것을 패배시켰다.' 선전포고 며칠 후 하원이 대통령에게 플로리다 동부와 서부를 점령할 수 있는 권한을 부여하는 법안을 통과시켰을 때도 같은 불협화음이 나타났다. 물론 이 법안은 남부 분견대에는 반가운 소식이었지만, 상원에서 캐나다까지 점령하자는 수정안이 상정되자마자 연방주의자들과 남부 공화당원들의 반대에 부딪혀 부결되었다. 이 문제는 1813년 플로리다 동부 점령에 관한 법안의 형태로 다시 한 번 제기되었으나, 주로 포토맥 강 이북 지역 출신 상원 의원들에 의해 부결되었다. '우리는 당신들이 캐나다를 정복하는 데 동의하니 우리가 플로리다를 정복하도록 허락하라!' 한 연방주의 정치인이 전쟁파를 조롱하며 외쳤지만, 이것이 협상의 정확한 표현이라면 계약 당사자들은 어떤 조건으로도 상충되는 목표를 실현하기 위해 효율적으로 단결할 수 없었다.

사실 '버지니아 왕조'라 불렸던 매디슨 대통령의 행정부는 플로리다를 합병할 준비가 충분히 되어 있었지만 캐나다 정복에는 미온적이었던 것으로 보인다. 적어도 그 작전에 내재된 위험성을 충분히 인식하고 있었다. 전쟁의 격렬한 적이었던 로어노크의 존 랜돌프는 캐나다를 점령하면 남부의 이익에 대한 북부의 패권을 보장하는 것과 같다고 대중에게 알리고 그의 동포들에게 공개적으로 경고했다. 그는 북서부의 팽창주의자들에 대항하여 한 연설에서 이렇게 선언했다. '그들의 눈에는 캐나다가 유혹적으로 보인다. 제네시 땅의 풍부한 광맥은 이쪽보다 호수 건너편이 훨씬 더 좋다고 알려져 있다. 해상권이 아닌 농업적 탐욕이 전쟁을 부추기고 있다…… 전쟁을 일으켜야 하는 이유는 압도적인 북부의 영향력을 확보하기 위해서이다.'

매디슨의 국무장관을 거쳐 전쟁장관을 역임한 제임스 먼로는 캐나다 모험에 대한 랜돌프의 반감을 공유하면서 캐나다 침공을 '전쟁의 목적이 아니라 전쟁을 만족스럽게 마무리하기 위한 수단으로 봐야 한다'고 직설적으로 말하기까지 했다. 실제로 매디슨에 의해 전쟁부에서 쫓겨난 암스트롱 장군의 말을 믿는다면, 먼로는 실제로 북부 전선의 남부 장군들에게 '너무 많은 일을 하지 말라'고 지시하면서 '이것이 대통령의 은밀한 바람'이라고 설명했다.

장군의 성명서에는 약간의 언짢음이 있었지만 논란과 관련된 세 가지 사실에 대해서는 의심의 여지가 없다. 전쟁파의 북쪽 날개는 플로리다 점령에 대해 다소 무관심했고, 남쪽 날개는 캐나다 정복을 열성적으로 바라보지 않았으며, 전쟁의 방향은 남부 파견대의 손에 달려 있었다.

§

이것이 1812년 연방 정부가 내린 중대한 결정과 그로 인해 벌어진 무력 충돌의 배경이었다. 이것이 흔히 '2차 독립전쟁'이라고 불리는 전쟁의 주요 원인이었다. 이것이 바로 1811년 하원을 장악한 호전적인 당파, 즉 역사상 '전쟁 매파'로 알려진 지도자들이 이끄는 정당에 영감을 불어넣었던 야망이었다.

앞으로의 진정한 목표에 대한 의구심이 들지 않도록, 미합중국의 거물이 될 운명의 두 젊은 의원— 켄터키의 헨리 클레이와 사우스캐롤라이나의 존 C. 캘훈 —이 공평하게 의견을 제시했다. 두 사람 모두 전쟁을 열렬히 요구했다. 두 사람 모두 팽창주의자들을 대변했다. 클레이는 '켄터키 주의 민병대만으로도 몬트리올과 캐나다 북부를 점령할 수 있다'고 열변을 토했다. 캘훈도 같은 자신감으로 외쳤다. '준비가 안 된 것은 아니다. 나는 우리 국경에서 선전포고가 들리고 4주 후면 캐나다 북부 전체와 캐나다 남부 일부가 우리의 손 안에 들어올 것이라고 믿는다.' 그런 예측을 할 수 있는 지도자가 있었기에 '전쟁 매파'의 배후에 있는 장교들은 육군과 해군에 총과 칼의 짐을 떠넘기기 위해 더욱 조급해졌다.

그렇게 해서 1812년 6월, 영국과의 결별 결의안은 하원에서 79대 49, 상원에서 19대 13으로 통과되었다. 남부와 서부의 의원들이 북동부 상업 지역 의원들에 맞서 찬성표를 던졌다. 이런 식으로 농장주들과 농민들은 아무런 실제적인 준비도 하지 않은 상태에서 육지와 바다에서의 투쟁에 돌입했다.

당시 상비군은 야전에 약 7천 명의 병력을 보유하고 있었으며 즉시 지상군을 확대할 필요가 있었다. 의회는 혁명의 경험에서 이익을 얻는 대신 당시 비용이 많이 드는 것으로 판명된 오래된 장치에 의존했다. 지원병으로 정규군을 보충하고 주 민병대에 호소했다. 심지어 독립전쟁에서도 피할 수 있었던 한 가지 실수를 저질렀다. 한 명의 장군 아래 통합 지휘부를 구성하는 것을 거부하고 여러 명에게 전쟁을 지휘하는 중대한 임무를 맡긴 것이다. 게다가 보급품과 군수품을 공급하는 사업을, 나중에 업튼 장군이 '우리 군대가 후퇴할 때마다 살을 찌우는 기생충떼'로 묘사한 정치적 조달업자들에게 맡겼다.

이러한 조치와 정책의 결과, 정부가 실제로 할 수 있었던 유일한 공세적 권력 행사, 즉 캐나다 침공은 목표를 달성하는 데 실패했다. 장교, 일반인, 최고의 민병대원들이 언제나처럼 용맹함을 보여줬지만 그들의 희생에 비하면 성과는 턱없이 작았다.

전쟁이 시작되었을 때 캐나다에는 약 5천 명의 영국군이 주둔하고 있었다. 매디슨 정부는 단 한 번의 공격으로 영국군을 격파하는 대신, 의견 분열과 반전파의 방해를 받으면서 성의 없는 시도를 연달아 하면서 3년 가까이 전쟁을 끌었다. 수많은 민병대를 군기 아래 소환해 5천 명이 넘는 병사가 죽고 다쳤지만 결국 영국군을 격파하고 캐나다를 점령하지는 못했다.

신병들이 철인 시험을 통과하지 못하는 일이 반복되었다. 한 번은 전쟁을 응원하던 한 부대의 기마병 4천 명이 적군으로부터 100마일 이내에 도달하기 전에 지휘관을 버리고 급히 집으로 돌아갔다. 또 한 번은 한 민병대가 가까운 거리에서 불리한 상황 가운데 필사적으로 전투를 벌이고 있는 아메리카인 형제들을 지원하기 위해 캐나다로 건너가기를 거부했다. 그 이유는 장교들이 이 병사들은 국외에서 복무할 법적 의무가 없다고 주장했기 때문이었다.

이 이상한 다툼 과정에서, 미합중국은 가장 강력했을 때 훈련된 병사 1만 7천 명을 초과하지 않은 영국군에 대처하기 위해 약 5만 명의 정규군, 1만 명의 자원군, 45만 명의 민병대를 소집했다. 매디슨 행정부의 장부 한쪽 면에는 북부에서 거둔 소소한 승리와 앤드루 잭슨의 뉴올리언스 승리가 표시되어 있고, 다른 쪽 면에는 영국군의 디트로이트 점령, 뉴욕 침공, 워싱턴의 연방 건물 파괴가 표시되어야 했다.

장비의 한계 내에서 해군은 육군보다 나은 조건에 있었다. 국가의 간섭이나 훈련되지 않은 민병대를 처리해야 할 필요성 때문에 방해를 받지는 않았지만 지구상에서 가장 강력한 해상 세력과의 전투에 필요한 톤수나 함포가 부족했다. 긴 해안선을 방어하고 광범위한 상권을 보호하라는 요청을 받은 이 함대는 그 자체로 좋은 성과를 거두었다. 페리의 이리 호에서의 승리, 맥도너의 플래츠버그에서의 공격, 로렌스, 로저스, 그리고 수많은 지휘관들의 감동적인 활약은 아메리카 해군의 용맹함을 입증하는 증거였다. 해군은 수많은 사략선의 도움을 받아 몇 달 동안 영국 상업에 큰 타격을 입혔고, '국제법'을 빙자하여 조지 왕의 함장들이 저지른 일부 만행에 대해 패트리어트들에게 보답했다.

이 모든 것이 영웅적이었고 이야기의 새로운 페이지를 제공했다. 하지만 그것은 전쟁이 아니었고 미합중국 정부는 전쟁을 효율적으로 수행할 수 있는 위치에 있지 않았다. 마침내 상황의 심각성을 깨달은 영국이 우월한 해군력을 동원해 아메리카에 끔찍한 결과를 가져왔다. 영국은 대서양 연안을 봉쇄하고 아메리카의 국내외 상업을 마비시켰으며 전 해안을 바이스처럼 꽉 죄었다.

전쟁이 몇 달간 지속되자 두 세력 중 어느 쪽도 치명적인 타격을 상대방에게 입힐 수 없다는 것이 분명해졌다. 사실 그들이 전쟁에서 벗어나기를 바랐을 때, 그들은 전쟁을 거의 시작하지도 않았다. 첫 총성이 울린 지 1년도 채 지나지 않아 매디슨 대통령은 러시아의 중재안을 수락했다. 같은 제안에 대한 답신으로 영국은 자신들에게 불리하지 않은 직접 협상을 선호한다고 밝히며 대통령이 간절히 원하는 올리브 가지를 제공했다. 1814년 7월, 전쟁 당사국 대표들은 겐트에서 만나 장시간의 협상 끝에 잭슨 장군이 뉴올리언스에서 영국을 상대로 승리하기 며칠 전인 크리스마스이브에 합의에 도달했다.

양측 모두 결과에 만족하지 못한 것은 사실이지만, 둘 다 평화를 원할 만한 충분한 이유가 있었다. 엘바에서 나폴레옹이 귀환하면서 프랑스에서 또 다른 폭풍이 일어날까봐 여전히 두려워하던 영국은 물품이나 원칙의 희생을 요구하지 않는 합의를 할 준비가 되어 있었다. 반면 워싱턴 정부는 파산을 향해 치닫고 있었고, 국채를 대량으로 발행하여 독립전쟁 당시의 종이 돈 정책 방향으로 꾸준히 나아가고 있었다. 1814년의 전쟁 채권은 참담한 실패로 끝났고, 당시 발행된 채권은 20퍼센트 할인된 가격에 팔렸으며, 달러당 정화 65센트 가치에 불과한 주 지폐가 현금으로 통용되었다. 그리고 제한적이지만 대출을 지원한 금융가들은 지원의 대가로 전쟁을 중단해야 한다고 주장했다. 따라서 평화는 연방의 붕괴는 아니더라도 경제 붕괴에 대한 유일한 대안이었다. 농장주와 농부들은 재정과 애국심에 대해 몇 가지 교훈을 얻었다.

그렇게 평화가 찾아왔다. 조약이 미합중국에 도착했을 때 사람들은 조약에 영국이 아메리카 선원을 나포하거나 공해상에서 아메리카 상업을 파괴하거나 아메리카 선박을 수색하거나 국경에서 인디언을 지원하는 것을 금지하는 조항이 없다는 사실에 놀라움을 금치 못했다. 매디슨 대통령이 전쟁의 목적을 밝힌 포고문과 그 전쟁의 결실로 얻은 조약을 비교하는 것은 쓰라린 경험이었다.

그럼에도 불구하고, 합의 소식이 전해지자 사람들이 '어둠에서 영광으로 넘어갔다'고 한다. 교회 첨탑에서 종소리가 울려 퍼지고, 가만히 못 있는 학교 아이들이 휴일을 맞아 풀려났으며, 깃발이 휘날리고, 술집은 위대한 대의의 승리를 축하하며 건배하는 패트리어트들로 붐볐다. 잭슨 장군이 뉴올리언스에서 거둔 승리는 축제의 대미를 장식하는 듯했다.

§

제퍼슨 취임 이후부터 1815년 영국과의 2차 전쟁이 끝날 때까지 이어진 외교 문제를 둘러싼 논쟁에서, 당시의 표현을 빌리자면, 상업과 농업의 이해관계가 명확히 구분되었다. 1813년 매사추세츠 출신의 저명한 연방주의자 조시아 퀸시는 이렇게 말했다. '이 전쟁과 그 이전의 조치들, 그리고 전쟁을 수행하는 방식은 모두 부인할 수 없는 남부와 서부의 정책이지 상업 국가의 정책이 아니다.' 금수 조치, 국방 대책, 정부 지원을 위한 세금을 둘러싼 논쟁은 모두 동북부를 남부 및 서부와 갈라놓는 깊은 경제적 분열을 드러내는 것이었다. 결국 의회에서 전쟁이 선포되자, 앞서 살펴본 바와 같이 투표는 당파와 전통적 연고를 뛰어넘어 분열의 선을 그대로 따라 진행되었다.

처음부터 끝까지 공화당 행정부의 정책과 조치에 반대하는 데 앞장선 것은 상인과 선주였다. 비록 영국 해군에 의해 징집된 선원들이 대개 그들의 배에 속해 있었지만, 그들은 남부의 농장주나 서부의 농민들만큼 국가의 명예에 관해 상처를 깊게 느끼지 않았던 것 같다. 비록 영국과 프랑스 순찰선의 먹잇감이 된 것은 그들의 무역이었지만, 그들은 금수 조치의 성가신 제약을 견디기보다는 이익이 수반되는 손실과 함께 쓴맛을 기꺼이 감수했다. 연방 정부가 상업을 보호할 수 있을 만큼 강력한 해군과 마을 방어에 적합한 해안 요새를 제공하지 못하자, 그들은 농부들과 농장주들을 책임의 당사자로 비난했다.

그들에게는 육지뿐만 아니라 해상에서도 안전을 상징하지 않는 국기는 전혀 국기가 아니었다. 조시아 퀸시는 이렇게 말했다. '국기라는 용어는 마치 그 본질에 신비로운 무언가가 있는 것처럼, 마치 특정 별과 줄무늬가 그려진 헝겊을 막대기에 묶어 국기라고 부르는 것이 마법사의 지팡이며 그 아래 또는 그 영역 안에 있는 모든 것에 안전을 부여하는 것처럼 이야기되고 있다. 사물의 본질상 이와 같은 것은 없다. 국기는 권력의 증거이다. 육지의 국기는 육지 권력의 증거이다. 해상의 국기는 해상 권력의 증거이다. 지팡이에 깃발을 달아 국기라고 부를 수 있지만, 그것을 유지할 해양력이 없다면 이름만 있고 실체가 없는 것이며, 실체가 없는 그림자만 가지는 것이다. 국기의 표지標識는 있지만, 실제로 국기는 없는 것이다.'

공화당이 전쟁을 선포한 후에도 상업적 이익의 대변인들은 반대를 계속했다. 그들은 의회에 행정부를 가혹한 언어로 비난하는 소수 보고서를 제출하는 것으로 시작하여 마침내 평화가 이루어질 때까지 행정부의 재정적, 군사적 조치를 저지하고 굴복시키기 위해 열심히 노력했다. 의심할 여지 없이 그들은 캐나다 침공을 포기하고, 육군은 기존 영토의 방어에 국한하며, 해상 전쟁을 강력하게 추진한다는 조건으로 협력을 제안했다. 그러나 자신들의 뜻대로 되지 않자 그들은 정부에 분노를 쏟아부으며 캐나다 침공을 비난하고 이를 방해하려 했다. 조시아 퀸시는 의회에서 북쪽 이웃 국가에 대한 공격은 해적 키드 선장Captain Kidd*과 서인도 제도 해적의 행동보다 방어하기 힘들다고 외쳐 그들의 감정을 대변했다.

동일한 맥락에서, 전쟁에 반대하는 사람들은 행정부가 병력 증강을 위해 제출하는 모든 법안을 반대했다. 고통의 시간에 정부가 최후의 수단인 징병제로

---

* 윌리엄 키드 선장, 또는 간단히 키드 선장이라고도 알려진 윌리엄 키드(1654~1701)는 스코틀랜드의 사략선 선장이었다. 1690년에 이르러 키드는 북아메리카와 서인도 제도에서 영국의 이익을 보호하는 임무를 맡은 매우 성공적인 사략선 선장이 되었다. 키드는 사후에 낭만적으로 묘사되었고 그의 업적은 해적을 주제로 한 소설 작품의 인기 소재가 되었다. 그가 약탈한 보물들을 어딘가에 묻어 남겼다는 믿음은 다음 세기 동안 수많은 보물 찾기 이야기에 영감을 준 그의 전설에 크게 기여했다.

내몰렸을 때, 연방당 연설가들은 이에 저항하기 위해 그들의 웅변력을 모두 쏟아냈다. 이 싸움에서 그들은 당시 젊은 하원 의원이었던 대니얼 웹스터의 강력한 지성을 불러들였고, 웹스터는 격렬한 연설로 이 요청에 응답했다. 그의 연설은 거의 100년 동안 출판을 억제하는 것이 낫다고 간주될 정도로 격렬했다.

웹스터는 말을 아끼지 않고 '정부가 현대에 단 한 번의 예외를 제외하고는 어떤 문명화된 정부가 행사한 것보다 더 폭압적이고, 더 자의적이고, 더 위험하고, 더 피와 살인과 결탁하고, 더 모든 형태의 장난으로 가득 차 있고, 모든 종류와 정도의 비참함을 더 생산적으로 만들어내는 권력을 우리 위에 소유하고 있다는 것'을 다수파가 증명하려고 한다고 비난했다. 그는 징병제로 치러야 할 전투는 '침략 전쟁'이라고 항의하고, '국민은 아직 징병제에 따를 기분이 아니다'라고 경고했으며, 그러한 정책을 추구하면 정부를 버리고 연방이 해산될 수도 있음을 모호하게 암시했다.

비슷한 맥락에서 연방주의자들과 몇몇 공화당 동맹자들은 행정부가 육군과 해군을 지원하기 위해 고안한 대출 법안과 세금 프로젝트를 무효화하려고 시도했다. 마침내 북부 비판자들은 노예제 자체를, 그들이 싫어하는 전쟁을 견디고 유지하도록 강요하는 정부에서 농장주들의 권력의 근간이 된다고 공격했다.

이 연설가들의 경연에서 경쟁하는 연방당원들과 공화당원들은 그들의 헌법에 대한 이론을 뒤집어, 고등 법학 교리의 내밀한 본질을 다시 드러냈다. 무역, 금융 및 산업의 대변인인 상업 국가의 대표자들이 대륙 부채를 액면가 그대로 상환하고 주 부채의 부담을 국고로 이전하고 기업에 서비스를 제공하고 연방 채권의 가치를 높일 수 있는 은행을 설립하기를 간절히 원했던 초기에, 산업을 보호하는 관세법을 제정하고, 포상금과 특혜로 해운을 장려하는 법령을 통과시키고, 선동 법안으로 비판을 억압하는 등 연방주의자들은 국가 우월주의 유지, 주 정부의 권리 억압, 헌법의 광범위한 관점 유지에 대한 감정을 표현할 수 있는 강력한 언어를 찾기가 어려웠다. 정부를 장악하고 있었기 때문에 그들은 의회가 '필요하고 적절하다'고 생각하는 것은 무엇이든 합법적으로 할 수 있다고 쉽게 생각했다.

반면에 당시 권력을 잃고 연방주의자들이 후원하는 대부분의 경제 조치에 반대했던 제퍼슨파는 정반대의 태도를 취했다. 그들이 마음에 들지 않는 모든 것은 위헌이며 미합중국은 독립된 주들의 연맹에 지나지 않았다.

그러나 전세가 역전되자마자 철학도 공중제비를 돌았다. 공화당은 이제, 그들이 한때 해밀턴의 법안에 반대할 때와 마찬가지로, 자신들의 법안이 합헌임을 설명하는 데 있어서도 민첩성을 발휘했다. 앞서 살펴본 것처럼 제퍼슨은, 루이지애나 매입과 관련하여 헌법적 문제로 곤경에 처했을 때, 요점을 강조하지 않고 오히려 '헌법상의 어려움에 대해서는 덜 말할수록 좋다. 의회는 조용히 필요한 일을 해야 한다'라고 썼다. 루이지애나 주의 편입에 분노한 조시아 퀸시가 탈퇴권을 주장했을 때, 그를 제지한 사람은 남부 출신의 의원이었다. 켄터키 주의 반항 10년 후, 사우스캐롤라이나 주의 무효화 20년 전,* 뉴잉글랜드에서 금수 조치에 대한 평화적 저항이 나타났을 때, 연방의 권한을 집행해야 한다고 대담하게 말한 것은 노스캐롤라이나의 한 의원이었다. '뭐!' 그가 외쳤다. '우리의 법을 집행해야 하지 않는가? 그 권위가 도전받아야 하는가?

---

* 여기서 언급된 켄터키와 사우스캐롤라이나의 사건들은 각각 켄터키 결의Kentucky Resolutions와 사우스캐롤라이나의 무효화 위기Nullification Crisis를 가리킨다. 켄터키 결의(1798~1799)는 켄터키 주에서 제정된 법으로, 토머스 제퍼슨이 초안을 작성했다. 연방 정부가 채택한 외국인법과 치안제법Alien and Sedition Acts을 위헌으로 규정하며, 주가 연방 법을 무효화할 권리를 주장했다. 켄터키와 버지니아 결의Virginia Resolutions는 주권을 강조하고, 연방 정부가 주의 권리를 침해하면 주가 이를 거부할 수 있다는 이론을 제시했다. 사우스캐롤라이나의 무효화 위기(1832~1833)는 연방 관세법에 대해 사우스캐롤라이나 주가 반발하며 발생했다. 사우스캐롤라이나는 연방 관세법이 그들에게 불리하다고 주장하며 이를 무효화한다nullify고 선포했다. 이 위기는 앤드루 잭슨 대통령과 사우스캐롤라이나 주 사이의 대립으로 이어졌고, 연방 정부의 강제 관세 집행 법안을 통해 결국 해결되었다. 이 두 사건 모두 연방 정부의 권한에 주가 저항했던 중요한 사례이다.

나는 모든 위험을 무릅쓰고 법을 집행해야 한다고 생각한다.' 의회 내 소수파가 전쟁에 반대하자 매디슨 대통령은 이를 반역에 가까운 행위라고 선언했다.

같은 기구를 통해 연방주의자들은 이제 헌법에 대한 협소한 관점을 취하고 국가의 주권을 옹호하며 이전과 마찬가지로 기민하게 새로운 역할을 수행했다. 변화된 상황에 맞춰 루이지애나 매입은 위헌, 금수 조치는 위헌, 루이지애나의 주 인정은 위헌 등 그들이 반대하는 모든 것을 위헌으로 선언했다. 이는 국법을 위반하지 않은 드문 전쟁 조치였다. 퀸시는 '세금으로 받을 수 있는 지폐를 발행한 것은 이전에 서약한 신의를 위반한 것이기 때문에 위헌'이라고 불평했다.

징병제에 맞서 싸우면서 웹스터는 헌법을 피난처로 삼았다. 그는 법안의 원칙은 '헌법의 어떤 조항으로도 보증되지 않으며…… 헌법이 의회에 부여한 어떤 권한과도 관련이 없다…… 헌법은 명예훼손을 당하고 있다…… 헌법의 어느 조항, 어느 절에 자식을 부모로부터, 부모를 자식으로부터 빼앗아 정부의 어리석음이나 사악함이 개입할 수 있는 모든 전쟁의 전투에 참여하도록 강요할 수 있다는 내용이 적혀 있는가?…… 헌법의 조항을 근거로 이 교리를 유지하려는 시도는 자유 정부의 본질에서 노예제를 추출하려는 비뚤어진 독창성을 발휘하는 것이다.'

연방 정부가 위헌적인 법률을 시행하겠다고 고집한다면, 매사추세츠 주를 대변하는 조시아 퀸시는 켄터키 언어로[토머스 제퍼슨과 제임스 매디슨의 켄터키와 버지니아 결의안을 지지하는 입장에서] '각 관련 주의 주민들은 논의할 뿐만 아니라 결정할 권한도 있다'고 외쳤다. 이 주장보다 더 높은 단계로 올라가는 것은 불가능했다.

이러한 비판은 결코 의회에만 국한된 것이 아니었다. 정부가 강력한 적을 상대로 처음에는 외교로, 그다음에는 육지와 해상에서 무력으로 필사적인 투쟁을 벌이고 있는 동안, 심지어 미합중국의 수도가 적에게 약탈당하고 불타고 있는 동안에도 상업 주 전체가 '매디슨 씨의 전쟁'이라고 경멸하는 공개적이고 적극적인 반대에 나서고 있었다.

뉴잉글랜드의 공적 기관들은 공식적인 결의를 통해 이를 강력히 규탄했다. 보스턴 타운 회의는 '현재의 부당하고 파멸적인 전쟁의 참화'와 그와 관련된 혼란을 '모든 자유 정부의 해산과 공포 통치의 확립을 위한 전주곡'에 지나지 않는다고 보았다. 매사추세츠 주 입법부 하원은 국민들에게 전국적으로 '평화 당'을 조직할 것을 촉구했다. 호소는 크고 명확하게 울렸다. '두려움 없이 당신의 감정을 표현하십시오. 그리고 이 전쟁에 대한 당신의 반대 소리가 크고 깊게 들리게 하십시오…… 징병으로 인해 당신의 아들이 당신에게서 떨어져 나가야 한다면, 그들을 신의 보살핌에 맡기되, 방어 전쟁 외에는 자원자가 없도록 하십시오.'

개인들은 자신의 감정을 표현하는 데 있어 공적 기관을 넘어섰다. 매사추세츠 입법부 의원 중 일부는 워싱턴의 행정부와 공개적으로 단절을 선언했고, 그중 한 명은 금수 조항이 있는 미합중국 헌법보다 '군주제를 비롯해 모든 점에서' 영국 헌법이 더 낫다고 선언했다. 다른 한 명은 '정부 전반에 대해 문제를 제기하는 것은 빠를수록 좋다'고 외쳤다. 동일한 공격 정신으로 〈보스턴 데일리 애드버타이저〉는 뉴잉글랜드가 전쟁에서 철수하고 중립을 선언한 후 조지 3세와 별도의 조약을 맺을 것을 제안했다. 〈보스턴 가제트〉는 또 다른 방법으로 평화파가 '존경받는 워싱턴이 의장으로 있었던 회의의 예'를 따라, 2개, 3개, 4개, 5개 또는 그 이상의 주에서 비준하는 새로운 헌법을 구성할 목적으로 국회를 소집해야 한다고 제안했다.

철학적 맥락에서, 보스턴의 대표적인 연방주의 신문인 〈컬럼비아 센티넬〉은 연방 정부에 대한 시민의 충성은 부차적이고 조건부적이지만, 각 주 정부에 대한 충성은 자연스럽고 양도될 수 없으며 '상황에 맞는 필요에 따라 수집된' 신의 의지에 기초한다고 선언했다. 결과적으로 더 중요한 것은, 뉴욕과 보스턴의 재정적 이해관계— 여전히 연방주의에 기반해 있고, 농장주와 농민들이 강요한 전쟁에 반대하는 —가 행정부를 전적으로 지원하지 않았다는 점이다. 실제로 북부 도시에서의 국채 판매는 의도적으로 자본주의적 사보타주를 당했고 전쟁에 목숨을 걸고 싸우는 정부에 대한 병력 지원 보류로 이어졌다.

연방의 권위에 대한 저항은 결코 종이 선언과 사적 합의에만 국한되지 않았다. 미합중국 대통령의 권한으로 디어본 장군이 매사추세츠 주지사에게 적으로부터 국가를 보호하기 위해 특정 민병대를 파견해 달라고 요청했을 때, 주지사는 그의 위원회의 승인을 받아 그 요청을 퉁명스럽게 거부했다. 그는 국기를 지키기 위해 서둘러 무기를 드는 대신 '우리의 조상이자 여러 세대에 걸쳐 우리가 고백하는 종교의 보루가 되어온 국가'를 상대로 전쟁을 벌인 것에 대한 속죄의 의미로 금식일을 선포했다. 코네티컷의 주지사와 입법부도 똑같이 반발하며 할당된 민병대의 공급을 거부하고 대통령에게 '코네티컷은 자유롭고 주권적이고 독립적인 주이며, 미합중국United States은 주들의 연합confederacy of states'이라는 사실을 일깨웠다.

요약하자면, 뉴햄프셔 주지사를 제외한, 모든 뉴잉글랜드 주지사들은 자신의 판단에 따라 민병대 모집 요구에 응하거나 거부할 수 있다는 입장을 취했다. 실제로 그들은 주 내에서 '합법적인' 절차에 따라 군인을 모집하는 것을 반대하거나 자원하는 것을 막으려 하지 않았고, 실제로 매사추세츠는 뉴욕을 제외한 다른 어떤 주보다 더 많은 병사를 정규군에 공급했다. 그러나 그들은 헌법이 연방 법률의 집행, 반란의 진압, 침략의 격퇴를 제외하고는 민병대의 사용을 승인하지 않았다고 주장했으며, 전쟁 수행의 지원 거부에 대한 법적 보증이 있다는 사실에 기뻐했다.

'매디슨 씨의 전쟁'에 대한 저항을 더욱 효과적으로 하기로 결심한 매사추세츠 의회는 1814년 10월 다른 주들에 '상업 주들의 단합된 노력을 이끌어내고, 더 이상의 악으로부터 그들을 보호할 수 있는 헌법의 개정과 설명을 얻기 위한 적절한 조치를 고안할 목적으로' 총회에 대표를 파견할 것을 요청했다. 코네티컷과 로드아일랜드는 호의적인 반응을 보였고, 뉴햄프셔와 버몬트의 지역 대회는 즉시 대표를 선출했다. 그리고 1814년 12월 15일 하트포드에서 총회가 열렸다.

이론적으로나 실제적으로, 하트포드 대회는 상업적 이해관계를 대변하는 회의였으며, 남부와 서부의 농업 지역에 반대하는 무역 주들에 호소했다. 이 회의는 중복된 표현 없이 연방이 경제력의 균형이며, 상업 주들이 남부 농장주와 서부 농부들의 결합에 의해 지배당하고 파멸할 치명적인 위험에 처해 있다는 명제를 제시했다.

하트포드 대회는 미합중국 의회의 농업 다수파에 대한 무역 이익의 보호라는 목적을 분명히 밝히면서 연방 헌법에 대한 일련의 개정안을 제안했다. 한 조항은 인구에 따라 각 주에 의회 대표를 할당할 때 노예를 인구 집계에서 완전히 제외함으로써 농장주의 권한을 줄이도록 규정했다. 다른 조항들은 실제 침략을 당할 경우를 제외하고는 새로운 주를 승인하거나 외국과의 상거래에 대한 금수 조치를 취하거나 전쟁을 선포하기 위해서는 의회에서 3분의 2의 득표를 요구할 것을 제안했다. 하트포드 결의안의 문구는 온건했지만 단호했으며, 결론 부분에서는 수정안 신청이 성공하지 못하고 전쟁이 계속 격화될 경우 '위기의 긴박성이 요구하는 권한과 지침으로 무장한' 또 다른 대회를 개최하는 것이 적절할 것이라고 경고했다.

뉴잉글랜드의 반항적인 정책에 대해 연방 정부는 아무런 제재 조치를 취하지 않았다. 1812년 11월의 메시지를 준비하면서 매디슨 대통령은 '매사추세츠와 코네티컷 주지사가 필요한 민병대 파견을 거부한 것에 대해 언급할 필요가 있다'고 느꼈지만, 의회는 외국인법과 치안제법을 통과시키지 않았고, 시민을 감시하는 체제를 만들지 않았으며, 전쟁에서 정의도 지혜도 볼 수 없는 사람들을 찍어내는 조항도 만들지 않았다. 로어노크의 존 랜돌프*는 뉴잉글랜드 연방주의자들이 무효화의 사도이자 주 정부의 권리 옹호자로서 빛나는 갑옷을 입고 서 있다는 기사를 읽고 큰 소리로 오랫동안 웃었다. 〈리치몬드 인콰이어러〉는 켄터키와 버지니아의 결의안을 잊은 듯 도덕적 분노를 터뜨렸다. '어떤 사람도, 어떤 단체도, 어떤 주 또는 일련의 주도 이 연방에서 스스로 탈퇴할 권리는 없다…… 연방을 구성하는 대다수의 주가 연방의 어느 한 지부의 탈퇴에 동의해야 한다. 그 동의를 얻기 전까지는 연방을 해산하거나 연방헌법의 효력을 방해하려는 시도는 모든 의도와 목적에 있어서 반역이다.'

그러나 연방 정부는 그러한 정서를 법으로 제정하지 않았고, 다행히도 1815년 초에 평화 소식이 전해지면서 뉴잉글랜드 연방주의자들은 하트포드나 다른 곳에서 또 다른 대회를 개최할 필요가 없게 되었다. 시간의 문 너머로 거의 반세기가 지나면 섬터 요새**가 놓여 있었다.

§

영국과의 두 번째 전쟁이 끝나고, 정부가 그 어려운 재정 상태를 해결하기 위해 시행한 재정 정책들은 연방당이 조직으로서 궁지에 몰리게 되는 데 기여했다. 관세라는 오래된 문제와 관련하여, 전쟁 재정의 필요성에 의해 제정된 1816년의 세입법— 알렉산더 해밀턴을 기쁘게 만들었을 —은 아메리카의 산업에 어느 정도 보호를 제공했다. 이 법안의 열렬한 지지자였던 클레이는 이 법안에서 아메리카 체제의 시작을 보았다. 캘훈은 이 법안이 농부와 농장주에게 국내 시장을 보장하고 유럽 전쟁의 변덕으로부터 독립할 수 있게 해줄 것이라고 선언했다. 당시 번영하는 운송업에 종사하던 뉴잉글랜드는 해운업의 이익이라는 명목으로 가볍게 항의한 후, 자비로운 대피소에 의해 육성

---

* John Randolph(1773~1833). 일반적으로 로어노크의 존 랜돌프로 알려진 미합중국의 농장주이자 버지니아 출신의 정치인으로, 1799년부터 1833년까지 하원에서 여러 차례, 1825년부터 1827년까지 상원에서 의원을 역임했다. 하원에서 토머스 제퍼슨 대통령의 대변인을 역임한 후, 1805년 제퍼슨 대통령의 전통적인 원칙이 희석되고 있다고 판단하여 제임스 매디슨 대통령과 결별했다. 이후 랜돌프는 연방 정부의 역할을 제한하고자 했던 민주공화당의 지도자로 자신을 선언했다.

** 섬터 요새 전투(1861년 4월 12~13일)는 사우스캐롤라이나 주 찰스턴 인근의 섬터 요새를 사우스캐롤라이나 민병대가 포격한 사건이다. 이 전투는 정부군의 항복으로 끝났고, 이로써 미합중국의 남북전쟁이 시작되었다.

되는 산업으로 눈을 돌렸다. 전쟁으로 인해 영국의 경쟁이 줄어드는 동안 번성했던 제조업체들은 제퍼슨주의자들이 '건전한 국가의 교리'로 개종한 것을 기뻐했다.

공화당은 관세율 책정에서와 마찬가지로 무질서한 재정을 개혁하기 위해 미합중국 제2은행을 설립함으로써 연방주의적인 정책에 의지해야 한다고 생각했다. 전쟁 기간 동안 재정 관리는 말할 것도 없이 불만족스러웠다. 정부는 은행권이 충성스러운 지원을 거부함으로써 심각한 당혹감을 느꼈고, 공화당 재정 시스템은 엄청난 부담을 감당할 수 없다는 것이 충분히 입증되었다.

사실 시스템이 있었다고 말하기는 어렵다. 1811년 인가가 만료되면서 해밀턴의 은행[미합중국 제1은행]은 소멸되었다. 그리고 나라의 은행업은 수많은 주州 기업들과 다양한 강도와 건전성을 가진 관심 있는 사람들의 손아귀에 넘어갔다. 5년 동안 이러한 기관의 수는 88개에서 246개로 늘어났고, 지폐 발행액은 약 5천만 달러에서 약 1억 달러로 증가했는데, 인플레이션이 너무 심해 워싱턴 시가 영국군에 점령당했을 때 뉴잉글랜드 기관들을 제외하고는 모든 은행의 정화正貨 지급이 중단되었을 정도였다. *

이러한 혼란이 매디슨 행정부에 미친 영향은 재앙적이었다. 국가 은행 기관의 지원 없이, 그것도 가장 강력한 북부 은행의 관대한 지원 없이, 농업적인 정부를 운영하기 위해 의심스러운 신용을 바탕으로 자금을 조달해야 했으며, 그 결과는 참담했다. 1812년과 1816년 사이에 발행된 총 8천만 달러가 넘는 채권에 대해 재무부는 정화正貨로 약 3,400만 달러만 받았으며, 그 과정에서 정부는 부채를 4,520만 달러에서 127,334,000달러라는 어마어마한 금액으로 늘렸다. 그 증가액만 해도 독립전쟁 중에 발생하고 해밀턴이 자금을 지원

---

* 뉴잉글랜드 지역은 당시 미합중국에서 상업과 금융의 중심지로 자리 잡고 있었다. 뉴잉글랜드 은행들은 상대적으로 더 안정적이고 신중한 재정 관리 방침을 유지했으며, 특히 국제 무역에 많이 의존하고 있었기 때문에 경제적 혼란 속에서도 비교적 강한 재정적 기초를 가지고 있었다.

한 국내 부채보다 더 많은 금액이었다.

따라서 1816년 공화당의 경제적 위치는 매우 미묘했다. 부채를 갚기 위해 공화당에는 두 가지 대안, 즉 북동부의 은행가들과 계약을 맺거나 자신들의 정치적 후원 아래 새로운 국가 은행을 설립하는 방법밖에 없었고, 결국 후자의 편법을 택하는 딜레마에 빠졌다. 이 선택으로 인해 은행의 합법성에 대한 입장을 바꾸게 되었다 할지라도, 적어도 공화당이 민간 금융에 항복하는 더 큰 굴욕은 피할 수 있었다고 말할 수 있다. 매디슨도 피할 수 없는 현실을 받아들일 수밖에 없었다. 해밀턴 은행을 위헌이라고 선언하기 몇 년 전, 헌법은 그대로였지만 그는 의회가 제출한 새 은행 법안을 승인했다. 그래서 그것은 법이 되었고, 단번에 공공 부채와 국가 은행 시스템과 관련된 활기찬 사람들이 공화당의 관심— 제퍼슨의 농업적 관심 —에, 과거에 비슷한 그룹이 연방주의자들과 제휴했던 것처럼, 일시적으로 끌렸다. 워싱턴 행정부의 '부패한 편대'에 반대해 온 존 테일러와 같은 몇몇 노회한 급진주의자들이 '화폐 권력에 대한 항복'에 항의했지만, 그들의 외침은 헛되이 울렸다. 새로운 은행은 1816년에 정식으로 인가를 받았다.

국내 정치의 전환에 고무된 신중하고 현명한 연방주의자들은 사물의 본질에 대한 예리한 감각을 가지고 점차 공화당 측으로 옮겨갔다. 충실한 '후방 지원군'이 1816년 대통령 선거에 후보를 냈지만 제임스 먼로에게 철저히 당한 후 이마저도 전국적인 활동에서 물러나 주 단위 선거로 활동 영역을 점차 좁혀갔다. 그 후 조화가 기조가 되었다. 1817년 먼로 대통령이 뉴잉글랜드를 순방했을 때, 〈보스턴 센티넬〉은 다음과 같은 무뚝뚝한 캡션으로 아낌없는 찬사를 보냈다. '좋은 느낌의 시대' ― 이 문구는 대중의 공감을 불러일으켰고, 먼로의 백악관 재임 8년 동안에도 어떤 이유에서인지 적용되었다.

§

유럽 정세의 일시적 표류는 이러한 화해 과정에 도움이 되었다. 1815년 워털루 전투에서 나폴레옹이 무너진 후, 프랑스에서 부르봉 왕조가 재건되면서 가장 완고한 연방주의자들의 두려움이 누그러졌지만, 자코뱅주의, 독재, 제국, 복고로 이어지는 프랑스 혁명의 과정은 가장 충성스러운 민주주의자들의 높은 희망을 무너뜨렸다. 자유를 쟁취한 프랑스는 결국 입헌 군주제가 되었지만, 제퍼슨파 급진주의자들 사이에서는 환멸이 10년 이상 지배적이었다. 유럽에서 인권에 대한 위대한 실험이 이루어졌지만 막대한 대가를 치르고도 1793년의 이상주의자들이 품었던 열망에 훨씬 못 미치는 결과를 낳았다. 따라서 연방주의자와 공화주의자 모두 유럽 정치에 대해 충분히 들었고 구세계의 다툼에 단호하게 등을 돌릴 준비가 된 것처럼 보였다.

그러나 가장 강경한 고립의 사도使徒라 하더라도 국제적인 접촉의 정치를 완전히 피하는 것은 불가능했다. 실제로 워털루에서 나폴레옹이 몰락한 지 얼마 지나지 않아 워싱턴 정부는 1812년 전쟁으로 불안정한 상태에 놓인 플로리다의 운명을 놓고 스페인과 진지한 협상을 벌이고 있었다. 그해 팽창주의자들이 두 지방[동서 플로리다]을 탐내게 만든 모든 이유가 여전히 작동하고 있었다. 국경을 넘나드는 밀수, 인디언의 습격, 소택지로의 노예 탈출 등 당시 자극의 근거가 되었던 모든 불만이 여전히 해결되지 않은 상태였다. 동시에 스페인은 국내 소요로 약체화되고 남미의 반항적인 식민지들과 경쟁을 벌이고 있었기 때문에 골칫거리인 플로리다를 통치하거나 아메리카인들의 불만을 해소할 수 있는 입장이 아니었다. 따라서 징벌적 원정에 타당성의 인장이 부여되었다.

1818년 또 다른 인디언의 발발 행위로 긴장이 고조되었다. 앤드루 잭슨 장군은 워싱턴의 모호한 명령에 따라 성급한 병사들을 이끌고 국경을 넘어 스페인 영토로 들어가 아메리카의 안보와 평화를 위협하는 범죄자들을 부지런히 수색하기 시작했다. 그는 세인트마크스와 펜사콜라를 점령하고 해안을 따라 의심스러운 사업에 관여한 영국인 두 명을 즉결 처형하고 사실상 전 지역에 대한 아메리카의 주권을 확립했다. 이러한 상황에서 스페인 국왕은 불가피한 상황을 최대한 활용하는 것 외에는 할 수 있는 일이 없었고, 이에 따라 1819년 조지 워싱턴의 생일에, 워싱턴에 있는 그의 대사가 플로리다를 소유주에게 양도하는 조약에 서명했다. 그 대가로 미합중국은 자신의 시민들에게 500만 달러를 지불하고, 최근 유럽 전쟁 중 스페인 당국이 미합중국 상업에 대해 저지른 손해 배상 청구를 소멸시키기로 합의했다. 전반적인 조정의 일환으로 국무장관은 또한 사빈 강과 북서쪽으로 그어진 선을 루이지애나 영토의 경계로 인정하여 오랫동안 지속되어온 불확실성을 제거했다. 플로리다를 인수하면서 더 많은 영토를 확보했지만, 먼로 대통령이 헌법상의 문제 때문에 꺼림칙함을 느낀 것 같지는 않았다. 그의 친구이자 조언자였던 제퍼슨은 여전히 살아 있었는데 전통에 의해 제기되었던 문제에 대한 의구심은 여전히 깔려 있었다.

플로리다 매입 직후 대외 관계에서 또 다른 사건이 발생하여 유럽의 거래가 미합중국 정치의 영역으로 강제로 편입되었다. 스페인의 불안정한 정세가 다시 한 번 우려의 대상이 되었다. 나폴레옹의 격변과 그 후의 해체 과정에서 미합중국 본토의 스페인 식민지들이 독립을 선언하면서 대도시와 이전 지방 사이에 값비싸고 황량한 전쟁이 촉발되었다. 스페인은 약화된 상태에서 반란군을 제압할 수 없었고, 자존심 때문에 반란군에게 양보할 수도 없었다. 투쟁이 진행되는 동안 마드리드에서 또 다른 혁명이 발발하여 이탈리아로 확산되었고, 이는 최근 안정된 유럽의 안보를 위협했다. 딜레마에 빠진 페르디난드 국왕은 우호적인 군주들에게 미친 듯이 도움을 호소했다.

구세계의 혁명을 진압하고 싶어 했던 보라색purple[왕족] 형제들은 자연스럽게 신세계에서도 비슷한 소요를 진압하기 위한 계획에 공감했다. 공화국과 대의제 정부에 반대하는 유럽 대륙의 주권자들은 모두 강력하게 단결했다. 실제로 오스트리아, 프로이센, 러시아 등 3대 전제 국가는 이미 1815년 신성동맹Holy Alliance과 부속 조약에 따라 현상 유지와 군주제 원칙의 순수성 보존을 위해 협력하기로 공식적으로 결속되어 있었다. 스페인과 이탈리아에서 일어난 충격적인 사건으로 공동 행동의 구실이 생겼고, 민중 봉기에 대한 도움의 호소에 감동한 주요 강대국들은 1822년 베로나에서 열린 회의에 대표단을 파견하여 유럽을 안정시키기 위해 무엇을 할 수 있는지 모색했다. 외교관들이 심사숙고 끝에 페르디난드 왕에 대한 직접적인 지원을 약속하지 않은 것은 사실이지만, 그들의 동정심은 틀림없었다. 북아메리카 서해안을 따라 광범위한 영유권을 주장하며 양쪽 반구에 이해관계를 갖고 있던 러시아의 차르의 관심은 플라토닉한 것 그 이상이었다. 그는 국내적으로 어려움을 겪고 있는 스페인에 군사 원조를 제안하며, 현재 공화국으로 자리 잡은 옛 영토에 대한 스페인의 주권 회복을 위한 길을 열어주었다.

이러한 계획에 영국은 참여하기를 거부했다. 1832년의 개혁 법안을 곧 통과시킬 영국 민주주의의 물결은 당시에도 기존 제도의 보루를 무너뜨리고 있었고, 집권 중인 토리당에게 해외에서의 반동적 모험에 나서지 말 것을 경고하고 있었다. 게다가 의회에서 권한을 위임받은 영국 정치인들은 베로나의 교리를 일관되게 승인하거나 대의제 정부에 대한 전쟁에서 스페인 군주를 지원할 수 없었다. 런던 내각을 견제하는 데 있어 더 강력한 힘은 아마도 스페인의 아메리카 자원 회복 프로젝트에 대한 영국 상인들의 반대였을 것이다. 반란으로 마드리드의 독점권이 깨진 후 식민지와의 교역이 활발해졌기 때문에 템스 강변의 상인들은 스페인의 권위 회복으로 인해 자신들의 사업이 망가지는 것을 보고 싶지 않았다. 이처럼 정치적, 경제적 이해관계에 따라 스페인에 대한 불개입 입장을 고수하던 영국 외무장관 캐닝은 런던 주재 아메리카 대사에게 스페인-아메리카 위기 해결을 위한 미합중국과 영국 간의 협력을 제안했다.

동시에 존 퀸시 애덤스 국무장관을 필두로 한 워싱턴 정부도 상황을 주시하고 있었다. 영국이 전제주의적인 대륙 세력을 돕지 않을 것이라는 소식의 중요성을 충분히 인식한 먼로 대통령은 매디슨과 제퍼슨에게 자문을 구했고, 그들로부터 신세계에서 스페인의 지배권 회복에 반대하는 영국과 힘을 합치라는 조언을 받았다. 다른 모든 공식 석상에서도 이 문제는 활발한 토론의 대상이 되었으며, 많은 사람들이 이 위기에 대해 비슷한 견해를 표명하여 훗날 먼로 독트린으로 알려진 정책의 저자가 누구인지가 수많은 증인들의 구름에 가려졌다. 애덤스에게 정당한 권위가 부여되었고, 먼로에게도 동등한 영예가 수여되었으며, 몇몇 영국 작가들은 캐닝이라고 주장했다.

의심할 여지 없이 애덤스의 영향력은 매우 컸지만 그 아이디어는 일반적으로 유통되고 있었다. 상황의 논리는 분명했고 먼로는 행정부의 다른 구성원들처럼 이를 잘 이해하고 있었다. 따라서 역사적인 독트린은 대통령과 국무장관, 그리고 그들의 가까운 정치 참모들의 협력의 결실이라고 보는 것이 공정한 판단일 것이다.

그들의 숙고의 결과는 1823년 12월 2일 의회에 보낸 먼로의 메시지에서 구체화되었는데, 그는 유럽의 독재자들에게 '그들의 체제를 이 반구의 어느 지역으로든 확장하려는 시도를 우리의 평화와 안전에 위협으로 간주할 것'임을 강력하고 분명하게 통지했다. 마찬가지로 그는 미합중국이 유럽 열강이 여전히 소유하고 있는 서반구의 식민지에 대해서는 간섭하지 않겠지만, 독립을 선언한 국가들의 편에 설 것이라고 선언했다. 그는 유럽 국가가 식민지를 억압하거나 통제하려는 시도는 '미합중국에 대한 비우호적 성향의 표출'로 간주할 것이라고 경고의 목소리로 선언했다.

그 문제를 처리하는 것 외에도 대통령은 북서쪽 해안에 대한 러시아의 주장에 대해서도 언급했다. 그러한 주장과 관련하여 그는 '아메리카 대륙은 그들이 취하고 유지해 온 자유롭고 독립된 상태'로 인해 앞으로 '어떤 유럽 세력에 의한 미래의 식민지화 대상'으로 간주되어서는 안 된다고 모든 사람들에게 경고했다.

행복하게 공식화되고 시대의 호응을 얻었으며 영국 해군의 지원을 받은 먼로 독트린은 단숨에 떠오르는 아메리카 공화국의 군사력을 훨씬 뛰어넘어 세계 문제에 대해 영향력을 갖게 되었다. 이러한 상황에서 스페인이나 스페인의 대륙 동료들 중 어느 누구도 최후통첩에 대해 효과적인 답변을 할 수 있는 위치에 있지 않았기 때문에 대통령의 승리는 완성된 것이나 다름없었다. 다행히도 독트린은 미합중국 내 모든 정파를 만족시켰다. 민주주의자들은 토머스 제퍼슨의 정신에 입각한 혁명 원칙의 옹호를 보았고, 농업 제국주의자들은 남서부에 대한 자유의 약속을 그 속에서 읽어냈다. 연방주의자들은 독트린에서 라틴아메리카의 항구들이 그들의 기업에 개방될 것이라는 보장을 발견하고는 일반적인 감사의 노래에 기쁨의 찬사를 보탰다. 임기가 끝나자 먼로는 국민들의 찬사 속에 은퇴할 수 있었다. 헌법 채택에 반대했던 구체제의 일원이 이렇게 전면적인 민족주의를 표방할 수 있었다는 것은 '갓 태어난 아메리카'로서는 다소 아이러니한 일이기는 했지만 만족스러운 일이었다.

10

젊은 공화국

새로운 공화국의 출범은 모든 사상에 영향을 미치고 아메리카 국민의 모든 창조적 에너지에 도전하는 아이디어를 들끓게 했다. 이 시기의 심오한 경제 및 정치 운동은 계급 제도, 지적 관심, 미적 관심, 지식 증진 및 예술 장려를 위한 조항 등 국가의 전체 문화 생활에 깊은 변화를 가져왔다.

식민지 시대부터 전해져 내려온 문화에는 외국의 영향이 적지 않았다. 고립된 영국의 식민지라는 지위에서 떨어져 나오자 파리에서 광동廣東에 이르기까지 런던 이외의 다른 중심지들과 긴밀한 관계를 맺게 되었다. 프랑스, 독일, 이탈리아의 과학과 의견이 자유롭게 유입될 수 있도록 문호가 개방되어 삶의 모든 분야에 활력을 불어넣었다. 식민지 전체는 본질적으로 영국적이고 신학적이고 보수적인 성격을 띠고 있었다. 혁명으로 탄생한 새로운 주들은 국가적 흐름에 휩쓸려 세계 열강 체제의 일부가 되었고, 세속적 이해관계의 증대로 흔들렸으며, 진보적 철학의 역동성으로 빠르게 발전했다.

§

전쟁의 요구와 전쟁에 따른 경제적 위기로 인해 미합중국의 가장 유능하고 고귀한 지성인들은 국가 문제에 대해 공동의 관점으로 생각하지 않을 수 없었다. 영국 정부와 영국 해군이 13개 식민지를 방어하고 통제하는 동안에는 그러한 지적, 도덕적 작전이 필요하지 않았다. 이제 그것은 부정할 수도 회피할 수도 없었다. 국방의 지속적인 요구, 대륙 부채의 자금 조달, 각 주 부채의 인수, 공통 통화 및 은행 시스템의 창설, 관세 동맹의 설립, 해운 및 산업에 대한 보호법의 제정은 중앙 정부를 권력, 안정 그리고 애정의 중심으로 바라보는 계층을 키웠다.

게다가 처음에는 뉴욕에, 그다음에는 필라델피아에, 마지막으로 컬럼비아 특별구에 연방 수도를 세움으로써 모든 부문과 모든 이해관계의 대표자들이 모여 협상, 타협, 조정을 할 수 있는 대도시가 마련되었다. 공동 센터의 사회적, 지적 효과는 의심할 여지 없이 긍정적이고 건설적이었다. 농부와 농장주, 상인, 금융가, 제조업자들은 자신들의 사업을 발전시키는 데 있어 도움과 위안을 얻기 위해 공동 센터에 의지했고, 연방과 관련된 국가의 운명에 대한 개념을 이해하지 못할 정도로 생각이 작은 사람은 거의 없었다. 이후 경제적, 정치적 주장, 드라마, 시, 소설, 예술 분야에서 아메리카 대중에게 호소하는 사람들은 국가적 사상과 국민적 감정을 고려해야 했다.

독립으로 인해 고립된 지방들provincials[주들]에 닥친 비상사태 중 하나인 중앙 정부의 발전은 필연적으로 세속적인 과정이었으며, 따라서 레키[W. E. H. Lecky]가 그의 합리주의 역사에서 설득력 있게 묘사한 전체 운동과 일치한다. 청교도들은 뉴잉글랜드의 성공회보다 우위에 있을 수 있고, 성공회는 메릴랜드와 버지니아의 카톨릭과 퀘이커교도들 앞에서 허세를 부릴 수 있으며, 카톨릭은 모든 것에 대한 교황의 권위 확립을 갈망할 수 있고, 장로교는 변경 지대의 공동체를 철권통치할 수 있었다. 하지만 헌법 초안에서 막강한 권한을 휘두른 이신론자들이 종파적 정열의 바람 앞에 기꺼이 굴복했다 하더라도 신의 섭리Providence 아래서는 누구도 연방 정부를 지배할 수 있을 만큼 강하지 못했다.

따라서 국가 정부는 위에서부터 아래까지 세속적일 수밖에 없었다. 당시 주 헌법들에 그토록 많이 등장하는 투표 및 공직 보유에 대한 종교적 자격은 연방 헌법에서는 그 어떤 곳에서도 찾아볼 수 없었다. 연방 헌법의 서문은 전능한 신의 축복을 기원하거나 종교의 선전을 장려하는 데 관심을 표명하지 않았다. 대신 '보다 완전한 연합을 형성하고, 정의를 확립하고, 국내의 평온을 보장하고, 공동의 방위를 제공하고, 일반 복지를 증진하고, 우리 자신과 후손에게 자유의 축복을 확보하는 것'이라는 세속적이고 진보적인 시대적 흐름에 부합하는 목적을 선언했다. 그리고 1791년 급진주의자들이 추가한 수정헌법 제1조는 '의회는 종교의 설립이나 종교의 자유로운 행사를 금지하는 어떠한 법률도 제정할 수 없다'고 선언했다. 워싱턴 대통령은 트리폴리 문제*를 다루면서 '미합중국 정부는 어떤 의미에서도 그리스도교에 기반을 두고 있지 않다'라고 명백히 밝히는 것을 허용했다.

혁명과 그로 인해 추동된 세력은 세속적 기반 위에 국가 정부를 세우는 것 외에도 사회 계층의 배열과 비중에 많은 변화를 가져왔다. 그 가장 밑바닥에 있던 노예 제도는 북부 주에서는 폐지되었고, 남부에서는 광범위한 자발적 해방이 이루어졌다. 계약 예속indentured servitude 제도는 법과 관습의 완전한 보호 아래 남아 있었지만, 서부 변경의 개방은 경제 규모에서 자유의 부상을 촉진했고, 한 세대 만에 유럽 노동자들의 이민으로 인해 계약 예속 제도는 소실점까지 감소했다.

영국으로부터 물려받은 사회 질서의 최상위에서 식민지 시대에 영양분을

---

* 트리폴리 조약은 1796년에 미합중국과 트리폴리(현재의 리비아) 간에 체결된 최초의 조약으로, 상업 운송권을 확보하고 지중해에서 미합중국 선박을 북아프리카의 해적으로부터 보호하기 위한 조약이었다. 뒤의 인용은 조약 제11조의 내용으로 미합중국 정부에서의 종교의 역할에 관한 논의에서 자주 인용된다.

공급받은 계층의 삐걱거림은 다양하고 심각했다. 구체적으로 식민지 아메리카의 '부와 재능'은 영국 보호자와 수호자였던 이들의 전복으로 인해 급감했다. 주지사, 군 장교, 판사, 모든 유형의 유지 등 영국 관료 계급의 추방과 도피는 미합중국 사회의 두 번째 계층인 상인, 요먼, 농장주, 농부들을 더욱 자랑스러운 지위로 끌어올렸고, 일반적인 지각 상승 역학 속에서 사람들은 이전보다 자신들의 사회적 지위가 올라가 있음을 발견했다. 조지 워싱턴은 영국군에서 중요한 직책을 맡지는 못했지만 대륙군 총사령관이 되었다. 젊은 시절 매사추세츠에서 옥수수 농사를 지으며 보스턴에 있는 영국 관료 측근 상급자들로부터 따돌림을 당했던 존 애덤스는 조지 국왕의 궁정장관[대사]이 되었다. 버지니아의 무명 요먼의 아들이었던 토머스 제퍼슨은 주지사에 올랐고, 프랑스 주재 대사를 역임했으며, 8년 동안 행정 수반으로 국가를 이끌었고, 지적 통찰력으로 전 세계에 알려진 도전적인 민주주의의 지도자가 되었다.

혁명을 통해 자유 사회의 각 계층이 한 단계씩 성장하고 있던 바로 그 순간, 사회 질서 유지와 사회적 운명의 방향에 대한 무거운 책임이 정치적 주권을 손에 쥔 사람들에게 주어졌다. 그들은 오랫동안 고도의 자치에 익숙해져 있었고 그 경험은 매우 귀중한 것이었지만, 그들의 권한은 영국 당국의 면밀한 감독하에 행사되어왔다. 이 권한은 재산의 이익을 위해 언제든지 발동될 수 있었다. 그들은 스스로를 통치하거나 파멸시킬 수 있는 공화주의적 자유의 달콤한 포도주를 맛본 적이 없었다.

따라서 대영제국의 보호벽이 무너지고 지역적인 전투 발발이 예기치 않은 결과로 끝나자 법과 질서의 지원과 관련된 모든 부담이 새로이 해방된 지배 계급에게 떨어졌다. 그들은 종교, 윤리, 자연과학, 정치, 경제, 교육, 문학, 인본주의에 관한 모든 문제를 국가 운명 개념과 관련하여 새로운 관계에서 고려하도록 요청받았다. 이러한 상황에서 13개 영국 식민지의 좁고 답답한 지방적 사고가 근대의 르네상스로 꽃을 피웠다. 구 토리당의 도움을 받은 한 정파가 노예, 계약 하인, 권리를 박탈당한 직공들을 역사적 수준으로 끌어내리는 것이 자신들의 임무라고 생각했다면, 다른 정파는 그러한 유물론적 기획을 뛰어넘어 당시 서방 세계를 휩쓸고 있던 더 큰 휴머니즘의 관점에서 자신들의 사명을 생각했다.

§

식민지 시대에 문화 영역에서 형성된 미약한 유대가 유럽 대륙과의 새롭고 활기찬 관계로 형성되면서 강화되었다. 이제 유럽의 수도에 공사관이 설립되었고, 강대국의 외교 대표들이 미합중국의 정치 중심지에도 등장했다. 당연히 새로운 관계는 최근까지 영국의 적에 대항하여 환영받는 동맹국이었던 프랑스와 가장 긴밀했다. 실제로 신세계의 특별한 기회에 매료된 몇몇 프랑스 장교들은 전쟁이 끝난 후에도 미합중국에 남아 공화국과 운명을 함께했다. 이들 중에는 워싱턴과 제퍼슨의 지시에 따라 미합중국의 새 수도를 계획한 랑팡 소령을 비롯한 예술가, 과학자, 엔지니어도 있었다. 또한 프랑스의 정치인과 철학자들은 아메리카의 실험에 대해 활발한 관심을 유지했다. 1784년 루이 16세는 아메리카 과학이 유럽의 경험을 통해 자극을 받을 수 있도록 하버드에 자신이 수집한 식물로 가득 찬 식물원을 제공했다. 프랑스 여행자들은 미합중국을 방문하여 공화국의 성격과 전망에 대한 계몽적인 책을 썼다.

동시에 미합중국에서도 프랑스 유행이 번성했다. 청교도적인 매사추세츠에서는 아메리카예술과학아카데미American Academy of Arts and Sciences가 생겨났는데, 이 아카데미는 의도적으로 '영국보다는 프랑스의 분위기를 재현하고 왕립학회Royal Society보다는 아카데미Academy를 따르고자' 했다. 버지니아에서는 한 프랑스 장교가 부지사의 지원을 받아 예술과학아카데미Academy of Arts and Sciences를 조직했고, 많은 남부 신사들이 이 기관과 연계하여 고급 연구를 촉진하기 위한 거대한 계획에 많은 돈을 기부했다. 프랑스 혁명의 발발이 예상치 못한 장애물이 되지 않았다면 이 프로젝트는 틀림없이 인상적인 스타일로 실현되었을 것이다.

구세계와의 접촉을 통해 새 공화국에 영향을 미친 많은 힘들 중에서 네 가지가 미합중국 문화 발전에 특별한 의미를 가졌는데, 그것은 모든 유럽 국가들이 기여한 자연과학의 축적된 승리, 산업혁명으로 알려진 기술적 격변을 시작한 영국 발명가들의 업적, 프랑스가 진보 개념을 공식화함으로써 사회적 사고에 준 역동적 추진력, 프랑스 혁명이 정치 영역에서 미친 지적 반향이었다.

베이컨과 데카르트 시대에 혁명을 일으켰던 모든 과학적 힘은 18세기 동안 사방으로 번성하고 확산되었다. 스코틀랜드의 의사 조지프 블랙, 스웨덴의 연구자 베리만, 영국의 실험가 캐번디시, 러더퍼드, 프리스틀리 등은 물질 세계에 대한 인류의 지식에 놀랄 만한 기여를 했다. 라부아지에는 정량적 화학을 확실하게 정립함으로써 이들의 노력에 마침표를 찍었다. 갈바니와 볼타는 전기 분야에서 모스와 에디슨의 업적에 길을 열어준 발견을 해냈다. 물리학, 식물학, 동물학, 비교해부학, 생리학은 수많은 전통과 미신, 변덕스러운 관습을 폐기하는 획기적인 연구로 발전했다. 미합중국 헌법이 채택되기 3년 전인 1785년, 에든버러의 제임스 허튼은 새로운 지구 이론을 발표하여 향후 수십 년 동안 영국의 라이엘과 다윈이 촉발한 일련의 폭발적인 발견에 기여한 우주적 해석을 내놓았다.

과학자들의 연구와 얽힌 발명가인 와트, 아크라이트, 크롬턴, 그리고 수많은 숙련된 장인들이 엔진의 동력을 활용하고 거미줄 같은 실을 돌릴 수 있는 강철 손가락을 만들어 인류를 물질적 형태와 물리적 힘의 한계에서 해방시키기 시작했다. 미합중국의 패트리어트들이 정치적 눈사태를 일으키고 있을 때, 제임스 와트는 수 세기에 걸친 경제적 유산을 파괴하는 기술 개발을 시작하고 있었다.

과학자들과 발명가들이 새로운 지식을 쌓아가는 속도만큼이나 조직가들과 출판업자들은 그것을 사람들에게 널리 배포했다. 새뮤얼 애덤스와 패트릭 헨리가 미합중국에서 사회적 전투를 위한 무기를 만들고 있을 때, 프랑스에서는 볼테르, 디드로, 달랑베르, 엘베시우스와 쉬지 않는 동료들이 여러 세대에 걸친 과학적 노력의 중심이자 더 광범위한 노력의 출발점인 방대한 백과전서를 만들고 있었다. 흔히 종교에 대한 공격과 연관되어 있지만, 그것의 실제적인 중요성은 물질적 우주에 대한 인간의 이해, 그 안에서 인간의 위치, 인간이 속한 사회에 대한 이해를 다룬 분량에 비해 고대의 독점적 지식에 주어진 빈약한 지면에 있었다.

18세기로 접어들면서 점점 더 강력한 힘을 얻게 된 지적 활동의 한가운데서 사상사에서 가장 역동적인 사회 이론, 즉 지식의 성취와 인간 복지의 요구에 대한 물질세계의 복종에 의해 이 지구 위 인류의 많은 부분이 지속적으로 개선된다는 진보에 대한 아이디어가 공식화되었다. 이 철학적 태도는 베리[J. B. Bury]가 이 주제에 대한 그의 탁월한 역사서에서 보여주듯이 고대인, 그리스인, 로마인에게는 알려지지 않았으며 초기 그리스도교의 정신과 교리에도 낯선 것이었다. 플라톤과 아리스토텔레스가 여가와 취미를 즐기는 신사들이 '좋은 삶'을 누릴 수 있는 이상적인 사회를 꿈꿨다 해도, 그들은 오랜 세월에 걸친 점진적인 노력으로 희망의 실현 가능성을 상상하지 못했고, 모든 계층을 포용하고 인간의 필요에 대한 무한한 적응의 연속을 나타내는 사회 진화론이 끝없는 미래를 통해 투영되는 것을 우연히 발견한 것도 아니었다.

인간의 현세에서의 타락과 내세에서의 행복을 꿈꾸는 중세 신학자의 마음과도 멀리 떨어져 있는 것은 인류의 물질적 이익을 위한 끊임없는 변화라는 개념이었다. 실제로 근대에 이르러서야 철학은 길들여지지 않은 자연의 잔인한 멍에를 포기함으로써 당혹스러운 지상에서의 생활에 대한 신조를 버릴 수 있었다.

베리가 지적했듯이, 근대에만 나타난 특정 조건이 진보라는 개념의 발전에 필수적이었다. 우선, 아테네와 로마의 노예 소유주나 중세 유럽의 봉건 영주들이 획득할 수 없었던 노동과 산업의 공동 사업에 대한 존중과 관심이 있어야 했다. 다음으로 세속적 사고의 풍토가 필요했는데, 발견과 식민지 개척의 시대에 일어난 르네상스와 상업 혁명이 이러한 요소에 영향을 미쳤다. 세 번째로는 고대와 교부敎父들로부터 전해 내려오는 경전에 대한 노예적 고착에서 벗어나야 했는데, 실험과 관찰을 강조하는 자연과학이 정신의 영역에서 이러한 혁명을 일으켰다. 마지막으로, 분노하고 간섭하는 신의 섭리— 어떤 법칙도 인정하지 않고 변덕의 법칙 외에는 어떤 명령도 따르지 않는 신비한 힘—의 그늘에서 인간사를 자유롭게 하기 위해서는 '자연의 불변성'이라는 교리가 필요했다. 데카르트와 17세기의 철학적 수학자들은 이러한 견해에 균형 잡힌 형태를 부여하여 전능한 신의 방법과 소원에 대하여 허물 없는 친밀감을 고백하는 사람들에게 엄청난 충격을 안겨주었다.

18세기가 시작되면서 지적 분위기는 진보라는 개념에 대한 모든 준비를 완료했고, 1737년 프랑스의 호기심 많은 철학자 아베 드 생피에르가『보편적 이성의 지속적인 진보에 관한 관찰*Observations on the Continuous Progress of Universal Reason*』이라는 제목의 저서에서 진보의 개념을 선포했다. 베리는 '여기서 우리는 인류 앞에 펼쳐진 엄청나게 긴 진보적 삶의 풍경을 처음으로 명확한 용어로 가지게 되었다. 문명은 아직 걸음마 단계에 불과하다. 베이컨은 파스칼과 마찬가지로 문명이 노년기에 접어들었다고 생각했다…… 아베는 인류의 먼 운명에 눈을 고정하고 거대한 시간의 이름을 붙인 최초의 인물이었다.' 생피에르의 말처럼, 인류는 관성을 떨쳐버리고 사고의 전환을 통해 2천 년 동안 전통에 안주했던 것보다 백 년 만에 더 많은 것을 개선할 수 있게 되었다.

프랑스에서 발표되자마자, 이 논문은 프랑스 혁명의 길을 준비하던 사상가들 사이에서 거부할 수 없는 반향을 일으켰다. 백과전서파도 이 논문에 어느 정도 동조했다. 아베 모렐레도 이 책에 매료되었다. 1770년 세바스티앙 메르시에는 그의 미래주의 소설『2240년*L'An 2240*』을 통해 프랑스는 물론 독일과 영국에서 널리 통용되는 이름이 되었다.

2년 후 아메리카 독립전쟁에 참전하고 미합중국 사회에 대한 주목할 만한 저서를 집필한 슈발리에 드 샤스텔뤽스는 그의 저서『공공의 행복에 관하여 *On Public Felicity*』에서 진보적 노력의 목표로 '외부와 국내의 평화, 풍요와 자유, 자기 자신의 고요한 향유의 자유'로 이루어진 행복을 묘사하며 이 신조를 선전했다. 그는 '번성하는 농업, 많은 인구, 무역과 산업의 성장'을 그 놀라운 징조라고 선언했다. 제퍼슨이 생명, 자유, 행복 추구에 대한 권리를 자연의 선물이라고 주장하며 독립선언서를 작성한 해에 애덤 스미스는 부유함과 안락함을 국가 운영의 큰 목표로 삼는 진보 교리를 강력하게 지지하는 『국부론』을 출간했다.

이미 사상가들의 인정을 받았던 새로운 지상의 진보 이론은 과학과 발명을 촉진하는 데 적용되면서 프랑스 혁명 기간 동안 엄청난 추진력을 얻었다. 이 대격변은 단순히 경제적, 정치적 변화를 넘어 인류의 모든 철학과 제도에 영향을 미친 지적인 격변이었다. 공포정치가 한창이던 시기에도 위원회는 형법의 야만성을 제거하고, 민법을 합리적인 체계로 바꾸고, 보편적 교육 제도를 고안하고, 새로운 과학 기관을 계획하는 등의 작업을 진행했다. 급진주의의 물결이 밀려오면서 전통 종교는 사방에서 도전을 받았고, 지상에서의 지속적인 발전이라는 개념이 천국에서의 행복이라는 고대의 약속 옆에 놓이게 되었다. 창조적인 예술과 문학에서도 사회 질서를 재구성하려는 시도가 새로운 경향을 동반했다.

이 모든 것이 아메리카에 알려졌다. 초기 공화주의 시대에 미합중국 출판계에서 프랑스 작품의 번역본이 쏟아져 나왔다. 그리고 갈리아 작가들의 호소와 더불어 아메리카 혁명에 대한 공로로 미합중국에서 콩도르세와 볼테르가 얻을 수 있었던 것보다 더 많은 청중을 확보한 토머스 페인의 폭발적인 논문들이 프랑스에서 출판되었다.

그가 속한 당파의 정신에 따라 페인은 정치인 그 이상이었으며, 그의 관심사는 비참에 대항하는 인류의 투쟁 외에도 전통에 과학을 적용하는 것까지 폭넓었다. 앞서 살펴본 바와 같이 에드먼드 버크의 『프랑스 혁명에 대한 성찰』에 대한 답변으로 쓴 『인간의 권리』의 마지막 장에는 보편적 교육, 빈곤 퇴치, 형법 개혁, 노령 연금, 군비 감축, 국제 평화 등을 포괄하는 정치경제학의 윤곽이 담겨 있다. 성서 전승의 역사적 정확성과 타당성을 공격한 그의 이성의 시대는 과학과 이성을 진리의 탐조등으로 격상시켰다. 세습된 권위의 구조에 대한 이러한 불같은 도전이 나폴레옹의 제국주의와 카톨릭 복원의 반작용으로 무산되긴 했지만, 구세계나 신세계에서 완전히 사라진 것은 아니었다. 또한 영국을 통해 아메리카인들은 프랑스의 교리를 받아들였고, 당통은 아니더라도 미라보의 정신으로 조지 3세의 체제를 재건하려는 여러 개혁가들이 프랑스의 교리를 개량했다. 또한 아메리카는 보수적인 폭도들과 형법상 선동죄를 피해 도망친 프리스틀리와 쿠퍼 같은 영국 급진주의자들에게 망명처와 청중을 제공했다.

§

정치 및 경제 혁명, 과학과 발명의 발전, 지식의 축적, 외국의 폭발적인 영향 등 새로운 세력의 영향으로 아메리카 공화국의 지적 환경은 식민지 시대와는 본질적으로 다른 특징을 갖게 되었다. 세속화되는 정치 과정과 과학적 회의주의의 행진으로 인해 특히 교육받은 계층 사이에서 신학과 신비주의의 주권에 더욱 깊숙이 침투의 길이 열렸다.

아메리카의 많은 지역에서 그리스도교의 삼위일체 교리는 두 번의 불길 속에서 무너졌다. 특히 뉴잉글랜드의 신학자들 사이에서는 18세기 동안 전통적인 그리스도교 신앙 형태에 대한 논쟁이 계속되었고, 그 결과 그리스도의 가르침과 선교에 대한 유니테리언unitarian* 관점이 널리 받아들여지면서 원시 신조로 회귀하게 되었다. 아메리카 독립혁명 발발 후, 관습적 예배의 붕괴는 급속도로 진행되었다. 1782년, 보스턴의 킹스 채플은 공식적으로 유니테리언을 지지한다고 선언했다. 거의 같은 시기에 한 영국인 관광객은 그가 방문한

---

* 신의 단일성unitary에 대한 믿음과 삼위일체, 원죄, 구원 예정설, 성서의 무류성에 대한 교리를 거부하는 자유주의 그리스도교 신학 운동이다.

모든 도시에서, 심지어 국경의 피츠버그 마을에서도 그 신앙을 믿는 사람들이 있다고 보고했다. 19세기가 시작될 무렵, 보스턴의 거의 모든 청교도 설교자들은 그 아버지들의 삼위일체관을 버렸다. 1803년 윌리엄 엘러리 채닝은 페더럴 스트리트 교회에서 사역을 시작하면서 유니테리언 운동을 확실히 시작했고, 마침내 회중교회는 두 개의 반대 진영으로 갈라지게 되었다.

신학적 관심이 덜한 다른 한편에서도 고대인들이 물려주고 루터파, 칼뱅파, 성공회, 청교도들에 의해 수정된 신학의 위대한 구조에 대한 비판이 쏟아졌다. 신학자들 스스로가 변증법적 어려움에 당혹스러워하는 동안, 그 학문을 옹호하고 발전시키려는 과학자들과 평신도들은 그리스도교 신조와 신앙고백을 읽은 것이 아니라 주로 자연과 이교도 문학에 대한 연구에서 비롯된 유일신에 대한 믿음인 이신론Deism의 방향으로 꾸준히 표류해 나가고 있었다.

이 믿음의 뿌리는 고대의 지혜에 깊숙이 자리 잡고 있었지만, 17세기 초에 이르러서야 영국에서 그 존재가 두드러지게 나타났다. 그러나 '이신론의 아버지'라 불리는 셰버리의 허버트 경이 사망한 1648년에 이르러서는 이신론 운동이 활발하게 전개되었다. 무한한 우주에 대한 코페르니쿠스적 개념의 심오한 의미가 학생들의 머릿속에 자리 잡은 후, 특히 뉴턴이 항성계에 대한 기계론적 관점으로 이 개념을 완성한 후, 영국의 강력한 사상가 그룹은 구약성서의 신과 창세기에 묘사되고 존 밀턴이 정교화한 우주론을 그들의 사고에서 완전히 버렸다.

영국을 떠난 이신론은 볼테르에 의해 프랑스에 전해져 백과전서파와 새로운 자연주의 및 인간 철학에 힘쓴 거의 모든 회의론자들의 신조가 되었다. 이 교리는 여러 방향에서 아메리카로 유입되어 아메리카 혁명의 지적 지도자들 사이에 널리 퍼져 성공회 토리당의 눈에 그들이 두 배로 위험해 보이게 만들었다. 위기가 닥쳤을 때, 제퍼슨, 페인, 존 애덤스, 워싱턴, 프랭클린, 매디슨, 그리고 유니테리언이나 이신론자들 사이에서 경량급 계몽주의자들이 소환되었다. 독립선언서 작성자들이 호소했던 것은 코튼 매더의 신이 아니라 '자연의 신'이었다. 출처가 무엇이든, 유니테리언주의와 이신론의 효과는 미합중국 지도자들의 지성을 통해 역사적 유물인 신학을 그 제국에서 서둘러 은퇴시키고 세속적 관심사를 위한 분위기를 조성하는 것이었다.

그럼에도 불구하고 이신론이 신학적 주권을 혼란에 빠뜨리고 있던 바로 그 순간 영국에서 프랭클린, 워싱턴, 제퍼슨의 정신보다는 에드워즈의 대각성 운동Edwards' Great Awakening과 더 유사한 또 다른 종교 운동이 등장했다. 이 새로운 신앙은 감리교로 알려졌으며, 그 창시자인 존 웨슬리는 자신의 고백에 따르면 어떤 면에서는 에드워즈의 제자였다. 이 운동은 또 다른 모습으로 반대파의 반대, 즉 버크가 말했듯이 아메리카와 모국 간의 적대감을 첨예화시킨 평등주의적 열정을 대변했으며, 시간이 흐르면서 영국에서 비순응주의적 격변의 영감을 제공했다.

성공회 계층을 다소 축소하고 평신도의 지위를 향상시킬 것을 제안함으로써 감리교는 평신도 민주주의에 기여했다. 종교적으로는 기도와 회심을 통한 개인의 구원을 강조했다. 도덕적 측면에서는 청교도처럼 춤과 경박함을 상대로 전쟁을 벌였고, 특히 근면과 절주節酒의 미덕을 높이 평가했다. 감리교의 설교와 찬송가가 제퍼슨의 회의적인 귀를 거슬리게 했다면, 권위에 대항하는 자기 표현에 대한 강조와 강자에 대항하는 겸손한 자에 대한 호소는 공화주의를 반동의 가능성을 넘어 안정적으로 만드는 대중 의식의 부풀어 오르는 흐름에 기여했다.

이 새로운 복음의 은수자 피에르Peter the Hermit는 1771년 웨슬리가 신세계에 있는 300명의 형제들을 책임지도록 파송한 프랜시스 애즈베리였다. 이 지칠 줄 모르는 선교사는 44년 동안 아메리카 포도원에서 마을과 타운, 빽빽하게 들어선 시골 지역과 어두운 국경지대 숲을 누비며 25만 마일 이상을 여행해 마침내 30만 명의 개종자와 4천 명의 성직자 안수식을 거행했다. 학식 있는 사람은 아니었지만, 애즈베리는 성서를 꾸준히 읽으면서 감성을 자극하는 성서의 모든 이미지와 인물, 논증에 능통해졌다. 애즈베리는 끔찍한 모범을 보인 조너선 에드워즈의 방식을 따라 한순간은 지옥의 끔찍한 그림으로 신도들을 놀라게 하고, 다음 순간에는 천국의 기쁨에 대한 환상으로 신도들을 감격하게 했다.

카톨릭 선교사들과 마찬가지로 감리교도들은 곧바로 변경으로 갔지만 카톨릭과 달리 딱히 인디언들과 함께 일하거나 산업 및 장식 예술을 그들에게 전하지 않았다. 오히려 그들은 주로 같은 종족의 사람들과 함께 일하면서 오지의 가혹함과 잔인함을 억제하고, 소총과 단도로 사람들의 뜨거운 정열을 빠르게 길들이고, 주정뱅이들의 괴롭힘으로 겁에 질린 공동체에 금주를 도입하기 위해 노력했다. 그들은 웅장한 성당이나 아름다운 선교관을 짓지 않고 그루터기와 헛간에서 설교했다.

산상수훈의 교훈이 소용없다는 것을 알았을 때, 감리교인들은 지옥과 저주의 공포에 의지했고, 아메리카 개척지의 역겹고 요란스럽기 짝이 없는 복음을 저속한 평민들이 결코 시골 귀족과 교구 목사의 지배권에 의문을 제기하거나 신학적 신비에 대해 감히 입을 놀리지 않는 영국 마을 교회의 조용한 예의범절과 비교해본 까탈스러운 영국 관광객 트롤로프 부인을 충격에 빠뜨렸다. 아메리카 민주주의 정신에 대한 그녀의 비판적 태도는 감리교가 영국에서 수입되었다는 것과 랭커셔와 스태퍼드셔의 소외되고 멸시받는 광부와 도공들에게와 마찬가지로 강렬한 힘으로 오지의 배움이 없는 벌목꾼들에게 그것이 호소한다는 사실도 잊게 만들었다. 감리교가 유복하고 만족스러운 여가를 즐기는 이들에게는 그리 매력적이지 않고 미적 감각이 부족했다 해도, 그것은 아메리카 대륙의 정복과 통치에서 큰 비중을 차지하게 될 나무를 깎고 물을 길어 올리는 사람들의 의식에 강하게 어필했다. 감리교 조직은 비록 영국에서 시작되었지만 성공회보다도 더 미합중국 땅에 뿌리를 내렸다. 감리교도들은 영국에 형제자매가 있었지만, 그들을 캔터베리의 대주교와 묶어주는 전통의 흔적은 남아 있지 않았다.

감리교는 수천 명의 개종자를 끌어들여 이신론의 발전에 저항했지만, 베이컨과 데카르트 시대부터 추진력을 얻고 있던 자연과학의 거스를 수 없는 흐름을 막지는 못했다. 사실, 위대한 정치적 실험에 이어 과학적 관심의 성장이야말로 아마도 초기 공화국 문화 생활의 가장 두드러진 특징이었을 것이다.

식민지 시대에 이 분야의 발전에 기여했던 몇몇 인물은 새로운 시대에도 새로운 조건에서 자신의 학문을 확장했다. 연륜과 더할 나위 없는 명예의 프랭클린은 워싱턴 행정부가 출범하는 것을 지켜본 후 세상을 떠났다. 그의 동료인 벤자민 러시는 독립선언 이후에도 거의 40년 동안 연구를 계속하여 프로이센 왕과 러시아 차르에게 의학 지식에 대한 공로를 공식적으로 인정받았다.

영국에서 온 두 명의 열렬한 과학 사도는 아메리카에서 프랭클린이 그토록 소중히 여겼던 대의에 힘을 실어주었다. 라부아지에와 함께 화학 분야에서 명예를 나눴던 산소 발견자 조지프 프리스틀리는 국내의 박해를 피해 펜실베이니아로 피신하여 1804년 사망할 때까지 연구를 계속했다. 억압적인 법률을 피해 온 또 다른 난민인 토머스 쿠퍼는 1795년에 도착하여 45년 동안 화학, 광물학, 지질학, 정치경제학을 연구하면서 '모세오경의 진위'를 둘러싼 신학자들과의 논쟁과 정부 정책을 둘러싼 연방주의 정치인들과의 격렬한 논쟁을 병행했다. 구세계에서 도망친 후 신세계의 치안제법에 따라 체포되어 벌금을 물게 된 그는 종교적 비판자들에 의해 버지니아 대학에서 쫓겨났고, 그 후 사우스캐롤라이나 대학에서 가르치다가 결국 성직자 적들에 의해 은퇴를 강요당했다.

그사이 새로운 세대의 사람들이 과학적 유산을 계승해 데이터와 이론을 추가하고 있었다. 매사추세츠의 수학자 너새니얼 바우디치는 1802년 『아메리카의 실용 항법American Practical Navigator』을 내놓았고, 몇 년 후 라플라스의 『천체 역학Mecanique celeste』을 영어로 번역하는 작업에 착수했다. 1805년 예일대에서 벤자민 실리먼은 화학에 관한 첫 번째 정규 강의를 시작하며 풍부한 성취와 뛰어난 경력을 쌓았다. 그로부터 7년 후, 뉴올리언스 출신인 존 제임스 오듀본은 오하이오 강 유역에서 당대 최고의 조류학자가 되기 위한 연구를 시작했다. 1815년, 프랑스-독일 혈통의 콘스탄틴 라피네스크는 필라델피아에서 '새로운 종種과 새로운 속屬은 기존 형태에서 파생되어 계속 생성된다'고 선언함으로써 동시대 사람들을 놀라게 했던 호기심 많은 천재의 초기 탐구 결과물인 식물학 연구의 첫 부분을 발표하여 다음 세대인 찰스 다윈의 획기적인 선언을 예고했다.

실제로 미합중국 전역의 대학, 도서관, 아마추어 연구실에서는 자연의 비밀을 찾기 위해 에너지와 지성을 쏟아부으며 쉴 새 없이 탐험이 진행되고 있었다. 1803~06년 세인트루이스에서 오리건 해안으로 떠난 루이스와 클라크의 위대한 탐험은 단순히 길을 개척한 것이 아니라 매우 중요한 과학적 업적이었다. 미합중국 과학자 중 구세계의 거인들에 필적할 만한 과학자는 없었지만, 적어도 미합중국의 지적 생활에 깊은 인상을 남겼다.

또한 휘트니, 풀턴, 스티븐스, 피치 등 실용적인 인물들은 와트, 아크라이트, 크롬턴을 서양에 보낸 시대의 진정한 아들들이었다. 워싱턴 행정부에서 특허를 받은 조면기와 제퍼슨 대통령 재임 시절 상업적 성공을 거둔 증기선 등 두 가지 혁신적인 발명품이 공화국 초기에 탄생했다.

고립된 개인들의 창의적인 천재성은 협동적인 노력을 통해 자극받고 보완되었다. 앞서 살펴본 바와 같이, 식민지 시대에 설립된 아메리카철학협회는 독립혁명 이후 새로운 생명을 얻었다. 아메리카 전역은 물론 서구 문명권에서 온 회원들이 모여 연구 결과를 널리 알리기 위해 출판물을 발행하기 시작했고, 기계 발명부터 '사물의 본질을 밝히는' 실험에 이르기까지 거의 모든 분야를 다루었기 때문에 고고학에서 항공학에 이르기까지 당대의 다양한 과학적 관심사를 포괄할 수 있을 만큼 그 범위가 넓었다. 실제로 초기 공화주의 시대에 사절, 여행자 또는 망명객으로 미합중국에 온 저명한 프랑스인들은 모두 이 학회에 가입했으며, 유럽 과학의 지도자들을 등록시키는 관습은 계속 이어졌다. 아메리카인 중 몇몇은 유럽 아카데미의 회원이 되는 영예를 얻기도 했다. 아메리카철학협회의 회의에서는 구세계와 신세계의 사상을 지배하는 모든 과학적 질문이 진지하게 논의되었다. 유럽의 석학들이 논의한 어떤 현대적 사변이나 문제도 필라델피아에 있는 아카데미, 즉 미합중국 전역에 유사한 단체와 특별 협회의 설립에 영감을 준 활기찬 센터의 감시를 피할 수 없었다고 해도 과언이 아니다.

한편, 산업 예술은 연구소를 설립하고 도서관을 설립하며 새로운 아이디어와 디자인에 대한 연구를 장려하는 상인 및 장인 협회에 의해 또 다른 분야에서 발전했다. 예를 들어, 이러한 시민 조합 중에는 1792년 최고의 도자기, 도자기 제품 그리고 유용한 물품에 대해 가장 뛰어난 작품을 선정하여 상을 수여함으로써 미합중국의 재능을 자극하기 시작한 펜실베이니아제조및실용예술장려협회Pennsylvania Society for the Encouragement of Manufactures and Useful Arts가 있다. 영국을 세계의 공방工房으로 만든 새로운 기계의 도면과 모형을 공식적인 명령에 반하여 가져오는 영국 장인에게 보너스가 상금으로 주어졌다. 자연을 지배하여 인간의 편의를 도모하고 그 과정에서 부를 축적한다는 시대정신은 분명했다.

§

인문과학에서 이 시대의 가장 큰 특징은 인류의 운명과 의무를 성찰하는 사람들의 마음을 사로잡은 진보의 개념이었다. 특히 샤스텔뤽스와 콩도르세의 사변에서 꽃을 피운 이 개념은 아메리카의 공화국과 밀접한 관계를 맺고 깊은 의미를 지니고 있었다. 학문에 대한 성직자의 독점 부재, 계급의 상대적 유동성, 막대한 물질적 자원이 존재했기 때문에 미합중국의 조건은 이론의 적용에 특히 유리했다. 적어도 아메리카에서는 숙고의 영역에서 꿈을 끌어내어 대중의 일상생활에 적용시키는 것이 가능해 보였다.

이러한 희망은 프랑스 극단주의자들의 폭정이 드리운 죽음의 그림자 속에서 1793년 불후의 명저인『인간 정신의 진보에 관한 역사*Esquisse d'un tableau historique des progres de l'esprit humain*』를 집필할 때 콩도르세에게 영감을 주었고, 이 책은 진보의 역사를 개괄하고 예측할 수 없는 미래를 향한 진보의 거센 흐름을 예측하는 데 큰 역할을 했다. 콩도르세는 이 거대한 패턴에 아메리카 독립혁명을 새로운 시대의 역동성을 불러일으킨 현대 세계의 위대한 사건으로 끼워 넣었다. 그는 이렇게 말했다. '아메리카가 영국 정부로부터 독립을 선언한 결과, 계몽된 두 국가 사이에 전쟁이 일어났다. 한 국가는 인류의 자연권을, 다른 국가는 이러한 권리를 규정과 정치적 이해관계, 성문법에 종속시키는 불경스러운 교리를 놓고 다투었다. 쟁점이 된 거대한 대의는 전쟁 중에 여론 재판소, 말하자면 인류의 국가들이 모여 있는 자리 앞에서 재판을 받았다. 네바 강 유역에서 과달키비르 강 유역까지 유포된 글에서 인간의 권리가 자유롭게 조사되고 강력하게 뒷받침되었다…… 이러한 논의는 가장 멀리 떨어져 있는 한적한 마을까지 퍼져 나갔다…… 이런 상황에서 대서양 횡단 혁명이 유럽 지역에서 모방자를 찾는 데는 그리 오랜 시간이 걸리지 않을 것이다.'

콩도르세의 진보에 대한 스케치가 인쇄된 바로 이듬해인 1796년에 필라델피아에서 아름다운 번역본이 발행되어 미합중국의 지성계를 통해 저자의 명성과 철학이 빠르게 퍼져 나갔다. 아메리카 문명과 그 운명에 대한 샤스텔룩스의 관찰이 발표되자마자 출간된 콩도르세의 책은 아메리카가 물질 세계를 인간 복지에 복종시키려는 원대한 이상을 실현할 수 있다는 개념에 큰 영향을 미쳤다.

백과전서파와 콩도르세를 잘 알고 있던 프랭클린은 자연과학과 진보의 개념이 미합중국에 가져올 영향을 일찌감치 간파했다. 실제로 콩도르세의 보편적 번영에 대한 스케치가 출판되기 15년 전, 프랭클린은 프랑스 주재 아메리카 공사관에서 영국 화학자 프리스틀리에게 편지를 보냈다. '천 년 안에 물질에 대한 인간의 힘이 얼마나 높은 곳까지 도달할 수 있을지 상상하는 것은 불가능하다. 우리는 아마도 쉽게 운반하기 위해 큰 덩어리의 중력을 제거하고 절대적인 경쾌함을 부여하는 방법을 배울 수 있을 것이다. 농업은 노동력을 줄이고 생산량을 두 배로 늘릴 수 있으며, 노년기의 질병을 포함한 모든 질병을 확실히 예방하거나 치료할 수 있고, 우리의 수명은 이전보다 훨씬 더 길어질 것이다. 오, 도덕 과학이 공정한 방식으로 개선되어 사람들이 더 이상 서로에게 늑대가 되는 것을 제대로 멈추고, 인간이 마침내 그들이 지금 부적절하게 인간성이라고 부르는 것을 제대로 배우게 되기를!' 험프리 데이비 경은 프랭클린에 대해 충분히 이해하고 이렇게 말했다. '프랭클린은 어떤 경우에도 철학이 일반적인 적용으로부터 멀어지는 거짓된 위엄을 보여주지 않았으며, 철학을 단지 신전과 궁전에서의 숭배 대상으로만 보존하기보다는 인간의 일반적인 거주지에서 유용한 동거인이자 하인으로 만들려고 노력했다.'

프랭클린이 사망하자 제퍼슨에게 지적 리더십의 망토가 넘어갔다. 그의 편지와 방대한 장서에서 알 수 있듯이 제퍼슨은 최신 자연과학의 발전과 운명에 대한 냉담하거나 금욕적인 체념의 철학보다 진보에 대한 사상을 철저히 숙지하고 있었으며, 공화주의 아메리카에 막 수립된 사회 질서에 대한 의미를 끊임없이 묵상하고 있었다. 공직에서 물러난 후 현장을 답사하면서 그는 존 애덤스에게 다음과 같은 자신의 확신을 표명했다. '우리의 당파들이 서로 다른 입장을 취하는 문제 중 하나는 과학, 윤리, 정부 등에서 인간 정신의 개선 가능성에 관한 것이다. 과학의 진보와 함께 제도의 개혁을 옹호한 사람들은 진보에는 명확한 한계가 있을 수 없다고 주장했다. 반면 개혁의 적들은 개선을 부정하고 우리 선조들의 원칙, 관행, 제도를 꾸준히 고수해야 한다고 주장했는데, 이들은 이를 지혜의 완성이자 인간의 정신이 결코 뛰어넘을 수 없는 탁월함의 극치라고 표현했다.' 제퍼슨의 사회 진화 개념의 핵심은 바로 여기에 있었다.

특히 아메리카 사회 질서의 세 번째와 네 번째 경제 계층, 즉 요먼과 직공에게 어필한 제퍼슨은 인본적 민주주의의 타고난 지도자였다. 제퍼슨 자신은 농장주였지만 요먼 출신이었다. 제퍼슨은 영국의 평판 중시 패턴에서 벗어나 대중의 행복이 정치의 목표라는 결론에 도달했다. 로마 제국의 교리를 되살린 그는 공화국이라는 개념이 그 자체로 위엄 있고 장엄하며 인간 본성의 고귀한 표현이라고 믿었고, 해가 갈수록 더욱 민주주의의 옹호자가 되었다. 우리가 살펴본 바와 같이, 제퍼슨은 버지니아 귀족의 보루인 장자 상속 제도의 파괴, 버지니아의 교회 해체, 언론과 종교 예배의 자유 증진, 법에서 잔인성과 미신 제거, 자유 학교와 고등교육 기관의 발전, 이론 및 응용 과학의 발전, 현대 지혜의 열쇠인 외국어 지식의 확장 등 개인주의 사회 실현을 위한 프로그램을 일찍부터 시작했다.

제퍼슨은 시간이 지나면서 농업이 사회의 경제적 기반이 되어야 하고, 관용과 정의에 입각한 온화하고 비용이 적게 드는 정부가 질서를 쉽게 유지할 수 있으며, 유산을 평등하게 나누고 토지를 쉽게 취득하여 실질적인 신분 평등을 실현하고, 보편적 교육을 통해 리더십을 발휘할 인재를 양성하고 모든 국민이 시대의 지혜를 얻을 수 있는 동등한 기회를 제공하며, 이민은 동화 가능한 인구로 제한하고 인구 과잉을 피해야 하며, 노예제를 폐지해 노예들을 그들 자신의 땅으로 돌려보내야 한다는 등 사회과학에 대한 상당히 포괄적인 계획을 수립했다. 그렇게 함으로써 미합중국은 적어도 황금시대의 꿈을 어느 정도 실현하고 지식의 발전으로 더 나은 곳으로 나아갈 수 있었다. 제퍼슨의 신조에 대해 어떤 비판이 제기되더라도 그것은 구체성과 휴머니즘이라는 장점을 가지고 있었다. 그리고 식민지 질서와는 대조적으로 처음부터 끝까지 확실히 혁명적이었다.

제퍼슨의 정치적 리더십에 대한 반대뿐 아니라 그러한 사회 이론에 대한 반대는, 그가 말했듯이, 인간 개선의 교리를 부정하고 신학적 권위에 집착하여 전통적인 관습에서 안전을 추구하는 정당과 결합했다. 사실, 식민지 유산의 대부분을 유지할 수 있다는 전망에 기이하게 호소할 수 있는 오래된 계급 배치와 그들의 심리가 충분히 남아 있었다. 실제적이거나 임박한 혁명의 심각한 결과가 공정하게 파악되었을 때, 문화적 타당성을 가진 당파가 형성되었다.

이 당파의 핵심은 격변기를 거치며 정상에 오른 식민지 제2계층의 부유한 가문으로 구성되었다. 전쟁 기간 동안 투기, 사략私掠, 몰수, 수용, 다양한 형태의 합법적인 사업체를 통해 부를 축적한 새로운 가문들이 이 핵심을 중심으로 형성되었다. 혁명을 결코 받아들이지 않고, 마음속으로는 혁명을 증오하면서도, 아메리카에 남아 폭풍우를 견뎌낸 옛 왕당파들이 이들과 밀접하게 연관되어 있었다.

자본주의적 사업을 추진하면서 이 당파는, 운의 변덕 중 하나로 인해, 제퍼슨 자신보다 실제의 영역에서 더 혁명적이었지만, 사상과 태도에 있어서는 식민지 잔해의 떠다니는 통나무들을 모으기 위해 거의 애처로울 정도의 고뇌로 노력했다. 식민지 수도의 화려함과 환경을 유감스럽게 떠올리면서, 공화국을 사회적으로 존경받을 수 있도록 만들고, 분을 뿌린 가발, 비단 바지 및 웅장한 스타일의 종복 복장을 유지하면서 대통령을 화려함과 의식으로 둘러싸려고 노력했다. 이 당파는 큰 어려움 없이 워싱턴을 설득하여 왕실의 위엄의 징후를 어느 정도 취하도록 설득하여 평등의 원칙을 공언하는 사람들을 불쾌하게 했다. 공식 업무로 수도를 돌아다닐 때, 워싱턴은 네 마리의 말이 끄는 고급 마차를 타고 꽤 위풍당당한 모습을 보였다. 그와 영부인이 무도회를 열었을 때 사교계는 왕실 부부의 스타일로 그들을 감싸려고 했다. 아마도 보스턴의 영국인들로부터 받았던 냉대를 떠올리며 존 애덤스는 이제 국가의 수반은 '대통령 폐하His Majesty, the President'와 같은 인상적인 호칭을 가져야 한다고 생각했을 것이고, 마찬가지로 가문家紋을 드러내는 장치를 주장한 부인들은 공화주의적 궁정에서 그의 배우자를 '레이디 워싱턴'으로 불렀을 것이다.

결국, 이것은 충분히 자연스러운 일이었다. 워싱턴은 영국을 통치한 나무꾼 '농부 조지farmer George*'와 비교할 때 실제로 장엄한 인물이었고, 최초의 원시 족장이 동료들보다 우위에 서게 된 이래, 모든 유형의 인간 사회에서 어떤 종류의 칭호는 소중히 여겨져 왔기 때문이다. 게다가 일부 목가적인 의회 의원을 제외하면, 초대 정부의 행정부, 입법부, 사법부는 모두 신사gentleman 출신이었기 때문에 왕실 의식을 도입하는 것이 지금의 시각에서 보는 것처럼 그렇게 부조리하지는 않았을 것이다. 게다가 탈레랑, 뒤크 드 라 로슈푸코-리앙쿠르, 장차 프랑스 국왕이 될 루이 필리프 등 유럽 궁정에서 온 고상한 사절들과 그들의 부인들은 아메리카 무대에 평판이 좋은 관습의 분위기를 가져왔고, 그들의 존재 자체가 모방 욕구를 자극했다.

제퍼슨주의자들은 영국 귀족과 결혼한 필라델피아 투기꾼의 딸이 공작 부인의 교양으로 욕설과 악취 나는 이야기를 하는 것을 보고 진심으로 웃었지만, 부와 재능을 가진 당파와 농부와 장인의 당파를 구분하는 계급 경계의 경직성에 대해서는 의심의 여지가 없었다. 제퍼슨이 국무장관으로 일한 마지막 날, 당시 수도였던 필라델피아의 '최고' 가문 중 단 세 가문만이 유쾌한 이야기꾼, 음악가, 미술 비평가를 황송하게도 자신들의 집으로 초대할 의향이 있었다. 한 번은 워싱턴 여사가 소파 바로 위에 있는 깨끗한 거실 벽의 얼룩을 발견하고는 조카에게 '더러운 민주주의자'라고 장난 섞인 꾸중을 한 적도 있다.

비슷한 정신으로, 연방주의적인 보스턴은 엘브리지 게리 같은 공화주의 지도자들과 심지어 나중에 제퍼슨파로 넘어간 존 퀸시 애덤스까지 예의 바른 사회 바깥에 있는 것으로 간주했다. 영국인들이 저급한 선동가로 여겼던 새뮤얼 애덤스의 도시에서 엄격한 정치 종파의 일원이 '자코뱅'과 함께 춤을 추거나 와인을 마시는 것은 불가능했다. 사실 저명한 연방주의자가 초기 공화당 시대의 제퍼슨주의 민주당원과 어울리는 것은 윌리엄 매킨리 시대의 5번가** 주민이 존 P. 알트겔드***나 유진 V. 뎁스****의 제자와 차를 마시는 것만큼이나

---

* 정치 만평가 제임스 길레이의 그림에 등장하는 영국 조지 3세(1738~1820)의 별명이다. 왕을 무례하고 교육을 받지 못한 농부로 묘사한 그의 그림은 당시 큰 인기를 끌었고, 많은 사람들이 왕을 '농부 조지'라고 불렀다.

** 5번가는 뉴욕에서 가장 유명한 거리 중 하나로 백만장자의 거리라고도 불린다. 맨해튼 전체를 북쪽에서 남쪽으로 가로지르는 거리로 세계 최고의 고급 상점들이 모여 있다.

어려운 일이었다.

대부분의 현대 역사가들이 동의하듯이, 이 예의 바른 당파에 대규모 군주제 분견대는 없었지만, 그들의 질서와 문화의 힘이 영국과의 긴밀한 관계에 달려 있고 전체 공화주의적 실험의 결과가 적어도 의심스럽다고 생각하는 사람들이 분명히 상당수 포함되어 있었다. 영국과 화친을 맺은 해, 즉 1783년에 〈런던 크로니클〉은 찰스턴에서 온 편지를 실어 관습적인 기존 계층의 희망에 대한 지배적인 의견을 제시했다. '이곳 주민들 중 현명하고 온건한 사람들은 영국과의 관계에 있어서 그들의 후기 상황을 무한한 후회와 함께 되돌아보며, 모국의 보호 아래서 누렸던 평화, 안전, 형제애, 눈에 띄는 발전의 상태를 아메리카의 진정한 황금기라고 생각한다.' 1788년 헌법이 채택된 직후, 이번에는 필라델피아에서 정치의 중심부에 있던 또 다른 〈런던 크로니클〉 특파원은 약간의 경제적 개선을 보도하면서 존 애덤스가 '민주주의의 부조리함을 보여줬고' 군주제에 대한 혐오감을 상당 부분 완화시켰다고 기쁜 마음으로 기록했다. 그는 '다음 세기 초에 미합중국이 군주제가 된다 해도 많은 사람들이 놀라지 않을 것'이라고 덧붙였다.

이러한 정서는 1797년 아메리카 독립혁명 난민으로 유명한 성공회 성직자 조너선 부셰가 최근 미합중국에서 일어난 봉기의 비통한 결과에 대한 글을

*** John Peter Altgeld(1847~1902). 미합중국의 정치인이자 제20대 일리노이 주지사로서 1893년부터 1897년까지 재임했는데, 1850년대 이후 일리노이 주를 통치한 최초의 민주당원이었다. 진보주의 운동을 주도한 알트겔드는 작업장 안전 및 아동 노동법에 서명하고 헤이마켓 사건으로 유죄 판결을 받은 3명을 사면했으며, 1894년 풀먼 파업을 무력으로 해산하라는 요청을 거부했다. 1896년에는 민주당 진보파의 지도자가 되어 그로버 클리블랜드 대통령과 보수적인 '버번 민주당원들Bourbon Democrats'에 반대했다.

****Eugene Victor Debs(1855~1926)는 미합중국의 사회주의자이자 정치 활동가, 노동조합가. 세계산업노동자연맹(IWW) 창립 멤버 중 한 명이자 미합중국 사회당 대통령 후보로 다섯 차례나 출마했다. 대통령 후보 출마와 노동운동 활동을 통해 뎁스는 미합중국에서 가장 유명한 사회주의자 중 한 명으로 자리매김되고 있다.

서두로 한 설교집을 발표하면서 곧 확인되었다. 그는 변증법적 예술성을 발휘하여 미합중국이 잘못된 민주주의 원칙에 기초하여 건국되었고, 끔찍한 프랑스 혁명을 일으켰으며, 그 혁명으로 인해 흔들릴 것이며, 결국에는 군주 아래서 대제국이 될 것이라고 주장했다. 문화적으로도 부셰는 모든 예술, 과학, 기타 좋은 것들을 영국에 빚지고 있었기 때문에 이 실험은 완전한 실패라고 선언했다. 그는 같은 학파 한 작가의 말을 인용하며 이렇게 외쳤다. '미합중국이 자랑할 만한 것이 무엇인가? 그 주민들을 구별하는 은총이나 미덕은 무엇인가? 전쟁에서의 영광적인 승리나 평화 시기의 발명품은 무엇인가? 명예로운 군인이지만 선동적인 시민들! 지저분한 상인들과 나태한 약탈자들!' 이런 상황에서 불안에 떠는 성직자가 내놓을 수 있는 유일한 해결책은 미합중국과 영국의 영구적 동맹뿐이었다. 제퍼슨의 인본주의적 민주주의의 물결을 거스르려는 이 역사적 예의 바름의 정당은 투표에서 패배할 운명이었지만, 전통적인 노선을 따라 사회 발전을 위한 견고한 물질을 제공하기에 충분한 부와 권력을 보유하고 있었다.

§

혁명의 충격, 우연한 행운으로 인해 국민에게 강요된 독립 공화국을 지키기 위한 투쟁, 국가 정부의 소유와 방향을 둘러싼 정당들의 경쟁은 상상력이 풍부한 문학과 예술에서 예기치 못한 창조적 힘을 일깨웠다. 지적 활동의 모든 시대와 마찬가지로, 이러한 에너지의 작동과 개화는 후원자ㅡ 그 자체가 이제는 경제적 요인의 복합체 ㅡ의 성격, 사회 질서 내 갈등의 성격과 일반적으로 정신적 분위기의 지배적인 특징에 따라 크게 좌우되었다. 이러한 조건에 따라 이 시기 아메리카적 생기에서 나온 산물은 풍부하고 다양했다. 가장 높은 수준의 작품들은 힘과 품격이 특징이었다. 많은 글들이 다소 격식적이고 과장되었더라도, 그러한 결점은 상당 부분 영국 및 고전적 모델들에 대한 경외심에서 기인한 것이었다.

다른 모든 질서와 마찬가지로 문학과 예술은 공화국 아래에서 달러와 센트로 유지되어야 했다. 전통적으로 문학에 대한 지원은 주로 왕실, 대공, 교회로부터 왔고, 나중에 지주와 상인 계층의 기부금으로 보충되었으며, 예술과 건축은 왕, 영주, 성직자, 신사, 화가와 디자이너의 작품을 구입한 상인들에 의해 육성되었다. 괴테가 바이마르에서 운영한 극장도 유럽 대륙의 다른 대극장들과 마찬가지로 왕실의 후원에 크게 의존했다. 영국 왕실은 극장을 인수하거나 왕립 오페라 하우스를 제공하지는 않았지만 수수료, 보조금, 연금 등을 통해 예술가, 배우, 음악가, 작가를 후원했다. 1728년 영국에서 초연된 볼테르의 『앙리아드Henriade』는 왕과 왕비, 궁정 귀족을 필두로 한 344명의 기부자가 후원했으며, 캐롤라인 왕비Caroline of Ansbach에게 성대하게 헌정되었는데, 여왕은 볼테르에게 고액의 후원금을 주었다.

공화주의 아메리카에는 문학과 예술을 유지해주는 왕, 대공, 왕비, 성직자가 없었다. 문학 창작자들은 책, 잡지, 극장 티켓을 구입하는 일반 시민들로부터 지원을 받았다. 펜실베이니아 입법부의 토론에서 연극에 대한 정부 보조금 문제가 제기되었고 몇몇 사람들이 공화주의적인 관심사를 위해 공식적인 보조금과 통제를 옹호했지만 그 아이디어는 결실을 맺지 못했다. 따라서 소설이나 시와 같은 드라마는 대중의 열광과 구매력에 의존해야 했다. 예술과 건축은 지출할 잉여 소득을 가진 상인과 지주들의 명령에 굴복했다. 어느 동시대인이 말했듯이 낙농가의 하녀나 고용인雇傭人은 소설가의 머리카락이 쭈뼛해지는 이야기는 살 수 있었지만, 유화나 타운하우스, 대저택은 살 수 없었다. 그들은 새로 지은 교회의 신도석 앞자리를 차지하거나 주 의사당을 이끌어가는 입법부의 유권자도 아니었다. 그러나 지위 고하를 막론하고, 각 집단은 그들의 하인[작가, 예술가]을 찾았고, 곧 각자의 취향에 맞는 상품을 제공받았다.

당시에는 부와 미적 재능을 겸비해 현실 세계에서 물러나 꿈에 빠져들 수 있는 아메리카인이 거의 없었기 때문에 공화주의 시대의 문학과 예술은 필연적으로 후원자들 사이에서 벌어진 사회적, 정치적 투쟁의 인상을 남겼다. 현실의 세계에 살고 있던 작가와 예술가들은 자신들을 둘러싸고 벌어지는 '질 풍노도Sturm und Drang'를 피할 수 없었다. 그리고 독립을 위한 전쟁은 감정의 앙금을 남겼다. 특히 평화 조약이 체결된 후에도 모국과의 충돌이 오랫동안 계속되었기 때문에 패트리어트들 사이에서 기본적으로 영국과 영국적인 것에 대한 어느 정도의 혐오감은 피할 수 없었다. 국가 독립의 필요성과 그 책임이 수반하는 도전에 대한 의식이 호전성과 자긍심을 고조시켰다. 이와 유사한 과 정을 통해 자유를 위한 전쟁에서 위대한 동맹국이었던 프랑스에 대한 관심과 애정이 고조되었다.

동시에 아메리카 사회에서는, 이미 지적했듯이, 한편으로는 자본주의 세력 과 다른 한편으로는 농장주가 이끄는 농민들 사이에 치열한 전투가 벌어지 고 있었는데, 주로 상업적 질서에서 생계를 유지하는 연방주의 당파가 제퍼슨 주의 무리의 공격에 맞서 전통적인 관념으로 다시 돌아갔다. 또한 혁명의 폐 허 아래 묻혀 있는 과거를 눈물로 바라보는 대부분의 구 토리당원들도 그 대 열에 포함되었기 때문에 영국 작가, 고전 및 현대 작가, 영국 배우 및 예술가 들은 질서, 평온함, 숭배를 가슴 아프게 갈망하는 사람들의 거의 모든 욕구를 충족시킬 수 있었다. 이러한 상황에서 공화주의 초기에는 상상력 넘치는 문예 영역의 대부분의 창작자들이 제퍼슨주의 좌파로 흘러가는 경향을 보였다.

이들 작가와 예술가들이 활동하던 당시의 환경은 어떤 관찰자의 관심도 피 할 수 없는 놀라운 특징, 즉 본질적으로 합리주의적이고 실용적이며 과학적이 고 인도주의적인 특징, 그리고 사회 구조와 그 기능의 모든 요소에 영향을 미 치는 광범위한 함축을 보여주었다. 구체적으로 식민지 아메리카가 자부하던 영국인의 역사적 권리는 상인과 자유보유자의 특권을 의미하는 반면, 자연이 부여한 인간의 권리는 적어도 논리적 요건에서는 권리를 박탈당한 직공, 피 지배 여성, 계약직 하인, 심지어 노예에 대한 특권을 포용했다. 어쨌든 혁명에 수반된 대중의 화산 같은 각성과 그에 따른 치열한 당파 간의 전투는 아메리 카의 무대에서 생생하게 드러나는 명백한 사실이었다.

덜 숙고되었지만 결코 부인할 수 없는, 교도소 개혁과 노예제 폐지를 요구하는 새로운 사회정신은 철학자들의 서재에서 논의되고 있었고, 시간이 지남에 따라 법의 모든 조항들을 피로 다시 쓰게 될 운명이었다. 급진적인 해석가들이 말했듯이, 인간의 권리에는 여성의 권리도 포함되어 있었다. 1792년에 출간된 메리 울스턴크래프트의 남성 우월주의에 대한 놀라운 도전은 루소의 사회계약론만큼이나 한 영역에서 선구적인 역할을 했다. 마지막으로, 새로운 시대의 지적 분위기는 세속적이고 지상地上적인 것이었다.

영국, 프랑스, 독일, 이탈리아, 미합중국의 언론에서 흘러나오는 최신 서적과 공화주의 시대의 지적 생활은 이 모든 국가를 공동 문명의 일부로 포용했으며, 전통적인 보루에 부딪히는 개혁의 물결을 발견하지 않고는 그 누구도 그것을 읽을 수 없었다. 미합중국의 작가들이 공화주의 사상을 유지해야 할 필요성에 동의할 수 있었다면, 그들은 다른 문제에 대해서는 해밀턴과 존 애덤스가 옹호한 '고조된' 교리보다 훨씬 더 왼쪽에 있는 의견의 음영을 보여주었다. 어쨌든 그들은 사회적 흐름의 흔적을 지니고 있었다.

§

공화주의 작가들이 드라마를 자신의 관심사와 철학을 표현하는 도구로 삼으려 한 것은 당연한 일이었다. 물론 독립전쟁의 혼란 속에서 18세기 초에 처음 등장한 후 일관성 없게 성장한 연극은, 영국이 도시를 점령하는 동안 자신들의 목적을 위해 연극을 사용한 뉴욕을 제외하고는, 심각한 좌절을 겪었다. 실제로 대륙회의는 1774년, 청교도들이 만족할 만한 수준으로, 모든 주에 '모든 경마, 모든 종류의 게임, 투계鬪鷄, 쇼, 연극 및 기타 값비싼 오락과 유흥을 금지할 것'을 권고했다. 이 요청은 돈과 군대에 대한 요구보다 더 열렬히 받아들여진 것으로 보인다.

그러나 평화가 찾아오자마자 긴장은 완화되었다. 보스턴에서도 얼음이 갈라지기 시작했고, 1750년 주 의회General Court의 명령으로 무대 연극이 금지된 매사추세츠 주 전역에서는 혁명과 새로운 세속주의로 인해 의견이 분분했다. 1791년에 이르러서는 새뮤얼 애덤스와 일부 성직자들을 비롯한 존경받는 시민들이 법의 폐지를 청원할 정도로 상황이 심각해졌다. 이 청원은 부결되었지만, 법학계의 엄격한 태도에 굴하지 않고 한 무리의 코미디언들이 바로 이듬해에 보스턴을 방문하여 마구간을 빌려 연단을 세우고 '도덕 강연회'를 위장하여 공연을 했다.

하지만 배우들에게는 안타깝게도, 그 소식은 사람들이 간직하고 있기에는 너무도 반가웠고, 12월 초 보안관은 『스캔들 학교The School for Scandal』의 '도덕적' 공연 현장을 급습했다. 이 과정에서 배우 한 명이 체포되었고, 마을이 흥분으로 들썩이는 가운데 본보기 재판이 열렸다. 배우Thespian[*]들을 보고 듣고 싶어 하는 군중들로 인해 재판은 자유의 성채인 패뉴일 홀Faneuil Hall에서 열렸다. 그리고, 선한 사람들이 깜짝 놀랄 정도로, 변호인의 교활한 계략으로 박수갈채가 쏟아지는 가운데 사악한 자에게 무죄가 선고되었다. 그때부터 코튼 매더의 요새에서는 연극 공연이 자유롭게 광고되고 공연되었다.

자라나는 세대가 희극과 비극을 읽고 낭송하는 동안, 심지어 청교도의 자녀들까지 ― 엄격한 틸롯슨 박사가 극장을 가리켰던 말인 ― '악마의 예배당'에 참석하는 동안, 미합중국 작가들은 연극이 젊은 공화국의 대의에 봉사할 수 있다고 주장하고 있었다. 실제로 토리당의 극적인 선전에 대한 가장 효과적인 대응 중 하나는 머시 워렌 부인이 1775년에 쓴 『그룹The Group』이라는 제목의 풍자극으로 만들어졌다. 그녀의 작품이 실제로 상연되었는지 여부는 알려지지 않았지만, 출판사는 그것이 '최근에 공연되었으며, 암보인 본부 가까이에 있는 모든 우수한 지성들의 경이로운 반응을 위해 재공연될 예정'이라고 주장

---

[*] 테스피스Θέσπις는 기원전 6세기경 고대 그리스의 시인이다. 일부 고대 그리스 자료, 특히 아리스토텔레스에 따르면 그는 연극에서 자신에 대해 이야기를 하는 대신 인물을 연기한 최초의 배우로 알려져 있다. 다른 자료에 의하면 코러스 외에 최초로 주연 배우를 극에 도입했다고도 한다. Thespian은 여기에서 전용되어 '배우'를 의미한다.

했다. 워렌 부인의 스타일에 몇 가지 단점이 있긴 했지만, 버고인 장군과 영국에서 온 다른 '군사 배우들Thespians'의 공격에 대한 그녀의 답변에 영감을 준 패트리오티즘에는 약점이 없었다. 아메리카의 운명에 대한 비슷한 자신감으로 '아메리카 연극의 아버지'라고 불릴 수 있는 윌리엄 던랩William Dunlap은 연극이 공화국의 지원과 사회 질서 개선의 원동력이 될 수 있다는 근거로 연극을 옹호했다.

그러나 이 문제에 대해서는 커다란 의견 차이가 있었다. 1785년 펜실베이니아 주 의회에서 열린 이 주제에 대한 토론에서 참가자들은 정치적 견해에 따라 다소 첨예하게 나뉘었는데, '부유하고 집안이 좋은 사람들'이 연극을 지지하는 쪽에, 농경 민주주의를 평준화하는 쪽이 반대편에 섰다. 로버트 모리스는 자신이 합리적이고 교훈적인 오락, 즉 공공 예절을 개선하고 천재에게 기회를 주며 악덕과 어리석음에 대한 교훈을 제공하는 기관으로서 극장의 친구라고 선언하고, 머지않아 아메리카 시인들이 아메리카인의 생활 환경에 맞는 드라마를 쓰게 될 것이라는 희망을 표명했다. 필라델피아에서 가장 부유한 사람 중 한 명이자 모리스와 마찬가지로 1787년 제헌 대회의 참가자였던 조지 클라이머는 극장이 없는 문명국은 없다고 선언한 후 이렇게 물었다. '우리는 천재성, 재치, 세련미에 대해 영원히 다른 나라에 빚을 져야 하는가?'

이러한 해밀턴 연방주의의 사도들에 맞서 펜실베이니아 대회에서 헌법 비준에 반대표를 던질 개척지 출신 농부 두 명이 배치되었다. 그중 한 명인, 존 스마일리는 연극이 국민을 정치적 의무에서 멀어지게 하고, 마자랭 추기경은 그런 사악한 목적을 위해 프랑스 아카데미를 설립했으며, 미술은 '국가가 쇠퇴할 때만 번성한다'고 생각했다. 다른 한 명인 윌리엄 핀들리 역시 해밀턴주의의 전례典禮에 격렬히 반대했는데, 그는 정부의 규제를 받는 극장은 위험한 도구가 될 것이며, 자유로운 극장은 농경적인 취향을 해칠 것이라고 생각했다. 결국 국가의 지원과 검열을 받는 극장 프로젝트는 실패로 돌아갔지만, 그렇다고 해서 펜실베이니아나 다른 지역에서 연극이 현대 정치의 영향에서 벗어난 것은 아니었다.

반대로 아메리카 극작가들은 자신들의 정치적인 신념에 따라 의도적으로 공화주의적 성향을 두드러지게 하려고 노력했으며 해밀턴과 제퍼슨 사이에 전투가 시작된 후 당파 갈등의 적개심을 대사에 불어 넣었다. 전문 배우들이 정규 무대에서 공연한 두 번째 아메리카 연극은 1787년 뉴욕에서 제작된 로열 타일러의 희극『대조*The Contrast*』로, 이기적이고 사치스러운 도시 사회의 규범과 관습에 대한 요먼의 반응을 표현한 작품이다. 이 풍자극에서 패트리어트 군인 맨리 대령은 아메리카 독립에 대한 자부심을, 양키 하인은 '20에이커의 자갈밭, 성서, 소, 타비타Tabitha,* 그리고 약간의 평화로운 동침peaceable bundling**으로 만족하는[척박하지만 그리스도교를 믿는 전원의 삶에 대해 자족한다는 의미] 모습을 대표했다. 반면에 도시에서 폭리를 취하는 가족의 자손은 아르카디아적인 민주주의를 경멸하는 영리한 집단의 허약함과 전망을 표현했다.

프롤로그는 논쟁의 흐름을 파악할 수 있는 단서를 제공한다.

> 모든 패트리어트 여러분, 환호하십시오! — 이 밤은 우리가
> 공정하게 우리 자신의 것이라고 부를 수 있는 작품을 보여줍니다.
> '나의 주님! 당신의 은총!'이라는 자랑스러운 제목을 달고 있는.
> 겸손 씨와 평범한 서Sir에게 자리를 양보하세요.
> 우리의 작가는 외국의 유행이나
> 시대의 어리석음을 그리지 않고,

---

* 신약 사도행전 9장 36절에 나오는 여신도의 이름. '한편 요빠에는 타비타라는 여신도가 살고 있었다. 그 이름은 그리스어로 도르카, 곧 사슴이라는 뜻이다……'
** bundling은 18세기 뉴잉글랜드 등에서 흔히 행해졌던 관습으로, 젊은 남녀가 함께 잠을 자되 옷을 입은 채로 한 침대에서 서로를 알기 위해 시간을 보내는 방식이었다. 이는 성관계 없이 이루어지는 일종의 '건전한' 동거 형태로 결혼 전의 교제를 위한 관습이었다.

작품의 주제를 뉴욕의 일각에서 벌어지는

즐거운 장면으로 한정했습니다.

이 땅 고유의 테마에서 작가의 뮤즈는 자신의 능력을 보여줍니다.

결점이 우리의 것이라면 미덕도 우리의 것입니다.

각자의 세련된 면을 집에서 찾을 수 있는데,

왜 우리의 생각이 먼 나라로 떠돌아야 합니까?

지금 누가 부유하거나 위대한 자를 흉내 내 여행하려 하고,

장비를 갖추고 위세를 부리거나,

은총을 구걸하거나, 쉽게 춤을 추거나,

위선으로 기쁘게 하려 합니까?

우리의 자유롭게 태어난 조상들은 그런 예술을 경멸했고,

진정한 성실함만을 소중히 여겼으며,

그들의 마음을 정직한 모방으로 굳건히 하고,

장식이 아닌 견고한 선을 열망했고,

야망이 더 큰 불꽃을 일으키면,

나태가 부끄러워하는 곳에서

엄정한 덕이 솟구쳤습니다.

그러나 모방하는 감각을 가진 현대의 젊은이들은

옷차림을 탁월함의 증거로 여깁니다.

그리고 집에서 만든 습관이 자신의 부분을 가릴 터이기 때문에

집에서 만든 예술의 비천함을 비난합니다.

화려함과 퍼레이드를 목표로 하는 모든 것은

유럽에서 온, 기성품이어야 합니다.

완고한 비평가들이 우리의 연극을 비난한다면,

적어도 패트리어트의 마음은 말할 것입니다.

'고귀한 대의를 위한 우리의 추락은 영광스러울지니
대담한 시도만으로도 박수를 받을 만하다.'

우리의 저자는 당신의 솔직한 신뢰에 대해 이렇게 말합니다.
깨어 있는 자유인은, 정의로운 것처럼, 관대하도다!

연극이 진행되는 동안 주인공은 공화주의의 단순함을 찬양하고, 사치를 비난하며, '도끼와 톱 외에는 다른 도구가 없던' 초기 그리스의 영광을 찬양했다. 양키 조녀선은, 대니얼 셰이즈와 비슷한 신조를 표현하면서, '우리 주에서는 고상한 사람들과 평범한 사람 사이에 큰 차이를 두지 않는다'고 자랑했다. 이와는 대조적으로 당시 뉴욕의 유쾌한 말괄량이 아가씨가 이렇게 부활한 구시대적 도덕을 비웃으면서, 돈이 결혼의 가장 중요한 목적 중 하나이고, 어떤 고상한 감정의 한숨보다 '스커트를 살짝 흔드는 것'으로 더 많은 아름다운 것을 그녀의 발밑에 가져올 수 있다고 선언했다.

하지만 결국 공화주의의 미덕이 승리했다. 이 연극의 '속물'은 주인공이 외치는 동안 자신이 수입한 체스터필드식 마감재의 우월성에 대한 발언을 남기고 자리를 떠난다. '비록 유럽의 세련된 손길을 받은 것이 유감이지만 나는 정직, 미덕, 명예가 정직한 아메리카인에게 그의 동포 여성의 훌륭한 우아함을 보장한다는 것을 배웠으며, 대중의 박수를 바란다.'

타일러의 코미디가 뉴욕에서 공연된 지 2년 후, 윌리엄 던랩의 희곡 『아버지The Father』가 제작되면서 그는 공화주의적 드라마를 대표하는 인물로 경력을 쌓기 시작했다. 뉴저지에서 태어난 던랩은 아메리카 토박이였다. 그럼에도 불구하고 그는 관심과 취향이 보편적이었고, 외국어와 문학에 대한 지식이 풍부했으며, 오래된 문명에 대한 깊은 이해가 있었다. 그는 비극에서 희극, 막간극에서 오페라에 이르기까지 총 50여 편의 희곡을 집필한 다작 작가였다. 그 중 절반 이상이 창작품이고 나머지는 프랑스와 독일 작품을 번역하거나 각색한 것이었다.

이 외에도 던랩은 벤자민 웨스트와 함께 그림을 공부했고, 자매 예술을 드라마와 긴밀히 연계하여 작업했다. 실제로 던랩은 화려한 볼거리에 대한 취향이 매우 사치스러웠기 때문에 부와 물질적 재화를 화려하게 전시하는 아메리카식 프로덕션의 원조로 여겨지기도 한다. 던랩의 다재다능함은 아메리카 연극의 역사를 씀으로써 정점에 올랐다.

던랩은 그의 희곡에서 다룬 아메리카적 주제에서 '자유, 과학, 평화, 풍요, 조국'과 같은 주변 이상주의자들의 열망을 의식적으로 반영했다. 1789년에 발표한 『아버지』는 대중을 사로잡은 『대조』의 후렴구를 따라잡았다. 특히 그의 드라마 『앙드레Andre』는 혁명의 정신과 공화국이 유토피아에 대한 인류의 오랜 희망을 실현할 것이라고 믿었던 낙관주의자들의 마음을 사로잡았다.

던랩은 스토리를 전개하면서 자신의 캐릭터 중 한 명인 야전 군인 엠도널드에게 혁명의 효율적인 대의명분을 부여했다.

> 진실로 우리 자신에 관해서는, 우리가 행하는
> 모든 놀라운 행위에서 명백함으로
> 가득 찬 원인으로부터 나오는 명백한 결과 외에는
> 나는 아무것도 보지 못하네.
> 인간은 압제에 대항하여 영원히 일어나지 않을까?
> 그것은 삶의 법칙이니, 인간은 그것을 피할 수 없네.
> 그러나 재산에 대한 사랑이
> 과거의 상처와 미래에 대한 두려움과 결합할 때,
> 더 큰 악을 피하기 위해 더 작은 악을
> 용감히 감당하는 것이 과연 멋진 일일까?

하지만 전우인 수어드가 그에게 물었다. '자네는 재산에 대한 사랑과 복수에 대한 갈증보다 더 고귀한 동기가 없나?' 엠도날드는 대답했다.

> 그래, 나의 착한 수어드, 하지만 놀라운 건 없다네.
> 나는 인간을 위해 이 나라를 사랑하네.
> 내 부모님, 그리고 나는 바다를 건넌 그들에게 감사하네.
> 그래서 나를 성장하고 번성할 수 있는 공간이 있는
> 공정한 자연의 세계 출신으로 만들었고, 나는 번성했네.
> 내 마음은 속박에서 풀려나 자유롭고 확장되고,
> 무한한 시야와 강력한 생각을 움켜쥐고 있으며,
> 나의 자상하신 어머니가
> 우리의 존경받는 부모의 땅 스코틀랜드에서,
> 나에게 그날을 볼 수 있는 기회를 주었다면,
> 나는 두려워 움츠러들었을 걸세. 이제 나는 이 신세계에서
> 유럽이 그의 주위에서 울부짖는 동안 그가 자신의 자리에
> 굳건히 설 수 있다면 인간을 위한 안식처를 제공하는 것을 본다네.

그 고귀한 결단에 감동한 수어드는 외쳤다.

> 그렇다면 아마도 지상에
> 극단적인 가난과 부가 없는 땅,
> 왕홀을 휘두르는 폭군이나 군림하는 폭군,
> 창조의 저주가 없는 땅을 찾을 수 있을지도 모르겠군.

이렇게 자유와 평화, 풍요로움으로 축복받은 이 땅에 유럽 문명의 최고 산물들이 더해졌다.

유럽에서 풍요로운 상업이 흐르고,

많은 불완전한 동행자가 있을 걸세. 그러나 거기서부터

마찬가지로 축복받은 과학이 흐를 거야. 유럽의 지식이

날카로운 경험을 통해 유입될 것이고, 우리는 중용을 지켜야 해.

간격을 알 수 없는 그 단순함에서

도약하기 위해, 저주받을 무지에서,

축복받은 지식의 단순함으로.

이 폭발하는 소리를 가만히 듣고 있던 그의 동반자가 '꿈, 꿈이야!'라고 외쳤다. 엠도날드는 이렇게 말하며 환상을 끝냈다.

밤새도록 지켜봤으니 이제 잠자리에 들겠네,

내 잠이 이 각성하는 꿈들을 즐겁게

반복하게 해주길! 미덕의 자극들.

던랩은 이러한 주제와 대사를 통해 무대를 젊은 공화국의 이상을 전파하고, 취향을 개선하며, 도덕을 고양하는 도구로 사용하려는 자신의 프로젝트를 실현하고자 했다.

던랩의 동시대 사람들 중에는 제퍼슨주의 좌파로 완전히 넘어가, 민주당이라는 이름에 자부심을 가지고 정치에 참여하며 경쟁 정파의 장점에 대한 자신의 판단을 공개적으로 표현한 두 명의 극작가가 있었다. 이들 중 첫 번째인 제임스 N. 바커는 공화주의자의 후원으로 공직을 맡으면서 문학 활동을 병행했고, 제퍼슨주의 철학의 관점에서 '아메리카의 천재성, 과학, 자유, 그리고 그에 수반되는 정신'을 표현하려고 노력했다.

두 번째인 모디카이 노아Mordecai Noah는 아메리카의 상황에서 자신의 예술의 한계를 발견하면서도, 비슷한 비전을 가지고 자신이 일하던 사회가 부과한 제약을 기꺼이 받아들였다. 그는 던랩에게 보낸 편지에서 이렇게 썼다. '당신도 잘 아시다시피, 내 분야는 정치의 거친 길을 걸어왔습니다. 이 분야에는 시보다 사실이 더 많고, 허구보다는 감정이 더 많습니다. 물론, 여기서도 "퇴장"과 "등장"이 있으며, "무대감독의 휘슬"은 사람들의 목소리 속에서 끊임없이 들립니다. 하지만 우리처럼 대중 정부 체제에서는 이러한 것이 우리를 더 부드럽고 유쾌하게 높은 비극적 개념으로 전환하거나, 고상한 희극의 순수한 문체로, 혹은 폭넓은 소극의 재치, 명랑함, 유머로 번역하는 데 거의 적합하지 않게 만듭니다.'

노아의 저명한 동포인 존 하워드 페인이 브루투스나 찰스 2세와 같은 보다 전통적인 주제로 해외에서 자신의 극 예술을 발전시키게 된 것은 바로 그 성가신 걸림돌들 때문이었다. 그를 기억하게 만든 그의 노래 〈즐거운 나의 집 Home Sweet Home〉은 그가 태어난 땅을 떠올리게 하지만, 아메리카인들은 페인이 영국에서 오랫동안 거주한 뒤인 1823년 런던에서 처음으로 그 노래가 불렸다는 사실에 주목했다.

§

극작가들과 마찬가지로 초기 공화국의 소설가들도 기존의 사실과 조건을 사실주의적으로 다뤘다. 그들도 시대의 경향에 맞춰 자신들을 배치했다. 오른쪽에는 공화주의적 단순성의 옹호자였지만 보스턴의 아들이자 하버드 대학을 졸업하고 셰이스의 농민 반란을 진압한 군인이자 소설 제작자이자 극작가였던 로열 타일러가 있다. 1797년에 출간된 소설 『알제리 포로The Algerian Captive』에서 그는 아메리카 사회 전반을 세심하게 조사하고 풍자하며 기교와 통찰력을 모두 발휘했다.

타일러는 '양심이라고 불리는…… 뉴잉글랜드의 어떤 필수품', 조상들의 딱딱한 신학, 노처녀들의 독창성, 돌팔이 의사들에 대해 약간 웃었지만, 토머스 제퍼슨의 파티를 짜증 나게 하는 지적에 대해서는 가장 크게 비웃었다. 그는

'특히 주전자와 헌법을 고치는 데 능숙한' 떠돌이 의사들을 가장 크게 비웃었다. 그는 종이 돈, 볼테르, 달랑베르, 디드로, '가벼운 반연방주의 설교', 술을 많이 마시고 여우 사냥을 하는 남부의 제퍼슨주의 신사들을 즐겨 조롱했다. 그는 부주의로 늦게 도착한 흑인 소년을 때려 얼굴이 벌겋게 달아오른 채 강단에 들어온 버지니아의 한 목사가 '종교의 실천적 의무에 대한 11분간의 생동감 넘치는 담론'을 설교하는 모습을 활기차게 묘사했다. 타일러는 작별의 한 방으로 그 성직자가 '[기도할 때 쓰는] 무릎방석hassock에서만큼이나 경마장에서도 존경을 받았다'고 말했다.

많은 열성적인 연방주의자들이 타일러가 정치적 울타리 반대편의 약점을 파고드는 것에 대해 웃었다면, 뉴잉글랜드의 코튼 매더와 조너선 에드워즈의 정신적 후계자들은 그의 소설에 담긴 세속적인 내용에 눈물을 흘렸을 것이다. 그 위트는 너무 강해서 놓칠 수 없었다. 그러나 부주의한 사람들이 간과하지 않도록 타일러는 서문에서 자신이 공상 이야기에 대한 대중의 증가하는 관심을 충족시키기 위해 토착적인 작품을 제공한다고 설명했다.

강화의 방법으로, 그는 자신의 주인공에게 몇 년 동안 집을 떠나 있는 동안 일어난 대중적 취향의 변화를 자세히 설명하게 했다. '그가 뉴잉글랜드를 떠났을 때 전기, 여행기, 소설, 현대 로맨스 서적은 항구에 국한되어 있거나, 국내에 알려진 경우 성직자, 의사, 변호사의 가족들만 읽었고, 어떤 장례식 고별사, 브라이언 샤힌과 리바이 에임스의 마지막 말과 임종 연설, 음산한 누군가의 마지막 날은 농부의 장서에서 가장 관심을 끄는 부분을 형성했다. 포로 생활에서 돌아온 그는 대중의 취향이 놀랍게 변한 것을 발견했다. 결과적으로 내륙의 마을에는 교육보다는 오락을 목적으로 하는 책들로 구성된 사회 도서관이 설립되었다…… 시골 생활의 모든 질서가 한마음으로 아버지의 냉정한 설교와 실용적인 신조를 버리고 여행자와 소설가의 유쾌한 이야기와 화려한 불경함을 받아들였다. 가치 있는 농부는 더 이상 존 버니언의 순례자처럼 "고난의 언덕"을 오르거나 "낙담의 늪"을 헤매지 않고 베수비오의 암자에서 브라이던[Patrick Brydone]과 와인을 마시거나 아비시니아의 요정 나라에서 브루스[James Bruce]*와 함께 스포츠를 즐겼다. 목장의 하녀 돌리와 고용인 조녀선은 그들이 종종 함께 눈물지었던 잔인한 계모의 발라드를 제쳐두고, 이제는 유령의 집과 랫클리프 부인의 고블린과 유령의 집의 너무나 즐거운 공포를 즐겼고, 둘 다 혼자 잠드는 것을 무서워했다.'

타일러보다 몇 도 왼쪽에 있었지만 평등주의자는 아니었던 서부 펜실베이니아 출신 제퍼슨의 제자 휴 브래켄리지는 세르반테스를 모방하여 아메리카 정치의 민낯을 드러낸 소설 『모범 기사도Model Chivalry』를 썼다. 브래켄리지는 피츠버그 지역의 농부들을 상대로 큰 규모의 법률 사무소를 운영하던 변호사로, 해밀턴의 강압적인 정부에 대한 개척민들의 반감을 일부 공유했다. 그는 풍자적인 맥락에서 연방주의자들의 강력한 지원 단체인 신시내티 협회를 비하하기도 했다.

진정한 농경 정신에 기반해, 변호사는 민중의 적이 되었다. 이 이야기의 주인공은 이렇게 말했다. '그들은 전문 용어가 너무 많아서 악마도 이해할 수 없다. 그들의 모든 목적은 돈을 얻는 것이다. 주머니의 반을 울궈낼 수만 있다면, 자신에게 상담하는 사람에게는 거의 관심이 없다…… 법의 이러한 사실은 바닥이 없는 구덩이로 널리 알려져 있다.' 브래켄리지는 교육 사업은 '공화주의 정부의 심장을 형성하는 것'이라고 생각했다. 아메리카철학협회에 대해서는 온화한 아이러니가 나타났는데, 그 회원들은 세금 반대 폭도들에게 타르가 발라지고 깃털이 꽂힌 아일랜드계 위스키 세금 징수원을 '안트로포소르니스Anthroposornis 또는 인간새manbird'로 착각했다.

브래켄리지는 프랑스 혁명의 위대한 개혁은 모든 선량한 시민의 박수를 받을 만하지만, 그 과잉은 개탄할 일이고 평준화 절차가 너무 멀리 진행되어서는 안 된다고 절제된 태도를 취했다. '대중의 소리vox populi'에 대해 이야기하

---

* 브라이던과 브루스는 둘 다 스코틀랜드 출신의 유명한 여행가이다.

는 것은 선동가 역할을 하는 것이었고, 국민을 '섬긴다'거나 군주제에 짓밟힌 국민의 '위엄'에 대해 이야기하는 것은 군주의 역할을 하는 것이었다. 재단사와 노동자가 공직에 대한 열망을 품고 있다면 어리석은 사람일 뿐이며, 그들은 마지막까지 구두 수선공처럼 버텨야 한다. 아일랜드의 장인이 대통령이 될 수 있는 '권리'를 갖는 것으로 충분했고, 더 나은 사람들에게만 주어지는 높은 특권을 행사할 생각은 하지 않았다. 요컨대, 브래켄리지의 소설은 제퍼슨 유형의 신사들에 의한 훌륭하고 건전한 공화당 정부를 승인했다. '군주주의자'와 '민주주의자'는 똑같이 바깥의 어둠 속으로 던져져야 마땅했다.

브래켄리지보다 훨씬 더 급진적이었지만 현실 정치의 실제에는 덜 관심을 가졌던 사람은 쿠퍼와 호손의 선구자이자 당대의 뛰어난 소설가인 찰스 브록던 브라운이었다. 브라운의 지성에는 시대의 모든 소용돌이치는 흐름이 반영되어 있었다. 그는 퀘이커교도 부모 밑에서 태어나 끝까지 자신을 그리스도교인으로 여겼지만, 처음에는 루소와 독일 감상주의자들[레싱, 장 폴, 괴테 등]에게 매료되었고 그다음에는 볼테르와 합리주의자들에게 끌렸다. 그의 정치 성향에는 의심할 여지 없이 반연방주의가 뿌리 깊게 박혀 있었으며, 헌법 채택에 반대했는데 특히 그 문서에 독립선언문이 포함되어 있지 않다는 게 불만의 이유였다.

현대 언어에 대한 지식으로 대륙의 사상과 연구를 접할 수 있었던 그는 프랑스 개혁자들과 함께 미신의 잔인함과 어리석음을 과학과 이성으로 제거할 수 있다고 깊이 믿게 되었다. 그는 그리스도교를 거부한 적은 없지만, 전적 타락total depravity과 유아 저주infant damnation 교리*를 분명하게 비난했다. 그는 과학적 기질을 드러내며 말했다. '인간은 자신이 처한 환경에 의해 형성된다. 이 점에서 그들은 모두 비슷하다. 성적인 차이에서 비롯되는 차이점은 균형에서는 전혀 중요하지 않다.' 이러한 생각을 소중히 여긴 브라운은 영국의 급진주의자, 특히 철학적 무정부주의자인 윌리엄 고드윈과, 1792년에 출간되고 1794년 — 메리 아스텔의『여성성 옹호』와 디포의 평등 교육 옹호 이후 정확

472

히 100년 만에 — 필라델피아에서 재출간된 메리 울스턴크래프트의 저서『여성의 권리 옹호』에 열광했다.

실제로 브라운은 여성에 대한 차별이 만연하고 여성의 지위에 대한 논의가 이미 '진보적인' 사람들의 마음을 동요시키는 것에 큰 영향을 받아 경제적 독립, 정치적 권리, 법적 평등에 관한 20세기 여성운동 사상을 예견하는 브로슈어「알쿠인Alcuin」을 저술했다. 이 대화에서 고도로 지적인 한 여성은 자신의 사례를 주장했다. '남성과 마찬가지로 우리에게 생계와 독립의 수단을 제공할 수 있는 많은 직업에서 우리가 배제된 것에 대해 불평할 가장 큰 이유가 있다고 생각합니다.' 그녀는 많은 직업에 대한 차별, 대학 교육에 대한 거부, 기혼 여성이 관습법의 규율에 복종하는 것에 대해 광범위하게 반대했다. '당신은 연방주의자입니까?' 그녀의 질문자가 물었다. '여성으로서 내가 정치와 무슨 상관이 있나요?' 그녀는 대답했다. '세계에서 가장 자유롭다는 우리나라 정부조차도 여성은 아무렇지도 않다는 듯이 지나칩니다. 최소한의 예식도 없이 모든 정치적 권리에서 배제되고 있습니다. 입법가들은 그들의 자유의 강령에서는 마치 우리가 돼지나 양인 것처럼 생각하고 전혀 이해하지 못한다고 생각합니다.'

브라운의 소설 역시 현대적이고 교훈적인 작품으로 좌파 정치의 정신을 드러냈다. 그의 첫 소설 작품인『윌런드Wieland』는 미신과 미신으로 인한 악을 치료할 수 있는 합리주의에 대한 탄원서였다. 그가 신비의 영역으로 들어갔을 때에도 합리주의는 그와 함께 들어갔다.『클라라 하워드Clara Howard』에서 그는 자영농을 찬양하며, 식민지 시절부터 사회에 남아 있던 복종의 독에 반대

---

* 전적 타락 교리는 타락의 결과로 사람들이 마음과 생각과 힘을 다해 신을 전적으로 사랑할 성향이 없거나 그럴 수조차 없으며, 오히려 본성적으로 자신의 의지와 욕망을 섬기고 하나님의 통치를 거부하는 성향이 있다고 주장하고 유아 저주 교리는 세례를 받기 전에 죽은 유아는 세례를 받아야만 제거할 수 있는 원죄를 물려받았기 때문에 지옥에 간다는 생각이다.

했고, 스스로 사고하고 행동하는 새로운 여성을 묘사했다. 그의 글 속에는 법, 결혼, 부, 개혁에 대해 논하는 사회학적 열성가들이 등장했다. 스콧, 고드윈, 셸리 등이 브라운의 책을 읽고 영국에서 서평으로 찬사를 보냈지만, 시간은 그의 긴 강론을 부드럽게 다루지 않았다.

브라운이 초기 공화국에서 가장 창의적인 소설가였다면, 여성 작가들은 베스트셀러 작가였으며 대중에게 더 오래도록 사랑받았다. 소설 분야의 선구자였던 여성 작가들의 작품은 동시대 남성 작가들의 작품보다 오래 지속되었다. 워싱턴이 처음 취임한 해에 사라 웬트워스 모튼은 『공감의 힘*Power of Sympathy*』을 출간했는데, 비평가들은 이 소설이 아메리카의 첫 번째 정규 소설이라고 평가한다. 몇 년 후 수재나 해즈웰 로슨은 영국인임에도 불구하고 '악은 처음에는 번영을 누리지만 결국에는 불행과 수치로만 이어진다'고 주장하는 『샬롯 템플*Charllote Temple*』이라는 소설을 아메리카에서 발표했다. 그것은 전통적인 삼각관계였다. '그녀의 눈에서 눈물 한 방울이 훔쳐져 그녀가 그리던 장미 위에 떨어졌다'라는 문장이 반복되었지만, 아메리카인들은 이 작품을 수천 부나 사들였고 여러 세대에 걸쳐 판을 거듭하며 살아남았다. 1797년 해나 웹스터 포스터는 아메리카의 한 에피소드를 바탕으로 한 소설 『코케트*Coquette*』를 발표했는데, 이 소설은 1840년 작가가 사망하기 전까지 13판이 나올 정도로 대중의 사랑을 받았다. 앤 허친슨과 메리 다이어의 후계자들은 청교도 상륙 이후 많은 일이 일어났기 때문에 적어도 그들의 세대에게 구원과 저주 이외의 다른 주제들을 고려하도록 권유했다.

§

상상력이 풍부한 산문에서와 마찬가지로 시에서도 공화주의 시대의 정치적, 지적 갈등이 표출되었다. 아메리카 독립혁명 당시 독립을 위한 투쟁은 존 트럼불의 「맥핑걸*McFingal*」에 반영되었는데, 이 작품은 논쟁과 무기를 통해 토리당에 승리한 패트리어트들을 묘사한 긴 정치 풍자시이다. 아메리카 독립

전쟁이 끝나고 아메리카의 사회 분열이 나타났을 때, 하트포드 위츠Hartford Wits로 알려진 한 시인 그룹은 1787년 아나키아드에서 100년 후 윌리엄 제닝스 브라이언에 대한 공화당 사설을 예견하는 독설로 농민당의 평준화 경향을 공격했다.

토머스 그린 페센덴의『베일 벗은 민주주의 혹은 패트리어티즘의 탈을 벗은 폭정』은 동포의 열정에 경의를 표하며, 에둘러 제퍼슨, 자코뱅주의, 무신론, 민주주의를 광범위하게 남용했다. 실제로, 지성계의 어떤 참신함도 다치지 않고 지나갈 수 없었다. 볼테르와 합리주의는 티모시 드와이트의『불신앙의 승리*Triumph of Infidelity*』에서 성서적 전승으로 가득 찬 긴 찬가를 통해 공격을 받았다. 연방주의자 아버지의 충실한 아들이었던 윌리엄 컬런 브라이언트는 1808년 '금수Embargo'라는 제목으로 제퍼슨과 그의 정책에 대한 신랄한 공격을 퍼부으며 시인으로서의 경력을 시작했고, 6년 후 독립기념일 시에서 '섬들의 여왕' 영국을 찬양하면서, 자국 정부가 쓸데없는 전쟁을 벌였다고 비난한 것도 잊지 말아야 할 사실이다.

시대를 두 개의 진영으로 나눈 전선의 반대편에는 마찬가지로 왕성한 창작열을 보이고 시를 짓는 예술에 매료된 시인들이 있었다. 필립 프레노는 전쟁 중 패트리어티즘의 대의에 헌신한 후 제퍼슨이 이끄는 대중 운동에 열정적으로 몸을 던졌다. 실제로 프레노는 〈내셔널 가제트〉의 편집자로서 — 부분적으로 제퍼슨의 국무부 통역관으로 일하면서 받은 월급을 가지고 — 해밀턴의 정책과 조치를 분석하는 데 신랄한 풍자를 사용했다. 그를 '아메리카 혁명의 시인'이라고 부르는 것이 옳다면, 제퍼슨 민주주의와 합리주의 시대의 음유시인이라고 말하는 것도 똑같이 적절하다.

프레노의 파티에 뉴잉글랜드의 시인 조엘 발로우가 합류했는데, 1787년에 출간된 그의 시「콜럼버스의 환상Vision of Columbus」은 영국과 프랑스에서 천재성을 엿볼 수 있는 작품으로 찬사를 받았다. 하트포드 위츠의 한 사람으로서 발로우는『아나키아드*The Anarchiad*』* 집필에 참여했는데, 이후 프랑스에서 대중의 대의를 옹호하고 프랑스 시민권을 부여받았으며, 에드먼드 버크의 공격을 받는 영예를 누렸다. 마침내 고국에 정착한 뒤인 1807년, 그는 웅장한 문체를 구사했지만 사실 예술 작품이라기보다는 '지리적, 역사적, 정치적, 철학적 고찰'을 담은 가식적인 서사시『콜럼비아드*Columbiad*』를 발표했다. 매디슨 대통령은 그를 프랑스 대사로 임명했고, 민주주의의 부흥과 함께 그를 하늘의 빛나는 별이라고 칭송했지만, 시간은 그의 시에 무자비했다.

윌리엄 컬런 브라이언트가, 발로우가 죽은 직후에 쓴 아메리카 시에 관한 에세이에서,『콜럼비아드』와 같은 모든 노력을 타고난 본능과 단순한 문체의 부족이라는 이유로 가볍게 처분할 수 있었다 해도, 자국의 민주주의 철학자들이 매우 높이 평가하는 과학적 합리주의의 영향은 그 자신도 피할 수 없을 것이다. 연방주의자였던 그는 나중에 민주당원이 되었고, 젊은 시절부터 새로운 회의주의에 심취하여 1811년에 쓴 그의 위대한 시「타나톱시스*Thanatopsis*」는 비평가들이 '신에 대한 언급도 없고 부활과 불멸에 대한 그리스도교의 교리를 인정하지 않기 때문에'라고 말하듯이 본질에서 이교적*pagan*이었다.

이 혐의에 대해 그의 전기 작가는 이 시가 '신학적 측면과 정교함, 그리고 그것들과 연결된 양심의 왜곡에서 죽음에 대한 생각을 꺼내어 광대한 사물의 계획에서 적절한 위치로 회복시켰다'고 대답할 수밖에 없었다. 이 사과문은 그 자체로「타나톱시스」가 티모시 드와이트의 생각보다는 제퍼슨의 생각에 더 적합했다는 고백이었다.

§

---

* 미국 건국 당시 연방주의자들의 우려를 반영한 미국의 모의-서사시mock-epic이다. 알렉산더 해밀턴 등의 연방주의자가 쓴『연방주의자 논집*The Federalist Papers*』에 대한 문학적 대응물인 이 시는 제대로 작동하지 않는 연합 규약Articles of Confederation을 비판하고 더 강력한 중앙 정부를 요구했으며, 신생 공화국에 '아나크(혼란)'의 통치를 허용한 반연방주의자들을 질책했다.

시인의 마음만큼이나 예술가의 영혼도 공화국 초기에는 그 시대의 관심사, 열정, 갈등에 어느 정도 정복되었다. 상상의 영역에서 활동하는 이들은, 항상 그랬듯이, 서로 연관된 영혼들이었다. 찰스 카핀이 아메리카 미술 연구에서 지적했듯이 화가는 캔버스의 제약을 받고, 연설가, 시인, 극작가는 장면과 인물로 페이지를 가득 채울 수 있지만, 그들 작품의 이면에 있는 감정과 환경의 영향은 거의 동일하다. 의심할 여지 없이 발로우의 『콜럼비아드』와 트럼불의 벙커 힐 전투 묘사*가 표현한 감정은 동일한 진동에 기반을 두고 있다.

더욱이 작가와 마찬가지로 예술가도 유지되어야 했다. 강경한 민주주의자였던 윌리엄 던랩은 '후원'이라는 단어를 비웃을지 모르지만, 아메리카 예술가들은 교회나 입법부의 지원을 기대할 수 없으며 해밀턴 당의 강력한 보루인 '부유하고 위대한 사람들의 보호에 의존할 수밖에 없다'고 말한 존 트럼불의 말은 진실에 가까웠다고 할 수 있다. 당대 최고의 화가도 이 사실을 명확히 인식하고 있었기 때문에, 예술은 사물의 본질상 대중의 동전으로 부분적으로나마 유지될 수 있는 상상력 넘치는 문학만큼 왼쪽으로 기울어질 수 없었다. 화가들이 때때로 시 의회와 주 의회 또는 연방 의회에서 커미션을 받는 경우, 그들은 주로 유화와 미니어처를 구입할 수 있는 사람들의 즐거움에 의존해야 했으며, 역사적 위치 때문에 예술을 예속의 상징인 군주제 및 귀족제와 연관시키는 급진적인 민주주의자들의 비판을 견뎌야 했다.

혁명의 대격변으로 인해 지방 아메리카의 화가들은 귀족적인 척하는 낡고 전통적인 사회에 헌신하는 파벌과 공화주의적 이상의 단순성에 헌신하는 파벌로 나뉘었다. 예를 들어, 앞서 언급했듯이 코플리는 신세계의 혼란을 뒤로

---

* 트럼불의 〈The Death of General Warren at the Battle of Bunker Hill〉이라는 그림을 가리킨다. 이 작품은 1786년에 완성된 것으로, 벙커 힐 전투에서 전사한 제임스 워렌 장군을 묘사하고 있다. 벙커 힐 전투는 1775년 6월 17일에 발생한 미국 독립 전쟁의 중요한 전투 중 하나로, 식민지군에게 상당한 사상자를 안겼지만, 그들의 저항력이 강해졌음을 보여주는 상징적인 사건으로 여겨진다.

하고 버지니아의 농장주나 필라델피아와 보스턴의 상인보다 더 유서 깊고 확고한 재산을 가진 지주 젠트리와 상인을 섬길 수 있는 조지 국왕 통치하 런던의 안정적이고 온화한 분위기를 위해 흔들리지 않는 토리당 지지자로 남았다. 반면, 폭풍이 일어났을 때 영국에서 유학 중이던 메릴랜드의 찰스 윌슨 필은 이를 상쇄하기라도 하듯 서둘러 고국으로 돌아와 독립전쟁과 그에 따른 정치적 경쟁에 깊은 관심을 보이며 고국의 운명을 함께 나누고자 했다.

전투와 군사 작전 사이에서 페일은 영웅 워싱턴의 초상화를 그렸는데, 모두 14점이나 되는 이 초상화는 그가 건국하는 데 큰 역할을 한 국가의 애정을 담아 지도자의 위치를 상징적으로 표현했다. 페일은 공화국의 삶에서 선택한 수많은 주제에 형태와 색채를 부여하는 것 외에도 고전의 전통을 깨지 않고 국민들 사이에서 예술에 대한 관심과 예술가의 훈련에 박차를 가하는 임무를 맡았다. 그는 아메리카 최초의 회화 전시회를 조직하고 뉴욕 시에 예술 및 과학 박물관을 설립하도록 설득했으며, 결국 1805년, 뉴욕이 무관심을 드러냈을 때 필라델피아를 끌어들여 그러한 기관을 위한 기금을 마련했다.

펜실베이니아미술아카데미를 설립하면서 발기인들은 '시대의 높은 목적과 강인한 의지, 출발의 제한된 조건에 대한 인식, 미래의 수확에 대한 확신'을 용감하고도 기발한 언어로 발표했다. 그들은 '우리나라에서 미술의 발전을 촉진하기 위해, 조각과 회화의 최고 거장들의 작품을 현재의 우아한 모사본으로 도입하고, 이를 통해 그러한 기준에 대한 접근을 용이하게 하며, 적당하면서 명예로운 상을 수여하고, 기타 방법으로 연구를 지원하고 예술가들의 노력을 자극하여, 점진적으로 우리 국민의 재능을 펼치고, 밝히고, 활성화함으로써 아메리카 미합중국의 미술 양성을 촉진할 것'을 제안했다. 그것은 용감한 움직임이었다. 불과 몇 년 전 혁명의 장면을 그리러 온 존 파인이 '베누스 데 메디치Venus de' Medici'의 조상彫像을 들고 왔을 때 필라델피아 시민들은 놀라서 입을 다물지 못했기 때문이다. 시민들이 다소 진정된 후에도 이 모형은 일부 선별된 사람들에게만 공개되었고, 도리아식 기둥에 열광하던 필라델피아는 그 조각상의 원형이 원래 그 기둥 뒤에 놓여 있었다는 것을 상상하면서 전율했다. 그럼에도 불구하고 프랭클린의 고향은 시련을 이겨냈고, 젊은 아카데미는 세월이 흐르면서 힘을 키웠다.

뉴잉글랜드 출신의 동료들 중 필Peale에게는 공화주의 실험에 대한 애정을 공유한 코네티컷의 존 트럼불이라는 우호적인 라이벌이 있었다. 트럼불은 혁명이 조국에 닥쳤을 때 열아홉 살이었지만 주저 없이 패트리어트의 대의에 몸을 던져 책과 붓을 던져버리고 소총과 칼을 들었고, 뛰어난 공로를 인정받아 대령으로 진급한 후 부사령관까지 올랐다. 마침내 요크타운에서 승리를 거두자 트럼불은 영국으로 건너가 웨스트 밑에서 공부했고, 나중에는 대륙의 거장들의 업적을 보기도 했다. 아메리카로 돌아온 그는 1804년 뉴욕에서 화가로서의 오랜 경력을 시작했다.

나폴레옹 시대의 정신이 깃든 전쟁 참전 용사이자 구파 연방주의자였던 트럼불은 시인들을 황홀경에 빠뜨린 루소의 자연주의에 반응하지 않았다. 따라서 패트리어트라면 아메리카를 소재로 삼아 독립을 위한 투쟁의 영웅과 장면을 불멸의 작품으로 남기는 것보다 더 적절한 것은 없었다. 그는 워싱턴, 제퍼슨, 애덤스의 초상화를 제작하고 벙커힐 전투, 독립선언서 서명, 콘월리스 항복, 워싱턴 사임, 그리고 베르사유에서 유명해진 인상적인 스타일로 드라마의 다른 단계들을 그렸다. 부드러운 애무로 불멸의 사랑을 받는 인물이 아니라 '동포들의 마음속에 가장 먼저 떠오르는' 인물에 대한 리의 연설에 형태를 부여하는, 로마의 형식주의적인 엄격함이 워싱턴의 초상화에 그대로 녹아 있다.

결과적으로 트럼불은 1808년 다수의 부유한 뉴욕 시민들과 힘을 합쳐 아메리카미술아카데미American Acacemy of Fine Arts를 머릿수가 아니라 다수의 주주가 보유한 25달러의 주식을 계산하는 방식으로 운영되는 사단법인으로 출범시킬 수 있는 어느 정도의 자격을 갖추게 되었다.

예술가의 정신적 성향과 작품 성격 사이의 이러한 밀접한 관계는 저명한 트럼불과 동시대의 화가인 길버트 스튜어트의 그림에서도 잘 드러난다. 로드아일랜드에서 태어났지만 스튜어트는 일찍이 미합중국을 떠나 런던에서 벤자민 웨스트와 함께 공부하며 생활했다. 마침내 조국과의 단절로 고향을 떠나야 했을 때, 그는 페일처럼 서둘러 귀국하여 전쟁터에 뛰어드는 대신 안전한 평화의 시대가 돌아올 때까지, 실제로 워싱턴이 대통령으로 재선될 때까지 격렬한 시대적 열정을 멀리한 채 영국에 머물렀다. 그러나 1793년부터 1828년 사망할 때까지 그는 워싱턴, 애덤스, 제퍼슨, 매디슨, 존 제이콥 애스터 등 위대한 아메리카인들의 얼굴을 후손들을 위해 정확하게 보존하는 데 많은 노력을 기울였다.

그의 화제畫題가 무엇이든, 스튜어트는 독립혁명의 치열한 전투와 새로운 공화국의 격렬한 분투로부터 냉철하게 거리를 둔 붓의 선으로 그것을 드러내서, 그의 내면의 감정의 도장을 빛과 그림자에 새겼다. '스튜어트는 국가의 활력을 공유하지 않았다'고 카핀은 정당하게 말한다. '반면에 스미버트의 뉴잉글랜드 성직자들의 냉혹하게 지적이거나 엄격하게 환상적인 얼굴, 코플리의 세속적인 남녀의 엄밀한 우아함과 자랑스러운 자기만족, 또는 필의 새로운 국가의 지도력을 위임받은 사람에 대한 단도직입적으로 남성적인 기록 앞에서 우리는 일련의 유형을 인식하고 상상 속에서 그들의 환경을 재구성할 수 있다······ 우리는 국가의 창시자들이 그랬던 것처럼, 당시의 시간을 넘어 이동해 "순간적으로 미래를 느낄 수 있다."

버지니아의 개척자이자 혁명적 대의의 불굴의 지도자이자 위대한 정치적 평화주의자인 워싱턴이 스튜어트에 의해 늙은 영국 장군의 광택에 정복된 것은 놀라운 일이 아니다. 의심할 여지 없이 화가는 워싱턴에게 깊이 매료되어 그 저명한 사람 앞에서 자아를 잃었다고 고백했지만, 장군이 장막을 찢고 자신의 비밀스러운 자아를 드러내도록 유도하는 데는 실패했다. 전신 초상화를 선물받은 랜즈다운 경은 만족했을지 모르지만, 그 그림이나 워싱턴 부인의 요청으로 그려진 아테나움 초상화 모두 후손들에게 그의 일기, 편지, 논문에서 드러난 살아 있는 인격에 대한 생생한 개념을 제공하지 못했다. 물론 필이 한

창 사춘기 시절의 워싱턴을 그린 반면, 스튜어트는 책임감과 고난이 그의 얼굴에 원치 않는 중력을 부여한 후에야 그를 보았다고 말할 수 있지만, 이 사실만으로는 스튜어트의 모든 붓질을 지시한, 만약 정확하다면, 차가운 엄숙함을 설명할 수는 없다.

조각과 건축 분야에서, 젊은 공화국은 모든 열망을 가지고도 빌리는 것 이상을 할 수 없었다. 전자는 앵글로색슨족 사이에서 아직 이질적인 예술이었고 아메리카인들은 결과적으로 건축할 영국 유산이 없었다. 조각에 대한 아메리카의 관심은 처음에는 사탄의 동맹에 대한 청교도들의 두려움이 가장 약한 남부 지역에서 수줍게 나타났다. 그러나 타고난 재능이 부족했다. 더블린에서 태어났지만 아메리카에서 자란 켈트족의 천재 세인트 고든스가 우동[Jean-Antoine Houdon]과 비슷한 선으로 디아나를 조각하는 동시에 청교도 선조들의 정복할 수 없는 정신을 담아낼 수 있는 시대는 멀었다.

따라서 유럽 예술가들의 후원이 유일한 의지처였다. 버지니아 주가 라파예트와 워싱턴을 불멸화하기로 결정했을 때, 디아나 누드상으로 살롱에 충격을 주었지만 이미 모르페우스상으로 프랑스를 기쁘게 한 우동에게 의지할 수밖에 없었다. 다행히도 우동의 수락으로 리치몬드는 위대한 혁명 지도자의 영웅적인 동상을 갖게 되었다. 남부의 일부 부유한 가정에서는 조형 예술에 대한 사랑이 아름다운 수입품으로 표현되기도 했다. 예를 들어, 영국인 숭배자인 새뮤얼 본으로부터 이탈리아산 벽난로를 선물받은 워싱턴은 처음 본 순간 '내 방과 공화주의적인 생활 스타일에 비해 너무 우아하고 값비싼 것이 아닌가 걱정된다'고 말했지만, 그 매력은 그의 걱정을 녹여버렸고 그는 끝까지 기쁜 마음으로 그것을 소중히 여겼다.

공화주의 시대의 건축물을 통해 정치적 음표는 놀라운 억양으로 울려 퍼졌다. 군주제와 기성 교회를 버린 건국의 아버지들은 동시대 프랑스 공화정의 지도자들과 마찬가지로 꿈과 웅변, 건축을 통해 공화주의 그리스와 로마의 영광, 즉 초기 지중해 건축의 단순한 기둥, 지붕, 현관, 직선으로 돌아갔다. 이보다 더 적절한 것은 없었다. 르네상스 고딕 양식의 화려한 정교함은 정치적으로 공화주의적이고 실용적이며 적어도 민주주의의 색채를 띠고 있는 이 나라에서는 어울리지 않는 것처럼 보였다. 물론 엄격한 사상의 통일성은 없었지만 당시의 공공건물과 개인 저택에는 고전의 흔적이 짙게 남아 있었다.

랑팡 소령이 워싱턴 시를 위해 정교한 계획을 구상한 것은 고대 도시 계획가들의 인상적인 설계에 착안한 것이었다. 그 계획에 대해 그는 당시에는 보잘것없는 대접을 받았고 군 장례식에서도 별다른 인정을 받지 못한 채 곧바로 잊혀진 무덤에 빈민으로 묻혔고, 거의 100년이 지난 후에야 비로소 그 공로를 인정받게 되었다. 1808년 워싱턴의 양아들이 버지니아 주 알링턴에 저택을 지었을 때, 그는 예술의 최종 승리는 2천 년 동안 무덤 속에 묻혀 있던 그리스인들의 업적에 있다고 확신한 듯했다. 제퍼슨이 그의 버지니아 대학의 디자인을 위해 선택한 것은 그리스를 멸망시킨 로마의 단순함, 엄숙함, 힘이었다. 같은 고전 고대에 대한 존경심의 맥락에서, 식민지 시대의 조지아 양식은 남부 농장주들을 위한 저택, 은행, 연방 정부를 위한 사무실, 미합중국 의회를 위한 의사당 등을 지은 건축가들에 의해 밀려났다. 물질적 구조를 만든 사람들과 연설문 초안을 작성한 사람들은 같은 출처에서 영감을 얻었다.

§

독립이 확정된 순간, 새로운 사회 질서에서 교육의 기능에 관한 기사, 팸플릿, 책들이 언론에서 쏟아져 나왔고, 공화국의 미래에 대한 개인들의 불안은 아메리카철학협회가 제시한 '미합중국 정부의 독창성에 적합한 최고의 자유 교육 및 문학 교육 시스템, 가장 광범위한 유용성의 원칙에 따라 이 나라에서 공립학교를 설립하고 운영하기 위한 계획을 위한 최선의 체계'라는 자극으로 보완되었다. 워싱턴, 제퍼슨, 벤자민 러시, 노아 웹스터, 제임스 설리번 등 당대의 걸출한 인물들은 물론 로버트 코람, 너새니얼 치프먼, 새뮤얼 녹스, 새뮤얼 해리슨 스미스 등 일반 역사에 잘 알려지지 않은 작가들까지 이 주제를 중요하게 생각하여 관심을 기울였다. 대부분의 소책자와 팸플릿은 도서관의 먼지 속에 묻혀 있지만, 이들의 영향력은 여전히 미합중국 교육 이론에 남아 있으며, 최근 학자인 앨런 오스카 한센은 18세기 자유주의와 아메리카 교육에 관한 저서에서 공화주의 선구자들의 공헌에 아낌없는 찬사를 보냈다.

문명에서 교육의 역할에 대해 고민한 사상가들은 다양한 추측 속에서 인간적인 것이나 다가올 세기와 관련된 어떤 것도 간과하지 않은 것 같다. 이들의 사상을 종합해 보면, 새롭고 혁신적인 개념에 대한 열정이 일반적 통념을 훨씬 뛰어넘어 거의 모든 단계에서 당대보다 100년 앞선 프로젝트를 예상했다는 것을 알 수 있다. 우선 그들은 초라한 학교 건물, 빈약한 장비, 제대로 훈련받지 못한 교사 등 식민지 시대부터 이어져 온 교육이 얼마나 비참한 상태인지 인식했다. 건설적인 측면에서 그들은 거의 모두 초등학교에서 대학에 이르기까지 일반 세금으로 지원되는 보편적이고 때로는 소녀를 포함한 전국적인 대중 교육 시스템이 있어야 한다고 주장했다. 로버트 코람은 '시민의 일부만 대학에 보내 나머지 사람들의 자유를 속이는 법을 배우게 하는 것은 부끄러운 일이며 문명 사회에 대한 스캔들이다'라고 외쳤다.

교육의 목적과 내용에 대해 18세기 비평가들은 똑같이 명확하게 설명했다. 그들이 보기에 교육의 주된 목적은 진보의 이상을 실현하고, 일반적인 복지 수준을 높이고, 모든 시민을 협동 생활의 범위로 끌어들이고, 과학을 인류에 봉사하게 하고, 경제적 독립을 위해 학생들을 준비시키고, 시민권의 의무를 가르치고, 공화주의 원칙을 심어주고, 아메리카인이라는 정체성nationality을 강화하고 풍요롭게 하는 것이었다. 이러한 이론의 실현을 위한 도구로서 편견의 적인 사상의 자유를 장려해야 했다. 노아 웹스터는 『아메리카 정책의 스케치Sketches of American Policy』에서 '완벽한 토론의 자유는 자유 정부에 필수적이다'라고 촉구했다. 새뮤얼 H. 스미스의 『교육에 관한 소고Remarks on Education』에 나오는 신조에 따르면 '활발한 연구 정신'을 장려해야 했다. 제임스 설리번은 '나는 나의 젊은 동포들 중 일부가…… 주의를 기울여 개인과 사회에서 인간의 행복을 구성하는 요소에 대해 깊이 연구하도록 노력하기를 바란다'고 말했다. 일부 작가들은 자연스럽게 한 단계를 강조하고 다른 단계를 소홀히 했지만, 넓게 보면 당시 여성운동이 난해한 영역에 국한되어 있었고 기술에 의한 혁명이 미래에 숨겨져 있었다는 점을 고려할 때 현대 이론과 실천의 전체 구조적 토대를 놀라운 선견지명으로 스케치했다.

해밀턴 학파의 단호한 민족주의자였던 워싱턴은 고등교육을 그러한 노력으로 세워진 새로운 헌정 체제의 하수인으로서 사방에서 그 유지 지원을 필요로 하는 것으로 여겼다. 그는 의회에 보낸 첫 번째 메시지에서 과학과 학문을 장려하고 자치라는 거대한 임무를 능숙하게 처리할 수 있는 교양 있는 국가를 키우는 문제에 대해 엄숙하게 생각했다. 그는 목표를 달성하는 최선의 방법을 결정하지 않았지만 기존 기관에 대한 지원과 국립대학 설립을 암시했다.

워싱턴의 개인적인 견해에 대해서는 의심의 여지가 없었다. 대륙군에서의 실제 경험을 통해 모든 부문의 젊은이들이 함께 어울릴 때 얻을 수 있는 이점을 알게 된 그는 유럽에 갈 필요성을 없애고 미합중국 전역의 학생들이 대학으로 몰려들 수 있을 정도로 높은 수준의 아메리카 대학을 설립하기를 원했다. 그 관심의 증거로, 그는 의회가 '아메리카의 대학을 육성하는 손길'을 내밀어 준다면 그러한 기관의 기금 마련에 쓰일 돈을 유언으로 남겼다.

안타깝게도 그의 고상한 비전은 조국에 의해 실현되지 못했다. 실제로 웨스트포인트와 아나폴리스에 육군사관학교와 해군사관학교가 설립되었지만, 향후 미합중국을 이끌어갈 인재들의 정신과 마음을 하나로 묶을 국립대학의 꿈은 기존 대학 간의 질투와 주 정부 우파의 승리로 인해 실현되지 못했고, 결국 이 프로젝트는 무산되었다. 초기의 두 번째 위대한 교육 제안은 마찬가지로 무관심에 시달렸지만 워싱턴의 민족주의와 제퍼슨의 민주주의적 휴머니즘을 결합한 것이었다. 이 제안은 필라델피아와 프랭클린 서클의 한 사람인 벤자민 러시가 내놓은 것이었다. 러시는 자신의 교육적 이상에 대한 틀을 짜면서 나라 전체를 자신의 영향권 안으로 끌어들였고, 정신적 발전을 국가적 통합으로 생각했다. 그가 학교의 위계질서를 바로잡고 미합중국의 교육 기관으로서 인류의 진보라는 대의에 봉사하기 위해 제안한 대학은, 젊은이들이 공적인 삶을 준비할 수 있는 대학원 대학post-graduate college이었다.

세심한 저자에 의해 상세하게 작성된 그 커리큘럼은 교육 과목에 포함되었다. 정부의 원리와 형태 — 평화, 전쟁, 조약, 일반 행정에 관한 모든 것; 고대와 현대사; 모든 분야의 농업; 상업의 역사, 원리, 대상, 교역의 통로; 제조업의 원리와 실제; 응용 수학; 농업, 제조, 상업, 전쟁과 관련된 자연철학과 화학의 일부(그는, 전쟁은 비그리스도교적이지만 계속될 것이라고 했다); 자연사; 문헌학, 수사학, 비평; 모든 종류의 국가 개선과 관련된 지식의 문을 여는 현대 언어; 운동과 남성적인 활동.

따라서 러시는 새로운 학문을 탐구하고 가르치며, 이를 설득력 있는 유용성 측면에서 가르칠 것을 제안했다. 그는 '현 시대는 아메리카의 글쓰기에서 단순한 스타일의 시대이다. [새뮤얼] 존슨의 딱딱한 문체, 기번의 장엄한 휘황함, 주니우스Junius*의 학구적이고 진한 은유는 똑같이 부자연스럽고 우리나라에 허용되어서는 안 된다'고 말했다. 러시아와 덴마크의 예를 들며 러시는 북유럽과 영국이 지중해 민족으로부터 많은 것을 빌려왔다는 사실을 간과하지 않고 자연과학의 고급 연구를 위해 두 명의 전문가를 배정하고 새로운 지식을 탐구하기 위해 네 명을 해외로 파견할 것을 제안했다.

러시는 '유럽의 교육 사업은 팔미라 유적과 헤르쿨라네움 유물에 대한 강의나 히브리어 요점, 그리스 파편이나 로만어의 억양과 양에 대한 논쟁으로 구성되지만, 아메리카의 젊은이들은 생활의 편의를 증진하고, 인간의 불행을 줄이고, 나라를 발전시키고, 인구를 늘리고, 인간의 이해를 높이고, 가정적, 정치적 행복을 확립하는 지식 분야를 습득하는 데 종사할 것'이라고 선언했다. 러

---

* 가명으로 18세기 영국에서 활약했던 문필가를 가리킨다. 그가 누구인지 수많은 추측이 있었지만 아직까지 미스터리로 남아 있다.

시는 이 위대한 학교의 가르침을 효과적으로 실현하기 위해 30년이 지난 후 모든 공무원은 법과 의학에서와 마찬가지로 정치에서 돌팔이들을 제거하기 위해 졸업생들 중에서만 선발할 것을 제안했다! 그는 이 대학의 총장은 폭넓은 교양과 자유로운 매너와 품위를 갖춘 사람이어야 한다고 촉구했다.

그러나 워싱턴의 프로젝트와 러시의 계획은 정신과 목적이 너무 민족주의적이어서, 주 정부의 주권을 높이는 것으로 시작하여 일시적인 중앙집권 시대를 거쳐 1800년에 그 신조로 돌아선 국가의 열렬한 지지를 확보하기에는 역부족이었다. 따라서 정치적 의견의 표류에 따라 이론가였던 제퍼슨이 교육 분야에서 실질적인 건설자가 된 것은 당연한 일이었다. 아메리카 대륙에서 제퍼슨만큼 교육에 대한 열정을 가진 사람도 없었고, 민주주의의 보존과 발전을 위한 도구로서 교육에 대한 확신을 가진 사람도 없었다. 그의 정치적 애정이 국가에 집중되어 있었기 때문에, 국립대학 설립을 지지하기는 했지만 그의 교육적 노력은 주로 그 영역에 국한되어 있었다.

아마도, 아테네의 규모와 그것의 업적을 기억하는 제퍼슨은, 자신의 재능을 의회에서 대륙 체제를 수립하도록 유도하다가 지치기보다는 버지니아에 그것을 바치는 것을 선호했다. 그러나 그가 선택한 분야와 그가 시도한 작업에서 근대 시대의 정신은 풍부하게 빛났다. 그는 이 땅의 젊은이들이 '직관과 자급자족'을 위해 낡은 학문을 버리는 것을 보고, 실험실과 연구라는 새로운 학문을 제공함으로써 그들의 지적 열정을 붙잡을 것을 제안했다. 그는 식민지 체제에서 지배적이었던 신학 및 학문 체계를 과학적이고 현대적이며 실용적인 성격의 체계로 대체할 것을 제안했다. 물론 고대의 지혜를 무시한 것은 아니었지만, 그가 강조한 바는 달랐다. 그는 1799년 친구에게 보낸 편지에서 '나는 모든 분야에서 과학의 발전을 장려한다'라고 썼다.

처음에 제퍼슨은 아메리카 독립혁명 당시 영국으로부터의 수입을 잃고 큰 어려움을 겪었던 모교인 윌리엄 앤드 메리에 대한 애정을 아낌없이 쏟았다. 이사회의 일원으로 그는 자신의 주요 사상을 채택하고 현대 언어를 도입하고 법학, 역사학, 정치경제학 과목을 설치하는 등 대학에 변화를 가져오는 데 일조했다. 블랙스톤이 옥스퍼드에서 법학 강의를 시작한 지 얼마 지나지 않아 와이스는 윌리엄 앤드 메리에서 법의 위대한 원칙을 설명했다. 혁신에 대한 열정으로 인해 그리스어와 라틴어는 한동안 정규 프로그램에서 제외되었고 교수 중 한 명과 개인적으로만 공부할 수 있었다. 시대의 민주주의를 강조하기 위해 학생들에게 과목 선택의 자유를 더 많이 부여하고 시험에 자율 시험 제도honor system*를 도입하여 학생들의 지위를 높였다. 따라서 제퍼슨은 혁명의 와중에도 성공회 대학에서 자유주의 논리를 널리 퍼뜨렸고, 이 논리는 사반세기 후 자신이 설립한 버지니아 대학에서 대대적으로 적용될 수 있었다.

반면에 북부 대학에서는 과학과 사회학이 더디게 발전했다. 1793년 매사추세츠 주 의회의 인가를 받아 예일대 졸업생들의 지도하에 문을 연 윌리엄스 칼리지가 새로운 출발을 한 것은 사실이다. 입학 과목으로 그리스어 대신 프랑스어를 허용하고 곧이어 프랑스어와 문학 프로그램을 개설한 데 이어 법학, 시민 정치학, 수학, 자연철학 등의 특별 과정을 개설한 것이 그 예이다. 1802년 매사추세츠 주 의회의 헌장에 따라 설립된 보딘 칼리지는 하버드에 진학할 만큼 부유하지 않은 메인 주 숲속의 소년들에게 다소 온화한 칼뱅주의 신학을 제공했으며, 화학과 광물학에 대한 공헌으로 국내와 유럽에서 두각을 나타낸 파커 클리블랜드가 교수진으로 재직 중인 것을 자랑스럽게 생각했다.

그러나 대체로 필라델피아에 있는 프랭클린의 기관을 제외한 북부의 대학들은 프랑스 과학, 회의주의, 인본주의의 영향에서 벗어났다. 1778년 예일대 총장으로 취임한 에즈라 스타일스는 고등교육에 대한 밑그림을 그리면서 고

---

* 학생들이 스스로의 정직성을 믿고 시험을 치르는 제도를 의미한다. 이 시스템에서는 학생들이 시험 중에 서로를 감시하지 않으며, 부정행위에 대한 신뢰를 바탕으로 운영된다. 학생들은 자신의 정직함을 바탕으로 시험을 보고, 부정행위를 하지 않을 것이라는 약속을 하게 된다. 제퍼슨은 이러한 시스템을 통해 민주적이고 자율적인 교육 환경을 조성하려고 했다. 이는 후에 그가 설립한 버지니아 대학에서도 중요한 교육 원칙으로 자리 잡았다.

전에 권위를 맡기고 지리, 수학, 역사, 문학을 부차적인 것으로 강등시키고 고등수학, 자연철학, 천문학을 신학의 목적에 맞게 구부려 놓았다. 아메리카 지성 발전의 역사에서 18세기 후반과 그로부터 100년 뒤의 예일대 졸업식 연설이 보여준 대조보다 더 빛나는 것은 없다.

제퍼슨 시대의 하버드도 마찬가지로 기존의 학문적 관습을 고수했다. 배은망덕하기는 하지만 저명한 동문인 해리슨 그레이 오티스는 모교가 현학적이고 논리에 치우쳐 있다는 비난을 퍼부었다. 그는 1782년 '아버지의 시간이 그의 속도를 늦추고[종말이 늦게 오고], 미신에 사로잡힌 편견과 현학적인 전문 용어에 작별을 고하고 자유주의 과학 분야에서 소란을 피울 수 있는 바람직한 시기가 앞당겨지기를 바란다'고 말했다. 학부생의 씁쓸한 과장 속에서 북부의 낡은 제도들, 즉 정치적, 경제적 혁명을 거치면서도 신학 체제의 영향력을 잃지 않은 제도들에서 고대의 이상이 계속 우위를 점하고 있음이 드러났다.

§

세기가 바뀌면서 가장 철저한 혁신이 이루어진 것은 고등교육이 아니라 중등교육의 이론과 실제였다. 자연스럽게 대중 교육을 선호하는 민주주의적 여론의 움직임은 유럽에서 유입된 교리의 영향으로 가속화되었다. 독일과 스위스의 실험가들이 해석한 프랑스의 불같은 급진주의자 루소의 철학은 젊은이들의 교육과 사회와의 관계에 관한 다양하고 풍부한 문헌을 꽃피웠는데, 추정에 따르면 18세기 마지막 분기 동안 이 주제에 관한 책이 이전 3/4분기보다 두 배나 많이 인쇄되었을 정도로 풍부한 문헌이 탄생했다. 물론 이 문제와 관련해 손대지 않은 단계는 없었다. 농업과 수공업 교육, 사회 규율, 체조, 도덕 및 종교 문화, 현대 언어, 지리, 역사, 과학에 중점을 둔 커리큘럼의 세속화, 심지어 교실에서 신학적인 동기를 완전히 제거해야 한다는 주장이 개혁안에서 제기되었다.

새로운 개념의 근저에는 전통에 대한 거부감과 자연에 대한 헌신, 관찰, 사회적 동정심의 함양이라는 루소의 정서가 깔려 있었다. 당시의 정치적 이상을 반영하여 아동의 행복권을 성인의 자유권보다 더 강조하고, 계급 지배에 저항하는 인류애, 권위에 저항하는 민주주의로 장인, 농민, 군인만을 만드는 데 치우친 지배계급의 모든 형식주의와 규율에 반대했다. 이것이 바로 독일의 데사우에서 바제도우[Johann Bernhard Basedow]가, 스위스의 이베르동에서 페스탈로치가 실현하고자 했던 꿈이었다. '인간의 모든 선한 힘은 예술이나 우연이 아니라 자연에서 기인한다'라고 스위스 교육자는 외쳤다. 이 전제에서 '교육은 자연이 정해놓은 과정을 따라야 한다'는 전제가 논리적으로 이어졌다.

　아메리카에서는 은퇴한 상인이자 과학에 관심이 많았던 필라델피아의 윌리엄 매클루어가 이베르동을 방문하고 1805년 이 학교에 관한 책을 출간하면서 이러한 철학과 그것을 바탕으로 한 실천을 강력하게 지지했다. 이듬해 매클루어는 스위스에서 페스탈로치의 사도를 데려와 새로운 교육에 대해 강의하고 시범을 보였다. 얼마 지나지 않아 페스탈로치 학교는 필라델피아와 켄터키 및 서부의 여러 곳에 설립되었고, 이들을 육성할 수 있는 자금이 마련되자 인도적이고 민주주의적인 교육 시스템의 싹을 틔울 수 있었다.

　제퍼슨의 제자들에게는 제퍼슨의 정치 철학과 정확히 일치하는 이러한 교육 계획에 담긴 혁명적인 삶의 개념보다 더 열렬히 받아들일 수 있는 것은 없었을 것이다. 그는 유럽의 보수 체제는 '수많은 단체에 속한 인간은 질서와 정의의 한계 내에서 그들의 의지와는 무관하게 당국이 휘두르는 물리적, 도덕적 힘에 의해서만 구속될 수 있다'는 교리에 기초하고 있다고 주장했다. '우리는 인간이 이성적인 동물이며, 본성적으로 권리와 타고난 정의감을 부여받았다고 믿었다.' 한쪽은 형식주의와 기교에 의존해 사회의 하층 질서를 견제하려 했고, 다른 쪽은 과거와 단절하고 자연이 인간에게 부여한 이로운 힘을 신뢰하며 단순한 과정을 통해 이를 사회적 조화로 발전시키자고 제안했다. 따라서 유럽 실험가들의 혁명적 복음은 버지니아 공화주의 정치가[제퍼슨]의 패턴에 정확히 들어맞았다.

§

대학은 새로운 혁명적인 움직임의 발효로 새로운 열망에 휩싸인 아메리카 대중의 손에 닿지 않았고, 주 정부의 통치 질서가 공립학교 지원을 위해 세금을 부과할 준비가 되어 있지 않았기 때문에 새로운 요구에 대한 즉각적인 응답은, 많은 경우 국가의 보조와 지원을 받지만 일반적으로 민간 및 지역의 후원으로 설립된 아카데미였다. 대학의 전통적인 커리큘럼에 얽매이지 않고, 사무적인 이사회가 아닌 진취적인 개인에 의해 통제되는 아카데미는 아메리카인의 생활에 좀 더 적합한 자유주의 교육을 향한 길을 개척하기 시작했다.

오래된 고전 그래머 스쿨과 달리 아카데미는 적어도 한동안은 대학 입학 요건의 채찍에서 벗어났다. 고등교육 기관에 진학하기를 희망할 수 없는 상인과 농부의 아들과 딸들이 후원을 통해, 당시까지 손길이 닿지 않았던 인구의 중간 계층을 대상으로 한 교육을 받게 되었다. 이러한 상황에서 커리큘럼의 유연성이 높아져 고전과 신학은 완전히 생략되지는 않았지만 축소되었고, 프랑스어, 예술, 역사, 문학이 처음으로 중등교육 계획에서 선호되었다. 아카데미는 훗날 공립학교 제도의 부상에 반대하는 기득권 세력이 되었지만, 당대에는 고등교육에 대한 학벌주의의 지배력을 약화시키고 인문학의 길을 마련하는 데 도움이 되었다.

그러나 아카데미는 기껏해야 혁명 시대의 급진적 지도자들을 당혹스럽게 했던 문제, 즉 대중을 문맹에서 문화의 세계로, 복종과 무관심에서 협력적이고 활기찬 시민으로 끌어올리는 방법을 해결하지 못한 채로 남았다. 제퍼슨과 같은 목적지를 지향하는 많은 철학자들이 그날을 꿈꾸며 적어도 소년들을 위한 보편적 교육에 대한 계획을 스케치했다. 주 헌법과 입법부는 이 주제에 대한 원대한 원칙을 선언했지만, 프로젝트를 문서로 작성하는 것과 이를 위해 세금을 부과한다는 개념으로 지배 계급을 전환시키거나 대중의 오랜 관성을 극복하는 것은 또 다른 문제였다. 따라서 이러한 조건에서 식민지 시대의 종파 및 자선 학교는 대학과 마찬가지로 모국과의 단절로 영국으로부터의 자금 지원을 잃었지만 초등교육의 일반 분야를 계속 유지했다.

하지만 영국에서 수입한 두 개의 새롭고 중요한 기관에 의해 그것은 보완되고 확장되었다. 그중 첫 번째는 주일학교로, 특히 가난한 사람들의 자녀들이 일하지 않는 날에 가르치기 위해 고안되었다. 일반적으로 종교적 종파와 관련이 있고 항상 성서 교육을 강조하지만, 초기의 주일학교 운동은 단순한 종파적 의도보다 더 광범위했으며, 특히 영국에서는 그 목적을 위해 설립된 교파 간 협회의 지원을 받았다. 보수적인 성공회에서는 주일학교를 위험할 정도로 민주주의적인 것으로 간주했지만, 반대파들의 주일학교에 대한 열렬한 관심은 미합중국 전역으로 그것이 퍼져 나가게 했다.

1791년, 필라델피아에서 가난한 사람들에게 초등교육을 확대하기 위한 목적으로 '퍼스트-데이 혹은 주일학교 협회'가 조직되었다. 이 실험은 형식적으로는 성공적이었지만 아메리카인의 성향은 이후 발전에 독특한 방향을 제시했다. 아메리카에는 영국에서와 같이 대규모의 빈민층이 존재하지 않았고, 여러 종파가 여기저기서 설립한 작은 학교들이 이미 사회 질서 깊숙이 침투해 있었다. 따라서 주일학교는 영국보다 아메리카에서 더 신학적인 색채를 띠었고, 일반적으로 그것을 유지하는 교회의 부속기관에 불과했으며, 종교적 훈련 외에는 일반 주간학교에 맡겨졌다. 그럼에도 불구하고 의무 세속 교육 시대가 도래하기 전에 다른 종파 기관에 속하지 않은 수천 명의 아이들에게 초등 읽기 교육을 제공했다.

초등교육을 통해 대중에게 다가가기 위한 두 번째 영국 계획은 고학년 학생들이 교사로부터 암기하여 배운 정보를 어린 학생들에게 전달하는 감독 교육 학교monitorial school*였다. 이 아이디어는 고대의 것이었다. 한 포르투갈 여행자가 17세기 초 인도에서 이 학교가 운영되는 것을 목격했다. 예수회에서는 이를 광범위하게 활용했고, 유럽 여러 곳에서는 영국과 미합중국이 이 프로젝트에 착수한 18세기 말 훨씬 이전에 이미 개발되어 있었다. 일반적인 견해에 따르면, 1798년 이 위대한 운동의 공식적인 시작은 영국 퀘이커교도이자 자선가인 조지프 랭커스터의 이름과 관련이 있다고 여겨졌다. 그러나 아마도 더 타당한 주장으로 앤드루 벨은 영국국교회 후원 하에 이전에 시작된 실험을 통해 그 제도를 자신이 처음 도입했다고 주장했다. 실제로 영국에서는 1870년 공립 학교board school 프로그램이 채택될 때까지 비순응주의와 성공회라는 두 가지 감독 교육 제도가 국가의 재정 지원을 받아 나란히 운영되었다.

그 기원이 무엇이든, 아메리카에서 감독 교육 방식은 곧 교육 이론가들의 관심을 끌었다. 1809년 뉴욕공립학교협회는 이 프로젝트를 학교에 도입했고, 몇 년 후 랭커스터는 자신의 계획을 직접 적용하기 위해 아메리카로 왔다. 그는 고집스럽고 편협한 교사로 판명되어 결국 가난과 낙담에 빠졌지만, 대중을 교육하는 그의 방법은 연방의 모든 주에 퍼졌다. 일부 아카데미에서 채택되었고, 나중에 교사 양성을 위해 설립된 학교에서 채택되었으며, 마침내 주 교육이 현장에 들어갔을 때 인디애나와 메릴랜드에서 처음 채택되었다. 조잡하고 페스탈로치와 프뢰벨의 자유로운 제도와 관행에 밀려 사라질 운명이었지만, 감독 교육 계획은 돈이 거의 없거나 더 나은 것을 위해 세금을 부과하지 않던 시대에 대량 교육 문제를 해결할 수 있는 유일한 해결책이었다. 저렴하고 실용적이었으며 보편적 무상 교육에 한 걸음 더 가까이 다가갈 수 있었다.

세금으로 모든 아이에게 무상 교육을 제공하는 학교라는 이상은 독립 이후 몇 년 동안 더디게 진전되었다. 혁명이 한창이던 1779년, 제퍼슨은 버지니아

주 의회에 주를 몇 개의 구역으로 나누고 각 구역에 공공 수입으로 운영되는 학교를 설립하여 모든 시민의 자녀에게 첫 3년 동안 수업료 없이 개방하자는 법안을 제출했다. 법안은 통과되지 못했지만 이 계획은 계속 추진되었다.

제퍼슨의 동시대 사람들은 혁명 이후 관세와 소비세를 혁명 전과 마찬가지로 좋아하지 않았지만, 그들은 부분적으로 교육에 사용할 수 있는 풍부한 미개발 천연자원을 손에 넣을 수 있었다. 공립학교 지원을 위해 유권자들에게 감히 세금을 부과할 수 없다면, 적어도 그 목적을 위해 야생의 땅을 확보할 수는 있었다. 이와 관련하여 그들은 1785년 조례에서 오하이오 준주territory의 각 타운십*에서 한 구역의 땅을 공립학교 유지를 위해 할당한 연합 규약 하의 의회가 세운 고귀한 본보기를 가지고 있었다. 또한, 많은 주 헌법이 공공의 이익을 위해 학교가 설립되어야 한다고 화려하게 선언했지만, 실제로 그 지원을 위한 재원을 마련하지는 않았다. 예를 들어, 로드아일랜드, 메릴랜드, 캐롤라이나 주에서는 거창한 제스처를 취했지만 별다른, 혹은 전혀 성과를 거두지 못했다.

아메리카에는 국가를 명분으로 국민에게 의무 교육 제도를 강요할 프로이센 군주가 없었다. 따라서 보편적 무상 교육 프로젝트는 이상에 대한 지식이 전파되고 실질적인 이해관계가 이를 지지하는 만큼의 속도로만 움직일 수 있다는 것을 깨달은 비전을 가진 남성과 여성의 지도력 아래 민주적인 방식으로 점진적으로 발전해야 했다. 마침내 19세기 중반에 이 작업이 진지하게 수행되었을 때, 아메리카 국적의 도장이 그 위에 찍혔다.

---

* 타운십Township은 주로 미국과 캐나다에서 사용되는 행정 구역의 한 형태로, 특정 면적의 토지를 의미한다. 특히 미국에서는 1785년 토지 조례에서 정의된 바에 따르면, 타운십은 일반적으로 정사각형 모양으로 6마일×6마일 크기의 구역을 가리킨다. 이는 총 36개의 구역section으로 나뉘며, 각 구역은 1마일×1마일 크기이다. 이 구획 제도는 서부 개척 당시 새로운 영토를 체계적으로 관리하고 개발하기 위해 고안되었으며, 오하이오 준주 같은 곳에서 타운십의 일부를 공립학교와 같은 공공 목적을 위해 할당하는 방식으로 사용되었다.

§

속주province에서 국가nation로 전환하는 동안, 칼라일이 묘사한 것처럼 '문학이 수도원에서 열린 시장으로 나와 그곳에서 스스로 자리를 잡고 생계를 유지하기 위해 노력하는' 이 기묘한 과정은 아메리카 저널리즘에 혁명을 일으켰다. 새로운 사실, 성급한 열망, 사회적 논란에 대한 도전은 언론의 힘을 키웠고, 언론의 거대한 입에 먹이를 공급하는 작가들에게 실체를 부여했다. 인지세법 의회 소집부터 뉴올리언스 전투[*]에 이르기까지 극적인 이야기의 모든 단계, 모든 희망과 소요 시대의 모든 이론은 주간지, 월간지, 일간지의 칼럼을 가득 채운 뉴스 기사, 사설, 일시적인 기사에서 추적할 수 있다.

이 기간 내내 잡지는 여름철의 장미처럼 피었다가 같은 규칙으로 죽어갔다. 매사추세츠 주 보스턴에서 켄터키 주 렉싱턴에 이르기까지 진취적인 편집자들은 불타는 패트리오티즘을 작은 지면에 쏟아냈고, 〈아메리칸 매거진〉, 〈컬럼비아 매거진〉, 〈아메리칸 유니버설 매거진〉, 마지막으로 1815년에 창간된 〈북미 리뷰North American Review〉 ─ 수많은 잡지 중 유일하게 세월의 흐름 속에서 살아남은 잡지 ─ 등의 제목은 작은 잡지에 담으려 했던 그들의 열망을 드러냈다. 정파 싸움은 신문에 맡기고 주간 및 월간 정기 간행물의 편집자들은 문학, 도덕, 과학, 예술에 전념했다. 그들의 전방위적catholic 관심사는 당시의 전형적인 잡지에 첨부된 설명 메모에서 잘 드러난다. '시, 음악, 전기, 역사, 물리학, 지리, 도덕, 비평, 철학, 수학, 농업, 건축, 화학, 소설, 이야기, 로맨스, 번역, 뉴스, 결혼과 죽음, 기상 관측 등을 담은 월간 지식과 이성적 오락의

---

[*] 영국과의 2차 전쟁 때 벌어진 전투로 앤드루 잭슨이 지휘했다. 1814년 전쟁을 종식시키는 겐트 조약이 벨기에에서 체결되었으나 그 소식이 대서양을 건너 아메리카에 도착하기 전에 이 전투가 발생했다. 미국 측의 사상자는 적었던 반면 영국군은 2천 명 이상의 사상자가 나왔을 정도로 큰 승리를 거두었다. 이 전투는 미합중국의 국가적 자긍심과 애국심을 고취시키는 중요한 상징적 사건이 되었고, 전쟁 영웅인 앤드루 잭슨이 나중에 대통령이 되는 데 기여했다.

박물관.'

대담한 편집자 중 일부는 글을 넘어 간단한 판화 몇 점을 지면에 실어 저널의 매력을 더했는데, 그중 한 편집자가 나중에 활자를 그림으로 대체했을 때 '이 공들인 예술의 찬미자들은 간절히 재게재를 요구했다'고 한다. 백과사전을 방불케 하는 이 초기 잡지는 공공 도서관이 일반화되기 전, 교육이 광범위하고 포괄적으로 이루어지기 전의 시대에 문학, 과학, 예술을 대중화했다. 이 잡지들은 쿠퍼, 어빙, 프레스콧, 포, 로웰 등에게 길을 열어준 작가들에게 '생계'를 제공했다. 그들의 허세와 우스꽝스러운 쇼비니즘은 의심할 여지 없이 같은 시대의 구세계 잡지에 익숙한 사람들에게는 아마도 용서받을 수 있을 것이다.

신세계에서의 삶의 스트레스를 달래기라도 하듯, 젊은 공화국의 정기 간행물들은 시를 많이 실었는데, 각 간행물들은 그들의 '페가수스, 아폴로의 내실, 그들의 뮤즈의 자리, 그들의 파르나시아드'가 있었고, 심지어는 가장 산문적인 잡지에도 '시적 에세이나 시적 작품들'이 있었다. 그것들은 모두 음악처럼 시가 야만인의 가슴을 달래줄 수 있다는 이론에 따라 '진지하면서도 유쾌한' 서사적인 시 구절을 자랑할 수 있었다. 그중 하나는 〈인간의 메커니즘에 대한 우아한 송가〉를, 다른 하나는 〈부채로 파리를 내려치는 여인에게〉라는 시를 발표했다. 어쨌든 '좋은 취향'에 대한 목마른 갈망이 있었고, 이는 아메리카의 편집자들이, 아마도 영국 작가들의 조롱에 대응하여, 타블로이드 문화에 특화된 이유였다. 그들은, 지도력과 권위를 잃으면, 아메리카인들이 '문학적 오랑우탄'이 될 것이라는 영국 작가들의 조롱에 반응한 것일지도 모른다.

그리스도교인, 학자, '농부의 잡지는 긍정적인 신랄함으로 이교도들 사이에서 노동해야 한다는 소명을 느끼게 했고, 그 노력을 환영하는 한 기고자로부터 경작이 필요한 방치된 한 분야에 대한 제안을 받았다. 그 기고자는 '배움의 결핍은 이 주에서 많은 가치 있는 인물들이 공직과 중요한 직책에 오를 때 종종 매우 현명하게 후회하고 있으며, 종종 무지는 그들을 조롱에 노출시킬 뿐만 아니라 대중의 이익에도 해를 끼쳤다'고 탄식했다.

그런 다음 작가는 영국의 패권을 막 벗어던진 젊은 공화주의자들에게는 매우 당혹스러웠을 사건을 예로 들어 설명했다. '우리는 특히 몇 년 전 런던에서 매우 유명한 패트리어트가 경멸의 대상이 되어 대도시의 대중 신문에서 조롱의 대상이 된 상황을 언급하겠다. 길드홀Guildhall에서 행한 연설에서 그는 무지로 인해 자신이 원했던 최상격superlative을 말하는 대신, 이중 비교격double comparative*인 'more better'를 사용했다.' 런던 청중 앞에서 저지른 끔찍한 실수였다! 이러한 슬픔에서 아메리카 최초의 '멘토'들이 생겨나 배움이 짧은 사람들에게 말하기뿐만 아니라 식사, 춤, 이성 꼬시기 등에서 최상급의superlative 교육을 제공했다.

이러한 문화적 고뇌에서 여성들은 결코 예외가 아니었다. 오히려 그들은 올바른 취향의 보루로 일찍이 발견되었다. 한 성급한 편집자가 '여성 펜의 우아한 광택'을 소개했을 때는 독립이 아직 선언되지도 않았고, 몇 년이 지나면서 여성들은 잡지의 페이지에서 더 많은 지분을 차지했다. 여성들의 미덕을 찬양하고, 그들의 한가한 시간을 위해 사랑 이야기를 인쇄하고, 그들의 부드러운 마음을 펴게 하기 위해 시적인 수수께끼와 퍼즐을 제공하고, 남녀 간의 세련된 서신의 예를 준비뒤 편지 작가들에게 지침으로 제공하고, '특히 여성의 가슴bosoms에 어느 정도의 자기만족을 장려하는 유용성에 대한 두서없는 생각'을 불러일으키기 위해 '하느님의 가장 고귀한 작품인 여성을 상처주기보다 기쁘게 하려는 열렬한 열망'을 담은 잡다한 짧막한 글들을 인쇄했다. 1792년에는 주로 기숙학교에 배포하기 위해 고안된 여성 전용 난欄이 등장하면서 절정에 달한 것으로 보인다.

젊은 공화국의 여성 잡지들은 에드워드 복** 시대의 후배들처럼 무모한 여

---

* 예를 들어 'more louder'처럼 비교어 'more'와 형용사의 비교형 'louder'를 동시에 사용하는 것이다.

성운동을 조장하지 않았기 때문에, 그것은 대담하면서도 신중한 모험이었다. '문학의 여성 후원자들은 지적인 창작의 가장 공정한 부분에서 진정한 가치의 작품과 허영으로 가득 찬 작품을 구별할 수 있는 지혜를 발견하는 동시에, 여성의 선량한 마음을 장식하는 사랑스러운 특성에 빛을 비출 것'이라고 우아한 편집자는 암시했다. '그들의 임무는 과학의 험난한 길을 걷는 피곤한 여행자를 편안하게 하고, 강도 높은 학문의 엄격함을 부드럽게 하는 것이다. 또한, 그들은 수줍은 재능의 소심함을 떨쳐주고 대담한 생각에 품위를 부여한다……숙녀들을 사랑하는 모든 사람들은 사랑스러운 존재들의 교훈과 즐거움을 위해 독특하게 계산된 작품의 후원자로 나설 것이다.'

후원을 요청한 수많은 잡지 중에서 두세 개만이 오래 살아남아 명성을 얻었다. 그중 첫 번째는 1786년 필라델피아에서 창간된 매튜 캐리의 〈컬럼비아 매거진〉으로, 반세기 이상 지성계에서 중요한 역할을 해왔다. 이듬해에 창간한 그의 〈아메리카 박물관The American Museum〉은 프랭클린, 러시, 프레노, 홉킨슨, 트럼불의 글을 실어 신학이나 정중한 문체보다는 과학과 경제를 강조하는 등 내용이 탄탄하고 품격이 있었고 시대에 걸맞은 문체로 지면을 채웠다. 다소 가볍지만 비평적 안목으로 특징지어지는 〈문학 잡지Literary Magazine〉와 〈아메리칸 레지스터〉는 『아서 머빈』의 작가로 이미 소설가로 유명했던 찰스 브록던 브라운의 지휘 아래 같은 도시에서 짧은 기간 동안 운영되었다.

필라델피아에 밀리지 않기 위해 보스턴의 일부 지적인 브라만Brahmin — '문학에 관심이 있는 신사들'로 구성된 앤솔로지 클럽 —은 1803년에 후원자들이 편집하고 후원하는 〈월간 앤솔로지〉 및 〈예의 바른 문학 잡지〉를 창간했다. 너무 많은 작가들이 '쓸모없는 잡초를 섣부르게' 생산하여, 폭도들에 의해

** Edward Bok(1863~1930)은 네덜란드 태생의 미국 편집자이자 퓰리처상 수상 작가. 30년(1889~1919) 동안 20세기 최고의 여성 잡지 중 하나로 평가받는 〈레이디스 홈 저널〉의 편집자였다.

교통이 막혔다고 확신한 이사들은 저널의 기사와 리뷰가 전문성과 품질을 갖춰야 한다고 주장했다.

실제로 1815년 잡지를 창간할 때 〈북미 리뷰〉의 발기인들이 앤솔로지 클럽의 윌리엄 튜더를 편집자로 선정한 것은 탁월한 선택이었다. 이렇게 호평 속에 창간된 이 잡지는 1878년 뉴욕으로 이전할 때까지 60여 년 동안 보스턴에서 계속 발행되었으며, 뉴잉글랜드의 가장 저명한 지성들을 모아 그 지역에서 문학과 정치에 대한 보수적인 취향의 중재자 역할을 했다. 1857년 〈애틀랜틱 먼슬리〉가 이 분야에 뛰어들었을 때에야 비로소 북부의 후원을 받기 위한 진지한 경쟁자를 가지게 되었다.

해방된 속주의 전통에 충실한 젊은 공화국의 잡지를 편집하는 사람들은 무엇보다도 구세계의 호의를 얻고자 하는 열망에 시달렸다. 한 프랑스 여행자가, 항해술을 제외한 기술art은 아메리카에서 거의 관심을 받지 못하며 '보스턴 사람들은 자신에게 유리한 것을 얻기 전에 유용한 것을 먼저 생각한다'고 선언했을 때 아메리카 독자들은 큰 슬픔에 잠겼다. 1796년 〈나이팅게일〉 혹은 〈멜란지 문학Melange of Literature〉[같은 잡지의 두 가지 이름]의 발기인들은 '보스턴 주민들은 도서관에서 휴식을 취하는 것보다 배의 화물 적하목록을 보는 것을 더 선호한다'고 말했다. '이득을 추구하는 과정에서 문학과 뮤즈는 멀리 떨어져 있고, 금에 대한 추악한 욕망이 탐욕스러운 보스턴 사람들의 가슴에서 모든 고귀한 감정과 모든 정신적 기쁨을 추방했다고 말하지 말자. 플루투스Plutus의 제국[부의 중심지]이어야 할 보스턴이 무지의 거주지라는 말을 우리 조국의 적들이 결코 입에 담는 것을 신은 금하신다.'

1790년에서 1820년 사이의 매사추세츠 역사를 돌아보며 '매사추세츠 주에는 책도, 연설도, 대화도, 사상도 없었다'고 외칠 정도로 감동했던 에머슨이었기에, 이 탄원은 그다지 주목받지 못했던 것 같다. 그럼에도 불구하고 아리우스나 게인즈버러에 대해 들어본 적도 없고 도서관 서가를 훑어보는 것보다 배의 적하목록을 보는 것을 더 좋아했던 거친 선장들은 훗날 브룩 농장 학파

Brook Farm school의 철학자들이 호소한 방향으로 세상을 바꾸고 있었다고 할 수 있다. 보스턴 항해사들은 전설적인 동방에서 차와 비단, 깨지기 쉬운 예술품, 낯선 전통과 종교에 대한 기록을 가져와 청교도 유산을 비롯한 신학적 독점을 해체하는 데 큰 역할을 한 모험 정신을 일깨웠다. 변증법가들 못지않게 이들은 일원론unitarianism과 초월주의를 대중화했다. 그리고 저속하더라도, 필수 불가결한 그들의 봉사를 경멸하지 않으려면, 그들이 모은 재산이 티크너, 브룩스, 애덤스, 프레스콧, 파크먼, 로웰스, 제임스 가문이 소금과 타르 냄새에서 벗어나, 구세계Old World의 온화한 분위기 속에서 꿈을 꿀 수 있게 해주었다는 사실이 기록되어야 한다. 이전 시대의 선장들과 자산가들이 이미 다음 세대를 위해 부드러운 환경을 준비해 놓았던 것이다

잡지의 문학적 부담에서 벗어나 있는 신문은, 완전 무장을 하고 정치 무대로 뛰어들었다. 폭풍우가 몰아치던 인지세법 시대에 신문은 무색무취의 회보에서 불타는 선동 종이로 변모했고, 결코 사라지지 않은 열정에 불을 지폈다. 독립전쟁 내내 토리당과 애국주의 언론 사이에 사투battle royal가 벌어졌고, 그 문제가 해결된 후에도 승리한 아메리카인들의 지역 분쟁은 여전히 신문의 불을 지피는 데 풍부한 연료를 제공했다. 헌법을 둘러싼 논쟁에 언론인들은 흥미진진하게 뛰어들었고, 이후 해밀턴의 법안이 하나씩 의회에 상정되면서 뉴스와 논평을 위한 끝없는 주제를 확보하게 되었다. 마침내 연방주의자와 공화주의자 간의 노선이 명확히 정해지자, 중요한 신문들은 모두 어느 한쪽 당파의 기관지가 되어 서로를 지지하고 칭찬하는 글을 주고받았다.

분파 투쟁이 점점 더 뜨거워지고 인구가 증가함에 따라 마침내 모든 도시와 모든 규모의 타운에 언론이 생길 때까지 새로운 신문들이 등장했다. 혁명 이후에도 43개의 식민지 신문이 살아남은 것으로 추정되며, 30년 후 한 부지런한 계산가에 따르면, 아메리카에는 366개의 신문이 있었다.

이 싸움에 뛰어든 새로운 저널 중 가장 강력한 저널 두 개는 위대한 당 지도자인 해밀턴과 제퍼슨의 개인 기관지였다. 해밀턴이 1789년 4월 뉴욕에서 존

페노에게 워싱턴 행정부, 즉 자신의 경제 정책을 옹호하기 위해 〈미합중국 관보The Gazette of the United States〉를 발행하도록 유도했을 때는 취임한 지 얼마 되지 않았을 때였다. 제퍼슨은 약 2년 후 라이벌의 제안을 받아들여 당시 수도가 이전한 필라델피아에서 시인 프레노를 지지하는 〈내셔널 관보National Gazette〉를 발행함으로써 화답했다.

1809년 제퍼슨 행정부가 막을 내릴 무렵에는 보스턴에서 뉴올리언스에 이르기까지 최소 27개의 일간지가 흩어져 있었는데, 거의 대부분이 당파적 성향을 띠며 권력을 유지하거나 공격하거나 개인적 또는 파벌적 대의를 위해 봉사했다. 수도가 워싱턴으로 이전되면서, 이 도시는 정치 저널리즘의 중심지가 되었고, 전신電信이 독점을 깨고 모든 편집실을 국가 주권의 중심지 근처로 가져올 때까지 그 전략적 위치를 유지했다.

당 기관지로서 이 신문들은 정치 분야에서 전투원들의 열정을 생생하게 보여줬고, 양측이 현대적 신념을 넘어선 비열함을 보여줬지만 그것이 당시 아메리카인 특유의 모습은 아니었다. 해밀턴의 기관지는 시들어가는 조롱과 경멸로 반대파를 저급한 선동가들로 취급했다. 그의 당은 국가의 부뿐만 아니라 인재를 지휘하는 것을 자랑했고 신사 계층의 요구 사항에 의해 — 다소 — 제한을 느꼈지만, 오늘날의 독자는 연방주의 기관지의 노랗게 변색된 종이를 넘길 때 그 속박의 열매를 분별하는 데 어려움을 겪을 것이다. 아마도, 응징하려는 기미가 없지도 않게, 제퍼슨은 무신론자, 평등주의자, 농부, 무정부주의자, 민주주의자, 선동가라는, 연방주의 진영에서는 범죄와 동의어인 혐의들로 매일같이 얼룩져 있었다.

한편, 제퍼슨의 당은 국민을 위해 솔직하게 말했고 기관지의 사설은 조성된 분위기를 충분히 즐겼다. 의회 안팎의 투기꾼들로 구성된 '부패한 편대'는 인간에게 알려진 모든 비방 무기로 공격을 받았고, 상원의 은밀한 회기session는 적어도 일상적인 업무를 처리하는 동안에는 문을 열어야 할 때까지 맹렬히 공격당했다. 조국의 아버지인 워싱턴도 예외는 아니어서 그의 개인적 청렴성은 의심의 여지가 없었지만 해밀턴을 겨냥한 '진흙'을 꽤 뒤집어썼고, '평범한 범죄자'에 대한 대접도 이보다는 더 나을 것이라고 워싱턴은 생각했다.

계속되는 정치적 수사의 흐름 속에서 국내외 뉴스에 할애되는 지면 비율은 꾸준히 증가했지만, 뉴스는 모두 정치에 물들어 있었다. 몇 가지 '특집feature' 만이 긴장을 완화할 뿐이었다. 1793년 신세계 최초의 칼럼니스트이자 소설가 이자 극작가인 로열 타일러가 〈뉴햄프셔 저널〉 독자들에게 시사 문제에 대한 재치 있는 논평을 제공하기 시작했고, 프랭크 크레인 박사의 선구자인 '평신도 설교자'는 사회 전반에 대한 교훈을 전달했다. 마침내 '말 없는 저널리즘' 은 1811년 뉴잉글랜드의 편집자 벤자민 러셀이 '게리맨더gerrymander' 만평* 을 내놓으면서 그 모습을 확실히 드러냈는데, 이 만평은 이 주제에 관한 많은 현대 사설이 수십 년 동안 먼지 속에 묻힌 후에도 한 세기 이상 지속될 운명을 타고났다. 아메리카인들은 농담과 그림을 통해 치열한 정치의 긴장을 조금이나마 완화하고 지옥의 공포를 완화할 수 있다는 생각에 스스로를 비웃기 시작했다.

---

* 이 카툰은 매사추세츠 주의 주지사였던 엘브리지 게리Elbridge Gerry가 추진한 선거구 재조정에 대한 비판으로 그려졌다. 게리는 자신의 정당인 민주공화당이 선거에서 유리한 위치를 점하도록 특정 지역의 선거구를 기형적으로 변경했는데, 이 선거구 모양이 마치 도마뱀이나 용 같은 생명체를 닮아 있어 논란이 되었다. 벤자민 러셀은 이 괴이한 선거구 지도를 풍자적으로 강조하며 도마뱀과 유사한 모습을 카툰에 담아냈고, 이를 '게리의 도마뱀 Gerry's salamander'이라는 뜻으로 게리맨더gerrymander라고 불렀다. 이 카툰은 사람들에게 정치인들이 권력 유지를 위해 선거구를 조작하는 문제를 시각적으로 인식하게 했고, '게리맨더링'이라는 용어는 이후 불공정한 선거구 조정을 지칭하는 일반적인 정치 용어로 자리 잡았다.

11

새로운 농업 주들

조지 워싱턴이 취임하고 제임스 먼로가 은퇴하기까지의 기간 동안 '농업적 이해관계'는 그 영역을 넓히고 지지자를 늘리며 부를 축적해 나갔다. 초대 아메리카 대통령이 월스트리트에서 취임 선서를 했을 때 연방에는 13개 주가 있었는데, 30년이 조금 넘는 기간 동안 미시시피 밸리에 켄터키, 테네시, 오하이오, 루이지애나, 인디애나, 미시시피, 일리노이, 앨라배마[1819년, 22번째로 연방에 가입], 미주리의 9개의 새로운 주commonwealth와 뉴잉글랜드 외곽에 버몬트와 메인 2개의 주가 세워졌다. 같은 기간 동안 국가의 인구는 거의 3배로 증가했으며, 기존의 매사추세츠, 로드아일랜드, 코네티컷, 버몬트를 합친 것보다 더 많은 주민이 켄터키와 테네시에 거주했다. 인구 이동과 새로운 공동체의 등장으로 정치적 무게 중심이 서쪽으로 이동한 것은 당연한 일이었다.

먼로 행정부 말기에 대통령들의 어머니인 버지니아는 왕홀王笏을 양보해야 했다. 그로부터 4년 후 매사추세츠도 1824년 대선에서 우연한 사고로 당선된 보수의 아들 존 퀸시 애덤스가 테네시의 앤드루 잭슨이 이끄는 서부 민주당[*]의 홍수 앞에서 백악관에서 쫓겨나면서 물러날 수밖에 없었다. 1800년 해밀턴이 이끄는 금융, 상업, 산업 당파의 권력을 몰아냈던 농경 세력은 이제 개척지에서 영입한 신병들에 의해 무적의 존재가 된 듯했다.

'부와 재능'을 가진 정치인들이 벽에 적힌 글씨를 읽으며 절망에 빠진 것^{**}은 당연한 일이었다. 10년 전 하트포드 대회에 모인 연방주의자들은 새로운 서부 주들이 들어서면 농업 부문과 상업 부문 사이의 미묘한 균형이 깨지고, 서부 농부들과 연합한 [남부] 농장주들의 이해관계가 한동안 국가를 지배할 것이며, 결국 인구가 늘어나고 숫자가 늘어난 서부 주들이 전체의 이해관계를 지배하게 될 것이라고 예언했다. 이 재앙을 막기 위해 재앙의 점쟁이들은 헌법 개정과 같은 기발한 종이 프로젝트를 제안했지만, 그 어떤 말로도 군중들의 갈구를 막을 수 없었고 문도 막을 수 없었다.

수년에 걸쳐 이주의 물결은 서쪽으로 흘러갔고, 그 여파로 정치 공동체로 조직된 농민과 농장주들은 국가 정부에서 정치 권력을 최대한 확보하고 사용

---

* 현재의 미합중국 민주당Democratic Party은 1828년 앤드루 잭슨과 그의 지지자들에 의해 창당되었다. 세계에서 가장 오래된 정당이다. 당시 민주당은 기존의 민주공화당Demo-cratic-Republican Party에서 갈라져 나와 발전했다. 잭슨의 정치적 지지자들은 기존 정당 구조에서 벗어나 보다 대중적인 민주주의를 주장했으며, 주로 서부 농민과 노동자 계층을 대표하고자 했다. 잭슨의 민주당은 '잭슨주의 민주당Jacksonian Democracy'이라는 이름으로 불리며, 대중 참여와 권력 분산을 핵심으로 하는 민주주의를 지향했다. 1828년 대선에서 잭슨이 대통령으로 당선되면서 민주당은 본격적으로 미국의 주요 정당으로 자리 잡기 시작했다. 현재의 민주당은 잭슨주의에서 시작된 전통을 이어받았지만, 정치적, 사회적 환경의 변화에 따라 여러 번 변화를 겪었다. 남북전쟁으로 인한 몰락과 20세기 초반 윌슨의 진보 정책과 프랭클린 D. 루스벨트의 뉴딜 정책 등을 통해 사회 복지와 경제적 재분배를 중시하는 방향으로 진화했으며, 현재는 사회적 자유주의, 인권, 다양성 존중 등을 핵심 가치로 삼고 있다. 따라서, 현재의 민주당은 잭슨주의 민주당에 뿌리를 두고 있지만, 정치적 이념과 정책에서 다소 차이가 있다. 하지만 그 뿌리의 중요성은 아무리 강조해도 지나치지 않을 것이다.

** 바빌론의 벨샤자 왕이 주최한 잔치에서 벽에 신비한 글이 나타났다는 구약성서 〈다니엘서〉 5장의 이야기를 암시한다.

하기 위해 열심히 노력했다. 그리고 그들의 수고는 보상이 없지 않았다. 존 퀸시 애덤스가 떠나고 시어도어 루즈벨트가 취임하기 전까지 선출된 14명의 아메리카 대통령 중 4명을 제외한 모든 대통령이 미시시피 밸리에서 태어났거나 이곳 주민으로서 어려서부터 이곳의 주민과 이해관계에 자신들을 동일시했다.

§

뉴잉글랜드의 언덕과 버지니아의 저지대를 점령한 침략보다 훨씬 더 큰 규모의 이 서쪽 이주는 한 가지 측면에서 다른 중요한 식민지화 인종 이동과 구별되었다. 대서양 연안의 영국인 정착촌은 강력하고 감시가 철저한 정부의 보호 아래 강력한 기업이나 반semi봉건적 소유주의 후원을 받아 설립되었다. 이와는 대조적으로, 애팔래치아 산맥을 넘어 아메리카 문명을 전파한 운동은 본질적으로 개인주의적이었다. 의심할 여지 없이, 토지 회사들이 서부로 향하는 길을 개척하는 데 도움을 주었지만, 그 수가 적었고 특히 초기 단계가 진행된 후에는 점령 과정에서 그들의 역할은 상대적으로 중요하지 않았다. 때때로 이웃들의 작은 연합회가 오래된 대서양 공동체에서 분리되어 산을 넘어 단체로 이동했지만 기업의 사업과 마찬가지로 그들의 모험은 대륙 제국을 가득 채운 대규모 이주의 소용돌이에서 작은 회오리에 불과하다는 점도 인정해야 한다. 대체로 위대한 서부는 개인 또는 더 정확하게 말하자면 가족 단위에 의해 정복되었다.

해안의 영국 공동체 개척자들이 미시시피를 향한 길을 처음 열기 시작했을 때, 서부 지역은 여러 해안 식민지들이 영국 국왕의 칙허장과 보조금에 따라 서로 상충되는 법적 권리를 가지고 있는 황무지였다. 1763년 안정적인 정착을 위해 변경을 폐쇄한 왕실 포고령 등 여러 가지 이유로 청구인들은 자신들의 땅을 개발하는 데 별로 노력을 기울이지 않았지만, 일반 대중은 아니더라도 적어도 정치인들과 땅 투기에 관심이 있는 투자자들은 그 가치를 높이 평가했다.

따라서 혁명이 발발하자 조지 로저스 클라크는 무장 탐험대의 수장으로 오하이오 지역에서 영국의 지배권을 빼앗기 위해 서부로 파견되었다. 예상대로, 이 공격은 성공적이었다. 독립전쟁이 끝나갈 무렵 영국과 평화 조약을 협상하는 동안 아메리카 대표단은 미시시피 강에 아메리카의 서쪽 경계를 고정함으로써 성과를 거둘 수 있었다.

한편 아메리카에서는 승리의 과실을 놓고 활발한 경쟁이 벌어졌다. 좋든 나쁘든 영유권을 주장한 주를 장악한 정치인들은 당연히 서부 땅의 처분을 지시하고 영국과의 투쟁 비용의 일부를 그 출처에서 회수하기를 원했다. 그러나 다른 주의 정치인들은 이러한 독점에 몹시 분개하며 북서부가 공동의 희생으로 얻어졌다고 선언하고 승리의 과실을 동등하게 분배할 것을 요구했다. 결국 우여곡절 끝에 국가 소유 원칙이 채택되었고, 여러 청구인들은 때때로 특정한 유보 조항과 함께 자신들의 소유권을 미합중국에 양도했다.

이 거대한 영토를 이양받은 정부, 즉 연합 규약Articles of Confederation에 의해 만들어진 의회는 비록 원대한 식민지 계획을 실행하기에는 너무 미약했지만 효과적인 점령에 필요한 몇 가지 조건을 만들어 개인과 기업이 행동할 수 있는 길을 준비했다. 1784년과 1785년에 제정된 두 개의 주목할 만한 법령은 북서부 영토[준주]Northwest Territory*에 중요한 선례를 남겼다.

첫 번째 법령에서 의회는 서부에서 조직될 준주들은 수도에서 파견된 총독이 통치하는 로마 제국 속주의 지위에 머물러서는 안 되며, 궁극적으로 연방의 모든 권리와 특권을 누리는 주로서 인정되어야 한다는 운명적인 원칙을 천명했다. 두 번째 법령은 농가, 타운, 카운티, 주를 직사각형 또는 체스판 모양으로 개척하는 공식 측량을 위한 규정을 만들었다. 실제 정착과 관련하여

---

* 현재의 오하이오, 인디애나, 일리노이, 미시간, 위스콘신, 그리고 미네소타의 일부를 포함한다. 1787년 북서부 조례Northwest Ordinance를 통해, 새로 획득한 영토에 기존의 13개 주에 대한 '준주territory' 개념이 들어서기 시작한 것으로 보인다.

의회는 또한 개척자와 투기꾼이 합법적인 절차에 따라 소유권을 취득하고 불가침의 유효한 소유권을 취득할 수 있도록 토지 매각을 준비했다. 그러나 이러한 조치는 훌륭했지만 인디언, 무단 거주자 및 무법자를 견제하고 투자자와 농민이 재산을 평화롭게 소유할 수 있도록 보장할 수 있는 효율적인 정부, 즉 북서부 준주를 위한 한 가지 중요한 요소가 고려되지 않았다. 이 중요한 법안이 통과되기 전까지는 대규모 식민지 개척을 성공적으로 수행할 수 없었다.

마침내 민간 기업의 강력한 압력으로 부족했던 요소가 공급되었다. 1786년 3월, 독립전쟁에 참전했던 많은 뉴잉글랜드 시민들이 보스턴에서 모여 북서부의 거대한 토지를 매입하기 위해 오하이오 토지 회사를 조직했다. 계획을 완성한 후 그들은 마나세 커틀러 목사가 이끄는 대변인을 뉴욕으로 보내 미합중국 의회와 필요한 협의를 진행했으며, 여기에는 토지 양도 외에도 효율적인 준주territory 정부를 구성하는 방안도 포함되었다.

놀랍게도 이 선견지명이 있는 발기인들은 의회의 무시와 무관심에 부딪혔고, 결국 몇몇 영향력 있는 의원들이 이 거래의 이익을 공유하기로 비밀리에 동의했다. 커틀러 목사는 청교도 설교 저자들의 관례보다 더 정확하게 개인 일기장에 이 사업에 대한 설명을 적었다. '우리는 거의 500만 에이커의 땅을 얻었다⋯⋯ 150만 에이커는 오하이오 회사를 위해, 나머지는 아메리카의 많은 주요 인물들이 관여한 개인 투기를 위한 것이었는데, 이 투기와 연결되지 않았다면 오하이오 회사도 그와 비슷한 조건과 이득을 얻을 수 없었을 것이다.' 토지에 대해 정부에 지불해야 할 금액은 에이커당 정화 약 8~9센트로 고정되었다. 관리 계획은 의회에 의해, 지금은 유명해진 '오하이오 북서부 미합중국 영토에 관한 정부 조례Ordinance for the Government of the Territory of the United States Northwest of the Ohio'로 제공되었다.

이 기억에 남는 문서에 따르면 주지사, 비서관, 판사가 법을 만들고 집행할 수 있는 전권을 부여받아 북서부를 임시로 통제할 수 있었다. 또한 이 프로젝트를 설계한 오하이오 토지 회사의 관리자와 의회 의원들이 이 지역 전체의 공식 통치자가 되었다. 많은 설득 끝에 자신이 의사봉을 휘두르는 입법 기관을 통해 필요한 조치를 취하는 데 도움을 준 미합중국 의회 의장 아서 세인트 클레어 장군은 회사 주식 외에도 북서부 준주의 주지사라는 유급직을 보상으로 받았다.[이 거대한 영토가 현재의 주들로 분리된 것은 점진적으로 이루어졌고 당시에는 하나의 준주였다] 회사 이사 중 두 명은 판사로 임명되어 세인트 클레어와 함께 근무했으며, 이 세 명이 사실상 서부 지역의 통합 입법부, 행정부, 사법부를 구성했다.

이 조례는 이러한 임시적인 조치 외에도 먼 미래를 대비했다. 이 조례는 영토 내에 5천 명의 자유 남성이 확보되는 즉시 50에이커의 토지를 소유한 남성 시민이 참정권을 누릴 수 있는 대중 집회popular assembly를 설립해야 한다고 규정했다. 종교의 자유가 보장되었고, 배심원 재판, 승인된 사법 절차, 인신 보호 영장Habeas corpus이 모든 국민에게 보장되었으며, 학교 설립과 교육 증진이 장려되었다. 새로운 휴머니즘의 정신에 따라 노예 제도와 비자발적 노역은 엄격하게 금지되었다. 버지니아에서 제퍼슨이 최근 단행한 개혁을 반영하여 고대 장자 상속법에 따른 재산 축적을 막고 과부의 권리를 보호하기 위해 재산을 사망자의 자녀에게 균등하게 분할해야 한다는 조항을 마련했다. 마지막으로, 이 지역에 형성될 준주들은 이전 주들과 동일한 조건으로 적당한 시기에 연방 가입이 이루어질 것이었다.

이러한 것들이 서부의 정치 공동체 발전을 지배하기 위해 제정된 큰 틀의 원칙들이었다. 이 원칙들은 1789년 미합중국 헌법에 따라 소집된 의회에서 확정되었다. 노예제 금지를 제외하고, 그것들은 이듬해 노스캐롤라이나가 연방에 양도한 오하이오 남부 영토에 적용되었고, 1798년에는 조지아가 양도한 미시시피 영토에 다시 적용되었다.

정부에 대한 문제를 해결했으니, 다음 문제는 정착민과 투기꾼에게 서부 토지를 매각하는 방법을 채택하는 것이었다. 이 문제는 연방주의와 공화주의의 국가 이론이 얽혀 있는 까다로운 문제였다. 이 문제는 오랫동안 영국 왕실의 조언자들을 괴롭혔고, 한 세기가 넘도록 아메리카 정치인들을 괴롭혔다. 1776년의 후렴구가 여전히 귓가에 맴도는 가운데, 이미 언급된 1785년 법안에서 의회 의원들은 640에이커의 서부 토지를 특정 행정 비용을 더해 에이커당 1달러의 최소 고정 요율로 판매할 수 있도록 규정했다. 그러나 1796년, 초기 포퓰리즘의 열기가 다소 식은 후, 의회는 가격을 2달러로 인상하고 경매를 통한 매각을 승인했다.

공공 영역에서 수입을 늘리기 위한 해밀턴 계획의 일부인 이 법안은 투기꾼이나 어떤 경우에도 대규모 부동산 구매자에게 유리하고 작은 농토를 찾는 농부의 요구를 충족시키지 못함으로써 제퍼슨 추종자들로부터 필연적으로 폭풍 같은 비판을 불러일으켰다. 4년간의 동요 끝에 의회는 구매자들의 편의를 위해 서부에 토지 사무소를 개설하여 양보했다. 그럼에도 가난한 사람들의 외침은 점점 더 커졌고, 결국 1820년 의회는 80에이커의 작은 토지를 에이커당 1.25달러 이상에 판매할 수 있도록 규정할 수밖에 없었다. 이 개혁이 성공하자 자유 정착자를 옹호하는 사람들은 워싱턴 정치의 시끄러운 소음을 뚫고, 결국 의회의 탐욕스러운 법안으로 조용해질 때까지, 계속해서 자신들의 목소리를 냈다. 따라서 제퍼슨주의 정치경제학에 따라 공공 정책의 흐름은 소작인에 의해 경작되는 거대한 영지의 설립에 반대하는 방향으로 흘러갔다. 대량으로 땅을 사들인 투기꾼과 기업들조차도 노예 노동을 통해 소유지를 개발하거나 장기간 보유할 수 없었다. 사실상 그들은 실제 정착민에게 합리적인 조건으로 작은 단위로 땅을 판매해야 했고, 이러한 방식으로 농부와 그의 가족이 경작하는 60, 80 또는 160에이커의 소규모 자유지가 북서부 농업의 전형적인 단위가 되는 과정에 기여했다.

§

그것은 18세기 말 다음 대이동의 물결을 기다리던 경이로운 처녀지 제국이었다. 티그리스 강, 유프라테스 강, 나일 강이 먼 고대에 강둑을 따라 문명을 건설하도록 인류를 초대했듯이, 미시시피 밸리는 이제 현대에 이르러 사회적 경제의 새로운 실험을 위해 지구의 사람들을 소환했다. 그리고 그것은 얼마나 멋진 밸리였는가! 미시시피 강과 그 지류는 볼가 강을 제외한 유럽의 모든 강을 합친 것보다 더 많은 양의 물을 운반했다.

넓은 분지에는 호반湖畔의 추운 겨울부터 앨라배마와 미시시피의 반열대 여름까지 모든 기분과 기질에 맞는 기후가 존재했다. 거의 모든 과일, 채소, 곡물을 재배할 수 있는 토양과 계절이 있었다. 집, 헛간, 공장, 보트, 바지선 등 모든 종류의 구조물에 적합한 단단한 나무와 부드러운 나무로 이루어진 숲이 있었다. 호수에서 만까지 석탄, 철, 구리, 납 등 현대 제국을 건설하는 거대한 산업의 주요 재료가 되는 풍부한 광맥이 흩어져 있었다. 그리고 그야말로 액션의 극장이었다! 옛 식민지와 미시시피 강 사이에 세워진 9개 주의 영토는 영국, 독일, 이탈리아를 합친 면적보다 더 넓었으며 거기에 네덜란드와 벨기에를 더한 것과 비슷했다. 북서부 영토만 해도 프랑스나 독일이 여유롭게 들어설 수 있을 정도였다.

이 새로운 진취적인 활동의 무대로 자연이 만들어낸 네 개의 길이 옛 주에서 이어졌다. 남쪽으로는 알렉산드리아에서 리치몬드까지, 그리고 리치몬드에서 컴벌랜드 갭을 지나 켄터키 땅까지 이어지는 길이 있었는데, 이 길은 1769년 초에 대니얼 분에 의해 개척된 후 시간이 지나면서 마차 도로로 확장되었다. 두 번째 길은 알렉산드리아에서 서쪽으로 산을 넘어 그레이트 카나와를 건너 분스보로까지 이어졌다. 중부 지역에서는 필라델피아, 볼티모어, 알렉산드리아에서 각각 출발한 세 개의 도로가 피츠버그에 모였는데, 오하이오 강의 넓은 물길이 이민자들이 먼 나라로 쉽게 이동할 수 있는 길을 제공했다. 북쪽으로는 올버니에서 시작된 제네시 도로가 평지를 지나 북서부 영토 위쪽의 주요 관문인 이리 호수의 버팔로까지 거의 정서正西 방향으로 뻗어 있었다.

서부로 향하는 이 자연적인 길은 각각 고유한 역사를 가지고 있다. 한동안

510

컴벌랜드 루트가 우위를 차지했다. 이 도로가 지나는 지역은 초기에는 버지니아와 노스캐롤라이나 주 정부 아래 있었는데, 이 두 주는 정착민에게 간단한 조건으로 토지를 제공하고 인디언으로부터의 보호를 제공했다. 이 도로는 해당 주 고지대 농부들의 뒷문과 매우 가까웠고, 지금까지 쟁기로 갈아엎었던 땅보다 더 비옥한 땅으로 그들을 이끌었다. 게다가 노예를 소유한 해안 농장주들의 진격은 그들에게 지속적인 압력을 가했고, 컴벌랜드 루트를 통해 그 진격을 피하도록 그들을 몰아갔다.

18세기 말 식민지 개척이 본격화되고 북서부 영토가 개방되면서 오하이오 강 루트를 통해 점점 더 많은 이민자들이 모여들기 시작했다. 해안에서 피츠버그까지 가는 여정은 어려움이 많았지만, 이민자 가족이 오하이오 강 상류에 도착하자마자 두세 명이 탈 수 있는 가벼운 카누나 10톤짜리 바지선 등 거의 모든 종류의 배를 구입할 수 있었기 때문에 남은 여정 동안 가재도구, 마차, 쟁기, 소 등을 싣고 강을 따라 선택한 목적지에서 가장 가까운 선착장까지 승객을 태우고 이동할 수 있었다. 하지만 얼마 지나지 않아 오하이오 노선은 북쪽의 경쟁 노선, 특히 1806년에 개통된 내셔널 로드National Road와 1825년에 개통된 이리 운하와 경쟁하게 되었다.

이 다양한 경로를 통해 미시시피 밸리로 이주한 이야기는 호메로스를 찾지 못한 서사시이지만, 수많은 프로와 아마추어 역사가들이 불멸의 음유시인이 등장할 때 사용할 자료를 모았다. 인디언의 흔적을 되짚어보고, 뱃길을 발견하고, 옛 마차길을 지도에 표시했다. 아처 헐버트는 제국 건설자들이 새로운 노동의 현장으로 이동한 최초의 도로를 표시했다. 미시시피밸리역사협회Mississippi Valley Historical Society가 주축이 된 지역 역사 단체는 오래된 장롱과 통나무 방에서 자신과 자식들을 위해 일했던 개척자들의 이야기를 담은 누런 신문, 빛바랜 편지, 사프란색 일기장 등을 구해냈다. [시어도어] 루즈벨트는 평소의 취향대로 이 이야기를 여섯 권에 걸친 장편으로 집필했는데, 제목은 다소 오해의 소지가 있는 '서부의 획득The Winning of the West'였다. 터너와 그의 세심한 연구자들은 발전하는 서부 개척이 아메리카의 삶과 정치에 미친 영향을 분석했다. 오랫동안 소홀히 다루어졌던 주제에 대한 열정으로 그들이 자신들의 주장을 지나치게 밀어붙였다면, 어찌됐든 청교도와 기병대의 역사가들은 주일 설교와 문장紋章이 찍힌 두루마리보다 더 현실적인 것에 주목할 수밖에 없었다.

§

산과 계곡을 가로질러 숲을 지나 대초원 위로 퍼져 나가는 이주의 물결이 연이은 물결을 이루며 전진했다. 그 선봉에는 소총을 든 냉정하고 무뚝뚝하며 두려움을 모르는 남자가 있었다. 그는 천 년 동안 쌓인 낙엽으로 카펫을 깔고 고딕 아치 같은 나무 사이로 쏟아지는 햇살에 초조해하며, 야수가 그림자 사이로 슬금슬금 기어 다니고, 가끔 쓰러지는 나뭇가지가 땅에 부딪혀 천둥 같은 굉음을 내는 곳, 성당의 제단에서 타오르는 촛불이 아치형 지붕의 흔적에 광선을 높이 드리우듯, 밤의 화톳불이 촘촘한 나뭇가지 사이의 어둠 속으로 타오르는 길 없는 숲을 좋아했다.

구불구불한 강을 따라 카누의 노를 저어 가거나 숲과 수풀을 헤쳐나갈 때 사냥꾼의 신경은 경계심으로 팽팽하게 긴장했다. 그의 맑은 눈은 적이나 먹잇감의 흔적을 재빨리 식별하고 치명적인 정확도로 소총의 사거리를 찾아냈다. 연습으로 단련된 팔의 근육은 공격자와 근접전을 벌일 때마다 긴 칼을 목표 지점에 정확히 겨냥할 수 있었다. 그가 쫓는 사슴처럼 경계심을 늦추지 않고, 그의 앞을 가로지르는 뱀처럼 조용히, 사냥꾼은 인간이나 짐승에게 알려진 모든 종류의 계략에 맞서 위험한 기술을 수행했다. 그는 무해한 새의 울음소리나 부엉이의 울음소리처럼 보이는 소리가 들리면 땅에 엎드려 죽은 듯이 가만히 누워서, 자신을 쏘기 위해 나뭇가지 사이에서 대기하고 있는 인디언의 목소리를 드러내는 거짓 소리가 없는지 확인하기 위해 귀를 곤두세웠다. 그는 황야의 전리품을 차지하기 위해 붉은 사냥꾼[인디언]과 오랫동안 경쟁하면서, 숲의 법도를 무시한 백인에게 어떤 무서운 벌이 기다리고 있는지 배웠기 때문이었다.

라이플맨은 사냥 습관이 비사회적이었기 때문에, 일반적으로 변경邊境 지역 또는 그 근처에 가족이 있었다. 아내와 아이들의 조력으로, 그는 링컨의 어머니가 죽었던 오두막처럼 한쪽이 열려 있는 허름한 은신처를 마련했다. 그는 근처에 있는 나무 몇 그루를 졸라매 죽게 하고 자신의 땅 주변에 횡목 울타리를 설치했다. 가족은 그곳에 옥수수, 콩, 순무, 양배추, 감자를 심었다. 사냥꾼이 숲에서 사냥감을 찾거나 인근 개울에서 낚시를 하는 동안 아내와 아이들은 정원의 얽히고설킨 뿌리와 거친 풀 사이를 힘차게 헤집고 다녔다. 가을이 되면 농작물을 수확하여 옥수수는 거친 침대에 저장하고, 짚으로 덮은 양배추, 순무, 감자는 겨울 양식을 저장해 놓는 큰 둔덕에 묻었다. 나뭇가지와 진흙으로 만든 큰 벽난로용 땔감은 숲 가장자리에서 구했다. 모든 국면에서 생활 방식은 거칠고 조잡했지만 그럼에도 원시 문화의 양상과는 거리가 멀었다.

이러한 거친 환경 속에서 사냥꾼 자신이 만족했더라도, 그의 아내가 경쟁에서 자신의 몫에 똑같이 만족했다고 말할 수는 없다. 거의 항상 그녀는 더 높은 질서의 문명에서 마지못해 온 도망자였고 더 오래된 사회의 더 부드러운 것들에 대한 갈망을 피할 수 없었다. 보통 그녀는 린지-울시 소재의 거친 드레스와 챙이 큰 선보닛을 쓰고 끔찍한 외로움 속에서 집안의 소박한 의무를 수행하는 불쌍한 존재였다. 자연의 일부였던 인디언 여인과는 달리, 정착촌의 평탄한 길을 전혀 알지 못했던 사냥꾼의 아내는 남편만큼 빨리 야생의 방식과 기질에 빠져들지 못했다. 하지만 그녀의 운명은 정해져 있었고, 그녀는 운명을 그대로 받아들이며 변경의 그림자를 뚫고 의연하게 행진했다.

이주한 정착민들로 그녀의 숲속의 집이 문명의 일부 요소를 갖추기 시작하면서, 사냥꾼 남편은 사냥감 공급이 줄어들었다는 것을 깨닫고, 불안해하며 '서쪽으로 가자'고 말하기 시작했다. 때때로 탄식이 섞인 기나긴 논의 끝에 그는 가족들에게 '다른 곳으로 이주해 키가 큰 나무를 베어 목재로 팔자'고 가족을 설득하거나 명령했다. 어차피 그에게 이주는 큰 노력이 들어가는 일이 아니었다. 종종 그는 소유권이 없는 땅의 무단 점유자에 불과했다. 정부의 자유주의적 선점 계획에 따라 땅에 대해 그가 정당한 권리를 가지고 있다 해도 그다지 큰 가치는 없었고, 새로 온 이주민에게 쉽게 그것을 팔 수 있었다. 그래서 그는 가벼운 마음으로 오두막과 개간지를 처분하고 가족들과 함께 지는 해를 향해 얼굴을 돌렸다.

라이플총을 든 남자의 뒤를 이어 영구적인 집을 찾는 사람들이 왔다. 북서부, 그리고 보통 남서부에서 이 다음 단계 직업의 리더는 쟁기를 든 사람, 더 정확하게 말하면 가정 경제의 관습이 확립된 가족, 즉 밭의 안정적이고 냉정한 산업을 이해하고 사랑하는 농경 집단, 편안함과 안정감, 세련미를 창조하는 천 가지 예술의 여주인인 주부, 변경 지대를 즐거움으로 울리게 하고 성장하면서 부모를 풍요롭게 하는 데 도움을 주는 천방지축의 아이들이었다. 이러한 유형의 이민자들은 곧 거주지의 네 번째 벽에 유리로 된 창을 만들고, 얼마 지나지 않아 최초의 통나무집을 잘 지어진 골조 또는 벽돌로 된 주거지로 대체했다. 그들은 경작을 위해 넓은 땅을 개간하고 이웃과 힘을 합쳐 숲을 가로지르는 도로를 내고 개울을 가로지르는 투박한 다리를 놓았으며 교회와 학교를 지었다.

카운티의 정착지가 단단한 농가들로 팽창함에 따라 지역 정부를 위한 규정을 만들고 법원과 통나무 감옥을 세우고 민사 및 형사 사건에서 거칠고 손쉬운 정의를 집행할 관리들을 선발했다. 1세대가 자녀들에게 자리를 물려줄 준비가 되기 전, 1836년 오하이오 주[1803년, 17번째 주로 편입]를 여행하던 한 여행자가 '광목, 비단, 레그혼, 크레이프, 그리고 모든 세련미, 사치품, 우아함, 경박함, 패션이 유행하는' 번성하는 마을로 성장한 곳이 바로 카운티 소재지였다. 몇몇 독창적인 사람들은 소규모로 제조업체와 제분소를 설립했고, 모든 요소가 갖춰진 비즈니스 산업이 시작된 것이다.

이 부류의 가족은 첫 정착지에서 적어도 2, 3세대에 걸쳐 뿌리를 내리는 경우도 있었지만, 종종 서부 열병에 휩싸여 새로운 엘도라도를 찾아 사냥꾼처럼 떠난 경우도 있었다. 서부로 향하는 행군 중에 대여섯 번이나 야영을 하는 농부들을 먼 곳에서 발견하는 것은 드문 일이 아니었다. 실제로 고갈된 토양을 개선하려면 많은 농부들이 할 수 있는 것보다 더 많은 과학적 지식이 필요했기 때문에, 미숙련자들에게는 미지의 땅으로의 이주가 빈곤에서 벗어날 수 있는 가장 쉬운 방법이었다.

오하이오 강 남쪽에서 사냥꾼들에 이어 정착한 사람들은 대체로 백인 농부들이었으며, 정신과 목적이 북서부 영토에 거주하던 사람들과 비슷했다. 일부 지역의 기후가 농장주들이 노예를 데려오도록 유도했다면, 숲을 벌목하고 땅을 개간하고 문명의 시작을 만드는 작업은 일반적으로 그들이 극복하기에 적합하지 않은 장애물을 제공했다. 그래서 남부 황야로 처음 진출한 사람들은 부지런한 백인 가정이었고, 켄터키와 테네시의 고지대 지역에서는 영구적으로 토지를 소유할 수 있었다. 그러나 집을 짓는 사람들 뒤에는 특히 더 넓은 밸리와 더 넓은 평야로 노예를 거느린 주인이 나타나 선조들의 땅을 사들이고, 통합하고, 확장했다. 이런 식으로 옛 남부와 북서부를 구분하는 특징 중 하나가 미시시피 밸리 하류로 널리 퍼졌다. 남부의 관찰자들이 말하듯이 서부의 주인들은 버지니아와 캐롤라이나 저지대의 웅장한 신사들보다 더 영리하고 덜 꼼꼼했지만, 그들은 모두 공통의 관심사, 특히 '독특한 제도peculiar institution'[남부에서 '노예제'를 완곡하게 표현한 말]에 닿아 있는 부분에 대해서는 단결되어 있었다.

§

서부 개척의 역사를 시간 순서대로 살펴보면 켄터키 및 테네시 지역 점령과 관련된 단계와 북서부 영토 정착과 관련된 단계로 구분할 수 있다. 서부 개척의 첫 번째 진출은 식민지 시대 어딘가의 날짜에 오하이오 남쪽 지역에서 이루어졌는데, 이 시기는 서부 연대기에는 기록되지 않았다. 루즈벨트는 1654

년 초에 '우드 대령'이라는 사람이 켄터키에 있었다'고 기록했으며, 1750년에는 '진정한 탐험가이자 측량가'였던 버지니아의 토머스 워커 박사가 켄터키 강 상류로 향했고, 돌아와서 여행에 대한 재미있는 일기를 썼으며, 현재 인쇄된 형태로도 볼 수 있다고 기록했다. 몇 년 후 피츠버그의 사냥꾼인 스토너와 해로드는 내슈빌 근처 컴벌랜드 강변에서 버팔로를 사냥하고 있었다.

어쨌든 1769년 대니얼 분이 다섯 명의 동료와 함께 야드킨의 집을 떠나 산악지대를 지나 푸른 초원 지역으로 나올 때까지 단호하게 서쪽으로 밀고 나갔을 때 길은 끊어져 있었다. 그곳에서 둥근뿔고라니, 곰, 버팔로 등 기쁨을 주는 풍부한 사냥감을 발견한 분은 노스캐롤라이나의 언덕에서 한 번도 들려주지 않았던 이야기를 고향에 전했다. 그의 이야기에서 영감을 얻은 다른 사냥꾼들은 그가 개척한 길을 따라 서부로 달려갔고, 미시시피 강에 도착해 강변의 프랑스 교역소와 연락을 취할 때까지 작전을 계속했다.

선구자들의 바로 뒤에는 버지니아, 노스캐롤라이나, 조지아에서 온 개척자들과 그 가족들이 있었는데, 이들 대부분은 고향의 흙 언덕에서 벗어나고자 하는 스코틀랜드–아일랜드계 농부들이었다. 대니얼 분이 처음으로 산을 넘은 바로 그해에 버지니아 서부의 농부들은 당시 노스캐롤라이나의 일부였던 테네시 동부의 와타우가 강 유역에 정착촌을 세웠다. 강을 따라 지어진 블록하우스 주변에 농장과 통나무집을 지어 동시대 사람들에게 분산된 농업과 적대적인 인디언에 대한 효과적인 대비책을 결합하는 어려운 기술을 시범적으로 보여주었다.

그 후의 10년 중반에 대니얼 분은 노스캐롤라이나의 큰손 투기꾼 헨더슨과 협력하여 개척자 무리를 이끌고 켄터키에 분스보로라는 지명을 설립했다. 혁명의 폭풍우 속에서도 이주는 계속되었고, 평화가 찾아온 후 모든 선례를 깨고 이주가 이루어졌다. 1790년 테네시 주[1796년, 16번째로 연방 가입]의 인구는 35,000명이었고, 켄터키 주[1792년, 15번째로 연방 가입]의 인구는 그 두 배에 달했으며, 인구조사 결과 당시 100년이 넘은 델라웨어 주나 로드아일랜드 주보다 더 많은 인구가 이주한 것으로 나타났다. 이듬해 테네시 주지사 윌리엄 블라운트는 테네시 강 유역에 주도를 건설하고, 연방주의자였던 워싱턴의 전쟁부장관을 기리기 위해 녹스빌이라는 이름을 붙였다.

서쪽으로 이동하는 두 번째 단계, 즉 북서부 영토로의 대이주는 전보다 운이 좋은 조짐 아래 시작되었다. 오하이오 남부의 정착민들은 다소 무관심한 두 부모 주의 보호 아래에서 일을 해야 했던 반면, 나중에 도착한 북서부의 개척자들은 헌법에 따라 설립된 새 연방 정부의 무력을 불러들일 수 있었다. 취임 후 얼마 지나지 않아 오하이오 주의 미래를 높이 평가했고, 그 자신 서부의 대지주였던 워싱턴 대통령은 변경 지대의 인디언들을 상대로 군사 원정을 조직하기 위해 적극적인 조치를 취했다. 그의 사령관 앤서니 웨인 장군은 백인 침략군의 가공할 만한 적들과 수차례의 충돌 끝에 마침내 주요 추장들을 무릎 꿇게 하고 1795년 영토의 동부와 남부에 백인 정착지를 허가하는 조약에 서명하도록 강요했다. 그 후 전투를 동반한 꾸준한 압박을 통해 원주민들로부터 땅을 빼앗아 농부들이 점령할 수 있는 땅이 하나둘씩 늘어났다. 물론 선봉에 선 백인 라이플맨은 사냥터를 파괴하는 적색 인종과 오랫동안 계속 충돌했지만, 웨인 조약 이후 북서부에서는 켄터키와 테네시를 '어둡고 피비린내 나는 땅'으로 만들었던 끔찍한 장면이 비교적 적게 발생했다.

마나세 커틀러의 토지 회사 발기인들이 1788년 하마 요새의 총구 아래 머스킹엄 강 유역에 세운 기지인 마리에타에서 오하이오 중부로 올라갈 수 있었던 것은 강력한 중앙 정부의 보호 덕분이었다. 코네티컷의 개척자들은 조상들이 피쿼드족에게 당했던 것보다 인디언의 위험이 적었기 때문에 코네티컷 주가 역사적 영유권을 연방에 넘기면서 보유하게 된 거대한 영토인 웨스턴 리저브 북쪽에 정착하기 시작했다. 모지스 클리블랜드는 두려움 없이 이리 호 기슭으로 향하는 길을 개척하여 1796년 거대한 도시로 성장할 수 있는 터전을 마련했다. 이렇게 시작된 두 개의 번영하는 식민지는 모두 뉴잉글랜드에서 파생한 것으로, 성장과 번영을 누렸다.

땅에 굶주린 청교도의 아들딸들이 미시시피 강을 따라 빠르게 전진하여 오하이오, 인디애나, 일리노이 북부, 미시건 남부와 위스콘신[1848년, 30번째로 연방에 가입] 그리고 서쪽으로 대평원을 향해 흩어지면서 마을 회의, 회중교회, 견실한 생활습관, 매사추세츠의 근검절약이 산 너머로 재현되었다. 따라서 웹스터는 청교도 상륙 200주년을 맞아 행한 장엄한 연설에서 다음과 같이 정확한 선언을 할 수 있었다. '뉴잉글랜드의 농장, 주택, 마을, 교회는 오하이오 강에서 이리 호수에 이르기까지 광활하게 펼쳐져 있고, 앨러게니 강을 따라 마이애미 강Miamis을 넘어 세인트 앤서니 폭포까지 뻗어 있다. 그들의 조상들이 상륙한 바위에서 서쪽으로 2천 마일 떨어진 곳에 이제 필그림의 아들들이 웃는 얼굴로 밭을 일구고 마을과 마을을 가꾸며 지혜로운 제도와 자유와 종교의 축복을 소중히 여기는 모습을 볼 수 있을 것이다…… 필그림의 아들들은 머지않아 태평양 기슭에 있을 것이다.'

뉴잉글랜드에 조금도 뒤지지 않는 중부와 남부 주들은 그들의 할당량을 채우기 위해 북서부 황야를 정복했다. 뉴저지 주민들은 강력한 투기꾼인 심스J. C. Symmes가 매입한 거대한 땅에서 초기 정착에 참여한 많은 군인을 기리기 위해 신시내티에 식민지를 세웠다. 펜실베이니아와 뉴욕은 뒷문만 열면 변경에 도달할 수 있었기 때문에 산 너머의 거의 모든 지역으로 정착민을 보냈다.

남부, 특히 노스캐롤라이나와 버지니아의 피드먼트 지역에서 이미 개척자 생활의 고난에 익숙해진 가족들이 쏟아져 들어왔다. 일부는 노예 제도의 위압적인 권력 앞에 반발하는 북부 카운티 출신 퀘이커교도들이었다. 또 다른 이들은 링컨의 부모처럼 유목적인 탐험가들이었는데, 이들은 동부의 척박한 땅에서의 부당한 노동에 지쳐서 시대의 조류를 따라 떠났다. 실제로 인디애나[1816년, 19번째로 연방에 가입]와 일리노이[1818년, 21번째로 연방에 가입] 남부에는 켄터키, 버지니아, 노스캐롤라이나 출신의 남성과 여성들이 주로 거주했으며, 이들은 이 지역의 경제, 문화, 정치에 지울 수 없는 족적을 남겼다. 제퍼슨적 민주주의의 원칙은 북쪽에 단정한 타운십township들을 건설한 매사추세츠와 코네티컷의 청교도들 사이에서 연방주의의 교리와 같은 규칙성을 가지고 발견되었다. 물론 많은 예외가 있었지만, 기민한 정치인들은 이를 어떻게 처리해야 할지 알고 있었다.

신세계의 해안가 주들과 마찬가지로, 구세계도 서부의 개발에 기여했다. 더 큰 기회를 노리는 영국 여행자들과 자본가들은 세기가 바뀌는 몇 년 동안 미시시피 밸리의 모든 중요한 지역을 방문했고, 그들 중 다수는 개척지의 젊은 사회 지도자들과 함께 제비를 뽑았다. 영어 서적 시장에는 곧 '옛 고향'에서 '개간지의 통나무집'으로의 여정을 설명하는 팸플릿, 간이 안내서, 허풍스러운 책들이 가득찼고, 모든 배에는 서부의 밸리로 향하는 영국 이민자들이 타고 있었다. 대륙에서 점점 더 많은 독일인들이 북서부 영토와 미시시피 강을 건너 미주리로 흩어졌다. 스위스인 무리가 오하이오 강변에 베베이Vevay 마을을 세웠고, 일부 프랑스인 정착민은 토지 투기꾼의 권유로 마르퀘트와 라살이 1세기 전에 탐험했던 비옥한 지역에서 재산을 일궈보려고 했다.

각지에서 온 이 이민자들이 황야를 정복한 속도는 믿기지 않을 정도였다. 1775년 뉴올리언스 외곽의 미시시피 밸리에는 백인이 5천 명도 채 되지 않았고, 주로 옛 터전을 지키고 있는 프랑스계 가족들이었다. 1790년 이 지역에는 약 11만 명의 백인이 거주했으며, 10년 후에는 그 수가 377,000명으로 증가했다. 1830년 인구조사에서는 오하이오 주에 937,000명, 인디애나 주에 348,000명, 일리노이 주에 157,000명, 켄터키 주에 687,000명, 테네시 주에 681,000명이 거주하고 있는 것으로 나타났다. 요컨대, 대규모 이주가 시작된 지 40년 만에 서부 지역은 정부, 기업, 소유주들의 자극과 후원으로 한 세기 동안 13개 식민지보다 더 많은 주민을 확보했으며, 영국이 그 위대한 영토를 정복한 후 100년에 걸쳐 캐나다에서 얻은 것보다 더 많은 주민을 확보했다. 아메리카 정착의 감동적인 연대기에서 이와 같은 일은 일어난 적이 없었다.

사실 이것은 엄청난 대중 운동이었다. 1787년부터 서부로 향하는 개척자들이 꾸준히 피츠버그를 통과했고, 그해에는 '9백여 척의 배가 1만 8천 명의 남녀와 아이, 1만 2천 마리의 말, 양, 소, 650대의 마차를 싣고 오하이오 강을 따라 내려갔'고 기록되어 있다. 여행자들의 증언에 따르면, 당시 길은 걸어서 또는 마차를 타고 부푼 희망을 안고 또는 죽기 살기로 서부로 행진하는 이민자들로 붐볐다. 유목의 열병이 확산되면서 동부의 모든 지역사회는 주민들을 빼앗겼다.

19세기가 여전히 시끌벅적하던 시절, 양키 선교사 티모시 플린트는 골드스미스의 한 버려진 마을에서, 서부 개척의 물결 속에서 뉴잉글랜드가 쇠락할 운명이라고 한탄하고 있었다. '우리의 주택, 학교, 교회는 폐허로 변할 것이다.' '우리의 묘지는 떡갈나무로 뒤덮일 것이다.' '그러나 여기저기서 비참한 은둔자가 아버지의 땅을 지키며 다른 시대의 이야기를 들려줄 것이다'라고 그는 외쳤다. 이 예언은 다소 과장된 면이 없지 않지만, 당시의 공포를 고스란히 담고 있다.

1830년 무렵 오하이오 강 유역에는 번성하는 마을과 야심 찬 도시들이 생겨났고, 남쪽과 북쪽에는 번영하는 지역사회가 곳곳에 자리 잡았다. 휠링, 마리에타, 뉴포트, 신시내티, 매디슨, 루이빌은 관광객과 상인들로 활기를 띠며 더 위대한 날들을 꿈꾸고 있었다. 신시내티에는 26,000명의 주민이 거주했다. 마이애미 운하의 다른 종착지인 데이턴은 인구 2,900명의 호황을 누리고 있는 도시였다. 버팔로를 경유해 동부 지역으로 이동하는 주요 지점 중 하나였던 샌더스키는 갈대처럼 무성하게 자라고 있었다. 클리블랜드는 이리 호수와 오하이오 강 사이에 건설 중인 운하가 개통되는 대로 메트로폴리스가 될 것으로 기대되는 활기찬 마을이었다.

인디애나에서 가장 인구가 많은 도시인 매디슨은 인구가 2천 명에 달했는데, 당시에도 '통에 담긴 돼지고기의 양이 많기로'[돼지고기 가공의 중심지라는 의미] 유명했다고 한다. 오하이오 주 경계에서 멀지 않은 중앙 변경에는 펜실베이니아와 노스캐롤라이나에서 온 퀘이커교도들이 리치몬드라는 안정적인 정착지를 건설했다. 1,200명이 거주하는 인디애나폴리스는 이미 인디애나 주의 수도가 되는 것으로 결정된 상태였다. 와바시 강 유역에 위치한 빈센스는 '카스카스키아 다음으로 서부에서 가장 오래된 곳'으로 고풍스러운 분위기를 풍기고 있었다. 로건스포트, 테레 오트, 크로포드빌, 라파예트 등이 숲속에서 떠오르고 있었다. 로버트 오언의 공산주의 식민지 '뉴 하모니New Harmony'는 위대한 실험을 했지만, 개인주의의 길로 돌아섰다. 오하이오, 인디애나, 일리노이, 켄터키 전역에서 야생 동물은 정착지 주변 지역에서 거의 사라졌고, 늑대가 가끔 양이나 돼지를 잡아먹기 위해 내려오거나 꿀을 찾는 큰곰이 가족의 식품저장실에서 발견되기도 했지만, 적어도 도로와 불에 탄 오솔길을 따라가는 여행자를 괴롭힐 위험한 짐승은 거의 남아 있지 않았다.

§

이 기원에 대한 스케치로 상상할 수 있듯이, 새로운 서부의 문명은 놀라움과 모순으로 가득 찬 체크무늬 형태였다. 이를 묘사하려 했던 많은 동시대 사람들은 다양한 공상을 만족시킬 수 있는 색상, 음영, 색조를 찾았다. 예일대 총장이자 제퍼슨의 열렬한 반대자였던 티모시 드와이트는 자신의 지역에서 오하이오 주로 이주한 대부분의 개척자들이 소농의 평준화 경향을 염두에 둔 무정부주의자보다 더 나을 게 없다고 단호하게 선언했다.

그는 이렇게 말했다. '그들은 일반 사회에서 살기에 적합하지 않다. 그들은 너무 게으르고, 너무 말이 많고, 너무 정열적이며, 너무 방탕하고, 재산이나 인격을 쌓기에는 너무 변덕스럽다. 그들은 법, 종교, 도덕의 구속을 견디지 못하고, 지배자, 목사, 학교 교장에게 지원되는 세금에 대해 불평하며, 항상 빚을 지고 있는 장인, 농부, 상인, 의사들의 갈취에 대해 끊임없이 불평하고 격렬하게 불만을 토로한다. 동시에 그들은 대개 자기 자신에 대해 특별한 지혜를 가지고 있다고 믿으며, 평생 동안 공부해 온 사람들보다 의학, 정치, 종교를 더 잘 이해한다고 생각한다. 그리고 그들은 자신들의 일조차 다른 사람들보다 더 잘 해내지 못하지만, 공공에 의해 임명된 책임자들보다 자신들이 국가의 문제를 훨씬 더 잘 처리할 수 있다고 완전히 확신하고 있다... 그들은 상급자의 나약함과 악덕을 비판하고, 자신과 같은 인재들에게 공직을 맡기지 않은 사회의 부당함을 폭로한 후, 마침내 자신들의 모든 노력이 헛되다는 것을 깨닫고, 가난에 대한 압박감, 감옥에 갈 두려움, 그리고 대중의 경멸을 느끼며 고향을 떠나 황무지로 향한다.' 이런 식으로, 훌륭한 대학 총장은 생각했고, 동부의 근면하고 존경받는 사람들은 마을의 그라쿠스 형제들village Gracchi로부터 벗어나 평화와 안식을 누릴 수 있었다. 그리고 그들은 마침내 제퍼슨 민주주의의 거대한 지진이 연방주의자들의 성전을 무너뜨릴 때까지 그러한 평화를 누렸다.

장부의 반대편에는 또 다른 뉴잉글랜드 성직자 티모시 플린트의 평결이 적혀 있는데, 그는 개척지에서 수년간 살면서 개척지의 끝에서 끝까지 여행한 베테랑 선교사였다. 그는 개척자들의 새 보금자리에서 개척자들을 개인적으로 알고 있었기 때문에 '학식과 덕망을 갖춘 드와이트 박사'의 비난을 반박하고 싶어졌다. 그는 서부에도 쓸모없는 사람들이 있다는 것을 인정했지만 — '고백하건대, 가장 많은 사람들이 뉴잉글랜드 출신이다' — 그는 동정적이고 전반적으로 호의적인 개척지의 그림을 그렸다. '도박꾼, 도둑, 무법자가 있는 것은 사실이지만, 사물의 본질과 시대와 세상의 성격으로 볼 때 우리가 기대해야 하는 것보다도 그 수가 작다…… 내가 본 서부의 오지 개척자는 대체로 상냥하고 고결한 사람이다. 그가 이곳에 온 일반적인 동기는 자유 소유자가 되고, 풍부한 땅을 소유하고, 자녀들과 함께 정착하기 위해서이다. 그것은 가장 고결한 동기이다. 드와이트 박사와 탈레랑 박사의 반대 의견에도 불구하고, 나는 이민자 10명 중 9명은 그 외의 다른 동기가 없이 이곳에 왔다고 전적으로 믿는다.'

플린트는 일반적으로 곰과 표범과 씨름하고 인디언에 대한 끊임없는 두려움 속에서 하루하루를 보냈던 사람은 칼과 소총을 들고, 발뒤꿈치에 개 무리를 따르게 하고, 숲의 거친 옷을 입는 데 익숙해져야 한다고 설명했다. 그러나

— 선교사는 계속 이어갔다 — 어디에서든, 낯선 사람은 타고난 온화함에서 비롯된 투박한 환대로 맞아졌고, 우아함에는 못 미치는 '좋소, 밤새 묵어도 될 것 같소'라는 다소 투박한 응대는 나그네를 위해 최선을 다하는 그저 과묵한 표현이었다. 주부는 '소심하고 조용하고 내성적'이고 식탁에 함께 앉기를 거부하지만 방문객이 원하는 사소한 것에도 끊임없는 관심을 기울였다. 음식과 쉼터에 대한 대가로 돈을 지불하는 것은 주인과 안주인에 의해 물리쳐졌고, 헤어지는 손님을 빨리 보내려고 문 앞에 모인 아이들조차도 제공되는 주화를 외면했다. 선하고 지혜로운 사람들의 사역을 피해 도망친 사람들이 원래 드와이트 박사가 묘사한 비참한 사람들이었다면, 황야는 그들의 본성에 구원적인 영향을 미친 게 틀림없었다.

종교적으로 서부 지역은 당연히 그곳에 정착한 사람들만큼이나 다양했다. 산을 넘어 홀스톤과 테네시 밸리로 이주한 스코틀랜드계 아일랜드인들은 당연히 장로교 신자였으며, 개척지 정착이 완료되자마자 교회를 세우고 설교자를 선정하고 재정을 관리할 위원회를 구성했다. 비슷한 방식으로 뉴잉글랜드에서 오하이오로 이주한 이민자들은 점령한 마을마다 회중교회를 세웠고, 퀘이커교도들은 평범한 집회소를 개척지 공동체 생활의 중심지로 삼았다. 영국의 홍수 속에서 침몰한 배의 선체처럼 가끔씩 눈에 띄는 오래된 프랑스 전초기지에서 카톨릭 사제들은 역사적인 교회의 의식에 따라 세례, 결혼, 고해성사, 경고, 면죄부, 장례식을 계속 집전했다. 독일인들이 정착한 곳마다 루터교 신앙이 번성했고, 성공회 성직자들은 추운 날씨 때문에 예식을 치르기에 적합하지 않은 기후에서 영혼을 돌보는 일을 맡았다.

기존 교회의 목회자 옆에는 모든 종파의 헌신적인 선교사들이 있었다. 야만으로 돌아갈 위험에 처한 사람들을 구하기 위해 떠돌이 설교자들이 나타났을 때, 전진하는 개척지의 나무들은 거의 죽지 않았다. 특히 감리교와 침례교 순회 설교자들은 지옥불과 구원의 열정적인 복음을 선포하여 내륙의 가장 독한 술꾼, 가장 용감한 전사, 가장 비열한 죄인들을 회개하게 만들었고, 이들은 주기적으로 회개를 촉구했다. 그들은 가장 외진 곳까지 침투하여 일단 뿌려진 씨앗을 정성껏 가꾸기 위해 공동체와 공동체 사이를 규칙적으로 돌았다. 신도들을 강화하고 신병들을 모으기 위해 그들은 대규모 '야영 집회'를 열었고, 정착민들이 가까운 곳과 먼 곳에서 모여들어 노래하고 설교하고 간증하는 계절을 보냈는데, 종교적 황홀경이 모인 사람들을 더욱 활기차게 만들면서 종종 소리 지르고 춤추고 비명을 지르고 실신하고 기타 과도한 의식으로 흘러넘쳤다.

신학적 차이에도 불구하고 청교도주의의 강한 특징은 모든 교파의 설교를 특징짓는 요소였다. 감리교인들은 춤, 카드놀이, 장신구를 술과 욕설만큼이나 맹렬하게 비난했다. 회중교회 선교사 티모시 플린트는 다소 진보적인 견해를 가지고 있었지만, 모든 독일 농부들이 증류소를 가지고 있으며 '옥수수에서 위스키라는 해로운 독이 흘러나온다'고 불평했다. 그러나 그가 그들에게 항의하면 독일인들은 항상 '그들은 종교를 갖고 자녀들이 세례를 받고 가능한 한 목사를 모범으로 삼아 살기를 원하지만, 목사는 정직한 네덜란드인들이 — 그들이 스스로를 부르는 명칭 — 고향의 토착 음료를 마실 수 있도록 허용해야 한다'고 대답했다. 퀘이커교도들은 좋은 위스키로 '나이트캡'*을 즐기는 사람들조차도 집회소에 '신이 없는godless'** 악기를 두지 않았고, 그들의 엄숙한 복장은 그들이 관여할 수 없는 사악한 세상의 눈에 검열관으로 보이게 했다.

평신도들도 청교도 십자군 전쟁에 동참했다. 문학과 정숙을 책임지고 있던 트롤로프 부인은 신시내티의 한 학구적인 신사가 그녀에게 이렇게 외친 적이 있다고 말했다. '부인, 셰익스피어는 외설적이며, 우리가 그것을 알아낼 수 있을 만큼 충분히 진보한 것이 다행입니다.' 당시 신시내티에서 당구와 카드놀이는 불법이었고 춤은 매우 곱지 않은 시선을 받았다. 교양 있는 한 젊은 독일

---

* nightcap. 잠자기 전에 숙면을 취하기 위해 마시는 알콜이 들어간 음료나 따뜻한 우유.
** 퀘이커교 초창기에는 음악이 예배의 자연스럽지 않은 부분으로 여겨져 거부당했다.

인은 여성들 앞에서 '코르셋'에 대해 말함으로써 최고의 가문 중 하나를 심각하게 불쾌하게 만들었고, 한 공원 관리인은 짧은 치마를 입은 스위스 소녀의 그림이 그려진 표지판을 세웠다가 지역 여성들의 분노를 사 결국 그 소녀의 발목에 플라운스[치마, 커튼 등의 아래에 댄 주름 장식]를 그려 넣어야 했다. 시끄러운 불경스러운 말과 과음이 햇살처럼 흔한 이 나라에서 그런 사려깊음은 인상적이다. 불경한 말과 음주가 너무 충격적이어서 플린트는 한때 '저 인상적인 소책자 「맹세자의 기도Swearer's Prayer」를 자신의 마차 행렬을 이끄는 마부들에게 나눠주기 위해 움직였다'고 했다.

개척지에서의 삶은 가혹하고 척박했으며 청교도적인 분위기가 강했지만, 초창기에도 지적 관심과 갈망의 흔적이 있었다. 1769년 컴벌랜드 갭을 지나 켄터키에 도착한 최초의 사냥꾼 무리는 조너선 스위프트의 작품 두 권을 가지고 모닥불 곁에서 긴 밤을 『걸리버 여행기』를 읽으며 보냈다. 렉싱턴이 설립된 지 몇 년 되지 않았던 1787년 8월, 존 브래드포드라는 영국식 이름을 가진 한 편집자가 산 너머에서 최초의 신문인 〈켄터키 가제트〉를 발행했고, 4년 후 테네시 주지사의 후원으로 〈녹스빌 가제트Knoxville Gazette〉가 모든 자코뱅파와 민주당원들에게 연방주의자들의 도전을 촉구하는 신문을 발행했다.

실제로 한 마을이 수백 명의 주민을 자랑하고 미래를 약속할 수 있게 되자마자 어떤 진취적인 인쇄업자가 인쇄기와 활자를 들고 나타나 통나무집에 자신의 성역을 만들었다. 작은 주간 신문을 통해 정치인들의 비위를 맞추고, 설교를 보도하고, 신진 시인들이 뮤즈들에게 연설할 수 있도록 허용했다. 성직자들과 편집자들과 함께 변호사들도 등장했다. 모든 카운티에서 변호사들은 범죄자를 변호하고 토지 소유권을 둘러싼 분쟁을 해결하며 번창했다. 변호사들은 헌법, 워싱턴의 천재성, 아메리카 제도의 정신에 대한 딱딱하고 높은 수준의 연설을 주문에 따라 전달함으로써 그들의 전문적 노동을 보충했다.

생계를 위한 힘겨운 싸움 가운데 젊은이들의 교육이 완전히 무시된 것도 아니었다. 서부의 미래를 예견한 동부의 현명한 정치인들은 일찍이 국민 교육에 대해 고민했다. 1785년의 법령에 따라 북서부 영토에는 초등 및 고등교육을 지원하기 위한 대규모의 토지가 확보되었다. 2년 후 노스웨스트 조례Northwest Ordinance는 이 법을 보완하여 '종교, 도덕, 지식은 선한 정부와 인류의 행복에 필요하며, 학교와 교육 수단은 영원히 장려되어야 한다'고 선언했다.

같은 정신으로 이 지역에 세워진 준주와 주들은 교육 목적의 토지를 따로 마련했으며, 예를 들어 인디애나 주 헌법은 1816년 교육 전용 공공 토지 매각으로 조성된 기금을 '문학과 과학의 이익을 증진하고 신학교와 공립학교를 지원하는 독점적 목적의 기금으로 사용해야 한다'고 선언했다. 그러나 이와 같은 멋진 선언은 훌륭한 의도를 담고 있었음에도 실현은 어려웠다. 교육을 위해 할당된 토지의 상당 부분이 부패하거나 부주의한 관리들에 의해 헐값에 매각되었고, 비효율과 부실한 행정으로 인해 적지 않은 금액이 유실되었다. 세기 중반이 되어서야 중서부의 공립학교 시스템은 견고한 토대 위에 놓이게 되었다.

공적인 문서보다 더 산문적이고 복잡해 보이는 이러한 기록이 바로 개척지 교육의 실제 이야기다. 해안가에서와 마찬가지로, 학교는 개인 및 종파적 노력의 기록으로 문을 열었다. 켄터키나 테네시의 초기 지역사회로 들어간 장로교 설교자들은 일반적으로 농부, 목사, 학교 교사라는 세 가지 역할을 수행했고, 뉴잉글랜드에서 오하이오로 이주한 무리는 보통 교사를 데리고 갔지만, 더 활기찬 시민들 중 일부가 후원금을 내고 통나무집을 짓고 스승을 고용할 때까지 많은 개척지 정착촌은 어떤 종류의 학교도 없이 오랫동안 지내야 했다.

대서양 연안의 건국의 아버지들의 모범을 따라 등불을 계속 밝히기 위해 여기저기서 고등교육을 위한 '신학교seminary'가 생겨났다. 1807년 켄터키 주 렉싱턴에서 영국인 여행자 커밍은 트랜실베이니아 대학에서 칭찬받을 만한 번성하는 교육기관을 발견했다. 보고서에 따르면 총장인 제임스 블라이드 목사는 자연철학, 수학, 지리학, 영문법을 가르쳤고, 다른 성직자는 도덕철학, 문학, 논리학, 역사 교수였으며, 언어학, 의학, 법학 교수도 있었다고 한다. 열정은 대단했지만 급여는 적었다. 프랑스어를 가르치는 교수는 무용 수업료로 '대학' 봉급을 보충하지 않았다면 굶어 죽었을 것이다. 그리고 여기서 관광객은 여담으로 '아메리카 대부분의 지역에서 무용을 가르치는 교사가 어떤 문과 교수보다 더 많은 격려를 받는다는 사실을 언급하는 것은 무례하지 않을 수 있다'라고 덧붙였다. 이 대학에서 멀지 않은 곳에서 이 영국 나그네는 젊은 여성들에게 읽기, 쓰기, 철자법, 산수, 문법, 웅변, 수사학, 고대 및 현대사, 자연사, 도덕철학, 음악, 그림, 회화, 공예, 일반 바느질 및 기타 매력적인 과목을 가르치는 아카데미를 발견했다.

19세기가 훨씬 진행되기 전, 존 하버드에 버금가는 자부심을 가진 티모시 플린트는 오하이오 주에 6개의 칼리지가 있었다고 기록할 수 있었다. 옥스퍼드에 있는 마이애미, 아테네에 있는 오하이오, 갬비어에 있는 케니언, 허드슨에 있는 웨스턴 리저브, 뉴 애선즈에 있는 프랭클린, 신시내티에 있는 장로교 신학교 레인 신학교가 그것이다. 또한 선교사는 계속해서 15개 또는 20개의 아카데미를 설립했고, 입법부의 각 회기마다 새로운 아카데미를 설립했다. 플린트는 서쪽으로 더 멀리 여행하면서 1829년 블루밍턴에 개교한 인디애나 대학을 방문했는데, 그는 이 대학이 '연방의 다른 신학교와 비슷한 수준의 비용으로 철저한 고전 교육을 제공하고 있다'고 말했다.

낙후된 지역에서는 체계적인 교육을 받지 못한 여성들이 배우지 못한 남편과 어린 자녀에게 글을 가르치고 책과 논문으로 이어지는 관문을 통해 기쁨을 선사하는 경우가 많았다. 예를 들어, 링컨의 죽음과 함께 아메리카 대통령이 될 운명을 타고난 테네시 주의 재단사 앤드루 존슨은 아내로부터 기초를 배웠고, 아내의 가르침에 따라 무의식적으로 운명이 그에게 부여한 직업을 준비했다. 이처럼 지식은 배후지의 무지 위에서 느리지만 꾸준히 발전했는데, 이는 훌륭한 가정교사 드와이트 박사가 열거한 자질이나 복음주의 부흥의 과잉이 나타내는 것보다 동부에서 온 이민자들의 섬유질에 더 중요한 무언가가 있었기 때문이다.

§

본질적으로 농경적이었던 새로운 서부의 경제는 주로 자유 농가 체제에 의존했다. 미시시피 밸리 하류와 미주리 주에서는 노예를 거느린 농장주들이 일찍이 개척지로 진출한 것은 사실이지만, 앨라배마, 테네시, 켄터키와 노예 제도가 금지된 북서부 영토에서는 소농이 지배적이었다. 이 광활한 영토에서 계급이나 카스트caste가 없는 사회 질서, 즉 세속적인 재화에서 실질적으로 평등한 사람들이 자신의 손으로 직접 땅을 일구며 노동을 통해 생계를 유지하는 사회가 생겨났다.

오랫동안 그 광활한 지역에는 필라델피아나 보스턴을 통치하는 상인 왕자나 허드슨 밸리 대저택manor의 주인에 필적할 만한 강력한 지주 계급이 없었다. 걸프 주들gulf states*의 노예 소유주들조차도 때때로 해안가의 형제들보다 더 부유했지만 버지니아와 사우스캐롤라이나의 신사들을 특징 짓는 웅장한 가식을 획득하는 데 오랜 세월이 걸렸다. 남서부의 제당업자와 목화 재배자들은 워싱턴, 랜돌프, 매디슨, 먼로 가문을 자신들의 구역에 배정하지 않았다. 제퍼슨 데이비스는 미시시피 농장주의 2세대에 속했으며, 그가 성인이 되었을 때 그의 계급은 빠르게 파멸을 향해 나아가고 있었다.

수십 년 동안 서부의 백인 남성 중 압도적인 다수는 토지를 소유한 농부들이었다. 그 사회의 단위는 고립된 농토에서 생계를 위해 자연과 끊임없는 싸움을 벌이는 가족이었다. 자비로운 정부가 안전장치로 농가를 보호하지도 않았고, 관리들이 농가의 생활과 노동 과정을 조사하지도 않았다. 셀 수 없이 많은 긴급 사태가 발생했을 때 자체 자원에 의지해 식량을 생산하고, 대부분의 의복을 직접 제작하고, 원시 여성들로부터 물려받은 자가 치료법으로 질병을

---

* 걸프 남부 또는 사우스 코스트라고도 알려진 미국 걸프 연안은 멕시코 만과 만나는 미국 남부의 해안선을 말한다. 멕시코 만에 해안선이 있는 해안 주에는 텍사스, 루이지애나, 미시시피, 앨라배마, 플로리다가 있으며, 이 주들을 걸프 주라고 한다.

퇴치했으며, 사제의 집전 없이 종종 사망의 음침한 골짜기를 걸어야 했다.

그 민속과 풍습에는 강인한 남성과 여성의 자유, 즉 햇볕과 비바람에 의해 근육이 팽팽해지고 구릿빛이 된 채로 풍부한 재료로 손으로 일하고, 자신의 숲에서 참나무를 자르고 자신의 밭에서 아마를 길러 평범한 삶의 단순한 용도로 사용하며, 적은 것에 만족하고 그것에 기뻐하는 억센 자유가 있었다, 꾸밈없는 자연 속에서 많은 자녀를 키우며 큰 부나 행복을 목표로 삼지 않는 고된 노동의 삶을 살았고, 강철에 힘을 빼앗겨 연약한 육체를 만들고 굴뚝의 그을음으로 낮이 밤으로 바뀌는 기계의 하인도 아니었으며, 모두 조상으로부터 물려받은 그리스도교의 장식 없는 서사시에 만족하면서, 천국으로부터 멀지 않고 참새 한 마리도 눈에 띄지 않는 데서 떨어지지 않도록 배려하는 온화한 신의 섭리에도 만족했다. 서부를 개척한 여행자들은 많은 점에서 의견이 일치하지 않았지만, 행동의 독립성, 태도의 직설성, 의례에 대한 존중, 인류의 모든 종류와 조건에 대해 기꺼이 친분을 쌓으려는 의지, 실제 또는 가상의 모욕을 당했을 때 그에 상응하는 성질을 지닌 거칠고 준비된 말투 등 개척민들의 뛰어난 특성을 열거하는 데는 거의 만장일치로 동의했다.

그럼에도 불구하고 개척지의 사람들은 자치에 대한 오래된 주 정부의 전통을 이어받은 것 외에도 동부 정치인들의 계략에 맞서 자신의 이익을 보호하고자 열망했기 때문에 신속하게 정치 단체에 가입했다. 무엇보다도 그들은 일반적으로 대규모 투기에 관여하거나 서부의 요구와 주장에 무관심한 워싱턴의 정치인들로부터 공공 토지에 대한 통제권을 빼앗고 싶어 했다. 이러한 이유 때문에 개척자들은 연방에 묶여 있는 끈을 끊는 한이 있더라도 지방 자치권을 갖기로 일찍이 결심했다.

[대니얼] 분이 획기적인 일파를 이끌고 서부 개척에 나선 지 15년 만에 켄터키에서는 분리 독립 문제가 심각하게 대두되었다. 1785년 대회가 열렸고 켄터키가 버지니아에서 분리되어 연방에 하나의 주로서 가입해야 한다는 결의안이 통과되었다. 그 후 잠시 지연되는 동안, 도덕성이 의심스러운 모험가

인 제임스 윌킨슨이 이끄는 일부 열혈 지지자들은 버지니아 주나 의회의 의사를 무시하고 켄터키의 독립을 선언할 것을 제안했다. 그러나 차분한 조언이 우세했다. 동요의 계절이 지나고 동부 연방주의자들의 한탄에도 불구하고 1792년, 켄터키는 1년 전에 승인된 버몬트 주 옆에서 연방의 한 자리를 차지했다.

남부에서도 그와 병행하는 운동이 한창 진행 중이었다. 1784년 테네시 주의 개척민들은 한여름 존스보로에서 열린 제헌 대회에 모여 반대 의견 없이 노스캐롤라이나로부터의 독립을 선언했다. 헌법이 작성되고 상하 양원으로 구성된 의회가 선출되었으며, 새로운 주 이름인 프랭클린이 대중에게 발표되었다. 아카데미를 설립하여 '학문의 진흥'을 위한 즉각적인 조항이 마련되었다. 켄터키의 경우와 마찬가지로 어머니 주와의 오랜 논쟁이 이어졌다.

분쟁이 끝날 무렵 신생 주는 사라졌지만 그 치열한 독립 정신은 계속 이어져 마침내 노스캐롤라이나는 험난한 변경 지대를 관리할 수 없어 아메리카에 영토를 양도했다. 이 행위에 따라 중앙 정부의 강력한 통제 아래에 놓이게 되었지만, 자치에 대한 열정을 가진 개척자들은 이에 굴하지 않았다. 그들은 다시 회의를 소집하여 두 번째 헌법을 만들고, 주지사를 선출하고, 연방 상원 의원 2명을 선출하고, 장어 가죽으로 머리를 장식한 앤드루 잭슨을[일종의 당시 유행하던 패션으로 잭슨은 전사로서의 배경과 개인적 스타일을 강조하려고 한 것으로 보인다] 당시 수도였던 필라델피아의 하원 의사당에서 새 주를 대표해 연설하도록 보냈다. 테네시 주의 헌법은 의회에 정식으로 상정되었고, 연방주의자들과 공화주의자들 간의 짧은 다툼 끝에 1796년 테네시 주는 연방에 가입하게 되었다.

북서부 영토의 오하이오 전역에서도 자치에 대한 열망은 뜨거웠다. 실제로 의회가 1787년 이 지역에 대한 조례를 제정하기 2년 전, 존 에머슨은 자신의 제왕적 권한으로 이 지역 거주민들에게 대회에 모여 스스로 정부를 구성할 것을 촉구했다. 뉴잉글랜드의 진정한 아들이라고 할 수 있는 그는 '사람들은 모든 비어 있는 땅에 들어가 그곳의 헌법을 만들 수 있는 의심할 여지가 없는 권리를 가지고 있으며, 미합중국 전체의 연방에서 의회는 이를 금지할 권한이 없다'고 선언했다. 그러나 이 주장은 시대를 너무 앞서갔고, 회의는 결코 소집되지 않았다.

거의 20년 동안 이 지역은 인구가 주의 지위에 걸맞은 수치에 도달할 때까지 국가의 감독하에 있었다. 1803년 오하이오 주는 의회의 동의를 얻어 제정된 헌법에 따라 아메리카 연방에 가입했다. 10년이 더 지나자 인디애나는 연방에 가입을 요청했다. 1816년 인디애나 헌법의 초안이 작성되고 의회의 승인을 받아 코리던에서 정부가 출범했다. 일리노이 주가 다음으로 정치 무대에 뛰어들었고 승인은 거부될 수 없었다. 뉴욕에서 태어나 테네시에서 자란 한 남자[앤드루 잭슨]의 열정적인 지도력 아래 정부 계획이 작성되었고, 1818년 의회는 이 불모지 주에 주 정부로서의 특권을 인정했다.

이 시기 이전부터 극남Far South 지역의 호소가 들려왔다. 1810년 루이지애나 저지低地는 인구가 75,000명이 넘었고, 무역과 옛 라틴 문화의 중심지였던 대도시 뉴올리언스 사람들은 스스로 볼티모어와 보스턴 옆에 위치할 자격이 충분하다고 생각했다. 7년 전 미합중국으로 영토가 양도될 때, 주민들은 아메리카 시민의 모든 권리를 누리고 모든 면에서 국가 연합의 원로 회원들[기존 연방 가입 주들]과 동등한 정치 단체로서 연방에 편입될 것이라는 약속이 있었다.

워싱턴의 공화주의자들은 남서부 출신의 새로운 상원 의원들과 하원 의원들이 힘을 실어준다는 사실에 기뻐했지만, 연방주의자들은 그들의 공포를 표현할 수 있을 만큼 강력한 단어를 찾지 못했다. 1811년 루이지애나를 승인하는 법안이 하원에 상정되었을 때 매사추세츠의 조시아 퀸시는 이 법안이 통과되면 연방이 사실상 해체되고 헌법에 치명타가 될 것이며, 일부 주에서는 '가능하다면 우호적으로, 필요하다면 폭력으로 분리독립을 확실히 준비해야 한다'고 선언했다.

매사추세츠 주 의회의 한 위원회는 '대통령과 상원이 땅을 매입하고 의회가 루이지애나에 주를 설립할 수 있다면, 그들은 동등한 권리를 가지고 북서부 해안이나 남아메리카에 주를 설립할 수 있다'고 항의했다. 논리에 결함은 없었지만, 항의는 공화주의자들의 마음을 누그러뜨리지는 못했다. 1812년 루이지애나는 매사추세츠의 두려움에도 불구하고 매사추세츠와 동급이 되었다. 10년이 더 지나기 전에 미시시피와 앨라배마는 연방주의자들의 표현을 빌리자면 '거친 사내들'을 의회 바닥에 쏟아부었다.

루이지애나 매입지Lousiana Purchase 북쪽 멀리 미주리 강 유역에서 또 다른 주가 일어서려 하고 있었다. 이 지역의 비옥한 땅에는 켄터키와 버지니아에서 온 강인한 농부, 노예를 거느린 농장주, 뉴잉글랜드에서 온 토지에 굶주린 양키, 펜실베이니아에서 온 검소한 독일인, 구세계에서 온 자유민과 노예가 한데 어울려 활기찬 공동체를 이루었다. 이해관계와 종교, 때로는 언어도 달랐지만 모든 백인들은 한 가지, 즉 주로서의 독립을 쟁취해야 한다는 데 동의했다.

이들은 의회에 자신들의 주장을 밀어붙이면서 노예 제도에 대해, 결국 무력 항쟁으로 절정에 달한, 최초의 격렬한 논쟁을 일으켰다. 1820년 메인 주는 자유 주[노예제가 없는 주]로서 연방에 가입하고 미주리 주는 노예제를 인정하는 타협이 이루어졌으며, 나머지 루이지애나 영토에서는 자유와 속박을 구분하기 위해 36도 30분의 선이 채택되었다. 미시시피 주의 새 의회가 막 날개를 펼치려 할 때, 의장석 뒤편 벽에는 어떤 익살꾼이 적은 다음과 같은 구호가 있었다. '미주리여, 그들[미주리 주 입법부나 정치 지도자들]을 용서하소서. 그들은 자신들이 무엇을 하는지 모릅니다.' 그렇게 새 정부는 굳은 결의와 유머로 출범했다.

헌법을 만들 때, 오지의 초안 작성자들은 그들이 이주해 온 오래된 주에서 제공한 사례를 거의 그대로 따랐다. 때때로 그들의 문서는 존경받는 모델의 거의 정확한 사본이었다. 예를 들어, 일리노이 대회의 지도자는 켄터키, 오하이오, 인디애나 주 헌법을 용접하여 복합 법으로 만들었다. 모든 경우에 행정부, 입법부, 사법부를 다루는 권리장전과 조항이 기계적이고 규칙적으로 포함되었다. 그러나 개척지 의원들은 원칙적으로 대부분의 최초 주 헌법에서 요구한 대로 주지사는 입법부가 아닌 국민 투표로 선출해야 한다고 규정했으며, 다른 여러 측면에서 새로운 주는 정치적으로도 더 '민주주의적'이었다.

켄터키 주는 올드 도미니언[버지니아]의 교리를 거부하고 2년 동안 주에 거주한 모든 자유 남성 시민에게 참정권을 부여하고 합법적인 선거인은 주지사나 입법부의 구성원이 될 자격이 있는 것으로 간주되어야 한다고 규정했다. 재산이나 납세 자격이 여전히 대서양 연안의 주들에 의해 유지되던 시대에 자유민의 정치적 평등이 변경에서 실현된 것이다. 사실 켄터키의 일부 이웃 주에서는 이러한 출발이 너무 급진적이었다고 생각했다. 예를 들어 테네시 주는 자유보유자에게는 중요한 공직을 제한할 것을 주장하면서, 자신이 대표로 있는 카운티에 200에이커의 토지를 소유하지 않으면 총회에 출마할 자격이 없고, 500에이커의 땅을 소유하지 않은 사람은 주지사로 선출될 자격이 없다고 간주했다. 또한 오하이오 강 건너 인디애나 주에서는 모든 백인 남성 시민에게 투표권을 부여하면서도 납세자가 아닌 사람은 의원이나 최고수반이 될 수 없도록 했다.

그러나 재산으로 자격을 규정했음에도 불구하고, 모든 새로운 서부 주들은 대체로 자유롭고 평등한 백인 남성의 민주주의 주였다. 실제로 자유 지대를 취득하거나 납세자가 될 수 없는 가난하고 변덕스러운 개척자들은 테네시 주지사의 경제적 자격으로 정해진 500에이커를 확보하는 것이 그리 어려운 일이 아니었다. 따라서 변경의 정치는 오지 개척자들의 정치였으며, 그 시대를 설명하기 위해 한 가지 유형이 필요하다면, 인간이 남긴 가장 중요한 책 중의 하나인 자서전으로 아메리카의 서사시를 대표하는 인물 중 한 명인 데이비드 크로켓이 될 것이다.

정규 교육을 받지 못하고 자신의 이름도 제대로 쓸 줄 몰랐던 크로켓은 어린 시절에 지역 치안판사가 되었다. 당시 그는 평생 법전을 한 장도 읽어본 적이 없다고 고백하면서 '인간과 인간 사이의 일반적인 정의와 정직의 원칙에 따라 판결을 내렸으며, 법학 공부가 아닌 타고난 감각에 의존했다'고 말했다. 이 작은 사무실에서 크로켓은 주 의회에 진출했다. 새로운 영예가 그에게 떨어졌을 때, 자신의 고백에 따르면 그는 신문을 읽어본 적이 없었고 잭슨 장군이 미합중국 정부 전체라는 인상을 받았다. 크로켓은 선거 유세에서 군중을 즐겁게 하는 이야기를 들려주었는데, 보통 연설을 끝낼 때 자신이 '파우더 혼powder horn[화약 운반용 플라스크]처럼 건조하다'는 말로 마무리하고 감사관들에게 가까운 술집에 함께 가자는 일반적인 초대를 했다.

솔론의 역할을 맡아 수도에 도착했을 때 크로켓은 '사법부judiciary'라는 단어의 의미도 모를 정도로 헌법에 대해 무지했다. 그러나 그는 책에 의한 교육 부족에도 굴하지 않고 정보를 넓히고, 필력을 향상시키고, 순발력을 키웠다. 때가 되자 그는 의회로 보내졌고, 이해하기 어려운 이유로 마침내 잭슨 장군으로부터 등을 돌리고 자신의 정치 경력을 망쳤다. 투표에서 패배한 크로켓은 남서쪽으로 도망쳐 알라모에서 극적으로 전사하여 멕시코인들의 손에서 제국을 떼어내는 데 일조했다. 서부의 다른 정치인들이 더 많이 배웠고 문법적으로 더 우아한 연설을 할 수 있었다는 것은 의심할 여지가 없지만, 전반적으로 크로켓은 19세기 개화기에 서부 주도州都의 방을 무례하게 밀고 들어와 연방 정부에 변경 농업의 정치를 알려주기 위해 대변인을 워싱턴으로 보낸 사냥꾼과 농부 무리의 전형 같은 인물이었다.

12

잭슨 민주주의 —
승리한 농민-노동자 정당

[애팔래치아] 산맥 너머에 9개 주가 생겨나면서 정치 권력이 서부로 꾸준히 이동하는 속도가 빨라졌고, 이는 가발, 프릴, 무릎 바지, 은색 버클을 착용한 동부 신사들에게도 똑같이 혼란스러운 사회 변화와 동시에 일어났다. 농경지의 확대로 인해 의회에서 농민을 대변하는 의원들이 점점 더 많아지고 있는 반면, 대서양 연안의 주에서는 키케로가 고대 로마의 프롤레타리아트와 절망적인 채무자들을 두려워했던 것처럼 공화주의의 아버지들이 두려워했던 노동자와 장인들의 손에 투표권이 주어지고 있었다. 추상적 평등의 불같은 사도였던 제퍼슨도 처음에는 자신의 논리에 대한 혹독한 시험 앞에서 움츠러들었고, 독립선언 이후 한참이 지나서야 남성 참정권이라는 위험한 교리에 헌신했다.

앞서 언급했듯이 최초의 수 헌법을 제정한 사람들은 법에 내한 그들의 불안을 표현하기 위해 납세 또는 재산 자격을 선거권에 부여했다. 좀 더 소심한 사람들은 상당한 재산을 소유한 사람을 제외하고는 모든 사람을 공직에서 배제했다. 그리고 세속주의의 행진에 경악을 금치 못한 사람들은 카톨릭교도, 유대교도, 유니테리언, 지옥에 대한 믿음을 부인하는 비웃는 사람들을 신뢰받아야 할 정치적 자리에 오를 자격에서 배제하는 종교적 테스트를 적용했다. 따라서 사회적으로 안전하지 않다고 간주되는 모든 사람들은 법의 금지 아래 놓이게 되었다. 워싱턴은 '대도시의 소란스러운 군중은 언제나 두려움의 대상'이라고 경고했고 제퍼슨의 의견도 '대도시의 군중은 정체body politic의 약점'이었다.

이는 당시 지배 계급 사이에서 대다수의 견해였으며 그것은 단순한 국가 이론에 기초한 것이 아니었다. 인지세법 선동 당시 군중의 행동, 프랑스 대혁명 당시 토리당에 대한 가혹한 대우, 최초의 주 헌법이 만들어질 당시 뉴욕과 필라델피아에서 열린 노동자들의 대규모 집회 등은 모두 알 수 없는 사회적 힘이 사회의 수면 아래에서 꿈틀거리고 있음을 보여주었다.

헌법이 제정되는 동안 잠깐의 평화와 반작용이 있었지만 그것은 폭풍 전의 고요함일 뿐이었다. 프랑스 혁명의 경종으로 서방 세계의 상퀼로트[프랑스 혁명의 주역이었던 도시 대중을 가리킨다]들이 봉기하는 신호탄이 울렸을 때 워싱턴은 불과 몇 주 동안만 안전하게 의사봉을 잡았다. 얼마 지나지 않아 아메리카 해안의 모든 도시에서 백인 남성의 참정권 운동이 본격화되었다. 실제로 펜실베이니아의 장인들은 1776년에 이미 낮은 세금을 내는 독점사업권franchise을 강제로 도입하여 정부에 광범위한 대중적 기반을 제공하고 자코뱅적 민주주의의 길을 닦는 모범을 보였다. 워싱턴의 첫 번째 행정부 시절인 1791년, 정확히 말하면 버몬트 주는 참정권에서 재산 제한 없이 연방에 가입했고, 델라웨어 주는 세금을 내는 모든 백인에게 투표권을 부여했다. 보수적인 주 중 하나로 꼽히던 메릴랜드는 1809년 남성 참정권을 도입했고, 9년 후 코네티컷은 참신함을 추구하는 데 덜 헌신적이었음에도, 정부를 지원하는 데 적은 금액이라도 기부한 모든 남성에게 투표권을 부여하기로 결정했다.

불길은 매사추세츠까지 번졌다. 1820년 주 헌법 제정 대회에 참석한 급진주의자들은 재산에 명시적으로 부여된 모든 정치적 특권을 박탈할 준비가 되어 있었고, 대니얼 셰이스의 유령을 다시 불러일으켰다. 이들의 요구에 겁을 먹은 당시 전성기를 구가하던 대니얼 웹스터와 기억에 남을 경력을 마무리하던 존 애덤스는 혁신에 반대하는 시위에 동참했다. 웹스터는 특유의 웅변으로 사회를 뿌리째 뒤흔든 역사의 모든 혁명은 재산에 대한 반란이었으며, 평등 선거권은 재산의 불평등과 양립할 수 없고, 만약 채택된다면 부의 공격이나 민주주의에 대한 새로운 제약으로 끝날 것이라고 대회에 경고했고, 저명인사들의 반응은 뜨거웠다. 이 주장이 설득력이 있었음에도 불구하고 대의원들을 기존의 보루에 하나로 결집시키지는 못했다. 주 상원 의원의 부유층 특권은 실제로 유지되었지만 참정권에 대한 직접적인 재산 제한은 포기되었고 소액의 납세액 제한이 채택되었지만 불과 몇 년 만에 자체적으로 쓸려나버렸다.

1821년 뉴욕에서도 비슷한 경쟁이 벌어졌는데, 제헌 대회에서 한 무리의 연방주의자들이 재산의 정치적 권리를 지키기 위해 논쟁과 협박, 격렬한 투쟁을 벌였지만, 백인 남성의 참정권을 위해 5년 만에 폐지된 사소한 양보만을 얻어낸 후 패배했다. 이 투쟁의 메아리는 로드아일랜드에서도 들려왔는데, 뉴욕에서 태머니[연방주의자들이 뉴욕에서 집권하는 것을 막기 위해 지역적으로 조직된 태머니 홀Tammany Hall을 가리킨다]가 승리했다는 것을 알게 된 프로비던스의 장인들은 자신들의 주를 통치하는 자유보유자freeholder들을 같은 방식으로 권좌에서 몰아내자고 요구했다. 자유의 사도使徒들이 세운 작은 주가 인간의 권리에 대한 길고 폭풍 같은 동요로 흔들리는 동안, 보수주의자들은 그들의 외침에 아랑곳하지 않고 굳건히 버텼다. 거의 20년 동안 폭풍이 거세게 불면서, 도어Dorr의 반란으로 알려진 무장봉기가 일어났고, 자유보유freehold라는 참정권 자격을 세금 납부로 대체하는 것으로 절정에 달했다.

버지니아와 노스캐롤라이나는 제퍼슨이라는 위대한 이름에도 불구하고 똑같이 완고했다. 전자는 1830년까지 지주 외에는 누구에게도 투표를 허용하지 않았고, 후자는 26년 동안 그 제한을 포기하지 않았다. 그러나 그 지연은 그다지 중요하지 않았다. 왜냐하면 두 주에서 서부 카운티들의 성장으로 인해, 뉴욕 시의 아일랜드계 장인이 미합중국 은행United States Bank의 주주에 대해 가졌던 사랑보다도 더 작은 사랑을 가지고 해안의 농장주들을 바라보는 소규모 농부 인구가 생겼기 때문이다. 따라서 19세기에 접어들면서 정치 권력은 해안가 지주, 자본가, 농장주의 손아귀에서 대개 자본과 신용을 위해 동부에 막대한 빚을 지고 있던 개척 농민들의 손아귀로, 그리고 이미 유럽에서 발효되고 있는 평등주의에 물든 산업 도시의 노동자 계급의 손으로 넘어가고 있었다고 할 수 있다.

§

새로운 민주주의를 열망하는 군중이 정부를 향해 행진하면서 아메리카 정치의 정신과 관행은 필연적으로 수정되었다. 우선 그들은 대통령 선출 방식을 비판했다. 대중 동요의 소란에서 벗어나기 위해 건국의 아버지들은 대통령chief magistrate의 선출을 대중의 열정에서 가능한 한 멀리 떨어뜨리려고 노력했다. 그 작업의 어려움에 깊은 인상을 받았지만, 그들은 대학 이사회의 총장 선출만큼이나 조용하고 품위 있는 절차를 도입하기를 희망했다. 그들의 목적을 달성하기 위해 그들은 미합중국의 대통령과 부통령을 각 주 입법부가 결정할 수 있는 소수의 선거인단이 신중하게 선출해야 한다고 규정했다.

이 선택권이 주어지자, 태생적으로 권력에 대한 욕심이 많은 입법부는 스스로 권리를 행사하기 시작했지만, 얼마 지나지 않아 새로운 민주주의는 그 주권적 특권을 투표소에서 유권자들에게 양도할 것을 요구하며 입법부의 문을 두드리고 있었다. 느리지만 확실하게 정치의 관리자들은 대중의 대통령 선출 요구에 굴복했다. 1824년에는 6개 주만이 여전히 입법부에 대통령 선거인단을 선출하도록 허용했으며, 8년 후에는 사우스캐롤라이나 주 한 곳만 원래 방식을 고수했다. 다수파의 횡포를 막는 가장 큰 안전장치 중 하나가 이제 민주주의의 거센 물결에 휩쓸려 사라졌다.

그러나 모든 것을 먹어치우는 대중은 이러한 성취에 결코 만족하지 않았다. 왜냐하면 정당의 대통령 후보 지명은 여전히 '의회 코커스congressional cau-cus[*]'로 알려진 소수의 정치인들이 통제하고 있었기 때문이다. 국가가 두 개의 정당으로 분열된 후, 각 정당은 선거에 앞서 후보를 선출해야 했다. 하지만 당연히 그 목적을 위해 사병들이 한 광장forum에 모일 수는 없었고, 고귀한 장교들에게도 그것은 지루하고 비용이 많이 드는 여행이었다. 따라서 연방 의회의 당원들이 그 고상한 기능을 맡았다. 대통령 후보를 선출할 시기가 다가오면 각 당의 의원들은 비공개로 코커스를 열고 국민 앞에 내세울 인물을 합의했다. 대통령 및 부통령 선거가 대중의 통제로 넘어가는 동안, 후보자 선택은 워싱턴의 몇몇 관리자들의 손아귀에 남아 있었다.

새로운 민주주의에 있어 이러한 상황은 참을 수 없는 것이었고 이에 대한 항의의 함성이 터져 나왔다. 1824년, '낡은 킹 코커스old King Caucus'에 의해 앤드루 잭슨 장군의 후보 지명이 거부되자, 다시는 국회의원들이 공식적으로 국민의 후보를 선출해서는 안 된다는 주장이 제기되었다. 1832년 선거운동이 시작되자 코커스를 대신하여 충성스러운 당원들로 구성된 지역 의회에서 선출된 충실한 대의원들로 구성된 초법적extra-lega^{**}당 대회인 지명 대회nominat-

---

* 코커스는 정당의 특정 지역, 주 또는 구역에서 이루어지는 소규모 모임이다. 이 모임에서는 소수의 간부 당원들이 밀실에 모여 대통령 후보자를 선택하기 위한 비공식적인 논의와 토론을 한다. 찰스 펜 워렌의 『모두가 왕의 사람들All the King's Men』에 나오는 코커스 장면은 20세기 초반 미국 남부 정치에서의 불투명하고 권력 지향적인 정치를 묘사하고 있는데 권력을 장악하고 유지하는 과정에서 발생하는 은밀한 거래와 부패를 포함한 정치적 수단을 보여준다. 반면에 전당대회convention는 코커스와는 달리 대규모의 공식적인 행사이다. 예를 들어, 전국 전당대회National Convention는 수천 명의 대의원과 지지자들이 모여 대통령 후보자를 공식적으로 지명하는 자리이다. 컨벤션에서는 후보자들이 대중 앞에서 정견을 발표하고, 언론의 집중적인 보도를 받으며, 대규모의 환호를 받는 장면이 연출된다. 미디어에서 후보 확정으로 보도하는 장면은 컨벤션이나 프라이머리(Primary, 예비선거)에서 후보자들이 대중 앞에 서서 연설하고 환호를 받는 모습이다. 오늘날 미국 정치에서 코커스 제도는 과거처럼 비밀스러운 '밀실 내정'의 이미지를 벗어나 투명성이 강화되었다. 코커스는 여전히 당원들이 모여 후보자를 지지하고 의견을 나누는 자리지만, 과정이 더 구조화되고 많은 부분이 대중에게 공개된다.

ing convention라는 제도가 도입되었다. 확실히, 전당대회에서 상원 의원과 하원 의원은 항상 눈에 띄는 존재였지만, 잭슨이 말했듯이 이제 그들은 '국민들로부터 갓 선출된' 수백 명의 당원들과 마주하게 되었다.

사실 후보 지명 전당대회grand convention는 주로 현직 의원과 공직 지망생들이 주도했다. 대통령 선출은 법적으로 국민에게 부여되었지만, 후보자 선택은 사실상 의회의 독점권으로부터 대체적으로 전문 정치인들에게 넘어갔다. 많은 저명한 관찰자들, 특히 공천을 받지 못한 사람들은 이러한 이양에 주목했고, 곧 전당대회는 이전에 코커스에 적용되었던 생생한 용어로 비난을 받았다. 그럼에도 불구하고 새로운 정당 제도는 뿌리를 내리고 번성하여 1840년에는 헌법만큼이나 엄격하게 고정된 것처럼 보였다. 또한 동시에 주 및 카운티 정치의 하위 범위에서 정당 운영의 인정받는 기관이 되었다. 당의 결정을 따르지 않는 남성은 파문되었고 사회적 천덕꾸러기 취급을 받았다.

이제 공직의 권한뿐만 아니라 이권도 새로운 민주주의의 관심 대상이 되었다. 뉴욕 정치인들의 슬로건이었던 '전리품은 승자에게'는 앤드루 잭슨 시대에 국가 원칙의 존엄성으로 격상되었다. 그러나 이 교리가 그 시대의 산물이라고 가정하는 것은 실수다. 고대 로마의 정치인들에게는 관직의 명예와 속주의 약탈이 가장 큰 관심사였으며, 의로운 키케로의 손길도 하늘을 우러러 한 점 부끄러움도 없는 것과는 거리가 멀었다. 조지 왕조 시대의 영국 정부는 엄청난 부와 권력을 가진 자들의 집합소였으며, 흠잡을 데 없는 피트는 뉴캐슬에게 의회 주변에 몰려든 질이 약간 나은 거지들에게 부정 축재한 재물을 나누어주게 했다.***

식민지 시대 아메리카에서는 짭짤한 자리를 차지하기 위한 경쟁이 관료 사

** 법에 명시적으로 규정된 것은 아니지만, 기존 제도의 대안으로 정당 내에서 공식적으로 채택된 관행을 의미한다. 당시의 새로운 정당 제도인 지명 대회가 법적 구속력이 있거나 정부 기관의 감독을 받는 것이 아니라, 정당이 자발적으로 조직하고 운영한 제도였기 때문이다.

회를 치졸한 다툼으로 가득 채웠다.   검소한 프랭클린도 아메리카의 왕실 우체국장royal postmaster-general[****]이라는 기회를 최대한 활용했다. 독립이 확정되고 나자, 고려해야 할 정치적인 문제들도 있었다. 공직의 직무보다 명예와 사적 재산을 중시한 고결한 워싱턴도 정당 운영의 기능을 무시할 수 없었다. 그는 첫 번째 임명권을 행사할 때 새 헌법의 적보다는 친구를 선택하기 위해 신중했고, 때때로 특히 위험한 비판자들의 날개를 자르기 위해 행정부에 자리를 주려고 시도했다. 그리고 자신의 가정에서 의심하는 사람들의 해악을 경험으로 배운 그는,[*****] 결국 어떤 정부도 성공을 위해 적에게 의존할 수 없다는 방어가 손쉬운 이론에 따라 앞으로는 호의적인 사람만 공직에 임명하겠다고 맹세했다. 제퍼슨도 워싱턴만큼이나 신중해서, 해임, 사임, 사망이 발생했을 때, 당에 대한 충성도를 기준으로 인선 작업을 했다.

이러한 관행은 나중에 권력을 장악한 노동자-농민 민주주의가 더 많은 공직자를 축출하고 승리의 기쁨 중 하나가 자리의 달콤함이라고 좀 더 솔직하게 고백함으로써 더욱 증폭되었다. 이 교리에, 더 많은 당원들이 정복의 기쁨을 공유할 수 있도록 임기를 단축시킬 것을 요구하는, 공직 순환rotation in office이라는 또 다른 교리가 추가되었다. 목가적인 사람들은 이러한 목적을 공개적으로 인정했고, 보다 정교한 사람들은 장기 재임이 관료들을 게으르고 관

*** 1757~1762년, 7년 전쟁이 한창이던 시기에 피트-뉴캐슬 내각은 대영제국을 통치했다. 이 내각의 수장은 뉴캐슬 초대 공작, 토마스 펠럼-홀스Thomas Pelham-Holles였지만 가장 영향력이 있었고 유명한 인물은 국무장관인 윌리엄 피트였다.

**** 식민지 시대의 영국 정부에서 우편 서비스의 최고 책임자를 의미한다. 이 자리는 영국 왕의 대리인으로서 식민지 아메리카의 우편 시스템을 관리하는 역할을 했다.

***** 그의 초대 내각 경험에서 나온 정치적 교훈을 가리킨다. 재무장관 알렉산더 해밀턴과 국무장관 토머스 제퍼슨의 잦은 충돌과 프랑스와의 외교 문제에서 워싱턴의 정책에 반대하거나 불만을 표출했던 에드먼드 랜돌프의 경험으로 워싱턴은 내각의 충성심과 신뢰의 중요성을 깨닫게 되었다.

료적이며 폭압적으로 만든다고 주장했다.

어떤 형태로든 새로운 복음은 일 년에 100달러의 현금도 거의 볼 수 없는 농부들과 하루 75센트를 받고 작업대나 대장간에서 일하는 장인들에게 무겁게 다가왔다. 이들에게, 당시의 생생한 구어체 표현으로, 공공의 '여물통'에서의 기회는, 어떤 윤리적 공리公理로도 감사히 받아들여질 수 있는 것이었다. 사실, 수학적 용어를 제외하고는, 공직을 구하는 데 있어 저속함의 오염으로 고통받는 사람들과 고위 공직에서 공적 명예와 사적 의뢰비retainer를 결합시킨 사람들을 구별하기 어려운 경우가 많았다. 당시의 상황이 어떠했든, 농민-노동자 민주주의의 도래가 건국의 아버지들로부터 전해져 내려온 보다 장식적인 절차에 변화를 가져올 수밖에 없다는 것은 모두에게 분명했다.

§

아메리카 정치 생활에서 이러한 변화가 일어난 시간의 흐름은 혁명의 영웅적인 인물들을 쫓아내고 새로운 세대의 함대원들에게 경주를 맡겼다. 워싱턴은 1799년에 사망했지만, 장례식 연설에서 해리 리 3세Light-Horse Harry Lee가 말한 것처럼 여전히 '동포들의 마음속에 가장 먼저 떠오르는 인물'이었다. 패트릭 헨리는 이미 오랜 고향으로 떠났고 새뮤얼 애덤스도 곧 뒤를 따랐다. 1804년, 전성기를 구가하던 알렉산더 해밀턴은 애런 버와의 결투에서 총에 맞았다. 존 애덤스와 토머스 제퍼슨은 세월의 무게에 낡고 구부러진 채 1826년 7월 4일 서로 몇 시간 만에 화해하고 평화롭게 죽음을 맞이할 때까지 먼지가 자욱한 길을 걸어갔다. 독립선언서에 서명했던 마지막 생존자 찰스 캐롤은 1828년 7월 4일 볼티모어와 오하이오 철도의 첫 삽을 뜨는 것을 봤고 침침해진 눈으로 진보적 미래의 윤곽을 보게 되었지만, 4년 뒤에 세상을 떠났다. 헌법의 철학자 제임스 매디슨은 사우스캐롤라이나의 무효화[사우스캐롤라이나주가 연방 정부의 관세 법안을 무효화하겠다고 주장한 사건]에 반대하는 항의문을 작성할 정도로 오랫동안 선한 싸움을 이어갔지만, 여든다섯의 나이에 죽음이 그를 데려갔다.

1824년 선거가 치러졌을 때, 공화국의 건국의 아버지인 먼로 대령의 뒤를 이어 대통령 직을 맡을 수 있는, 혈기왕성하고 낭만적이었던 시대의 후광을 쓴 사람은 아무도 없었다. 시간은 여느 때와 마찬가지로 무자비했다. 버지니아 주의 왕위 계승 시대는 끝났다. 해밀턴과 워싱턴이 창당한 연방당조차도 정치 무대에서 사라졌거나, 오히려 제퍼슨의 포괄적인 공화당 내에 거추장스러운 요소로 통합되었다. '좋은 느낌의 시대'는 막을 내리고 있었고, 묻혀 있거나 감춰졌던 증오가 되살아나고 있었다. 과거보다는 미래를 바라보는 새로운 인물들이 포럼에서 자리와 권력을 차지하기 위해 서로 경쟁하고 있었지만, 먼로의 필연적인 후계자로서 다른 인물들보다 우위에 서 있는 사람은 아무도 없었다.

이러한 상황에 당황한 의회 코커스는 능력은 뛰어나지만 위압적인 성격은 아닌 조지아 주의 W.H.크로포드를 대통령 후보로 지명했다. 그 지령은 정규 서식에 적혔지만, 다른 세 명의 후보도 그 명단에 들어가기를 고집했기 때문에, 시행할 수 없었다. 2대 대통령의 아들인 존 퀸시 애덤스는 국무장관으로 일한 공로가 있으므로 자신이 후계자라고 생각했고, 변경 지역은 켄터키의 헨리 클레이와 테네시의 앤드루 잭슨의 권리를 강조하며 정치 테이블에 주먹을 불끈 쥐고 나섰다. '미시시피 지역의 야생의 남자들'은 무시할 수 없는 존재였지만, 행운의 여신은 그들의 지배권 장악을 연기시켰다.

투표 결과가 너무 엇갈려서 네 사람 중 헌법에 규정된 대통령 선거인단의 과반수를 확보한 사람은 없었고, 잭슨이 1위, 클레이가 2위를 차지했다. 이후 선거는 하원으로 넘어갔고, 각 주는 한 표만을 던질 수 있었으며, 그 표는 해당 주 대표단의 표였다. 그리고 더 차분한 시기에 선출된 사람들이 클레이의 지도 아래 하원에서 발언권을 가졌다. 오래된 정치 왕조에서 훈련된 귀에는 로비로 몰려드는 잭슨 지지자들의 외침이 무지막지한 광신도들의 목소리처럼 들렸다. 어떤 대가를 치르더라도 그들을 물리치겠다는 일념으로, 소수의 표로 당선권 밖에 있던 클레이는 자신의 힘을 오른쪽으로 힘껏 던졌고, 숙련된 관리술로 애덤스에게 대통령 직을, 자신에게는 국무장관 직을, 아마도, 어떤 주장에 따르면, 아주 우연인 것처럼, 획득했다.

새로운 민주주의를 향한 성난 노도가 거의 최고점에서 위태롭게 거품을 일으키고 있었지만, 애덤스는 의심할 여지 없이 정부에 구체제의 분위기를 주었기 때문에 권리 금지의 큰 제방은 여전히 유지되었다. 그는 자신을 공화주의자라고 불렀는데, 연방주의자들한테서 등을 돌리고 뉴잉글랜드 귀족들이 '자코뱅주의 폭도들'로 간주했던 제퍼슨주의자들과 제휴했다. 그럼에도 불구하고 그는 당대의 떠오르는 유권자들에게 사랑받는 손이 거친 농부, 작업치마를 두른 장인, 대담한 인디언 전사가 아니었다. 하버드와 유럽의 고상한 서클들에서 교육을 받은 애덤스는 공직public service을 전리품과 이권loot and spoils의 저속한 냄새에 오염되지 않아야 하는 일종의 노블레스 오블리주, 즉 금권정치plutocracy의 침입에 맞서 효율적인 행정으로 민주주의를 보호할 수 있는 서비스로 생각했다.

그는 정치적 후원의 문제에서 사람들과 발을 맞추지 않았고, 부도덕한 국회의원, 열렬한 투기꾼, 도박꾼에게 서부 땅을 내주는 것에 반대했다. 그는 먼 미래를 내다보면서 도로, 운하, 문학, 예술, 과학 교육에 필요한 재원을 마련하기 위해 공공 토지를 현명하고 정직하게 관리해야 할 위대한 국부national treasury로 보존해야 한다고 믿었다. 애덤스는 거의 백 년 뒤까지의 가장 계몽적인 보존 조치를 예상했을 뿐만 아니라, 사회 전쟁으로 인한 노예 제도의 파멸을 생생하게 예견했다.

그는 어떤 노력으로도 잭슨주의적인 '혼합자mixer'가 될 수 없었고, 그의 저명한 후손인 헨리 애덤스처럼 휴식이나 평화를 찾지 못한 채 우주를 떠돌아야 하는 운명이었다. 그의 행정부가 시작될 때부터 끝날 때까지 불운이 그의 발걸음을 따라다녔다. 애덤스가 클레이를 국무부 수장으로 임명했을 때, '올드 히코리Old Hickory[앤드루 잭슨의 별명]'를 숭배하는 잭슨 일당은 '더러운 거래'가 그들의 영웅을 패배시켰다는 결정적인 증거를 보고 모든 한계를 뛰어넘어 분노를 터뜨렸다. 그들은 의로운 분노를 느끼며 다음 선거를 준비하기 시작했고, 침몰하는 배에서 도망친 친구들을 모아 학대로 인한 고통과 억울함을 견디며 애덤스의 4년을 채웠다. 그 결과 국민들은 다음 선거에서 애덤스를 거부했다.

1828년의 선거운동은 제퍼슨파가 장로 애덤스를 권좌에서 몰아냈던 1800년과 비슷한 극심한 반목으로 얼룩져 있었다. 대도시의 신문사, 성직자, 연방 공직자, 제조업자, 은행가들은 대체로 애덤스의 재선을 열렬히 밀었고, 올드사우스의 가장 부유한 농장주들은 뉴잉글랜드 청교도에 대한 애정은 거의 없었지만 잭슨보다는 그를 더 선호했다. 이 조합에 반대하는 사람들은 특히 가난과 빚에 시달리는 농부들과 '잭슨 만세!'를 힘껏 외치는 타운의 장인들이었다.

특정 이슈보다는 계급과 자리에 대한 열정이 두 파벌을 갈라놓았고, 권력을 차지하기 위한 광적인 경쟁에서 두 파벌 모두 가장 완성도 높은 욕설billings-gate에 의지했다. 애덤스 진영은 존중의 외피를 입고 있었지만, 최근 역사가 클로드 바우어스의 말을 빌리자면, 잭슨을 '강탈자, 오입쟁이, 도박꾼, 닭싸움꾼, 싸움꾼, 주정뱅이, 살인자'로 묘사했다. 또한 그의 아내를 공격했는데, 전국 선거대책위원회는, 비록 파이프 담배를 피우기는 했지만 모범적인 삶을 살았던 '사랑스러운 레이첼'의 도덕성을 공격하는 팸플릿을 대량으로 발송할 정도로 진흙탕 속으로 더 깊게 들어갔다. 이 불미스러운 게임에서 밀리지 않기로 결심한 잭슨 진영은 애덤스를 인색한 청교도, 대중을 혐오하는 귀족, 자신의 선거인단을 매수한 부패범, 백악관 장식에 국민의 혈세를 낭비하는 사람으로 묘사하고, 클레이가 애덤스의 선거운동을 '시골 후작 앞에서 사생아 양복을 입고 애교를 부리는 광대처럼' 관리한다고 비난했다.

전투의 포연이 걷혔을 때, 애덤스는 뉴잉글랜드의 선거인단 표만 얻었고 그마저도 모두 얻지 못한 반면, 잭슨은 남부와 서부를 석권하고 나머지 주들을 차지한 것으로 밝혀졌다. 애덤스의 당은 철저하게 무너졌다. 구질서의 신사들과 귀부인들은 파리의 상퀼로트들로부터 도망친 프랑스의 이민 귀족과 귀부인들처럼 슬픔에 잠겨 어디에서도 위안을 찾을 수 없었다.

1829년 3월 4일, 이 땅의 아들이 취임 선서를 하기 위해 워싱턴으로 들어왔다. 앤드루 잭슨 이전의 모든 대통령은 재산과 문화적 교양을 갖춘 집안 출신이었다. 생계를 위해 어쩔 수 없이 막노동을 해야 했던 사람은 없었고, 워싱턴을 제외하고는 모두 대학 교육을 받은 사람이었다. 반면 잭슨은 사우스캐롤라이나의 고지대에서 가난한 부모 밑에서 태어난 대지의 자식이었다. 그가 언제 어떻게 배움의 기초를 다졌는지는 알 수 없지만, 그의 생애가 끝날 때까지 그의 언어는 강렬하고 직설적이면서도, 특이하고 멋지게 구성된 문법이 특징이었다는 것은 확실하다.

잭슨은 젊었을 때 테네시 주 변경 지대로 가서 토지 투기꾼, 말 거래상, 정치인, 그리고 전반적으로 농촌의 천재로서 많은 재산과 상당한 수의 노예를 모았다. 큰 키에 건장한 체격의 그는 레슬링 경기와 주먹다짐, 개인적인 다툼을 좋아했다. 한 번은 분쟁을 해결하기 위해 결투에서 한 남자를 죽였고, 그 후로도 그 권총을 전리품으로 소중히 간직하며 방문객들에게 보여주었다. 벤튼 형제와의 끔찍한 싸움에서 자신도 총알을 맞았는데, 그 총알은 오랫동안 몸에 박혀 있으면서 그의 고난의 증거로 남았다. 그는 주위에서 인디언과의 싸움이 벌어질 때마다 맨 앞으로 달려갔다.

의심할 여지 없는 용기로 지역 민병대의 지도자가 된 잭슨은 부하들의 고난과 위험을 함께 나누며 그들의 열렬한 헌신을 얻었다. 이미 지역의 영웅이었던 그는 1815년 뉴올리언스 전투에서 실수투성이의 무능한 영국 장군을 물리치며 전국적인 명성을 얻었다. 마침내 그는 스페인으로부터 플로리다를 탈환하고, 영국의 신민 두 명을 교수형에 처하고, 국경에서 호전적인 인디언을 토벌함으로써 더 많은 명예를 얻었다.

이 대지의 아들은, 신봉자들의 눈에 나폴레옹 대왕에 필적하는 군사적 인물로 변신하여, 새로운 민주주의를 위한 훌륭한 대통령 재목이 되었다. 관세, 내정 개선 및 기타 현안에 대한 그의 견해가 모호하다는 사실은 그의 거대하고 거부할 수 없는 매력을 손상시키지 않았다. 그는 서부 출신이었다. 노예를 소유했지만, 의심할 여지 없이 여전히 농부였다. 그는 해안가의 지주들이나 장인들이 자신들 중의 한 명이라고 생각할 수 있는 정치인의 번지르르함은 그어떤 것도 가지고 있지 않았다.

물론 잭슨의 반대자들은 그가 거칠고, 낡은 파이프를 피우고, 담배를 많이 씹고, 차마 인쇄할 수 없는 이야기를 하고, 일주일 동안 수염을 깎지 않고 돌아다니고, 더러운 옷을 입는다는 이유로 비웃었다. 잭슨을 잘 알고 있던 존 퀸시 애덤스는 하버드가 '테네시 출신의 싸움꾼'에게 법학 박사 학위를 수여했을 때, 그의 고뇌를 억누를 수 없었다. 대통령 과정을 마치면서 잭슨이 '클레이를 쏘거나 캘훈을 교수형에 처할 기회가 없었다'고 가장 크게 후회한 것은 우연이 아니었다. 그러나 모든 혐의가 그가 정기적으로 성서를 읽고, 와츠 Watts의 구슬픈 찬송가를 수없이 암송하고, 식탁에서 축복을 구했다는 소식으로 조심스럽게 상쇄되면서 정적들의 경멸은 그를 대중에게 더욱 사랑스럽게 만들 뿐이었다. 더욱이 그가 가장 좋은 옷을 입고 파이프와 술병 마개를 옆에 두고 매우 격식 있고 우아하게 인사하는 모습을 본 사람들은 그에 대한 믿기 힘든 이야기들이 당파적인 허위사실이라고 결론지었다.

잭슨의 취임식이 있던 날, 워싱턴 시내는 인파로 가득 찼다. 수천 명의 헌신적인 추종자들이 이 광경을 목격하기 위해, 그리고 많은 경우 새 행정부에서 자리를 얻기 위해 워싱턴으로 왔다. 이전의 모든 격식은 무례하게 깨졌다. 잭슨과 그의 일행은 환호하는 군중에게 좌우로 인사를 하며 호텔에서 취임식장으로 걸어갔다. 취임 선서를 한 후, 그는 최고의 군인 스타일로 차려입고 백악관으로 향하는 대로를 달렸고, 그 뒤에는 수많은 숭배자들이 몰려들었다.

그가 대통령 관저에 도착하자마자 모든 사람에게 문이 활짝 열렸고, 웹스터를 권위자로 인정한다면, 밀려든 우상 숭배자들은 깡패처럼 행동했는데, 펀치

그릇을 뒤집고 유리잔을 깨고 다마스크천 의자에 진흙투성이 장화를 올리고 서서는 민중의 나폴레옹을 쳐다보려 했다. 대법원 판사 스토리는 '대중 왕King Mob의 통치는 승리한 것 같았다'고 탄식했다. 지역 사교계의 지도자였던 마거릿 베이야드 스미스 여사는 제퍼슨의 세련미를 떠올리며 코를 막고 이렇게 썼다. '시끄럽고 무질서한 폭도들은…… 튈르리와 베르사유의 폭도들에 대해 읽었던 묘사를 떠올리게 했다.'

최고의 신속함으로 전리품 분배와 함께 정부 업무가 시작되었다. 잭슨은 작전을 지원하기 위해 두 개의 내각을 구성했다. 첫 번째 내각은 각 부처의 수장들로 구성되었으며, 공정한 재능과 어느 정도 저명한 사람들로 채워졌고, 이후 더 나쁜 장관들이 모아졌다. '부엌장Kitchen Cabinet'으로 알려진 두 번째 내각은 아이작 힐, 아모스 켄달 및 기타 민간 고문들로 구성되었으며, 이들은 왕에게 수도의 가십거리를 알려주고 대중의 이해를 돕기 위한 뉴스 회의를 통해 유머를 유지하는 집단적인 기관의 역할을 수행했다.

새 추장들이 임명되자마자, 연방의 정박지에 있는 신사들에 대한 조사가 시작되었다. '애덤스 씨를 재선시키려거나 잭슨 장군을 권좌에 오르지 못하게 하려고 공직을 이용한 망할 놈들은 교수형을 제외하고는 최소한의 관용도 받을 자격이 없다'라고 대통령 지지자 중 한 명이 썼다. '불안해하는 모든 애덤스 정부 사람들에게 국가라는 배에서 따개비들을 깨끗이 긁어낼 것이라고 말해도 될 것이다'라고 부엌 산헤드린[고대 이스라엘의 의회 겸 최고법원이다. 복음서에는 예수가 사형을 선고받은 곳으로 나온다]의 한 위원이 선언했다. '따개비 대부분이 너무 크고 너무 단단히 달라붙어 있어서 긁어내는 과정은 의심할 여지 없이 그들에게 치명적일 것이다.'

위협은 살벌했지만 실제로 무고한 사람들의 학살은 반대파가 주장한 것만큼 크지 않았다. 임차인 중 일부 악당은 사기 거래로 기소되어 유죄 판결을 받았고, 애덤스의 개인적 친구였던 '순교자' 중 한 명인 공무원은 재무부 공금을 훔친 혐의로 감옥에 들어갔다. 의심할 여지 없이 수백 명의 노련하고 충실한 공직자들이 축출되었지만, 다른 한편으로는 일자리를 구걸하는 잭슨 추종자들의 극심한 압력에도 불구하고 수백 명의 공직자들이 자리를 지킬 수 있었다.

따라서 인도의 클라이브처럼, [잭슨] 대통령이 자신의 중용을 자랑스러워할 이유가 있다고 말하는 것은 그의 기억 때문이다. 이 판단에는, 잭슨이 당원들에게 유리하게 도매금으로 공직자들을 제거하는 관습을 시작하여, 승자에게 전리품을 수여하는 관행에 높은 국가적 승인을 내렸다는 진술과 신속하게 연결되어야 한다. 제임스 러셀 로웰과 같은 몇몇 지식인들은 곧 이 제도를 조롱했고, 많은 정치인들, 특히 이 제도를 활용할 기회가 없었던 사람들이 이 제도를 비난했지만, 시간이 지나면서 이러한 형태의 정치적 예절은 점점 더 지배적이 되어 규범으로 굳어졌다.

잭슨은 국가라는 배에서 따개비를 긁어내는 것 외에도 관세, 무효화mullifica-tion[주의 연방 법령 실시 거부], 은행, 내부 개선, 서부 토지 처분 등 당시의 정치적 이슈에 대해 열정적으로 고민했다. 이 모든 질문은 영국에 대한 식민지 반란, 해밀턴 치하의 반동, 제퍼슨으로의 정권 교체로 나타난 것과 마찬가지로 이어진 투쟁의 새로운 국면을 제시하는, 경제적인 성격의 문제였다. 그리고 그들의 관리는 세 개의 뚜렷한 부문— 자본주의적 북동부, 플랜테이션 남부, 해안 너머의 농경 지역 —으로 분할된 국가의 운명과 관련이 있었으며, 부와 재능을 가진 귀족들이 난타당할 때마다 타운의 장인들이 주요한 역할을 맡았다.

각 부문에는 해당 유권자들의 이익을 위해 의회에서 권력을 결합시키려 한 뛰어난 인물이 있었다. 대니얼 웹스터는 그의 전기 작가인 피셔가 말했듯이 '돈 많고 보수적인 계급, 상인, 제조업체, 자본가, 은행가들의 희망이자 의지처'였다. 존 C. 캘훈은 플랜테이션 귀족의 대변인 역할을 솔직하게 수행했으며, 그것을 인정하고 자랑스러워했다. 미주리 주의 토머스 하트 벤튼은 정부의 손아귀에서 공공 영역을 빼앗기 위해 고군분투하는 서부 농민과 토지 투기꾼의 대변인이었다. 남부와 북부 사이라는 극단의 중간에 행복하게 놓여 있던 헨리 클레이는 동부 자본가들과 서부 농민들의 지지를 이끌어내고, 마음을 하나로 모아 자신을 대통령으로 만들 수 있는 플랫폼을 구축하기 위해 노력했지만, 뜻을 이루지 못했다.

이 리스트에, 잭슨은 돈 많은 계급에 대항하여 대중들을 위해 싸우는 검투사로서 농업의 이익이 다른 모든 것보다 '중요성에서 우월하다'고 선언하고, 자신이 특별한 호의를 확보할 시간도 수단도 없는 '사회의 겸손한 구성원'인 농부, 장인, 노동자의 선두에 서겠다고 선언했다. 사람들은 그의 말을 기꺼이 들었고 그를 갤러해드 경sir*으로 생각했다.

§

잭슨의 첫 번째 행정부에서 가장 해묵은 국내 문제인 관세 문제가 심각해져 1832년 사우스캐롤라이나 농장주들 사이에서 반란이 일어났다. 세기가 시작되고부터 그 날짜 사이에 아메리카의 경제 상황은 큰 변화를 겪었다. 금수 조치와 1812년 전쟁은 영국산 제품의 유입을 차단함으로써 아메리카 산업에 엄청난 성장을 가져왔고, 이러한 성장은 적어도 표면적으로는 농산물에 대해 지속적인 국내 시장을 제공하기 위해 제정된 1816년 관세로 인해 더욱 강화되었다. 이 과정에서 여러 지역의 경제 환경이 급격하게 변화했다.

활발한 운송 무역에 종사하는 아메리카 해운업의 본거지였던 뉴잉글랜드의 지도자들은 1816년 관세에 반대했지만, 피할 수 없는 현실을 받아들이고 그들의 자본으로 보호무역에 유리한 제조업을 육성하는 데 전력을 다했다. 코네티컷, 뉴저지, 펜실베이니아의 제철 장인들은 관세 장벽의 은혜로운 그늘 아래에서 높은 수익을 거두었기 때문에 자연스럽게 장벽을 높여 수입을 늘리려

---

* Galahad. 아서 왕의 원탁회의 기사이자 아서 왕 전설에서 성배를 획득한 세 명의 기사 중 한 명이다. 모든 기사 중 가장 완벽한 용맹함과 고결성을 갖춘 캐릭터로 유명하다.

고 생각했다. 오하이오, 켄터키, 테네시의 양모, 대마, 아마 재배자들과 루이지애나의 설탕 농장주들도 자유무역이 총론상으로는 농업인에게 유리하지만, 실제로는 유리한 예외를 만들 수 있다는 사실을 알게 되었다. 다양한 종류의 다른 경제적 이해관계들이 새로운 방향으로 전환되었다.

보호 대상 단체의 수가 늘어나고 자본이 확충됨에 따라 의회를 향한 추가 보호 조치 압력은 점점 더 거세졌다. 그러자 정치적 풍향계가 바뀌었다. 표류의 결함을 지적하며 1801년 관세에 맞서 싸웠던 웹스터는 열렬한 보호관세 옹호론자가 되었다. 산업 영국으로 향하는 바닷길이 다시 열린 것을 발견한 캘훈이 자유무역의 길로 돌아섰다면, 그의 동료 클레이는 관세를 '차별화' 하는 아이디어를 완벽한 국가 시스템으로 발전시켰다. 그는 '통상 부인Dame Commerce은 시시덕거리기 좋아하는 경박하며 시끄러운 매춘부Jade이며, 우리가 그녀의 환상에 지배당한다면 인도의 머슬린과 유럽의 옷감을 결코 버릴 수 없을 것'이라고 외쳤다. 그래서 그는 외국 자본가들에 대한 의존으로부터 나라를 해방시키기 위해 '이 나라의 요먼층, 미합중국이라 불리는 이 땅의 참되고 진정한 주인'에게 호소했다.

결합된 경제 권력들의 압력으로 1824년과 1828년에 관세가 인상되었고, 1832년에 더욱 논리적으로 개정되었다. 적들 사이에서 '가증스러운 관세'로 알려진 이 두 번째 수정안은 의회를 통과한 후 단호한 정파의 연합에 의해 통과되었고, 이제 영국의 제조업과 자유롭게 농산물을 거래하고자 했던 플랜테이션 정치인들은 뜻하지 않은 정치적 공포에 휩싸였다. 워싱턴에서 열린 포럼에서 크게 패배한 그들은 국내에서 역풍을 일으키기 시작했다. 버지니아, 노스캐롤라이나, 사우스캐롤라이나, 조지아, 앨라배마 주 의회를 통해 그들은 가증스러운 관세를 엄숙히 비난했다.

그런 다음 그러한 비난이 승리의 사실에 반하는 수사에 불과하다는 것을 알게 된 사우스캐롤라이나는 말로만 떠드는 것에 지친 나머지 공개적인 저항을 준비했다. 1832년 가을, 주 의회는 최악의 상황에 대비하기 위해 대회 임시 대의원을 선출할 것을 명령했다. 그에 따라 선거가 치러졌고, 대회가 소집되었으며, [관세로] 보호받는 이익에 맞서 무효화 조례Ordinance of Nullification가 도전적으로 던져졌다. 이 조례는 전쟁터와 무기의 이름을 지었다. 이 조례는 관세가 '다른 계급과 개인의 상처와 억압을 비용으로······ 특정 계급과 개인에게 보상금을 준다'고 선언했다. 아메리카의 정치적 수사학에 충실하게, 대회는 관세가 헌법을 위반한 것이며, 따라서 사우스캐롤라이나 주에서는 무효이며 효력이 없다고 선언했다. 연방 정부가 사우스캐롤라이나 주민들을 강압하려 한다면 주민들은 독립을 선언하고 지구상의 모든 국가들 사이에서 주권 국가로 자리 잡을 것이라는 엄숙한 경고로 끝을 맺었다.

이렇게 합쳐진 문제는 공화국에 대한 위험으로 가득 차 있었지만, 절대적으로 다루기 어려운 것은 아니었다. 1812년 전쟁 당시 뉴잉글랜드의 제스처처럼, 분리 독립과 무효화에 대한 사우스캐롤라이나의 시도는 도전적이었지만, 플랜테이션 세력은 아직 군건한 결속력을 갖추지 못했다. 반대로 사우스캐롤라이나가, 1860년에 다시 그랬던 것처럼, 지지를 호소했던 면화 주들은 관세를 가증스러운 것으로 비난한 후 구제책으로 무효화를 승인하는 것은 단호하게 거부했다. 다른 한편으로, 후방에서 잭슨을 지지하는 농민들의 공격을 받고 있던 보호무역의 이해관계자들은 의회 협상을 통해 벌어지는 공공연한 소란을 유지할 만큼 크지도 않았고, 무력으로 무효화 조치를 진압할 준비도 되어 있지 않았다. 자본주의와 면화는 생사를 건 싸움을 벌이기 전에 넘어야 할 산이 많았다. 분명한 것은 조정은 필요하고 가능했다.

잭슨 대통령은 합의에 기여한 바가 있지만, 구체적으로 얼마나 기여했는지는 알기 어렵다. 연방에 대한 그의 헌신은 의심할 여지 없이 깊고 진지했다. 그는 한때 미시시피 강이 폐쇄될 위기에 처했을 때 '날아갈' 준비가 되어 있던* 지역 출신이었지만, 그의 주에서는 이제 선조들이 만들어 놓은 공동의 지붕에 만족하고 있었다. 테네시에는 노예 소유주가 있었고 잭슨도 그중 한 명이었지만, 대부분 소농이 지배하는 정치 공동체는 결코 플랜테이션 체제에 완전히 동화되지 않았다. 목화는 그곳의 왕이 아니었고, 잭슨의 동정심은, 그가 입버릇처럼 말했듯이, 농장주나 자본가들보다는 겸손한 사람들에게 있었다. 게다가 그는 무효화의 사도인 캘훈에 대해 호랑이 같은 증오심을 갖고 있었는데, 이는 사우스캐롤라이나 출신의 정치인인 캘훈이 먼로 내각의 일원이었을 때 플로리다의 세미놀 전쟁에서 잭슨의 경솔한 행동을 이유로 그의 체포를 제안했다는 잘 알려진 보도에서 비롯된 개인적인 증오심이었다고 한다. 분개한 장군은 1830년 제퍼슨과의 만찬에서 건배사를 통해 캘훈에게 경고의 메시지를 보냈다. '우리의 연방은 반드시 지켜져야 하고 지켜질 것이다.' 이 외에도 잭슨은 미합중국의 대통령이었고 권위에 대한 저항을 인격에 대한 모욕이자 위법 행위로 간주했다.

따라서 잭슨은 사우스캐롤라이나의 조치를 듣고는 '이름이나 정치적, 사회적 지위와 관계 없이 계엄령으로…… 그 흥분한 사람들의 모든 지도자를 교수형에 처할 준비가 되어 있다'고 선언했다. 그는 기본적으로 무효화를 일종의 선동으로 간주하고 '초장에 그들을 진압하고 지도자들을 체포하여 반역죄로 기소할 것'이라고 다짐했다. 하지만 그는 그러한 격렬한 표현을 사적인 편지와 대화로 제한하는 데 주의를 기울였다. 현실을 직시한 그는 추가 파병 명령을 준비하던 바로 그 순간에 한 영리한 정치인을 사우스캐롤라이나로 보내 경고를 보냈다.

잭슨은 공개 연설에서 전장의 언어보다는 법과 질서의 문구를 사용하여 더 부드럽게 말했다. 길고 웅변적인 선언문을 통해 대통령은 연방의 신성함과 영속성에 대한 확고한 믿음과 헌법에 의해 부여된 모든 권한을 행사하여 연방

---

* 미시시피 강은 남부 주들과 중서부 주들, 특히 농업 중심의 경제를 가진 지역에 매우 중요한 수로였다. 1812년 영국과의 전쟁이 발발하면서 갈등이 고조되었고, 이 과정에서 미국의 주와 지역 간의 긴장이 높아졌다. 이 시기에 남부 주들은 연방 정부의 정책에 불만을 품고 있었고, 그런 상황에서 미시시피 강이 폐쇄될 경우, 그 지역의 경제와 정치적 독립성이 심각하게 위협받게 되는 상황이 발생했다. '날아가려' 했다는 표현은 남부 주들이 연방 정부의 통제에 저항하거나, 독립을 고려했던 상황을 암시한다.

을 지키겠다는 의사를 발표했다. 이 문서는 아메리카 역사상 가장 뛰어난 인물 중 한 명인 에드워드 리빙스턴 국무장관에 의해 최종적으로 완성된 것으로 보이지만, 이 문서의 중심 아이디어는 잭슨이 직접 작성한 것이었다. 연설문은 단호했지만 허풍이나 처형 위협, 계엄령의 위협은 없었다. 연설문은 단호하면서도 사우스캐롤라이나 주민들에게 화해적인 태도를 보였으며, 링컨의 취임 연설문과 마찬가지로 무력에 대한 두려움보다는 연방에 대한 애정에 호소했다. 잭슨은 의회에 보내는 위기 상황에 대한 메시지에서도 온건한 전술을 구사했는데, 무효화를 주장하는 사람들이 반대하는 관세를 인하할 것― 바로 그것이 그들이 원하는 것이었다 ―을 제안했고, 법 집행에 있어 대통령에게 더 큰 권한을 부여하는 새로운 법률― 구미에 맞는다면 그것에 대해 그들은 크게 구애되지 않았다 ―을 제정할 것을 촉구했다.

여기에 타협이 필요한 상황이 발생했고, 과거 이 분야의 대가였던 헨리 클레이가 나서서 1833년 2월 상원에서 양측 모두에게 위안을 줄 수 있는 방안을 제시했다. 그는 농장주들에게 정중하게 인사를 건네며 그들이 반대하는 관세를 1816년에 정해진 수준으로 ― 캘훈도 당시 그것을 승인했다 ― 인하할 것을 제안했다. 그는 상대방에게 재치 있게 고개를 숙이면서 당장 과감한 조치는 취하지 말고, 10년에 걸쳐 단계적으로 감축하는 방식을 취하자고 제안했다. 그는 모든 사람들이 연방에 대해 공언한 애정을 기억하며, 필요하다면 무력으로 연방의 패권을 유지하는 조항을 담은 법안도 제출했다. 온화한 토론 끝에 관세를 낮추는 법안과 연방을 강화하는 법안 두 개 모두 상하 양원을 통과했고, 같은 날인 3월 2일 대통령은 서명했다.

사우스캐롤라이나는 이 결과를 영광스러운 승리로 받아들이고 관세 부과를 무효화하는 조례를 철회하고 강제 법안을 무효로 선언함으로써 명예를 회복했다. 모든 곳에서 농장주들은 공개적인 저항의 승리가 완성된 것으로 간주했다. 모든 외형적 징후에 따르면, 적어도 그들은 대회를 장식한 연설의 꽃에 대해 뭐라고 말하든 실제로 해밀턴-웹스터 시스템의 진행 상황을 확인했기 때문에 기뻐할 모든 이유가 있었으며, 몇 년 후 제조 이익이 관세를 다시 올리는 데 성공했을 때 더 쉬운 방법으로 관세를 내릴 수 있도록 철저하게 확인했다.

반면에 잭슨은 연방이 정당하게 유지되고 있다는 사실에 자부심을 가질 수 있었고, 보호받는 산업들이 단 한 번의 거부로 인한 타격을 피할 수 있다는 사실에 기뻐할 수 있었다. 클레이는 말년에 이르러서야 불화와 실망으로 점철된 자신의 경력을 되돌아보며 자신의 선택이 현명했는지에 대해 심각한 의구심을 품게 되었다. 1833년에 잭슨과 무효화파가 싸우도록 내버려 두었다면, 그리고 그때 무력으로 두 지역을 분열시킨 거대한 경제적 문제를 해결했다면 더 좋았을까? 영원의 시선 아래에서 일하는 누가 답을 내릴 수 있을까?

§

관세 논란과 함께 조지 3세의 장관들을 걱정하게 만들고 해밀턴을 괴롭히고 계속해서 격렬한 논쟁을 불러일으켰던 공공 토지 문제도 함께 제기되었다. 미주리 주의 벤튼 상원 의원이 웅변을 쏟아내도록 영감을 준 것 외에도, 1830년 유명한 웹스터-헤인 논쟁을 불러일으켰으며, 이는 잭슨 시대의 수많은 언어적 전투 중 가장 위대한 것이었다. 헌법의 미사여구로 인해 논쟁의 핵심은 거의 묻혀버렸지만, 그 논쟁의 핵심은 본질적으로 경제였다. 이 논쟁은 코네티컷 주 상원 의원 새뮤얼 A. 푸트가 공공 토지의 매각을 제한하는 방안에 대해 문의하면서 발생했는데, 이는 제조업자와 노예를 소유한 농장주 모두에게 시급한 문제였다. 전자는 관세 장벽 뒤에서 피난처를 찾는 것만큼이나 값싼 노동력을 풍부하게 확보하기를 열망했지만, 공공 영역의 땅인 서부로 사람들이 몰려가는 것을 심각한 우려로 바라보았다. 대장간의 불과 돌아가는 방추紡錘들을 버리고 오하이오 밸리에서 농사를 짓기 위해 이주함으로써 공장을 떠났고, 남아 있던 노동자들은 개척자들의 발자취를 따르겠다고 위협하여 임금을 올릴 수 있었다. 한편 남부 농장주들은 자유 농부들이 밸리에 모여들면 자신들의 영향력에 대항할 수 있다는 사실을 아직 인지하지 못한 채 앨러게니 산맥 너머의 농업 인구 증가가 자신들의 힘을 더할 수 있다고 생각했다. 농부와 농장주들이 함께 행동하면 워싱턴 정치에서 제조업 자본가들을 이길 수 있다고 그들은 생각했다.

이 철학에는 신비로운 것이 없었다. 당시 모든 정치인들은 토지 문제와 관세 이슈, 그리고 아메리카 연방의 권력 균형과의 관계를 매사추세츠의 웹스터와 사우스캐롤라이나의 헤인보다 더 잘 알고 있었다. 사실, 헤인 상원 의원은 게이지를 내려, 서부 농부들의 입장을 솔직하게 대변하고 그들의 우려에 초점을 맞춘 열혈 잭슨주의 민주당원 벤튼 상원 의원을 지지했을 뿐이다. 웹스터는 게이지를 올려, 미주리의 그라쿠스[벤튼] 대신 노예 제도 옹호자로서의 벤튼을 공격의 대상으로 삼은 영리한 선택을 한 것뿐이었다. 만약 그가 사우스캐롤라이나의 법률가[헤인] 대신 벤튼을 반대했다면, 연방을 위한 그의 호소는 산 너머에서 덜 기쁘게 들렸을 것이고, 1860년 시카고에서 공화당의 홈스테드-관세 블록homestead-tariff bloc[*]이 형성되는 것은 여전히 더 어려웠을지도 모른다.

헌법 논쟁의 구름 밑에 회계학의 문제가 단단히 깔려 있다는 사실은 논쟁 과정에서 특히 사우스캐롤라이나 출신의 연설가인 헤인이 분명히 드러냈다. 헤인은 1812년 전쟁을 언급하며 웹스터를 향해 공격을 퍼부었다. '그 암울한 시기에 매사추세츠 출신의 상원 의원은 어디에 있었는가? 그의 정치적 동료들은 무엇을 신경 쓰고 있었는가? "연방의 가치를 계산하고 있었다." 그뿐만 아니라 그는 국가가 강력한 적과 목숨을 걸고 싸우는 위태로운 순간에 뉴잉글랜드는 자신의 상업적 이익이 손상되었다는 이유로 법 집행에 저항하고 국가 분열을 준비했다고 외쳤다.

---

* '홈스테드-관세 블록'이라는 용어는 19세기 중반 미국에서 두 가지 주요 입법 우선순위인 홈스테드 법안과 보호관세에 대한 지지를 통합하고자 했던 정치 연합인 현재의 공화당을 가리킨다. 이 연합은 서부와 북부의 이해관계를 하나로 모아 각 지역에 유리한 정책을 추진하기 위한 것이었다.

전체적인 조망 가운데 헤인은 몇 가지 세부 사항을 포함시켰다. 그는 '정부의 재정 운영을 난처하게 만들고, 군대의 징병을 막고, 뉴잉글랜드의 인력과 돈이 연방에 봉사하는 것을 막고, 대통령을 자리에서 끌어내리기 위한 모든 행동을 했다…… 남부가 어떤 정의正義와 타당성으로 그런 면에서 불충실했다고 비난받을 수 있는가?' 격렬한 전투 속에서 헤인은 자신의 칼이 양쪽 모두를 베고 있다는 사실을 간과했을지도 모른다. 1830년에 사우스캐롤라이나가 옳다면 1814년에 뉴잉글랜드가 틀린 이유는 무엇일까? 매디슨 행정부에서 매사추세츠가 연방에 불충실했다면 잭슨 행정부에서 사우스캐롤라이나에 대해서는 어떤 말을 할 수 있을까? 법적으로는, 없다. 윤리적으로는 아마도 관세 무효화는 평화보다 전쟁 시기에 더 방어하기 힘들었을 것이다. 문제의 핵심은 역전된 경제 상황에 있었지만, 어쩌면 경제를 넘어서는 초월적인 것, 즉 국가의 운명이 있었을지도 모른다.

일반적으로 역대 걸작 중 하나로 꼽히는 이 연설에서 웹스터는 헤인이 제시한 기회를 최대한 활용했다. 웹스터는 헤인이 일관성이 없다고 조롱했는데, 1816년 이후 관세에 대해 사우스캐롤라이나가 입장을 뒤집은 것을 비꼬았다. 뉴잉글랜드가 연방에 대한 불충성 혐의로 비난받자, 웹스터는 뉴잉글랜드의 기록에서 반역의 냄새가 나는 것이 발견된다면 변호가 아니라 질책을 하겠다고 함으로써 이 문제에 정면으로 맞섰다. 매사추세츠 주에 대한 헤인의 항목별 고발장에 대해 웹스터는 독립혁명 시기 주州의 찬란한 기록을 나열하고, 좀 더 최근의 역사적 사실은 회피와 망각의 망토로 교묘하게 덮어버리는 방식으로 대응했다.

관세 무효화 철학은 헤인에 의해 옹호되었었고, 얼마 전까지만 해도 그 철학에 위험할 정도로 근접해 있던 웹스터는 이제 그 철학에 대해 낭랑하게 울려 퍼지는 수사학을 펼쳤다. 그는 진위 여부가 의심스러운 역사적 암시를 사용하고, 종종 결정적이라기보다는 교묘한 논리적 추론을 통해 국가가 아닌 국민이 만든 영원한 결합, 즉 사랑과 존경의 대상이 되는 영원한 결합의 교리를 뒷받침했다. 예술가이자 예언자적인 문필가였던 웹스터는 정치인으로서의 뒤엉킨 실타래를 뚫고 거의 초인적인 노력으로 시적 비전의 하얀 빛을, 미래의 그림자가 드리운 길을 따라 그의 이상에 영감을 받고 그의 감동적인 시를 낭송하던 사람들이 그가 그토록 장엄하게 기념했던 대의를 위해 죽어야 하는 어둡고 살벌한 장소로 쏘아 올렸다.

웹스터는 펠리온 위에 오사[*]를 쌓을 때 성가신 서부 토지의 매각이라는 현안의 경제적, 정치적 실체와 같은 일상적인 고려 사항을 간과하지 않았다. 뉴잉글랜드는 서부에 대한 적대감, 강경하고 이기적인 정책을 추구한다는 비난을 받아왔지만, 웹스터는 뉴잉글랜드가 서부에서 그토록 소중히 여기는 내부 개선,^{**} 즉 생산 시장을 개척하고 토지 가치를 높이는 도로를 어떻게 선호했는지를 보여줌으로써 이에 대응했다. 그런 다음 그는 헤인을 향해, 반코 Banquo[『맥베스』의 등장인물]의 적들처럼 농업 주와 상업 주 사이의 우정을 파괴한 남부 정치인들은 결국 서부를 무효화와 분리 독립으로 끌고 갈 수 없기 때문에 아무것도 얻지 못할 것이라고 경고했고, 이는 1861년에 성취된[남

---

* 'Ossa on Pelion'은 그리스 신화에서 유래한 관용적 표현이다. 이 문구는 터무니없거나 지나치게 야심찬 방법으로 무언가를 성취하려는 시도를 상징하게 되었으며, 종종 비현실적이거나 불가능한 노력을 수반한다. 신화에서 쌍둥이 거인 알로아다이는 펠리온 산 위에 오사 산을 쌓아 올림포스 산을 습격하여 그곳의 신들을 몰아내려 했으나 그 계획은 올림포스의 신들에 의해 좌절되었다.

** 미합중국 초창기에 도로, 운하, 철도, 항만, 하천 준설 등의 내부 개선internal improvement이 국가 발전에 필수적인 것으로 여겨졌다. 알렉산더 해밀턴과 같은 인물은 강력한 경제 기반을 구축하기 위해 이러한 프로젝트에 대한 연방 정부의 지원을 옹호했고 이후 헨리 클레이 같은 인물은 미합중국의 경제적 독립과 성장을 촉진하기 위해 국가 은행, 보호관세, 내부 개선에 대한 연방 자금 지원의 필요성을 강조했다. 여기서 내부 개선에 필요한 자금을 누가 내고 통제권을 누가 가져야 하는지에 대한 문제가 중요한 정치적 논쟁거리였다. 앤드루 잭슨 대통령과 같은 일부 사람들은 내부 개선이 연방 정부가 아닌 주 정부의 책임이라고 주장하여 자원 배분을 둘러싼 갈등이 발생했다. 다른 정치적 사안들과 마찬가지로 이 문제 또한 주 정부의 독립성을 강조하는 측과 연방 정부의 적극적인 역할을 강조하는 세력의 대립이었다. 전반적으로 19세기에 미합중국이 전국적으로 긴밀히 연결되고 경제적으로 탄탄한 국가로 변모하는 데는 내부 개선이 중추적인 역할을 했다.

북전쟁] 또 다른 예언의 신호탄이 되었다. 하지만 웹스터는 연설가 그 이상이었다. 그는 하늘에서 땅으로 내려왔을 때[이상적이고 웅장한 철학적 논쟁을 펼친 후, 현실적인 문제로 돌아왔을 때], 서부를 불쾌하게 만들 푸트Foote 상원 의원의 결의안을 탁자 위의 산더미 같은 서류 아래에 묻어버림으로써 무기한 유예시킬 만큼 실용적인 사람이었다.

따라서 사우스캐롤라이나는 알맹이 없는 승리를 거두었고 그 과정에서 뉴잉글랜드도 패배했다. 만약 동부의 의원들이 벤튼이 오랫동안 만지작거렸던 공공 토지를 농민들에게 나눠주자는 법안[홈스테드법]을 실제로 승인했다면, 그리고 그들이 1860년에 마침내 그렇게 해야만 했던 것처럼 토지 문제에서 양보함으로써 서부와의 연합에 영향을 미쳤다면, 그들은 저관세파와의 30년 동안의 투쟁을 피할 수 있었을 것이다. 그보다 더 중요한 것은 연방의 세력이 너무 강력해져서 탈퇴 세력이 감히 맞설 수 없을 정도로 막강한 힘을 갖게 되었을 것이다. 그러나 그들은 이 위대한 기회를 포착하지 못했는데, 이는 정치인들이 당장의 현안에서 비롯된 두려움 속에서 일해야 한다는 부자연스러운 이유 때문이었다.

§

관세와 토지 문제만이었다면, 1830년에 북동부와 서부가 더 쉽게 화합할 수 있었겠지만, 조지 3세 시대부터 아메리카를 괴롭혀온 해묵은 금융과 통화 문제가 다시 한 번 악랄한 형태로 전면에 등장했다. 1816년 제퍼슨주의자들이 전쟁 자금을 조달하기 위해 20년간 설립한 미합중국 제2은행second United States Bank은 서부의 농부들과 동부의 장인들의 마음속에서 폭압적인 화폐 권력의 성채가 되어가고 있었다.

급진적 민주당원들은 처음부터 원칙적으로 이를 비난했고, 그들의 공격은 점점 더 격렬해졌다. 다른 사람들은 실천을 통해 그들의 견해를 얻었다. 연방 전역에 걸쳐 건전한 은행의 지폐는, 주의 정치인들이 공인한 불안정한 기관의 지폐를 유통에서 몰아냈고, 따라서 마을 정치인들에게 '부자와 좋은 집안에서 태어난 자'에 대한 분노를 불러일으켰다. 그 관리자들은 우호적인 정치인들에게 호의를 보이고 대출을 할 때 잭슨의 추종자들을 차별했다는 비난을 받았다. 실제로 대통령의 친구 중 한 명이 가한 것으로 주장되는 이러한 성격의 '정신적 상해'가 은행에 대한 특별한 분노의 원천이었던 것 같다. 이 은행의 경영진은 정적을 처벌할 목적으로 통화를 계약하고, 의회의 일부 연설가에게 상담료retainer를 제공하고, 선거 목적으로 기업 자금을 지출하는 등 권력을 이용한 혐의로도 기소되었다. 따라서 금권정치에 대한 대중의 자연스러운 적대감은 새로운 '부패한 편대'에 대한 어둡고 불길한 소문으로 인해 더욱 심화되었다.

은행에 대한 많은 혐의가 근거 없는 것이었음은 나중에 역사적 연구를 통해 밝혀졌다. 잭슨의 부하들 중 일부가 사업상의 이유로 대출을 거부당했다 하더라도, 단지 교리적인 견해 때문에 민주당 정치인들을 차별했다는 것은 증명되지 않았다. 은행이 브로커들의 전리품 거래를 거부했다면, 그 동기는 당파적이라기보다는 경제적인 것이었다. 적어도 초기에는 니컬러스 비들 총재가 정치의 미로를 뚫고 '건전한 비즈니스 노선'으로 나아가기 위해 노력한 것으로 보인다.

그러나 은행과의 전쟁이 시작된 후, 그와 그의 동료들은 다양한 무기를 손에 넣었다. 그때부터 의원들이 은행으로부터 상담료를 받았다는 주장은 상당한 근거를 가지고 있었다. 어쨌든 상원의 가장 강력한 대변인이었던 대니얼 웹스터는 이 은행의 급여를 받고 있었으며, 이 사실은 먼 훗날 비들의 편지와 논문이 공개되면서 밝혀졌다. 이 문서에는 은행 인가를 둘러싼 법적 공방이 벌어질 의회 회기가 시작되고 나서 2주 후, 웹스터가 비들에게 편지를 보내 은행을 상대로 한 소송 수임을 거부했다는 정보를 슬기롭게 전달하고 매력적인 솔직함을 덧붙인 내용이 기록되어 있다. '나는 내 상담료가 여느 때처럼 갱신되거나 새로워지지 않았다고 생각합니다. 나의 은행과의 관계가 계속 유지

되기를 원한다면 평소처럼 상담료를 보내주시는 게 좋을 것 같습니다.'

은행이 정치적 반대파의 허리를 꺾고 고통을 줄 목적으로 대출 계약을 했다는 혐의도 이제는 마찬가지로 확실히 입증되었다. 어떤 의문의 여지도 없이, 경선 기간 동안 고의적으로 국가에 재정적 긴축을 가했고, 비들은 자신의 입지를 확신하며 보스턴 지점장에게 '해외에서 고통받고 있다는 증거가 나와야만 의회에 어떤 영향을 미칠 수 있을 것'이라고 선언했다. 웹스터 자신도 대중에 대한 압력이 유용할 것이라고 확신하면서 비들에게 '이 원칙은, 내가 보기에, 은행 재인가라는 일반적인 문제에 매우 큰 영향을 미칠 것'이라고 편지를 보냈다.

사실, 현재 학생들에게 공개된 당시의 사적인 서신은 은행의 지지자들과 수혜자들이 언론의 많은 부분을 통제하고, 정치인들에게 지시하고, 무관심한 사업가들을 겁주고, 잭슨과 그를 지지하는 대중을 무시할 목적으로 강력한 세력 연합에 영향을 미쳤다는 것을 보여준다. 비들은 '이 훌륭한 대통령은 인디언의 목을 베고 판사들을 투옥했으니 은행도 마음대로 할 수 있다고 생각한다. 그는 착각하고 있다'며 비웃었다.

그럼에도 불구하고 자존심은 추락을 향해 달려가고 있었다. 잭슨의 분노는 한 번 고조되면 보는 것만으로도 끔찍했다. 그것은 회계실의 차갑고 계산적인 분노가 아니라 상처와 죽음에 아랑곳하지 않고 적에게 돌진하는 전사의 분노였다. 게다가 잭슨의 배후에는 새로운 민주주의에서의 농민과 노동자들의 불만이 쌓여 있었고, 잭슨은 매우 영리한 전술로 이 불만을 꾸준히 부채질했다. 잭슨은 의회에 보낸 첫 번째 메시지에서 공개적으로 은행을 공격했지만, 힘을 다하지는 않았고 주요 과제로 삼지도 않았다. 두 번째와 세 번째 메시지에서 그는 이 주제를 교묘하게 언급하면서 '계몽된 국민과 그들의 대표'에게 결정을 맡겼다.

야당이 신중하게 침묵을 지켰다면 충돌을 피할 수 있었겠지만, 지혜를 자랑하며 야당은 다른 길을 선택했다. 은행은 미래에 대해 불안해했고, 클레이는

1832년 대통령 선거의 냄새를 맡고 그 자리에서 문제를 제기하기로 결심했다. 유효기간이 4년 더 남아 있었지만 은행은 인가 갱신 신청을 했고, 의회는 클레이의 주도하에 청원안을 통과시켰다.

이 도전에 대한 잭슨의 대답은 거부권 행사였고, 대중에게 자신의 입장을 지지해달라는 호소였다. 그는 들끓는 정서에 경의를 표하며 언약궤 옆에 서서 국가 은행이 위헌임을 선언했다. 잭슨은 대법원이 몇 년 전에 다른 판결을 내렸다는 사실을 잘 알고 있었지만, 각 공무원은 다른 사람이 이해하는 대로가 아니라 자신이 이해하는 대로 헌법을 지지하기로 선서했다는 대담한 발언으로 이 불편한 판결에 맞섰다. 이 교리는 장엄한 옷과 가발을 쓴 모든 노신사들을 자신들의 조국의 미래에 대한 전망으로 부들부들 떨게 만들었고, 올드 히코리[앤드루 잭슨]의 추종자들을 크게 기쁘게 했다.

이러한 분위기에 경의를 표한 후 잭슨은 문제의 핵심인 경제 세력의 조율에 착수했다. 그는 서부와 남서부 주 주민들이 발행된 2,800만 달러의 자본금 중 14만 달러만 개인 소유로 보유하고 있는 반면, 중부와 동부 주 자본가들은 1,300만 달러 이상을 보유하고 있다는 사실에 주목했다. 그는 은행의 연간 수익 중 164만 달러가 주식을 거의 또는 전혀 보유하지 않은 서부 9개 주에서 나왔다고 지적했다.

도덕적 교훈은 분명했다. 농업에 종사하는 서부 사람들이 토지를 구입하고, 개량하고, 투기에 참여하기 위해 빌린 돈으로 동부와 외국 자본가들에게 경의를 표해야 했던 경제적 갈등이 부분적인 형태로 나타난 것이었다. 잭슨은 참가자들의 이름을 거론하는 데 주저하지 않았다. '부자와 권력자'는 정부의 행위를 그들의 이기적인 목적에 맞게 왜곡하고 있었고, 부자들은 특권 아래서 더욱 부유해지고 있었으며, '많은 부자들이…… 의회의 법안을 통해 자신들을 더 부유하게 만들어 달라고 우리에게 요청해 왔다. 그들의 욕망을 충족시키려 하면서, 우리는 입법의 결과로 부문 대 부문, 이해관계 대 이해관계, 사람 대 사람 사이의 갈등을 일으켜, 우리 연방의 기초를 흔드는 두려운 소동으로 이

어졌다.'

그것은 정말로 무기를 들라는 외침이었다. 은행의 수장 비들 역시 매우 기뻐하며 선언했다. '사슬에 묶이지 않은 표범이 우리의 철창을 물어뜯으려는 분노로 가득하다. 마라나 로베스피에르가 폭도들에게 발표했을 법한 무정부 상태 선언문이다.' 대통령의 응원단장들은 이 광경에 기쁨을 감추지 못하고 모자를 하늘로 던졌다. 서부의 농민들은 정당한 빚을 회피하려 한다는 혐의를 받고 있었는데, 그들은 자신들이 빌린 돈이 정부의 권한 아래 있는 은행의 인쇄기에 의해 만들어졌다고 주장하며 맞섰다. 이제 잭슨은 그들의 이론과 격정을 메시지로 구체화했다. 이 전쟁을 냉정하게 바라보는 냉철한 철학자가 있었다 해도, 그는 우리에게 회고록을 남기지 않았다.

1832년 선거에서 잭슨은 감정을 절제하지 않은 선거운동 끝에 상대 후보인 클레이를 완전히 무력화시키고 로마의 정복자처럼 전차에 희생자들을 태우고 백악관으로 돌아왔다. 은행은 그에게 맞섰다. 전쟁 상황에 돌입했다고 생각한 대통령은 그것에 반격했다. 헌법으로 은행의 법적 수명이 4년 남아 있었고, 군 칙령으로 법을 폐지할 수는 없었기 때문에 다른 공격 수단을 찾아야 했다. 행정부의 수장으로서 잭슨은 재무장관에게 더 이상 연방 수입을 국가 은행이나 그 어떤 지점에도 예치하지 말고 인출해서 정부 현금을 청구서 지불을 위해 사용하라고 명령했다. 이 외에도 그는 국가 기금을 주립 은행들에 분배하면서, 올바른 정치적 성향을 가진 은행, 즉 '애완 은행'으로 알려진 기관에 보상하는 것을 잊지 않았다. 국고 잉여금이 늘어나자 민주당이 장악한 의회는 명목상으로는 대출 형태로, 실질적으로는 증여 형태로 주 정부에 자금을 분배하여 국고 잉여금을 없앴다.

1836년, 두 번째 국가 은행은 자동으로 파란만장한 경력을 마쳤고 새로운 민주주의의 영감을 받아 나라는 '와일드캣wild cat' 금융의 시대로 접어들었다.* 바로 이듬해에 끔찍한 경제 공황이 역병처럼 닥쳐 '부유하고 좋은 집안 출신인 사람들'보다 농부와 장인들에게 더 큰 고통을 안겨주었지만, 대중은 이 재앙도 마찬가지로 그들의 영웅인 잭슨 대통령의 행동보다는 화폐 권력의 계략 때문이라고 여겼다. 그 어떤 것도 그들이 발걸음을 돌이키도록 유도하지 못했다. 30년 동안 남부와 서부의 연합은 중앙집권적 은행 체제의 복원을 막았다. 농장주 정치인들이 의회에서 철수하고 남북전쟁의 폭풍이 사소한 돌풍들을 휩쓸고 지나간 후에야 워싱턴의 정무 책임자들은 잭슨이 초래한 황폐화를 복구했다.

§

잭슨의 경제 정책과 개인적 행동은 제퍼슨의 공화당을 크게 분열시켰고 갑작스럽게 좋은 느낌의 시대를 마감했다. 잭슨만큼 강력한 전권을 행사하거나 행정부에 불만을 품은 사람들의 감정에 대해 그다지 배려하지 않은 대통령은 없었다. 그는 하급 공무원 전체를 문책과 해임의 공포에 시달리게 하는 한편, 자신의 내각에 대해서는 거의 예의를 갖추지 않은 채 중요한 사안을 직접 결정하거나 측근들의 조언을 받아 결정했다. 한 재무장관이 행정 명령에 따라 은행의 예금을 인출하는 것을 거부하자 잭슨은 곧바로 다른 장관을 임명했고, 두 번째 장관도 단순한 도구가 되기를 거부하자 세 번째 장관을 임명했는데,

---

* 와일드캣 은행은 남북전쟁 이전, 특히 1837년부터 1865년까지 이른바 '자유 은행 시대'에 미국에서 운영되었던 은행 유형을 말한다. 주 정부 차원에서 은행 규제가 느슨하거나 존재하지 않던 시기에 설립되었는데 주마다 은행 설립에 대한 규정과 요건이 달랐기 때문에 이러한 기관이 확산되었다. '와일드캣'이라는 용어는 사람들이 지폐를 금이나 은으로 교환하기 어렵게 하기 위해 접근하기 어려운 외딴 지역(와일드캣이 배회하는 곳)에 이러한 은행을 위치시키는 관행에서 유래한 것으로 추정된다. 일부 은행은 상환 요구를 피하기 위해 접근이 거의 불가능한 곳에 설립되기도 했다. 와일드캣 은행들은 자체 지폐를 발행했는데 정화正貨 준비금이 부족한 경우가 많았기 때문에 이런 종이돈은 신뢰도가 낮았다. 이러한 불안정성은 경제의 불확실성과 금융 위기의 원인이 되었고 뒤이은 은행 개혁으로 이어지는 중요한 요인이었다. 와일드캣 은행 시대는 1863년 전국은행법이 통과되고 국가 은행 시스템이 구축되면서 사실상 막을 내렸다. 와일드캣 은행은 분산되고 규제가 제대로 이루어지지 않은 은행 시스템의 문제점과 보다 안정적이고 통일된 은행 구조로의 전환을 보여주는 미국 금융 역사의 중요한 부분이다.

그는 심부름꾼의 기민함으로 자신에게 내려진 명령을 수행했다. 상원에서는 잭슨의 이러한 행동을 비판하며 결의안을 통과시켰다. 잭슨은 자신의 독단적인 행동에 대한 상원의 항의에 분노하여 추종자들을 시켜 증오의 대상이 된 결의안을 무효화하는 법안을 통과시켰고, 한 부하는 기쁨에 차서 기록에서 그 불명예를 지워버렸다. 대법원의 위엄을 알지 못했던 잭슨은 마셜 대법원장의 판결을 거의 존중하지 않았고, 결국 죽음으로 인해 저명한 판사가 대법원에서 물러나게 되자 마셜의 자리에 주립 은행을 지지하는 것으로 알려진 유능하고 영리한 정치가 로저 B. 테이니를 대법원장에 앉혔다.

상극의 법칙에 충실하게 부합하는 잭슨의 성격과 조치는 비록 잡다했지만 성난 반대파를 불러 모았다. 은행에 대한 그의 공격은 금융계 고위층의 끝없는 증오를 불러일으켰다. 궁극적으로 보호 기능의 대폭적인 축소를 의미하는 관세를 승인하자, 대부분의 제조업자들이 격렬하게 반대했다. 그의 표현을 빌리자면 '부자와 권력자'에 맞서 '농부, 장인, 노동자와 같은 소박한 사회 구성원들'을 자극하려는 그의 노력은 남부의 수천 명의 부유한 사람들, 특히 뉴잉글랜드 공장주들의 관세만큼이나 시골 소농들의 평준화 열정을 두려워해야 한다고 생각하는 신중한 농장주들을 우려하게 만들었다. 사우스캐롤라이나에서는 잭슨이 '반란'을 진압하고 '반역자'를 교수형에 처한다는 강경한 발언을 했기 때문에 잭슨을 반대할 또 다른 이유가 더해졌다.

용접의 어떤 과정을 발견할 수 있다면, 강력한 정치적 결합을 위한 요소들이 여기에 있었다. 의심할 여지 없이 잭슨의 정적들은 아메리카 주요 자본의 대부분을 소유하고 있었다. 그들은 분명 웅변과 독창성을 지녔지만, 대통령과 그의 당에 대한 공통된 반감, 즉 헤아릴 수 없는 위험 앞에서 재산에 대한 소심함으로만 뭉쳐 있었기 때문에 정치적 경쟁을 위한 견고한 진영을 구축하지 못했다. 오직 고도의 정치술만이 무효화론자와 민족주의자, 보호주의자와 자유무역업자, 농장주와 제조업체를 하나의 연합체로 통합할 수 있었다. 대중의 상상력에 호소하는 기술만이 유권자들에게 위대한 희망이 마침내 실현될 수 있다는 확신을 심어줄 수 있었다.

그럼에도 불구하고 이 임무는 여러 가지 이유로 가치가 있었으며 켄터키의 헨리 클레이는 이 사업을 이끌 운명적인 인물로 보였다. 클레이는 서부 출신이어서 잭슨의 고향에 침입할 수 있고, 동부의 제조업체와 금융가들 사이에서 호의적으로 알려졌지만 웹스터와 달리 자본가들의 애완동물이자 연금 수급자라는 혐의는 받지 않았다. 유창한 언변가였지만 학창 시절에 키케로의 사색에 빠져들지는 않았고, 때때로 창공 높이까지 치솟을 수 있었지만, 항상 대중과 토속적인 언어로 대화할 수 있었다.

이 인기 영웅의 반대자들은 잭슨이 버린 칭호를 이어받아 스스로를 '국가 공화주의자'라고 불렀고, 나중에는 왕실의 특권에 반대하는 영국인들의 방식을 따라, 줄여서, '휘그Whig'라고 불렀다. 1832년, 클레이를 앞세운 이들은 선전과 사회적 테러를 포함한 모든 승인된 정치 방법을 동원하여 대통령을 축출하려 했다.

그들은 인상적인 대형을 짜, 국가 은행의 친구, 건전한 돈의 옹호자, 변호사, 상인, 제조업체, 상류층 사업가, 대학 교수 등 대부분의 중간 계급을 소집했다. 국가 은행의 관리자들은 광고에 많은 돈을 지불하여 언론에 보조금을 지급했다. 공장주들은 잭슨이 당선될 경우 노동자들을 해고하겠다고 협박했다. 신시내티의 한 육류 포장업자는 농부들에게 클레이가 승리하면 돼지고기 100파운드당 2.50달러를 지불하겠지만, 그의 상대인 민주당 대통령이 다시 권력을 잡으면 1달러 적게 지불하겠다고 말했다.

그리고 순수주의자들은 그들의 특별한 분야에서 잭슨을 공격했다. 그의 신학 체계는 그의 정치만큼이나 모호했기 때문에 그들은 그를 무종교 혐의로 기소했다. 그들은 그가 안식일에 은거지에서 긴 여정을 시작했다고 비난했고, 그는 실제로 월요일에 시작했다는 것을 보여줌으로써 덕을 쌓는 사람들의 심각한 비난을 피할 수 있었다. 그가 콜레라 구호를 위한 기도의 날을 선포하는 것을 거부하고 헌법에 따라 각 주가 결정할 문제라고 제안하자, 클레이는 그의 불경스러움을 비난하며 상원에서 신에게 호소하는 날을 지정하는 결의안을 발의했다. 선거운동 기간 동안 유권자들은 불경과 불건전한 재정이 함께한다는 사실을 잊지 말아야 했다. 그럼에도 불구하고 모든 군단과 모든 포병은 뉴올리언스 전투의 영웅을 이길 수 없었다.

§

대중의 환호를 받으며 8년 동안 철권통치를 펼친 잭슨은 자연스럽게 후계자 인선을 자신의 주권적 특권의 일부로 여겼다. 실제로 첫 행정부가 출범할 때 그는 자신이 백악관을 떠날 때 뉴욕의 마틴 밴 뷰런 국무장관이 자신의 자리를 물려받기를 원한다는 사실을 은밀히 밝힌 바 있었다. 그의 아주 가벼운 소망에 순종하여 그의 '부엌장' 동료들은 '황태자'의 왕좌를 확보하는 작업에 전력을 기울였고 그들의 노력은 성공적이었다.

'민중이 갓 뽑은' 잘 선택된 전당대회에서 그들은 1836년 대통령 선거의 당 후보로 밴 뷰런을 지명했다. 이 무렵 잭슨주의자들은 제퍼슨이 선택한 공화당이라는 안전한 당명을 버리고 대신 '민주당'이라는 과시적인 당명을 사용했는데, 이 단어는 한때 '무정부주의자'라는 단어만큼이나 도시인들의 귀에 거슬렸던 단어였다. 익숙함의 법칙에 따라 영웅적인 시절의 신사 숙녀들을 겁에 질리게 했던 휘장은 이제 가문의 상징이 되었고, 20년 전만 해도 그 휘장을 보고 공포에 질려 움츠러들었던 남성들이 방패에 자랑스럽게 달고 다녔다.

밴 뷰런이라는 덜 강력한 상대 후보가 있었지만 휘그당은 단일 지도자를 중심으로 단결하지 못했고 결국 패배했다. 하지만 모든 것이 절망적으로 보였을 때 전세가 역전되었다. 승리한 대통령은 정적들의 마음에 희망을 주는 일련의 불행에 빠졌다. 임기 막바지에 그는 재앙적인 경제 공황에 직면했고, 투기와 인플레이션의 소용돌이는 파열로 이어졌다. 잭슨이 벌인 고위 금융과의 전쟁은 의심할 여지 없이 피할 수 없는 상황을 가속화했지만, 그것이 파국의 유일한 원인은 아니었다.

사실 자본주의의 주기적 사이클 중 하나가 다가오고 있었고, 워싱턴의 집권 당은, 설령 효과적인 구제책이 당시 있었다 하더라도, 아무런 구제책을 제공할 수 없었다. 오히려 연방 정부의 잉여 세입을 각 주 국고에 분배하는 법을 폐지하고, 연방 공무원에게 특정 경우를 제외하고는 공공 토지에 대한 대가로 금과 은만 받도록 지시하는 정화specie 유통령을 내림으로써 파멸적인 과정을 가속화시켰다. 신용을 위해 이러한 예방 조치를 취한 정부는, 단순히 상황이 스스로 흘러가도록 내버려 두었다. 수백 개의 은행이 파산하고, 공장이 문을 닫고, 운하와 철도 공사가 중단되고, 수천 명의 노동자들이 거리로 내몰렸으며, 연방 세입은 적자가 흑자를 대체할 정도까지 떨어졌고, 토지 판매가 중단되고, 투기가 멈췄다.

이 공황 기간 동안 밴 뷰런 대통령은 일종의 학자적 침착함을 유지했다. 잭슨주의 민주당의 지도자로서 그는 사업가들과 금융가들을 만족시킬 만한 일을 할 수 없었고, 그의 당은 자체적으로 건설적인 계획을 가지고 있지 않았다. 따라서 그는 연방 정부의 자금을 수령하고 보호하기 위해 독립적인 재무부를 설립할 것을 촉구하는 것으로 만족했는데, 이는 의회가 3년간의 논의 끝에 1840년에 마침내 채택한 실효성이 의심스러운 단순한 프로젝트였다.

§

그 순간 또 한 번의 대통령 선거가 다가오고 있었다. 휘그당은 해밀턴의 경제 체제를 복원할 준비를 하고 있었고, 민주당은 '돈의 힘'의 마지막 흔적을 파괴할 준비를 하고 있었다. 머릿수를 세어 보고서, 기민한 휘그당 지도자들은 일부 농장주들을 선봉에 두고 농부와 장인으로 구성된 다채로운 잭슨주의자들의 진영을 이기려면 영리해야 한다는 것을 깨달았다. 그래서 그들은 뱀의 지혜를 발휘했다. 그들은 은행, 관세 및 기타 경제 문제에 대한 견해가 너무 잘 알려진 클레이를 버리고 서부의 농부이자 군사 영웅인 윌리엄 헨리 해리슨 장군을 후보로 지명하여 민주당을 이겼다.

이 군신Mars의 이 남자는 물론 뉴올리언스의 위대한 잭슨에 비견할 만한 나폴레옹은 아니었지만, 티피카누 전투에서 인디언을 물리쳤고 1812년 전쟁에서 명예롭게 복무했다. 그뿐만 아니라 군 생활을 마친 후 오하이오의 소박한 집에 정착하여 서부의 농부들을 기쁘게 했다. 휘그당 관리자들의 눈에 완벽하게 어필하기 위해, 해리슨의 정치적 견해는 너무도 모호했고 따라서 누구도 그 견해에서 소외될 수 없었다.

잭슨과의 경험을 통해 교훈을 얻은 영리한 비들은 대통령 직에 대한 그러한 자격을 염두에 두고 당 관리자들에게 다음과 같은 건전한 방향을 제시했다. '해리슨 장군이 후보로 채택된다면 그것은 과거 때문일 것이다…… 그가 자신의 원칙이나 신념에 대해 단 한마디도 말하지 못하게 하고 아무것도 약속하지 말게 하라. 어떤 위원회도, 어떤 전당대회도, 어떤 타운 미팅도 그가 지금 어떻게 생각하고 있고 앞으로 어떻게 할 것인지에 대해 단 한마디도 꺼내지 못하게 하라. 펜과 잉크의 사용을 완전히 금지시켜라.'

1840년 휘그당은 이러한 정신에 따라 어떤 원칙도 내세우지 않고 해리슨 장군을 국민의 한 사람으로 내세우면서 밴 뷰런을 동부의 귀족이라고 공격했다. 이런 식으로 테이블은 반대로 뒤집혔다: 티베리우스 그라쿠스의 옛 당은 뉴욕 출신의 귀족을 선출하려 했고, 부유하고 집안이 좋은 당은 고랑에서 곧바로 킨킨나투스Cincinnatus*를 끌어올리려 했다.

---

* 고대 로마의 전설적인 인물로, 로마 공화국의 정치 및 군사 지도자였다. 그의 이름은 자기 희생과 겸손의 상징으로 여겨지며, '시민 군주'의 이상적인 예로 자주 인용된다. 그는 기원전 458년 독재관dictator으로 임명되었는데, 이는 로마가 외적의 위협을 받던 시기였다. 그는 군을 이끌어 승리를 거둔 후, 권력을 남용하지 않고 16일 만에 공직을 사임하고 생업인 농업으로 복귀했다. 이 사건은 자기 권력을 추구하지 않고 공공의 이익을 위해 헌신한 인물로서 그의 명성을 굳히는 계기가 되었다. 그의 이야기에서 중요한 점은 권력을 남용하지 않고 평범한 시민으로 돌아가는 것이었으며, 그와 비교되는 조지 워싱턴을 포함한 건국의 아버지들을 비롯해 미합중국의 많은 최고 권력자들은 권력을 내려놓고 민간인으로 돌아가 퇴임 후에 정치가 아닌 다른 분야에서 활동을 펼친 사례가 많다. 대통령 3선 금지라는 불문율도 그와 무관하지 않을 것이다.

이러한 요인들을 고려할 때, 1840년의 선거운동은 자연스럽게 활기가 넘쳤다. 권력을 소유하게 되면서 점잖아진 민주당원들은 귀족의 상징인 좋은 와인과 오래된 은으로 상징되는 지도자의 영향을 받아 이전의 시끄러운 선거 구호를 부드럽게 바꾸었다. 그러나 두 번의 패배로 절망에 빠진 휘그당은 상대방의 전술을 재사용하기로 했다. 당으로서 그들은 어떤 정책도 채택하지 않았고, 어떤 주의도 공언하지 않았다. 칼라일이 묘사한 '웅장한' 웹스터는 인민 정치를 지지하는 언사를 취하며, 자신을 귀족이라고 부르는 사람과 주먹다짐을 할 준비가 되어 있다고 선언하고, 자신도 통나무집에서 태어나지 못한 것에 대해 깊은 유감을 드러내며, 자신의 형제자매들이 그렇게 초라한 집에서 삶을 시작한 것을 기뻐했다. 그는 '만약 내가 부끄러워할 일이 생긴다면 나와 내 후손의 이름이 인류의 기억에서 지워지기를 바란다'고 호언장담했다. 그 까다로운 뉴욕의 변호사 윌리엄 H. 수어드는 과시하듯 낡은 녹색 농장 마차를 타고 사거리 마을을 돌며 티피카누의 영웅이 지닌 최고의 장점에 대해 연설했다. 유권자들의 열정을 자극하기 위해 중요한 마을마다 통나무 오두막을 세우고 그곳에서 독한 사과주를 대량으로 제공했다.

휘그당 연설가들은 군중 앞에서 밴 뷰런을 고상한 생활과 영주적인 예의범절에 중독된 사람이라고 비난하며, 심지어 수염에 콜로뉴를 뿌리고 당선되더라도 임기가 끝나기 전에 통풍으로 사망할 것이라고 주장했다. 그들은 그가 금으로 된 식기로 음식을 먹는다고 비난했고, '도시 여성들이 입는 코르셋을 착용하고 있으며, 가능하면 그들보다 더 꽉 조여 그것을 입는다'고 선언했다.

밴 뷰런을 간단히 처리한 쇼맨들은 자신들의 후보인 해리슨 장군을 오두막에 살면서 밭과 헛간에서 직접 일하고, 나그네를 환대하는 서부의 고귀한 늙은 로마인으로 표현하며 유권자들에게 소개했다. 그들은 노래했다. '우리는 궁전에서의 화려함을 사랑하는, 당신들의 지갑을 자랑스러워하는 영주들을 시도해 봤다. 하지만 우리는 킨킨나투스 노선의 쟁기꾼을 대통령으로 세울 것이다.'

아마도 이런 익살은 동부의 안정되고 존경받는 휘그당 사람들에게 불쾌감을 주었을 것이다. 어쨌든 낮은 관세와 불건전한 통화만큼 입맛에 맞지 않았기 때문에 그들은 선거 후 더 나은 시기가 오기를 바라며 선거운동의 쓴 약을 삼켰다. 그들이 또 무엇을 할 수 있었을까? 그들의 고통이 어떠했든, 투표 결과는 그들에게 큰 위안을 주었다. 해리슨은 234명의 선거인단을 확보한 반면 밴 뷰런은 60명에 그쳤다.

§

국가를 모래 태풍에 휘말리게 한 휘그당 지도자들은 곧 자신들의 속내를 드러냈다. 해리슨이 취임 직후 자신의 자리를 부통령 존 타일러에게 물려주고 사망하지 않았더라면 해밀턴 체제의 복원을 향해 더 멀리 나아갈 수 있었을 것이다. 어쨌든 특별 선거구를 대변하는 민주당 보호론자들의 도움으로 그들은 관세를 인상하는 1842년 관세법을 통과시키고 9년 전에 제정된 타협안을 폐기할 수 있었다. 그리고 정파적 분쟁이 개입하지 않았다면 그들은 그 자리에서 제3의 미합중국 은행을 설립했을지도 모른다.

불행히도 모든 설계가 그 방향으로 향하고 있었지만, 백악관의 타일러와 상원의 클레이라는 두 최고 책임자는 당장의 결과를 넘어 다가오는 선거에서 자신의 가능성을 찾고 있었다. 버지니아 출신으로 남부의 표심을 잡기 위해 휘그당에 입당했던 타일러 대통령은 포토맥 강 아래쪽에서 해밀턴의 교리가 얼마나 비호감인지 잘 알고 있었으며, 제한된 권한의 국가 은행만 승인하려 했다. 반면에 오랫동안 금융계와 실질적인 이해관계에 얽혀 있던 클레이는 국가가 더 철저히 무언가를 할 준비가 되어 있다고 스스로를 속였다. 따라서 두 후보 모두 휴전보다는 싸움이 더 나은 것처럼 보였기 때문에 합의를 이끌어내기 위해 최선을 다하지 않았다. 그래서 타일러는 두 개의 은행 법안을 연달아 거부했고, 클레이는 1832년의 전술로 돌아가 이 문제를 유권자들에게 투표에 부치자고 제안했다.

첫 번째 사례에서와 마찬가지로 1844년의 엄숙한 국민투표는 제안한 사람들의 불만족으로 끝났다. 다시 한 번 '돈의 힘'에 저항하는 민주당 대중의 함성이 하늘을 찌를 듯이 높았다. 그들은 관세 인상과 미움을 받던 은행을 되살리려는 노력을 증거로 들며 그 어느 때보다 정부가 더 폭압적이라고 주장했다. 또한 그들은 1843년 의회에서 여러 주가 거부한 채권을 연방 정부가 인수하도록 강요하려는 시도가 있었다는 사실에 주목했다. 이 계획은 성공하지 못했지만 모두가 알고 있듯이 동부 자본가들과 영국 채권자들이 국가 전체가 계약하지 않은 부채를 갚도록 만들려고 한다는 결정적인 증거를 시골 사람들의 마음에 제공했다.

게다가 휘그당은 반세기 전 연방주의자들만큼이나 영국에 대한 동정심이 강하다는 공격에 정면으로 맞닥뜨려야 했다. 1842년 웹스터는 국무장관으로서, 영국을 대표한 애시버튼 경과 오랫동안 논란이 되어온 메인 주의 경계에 관한 협상을 진행했고, 그는 1783년 독립전쟁을 종결시킨 조약에 따라 미합중국에 속하는 것으로 보였던 넓은 땅을 영국에 넘겨주었다. 이 양보가 전쟁이나 지속적인 다툼에 대한 유일한 대안으로 보였음에도 불구하고 아메리카의 대중은 그 결과에 전혀 만족하지 않았고 웹스터는 자신의 부서의 비밀 서비스 기금에서 약간의 돈을 지출하여 메인 주의 종교 관련 언론을 통해 호의적인 선전을 계속함으로써 약을 달게 만들 필요가 있다고 느꼈다. 결국 조약은 비준되었지만, 불만을 품은 민주당원들, 특히 조약을 '수치이자 상처', '엄숙한 골탕'이라고 불렀던 노장 전사 벤튼에 의해 대대적인 비난을 받았다. 의회 조사를 통해 조약 지지 여론을 조성하는 데 공금이 사용된 사실이 알려지자 민주당의 분노는 극에 달했다.

1844년 선거가 다가오면서 휘그당에 위협이 되는 세력이 분명히 존재했다. 그러나 이전 경선보다 경제 문제에 더 단호하게 대처하기로 결심한 그들은 클레이를 후보로 지명했고, 민주당은 잭슨의 친구이자 이웃인 테네시 주의 제임스 K. 포크를 후보로 선택함으로써 위협에 대응했다. 국민투표에서 유권자들의 평결은 매우 분명했다. 국가 은행, 건전한 돈, 높은 [관세] 보호 정당은 1800년에 연방주의자들이 수도에서 축출된 것만큼이나 완패하고 결정적으로 휩쓸려 나갔다. 이제 노예제의 동요에 놀라고 텍사스의 운명에 대해 깊이 우려하는 플랜테이션 귀족의 대변인들은 북부의 휘그당을 구성하는 요소들과의 협력보다 일반적으로 농민, 장인, 노동자로 구성된 민주주의의 지도력에서 더 많은 희망을 가질 수 있다는 것을 이해하기 시작했다.

반면에 휘그당은 힘의 균형이 서부로 이동하고 있다는 사실을 어렴풋이 인식하고 있었지만, 해밀턴의 무기만으로 적을 파괴할 수 없다는 것을 확신하기 위해서는 더 많은 패배가 필요했다. 1860년이 되어서야 그들은 공화당이라는 전통적인 이름으로 서부 농민들과 효과적으로 연합할 수 있었는데, 이 이름은 제퍼슨이 당의 초창기에 선택했고 클레이가 1832년 연방주의자 파벌에 새롭게 이름을 붙일 때 승인한 이름이었다.

13

태평양을 향해 서쪽으로

잭슨 민주주의의 서부 전초기지였던 루이지애나와 미주리가 연방에 안정적으로 정착하기 전에 성조기를 이웃한 멕시코 영토를 거쳐 태평양으로 가져가려는 움직임이 본격화되었다. 뉴잉글랜드 노예제 폐지론자들의 항의나 멕시코인들의 저항, 사막의 불볕더위나 얼음으로 뒤덮인 산악 고개 등 그 어떤 것도 이 운동의 기세를 꺾을 수 없었다. 한 세대 만에 텍사스 합병, 멕시코와의 전쟁, 캘리포니아[1850년, 31번째로 연방에 가입] 정복, 오리건[1859년, 33번째로 연방에 가입] 경계 조정으로 그것은 절정에 이르렀다. 노예제 폐지론자들의 눈에 멕시코에 대한 공격은 노예 소유주들의 음모이자 우방국에 대한 음모였으며, '노예를 가둘 더 많은 우리'를 점령하기 위한 것이었다.

많은 사건들이 이 논제에 색을 입혔지만, 사실의 그물망은 이 논제를 덮기에 충분하지 않았다. 더 많은 토지를 소유하려는 농부들의 열정, 대륙 무역의 유혹, 태평양을 통한 뉴잉글랜드 교통의 이익 등 다른 경제적 힘도 똑같이 강력했다. 이 모든 것 외에도 텍사스의 부채와 토지 증서를 수백만 달러어치 보유하고 안전을 위해 미합중국을 바라보는 무명의 시민들이 있었는데, 그 금액은 1845년 당시 론스타Lone Starr 주[텍사스 주]의 모든 노예의 가치를 능가하는 수준이었다.

그러나 노예 제도나 이익은 서부로 향하는 전체 이동을 설명하지 못한다. 수많은 것을 포함하고 난해한 사람들의 상상력에 의해 신비로움으로 물든 정해진 운명Manifest Destiny[*]이 있었다. 선견자들에 따르면 정력적인 사람들이 결연한 표정을 지는 해를 향해 돌렸다고 한다. 그들 중 일부는 정당한 협상을 통해 텍사스에서 합법적인 소유권을 얻었고, 다른 일부는 사막을 뚫고 산을 넘어 가죽을 채취하고 정직한 무역에 종사했다. 무능하고 정직하지 못한 멕시코 관리들에 의해 그들의 권리는 경멸당하고 국기는 모욕당했다. 무고한 사람들이 투옥되고 일부는 야만인들에게 살해당했다. 그런 상황에서 침묵은 불명예스럽고 평화는 어리석은 일이며 합병은 미덕이었다. '정해진 운명'이라는 이름으로 제출된 소송이 바로 그런 경우였다.

하지만 이 빛나는 방패에는 이면이 있었다. 멕시코의 민족주의 역사가들은 '정해진 운명'의 다른 버전을 제시한다. 무자비하고 위압적인 인간 종족은 토지와 무역에 탐욕스러웠고, 자신들의 길을 막는 어떤 권리나 법도 존중하지 않았으며, 고의적으로 이웃을 파괴하는 일에 착수했다. 그들은 계약을 위반하고 여권이나 허가 없이 멕시코 영토에 무단으로 침입했다. 멕시코 수도에 있는 그들의 공식 대표들은 국내 소요를 조장하고, 폭력으로 강탈하거나 헐값으로 매수하려고 시도했으며, 목적을 달성하기 위해 부정부패를 꺼리지 않았다. 아메리카 시민들은 우호적인 정부를 전복하려는 혁명 운동에 참여했고, 아메리카 해군 장교들은 평화로운 시기에 멕시코 항구를 점령하고 멕시코 국기를

---

[*]   매니페스트 데스티니는 19세기 미합중국에서 아메리카 정착민들이 서쪽으로 나가 북아메리카 전역으로 확장할 운명이며, 이러한 믿음은 정해진 운명manifest destiny이라는 것을 표현하는 문구였다. 이 믿음은 미국의 예외주의와 낭만적 민족주의에 뿌리를 두고 있으며, 이는 미합중국에서 아메리카 제국주의의 가장 초기 표현 중 하나였다.

내리고 성조기를 게양했다. 마침내 아메리카인들은 텍사스에서 혁명을 일으켜 평화로운 공화국을 빼앗은 후 더 많은 영토를 차지하기 위해 전쟁을 일으켰다. 이 드라마를 바라보는 멕시코인의 시각은 이렇다.

§

이 격렬한 논쟁에서 양측이 모두 만족할 만한 판결이 내려지기는 어렵지만, 정의와 자비의 법정을 열어야 한다고 느끼는 도덕주의자에게는 여러 가지 관련 사실이 강요된다. 무엇보다도 19세기 전반기 멕시코의 상태를 고려할 필요가 있다. '멕시코 정부', '멕시코 사람들', '멕시코의 정책'에 대해 말하는 것이 널리 퍼져 있다. 이보다 더 오해를 불러일으킬 수 있는 것은 없다. 이러한 용어는 대중을 대표할 수 있는 안정적인 정부를 가진 안정된 국가를 지칭할 때 어느 정도 적절하게 사용될 수 있지만, 그런 국가에서도 윌슨과 국제연맹을 거부한 미합중국이 갑자기 하딩과 고립주의로 방향을 틀었을 때와 같은 격렬한 진동이 있다. 불순한 것처럼 보이는 것이 때로는 완벽하게 합법적인 의견의 변화일 수도 있다.

아메리카의 압박이 심했던 멕시코의 경우 상황은 극도로 혼란스러웠다. 1800년에서 1850년 사이에 멕시코는 권위 있는 정부를 가진 질서 있는 국가가 아니었다. 세기가 시작될 당시 멕시코는 스페인의 한 지방이었다. 1810년, 화산 같은 힘으로 발발한 독립전쟁의 현장이 되었고, 7년간 요동치는 행운의 변동을 겪으며 격렬하게 전개되다가 진압으로 끝났다. 3년간의 평화 이후 다시 봉기가 일어나 1821년 스페인으로부터 분리 독립하고 임시정부가 수립되면서 절정에 달했다.

이듬해 군사 모험가 이투르비데는 카이사르의 화려함과 의식을 본떠 아우구스투스 1세라는 칭호와 함께 황제로 즉위했지만, 격동의 몇 달 만에 전복되어 추방당하고, 돌아와서는 옛 신민들의 총에 맞아 죽었다. 1824년, 아메리카식 모델을 바탕으로 민주적 특징을 갖춘 연방 헌법이 제정된 후 5년 동안 비교적 평화로운 시기가 이어졌다. 그러나 지하에서는 아메리카의 대사 조엘 포인셋이 자유주의 진영을 돕는 등 활발한 정치적 음모가 벌어졌고, 반란으로 그의 작전에 종지부가 찍힐 때까지 계속되었다.

1829년, 또 다른 군사 지도자 부스타만테는 보수파를 등에 업고 권력을 잡았지만, 3년 만에 마키아벨리의 더 유능한 제자이자 돈키호테의 모험에 버금가는 비범한 인물인 산타 안나에 의해 축출되었다. 1836년, 사무적이고 고도로 중앙집권적인 헌법이 12년 전에 제정된 기본법을 대체하면서 그동안 만들어졌던 모든 잡다한 '계획들'이 무효화되었다. 몇 달 만에 부스타만테는 다시 권좌에 올랐고 산타 안나는 반란을 일으켰다.

4년 만에 다시 전세가 역전되어 산타 안나는 다시 한 번 짧은 시간 동안 권좌에 올랐고, 1844년 이 나라에서 쫓겨났다. 1836년 산 하신토에서 텍사스인들에게 패한 것도, 동포들에게 추방당한 것도 그를 두렵게 하지 못했다. 1845년 아메리카 정부의 도움으로 멕시코로 돌아온 그는 세 번이나 군대의 수장을 맡아 최근까지 우방국이었던 나라와의 전쟁에서 군대를 이끌었다. 아메리카 군대의 손에 의한 굴욕적인 패배에서도 살아남은 그는 멕시코에서 다시 한 번 쫓겨났고, 다시 돌아와 독재 정권을 수립하고, 1853년 '가장 고요한 전하'라는 칭호를 얻었다. 잠시 휴식을 취한 후 또 추방되었지만, 그는 다시 나타나 노년까지 살았다. 1876년까지 그는 역사의 무대에서 사라지지 않았다.

멕시코가 혼란스러웠던 수십 년 동안 안정된 정부가 들어섰을 때는 대개 독재 정권이었다. 인기 있는 인물이 집권할 때마다 정치적, 개인적 분쟁으로 인해 국가가 혼란에 빠졌다. 1847년, 멕시코시티에서 아메리카군이 승리를 거둔 해에 그 수도에는 세 명의 대통령이 있었다.

따라서 피상적인 관찰자에게 1810년부터 1850년 사이의 멕시코 역사는 운율이나 이유도 없이 단절된 군사적 모험의 연속처럼 보인다. 하지만 실제로는 이것이 이야기의 전부는 아니다. 이 모든 것을 관통하는 중요한 요소들이 어느 정도 일관성을 가지고 있었다. 한 지방은 스페인의 지배에서 벗어나 스스로를 찾기 위해 필사적으로 고군분투하고 있었다. 땅에 묶여 있던 인디오 농노들이 봉건 영주들과 농민전쟁을 벌이고 있었고, 대부분 스페인 출신인 성직자와 귀족들이 역사적 역할을 수행하고 있었다. 자유, 민주주의, 자치라는 선동적인 교리를 신봉하는 작지만 활동적인 중간 계급이 봉건제와 교회의 특권에 맞서 무기를 들었고, 팍스 로마나 해체 이후 천 년 동안 유럽을 소란으로 가득 채웠던 군사 모험가들이 무너지는 질서를 최대한 활용하고 있었다. 불화 속에서도 국가적 자부심을 드러내는 시위가 있었고, 집안싸움은 북부 독수리 Northern Eagle [미국]의 존재 앞에서 잠잠해졌다.

이 드라마가 상연된 극장은 매우 광활했다. 남쪽의 과테말라 국경에서 북동쪽의 루이지애나 국경, 북서쪽의 태평양과 어퍼 캘리포니아*의 우뚝 솟은 산맥까지 커다란 부채처럼 펼쳐져 있었다. 18세기에는 약 600만 명의 순혈과 혼혈 인디언과 6만 명의 스페인계가 거주했으며, 이들은 현재 멕시코 공화국에 편입된 지역에 집중적으로 거주했다. 미합중국 개척이 본격적으로 시작되고 나서 25년 후, 스페인계 멕시코인은 텍사스에 약 3천 명, 캘리포니아에 4천 명에 불과했으며, 주로 선교부에 모인 사제와 승려, 명목상 인디언의 질서유지에 종사하는 군인, 대지주와 소 사육자로 구성된 소수의 사람들로 구성되었다.

상상할 수 있듯이 1810년부터 1845년 사이에 널리 흩어져 살던 이주민들의

---

* Alta California('Upper California'), Nueva California('뉴 캘리포니아')라고도 불렸다. 1804년에 공식적으로 설립된 뉴 스페인의 주였다. 이전에는 바하 캘리포니아 반도와 함께 라스 칼리포르니아 주에 속해 있었으나 1804년 별도의 주로 분리되었다. 멕시코 독립 전쟁 이후 1822년 4월 멕시코의 영토가 되었고 1824년 알타 칼리포르니아로 이름이 바뀌었다. 이 영토에는 미국 캘리포니아, 네바다, 유타 주의 모든 지역과 애리조나, 와이오밍, 콜로라도의 일부가 포함된다. 이 영토는 1836년 멕시코의 시에테 레예스(일곱 개의 법) 헌법 개혁에서 바하 칼리포르니아와 다시 통합되어 더 많은 자치권을 부여받았다. 이러한 변경은 1848년 멕시코-아메리카 전쟁의 결과로 인해 전쟁을 종식시킨 조약에 따라 이전에 알타 칼리포르니아에 포함되었던 대부분의 지역이 미국으로 양도되면서 무의미한 것이 되었다. 1850년 캘리포니아는 31번째 주로 미합중국 연방에 가입했다.

정부는 미약하고 불안정했으며, 대통령과 독재자, 의회가 멕시코의 중심부에서 외곽까지 흔들리는 동요 속에서 나타났다가 사라지는 등 혼란스러웠다. 한 정부가 채택한 정책은 다음 정부에 의해 거부되었고, 정신적으로 잘 구상된 개혁은 힘이 부족하여 실행되지 못했다. 자본과 안정이 없고 혁명과 부채에 시달린 멕시코는 양피지와 인장의 소유권을 가지고 있던 북부 제국의 자원과 무역을 개발할 수 없었다. 그보다 더 큰 이유는 그 사업을 위한 이민자가 없다는 단순한 이유 때문에 멕시코는 그것을 차지할 수 없었다.

§

이 거의 텅 빈 땅의 국경 너머에는 아메리카 제국을 서쪽으로 이끌고 포효하며 달려온 불안하고 강인한 정복의 민족이 있었다. 독립이 선언된 그날부터 미합중국의 개척자들은 미시시피에서 태평양에 이르는 모든 영토를 적어도 독일인들이 말하는 것처럼 그들의 것이 '되어가는 과정im Begriff zu werden'에 있는 영토로 간주했다. 그들의 생각에 행복한 루이지애나 매입은 그것이 불가피한 일임을 확인시켜 주었을 뿐이다.

1819년 플로리다 매입 조약에서 국무장관 존 Q. 애덤스가 리오그란데 강 대신 사빈 강을 루이지애나의 서쪽 경계로 인정했을 때, 그들은 뉴잉글랜드 해안의 편협한 귀족에 의해 자신들의 이익이 배신당했다고 생각했다. 미주리 주의 농경 제국주의자인 벤튼 상원 의원은 '결코 받아들일 수 없다'고 불만을 터뜨렸다. 클레이 역시 텍사스의 포기를 비난했고, 잭슨은 동부의 여론이 '더 많은 변화'와 화해되는 대로 텍사스에 대한 조치를 취해야 한다고 주장했다. 우리는 '불가피한 순간에 평화롭고 명예롭게 텍사스를 되찾아야 한다'는 것이 이 정치인의 말하는 방식이었다.

사빈 강에서 루이지애나의 경계를 확정하는 플로리다 조약의 잉크가 아직 마르지 않은 상태에서 서부 개척의 첫 단계가 시작되었다. 1821년, 코네티컷 양키 출신으로 벤튼의 주에서 큰돈을 벌었다가 잃은 모지스 오스틴은 당시 누에바 에스파냐[*]의 한 주였던 텍사스 총독을 통해 '정직하고 부지런한 농부와 장인', 종교는 카톨릭이며 스페인 군주에게 충성을 맹세할 의사가 있는 300가구를 정착시킬 수 있는 광대한 땅을 확보했다. 그러나 계약을 실행하기 전에 죽음이 그의 프로젝트를 가로막았고, 그 임무는 그의 열정적인 후계자 스티븐 F. 오스틴에게 넘어갔다. 진취적인 아들은 땅을 조사한 후 샌안토니오에서 멀지 않은 곳에 식민지를 건설할 장소를 선택했고, 그곳에 주로 테네시, 미시시피, 루이지애나에서 온 사람들로 구성된 번성하는 아메리카인 정착촌을 건설했다. 오스틴은 자신의 재산권을 확실히 하기 위해 당시 스페인으로부터 독립을 선언한 멕시코 정부로부터 확인서를 받았다.

오스틴의 조약에 이어 멕시코인, 아메리카인, 영국인, 스코틀랜드인, 아일랜드인 등 다른 사업 기획자impresario들에게도 비슷한 양보가 이어졌고, 결국 텍사스 전역이 멕시코 공화국에 충성을 맹세하고 좋은 품성과 카톨릭 신앙을 가진 식민지 주민을 데려오겠다고 약속한 모험가들에게 분할되었다. 노예 소유주였던 아메리카인들이 땅과 재산을 찾아 국경을 넘어왔고, 일부는 보조금을 받기 위해, 일부는 소유권이나 청구권이 없는 채로 국경을 넘었다. 국경에서 온 몇몇 무법자들도 이 대열에 합류했지만, 대부분의 이민자들은 근면하고 활기차며 신을 경외하는 남녀로 아메리카식 공동체를 세우고자 하는 열망을 가진 사람들이었다. 10년 만에 텍사스에는 약 2만 명이 거주하게 되었고, 아메리카의 지도 아래 10년 동안 스페인 통치 기간인 300년보다 더 많은 정착민이 유입되었다. 멕시코시티의 통치자들은 이 사실을 우려했고, 이미 늦었을 때 텍사스 국경의 수문을 닫으려고 했다.

---

[*] Nueva España. 16세기부터 19세기 초까지 존재했던 스페인의 식민지 제국 중 북아메리카와 중미, 필리핀에 걸친 광대한 영토를 말한다. 1521년 아스테크 제국의 멸망 이후 스페인 정복자들이 멕시코를 중심으로 식민지를 건설했으며, 그 영토는 현재의 멕시코, 미국 남서부, 중앙아메리카, 필리핀 등을 포함했다. 텍사스는 당시 누에바 에스파냐의 일부로, 스페인 제국의 영토였던 멕시코 북부의 한 주였다. 이 용어는 1821년 멕시코가 스페인으로부터 독립할 때까지 사용되었다.

저 멀리 태평양 연안에서 아메리카의 또 다른 침략이 공식적인 토지 분배나 허가 없이 시작되었다. 1796년, 뉴잉글랜드의 한 상인이 돛대에 아메리카 깃발을 내리고 혼Horn을 돌아 해안을 따라 몬터레이로 향했다.

이 선구자적 선박의 뒤를 이어 다른 선박들이 빠르게 뒤따랐고, 유리한 항구에 동부의 제조업을 위한 활기찬 시장이 형성되었다. 구슬, 칼, 화약, 면제품, 도자기, 럼주 등이 모피와 교환되었고, 모피는 중국 광동으로 운반되었으며, 그 대가로 받은 중국 상품은 보스턴, 뉴욕, 필라델피아로 다시 가져갔다. 한 번의 탐험으로 엄청난 돈을 벌기도 했다. 한 선장은 몇 시간 만에 수달 가죽 560개를 2달러도 안 되는 물건과 교환하여 광동에서 22,400달러에 팔았다. 또 다른 양키들은 값싼 면직물 600야드를 중국에서 거의 7천 달러에 달하는 모피 짐짝과 물물교환했다.

스페인 법과, 이후 멕시코 법은 외국인이 태평양 연안에서 무역하는 것을 금지했지만, 그러한 매혹적인 이익에 대한 보고에 자극받은 아메리카 회사들은 가만히 있을 수가 없었다. 지역 무역 독점에 대한 이론과 사실은 모두 먼 도시 멕시코 정부의 운명에 따라 크게 달라졌지만, 캘리포니아 주민이나 방문한 아메리카 상인 모두 상황의 멋진 기술에는 그다지 관심을 기울이지 않았다. 모든 사건에서 상업은 배타적인! 법과 호들갑을 떠는 관리들에도 불구하고 번성했으며, 대서양 연안과 태평양의 먼 곳을 신비로운 관심의 끈으로 연결했다. 정해진 운명Manifest Destiny의 모든 가시적인 혜택은 텍사스에만 있었던 것은 아니다.

그러나 이 교통이 바다로만 한정되어 있었기 때문에 적어도 캘리포니아의 멕시코 관리들에게는 숨겨진 사건은 없는 것처럼 보였다. 왜냐하면 그들은 혼 주변의 긴 항해를 생각했을 때 잘못된 안전감을 얻었기 때문이다. 그러나 그들이 자신들의 영토를 즐기며 안주하려던 찰나, 동쪽 문에서 요란한 노크 소리가 들렸다. 폭풍우가 몰아치는 바다의 위험에 지친 용감한 아메리카 상인들이 메마른 사막과 추운 산, 적대적인 인디언의 위험을 무릅쓰고 다른 방법으로 그들에게 다가가기 위해 나선 것이다. 1826년 11월, 스티븐 오스틴이 텍사스에서 프로젝트에 몰두하고 있을 때, 양키 출신 모피 상인 제디디아 스미스가 사냥꾼 일행과 함께 캘리포니아 남부의 산 가브리엘 미션의 문 앞에 나타났다. 그는 멕시코 총독의 허락을 구하거나 여권 절차에 신경 쓰지 않고 세인트루이스에서 귀중한 모피를 찾아 육로로 온 것이었다. 이 대담한 스미스는 주변의 냉담한 환영에도 아랑곳하지 않고 10년 이상 서부를 누비며 산호아킨 밸리와 새크라멘토 밸리를 탐험하고 캘리포니아에서 오리건까지 길을 내며 '동부 후면에 있는' 동료 시민들에게 아메리카의 미덕을 알리기 위해 두전적으로 활동했다.

제방이 뚫리고 물줄기가 흘러들어오고 홍수가 뒤를 이었다. 1829년, 유잉 영은 산타페에서 무역로를 열었다. 12년 후, 존 비드웰의 지휘 아래 조직된 아메리카인 정착민 탐험대가 갈증과 굶주림에 시달리며 사막과 산을 가로질러 비옥한 산호아킨 밸리에 도착했다. 이 무렵 소문이 퍼졌다. 리처드 H. 데이나의 『돛대 앞에서의 2년*Two Years Before the Mast*』, 홀 켈리의 기사들, 수많은 여행자들의 편지가 동부에 태평양 연안을 선전했다. 땅은 비옥하고 보기에 멋졌으며, 아메리카의 편집자들은 미합중국이 반드시 소유해야 한다고 말했고, 연방 정부도 점점 더 관심을 갖게 되었다. 공식적인 후원 아래, 1842~5년 존 C. 프레몬트는 두 차례에 걸쳐 캘리포니아로 육로 탐험을 떠났고, 멕시코 총독의 질문에 자신의 관심은 순전히 과학적이라고 설명했지만, 운명의 시간이 닥쳤을 때 미군 장교가 현지에 파견된 것이 계기가 되어 캘리포니아를 정복할 수 있게 되었다.

§

실제로 아메리카 농부들과 농장주들이 텍사스로 몰려들고, 뉴잉글랜드 선장들이 캘리포니아에서 무역을 벌이고, 개척자들이 태평양으로 향하는 육로를 개척하는 동안 워싱턴의 국무부는 정치적 지배에 의한 경제적 침투의 기회를 주시하며 매우 경계하고 있었다. 1825년 애덤스가 대통령에 취임하고 나서 몇 주 뒤, 국무장관 클레이는 멕시코 주재 아메리카 대사 포인셋에게 편지를 보내 텍사스 매입을 위한 협상을 시작하라고 지시했고, 포인셋은 자신이 신임한 의심스러운 정부를 상대로 진전을 이룰 수 있었다면 기꺼이 그 임무를 수행했을 것이다.

놀랍게도 포인셋이 멕시코 국내 정치에 간섭했다는 이유로 소환되자, 당시 아메리카를 이끌고 있던 잭슨 대통령은 후임으로 남서부의 강건한 토지 투기꾼 앤서니 버틀러를 선택하고 그에게 먼저 텍사스와 캘리포니아를 인수하기 위한 작전을 개시하라고 지시했다. 하지만 버틀러는 재치와 감각으로 이러한 사업을 수행할 수 있는 사람이 아니었다. 잭슨 자신도 버틀러를 '거짓말쟁이'이자 '사기꾼'이라고 고백할 수밖에 없었고, 샘 휴스턴은 그를 '사기꾼이자 도박꾼'이라고 기록하는 등 여러 면에서 그의 인격은 결함이 많았다. 이 점에 대한 최종 판결에서 현대 역사가 저스틴 스미스는 버틀러와 협상을 벌인 멕시코인들에 대해 정의로운 비난을 쏟아낸 후, 아메리카 대사에 대해 '그는 국가적 수치였으며…… 개인적으로 깡패이자 사기꾼이었고, 처음에는 스페인어는 물론 외교의 형식에도 무지했으며, 공사관 업무에 부끄러울 정도로 부주의했고, 방법에 있어서 전적으로 원칙이 없었으며, 두 아메리카 영사의 공개적인 증언에 따르면 행실이 추잡했다'라고 차분하게 언급했다.

버틀러가 멕시코시티에 도착한 직후 현지 언론은 그가 텍사스를 인수하러 왔다고 발표하여 멕시코의 정치인과 애국자들 사이에 경각심을 불러일으켰다. 사실 잭슨은 멕시코 정부에 '아메리카인들이 충분한 숫자를 확보하는 순간 멕시코로부터 독립을 선언할 것'이라고 냉정하게 경고한 후 버틀러에게 텍사스를 매입하라고 지시했기 때문에 이 소문은 의심할 여지 없이 아메리카의 '시험용 풍선'이라는 근거가 충분했다. 버틀러는 점잖은 성격이 강점이 아니었기 때문에 이 협박은 인수 제안으로 이어지지 못했다. 그러나 버틀러는 표면적인 예의에 흔들리지 않기로 결심하고 뇌물 수수에 눈을 돌려 잭슨에게 멕시코 관리들이 텍사스를 아메리카인에게 팔도록 유도하는 데 수십만 달러를 쓰자고 제안했다.

잭슨은 이 경악스러운 제안을 받았을 때 버틀러가 암호로 보내지 않았다는 사실에 놀라움을 표하며 뇌물 수수는 당연히 자신의 의도와는 거리가 멀다고 선언했다. 그 후 대통령은 조심스러운 외교적 언어로 기대에 부풀어 있는 대사에게 미합중국은 텍사스에서 토지 보유권을 가지고 있는 멕시코 사람들 사이의 구매 자금 분배를 통제하지 않을 것이라고 말하면서, 동시에 '이 영리한 친구들이 부패를 통해 양도를 얻기 위해 관리들을 매수한 혐의로 당신을 기소할 근거를 주지 말라'고 경고했다.

뇌물 수수 암시에 놀라지 않은 잭슨은 버틀러가 워싱턴에 와서 직접 이 문제를 논의하도록 허락한 후, 텍사스와 캘리포니아를 사들이라는 명령을 내리고 그를 멕시코시티로 돌려보냈다. 이 임무에 실패한 버틀러는 대통령에게 무력으로 그토록 탐내는 영토 일부를 점령하라고 대담하게 조언했다. 올드 히코리에게는 너무 과한 요구였고, 그는 편지 뒷면에 '이 쓰레기 같은 작자!'라고 적었는데 버틀러를 집으로 불러들여 마지막 모호함을 더했다. 멕시코 관리들의 성격에 대해 뭐라고 말하든, 외교에 대한 존중이 아니더라도 유머는 아메리카 대사에게 베일을 씌울 것을 제안했다.

§

협상은 실패로 돌아갔고, 사건의 행진은 마무리되었다. 미합중국과 멕시코 정부가 무수히 많은 메모를 주고받는 동안 오스틴의 식민지화 계획에 대한 소문이 대서양을 건너 영국, 아일랜드, 스코틀랜드 모험가들의 호기심을 자극하면서 텍사스 주는 멕시코 공화국으로부터 점점 멀어져 가고 있었다. 외교적 다툼이 벌어지는 동안 멕시코시티의 행정부 사무실은 그다지 꼼꼼하지 않은 사람들로부터 막대한 토지 보유권을 구걸하고 짜내는 기획자들로 가득 찼다. 외면당한 사람은 거의 없었던 것 같다. 10년이 채 지나지 않아 텍사스 전역이 토지 계약자들에게 분배되었고, 오스틴, 빌Beale, 윌리엄스, 캐머런, 맥멀린, 맥글로인, 휠린, 자발라, 펠리솔라라는 이름이 멕시코 수도의 토지 기록에 이상할 정도로 많이 섞여 텍사스 지도 위에 크게 쓰여졌다.

이 모든 계약자들은 실제 동기가 무엇이든 간에 일정 면적의 땅을 대가로 일정 수의 가족을 데려오기로 약속했다. 그들은 공식적인 인장 아래 종교적으로 카톨릭 신자이며 멕시코 공화국에 충성을 맹세할 준비가 되어 있는 평판이 좋은 사람들을 데려오기로 약속했다. 땅을 확보하고 서약을 한 후, 기획자들은 다양한 소유권에 대한 청구를 표시한 지권地券과 가증권scrip을 발행하여 광고와 종이 권리 판매를 통해 이민자를 확보하거나 최소한 '거래'에서 이익을 얻기를 희망했다.

이런 식으로 텍사스에서의 활동 소식은 뉴올리언스에서 보스턴까지 퍼져 나갔고, 텍사스의 가증권이 전국에 넘쳐났다. '멋진 40년대'에 야만적인 열정으로 석유 주식을 사들이던 사람들의 조상들은 연방 정부가 위험을 실현하는 데 도움을 줄 것이라는 확고한 신념으로 몇 센트에 1달러짜리 토지 지권을 사들였다. 이러한 열기는 다른 나라에도 퍼져 더블린, 런던, 에든버러로 바다 건너의 뉴 엘도라도에 대한 이야기가 전해졌고, 각지에서 온 이민자들이 텍사스로 몰려들었다. 1835년까지 그 번성을 구가하는 지역에는 강인한 농부, 대농장주, 노예, 사냥꾼, 모험가, 무법자 등으로 대부분 구성된 2만 명이 넘는 침입자들이 있었다. 큰 사건이 임박했다.

잭슨의 외교에 겁을 먹고 국경을 넘는 외국인 무리에 놀란 멕시코시티의 관리들은 당황하여 물러섰다. 너무 늦었을 때 그들은 법과 포고령으로 지나간 지배권을 되찾으려 했지만, 텍사스의 아메리카인 정착민과 모든 곳의 노예 소유자들 사이에서 더 많은 반대를 불러일으켜 '그날'을 앞당겼을 뿐이었다. 1829년 멕시코 정부는 노예제를 폐지하는 법령을 발표했지만, 아메리카 정착민들의 격렬한 항의로 인해 텍사스는 이 법령의 적용 대상에서 제외될 수밖에 없었다.

거의 동시에 반동 혁명이 부스타만테를 안장에 앉히고 1824년의 자유주의 헌법을 쓸어내고 텍사스와 코아후일라 두 주를 강제로 통합하자 아메리카인들의 분노가 즉각 터져나왔다. 멕시코 정부는 노예 수입을 금지하고, 이민자에게 여권을 제시하도록 요구하고, 토지에 대한 합법적 소유권을 증명할 수 없는 무단 거주자를 추방하도록 명령하고, 기획자가 이행하지 않은 모든 토지 계약을 잠정적으로 폐지하여 브라조스 강둑에서 템스 강둑까지 흩어져 있던 땅 투기꾼들의 마음에 고통을 안겨주었다.

이 가연성 물질 위에 항상 앵글로색슨족의 골칫거리였던 과세에 대한 다툼이 벌어졌다. 1831년, 7년간 특정 수입품에 대한 식민지 주민의 관세를 면제하는 협정이 만료되자 멕시코 관리들은 일정에 따라 세금을 징수하기 위해 정당한 절차를 밟았는데, 아메리카인들은 이 조치가 내커토슈Natchitoches에서 샌안토니오에 이르기까지 분노를 불러일으켰다고 주장했다. 마지막으로, 운명을 거스르려는 듯이 산타 안나는 독재자의 자격으로 행동하면서 텍사스의 분리 독립 청원을 거부했다. 즉시 남서부의 샘 애덤스들과 패트릭 헨리들*은 코커스에 참가했다. 화약 열차를 발사하고 지뢰를 터뜨리기 위해서는 성냥 하나만 더 있으면 되었다.

이 작은 불꽃은 텍사스에서 좀 더 보수적인 요소의 희망에 반하여 소규모 군대를 조직하고 증오스러운 세관을 공격하고 짐과 함께 멕시코 세입 징수원을 추방한 성급한 아메리카인 윌리엄 B. 트래비스 대령에 의해 제공되었다. 이 불길한 행동 이후, 몇몇 아메리카인들이 산타 안나를 실각시키기 위해 탐피코에 대한 혁명적 공격에서 멕시코 모험가의 편을 들었다. 이것은 저항의 시작에 불과했다. 자치-정부 옹호자들은 미합중국의 친구들에게 돈과 병력을 지원해 달라고 호소했고, 1835년 11월에 지역 자치 선언이 발표되었다. 두 달이

---

* 미국 독립 혁명의 중요한 지도자였던 샘 애덤스와 패트릭 헨리를 비유적으로 사용한 표현이다. 샘 애덤스는 보스턴 티 파티의 선두에 섰던 인물이고, 패트릭 헨리는 '자유가 아니면 죽음을 달라'라는 연설로 유명하다.

지나기도 전에 마지막 멕시코 군인이 국경을 넘었고, 이듬해 초 텍사스의 독립이 공식적으로 선포되었다.

비록 내부 분열로 혼란스러웠지만, 멕시코 정부는 이러한 반항적 행동을 간과할 수 없었다. 산타 안나는 숙련된 군대를 이끌고 '질서를 회복하기 위해' 북쪽으로 진격했다. 첫 번째 충돌에서 승리를 거두었기 때문에 한동안 운이 그와 함께하고 있는 것처럼 보였다. 1836년 3월, 샌안토니오의 알라모에서 트래비스 대령의 지휘 아래 전투를 벌이던 소규모 텍사스 부대는 아메리카 대륙에서 벌어진 가장 절망적인 전투 중 하나에서 철저하게 파괴되었다. 며칠 후 350여 명에 달하는 또 다른 텍사스인 무리가 상대의 우세한 전력에 압도당해 무참히 총살당했는데, 멕시코인들은 이를 '반역자들에게 정의가 실현된 것'이라고 주장하며 이를 방어하려 했다.

이 행동은 그들의 운명을 실패로 이끌었는데 텍사스 주민들이 이제 완전히 각성해 강력하게 단결하게 만들었기 때문이다. 샘 휴스턴 장군이 이끄는 작은 독립군은 산 하신토 강 유역의 산타 안나를 덮쳤다. '알라모를 기억하라!'는 외침과 함께 격렬하게 돌진하여 멕시코 군대의 거의 절반을 죽이고 산타 안나를 포함하여 칼을 피해 도망친 대부분을 포로로 잡았다. 복수심에 불타는 텍사스 주민들은 멕시코 사령관의 목숨을 요구했지만 결국 휴스턴은 총살대에서 그를 구하고 텍사스 독립을 공식적으로 인정하는 서한을 받아낸 후 그를 호위하여 미합중국으로 보냈다.

멕시코 군인들을 몰아내고 '지구상의 독립 국가들 사이에서' 자신들의 자리를 차지한 텍사스 주민들은 연방 가입이라는 간절한 기대를 품고 미합중국으로 향했다. 남부의 정치인들 사이에서 그들은 따뜻한 동정을 받았다. 그들은 자신들의 헌법에 입법부가 아메리카 이주자들의 노예 수입을 막는 것을 금지하는 조항과 모든 예속 농민의 해방을 선언하는 것을 금지하는 또 다른 조항을 적어 넣음으로써 플랜테이션 세력의 이익을 보장했다. 따라서 텍사스의 서곡에 대한 대답은 남부에서 동정적이었다. 미시시피, 앨라배마, 테네시 주 의회는 엄숙한 결의안을 통해 론스타 주를 연방에 가입시킬 것을 의회에 촉구했다.

텍사스인들의 대통령인 샘 휴스턴 장군은 신뢰하는 친구인 잭슨의 동조자이기도 했다. 하지만 잭슨은 개인적으로 의지는 있었지만 신중하게 행동했다. 1836년에는 전국적인 선거운동이 진행 중이었고, 상원의 휘그당 반대파가 너무 막강했기 때문에 합병 조약에 찬성하는 3분의 2의 표를 모으는 것은 명백히 불가능한 일이었다. 결국 잭슨은 텍사스를 자신이 사랑하는 연방에 편입시키지 못한 채 백악관을 떠났다.

잭슨이 퇴임한 후 몇 년 동안 나라는 합병 문제로 동요했다. 노예 제도에 대한 온건한 비판자들은 그것에 반대하는 시위를 벌였다. 노예제 폐지론자들은 온 힘을 다해 분노했다. 윌리엄 E. 채닝은 이렇게 외쳤다. '나는 신의 섭리가 우리의 자만심과 야망을 꺾고 겸손하게 만들 것이라고 믿는다. 나는 이제 한 인간으로서 우리가 노예 제도를 연장하기 위해 이웃 영토를 점령할 준비가 되어 있는지 묻고 싶다. 나는 우리가 한 인간으로서 하느님과 열방列邦의 눈앞에 서서 이 잔혹한 정책을 채택할 수 있는지 묻고 싶다. 더 빨리 멸망하라! 더 빨리 우리의 이름이 국가들의 기록에서 지워지기를!' 윌리엄 로이드 개리슨은 반항의 외침과 함께 텍사스가 자신들의 노예를 데리고 연방에 가입할 경우 북부 주들의 탈퇴를 촉구했다. 존 퀸시 애덤스는 고전에서 공부한 내용을 떠올리며, 제국 로마의 운명이 제국 아메리카의 정당한 운명이라고 예언했다. 노예제를 비난하지 않는 보수적인 사람들조차도 1820년 미주리 타협으로 종결되었던 격렬한 분쟁이 다시 시작되리라는 두려움에 떨었다.

이러한 반대의 폭풍 속에서, 남부의 합병 지지자들은 확고한 의지를 가지고 그들의 길을 추구했다. 그들은 마침내 자유 주들의 압도적인 우세에 맞서 자신들의 독특한 제도를 지킬 수 있는 안전판을 마련했다. 텍사스는 그 자체로 하나의 제국이었고, 그 넓은 땅에서 4~5개의 큰 주를 만들어 8~10명의 연방 상원 의원을 확보해 미시건, 위스콘신, 아이오와, 그리고 다른 자유 주의 대표들이 차례로 상원에 도착할 때 균형을 맞출 수 있었다. 이 프로젝트가 실현된 다면, 북부는 하원을 장악할 수 있을 것이다. 하지만 남부가 상원에서 같은 의석을 차지하는 한 남부 플랜테이션 세력의 이익에 해로운 경제 정책을 법으로 제정할 수는 없을 것이다.

경계심을 늦추지 않던 캘훈에게는 이러한 암시를 동반한 텍사스 병합이야 말로 헌법을 영구히 보장할 유일한 약속처럼 보였다. 그러나 그는 연방과 노예제를 구할 수 있을 거라 생각했던 그 조치가 실제로는 지역 간의 논쟁을 다시 불러일으키고, 내전을 촉발하고, 결국에는 노예제 자체를 파괴할 것이라고는 꿈에도 생각지 못했다. 가장 현명한 정치인들의 비전도 이렇게 흐릿하다! 배운 자의 계산은 지금까지 길을 잃었고 위대한 자들이 그들을 이끌고 있다! 플랜테이션의 이익에 대한 고려가 노예제를 구할 수 있다는 생각은 노예제를 없애는 데 일조했다. 노예제 폐지를 열망하던 사람들은 노예제가 영원히 이 나라에 뿌리내릴 것이라 여겼지만, 그들이 예상하지 못한 것은 그 행동이 오히려 해방을 앞당겼다는 것이다.

플랜테이션 세력은 자신들을 파멸로 이끈 것으로 입증된 망상적인 주장으로 쉽게 승리했지만, 텍사스 합병을 추진하기에는 의회에서 충분히 강하지 않았다. 노예제 폐지론자들이 밤낮으로 반대 시위를 벌이고 있는 포토맥 강에서 표를 얻는 데는 먼 영토를 추가하는 데 필요한 강력한 경제적 지원도 없고, '정해진 운명'이라는 화려한 교리 외에는 호소할 수 있는 것도 없어 보였다. 그러나 겉모습은 기만이었다. 실제로 북쪽에도 합병에 찬성하는 세력, 즉 남부의 식민지 개척 세력보다 더 즉각적이고 직접적이며 가시적인 이득을 노리는 세력이 상당수 존재했다.

앞서 우리가 본 대로, 모든 대규모 공동체의 금융 부문에는 대량의 텍사스 가증권이 돌고 있었다. 예를 들어, 뉴욕에서는 유효성이 의심스러운 청구권을 매입하기 위해 조직된 세 개의 토지 회사가 속기 쉬운 대중에게 주식을 발행했다. 이러한 주식이 유통되면서 멕시코 당국이 이 주장을 합법적인 것으로 받아들이지 않을 것이며, 아메리카의 후원 아래 텍사스에서 안정된 정부를 수립하는 혁명이 일어나야만 이러한 사기성wildcat 종이를 구입한 사람들의 주머니에 이익을 가져다줄 수 있으리라는 깊은 의구심이 퍼져 나갔다. 이것은 북부에서 손에서 손으로 전달된 다른 많은 형태의 투기성 토지 증권과 관련해서도 마찬가지로 사실이었다. 한마디로 텍사스의 독립, 텍사스의 연방 가입, 그리고 획득한 토지 권리의 확인은 미합중국 전역에 흩어져 있는 엄청난 양의 종이에 기반한 부풀려진 희망을 실현하는 데 필수적이었다.

이 중요한 경쟁에서 더욱 중요한 것은 아마도 텍사스 공화국이 독립을 선언한 후 발행한 엄청난 양의 채권과 지폐였을 것이다. 독립혁명 초기의 아메리카처럼, 텍사스 공화국도 서류상으로만 건국이 시작되었다. 서류상으로는, 생존을 위해 노력했지만, 해가 갈수록 재정은 점점 악화되었다. 1838년 재무장관은 미결제 부채가 1,886,425달러라고 보고했고, 1841년에는 그해 지출이 1,176,288달러, 수입은 442,604달러에 불과하다고 인정했으며, 1845년에는 부채가 700만 달러에서 1,200만 달러로 다양하게 계산되는 등 재무부는 완전히 혼란에 빠졌다. 8퍼센트의 이자를 받는 채권과 어음은 수도의 거리에서 달러당 3센트의 낮은 가격에 팔려나갔고, 채권을 보유한 사람들이 낙담할 만큼 그 가치는 나날이 하락했다.

갑자기 이러한 증권들이 미합중국 여러 지역에 등장했다. 텍사스 혁명의 자금을 조달하기 위해 발행된 첫 번째 대출에 청약한 아메리카인들은 혁명을 유지하기 위해 발행된 후속 발행 채권들도 구입했다. 텍사스의 투기꾼들은 터무니없는 가격으로 대량으로 매입하여 국경을 넘어 미시시피 밸리로, 증기선을 타고 뉴욕으로 날아갔다. 여기에는 수수께끼가 없었다. 텍사스 합병과 재정 안정화만으로도 채권과 어음의 가치가 사라져 보유자의 잠재적 이익뿐만 아니라 실질적 가치도 파괴되는 것을 막을 수 있다는 것은 떠도는 종이를 보유하고 있거나 그 뒤에 있는 실패한 안정에 대해 아는 사람이라면 누구에게나 명백했다.

텍사스 증권에 대한 투기꾼들의 영향력이 얼마나 광범위했는지는 채권과 어음의 분포가 알려지지 않았기 때문에 정확하게 추정할 수 없다. 그러나 남북전쟁 당시 금융가였던 제이 쿡의 증언을 통해 이 점을 알 수 있다. 그는 텍사스 논쟁 당시 필라델피아의 한 은행과 관련이 있었는데, 그 은행은 나중에 멕시코 전쟁 중 정부의 재정 사업을 담당했기 때문에 작지 않은 권위로 발언할 수 있는 위치에 있었다. 그리고 그의 가족 서류를 접한 그의 신중한 전기 작가 E.P. 오버홀처에 따르면, '쿡 씨는 이 넓은 노예 영토를 국가 영역에 추가하는 것에 대한 의회 북부 주의 반대가 텍사스 채무 증서 보유자들의 이기적인 이익 추구열로 극복될 수 있다고 항상 믿었으며, 이들 중 다수는 영향력 있는 북부 남성들이었다'고 했다.

이러한 경제적 압박이 얼마나 광범위했는지는 1850년 텍사스와 뉴멕시코 [1912년, 47번째로 연방에 가입]의 경계를 조정하는 법안에 대한 의회 토론에서 분명하게 드러났는데, 이 법안은 텍사스에 1천만 달러를 보상indemnity하고 부채의 일부에 적용하는 내용을 담고 있었다. 보상안이 발표되자 텍사스 주 채권 가격은 달러당 4~5센트에서 50센트로 급등했다. 큰 흥분 속에 상원은 이 법안을 순조롭게 통과시켰고, 모든 것이 순조롭게 진행되던 중 갑자기 하원에서 이해 당사자들의 반대로 법안이 부결되었다.[*]

그런 다음 며칠간의 노력 끝에 '환희의 함성'과 함께 재검토 동의안이 통과되었다. 마침내 법안에 대한 표결이 실시되던 날, 로비스트들이 책상 주위에서 의원들을 심하게 압박하고 있어서, 의원 중 한 명은 회의장에서의 그들의 퇴장을 요청하며 텍사스 채권 보유자들은 방청석에서도 보고 들을 수 있을

---

[*] 미국 의회에서 법안이 상원에서 먼저 통과되고 하원에서 부결되는 경우도 드물지 않으며, 이는 의회 절차의 유연성에 기인한다. 일반적으로 법안은 하원에서 먼저 발의되고 상원에서 검토하는 절차를 거치지만, 경우에 따라 상원에서 먼저 법안을 발의하거나 수정하여 통과시키고, 이후 하원이 검토하는 방식으로 진행될 수 있다. 특히 1850년 텍사스 보상 법안 Compromise of 1850과 같은 중요한 정치적 이슈에서는 법안의 복잡성으로 인해 상원과 하원이 각각 다른 정치적 계산과 이해관계를 따랐다.

거라고 비꼬듯이 말했다. 오하이오 주 하원 의원인 조슈아 기딩스에 따르면, 당시 워싱턴에는 300만 달러 상당의 종이가 떠돌았고, 의원들은 표를 주는 대가로 각각 5만 달러씩을 제공받았다. 이 숫자는 단순한 추측이지만, 1836년 독립 선언부터 연방 가입까지 텍사스 합병 운동에서 감가상각된 채권과 가증권이 중요한 역할을 했다는 것은 의심의 여지가 없다.

§

텍사스 독립 이후 10년 동안 플랜테이션 세력의 이익, 투기 이익, 토지 이익, '정해진 운명'이 합병의 길을 준비하는 동안 외교와 이민이 캘리포니아를 아메리카의 궤도에 올려놓았다. 1840년까지 멕시코의 광활한 캘리포니아 점령은 그림자에 불과했다. 통제권을 가진 전체 군대는 정규군 500명을 넘지 않았고, 6개의 요새presidio에 흩어져 있었으며, 샌프란시스코 만 북쪽 지역을 통치하려는 진지한 시도는 없었다. 현장과 멀리 떨어져 있고 주로 1년에 한두 번 메시지를 주고받는 것으로 활동을 제한한 멕시코시티의 허약하고 변화무쌍한 정부는 주를 효율적으로 관리하거나 사방에서 몰려오는 외국 침략자들을 제지할 수 없었다. 포고를 내릴 수는 있었지만 집행할 수는 없었다. 반대와 반란을 일깨울 수는 있었지만 진압할 수는 없었다. 단 한순간도 지역 주민의 지지를 기대할 수도 없었다.

사실 이 땅은 멀리 떨어져 있을 뿐 아니라 정착지가 드물었기 때문에 이용할 수 있는 자원이 거의 없었다. 국경 내에는 샌디에이고, 로스앤젤레스, 몬터레이, 현재 샌프란시스코의 예르바 부에나 등 몇 개의 작은 도시가 있을 뿐이었고, 이들 시장의 무역은 거의 전적으로 아메리카인들의 손에 달려 있었다. 그사이에는 스페인의 대부호들이 소유한 광활하고 경작되지 않은 채로 있는 수익성이 없는 영지가 넓게 펼쳐져 있었다. 여기저기에 한때 영리하고 유능한 관리자들의 지휘 아래 번영한 경제 생활의 중심지였던 오래된 스페인 선교지가 있었지만, 1834년에 세속화되어 멕시코 모험가들과 아메리카 상인들이 그 땅을 사들여 이제는 쇠락의 길로 접어들고 있었다. 요컨대, 캘리포니아는 활기차고 활동적이며 조직적인 사람들의 추진력을 기다리는 광활한 지역이었지만, 미합중국 전역에서는 수많은 팸플릿과 책, 영감을 주는 신문 기사에서 멀리 있는 엘도라도에 대해 읽으며 안절부절못하는 사람들이 있었다.

그렇게 거대한 아메리카 이민이 시작되었다. 1841년 5월, '캘리포니아 개척자들의 왕자'로 불리는 존 비드웰의 지휘 아래 남녀와 아이로 구성된 일행이 미주리에서 약속의 땅을 향해 출발했다. 이 일행이 6개월에 걸친 지루한 여정에서 겪은 시련과 고통에 비하면 메이플라워 호에 탑승한 여행자들의 고난은 아주 사소해 보인다. 식민지 시대의 청교도들은 바다와 별을 잘 알고 넓은 바닷길에 익숙한 훌륭한 선원들의 손에 이끌려 항해에 나섰다. 반면에 비드웰의 모험가들은 거의 미지의 대륙을 횡단했고, 가장 현명한 안내자도 서쪽 방향이라는 것 외에는 항로에 대해 거의 알지 못했다.

그들은 며칠 동안 갈증에 시달리고 신기루가 그들을 고통스러운 망상에 빠뜨리는 알칼리성 사막의 공포를 헤쳐나갔다. 끔찍한 고난 끝에 산악 벽에 도착한 그들은 무거운 짐을 벗어 던져 버려야 했고, 곧 굶주림에 직면했으며, 장벽을 넘기 전에는 약간의 구워진 코요테 코의 지방이 진미처럼 느껴질 정도로 배고픔에 고통스러워했다. 비드웰이 후대에 남긴 일기에 기록된 이 획기적인 탐험의 사건은 비록 브래드포드가 불후의 명작으로 남긴 필그림의 행적만큼 역사에 기록되지는 않았지만, 거대한 아메리카 서사시에서 생생한 한 장으로 남을 만하다.

하지만 비드웰 개척자들은 5년 후 뒤따라온 도너 일행과 비교하면 행복한 여정을 보냈다. 1846년 이른 봄 미주리 주에서 출발한 두 번째 이민대는 큰 사고 없이 평원과 사막을 횡단했지만, 산을 넘던 중 한 무리의 대원들이 초겨울의 추위에 발이 꽁꽁 묶이게 되었다. 더 이상 앞으로 나아갈 수도, 발걸음을 되돌릴 수도 없다는 사실을 깨달은 대원들은 서둘러 나무와 풀로 오두막을 쳐 살을 에는 눈보라를 맞았다.

이 비참한 판잣집들에서 남녀노소 모두가 몇 달 동안 웅크리고 있었고, 소가죽 수프와 뼈를 으갠 것 외에는 어떤 음식도 먹지 못했으며, 일부는 형언할 수 없는 비참함 속에서 죽은 자의 살을 먹어야만 했다. 이 광기의 심연에서 벗어나기 위해 남자 아홉 명과 여자 여섯 명이 눈 덮인 산을 필사적으로 넘었다. 두 명의 남자와 다섯 명의 여자는 여정의 위험을 극복하고 마침내 캘리포니아의 정착촌에 공포의 이야기를 전했다. 즉시 자원자들이 구조에 나서서 비탈진 산기슭의 캠프에 있던 생존자들을 안전한 곳으로 데려왔다. 죽음의 오두막에서 겨울을 보낸 79명 중 45명이 끔찍한 시련을 견뎌냈고, 그중에는 가슴에 아이를 안고 있는 여성도 있었다. 구조대가 어느 오두막에서 발견한 유일한 생존자는 이름 모를 공포에 휩싸여 있고 정신이 혼미한 숨 쉬는 해골 하나뿐이었는데, 끔찍한 짓을 저지른 것이 분명한 그는 생을 마감할 때까지 새크라멘토 밸리에서 사회적 추방자로 살았다.

문명화된 여성들의 잠재된 힘, 삶에 대한 불타는 의지, 정글의 법칙 앞에서의 결단력, 불가능해 보이는 선택에 직면했을 때의 영웅심, 예상치 못한 시련에 맞서 미지의 자연 자원을 끌어내는 능력에 대해 의심하는 사람이 있다면, 그는 도너 일행의 이주 이야기에서 새로운 버전의 인간성을 발견하게 될 것이다. '정해진 운명Manifest Destiny'은 불굴의 의지와 불굴의 용기를 가진 사람들의 손에 달려 있었다.

§

사건들이 캘리포니아를 아메리카의 영역으로 끌어들이는 동안 외교는 제재를 모색하고 있었다. 기록에는 이 작전을 처음 생각한 정치인의 이름이 공개되어 있지 않지만, 잭슨 대통령이 이 작전을 충분히 이해했다는 것은 확실하다. 그는 서부를 잘 알았고 제국주의적 기질을 지녔다. 앞서 말했듯이 그는 멕시코시티의 아메리카 대사에게 텍사스 매입과 관련하여 캘리포니아를 확보하도록 지시했다. 나중에 그는 또한 워싱턴에 있는 텍사스 대리인에게 캘리포니아가 어떤 절차에 의해 론스타 주 제국에 추가될 수 있는 경우 아메리카의 더 강력한 지원을 희망할 수 있을 것이라 격려했으며, 이것이 필라델피아, 뉴욕 및 보스턴의 선주와 상인들에게 병합을 더 구미에 맞게 만들 것은 의심할 여지가 없다고 생각했다. 서부 해안에 무역 기지와 좋은 항구를 확보하는 것은 자본가들과 농장주들을 하나의 사업으로 통합하는 데 도움이 될 것이었다.

이 아이디어는 설득력이 있었지만, 잭슨은 여러 가지 사정으로 인해 확장 프로그램을 실행하지 못한 채 백악관을 떠나야 했다. 열정은 잠시 시들해졌다. 잭슨의 후임자인 밴 뷰런은 이 프로젝트에 미온적이었는데, 그는 노예 제도에 반대하는 입장이었고, 국내 재정 문제를 외교에 소극적인 이유로 내세울 수 있었다. 그렇게 4년이 아무런 결정 없이 흘러갔다. 그러나 버지니아 주의 타일러가 대통령에 취임하자 분위기가 바뀌기 시작했다. 그는 자신이 원하는 것이 무엇인지 알고 있었지만 잭슨과 마찬가지로 공개적인 제스처를 취하는 데 신중해야 했다. 왜냐하면 그는 플랜테이션 지원을 위해 휘그당 후보와 함께 당선되었으므로, 최소한 명목상으로는 휘그당과 협력할 수밖에 없었다. 따라서 타일러는 의회를 상대할 때 용기보다는 신중함을 택했다.

그러나 비밀의 베일이 모든 것을 가리고 있는 외교 활동 영역에서 타일러는 유능한 국무장관 웹스터의 지원을 받아 신속하고 단호하게 움직였고, 웹스터는 캘훈이 개척자들을 위해 텍사스를 확보하고자 했던 것처럼 태평양에서 포경과 중국 무역을 위한 지원 거점 확보를 열망하고 있었다. 대통령과 웹스터는 완벽한 조화를 이루며 캘리포니아를 차지하기 위해 노력했다. 그들은 멕시코 정부에 주장, 메모, 요구, 제안을 쏟아부어 대기가 수수께끼 같은 소문의 전기電氣로 가득 차도록 만들었다.

아메리카 해군은 경계에 나섰다. 실제로 미 해군 장교 중 한 명인 존스 준장은 1842년 멕시코와 미합중국 사이에 전쟁이 발발해 캘리포니아가 영국에 넘어갈지도 모른다는 막연한 정보만을 믿고 몬터레이 만으로 항해하여 마을을 점령하고 성조기를 게양하는 등 신중함을 넘어선 충동적인 행동을 취했다. 존스는 근거 없는 정보라는 것을 알게 된 후 최대한 우아하게 성조기를 내렸지만, 이 사건은 오래도록 영향을 미쳤다. 이 사건은 멕시코인들이 캘리포니아를 미합중국에 아무런 타격 없이 넘기는 것에 반대한다는 것을 확인하는 데 도움이 되었다. 존스 준장이 우편으로 보낸 주먹을 보여준 이후, 캘리포니아의 평화적 합병을 달성하기 위한 외교는 그 어느 때보다 무력해졌다.

따라서 위기만이 결실을 맺을 수 있다는 것이 분명해졌다. 마침내 외교관들이 통제할 수 없는 상황이 벌어졌으며, 이는 해안에서 벌어진 사건의 흐름에 유리하게 작용했다. 시간이 지남에 따라 캘리포니아에 대한 멕시코의 군사적 지배력은 점차 약화되었고, 당시 약 600명에 달하는 점령군 중 절반은 멕시코인, 나머지 절반은 캘리포니아 원주민으로 급료도 없이 훈련도 받지 않고 무기도 제대로 갖추지 못한 폭도들이었다. 캘리포니아 항구에서 외국 선박이 예포를 쏠 때 현지 멕시코 장교는 방문객에게 화약을 빌려서 예포에 답례해야 했던 일이 여러 번 있었다. 더 황당한 것은 태평양에서 멕시코 해군은 선장이 바람을 거슬러 항해할 수 없을 정도로 노후하고 낡은 배 한 척으로 구성되어 있었다는 사실이다.

멕시코의 방어선이 무너지고 있는 동안 캘리포니아의 아메리카인들은 그 수와 영향력이 커지고 있었다. 그들은 아주 작은 반란이 캘리포니아를 멕시코와 묶어놓은 끈을 끊을 수 있다는 사실을 깨닫는 데 그리 시간이 오래 걸리지 않았고, 행운이 결국은 그들의 갓밭에 깃들기를 바라며 캘리포니아 주민들 사이의 분파 분쟁에 종종 가담했다. 이들에게 필요한 것은 워싱턴으로부터의 약간의 격려였고, 1845년 포크가 취임한 지 얼마 지나지 않아 그들은 그것을 받았다.

새 대통령이 취임한 지 얼마 되지 않았을 때 그는 내각에 캘리포니아를 합병할 것이라고 냉정하게 말했다. 그는 자신의 계획을 실행하기 위해 해안 주재 아메리카 영사에게 캘리포니아가 멕시코에서 분리 독립하면 아메리카 정부가 캘리포니아 주민들을 보호할 것이라고 말했고, 그 영사에게 지역 문제를 처리할 때 재량권을 행사할 수 있는 권한을 부여했다. 이 제안은 역사를 예견한 것이었고, 바로 이듬해 멕시코와 미합중국 간의 전쟁 발발 소식이 태평양 연안에 전해지기 전에 명목상 과학 탐험에 종사하던 프레몬트 선장의 도움을 받은 소수의 모험심 강한 아메리카인들이 혁명의 상징인 '곰 깃발Bear Flag'*을 들고 캘리포니아 공화국을 선포했다. 워싱턴의 행정부가 애타게 기다리던 순간이 눈앞에 다가왔다.

§

곰 깃발이 바람에 휘날린 지 얼마 지나지 않아 멕시코와 미합중국 사이에 전쟁이 시작되었다. 텍사스의 합병으로 마침내 위기 상황은 촉발되었다. 워싱턴에서 이 프로젝트의 후원자들은 상원을 통과하는 데 필요한 3분의 2 의석을 확보하지 못했고, 결국 절망에 빠진 그들은 과반수만 확보하면 되는 상하 양원 공동 결의안에 의지했다. 결론은 이미 정해져 있었다. 타일러 행정부 말기인 1845년 2월, 텍사스는 의회 결의에 따라 아메리카 연방의 일부가 되었다. 부싯깃에 불이 붙었다. 멕시코는 텍사스의 독립을 인정했거나 받아들인 적이 없었기 때문에 모두가 알고 있듯이 합병은 관계 단절의 신호탄이었으며, 멕시코 대사는 즉시 서류를 챙겨 집으로 돌아갔다.

이 시점에서 타일러의 뒤를 이어 테네시의 포크가 뒤를 이었는데, 그는 가능하면 전쟁을 일으키지 않고 캘리포니아를 텍사스에 추가하는 데 열중하고 있었다. 포크는 기질이 매우 평화로웠고 피를 흘리지 않고 많은 것을 성취하기를 바랐지만, 그의 노력을 외교에만 국한하지 않았다. 오히려 그는 취임하자마자 미합중국의 일부가 된 텍사스를 방어할 준비를 했고, 이미 언급했듯이

---

* 그리즐리 곰(캘리포니아 주의 상징 동물)과 별이 그려져 있었으며, 이는 캘리포니아 독립과 그 지역의 독특한 정체성을 나타내고자 한 의도가 담겨 있다. 이 깃발은 소노마에서 처음 게양되었고, 캘리포니아 공화국을 선언한 후 약 한 달 동안 존재했다. 이 깃발은 이후 캘리포니아 주의 공식 깃발로 채택되었다

캘리포니아 주재 아메리카 영사에게 사실상 지역 혁명을 일으키면 지원하겠다고 말했다.

문제를 신속하게 처리하기 위해 멕시코와 국경 문제를 놓고 논쟁이 벌어졌는데, 리오 그란데까지 서쪽과 남쪽의 모든 땅을 요구하는 텍사스의 주장과 누에세스 강으로 국경을 정하고 북쪽 방향으로 선을 그어야 한다는 멕시코의 주장이 팽팽히 맞섰다. 포크 대통령은 텍사스의 견해를 받아들일 수밖에 없다고 느꼈고, 자연스럽게, 결정을 내린 후 아메리카군을 지휘하는 재커리 테일러 장군에게 분쟁 지역으로 전진할 것을 명령했다. 아메리카인들에 의해 방어 행위로 간주된 이 이동은 멕시코인들에 의해 자국에 대한 명백한 침략으로 비난받았다. 1846년 봄, 무력 충돌이 발생하여 텍사스의 모래가 피로 물들었다.

'전쟁은 멕시코의 행동으로 일어났다!' 포크는 외쳤고, 그의 외침은 추종자들 사이에서 비상한 관심으로 울려 퍼졌고, 의회는 무기로 아메리카의 권리를 옹호하기 위해 사람과 투표와 돈으로 그 신뢰를 선언함으로써 신속하게 대응했다. 하지만 북부 휘그당원들 사이에서도 적지 않은 반대가 있었는데, 그중 일부는 진심 어린 반대였고 일부는 당파적인 반대였다. 당시 하원에서 초선으로 재임 중이던 에이브러햄 링컨은, 명백하게 재선 기회를 버리게 만들 뿐인데도 전쟁에 반대하는 목소리를 높였다. 오하이오 주의 코윈 상원 의원은 그의 정치 경력이 끝날 때까지 그를 괴롭혔던 유명한 반항을 대통령의 당에 쏟아냈다. '내가 멕시코 사람이라면 당신에게 이렇게 말할 것이다. "당신네 나라에는 방이 없는가?"……당신이 내 나라로 오면 우리는 피 묻은 손으로 당신을 맞이하고 친절한 무덤으로 당신을 환영할 것이다.'

하원에서 코윈의 동료인 조슈아 R. 기딩스는 이러한 과정을 '노예제를 연장하기 위한, 헌법을 위반하고 정의와 인류애, 우리가 살고 있는 시대의 정서, 우리가 고백하는 종교의 교훈에 반하는, 적절하거나 정당한 이유도 없이 해를 끼치지 않는 사람들을 상대로 한, 정복을 목적으로 한 전쟁'이라고 비난했다. '나는 그 어떤 지원도 하지 않을 것이다. 나는 멕시코 국민들의 피로 내 손을 씻지 않을 것이며, 그곳에서 우리 군대가 저질렀고 앞으로도 저지를 살인의 죄책감에 동참하지 않을 것이다. 이러한 이유로 나는 현재 검토 중인 법안과 전쟁을 지원하기 위해 계산된 다른 모든 법안에 반대표를 던질 것이다.' 뉴잉글랜드에서도 포크의 정책과 조치에 반대하는 강한 정서의 기류가 흐르고 있었는데, 예를 들어 매사추세츠 주 의회는 케일럽 쿠싱이 제기한 연대 지원을 위한 자금 지원안을 압도적인 표차로 부결시켰고, 패뉴일 홀에서는 전쟁에 반대하는 집회가 열렸다.

선동적이라고 여겨지는 행동에 분노한 행정부를 옹호하는 사람들은 비판자들을 공격하는 데 거리낌이 없었다. 일리노이 주 유권자들을 대표해 스티븐 A. 더글러스는 상원에서 이렇게 선언했다. '아메리카는 전쟁이 선포된 후 국가의 대의의 정의를 비난하거나 적에게 동조하는 어떤 친구도 원하지 않으며 시민의 충성심도 인정하지 않는다. 그런 자들은 모두 마음속으로는 반역자이며, 그 죄에 상응하는 처분을 받을 수 있는 노골적인 행위를 저지르기를 나는 신께 기도할 것이다.' 헌법을 면밀히 공부했던 더글러스는 자신의 역사를 잊어버렸거나 선동죄의 무한한 가능성을 간파하지 못했거나 둘 중 하나였다. '일리노이의 작은 거인[스티븐 더글러스]'이 충분히 독창적이었다면 제임스 러셀 로웰의 『비글로우 문서 *The Biglow Papers*』[반전을 주장하고 당시의 정치에 대해 비판적인 내용을 담고 있다]는 저자를 감옥에 가두었을 것이고, 아메리카 대의의 정의를 보지 못한 남녀는 10년 또는 15년 동안 감옥에서 인간사의 덧없음을 묵상할 수 있었을 것이다.

이렇게 '멕시코의 행동'으로 촉발된 전쟁은 아메리카에 의해 활발하게 진행되었다. 이미 대규모 병력을 이끌고 국경에 있던 테일러 장군은 멕시코 남쪽으로 진격하여 1년이 채 지나기도 전에 팔로 알토, 레사카 데 라 팔마, 몬테레이, 부에나 비스타에서 네 번의 승리를 거두었다. 정치가 개입하지 않았더라면 테일러는 치명적인 타격을 가했을지도 모른다. 그러나 테일러는 휘그당원이었고 포크는 군사 영웅에 대한 아메리카인의 사랑을 잘 알고 있었기 때문에 야당이 대통령 후보로 내세울 또 하나의 영광스러운 사령관을 키우는 것을 피하고 싶어 했다. 게다가 테일러 장군이 맡은 전선이 길었고 내륙으로 진군하면서 보급 기지를 후방에 남겨두었기 때문에 좋은 전략은 정치와 조화를 이뤘다.

그래서 워싱턴의 행정부는, 명예를 나누기로 결정하고, 역시 휘그당원이었던 스콧 장군 휘하의 두 번째 군대를 멕시코시티 직접 공격을 위해 해상을 통해 베라 크루스로 보냈다. 1847년 8월, 미군이 멕시코 수도의 문 앞에 도착해 계획은 완수되었다. 멕시코 공화국 정부가 조금이라도 힘이 있었다면 평화는 신속하게 체결되었을 테지만 굴욕적인 조건에 굴복하는 것은 멕시코 당국의 힘을 넘어서는 일이었다. 도시 교외에서 전투가 벌어지고 미군이 헌법 광장 Plaza de la Constitucion으로 진군하여 승리를 거둔 후에야, 즉 아메리카 장군이 라이벌 정파의 위협을 받고 있는 패배한 정부를 보호하겠다고 약속한 후에야 평화 조약이 체결될 수 있었다.

멀리 캘리포니아 해안에서는 소규모의 군사 및 해군 작전이 '정해진 운명'의 작업을 완료하고 있었다. 멕시코와의 전쟁이 발발하기 몇 달 전인 1845년 6월, 해군장관은 태평양 주둔 미군 사령관 슬로트 준장에게 전쟁이 시작되었다는 새로운 정보를 입수하는 즉시 캘리포니아 항구를 점령하라고 지시했다. 이에 따라 슬로트는 이듬해 7월 지시가 도착하자마자 아무런 저항 없이 몬터레이를 점령하고 성조기를 게양했다. 며칠 후 현장에 도착한 후임자인 스톡턴 준장이 지휘를 맡아 프레몬트의 젊은 공화국 남자들을 아메리카군에 입대시키고, 산타페를 거쳐 포트 리븐워스에서 고된 육로 여정 끝에 12월에 캘리포니아에 도착한 키어니 장군 휘하의 소규모 정규군의 작전 지원을 받아 캘리포니아 정복에 나섰다. 전투라고 보기 어려운 몇 차례의 날카로운 충돌은 피할 수 없는 운명이었다. 포경업자, 중국 무역 상인, 비드웰 가문, 도너 가문은 자신들의 일을 마쳤다. 캘리포니아는 아메리카 땅이 되었다.

1848년 2월 2일, 멕시코와의 공식적인 조약으로 아메리카 역사의 이 장은 막을 내렸고, 텍사스의 합병과 캘리포니아, 애리조나[1912년, 48번째로 연방에 가입], 뉴멕시코, 그리고 독일과 프랑스를 합친 면적보다 더 넓은 영토가 아메리카에 양도되었다. 따라서 멕시코는, 텍사스를 포함하면, 모지스 오스틴과 아메리카 식민지화를 위한 첫 번째 계약을 맺었을 때 소유했던 영토의 절반 이상을 잃었고, 그 대가로 아메리카의 특정 손해 배상 청구 취소와 현금 1,500만 달러를 받은 것 외에는 아무것도 받지 못했다. 1853년, 제임스 개즈든의 협상을 통해 미합중국은 1천만 달러를 지불하는 대가로 애리조나와 뉴멕시코의 남쪽 국경을 따라 또 다른 토지를 양도받았다.

따라서 현대 역사가인 허버트 잉그램 프리스틀리가 '생물학적 현상'이라고 표현한 이 충돌은 승자에게는 다행스러운 결론에 도달했다. 멕시코 전체를 합병하거나 적어도 테일러 장군이 정복한 북부의 모든 영토를 점령하는 것을 선호했던 아메리카인들은 약간의 불평 끝에 합의의 이득을 그 상황에서 달성할 수 있는 최선책으로 받아들였다.

§

이 승리 뒤에는 놀라운 행운이 따랐다. 1848년 1월, 위원들이 멕시코시티에서 평화 협정 조건을 놓고 흥정을 벌이고 있을 때 아메리카 강의 제재소에서 존 A. 서터에게 고용된 노동자였던 제임스 W. 마셜은 광석 배수로에서 반짝이는 것을 발견했는데 금이었다. 물론 캘리포니아의 토양에서 귀금속이 발견된 것은 이번이 처음은 아니었는데, 멕시코인들이 이전에 매장지를 발굴한 적이 있었기 때문이다. 그러나 어떤 이상한 이유에서인지 멕시코의 계곡과 산을 열렬히 탐사했던 코르테스와 피사로의 정신적 상속자들은 해안의 유망한 들판으로 곡괭이와 냄비를 들고 몰려가 채취를 하지는 않았다. 앵글로색슨족이 '신의 섭리'라고 부를 만한 기묘한 운명으로 인해, 이 위대한 발견은 아메리카의 점령이 시작될 때까지 지연되었다.

처음에 서터는 자신의 행운에 기뻐하지 않았다. 그것이 농업과 산업의 정상적인 흐름을 뒤흔들 수 있다는 것을 알았기에 그는 침묵을 지키려 했지만, 인간 본성상 감당하기 힘든 부담이었기 때문에 이 소식은 서서히 퍼져 나갔다. 5월이 되자 이 소식은 몬터레이 거리에서 소문으로 퍼져 나갔고, 조사를 위해 현장에 파견된 한 조사관에 의해 진실로 밝혀졌다. 즉시 캘리포니아의 모든 지역사회에서 발작적인 욕망의 경련이 터져 나왔다. 장인들은 도구를 버리고, 농부들은 가축과 농작물을 죽고 썩게 내버려 두고, 변호사들은 의뢰인을 피해 도망쳤으며, 교사들은 책을 버리고, 설교자들은 옷을 벗어 던지고, 선원들은 항구에 배를 버리고, 여성들은 부엌을 내팽개치고 금이 매장된 지역으로 달려갔다. 모든 타운에서 비즈니스가 중단되었고, 부동산 가격은 폭락했으며, 버려진 집과 상점은 쇠락의 길을 걸었다. 사방에서 금을 노리는 사냥꾼들이 메뚜기떼처럼 몰려와 금을 씻는 프라이팬과 곡괭이와 삽으로 땅을 파며 서터의 제재소 주변을 휩쓸었다.

광부들의 탐욕스러운 본능은 바람이 불 때마다 떠도는 소문으로 인해 나날이 더 심해졌다. 일주일 동안 두 남자가 수백 평방피트에 불과한 어느 곳에서 17,000달러 상당의 금을 캤고, 곡괭이, 삽, 냄비로 무장한 가난한 기자가 몇 시간 만에 100달러를 모았으며, 한 노동자가 15분 만에 2파운드 반의 금을 씻어냈다는 소문도 있었다. 모든 허풍을 감안해도, 6개월도 채 되지 않아 50만 달러가 넘는 귀금속이 강물과 언덕에서 건져졌다는 보고가 있었다.

겨울이 오기도 전에 이 소식은 동부에 전해졌고, 포크 대통령은 1848년 12월 연두교서에서 이 소식을 공식적으로 언급했다. 순식간에 신문지상에는 골드러시에 관한 소문과 편지, 이야기가 가득 찼고, 보물이 묻힌 현장으로 탐험을 떠나는 회사들이 설립되었다. 장사꾼들은 가이드북, 야영복, 광부용 도구, '21년 동안 보증되는' 소금에 절인 양배추 통조림 등 금광으로 향하는 남성들의 요구에 맞는 상품을 광고했다. 한 사기꾼 기획자는 '25세 미만은 한 명도 없는' 여성들을 조직해 성공한 광부들과 결혼시켰다. 사진가들은 떠나는 행운의 사냥꾼들에게 사랑하는 사람들을 위해 다게레오타입[사진]을 남기라고 촉구했다. 약사들은 인간의 육체를 괴롭히는 모든 질병에 대한 구체적인 치료법을 발표했고[이 문맥에서 약사 이야기가 등장하는 이유는 금광을 향해 떠나는 사람들이 새로운 환경에서 겪을 수 있는 건강 문제에 대비하기 위해 필요한 의약품이나 치료법을 찾고 있었기 때문이다], 사기꾼들은 금이 풍부한 토양을 찾아내는 장치에 대한 특허를 신청했다.

동부 도시에서 시작된 이 열풍은 영국과 아일랜드로 퍼져 나갔고, 시간이 지나자 유럽 대륙의 먼 마을까지 퍼져 나가 유럽에서 출발하는 모든 선박에는 한시라도 빨리 태평양 연안에 도착하려는 탐욕스러운 사람들로 만실이 되었다. 부두를 따라, 상점과 호텔, 길가의 선술집, 무대 위 마차와 운하선 선실에서는 모든 대화가 캘리포니아의 금이라는 흥미진진한 한 가지 주제에 집중되었다. 아르고너트Argonaut의 노래가 온 나라에 울려 퍼졌다.

오! 캘리포니아, 나에게 딱 맞는 땅!
나는 새크라멘토로 향했다
무릎에는 대야를 올려놓고서.

금광으로 향하는 모험가들 앞에는 여러 가지 경로가 놓여 있었는데, 그중 세 가지 경로가 해상 여행과 관련이 있었다. 그들을 혼 주변으로 데려가는 전 해상 항해는 6개월에서 9개월이 걸리는 길고 지루한 여행이었다. 더 인기 있는 항로는 파나마를 통과하는 것이었는데, 발보아[Vasco Núñez de Balboa] 시대 이후 거의 끊이지 않고 지루한 단조로움이 지배하던 이 좁은 해역은 단기간에 수천 명의 아메리카인과 유럽인이 캘리포니아의 부를 꿈꾸며 몰려들면서 감동적인 사건의 현장이 되었다. 두 번의 해상 항해를 포함한 세 번째 항로는 멕시코를 경유하는 것이었는데, 안전 측면에서 볼 때 선택의 여지가 거의 없었다. 동부의 항구를 빠져나갈 수 있을 만큼 튼튼한 온갖 종류의 미친 배들이 탐험가들을 수송하는 사업에 동원되었기 때문에 모든 해상 항해의 위험은 극도로 높았다. 행운 사냥꾼들을 태우고 항해하던 많은 배들이 선원들과 승객들의 운명을 암시하는 표지나 소문, 메아리 하나 남기지 않고 사라져 버렸다. 파나마나 멕시코를 경유하여 항해를 시도한 사람들은 바다의 위험 외에도 콜레라, 괴혈병, 차그레스열과 같은 질병에 직면하는 경우가 많았다. 질병에서 탈출한 사람들은 돈을 빼앗기고 강도에 의해 살해당하기도 했다.

캘리포니아로 향하는 대륙 횡단로는 더 안전할 것 같았지만 그 자체로 위험이 도사리고 있었다. 솔트레이크와 트러키 강을 지나는 두 개의 북쪽 길과 오리건 트레일에서 이민자들은 황량한 평야와 산길로 이루어진 긴 길을 지나야 했다. 산타페를 지나는 남부 트레일은 더욱 힘들었는데, 메마른 사막의 뜨거운 열기로 인해 온도계가 140도[섭씨 60도]까지 올라가는 경우가 많아 탐험가들은 절망 속에서 모래사막에서 비참한 죽음을 맞이하기도 했다. 모든 길목에서 갈증, 굶주림, 폭풍, 인디언, 질병이 나그네의 발걸음을 붙잡았다. 변경에서 해안까지, 마차 잔해, 소의 뼈, 죽은 이민자들의 무덤이, 솔트레이크에서 새크라멘토에 이르는 투기적인 황금 사냥꾼들의 길을 표시하는 1,500개의 고요한 둔덕이 산재해 있었다고 한다.

하지만 그 어떤 것도 황금 사냥꾼들의 목표를 바꾸지는 못했다. 1849년 1분기가 채 끝나기도 전에 최소 1만 7천 명이 동부 해안을 떠났다. 이듬해 봄, 한 달도 채 안 되는 기간 동안 1만 8천 명이 미주리 강을 건너 캘리포니아로 향했다. 얼마나 많은 사람이 출발했는지, 얼마나 많은 사람이 도중에 사망했는지, 얼마나 많은 사람이 무사히 도착했는지는 정확하게 기록되어 있지 않다. 그러나 1850년 인구조사에서 캘리포니아의 인구는 9만 2천 명이었고, 10년 만에 그 수는 38만 명으로 증가했다. 17세기의 식민지 개척 운동으로 백 년 동안 뉴잉글랜드로 이주한 청교도 수가 3~4만 명을 넘지 않았다는 사실을 상기하면, 1849년의 유명한 골드러시의 규모의 진정한 규모를 짐작할 수 있다.

하지만 두 이주는 얼마나 달랐는가! 캘리포니아로 이주한 대부분의 골드러시 이민자들은 빠르고 쉽게 돈을 벌 수 있다는 유혹에 빠진 폭음, 도박, 싸움을 좋아하는 무모한 모험가들이었고, 윈스롭과 카버의 지도 아래 열심히 일하여 소박하게 생계를 꾸리려 했던 경건한 사람들과는 흥미로운 대조를 이루었다. 가족을 동반한 사람은 많지 않았다. 실제로 운이 좋았던 초창기에는 외출하는 여성이 상대적으로 별로 없었고, 외출한 여성 중 일부는, 최소한, 청교도도 아니었다. 광산 마을의 이름에는 거주자들의 취향이 반영되어 뉴잉글랜드의 프로비던스, 고셴, 세일럼, 베셀 대신 슬럼굴리온Slumgullion, 유-벳You-Bet, 잭애스-걸츠Jackass-Gulch 등이 생겨났다. 광부들은 노래를 부를 때 다윗의 〈시편〉이 아니라 〈하일랜드 메리〉, 캠프 도거렐,* 축배의 노래를 선택했다. 심지어 일부 '선량한 시민'들은 기묘한 옛날풍 세일럼이라면 주홍글씨를 새긴 옷을 입어야 했던 여성들과 함께 빈민 주거지Poverty Flat의 중심가를 걷는 것을 부끄러워하지 않았다.

수년 동안 광산 캠프의 활기차고 격렬한 생활은 가축 사육, 곡물 밭, 포도밭에 전념하는 남부 지역을 제외하고는 전체 지구地區의 성격에 영향을 미쳤다. 멀리 떨어진 비교적 평화로운 도시인 로스앤젤레스에서도 1854년에는 하루 평균 1건의 살인 사건이 보고되었다. 이 도시의 한 발랄한 편집자는 '소Cow 카운티들의 여왕은 자신의 생산품으로 모든 창조물을 강타한다'고 썼다. '충격적인 살인 사건, 혹은 큰 사탕무, 탈옥수, 전문 말 도둑, 린치 판사[린치는 법적 절차 없이 자경단에 의한 처형을 의미한다], 살찐 소, 수영하는 말, 새로운 종교의 주해자, 키 큰 옥수수, 거대한 감자, 무거운 양배추, 사망한 인디언, 비밀 결사, 밝은 하늘, 거대한 호박, 상하이 닭[당시 유행했던 품종], 그리즐리, 코요테, 개, 똑똑한 남자, 공직 사냥꾼, 석탄 채굴자, 가증권, 또는 싸움에

---

* camp doggerel. 캠프나 모임과 같은 비공식적인 환경에서 일반적으로 구성되고 낭송되는 단순하고 유머러스하며 종종 무의미한 구절이나 시의 한 유형을 말한다. '도거렐'이라는 용어 자체는 일반적으로 불규칙한 리듬과 운율을 가진 느슨하게 구성되거나 희극적인 구절을 의미한다.

이르기까지……'

만약 그러한 금광 지역과 먼 차분한 정착촌이 이랬다면, 금광과 협곡에서 흘러들어온 수백만 달러가 쏟아져 나가는 샌프란시스코는 어떤 상태였을까? 광산으로의 첫 번째 탈출 이후 불황을 재빨리 극복한 부동산 중개인, 호텔 관리인, 수돗물 공급업자, 의복업자들은 거래로 살을 찌웠다. 방탕스러운 생활이 타운을 뒤덮었고 총격전은 삶을 위태롭게 만들었다.

소란 속에서 상황은 점점 더 악화되었고, 좀 더 냉철한 사람들이 모여 초법적 단체인 경계 위원회Vigilance Committeee들을 결성하게 되었는데, 이 단체는 거칠고 준비된 기관으로, 가장 용서할 수 없고 뻔뻔스러운 공공의 평화 교란자들에게 즉결 사법을 집행하고 살인자를 교수형에 처하고 투표소 직원을 추방하는 일을 담당했다. 업무의 압박 속에서 때때로 실수가 있었지만, 적어도 조직화된 경찰이 정상적인 방식으로 기능할 수 있을 만큼 충분히 강력하고 품위 있는 경찰이 되기 전까지 전반적으로 위원회의 업무는 보람 있는 일이었다.

골드러시의 무정부 상태는 멀리 내다보는 시민들이 이미 인식하고 있는 안정된 정부 체제의 필요성을 더욱 절실하게 만들었지만, 이 문제가 의회에 상정되었을 때 성가신 지연이 이어졌다. 노예 제도를 둘러싼 격렬한 다툼이 양원을 점령하고 있던 그 순간, 캘리포니아에서 이 독특한 제도를 합법화하려는 농장주들과 자유를 주장하는 반대파는 정치적 교착 상태에 빠져 있었다.

즉각적인 해소가 불가능하다고 판단한 캘리포니아 주민들은 서부 특유의 주도권을 가지고 스스로 문제를 해결했다. 워싱턴으로부터 어떠한 권한도 부여받지 못한 채 지역 주지사는 주 대회 소집을 요청했고, 1849년 몬터레이에서 정식으로 선출되어 회의를 열었다. 대의원 중 한 명으로부터 아이오와 주 헌법 사본을 받은 의원들은 곧바로 중대하고 장엄한 심의에 들어가 노예 제도와 모든 종류의 비자발적 노역을 금지하는 기본법을 주민들에게 제안했다. 열광적인 분위기 속에서 제안된 헌법은 과반수의 찬성으로 비준되었고, 캘리포니아는 문서를 손에 들고 연방의 문을 두드렸으며, 때마침 1850년의 대타협Compromise으로 절정에 달한 대토론에 참여하여 그 중요한 합의의 일부로서 주 지위를 얻게 되었다.

§

캘리포니아의 운명을 결정지은 다사다난한 세월 동안 북서부 경계를 둘러싼 영국과의 오랜 분쟁이 종식되었다. 사실 이 분쟁은 식민지 시대에 시작된 투쟁의 종결 단계에 불과했다. 처음부터 영국 상인들은 모피 무역을 변함없는 이익의 원천으로 삼았고, 그 이익을 보호하기 위해 그들 정부의 정책에 계속해서 영향력을 행사했다. 그들은 1763년 오지의 아메리카인 불법 거주민에게 내륙의 문을 닫는 중대한 법령을 확보하는 데 중요한 역할을 했다.

아메리카 독립혁명에서 패배한 영국은 제국의 중심지를 서쪽으로 옮겼고, 1812년 전쟁에서 모피 무역이 다시 한 번 이슈가 되었다. 영국인과 인디언 모두 한 가지에 동의했다. 야생의 모피 동물들을 땅을 경작하는 미합중국의 개척자들로부터 보호해야 한다는 것이었다. 그들은 운명에 맞서 싸우기 위해 함께 뭉쳤다. 아메리카 독립을 위한 2차 전쟁은 한숨 돌릴 수 있는 평화로 마무리되었지만, 이는 결연한 농부들과 인디언 연합의 지원을 받는 영국 모피 상인들 사이의 오래된 싸움을 외교로 옮긴 것에 불과했고, 아메리카 개척자들이 야생동물들을 멸종시키면서 북서쪽으로 진격해 가자 이 대립 세력 간의 충돌은 태평양 북서쪽으로 밀려날 때까지 이어졌다. 영국 허드슨 베이 회사의 전초기지가 있던 컬럼비아 밸리의 물가에서 긴 싸움이 끝을 향해 치달았다.

반세기 이상 동안 이 영토는 유럽 열강들 사이에서 협상의 대상이었다. 스페인, 러시아, 영국은 모두 역사적으로 소유권을 주장해 왔다. 많은 용감한 스페인 탐험가들이 해안선을 넘어가서 발견을 보고했다. 그 뒤를 이어 러시아가 바다를 개척했다. 용감한 비투스 베링은 표트르 대제의 명령을 받고 1741년 알래스카 해안을 씻어내는 차갑고 폭풍우 치는 바다를 항해했고, 그 후 거의 100년 동안 러시아 모피 상인들은 그들의 깃발을 들고 해안을 따라 꾸준히 활동을 이어갔다.

이보다 더 강력한 주장은 영국의 주장이었다. 1777년 쿡 선장은 불운한 항해 끝에 샌드위치 제도에서 목숨을 잃었지만, 혼을 돌아 북아메리카 해안을 항해하여 해안선을 지도로 만들어, 컬럼비아 밸리를 스케치하면서 '뉴 알비온 New Albion*'을 쓴 영국 지리학자들에게 선례를 남겼다. 15년 후, 밴쿠버 선장은 쿡이 재빠르게 지나간 곳을 따라가면서 해안의 윤곽을 세심하게 그려 넣었고, 그의 해도는 10년 동안 항해자들에게 안전한 길잡이 역할을 했다. 선구자들의 보고에 자극을 받은 캐나다의 영국 모피 상인들은 바다와 육로를 통해 야생으로 내려와 인디언과의 교역을 통해 풍부한 모피를 모으기 위해 곳곳에 초소를 설치했다.

얼마 지나지 않아 어디에나 출몰하는 양키가 등장했다. 실제로 쿡 선장의 부하 중에는 다재다능하고 용감한 코네티컷 출신의 존 레디어드가 있었는데, 그는 영국 국기 아래 항해하면서 자신의 방향을 잡고 1783년 하트포드로 돌아와 뉴잉글랜드에서 널리 읽힌 흥미진진한 탐험 이야기를 들려주었다. 독립혁명은 공식적으로 막을 내렸고, 영국의 지배에서 해방된 아메리카 상인들은 자유를 최대한 활용할 준비가 되어 있었다.

보스턴의 자본가들은 중국 무역에서 거둔 이익에 대한 소문에 이끌려 두 척의 배를 보내 극태평양에서 사업을 시작했고, 3년의 불안한 기다림 끝에 세

---

* 1579년 영국의 탐험가 프랜시스 드레이크는 북아메리카 서부 해안의 일부를 영국의 영토로 주장하며 '뉴 알비온'이라고 명명했다. 정확한 위치는 논란의 여지가 있지만, 일반적으로 헌제의 캘리포니아 해안 어딘가에 있는 것으로 여겨진다. 17세기 초, '뉴 알비온'이라는 이름은 영국의 다양한 식민지 계획과 관련이 있었다. 한 가지 주목할 만한 사례는 초대 볼티모어 경 조지 칼버트 경으로, 그는 뉴펀들랜드에 '아발론 주province of Avalon'라는 식민지를 위한 척허장을 부여받았다. '뉴 알비온'은 당시의 식민지 계획과 지도에 북아메리카의 영국 식민지로 제안되거나 고려될 만한 이름으로 등장하기도 했다. '뉴 알비온'은 현대적 맥락에서 지리적 명칭으로 일반적으로 사용되지는 않지만, 탐험과 초기 식민지 개척의 시대를 연상시키는 역사적 논의, 문학 및 문화적 언급에 등장한다.

계 일주를 마친 배가 매사추세츠 만에 안전하게 닻을 내려 보상을 받았다. 이 모험에 용기를 얻은 그들은 다른 탐험대를 파견했는데, 그중 한 팀은 1792년 로버트 그레이의 지휘 아래 북서부 해안을 광범위하게 탐험하고 장벽을 넘어 그의 배의 이름인 컬럼비아라고 이름 붙인 신비한 '서부의 강'을 항해했다. 선장의 항해사는 '내 생각에, 이 강은 공장을 세우기에 적당한 곳'이라고 썼다.

바닷길이 막히자 아메리카인들은 육로로 북서쪽을 탐험하기 시작했고, 제퍼슨 대통령은 1803년 세인트루이스에서 컬럼비아 강 하구까지, 그리고 다시 고향으로 돌아오는 위험하지만 영광스러운 여정을 떠난 루이스와 클라크 탐험대를 파견하여 대담한 선례를 남겼는데, 이들은 중간 지대와 먼 해안의 강, 길, 기후, 토양, 생산물, 식물상植物相과 동물상動物相에 대한 사실적인 설명을 가져왔다. 그 후 세인트루이스에서 아메리카 모피 상인들은 새로운 영토로 진출하기 시작했고, 가장 접근하기 어려운 지역을 탐험하고 직접 보고 들은 이야기를 보내면서 마침내 대륙 전체의 지리가 윤곽을 드러내기 시작했다. 뉴욕의 존 제이콥 애스터는 새로운 사업을 늘 주시하며 아메리카 모피 회사American Fur Company를 조직하고 육로와 해로를 통해 수익성 높은 무역을 구축했으며, 1811년에는 컬럼비아 강 하구 부근에 아스토리아 요새를 건설했다. 그렇게 해서 강력한 의지의 주도권으로 영국의 점유권이 거부되었고 멋진 외교적 이슈가 제기되었다. 경계 문제를 쉽게 해결할 수 없었던 미합중국과 영국은 1818년, 10년 동안 분쟁 지역을 공동으로 점령하는 조약을 맺었고, 이 조약은 나중에 무기한으로 갱신되었다.

한동안 영국이 유리한 고지를 선점한 것처럼 보였다. 강력한 허드슨 베이 회사를 통해 모피 무역의 대부분을 장악하고 사방으로 사업을 확장해 나갔기 때문이다. 하지만 겉모습은 기만적이었다. 얼마 지나지 않아 쟁기를 든 아메리카 정착민들은 이윤을 추구하는 상인들이 착취하고 있는 황무지를 거세게 밀어붙였고, 선교사들은 개척자로서 주도적인 역할을 수행했다. 전승에 따르면, 산에서 온 네 명의 인디언이 세인트루이스로 긴 여정을 떠나 서부의 부족들에게 그리스도의 복음을 전할 설교자를 보내달라고 요청했고, 감리교회는 기금을 모금해 두 명의 목사 제이슨과 대니얼 리, 한 명의 교사 사이러스 셰퍼드를 극서부로 파송하여 응답했다.

해안에 도착하자 그들은 밴쿠버 요새의 관대한 영국 교역소 소장인 매클러플린 박사의 따뜻한 환영을 받았고, 그의 탁월한 조언에 따라 윌라메트 강 유역 들어갔다. 그들은 '넓고 기름진 땅, 길이가 수 마일에 달하고, 물이 잘 공급되며, 수백 에이커의 쟁기질을 할 수 있는 초원의 경계를 따라 참나무, 전나무, 미루나무, 흰 단풍나무 같은 목재와 흰 재가 흩어져 있는 곳'을 부지로 선택하여 첫 번째 선교 하우스를 지었다. 몇 년이 지나지 않아 이 지역 전체에 카톨릭과 개신교 선교사들이 들어왔고, 그중에는 지칠 줄 모르는 마커스 휘트먼과 그의 불굴의 아내 나르시사도 있었는데, 그들의 이름은 오리건 주 기록에 지울 수 없이 남아 있다.

복음의 전파자들은 원주민을 개종시키고 '문명화'하는 작업에서 많은 낙담을 겪었지만, 정착지 주변의 비옥한 토양을 경작하며 번영을 누렸고 점차 열정을 식민지화 기술로 돌린 것 같다. 어쨌든 그들은 풍요로운 고장의 경제적 이점을 발견하자 편지, 회보, 책, 강연을 통해 그들의 새 집의 장점을 널리 알리기 시작했다. 매사추세츠의 영리한 선전가인 홀 J. 켈리와 너새니얼 와이어스는 북서부를 방문하고 그곳의 '비할 데 없는 기후'와 비옥한 토양에 열광했고, 선교사들은 오리건의 엄청난 기회에 대해 이야기하며 동부를 자극했다.

이에 따라, 대서양 연안에서 미시시피 밸리에 이르는 이주민들이 윌라메트의 새로운 식민지로 향했다. 1839년 정착민들이 케이프 혼을 통해 출항했고, 4년 뒤에는 미주리에서 첫 번째 대형 회사가 육로 여행을 떠났으며, 얼마 후 다른 순례자들이 파나마를 통해 육로와 해상 여행을 병행했다. '평원을 지나 오셨나요, 지협을 건너 오셨나요, 아니면 혼을 돌아 오셨나요?' 새로 도착한 사람들을 맞이하는 질문이었다. 세 차례에 걸친 이민의 흐름에 힘입어 작은 선교 지부는 강인하고 근면한 아메리카 시민들로 구성된 번영하는 농업 정착촌으로 확장되었다.

개척자들은 본능에 따라 곧 자치와 자기 보호를 위한 사회 협약으로 눈을 돌렸고, 1843년 샴포그의 감리교 선교부 소유 헛간에서 열린 대중 회의에서 아이오와 주 헌법을 모델로 한 임시정부 계획 초안을 엄숙히 작성했다. 이렇게 루소가 로키 산맥을 넘었고, 아니 어쩌면 필그림 파더들의 정신이 그 먼 곳에 내려온 것일지도 모른다. '우리 오리건 영토의 주민들은 상호 보호와 평화와 번영을 확보하기 위해 미합중국이 우리에 대한 관할권을 확장할 때까지 다음과 같은 법과 규정을 채택할 것을 동의한다'라고 협약의 서문은 시작되었다.

이제 오리건 주가 위기로 다가가고 있다는 게 분명해졌다. 극서부의 영국인들은 농경 경제의 추세를 관찰하면서 모피 무역이 파멸에 이르렀고, 아메리카의 사례를 따라야만 컬럼비아 밸리를 지킬 수 있다는 사실을 깨달았다. 허드슨 베이 회사의 대표이자 정치인인 매클러플린 박사는 아메리카인 정착민들을 친절하게 대했지만, 냉혹한 현실을 재빨리 파악하고 영국 정부에 식민지화 정책의 채택을 촉구하기 위해 런던으로 긴 여행을 떠났지만, 그가 원하던 원조는 오지 않았다. 그의 희망과 계획이 좌절되자 그는 명예롭게 맡았던 지도자 자리를 사임하고 서부의 삶이 스스로의 길을 가도록 내버려 두었다.

공기에서 전쟁의 냄새를 맡으며, 오리건의 영국인과 아메리카인은 크고 작은 다툼을 벌이기 시작했다. 토지 분배와 질서 유지를 위한 행정 당국이 없었기 때문에 양측은 소유권과 평화 위반을 둘러싸고 격렬한 논쟁을 벌였고, 서로 상대방이 부정 입국, 인디언에게 총기와 위스키 판매, 모피 시장에서의 헐값 거래 등을 했다고 비난했다. 허드슨 베이 회사가 누리는 독점적 지위에 불만을 품고 이 지역 전체를 자신들의 지배하에 두기를 원했던 영국인들은 런던에 있는 본국 정부에 오리건 주를 캐나다와 통합하고 지역 자치권을 부여해 달라고 간청했다. 1846년까지 1만 명이 넘었던 오리건 주의 개척 아메리카인들은 워싱턴의 행정부에 똑같이 힘을 모아 문제가 되고 있는 토지 문제를 해결하고, 자치권을 부여하고, 보호를 보장해 줄 것을 촉구했다.

연방 의회에서는 먼 오리건 주 논쟁의 메아리가 다양한 형태로 울려 퍼졌다. 물론 상상의 눈으로 떠오르는 서부의 제국을 멀리 볼 수 있는 시각을 가진 의원들도 있었다. 예를 들어, 영미 점령 조약이 체결된 지 2년 후인 1820년, 버지니아의 한 상원 의원은 컬럼비아 밸리 점령의 부당성에 대한 조사를 촉구하는 결의안을 발의하면서 오리건의 열렬한 애호가인 홀 J. 켈리가 제시한 강력한 논거를 근거로 자신의 주장을 뒷받침했다. 이 노력에서 가시적인 결과는 나오지 않았다. 1828년 공동 점령 기간이 무기한 연장되자 이 문제는 다시 의회에서 제기되었고, 미시시피 강 유역에서 아시아를 바라본 미주리 주의 강직하고 그림 같은 대표인 벤튼 상원 의원은 자신이 지휘할 수 있는 모든 힘을 다해 공동 점령 지속을 반대하며, 아메리카 주권의 압도적인 확립을 포함한 아메리카의 권리를 전면적으로 주장했다.

시간이 지남에 따라 벤튼의 주장은 점점 더 많은 사람들의 관심을 불러일으켰지만, 끝까지 자신의 애정을 자신의 주에 국한시키고 어떤 경우에는 이웃 카운티 너머를 거의 보지 못하는 작은 믿음을 가진 사람들이 있었다. 사우스 캐롤라이나의 맥더피 상원 의원은 이 학파의 대표적 인물이었다. 그는 1843년 상원에서 '이 영토로 우리가 원하는 것이 무엇인가?'라고 물었다. 그는 오만한 현자의 확신에 찬 목소리로 오리건처럼 멀리 떨어진 주는 연방 정부 아래에서 살 수 없다고 선언했다. '이 대륙의 서쪽 해안에 철도를 건설하는 것에 대해 이야기하는 것은 미합중국 상원에서 이런 이야기를 듣게 될 줄은 꿈에도 생각 못했던 거친 모험심을 드러내는 것'이라고 그는 외쳤다. 그는 인도의 부로도 철도를 건설하는 데 충분하지 않다고 주장하고, 사막과 산이라는 거의 극복할 수 없는 물리적 장벽을 무시무시한 그림으로 그려내 자신의 요지부동의 주장에 매달림으로써 자신의 논쟁의 정점을 찍었다.

비관론자들의 의견에도 불구하고 마침내 오리건 주의 끈질긴 행동 촉구로 충분한 숫자의 정치인들이 오리건의 대의에 동참했을 때, 극단주의자들이 전면에 나서서 당파적 광풍이 심의를 혼란스럽게 만들었다. 비타협적인 민주당원들은 '54도 40분 선까지 모든 영토를 차지해야 한다!'라고 외쳐 '54 40이 아니면 싸우자!'*라는 구호를 유행시켰다. 그들은 영리한 전략으로 1844년 선거에서 오리건과 텍사스 문제를 통합하여 오리건 점령과 텍사스 재합병을 당대의 '뜨거운 이슈'로 선언했다. 극도로 진지하게, 그들은 필요하다면 슬로건의 공약을 실행에 옮길 준비가 되어 있는 것처럼 보였다. 상원에서 벤튼은 '성냥이 불쏘시개에 붙는 것을 보지 않고, 불명예의 잔을 입술에 대고 찌꺼기까지 마시기 전에는 이 난국을 벗어날 수 없을 것'이라고 호언장담했다.

민주당은 선풍적인 선거운동으로 전국을 휩쓸었고 불안 조장자들은 숨을 죽였다. 영국과 멕시코 두 전선에서 전쟁이 벌어져야 하는 것일까? 이 끔찍한 질문에 대해 큰 승리를 거둔 포크가 곧바로 답했다. 앞서 살펴본 바와 같이 그는 멕시코와 무력 충돌로 치닫는 정책을 추구했지만, 오리건을 둘러싼 영국과의 협상에서는 우는 비둘기처럼 온순해졌다. 북위 49도선을 경계선으로 하는 타협안을 제안받았을 때 그는 즉시 상원 동료 의원들과 상의하여 1846년 협상을 타결했다. 이미 대포 소리가 리오 그란데 강변에 울려 퍼지고 있었다. 텍사스와 캘리포니아가 총칼로 승리하는 동안 위대한 오리건 주의 청구권은 외교로 축소되었다. 멕시코와의 전쟁과 영국과의 전쟁은 별개의 문제였고, 특히 남부 농장주들은 자유 토지의 확장에 큰 관심이 없었기 때문에 신중함이 대담함을 이겼다.

당연히 행정부는 이 조정에 대해 비평가들의 조롱을 들어야 했다. 인디애나의 헤네건 상원 의원은 이렇게 비꼬았다. '텍사스와 오리건은 같은 순간에 태

---

*　'Fifty-Four Forty or Fight.' 19세기 중반 당시 미국과 영국이 공동으로 점령하고 있던 오리건 영토 전체에 대한 지배권을 주장하던 미국 확장주의자들이 사용했던 슬로건이다. 이 슬로건은 러시아 아메리카(현재의 알래스카)의 남쪽 경계를 표시하는 북위 54도 40분의 선을 가리킨다. 전체 문구는 미국이 이 선까지 영토를 확보하기 위해 필요하다면 영국과 전쟁을 벌일 준비가 되어 있어야 한다는 것을 암시했다.

어났다. 같은 요람에서 돌봄과 양육을 받았고, 같은 순간에 이 땅의 민주주의에 의해 채택되었다. 텍사스가 받아들여지기까지는 한순간의 망설임도 없었지만, 텍사스가 인정되는 순간 텍사스의 특이한 친구들은 돌변하여 오리건의 목을 조르기 위해 최선을 다하고 있다!…… 우리는 경계 분쟁 문제로 영국과의 전쟁에 휘말리지 않도록 조심해야 한다는 말을 들었다. 우리와 멕시코 사이에 국경 분쟁 문제가 있었는데, 동일한 문제에서 우리가 텍사스 합병을 완료하려고 할 때 멕시코와의 충돌에 대한 경고를 들었는가?' 잭슨 학파의 충실한 민주당원이었지만 벤튼 상원 의원도 동의했다. '오! 쥐가 낳은 산이여!'[*] 그는 비웃으며 '네 이름은 오십사 사십이 되리라'라고 말했다.

국무장관으로서 텍사스 합병을 성공적으로 추진했던 캘훈이 내놓을 수 있는 최선의 답변은 다음과 같았다. 그는 승리를 위해서는 대담함이 필요하지만 오리건의 경우에는 신중함이 필요하다고 말했다. '나는 신중함이 오리건을 영원히, 아니 영원히 잃는 것은 아니지만 첫 번째 투쟁에서 오리건을 잃게 될 것이며, 이후 우리가 더 강해졌을 때 오리건을 되찾기 위해 또 다른 투쟁이 필요할 것이라고 믿는다.' 이렇게 오리건 문제의 철학은 식민지 쟁탈전의 대논리학자에 의해 공식화되었다. 결국 영국의 제안은 남부의 지도력 아래 상원이 타협 조약을 비준했기 때문에 그 땅의 법이 되었다. 1859년 태평양 북서부 일부 지역이 오리건 주로 연방에 편입되었다.

§

1847년, 오리건과 캘리포니아가 세워지는 긴 여정에서, 자극적인 경계 분쟁이 끝난 직후 솔트레이크의 모르몬교 식민지는 어떤 면에서 이 대륙에 세워진 수많은 이상한 정착지 중에서도 독특하게 설립되었다. 유타[1896년, 45번

---

[*] 이솝우화 중 하나. 특히 문학적, 정치적 맥락에서 호언장담하며 많은 것을 약속하지만 실제로는 미미한 결과밖에 낳지 못한 상황을 비꼴 때 사용한다.

째로 연방에 가입]의 황량하고 금지된 황무지로 여행을 떠난 이 종교 종파는 약 15년 전에 설립되었는데, 전설에 따르면 '모르몬경Book of Mormon'의 발견 자이자 번역자인 뉴욕의 조지프 스미스에게 하늘이 내린 계시에서 비롯되었다.

한동안 신도들은 미시시피 밸리를 떠돌아다니며 운명이 마련한 장난으로 수많은 고난을 겪었다. 오하이오에서 잠시 멈춘 후 미주리까지 이동한 그들은 서쪽으로 행진하던 중 적대 세력을 만나 잠시 발길을 돌렸다. 그들은 평화를 공언했지만, 곧 '분노'로 기소되었고 종파적 '왕국dominion'을 세우려 했다는 비난을 받았다.

어쨌든 모르몬교도들은 비판자들의 공격을 받고 구타를 당하며 미시시피 강을 건너 일리노이로 이주해야만 했다. 그곳에서도 불행은 계속 그들을 쫓아다녔고, 새 가나안은 옛 가나안보다 더 평온하지 못했다. 그들의 지도자 스미스는 폭도들의 총에 맞았고, 일리노이 주를 떠나지 않으면 모두 몰살당할 것이라는 협박을 받았다. 일부다처제의 이론과 실천에 전념하고 있다는 의심을 받고 있는 이들은 일리노이의 이웃 주민들과 화해할 가능성이 거의 없어 보였다. 따라서 많은 사람들이, 문명의 손길이 닿지 않는 극서부의 밸리로 이주하여 성서에서 읽은 것처럼 지친 사람들이 쉴 수 있기를 바라는 두 번째 선지자이자 지도자인 브리검 영의 제안을 기쁨으로 환영했다.

1847년 봄, 영과 몇몇 신도들은 약속의 땅을 찾아 떠났다. 한여름이 되자 그들은 솔트레이크 지역에 도착하여 텐트를 치고 두 시간 만에 쟁기로 거친 땅을 갈기 시작했다. 곧 그들은 남녀노소 모두 1,500명의 강인한 무리와 합류하게 되었다. 마지막 안식처를 찾았다고 확신한 교회 장로들은 개종자를 확보하고 이민자들을 데려오기 위해 동부 주, 영국, 스코틀랜드, 유럽 대륙에 선교사를 파견했다.

이 사업을 지원하기 위해 영구 기금이 조성되었고, 경제적 논리와 종교적 호소력이 교묘하게 결합되었다. 가난에 시달리는 농민과 고군분투하는 구세계의 장인들에게 새로운 신앙의 위안을 줄 뿐만 아니라 안정과 번영도 제공했다. 일부다처제 남성에게는 풍요로운 아내들을, 아무도 돌보지 않는 처녀에게는 적어도 한 남편에 대한 지분을 약속했다.

밸리의 토양이 처음 개간된 지 3년 만에 솔트레이크 지역에는 11,000명이 거주하게 되었고, 이들이 데저릿Deseret이라고 불렸던 커뮤니티는 연방 정부의 관심을 끌 만큼 규모가 커졌다. 1850년, 클레이의 마지막 대타협에 따라 유타 준주로 연방에 편입되었다. 역사학자 캐서린 코먼은 '아메리카 역사상 가장 성공적인 통제 이민의 사례'라고 평가할 만큼 빠른 성과를 거둔 이 운동은 그 이면에 기아와 가뭄, 질병, 눈보라 등의 재난으로 인한 끔찍한 고난과 끔찍한 인명 손실이 뒤따랐다.

이 모험의 놀라운 결과는 브리검 영이 주도한 경제 시스템 덕분이었다. 모든 어려움에도 불구하고 결국 광범위한 번영을 가져온 이 시스템은 대부분의 측면에서 공동체 원칙에 따라 조직된 다른 아메리카 정착촌에서 채택한 방법보다 탁월한 결과를 가져왔다. 실험 초기에는 투기꾼과 상업적 이익을 추구하는 사람들이 모두 철권으로 제지당했다. 처음에는 정착민에게 토지가 전면적으로 판매되지 않았지만, 각 가족은 필요에 따라 지분을 할당받아 근검절약하고 부지런하기만 하면 사적 이익을 위해 경작할 수 있었다. 누구도 큰 재산을 축적할 수 없었고, 근면한 빈민은 부유한 이웃과의 경쟁에서 우위를 점할 수 있었다. 생필품 구매와 농산물 판매는 공동 상점을 통해 이루어졌고, 건조한 토양에 물을 공급하기 위한 관개 공사는 공동체 활동과 모든 가족에게 공평한 조건으로 부여된 서비스 권리를 통해 이루어졌다. 제철, 모직, 인쇄, 광업도 협동조합 원칙에 따라 운영되었으며, 공정한 임금이 지급되고 수익은 새로운 사업을 추진하기 위해 공동 금고에 들어갔다.

교회의 교부들과 사도들, 장로들이 브리검 영의 엄격한 통치 아래 신권주의적 방식으로 전체 경제 시스템을 이끌었고 많은 지도자들이 상당히 재산을 일구었지만, 영이 공산주의의 위험과 파괴적인 개인주의의 위협 사이에서 안정된 길을 걸으면서 예리한 차별을 통해 추구한 중심 사상은 개인의 부유함이 아닌 전체의 안락함이었다. 신도들은 엄격한 복종의 의무에 묶여 있었지만, 문명 세계의 다른 지역에서 볼 수 있는 비참한 탈락자는 없었다. 식민지를 방문한 모든 여행자들은 '일부다처제'에 대해서 엄청나게 비난할 때도, 한 가지 사실, 즉 인류의 고질적이고 끈질긴 적인 부당한 가난은 어디에서도 찾아볼 수 없다는 사실에 대해서는 동의했다.

모르몬교도들 사이에서는 절제가 미덕으로 선포되었고, 이방인Gentile[모르몬교도가 아닌 그리스도교도]이 솔트레이크 호수를 침공하기 전에는 술집, 도박장, 매음굴이 없었다, 위스키와 맥주가 적당히 만들어졌지만 술 취하는 사람은 없었고 범죄도 거의 없었으며 엄밀히 말하면 공동체의 삶은 절제, 검소, 근면으로 특징지어졌으며 할당된 땅을 경작하지 않는 게으름뱅이는 무자비하게 식민지에서 추방되었고 싸움꾼, 술고래 및 일반적으로 '신을 두려워하지 않는 자들'에게는 동일한 즉결 처분이 내려졌다. 모르몬교 교리에 따라 노동과 경건의 길을 걷는 사람들은 교회에서 공개적으로 칭찬을 받았고, 은혜를 저버린 사람들은 경고를 받고 블랙리스트에 올랐으며, 필요한 경우 추방당했다. 사실, 청교도와 같은 엄격한 규율은 험준하고 척박한 기후의 땅에서 승리하기 위해 식민지 전체가 힘들고 끊임없는 수고를 감내하도록 이끌었다.

외부 세력이 그들의 화합을 방해하는 것처럼 보였을 때 모르몬교도들의 정착촌이 별로 없었기 때문에, 내부 불화가 결국 유타 정착지의 경제적 통합을 깨뜨렸을지 여부는 공허한 추측일 뿐이다. 캘리포니아에서 금이 발견되고 오리건으로 이주하면서 솔트레이크는 긴 트레일을 따라 동서로 이동한 수천 명의 모험가, 여행자, 귀향객에게 휴게소와 피난처가 되었다. 이러한 방문객들에 대한 식료품과 공산품 판매는 모르몬교도들에게 엄청난 수익을 가져다주었고, 경제 운영의 확장을 위한 막대한 자본을 제공했지만, 부의 증가는 공동체적 연대의 손실로 상쇄되었다. 무법적인 요소가 도입되고 신도들 사이에 잡초가 뿌려졌다. 지역 주민들의 항의에도 불구하고 이방인들은 농업, 상업, 산업에 종사하기 위해 유타에 정착하고 그들의 관습과 종교적 신념을 가져와야 한다고 주장했다.

그 후 연방 정부의 개입이 시작되었다. 1850년 데저렛이 정규 영토로 편입되자 당연히 중앙 정부의 감독이 뒤따랐고, 불과 몇 달 만에 무력 충돌이 발생하여 유타 주에서 일어난 이상한 사건의 메아리가 대륙 전역으로 퍼져 나갔다. 모르몬교도들에게 불법과 살인 혐의가 근거 없이 제기되었고, 브리검 영 회장 자신은 암살을 선동한 혐의로 기소되었으며, 일부다처제는 국민적 반감을 불러일으킬 정도로 가장 생생한 언어로 묘사되어 대중을 공포에 떨게 했다. 따라서 어쩔 수 없이 모르몬교와 그들의 일부다처제는 전국적인 이슈가 되었다.

젊은 공화당은 1856년 당 강령에서 '야만, 일부다처제, 노예제라는 쌍둥이 유물'을 금지할 것을 의회에 요청했다. 그리고 공화당은 공약을 이행하기 위해 1862년 모릴 법안Morrill bill에 유타 주의 특이한 제도를 종식시키기 위한 조항을 포함시켰다. 실제로는 사문화된 법안으로 판명된 이 법안은 1882년 에드먼즈 법안과 1887년 에드먼즈-터커 법안에서 재산 몰수 위협으로 일부다처제에 치명적인 타격을 입힐 때까지 같은 취지의 다른 법안으로 계승되었다.

그 무렵 모르몬교 공동체는 아이오와에서 캘리포니아까지 서부 전역에 퍼져 있었고, 소수의 관리자들에 의해 통제되는 교회는 부유해졌으며, 개인들은 재산을 축적했고, 원래의 공동체 경제는 사실상 해체되었다. 현재 모르몬교로 알려진 후기 성도들Latter Day Saints은 여전히 조상들의 신조를 고백하면서도 청교도들의 후손처럼 세속적인 생각을 갖게 되었다. 모르몬교의 사업 기념비는 여전히 성전Temple과 장막Tabernacle, 좋은 도로와 관개 시설, 산업 시설에 서 있었다. 그리고 하와이[1959년, 50번째로 연방에 가입]에서 스칸디나비아에 이르기까지 전 세계에 흩어져 있는 모르몬교도들은 솔트레이크시티를 새로운 로마, 즉 '예수 그리스도 후기 성도 교회Church of Jesus Christ of Latter Day

Saints'의 영원한 본거지로 여겼다. 그러나 초기의 오순절伍旬節적인 열정과 브리검 영의 신앙에 대한 고요한 확신은 동시대의 플리머스에 있던 브래드포드와 카버의 열정과 음울한 결의보다 유타에서 더 잘 드러나지 않았다.

14

경제 세력의 석권

미합중국이 태평양으로 확장되면서 ― 남부의 플랜테이션과 북부의 농업에 적합한 광대한 영토의 취득 ― 앤드루 잭슨이 재헌신한 제퍼슨식 민주주의의 주요 지지 기반인 농경 이해관계자들의 무기한 우위가 보장된 것처럼 보였다. 실제로 1828년 존 퀸시 애덤스가 선거에서 패배한 후 30년 동안 아메리카 정치에서 일어난 사건들은 해밀턴의 경제 체제에 대항하여 제퍼슨과 잭슨의 깃발을 든 사람들의 믿음을 확인하는 것처럼 보였다.

이 기간 동안 민주당은 두 번의 대선을 제외하고는 모든 대선에서 승리했으며, 예외도 정책 문제에서의 직접적인 패배라기보다는 역사적 사고였다. 두 번의 대선에서 승리를 거둔 휘그당은 군사 영웅을 내세웠고, 원칙을 선언하지 않았고, 공약을 제시하지 않았고, 총체적 난국의 연기와 혼란 속에서 표를 휩쓸었다. 만약 그들이 은행, 보호관세, 선박 보조금, 주들이 거부한 부채 인수 등 명확한 프로그램을 가지고 국가와 명확히 맞섰다면, 유권자들이 군인 정치인 중 한 명을 선택하는 도장을 찍을 수 있었을지는 의문이다.

휘그당이 정치 권력의 성채를 점령하려 하는 동안, 민주당 지도자들은 소음과 회피 속에서 정책을 점점 더 구체적으로 정의해 나갔으며, 이를 통해 농장주 세력과 농민 계층에 대한 호소를 점점 더 정교하게 만들었다. 1840년의 정강政綱에서 그들은 가장 단순한 생각을 가진 개척자나 기술자도 이해할 수 있을 정도로 쉬운 언어로 정책을 적었다. 그들은 관세, 공공 부채, 은행, 내부 개선 및 주의 내정 — 농장주들의 노동력 공급 방식 — 간섭에 대해 완강한 반대를 선언했다. 1860년의 운명적인 선거운동까지 모든 대통령 선거에서 민주당은 이 경제적 신조를 그들의 불변의 신앙고백으로 되풀이했다.

공식 성명에서 그들은 분쟁의 본질적인 성격을 숨기려는 어떠한 시도도 하지 않았다. 오히려 유세에서 승리한 후보들과 주의 신문들은 그들의 입장과 무기를 솔직하고 구체적으로 언급했다. 수많은 문서 다발 중 어느 것에서든 전형적인 글들을 찾을 수 있다. 예를 들어, 1848년 12월 의회에 보낸 메시지에서 포크 대통령은 자신의 당의 견해를 엄숙하게 기록한 메시지에서 민주당 조직이 반대하는 연방주의자들과[*] 휘그당의 일반적인 장치들, 즉 은행, 보호관세, 부채, 내부 개선, 최근의 주 간 공공 토지 분배 프로젝트를 열거하면서, 그 옹호자들이 방어와 정당화를 위해 사용하는 '대중적인 명망가와 그럴듯한 주장'을 조롱 섞어 언급했다. 그런 다음, 공식적인 형식으로, 그는 이 모든 것을 '인민의 주머니에서 특권층으로' 돈을 이전하고 '부의 귀족층을 형성해 사회의 대중을 통제하며 국가의 정치 권력을 독점하려는' 경향을 드러내려고 의도적으로 고안된 책략으로 낙인찍었다.

그해 대통령 선거에서 휘그당의 승리는 해밀턴과 웹스터 당의 승리가 아니

---

[*] 연방당Federalist Party은 공식적으로 해산을 선언한 적은 없지만, 1820년대 초에 사실상 소멸되었다. 1816년 대선에서 제임스 먼로(민주공화당 후보)에게 패배했으며, 이 대선이 연방당의 마지막 대선 출마였다. 1820년 대선에서는 후보조차 내지 못해 제임스 먼로가 사실상 무반대로 당선되었는데 이는 연방당의 몰락을 보여주는 상징적 사건이었다. 그 후 휘그당에 그리고 남북전쟁 직전 현재의 공화당에 흡수되어 그들의 이념은 계승되었다.

었다. 루이지애나 농장주이자 멕시코 전쟁의 영웅이었던 테일러 장군은 정치에 대해 전혀 긍정적인 생각을 갖고 있지 않았고, 유권자들에게 호소할 때 그들은 원칙에 대한 언급을 의도적으로 피했다. 따라서 테일러를 당선시킴으로써 그들이 경제 프로그램에 대해 대중의 지지를 얻은 것은 아니었다. 그리고 이것은 그들이 오랫동안 유권자들을 현혹하는 데 사용했던 이름으로 거둔 마지막 승리였다.

1852년 멕시코 전쟁에 참전했던 장군 윈필드 스콧의 지휘 아래 휘그당이 같은 전술을 다시 사용했을 때, 민주당은 농업 프로그램을 분명히 내세우는 것 외에도 모든 기준을 갖춘 뉴햄프셔의 프랭클린 피어스 장군을 선택함으로써 야당에 자신들의 처방약을 투여했다. 이후 치러진 선거에서 민주당은 매사추세츠, 버몬트, 켄터키, 테네시를 제외한 모든 주를 석권해 휘그당에게 패배를 안겼다. 득표수의 차이가 뭔가를 의미한다면, 알렉산더 해밀턴, 헨리 클레이, 대니얼 웹스터의 당은 죽었고 대중의 경멸의 눈사태에 파묻혔다.

어쨌든, 피어스는 확신에 찬 장엄한 목소리로 수입을 위한 관세를 부과하는 일반 원칙[관세가 국내 산업 보호를 위한 수단이 아니라 정부 재정을 충당하기 위한 목적으로만 사용되어야 한다는 것]이 이제 '국가의 정착된 정책'으로 간주될 수 있다고 발표했다. 같은 자신감으로, 새 대통령은 '미합중국에 있는 상대적으로 얼마 되지 않는 아프리카인들의 이익을 위해' 문제를 일으키려는 선동가들을 경멸하는 태도로 제쳐놓음으로써, 노동 체제에 관해 자신의 당에 있는 농장주 당원들을 안심시켰다. 하늘의 별들은 고정되어 있었다. 아메리카의 정치 체제는 굳건했다. 적어도 노예 해방 불과 10년 전인 1853년, 미합중국 대통령에게는 그렇게 보였다.

§

아메리카의 사회 질서가 중세 봉건제 구조처럼 변하지 않았다면 그러한 확신은 의심할 여지 없이 정당화되었을 테지만, 그 순간 아메리카는 세계에서 가장 역동적인 사회였다. 당시 영국은 산업 발전의 결실을 맺고 있었고 유럽 대륙은 1848년의 격렬한 격변에서 회복하고 있었던 것은 사실이지만, 그 어느 나라에서도 농업과 제조업이 신속하고 급진적으로 변화하지는 않았다.

미합중국에서는 그 어떤 것도 — 신성하고 불변인 헌법조차도 — 정적이지 않았다. 발명가들은 땅과 바다의 모습을 바꾸고 있었고, 공장과 철도를 건설하는 사람들은 부풀어 오르는 산업 노동자들을 이끌고 7부 능선을 넘어 전진하고 있었으며, 증기선이 먼바다까지 나가기 시작했고, 견고한 상자에 담긴 증권 다발은 나날이 부피가 커지고 있었다. 자본주의 경제가 잭슨 민주주의의 거점인 오하이오 밸리로 이동하면서 국경이 서쪽으로 밀려나가자 농업 현장도 변화했다. 극서부에서는, 캘리포니아가 금빛 시냇물을 국고에 쏟아부어 아메리카의 노동 자본을 늘리고 있었다. 게다가 이전에는 봉건제 질서와 비슷한 안정성을 가진 것처럼 보였던 플랜테이션 체제는 코튼 진*의 개발로 인해 요동치고 있었으며, 증기와 기계의 도입으로 수공업이 수공예를 추월한 것보다 더 큰 근본적인 혁명을 겪고 있었다. 조지프 스미스의 모르몬교에서 랄프 왈도 에머슨의 초월주의, 호레이스 그릴리의 사회주의에 이르기까지 새로운 탐구와 비판의 흐름이 이 나라의 지적인 삶을 뒤흔들고 있었다. 뉴잉글랜드의 지배적인 사상은, 프리실라의 한 가닥 물레**에서 증기로 구동되는 방적공장

---

* cotton gin. '면화 엔진'이라는 뜻으로 면화의 섬유를 씨앗에서 빠르고 쉽게 분리하는 기계인데 수작업으로 면화를 분리하는 것보다 생산성이 훨씬 높았다. 코튼 진의 발명으로 주로 남부에 집중된 미합중국의 면화 생산은 1830년 75만 배럴에서 1850년 285만 배럴로 크게 증가했다. 그 결과 남부는 흑인 노예 노동력을 사용하는 플랜테이션에 더욱 의존하게 되었고 노예의 수는 면화 증산과 함께 1790년 약 70만 명에서 1850년 약 320만 명으로 증가했다. 코튼 진의 발명은 남부의 상대적인 경제적 쇠퇴를 역전시켜 미국 남부를 세계 최초의 농업 유력 집단으로 변모시켰다.

** 16세기 작자 미상의 그림 〈존 앨든과 프리실라〉를 말하는 것으로 아메리카 초기 식민지 시절의 유명한 이미지다. 1623년 플리머스에 살고 있는 부부를 그렸는데 아내인 프리실라는 열린 문 앞에서 물레로 양모를 잣고 있고 남편인 존은 벤치에 앉아 아내의 모습을 지켜보고 있는 목가적인 그림이다.

만큼이나, 이제 코튼 매더의 신비주의적 가정假定과는 거리가 멀어졌다.

기술의 역사는 매우 방대하고 중요하며 매년 그 중요성이 커지고 있지만, 물리학 및 화학 전문가들의 전유물인 것은 분명하다. 자료가 모두 수집되지 않았기 때문에 아직 정확히 기록되지는 않았다. 비즈니스의 역사도 마찬가지로, 기번과 칼라일의 발자취를 따르는 사람들은 전 세계를 자신의 영역으로 삼는 위대한 산업의 선도자보다 작은 공국의 통치자나 번컴Buncombe 카운티의 사소한 정치인에게 더 많은 관심을 기울이는 경향이 있기 때문에,[*] 모호한 상태로 남아 있다. 그리고 미합중국 중기의 노조 지도자들이 그들의 전투적인 집회를 이끈 것에 관해서는 아메리카 노동조합 운동에 대한 최초의 포괄적인 설명이 20세기의 첫 20년 동안 언론에서 나왔다는 사실에 주목할 필요가 있다. 바로 이 시간까지도, 아메리카 농업의 놀라운 발전은 그 강력한 영웅전설saga들의 제작자를 기다리고 있다. 마지막으로, 마음과 그것의 행동에 집중하는 심리학은 아직 정서가 경제의 구조를 통해 안팎으로 엮이는 과정을 탐구하지 않고 있다.

이러한 이유와 다른 이유들로 인해, 정치인은 사물의 실체가 아니라 그림자라는 사실에도 불구하고 역사적 무대의 중심을 계속 차지해 왔다. 더욱이 그의 비율은 운명의 우연성에 의해 기록된 전설의 거울에서 기이하게 왜곡되었다. 남북전쟁의 폭풍, 노예제 폐지로 인한 혁명, 그리고 그 갈등이 불러일으킨 열정으로 인해 붉은 시대[남북전쟁 전후의 격렬한 충돌과 희생]가 지나간 직후에 글을 쓴 사람들은 어두운 어둠을 뚫고 '놀라운 40년대'와 '변덕스러운 50년대'를 선명한 시각으로 관찰하는 것이 불가능했다. 마침내 구름이 걷히고 아메리카 문명의 근본적인 과정이 길고 중단 없는 발전으로 보일 때, 세월의

---

[*] 19세기 초 번컴 카운티 출신 정치인이 의회에서 불필요한 발언을 하면서 '부질없는 정치적 수사' 또는 '속 빈 말'을 뜻하는 'bunk'라는 표현의 어원이 되었다. 그다지 중요하지 않은 정치인이나 무의미한 정치적 행동에 주목하는 사회나 언론의 경향을 풍자적으로 표현한 것이다.

날카로운 곡선이 수 세기의 계산에 의해 부드럽게 될 때, 모든 징후가 실패하지 않으면 아메리카 역사의 중간 기간이 식민지 설립과 19세기 말 사이에서 가장 변화로 가득하고, 가장 창의적이고, 가장 활기찬 시대로 나타날 것이다. 이 페이지들에서 '제2차 아메리카 혁명'이라고 불리는 남북전쟁 자체는 잭슨의 취임과 링컨의 당선 사이에서 아메리카 사회의 무게 중심을 이동시킨 심오한 변화의 정점에 불과했다.

물질적인 측면에서 이러한 변화의 주역은 발명가들과 사업가들이었는데, 이들은 언제나 그랬듯이 눈앞의 이익에 급급해 먼 훗날의 결실은 거의 생각하지 않았다. 모든 산업에 혁명을 일으킨 방대한 기계에 미합중국은 빅토리아 시대 동안의 할당량보다 더 많은 기계를 공급했다. 물론 와트의 증기기관, 스티븐슨의 기관차, 아크라이트와 크롬튼의 방적기 등 영국에서 많은 것을 빌려왔지만, 모든 경우에 아메리카 발명가들은 자신들이 고안해낸 더 많은 것을 거기에 더했다. 풀턴은 증기기관을 배에 장착하여 항해의 새 시대를 열었고, 하우는 재봉틀을 만들었으며, 매코믹과 허시는 수확기를 농부에게 주어 투탕카멘 이후부터 내려왔던 낫과 큰낫을 단번에 쓸모없게 만들었다. 모스는 전신을 통해 대륙을 가로질러 한 나라 전체의 상업 거래를 한 테이블로 가져왔고, 휘트니의 코튼 진은 뉴잉글랜드의 방적공들과 멀리 미시시피와 루이지애나의 뜨거운 태양 아래서 노예 군대를 거느린 목화 농장주들에게 도전하여 인류의 유년기에 만들어진 오래된 경제를 박살냈다.[*]

모든 발명가에게는 작업장에서 기계를 잡아채, 자본을 모아 기계를 가동하고, 생산에 필요한 노동력을 조직하고, 회전하는 바퀴에서 흘러나오는 상품의 유통을 위해 시장을 찾을 준비가 된 산업 선장이 서 있었다. 모든 면에서 북부

---

[*] 이 문장이 코튼 진의 발명으로 면화 생산과 노예 노동의 증가를 이야기하는 대신, 마치 코튼 진이 남부 경제를 약화시키거나 그에 도전했다는 뉘앙스를 풍기고 있지만, 면화 생산 방식의 혁신이 기존 경제 체제를 변화시켰다는 점을 저자는 강조하고 있다고 봐야 할 것이다.

의 아메리카 사회는 본질적으로 사업가들의 진취적인 정신에 유리한 환경이었다. 확고한 성직자나 귀족이 국가 생활에서 그들 위에 군림하지 않았고, 오랜 과거 동안 그래왔듯이, 그들의 노동에 경멸의 낙인을 찍지도 않았다. 목재, 석탄, 철, 납, 구리 등 유례없는 천연자원이 모든 종류의 제조업에 사용 가능했고, 우호적인 정부로부터 거의 요청만 — 정말로 그 시대와 장소의 간소한 윤리에 의해 그러한 예의가 필요했다면 — 하면 구할 수 있는 경우도 많았다. 아메리카 농부들의 아들과 딸들을 보충한 것은 모든 등급과 유형의 공장, 광산 및 산업에 필요한 충실한 유럽 노동자의 날로 늘어가는 공급이었다.

자본도 부족하지 않았다. 아메리카의 곡물, 면화, 금이 구세계로 밀려들면서 아메리카의 신용은 해외에서 높아졌다. 영국과 유럽 대륙의 투자자들은 종종 아메리카 공동체들의 치기 어린 행동에 꼬투리를 잡았지만, 국내에서 받을 수 있는 것보다 더 높은 이자로 돈을 빌려주고 싶어 했다. 마침내 아메리카 제조업체는 거대한 내수 시장을 손에 넣었다. 민주당이 관세를 최저 수준으로 낮추는 데 성공했음에도 바다라는 장벽과 지형에 대한 지식 덕분에 그들은 영국의 경쟁사보다 뚜렷한 우위를 점할 수 있었다.

이러한 상황에서 아메리카 사업가들은 영국인 형제들에 비해 조금도 뒤처지지 않는 재능과 추진력을 보여주며 기회를 잡기 위해 힘차게 일어섰다. 아메리카의 애버트, 로렌스, 애스터, 브라운, 포브스, 밴더빌트, 브룩스 가문은 영국 자본주의의 플루타르코스인 새뮤얼 스마일스가 칭송하는 영웅의 반열에 오를 만큼 엄청난 규모의 경제 사업을 구상하고 실행하여 막대한 수익을 올렸다. 그들은 모두 피와 살을 가진 사람들로서, 모든 이점에 예민하게 반응했으며, 정치적 이해관계를 증진하는 데 적극적이었고, 농장주들만큼이나 난호했다.

세기 중반이 되자 그들은 수적으로나 부에 있어서나 정치적 통찰력에서나 법이나 전쟁의 무대에서 플랜테이션 귀족의 가장 강경한 대변자들과 맞설 준비가 되어 있었다. 들에서 노예 군대를 지휘하는 남부의 모든 주인에게, 이제 노동자 군단에 둘러싸인 북부의 증기와 철의 대장들이 있었다. 많은 농장주가 천 명의 노예를 자랑할 수 있다면, 많은 산업 대장은 천 명의 자유 노동자를 자랑할 수 있었다. 아래로 내려가도 두 경제의 구조는 평행선을 달려, 구멍가게 주인은 두세 명의 견습생을 거느리고 주인은 두세 명의 노예를 거느렸다. 남북전쟁이 발발했을 때 남부의 농장주 집단은 지위 고하를 막론하고 35만 명의 크고 작은 노예 소유주가 등록되어 있었으며, 1866년 연방 정부 재무부의 기록에 따르면 주로 북부에서 46만 명이 소득세를 납부하고 있었다. 두 집단은 모두 유능한 지도력을 가지고 있었고, 정부 절차에 대해 잘 알고 있었으며, 자신들의 이익을 보호하기 위해 똑같이 노력했다. 하지만 한 가지 큰 차이점이 있었는데, 농장주들은 종종 자신들을 대표할 수 있는 사람들을 의회에 파견한 반면, 산업의 대장들은 주로 변호사들에게 입법부에서 그들을 대변하는 역할을 맡겼다는 점이다.

어떤 개인이나 집단의 의지와는 무관한 냉혹한 과정을 통해 킹 코튼*의 주권과 정치인들의 권위가 무례하게 흔들렸고, 그 작업의 속도는 장부에 기록되고 인구조사에 의해 신중하게 설정되었다. 링컨이 당선되기 전 10년 동안 광산과 수산업을 포함한 국내 제조업의 생산량은 거의 두 배로 증가한 반면, 남부 생필품의 생산량은 25퍼센트에도 못 미치는 증가율을 보였는데, 이는 의회에서의 모든 웅변보다도 더 찜찜한 사실이었다. 1859년, 방금 열거한 국내 제조업의 수익은 19억 달러인 반면 남부의 해양 건재naval store,** 쌀, 설탕, 면화, 담배는 총 2억 400만 달러에 불과했는데, 이는 개리슨[William Lloyd Garrison]의 노예제 폐지론보다 더 불길한 사실이었다. 링컨이 취임했을 때 산업,

---

* King Cotton. 남북전쟁(1861~1865) 이전에 남부 주의 분리주의자들이 분리 독립의 타당성을 주장하고 북부 주와의 전쟁을 두려워할 필요가 없음을 증명하기 위해 사용한 전략을 요약한 슬로건이다. 이 이론은 면화 수출을 통제하면 독립적인 남부연합이 경제적으로 번영하고 뉴잉글랜드의 섬유 산업을 망가뜨릴 것이며, 가장 중요하게는 영국과 프랑스가 남부 면화에 산업적으로 의존하고 있기 때문에 남부연합을 군사적으로 지원할 수밖에 없을 것이라는 주장이었다.

철도, 상업 및 도시 자산에 투자된 자본은 대서양과 태평양 사이의 모든 대농장과 소농장의 가치를 달러와 센트로 환산한 것보다 더 컸으며, 이는 마침내 농업에 대한 산업의 승리를 알렸다. 북부 공장에서 매년 쏟아져 나오는 철, 장화, 신발, 가죽 제품만 해도 남부 들판에서 재배되는 모든 면화의 판매 가격을 능가했다.

소농과 플랜테이션에 사용할 수 있는 토지의 면적은 자연에 의해 고정되어 있는 반면, 축적할 수 있는 자본의 양, 발명할 수 있는 기계의 종류, 제조업으로 부양할 수 있는 인구의 수는 인간의 정신으로 파악할 수 있는 한계를 넘어섰다. 세기 중반이 되자 아메리카의 힘의 균형은 이미 이동했고, 매년 무게 중심은 새로운 방향으로 더욱더 나아가고 있었다. 킹 코튼은 왕좌를 잃었고 왕좌를 뒤엎는 데는 가혹한 한 번의 충격만 있으면 되었다. 동시대 사람들이 그것을 알고 있었다면, 논쟁해야 할 가장 중요한 질문은 경제적 흐름이 예고하는 정치적 혁명이 평화적으로 진행될 것인지 아니면 폭력에 의해 진행될 것인지였다.

§

역동적인 힘을 풀어놓고 사회 흐름의 방향을 바꾸는 데 중요했던 또 하나의 사실은 특히 북서부에서 새로운 교통 수단이 빠르게 발전한 것이다. 국경의 모든 부문에서 교통 시설은 이제 정치적, 문화적 반사작용과 함께 잭슨 민주주의의 경제적 기반을 파괴했다. 이 영역의 혁명은 1807년 풀턴의 작은 클레르몽 호가 허드슨 강을 성공적으로 건너면서 시작되었다. 4년 만에 미시시피 강에 증기선이 등장하면서 마크 트웨인이 서사시로 표현한 스릴 넘치는 모험

** 모두 침엽수에서 추출한 액체 제품으로 송진, 톨유tall oil, 소나무 오일, 테레빈유 등이 포함된다. naval store라는 용어는 원래 목조 범선을 만들고 유지하는 데 방수 및 내구성 유지를 위해 이러한 재료들이 사용된 것에서 유래했다.

의 시대가 열렸다. 그러나 이 거대한 수로에서 벌어진 경주, 폭발, 희극, 비극은 드라마의 색채를 제공하긴 하지만 이야기의 본질은 아니었다. 더 근본적인 것은 이제 뉴올리언스뿐만 아니라 동부 시장까지 화물을 상류로 운반할 수 있게 되었다는 단순한 사실이었다.

교통 수단 발전의 두 번째 단계는 거대한 간선 운하 건설이었다. 1825년에 개통된 이리 운하와 9년 후 완공된 펜실베이니아 운하는 뉴욕과 필라델피아를 중심으로 서부와 동부 해안을 연결했다. 그 후 곧바로 세 번째이자 더욱 혁명적인 시대가 시작되었는데, 새로운 수로의 둑에는 기관차에서 흩뿌려진 검댕으로 인해 잔디가 거의 깔려 있지 않았다. 1828년 볼티모어와 오하이오 철도를 위한 기공식이 성대하게 거행되었다.

10년 또는 20년 안에 해안의 주요 도시들은 짧은 노선들로 연결되었고, 미래를 내다본 철도 추진자들은 간선 운하를 따라 미시시피 밸리로 뻗어 나갔다. 1860년까지는 볼티모어와 오하이오[Baltimore and Ohio Railroad], 펜실베이니아[Pennsylvania Railroad], 뉴욕 센트럴[New York Central Railroad] 시스템이 잭슨 민주주의의 거점을 공략했다. 그 무렵 세인트루이스, 신시내티, 인디애나폴리스, 시카고, 클리블랜드는 대서양에서 며칠이 아니라 몇 시간으로 측정할 수 있는 거리로 들어섰다. 서부로 이주하는 물결은 급류가 되었고, 그 대가로 농가에서 나온 밀, 옥수수, 베이컨을 실어 나르는 물줄기는 눈사태가 되었다.

이 교통망에서 비롯된 경제적 결과는 그 범위와 강도가 놀라울 정도였다. 전국 시장이 빠르게 확장되면서 뉴잉글랜드의 방직 공장은 더 요란하게 소리를 내고, 펜실베이니아의 용광로는 더 높이 불을 뿜었다. 수확이 늘고 땅값이 오르자 옛 북서부의 농부들은 하나둘씩 모여들어 국채와 철도 주식에 투자하고, 인근 카운티로 이주하고, 지역 은행을 설립하고, 오지의 물리적, 도덕적 분위기에서 벗어나 다른 문화적 환경으로 옮겨갔다. 중서부Middle West 전역에서 교차로에 있던 작은 마을hamlet은 무역 타운으로 성장했고, 마을은 도시로 퍼져 나갔으며, 도시는 철도와 산업의 중심지가 되었다.

1860년 무렵에는 새로운 경제 체제의 신경절이 광범위하게 흩어져 잘 정착했다. 신시내티, 디트로이트, 클리블랜드, 샌더스키, 컬럼버스, 인디애나폴리스, 매디슨, 테레 호트, 세인트루이스, 시카고, 밀워키가 활기찬 비즈니스의 현장이었다. 신시내티는 오하이오 밸리의 돼지고기 포장, 의류, 와인의 메트로폴리스였다. 그 먼 옛날의 한 방문객은 이렇게 적었다. '소몰이꾼의 채찍질 소리와 공장의 윙윙거리는 소리가 들렸다. 서부와 동부가 만나는 소리였다.' 링컨이 대통령에 처음 당선된 해의 인구조사에 기록된 2,000개의 모직물 공장 중 4분의 1이 서부 주에 있었다. 링컨을 대통령 후보로 지명했던 시카고에서 열린 공화당 전당대회에서 오하이오와 인디애나의 양모 생산자와 소면梳綿업자들은 뉴잉글랜드의 방적업자와 펜실베이니아의 제철업자들과 함께 보호관세 도입을 지지하며 환호했다. 1860년경에는 주로 북부와 서부의 들판에서 생산된 제분 공장의 생산량이 킹 코튼의 연간 전체 수확량과 거의 맞먹을 정도였다.

이러한 의심할 수 없는 역동적 사실 앞에서 잭슨 민주주의 이론은, 적어도 새로운 질서의 더 높은 수혜자들에게는, 호소력을 잃었다. 빠른 교통 수단이 농산물을 동부 시장으로 운반하고 그 대가로 준비된 현금을 가져오고, 철도, 인구 증가 및 좋은 도로가 토지 가치를 높이면서 벽돌과 골조 주택이 통나무 집을 대체하기 시작했다. 번영은 깊은 정치적 의미로 '쉬운 돈*'에 대한 열정'

---

* 19세기 전반에 걸쳐 아메리카에서 '쉬운 돈easy money'은 신용과 대출을 쉽게 이용할 수 있는 금융 조건과 관행을 가리키는 경우가 많다. 이 용어는 몇 가지 주요 역사적 맥락과 연관될 수 있다. 19세기 미국의 '쉬운 돈'은 서부로의 영토 확장에 따른 투자 활성화와 그에 따른 투기 거품, 남북전쟁으로 보유한 금 이상의 불환 화폐를 발행한 상황 전반을 가리킨다. 토지 개발과 철도 투자, 전쟁은 막대한 자금을 필요로 했기 때문에 은행은 경제 활동을 촉진하기 위해 까다로운 심사 없이 신용대출을 늘려서 화폐의 전반적인 가치 하락이 불가피했다. 거기에 수많은 성공 신화로 사회 전반의 투기 풍조 기운이 높아졌고 1837년의 공황으로 그 거품이 꺼지기도 했다.

을 억누르고 은행에 대한 오랜 증오를 진정시키는 경향이 있었다. 마침내 산 너머로 성공한 농부들의 노래가 가난한 백인들의 한탄보다 더 크게 들렸고, 원시림과 울창한 들판의 평등은 영원히 사라지고 심리적 변두리만 거기에 남게 되었다.

철도 변호사들은 이제 주 의회에서 농장에서 농사를 짓는 사람들과 어울렸고, 위대한 링컨 자신은 스프링필드에서 일리노이 센트럴 철도 이사들의 유능한 대표 역할을 했다. 단정하게 차려입은 설교자들은 피터 카트라이트의 지옥 같은 불길을 잠재웠고, 린지 울시 옷을 입던 여성들은 알파카와 비단을 입고 〈고디의 레이디 북Godey's Lady's Book〉을 읽으며 패션 감각을 키우고 그들의 문법을 개선했다. 통나무 학교의 '후지어 교장Hoosier Schoolmaster*'은 오지의 어두운 곳으로 물러났고, 와바시 강둑에 도착한 고전 교사들과 무도회 매너를 소개하러 온 춤 선생들이 대가를 받고 무도회 매너를 가르쳤다.

이 과정에서 옛 북서부 영토old Northwest Territory는 북동부의 경제와 문화에 점점 더 동화되었고, 두 지역은 강철과 금의 띠를 이루며 날로 가까워졌다. 철도를 통해 미시시피 밸리 상류의 무역과 이익은 뉴올리언스에서 뉴욕, 필라델피아, 대서양 연안으로 향하게 되었다. 세기 중반에 한 저명한 남부 경제학자는 '북부의 대도시들이 인위적인 선들로 내륙을 침투하여 미시시피의 개방되고 세금이 없는 흐름에서 그 경계를 따라 생산된 상업을 빼앗아갔다'고 매우 타당한 불평했다. '……일리노이 운하는 일리노이 강 줄기를 따라 동쪽으로 전체 농산물을 휩쓸었을 뿐만 아니라 같은 수로를 통해 미시시피 상류의 제품도 끌어들이고 있어 뉴올리언스뿐만 아니라 세인트루이스도 무역의 많은 부분을 박탈당하고 있다.'

동부의 자본가들은 손쉬운 운송의 메커니즘에 신용 장치를 추가하여 보수

---

* 에드워드 이글턴이 1871년 발표한 소설 제목. '후지어'라는 말은 현재도 인디애나 주 사람들을 지칭하는 표현으로 사용되고 있다.

적인 동부의 양호한 은행권銀行券을 서부의 운영자에게 해안 시장으로 운송하는 상품에 대한 보장으로 발전시켰다. 같은 남부의 한 작가는 '이러한 화폐제도 덕분에 포장업자, 제분업자, 투기꾼은 봄에 항해가 시작될 때까지 그들의 농산물을 보유할 수 있게 되었고, 이전처럼 겨울에 뉴올리언스를 경유하여 화물에 대한 어음을 받기 위해 서둘러 선적할 필요가 없어졌다'고 한탄했다. '동부의 은행은 동부 자본이 건설하고 있는 운하와 철도만큼이나 우리로부터 무역을 빼앗아가는 데 큰 역할을 하고 있다.' 따라서 노예들을 위해 값싼 옥수수와 베이컨이 필요했던 농장주들은 북서부의 정치적 지원뿐만 아니라 농민들에게 막대한 신용과 손쉬운 운송 시설을 제공하는 것 외에도 거대한 산업이라는 이미지로 변경을 넘어서는 데 도움을 준 동부 자본가들에게서 무적의 경쟁자를 발견했다. 남부 정치인들에게는 너무나 당연한 일이었지만, 어떤 의지와 상상력으로도 운명의 흐름을 거스를 수는 없었다. 새로운 당파적 조정을 위한 경제적 기반이 마련되고 있었고, 1860년에 운명의 회전이 패턴을 만들어냈다.

§

제조 시설과 철도가 늘어나면서 또 다른 자연스러운 결과, 즉 농촌에서 분리되어 도시로 밀집된 노동자 계층이 급속히 성장했다. 인구조사가 진행될 때마다 산업 군대의 규모는 점점 더 커졌다. 1860년, 인구조사원은 아메리카 전체 인구의 3분의 1이 '제조업'에 의해 유지되고 있으며, 제퍼슨이 '무역의 변덕과 사상자'라고 부른 일당에 생계를 의존하는 백인 인구가 킹 코튼의 영지에서 일하는 노예의 수를 훨씬 초과한다고 기록했다. 그리고 그 증가율은 부와 함께 사회 기반이 시골에서 도시로 궁극적으로 이동하는 것을 예고하는 수치였다.

한편 노동 계급의 서열은 새로운 인종적 유입, 즉 농가와, 자급자족하던 남성, 여성 및 아이의 노동력 공급, 그리고 급증하는 이민자들로 인해 꾸준히 증가하면서 변화하고 있었다. 남부의 북유럽Nordic 농장주가 부를 향한 열정으로 아프리카 야생에서 온 흑인들의 홍수 속에 자신의 동족을 기꺼이 가라앉히고자 했듯이, 뉴잉글랜드의 북유럽 공장주 역시 배당금에만 관심이 있었기 때문에 자신의 방적기와 베틀에 참을성 있게 서 있거나 도시의 연립주택에 모여든 사람들의 국적이나 피부색에 대해서는 거의 개의치 않았다. 존 앨든과 코튼 매더의 땅[메사추세츠]에서 가장 큰 산업을 앵글로색슨족의 이름을 가진 포르투갈계 유대인이 이끌고, 윈스롭 주지사의 청교도 수도[보스턴]를 아일랜드계 카톨릭 시장이 통치하는 시대가 도래하게 되었다. 열광적인 이윤 창출의 자극 아래, 이 땅의 문은 지구상의 모든 사람들에게 열려 있었고, 문 위에 '모든 땅의 억압받는 사람들을 위한 망명처'라는 훌륭한 인도적 문구를 적는 것은 상당히 도덕적으로 보였다.

아메리카의 유인책은 세기 중반 구세계의 노동 조건으로 인해 이민자들에게 더욱 매력적으로 다가왔다. 1844년 프리드리히 엥겔스가 날카로운 필치로 그려낸 영국의 끔찍한 상황은 어느 모로 보나 정확했고, 그 수십 년 동안 영국의 장인들은 절망적인 빈곤에 빠져드는 것처럼 보였다. 이 끔찍한 기소의 진실은 폭력 혁명으로 영국 지배 계급을 위협한 차티스트 운동*과 고국을 떠나 미합중국으로 탈출하려는 숙련된 장인들의 열망에 의해 밝혀졌다.

아일랜드 농민들은 부재지주들의 부담으로 신음하며 더 큰 고통에 시달렸다. 인종은 켈트족, 종교는 카톨릭이었지만, 그들은 수 세기 동안 런던의 지배

---

* 차티스트Chartists는 19세기 중반 영국 노동계급이 주도한 민주적 정치 개혁 운동의 참여자들을 의미한다. 이들은 1838년에 발표된 인민헌장People's Charter에서 이름을 따왔으며, '보통 사람들의 권리와 정치적 평등'을 목표로 삼았다. 세 차례의 주요 청원 운동(1839, 1842, 1848)을 통해 의회에 인민헌장의 요구를 제출했지만, 모두 기각되었고 일부는 폭력적 행동(1839년 뉴포트 봉기)을 지지하며 운동의 방향이 갈리기도 했다. 영국에서 차티스트 운동은 보수적인 사회 구조와 강한 탄압으로 인해 단기적으로 성과를 내지 못했지만 정치적, 사회 참여적 경향이 강한 이들의 일부가 아메리카로 이주함으로써 미합중국 노동계급 운동과 노예제 반대 운동, 산업화와 민주주의 전통에 일정 부분 기여했다.

하에서 갈등을 겪었다. 영국 영주에게 소작료를 내고, 아일랜드에 있는 영국 국교회에 십일조를 바치고, 그들의 대변자가 소수파를 차지하고 있는 영국 의회가 만든 법률에 복종해야 했던 아일랜드인들은 자신들의 억울함이 너무 무거워서 견디기 힘들다고 생각했다. 그때 감자 기근이 닥쳐 그들의 고통에 절망을 더했다. 수많은 사람들이 굶어 죽었고, 큰길을 지나가던 여행자들은 시체가 쓰러진 자리에 묻히지 않은 시체가 누워 있었고, 시체가 마지막 절망의 상태에서 영양분으로 먹은 잡초와 엉겅퀴로 인해 그들의 입이 녹색으로 얼룩져 있었다고 보고했다.

문자 그대로 굶주림 때문에 고향을 떠나야 했던 아일랜드의 농민들은 아메리카로 몰려들었다. 20년 만에 그 불행한 나라의 노동 인구 절반 이상이 대서양을 건너 아메리카의 사회 및 정치 질서에 편입되었다. 1850년 연방 정부가 처음으로 외국인 출생자 인구조사를 실시했을 때, 그중 아일랜드인이 전체의 42퍼센트에 달하는 100만 명에 육박하는 것으로 나타났고, 10년 동안 50만 명 이상의 아일랜드 출신 신규 이민자가 이 산업 신병 여단에 추가되었다. 자본 없이, 종종 누더기 옷을 걸친 채로 온 이들은 도심의 공장으로 몰려들거나 운하, 철도, 기타 아메리카 자본주의의 부상을 상징하는 구조물에서 바쁜 노동자들의 무리에 합류했다. 그들의 경제적 처지나 농경적인 배경 때문에 일반적으로 해밀턴 체제와 전쟁을 벌이는 정당에 가입했지만, 그들은 곧 제퍼슨의 농장주들을 흙더미에 눕히고 산업 노동에 대한 수요를 늘리는 사람들의 운명에 적지 않이 기여했다.

같은 시기, 아일랜드에서 만연했던 것과 비슷한 상황으로 인해 신세계에서 행운을 찾기 위해 독일 이민자들이 몰려들었다. 아일랜드의 감자 농장을 초토화시킨 역병은 라인 강 유역과 독일 남부 일부 지역에도 영향을 미쳤고, 그 여파는 넓게 퍼지지는 않았지만 똑같이 끔찍한 비참함을 남겼다. 이러한 경제적 고통에 정치적 불만이 더해졌다. 독일 농민과 노동자들은 이방인의 지배를 받지는 않았지만, 일반적으로 아일랜드인보다 그들의 정부에서 더 큰 발언권을 갖지 못했고, 동포애적 열정으로 부르주아 지도자들 아래서 국가적 민주주의 운동을 위해 단결했다.

1848년 프랑스 혁명으로 한껏 들뜬 분위기를 틈타 독일의 급진주의자들은 선동과 봉기를 통해 왕과 대공들의 전제적 통치를 무너뜨리기 위해 영웅적인 노력을 기울였다. 처음에는 반란이 성공했지만, 패배한 자유의 용사들에게 가혹한 형벌이 내려지는 격렬한 반동이 뒤따랐다. 가난과 정치의 희생자들이었던 이들에게 아메리카는 그야말로 정치적 피난처였다. 1847년 5만 명이 넘는 독일인이 아메리카에 입국했고, 1850년 이후 10년 동안 매년 9만 명씩 입국했다. 세기 중반에 미합중국이 불의 시험을 받게 되었을 때 전체 외국 출신 중 100만 명이 넘는 독일인이 있었으며, 일부는 도시에서 장인과 상인으로, 일부는 내륙에서 농부로, 심지어 위스콘신과 미네소타의 변경 지대까지 이주해 살았다.

미합중국 중기 경제 및 사회 질서 변화의 또 다른 중요한 요소는 태어난 농촌에서, 그리고 이민선을 타고 와 공장, 사무실, 학교, 상점으로 몰려든 여성들이었다. 여성들은 식민지 아메리카에서 섬유 산업의 기초를 닦았고, 수공업 시대 내내 물레와 베틀을 돌리며 섬유 산업을 키웠다. 증기기관으로 인해 산업이 화덕에서 공장으로 옮겨가자 여성들은 자연스럽게 그 뒤를 따랐고, 그들의 노동력은 여전히 그 산업의 근간을 이루고 있었다. 한 프랑스 방문객에 따르면, 1836년 로웰의 면직공장에 고용된 6천 명 중 거의 5천 명이 '17세에서 24세 사이의 젊은 여성으로, 뉴잉글랜드 여러 주에서 온 농부의 딸들'이었다고 한다.

실제로 중금속 산업을 제외한 모든 산업에서 여성은 필수적인 요소였으며, 세기 중반에는 100개 이상의 산업에서 여성을 고용하고 있었고, 대형 상업 시설의 카운터 뒤에서도 여성들을 볼 수 있었다. 그리고 이들이 고향을 떠나면서 식민지 시대부터 이어져 온 경직된 가정 제도가 무너지기 시작했다. 이론, 법, 실물 정치가 곧 경제를 반영하기 시작했다. 여성들이 여전히 할머니 시대부터의 경제적, 사회적 제도에 굴종하는 남부 농장의 보호받는 저택이 아니라, 노동하는 사람들의 상대적 독립성을 보장하는 산업화된 북부의 하녀와 가정부들 사이에서 '여성 인권 운동'이 일어난 것은 우연이 아니었다.

§

　역사상 경제 발전으로 인해 생겨난 다른 모든 계층과 마찬가지로, 아메리카의 새로운 산업 노동자들은 그 수가 증가함에 따라 단체를 결성하고 방어와 공격에 대한 생각을 발전시키기 시작했다. 증기와 기계로 인한 사회 변화가 시작되기 전부터 많은 주요 수공품의 장인들은 지역 협회들을 형성하고 더 높은 임금, 더 짧은 노동 시간, 더 온건한 법안을 위한 캠페인을 시작했다. 신생 공화국의 모든 주요 도시에서 이러한 노동조합이 생겨났다. 워싱턴이 아직 대통령이던 시절, 필라델피아의 제화공들은 노동조합을 설립하고 1799년 고용주들을 상대로 파업을 벌여 19세기에 일어날 사건의 예고편 역할을 했다.

　노동자들의 힘이 커지는 것에 놀란 주인들은 법원에 의지하여 기소와 탄압을 통해 그들 앞에 다가온 연합 세력을 해산시키려고 시도했다. 그러나 그들은 사법부의 판결로 연대의 운동을 멈출 수 없었다. 잭슨과 그의 점령군이 백악관을 완전히 장악할 무렵에는, 모든 산업 도시의 표준 공예품 장인들은 노동조합으로 조직되어 있었고, 각 주요 비즈니스 중심지에는 협동 행동을 위한 이러한 '지역 주민'들의 연맹이 존재했다. 1836년 필라델피아에는 53개, 뉴욕에는 52개, 볼티모어에는 23개, 보스턴에는 16개의 노동조합이 있었고, 특히 섬유 산업에서, 남성과 마찬가지로 여성 노동자들 사이에서도 연합회가 태동했다.

　여러 지역의 노동 단체가 탄탄하게 조직된 후에는 전국적인 연맹이 논리적인 다음 단계로 보였다. 실제로 아메리카 경제의 특성상 임금 및 기타 노동 조건을 통제하려는 노력이 성공하려면 전국적인 연합이 필요했고, 중서부 지역의 제조업 도시가 급성장하고 노동력이 도시에서 도시로 끊임없이 이동하는 상황에서 어디서든 효과적인 조치를 취하려면 지역 전체에 걸친 협력이 필수적이었다. 한편 증기선과 철도의 발달로 이동 비용이 절감되면서 대규모 중앙 집권화가 실현 가능해졌다. 때가 무르익었다고 믿은 노동계 지도자들은 1834년 뉴욕에서 열린 지역 노동조합 대의원 총회에서 '국가의 모든 생산 계층의 노력을 단결시키고 조화시키기 위해' 모든 직종과 등급 노동자들의 연대를 이루려고 시도했다. 상서롭게 시작되었지만, 이 회의에서 결성된 임시 연맹은 1837년 공황의 재앙을 만나 3년 동안 비틀거리며 겨우 명맥을 이어갈 수 있었다. 전국적 구조의 토대가 아직 제대로 마련되지 않았다.

이러한 실패의 영향을 재빨리 파악한 가장 강력한 업종의 지도자들은 이미 각 주요 산업에서 결성된 지역 노조를 전국적인 행동을 위해 통합하는 좀 더 진취적인 모험에 착수했다. 클레이와 웹스터, 캘훈이 상원에서 정치적 논쟁을 벌이는 동안 무명의 노동자들은 자신들의 업종을 위해 전국을 오가며 다양한 지역 조직을 별도의 전국적인 연맹으로 통합하고 있었다. 1861년 평화로운 이 땅에 거대한 사회 전쟁이 발발하기 전까지 인쇄공, 장인, 철제 주조공, 석공, 모자 수공업자 및 기타 특수 집단은 산업 도시에서 단단하게 조직되어 있었고 전국 무대에서 어느 정도 효과적으로 연합을 이루고 있었다. 수많은 외국인 이민자, 변경 지역의 값싼 땅을 향한 장인들의 끊임없는 표류, 거의 모든 토착민과 귀화 노동자들의 투표권 보유가 없었다면 세기 중반의 아메리카 노동운동은 아마도 영국보다 일찍 전국적인 형태로 성숙했을 것이다. 그럼에도 불구하고 40년대의 아메리카 노동조합원들은, 영국 공장촌의 선거권을 박탈당하고 교육을 받지 못한 노동자들보다, 국내 정치와 입법 과정에 더 큰 영향력을 행사했다.

더욱이 이 기간 동안 유럽 노동 소요의 어느 단계도 이 나라에서 복제되지 않은 것은 거의 없었다. 파업과 시위가 광범위하고 장기간에 걸쳐 반복적으로 일어났으며, 남북전쟁 이전 10년 동안 그 어느 때보다 화산처럼 폭발적인 성격을 띠고 있었다. 파업의 썰물과 밀물과 함께 노동자들의 상상력을 자극하고 호레이스 그릴리, 찰스 A. 데이나, 조지 윌리엄 커티스, 랄프 왈도 에머슨, 마거릿 풀러, 제임스 러셀 로웰 등 언론인과 철학자들의 사상에 영향을 미친 혁명적 이론이 쏟아져 나왔다.

특히 유토피아적 사회주의는 그 시대의 정신에 깊은 인상을 남겼다. 산업 중심지의 빈곤에 깊이 감동받은 지식인들은 유럽에서와 마찬가지로 아메리카의 비참한 문제를 해결하는 방법은 공산주의나 농업과 산업을 결합한 팔란스테리phalanstery[사회주의적 생활 공동체]에 있다고 자유롭게 선언했다. 프랑스 몽상가들, 특히 생시몽과 푸리에의 가르침은 토착민의 비평에 의해 준비된 방식으로 열렬히 받아들여졌다. 영국 사회주의자 로버트 오언의 복음에 대한 환영도 그에 못지않게 열렬했다. 오언이 스코틀랜드의 뉴 라나크New Lanark에서 위대한 사회 실험을 했다면, 그는 또한 인디애나의 뉴 하모니New Harmony에도 공동체적 식민지를 세웠고, 그가 유럽의 지배 계급에 호소했다면, 아메리카 하원에서도 같은 열정으로 연설했으며, 런던과 맨체스터뿐만 아니라 피츠버그와 인디애나폴리스에서도 그의 〈새로운 도덕 세계New Moral World〉[영국의 초기 사회주의 신문으로 한때 오언주의의 공식 간행물]가 읽혔으니 오언은 여러 면에서 미합중국에 속한 사람이기도 했다.

19세기 중기 내내, 특히 1825년 이후에는 급진적인 신념으로 인해 아메리카의 산업 부문이 끊임없이 혼란에 빠졌다. 유능한 편집자들의 지휘 아래 정치적 선동과 노동 연대 및 노동조합의 홍보에 전념하는 수많은 노동 저널이 발행되어 노동 계급이 밀집해 있는 지역에서 강력한 영향력을 발휘했다. 1833년 잭슨의 첫 번째 행정부가 끝나기 훨씬 전부터 노동계 언론이 운영되어 통치자나 장인 모두 새로운 목소리에 귀를 기울이도록 강요했다. 게다가 독립적인 정치적 행동에 대한 요구가 거듭되면서 뉴잉글랜드와 중부 주에서 정당 기구에 대한 반란의 조짐이 뚜렷해졌고, 많은 중심지에서 지방 공직에 노동계 후보가 지명되고 경우에 따라서는 당선되기도 했다. 1829년 필라델피아의 한 개혁적인 신문은 '권력의 균형이 마침내 정당하게 그것에 속해 있는 노동자의 손에 들어왔다'고 선언했다. 이렇게 기뻐하기에는 이른 감이 있었지만, 봉기를 진압하기 위해서는 일반 정치인들의 노련한 책략이 필요했고, 그 과정에서 많은 사회 법안이 각 주 의회에 쌓였다. 채무에 대한 투옥이 폐지되었고, 무상 대중 교육이 시작되었으며, 공장 노동자들의 생명과 건강을 보호하는 법이 제정되었다.

당시의 예리한 관찰자들, 특히 식민지 개척 지역의 사람들은 북부의 격동적인 흐름을 지켜보면서 산업 사회 구조가 거센 급진주의 물결의 위협으로 해체될 위기에 처해 있다고 외쳤다. 1858년 앨라배마 주 하원 의원은 '사회주의와 농경주의, 패니라이트주의가 북부에서 발판을 마련해 사유재산제의 파괴를 위협하고 사유권을 위태롭게 하는가?'라고 물었다. 이 질문에는 답이 내재되어 있었다. '남부에서는 모든 사람이 폭민통치적mobocratic 악정으로부터 안전하다.' 의심할 여지 없이 이러한 발언에 흥분한 사람들이 많았지만, 산업 지구의 불만이 커지는 것은 사실 정치인, 경제학자, 제조업자들에게 뜨거운 이슈였다. 만약 그들이 재량권을 행사하지 않고 남북전쟁이 개입하지 않았다면, 노동운동은 새뮤얼 곰퍼스와 유진 뎁스가 경기장에 들어서기 훨씬 전에 그들의 협상력을 높였을지도 모른다.

하지만 그들은 과거의 경험을 가지고 있었다. 인류 역사상 한 번 이상 대중의 혁명적 분노가 재산 몰수 및 분배를 통해 일시적으로나마 진정된 적이 있었다. 로마의 평민 봉기, 서유럽의 농민 봉기, 18세기 프랑스 혁명에서 이런 일이 발생했다. 이러한 일이 아메리카에서 또 다른 모습으로 다시 일어날 예정이었다. 이제 압수되어 상속을 받지 못한 사람들에게 돌아갈 재산은 귀족, 백작, 후작, 주교의 재산이 아니었다. 그것은 법적으로 미합중국 국민 전체의 소유였으며 연방 정부가 그들을 위해 신탁한 것이었다. 그것은 서부의 공공지였다.

물론 그 토지를 선물 형태로 처분하는 것은 그때를 위해 만들어진 아이디어는 아니었다. 제퍼슨은 공화국의 유일한 영속적 기반인 자유 농민 국가를 건설하기 위한 목적으로 공공 토지를 사용할 것을 제안했고, 제퍼슨이 죽기 전 미주리의 벤튼은 무상 분배 정책을 옹호하기 시작했다. 선봉에 선 정치인과 투기꾼들은 한 세대 이상 이 정책을 주시해 왔다. 그러나 서부의 토지를 무상 분배함으로써 산업화된 동부의 빈곤과 불만을 해소할 수 있다는 광범위한 선전이 아메리카 문제에 새롭게 부각되면서 대중의 마음에 큰 영향을 미쳤다. 그것은 모든 급진적 노동 지도자들을 감동시켰고 바이틀링과 같은 공산주의자들도 농경 복음의 매력에 빠져들었다. 그것은 50년대에 아메리카로 떼를 지어 들어온 독일 이민자들에게도 어필했다. 그것은 아메리카 토착 중간 계급의 마음으로도 파고들었다. 일종의 사회주의에서 산업 문제의 해결책을 찾았다고 생각한 호레이스 그릴리는 자신의 신앙고백에 홈스테드법[*] 조항들을 추가했다.

아메리카의 생활에 특유한 이러한 경제 상황은 미합중국 중기 노동 운동에서 일어난 발전에 대해 적어도 부분적으로 설명할 수 있다. 정상적인 상황이었다면 노동조합을 건설하고 사회 혁명의 계획을 세우는 데 쏟았을 에너지가 원했든 원하지 않았든 모든 노동자를 위한 무상 농토를 지지하는 선동으로 전환되었다. 홈스테드법이 제정되면 노동자는 비참함의 철칙에서 해방될 것이다. 노동자는 서부로 가서 땅을 얻거나, 그냥 집에 머무는 대가로 그의 고용주로부터 더 높은 임금을 요구할 수 있을 것이라는 주장이었다. 따라서 위대한 사회 논쟁의 문헌에서 토지 개혁은 급진적인 색채를 띠었다. 실제로 이 법안은 공산주의 단체와 연관되어 있었기 때문에 뷰캐넌 대통령은 1860년 홈스

---

[*] Homestead Act. 1862년에 제정된 법률로 서부의 미개발 토지를 무상으로 제공한다는 내용으로 자영 농지법이라고도 불린다. 법안의 주요 내용은 공포 후 5년간 13개의 식민지 주 바깥에 거주한 사람에게 160~640에이커의 미개발 토지를 무상으로 주는 것이었다. 이 법의 결과로 1862년에서 1986년 동안 160만의 자영농이 토지를 불하받았으며, 총면적은 2억 7천 에이커(약 110만 제곱킬로미터)로, 이는 미국 총 면적의 10퍼센트에 달한다. 달한다. 이 엄청난 토지의 무상 분배는 미국 역사의 전개, 사회 의식, 그 문명의 성격에 심대한 영향을 끼쳤다.

테드 법안에 거부권을 행사하면서, 별다른 정당성 없이, 공공 영역에 대한 습격 시도가 당시 유럽에서 발효되고 있던 체제 전복적인 교리의 풍미를 가지고 있다고 말했다.

뷰캐넌의 저항에도 불구하고 농경주의의 신조는 너무 멀리 퍼져 나갔고 너무 깊숙이 침투해서 그 어떤 것도 그 진전을 막을 수 없었다. 그것은 자유에 대한 약속에 의해 유지되는 산업적 비참함이라는 명백한 사실에 의해 뒷받침되었고, 도시 대중에게 강력하게 호소하면서 잭슨 민주주의의 기준 아래 모인 장인과 노동자들의 대열에 쐐기처럼 박혔다. 그리고 공화당이 보호관세를 부과하는 대가로 전 세계 노동자들에게 무상으로 토지를 제공하겠다는 공약을 내세웠을 때, 이미 격렬한 반응이 예상되었다. 남북전쟁이 한창인 가운데 공화당이 공약을 이행하기 위해 아우성치는 군중에게 땅을 던지기 시작하자 경제 혁명이 시작되었다. 노동이 더 높은 임금을 받기 위해 조직화 과정을 계속할 수 있었다 해도, 당시 사회주의자들이 할 수 있는 일은 붉은 깃발을 내리는 것 외에는 별로 없었다.

§

남부의 연설가들은 북부의 혼란과 위험에 비했을 때 남부의 사회 질서의 안정과 견고함에 대해 그 어느 때보다 확신을 가지고 연설했다. 당시 한 연설자가 말했듯이, 전 노동자의 노예화는 '보통 선거권의 파멸적 효과를 무력화하고 대중 주권의 절대적 질을 제한하는 데 먼 길'을 갔지만 '양심의 자유, 자유로운 탐구, 끝없는 토론'에 어느 정도 대항할 수 있는 대안을 제공했다. 모든 것이 남부의 평화를 약속하는 것처럼 보였다. '넓은 지역에 얇게 퍼져 있는 노동자들의 완벽한 예속,' 같은 철학자가 계속 이어갔다. '상호 애정, 의존, 관심의 가장 긴밀한 유대로 묶인 작은 공동체의 작은 중심을 형성하는 가족들의 고립, 평화로운 축산업, 사방에 널려 있는 풍요로움, 결핍의 거의 완전한 부재, 자연과의 친밀한 교감, 요컨대 모든 것이 사회를 평온하게 하고, 밀집된 지역

사회와 시끄러운 정치인, 토론자, 유권자인 자유 백인 노동자로 붐비는 대규모 제조업 지구에서 흔히 볼 수 있는 감정과 폭동적인 장면을 배제하는 경향이 있다.'

당장은 상황이 자신감 넘치는 연설가의 주장을 뒷받침하는 것처럼 보였다. 노예 제도는 모든 동요의 바람에 맞서 굳건하게 서 있었다. 수 세기에 걸친 무거운 승인이 여전히 그 위에 있었다. 역사적인 무대의 막이 올랐을 때에도 노예들은 채찍을 맞으며 밭을 갈고, 양떼를 지키고, 지배자를 위한 기념비를 세우는 등 고된 노동을 하고 있었다. 이상하게 들릴지 모르지만, 노예제는 사회 발전의 한 단계 상승을 의미했는데, 전에는 무자비하게 칼에 찔려 죽던 전쟁 포로들을 살려내 노예로 삼아 노동을 시킨 것이다. 고대의 긴 세월 동안 노예 제도는 바빌론, 페르시아, 이집트, 그리스, 로마 문명 등 왕국, 제국, 공화국의 토대를 형성했다.

로마 제국이 무너지고 그리스도교가 등장하면서 서구에서 노예 제도는 거의 사라졌지만, 중세 유럽에서 밭일을 하던 농민들은 현대적 의미의 자유인이 아니라 땅에 묶여 있던 농노였다. 교회는 그리스도교인이 '이교도' 종족에 의해 노예가 되는 것에 얼굴을 찌푸렸고, 중세의 경제 상황이 어떤 형태로든 노예 제도를 유지하기에는 불리했지만, 성서나 교황청 모두 노예 제도를 엄격하게 금지하지는 않았다. 원칙적으로 그리스도교인들이 노예 제도에 대해 뿌리 깊은 반감을 품고 있었다 해도, 노예 제도를 통해 이익을 얻을 수 있는 기회가 주어졌을 때 대부분의 그리스도교인들은 금세 그 반감을 극복했다. 카톨릭이든 개신교든 콜럼버스 이후 정복자와 식민지 개척자가 된 강대국 중 어느 나라도 자국민이 발견한 땅의 원주민을 노예로 삼는 것을 금지하거나 아프리카에서 흑인을 납치하여 노예로 삼는 행위를 금지한 사례는 기록에 남아 있지 않다. 의심할 여지 없이 영국의 신학자들은 한동안 노예들에게 그리스도교 구원의 교리를 가르쳐야 하는지에 대한 문제로 골머리를 앓았지만, 결의법 casuistry[궤변으로 도덕적, 법률적 문제를 해결하는 방식]에서 이 문제는 노예

제 자체의 타당성과는 전혀 관련이 없었다.

따라서 아메리카의 13개 영국 식민지 모두에서 이 제도가 합법화된 것은 고대 및 종교적 법령에 따른 것이었다. 비슷한 제재를 받으면서 흑인 운송 무역이 번성했다. 아프리카인들을 붙잡아 농장 지역으로 수송한 청교도 선주들은 그들을 사들인 남부 주인들만큼이나 양심의 고통을 겪지 않은 것처럼 보였다. 여성들도 남성과 마찬가지로 노예 무역에 참여하여 이 제도에 순응하며 살았다.

공화국이 수립되었을 때 북부 주에서는 노예 재산제chattel servitude[남부의 흑인 노예처럼 영구적인 예속 상태가 아니라 계약 기간 동안 주인에게 예속되는 것으로 법에 의해 그 계약이 재산권으로 인정받았다]가 합법적이었지만 당시 그 지역의 노예는 남부의 70만 명에 비해 약 4만 명에 불과했다. 그리고 북부의 노예 대부분은 밭이나 가게에서 일하는 노동자가 아니라 집안의 하인이었다. 이미 지적했듯이 기후, 토양 및 경제 관행은 북부의 노예제 확장을 방해했으며, 더 숙련되고 더 부지런한 자유 백인 노동자의 유입도 노예제의 효용 영역을 제한하는 데 도움이 되었다. 게다가 상공업의 성장은 북부에서 노예 제도의 상대적 중요성을 꾸준히 감소시켰다.

따라서 1808년 연방 법에 의해 흑인 수입이 금지될 무렵에는 델라웨어 강이남의 모든 지역에서 노예 제도가 약화되고 있었고, 노예 제도에 대한 도덕적 반대 여론도 심화되고 있었다. 1780년 매사추세츠 주 헌법은 암묵적으로 노예제를 폐지했고, 같은 해 펜실베이니아 주에서는 점진적인 노예 해방 조항을 만들었다. 1787년 의회는 정부와 자유를 위한 기억에 남는 조례를 통해 '북서부 영토'에서 노예 제도를 금지했다. 1799년 뉴욕은 그해 7월 4일[독립 기념일] 이후에 태어난 모든 노예의 자녀에게, 한시적으로 도제로 두더라도, 자유를 주겠다고 선언했고, 약 25년 뒤에는 마지막 남은 인간 속박의 흔적까지 제거했다. 델라웨어 북쪽의 모든 연방은 어떤 식으로든 점차적으로 노예제를 불법화했다.

남부 주 중 어디에서도 이러한 사례를 모방하지 않았지만, 처음에는 도덕적 또는 경제적 측면에 대해 남부의 의견이 완전히 만장일치였던 것은 아니다. 오히려 공화국 초기에는 노예 제도가 노동력을 낭비하는 제도이며, 두 부류의 차이를 낳아 미래에 좋지 않은 영향을 끼친다고 본 남부 정치인들이 많았다. 델라웨어와 메릴랜드에서는 무역의 성장과 자유 백인 농민의 증가로 노예 제도가 어느 정도 뒷전으로 밀려났다. 노스캐롤라이나에서는 토지의 대부분이 고지대로 이루어져 있어 노예 제도가 비교적 좁은 범위 내에서만 유지될 수 있었다. 버지니아에서도 마찬가지로 농장에 적합하지 않은 서부 지역 전체가 백인 농부들의 소유였으며, 이들은 노예를 소유한 해안 평야의 이웃 주민들과 끊임없이 정치적 갈등을 빚었다. 버지니아의 해안 지역조차 노예 노동으로 인해 빈곤해지고 있었고, 농산물 생산량에 비해 노예의 수가 너무 빠르게 증가하고 있었다.

　이러한 상황에서 예리한 관찰자들은 자유로운 장인과 모험적인 자본의 유입을 사실상 방해하고, 토지의 원시적 비옥함을 고갈시키며, 교만과 안일함으로 가득 찬 주인 계급을 만들어내는 시스템의 경제적 이점에 의문을 제기했다. 한 명 이상의 버지니아 사상가들은 노예 제도가 없다면 버지니아 주가 모든 면에서 더 나아질 것이라고 믿었다. 앞서 말했듯이 제퍼슨은 노예제에 반대했고 아메리카 독립혁명 당시에는 아메리카 자유의 독창성에 위배된다고 믿으며 노예 제도를 폐지할 준비가 되어 있었다. 그는 말했다. '나는 조국을 위해 떨고 있다. 신은 공의로우시며 그분의 공의가 영원히 잠들어 있지 않으리라는 것을 생각하면서.'

　워싱턴은 그의 국가관을 바탕으로 노예 해방이 적절한 시기에 이루어지기를 바랐다. 그는 '나는 인간의 존엄성을 위해 그것을 위해 기도할 뿐만 아니라, 노예 제도를 뿌리 뽑는 것만이 공동의 원칙적 유대로 통합시킴으로써 우리 연합의 존재를 영속시킬 수 있다는 것을 분명히 예견할 수 있다'고 말한 적이 있다. 사우스캐롤라이나 주와 조지아 주에서만 논 늪지대의 높은 노예 사망률과 뜨거운 기후로 인해 열대 노동자가 더 바람직해 보였으나, 농장주들의 대변인들은 처음부터 끝까지 일관되게 이 제도를 옹호했다. 그렇다 해도, 일반적으로 농장주들의 이해관계는 이 문제에 대해 매우 나긋나긋했기 때문에, 1820년 루이지애나 영토의 대부분을 자유에 헌납하는 미주리 타협Missouri Compromise이 아메리카 의회에서 통과될 수 있었다.

§

하지만 그 후 40년 동안 노예 제도 자체에도 북부의 수공예 산업에서 증기와 강철이 일으킨 혁명에 버금가는 혁명이 일어나면서 노예 제도 역시 동일한 경제적 변화를 겪게 되었다. 다축 방적기Spinning Jenny와 직조기는 뉴잉글랜드의 경제를 변화시켰지만, 특히 1794년 일라이 휘트니가 코튼 진에 대한 특허를 획득한 이후에는 남부의 재배 시스템에 새로운 요소를 도입했다. 기계의 도움 없이 노예는 하루 종일 약 1파운드의 생면에서 씨앗을 골라낼 수 있었지만, 휘트니가 발명한 최초의 조잡한 도구로 노예는 50파운드, 그리고 이 발명품이 개선되어 증기를 이용하면 하루에 1천 파운드의 면화를 뽑아낼 수 있었다.

이후 섬유 기계의 지속적인 개선과 동력 사용, 코튼 진의 완성으로 인해 지구상의 수많은 사람들이 1야드당 몇 센트에 천을 구할 수 있게 되었고, 생면 수요는 남부 농장주들의 에너지를 한계까지 끌어올렸다. 18세기 말까지만 해도 쌀, 인디고, 담배는 노예의 노동력으로 재배되는 주요 작물이었다. 쌀 재배는 자연의 한계로 인해 특정 지역으로 제한되어 있었고, 담배에 대한 수요는 증가했지만 벌거벗은 몸을 가릴 수 있는 천에 대한 수요와 같을 수는 없었다.

확대되는 섬유 시장의 압력으로 면화에 대한 요구는 해마다 증가했고, 반세기가 지나기도 전에 남부의 경제 질서는 뒤집혔다. 변화가 시작되었을 때 구체제의 농장주들은 영국의 지주 귀족과 매우 흡사한 지위에 안착했으며, 조상들이 물려준 영지와 세련된 생활에 상당히 만족하고 있었다. 집안대대로 내려온 노예들이 그들의 광대한 농지를 경작하고 있었기 때문이다. 주인이 노동력 공급의 자연적 증가에 따라 새로운 토지를 자꾸 추가해도 노예들은 막대한 부를 축적하려는 열정에 휩싸여 열성적으로 활동하는 경우가 거의 없었다. 그러나 영국과 북부의 굶주린 공장에 공급할 면화 생산량을 늘리기 위해 무자비하고 공격적이며 이윤을 추구하는 노예 관리자들의 공격으로 인해 관습은 양보할 수밖에 없었고, 산업 세계의 역동적이고 탐욕스러운 자본주의와 비슷한 정신을 가진 힘에 자리를 내주어야만 했다.

이 강력한 물결의 결과는 급박하고 혼란스러웠다. 더 많은 토지를 착취하기 위한 끊임없는 추진이 시작되었으며, 기존 주에서 더 많은 지역을 확보하고 남서부, 카리브해, 중앙아메리카에 더 많은 영토를 확보하기 위한 끊임없는 움직임이 시작되었다. 이 치열한 토지 확보 경쟁에서, 노스캐롤라이나, 사우스캐롤라이나, 조지아, 앨라배마의 농장주들은 피드먼트 지역으로 진출하여 소규모 농장을 자신들의 영지에 추가하고, 노예 제도의 영역을 확대하고, 백인 이웃들을 산악지대나 북서부로 밀어냈다. 이에 만족하지 않고 그들은 미시시피 강을 건너 루이지애나를 거쳐 텍사스까지 진격했다. [스페인] 제국의 영역을 연방에 편입시키는 데 일조한 후, 그들은 남쪽으로 눈을 돌려 아직 정복하지 못한 새로운 세계를 찾아 나섰고, 1854년 해외에서 아메리카인 대사 3명이 발표한 불타는 오스텐드Ostend 선언문에서 쿠바를 스페인으로부터 빼앗겠다고 위협했다. 동일한 급박성으로 아메리카인들은 대규모 생산에 중점을 두고 흑인 노동력에 대한 수요를 늘렸다.

자본주의의 화산 같은 에너지에 자극을 받은 전통적 형태의 노예 제도는 급격한 변화를 겪었다. 면화 문화가 번성하지 않았고 수익률 감소의 법칙으로 인해 노예 제도가 궁극적으로 소멸할 위기에 처했던 오래된 지역에서도 노예 제도는 새로운 생명을 얻게 되었다. 잉여 남성, 여성, 아이를 면화 벨트의 농장주에게 팔 수 있었기 때문에 시장 확대를 위한 노예 사육은 매우 수익성이 높은 사업이 되었고, 변경 주에 있는 농장주들의 탐욕 본능을 자극했다.

따라서 남부의 모든 곳에서 이윤 추구는 이제 최상의 조건에서 주인과 노예를 이해와 동정의 끈으로 묶어 주었던 인류애의 관행, 즉 수공업 시대에 장인과 그의 종업원을 하나로 묶어 주었던 것과 유사한 유대를 위태롭게 만들었다. 북부의 제조업자가 노동자를 단순한 착취의 대상으로 취급하고 경기가 불황일 때 거리로 내몰았던 것처럼, 새로운 체제의 목화 재배자도 노예를 집단으로 일하고 당장의 이익에 대한 압박으로 인내의 한계에 내몰리는 동물로 여기는 경우가 많았다. 한 해에 최대량의 면화를 '생산'하지 못하는 감독관은 인간 기계의 수장 자리를 잃을 치명적인 위험에 처했다.

이득에 대한 누적된 열정으로 인해 면화 문화는 50년이라는 짧은 기간 동안 남부 전역을 정복했고, 결국 모든 사소한 관심사를 철권으로 지배할 운명의 지배적 이익으로 자신을 밀어올렸다. 조지 워싱턴이 대통령으로 취임했을 당시 아메리카에서는 연간 면화 생산량이 200만 파운드에 불과했지만, 1860년에는 생산량이 천 배 이상 증가하여 20억 파운드가 넘었다. 제퍼슨 데이비스가 남부연합의 대통령으로 취임했을 당시 아메리카 전체 노예의 3분의 2가량이 목화 경작에만 종사하고 있었다. 이러한 남부 내부 경제의 혁명에 해외 연결의 구심적 영향력이 더해졌다. 방대한 영국 산업 체계의 생명줄을 쥐고 있던 목화 재배업자들은 자유무역을 논리적이고 피할 수 없는 필연적 귀결로 받아들이며 영국 정치의 흐름에 휩쓸릴 수밖에 없었다. 따라서 목화 드라이브는 주로 노예 주들의 관심을 단 하나의 이익에 집중시켰고 가차없는 긴장감으로 노예 주들을 붙잡아 두었다. 1854년 이상주의자 에머슨은 자유와 노예제도 중 어느 쪽이 폐지될지는 모르겠다고 고백할 정도로 외형적인 징후에 따르면, 세기 중반까지만 해도 '킹 코튼'은 무적의 존재로 보였다.

하지만 바로 그 시기에 면화의 위기가 찾아왔다. 노예 노동력으로 착취할 수 있는 비옥한 원시 토양 지역은 텍사스 서부에 고정된 경계가 있었고, 마지막 비옥한 벨트가 쟁기로 갈아엎으면서 놀라운 발전의 시대가 막을 내렸다. 몽상가들은 쿠바를 합병하고 중앙아메리카로 진출하는 꿈을 꾸었지만, 그들의 신기루는 실패로 끝났다. 1860년에 이르러 아메리카 면화 왕국의 한계는 확실히 정해졌다.

그사이 왕국의 오래된 영토에서는 수익률 감소의 법칙이 나타나기 시작했다. 면화 재배가 땅을 피폐하게 만들었고 새로운 비옥한 광산으로 옮겨야만 번영의 시기에 가장 큰 부를 얻을 수 있었다. 따라서 값비싼 비료를 사용하고 더 효율적인 경작 방법을 도입해야 할 필요성을 더 이상 피할 수 없었다. 게다가 이윤이 위험에 처한 상황에서 목화 재배자들이 구입한 공산품에 대해 징수되는 모든 종류의 공물[남부의 면화 재배자들이 북부에서 생산된 상품을 구매할 때 그 가격에 포함된 관세나 세금을 북부의 제조업자에게 내는 일종의 '조공'으로 느꼈다는 의미]은 두 배로 늘어났다. 제퍼슨 데이비스는 프로메테우스처럼 남부는 운명의 바위 위에 얹혀 있고, 거의 초인적인 노력으로만 그 족쇄를 풀 수 있다고 말했다. 임박한 위기를 어떻게 피해야 할까?

지평선을 살펴본 사람들 앞에 몇 가지 유망한 회피의 길이 열린 것처럼 보였다. 연방 정부가 수수료로 유지될 수 있거나 워싱턴에서 힘의 균형을 유지할 수 있다면, 농장주들이 구입하는 상품에 대한 관세를 최소한으로 유지하고 헌법에 따라 독립의 모든 이점을 확보할 수 있었다. 또 다른 해결책으로 제시된 것은 남부에 제조업을 도입하는 것이었다. 웹스터의 지도 아래 휘그당의 지도자들은 종종 이 절차에 대해 조언했다. 그들은 면화 공장이 들어서면 지역 시장을 제공하고, 뉴욕 거래소의 족쇄에서 벗어날 수 있으며, 멀리 떨어진 방적업체의 종살이에서 해방될 수 있다고 주장했다. 이러한 생각에 자극을 받아 산업 발전을 장려하기 위한 협회가 결성되었고, 실제로 몇 가지 주목할 만한 실험이 몇 차례 이루어졌다.

대체로 이러한 노력은 거의 결실을 맺지 못했다. 농장주들은 제조업에 호의적이지 않았고, 그들의 시골 생활 관습은 제조업에 반대했다. 아마도 그들은 익숙하지 않은 방식에 대한 부족민의 본능적인 혐오감을 가지고 있었을 것이다. 숙련된 노동력은 기업정신만큼이나 부족했고, 유럽에서 온 백인 이민자들은 집, 들판, 상점 등 모든 육체노동이 낙인찍힌 지역으로 그다지 가지 않았으며, 노예는 때때로 산업에서 사용되기는 했지만, 그들은 훈련받지 않은 기술 분야 제조업에 필요한 노동력으로 투입하기에는 질이 떨어졌다. 게다가 이러한 사업을 위한 자본도 부족했다. 아메리카 금융가들은 북부와 서부에서 수익성 높은 투자 기회를 많이 찾았지만, 노예 소유주가 지배하는 유망하지 않은 지역으로 진출할 의향은 거의 없었다.

면화 왕국에 힘을 실어주기 위한 또 다른 계획은 북서부 지역과의 긴밀한 경제 연합을 제안하는 것이었다. 뉴올리언스에서 대서양 항구로 무역이 이동하는 것을 관찰한 남부의 설계자들은 미시시피 상류와 목화 재배 지역을 연결하는 정교한 계획을 스케치했다. 1836년 7월 4일 테네시 주 녹스빌에서 열린 철도 협의회에서 헌법학 외에도 경제학 분야에서 활동한 유명한 연설가 헤인Hayne의 사회로 열띤 토론이 벌어졌다. 신시내티에서 찰스턴까지 철도를 연결하여 사우스캐롤라이나의 대도시를 필라델피아와 뉴욕의 라이벌로 만드는 것은 당시의 멋진 꿈 중 하나였지만, 현실의 벽에 부딪혀 좌절되고 말았다.

또 다른 프로젝트는 오대호에서 걸프[멕시코 만]까지 철도를 놓는 것이었는데, 영리한 양키 스티븐 A. 더글러스의 관리하에서 마침내 이 프로젝트가 완성되었다. 1858년의 중요한 논쟁에서 링컨의 경쟁자로, 그리고 '개척민 주권'의 저자로 널리 알려져 있지만, 더글러스는 민주주의의 두 거점인 일리노이와 미시시피를 연결하는 일리노이 센트럴 철도Illinois Central Railroad에서의 공로로 더 큰 명성을 얻게 되었다.

1847년 상원에 입성하자마자 그는 자신의 주에 철도를 건설하기 위해 연방 정부로부터 막대한 양의 토지를 지원받기 위한 운동을 시작했고, 많은 장애물에도 불구하고 목표를 향해 나아갔다. 시카고 자본가들은 갈레나를 북쪽 종착역으로 삼으려는 그의 첫 번째 계획에 반대했지만, 그는 대신 그들의 도시를 선택함으로써 그들을 설득했다. 남부 정치인들은 내부 개선을 위한 연방의 지원에 대해 심각한 헌법적 반대를 제기했지만, 그는 오하이오에서 걸프까지 노선을 확장함으로써 그들의 반대를 극복했다. 우여곡절 끝에 충분한 표를 얻었고, 1850년 의회는 '오대호에서 걸프까지' 철도 건설을 위해 광활한 공공 영역을 할당했다. 이 단계는 중요했지만 너무 늦었다. 철도가 완공되기 전에 볼티모어, 필라델피아, 뉴욕은 미시시피 밸리와 철도로 연결되어 북부의 모든 지역을 하나의 경제 시스템으로 엮어가고 있었다.

모든 것을 쓸어버리는 경제적 힘 앞에서 새로운 방향을 제시하려는 모든 노력에도 불구하고, 남부의 지배적 이해관계자인 면화 농장주들은 아메리카 생활의 중심에서 멀어지는 경향이 점점 더 커졌다. 이들에게 최고의 시장은 당시 세계의 섬유 중심지였던 영국이었고, 그곳에서 농산물을 판매하고 모든 종류의 제조품을 값싸게 구입할 수 있었다. 기후와 토양으로 인해 특수한 지역에 국한된 그들의 주요 사업 기반은 북부의 산업과 금융의 성채에서 가장 멀리 떨어진 극남 지역이었다. 1850년까지 아메리카 면화 작물의 3분의 2가 조지아 서쪽에서 생산되었다.

목화 이권은 미시시피 밸리로 세력을 확장해 앨라배마, 미시시피, 루이지애나 등 잭슨주의Jacksonian 변경지대에서 혁명을 일으켰다. 1832년 사우스캐롤라이나 주가 무효화nullification[연방 법의 주 적용 거부]를 요구했을 때만 해도 모든 주에서 부정적인 답변을 내놓았다. 그러나 30년 만에 상황은 달라졌다. 1860년 사우스캐롤라이나가 다시 항소를 제기했을 때 버지니아, 노스캐롤라이나, 테네시, 켄터키가 여전히 주저하는 동안 혁명의 깃발을 든 것은 바로 이들 남서부 주들이었다. 남부연합 정부가 출범하고 첫 번째 전투가 벌어질 때까지 남부 위쪽 지역은 연방이라는 계류장에서 벗어나지 않았다. 결국 15개 노예주 중 켄터키, 메릴랜드, 델라웨어, 미주리 등 4개 주와 버지니아 서부 절반이 연방에 남게 되었다. 그들은 극남의 특화된 면화 체제보다는 오히려 북부의 체제에 속했다.

경제력의 영향 아래서, 노예 주들을 끔찍한 위기로 몰아넣은 것은 바로 면화에 대한 이권이었다. 1854~56년 크리미아 전쟁과 같은 유럽의 분쟁은 면화에 대한 비정상적인 수요의 희망을 불러일으켰지만, 교육받지 못한 노동력에 기반을 둔 산업, 토양의 비옥함을 고갈시키고 판매하는 산업은 몰락할 운명이었다. 사실 경제력의 쇠퇴는 진행 중이었고 정치적 행동에 대한 신앙은 점차 커지고 있었다. 보호관세의 세금을 감당할 수 있는 능력은 점점 줄어들고 있었고, 보조금을 받으려는 제조업 이해관계자의 결의는 폭발 직전까지 치솟고 있었다. 따라서 면화 산업은 내부 개선, 독립 또는 외부와의 전쟁이라는 세 가지 선택지에 직면했다. 비슷한 곤경에 처했던 이해관계자들의 역사적 선례에 따라 면화 산업의 대변인들은 가장 쉬운 길을 선택했고, 종종 그렇듯이 그 결과 안전이 아니라 파멸을 맞이했다.

§

아메리카 동부와 남부의 모든 지역과 마찬가지로 서부 지역도 1830년과 남북전쟁 사이에 눈에 띄는 변화를 겪었다. 이전에는 미시시피 강 하구 주변과 미주리 밸리의 몇몇 지역을 제외하면 정착선*은 대략 앨라배마와 테네시의 서쪽 경계를 따라 미시시피 강을 건너 미주리로 들어간 다음 일리노이, 인디애나, 오하이오를 거쳐 북동쪽 방향으로 돌아 이리Erie 호수로 향하는 선이었다. 30년 만에 서쪽과 북쪽으로 수백 마일을 이동했고, 서부 트레일과 나무가 없는 평원의 경사면을 오르는 개척자들의 꾸준한 행진에 의해 그 경계가 무너졌다. 미시건은 1837년, 아이오와는 1846년, 위스콘신은 1848년, 미네소타

---

* 미합중국 역사에서 '정착선line of settlement'이라는 용어는 식민지 시대 또는 그 이후의 정부가 정착민들이 공식적으로 거주할 수 있는 서부의 가장 먼 범위를 지정한 경계선을 의미한다. 이 개념의 가장 유명한 예는 프렌치 인디언 전쟁(7년 전쟁)이 끝난 후 조지 3세가 선포한 1763년 선포선Proclamation Line of 1763이다. 이 선은 애팔래치아 산맥을 따라 그어졌으며, 식민지 주민들은 이 경계선 서쪽에 정착하거나 토지를 구입하는 것이 금지되었다. 영국 정부는 이를 통해 아메리카 원주민과의 갈등을 줄이고 모피 무역을 통제하며 국방비를 관리할 수 있기를 바랐다. 더 넓은 역사적 맥락에서 '정착선'은 미국의 서부 확장과 정착을 관리하고 통제하기 위해 여러 시기에 설정된 다양한 다른 경계를 지칭한다.

는 1858년에 연방에 가입했다.

　그 사이 새로운 중서부 지역은 캘리포니아와 오리건이 태평양의 파수꾼 역할을 하는 해안의 두 번째 개척지로 보완되었다. 이들 역시 특별한 경제적 이해관계나 대륙적 연고가 없었기 때문에 면화 왕국에 묶일 이유가 없었다. 많은 오리건 농부들은 영국과의 국경 분쟁에서 가장 큰 소리로 '54도 40분이 아니면 싸우자'고 외치고 가장 빨리 타협한 사람들이 남부 정치인들이었다는 사실을 기억하고 있었을 것이다. 어쨌든 오리건 주에는 노예 제도가 없었다. 웹스터가 말했듯이, 자연의 법칙에 따라 재배 시스템에 반대하는 광물 주mineral state인 캘리포니아도 노예 재산제를 인정하지 않았다. 아메리카 상인들은 그곳에서 상업적 이권을 확보했고 광부들은 모든 트집으로부터 자신들을 지킬 안전장치를 마련했다. '금이 왕이다.' 캘리포니아의 한 연방 의원은 의회에서 너무 자주 목화에 대한 찬사를 듣자 단호하게 선언했다. 그의 큰소리에 지나친 자부심이 섞여 있다 해도, 모든 새로운 정치적 결합에서 금과 곡물은 의심할 여지 없이 고려되어야 했다. 잭슨 민주주의를 키워온 변경은 이제 서부로 멀리 이동했고 그 성격도 바뀌었지만, 목화 왕국의 국경은 어떤 정당도 허물 수 없고 의회의 어떤 법안으로도 폐지할 수 없는 법에 의해 고정되어 있었다.

§

　증기와 기계가 일으킨 혁명은 공장 지대, 옥수수밭, 목화 농장, 광산 캠프에 국한되지 않았다. 아메리카 상업이 극태평양으로 확장되면서 경제 제국의 국경이 넓어졌다. 비록 국내 분쟁의 먼지에 가려져 일반인의 눈에는 잘 보이지 않았지만, 이러한 상업적 영토의 건설은 공화국 건국 이후 빠르게 진행되었다. 콘월리스가 요크타운에서 워싱턴에 항복한 바로 이듬해, 상업 왕자이자 '아메리카 혁명의 재정가'였던 로버트 모리스가 일부 비용을 부담하여 건조한 중국 황후 호Empress of China가 뉴욕에서 광동으로 항해하면서 중국 해역의 바람에 펄럭이는 네덜란드와 영국 국기 한가운데서 아메리카 국기를 걸고 항해했다. 아메리카 건국의 아버지들이 헌법 초안을 완성하기 전에도 진취적인 양키들이 극동 지역으로 항해한 횟수는 최소 9차례에 달했다.

워싱턴이 취임하던 해, 세일럼에서 출발한 10척의 배가 인도양을 누볐다. 워싱턴이 '고별 연설'을 통해 자국민에게 외세의 침략을 경고하기 전까지 아메리카 함장들은 중국, 자바, 수마트라, 시암[태국], 인도, 필리핀, 일드프랑스 항구에 집에서처럼 편안히 정박하고 있었다. 워싱턴이 마운트 버논으로 은퇴하던 1797년, 최고령자가 28세가 넘지 않은 30명의 선원들은 100톤이 채 되지 않는 벳시 호를 타고 혼, 광동, 희망봉을 경유하는 세계 일주 항해에 나서 약 8천 달러의 비용으로 12만 달러의 막대한 수익을 올렸다.

한편 웹스터가 언급했듯이 연방헌법 하의 의회는 주로 상업의 발전을 위해 구성되었으며, 극동 지역과 거래하는 상인들에게, 극도로 불리한 여건을 제외하고는, 엄청난 수익을 보장하는 특혜와 보호 세율을 부여했다. 펜실베이니아 주 상원 의원이자 중국과의 교역을 촉진한 로버트 모리스는 미합중국 의회의 동료 의원들 사이에서 권위자로서 발언을 할 수 있었다.

이렇게 공화국의 초창기에 시작된 무역은 서구 세계의 전쟁, 정치, 비즈니스의 운명에 따라 흥망성쇠를 거듭했지만, 대체로 발전하는 경향을 보였다. 1840년까지 10년 동안 아메리카의 중국과의 교역액은 거의 7,500만 달러에 달했는데, 이는 해밀턴 시대의 소심한 사람들이 국가가 결코 갚을 수 없다고 생각했던 아메리카 독립혁명 당시의 총부채보다 더 큰 액수였다. 그 무렵 아메리카의 제조업체들, 특히 방직업체들은 중국의 수많은 군중을 자신들의 방직기를 돌리고 금고를 가득 채워줄 주변 고객으로 여기게 되었다. 1857년 150척이 넘는 아메리카 선박이 1천만 달러가 넘는 상품을 싣고 인도의 항구를 출발했다.

섬터 요새의 총성이 아메리카의 평원과 밸리에 울려 퍼졌을 때, 영리한 아메리카 사업가들은 이미 상해上海의 항구를 오가는 무역의 절반 이상을 배에 실어 양자강의 거센 물살을 거슬러 오르는 무역의 대부분을 장악하고 있었다.

극동 지역 사업에 농장주들이 도전장을 던져 성장이 둔화되었지만 이는 잠시에 불과했다. 고국의 형제들에게 총을 쏘지 않게 된 지 한 세대도 지나지 않아 성조기는 극동의 아메리카 교통의 전초기지인 필리핀으로 날아가고 있었다. 이 거대한 과정에서 노예 제도를 둘러싼 분쟁과 심지어 남북전쟁은 7리그 부츠*를 신은 것처럼 거침없이 질주하는 아메리카를 멈추게 하지는 못했지만 지연시킨 사건들이었다.

---

* 7리그 부츠는 유럽 민담과 동화에서 흔히 볼 수 있는 마법의 물건이다. 이 마법의 부츠를 신으면 한 걸음에 7리그를 한 번에 이동할 수 있다. 1리그는 역사적으로 길이가 다양하지만 일반적으로 약 4.8킬로미터로 간주되는 거리의 단위이다. 따라서 7리그 부츠를 신으면 한 걸음에 약 33.6킬로미터를 이동할 수 있다.

15

경제 표류의 정치

경제력이 급격하게 발전하면서 아메리카의 3대 부문을 특징짓는 구분은 공상적인 것이 아니라 일상생활의 냉혹한 사실에서 비롯된 것이었다. 이 모든 부문의 지도자들은 같은 인종에 같은 언어를 사용하고, 같은 신을 숭배하며, 공통의 법, 윤리, 문화라는 배경을 가지고 있었다. 이들의 정서, 사고 패턴, 언어적 장치, 즉 사회 심리의 차이는 주로 노동 시스템, 기후, 토양, 천연자원 등 환경에 대한 적응의 차이에서 비롯되었으며, 이로 인해 취득acquisition과 생활 방식에 눈에 띄는 차이가 생겼다.

인류 사회의 역사상 이와 같은 상황은 전례가 없었다. 물론 농업과 자본주의 사이의 갈등은 고대 제국만큼이나 오래되었다. 로마의 근간을 뒤흔든 농민 운동, 부르주아와 농민의 승리를 보장한 최초의 프랑스 혁명, 영국의 오랜 당파 투쟁은 모든 문명 공동체에서 볼 수 있는 내부 분열의 외형적 징후였다. 그럼에도 불구하고 고도로 발달한 자본가 집단, 대규모 독립 농민 집단, 강력한 지주 귀족 집단이 각각 상당히 명확한 지리적 영역으로 분리되어 있는 유럽 국가는 없었다. 국내 무역을 장악하기 위해 경쟁하는 거대 산업과 면화 재배와 같은 고도로 전문화된 농업 분야가 동시에 존재하면서 거의 전적으로 외국의 넓고 매력적인 시장에 수익을 의존하는 유럽 국가는 없었다.

구세계의 사회적 갈등은 수직적 분열보다는 수평적 분열에서, 즉 개별 지역에 국한된 경제 집단 간의 마찰보다는 함께 거주하는 계급 간의 적대감에서 비롯되었다. 주로 경제적 차이에 기반한 분쟁이 때때로 유럽 무대, 특히 독일의 여러 연맹을 혼란스럽게 한 것은 사실이지만, 그 어느 곳에서도 아메리카의 분열을 특징짓는 징후는 정확히 나타나지 않았다. 게다가, 근대 유럽 국가중 어느 나라도 정치적 방법을 통해 국민에게 분배할 수 있는 광대한 처녀지를 소유한 적이 없었으며, 그러한 땅을 다른 목적을 위해 필요한 다수 정당을 확보하는 수단으로 여긴 적도 없었다.

따라서 미합중국 중기 아메리카 정치 과정의 수사학은 세계 다른 나라의 유사한 투쟁에서 사용된 것과 크게 달랐으며, 이는 아메리카 사회 현상에 대한 공식을 고안하려는 유럽인들이 일반적으로 간과하는 사실이다.

§

경제적 이해관계가 지배적인 각 지역에서는 합리적인 정치적 행동 계획이 발전했다. 대체로 동북부의 자본가들은 의회에 값싼 노동력을 풍부하게 확보하기 위한 자유로운 이민 정책, 상업 진흥을 위한 선박 보조금, 도로, 운하, 항만 시설 등의 내부 개선, 대출금과 이자가 적어도 채권 명목액과 동일한 가치로 정당하게 지급되도록 보장하는 건전한 통화 제도, 산업에 대한 높은 관세, 남부 주를 연방에 유지함으로써 보호받는 시장 영역 보존을 요구했다. 이는 연방 정부의 행정부와 입법부를 확보해야만 그 지지자들이 실현할 수 있는 영웅적인 프로그램이었다.

이러한 적극적 행동 계획에는 자본주의에 대한 부정의 보완supplement of negation, 즉 연방 대법원에 대한 확고한 지배가 필수적이었는데, 이는 연방 대법원만이 적절한 해석을 통해 주들의 지폐 발행을 금지하고 계약 의무를 저해하는 헌법 조항을 집행할 수 있었기 때문이다. 대니얼 셰이스 시절부터 농촌 지역의 채무자들은 부풀려진 화폐를 통해 더 편리하고 적은 노력으로 채무를 이행할 수 있었기 때문에 쉬운 돈과 느슨한 은행 업무에 강한 선호를 보여 왔다는 것은 잘 알려진 사실이다. 여러 주에서 정당한 채무를 거부하고, 사업체에 과중한 부담을 부과하고, 일반 운송업자에게 불쾌한 세금을 부과했다는 사실도 널리 알려져 있었다.

이러한 이유들과 여러 유사한 이유들로 자본가 그룹은 매우 성공적인 운영의 조건으로 의회에 의한 명확한 연방 법률 프로그램의 제정과 연방 법원에 의한 헌법의 우호적인 구성을 요구했다. 물론 그러한 프로그램이 궁극적으로 모든 이익과 국가의 모든 부분에 이익이 되도록 설계되었다고 설득력 있게 주장할 수도 있지만, 플랜테이션 및 농경 지역의 지도자들이 일반적으로 이 문제에 대해 이러한 견해를 갖고 있지 않았다는 것은 중요한 정치적 사실이다.

농업이라는 공통의 이해관계로 인해 농장주와 농민은 정치적으로 한데 묶였고, 여러 지점에서 자본가들과 대립각을 세웠다. 그들은 원자재와 식료품의 생산자이자 공산품의 구매자였다. 경제 과정을 의식하는 한, 그들은 당연히 가장 비싼 시장에서 팔고 가장 싼 시장, 즉 유럽, 특히 자본주의 산업이 기술과 기법 면에서 훨씬 앞선 반면 노동력이 차지하는 비중은 미미했던 영국에서 구매하기를 원했다. 간단히 말해, 그들은 원자재와 식료품을 영국 제조업체에 비싸게 팔고 값싼 영국 노동력으로 만든 영국 제품을 싸게 사들이고 싶었다. 대체로 이것은 농장주와 농부들이 낮은 관세— 수익을 위한 관세만 —를 선호했다는 것을 의미했지만, 전체 세계와의 자유 무역을 선호하지는 않았다. 왜냐하면 그것은 연방 정부의 유지를 위해 그들 자신에게 직접 세금을 부과하는 것을 포함했기 때문이다.

특히 프론티어 벨트의 두 농업 그룹을 하나로 묶어준 또 다른 강력한 이해관계는 둘 다 자본이 필요했고, 동부 금융 시장에서 거액의 차입을 했다는 점이다. 농부들은 자신의 토지를, 농장주들은 자신의 재산과 노예를 저당 잡혀서 각자의 사업을 시작하거나 사업을 시작한 후 확장하는 데 필요한 자금을 마련하는 경우가 많았다. 따라서 채권자가 아닌 채무자였던 농민은 건전성 정도에 따라 탄력적인 통화인 쉬운 돈의 친구인 경우가 많았다.

그리고 그들의 통화 설계를 홍보하기 위해, 그들은 본격적인 헌법 이론에 의해 뒷받침되는 적절한 정치 계획을 가지고 있었다. 그들은 아직, '흙투성이 농부'들이 그들의 통제하에 원하는 결실을 얻을 수 있는 어떠한 종류의 국가 은행 프로젝트도 공식화하지 않았다. 전국적인 영역에서 그들의 계획은, 국가 은행을 건설하는 것이 아니라, 국가 은행을 폐지하고, 그것의 부활을 막는 것이었고, 화폐 발행을 지방에 맡겨, 그들이 쉽게 장악할 수 있는 주 의회의 권한 아래 두는 것이었다. 채무자 중 덜 꼼꼼한 사람들은 가치가 떨어진 화폐로 채무를 면제하는 수단으로 지역 은행의 인플레이션을 공개적으로 선호하고 재정이 완전히 파탄 난 사람들을 위해 관대한 파산법을 옹호했다.

따라서 연방 정치 분야에서, 플랜테이션 및 농업 그룹은 별다른 호의를 요구하지 않았다. 전국 무대에서 그들은 주로 자유 방임laissez faire의 정당이었다. 그리고 그들의 헌법 교리는 자연스럽게 그들의 경제 프로젝트의 색채를 띠게 되었다. 그들은 보호관세와 국가 은행이 없는 것이 자신들의 이익에 부합한다고 생각했기 때문에, 의회가 특별법을 통해 산업을 진흥하고 은행 기관을 설립할 권한이 헌법에 없다고 믿는 것이 합리적이라고 생각했다. 하지만 그들은 신전에 신탁을 물으러 갈 필요는 없었다. 그들은 적어도 한 가지 특정 분야에서 헌법에 대한 폭넓은 해석, 즉 주들이 은행을 설립하고 관리하며 지폐를 발행하고 계약 의무를 다양하게 수정할 수 있도록 허용하는 헌법에 대한 견해를 사법부에 요구했다.

헌법의 엄격한 해석을 요구하며 다리 위에 호라티우스처럼 서 있던 모든 농장주와 잭슨 민주주의를 응원하기 위해 백악관의 다마스크천 의자에 올라간 모든 테네시 농부들이 전체 계획을 세심하고 정확하게 수립하지는 않았지만, 두 그룹의 위대한 지도자들이 당시의 경제 과정을 철저히 이해했다는 것은 의심의 여지가 없다. 연방 법과 사법적 해석의 일반적인 흐름이 농장주와 농민의 이익을 지향하다가 1835년 이후 북부에서 내전Civil War으로, 남부에서 주들 간의 전쟁War between the States으로 널리 알려진 헌법 및 사회 혁명으로 인해 갑자기 역전되었다는 사실에서 그들의 이해를 충분히 확인할 수 있다.

§

여기서는 기계적 정확성으로 모든 자본가가 하나의 조합combination에, 모든 농장주와 농민이 다른 조합에 끌린다고 주장하지 않는다. 그러한 주장은 이 사건의 증거에 반하는, 역사적 근거가 없는 주장이다. 세 경제 집단은 각각 다양한 정도와 종류의 재산과 번영을 대표했다. 농장주들은 모두 같은 작물 생산에 종사하지 않았고, 자본 수익률도 같지 않았으며, 경제 불황기에 같은 역경의 압박을 겪지도 않았다. 어떤 이들은 담배를, 어떤 이들은 쌀을, 어떤 이들은 사탕수수를, 또 어떤 이들은 목화를 재배했고, 마지막 사람들이 결과적으로 숫자와 부에서 지도층으로 올라섰다. 목화 재배자들이 낮은 관세를 원했다면, 사탕수수 재배자와 설탕 제조업자들은 뉴잉글랜드의 모직물 제조업체나 펜실베이니아의 제철업자처럼 자신들의 특정 상품에 고관세가 부과되기를 열망했다.

게다가 같은 계급의 경작자들 사이에서도 신분의 불평등이 존재했다. 서부의 끝자락에서 일하며 처녀지를 채굴하고 판매하는 사람들은 종종 막대한 수익을 올렸지만, 원래의 비옥함을 잃은 땅을 경작하는 동부의 다른 사람들은 수익률 감소의 법칙에 따라 많은 노력을 기울였다. 캘훈이 소유한 부동산의 회계 장부에는 실패한 모험의 감동적인 이야기가 담겨 있다. 남부 분리주의의 '뜨거운 감자'는 사우스캐롤라이나 주였으며, 이곳에서 농장주들은 사반세기 동안 지력이 쇠한 땅을 일구어 왔다는 사실을 간과해서는 안 된다.

북부 자본가들도 농장주들처럼 모든 문제에 대해 완벽하게 단결된 전선을 형성하지는 못했다. 제조업체와 은행가들은 전반적으로 외국과의 경쟁에 대비해 높은 수준의 보호를 요구하는 것에 다소 강경한 입장을 취했다. 반면에 해운업에 종사하는 자본가들은 보조금과 기타 특혜를 갈망하긴 했지만, 운송 무역의 규모를 줄이는 수익 [우선] 대책을 지지하는 데는 결코 열성적이지 않았다. 그들의 친밀한 동료인 수입상들은 큰 틀에서 자본가였지만, 미합중국으로 상품이 쉽게 유입될 수 있도록 관세를 낮추는 데 남부의 농장주들만큼이나 열성적이었다. 또한 특히 뉴욕과 필라델피아에서 수입상들의 사업 상당 부분이 남부의 농산물을 유럽 제조품과 교환하는 것을 포함해, 상품과 농산물을, 비록 정확한 계산은 어렵지만, 채권으로 연결시켰다는 사실을 기억해야 한다. 금융계도 이에 대해 다소 의견이 분분했다. 남부 농장에 대한 북부 투자자들의 강력한 저당권은 산업 및 철도 증권 옆에 놓여 있었으며, 종종 돈을 대주는 부유한 사람은 완벽하게 선한 민주당원이었다.

서부 농부들 사이에서도 차이가 있었다. 대마와 양모를 재배하여 정부의 보호를 받는 농부도 있었고, 사업이나 행운, 불로소득에 의한 토지 가치 상승으로 번영을 누리는 농부도 있었으며, 빚더미에 짓눌려 비틀거리면서 생산성 낮은 토지를 경작하는 농부도 있었다. 따라서 지역마다, 그리고 번영과 역경의 시기에 따라 농민의 정서의 긴장과 패턴이 달라질 수밖에 없었다.

세 가지 지리적 영역 각각은 세 가지 계층의 개인과 마찬가지로 세밀한 조사에서 차이점을 드러냈다. 남부 주 카운티의 노예 분포를 보여주는 노예제 지도는 정치경제학에서 가장 중요한 문서였다. 강 유역을 제외한 서부 버지니아와 노스캐롤라이나, 북부 조지아, 동부 켄터키와 테네시, 북부 아칸소, 미주리의 넓은 지역에서 노예는 전체 인구의 25퍼센트 미만에 불과했다. 이 지역의 토지는 노예를 소유하지 않았거나, 있더라도 소수에 불과하고 직접 경작하는 자유 농부들의 소유였으며, 농장주가 아닌 자유 농부들이 잭슨 민주주의의 원형을 각자의 구획에서 제공했다.

북동부의 제조업 주들도 공업에만 관심이 있는 단일 경제 단위가 아니었다. 그들은 다양한 수준의 농경적 성향을 나타낼 수 있는 큰 농업적 이해관계를 가지고 있었다. 또한 이들 도시에는 정치에서 독립적인 역할을 할 수 있는 노동자 계급이 성장하고 있었다. 일반적으로 사회적 차이로 인해, 특히 지역 문제에서 자본가들과 대립했지만, 미합중국 중기의 노동자들이 모두 자유무역업자는 아니었고, 상당수는 수입만을 위한 관세보다 보호관세를 통해 빵을 더 잘 구울 수 있다고 믿었다. 특히 상업 대도시인 뉴욕과 달리 생산성이 높은 산업이 발달한 뉴잉글랜드와 펜실베이니아에서는 더욱 그러했다.

그리고 앞서 언급했듯이 서부의 농업 주들도 그들만의 독특한 열망이 없었던 것은 아니다. 그들은 놀라울 정도로 빠르게 개척자 단계를 지나 무역과 제조업을 통해 농촌 경제를 보완하기 시작했다. 시대가 바뀌면, 다른 방식으로. 인디애나 주 개울가에 있는 작은 모직물 공장은 매사추세츠 주 로웰에 있는 굉음을 내는 기계로 가득 찬 거대한 건물만큼이나 높은 관세의 혜택을 누리고 있었다. 미시시피 밸리의 농업은 이러한 경제적 다각화의 혜택을 누리는 것 외에도 나름의 심리적 부수 감정을 가지고 있었다. 이글거리는 태양 아래 좁은 밭에서 노예처럼 고된 노동을 하는 독립적인 백인 농부와 넓은 농지에서 귀족처럼 사는 대농장주를 갈라놓는 깊은 골이 있는 것은 분명했다.

농부는 농장주들만큼이나 영국의 저렴한 시장에서 쟁기를 구입하고 싶어했지만, 여름에는 북부의 시원한 물가에서 지내고 겨울에는 뉴올리언스의 그랜드 오페라에 참석하는 루이지애나 사탕수수 농장주와 자신이 같은 부류에 속한다고 생각하기는 어려웠다. 그는 결코 자신의 이해관계가 정치적 행동을 위한 범농경 연합에 있다고 항상 확신하지는 않았다. 북서부와 펜실베이니아, 뉴욕, 매사추세츠를 연결하는 철도가 제공하는 토지 가치 상승과 더 나은 시장에 대한 전망은 리버풀과 맨체스터와의 자유무역이 제공하는 번영의 그림으로 상쇄하기 어려운 매력을 가지고 있었다. 따라서 미합중국 중기의 정치 설계자들이 부분적이고 다양한 경제적 이해관계 속에서 지속적인 정치적 연대를 구축하는 데 심각한 어려움을 겪은 것은 놀라운 일이 아니며, 이러한 어려움은 번영과 공황의 주기적 순환으로 인해 더욱 가중되었다.

§

그럼에도 불구하고 각자의 영역과 국가 전체에서 지배권을 차지하기 위해 투쟁하는 세 경제 계급은 각각 정치적 행동 프로그램, 윤리적 정당화 계획, 반대 세력에 대한 공격 노선을 공식화하는 유능한 대변인을 보유하고 있었다. 실제로 당시 드러난 역사, 법학, 철학, 논리, 신학, 자연과학의 모든 자원은 정치, 종교, 언론, 교육, 문학을 관통하는 강력한 삼각 투쟁에 놀라운 효과를 발휘했다. 이 투쟁에 참여한 모든 연설가들은 자신의 대의가 정의 그 자체라고 진심으로 확신하는 듯 보였고, 자신의 주장이 설득력 있는 합리성의 힘으로 다른 사람들을 설득하지 못하는 이유를 이해할 수 없었던 것 같다.

풍자적인 관객들이 합리화 작전의 앞뒤가 맞지 않는 모순을 인식했다 하더라도, 그들은 부지런한 정직의 사도들에게 유베날리스와 스위프트의 무기[풍자와 비판]를 돌리는 데는 실패했다. 영웅적인 노력으로 당파 갈등의 소음을 조금 넘어서 계급 심리의 좁은 한계에서 벗어나고자 했던 정치인들은 급변하는 사회에서 안정과 평온함이 가능하다는 망상적인 가정에 기초한 타협이나 이해관계의 균형 외에는 가장 고귀한 상상력을 발휘해도 모순에 대한 해결책을 찾을 수 없었다. 웹스터와 클레이는 다가올 대재앙에 대한 끔찍한 예감에 억눌려 대홍수를 늦춰달라고 기도할 수밖에 없었고, 죽어가는 그들의 눈이 적어도 깨지고 흩어진 연방Union을 보지 않게 해달라고 신에게 간구했다.

§

제조업, 운송업, 은행업 등 자본주의 전반의 이해관계자 중에서 그 누구보다 우뚝 솟은 대변인은, 일반적으로 동의하듯이, 매사추세츠의 대니얼 웹스터였다. 그는 뉴잉글랜드 상업 활동의 진정한 자식이었으며, 그가 섬기는 사람들로부터 충분히 인정받았다. 아메리카 상원 의원의 월급으로는 그가 스스로 선택한 생활 방식을 유지하기에 충분하지 않다는 사실이 밝혀지자, 많은 부유층 인사가 기금을 조성하여 그 수입을 그를 위해 사용했다. 웹스터를 존경하는 전기 작가 S.G.피셔는 '기금을 낸 사람들 중 일부는 보호관세로 유지되는 산업에 관심이 있었지만, 전부는 아니었다'고 말한다.

웹스터는 경제 세력의 대변인이자 철학자이기도 했다. 그가 아리스토텔레스, 해링턴, 몽테스키외를 잘 알고 있었다는 것은 플리머스 록 연설에서 충분히 입증되었다. 그는 정부의 형태와 틀은 재산의 성격과 분배에 의해 결정되고, 아메리카의 제도는 재산에 기초하며, 재산은 정부에서 직접 대표성을 가져야 하고, 과거의 비참한 혁명은 부의 축적을 반대하는 혁명이었다고 믿었다. 헌법학도였던 웹스터는 헌법의 경제적 특징을 정확하게 이해했다. 이 점에 대해 그는 1843년 앤도버에서 행한 연설에서 자신의 신념의 핵심을 설명했다. '우리는, 특히 매사추세츠와 버지니아에서 열린, 모든 주 대회와 이 나라의 모든 위대한 사람들의 박람회에서 벌어진 논쟁을 살펴보면…… 모든 곳에서 일반 정부general government[정부를 고유의 정부 활동과 기업적 활동으로 대별할 때의 전자]에 상업과 무역을 규제할 수 있는 권한을 부여하는 것이 헌법 채택의 주된 이유라는 것을 알 수 있다.'

웹스터가 거대한 비중을 차지했던 정치적 갈등의 경제적 성격을 확고하게 파악하고 있었다는 것은 수많은 연설에서도 분명하게 드러난다. 보스턴의 당원 형제들에게 '1840년 휘그 혁명'의 목표를 설명한 연설보다 그의 교리의 요점을 더 효과적으로 요약한 연설은 없었다. 영국과의 영구적 평화, 연방 정부의 필요에 부합하는 안정적인 수입, 국내 산업 보호, 제조업의 이익에 해로운 1833년 타협 관세의 철폐, 마지막으로 건전한 은행 및 금융 시스템에 의한 통화와 공공 신용의 회복을 그는 강력한 망치질로 그들의 머릿속에 때려넣었다.

잭슨의 정복군들에게 몰려들었던 많은 장인과 농부들이 관세를 의회가 공장주에게 부여한 특권으로 여긴다는 사실을 잘 알고 있던 웹스터는 여러 차례에 걸쳐 문턱을 넘기 위해 신중을 기했다. 그는 한 번은 '나는 자본가들에게 이익이 되는 그런 법이 아니라 ─ 그들은 스스로를 돌볼 수 있다 ─ 자본가들이 아메리카의 노동력을 점유하고 고용하는 방식으로 자본을 투자하도록 유도할 수 있는 법을 찾고 있다'고 말했다. 그런 다음 그는 보호관세에 반대하는 농민들에게로 눈을 돌렸다. '한 나라의 모든 국민이 단지 농업 생산자라면 자유무역은 아주 잘 굴러갈 것이다'라고 말했지만, 그는 곧바로 아메리카의 이해관계가 광범위하게 다각화되어 있다고 반박하며 자신의 생각으로는 피할 수 없는 결론에 도달했다. '이 나라에는 관세가 제조업체에만 이익이 되고 농부에게 피해를 준다고 주장하는 거짓 선지자들이 많이 있다. 이것은 모두 순전히 허위 주장이다. 모든 농부는 자신의 농산물에 대해 가까운 구매자를 찾고, 준비된 구매자, 좋은 가격에 사려는 구매자를 찾는 것이 자신의 이익이라는 것을 알아야 한다.' 이것이 바로 미합중국 중기 정치와 관련된 경제의 본질적인 요인에 대한 웹스터의 견해였다.

당시 가장 중요한 도덕적 이슈였던 노예제 폐지에 대해 웹스터는 매사추세츠 주의 부와 재능을 가진 사람들의 의견을 정확하게 요약했다. '나는 남부 주에 노예 제도가 존재하는 것이 유감스럽지만, 의회가 노예 제도에 대해 어떠한 권한도 없다는 것은 분명하고 확실하다. 그러나 신의 섭리 속에서 이 악에 대한 어떤 구제가 이루어질 수도 있고, 앞으로 그럴 거라고 기대할 수도 있다. 하지만 그때까지 나는 아메리카 헌법을 고수할 것이다.'

§

플랜테이션 계급의 이해관계 측면에서 경제 갈등으로 인해 발생하는 국정 기술 문제는 웹스터만큼이나 재능 있는 대변인인 사우스캐롤라이나의 존 C. 캘훈이 논리적으로 요약하고 설명했다. 1839년에 행한 놀라운 연설에서 그는 공화국의 건국부터 자신의 시대까지 아메리카 정치의 역사를 추적하고, 우리가 이미 조사한 사건들을 요약적으로 해석한 다음 새로운 전장의 지도를 스케치했다. 그는 연방주의자들에 대한 오래된 제퍼슨주의자들의 소송을 검토하는 것으로 서두를 열었다. 해밀턴의 정책은 '사회의 더 강력한 계층을, 그들의 이해관계를 통해' 자신의 체제를 지지하도록 동원하는 것이었다고 그는 말했다.

그리고 캘훈은 이어서 말했다. 위대한 연방주의 정치인[해밀턴]은 '주로 공공 채권자들이 보유한 주식으로 구성된 자본으로 은행을 설립하여, 그 기관을 통해 이익을 증대시키고 국가의 통화, 교환 및 상거래에 대한 결정적인 통제권을 부여함으로써 이미 강력한 계급인 정부에 더욱 강력한 구속력을 주려고 했다.' 이것이 다가 아니었다. 해밀턴은 과세 기능을 '재정 수입revenue에서 연방의 전체 자본과 산업을 통제할 수 있는 형벌권으로' 왜곡할 것을 제안하기도 했다.

이러한 경제적 힘의 결합에 맞서, 제퍼슨은 온 힘을 다해 싸웠지만 그가 얻은 이익은 일시적이었다. 1812년 전쟁이 끝난 후 해밀턴 체제는 보호관세, 국가 은행, 내부 개선 및 기타 금전적 이해관계를 위한 장치들이 다시 승인되고 오랜 연방당원인 존 퀸시 애덤스가 백악관에서 4년 임기를 맡게 되면서 다시 젊음을 되찾았다.

그 후 잭슨 민주주의의 반감과 새로운 혁명이 일어났다 ― 캘훈은 그 단계를 열거했다. 첫 번째는 애덤스와 그의 그룹을 권력에서 추방하는 것이었고, 두 번째는 지원받은 부채를 탕감해주는 것이었으며, 세 번째는 '이 정부에서 가장 많은 권력, 후원, 부패의 원천'을 영원히 폐쇄하겠다고 공언한 1833년의 타협 관세법, 네 번째는 국가 은행의 타도, 다섯 번째는 '정부와 은행 간의 연결을 중단하는 것'이었다.

캘훈은 이제 그가 생각하는 완벽한 질서를 위한 남은 단계로, 정부와 은행을 분리하는 작업을 완료해야 하고, 내부 개선을 중단해야 하며, 연금과 지원으로 늘어난 연방 정부의 비용을 줄여야 하고, 1833년 타협 관세의 만료 시점에 관세를 개정해 '보호관세 제도를 종식시켜, 그에 뒤따르는 일련의 모든 악을 종식시켜야 한다'는 내용을 열거했다.

캘훈은 자신의 진짜 목적을 숨기지 않았다. '나의 목표는 정해져 있다. 그것은 정부가 1789년에 운영을 시작한 곳으로 되돌리고, 내가 반대하는 학파의 특이한 원칙과 정책에서 비롯된 모든 중간 조치를 없애는 것 이상도 이하도 아니다.' 플랜테이션 체제의 근간이 되는 노예 제도는 '선, 완벽한 선'이었다. 따라서 캘훈의 경제-정치적 주장의 성격에는 의심의 여지가 없었다. 그것은 웹스터의 주장과는 정반대였고 정확하게 그것이 진술되었다.

헌법적 문제를 다룰 때 사우스캐롤라이나의 대논리학자는 동일한 언어 패턴에서 정확히 반대되는 결론을 도출했지만 매사추세츠 정치인의 동료임을 보여주었다. 캘훈은 자신이 1816년의 관세를 지지했다는 사실에도 불구하고, 헌법이 웹스터가 주장한 경제 조치를 승인하지 않았으며, 자신의 최근 저관세 프로그램만이 건국의 아버지들의 승인을 받았다는 것을 증명하기 위해 강력한 팸플릿을 작성하고 믿게 되었다. 위대한 언약covenant에 대한 캘훈의 헌신은 웹스터의 그것에 못지않게 강했다. 언약이 그가 내세운 복음을 선포했다는 그의 확신은 그보다는 덜 확고한 근거를 가졌다. 그에게 언약은 단순히 한 가지 의미를 가졌지만 웹스터에게는 다른 의미를 가졌다.

§

웹스터나 캘훈 같은 우뚝 솟은 거인이 들판과 숲에서 일어나 동서남북 독립 농민들의 정치적, 헌법적 신조를 공식화하지는 않았지만, 땅을 경작하는 사람들은 자본가나 농장주 못지않게 그들의 대변인을 가졌다. 두 번째, 세 번째 강도의 연설가들이 그들의 대의에 몰려들어 의회 글로브*의 페이지를 장황하고 격렬한 주장으로 가득 채웠다. 이들 중 하루 동안 국가적 인물이었던 두 사람

---

* Congressional Globe. 1833년부터 1873년까지 미국 의회의 토론과 회의 진행 과정을 기록한 주요 기록으로 현재 의회 기록Congressional Record의 전신이다.

은 자신의 논지를 강력하고 일관성 있게 발표했다. 첫 번째는 테네시 주의 앤드루 존슨으로, 공화당이 농민 표를 의식하고 링컨에게 힘을 실어주기 위해 1864년 그를 부통령 후보로 지명할 정도로 자신의 지역에서 막강한 힘을 발휘하고 있었다. 두 번째는 오하이오 주의 C.L.발랜디검이었는데, 링컨은 나중에 전쟁에 비타협적으로 반대했다는 이유로 그를 추방함으로써 일시적으로 유명해졌다. 두 사람 모두 농촌 지역에서 인기를 누린 것은 의심할 여지 없이 자본가 계급에 대항하는 정치 운동을 활발하게 펼쳤기 때문이었다.

　제퍼슨의 정신으로, 때로는 버지니아 주민의 언어로 존슨은 의회에서 농부와 농촌 기술자의 신조를 반복해서 낭독했다. 테네시 출신의 재단사는 '이 공동체의 농촌 인구, 기계 및 농업 부분이 바로 이 공동체의 소금이다'라고 외쳤다. '제퍼슨이 대도시가 정치 체제의 눈엣가시라고 선언했을 때보다 더 진실한 말을 한 적은 없다. 민주주의에서는 대도시가 치명적인 암이다····· 마을을 건설하고, 농촌 지역을 건설하면 자신의 근면에 의존하고, 자신의 독창성에 의존하고, 자신의 경제에 의존하고, 지원을 위해 나서는 사람들을 갖게 될 것이다····· 우리의 진정한 정책은 중간 계급을 키우고, 마을을 유지하고, 농촌에 인구를 늘리고, 이 정부의 권력이 중간 계급의 수중에 남게 하는 것이다! 나는 한편으로는 비참한 도시의 폭도들을 원하지 않는다. 다른 한편으로는 부유하고 배부르고 부패한 귀족도 원하지 않는다.' 농업으로 생계를 유지하던 농부와 마을 장인의 대표인 이 사람에게 웹스터와 캘훈의 정책은 똑같이 끔찍한 것이었다.

　소농들의 또 다른 옹호자인 발랜디검도 비슷한 후렴구에 맞춰 목가적인 노래를 불렀다. 그의 견해에 따르면, 당시의 갈등은 근본적으로 한편의 금권정치와 다른 한편인 상점과 밭의 노동력 사이의 경쟁이었지만, 정치의 긴급한 상황에서 그는 자신의 목표를 실현하기 위해 플랜테이션 귀족과의 동맹을 기꺼이 활용했다.

　1861년에 행한 강력한 연설에서 그는 혁명으로 이어진 오랜 정치 투쟁의 역사를 대담한 필치로 그려냈다. 그는 '거대한 분열선은 항상 자본과 노동 사이에 있었으며 돈을 가지고 있고 정부를 이용해 그것을 늘리고 "보호"하려는 소수와, 가진 것은 거의 없지만 그것을 지키고 싶고 정부에 가만히 있으라고만 요구하는 다수 사이의 갈등이었다'고 말했다. 이 갈등으로 인해 발생한 문제는 다양한 형태로 나타났다고 그는 설명했다. '영구적인 공공 부채, 국가 은행, 공공 예금, 보호관세, 내부 개선, 그리고 비슷한 성격의 다른 문제들, 모두 돈 많은 계급의 특별한 이익을 위한 것들'이었다. 이러한 문제를 둘러싸고 자본가들은 다양한 이름으로 정당을 결성했지만, 매번 막강한 분파적 이해관계의 결합에 부딪혔다.

그는 식민지 남부가 '북부, 특히 서부 민주주의당Democracy의 자연스러운 동맹'이었다고 추론했다. 그 이유는? '부분적으로는 남부의 사람들이 주로 비상업과 비제조업인 농업과 생산에 종사하는 사람들이기 때문이고, 부분적으로는 자본이 백인 인종이 아닌 많은 노동자들을 상당 부분 소유하고 있기 때문에 자본과 노동 사이에 갈등이 아예 없거나 거의 없기 때문이다.' 이 전국적인 농장주와 농부의 연합에서 강력한 정당인 민주당party of Democracy이 탄생했고, 1800년부터 1860년 사이의 공개적인 힘의 대결에서 대중 연합이 승리했다.

그런 다음 극도의 절망감에 젖어 발랜디검은 '돈 많은 자들의 이해관계는 민주주의Democracy를 정복하고 파괴하여 연방 정부를 통제할 수 있을 만큼 충분히 강력해질 수 있는 조직을 위한 다른 그리고 새로운 요소에 의지했다'고 외쳤다. 새로운 권력의 결합을 간절히 찾던 그들은, 결국 '이름을 듣는 것으로도 끔찍하지만 인간의 마음에서 가장 강력한 두 가지 열정, 즉 편협하고 국지적인 패트리어티즘에 불과한 분파주의와 노예제 반대 또는 자유에 대한 사랑에 기초한 조직, 즉 자기 자신에게 아주 가까이 있거나 아주 멀리 떨어져 있기 때문에 일반적으로 강력한 조직'의 핵을 발견했다.

§

　이러한 부문별 이해관계의 충돌 속에서 미합중국 중기의 가장 큰 쟁점은 관세였다. 그것으로부터 사우스캐롤라이나에서 무효화가 시작되었고 사우스캐롤라이나는 마침내 연방 탈퇴의 길을 이끌었다. 일반적으로 보호관세를 요구하고 전국 선거에서 그 대의를 위해 가장 쉽게 신병들을 모을 수 있었던 것은 제조업계의 대표자들이었다. 전반적으로 보호관세에 대한 반대와 자유무역, 혹은 낮은 관세율에 대한 지지는 농업 및 수입업자들의 이해관계에서 온 것이었다.

　하지만, 이미 지적했듯이, 이 문제는 결코 간단하지 않았다. 미합중국으로 들어오는 상품에 세금을 부과하는 모든 세입법은 여러 가지 항목이 여러 개의 개별 일정에 따라 배열된 복잡한 구조였으며, 실제로는 여러 집단과 정파의 요구를 반영하고 때로는 실질적이거나 모호한 효용에 대한 보상적 호의를 통해 반대되는 이해관계를 조정하기도 했다. 이러한 상황에서 아메리카의 정치 사회는 수익 문제가 논란이 될 때마다 회전하는 만화경 같은 패턴을 보여주었다. 모직물 제조업체와 양을 키우는 사람들은 옷감과 생모生毛 모두를 보호하는 관세로 단결할 수 있지만, 장비hardware의 일정에 따라 뿔뿔이 흩어질 수도 있다. 작열하는 태양 아래서 갈색으로 타들어가는 대마와 아마 재배자들은 그늘진 사무실에 있는 창백한 피부의 철강과 금속의 거물들과 공통의 대의를 느꼈을지도 모른다. 그럼에도 불구하고 두 개의 강력한 농업 단체인 목화 및 담배 재배업자들은 옥수수 재배업자들과 함께 제조업체 보호라는 일반 원칙에 대항하는 끊임없는 전쟁을 위해 상당히 일관된 리더십을 발휘했다.

　1830년에서 1860년 사이에 다섯 차례 관세가 개정되었는데 전반적으로 세율은 하락하는 경향을 보였다. 앞서 살펴본 바와 같이, 1833년 사우스캐롤라이나 농장주들이 혁명으로 위협해 점진적으로 인하가 이루어졌고, 거의 10년 후 야당의 지원을 받은 휘그당이 관세를 다시 인상하자 1844년 선거에서 저관세 지지자들이 선거에서 압승을 거두었다. 그런 다음 조류는 확실히 바뀌었고, 남부의 지도력 아래 민주당은 1860년의 대절정까지 국가를 자유무역 방향으로 꾸준히 이끌었다. 1846년 관세법 제정으로 의회는 보호무역 체제에 큰 타격을 입혔고, 남부와 서부의 의원들이 다수당의 선봉에 서서 끔찍한 법안 처리를 주도했다. 하원에서 이 법안에 반대한 93표 중 뉴잉글랜드와 중부가 63표를 보탰다.

이 법이 곧 재무부에 흑자를 가져다주자, 승리의 민주당은 1857년에 또다시 강력한 추진력을 발휘해 관세율을 1833년의 유명한 타협안보다 더 낮게 책정했다. 하원에서 이 법안에 대한 표결은 혼란스러운 여론의 상태를 드러내는 것처럼 보였지만, 이는 명백한 경향을 보여준 것이었다. 남부와 남서부 주 의원들은 이 법안에, 단 2표의 반대를 제외하고, 60표를 던졌다. 더 눈에 띄는 것은 서부와 북부에서 관세 인하에 33표가 반대하고 14표만 찬성했다는 사실이었다. 남부는 이제 거의 견고해졌고, 서부는 분명히 과거의 계류장에서 벗어나 새로운 정치적 결합을 원하는 분위기였으며, 이는 1860년 시카고에서 매우 교묘하게 효과를 발휘했다.

관세에 대한 오랜 갈등이 지속되는 동안 남부의 정치인들은 관세가 부의 분배에 미치는 실질적인 영향에 대한 긍정적인 이론을 정립했다. 이 신조는 1830년 초 사우스캐롤라이나의 맥더피 상원 의원에 의해 논리적으로 완벽하게 공식화되었으며, 그의 뒤를 이은 사람들의 모든 설명은 그의 초안에 광택을 입힌 것에 불과했다. 상원 의원의 말을 빌리자면, 그 주장은 다음과 같았다. '우리 정부의 연방적 성격, 우리 영토의 넓은 지리적 범위, 그리고 연방의 여러 지역에서 시민들이 추구하는 바의 다양성으로 인해 서로 직접적으로 대립하는 두 가지 큰 이해관계가 생겨났다.' 첫 번째 이해관계는 정부의 보호와 보조금 없이는 유럽과의 경쟁에서 번창할 수 없는 제조업체들을 포용하는 것이고, 두 번째 이해관계는 남부의 농산물 생산자들로 구성되어 있는데, 이 농산물들은 외국에서만 시장을 찾을 수 있고 '북부와 중부의 농산물과 경쟁하는 외국산 농산물과 교환해야만 유리하게 판매될 수 있는 필수품들이다…… 이러한 이해관계는 서로 정반대로 화해할 수 없을 정도로 대립하고 있다. 북부 제조업자의 이익, 즉 금전적 이익은 남부의 무역에 부과되는 모든 세금 인상에 의해 직접적으로 촉진되며, 남부 농장주의 이익은 그의 산업 생산에 부과되는 모든 세금 감면에 의해 촉진된다는 점을 덧붙일 필요는 없다.'

따라서 남부의 정치인은 미합중국 중기 정치 투쟁의 이 단계를 부의 분배를 둘러싼 갈등이라는 마지막 단계로 축소했다. 농장주는 자신의 주머니에 돈을 넣어주거나, 그의 관습적인 표현을 빌리자면, 돈을 계속 보관할 수 있는 공공 정책을 원했고, 북부의 제조업자는 그것을 자신의 주머니로 옮기는 정책을 요구했다. 맥더피의 생각에 돈을 얻고 유지하는 것은 오래되고 단순한 계획이었으며, 그 어떤 정치적 수사로도 이 문제를 가릴 수 없었다. 20년 동안 플랜테이션의 이해관계와 관련된 거의 모든 정치인들은 맥더피 상원 의원의 신념에 아무런 유보 없이 헌신했다.

이 정치적 전투의 개념은 단순한 학문적 이론이 아니었다. 남부의 통계학자들은 플랜테이션 계급이 북부의 자본가들에게 지불한 '공물tribute[특히 속국이 종주국에 바치던 것]'의 정확한 액수를 파악하여 이를 달러와 센트로 시각화하려고 시도하기도 했다. 이 계산에서 그들은 1850년까지 4천만 달러가 운임의 형태로 북쪽 선주들의 금고에 쏟아져 들어갔을 것으로 추정했다. 남부의 수출액이 연간 약 1억 달러에 달한다는 사실을 알게 된 그들은 이 막대한 금액이 실제로는 북부의 상인들에게 무이자로 대출되어 국내외 환율을 조작하는 데 사용되었다는 결론에 도달했다. 특히 기계 산업이 남부에 부과하는 요금이 그들은 특히 부담스럽다고 생각했다. 남부의 한 경제학자는 '250만 더미bale의 면화를 가공해 더미당 40달러의 이윤을 얻는다면 연간 7,000만~1억 달러의 수익을 올릴 수 있을 것'이라고 외쳤다. 화룡점정을 이루기 위해, 계산가들은 남부 사람들이 건강과 오락을 위해 북부를 여행하는 데 1,500만 달러를 소비했다고 추정했다.

숫자가 때로 정확성이 떨어지기는 했지만, 무역, 제조, 교환, 상품화, 사치품의 모든 경제적 과정을 통해 남부는 세금 부과와 착취를 당했고, 극명한 현실에서 북부 자본주의에 대한 공물 운반자의 지위로 내려앉았다. 한 연설가는 '남부는 그 가슴으로 그녀의 무역의 피를 빨아먹는 상인, 선주, 자본가, 그리고 기타 그녀의 자손이 아닌 수많은 인구를 부양해야 하는 입장에 서 있다'고 탄식했다. '여기서 남부 항구에서 외국으로 직접 운송되는 남부 작물 일부를 빼야 한다고 주장할 수는 없다. 용적 톤수 대장은 전체 무역의 10분의 9가 북부 자본가들의 소유라는 것을 보여줄 것이다…… 그렇다면 우리의 노동으로 만들어낸 가치는 우리의 어리석음을 이용하고 우리를 위해 선적하고, 우리를 위해 사고, 우리에게 팔고, 우리의 자본을 그들의 수익성 높은 계좌로 인출해 우리의 돈으로 가득 찬 계좌로 그들의 집에서 손쉽게 얻은 풍요로움을 누리는 사람들 외에 어디로 가겠는가?'

이러한 관점에서 볼 때, 플랜테이션 주들은 북부 자본주의의 지배로부터 해방되는 것이 그들 앞에 놓인 과제였다. 맥더피는 선언했다. '남부 및 남서부 주 대중들은 가장 계몽된 패트리어티즘과 계몽된 자기이익을 숙고하여 신속하고 효과적인 구제책을 만들어낼 것이다. 우리의 상업적 독립을 달성할 수 있는 수단은 풍부하다.'

§

부의 분배를 둘러싼 이 거대한 갈등의 두 번째 단계는 통화와 은행을 통제하는 문제와 관련이 있었다. 국가적 후원 아래 중앙집권화할 것인가, 아니면 각 주에 분산시킬 것인가? 대체로 해밀턴의 통합 체제가 시행되는 동안 북부 사업가들은 탄력적인 신용 기관을 제공하고 미합중국 전역의 무역을 위한 긴전한 통화를 보장했기 때문에 해밀턴의 통합 체제를 선호했다. 일반적으로 이 제도에 대한 반대는 농업 부문에서 나왔다. 두 번째 국가 은행을 무자비하게 파괴하여 휘그당이 다시는 복원할 수 없게 만든 정당은 잭슨의 농부-노동자 조합, 즉 미합중국 중기의 새로운 민주당이었다.

그러나 민주당이 은행과의 모든 정치적 관계를 거부했다고 가정하는 것은 실수이다. 오히려 그들은 국가 은행이 연방당과 휘그당에 제공한 것과 유사한 효과적인 지원을 확보하기 위해 주 정부의 권한으로 인가된 지역 은행에 연방 자금을 예치하는 정책을 채택했는데, 이는 서부와 남부의 '통화 긴축tight money' 긴장을 완화하고 토지 투기를 위한 자금도 마련하는 데 도움이 된 관행이었다. 현명한 데이비 크로켓이 이 제도의 결실에 대해 언급하면서 다음과 같이 말한 것은 어느 정도 타당성이 있다. '자본금 10만 달러도 안 되는 시골의 작은 면도업소에 공적 자금 100만 달러를 투입하는 것이 얼마나 안전한지 보려면 해부용 칼만큼이나 예리한 안목이 필요하다. 너무 구체적으로 말하지 않고, 이 은행이 얻을 것은 많고 잃을 것은 없는 투기꾼들이 썩은 고기를 먹기 위해 까마귀처럼 몰려드는 공공 토지 근처에 있다고 가정해 보겠다. 그들은 미합중국의 토지를 대규모로 매입하고, 앞서 말한 면도업소로부터 역시 미합중국 자금으로 이루어진 대규모 할인을 받고, 이 할인으로 매입 대금 전액을 지불하고 토지에 대한 명확한 소유권을 얻음으로써, 면도업소가 자신의 거래에 대한 플랑드르 계좌Flemish account*를 만들러 왔을 때 "정부"(즉, 잭슨 대통령)는 원금뿐만 아니라 공공 토지의 많은 부분을 잃었다는 사실을 발견하게 될 것이다.'

실제로 악영향이 너무 심해지자 연방 정부를 장악한 민주당은 은행권에 세입을 배분하는 것을 포기하고 독립적인 재무 시스템을 구축하여 자금을 보호해야 했다. 따라서 중앙 정부는 은행에서 완전히 손을 떼게 되었다. 웹스터의 웅변이나 클레이의 설득으로는 농부와 농장주들이 제3의 미합중국 은행 설립에 동의하도록 유도할 수 없었고, 그러한 기관의 명백한 수혜자는 보호관세의 이점을 누리는 사람들만큼 많지 않고 광범위하지도 않았다.

---

* 역사적 맥락에서 플랑드르 계좌는 꼼꼼하고 상세한 재무 기록 또는 부기 스타일을 의미하며, 이 용어는 중세와 르네상스 시대에 엄격하고 정확한 회계 처리로 명성을 떨친 플랑드르 상인들의 명성에 뿌리를 두고 있다.

물론 두 번째 미합중국 은행의 파괴는 상업 수단을 공급하는 것만큼이나 한 그룹에서 다른 그룹으로 부를 이전하는 데 사용할 수 있는 강력한 엔진인 통화 문제를 해결하지 못했다. 헌법에 금화와 은화만 언급되어 있었기 때문에 공화국 초기에는 지폐 발행권을 정부가 행사할 경우 정치인들에게 유리하게 작용하고, 민간 기업에 귀속될 경우 자본가들을 부유하게 하는 데 사용될 것이라는 믿음으로 경화硬貨에 맹렬히 집착하는 몇몇 정치인들이 있었다.

그러나 금속의 양이 너무 적고 상업이 필요로 하는 통화가 너무 많았기 때문에 이러한 견해를 고수하는 사람들은 곧 약세가 되었다. 따라서 1791년에 설립된 최초의 미합중국 은행은 지폐를 발행할 수 있는 권한을 부여받았고, 20년이 지나기 전에 각 주에서 인가한 수많은 지방 은행도 지폐를 발행할 수 있는 권한을 부여받았다. 1815년에는 이미 200개가 넘는 주립 은행이 존재했으며, 1836년 두 번째 미합중국 은행이 폐지된 후 그 숫자는 놀라울 정도로 빠르게 증가했다. 매년 그 숫자는 증가하여 남북전쟁 직전에는 1,600개의 은행이 있었고, 경화 8,770만 달러를 기준으로 2억 200만 달러의 지폐가 유통되었다.

이러한 지역 은행 중 상당수는 보수적으로 운영되었지만, 특히 남부와 서부의 일부 은행은 경험이 부족하고, 종종 부도덕한 운영자가 운영했으며, 금융 위기가 발생할 때마다 일부 은행은 파산하여 지폐 보유자에게 심각한 손실을 초래했다. 예를 들어, '와일드캣'이라는 적절한 이름을 가진 이 '금융 기관' 중 한 곳은 액면가 58만 달러의 지폐에 대해 상환을 위해 보유하고 있던 86.46달러의 경화로 사업을 정리했다. 주 은행 공식 조사관들의 이러한 사기를 막으려는 노력은 헛수고였다. '금융가'의 장치는 최고의 파수꾼이 감당하기에는 너무 교활했다. 예를 들어, 특별히 영리한 관리자는 그의 튼튼한 상자의 못과 유리로 된 기초 위에 금박과 은박을 입혀서 '훌륭한 자원'처럼 보이게 했다. 어느 은행들의 그룹은 검사관보다 먼저 한 은행에서 다른 은행으로 경화를 보내 법을 무력화하기 위해 공모했다. 당황한 감독관은 '금과 은은 마법의 속도로 전국을 날아다니며 숲 속 깊은 곳에서도 그 소리가 들리지만 바람처럼 어디서 왔고, 어디로 가는지 알 수 없었다'고 불평했다.

점점 더 많은 양의 종이가 홍수처럼 쏟아져 나왔고, 그중 일부는 건전하고, 일부는 빠르게 가치가 떨어졌으며, 거의 모든 종이가 경기의 변동에 따라 격렬하게 요동쳤다. 시간이 지날수록 상황은 나아지기는커녕 더욱 악화되었다. 철도의 발달로 지역 은행의 지폐가 전국으로 퍼져 나갔는데, 흔히 '반창고shin plaster'라고 불린 지폐는 5센트 정도의 낮은 금액을 요구하는 경우가 많았다. 주들 간 상업의 성장은 이 질병을 더욱 악화시켰고, 당황한 상인과 자본가들은 하루가 멀다 하고 오르락내리락하는 지폐로 계좌를 유지하기 위해 필사적이었다.

긴 이야기를 짧게 하자면, 1860년 마지막 붕괴 직전에 아메리카의 통화 체제는 농업 민주주의의 추진력 아래 이전 세기 연합 규약Articles of Confederation 하에서 달성되었던 것보다, 그것이 가능하다면, 상대적으로 기업에게 더 우려스러운 상태에 도달했다. 이전의 공포를 재현하는 데는 대니얼 셰이스 한 명만 있으면 충분했다.

느슨한 금융의 폐해는 너무나 심각해서 누구도 간과할 수 없었다. 실제로 그들은 사업가들보다 훨씬 더 격렬하게 급진적인 농민들로부터 일찍이 공격을 받았다. 사실 국가의 권위에 의해 설립된 은행은 자본가들의 회사이자 좌익 성향의 잭슨주의 민주당원들에게 의심의 대상이었으며, 농민들조차도 거의 또는 전혀 정화로 뒷받침되지 않은 지폐에 속는 것을 좋아하지 않았다. 따라서 미합중국 헌법이 강력하고 정확한 말로 선언했음에도 불구하고 — '어떤 주도…… [불환] 지폐를 발행하거나 금화와 은화 외의 다른 것을 채무의 지불 수단으로 만들 수 없다' — 주 정부가 발행하고 주 정부의 신용으로 발행한 '부풀려졌지만 건전한 지폐'에 찬성하는 목소리가 높아졌다.

이 명백한 금지를 무시하고 미주리 주의 농부들과 농장주들은 돈에 쪼들린 나머지 연방에 가입하자마자 인쇄기를 이용해 현금을 만들기로 결정했다. 이들의 요구에 따라 지역 의회는 1821년 주 재무부가 50센트에서 최대 10달러까지의 액면가로 20만 달러 상당의 증서를 발행하도록 규정했으며, 이 증서는 인구에 따라 카운티에 배분되어 가난한 사람들에게 농지 저당과 개인 재산을 담보로 돈이 필요한 사람들에게 대출되도록 했다. 인쇄가 완료되고, '증서'가 구호 임무에 따라 발송되었다.

그런 다음 프로그램의 기안자는 미합중국 대법원장 존 마셜을 상대해야 했고, 결국 이 문제가 그의 권위 있는 법정에까지 이르렀다. 미주리 주의 한 채무자는 아이러니하게도 어깨를 으쓱하며, 주 정부가 자체 발행한 지폐로 받은 대출금을 갚으라는 요구를 거부하며, 연방 헌법에서 금지했기 때문에 그 지폐 발행 자체가 처음부터 무효라고 주장했다. 이 사건은 워싱턴으로 이송되었고, 대법원은 마셜이 의견을 제시하면서 채무자의 손을 들어 주었다. 짜증을 거의 숨기지 않은 채, 엄격하고 늙은 판사는 자신의 주를 옹호하는 벤튼 상원 의원의 감동적인 주장에 귀를 막고, 애매함이 전혀 없는 언어로 어떤 주에서도 주 정부가 스스로 신용을 보증하는 지폐를 발행할 수 없음을 법정화폐 지지자들에게 통보했다. 그래서 미주리 지폐법은 무효로 선언되었다. 그 이야기는 일단락된 듯했다.

하지만 미주리 주보다 더 영리한 이웃 켄터키 주에서 지폐를 발행하는 더 미묘한 계획을 발견했기 때문에 실제로는 이야기가 끝난 게 아니었다. 1820년 켄터키 주 의회는 주 정부 명의로 은행을 설립하고, 은행의 이사와 총재를 선출했으며, 은행이 지폐를 발행하고, 예금을 받고, 부동산 및 개인 재산에 대한 대출을 할 수 있는 권한을 부여했다. 당연히 대법원에서 이 법의 효력에 대한 의문이 제기되었고, 예비심에서 재판관 2명이 불참한 가운데 마셜을 필두로 5명의 판사 중 3명이 켄터키 주의 법이, 사실상 주 정부가 자신의 신용으로 지폐를 발행하고 있었으므로, 무효라는 데 의견을 같이했다. 그러나 3명의 판사가 전체 법원의 과반수를 차지하지 못했기 때문에 재심리 명령이 내려졌다.

이 사건이 다시 제기되고, 3년 후인 1837년에는 재판부의 구성이 바뀌었다. 마셜은 무대에서 사라지고 잭슨의 절친한 친구인 로저 B. 테이니가 그 자리에 앉았다. 이제 서부와 남부 출신이 주류를 이루게 된 연방 대법원은 오하이오 주 출신으로 잭슨이 지명한 매클린 판사에게 켄터키 주 사건에 대한 의견서를 작성하도록 지명했다. 학식이 풍부한 매클린 판사는 신시내티 강 건너편 이웃 주에서 제정한 법령을 검토한 후, 마셜의 선언에도 불구하고 이 법이 주 정부의 지불 증서bill of credit[지폐] 발행을 금지하는 헌법 조항과 충돌하지 않는다는 결론에 도달했다. 바꿔 말하면, 주 정부는 이 제도에 '주권의 속성'을 부여하지 않고도 은행을 설립하고, 주식을 모두 보유하고, 임원을 선출하고, 지폐를 발행하여 시민에게 대출할 수 있는 권한을 부여할 수 있었다.

스토리 판사는 자신과 사랑하는 동료인 고 마셜 대법원장을 대변하여 심금을 울리는 웅변으로 이 엄숙한 판결에 반대했다. 뉴욕의 켄트 대법관Chancellor[뉴욕 상고법원Chancery Court의 수석 법관]은 이 사건의 보고서를 읽은 후 절망에 찬 목소리로 '대법원의 헌법 수호와 보호에 대한 신뢰와 희망을 잃었다'고 선언했다. 헌법은 건국의 아버지들이 작성한 그대로였지만, 새로운 사람들은 다른 신탁의 목소리들을 찾고 있었다. 셰이스의 정신적 후계자들은 서부의 옥수수밭에서 기뻐했을 것이다. 이제 지폐를 발행하는 민간 은행에, 같은 사업을 하는 주립 은행이 더해지게 되었다.

통화 분야에서 승리한 손쉬운 방편의 정당은 파산법 및 사적 권리에 민감하게 영향을 미치는 기타 법률 초안을 작성하기 시작했다. 여기에도 세세한 법리적인 문제가 수반되었는데, 주들이 계약의 의무를 저해하는 것을 금지하는 연방 헌법의 조항을 고려해야 했기 때문이다. 1819년 유명한 다트머스 대학 사건에서 마셜 대법원장이 해석한 바와 같이, 그리고 헌법 역사상 덜 유명한 다른 의견들도 해석한 바와 같이, 이 짧은 말은 대체로 각 주의 의회가 애초의 거래에 부패가 개입되었더라도 일단 개인과 기업에게 발급된 면허장, 토지 보조금 및 기타 특권을 폐지하지 말 것을 명령했다. 같은 맥락에서 파산자가 자신의 자산을 적법한 형태로 채권자에게 넘겨 채무를 면제할 수 있도록 허용하는 뉴욕 주 의회의 법안은 법 제정 이전에 체결된 계약, 어음, 채무에 대해 무효로 선언되었다.

그러나 시간이 지나 대법원의 구성원이 바뀌면서, 마셜의 의견은 소수파에 속하게 되었고, 그의 큰 실망에도 불구하고 대심판원의 동료들은 법이 제정된 이후 계약된 채무에 적용되는 파산법을 지지했다. 이는 매우 중대한 결정이었다. 이 사건의 변호인이었던 웹스터는 상황을 간단히 설명했다. 그는 변론에서 '어떤 주가 법률로 그 이후에 체결되는 모든 계약은 입법부가 언제든지 또는 수시로 통과시키기에 적합하다고 판단되는 법률의 적용을 받는다고 선언해야 한다고 가정해 보자'고 말했다. '이 법은 헌법에 의해 전적으로 통제되지 않는 모든 목적을 위해 계약의 일부가 되고, 계약에 대한 입법권의 간섭을 승인하는 것이다.' 그럼에도 불구하고, 마셜이 강력하게 반대한 가운데, 연방 대법원은 주가 장래에 체결된 면허장 및 계약을 폐지하거나 변경할 권리를 스스로에게 유보한 경우, 그 권리로 인해 주는 해당 의무를 저해하지 못한다는 조항에도 불구하고, 주에 자유 재량을 부여한다고 사실상 선언했다.

이 결정의 의미를 재빨리 파악한 나머지 주들은 또 다른 연방의 족쇄를 벗어 던졌다. 예를 들어 위스콘신 주는 1848년 주 헌법 초안을 작성할 때 기업 관련 조항에 관련 문구를 삽입했다. '이 조항의 규정에 따라 제정된 모든 일반법 또는 특별법은 통과 후 입법부에 의해 언제든지 변경 또는 폐지될 수 있다.'

따라서 농업 주 출신의 잭슨주의 판사들은 엄숙한 판결을 통해 헌법과 존 마셜의 법리에 의한 재산권에 대한 역사적인 보호 장치를 무너뜨렸다. 실질적인 목적을 위해 그들은 주들이 주권을 소유한다는 것을 선언했다. 따라서 1860년의 국가는 근본적으로 연합 규약Articles of Confederation에 따른 1787년과 같은 위치에 서게 되었다. 대법원 구성원의 또 다른 급진적 변화나 1789년과 같은 헌법적인 혁명이 일어나지 않는 한, 농민의 행동이 기업에 끼친 혼란을 복구할 수는 없었다. 이 두 번째 혁명은 전쟁의 폭풍 속에서 공화당 행정부의 군사력에 의해 수정헌법 제14조가 전국에 강요되었을 때 일어났다.

§

헌법에 대한 주 정부의 권리 관점, 관세 인하, 국가 은행의 전복, 통화의 전반적인 완화에 대해 잭슨 민주주의는 세기 절반에 접어들면서 상당히 단합된 전선을 보여줬으며, 그 미래는 모든 의문을 넘어 보장된 것처럼 보였다. 그러나 미합중국 중기 동안 국가가 물리적으로 억누를 수 없는 문제 중에는 정치적 언어로는 펼쳐놓을 수 없는 당파적 유령인 토지 문제가 있었다. 거대한 공공 토지는 엄연한 현실이었고 모든 사람들이 그 운명에 관심을 가졌다.

앞서 살펴본 것처럼 농부들과 장인들은 대가를 치르지 않고 그것을 스스로 소유하려 했고, 제조업자들은 이러한 분배가 이루어지면 노동자들을 잃을까 봐 두려워했으며, 때가 되면 농장주들은 새로운 노예 준주를 획득해 위험을 상쇄하지 않는 한 자유 농민의 자유 주가 자신들의 패권에 위협이 될 수 있다고 생각하게 되었다. 모든 정치인들이 이 문제에 깊이 관여했다. 상원 의원, 하원 의원, 판사, 내각 관료들은 흔히 토지 투기에 관여했고, 자신들이 획득한 권리에 영향을 미칠 수 있는 모든 법안을 매의 눈으로 주시했다. 동부의 자본가들은 정부가 군인들에게 발행한 토지 권리증을 대량으로 사들여 공공 토지의 선택 구역을 확보한 후, 시세 차익을 노리고 재산을 시장에서 철수시키는 등 이 사안과 이해관계가 얽혀 있었다. 변경으로 가서 허가나 소유권 없이 땅에 정착한 무단 점유자들은 구제책과 확인을 위해 끊임없이 목소리를 높였다. 도로, 운하, 철도, 토지 회사들은 토지 보조금을 노리고 로비를 펼쳤으며, 프로젝트에서 개인적으로 이득을 보는 의원들의 도움을 받아 드넓은 공국principality을 소유하는 데 성공하기도 했다. 토지 분배를 둘러싼 이 활발한 다툼의 한가운데에 국가 영역에서 도로시아 딕스라는 외로운 영웅적 인물이 우뚝 솟아 있는데, 그 당시 미합중국의 수치로 여겨졌던 정신이 이상한 빈민을 돕기 위해 연방 정부로부터 토지를 할당받기 위해 수년 동안 헛된 노력을 기울였다.

시간이 지남에 따라 땅 없는 사람들을 위한 무료 주택에 대한 동요는 다른 모든 소란을 잠재웠고, 시대의 격동하는 민주주의적인 모든 요소들이 여기에 가세하게 됨에 따라 운전대를 잡은 사람들에게는 두려운 비율로 부풀어 올랐다. '자신의 농장에 투표하라Vote yourself a farm'는 매혹적인 구호로 요약되는 이 신조는 동부 도시의 급진적 노동자와 미시시피 밸리의 급진적 농부들에게 동등하게 호소력을 발휘했다. 노동 계급 옹호자들은 홈스테드Homestead 프로젝트에서 산업계의 비참함과 가난 문제에 대한 해결책을 찾았고, 당시 뛰어난 선동가 중 한 명인 전미개혁협회National Reform Association의 지도자 조지 헨리 에반스는 단체를 조직하고 대회를 개최하여 프롤레타리아를 대의에 결집시켰다. 편집자들은 이를 대중 운동으로 받아들였다. 가난과 억압을 피해 고국을 떠나온 독일 이민자들이 아메리카 토박이의 요구에 자신들의 호소를 더했다. 노예제 폐지론자들도 독립 농민의 발전이 노예 제국의 확산을 견제할 수 있다고 보고 합창에 동참했다. 인권에 대해 고민했던 철학자들도 이 외침에 동참했다. 이 학파의 한 사도는 '어떤 사람이 생명에 대한 권리를 가지고 있다면, 그는 필연적으로 생명의 요소인 땅과 공기, 물에 대한 권리도 가지고 있다'고 주장했다.

이 계획에 반대하는 사람들은 인류의 적으로 비난받았다. '두 낡은 정당'은 '비옥한 토양을 가난한 사람들의 고혈을 빨아먹는 용병들에게 팔아넘기는 데 우호적'이었다는 혐의로 비난을 받았다. 따라서 자유, 평등, 행복 추구라는 위험한 교리가 플랜테이션 질서에 위협이 되었으며, 이는 국가 토지의 분배에 대한 투쟁에서 호출되었다.

1840년 통나무집과 하드 사이더 캠페인*이 끝난 직후, 농가의 동요가 본격적으로 의회 홀에서 터져 나왔고, 그때부터 토지 개혁가들의 북소리는 결국 조정이 이루어질 때까지 소란스럽게 이어졌다. 이 과정에서 휘그당과 민주당이 분열하면서 국가의 다양한 이해관계에 더 밀접하게 대응하기 위해 당원들이 갈라졌고, 이는 곧 커다란 분열을 예고했다. '대중과 가장 가까운' 연방 정부 기관인 하원에서는 특히 독립 농민이 주로 거주하는 지역구에서 온 많은 민주당 의원들이 처음 이 문제가 제기되었을 때 무상 농가homestead에 찬성표를 던졌고, 실제로 남부 대표의 대다수가 처음에 이 프로젝트에 찬성했다. 그러나 농장주들의 힘이 더 막강했던 상원에서는 반대가 거셌고, 1852년 홈스테드 법안이 부결된 것은 남부 정치인들의 표 때문이었다. 뉴욕의 한 휘그당 편집자는 '남부는 이 운동에 반대한다. 우리가 보기에 이 운동은 사기이며 선동 외에는 다른 출처에서 나올 수 없는 계획이라고 올바르게 비난한다'고 썼다.

7년 후 수정된 형태의 법안이 다시 의회에 상정되었을 때, 하원에서 단 세 명의 남부 의원만이 무상 분배 편에 섰고, 소수의 민주당 의원과 한 명의 휘그당 의원을 제외한 북부 의원 전원이 이 법안에 찬성표를 던지는 등 거의 완벽한 분열 구도가 형성되었다. 합병을 통해 쿠바를 획득해 서부의 자유 토지와 균형을 맞추는 데 실패한 상원의 남부 의원들은 다시 한 번 완고하게 하원을 통과한 법안에 거의 만장일치로 반대표를 던졌다.

이 교착 상태의 결과로 무상 농가homestead에 소정의 가격을 책정하고 30년이 지나도 팔리지 않은 토지는 주 정부에 양도해야 한다는 타협안이 마련되었다. 테네시 주 출신의 농부 출신 민주당 의원 앤드루 존슨이 주도한 이 법안은 1860년 의회에서 다수의 찬성으로 통과되어 선동가들의 환호를 받았지만,

---

* Log Cabin and Hard Cider Campaign. 1840년 윌리엄 헨리 해리슨의 대통령 선거 캠페인을 말한다. 이 캠페인은 미합중국 역사상 가장 주목할 만한 혁신적인 정치 캠페인 중 하나로, 포퓰리즘 이미지와 전술을 사용한 것이 특징이다. 민주당 대통령 마틴 밴 뷰런에 맞서 출마한 휘그당 후보 해리슨은 자신이 통나무집 출신이며(실제로는 부유하고 유서 깊은 집안 출신이었다) 당시 인기 있던 알코올 음료인 하드 사이더(사과주)를 무료로 나눠주는 집회와 이벤트를 개최하여 축제 분위기를 조성하고 투표율을 독려했다. 귀족적인 밴 뷰런의 이미지와 대조적으로 평범한 아메리카인이라는 서민적인 이미지를 강조한 선거 전술로 해리슨은 압도적인 표차로 대통령에 당선되었다.

뷰캐넌 대통령에 의해 백악관에서 살해당했다. 좌익의 호소를 무시하고 대통령은 홈스테드 법안에 거부권을 행사하며, 이 법안이 국가의 소중한 유산을 박탈하고 '국민들의 사기를 떨어뜨리며', 아마도 '다른 나라에서 재앙으로 판명된 해로운 사회 이론을 우리 사이에 도입할 것'이라고 선언했다.

따라서 다른 기회에 그의 당의 플랜테이션 파벌에 대한 동정을 표명했던 민주당 최고 간부는 북부와 서부의 민주당 농부와 노동자들이 단호하게 지지하는 경제 프로젝트를 패배시켰다. 이미 제퍼슨의 옛 농경 이해관계의 이름을 딴 제3의 공화당이 이 도전을 받아들여 '자신의 농장에 투표하라'는 새로운 구호로 대중을 선동하는 한편, '보호관세를 위해 투표하라'는 친절한 외침으로 제조업자들을 결집시키고 있었다. 공공 토지를 보상 없이 민간에게 양도하고 아메리카 산업을 위한 보호 안전장치를 마련할 때가 다가오고 있었다.

§

이 힘의 충돌에는 자유와 노예라는 국가의 두 가지 지배적인 노동 시스템이 필연적으로 관련되었다. 이미 언급했듯이, 처음부터 플랜테이션 정치인들은, 장인들의 표를 아무리 기뻐했다 하더라도, 정부에서 권력을 잡기 위해 투쟁하는 산업 도시의 노동 계급을 사회 질서에 위협이 되는 존재로 여겼다. 남부의 지도자들 사이에 널리 퍼진 '대도시의 폭도들'에 대한 제퍼슨주의적 공포는 모든 면에서 진짜인 것처럼 보였다. 그들은 교육받은 백인 프롤레타리아트의 힘이 커지면서 재산과 자유, 헌법에 대한 위험이 커지고 있다고 보았거나 그렇게 생각했다. 그들은 지칠 줄 모르고 반복해서 그 신념을 의회에서 주장했다. 그들은 흑인 노예 제도가 지배 계급에게 더 안전할 뿐만 아니라 인간성 측면에서 볼 때 임금 노동보다 우월하다고 주장했다. 어쨌든 해밀턴과 웹스터의 당을 물리치기 위해 북부 프롤레타리아트를 기꺼이 이용했음에도 불구하고 그것은 그들의 공식적인 신조였다. 존 랜돌프의 조롱에 따르면, '북부 신사들은 우리의 흑인 노예들로 우리를 지배하려고 하지만, 그들에게 말해주고 싶

다. 우리는 그들의 백인 노예들로 그들을 지배할 것이다.'

이 교리를 설명한 많은 철학자 중 사우스캐롤라이나의 해먼드 상원 의원보다 더 변증법을 잘 보여준 사람은 없다. 그는 이렇게 말했다. '모든 사회 시스템에는 평균적인 의무를 수행하고 삶의 고단함을 수행하는 계급이 있어야 한다…… 그런 계급이 없이는 진보와 세련미, 문명으로 이끄는 다른 계급을 가질 수 없다…… 우리는 그들을 노예라고 부른다. 남부의 우리는 아직 옛날 방식이고, 그 단어는 정중한 귀에는 폐기된 단어이다. 나는 그 용어로 북쪽의 그 계급을 특징짓지 않겠다. 그러나 당신들은 그것을 가지고 있다. 그것은 거기에 있다. 그것은 어디에나 있다. 그것은 영원하다…… 우리와 다른 점은 우리 노예들은 종신 고용되고 보수가 좋으며, 굶주림도 없고, 구걸도 없고, 일자리를 구하지 못하는 사람도 없고, 고용이 너무 많지도 않다는 점이다. 당신들의 노예들은 하루 단위로 고용되고, 보살핌을 받지 못하며, 보수가 적다는 것은 당신들의 대도시 어느 거리에서나 가장 비참한 방식으로 증명된다…… 우리 노예들은 투표권이 없다. 우리는 그들에게 정치적 권력을 주지 않는다. 당신들의 노예들은 투표를 하고 다수이기 때문에, 당신들의 모든 정치적 권력을 보관하고 있다. 투표함이 총검을 든 어떤 군대보다 강하고 결합될 수 있다는 엄청난 비밀을 알게 된다면, 당신들은 어디에 서겠는가? 당신들의 사회는 재건되고, 당신들의 정부는 재건되고, 당신들의 재산은 분할될 것이다…… 당신들은 우리를 상대로 전쟁을 벌여왔다. 우리가 강사나 선동가를 북부로 보내 사람들에게 이것을 가르치고, 결합을 돕고, 그들을 이끌려 한다면 당신들은 어떻겠는가?'

반대편에서는 플랜테이션 계급의 경제적 기반인 노예 제도에 대해서도 똑같이 격렬한 기소가 이루어졌다. 도시의 '폭도정치mobocracy'에 대한 제퍼슨의 반감처럼, 인간 속박에 대한 반대는 공화국의 역사만큼이나 오래되었다. 남부와 북부의 많은 건국의 아버지들은 미합중국에 노예 제도가 존재하는 것을 안타까워했고, 언젠가는 노예 제도가 사라지는 날이 오기를 바랐다.

그 세대가 사라지고, 1835년 남부 지역을 여행한 영국 비평가 해리엇 마티노는 농장주들과의 모든 대화에서 이 제도를 의심 없이 옹호하는 사람을 단한 명도 찾지 못했다고 기록했다. 버지니아 주 의회가 노예 해방 문제를 진지하게 논의할 무렵, 많은 의원들이 노예 제도에 대해 혹독하게 비판했다. 노예주였던 미주리의 벤튼 상원 의원은 '노예 제도는 추상적인 개념일 뿐'이라며 '노예 주에서 노예 제도를 옹호하거나 변호하는 사람은 거의 없다'고 외쳤다. 초창기 노예제 옹호론자들은 윤리적, 종교적 가르침보다는 노예 해방 문제에 내재된 극복할 수 없을 것 같은 어려움에 맞서기 위해 최선의 방어책을 마련했다.

그리고 행동이 말보다 더 큰 힘을 발휘했다. 공화국이 세워질 때부터 노예 제도를 싫어하는 사람들의 선의가 분명하게 드러났다. 1787년 북서부 영토 Northwest Territory에서 노예제가 제외된 것, 1808년 노예 무역이 폐지된 것, 노예들을 아프리카로 귀환시켜 노예 해방을 장려하기 위한 식민지 협회들이 결성된 것 등은 모두 인간을 예속시키는 체제가 정치인과 개인의 양심을 불안하게 했다는 신호였다. 오하이오 남부의 영토가 노예 제도에 개방되었고, 노예 무역에 대한 반대의 일부가 외부 세계로부터의 유입을 차단하려는 흑인 사육자들로부터 나온 것은 사실이며, 많은 식민지 지지자들*이 노예들 사이에서의 질서에 도움이 되지 않는 자유 흑인을 제거하기를 정말로 원했다는 것은 사실이다.

그럼에도 이 모든 움직임을 관통하는 것은 노예 제도의 면적을 줄이려는 진지한 열망이었다. 이러한 정서에 대한 더 좋은 증거는 많은 남부 지도자들이 북부의 강력한 압력에 굴복하여 루이지애나 영토의 대부분을 자유 주로 넘기

---

* 원문은 advocates of colonization이다. 이들은 주로 남부의 정치인과 지식인들로 자유 흑인의 존재가 기존의 노예 제도와 사회 질서에 미치는 부정적인 영향을 우려하여 그들을 아프리카에 새로운 식민지를 건설해 송환시키는 방법을 제안했다. 당시 남부에도 노예가 아닌 흑인이 존재했으며 이들은 사회의 불안 요소로 여겨져 많은 핍박을 받았다.

기로 합의한 미주리 타협Missouri Compromise에서 찾을 수 있다. 사실, 섬유 기계가 가져온 혁명의 완전한 효과가 플랜테이션 주에서 느껴지고, 남부 경제 정책에 대한 북부의 공격이 전방위적으로 시작될 때까지는 면화 벨트의 정치인들 사이에서 노예제에 대한 반대는 실제적으로 거의 사라졌다.

당연히 노예 제도에 대한 적대감— 종종 농장주의 정치 경제에 대한 적대감과 섞여 있는 —이 더 확고하게 뿌리를 내리고 더 큰 활력을 가지고 번성했던 것은 노예제의 가치가 미미했던 북부에서였다. 렉싱턴과 콩코드 전투가 벌어지기 전인 1775년 초에 펜실베이니아 주에서 벤자민 프랭클린의 주도로 노예제폐지추진협회Society for Promoting the Abolition of Slavery가 설립되었고, 이후 다른 북부 주와 메릴랜드 주에서도 유사한 조직이 결성되었다. 1794년 이 단체들은 전국 대회를 개최했는데, 이 대회는 약 사반세기 동안 어느 정도 규칙적인 간격으로 모인 일련의 대회 중 첫 번째 대회였다. 그러나 이들의 논의는 다소 플라토닉한 수준이었으며, 북부 주에서 노예 제도가 폐지된 이후에는 대중의 큰 관심을 불러일으키지 못했다. 노예 제도에 반대하는 선동은 미합중국 중기에 이르러서야 양측의 경제적 투쟁이 팽팽해지면서 한층 격렬해졌다.

1831년, 사우스캐롤라이나가 가증스러운 관세를 이유로 들며 연방을 탈퇴하겠다고 위협하기 1년 전, 윌리엄 로이드 개리슨은 보스턴의 언론사에서 호전적인 반노예제 신문 〈리버레이터The Liberator〉의 첫 번째 사본을 발행했다. 두 명의 선구자가 그 길을 열었지만 그 파급력은 미약했다. 1820년 테네시 주 존스버러에서 급진적 성향의 퀘이커교도 엘리후 엠브리가 창간한 〈해방자The Emancipator〉는 대중의 안일한 태도에 파문을 일으키지 못한 채 사라졌다. 1821년 여름에 또 다른 퀘이커교도인 벤자민 런디가 시작한 〈보편적 해방의 창의The Genius of Universal Emancipation〉라는 두 번째 모험도 전투적인 경종을 울리지 못했다. 그러나 성품이 독특했던 개리슨의 영혼에는 강철이 있었다. 그는 뉴잉글랜드의 한 상인이 자신의 배를 노예를 해안으로 운반하는 데 사용하도록 허용했다는 기사를 런디의 신문에 썼다는 혐의로 볼티모어 감옥에 수감되어 있었고, 감옥의 우울한 벽 안에서 권력과 공국들principalities에 대해 묵상하고 있었다. 그곳에서 그는 굳은 결심을 하고 석방되자마자 서둘러 매사추세츠로 돌아와 보스턴의 음침한 뒷방에서 조바심의 날카로운 외침으로 〈리버레이터〉를 발행했다.

이제 스스로 편집자가 된 개리슨은 런디의 온건한 프로그램에서 벗어나 '즉각적이고 무조건적인 해방'을 지지하는 입장을 취하고, 한때 '점진적 해방이라는 대중적이지만 해로운 교리'를 받아들였던 것에 대해 공개적으로 회개를 고백했다. 그의 신조는 간결했고, 고대 예언자들의 선언처럼 당당한 언어로 노예 제도는 '범죄, 저주받은 범죄'이며, 따라서 모든 노예 소유자는 범죄자이고 그들의 지지자들은 그 죄에 동참하는 자들이라고 주장했다. 그의 열정적인 비판을 피할 수 있을 만큼 위대했던 사람이나 기관은 없었다. 웹스터, 클레이, 캘훈 등 지위 고하를 막론하고 노예제를 옹호하거나 타협을 옹호하거나 이 문제를 회피하려 했던 모든 의원과 정치인들은 그의 신랄한 비난에 직면하게 되었다. 그에게 헌법은 신성한 양피지가 아니라 노예 소유주들을 위한 문서, 즉 '죽음과의 언약이자 지옥과의 계약'이었다. 개리슨은 밤낮으로 '노예 제도는 사라져야 한다!'고 외쳤다.

하지만 그는 자신의 목표를 실현하기 위한 명확한 계획도, 정치나 조직에 대한 방법도 가지고 있지 않았다. 그는 투표소에서 유권자를 모으려고 시도하지 않았고, 혁명을 설교하지도 않았다. 실제로 그는 정치에 거의 관심이 없었고 원칙적으로 무저항주의 교리를 믿으며 폭력에 격렬히 반대했다. 노예 제도는 범죄라는 단 한 가지 생각만이 그를 사로잡았다. 노예 제도는 반드시 폐지되어야 한다는 단 하나의 메시지가 그의 영혼에서 쏟아져 나왔다. 그는 모든 인류를 향해 끝까지 밭고랑을 갈겠다고 선언했다. '나는 진지하다 ─ 나는 모호하게 말하지 않을 것이다 ─ 나는 변명하지 않을 것이다 ─ 나는 한 치도 물러서지 않을 것이며 ─ 나는 반드시 들릴 것이다.'

곧 그와 마찬가지로 엄격하고 타협하지 않는 남녀 지지자들이 개리슨의 깃발 주위로 모여들었다. 뉴잉글랜드의 명문 가문 출신인 웬델 필립스는 평판 좋은 직업에 대한 모든 계획을 접고 연설가이자 선동가로서 자신의 뛰어난 재능을 노예 해방 운동에 바쳤다. 퀘이커교 시인인 휘티어는 노예 제도와 이에 동조하는 정치인들을 리듬감 있게 저주하는 기소장을 작성하는 데 자신의 재능을 발휘했다. 제임스 러셀 로웰은 시와 산문, 풍자와 논증을 통해 '우리의 독특한 제도'를 옹호하는 자들을 조롱했다. 에머슨은 선량한 증오자의 날카로운 관찰에 철학자의 무게 있는 말을 더했다. 1852년 해리엇 비처 스토우는 소설『톰 아저씨의 오두막』에서 노예제 폐지론자의 신조를 극화하여 정치 연설을 읽거나 어떤 주제에 대한 진지한 토론을 들어본 적이 없는 많은 사람들의 감정을 자극했다.

선동가들은 대중의 정서를 자극하기 위해 알려진 모든 수단을 동원했다. 지역 노예제 반대 단체들이 결성되고 이후 전국적인 조직으로 연합했다. 엘리아스 힉스의 가르침에 영감을 받은 퀘이커교도들은 노예 노동의 산물인 면화 중개와 거래에 반대하며 '자유 상품'을 구입할 수 있는 상점을 열었다. 노예 제도를 비난하는 청원서가 수천 명에 의해 배포되고 서명을 받아 의회에 제출되어 의회에서 토론을 강제할 목적으로 쏟아졌다. 신문과 논설들은 심지어 남부의 우체국을 통해서도 널리 배포되었다. 노예제에 대한 선동적인 언급은 교과서와 대중적인 작품에 삽입되어 포토맥 강 이남의 편집자들과 학교 이사들에게 큰 고통을 안겨주었다. 대의에 호의적인 조치, 특히 도망친 노예에게 배심원 재판을 받을 권리를 부여하고, 노예 사냥꾼들의 지역 감옥 사용을 금지하고, 자유 흑인을 노예로 데려가려고 한 사람에게 무거운 형벌을 부과하는 '개인의 자유 법들'을 제정하도록 북부 주들의 입법부에 압력이 가해졌다.

여론과 법에 호소하는 것에 만족하지 않고 많은 노예제 반대 지도자들은 말에서 행동으로 전환하여 지하 철도들underground railways로 알려진 루트를 마련하여 남부의 노예들을 북부 또는 캐나다의 안전한 곳으로 이동시켰다. 한걸음 더 나아가, 그들은 때때로 폭도들을 조직하여 주인에게 다시 노예로 끌려가는 도망자들을 구출하기도 했다. 요컨대, 노예 제도와 노예 소유주에 대한 끝없는 증오심을 불러일으키기 위해 상상할 수 있는 모든 기관이 동원되었다. 선동가들 중 일부는 높은 수준의 윤리와 논리로 캠페인을 유지하려고 노력했지만, 다른 이들은 학대와 비열함의 극치로 치달았다.

이 놀라운 운동의 근원은 발견하기 어렵다. 베스터마르크[Edvard Wester-marck, 1862~1939]는 도덕 사상의 역사를 다룬 두 권의 방대한 저서에서 그러한 십자군 운동의 영감에 대한 단서를 제공하지 않는다. 의심할 여지 없이 노예제 반대 운동에 앞장섰던 대부분의 남성과 여성은 신앙심이 깊었고 지지를 호소할 때 예수의 가르침을 끊임없이 활용했다. 엠브리와 런디는 퀘이커교도였고, 개리슨은 교인은 아니었지만 침례교 신자였다. 그러나 반대편에는 인간의 예속에서 그들의 신조와 일치하지 않는 것을 발견하지 못한 수백만 명의 그리스도교인들이 있었으며, 그들은 같은 성서를 똑같이 열성적으로 사용하여 노예제를 옹호했다. 노예제 폐지론자들도 제퍼슨과 독립선언서의 권위에 호소하는 것을 좋아했지만, 노예제의 마지막 보루는 제퍼슨의 인간애를 정치에서 대표한다고 공언한 민주당에서 발견되었기 때문에 그 영역에서 독점을 주장할 수 없었다.

희생적인 자비심도 노예제 폐지 운동의 동력이 되지 못했다. 실제로 노예제 옹호론자들은 다른 사람들을 희생시키면서 양보를 요구하는 선동가들을 조롱했다. 물론 노예제 폐지 운동은 해방시킬 노예가 없는 북부에만 거의 국한되어 있었고, 그림케 자매와 같이 노예를 해방시키고 개리슨의 대의에 헌신한 소수의 남부인들은 원칙을 증명하는 예외를 제시했을 뿐이다. 동요가 심각한 지경에 이른 후 남부에서 나온 유일한 노예제 비난 글인 힌튼 로완 헬퍼의 『임박한 위기』*는 노예 소유주들이 '가난한 백인'이라는 불쾌한 용어로 낙인찍은 한 남자가 쓴 글이었다. 하지만 노예제 폐지의 외침이 주로 혁명으로 인해 잃을 것이 없는 사람들에게 호소력이 있었다는 점을 인정하더라도, 신조에 대한 헌신은 주로 도덕적 성격의 정서에서 비롯되었다는 사실은 여전히 남아 있다.

이 동요가 얼마나 깊게 진행되었고 얼마나 많은 사람들이 실제로 동요했는지는 확인할 수 없다. 이용 가능한 모든 수치에 따르면 연기는 화재보다 더 컸다. 이 운동의 한 역사가에 따르면 투쟁이 절정에 달했을 때 전국에 약 20만 명의 회원을 가진 약 2천 개의 노예제 반대 단체가 있었다고 추정했다. 존 퀸시 애덤스가 하원에 제출한 노예제 폐지 청원서에 서명한 청원인의 수를 30만 명으로 추산한 사람도 있다. 그러나 자신의 힘을 과대평가한 일부 노예제 폐지론자들이 1844년 자유당Liberty Party을 창당하여 정치 무대에 등장했을 때, 그 선거에서 투표에 참여한 250만 명의 유권자 중 6만 5천 명만 모을 수 있었다. 이는 노예제의 즉각적인 폐지 요구에 대한 아메리카의 대답이었으며, 이제 자신들의 득표력을 충분히 인식한 노예제 폐지 신념의 옹호자들은 다시는 자국민의 참정권을 위해 후보를 내세울 엄두를 내지 못했다.

다시 말해, 정당의 구호로서 즉각적이고 무조건적인 해방은 처음부터 끝까지 완전한 실패였다. 따라서 노예제 폐지 프로그램의 실현이 유권자의 과반수 확보에 달려 있었다면, 도덕 교육 이외의 다른 요인이 개입하지 않았다면, 선동가들은 무기한으로 허망한 전투를 벌였을 수도 있다. 어쨌든 개리슨이 〈리버레이터〉를 발간한 지 20년이 지난 1852년, 친노예제적인 정강을 가진 민주당이 4개 주를 제외한 모든 주를 차지했고, 이는 전국을 논쟁의 소용돌이로 몰아넣은 『톰 아저씨의 오두막』이 등장한 지 몇 달 후의 일이었다. 티크노어는 이 소설에 대해 '노예 제도의 공포를 더욱 심화시킨다. 그러나 단 한 표도 바꾸지 못한다'고 썼다. 투표 결과는 그의 주장을 뒷받침하는 듯했다.

---

* 원제는 '남부의 임박한 위기: 그것을 어떻게 대처할 것인가The Impending Crisis of the South: How to Meet It'이다. 1857년, '노예 소유주가 아닌 백인들'에게 바쳐졌다. 일부는 노스캐롤라이나에서 집필되었으나 저자가 북부에 있을 때 출판되었다. 책은 노예제가 노예 소유자가 아닌 사람들의 경제적 전망에 해를 끼치고 남부 전체 지역의 성장에 장애가 된다고 주장했다. 남부에서는 이 책에 대한 분노로 들끓었고 많은 남부 사람들은 그가 남부 사람들 사이에서 계급 갈등을 일으키려는 북부의 대리인으로 행동하고 있다고 믿었다.

그럼에도 불구하고 노예제 폐지 운동의 영향력은 투표에서 나타난 수치보다 훨씬 더 컸던 것으로 보인다. 개리슨이 보스턴에 깃발을 내건 지 6년 만에 존 퀸시 애덤스는 당장의 정치적 목적이 아닌 일기에 흥미로운 말을 남겼다. '내 지역과 주의 민심은 노예제와 폐지 문제 사이에서 경련을 일으키고 있으며, 나는 한 걸음 한 걸음 내딛을 때마다 벼랑 끝을 걷고 있다.' 같은 해인 1837년, 웹스터는 노예 제도에 대한 반감을 '사소하게 여기거나 경멸해서는 안 된다'고 공개적으로 선언했다. 상원에서 그의 남부 동료인 캘훈은 이에 대해 깊은 두려움을 느낀다고 고백했고, 2년 후 노예제를 옹호하는 유명한 연설을 통해 연방을 유지하는 대가로 노예제 폐지 선동을 무조건적으로 진압해야 한다고 주장했다.

일부에서는 이러한 경고를 단순한 정치적 흥분으로 치부하는 경향이 있지만, 정당이 상당히 균형을 이루었던 몇몇 북부 주에서는 소수의 유권자가 권력의 향배를 잡고 있었고 여러 차례에 걸쳐 치명적인 영향을 미치는 특권을 행사했다는 사실이 남아 있다. 예를 들어, 1844년 선거에서 노예제 반대 후보는 휘그당 지도자 클레이로부터 수천 표를 빼앗겨 테네시 주의 민주당 대변자인 제임스 K. 포크에게 대통령 직을 넘겨주었다. 이러한 분열에 대한 두려움에 계속 시달리면서, 공직과 권력을 소유하려는 정치인들은 극소수의 선동가들이 전체 국가 시스템을 망가뜨리지 않도록 조심해야 했다.

결국 노예제 폐지론자들은 당의 관리자들을 겁주고 자신들의 계획을 추진하기 위해 정복자를 불러들일 필요가 없었다. 약간의 위협을 통해, 그들은 많은 휘그당 후보에게 입장을 명확히 밝히도록 압박했고, 그 결과 남부의 모든 흔들리는 세력을 노예제의 안전이라는 하나의 기치 아래 통합하는 데 도움을 주었다. 동시에 그들은 남부의 형제들과 기꺼이 협력하고 싶었던 많은 북부 민주당원들에게 '독특한 제도'의 우수성에 대해 부드럽게 발언하도록 강요했다.[노예제를 옹호하는 발언을 공개적으로 하지 못하게 하고 폐지론자들의 압력으로 남부에 심정적으로 동감하는 북부 민주당원의 행동이 어느 정도 제어되었다는 의미] 한마디로, 정치의 운명은 종종 '무시할 만한 소수'의 책략에 달려 있었다.

하지만 노예제를 반대하는 사람들도 그들의 신조나 전략에서 확고하게 단결되어 있었다고 가정해서는 안 된다. 그 반대가 사실이다. 그들은 수많은 분파로 나뉘어져 있었다. 오른쪽에는 노예 제도의 존재를 유감스러워하지만 그 폐해를 완화하거나 없애기 위해 할 수 있는 일이 거의 없다고 생각하는 감상주의자들이 있었다. 왼쪽에는 노예 제도를 범죄로 규정하고 이를 없애기 위해 헌법을 폐기하고 연방 해산을 선언할 준비가 된 개리슨의 불굴의 투사들이 있었다.

이 두 극단 사이에 다양한 의견이 존재했다. 의회가 1787년 북서부 영토와 1820년 루이지애나 매입지 북부 지역에 자유를 선포했고, 받아들여진 교리를 쉽게 적용할 수 있었기 때문에 많은 사람들이 새로운 영토로 노예 제도를 확대하는 것에 반대했다. 원칙적으로 모든 곳의 노예 제도에 적대적이면서도 농장주들이 달콤한 이성의 목소리에 귀를 기울이고 해방의 대가로 보상을 받아들이도록 설득할 수 있기를 바랐던 소수의 사람들은 공공 토지 매각으로 얻은 수익을 이 목적에 사용할 것을 제안했다.

아마도 마음속으로 노예제를 싫어한 대부분의 사람들은 모든 해결책의 복잡한 성격에 당황했을 것이다. 링컨 자신도 말년에 노예 해방을 위해 꾸준히 싸웠지만, 위기가 닥쳐 결단을 내릴 때까지 노예 해방을 위한 방법을 찾지 못했다. 이것은 놀라운 일도 아니다. 400만 명의 노예는 수십억 달러에 달하는 재산의 이해관계를 대표하며, 전체 플랜테이션 시스템과 노예 노동에 의존하는 수많은 산업 및 상업 활동을 통해 사방으로 파급되어 남부만큼이나 북부를 그 경제망에 포함시켰다.

더욱이, 확립된 법을 존중하는 정치인에게는 폐지 경로에 엄청난 장애물이 있었다. 헌법 하에서 중앙 정부는 이미 노예제가 존재하는 주에 대해 어떤 권한도 가지고 있지 않았기 때문이다. 해방이 된다면 400만 명에 달하는 노예들을 어떻게 해야 할까? 자유의 날에 그들에게 어떤 시민적, 경제적, 정치적 권리가 주어져야 할까? 실용적인 사람들은 그러한 거대한 사회 혁명을 일으키는 데 필요한 재정적, 행정적 조치를 상상할 수 없었다. 아마도 대부분의 실용주의자들은 이 문제의 최종적인 해결책을 거의 또는 전혀 생각하지 않았을 것이다. 위기가 다가오고 있다는 것을 뼛속 깊이 느꼈을지라도, 그들은 어쨌든 폭풍을 막을 힘이 없었고, 앞으로 다가올 시간 동안 그들이 발전시킨 작은 음모와 계획은 아이의 장난감처럼 버려졌다. 연설가들이 즐겨 말했듯이, 신의 섭리의 경제에서 노예제 폐지 선동가들은 자신의 손이나 그들이 만든 정치적 도구가 아니라 역사에 의해 정당화되어야 했다.

§

농장주들에게 노예제 반대 외침의 즉각적인 효과는 힘을 결집하고 효과적인 해답을 찾기 위해 정신과 마음을 찾는 것이었다. 분명 변증론의 시간이 도래했고, 인간의 지성은 그 경우에 걸맞았다. 방어 메커니즘의 오랜 역사에서, 노예제 권력이 정점에 달했을 때 기존 질서의 도덕적 보루를 형성한 특별한 윤리 체계의 등장과 성장에 대해 이야기하는 이 장보다 더 흥미로운 장은 없다.

물론 이 체계는 어느 한 사상가의 머릿속에서 갑자기 생겨난 것은 아니다. 외부로부터의 공격과 내부의 융합 압력에 시달리며 해마다 별도의 부서가 추가되는 등 여러 사람의 노력이 더해졌다. 마침내 노예제를 지지하는 역사적, 법적, 헌법적, 경제적, 종교적, 윤리적, 철학적 논거를 총망라한 방대하고 복잡한 논리, 정의로운 성실성의 빛으로 충만하고 고전적 웅변의 보석으로 장식된, 의심으로 괴로워하는 사람들을 지지하고 정치의 전선에서 전투원을 강화할 수 있는 준비되고 고무적인 지침서가 완성되었다. 의회의 의원들, 그들의 성소에 있는 신문 편집자들, 강단의 성직자들, 학계의 교수들, 그리고 전국적인 인물부터 동네 정치인까지 다양한 정치 지도자들은 이제 혀끝에 모든 공격에 대한 응답과 모든 공격에 대한 수사修辭를 가지고 있었다. 운명의 아이러니로 이 위대한 논쟁은 도덕적 확신을 제공했던 경제 계급이 권력의 정점을 지나고, 옹호자들도 모르는 사이에 파멸의 문턱에서 흔들리고 있던 바로 그 순간에 완성되었다.

경제적 측면에서 노예 제도의 당위성은 1839년 아메리카 상원에서 행한 강력한 연설에서 캘훈이 그의 모든 위대한 발언을 상징하는 정확성과 엄숙함으로 공식화했다. 캘훈은 한 손에 창을 들고 논쟁의 전면에 나서서 노예 제도가 기존 사회 상태에서는 악의 소굴이 아니라 '긍정적인 선'이라는 주장을 펼쳤는데, 이 놀라운 주장은 두 가지 논거를 통해 뒷받침되었다.

첫째, 노예들은 아프리카에서 '낮고, 타락한, 야만적인 상태'에서 끌려왔으며, 몇 세대에 걸쳐 '우리 제도의 소중한 보살핌' 아래 '비교적 문명화된 상태로' 길러졌다는 것이었다. 여기에 그는 훨씬 더 치명적인 두 번째 정리定理를 추가했다. 모든 문명 사회에서 문화의 소유자는 다른 사람의 노동력을 바탕으로 살아가며, 이는 과거에도 그랬고 지금도 마찬가지이며 착취의 방식만 다를 뿐이라는 것이다. '현대의 미묘하고 교묘한 재정적 고안'에 따라 임금을 받고 일하는 사람은 일용직 노동자보다 더 가혹하게 착취당하고, 질병, 실업, 노령이 되면 거리나 고아원의 부드러운 자비에 맡겨지게 된다. 반면에 노예에게 요구되는 것은 더 적고, 병과 노쇠에 시달리는 노예에게는 간곡한 관심이 주어진다. 캘훈은 '그의 상태를 유럽의 더 문명화된 지역에 있는 빈민가의 세입자들과 비교해보라'며 '병들거나, 늙고 병약한 노예가 가족과 친구들 사이에서 주인과 여주인의 친절한 극진한 보살핌을 받고 있는 것과 빈민가에 있는 빈민의 비참한 상태와 비교해보라'고 외쳤다.

그보다 덜 인상적이지 않은 것은 노예 제도에 대한 정치적 사례였다. 경제 체제의 우수성과 임금 노동에 비해 노예 제도의 우월성을 만족스럽게 입증한 노예제 옹호론자들은 노예 제도의 주인과 노예 사이에 형성된 관계가, 캘훈의 표현을 빌리자면, '자유롭고 안정적인 정치 체제를 뒷받침하는 가장 견고하고 튼튼한 토대'라고 주장했다. 이러한 테제는, 노예는 다른 인종이고, 무지한 상태를 유지한 채로 정부에 참여하지 않으며, 신분 상승을 기대하지 않고 사회적 소요의 영향을 받지 않으며, 고립된 농장에 널리 흩어져 있어 반란을 일으키기 위해 연대를 결성할 수 없다는 깔끔한 추론의 연쇄로 전개되었다. 따라서 기존 질서의 안식이 보장되고 미합중국 헌법은 안정적인 경제적 보루를 제공받는다. 현재 문명 세계 전체에서 위험한 진전을 이루고 사유재산의 안전을 위협하는 '괴물 같은 평등의 교리'는 남쪽에서 무적의 장벽을 만난다.

경제학과 정치학의 피할 수 없는 논리에 종교의 권위가 더해졌다. 1858년 '이 제도의 도덕적 측면'에 대해 논의하던 중 남부 출신의 한 의원은 노예 제도가 헌법과 불경한 역사뿐만 아니라 하느님과 성서의 축복을 받았다고 선언했다. 연설자는 '우리는 성서에서 아브라함과 그 시대의 많은 현명하고 선한 사람들이 노예를 소유했을 뿐만 아니라 그들에 대한 소유권을 행사했으며, 하느님 자신이 이스라엘 자손을 종살이하던 집에서 구출한 후 원칙적으로나 실제적으로 노예제를 승인하고 인정했다는 사실을 배운다. 그들의 정부와 도덕적 준수에 대한 규칙은 "너는 네 이웃의 남종이나 그의 여종이나 네 이웃의 모든 것을 탐내지 말라"는 말로 정의되었다. 따라서, 여러분, 노예 제도는 승인되었을 뿐만 아니라 앞으로 영원히 노예 제도는 보호받도록 규정되었다'고 외쳤다.

같은 맥락에서 버지니아 주의 어느 하원 의원은 신학적 논증을 자세히 설명한 후, 도덕과 종교에 관한 모든 사례를 감동적으로 요약했다. '나는 노예 제도가 고귀한 제도이며, 흑인종의 선과 복지를 위해 필요하다고 믿는다. 역사를 살펴보면, 나는 더 나아가 이 의회 앞에서 그리고 나를 둘러싼 모든 인상적인 상황 속에서 그것이 하느님의 제도라고 믿는다. 그렇다, 우리 모두의 위대한 저자이신 하느님의 행동에 어떤 것이 있다면, 그분이 택하신 백성의 행동에 어떤 것이 있다면, 이 땅에 오셔서 자신의 생명을 희생 제물로 바치신 그리스도 자신의 행동에 어떤 것이 있다면, 그분의 죽음을 통해 모든 사람이 살 수 있다면, 노예의 주인에 대한 순종을 그리스도인의 의무로 심어준 사도들의 행동에 어떤 것이 있다면, 우리는 그 제도가 하느님으로부터 온 것이라고 믿어야만 한다.' 이것은 포괄적이면서도 단호한 표현이었다.

'새로운 심리학'이 아직 지적인 지평을 넘어 경제, 정치, 역사, 종교의 가르침에 기여하는 데는 이르지 못했지만, 스베덴보리적인 한 성직자는 자신의 종파 용어로 노예 제도에 대한 '영적 철학'을 제시했다. '아프리카인 노예 제도에 의해 아프리카인의 감각적-육체적 원리는 백인의 삶의 자연적 또는 과학적 차원에 순종하고 복종하게 된다. 백인은 그를 위해 의지하고wills 생각하고, 그의 외출과 외박, 음식, 의복, 수면, 일 등을 결정한다. 그 결과는 무엇일까? 그의 관능적인 육체는 백인에 의한 천성의 재생을 통해 하인으로 조정되고 그것을 통해 유입을 받는다. 그의 유전적인 무기력 상태는 소멸된다. 그에게 주입된 질서, 정의 및 활동적인 유용성의 영역은 그에게 붙어 있는 악령에 혐오감을 느끼게 하고 그것들은 알아볼 수 있을 정도로 그에게서 떠난다…… 그는 전능하신 하느님이 마련한 과정을 통과하고 있으며, 그 과정은 그의 진정한 자유와 최종 구원으로 귀결될 것이다. "속박bonds은 자유롭게 하므로, 의로운 유대bonds가 될 것이다."'

§

노예제 폐지론자들의 선동에 저항하는 사람들은 자신들을 논쟁에만 국한시키지 않았다. 그들도 반대자들과 마찬가지로 모든 법과 관습의 무기를 동원하여 때때로 사회적 평화를 넘어 폭력과 협박을 행사했다. 1836년 컬럼비아 특별구에서 노예제와 노예 무역 폐지에 대한 청원이 가을 낙엽처럼 하원에 쏟아지기 시작하자 조지아 주 출신의 한 의원이 모든 청원을 기각하자고 제안하면서 아메리카 헌법이 명시적 표현으로 부여한 고대부터 내려온 청원권을 부정하는 발언을 했다. 열띤 토론 끝에 노예제 폐지 선동을 비난하고 노예제 관련 청원을 숙고하지 않고 한꺼번에 처리하는 '재갈 규칙gag rule'으로 알려진 결의안이 통과되었다. 시민의 자유에 대한 이 제한은 나중에 존 퀸시 애덤스의 끈질긴 요구로 하원 기록에서 삭제되었지만, 헌법 형식에 어떤 위험이 있더라도 그들의 독특한 제도에 대한 간섭을 허용하지 않겠다는 남부 주민들의 확고한 결의를 드러낸 것이었다.

물론 노예제 옹호자들은 자유가 보장된 자신들의 구역에서 선전물을 없애기 위해 더욱 강력한 조치를 취했다. 남부 우체국 집배원들은 법을 무시하고 우편으로 발송된 노예제 폐지 홍보물을 파괴하는 관행을 만들었다. 노예 반란의 유령에 겁을 먹은 많은 주에서는 노예 제도를 공격하는 인쇄물과 그것의 배포를 금지했고, 루이지애나 주에서는 이 범죄를 저지른 사람을 종신형에 처하거나 사형에 처하도록 규정했다. 기존 질서의 수호자들은 젊은이들을 보호하기 위해 북부와 외국에서 들어오는 학교 교과서와 기타 출판물도 면밀히 조사했다. 애플턴의 먼지투성이 사실 자료집Appleton's dusty collection of facts[*]인 『세계의 완전한 안내서A Complete Guide of the World』에서 자칭 공공 안전 조사관인 한 사람은 '광신도가 잉태하거나 선동할 수 있는 가장 사악하고 살인적인 성격에 대한 숨겨진 교훈'을 발견했다. 무식한 사람들을 경고하기 위해 위험한 책들의 목록이 작성되어 출판되었다.

노예제 폐지론자들이 자연스럽게 대부분의 활동을 이어갔던 북부에서는 비판에 대한 일반적인 저항의 동력이 폭도들의 행동으로 보완되었다. 개리슨은 1835년 보스턴 거리에서 '재산과 영향력을 가진 많은 신사들을 포함한' 광란의 군중에게 구타당하고 끌려가다가 경찰이 그를 붙잡아 감옥에 넣었기 때문에 죽음을 피할 수 있었다. 그의 제자 중 한 명인 새뮤얼 메이 목사는 매사추세츠와 버몬트에서 최소 6번의 공격을 받았다. 필라델피아에서는 노예제 폐지론자들에 대한 공격이 폭동으로 번졌다. 일리노이 주 앨튼에서는 설교자이

---

[*] '애플턴의 먼지투성이 사실 자료집'은 역사학자 윌리엄 E. 지냅이 19세기에 영향력이 있던 참고서인 '미국 백과사전'을 설명하기 위해 사용한 문구이다. D. Appleton & Company에서 출판한 미국 백과사전은 19세기 후반 미합중국에서 널리 사용되었다.

자 출판인이었던 러브조이가 폭도들의 손에 세 대의 인쇄기를 잃은 후, 네 번째 인쇄기를 지키려다 총에 맞아 사망했다.*

　이러한 폭동은 보편적인 비난을 받는 대신, 대중을 교란하고 당시의 위대한 정치인들을 모욕한 혐의로 죽어 마땅한 불쾌한 해충들에 대항하는 영웅적인 행동으로, 존경할 만한 사람들로부터 환영을 받았다. 미주리 주의 벤튼 상원의원은 폭도들이 '여성의 횡설수설하는 혀를 가진 사기꾼들을 침묵시키고 광신적이고, 공상적이고, 선동적인 집회들을 해산시켰다'고 기뻐했다. 매사추세츠 주 법무장관은 패뉴일 홀에 모인 군중 앞에서 러브조이를 쏜 일리노이 폭도들을 보스턴 티 파티를 일으킨 패트리어트 건국의 아버지들과 비교하며 '어이없이 개죽음을 당한'** '주제넘고 무모한' 사람으로 희생자를 낙인찍었다. 실제로 북부 전역에서 노예제 폐지론자들의 전술은 비난과 복수의 행동, 즉 효율적인 반개혁 운동을 불러왔다. 〈리버레이터〉 창간 후 첫 10년간의 소란 시기를 거치며 그들이 약간이나마 수적인 힘을 확보했는지는 매우 의문이다. 실제로 자신감 넘치는 정치인들은 그들의 활동을 '주먹구구식' 선동이라고 부르며 자신들의 정당성을 과시했다.

§

　그러나 앞서 살펴본 바와 같이 노예제 문제는 그것만의 동떨어진 문제가 아

---

* 이러한 사례를 통해 남부와 북부의 노예제에 대한 시각이 지역 구도와 명확히 일치하지 않고, 북부에서도 노예제 반대에 대한 반감이 일부 격렬했다는 것을 알 수 있다. 경제적 이해관계가 걸려 있기도 하고 인종적 편견도 크다. 노예 해방이 어떤 형태로든 기존이 사회 질서를 교란시킬 가능성을 대중들은 두려워했다. 그리고 노예제 폐지 운동이 남부를 자극해 연방의 분열을 초래할 것이라는 우려가 노예제에 대한 도덕적인 비난보다 더 컸다는 게 사실일 것이다. 이는 노예제가 단순히 남부의 문제일 뿐 아니라, 미합중국 전체의 경제적, 문화적 구조에 깊숙이 얽혀 있었다는 점을 보여준다.

** 'died as the fool dieth'. 사무엘하 3장 33~34절에 나오는 표현으로 요압에게 죽임을 당한 사울의 군대 사령관 아브네르의 죽음에 대한 다윗 왕의 애도의 일부이다.

니었다. 농장주들의 지도자들은 노동력 공급을 보존하기를 원했던 것만이 아니었다. 그들은 또한 자유무역 또는 적어도 수입에만 관세를 부과하기를 원했다. 그들은 국가 은행과 그러한 제도에 기반한 국가 통화 시스템을 반대했고, 선박 보조금을 공격했으며, 일반적으로 농업 서부와 상업 동부를 묶는 유대를 강화하기 위해 고안된 내부 개선에 반대했다. 그들은 '공동의 피와 유산으로 구입한' 서부 영토가 농부들뿐 아니라 노예 소유주와 그들의 노예에게도 개방되어야 한다고 선언하면서, 토지 없는 자들, 즉 경작지의 이해관계에 얽매이지 않은 새로운 주에 거주하는 주민들에게 공공 토지를 무상으로 분배하는 것에 반대했다. 그들은 헌법의 명령에 따라 북부로 도망친 모든 도망 노예를 돌려보낼 것을 요구했다.

따라서 남부의 정치인들은 노예 제도를 '오로지 주의 주권적 권한 내에 있는 지역적 제도'라고 헌법에 근거해 말할 수 있었지만, 실제로 그들은 국가 정치의 장에서 적극적으로 활동했고, 그 과정에서 노예제 자체에 대해 거의 또는 전혀 관심이 없는 수많은 적들을 양산했다. 노예 제도를 유지한 남부를 용서했을지도 모르는 많은 연설가들은 남부의 저관세 원칙과 중앙집권적 금융에 대한 반대를 용서할 수 없었다.

노예제 폐지 운동보다 더 강력한 힘에 의해 노예제는 중요한 경제 문제와 함께 워싱턴의 국가적 소용돌이 속으로 휩쓸려 들어갔다. 노예 제도 자체는 주 정부의 통제하에 있었지만, 헌법에 따라 연방 정부의 절차와 많은 접점을 가지고 있었다. 흑인 수입은 의회의 통제하에 있었으며 1808년에 폐지되었지만 법 집행은 엄격할 수도 관대할 수도 있는 미합중국 대통령에게 맡겨졌다. 의회는 영토, 컬럼비아 특별구, 요새 및 미합중국에 속하는 기타 땅에서 정부에 필요한 모든 규칙과 규정을 만들 수 있는 권한을 가졌으며, 이러한 지역에 대한 법률을 제정할 때 노예 제도가 존재해야 하는지 여부를 결정해야 했다. 새로운 주들의 가입은 의회에 위임되었으며, 어떤 준주가 연방의 문을 두드릴 때마다 노예제 금지 또는 허용 여부는 모든 학파의 정치인들이 정면으로 직면해야 했던 문제였다.

헌법에 따라 주인을 떠나 다른 주로 도망친 노예는 돌려보내야 했고, 의회는 이 규칙을 집행할 권한을 가졌다. 우정청은 연방 기관이었으며, 어떤 우편물을 배달해야 하는지 결정할 권리가 있는 의회는 우편물에서 노예제 폐지관련 문건을 제외하는 방안을 고려해야 했다. 마지막으로, 모든 자유 정부에 내재된 권리인 청원권을 시민에게 보장하는 수정헌법 제1조는 노예제 폐지론자들이 모든 성격의 노예제 반대 청원서를 의회에 제출할 수 있도록 명시적으로 보장했다.

따라서 노예 제도를 주 정치의 영역으로 제한하는 것은 본질에 대한 고려를 위해 노예 제도를 격리하는 것만큼이나 사실상 불가능했다. 노예 제도는 미합중국 중기 내내 정치인들의 관심을 끌었고 마침내 걷잡을 수 없는 갈등을 불러일으킨 정치 및 경제 세력의 전면전에서, 노예제 폐지론자의 수가 약간의 증거가 된다 해도, 하나의 요소에 불과했다.

§

남부와 북부의 대표들은 논쟁과 협상을 통해 60여 년 동안 아메리카 연방의 적대적인 집단들 사이에서 평화로운 조정을 할 수 있었다. 전 세계가 알고 있듯이, 헌법 자체는 양보와 보장의 교환을 의미했다. 노예 소유주들은 북부 상인, 금융가, 제조업자들에 대한 호의의 대가로 충분한 보호를 받았다. 주에서 노예 제도의 지속은 암묵적으로 허용되었고, 의회는 노예 제도에 간섭할 권한이 없었다. 도망친 노예는 주인에게 돌려보내야 했고, 여러 주에서 의회의 대표를 할당할 때 노예의 5분의 3을 주민으로 간주해야 했다.

따라서 노예제 폐지론자들이 헌법을 '노예 소유자의 문서'라고 말하고 남부인들이 그들의 이익을 헌법이 인정했다고 자랑한 것은 어느 정도 정당성이 없지 않았다. 실제로 그것은 상업 주와 플랜테이션 주들 간의 평화 조약이었다. 그리고 이 조약을 체결한 세대는 서부 영토의 운명을 결정할 때 북서부는 자유를, 오하이오 강 이남 지역은 노예 제도를 허용하는 동일한 조정 정신을 보여주었다.

그로부터 사반세기 후, 델라웨어 북쪽의 초기 주들에서 노예 제도가 폐지된 후 유사한 조정이 또 다른 치열한 분쟁의 평화적 해결을 이끌었다. 1818년 미주리 주는 프랑스 정착 초기부터 이 지역에서 노예 제도가 용인되어 왔기 때문에 노예 제도를 당연한 것으로 여기고 연방의 한 주로서 가입을 신청했다. 그 문턱에서 신청자는, 미주리 주의 연방 가입 이후 새로운 노예의 미주리 입경을 허용해서는 안 되며, 그곳에서 태어난 모든 노예는 궁극적으로 자유로워져야 한다는 하원의 권고안으로 환영을 받았다.

교착 상태가 이어졌다. 상원 의원의 절반을 차지한 남부는 노예제 폐지 법안의 통과를 막을 수 있었고, 하원의 과반수를 차지한 북부는 미주리의 연방 탈퇴를 막을 수 있었다. 노쇠한 제퍼슨을 조국의 안녕에 대한 우려로 가득 차게 만든 길고 격렬한 논쟁 끝에야 고르디우스의 매듭이 끊어졌다. 모주母州인 매사추세츠 주에서 분리된 메인 주는 자유 주, 미주리 주는 노예 주로 인정받았다. 이 합의와 관련하여 옛 북서부 지역과 마찬가지로 북위 36도 30분선 북쪽의 광활한 루이지애나 영토의 나머지 지역은 영원히 자유롭고, 상대적으로 면적이 작은 남부 지역은 암묵적으로 노예 제도를 허용하기로 합의했다.

이 조정으로 양당의 극단주의자들은 모두 만족하지 못했다. 거칠었던 존 랜돌프는 이 조정을 '더러운 거래'라고 불렀고, 북부 지지자들을 '반죽 얼굴dough face*'이라고 비웃었으며, 마지막 순간에 반대표를 던지기 위해 대규모의 지원군을 소집했다. 노예 제도에 대한 일관된 비판자들, 특히 연방에서 북부의 상대적 권력을 유지하는 데 관심이 있는 이들은 이 합의를 남부에 대한 굴욕적인 항복으로 간주했다. 그러나 지도자들의 중도 노선은 위기를 막았다. 사우

---

* 존 랜돌프의 '반죽 얼굴'이라는 표현은 특히 노예제 문제에서 유연하고 쉽게 조종당하는 것으로 보이는 북부 정치인들을 경멸하는 용어였다. 이 용어는 이들이 남부의 친노예제 이익에 맞설 수 있는 도덕적 확고함이 부족하다는 것을 은유적으로 표현한 것이다.

스캐롤라이나의 캘훈, 메릴랜드의 워트, 조지아의 크로포드 등 먼로의 내각은 반대 의견 없이 루이지애나 영토의 북부 지역에서 노예 제도를 배제하는 데 동의하며 힘의 균형을 위해 화해적인 성격을 드러냈다.

상업 주와 플랜테이션 주 간의 다음 충돌인 1833년 관세 무효화 전쟁은 노예 제도와는 전혀 상관없이 제조업, 양모 재배자, 대마 재배자들이 집요하게 요구한 보호관세에 관한 것이었다. 앞서 말했듯이, 이 사건은 10년 전 미주리 문제를 둘러싼 전투보다 국가를 더 혼란에 빠뜨렸다. 실제로 사우스캐롤라이나는 연방을 탈퇴할 준비를 했고 연방 정부는 탈퇴를 막기 위해 무력을 사용할 준비를 해서 온건파의 맹렬한 노력으로만 해결될 수 있었던 비상사태가 발생했다.

거의 20년 동안 경제 부문의 갈등은 별다른 위기를 불러일으키지 않았다. 그러다가 갑자기 텍사스 합병, 멕시코와의 전쟁, 태평양 연안까지 뻗은 추가 영토 획득으로 정치 지형이 바뀌면서 다시 심각한 단계에 이르렀다. 멕시코와의 무력 충돌이 시작되고 나서 몇 달 후인 1846년 8월 6일, 펜실베이니아의 민주당 소속 농부 출신 데이비드 윌못이 하원에서 이 투쟁으로 점령할 수 있는 모든 영토에서 노예제를 완전히 배제해야 한다는 결의안을 발의하면서 아메리카 역사에서 윌못 건의안Wilmot Proviso으로 유명해진 이 새로운 힘의 시험대는 시작되었다. 조지아의 로버트 툼스는 '살아 계신 하느님 앞에서, 당신의 법으로 우리를 캘리포니아와 뉴멕시코 영토에서 몰아내려 한다면…… 나는 연방 탈퇴를 찬성한다'고 외쳤다.

건의안은 부결되었지만, 새로운 영토와 관련하여 노예 제도가 언급되자마자 전국이 폭풍에 휩싸였다. 노예제 폐지론자들은 멕시코 전쟁은 노예 소유주들이 면화와 노예를 위해 더 많은 토지를 확보하려는 계획에 불과하다고 주장했다. 플랜테이션 이해관계를 가진 정치인들은, 공동의 적을 응징하고 국가의 명예를 지키기 위해 남부가 피와 재산을 바친 공동 투쟁의 결실을 부정하는 것은 모욕이라고 맞섰다.

다른 많은 논쟁들과 마찬가지로, 멕시코 전쟁이 끝날 무렵 새로 획득한 영토의 정부에 대해 어떤 종류의 처리를 해야 한다는 사실만 없었더라면, 이 새로운 지혜의 전투는 학문적인 것으로 남았을 것이다. 따라서 1849년 12월 의회가 열렸을 때 이 문제에 대한 큰 논쟁이 시작되었고, 겨울 내내 격렬하게 진행되어 전국을 뒤흔들었다. 이 논쟁은 모든 면에서 고대와 현대의 가장 고귀한 지적 대회와 웅변의 연대기에서 한 자리를 차지할 정도로 기억에 남을 만한 법정 대회였다. 이 대회에 참가한 사람들의 면면과 주장의 웅변성, 설득력, 그리고 토론을 통해 도출된 결과로 인해 이것은 중요한 의미를 지녔다.

40여 년 동안 단상에 올랐던 백발의 허리가 굽은 세 명의 거물이 현장을 장악했다. 극남의 캘훈, 극북의 웹스터, 변경 지대의 클레이가 바로 그들이다. 그들 중 첫 번째는 웅장한 논쟁이 끝나기 전에 죽을 운명이었다. 70년이 넘는 세월의 무게로 구부러진 마지막 사람은, 자신의 야망이 멈추고 곧 어둠의 문이 그에게 열릴 것이라고 믿을 만한 모든 이유가 있었다. 웹스터는 겉보기에는 더 강인해 보였고 아마도 그의 마음이 쏠려 있던 대통령 직을 잡을 수 있어 보였지만 곧 동료들을 따라 무덤으로 향할 터였다. 거물들 주변에는 행군하는 군대의 발소리를 듣고 이성과 웅변의 실패 뒤에 이어진 4년간의 전쟁 동안 경쟁하는 군대를 이끌 젊은 세대의 남자들이 배치되어 있었다.

캘훈은 농장주들의 이해관계를 위해 이의를 제기하고 자신의 영역이 연방에 남을 수 있는 조건을 제시했다. 그는 위기 상황에서 남부가 불안해하는 이유를 설명하는 것으로 말문을 열었다. 물론 그중 하나는 북부에서 노예제 문제를 둘러싸고 오랫동안 지속되어 온 동요였다. 그러나 노예제 문제와 '밀접하게' 연관된 남부의 두려움의 '크고 주된 원인'은, 북부가 놀라운 성장을 통해 '정부를 통제할 수 있는 독점적 권력'을 획득한 반면, 남부는 '북부의 침략과 억압으로부터 자신을 보호할 수 있는 적절한 수단'이 없다는 부인할 수 없는 사실이었다. 다시 말해, 과거와 같은 미묘한 균형은 사라지고 상업 주와 자영농 주들이 마음만 먹으면 앞으로는 플랜테이션 주들을 지배하고 억압할 수 있게 된 것이다.

그의 익숙한 논리적 명확성을 가지고 캘훈은, 남부가 모든 준주에서 동등한 권리를 가질 것, 북부는 도망 노예의 귀환에 관한 조항을 충실히 이행할 것, 노예제 문제에 대한 선동을 중단할 것, 마지막으로 헌법 개정으로 남부와 북부의 균형을 회복하고 북부 다수파의 영향력으로부터 플랜테이션 주들을 보호할 것, 즉 하트포드 조약의 핵심 내용을 뒤집은 최후통첩을 제시했다. 그의 주장은 명확하고 분명했다 ─ 그리고 역사적으로 불가능했다.

미래를 내다보는 젊은 세대, 극좌익을 위해 뉴욕의 윌리엄 H. 수어드는 말했다. 그 역시 분명하고 명확하게 말했다. 노예제 선동은 멈추지 않을 것이다. '어떤 정부가 국민들의 도덕적 신념을 바꾸는 데 성공한 적이 있는가?'라고 그는 물었다. 도망노예법은 시행될 수 없다. 북부의 압도적인 민심이 그것에 반대하고 있었다. 준주들을 노예 제도에 넘기지 않고 정의와 복지, 자유를 위해 바치겠다는 뜻이었다. 연설자는 '헌법보다 더 높은 법이 있다. 이 법은 영토에 대한 우리의 권한을 규제하고 동일한 고귀한 목적을 위해 헌신한다'고 선언했는데, 이는 삶이 사법의 벽에 둘러싸여 있다고 믿었던 변호사들에게 오싹한 전율을 안겨주었다.

모든 측면에서 캘훈에 반기를 든 수어드는 놀란 청중들에게 담대하게 선언했다. '노예 해방은 필연적이며 가까이 와 있다. 노예 해방은 빨라질 수도 있고 방해받을 수도 있다. 노예 해방이 평화적일지 폭력적일지는 빨라지느냐 방해받느냐에 달려 있다. 노예 제도를 강화하거나 연장하는 모든 조치는 폭력의 완성을 지향한다. 노예 제도의 연장을 견제하고 그 힘을 약화시키는 모든 것은 평화적 종식을 지향한다.'

클레이는 이 큰 틈새를 비집고 들어가 그의 저명한 경력의 마지막을 장식한 타협으로 자신을 던졌다. 그는 강력한 연설과 숙련된 협상력을 통해 온건파를 규합하여 양쪽 극단에 양보를 제공하는 화합의 프로그램을 마련하기 위해 노력했다. 헌법이 보호하는 자유와 노예제, 전쟁과 재난에 대한 유일한 대안인 타협을 위해 그가 호소할 때마다 감동적인 정서pathos가 흘렀다. 그가 무덤의 안락함을 위해 지상의 모든 야망과 명예를 며칠 만에 내려놓고 단합된 조국만을 위해 헌신하겠다고 말하자, 청중 중에 있던 의구심 많은 냉소주의자들조차 눈물을 흘렸다. 1820년, 1833년과 마찬가지로, 다시 한 번 클레이가 승리했다.

하지만 이번에는 웹스터의 도움이 있었기 때문에 승리할 수 있었다. 매사추세츠 주의 상원 의원은 매일같이 주변에서 소란이 일어나는 동안 침묵 속에 앉아 참가자들을 이리저리 뒤흔드는 바람을 예리한 눈으로 조용히 지켜보았다. 그리고 1850년 3월 7일, 그는 경주를 준비하는 강인한 사람처럼 모든 의심을 떨쳐버리고 일어나서 그날을 영원히 기억하게 될 운명적인 연설을 했다. 노예제 폐지론자들은 그가 모든 새로운 영토[준주]에서 노예 제도를 명시적으로 배제할 것을 요구하기를 바랐다. 하지만 웹스터는 노예제 폐지론자들을 당혹스럽게 만들며 자신의 위대한 명성과 웅변력을 바탕으로 타협을 호소했고, 그의 자비심을 농장주들에게 더 확장시켜, 도망친 노예를 돌려보내는 과감한 법안에 동의했다.

'그는 기억에 따라 사는 사람이다. 신념과 희망의 사람이 아니라 과거의 사람이다.' 이 소식이 전해지자 에머슨이 한 말이다. '그의 세련되게 발달된 이해는 동물적 선, 즉 재산을 위해 존재할 때만 진정으로 그리고 온전히 작동한다.' 로웰, 휘티어, 롱펠로우도 비난에 동참했다. 덜 관대한 비평가들은 웹스터가 대통령 직을 차지하기 위해 남부 휘그당에 자신을 팔아넘겼다고 비난했다. 그의 친구들, 실용적인 정치인들은, 그가 모든 위험을 감수한 것은 야망이 아니라 연방을 어떻게든 지키려는 압도적인 사랑 때문이었다고 대답했다.

1년여에 걸친 의회 투쟁 끝에 마침내 일련의 법률이 제정되었고, 1850년 9월 테일러 장군의 사망으로 취임한 밀라드 필모어 대통령이 이 모든 법률에 서명했다. 감가상각된 유가증권을 위해 오랫동안 노력해 온 텍사스 채권 보유자들의 큰 기쁨을 위해, 텍사스의 경계가 조정되고 보상금으로 막대한 금액이

해당 주에 지급되었다. 유타 주와 뉴멕시코 주는 당시 헌법이 정한 바에 따라 노예제 유무에 관계 없이 적절한 시기에 연방에 편입되어야 한다는 조건하에 공식적으로 조직되었다. 이는 월못 건의안Wilmot Proviso을 거부하면서도 노예제 확장을 보장하지는 않는 타협이었다. 남부에 대한 양보를 어느 정도 상쇄하면서, 캘리포니아는 자유 주로서 인정받았다.

새로운 영토에 대한 처분은 노예 제도에 관한 두 가지 조치로 보완되었다. 노예제 자체가 아닌 노예 무역이 컬럼비아 특별구에서 폐지되었는데, 이는 자유를 위한 제물이었지만 문자와 정신 모두에서 극단적인 새로운 도망노예법으로 즉시 상쇄되었다. 이 법은 자유에 대한 열정으로 흔들릴 가능성이 있는 주 및 지방 당국의 손에서 사업을 빼앗기 위해 연방 관리들이 노예를 압수하고 돌려보내는 데 협력하도록 규정했다. 이 법은 법 집행을 방해하는 모든 사람에게 무거운 처벌을 내렸다. 이 법은 주인이나 그의 대리인이 단순한 진술서만으로 도망자의 혐의를 주장하고 피고인을 연방 위원 앞에서 약식 청문회(흑인은 배심원에 의한 재판권과 자신을 대신하여 증거를 제공할 수 있는 특권이 거부된 청문회)에 데려갈 수 있도록 허용했다. 연방 보안관이 노예가 자신의 손을 빠져나가는 것을 허용할 경우, 그는 민사 손해 배상 소송을 당할 수 있었다. 청구인에게 유리한 판결을 내릴 경우, 위원은 피고를 석방하는 판결보다 더 높은 수수료를 받았다. 이런 식으로 1850년대의 위대한 정치인들은 연방의 세력 균형을 무너뜨릴 수 있는 지역 갈등을 잠재울 계획을 세웠다.

§

국내 정책 문제를 둘러싼 이해관계와 분파의 충돌은 특히 동양에서의 대외 통상 관계의 영역으로도 이어졌다. 민주당의 저관세 조치가 동북부에 큰 충격을 주었다 하더라도, 그것이 국내 산업 활동을 뿌리째 뽑거나 중국, 인도, 동인도 제도에서의 무역을 파괴하지는 않았다. 오히려 낮은 관세는 국내에서 아메리카 상품의 수요를 줄임으로써 북부 제조업체들이 해외, 특히 과밀화된 유럽 시장보다 전망이 밝은 극동아시아에서 새로운 판매처를 찾기 위해 더욱 열성적으로 노력하도록 유도했다.

게다가 목화 방적업자만큼이나 돈을 벌고 싶어 했던 플랜테이션 주 정치인들은 남부의 주요 작물 중 하나인 담배가 인구가 많은 중국에서 엄청난 판매량을 기록할 수 있다는 사실에 주목했다. 1853년 민주당 소속 해군장관이 상원에 제출한 보고서에는 이렇게 적혀 있다. '우리 담배가 이 유독한 약[아편]의 대체품으로 중국에서 일반적으로 받아들여질 것이라고 추측할 만한 근거가 있다. 이제 우리의 담배 재배 주에서 풍부하게 생산되는 이 물품은 우리 무역의 선구자가 될 것이며 면화, 양모, 특히 수저와 기타 철 제조업을 위한 길을 열어줄 것이다…… 담배 생산은 2억 명에 달하는 중국 소비자들의 수요 증가에 상응하는 수준으로 늘어날 것이며, 따라서 우리의 국부는 크게 증대될 것이다.' 아무리 강경한 민주당원이라도 양키 방직 공장주들이 중국에서 천을 판매한다면 반대할 이유가 없었다. 그들은 단지 수입품에 관세를 부과하는 것에 반대했고, 담배 화물이 회색의 천으로 싸인 다른 박스와 짐짝들과 함께 태평양을 건너갈 수 있다는 사실에 그저 기뻐할 뿐이었다.

그럼에도 불구하고 극동아시아 무역의 대부분은 면화와 담배 재배자보다는 북부의 선주와 제조업체에 이익을 가져다주었고, 농업계 민주당이 아니라 산업계의 대변인인 휘그당이 국무부와 해군의 보호를 받아 대외 무역을 발전시키기를 열망하는 것은 당연한 일이었다. 따라서 산업 번영의 충실한 옹호자였던 대니얼 웹스터가 휘그당 대통령 밑에서 국무장관으로 재직하는 동안, 1898년 마닐라만 전투에서 듀이가 스페인을 패배시키기 전까지 태평양에서 아메리카의 이익을 위해 가장 놀라운 세 가지 업적, 즉 중국과의 최초의 통상 조약, 하와이의 특별보호구역 지정, 일본의 문호 개방을 추진한 것은 결코 우연이 아니었다.

공해상에서 물리력을 행사하여 해군 기지를 점령하고 상업 항구를 개설하는 제국주의적 계획을 수립하고 적용한 최초의 아메리카 해군 장교, 즉 일본을 미합중국과 수교시키기 위해 선발된 페리 준장이 오랫동안 중국 무역의 주요 중심지 중 하나였던 로드아일랜드 프로비던스 출신의 선원이었던 것은 단순한 우연이 아니었을 것이다. 남북전쟁 직전에 포모사[대만]에서 성조기를 내렸던 국무장관[Lewis Cass]이 이후 필리핀 독립을 지지한 네브래스카 출신의 '비길 데 없는 웅변가' 윌리엄 제닝스 브라이언의 민주당 전임자였던 것은 결코 단순한 운명의 회오리 때문이 아니었을 것이다.

안성맞춤으로, 1840년 하원에 동양 무역에 대한 정치적, 해군적 보장을 요청하는 최초의 효과적인 청원을 제출한 것은 매사추세츠의 면화 공장 소유주이며 웹스터의 절친한 친구이자 재정적 후원자였던 애보트 로렌스였다. 그것은 중국과의 통상 조약 체결을 위한 무력 보호와 위임장을 요청하는 광동의 아메리카 상인들로부터 나온 것이었다. 당시 뉴욕 출신 민주당 대통령 마틴 밴 뷰런은 자신의 출신 주 메트로폴리스에 큰 이익을 가져다주는 중국 무역의 중요성을 잘 알고 있었으므로, 키어니 제독이 지휘하는 동인도 함대에 중국 해역으로 출항할 것을 명령했다. 몇 달 지나지 않아 휘그당은 지도자 해리슨 장군의 뒤를 따라 워싱턴으로 승전고를 울렸는데 북소리는 최대한 낮췄다.

그러므로, 더 의욕적이고 전문적인 손이 키를 잡았다. 대니얼 웹스터는 국무장관이 되어 동양 정책의 실마리를 잡고 대통령을 위해 중국 사업에 관한 특별 메시지를 작성하여 승인을 받기 위해 즉시 의회에 보냈다. 이 경제적인 문서에서 웹스터는 중국 무역이 당시 연간 약 900만 달러에 달한다는 사실에 주목한 후, 상업적 권리를 추구하기 위해 천자天子를 방문하는 특별 사절단에 대한 예산을 제안했다.

이 아이디어에 흥미를 느낀 의회는 잭슨빌 출신 민주당의 벤튼 상원 의원의 반대에도 불구하고 이 자금을 승인했다. 중국 무역의 실체에 대해 잘 알고 있던 뉴베리포트 선장의 후손인 케일럽 쿠싱이 대표단장으로, 웹스터의 아들 플레처가 비서로 임명되었다. 영국이 최근 아편전쟁에서 중국을 이겨 북경의 청나라가 기분이 상한 상태였기 때문에 사절단은 쉽게 왔노라, 보았노라, 이겼노라를 외칠 수 있었다. 이에 힘입어 쿠싱은 1844년 7월 3일 황실 장관과 조약을 체결하여 아메리카인들이 중국의 개항장에서 상업적 특권을 누리고 중국법을 위반한 혐의로 기소될 경우 자국 영사법원에서 재판을 받을 권리를 확보했다. 쿠싱은 '이 조약에 의해 중국 제국의 영토 내에서도 연방의 법이 시민들을 따르고 그 기치가 시민들을 보호하게 되었다'고 기쁘게 썼다. 이로써 아메리카 정부와 중국 정부 간의 공식적인 상업적, 정치적 관계가 시작되었다.

몇 년 후, 휘그당이 테일러 장군의 뒤를 이어 다시 집권하고 웹스터가 다시 국무장관이 된 후 확고한 동양 정책의 실행이 재개되었다. 권력에 복귀한 웹스터는 기괴한 모험가 루이 나폴레옹의 휘하에서 복무하던 프랑스 해군 장교가 하와이 제도에 대해 적대적인 시위를 벌였고, 하와이를 점령하려는 기세가 분명하다는 사실을 알게 되었다. 이제 국무장관인 그는 타일러 대통령 밑에서 국무부에 근무할 때 선교사의 후원으로 아메리카를 방문한 하와이 대표단을 맞아 미합중국 정부는 어떤 유럽 세력도 하와이를 점령하거나 식민지로 만들거나 원주민 정부를 전복하는 것을 허용하지 않을 것이라고 알렸던 일을 쉽게 떠올릴 수 있었다. 1851년 이 서약을 떠올리며, 웹스터는 파리에 주재하는 아메리카 대사에게 프랑스가 태평양 지역에서 제국주의 프로젝트를 수행하지 못하도록 경고하라고 지시했다.

일부 민주당원들은, 세부 사항에 합의할 수 있다면, 그 당시 하와이 제도를 기꺼이 소유할 의향이 있었던 것 같다. 어쨌든 웹스터의 민주당 후계자이자 상업 도시 뉴욕의 W.L.마시는 합병 조약을 작성했지만 상원의 비준을 받지 못했다. 이 조약은 폐위된 왕자들에게 거액의 연금을 지급하도록 제안했는데, 이는 제퍼슨주의의 단순성에 위배되는 것이었다. 더 중요한 것은 하와이가 자유 주로서 연방에 최종적으로 가입할 수 있는 근거를 마련했다는 점이다. 하지만 아직 때가 무르익지 않았다.

웹스터가 하와이를 아메리카인이 사용할 수 있도록 보존한 것보다 훨씬 더 중요한 것은 일본을 아메리카 상업에 개방하는 임무를 시작하면서 신속하고 효율적인 조치를 취한 것이었다. 이 섬나라 제국의 정부는 200여 년 동안 네덜란드인이 소량의 무역을 할 수 있도록 허용한 한 항구[나가사키]를 제외하고는 외국과의 무역을 막고 있었으며, 이는 외국인의 침입을 허용하지 않겠다는 고압적인 욕망을 드러낸 것이었다. 아메리카인들이 태평양 전역의 시장을 열심히 찾기 시작했을 당시의 상황은 어떤 종류의 배타주의도 반대하는 데 주저하지 않는 단호한 아메리카인들이었다. 때때로 인근을 순항하는 미합중국 해군 장교들은 상업 관계와 난파된 아메리카 선원 보호 문제에 대해 일본 정부에 목소리를 내도록 지시받았다. 그러나 그러한 모든 청원은 떠오르는 태양의 땅에서 천황의 이름으로 통치하는 쇼군將軍을 움직이지 못했다.

거듭된 거절에 실망하지 않은 대서양 도시들, 특히 뉴욕의 상인들은 에도江戶에 만연한 제한 정책에 대한 조치를 계속 촉구했고, 웹스터는 이제 그들의 요구에 더욱 귀를 기울였다. 그는 예비 조치로 중국 해역에 있는 아메리카 해군 장교에게 일본으로 항해하여 문호 개방을 위해 할 수 있는 모든 일을 하라는 명령을 내렸다. 무엇보다도 웹스터는 일본인에게 석탄을 구입할 권리를 요청하면서 이 귀중한 물질이 '만물의 창조주가 온 인류의 이익을 위해 일본 열도 깊숙한 곳에 쌓아둔 섭리의 선물'이라는 사실을 알렸고, 이는 이후 몇 년 동안 독특한 반향을 불러일으키며 고양된 정서를 불러일으켰다. 호소문은 설득력이 있었지만 첫 번째로 파견된 자는 그의 명령을 이행할 수 없었다.

웹스터는 낙담하지 않고 두 번째 대리인인 매튜 C. 페리 준장을 일본으로 보냈는데, 페리 준장은 작지만 강력한 해군력을 가지고 있었다. 페리는 자신의 포고를 집행하는 데 필요하다면 무력을 사용해 주변 섬들을 점령하기로 마음먹은 상태였기 때문에 에도 정부를 겁줘서 양보하게 만들기에 적절한 분위기였다. 그는 자신의 기세를 과시하기 위해 일본인의 전통적인 권리를 무시하고, 영해를 침범하고, 그들의 법을 무시하고, 항의를 묵살했다.

그러나 상황이 제독을 돕지 않았다면 이러한 행동은 아무 소용이 없었을지도 모른다. 그들의 욕망이 무엇이든, 일본인들은 영국이 무기로 중국의 장벽을 막 무너뜨렸고 영국과 러시아 전함이 일본에 대한 그들의 의지를 실행하기 위해 대기하고 있다는 것을 알고 있었다. 게다가 정문 앞에 와 있던 아메리카인 선장은 집요함을 보여줄 뿐만 아니라, 일본인에게 무역을 위한 편의를 아낌없이 제공했고, 중국인들이 아메리카에 와서 자유롭게 자신들의 신을 숭배하고 부유해졌다고 말하며 그들도 와서 그렇게 하라는 따뜻한 초청장을 보냈다. 그래서 1854년 3월 31일, 웹스터가 오랜 고향으로 돌아간 후[죽은 후], 일본에, 수어드의 표현으로, 우정을 '부드럽게 강요하는' 조약이 정식으로 체결되었고, 4년 후 타운센드 해리스가 통상 조약으로 이 일을 마무리했다.

이 무렵 페리와 같은 진취적인 인물들의 지도하에 해군부의 전문가들은 태평양에서 향후 몇 년 동안 성과를 거둘 행동 철학을 구상했다. 민주당은 연방 정부를 장악할 때마다 민간인을 공직에서 축출하는 데 신중했고, 무역이나 동양에 대해 전혀 모르는 동양 개척자들을 영사로 기꺼이 파견했지만, 바다를 한 번도 본 적이 없는 사람들에게 해군 함정을 지휘하게 할 용기는 없었다. 따라서 상황의 도움으로, 일관된 해군의 전통이 쉽게 만들어져 지휘관들에 의해 채택되었고, 승리한 농경 세력이 워싱턴에서 안장에 앉아 있을 때에도 그것은 소중히 지켜졌다.

페리 준장이 세심한 주의를 기울여 만든 이 전통은 그 단순함에서 놀라움을 자아냈다. '우리는 국가적 성공에 자연스럽게 수반되는 권력 증대에 대한 야심 찬 열망에서 자유로울 수 없다'고 그는 말했다. 이는 자명한 말처럼 보였다. '우리의 위대한 해양 라이벌인 영국의 동양 영토와 그들의 요새화된 항구의 지속적이고 급속한 증가를 볼 때, 우리는 우리 측의 신속한 조치가 필요하다는 것을 깨달아야 한다…… 다행히도 일본과 태평양의 다른 많은 섬들은 이 비양심적인 정부의 손길이 닿지 않은 채 남아 있으며, 그들 중 일부는 아메리카에 매우 중요해질 위대한 상업의 길목에 놓여 있다. 충분한 수의 피난처 항구를 확보하기 위한 적극적인 조치를 취하는 데 시간을 낭비해서는 안 된다.'

이러한 윤리적 전제에 따라, 제독은 보닌 제도[오가사와라 제도小笠原諸島]를 점령하고, 여기저기서 성조기를 게양하는 선례를 세웠다. 그런데, 운명이 대개 그렇듯이, 휘그당은 곧 정권을 잃었고, 헌법을 중시하는 민주당 국무장관은 페리에게 대통령은 의회의 동의 없이 먼 영토를 점령할 수 없다고 말했다. 얼마 지나지 않아 보닌 제도의 깃발은 내려졌고 일본은 그곳의 주권을 다시 확립했다.

한동안 제국주의 사업들을 망가뜨린 상업적 고려에 대한 민주당의 무관심도 포모사 손실의 원인이었다. 이 사실을 아는 미합중국 시민은 거의 없었지만, 이 '아름다운 섬'은 사실 중국에 있던 열성적인 관리인 피터 파커 박사의 활동으로 아메리카의 손아귀에 들어왔다. 의료 선교사 출신으로 정부 관료로 변신한 이 진취적인 인물은 항상 매력적인 기회를 찾던 중 한 아메리카 기업이 포모사 무역을 이용하기 위해 타코우[고웅高雄]에 성조기를 게양한 사실을 발견했고, 좋은 부동산을 보는 안목이 있던 파커 박사는 서둘러 합병을 권고했다.

파커는 외교적 본능으로 즉시 국무부에 편지를 보내 '아메리카 정부가 인류, 문명, 항해 및 상업의 이익이 대만과 관련하여 아메리카 정부에 부과하는 행동에서 위축되지 않기를 바란다'는 희망을 표명했다. 한편 그 자리에 있던 한 해군 장교는 워싱턴에서 연락이 올 때까지 성조기를 계속 게양하겠다고 제안했다. 그게 1857년이었다. 파커의 편지가 도착했을 때, 상원 의원 윌리엄 H. 수어드가 증인으로 채택되었지만 정부는 상업적 이해관계에 냉담한 남부 농장주들에 의해 지배되고 있었다. 어쨌든 민주당 국무장관은 성급한 파커에게, 국가의 군대와 해군은 '의회의 권한에 의해서만' 사용될 수 있다고 알렸다. 포모사 합병 제안은 그해 8월 의회august body에 상정조차 되지 않았다. 그래서 포모사에서 내려진 깃발은 40년 후 그리 멀리 떨어져 있지 않은 필리핀에서 게양되었다.

16

민주주의: 낭만과 현실

아메리카 혁명과 제퍼슨 민주주의의 승리로 대중의 승인을 받은 위대한 정치 사상은 19세기가 진행되면서 사람들의 생각과 감정 속으로 더욱 깊숙이 파고들었고, 삶과 노동, 정부의 새로운 문제들이 고려의 대상으로 떠오르면서 점점 더 넓은 의미의 영향력을 발산했다. 국가의 경제 구조에 큰 변화가 없었다면, 새로운 사회 세력이 국가 무대에 등장하지 않았다면, 혁명적 유럽으로부터의 추가적인 영향이 없었다면, 건국의 아버지들이 공언한 인권과 인간 평등이라는 위대한 개념은 철학, 문자, 예술의 지적 풍토를 바꾸어 놓았을 것이다.

그러나 제퍼슨 시대의 국가國歌가 확장되고 울려 퍼지는 음표 위에 기술과 응용 과학이 만들어낸 혁명의 날카로운 진동이 더해져 이전 세기의 모든 격변과 르네상스보다 더 오래된 사색의 패턴을 깨뜨리고 민주주의를 위한 끝없는 진보의 풍경을 펼쳐 보였다. 18세기 후반에 기계의 시대가 열렸고, 워싱턴은 수력으로 구동되는 회전하는 방추를 볼 수 있었지만, 기계 공정은 잭슨과 링컨 시대에 이르러서야 비로소 큰 탄력을 받게 되었다.

산업혁명이 본격적으로 가동되자 지적 관심사, 미적 감상, 지식 유통을 위한 제도 등 문화에 미치는 영향은 신속하고 누적적으로 나타났다. 그 압박과 긴장으로 인해 사회 구조 전체가 재편되었다. 해운과 무역으로 벌어들인 오래된 재산에 섬유, 철강, 철물, 도자기, 철도에서 벌어들인 수많은 재산이 더해졌다. 이제 대중 교육을 위해, 아들과 딸들에게 여가를 제공하고 문자, 과학, 예술을 후원하기 위해 대가족 영지에 세금을 부과해야 했다. 해가 뜨면 그림자가 따라다니듯, 중간 계급이 확대되면서 사회와 정부에 대해 급진적인 성향을 가진 산업 프롤레타리아가 생겨났다. 이와 함께 공장, 제분소, 상점에서 일하는 많은 여성 노동자들이 생겨났고, 이는 가정과 관계된 법과 관행에 급속한 영향을 미쳤다.

이 과정에서 인구가 급격히 집중되는 현상이 발생했는데, 이는 문화 사업의 활성화 및 지원과 밀접한 관련이 있다. 대략 1815년에서 1860년 사이인 이 미합중국 중기에, 성장한 마을들은 갑자기 중요한 도시가 되었다. 워싱턴 취임 당시 인구가 약 3만 명이었던 뉴욕은 링컨이 당선되기 전에 50만 명에 달했다. 신시내티와 시카고를 합치면, 독립이 선언된 직후 아메리카의 모든 도시를 합친 것보다 더 많은 인구가 거주하게 되었다. 자본주의의 발전과 함께 주기적으로 산업 공황이 발생하여 사회 질서가 격렬하게 요동치고 도시의 빈곤이 심화되었으며, 사회적 경제의 모든 단계에 대한 대중의 깊은 관심을 불러일으켰다. 문화적 의미에서 결코 그 중요성이 떨어지지 않는, 기계에서 흘러나오는 상품의 눈사태는 대중에게 새로운 욕구를 일깨우고, 대중 사이에서 새로운 욕망을 만들어냈으며, 가속화되는 물욕의 취향으로 사회 전체를 뒤흔들었다.

엄청난 경제적 에너지를 방출하는 것 외에도, 기계 공정의 기술과 과학은 기존의 관습과 양식에 모든 종류의 물질적 장치를 밀어넣었다. 미합중국 내 철도 노선의 확장과 7대양 증기선 상업의 성장은 지역적 사고와 관습의 경직성을 파괴하는 사회적 흐름을 일으켰다. 전신과 동력 인쇄 기계는 신문 사업을 변화시켰고, 전국에 염가 신문penny press을 보급하여 보스턴에서 샌프란시스코까지 즉각적인 뉴스 전파를 가능하게 했으며, 대중이 비교적 쉽게 상류층의 지적 독점 영역에 침입할 수 있게 했다. 사회 변화와 기술적 장치로 인해 생겨난 새로운 잡지와 출판사는 문학 상품 시장을 확대했고, 작가들이 펜으로 먹고 살 수 있게 되면서 더 많은 재능이 문학 분야로 몰리게 되었다. 기술적 전복에 수반된 과학 정신은 생활과 의견의 모든 분야로 확산되어 사회의 물질뿐만 아니라 신비에 대해서도 냉혹한 분석을 적용시켰다.

다른 모든 국가의 경제적 격변기에 공통적으로 나타나는 이러한 산업혁명의 자본에 미친 결과 외에도 미합중국 중기에는 아메리카 특유의 여러 가지 부수적인 특징이 있었다. 우선, 새로운 공장에서 일하는 남성과 여성의 점점 더 많은 비율이 외국에서 출생한 사람들이었고, 이민의 홍수는 이전의 모든 기록을 깨고 인종과 언어의 복잡한 혼합을 만들었다. 이 침략과 동시에 캘리포니아로 향하는 골드러시와 서부의 값싼 땅이 꾸준히 개방되면서 동부의 오래된 농촌 공동체는 붕괴되고 인구의 중심은 빠르게 해가 지는 곳으로 이동했다. 오늘 가난했던 사람이 이튿날 백만장자가 되었고, 월요일에 집안 빨래를 하던 여성이 수요일에 궁전으로 이사하고 일요일에는 마차를 타고 교회에 갔다. 이민자들이 밀려들면서 청교도들과 장로교도들의 오랜 골칫거리였던 카톨릭교회는 신자 수를 배가시켜, 상인들과 정치인들은 자신들이 파는 상품 광고에 신중을 기하게 되었으며, 프로테스탄트들의 역사적인 반감을 다시 한 번 불러일으켰다.

이러한 모든 격동적인 요소와 더불어, 통일된 군주제, 성직자 계급, 귀족의 통제를 받지 않는 농민과 장인의 잭슨 민주주의가 급부상하면서 미합중국 중기는 필연적으로 대중 운동 시대가 되었다. 강연회, 공립학교, 서커스, 박물관, 염가 신문, 다양한 선전, 정치적 모임, 여성 참정권 대회, 절제[도덕적, 종교적 신념에 따른 금주禁酒] 개혁, 프롤레타리아로 인한 사회 불안, 노동조합, 모르몬교, 밀러리즘,[*] 메시아주의, 관상학의 시대 ― 제화공, 목수, 가난한 목사의 아들이 시와 에세이를 쓰고, 여성이 대학을 세운 시대였고, 권리를 주장하고 아메리카 오페라의 웅장하거나 희극적인 모든 단계에 참여하는 선동가의 전투적인 음색이 도덕주의자, 설교자, 교육자의 활기찬 음색과 어우러져, 아메리카의 미래를 정복하기 위해 전진하는 때로는 영감을 받고, 종종 무지하고 대체로 짜증나는 의견의 선구자들의 시대였다. '광인, 여성, 수염을 기른 남자, 덩커[독일 침례파 신도], 머글톤파[삼위일체를 부정하는 신교도 분파], 컴-아우터[비타협적 노예폐지론자], 절망으로 신음하는 자, 농부, 제칠일안식일예수재림교도, 퀘이커교도, 노예제 폐지론자, 유니테리언, 철학자'― 에머슨은 이 몇 줄로 그의 시대의 격렬한 민주주의를 요약적으로 묘사했다.

디킨스 같은 외국인 방문객을 재미있게도 짜증 나게도 하고, 현대 작가 미드 미니거로드가 그 시대를 비하하는 제목인 멋진 '40년대The Fabulous Forties'를 쓰도록 유도한 그 시대의 활기는 단순히 민주주의의 괴팍함을 표현한 것이 아니었다. 오히려 그것은 투쟁하는 대중이 약간의 여유와 경제적 잉여를 누리며 '더 나은' 계층으로 여겨지는 계급의 유행을 따라 자신을 흥겹게 꾸미려는 역동적인 노력에서 비롯된 것이었다. 기계의 무한한 재생산력을 발견한 산업의 지도자들은 베르사유와 런던의 디자인을 모방한 유화, 도자기, 가늘고 긴 다리의 의자, 금박 액자, 거울, 양탄자 등 '우월한' 사람들이 이미 가지고 있는 것들을 차용하고 복제하여 대중에게 판매했다. 심지어 민주주의자들의

---

[*] 밀러리즘은 윌리엄 밀러의 성서 예언 해석을 바탕으로 예수 그리스도의 임박한 재림에 대한 믿음을 중심으로 한 19세기의 중요한 종교 운동이었다. 밀러는 자신의 성서에 대한 이해를 바탕으로 1843년 3월 21일에서 1844년 3월 21일 사이에 예수가 재림할 것이라고 예측했다. 이 기간이 아무 사건 없이 지나가자 추가 계산을 통해 1844년 10월 22일이라는 날짜가 도출되었지만 이 역시 아무 사건 없이 지나가자 '대실망Great Disappointment'으로 이어졌다. 하지만 신도들 사이의 환멸에도 불구하고 예수의 임박한 재림을 계속해서 믿는 사람들이 있었고 재림에 대해 재해석한 제칠일안식일예수재림교회 Seventh-day Adventist Church가 그 대표적 예이다. 밀러리즘은 제2차 대각성 운동으로 알려졌고 19세기 아메리카의 종교적 부흥에 중요하고 지속적인 영향을 미쳤다.

가정에서 눈에 띄는 반짝이는 크리스털 샹들리에도 빅토리아 시대 중반에 곧 수입되어 영원히 기념될 터였다. 한때는 제한된 계층에 국한되었던, 진품이든 모조품이든, 상품이 광범위하게 유통되는 것에는 기괴한 점이 있었지만, 씁쓸하든 달콤하든 그것이 기계의 자연스러운 결실이었다는 것은 의심할 여지가 없다.

§

유럽에서 미합중국 중기 시대의 격동하는 아메리카로 흘러들어온 다양한 의견 중에는 생각을 새로운 채널로 전환하는 데 도움이 되는 세 가지가 있었다. 첫 번째는 18세기의 과학 이론, 즉 데카르트에서 라플라스로 이어지는 딱딱하고 수학적이며 기계적인 일련의 이론에 대항하기 위해 이론가들이 발전시킨 새로운 철학 또는 관념 패턴이었다. 사물의 본질에 관한 이러한 모든 추측에 대해 프랑스 혁명과 나폴레옹 전쟁을 전후한 혼란기에 유럽 열강들의 정치적 관계는 결정적인 영향을 미쳤다. 거의 25년 동안 영국과 프랑스는 상업과 제국을 둘러싼 치명적인 전쟁에 휘말렸고, 따라서 워즈워스, 셸리, 바이런의 시에서 예술적 형식을 빌렸음에도 불구하고 프랑스 사상은 영국 사회의 점잖은 집단 내에서 금기시되었다.

이 논쟁에서 프로이센의 지배 계급과 많은 독일 군소 공국들은 영국 편에 섰고, 전쟁과 귀족적 명분 때문에 그들도 프랑스와 프랑스의 급진적 견해를 증오하게 되었다. 게다가 파리가 적국인 영국과 무력 충돌을 벌이는 동안 수백 개의 공국으로 오랫동안 분열되어 있던 독일인들은 공격적인 민족주의로 뭉치게 되었다. 한때 고국의 문학과 언어를 경멸했던 프리드리히 대제는 볼테르와 친분을 쌓기도 했었다. 프랑스 전쟁이 발발하고 특히 나폴레옹의 손에 처참하게 패배한 후, 독일 전역은 순수한 독일 문화, 즉 철학, 과학, 예술을 창조하기 위한 프로젝트에 열을 올렸다. 이 '질풍노도의 시기'에 칸트, 괴테, 셸링, 피히테, 헤겔 등이 펜으로 위대한 저서를 집필하여 전 세계에 큰 반향을 일으켰다.

이 튜턴 르네상스 시대의 뛰어난 인물이자 아메리카 사상에 직간접적으로 강력한 영향을 끼친 인물은 멀리 스코틀랜드에 기원을 가진 프로이센 철학자 임마누엘 칸트이다. 경건한 어머니의 아들로 태어난 칸트는 어린 시절부터 온건한 복음주의 청교도 교리에 심취했다. 그는 데카르트와 로크에서 흄과 볼테르에 이르는 과학적 사상가들이 주창한 기계적 신념에 대한 초기 교육으로 인해 갈등을 겪으면서, 과학을 인류의 친구가 아니라 적으로 간주한 선동가왕 arch-agitator이자 농업 선지자였던 루소의 낭만적 열정에 공감하게 되었다.

강한 감정에 의해 강화된 칸트는 1781년에 초판이 출간된 『순수이성비판』을 완성했는데, 심오한 단어들로 가득 찬 거대한 사상의 구축물인 이 책은 감성 철학에 새로운 불을 지폈고, 분석적 추론이 기존의 개념과 제도에 미치는 파괴적인 영향에 대항할 수 있는 엄숙한 권위를 제공했다. 거리의 인간을 위한 칸트 체계의 결론은 신, 영혼, 자유, 권리, 의무, 불멸이라는 위대한 관념은 물질적 세계와의 접촉에 의해 전혀 시험될 수 없지만, 감각의 경험을 '초월한다'는 선언이었다. 그것들은 직관적으로 불가해한 것이고 내성 또는 정신 구조의 내적 검토를 통해 절대적으로 참된 것으로 드러난다. 물론 사도들은 칸트의 제단에서 거의 모든 종류의 촛불을 밝힐 수 있었지만, 프랑스와 프랑스 이성에 대한 반란의 시대에 쾨니히스베르크의 위대한 철학자로부터 에너지를 끌어낸 것은 급진주의자보다는 보수주의자, 과학자보다는 감상주의자였다.

그리고 19세기 초, 새로운 산업적 부의 축적으로 자유를 얻은 아메리카 학생들이 빛과 지도를 받기 위해 향한 곳은 독일이었다. 그들은 성공회의 독점이 여전히 깨지지 않고 있는 영국의 옥스퍼드와 케임브리지 대학에서 아주 잘 지낼 수는 없었다. 북부연방주의자의 아들에게는 프랑스도 혐오스러운 나라였다. 프랑스의 급진주의는 악마, 토머스 제퍼슨에게 맛보았던 패배와 연관되어 있었기 때문이다. 더욱이 프랑스에서는 혁명에 대한 반동이, 드 메스트르와 같은 사람들의 지도력 아래, 청교도 신들의 후손들이 똑같이 금지하는 카톨릭 교리로 위안을 삼고 있었다.

반면에 북독일 주들은 개신교와 복음주의였으며 거의 프랑스의 오염을 받지 않았다. 그래서 미합중국 중기에 점점 더 많은 아메리카 학생들, 특히 뉴잉글랜드 출신 학생들이 독일로 몰려들었다. 그곳에서 그들은 초월적인 철학, 고전 문학에 대한 철저한 훈련, 그리고 프랑스의 '기계적인' 학교에 대한 세련된 혐오감을 얻었다. 독일에 가지 않은 사람들은 위대한 봉건적 낭만주의자인 토머스 칼라일과 영어권 세계에 독일 작가와 독일 철학을 알린 시인이자 몽상가인 새뮤얼 테일러 콜리지로부터 간접적으로 같은 약을 얻었다.

이 수십 년 동안 유럽에서 수입된 두 번째 의견의 핵심은 공화국 초기에 그토록 강력했던 진보 개념의 새로운 버전이었다. 자신을 '샤를마뉴의 후손이자 워싱턴의 군인'이라고 자랑스럽게 기록한 프랑스 육군 장교가 19세기에 사회주의 교리를 진보의 목표로 제시했다는 것은 모든 서구 사상의 깨지지 않는 통일성을 다시 한 번 보여주는 역사에서 흥미롭지만 무시된 사실 중 하나이다. 그 장교는 아메리카 독립전쟁에 참전했던 드 생시몽 백작으로, 그의 말대로 그는 전쟁이 아니라 전쟁의 목적에 관심이 많았으며, 신세계에서 가장 비천한 자들이 가난과 질병의 지독한 사슬에서 해방되어야 하는 질서를 엿볼 수 있었다.

콩도르세의 이론과 초기 아메리카 공화주의자들의 꿈을 액면 그대로 받아들인 생시몽은 1815년 다가오는 '사회 질서의 완성'을 선언했다. 이 신조에 도달하기까지의 과정을 베리[Edward A. Bury]의 언어로 요약하면 다음과 같다. '발전의 목표가 사회적 행복이고, 노동 계급이 다수를 이루고 있기 때문에 그 목표를 향한 첫 번째 단계는 노동 계급의 상태를 크게 개선하는 것이다. 이것이 사회를 재조직하는 데 있어 정부가 해결해야 할 주요 문제이며, 생시몽이 제시한 해결책은 사회주의였다.' 물론 이 아이디어의 요소는 새로운 것이 아니었고 로버트 오언이나 샤를 푸리에 같은 사상가들도 다른 경로를 통해 비슷한 결론에 도달했지만, 생시몽은 경제 도그마를 위한 최초의 역동적인 추진력을 제공했다.

　잭슨과 링컨 시대에 유럽에서 파생된 이론의 세 번째 중심 패턴은 사회뿐만 아니라 모든 생명체에도 적용되는 진화론이었다. 1859년 찰스 다윈의『종의 기원』출간과 함께 널리 알려졌지만, 과학사를 공부하는 학생이라면 잘 알다시피 이 아이디어는 오랫동안 공식화 단계에 있었다. 그리스인과 로마인들은 만물의 변화 과정을 막연하게 암시했으며, 수 세기 동안 그리스도교 신학에 잠겨 있던 자연과 인간에 대한 개념은 고전주의 부흥 이후 서유럽의 사상에 강력한 영향을 미치기 시작했다. 이후 근대 과학의 부흥과 함께 식물학, 지질학, 동물학, 해부학, 그리고 이후 생물학과 인류학 등 다양한 분야가 18세기에 번성하고 19세기 초에 풍성한 잎을 피우면서 발전이라는 개념에서 벗어날 수 없게 되었다.

　프랑스 혁명 직전, 위대한 자연주의자 뷔퐁은 성직자들의 검열을 염두에 두고 조심스럽게 종의 변이 가능성을 제안했다. 라인 강 건너편에서 시인 괴테는 모든 완벽한 생물은 공통의 모체로부터 생겨났다고 대담하게 선언했다. 한편 파리 식물원의 저명한 자연사 교수였던 라마르크는 1829년 실명과 가난에 시달리다 세상을 떠나기 전, 희미하게나마 전기 충격처럼 강렬한 단어의 반짝임을 포착했다. 영국에서는 제임스 허튼의 연구를 이어받은 라이엘이 1833년 지질학에 관한 획기적인 논문을 완성하여 지층에 기록된 진화의 역사를 보여주며 전통적인 우주론에 큰 타격을 주었다. 한마디로 다윈과 그의 공동 발견자인 앨프리드 러셀 월리스는 수십 년 동안 자연과학의 모든 단계를 변화시켜온 노력의 결실을 거둔 셈이다.

　미합중국 중기 말에 다윈주의 가설이 완성된 형태로 발표되었을 때, 밀턴적 가설에 대한 파멸적 의미는 빠르게 파악되었다. 성서의 정설을 무시하고, 그것은 인간과 지구의 오랜 고대를 주장했다. 각 종의 생명체가 최초의 신성한 행위의 결과라는 믿음을 거부하고, 그것은 종의 변이성을 선언했다. 그것은 생물종 사이에는 뚜렷한 경계선이 없고, 특성에 따라 분류할 때 점차 서로 읍

영이 생기며, 모두 공통의 생명나무의 가지이며, 단순한 형태에서 복잡한 형태로 서서히 진화했다고 주장했다.

더욱이 이러한 진화는 신의 개입이 아니라 자연적인 원인, 즉 생존을 위한 투쟁, 환경에 대한 적응, 적자생존으로 설명해야 했다. 따라서 새로운 이론은 모든 면에서 그리스도교의 창조 개념에 반하는 것이었고, 인간의 타락, 원죄, 동정녀 탄생, 믿음에 의한 구원, 부활의 교리와 조화시키려는 사람들에게 심각한 어려움을 안겨주었다.

§

이 기간 동안 아메리카 종교 생활의 흐름에서 기계, 과학, 확장되는 국경, 민주주의, 이민, 수입된 사상 패턴과 같은 새로운 요소와 힘의 영향이 무수한 형태로 드러났다. 과학과 세속주의를 집어삼키는 힘은 회중교회 안에서 유니테리언주의가 지속적으로 성장하고, 합리주의의 장치 앞에서 고대 부족의 신에 대한 비전이 꾸준히 후퇴하는 데서 분명하게 드러났다.

1817년, 새로운 시대가 개막했을 때, 에드워드 왕조 계보의 '마지막 청교도'인 티모시 드와이트가 죽었고, 종교의 새로운 세대의 손에서 더 '자유주의적인' 복장, 즉 자연주의적 연구의 계시에 더 가깝게 순응하는 복장이 갖춰졌다. 생애 초기에 에머슨은 약화된 상징적 형태의 성찬식을 견딜 수 없어 설교단을 떠났다. 신학에 관대한 그의 신도들은 '그를 설득해, 그는 그의 의미에서 성만찬을 집행하고, 사람들은 그들의 의미에서 성만찬을 받아들이는 식으로' 그가 남기를 바랐지만 콩코드의 설교자는 그 자비로운 수용을 받아들이지 않았다. 한 시대가 끝나가고 있었다. 앤도버Andover 신학교가 오랫동안 정통주의의 본거지였다면, 호레이쇼 부시넬, 마크 홉킨스, 헨리 워드 비처 같은 사람들은 조너선 에드워즈를 무덤 속에서 몸부림치게 만들었을 그리스도교의 메시지를 강단에 널리 전했다. 그리고 비처가 다윈 진화론의 온건한 버전을 창조 과정의 핵심으로 받아들였을 때 그 시대는 거의 닫히지 않았다.

잭슨 민주주의의 불안한 정신을 따른 것은, 특히 서부와 남서부에서 괄목할 만한 성장을 이룬 감리교회와 침례교회였다. 의심할 여지 없이 J. 프랭클린 제임슨이 정치적 평등의 확대와 소수의 특권층을 위한 선거라는 칼뱅주의 교리를 거부하는 종교 단체의 번영을 연관시킨 것은 옳은 지적이다. 농부와 장인 대중을 고양시킨 잭슨주의 민주당원들이 어떻게 그들 대부분을 청문회도 없이 미리 지옥으로 정죄하고 신이 좋아하는 일부 귀족을 위해 천국을 예비한 신학 체계를 믿을 수 있었겠는가? 물론 스코틀랜드–아일랜드계 인구가 증가함에 따라 미합중국 중기에는 장로교도 번성했지만 장 칼뱅의 추종자들은 식민지 시대에 명령을 내리는 쪽이었던 그들의 상대적인 힘을 유지하지 못했다. 에드워즈의 불변의 논리는 여전히 유효했지만 더 이상 나라의 많은 지역에서 예전과 같은 호소력을 갖지 못했다.

특히 변경 지대에서는 새로운 종파와 활기찬 부흥 집회가 당시를 특징짓는 민주주의와 밀접하게 연관되어 있었다. 물론 선각자들과 불같은 사도들의 등장은 이상한 현상이 아니었다. 등탑자燈塔者 시메온Simeon Stylites[390~459]은 종교적 황홀경에 빠져 30년 동안 탑 위에서 자신의 헌신을 증명했으며, 성 프란치스코, 성 도미니코, 루터, 웨슬리는 각자의 시대에 종교적 재헌신을 분명하게 촉구했다. 그러나 아메리카에서처럼 계급과 성직자의 지배가 심하게 무너지고 지위 고하를 막론하고 누구나 자신의 종교적 정서와 감정을 표현하고 선언하고 권면할 수 있게 되자, 번영하는 인구의 꺼지지 않는 열정만큼이나 다양한 꿈과 전문 종사자들이 자연스럽게 생겨났다.

따라서 종파와 분립의 출현은 매년 발생하는 일이 될 수밖에 없었다. 영혼의 두 씨를 믿는 예정론 침례교Two-seed-in-he-spirit Predestinarian Baptists는 자유의지 침례교Free-will Baptists에 대항하여 일어났다. 장로교는 네다섯 개의 분파로 나뉘었다. 감리교는 구원의 관점에서는 상당히 가까운 관계를 유지했지만, 노예제 문제를 놓고는 북부파와 남부파로 나뉘었다.

신앙 문제에 대해 더욱 급진적이었던 알렉산더 캠벨은 '원시 그리스도교로 돌아가자'고 외치며 수많은 추종자를 모았다. 윌리엄 밀러는 그리스도의 재림과 세상의 종말을 예언하며 개종자를 모집했고, 1843년 예언의 실패로 밀러 신도들의 열정은 식었지만, 재림에 대한 믿음은 아메리카의 종교 사상에 지속적인 영향을 미쳤고 헌신적인 전도자들을 통해 조선朝鮮의 심장부까지 침투했다. 이 발효의 시대에 모르몬교도 푸른 월계수처럼 성장하고 번영했다.

기존 개신교 종파의 혼란을 확대시키기라도 하듯, 공동체 전체가 시끌벅적한 종교 부흥운동으로 동요했다. 프론티어 개인주의는 신학과 구원론에서도 결실을 맺었고, 정치에서도 그에 못지않게 로드Laud, 마자랭, 보쉬에의 자치론과 마찬가지로 행정적 적절성과도 거리가 먼 성직적 관념을 조성했다.

교회 문제에서 높은 특권에 대한 순종을 인정하는 사람들, 즉 카톨릭 신자들이 1/4 분기 동안 눈에 띄게 증가했는데, 그 대부분은 산업 도시에서 찾을 수 있었다. 그러나 그 교파의 신자들이 늘어났다고 해서 아메리카 개신교 신자들과 회의주의자들이 식민지 체제에서 그렇게 공포스럽게 여겼던 고대의 신조로 완전히 돌아간 것은 아니었다. 오히려 아일랜드와 유럽에서 잘 훈련된 농민들이 몰려들었고, 카톨릭 성직자들이 아메리카 개인주의의 소용돌이치는 흐름에 맞서 신앙을 지키기 위해 최선을 다할 준비가 되어 있었기 때문이었다. 의심할 여지 없이 대열을 유지하는 일은 어려웠고, 이전에 영성체를 받은 사람 중 상당수가 정치적 충성심을 옮기는 과정에서 길을 잃었다. 그러나 전반적으로 카톨릭은 이민의 증가와 함께 꾸준히 세력을 확장하면서 조지 워싱턴, 제퍼슨, 프랭클린, 티모시 드와이트가 물려준 유산과는 상당히 이질적인 문화 요소를 제공했다.

§

세속적인 카스트의 지적 관심사와 관련하여 기계의 시대는 적어도 산업주의가 정복한 북동부에서 이론 및 응용 과학에서 적절하게 우위를 점했다. 세 번의 혁명 세기 동안 정치적 민주주의의 발전이 과학과 발명의 부상과 성장을 동반했다는 것은 역사의 중요한 국면 중 하나이다. 학생들은 왜 세계가 증기기관과 원자량 공식이 나오기까지 수천 년을 기다려야 했는지, 왜 와트가 증기기관을 작동시키기 시작한 바로 그 시기에 루소가 『사회계약론』을 집필하고 있었는지 인과관계를 규명하려는 노력에 당혹스러워했다.

하지만 정치적 민주주의와 자연과학이 함께 성장하고 번영했다는 사실은 변함이 없다. 그 시작부터 깊은 관계가 있었는지 여부는 아직 밝혀지지 않았지만, 서로에게 영향을 미쳤다는 것은 의심할 여지가 없다. 민주주의는 한가로운 호기심을 사로잡아 현미경과 시험관을 든 사람이 거리로 나와 발명하고, 구제하고, 봉사하도록 요구했다. 반면에 과학은 민주주의의 발전 과정을 결정하는 데 도움을 주었다. 과학은 썩은 채소의 곰팡이, 밭의 흙 성분, 시큼한 우유의 응고 현상 등 하찮거나 평범한 것을 가리지 않고 연구했다는 점에서 그 자체로 민주적이라고 할 수 있다. 끈질긴 탐구에는 신성한 것이 없었다. 그 앞에는 특권도 특혜도 없었다.

그뿐만 아니라 과학은 기아와 빈곤, 질병, 무지와 싸우는 전쟁에서 진보적 민주주의의 길을 제시했으며, 오랫동안 서로 다투던 계급과 국가가 어떻게 단결하여 자연으로부터 안정과 좋은 삶의 비밀을 끌어낼 수 있는지를 보여주었다. 마침내 민주주의가 대중의 생활 수준을 향상시킬 수 있는 실질적인 방법을 유효하게 만든 것은 진보의 개념에 관한 종이 위의 선언이 아니라 과학이었다. 마침내 과학은 인간에게 세계와 자연의 거대한 계획에서 자신의 위치에 대한 혁명적 개념을 부여하여 고대 교회와 국가의 제도를 무너뜨리는 사상의 흐름을 공급했다.

과학과 민주주의 사이에 인과관계가 없었을 수도 있지만, 유럽에서 새로운 혁명이 일어나고 아메리카에서 잭슨 시대의 격변이 일어나던 시기에 구세계의 과학자들이 획기적인 일반화를 이루어내고 아메리카에서 노동력을 줄이고 상품 생산을 늘리는 획기적인 기계가 발명된 것은 놀라운 우연의 일치였다. 패러데이가 1834년에 전기화학 등가 법칙을 발표할 수 있었다면, 모스는

1844년에 최초의 전신선 완성을 발표할 수 있었다. 찰스 다윈이 모든 생물을 아우를 수 있었다면, 사이러스 필드[대서양 전신 회사 설립자]는 최소한 대서양까지 아우를 수 있었다.

§

잭슨 민주주의에 과학을 후원하는 왕과 군주는 없었지만, 과학은 어떤 식으로든 육성되었다. 예를 들어, 하버드는 루이스 애거시에게, 예일대는 벤자민 실리먼에게, 연방 해군 천문대는 매튜 모리에게 연구비를 지원했다. 여기에 더해, 늘어나는 대학과 중등학교를 위한 교과서 판매는 학자들과 실험가들에게 추가적인 수입을 가져다주었다. 학계 밖에서는 주 정부와 연방 정부가 측량과 박물관 운영에 과학자를 고용하면서 기회와 경제적 지원을 제공함으로써 재능을 자극했다. 마지막으로, 동력 인쇄기에 의한 인쇄 기술의 혁명과 더 많은 지식을 갈망하는 거대한 식자識字 인구의 증가는 자신의 전문 분야를 대중화할 수 있는 작가들에게 역량과 독립성을 모두 제공했다. 따라서 민주주의는 고유한 보상을 제공하게 되었으며 — 때때로 변덕스러운 것이 분명하지만, 만약 새뮤얼 존슨의 경험이 기준이라면 귀족의 보상보다 더 기발하지는 않다[*] — 창의적 사고에 미치는 미묘한 영향은 아직 명확하게 이해되지 않고 있다.

미합중국 중기 과학의 발전은 언제나 그렇듯이 관찰, 데이터 축적, 일반화 및 응용으로 특징지어졌다. 이 시대의 작업에서 아메리카의 전문가들은 건설적인 서비스를 제공했으며 그 수는 군단에 달했다. 그 많은 사람들 중 대여섯 명이 눈에 띄었다. 광물을 수집하고 화학 실험실을 설립하며 자연과학의 주요 분야에 대한 국가적 관심을 고취시킨 예일대의 실리먼, 오랫동안 아내와 함께 야생을 떠돌며 식물과 새를 연구하고 그림을 그려 조류학자로서 국제적 명성

---

[*] 상류층 출신이 아닌 새뮤얼 존슨이 민주주의 체제 아래에서도 작가들이 받을 수 있는 보상이 귀족들이 받는 보상과 비슷하거나 그에 못지않은 가치가 있음을 보여주었다는 의미이다.

을 쌓은 오듀본, 동물학 교육과 연구의 기반을 마련한 하버드의 애거시, 바다의 물리적 지리의 신비를 탐구한 버지니아의 모리, 지칠 줄 모르는 물리학 및 기상학 실험자이자 최초의 자기 전신magnetic telegraph을 만든 조지프 헨리 등이 그 예이다. 유능한 전문가들의 노력으로 아사 그레이를 필두로 한 아메리카 식물학자들은 1850년까지 북아메리카 식물에 대한 연구와 분류를 주도하게 되었다.

개인과 대학의 노력에 협회, 지역, 주, 국가의 노력과 정부의 후원으로 수행된 다양한 조사가 추가되었다. 이러한 추세에 따라 일반 과학 아카데미의 오래된 프로젝트는 전문화를 통해 보완되었다. 1815년부터 남북전쟁 사이에 지질학자, 지리학자, 민족학자, 통계학자들이 전국에 개별적으로 조직되었다. 그리고 1847년 보스턴에서 '아메리카 과학자들 간의 교류를 촉진하고, 연구에 강력하고 체계적인 자극을 주며, 과학자들의 연구에 더 많은 시설과 더 넓은 유용성을 제공하기 위해' 설립된 아메리카과학진흥협회American Association for the Advancement of Science에 의해 이러한 단체들이 통합되었다. 협회는 조직 직후부터 연례 간행물을 발행하기 시작했다.

따라서 19세기 중반 이전에 자연과학은 다양한 방법으로 아메리카의 지적 생활에서 강력한 힘을 발휘했다. 지질학, 식물학, 동물학, 민족학, 화학, 물리학 및 기타 학문 분야와 같은 훌륭한 학과들이 유럽에서와 마찬가지로 아메리카에서도 자리를 잡았다. 물질적 사물과 기록된 데이터의 수집은 인상적인 수치에 이르렀고, 느리게 움직이던 연방 정부도 1846년 영국인 제임스 스미슨의 유산을 바탕으로 스미스소니언 박물관과 국립박물관을 설립함으로써 이에 발맞추게 되었다. 힘과 인내, 그리고 부지런함을 갖춘 지도자들이 모든 영역에서 지식을 확대하기 위해 노력했다. 아이디어와 발견을 교환할 수 있는 과학 학회와 과학 저널들이 존재했다. 더 많은 데이터를 발굴하고 오래된 가설을 시험하기 위해 사방으로 탐험, 조사, 탐구의 항해가 끊임없이 이어졌다.

1816년 클리블랜드의 광물학 및 지질학 연구, 1847년 그레이의 아메리카 북부 식물학 조사, 1830년 실리먼의 화학 원소 등 여러 분야에서 교과서가 등장하여 성과를 공고히 하고 앞으로의 행진을 위한 기반을 마련했다. 텍스트는 과학의 세세한 부분에 대한 기사와 지역 현상에 대한 별권別卷으로 보완되었다.

아메리카 연구의 질, 다양성, 양은 매우 중요했기 때문에 유럽 과학자들은 이를 고려하지 않을 수 없었다. 그중 많은 사람들이 자신들의 동료들이 연구하고 있는 거대한 지형을 보기 위해 나라를 방문했다. 영국의 지질학자 라이엘은 미합중국 학생들과 잘 알고 지냈으며, 아메리카 사회를 관찰하고 자연물을 연구하며 사상가들과 대화하는 등 긴 여정을 통해 아메리카 대륙을 여행했다. 다윈은 물 건너편에서 이쪽의 새로운 발견에 대해 예리한 눈으로 주시하고 있었다. 다윈은 아메리카의 출판물에 익숙했고, 특정 분야의 아메리카인 연구자들과도 친밀하게 소통했는데, 예를 들어 1855년에 개설되어 20년 이상 유지된 하버드의 아사 그레이와의 서신은 긴밀하고 빈번했으며 친밀했다. 이 서신에는 아이디어와 정보가 지속적으로 교환되었으며, 영국의 위대한 선구자는 대서양을 가로지르는 최고의 전문가의 의견에 대해 건전한 존중심을 보여주었다. 몇 주 동안 오래된 교과서, 정부 보고서, 전기, 박물관 기록 등을 꼼꼼히 살펴본 사람만이, 후계자들이 종종 폄하하는, 그 시대의 과학자들이 얼마나 포괄적이고 다양하며 풍부한 노력을 했는지 이해할 수 있다.

그렇지만 패러데이, 볼타, 베르젤리우스, 라이엘, 월리스, 다윈을 세상에 내놓은 이 시대가 아메리카에서 순수 과학의 영역에서 최고의 종합자를 배출하지 못했다는 사실은 인정해야 한다. 아메리카를 관찰한 유럽인 중 가장 심오했던 프랑스의 예리한 관찰자 드 토크빌은 잭슨주의 시대에 대해 다음과 같이 말했다. '역학의 일반 법칙 중 어떤 것도 발견하지 못한 바로 그 아메리카인들이 세상의 모습을 바꾸는 엔진을 항해에 도입했다…… 민주주의 원칙이 한편으로는 사람들이 과학을 스스로 발전시키도록 유도하지 않는다 해도, 다른 한편으로는 과학을 발전시키는 사람들의 수를 엄청나게 증가시킨다……

영구적인 조건의 불평등이 인간으로 하여금 추상적 진리에 대한 오만하고 무익한 연구에만 몰두하게 하는 반면, 민주주의의 사회적 조건과 제도는 과학의 즉각적이고 유용한 실용적 결과를 추구하도록 준비시킨다. 이러한 경향은 자연스럽고 피할 수 없다.'

대체로 이러한 엄격함은 사실에 의해 정당화되었다. 아메리카 과학의 과정에 대한 철학자의 설명에는 의심할 여지 없이 꿰뚫어보는 무언가가 있었다. 일반화의 부재는 무지 때문일 수도 있고, 최고 자질의 상상력의 실패 때문일 수도 있으며, 혹은 사물의 당혹스러운 복잡성에 대한 인식 때문일 수도 있다. 일반화 자체는 거의 항상 나중에 수정과 거부의 대상이 되며, 그중 지속적인 연구의 영향에서 벗어나는 것은 거의 없다. 이 특정 시대의 아메리카 사회는 구세계의 어느 나라보다 더 유동적이었다. 어쨌든 아메리카의 과학자들은 에머슨이 '충격적인 말electric word'이라고 불렀던 것을 찾지 못했다 하더라도 인간과 자연에 대한 새로운 설명의 길을 준비하는 데 확실히 도움을 주었고, 유럽의 모든 사상과 사변의 진보를 파악할 수 있는 기술과 지식을 갖추고 있었다.

다윈이 자신의 연구가 완성되었다고 발표하기 훨씬 전부터 아메리카 과학자들은 생명에 대한 해석의 정점을 이루는 지적 작업을 공유했다. 벤자민 실리먼은 예일 대학의 과학 교수직 제의를 받고 교수직을 준비하기 위해, 당시 가장 발전된 허튼의 우주론이 신중하게 설명되고 있던 에든버러로 건너갔다. 연구가 지닌 가치를 깨닫고, 실리먼은 귀국 후 〈아메리카 과학 저널American Journal of Science〉을 창간하고 후원과 성과를 촉진하기 위한 수단으로 아메리카 지질학회를 홍보하는 데 적극적으로 참여했다. 라이엘이 지구 연구를 통해 밝혀진 창조 과정에 대한 놀라운 논문을 발표했을 때 아메리카 과학자들은 이를 인정할 준비가 되어 있었고, 몇 년 후 라이엘이 강연을 위해 아메리카에 왔을 때, 그는 폭넓고 수용적인 대중이 그를 기다리고 있다는 것을 알게 되었다.

발효는 이미 진행 중이었다. 실제로 그보다 몇 년 전에 필라델피아의 유능한 식물학자 라피네스크는 '모든 종은 한때 변종이었을 수 있으며, 많은 변종이 일정하고 특이한 특성을 가지면서 점차 종으로 변해 간다'는 가설을 잠정적으로 발전시켰다. 같은 시기에 펜실베이니아의 재능 있는 자연주의자이자 언어학자인 새뮤얼 홀드먼도 똑같은 놀라운 가설을 발전시키고 있었다.

다윈 자신이 아메리카의 과학 발전과 끊임없이 접촉하고 있었다는 사실은 아사 그레이와의 서신에서 드러난다. 앞서 말했듯이 두 자연주의자는 논문과 메모를 교환하고, 서로 질문하고, 다양한 주제에 대한 이론을 서로 발전시켰다. 첫 교류 다음 해인 1856년에 다윈은 그레이에게 자신의 비밀을 살짝 알려주었고, 2년 뒤에는 세상을 뒤흔들 논문의 장황한 개요를 보냈다. 다윈의 논문이 인쇄되어 그에게 전달되었을 때 그레이는 신중하고 비판적이며 주저하는 태도로 오류를 지적했고, 다윈은 관대하게 사과하는 듯한 태도로 이를 인정했다. 실제로 다윈은 그레이를 자신이 판단력을 가장 높이 평가한 동시대 학자 네 명 중 한 명으로 꼽았다. 결국 진화론이 옳다고 확신한 그레이는 다윈주의를 위해 끝까지 싸우는 열렬한 옹호자가 되었다.

그리고 아메리카 대중은 다른 유럽 국가들만큼이나 혁명적인 교리를 받아들였다는 사실을 인정해야 한다. 스위스 학자 아가시Agassiz가 다윈의 책을 '장난스러운 책'이라고 거부했다면, 영국 케임브리지 트리니티 대학의 학장은 도서관에 다윈의 책 한 권을 비치하는 것을 거부했다. 아메리카 내륙의 많은 성직자들이 머리를 쥐어뜯고 옷을 찢었지만,[*] 당대 최고의 인기 설교자였던 헨리 워드 비처는 오랜 숙고 끝에 진화론이 자연계의 열쇠라고 선언했다.

다윈은 『종의 기원』에 대한 '가장 눈에 띄는 두 개의 리뷰'가 아메리카에서

---

[*] '옷을 찢고 머리를 뜯었다(밀었다)'는 표현은 구약성서에 극단적인 고통과 한탄 등의 표현으로 여러 군데에 나온다. 창세기에서 요셉의 죽음을 안 야곱(창세기 37:34), 사울 왕과 요나단의 죽음을 들은 다윗(사무엘하 1:11), 사람들의 불경함을 들은 예언자 에스라(에스라 9:3), 이유 없이 엄청난 고난을 당하는 욥(욥 1:20) 등이다.

— 〈북미 리뷰〉와 〈뉴욕 타임스〉 — 나왔다고 말했다. 1860년 4월이었다. 아메리카 과학계의 목소리는 곧 총소리에 묻혀버렸다. 다윈은 링컨이 무기를 들라고 요청한 지 몇 주 후 그레이에게 '위대한 신이시여! 지구상에서 가장 큰 저주인 노예 제도가 폐지되는 것을 제가 얼마나 보고 싶은지요'라고 편지를 보냈다. 그의 소원이 이루어지자, 다윈과 그레이는 긴 그림자가 두 사람에게 드리울 때까지 서신을 주고받았다.

§

재능 부족, 소심함 또는 호의적인 환경의 결핍으로 인해 아메리카가 미합중국 중기의 순수 과학 가설에 큰 기여를 하지 못했다면, 인간의 욕구 충족을 위한 물리학과 화학의 응용에 관한 아메리카의 발전은 서구 문명의 균형 잡힌 역사에서 긴 장을 차지할 만큼 충분히 중요했다. 워싱턴의 특허청에 빠르게 축적된 자료에서 놀라운 이야기가 전해졌다. 수도의 원래 계획에서 '국립 교회 광장'을 위해 예약된 부지가 1836년 발명가들을 위해 헌정되었고, 1841년 그리스 신전의 외관 아래 아메리카의 발명 천재들이 만든 장치를 전시하는 아메리카 최대의 전시실이 문을 연 것은 우연이 아니었을 것이다.[*]

외과 수술에서 통증을 예방하기 위해 화학 물질을 사용한다는 아이디어가 처음으로 효율적으로 개발된 것은 이 시기의 아메리카 땅[**]이었다. 원시 부족

---

[*] 미합중국 특허청Patent Office 건물을 가리키며, 1841년에 미국 발명품 전시를 위해 가장 큰 전시실이 문을 열었다. 19세기 미국의 발명품과 기술적 발전을 상징하는 이 장소는 후에 스미스소니언 아메리칸 아트 뮤지엄Smithsonian American Art Museum과 내셔널 포트레이트 갤러리National Portrait Gallery로도 사용되었다.

[**] 세계 최초로 전신마취를 통한 외과수술에 성공한 것은 일본 에도 시대 의사 하나오카 세이슈華岡青洲(1760~1835)였다. 네덜란드를 통해 들어온 서양 의학과 한약 지식을 갖춘 그는 통선산通仙散이라는 전신마취약을 개발해 환자의 종양을 적출했다. 토머스 잭슨 등이 디에틸에테르를 사용해 전신마취에 성공한 것보다 42년이 앞선다. 하지만 그의 업적은 일본의 쇄국 정책으로 인해 일본의 개국 이후에 외부에 알려졌다.

들은 코카인의 원료가 되는 코카와 같은 나뭇잎을 연고로 사용했으니, 고대인들이 이 같은 성공을 거둘 가능성을 이미 감지하고 있었던 것은 의심할 여지가 없다. 게다가 패러데이와 데이비는 마취제로서 약물의 실험을 옹호했다. 하지만 마취제에 대한 막연한 추측을 현실화시킨 것은 롱, 잭슨, 웰스, 모튼, 워렌이라는 다섯 명의 아메리카인 실험가들이었으며, 이 다섯 명의 실험가들은 P.T. 바넘과 톰 엄지 장군General Tom Thumb*의 시대에 훨씬 더 잘 알려졌다.

이 사람들 사이의 명예 분배는 위험한 사업이다. 프랑스 아카데미는 완전한 조사 끝에 1805년 구 플리머스 식민지에서 태어난 찰스 토머스 잭슨 박사에게 종려나무를 수여했지만 그 결정은 역사의 평결에 의해 승인되지 않았다. 어쨌든 아메리카 의사들의 마취제 개발로 새로운 수술뿐만 아니라 국가적 기술이 매우 탁월하게 발휘된 치과 과학도 구축되었다. 몇 년 만에 아메리카의 의사들은 이전 수만 세대의 모든 점쟁이와 무당보다 인간의 고통과 고난의 완화를 위해 더 많은 일을 했다. 신비주의자들이 사임한 자리를, 그들은 '진보의 숭배'에 헌신하는 '딱딱한' 불굴의 과학적 정신으로 대체했다.

대서양 양쪽에서 오랫동안 과학자들의 관심을 끌었던 전기가 아메리카 발명가들에 의해 메시지 전송으로 전환된 것은 소위 '저속의vulgar' 시대였다. 많은 사람들이 이 문제를 해결하기 위해 노력했지만, 새뮤얼 모스는 과학적 기질과 실용적 이해의 행복한 조합을 통해 자신의 전신電信을 세상 밖으로 내보

---

* 바넘은 흥행사였고 톰 엄지 장군은 공연 연예인으로 그의 밑에서 유명해진 스트래튼의 무대명이었다. 참고로 바넘은 쇼에서 곧잘 '우리는 모든 사람에게 뭔가를 제공할 수 있다'고 말한 것으로 알려져 있어 심리학에서 바넘 효과Barnum effect란 말의 유래가 되기도 했다. 바넘 효과는 일반적이고 모호해서 누구에게나 적용 가능한 성격 묘사를 개인이 자신에게 적용되는 것으로 받아들이는 성향이다. 가령 '당신은 타인이 당신을 좋아하길 원하며 타인에게 존경받고 싶어 한다' '당신은 성격적인 약점이 약간 있지만, 보통은 이러한 결점을 잘 극복할 수 있다' '당신은 스스로에게 비판적인 경향이 있다' 같은 말을 자신의 성격으로 사람들은 쉽게 받아들이는데 이 같은 심리는 점을 보는 행위, 점성술 운세에 대한 맹신, MBTI 검사나 각종 사이비 심리 테스트 등에 대한 열광으로 나타난다.

내 인류에게 봉사했다. 같은 시대에 수로학의 신비를 탐구하던 매튜 모리는 선장들에게 가장 안전한 항로를 알려주고 대서양 횡단 케이블을 꿈꾸는 과학자들에게 해저의 성질을 설명하는 등 빛나는 연구로 '바다의 길잡이'가 되었다. 매사추세츠의 사이러스 W. 필드는 모스와 모리의 업적에 대한 믿음을 바탕으로 해저 전신의 가능성에 대한 확신을 갖고 회사를 조직하고 자본을 조달하여 1858년 프로젝트의 타당성을 입증하고 1866년 상업 및 국제 관계에 이 시스템을 개방했다.

어떤 단계에서는 아메리카인들이 주도했지만, 다른 단계에서는 점점 더 열성적으로 외부의 지식을 차용하고 있었다. 사실 미합중국 중기에는 섬유 기계, 기관차, 증기기관 등 구세계의 모든 위대한 기계 장치가 수입되어 아메리카의 상황에 맞게 개조되었다. 실제로 아이디어의 유통은 매우 자유로웠고, 탐험가, 실험가, 발명가들의 관계는 매우 긴밀했기 때문에 과학의 대공화국을 독립된 국가 주권으로 너무 확실하게 구분하려는 시도는 위험했다.

§

연방 정부의 소심하고 불확실한 후원 아래 대부분의 국가와 시대에 걸쳐 생존 한계선에 가까운 경험칙에 따라 고군분투해야 했던 땅을 경작하는 사람들을 위해 과학을 하인으로 만들려는 작업이 시작되었다. 신사-농부였던 조지 워싱턴 미합중국 대통령은 의회에 농업 발전을 위한 부서를 설립할 것을 촉구했지만, 지방 정치인들은 지역의 미덕을 파괴할 것이라며 반대했다. 1839년이 되어서야 특허청에 대한 예산이 책정되어 새로운 종자와 식물의 구입과 보급에 부분적으로 사용되기 시작했다. 이듬해 조사 요원들은 아메리카의 농업 통계를 수집하기 시작했고, 이것은 나중에 시적 재능을 가진 한 작가에 의해 미합중국 토지의 역사로 작성될 터였다.

정치인들이 윌못 건의안, 캔자스의 유혈Bleeding Kansas,* 도망노예법에 대해 논쟁하는 동안 과학자들은 대로와 샛길에서 천연자원을 보존하고 자연을 과학적으로 이용하기 위한 정부의 체계적인 지원을 촉구하고 있었다. 그리고 이러한 동요는 남북전쟁의 와중에 정식 정부 부서가 아닌 농업국[1862년 설립당시는 하나의 국에 지나지 않았고 1889년에 장관급 부처department로 승격되었다]을 설립하고 당시 운명의 갈림길에 서 있던 연방의 모든 주에 농업 대학을 설립하는 조항을 마련함으로써 결실을 맺었다.

국가뿐만 아니라 도시에서도 응용 과학은 거대한 산업 인구의 증가로 인해발생한 새로운 문제, 즉 위생, 교통, 공공 안전 및 편의 문제에 직면해야 했다. 역사학자는 이 시대에 도시를 안전하고 건강하며 편안한 거주지로 만들기 위해 고안된 인상적인 움직임을 추적한다. 물론 19세기에 훌륭한 상수도, 하수도, 공원, 공중목욕탕은 새로운 것이 아니었다. 수도에서 지방의 마을에 이르기까지 로마 제국의 주요 도시들은 놀라운 수준으로 도시를 개선했지만, 수많은 백성, 노예, 장인들은 상수도를 공급받는 공공 분수대를 제외하고는 이러한 거대한 공학적 성과로부터 거의 혜택을 받지 못했다.

로마의 쇠퇴 이후 중세에는 도시 과학의 모든 영역에서 퇴보를 보였는데, 봉건적 전쟁으로 인해 도시 주변에 성벽이 건설되고 그 안에 인구가 밀집할 수밖에 없었기 때문이다. 진흙탕으로 뒤덮인 좁은 거리, 하수구, 질병, 전염병은 아름다운 교회, 대상인의 궁전, 길드 회관 못지않게 중세 도시의 두드러진 특징이었다. 17세기가 되어서야 런던이나 파리와 같은 대도시에서 종합적인 규모의 상수도 시설을 건설하기 시작했고, 19세기가 시작될 무렵에도 대부분의 도시는 외형적으로나 실질적으로 여전히 중세 시대의 모습을 간직하고 있었다.

따라서 문예나 순수 과학과 달리 지방 행정에서 아메리카는 고귀한 모델을 찾기 위해 구세계로 눈을 돌릴 수 없었다. 사실 도로와 공공 건물을 제외하면

---

* '캔자스의 유혈'은 1854년부터 1859년 사이에 캔자스 준주에서 일어난 일련의 폭력적인 정치적 대립을 말한다. 이것은 주로 노예제 반대파와 노예제 찬성파 간의 갈등이었으며 남북전쟁의 전조였다

앤드루 잭슨 시대의 런던과 파리는 뉴욕보다 크게 앞서 있지 않았고, 근대적 개선을 가능하게 한 증기 및 강철 혁명은 영국에서 놀라운 변화를 시작한 지 불과 몇 년 만에 아메리카에서 일어났다.

따라서 대부분의 측면에서 아메리카 도시는 유럽 지방 자치 단체와 거의 유사하게 발전했다. 1822년 필라델피아는 도시에 물을 공급하는 페어마운트 펌프장을 열었다. 1842년 뉴욕은 근대의 위대한 시설 중 하나인 크로톤 상수도 시스템을 완공했다. 보스턴은 1823년에 공공 하수도를 설치했고, 26년 후 뉴욕은 하수도 부서를 만들어 위생 문제를 본격적으로 해결하기 시작했다. 욕조는 상류층 가정에 서서히 보급되기 시작했다. 1782년 파리에서 광범위하게 도입된 보도步道는 4년 만에 필라델피아에 등장했고, 이후 다른 도시에도 빠르게 도입되었다. 식민지 시대에 유행했던 코블스톤 보도는 일부 도시에서 점차 확장되었고, 다른 곳에서는 돌과 나무 블록으로 보완되었다. 1849년 뉴욕은 브로드웨이를 대형 화강암 블록으로 포장하여 더 매끄럽게 만들었다. 유럽에서 혁명과 왕실의 기부로 웅장한 정원과 공원이 대중에게 개방되는 동안 아메리카 민주주의는 공공 비용으로 유지되는 열린 공간으로 거리의 음울한 단조로움을 깨기 위해 미약하게 고군분투하고 있었다. 보스턴은 옛날부터 물려받은 커먼Common[보스턴 커먼. 보스턴 다운타운에 있는 중앙공원]을 계속 소중히 간직했고, 필라델피아는 1812년 작은 개인 공원을 매입하여 눈에 띄는 출발을 했으며, 1858년 뉴욕은 거의 1천 에이커에 달하는 센트럴 파크의 건설을 시작했다.

미합중국 중기에는 또한 많은 중요한 지방 자치 기관이 시작되었다. 이 시기에 최초의 정기적인 공중 보건 서비스가 조직되었는데, 이것은 주기적으로 마을을 황폐화시키는 전염병과 열병에도 불구하고 자신의 건강을 엄격하게 사적인 문제로 여겼던 시민들의 불만을 샀다. 1853년, 뉴욕은 25년 전 런던의 모범을 따라 경찰에게 놋쇠 단추가 달린 파란색 코트와 회색 바지, 제모制帽를 착용하도록 명령했다. '제복을 입은 자유인'에 대한 큰 통곡 끝에 마을 순찰대원들은 굴복하여 새로운 스타일의 제복을 입고 등장했다. 같은 해 보스턴과 볼티모어는 민간 소방대 간의 끊임없는 싸움에 지친 나머지 시립 소방대를 설립했다. 그 10년이 끝나기도 전에 뉴욕에서는 노면전차가 주요 도로를 오르내리는 수백 대의 옴니버스 마차와 경쟁하며 달렸고, 정치와 부패가 개입된 독점영업권과 요금을 둘러싼 긴 싸움이 시작되었다. 윌리엄 매기어 트위드*는 앤드루 잭슨 시대에 힘찬 젊음을 불태우고 있었다. 현대의 독자가 당시 아메리카 도시가 더럽고 지저분한 곳으로 사람이 살기에 적합하지 않다는 보고를 수집했다면 ― 그 인상은 대체로 정확하다 ― 고대, 중세, 현대의 유럽과 오리엔트의 도시에 대한 연구를 통해 균형 잡힌 시각을 얻을 수 있을 것이다.

§

사회적 탐구의 분야에서 초기 공화당 시대에 강력했던 진보의 개념은 자연과학과 기술이 제공한 새로운 환경에서 풍성하게 꽃을 피웠고, 모든 단계에서 20세기의 진보적 민주주의를 예견했다. 단순한 군대나 경찰 기관과 구별되는 공공복리 증진을 위한 인도적 기관으로서의 국가 개념은 '올드 히코리[앤드루 잭슨]'와 '정직한 에이브[에이브러햄 링컨]'의 시대에 다각도로 검토되고 활발하게 설명되었다. 호레이스 그릴리는 이렇게 말했다. '우리는 정부가 다른 모든 지적인 기관과 마찬가지로 능력의 범위 내에서 선을 행할 의무가 있다고 믿는다. 산업, 과학, 발명, 사회, 물리적 진보를 촉진하고 증진하기 위해 적극적으로 노력해야 한다…… 이것이 정부의 영역에 대한 우리의 생각이다.'

에머슨은 단편적이지만 깊이 파고드는 방식으로, 최근의 과학적 발견이 국가 문제를 조명하면서 사회 질서를 고정된 것이 아니라 끊임없이 변화하는

---

* William Magear Tweed, 흔히 'Boss Tweed'로 불린 이 인물은 19세기 중반 뉴욕 시의 강력한 정치인이자 민주당 내 태머니 홀Tammany Hall이라는 정치 기구의 지도자였다. 그는 부패와 정치적 기득권의 상징으로, 뉴욕 시에서 막강한 영향력을 행사하며 공공 계약과 재정적 부정 행위를 통해 막대한 부를 축적한 것으로 악명 높다.

과정으로 생각하게 만들었다고 동시대인들에게 경고했다. 그는 인류의 사회적 운명에 대해 확신하지 못했지만, 다윈이 논문을 발표하기 훨씬 전부터 막연하게 논의했던 진화론이 정치, 무역, 관습에 대한 전통적인 견해를 완전히 '뒤엎을' 것이라는 믿음은 확고했다.

은행과 통화, 자유무역과 보호무역, 토지 문제, 노동 문제 등 지배적인 이슈에 대한 가장 예리한 분석이 이루어진 것은 거대한 사회 철학의 틀 안에서였다. 정치경제학 저술가들은 부의 생산과 분배가 마치 그 과정이 작동하는 민법에서 분리될 수 있는 것처럼 경제학과 정치를 분리하는 치명적인 오류를 범하지 않았다. 애덤 스미스가 생각했던 큰 주제는 그대로 유지되었고, 언론에서 쏟아져 나오는 정치경제학의 요소, 개요, 매뉴얼은 이 주제에 대한 관심이 깊어지고 있음을 보여주었다.

게다가, 다른 분야와 마찬가지로, 외국의 지배, 특히 영국의 지배로부터 해방될 조짐이 보였다. 세계의 작업장이 되어 어느 분야에서도 심각한 경쟁에 직면하지 않은 영국을 대변하는 영국의 이론가들은 자유무역에서 이 상황에 딱 맞는 정책을 발견했다. 영국의 공장mill 소유주들은 직공들에게 값싼 빵을 공급하기를 원했기 때문에 식료품에 관세를 부과하지 않았다. 어떤 시장에서도 불티나게 팔릴 가능성이 없었기 때문에, 그들은 자국 내 제조품 경쟁의 위험을 감수할 수 있었다. 그런데 한 번도 재현된 적이 없는 이 독특한 조건을 포착한 영국의 정치경제학자들은 무역의 자유를 과학적 교리로 선포했고, 많은 아메리카의 교수들이 자국의 다양한 경제 상황에도 불구하고 이를 마치 자연의 섭리인 것처럼 받아들일 정도로 확신에 찬 논리로 이를 선포했다.

따라서 배운 사람들의, 특히 대학에서의, 지적 활동이 제조업에 종사하는 실용적인 사람들의 관심사 및 의견과 항상 정확히 일치하지는 않았다. 그러나 아메리카 산업의 요구 사항은 마침내 필라델피아의 헨리 C. 캐리에 의해 충족되었으며, 그는 1837~40년에 자유무역의 주요 선입견을 날카롭게 비판하고 보호무역을 위한 민족주의적 기반을 스케치하고 관세 시스템의 논리적 토대를 마련한 정치경제학에 관한 세 권의 책을 출판했다. 캐리는 '이기심에 의해 자동적으로 작동하는 경제적 인간'이라는 교리는 근본적으로 오류가 있고 적용에 있어서도 위험하다고 주장하며 국가의 이익이라는 교리에 반대했다. 따라서 앞으로 아메리카의 유아기 단계의 산업은 학교에서의 대변인이 필요 없게 되었다.

한편 노동 운동이 부상하면서 각계각층에서 기대감으로 가득 찬 방대한 문헌을 생산한 대변인들이 등장했다. 1826년 초, 빌레스비L. Byllesby는 불평등한 부의 기원과 그것이 인간의 행복에 미치는 영향의 본질에 대해 적절한 질문을 던졌다. 3년 후 토머스 스키드모어는 인간의 새로운 권리, 이번에는 재산에 대한 권리를 선언했다. 비슷한 맥락에서 프랜시스 라이트는 연단에서 급진적인 노동 교리를 설파했는데, 특히 여성의 지위와 관련하여 '대중 강연 과정'이라는 이름으로 발표한 그녀의 연설은 노동자들 사이에서 큰 인기를 얻었다. 10년 후 앨버트 브리즈번은 푸리에의 협동조합 복음을 선포했는데, 푸리에는 공상적인 계획에도 불구하고 '무한한 진보라는 개념을 세상에 널리 알리는 데 기여했다'고 평가받았다. 브리스번은 프랑스어로 쓰인 책의 번역과 자신의 저서 『인간의 사회적 운명The Social Destiny of Man』을 통해 대규모의 개혁가 학교를 만들었다. 새로운 의무를 인식하면서도 여전히 종교에 집착하는 그리스도교 사회주의자들은 아딘 발루Adin Ballou에서 훌륭한 대변인을 찾았다. 아나키스트들은 조시아 워렌과 스티븐 펄 앤드루스의 저서에서 그들의 신조를 지지하는 목소리를 들었다. 또한 독일에서 나온 『공산당 선언』은 출판된 지 얼마 지나지 않아 영어로 옷을 입었고, 1848년 이후의 반동을 피해 아메리카로 피신한 독일 난민들은 한동안 아메리카 급진주의의 흐름에 대륙적 색채를 입혔다.

전반적으로 이 기간 동안 협동적 이상주의는 강하고 분명했으며, 특히 인구가 혼잡해져 가는 동부 주들에서 씁쓸하고 달콤한 기계 산업의 열매가 지상에 떨어지고 있었다. 공화당이 굶주린 프롤레타리아에게 빵과 서커스보다 더 중요한 공짜 선물로 국가의 땅을 던져주기 전까지 사회주의 사상은 노동 운동의 배경으로 가라앉고 임금 인상과 노동 시간 단축이라는 엄격하게 현실적인 과제가 노동 조직가들의 생각을 독점했다.

이 모든 진화는 1840년대에 자신을 사회주의자라고 맹세하고 카를 마르크스와 공산주의자들에게 〈트리뷴〉[뉴욕 트리뷴]의 지면을 제공했고, 〈더 타임스〉의 창시자인 H.J. 레이먼드와 사회주의에 대해 토론하고, 홈스테드 운동에 몸을 던지고, 노예 해방 투쟁에 몰두하고, 존경의 포옹으로 삶을 마무리한 호레이스 그릴리의 경우에서 밝혀졌다. 그릴리 정도의 정신력과 정치적 지위를 가진 사람들이 사회주의 이념에 끌렸다는 사실은 미합중국 중기의 동요가 노동자들의 모호한 서클을 훨씬 넘어서서 높은 자리에 앉은 일부 사람들에게 진지하게 고려할 가치가 있다고 여겨졌다는 증거이다. 의심할 여지 없이 1861년의 시민 대격변[남북전쟁]과 이듬해의 홈스테드법에 의해 노동에 개방된 무상 토지는 수십 년 동안 급진적 성향이 강하게 표류했다는 것을 확인시켜 준다.

§

역사가들은 과거의 기록을 파헤침으로써 경제학자들이 혁명적 연설가들의 빛나는 시대와 아메리카의 사회 진화 사실들을 어느 정도 분리하는 데 도움을 주었다. 1834년 조지 밴크로프트는 식민지들의 설립부터 헌법 제정까지 총 10권으로 구성된 『미합중국의 역사』를 출간하기 시작했다. 비록 그가 뉴잉글랜드 출신이고 민주당 정치인이라는 사실이 그의 이야기의 실타래에 많은 흥미로운 변형을 부여했고, 신의 섭리의 목적에 대한 확고한 친밀감은 종종 그를 먼지가 많은 길 위에서 끌어올렸지만, 그의 길고 고된 연구는 그의 작품에 시간이 파괴하지 못한 가치를 부여했다.

밴크로프트와 동시대 인물 중 한 명인 뉴잉글랜드 출신의 연방주의자 리처드 힐드레스는 대발견의 시대부터 미주리 타협Missouri Compromise에 이르기까지 아메리카의 역사를 덜 고상한 방식으로 이야기했다. '100주년 기념 설교와 독립기념일 연설은 충분하다'고 선언한 그는 '애국적인 루즈로 치장하지 않고, 변명과 사과의 잘 짜여진 망토에 싸여 있지 않고, 스틸트[건물을 수면이나 지면 위로 떠받치는 기둥], 드라마화, 반짝이, 치장 없이' 아메리카 건국자들을 있는 그대로 묘사하고 싶다고 다짐했다. 그의 탐구는 밴크로프트만큼 깊지는 않았지만, 문체는 더 절제되고 과학적이었다.

열렬한 민주당 지지자라기보다는 환멸을 느낀 연방주의자였던 힐드레스는 전능자의 계획에 대해 특별히 잘 알지 못한다고 주장하며 신성한 과거에 대해 더 차갑고 냉정한 시각을 보였다. 1849년 그의 첫 번째 편이 나왔을 때 패트리어트 구역에서 불만의 소리가 터져나왔지만 학자들은 마침내 안개 속을 뚫고 실체를 발견할 수 있게 된 것에 기뻐했다. 예를 들어, 〈에든버러 리뷰〉의 편집자는 국내에 관해 국수주의적인 역사 외에는 아무것도 발견할 수 없었는데 '아메리카 역사의 뮤즈가 그루터기에서 내려와 우리 귀에 맞는 음정으로 그녀의 이야기를 들려준 것'에 기쁨을 표했다.

그러나 현대의 한 재담가가 말했듯이, '뉴잉글랜드를 통해 문명이 어떻게 아메리카에 들어왔는지'를 보여주는 데 만족하지 않고, 중부와 남부 지역의 작가들은 과거를 직접 살펴보기 시작했다. 소설가 어빙은 뉴욕 니커보커 Knickerbocker 가문들[원래 네덜란드 이민자들이 입었던 전통적인 바지 니커보커에서 유래한 말로 이후 뉴욕 상류층과 부유한 가문들을 의미했다]의 유머러스한 역사를 써서 일부 네덜란드 가문을 제외한 모든 사람들을 즐겁게 해준 지 오래지 않아, 신중하게 전통적인 관점으로 조지 워싱턴에 대한 방대한 전기를 썼다. 버지니아 출신인 조지 터커는 북부 학파의 일방적인 시각을 상쇄하려는 듯, 고풍스러운 남부 신사의 시각으로 국가의 역사적 과거를 묘사했으며, 그 작품은 받아들여진 것보다는, 견고하고 깊이 있게 고찰할 만한 가치가 있었다.

아메리카에서 정확한 역사학이 발전하는 데 있어 그 못지않게 중요한 것은 부지런한 사람들이 수집하기 시작한 원본 자료, 즉 연구자들이 독립적으로 판단을 내릴 수 있는 자료집이었다. 이 분야에서 가장 중요한 역할을 한 사람은 하버드 대학 교수인 재러드 스파크스Jared Sparks로, 그는 오랜 시간 동안 자료 수집과 편집에 힘썼다. 그는 아메리카인의 전기傳記에 주목할 만한 공헌을 한 것 외에도 워싱턴의 생애와 저작을 12권으로, 프랭클린의 저작을 10권으로 출간하면서 두 영웅의 글을 철자, 문법, 어법에 오류가 있는 그대로 인쇄하지 않고 수정하고 다듬었다. 하지만 이 편집 과정에서 스파크스는 본의 아니게 학문에 기여한 셈이 되었는데, 왜냐하면 텍스트에 대한 그의 손쉬운 자유로움이 불러일으킨 반대가 그의 후계자들을 텍스트에 대해 더욱 경계하고 정확성을 기하게 만들었기 때문이다.

수집과 편집이라는 같은 사업에서 스파크스에게는 지칠 줄 모르는 동시대 인물 피터 포스가 있었다. 포스는 아메리카 기록 보관소의 거대한 도서관을 계획하고 그가 일하던 연방 정부가 재정 지원을 끊기 전에 언론을 통해 여러 권의 책을 얻었다. 그는 중요한 몇 개의 사업에 착수했고 과학적 연구 정신을 발전시켰으며, 적어도 그 시기가 거의 끝나갈 무렵에는 아메리카 사회의 역사에 대한 관심이 커지고, 독일 학문을 이 특정 분야의 모든 학생들로부터 존경받게 만든, [사실의] 고된 사냥과 조립으로 역사학이 흘러갔다. 시간이 흐르면서 소위 '과학적 역사'가 낭만과 단순한 관습이 독점하던 영역에 침입하기 시작했다.

등불들[luminaries. 특정 분야의 권위자] 옆에는 많은 작은 등불과 지역의 등불이 함께 타오르고 있었다. 메인 주에서 조지아 주, 대서양 연안에서 미시시피 밸리에 이르기까지 아메리카 전역에서 아마추어 역사가와 수집가들이 문서를 수집하고, 민속을 기록하고, 동시대의 삶을 묘사하고 있었다. 티모시 드와이트는 뉴잉글랜드와 뉴욕을 여행하며 관찰하고 느낀 점을 기록한 네 권의 방대한 저서를 남겼다. 티모시 플린트도 미시시피 주를 위해 비슷한 서비스를 제공했다. 어떤 식으로든 지역 생활과 사건에 대한 놀라운 자료가 축적되었다. 한 가지 예를 들자면, 일리노이 주에 관해서만 1818년에서 1865년 사이에 발행된 작품에서 400개가 넘는 제목으로 논의되었다. 대학 및 사립 도서관과 주립 기록 보관소에는 수천 명의 손에 의해 기록된 데이터가 보존되었다. 구전 전승과 소문의 시대가 선별되고 검증된 사실의 시대로 바뀌고 있었다. 아직 헤라클레스의 노역이 필요했지만, 1860년에 이르러 아메리카의 사회 진화 연구를 과학적 근거 위에 올려놓는 작업에서 많은 부분이 정리되고 긴 도약이 이루어졌다.

§

사회적 기원과 발전의 본질에 대한 경제학자, 역사가, 과학자들의 탐구는 필연적으로 가족이라는 주제에 도달했다. 1840년대에 여성운동이 무시할 수 없는 불안 요소 중 하나로 전면에 등장했기 때문에, 남성들이 그것을 무시하는 것을 선호했다 해도, 상황은 그들이 그 특권을 행사할 수 있도록 허용하지 않았다. 뉴욕의 아가씨들이 샹들리에 아래에서 빛날 수 있게 해준 적당한 재산의 축적은 브라운스톤 저택의 무도회장을 본 적이 없는 수천 명의 여성들에게 교육과 여가를 제공했다.

사실, 미합중국 중기 여성성의 중요한 특징은 트리말키오*만큼이나 오래된 붉은색과 녹색의 살롱에 대한 열정이 아니라 산업, 과학, 교육, 문예, 시정市政 분야로 여성들이 진출한 것이다. 18세기에 소심하게 진전된 찰스 B. 브라운의 신조와 같은 신념에 완전히 익숙해진 여성들은 관습법으로 구체화된 남성 우월주의에 공개적으로 반기를 들고 성 평등을 고려한 정치 프로그램을 수

---

* 트리말키오는 페트로니우스의 서기 1세기 로마 소설 『사티리콘Satyricon』에 등장하는 인물이다. 트리말키오는 노예 출신으로 와인 상인으로 부자가 되었는데 '트리말키오의 연회'라는 호화스럽고 사치스러운 연회를 열었다. 트리말키오는 서양 문화에서 벼락부자의 부정적인 상징이다.『위대한 개츠비』에는 개츠비가 트리말키오로 비유되는 다음과 같은 대목이 나온다. '개츠비에 대한 호기심이 최고조에 달했던 어느 토요일 밤, 그의 집의 불이 꺼지면서 트리말키오로서의 그의 경력은 끝이 났다.'

립하는 데 열정적으로 참여했다. 자유가 모두를 위한 원대한 캐치프레이즈라면, 지위 고하를 막론하고 모든 사람에게 출세의 기회가 열려 있어야 한다면, 여성은 어디에 서야 할까? 이 질문은 18세기에 부드럽게 제기되었다. 19세기 중반에는 모든 편집자, 설교자, 정치인, 유권자가 들을 수 있는 톤으로 이 질문이 제기되었다. 고독한 외침은 합창이 되었다.

앞서 살펴본 바와 같이 이것은 17세기에 시작된 동요의 결실이다. 아메리카, 프랑스, 영국에서 남성의 권리에 대한 논의는 필연적으로 여성의 권리에 대한 문제를 제기했지만, 프랑스 혁명 이후 정치적 반동으로 여성들의 희망은 전반적으로 환멸 속에 가라앉았다. 유럽은 민주주의에 대한 계속되는 논쟁에도 불구하고 병든 것처럼 보였고, 급진주의자들은 새로운 것들이 법과 관습의 속박을 조기에 깨뜨릴 수 있는 미합중국을 향해 대담한 실험을 모색하기 시작했다. 이러한 이유로 폴란드의 어네스틴 로즈, 스코틀랜드의 프랜시스 라이트, 영국의 해리엇 마티노 등 예리하고 유능한 여성들이 아메리카의 민주주의를 연구하고 강의하거나 선동하기 위해 구세계에서 건너왔다.

여성들을 위한 청문회를 열게 한 것은 단순한 불안감이나 호기심, 동요가 아니었다. 여성들은 이미 세상의 사건들에 중요한 역할을 하고 있었다. 다른 나라에서 조르주 상드, 샬롯 브론테, 조지 엘리엇, 엘리자베스 배럿 브라우닝을 문학계에서, 로자 보뇌르를 예술계에서, 캐롤라인 허셜을 과학계에서, 엘리자베스 프라이를 인도주의 개혁계에서, 플로렌스 나이팅게일을 전장의 간호계에서 배출한 시대는 아메리카에서도 해리엇 비처 스토와 마거릿 풀러, 해리엇 호스머, 마리아 미첼, 도로시아 딕스, 병원에서 결손가정 및 비행 청소년을 돌본 클라라 바튼 등을 배출한 시대이기도 했다. 안주하는 정치 및 군사 역사가들은 자신들의 전통에 따라 아메리카 독립혁명 연대기에서 여성을 배제했지만, 엘렛 부인[Elizabeth Fries Ellet]은 그 대격변의 국내 역사에서 정의의 균형을 부분적으로 회복했다.

마거릿 풀러는 19세기 여성들도 의지와 이해력을 가지고 있었다는 사실을 펜을 든 신사들에게 상기시켜 주었다. 조잡한 문체와 부정확한 교과서에 실망한 메리 라이언Mary Lyon은 더 나은 역사 및 지리 시리즈를 만드는 작업을 시작했다. 아메리카 최초로 여성으로서 의학 학위를 받은 엘리자베스 블랙웰 박사는 1849년 뉴욕에 여성과 아이를 위한 진료소를 열었고, 곧이어 여성을 위한 의과대학을 설립했다. 앤 허친슨의 부름에 응답이라도 하듯, 오벌린에서 문학과 신학을 전공한 유명한 모스 가문의 안투아네트 브라운 블랙웰은 1853년 정식 안수를 받은 회중교회 목사가 되어 설교단에 섰다. 잃을 것이 거의 없는 윌리엄 로이드 개리슨이 노예 해방 운동을 이끌고 있을 때, 사우스캐롤라이나의 그림케 자매는 노예를 해방시키고 그들 계급의 분노를 무릅쓰고 마찬가지로 자유를 위해 삶을 바쳤다.

잭슨 민주주의의 격랑 속에서 실질적인 진전을 이룬 것 외에도, 많은 사려 깊은 여성들은 그 시대에 제기된 신학, 과학, 사회적 경제의 모든 태동하는 아이디어에 깊은 감동을 받았다. 예를 들어, 1840년 루크레티아 모트와의 짧은 대화에서 엘리자베스 캐디 스탠튼은 그 이면에서 무슨 일이 벌어지고 있었는지 밝혔다. '그녀는 "퀘이커교도들Friends" 사이의 교리와 분열, 내면의 빛, 메리 울스턴크래프트와 그녀의 사회 이론, 여성 평등에 대한 요구 등에 대해 이야기해 주었다. 비록 정통주의 교사들은 모두 금기시했지만, 나는 콤[George Combe]의『인간의 구조』와『도덕철학』, 채닝의 작품, 메리 울스턴크래프트의 저서들을 읽고 있었다. 그러나 스코틀랜드 장로교인으로서 감히 생각조차 하지 못했던 것을 여성이 말하는 건 들어본 적이 없었다.'

모트 부인 자신도 볼테르를 기쁘게 만들었을 만큼 회의적이었다. 그녀는 이렇게 썼다. '여러 오류를 안고 있는 종교 단체가 악보다 선을 더 많이 생산하고 있는지 종종 의문이 들며, 그 문제는 여전히 나에게는 해결되지 않고 있다. 하지만 종교적 정서와 교제에 대한 자연스러운 사랑에 의해 지배되는 사람들에게 더 나은 것을 대신 제공할 수 있을 때까지는 기존 제도에 대한 그들의 믿음을 어떻게 흔들어야 할지 세심한 주의가 필요하다.' 동물학의 시대에, 캐서린 비처는 대담하게 '여성들에게 인간 골격의 구조를 이해하도록 가르치는 시대가 오고 있다'고 선언했다.

비판적 사고와 경제적 변화는 식민지 시대부터 공화주의 시대를 거쳐 이어져 온 전통적인 가족 제도의 토대를 곳곳에서 무너뜨리고 있었다. 호주제의 폐지와 [종교 의식을 따르지 않는] 민사 혼인의 확대는 결실을 맺고 있었고, 공장 제도와 공립학교의 부상은 여성에게 더 많은 기회를 제공했으며, 이혼법이 완화되면서 여성은 새로운 독립 의식을 갖게 되었다. 또한 서부의 개방과 성장하는 도시의 부름에 따라 소녀들은 부모의 권위에 대해 더욱 도전적으로 나왔고 직업 선택과 남편 선택에 있어서도 자신의 취향을 추구하기로 결심했다. 해리엇 마티노는 이러한 아메리카 문명의 특징이 너무 뚜렷해서 영국 여성의 순종과 대조되는 모습에 놀라움을 금치 못했다.

1840년대에 흩어져 있던 여성운동 세력이 대중 운동을 위해 모이기 시작했다. 사실, 10년 전, 프랑스 여성들이 고대의 지위를 유지하는 데 주로 관심을 가졌던 드 토크빌은 아메리카에서 여성이 남성 권력을 전복하려는 시도를 한 번도 관찰하지 못했다고 선언했다. 그는 '오히려 내가 보기에 그들은 자신의 의지에 자발적으로 굴복하는 것에 일종의 자부심을 가지고 있으며, 멍에를 벗어 던지는 것이 아니라 멍에에 몸을 구부리는 것을 자랑으로 삼는 것처럼 보였다'고 엄숙히 공언했다. 이 철학자가 1848년에 이 나라에 왔다면, 그는 다른 것을 발견했을지도 모른다. 그해 뉴욕 주의 세네카 폴스에서 여성인권대회가 열렸고, 이후 매사추세츠 주 우스터에서 인디애나 주 더블린에 이르기까지 동부와 서부에서 여성인권대회가 잇따라 열렸다.

세네카 폴스 대회는 남성들이 작성한 18세기 문서에 대한 부담감 속에서 자유와 평등이라는 대원칙을 다시 한 번 명시한 여성 독립선언문을 발표했다. 전례에 충실한 이 선언문은 조지 3세에 대한 기소장 방식에 따라 남성이 수익성이 좋은 직업과 일자리를 독점하고, 고등교육 기관을 여성에게 폐쇄하고, 여성에게 세금을 부과하여 아무런 발언권도 없는 정부를 지원하고, 여성이 노

744

동으로 번 재산을 박탈하고, 결혼시 여성을 시민적으로 죽은 것으로 간주하고, 교회에서 낮은 자리를 배정하고, 결국 여성을 농노의 지위에 놓았다는 불만 목록을 제시했다. 정치적, 경제적, 지적 평등이라는 의미는 분명했다. 그 메모는 도전적이었다. 리처드 헨리 데이나 같은 고상한 신사들은 충격과 분노를 금치 못했다. 기민한 편집자들은 여성들을 향해 조롱 섞인 헤드라인을 던지며 크고 길게 웃었다: '페티코트의 통치'와 '여성들의 봉기.'

얼마 지나지 않아 여성 인권 운동의 선구자인 루크레티아 모트, 마사 C. 라이트, 엘리자베스 캐디 스탠튼, 루시 스톤— 셰이스의 반란군 대위의 손녀이자 오벌린 졸업생 —과 수잔 B. 앤서니는 몇몇 저명한 남성들과 함께 여성의 권리를 옹호하는 데 동참했다: 웬델 필립스, 개리슨, 채닝, 휘티어, 에머슨이 바로 그들이다. 서부 개척지에서 멀리 떨어진 에이브러햄 링컨은 여성과 정부를 공유하는 것을 선호한다고 선언했기 때문에 취임 초기에 이러한 투쟁의 메아리를 들었을 것이다. 노예제 폐지 운동과 남북전쟁으로 인해 여성들이 더 강력한 대의를 위해 일시적으로 자신들의 대의를 제쳐두지 않았다면 평등 선거권 쟁취 운동은 60년대에 훨씬 더 진전되었을 것이다.

그러나 여성의 에너지와 열정의 크게 분산되었음에도 불구하고, 세기 후반이 열리기 전에 선구자들이 일부 승리를 거두었다. 시민적 자유의 영역에서 새로운 대의의 옹호자들은 기혼 여성에게 무엇보다도 재산을 소유하고 취득할 수 있는 권리와 남편의 부채에 대한 책임에서 면제될 수 있는 권리를 요구했다. 남성 진영에서 이 주장은 폭풍을 일으켰다. 진짜 이유는 분명했지만, 여성들이 재산을 관리할 때 바쁜 세상의 힘든 현장으로 내몰리고 그들의 매력이 떨어질 것이라는 취지의 명분이 앞섰다.

그럼에도 불구하고 몇몇 전초기지는 놀라울 정도로 쉽게 점령되었다. 1839년 미시시피 주는 여성을 재산에 관하여 보호 대상tutelage에서 해방시켰고,* 1848년 뉴욕, 인디애나, 펜실베이니아 주가 비슷한 조치를 취했으며, 2년 후 캘리포니아와 위스콘신 주도 줄에 끼어들었다. 일단 시작되자, 행진은 누구도 멈출 수 없었다.

개인의 권리에 대한 존중과 여성운동에 영감을 준 특권의 평준화에 대한 열정이 커지면서 자녀의 지위에 대한 질문도 이어졌다. 상속법에 따르면 자녀는 아버지가 살아 있는 동안에는 어떤 면에서 아버지의 재산이었고, 아버지가 사망한 경우에는 어머니의 재산이었다. 이러한 자녀의 종속은 부분적으로는 유아의 무력함에서 비롯되었고, 부분적으로는 자녀의 수입에 대한 부모의 통제권에서 비롯되었다. 부모가 공장주만큼이나 청소년을 착취하는 데 열심이었다는 사실은 초기 조사자들의 문서에 널리 기록되어 있다. 해밀턴은 공장 시스템이 '연약한 시기'의 아이들을 고용할 수 있다고 자랑했고, 아버지와 어머니는 불가피함이나 이기심으로 초기 공장주들의 부름에 응답했으며, 가정의 신성함을 내세워 국가의 간섭으로부터 면책특권을 주장하기도 했다.

하지만 이러한 형태의 지배는 잭슨 민주주의의 밀물 같은 힘을 피할 수 없었다. 아동을 경쟁 대상으로 느끼고 견습생 제한을 원하는 노동조합, 대중 교육의 옹호자, 새로운 인본주의의 조류에 휩쓸린 사람들, 문맹인 시민이 사유재산 제도에 위협이 될 수 있다고 본 정치인 등 사방으로부터 부모의 주권이 공격받았다. 따라서 1825년 아메리카 최초로 매사추세츠 주에서 실시된 아동 노동에 대한 입법 조사가 학교 출석률 조사와 산업 조사를 병행한 것은 단순한 우연이 아니었다.

10년이 조금 넘는 기간 동안 주 의회에서 아동의 노동 시간을 제한하고, 초등교육을 위한 최소한의 시간을 요구하며, 그렇지 않으면 부모가 자녀를 자유롭게 처분할 수 있는 권한을 제한하는 법률이 쏟아져 나오기 시작했다. 세기

---

* 역사적으로 'tutelage'란 말은 여성이 재산 및 재정 문제와 관련하여 남편이나 남성 친척의 법적 권한 또는 후견 아래 있는 것을 의미했다. 이 해방으로 여성이 남편이나 후견인으로부터 독립적으로 재산을 소유하고, 통제하고, 관리할 수 있게 되었다. 이것은 여성의 법적 자율성과 평등에 있어 커다란 진전이었고 그 이전의 법적 규범과 비교했을 때도 커다란 전환이었다.

중반이 지나기도 전에 인류와 공동체의 이익을 위해 고안된 아동의 권리는 법령과 사법부의 판결에서 크게 부각되기 시작했다.

그러나 부모들이 고대의 특권을 가볍게 포기하지 않았고, 공장에서 해방된 아이들이 모두 즐겁게 학교로 향한 것은 아니기 때문에 새로운 법을 시행하는 데는 어려움이 많았다. 게다가 대중의 마음이 과감한 행동을 취할 준비가 되어 있지 않았기 때문에 입법부는 대개 낙타가 통과할 수 있는 허점을 남겼다. 예를 들어, 1847년 뉴햄프셔 주에서는 부모나 보호자의 서면 동의가 있는 경우를 제외하고는 15세 미만의 아동이 하루에 10시간 이상 일할 수 없도록 규정했다. 이러한 조치는 미약했지만 아동의 지위를 변화시킨 시작이었다. 40년대에 한 장로교 잡지는 이렇게 한탄했다. '현 시대의 평준화 제도에서 가족보다 더 불리한 곳은 없다…… 부모의 권위는 조기부터여야 하고, 절대적이어야 하고, 완전해야 한다.' 그것은 과거로부터의 외침이었다.

§

기술 혁명, 기계 산업의 영향으로 인한 사회 질서의 재건, 우주 생성론의 영역까지 들어간 과학의 발전, 부의 증가로 인한 경제적 독립, 정치적 평등의 발효, 여성의 지위 변화, 국내 문제를 둘러싼 정당 간의 충돌, 외국과의 새로운 접촉은 삶에 대한 추측과 모든 형태의 상상력 문학의 지적 무대를 재설정했다. 그리고 그 제품에는 환경의 인상이 남겨져 있었다. 결국, 쓰여지거나 그려진 거의 모든 것은 자연 세계, 그 안에서 행해지는 일, 그리고 그 구성에 대한 의견과 어느 정도 관련이 있다.

고대 전설의 책 외에는 아무것도 없이 산속에서 금욕 생활을 하는 수도사를 제외하고는 붓이나 말, 끌을 사용하는 모든 예술가들은 사회의 흐름에 어느 정도 휘말려 있다. 사적인 재산이나 특별한 후원을 받는 일부 예술가들이 현대의 흐름에서 벗어나 고대의 문양에 자신의 창조적 에너지를 가두려고 노력하더라도 이것은 피할 수 없는 현실이었다.

물론 문학과 예술 문화에는 많은 부분이 전통적이고 누적되어 있기 때문에 항상 지연遲延이 있다. 사업가는 새로운 공장을 세워서 이익을 늘릴 수 있다는 사실을 알게 되면 사랑하는 공장을 허물지만 문학과 조형 예술의 영역에서는 그러한 투명한 동기가 작동하지 않는다. 이 분야의 노동자들은 종종 너무 아름다워서 그것을 모방하려는 것이 신성 모독처럼 보일 정도로 오래된 거장들의 모델인 전통적인 재료 더미를 손에 쥐고 있다. 어쨌든 그들과 결별하고 순진한 단순함을 현재의 용도와 현대 환경에 적용하는 것보다 그들에게 고개를 숙이는 것이 일반적으로 더 만족스럽고 미래의 금지된 문을 열려고 시도하는 것보다 무한히 쉽다. 모든 교육은 마음을 전통에 기울게 하고, 존중심은 일반적으로 그것을 받아들이도록 촉구한다. 과거의 창조적 업적에 대한 진정한 헌신은 종종 마음을 숭배감으로 채우고, 죽은 언어와 오래된 예술에 대한 단순한 기술적 지식조차도 그 소유자를 평범한 무리에서 벗어나 모든 인류가 그토록 갈망하는 특성의 일부를 제공한다.

　그럼에도 불구하고, 윌리엄 제임스가 말한 것처럼 사실과 정신의 세계는 함께 진화하며, 국가의 경제적, 사회적 발전을 시대별로 구분하는 상황의 변화는 예술과 문학의 진화에도 시기를 부여한다. 시대 구분은 결코 선명하지 않지만 부인할 수 없는 사실이다. 방적 공장과 용광로의 아메리카, 그리고 대륙에 걸쳐 있는 제국으로서의 아메리카는 역마차, 수공예품, 해안가 마을의 아메리카가 더 이상 아니었다.

　그리고 북동부 지역은 이제 봉건주의 문화와 토양을 삼키고 사회 질서를 미래로 거침없이 휩쓸고 있는 산업, 과학 및 세속주의의 거대한 소용돌이의 중심으로 끌려가면서 문학과 예술 사업의 개화에 유리한 생활과 경제 조건을 갖추고 있었다. 우선, 이 시기에는 인구 밀도의 현저한 증가가 도시화의 실체를 제공했다. 뉴잉글랜드 사회는 특히 밀집되어 있을 뿐만 아니라 보스턴과 그 주변 지역, 하트포드, 뉴헤이븐, 프로비던스, 뉴포트 등 지적 자극의 중심지가 여러 곳 있었다. 상대적으로 동질적이고, 내적으로 성장해 있고, 토론에 익숙하며, 자기 표현에서 훈련된 주민들은 도시에서 자랐고, 대학 교육을 받았으며, 대중을 가르칠 능력이 있다고 느끼는 사람들이 많은 비율을 차지했다.

북동부에서는 사회적 교류가 가장 활발했을 뿐만 아니라, 자연과학이 거기에서는 기계 산업의 하인 역할을 했다. 버지니아의 신사나 필라델피아의 철학자들이 우아한 아마추어처럼 물리학과 화학을 '호기심을 자극하는 흥미로운 교양 지식의 한 분야'로 여겼다면, 이제 산업 지역의 얼룩덜룩한 앞치마를 두른 사업가들은 그 재미있는 주제를 제조업을 위한 용도로 전환시켰고, 회계 장부에 수익을 가져다줄 탐구의 발전에 기꺼이 후하게 기부하려 했다. 요컨대, 북동부 지역의 모든 무자비한 취득 본능의 힘은 농업의 문화적 유산에 그토록 파괴적인 근대의 변화무쌍하고 역동적인 창의성을 지닌 과학 정신에 기반을 두고 있었다. 신학자들과 함께 코튼 매더의 사고 패턴에 호소함으로써 악마를 쫓아낼 수 있다고 믿거나 조지아의 농장주들과 함께 이 모든 것이 변덕스러운 인간의 선한 취향의 왜곡이라고 믿었던 사람들은 단순히 운명과 파멸을 계산하는 데 실패한 것이다.

북동부는 도시, 산업, 과학 외에도 경제 운영의 측면에서 독립에 대한 강한 열정을 가지고 있었다. 세계 시장에서 영국의 라이벌로 떠오른 그 지역은 자신의 부의 힘을 느꼈고, 영국의 경쟁자들에 대한 보호관세를 원하면서도 문학과 예술에 담긴 민족주의의 정서를 소중히 여겼다. 아메리카산 면화와 광목이 시민들이 입을 수 있을 만큼 품질이 좋다면, 아메리카산 책과 그림도 충분히 매력적이지 않을까?

이러한 구체적인 경제적 요인과 밀접한 관련이 있는 다른 조건들도 대뇌 작용[사고]에 도움이 되었다. 도시의 부상, 노동자 계급의 등장, 파업으로 인한 동요, 산업 공황, 도시 빈곤의 확산은 가장 부주의한 방관자들의 얼굴에 새로운 질서의 사실과 소리들을 내던졌다. 외면할 수 없는 무례함으로, 광대하고 복잡한 현상과 아이디어가 평온한 농경 시대에 침입하여 연방주의자들의 아들과 딸들에게 조상들이 꿈도 꾸지 못했던 문제를 고려하도록 이끌었다. 동시에 저항할 수 없는 힘에 의해 추동된 과학은 갈릴리 호수가, 봉건 시대 유럽의 마을 교회, 식민지 아메리카에 요먼들과 신사들이 세운 농촌 공동체에서 충분히 설득력 있어 보였던 오래되고 단순한 구원 계획을 혼란에 빠뜨리고 있었다. 성서의 우주 생성론에 대한 의구심은 서사시 전체에 대한 의구심으로 이어져 공기는 비판과 사색으로 가득 차게 되었다.

치열한 논쟁에 자극을 받은 일부 사상가들은 한쪽으로 방향을 틀기도 하고 다른 쪽으로 방향을 틀기도 했다. 헨리 소로는 달콤한 자연에서 위안을 찾았다. 조지 리플리는 유니테리언주의에서 벗어나 자유로운 사상을 추구했고, 그의 아내는 교황과 성인, 교회로 돌아갔다. 새로운 버전, 추측, 비판들이 대장장이의 뜨거운 인두에서 불꽃처럼 쏟아져 나와 사방으로 크고 작은 흥분의 불길을 지폈다.

이러한 분위기와 함께 문학 상품에 대한 수요가 증가했고, 그 수요에 따라 출판사가 생겨났으며, 출판사는 새로운 불안과 관심을 불러일으키는 새로운 제품을 내놓았다. 미합중국 중기에는 인쇄업이 중요한 사업이 되었다. 면화 공장을 돌린 증기기관은 인쇄기도 돌릴 수 있었다. 대장간이나 방직 공장에 투자할 수 있는 자본은 신문, 잡지, 도서 출판사로 전환될 수 있었다. 매년 새로운 출판사가 설립되었고, 일부는 큰 성공을 거두었으며, 운이 좋은 새로운 잡지는 가정의 필수품이 되었다.

이런 식으로 문학 상품 시장은 자극을 받았고 아메리카 언론에서 나온 인쇄물의 입방체 용적은 10년마다 두 배로 증가했다. 1820년 아메리카에서 발행된 출판물 중 아메리카 작가가 쓴 것은 3분의 1에 약간 못 미쳤고, 미합중국 중기가 끝나기 전에는 5분의 4 이상이 국내 출판물이었다. 따라서 문필가라는 직업은 확고한 경제적 기반 위에 놓이게 되었으며, 어떤 경우에도 좋은 산문을 쓰는 작가들은 — 여성과 남성을 막론하고, 사업가들이 고대 양피지가 아니라 장부에 눈을 돌렸기 때문에 — 이제 존슨[새뮤얼 존슨] 시대의 후원자나 그러브 스트리트[런던의 빈민 지구로 가난한 문필가들이 많이 살았던 곳]

에서 한 끼의 저녁 식사를 찾는 사냥꾼보다 훨씬 더 커다란 보상을 받게 되었다.

브라이언트[William Cullen Bryant]의 말처럼, 시인들이 여전히 시를 쓰는 일과 배를 채우는 일을 병행하기 어려웠다면, 소설, 단편, 에세이, 리뷰, 역사서 작가들은 상당한 수입을 기대할 수 있었다. 해리엇 비처 스토우의 『톰 아저씨의 오두막』은 수백만 부가 판매되었고, 쿠퍼와 호손은 대부분의 설교자, 회계사, 교육자보다 펜으로 더 많은 돈을 벌었으며, 프레스콧은 자신의 작품에 대한 로열티로 10만 달러를 벌어들였다.

점차 도시화되고, 새로운 아이디어로 자극을 받고, 시장이 형성되는 사회에 둘러싸인 북동부의 문학적 소질을 가진 젊은이들은 비교적 쉽게 그 길로 들어설 수 있었다. 그리고 상황은 그러한 적성이 발아하는 데 유리하게 작용했다. 독립선언 이후 성직, 전문직, 상인 가문의 계보는 두 세대가 더해졌고, 제조업, 상업, 해운업으로 축적한 재산 덕분에 여가를 즐기는 가문들이 더 많이 생겨났다. 이런 방식으로 식민지 시대에는 단순한 생계 유지 활동에 매몰되었을 소년과 소녀들이 교육과 여행, 실험의 기회를 얻게 되었다.

이와 같이 문학이라는 직업의 인력이 확대되었다. 수천 명이 이 직업을 준비할 수 있었고, 경제적 불안에 맞설 수 있었으며, 그들의 결과물을 판매할 수 있었다. 물론 소수의 작가만이 영원한 평범함을 뚫고 명성을 얻었지만, 시장이 없었다면, 도시 생활의 지적 자극이 없었다면, 그리고 비평이 없었다면 미합중국 중기의 천재들이 식민지 시대의 지방주의를 넘어 얼마나 멀리 나아갈 수 있었을까?

§

당시의 문학을 통해 울려 퍼진 민족주의의 고양만큼 시대적 상황에 잘 부합하는 것은 없었다. 젊은 공화국 시절에 분명히 들렸던 민족주의는 영국과의 두 번째 전쟁으로 증폭되었고, 관세 차별의 보호막 아래 경제력이 성장하면서 더욱 강화되었으며, 특히 구세계 국가들이 정치 혁명의 폭풍을 거듭 겪으면서 잭슨 민주주의의 주장들에 의해 더욱 심화되었다. 당시의 모든 아메리카 작가들, 유럽의 문화적 도구를 자신들의 지적 작업에 사용하고자 했던 사람들조차도 민족주의의 실상과 호소력을 의식하고 있었다.

에머슨은 1837년 케임브리지에서 행한 파이 베타 카파Phi Beta Kappa* 연설에서, 로열 타일러, 제임스 던랩, 노아 웹스터가 독립을 위한 투쟁이 아직 마음속에 생생히 남아 있을 때 했던 말을 인용하며 새로운 선언문을 발표했다. '다른 나라의 학문에 대한 오랜 견습생이었던 우리의 의존의 시대는 이제 막을 내린다'라고 연설가는 선언했다. '우리 주변에 몰려드는 수백만 명의 사람들이 항상 외국에서 수확한 단순한 유물만 먹고 살 수는 없다. 사건과 행동이 일어나고, 그것은 노래되어야 하며, 그것은 스스로 노래할 것이다⋯⋯ 창조적인 태도가 있고, 창조적인 행동과 창조적인 말이 있다⋯⋯ 즉, 관습이나 권위에 기인하지 않고 선과 공정함에 대한 마음 자체의 감각에서 자발적으로 솟아나는 것이다.'

에머슨이 보기에 아메리카인들이 자신의 힘을 경멸하고 창조적 예술을 불임으로 만드는 것은 복종과 모방이었다. 에머슨은 여러 차례에 걸친 수직 타격으로 당대 아메리카의 아첨꾼에게 망치를 내려쳤다. 그는 〈자립Self-Reli-ance〉이라는 에세이에서 다음과 같이 말했다. '이탈리아, 영국, 이집트를 우상으로 삼는 여행에 대한 미신이 모든 교육받은 아메리카인들에게 그 매력을 유지하고 있는 것은 자기 수양이 부족하기 때문이고 영국, 이탈리아, 그리스를 상상 속에서 유서 깊은 나라로 만든 사람들은 지구의 축처럼 그 자리에 굳건히 붙어 있었기 때문에 가능했다. 성숙하고 결단력을 요하는 시간manly

---

* 1776년에 설립된 미국에서 가장 오래된 학술 명예 협회로, 학문적 성취와 자유사상을 촉진하는 것을 목표로 한다. 이 협회는 뛰어난 학문적 성과를 이룬 대학생, 특히 인문학과 자유 예술 분야에서 성과를 낸 학생들을 회원으로 선발한다.

hours 속에서 우리는 의무가 우리의 자리라고 느낀다. 영혼은 여행자가 아니다. 현명한 사람은 집에 머물고, 그가 필요에 의해, 혹은 의무 때문에 어쩔 수 없이 집을 떠나야 할 때조차 그는 여전히 집에 있으며, 자신의 표정만으로도 그가 지혜와 덕의 선교사로서 가고 있다는 것을 사람들에게 느끼게 하고, 도시에나 사람들에게 하인이나 외부인이 아닌 주권자처럼 다가갈 것이다.'

'나는 예술, 학문, 자선을 목적으로 지구를 일주하는 것에 대해 인색하게 반대하지 않는다. 단, 사람이 먼저 자신의 집에서 길들여져 있거나, 자신이 아는 것보다 더 위대한 것을 찾으려는 희망으로 외국에 나가지 않는다면 말이다. 오락을 위해 여행하거나 자신이 가지고 있지 않은 무언가를 얻기 위해 여행하는 사람은 자신에게서 멀어지고, 젊은이라도 오래된 것들 사이에서 늙어간다. 테베에서, 팔미라에서, 그의 의지와 마음은 그곳처럼 늙고 황폐해질 것이다. 그는 폐허를 폐허로 옮긴다.'

'그러나 여행에 대한 분노는 전체 지적 행동에 영향을 미치는 더 깊은 불건전함의 증상이다…… 우리는 모방한다…… 우리의 집은 외국의 취향으로 지어지고, 우리의 선반은 외국의 장식품으로 장식되며, 우리의 의견, 취향, 능력은 과거와 먼 것에 기대고 따라간다. 영혼은 예술이 번성하는 곳마다 예술을 창조했다. 예술가는 자신의 모델을 자신의 마음속에서 찾는다. 그것은 해야 할 일과 준수되어야 할 조건에 자신의 생각을 적용하는 것이었다…… 아름다움, 편리함, 웅장한 사상, 독특한 표현은 그 어떤 것만큼이나 우리에게 가까이 있으며, 아메리카 예술가가 기후, 토양, 낮의 길이, 사람들의 욕구, 정부의 습관과 형태를 고려하여 자신이 할 정확한 일을 사랑과 희망으로 연구한다면, 그는 이 모든 것이 잘 맞아떨어지고 취향과 정서도 만족시킬 수 있는 집을 만들 것이다. 절대 모방하지 말고 사신을 고집하라. 자신의 재능은 평생을 수련한 축적된 힘으로 매 순간 발휘할 수 있지만, 다른 사람의 재능은 일시적으로 절반만 소유할 수 있다.'

상상력이 풍부한 문학의 영역에서 에머슨이 선언한 독립은 물론 다양한 형태를 취할 수 있으며, 가장 간단한 것은 아메리카식 주제를 선택하여 새로운 자유를 선포하는 것이다. 이는 실제로 미합중국 중기의 가장 저명한 소설가인 제임스 페니모어 쿠퍼, 윌리엄 길모어 심스, 워싱턴 어빙, 너새니얼 호손, 베벌리 터커, 존 펜들턴 케네디, 해리엇 비처 스토우 등이 채택한 절차였다.

주제를 설명하기 위해 그들 중 하나를 취한다면, 1820년에 출판된 첫 번째 소설이, 그가 우연히 읽은 영국 이야기보다 더 나은 이야기를 쓸 수 있다는 자부심의 직접적인 결과인 쿠퍼일 것이다. 소년의 허세로 기계적으로 완성된 이 책이 부끄러웠던 쿠퍼는 '순수하게 아메리카적이어야 하고, 조국에 대한 사랑이 주제가 되어야 하는 작품'을 집필하기 시작했다.

행복한 환경은 쿠퍼가 개척자가 될 수 있도록 준비시켜 주었다. 어린 시절을 야생의 끝자락인 시골에서 자랐고, 공식적인 문학을 배우지 못했으며, 청교도를 혐오하는 교사의 가르침을 받았고, 일찍이 선원으로서 날것의 삶에 던져진 쿠퍼는 천성적으로나 교육적으로 스콧이나 발자크와 같은 유럽적 사고 패턴에 경쟁심을 가지거나 뉴잉글랜드의 신학 사상에 심취할 성향이 아니었다. 자신의 영혼에 이끌려 창작에 몰두한 그는 청교도 억압의 그림자가 드리운 영역이나 미합중국 중기의 봉건적 로맨스 전설이 아닌 육지와 바다에 사는 동족의 삶에서 주제를 선택할 수밖에 없었다. 그가 여성을 대하는 데 있어 관습적이었다면, 그는 단지 관습법의 문자와 정신을 존중했을 뿐이며, 관습법은 자신도 모르는 사이에 눈앞에서 해체되기 시작한 예의범절을 수반한 법학이었다.

유럽적인 주제에 대한 그의 실험을 평가 절하하지 말고 그의 가장 성공적인 작품의 핵심이 아메리카적이라고 말해야 한다. 자유에 대한 이야기, 패트리어트와 토리의 충돌, 나이에 굴복하지 않는 열렬한 젊음, 원시적인 숲을 배경으로 한 모험심 등 쿠퍼는 아메리카라는 매체를 통해 한 가지 주제를 표현했다. 쿠퍼는 넓고 때로는 뻣뻣한 붓으로 다양한 장면을 그렸다. 인디언, 개척자, 스파이, 해적, 노예상인, 군인, 선원, 농장주, 농부, 사냥꾼, 덫잡이, 상인, 여성, 산과 평야, 호수와 바다. 그가 인디언을 너무 장밋빛 색채로 그렸다는 점은 인정하지만, 그 시대 아메리카인의 유형을 확고한 손길로 묘사하고 그들의 생각과 열정을 때때로 폭탄 같지만 사실적인 대사로 드러냈다는 점은 모두가 인정해야 한다.

쿠퍼가 국내뿐만 아니라 해외의 동시대 비평가들 사이에서 입지를 굳히고, 새커리가 그를 스콧의 동료로 여기게 만들고, 위고가 그의 작품을 스콧의 작품보다 높게 평가하도록 유도하고, 오랜 시간이 지난 후 콘래드가 그에게 대가로서 경의를 표하게 된 것은 바로 그가 잘 알고 있는 이런 장면에 대한 처리가 있었기 때문이었다. 쿠퍼는 인디언을 소설의 전면에 생생하게 내세운 최초의 작가였으며, 그 행위만으로도 루소의 자연인에 대한 낭만주의에 젖어 있던 구세계의 몽상가들에게 중요한 인물이 되기에 충분한 능력을 갖추고 있었다.

여기에 발자크가 스콧을 인류의 역사가, 쿠퍼를 자연의 역사가라고 극찬한 비결이 숨어 있다. 실제로 발자크의 비평가 중 한 명은 '발자크의 수탈자, 변호사, 은행가, 공증인은 레더스타킹Leatherstocking의 오두막이나 칭가치쿡Chingachgook의 가발에서 상상력을 발휘하는 데 너무 많은 빚을 졌고, 〈인간 희극〉에는 스펜서[당시 유행했던 짧은 재킷]를 입은 모히칸족과 가운을 입은 휴런Huron이 너무 많다'고 말할 정도로 발자크는 쿠퍼에게 깊이 영향을 받았다. 쿠퍼는 모든 행사에서 에머슨의 수필이나 드 토크빌의 여행기를 들어본 적이 없는 남녀노소 유럽인들에게 대서양 너머에 있는 역동적인 국가를 알리기 위해 처음으로 대중적인 호소력을 가지고 구세계에 공화국을 선포했다. 또한 쿠퍼는 편지와 에세이를 통해 귀족적 성향의 유럽 비판자들에 맞서 미합중국 정부와 국민을 옹호했다. 앤드루 잭슨의 농민-노동자 당에 속한 급진적 세력의 행동은 그가 생각하기에 너무나 가증스러운 것이어서 국내의 모든 그런 정파에 반대했음에도 불구하고 말이다.

국내 문제에 관해서는, 다른 나라 문명과 대비되는 아메리카 문명의 대립과는 구별되며, 미합중국 중기의 사변적이고 상상력이 풍부한 문학은 아메리카 생활의 현실을 다루는 한도 내에서 그 시대의 격렬한 민주주의에서 제기된 정치경제학 및 자연과학의 모든 문제를 반영했다. 오른쪽 멀리에는, 해밀턴-웹스터-클레이 시스템의 안티테제를 이루는 당시의 보수적인 농업 사상이 심스와 쿠퍼의 소설에 반영되었다.

사우스캐롤라이나에서 태어나 말년에 노예 소유주이자 농장주였던 심스는 정치에서 캘훈이 대표했던 경제학을 소설로 표현한 인물이다. 관세와 내부 개선에 반대했던 그는 세월이 흐르면서 경제적 자유의 대가로 분리 독립을 열렬히 옹호하는 사람이 되었다. 심스는 강고한 상황에 맞춰 마찬가지로 쉽게 자신의 입장을 조정하여, 당시의 노예 제도를 옹호하는 입장을 채택했다. 그는 캘훈의 교리를 반영하는 언어로 '북부의 독자, 작가, 출판인들에게, 남부의 우리는 노예 제도가 특별히 현명하게 고안된 하늘의 제도이며, 야만적이고 열등한 인종의 도덕적, 사회적, 육체적 이익과 개선, 안전을 위해 고안된 제도라고 주장한다'고 도전적으로 썼다. 노예 제도가 도덕적으로 옳다고 믿었던 심스는 산업주의에 반대하는 플랜테이션 옹호자로서 남부 독자들의 입맛에 맞는 음식을 제공했다. 그의 소설 『가이 리버스*Guy Rivers*』는 사우스캐롤라이나 주민들에게 농장주 신사를 '삶에 지친 영국 영주'로, 조지아의 무법자를 '미합중국 중기의 강도 남작'으로 표현했다. 그의 글은 싸우는 남자, 공정한 여자, 고상한 정서, 달밤의 로맨스를 좋아하는 남부 귀족 사회의 모습을 선명하게 그려냈다. 그의 수사학의 풍요로움조차도 남부의 웅변과 같은 줄기에서 꽃을 피운 것일 뿐이다. 심스와 동일한 리듬의 범주에서, 그의 친구이자 동료인 버지니아의 신사, 법학자, 학자인 베벌리 터커는 남부의 대의를 옹호하고 사건 발생 10년 전에 탈퇴를 예언한 특이한 힘을 가진 소설 『당파 지도자*The Partisan Leader*』의 저자였다.

같은 충실함으로 쿠퍼의 작품에는 허드슨 밸리의 죽어가는 농업 귀족들의 영적 열망이 고스란히 담겨 있다. 뉴욕의 토지 귀족 출신인 그는 '폭도'에 대한 아버지의 경멸을 가족의 재산과 함께 물려받았다. 따라서 그는 경제적 기원으로 인해 대니얼 웹스터의 웅장한 연설이 전달된 금융 및 산업 계급과 기질적으로 반목했고, 기계 인간들의 허세를 견제할 만큼 봉건주의가 여전히 강한 유럽에서 오랜 기간 체류하면서 그의 선입관을 강화할 수 있었다.

쿠퍼는 생의 마지막까지 돈 버는 부르주아를 싫어했다. 그는 진정한 영주 신사의 본능에 따라 무역을 '저속한 것'으로 여겼고, 뉴욕의 '와인에 대해 이야기하고 상업을 이야기하며, 돈, 돈을 외치는 사람들dollar-dollar set'를 경멸했으며, 이는 그가 일부 대도시 편집자들로부터 많은 욕설을 들은 원인이 되었다. 그의 『모니킨스Monikins』 페이지에는 투쟁의 열정이 타오르는 불처럼 빛나고 있다. 따라서 쿠퍼는 어쩔 수 없이 해밀턴-웹스터 당을 거부하고 민주당에 입당했으며, 심지어 상원에 맞선 앤드루 잭슨을 옹호하는 기사를 대담하게 내보냈는데, 이는 마커스 A. 해나의 위대한 시대에 윌리엄 제닝스 브라이언을 변호한 것만큼이나 뉴욕의 '최고의 사람들'에게 충격적인 일이었다.

하지만 쿠퍼는 환전상들을 증오한 만큼이나 잭슨의 농민-노동자 정당에 대한 경멸도 그 못지않게 컸다. 쿠퍼는 농경적 정서를 지녔지만, 빚에 허덕이는 쟁기꾼은 아니었다. 허드슨 밸리의 대지주들을 희생시키며 세입자들이 일으킨 임대료 폭동에 대한 이야기에서 그는 당시의 그라쿠스 형제인 셰이즈, 브라이언, 라 폴레트 등 평등주의자들에 대한 감정을 토로했다. 그는 서문에서 독자들에게 '사회의 기둥은 자본과 기반이 있어야 한다'고 경고했다. '각 부분이 온전하고 적절한 임무를 수행할 때 비로소 완벽해진다. 뉴욕에서는 대지주들이 오랫동안 사회적 의미에서 중심 자리를 차지해왔고 지금도 차지하고 있다…… 우리는 지금 봉건제와 귀족정을 외치는 사람들에게 그들이 무슨 일을 하고 있는 것인지 주의하라고 경고하고 싶다.' 쿠퍼의 『시대의 길Ways of the Hour』은 '우리를 괴롭히는 사회악, 특히 민주주의의 과정에서 생겨난 사회악에 대한 독자들의 관심을 끌기 위해' 솔직하게 쓰여졌다. 그는 '철도 회사와 그 노선을 따라 거주하는 사람들 사이의 재판에서, 편견은 대개 전자에 대해 너무 강해서 그들을 위한 정의는 거의 절망적'이라고 한탄했다.

§

산업적 권리를 위해 모든 것을 삼키고 모든 것을 만들어내는 소용돌이에 가까이 다가가 인류에게 그 길을 정당화하려는 모험을 감행한 소설가는 거의 없었다. 사실 그것은 그윽한 문인들에게는 다소 무자비한 것이었지만, 문학계에서 그 수혜자들은 동정심이 없는 것은 아니었다. 올리버 웬델 홈즈가 제임스 러셀 로웰에게 자신이 '철저한 보수주의자'가 아니라고 항의했다 해도, 그는 잭슨 민주주의가 '정의'라고 부른 소란스러운 외침에 방해받는 것을 그다지 꺼려하지 않았다. 사회 질서에 대한 그의 일반적인 관점은 조찬 식탁에서 한 다음과 같은 신탁적 발언에 깔끔하게 요약되어 있다. '나는 여러 계층의 영적 기준을 다음과 같이 생각한다. (1) 안락하고 부유한 사람, (2) 적당히 안락한 사람, (3) 무종교적인 경향이 있는 매우 부유한 사람, (4) 부도덕한 경향이 있는 매우 가난한 사람.'

홈즈는 수많은 빈민의 운명을 개선하려는 당대의 소요에 대해 소홀했다는 비난을 받자 '나는 결코 그들을 불친절하게 대하지 않았다고 생각한다. 나는 그들의 상태를 개선하기 위한 모든 올바른 방향의 노력에 깊은 관심을 가지고 있으며, 그들에게 더 나은 주거지를 제공하는 것과 같은 실질적인 조치와 유사한 운동에 나의 열렬한 지지를 보낼 준비가 되어 있다고 확신한다'라고 말했다. 그러나 대체로 그는 개인적으로 그 시대의 모든 급진적 흐름, 즉 한편으로는 대중들 사이에서 잭슨주의적 소란을 일으키고 다른 한편으로는 로웰, 커티스, 에머슨, 리플리 등 지식인들 사이에서 사회주의적 열기를 불러일으킨 흐름에 반대했다. 노예제 폐지론자들의 호소에 맞서 홈즈는 남북전쟁 직전까지 '지배적인 인종을 통해 흑인의 복지를 달성해야 한다'는 입장을 고수했다.

볼티모어의 소설가이자 새커리와 에드거 앨런 포의 친구인 존 펜들턴 케네디는 정중한 글을 쓰는 예술가 부류는 아니지만 해밀턴-웹스터 체제를 옹호하는 데 훨씬 더 노골적이었다. 철저한 휘그파였던 케네디는 처음부터 끝까지 잭슨 행정부의 '위험한 원칙'을 공격하고, 보호무역과 국가 은행을 지지했으며, 헨리 클레이를 응원하고, 당의 헌신적인 일원으로 의회에 입성했다. 그의 가장 잘 알려진 소설인『제비 헛간*Swallow Barn*』과『말발굽 로빈슨*Horse-Shoe Robinson*』이 그의 정치적 견해를 대변하는 것은 결코 아니다. 하지만『쿼들리벳 연대기*Annals of Quodlibet*』에 나오는 솔로몬 세컨드소우트 교장은 잭슨주의 정치에 대한 광범위한 풍자로, 주제─ 책의 출판 연도에 있었던 1840년의 선거 ─에 걸맞게 장황한 폭탄 같은 스타일로 쓰여졌다. 잭슨보다는 웹스터를 지지했고, 버지니아의 건전하고 유서 깊은 휘그파 농장주의 적이 결코 아니었던 케네디는 주로 자신이 자란 상업적 전통에 충실한 새로운 상업 및 산업 질서의 친구였다.

뉴욕 상인의 아들인 워싱턴 어빙도 올리버 웬델 홈즈와 마찬가지로 연단의 치열한 전투에서 다소 위축되었지만 이러한 일반적인 방향으로 기울었다. 어빙은 일찍이 자신을 '해밀턴 장군의 추종자이자 정치적으로 그와 같은 당파'라고 선언했으며, 말년에는 그를 대영제국 대사로 임명한 대니얼 웹스터에 대해서도 똑같이 깊은 존경심을 표명했다. 잭슨 민주주의가 절정에 달했을 때 어빙은 '대중 정치'에 대한 반감이 누그러졌지만, 뉴욕의 공직과 밴 뷰런 내각의 한 자리를 제안한 민주당의 지명을 거절했다.

어빙은 잭슨 군대의 농부-노동자 부대에 대해 어떠한 동정심도 드러낸 적이 없다. 오히려 그는 1838년에 '최근 지역사회의 위대한 계급들의 이익을 전복하려는 강력하고 전면적인 조치를 촉구하는 일부 로코-포코loco-foco* 유명 인사들'에 대한 강한 반감을 고백했다 '나는 항상 우리 동료 시민 중 위대한 계급에 대한 신랄하고 비방적인 공격을 수반하는 정치 협의회의 건전성을 불신한다. 우리나라의 위대한 무역 및 금융 계급의 불이익을 촉구하는 사람들이 바로 그러한 사람들이다.' 바꿔 말하면, 쿠퍼의 '상업을 논하는 돈, 돈을 외치는 사람들'과 관련하여 어빙은 경기장의 반대편에 서 있었다.

§

쿠퍼, 홈즈, 어빙의 왼쪽에는 잭슨 민주주의와 그 경향을 열렬히 지지하지는 않았지만 공감을 갖고 있던 너새니얼 호손이 있었다. 그는 '올드 히코리'에게 투표한 유권자의 절반보다 초창기에는 더 굶주렸던 세일럼의 가난한 작가였다. 호손은 진정한 민주주의적 정신으로, 브룩 농장Brook Farm 개혁가들의 방식대로 대중을 후원하는 대신, 그들을 받아들였다. 게다가 그는 민주당원이라 자칭하며 민주당에 표를 던졌고, 잭슨의 자비로운 엽관 제도에 따라 관세청의 연방 공직에 임명되어 반半 기아 상태에서 벗어날 수 있었다.

그리고 이것은 지극히 자연스러운 일이었다. 호손은 잭슨 이상으로 땅과 부를 가진 귀족들을 믿지 않았고, 장군처럼 그도 거기에 속해 있지 않았다. 그는 『주홍 글씨』에서 '진실은, 길어야 반세기에 한 번, 한 집안은 거대하고 모호한 인류라는 덩어리 속에 합쳐져서 그 조상을 모두 잊어야 한다는 것이다. 인간의 피는 그 신선함을 유지하기 위해 수로의 물이 지하 파이프를 통해 전달되듯이 숨겨진 시냇물로 흘러야 한다'라고 말했다.

결코 부유한 좋은 집안의 사람들에 대한 고상한 교리를 액면 그대로 받아들이지 않고, 호손은 잭슨주의 신조를 옹호하는 겸손한 교수 같은 뛰어난 사람의 무류성에 대해 경외심을 가졌다. 한 번은 주술죄로 처형된 매튜 몰의 운명에 대해 자세히 이야기할 때, 그는 냉정하고 정확하게 이렇게 말했다. '그는 그 끔찍한 망상의 순교자 중 한 명으로, 다른 도덕 중에서도 영향력 있는 계급

---

* 원래 평등권당Equal Rights Party이라는 이름을 가진 이 당파는 시의 정규 민주당 조직인 태마니홀Tammany Hall에 대한 항의의 표시로 뉴욕에서 창당되었다. 이 당에는 1828년부터 1830년까지 존재했던 태마니홀에 반대하는 민주당원과 노동조합의 베테랑들이 섞여 있었다. 이들은 자유방임주의를 강력하게 지지하고 독점을 반대했다. 로코-포코라는 이름은 긋는 성냥의 일종인데 태마니홀 사람들이 가스불을 꺼서 회의를 방해하려 하자 한 무리의 잭슨주의자들이 성냥으로 촛불을 켜고 정치 회의를 계속한 데서 유래했다.

과 국민의 지도자가 되겠다고 자처하는 사람들이 가장 광적인 군중을 특징짓는 모든 열정적인 오류에 전적으로 책임이 있다는 것을 우리는 깨달아야 한다. 성직자, 판사, 정치인, 즉 당대의 가장 현명하고 침착하며 가장 거룩한 사람들이 교수대 주변 안쪽에 서서 가장 큰 소리로 피의 행위에 박수를 보냈고, 가장 늦게 자신이 비참하게 속았다고 고백했다.'

확실히 민주당과 그들의 개혁의 발목을 잡은 사람, 계급, 기관, 혹은 관행 그 어느 것도 호손의 책장冊張에서 벗어날 수 없었다. '짧고 마른기침으로 귀를 괴롭히는 창백하고 마른 소녀들…… 밤낮으로 재단사와 인색한 계약자를 위해 바느질을 하는 재봉사들은 이제 각자 자신의 수의의 테두리를 장식할 때가 거의 다 되었다…… 감옥, 정신병원, 고아원의 음습한 방, 악마의 기계가 인간의 영혼을 말살하는 공장, 하느님의 형상이 짐승이 되어 버린 목화밭.'

그리고 현실적인 정신으로 호손은 초월주의자Transcendentalist들의 고상한 이론을 버렸다. 민주당원이면서 공직자인 그는 그 미약한 지지로 무엇을 필요로 했을까? 그는 짧지만 이죽거리는 단락으로 신비로운 칸트를 폐기했다. '존 버니언이 언급했듯이 계곡 끝에는 동굴이 있고, 그 동굴에는 교황과 이교의 신이라는 잔인한 두 거인이 살았는데, 그들은 학살당한 순례자들의 뼈를 집 주변에 흩뿌려 놓았다. 이 사악한 늙은 거인들은 더 이상 그곳에 없지만, 버려진 동굴에 또 다른 끔찍한 거인이 들어와서 정직한 여행자들을 붙잡아 연기, 안개, 달빛, 생감자, 톱밥으로 만든 풍성한 식탁으로 살찌우는 것을 업으로 삼고 있다. 그는 독일 태생이며 거인 초월주의자Giant Transcendentalist라고 불린다. 그러나 그의 형태, 특징, 실체 및 일반적으로 그의 본성에 관해서는 그 자신도, 그를 위해 그 누구도 설명할 수 없었던 것이 이 거대한 악당의 가장 큰 특징이다.'

호손을 훨씬 뛰어넘어, 왼쪽에 있는 활기 차고 거침없는 휘트먼은 민주주의에 대한 온 영혼의 환희와 믿음을 찬양하며, 거친 옷차림과 시끄러운 말투의 잭슨의 농부와 장인, 좋은 사람이든 나쁜 사람이든 무관심한 사람이든, 대중을 있는 그대로 받아들이고 사랑했다. 농부의 아들이자 목수 견습생이었던 그는 반항적인 시대정신을 포착하는 데 타고난 재능이 있지 않았을까? 어쨌든, 휘트먼에게는 그 시대에 발효 중이었던 민주주의가 육화되어 있었다. 아메리카를 노래하면서, 그는 추진력 있고 도전적인 노동자 계급의 대변인인 자신을 노래했다.

'딜레탕트 민주주의자가 아니라 서민들과 함께, 그리고 당장의 삶— 거리를 사랑하고, 부두를 사랑하고, 자유인들과 대화하는 것을 좋아하고, 이름given name으로 불리는 것을 좋아하고, 누가 자신을 미스터라고 불러도 상관하지 않는 —을 이중으로 사는 사람. 크게 웃는 법을 알고, 노동자들의 소박한 태도를 사랑하고, 지식이나 교육을 위해 적절한 사람으로 가장하지 않고, 평범한 음식을 먹고, 새벽 시장에서 커피 판매자의 강한 냄새가 나는 커피를 좋아하고, 어부의 배에서 산 굴을 먹는 것을 좋아하고, 선원과 노동자들의 파티에 참여하는 것을 좋아하고, 떠들썩함과 부랑자를 좋아하는 사람들을 찾아 그들로부터 기꺼이 환영받고, 그들의 행진, 맹세, 폭언, 수다, 웃음, 대답을 듣기 위해 우아한 사람들의 파티 자리를 언제라도 떠나며, 그들과 같은 종류의 사람들 사이에서 자신의 개성을 보존하는 방법을 완벽하게 아는 사람.'

아메리카 땅에서 태어난 휘트먼은 자신의 천재성을 아메리카에 바쳤다. 그는 '이 주들은 유럽에서 수입된 운율과 감정을 조작하는 시인이 아니라 토착 음유시인들이 대륙의 광대함, 사람들의 풍요로움, 유창하고 자유롭고 자랑스러운 민족의 식욕을 노래로 정당화해야 할 엄청난 아름다움을 숨기고 있다'고 외쳤다.

휘트먼의 동시대 사람들이 그의 멜로디와 강렬한 음표에 신속하게 반응한 것은 그에게 자신의 행보가 맞다는 확신을 주었다. 휘티어가 휘트먼의 시집 첫 권을 충격적으로 불결한 것으로 간주하고 불 속에 던져 넣었다면, 인내심과 분별력이 뛰어난 다른 사람들은 그 속에서 금빛으로 빛나는 것을 보았다. 미묘한 에머슨은 『풀잎들Leaves of Grass』 한 권을 친구에게 다음과 같은 글과

함께 보냈다. '해외에 있는 아메리카인들은 이제 돌아올 수 있나니, 우리에게서 한 인간이 태어났다.'

콩코드의 현자[에머슨]는 휘트먼에게 직접 찬사의 말을 보냈다. '아메리카가 지금까지 기여한 것 중 가장 뛰어난 재치와 지혜가 담긴 작품이라고 생각합니다. 위대한 힘은 나를 행복하게 만들기 때문에 나는 이 책을 읽으면서 매우 행복합니다. 그것은 마치 너무 많은 수작업이나 기질에 너무 많은 림프가 우리 서양의 재치를 뚱뚱하고 비열하게 만드는 것처럼 무미건조하고 인색해 보이는 자연에 대해 내가 항상 요구했던 것을 충족시킵니다. 나는 당신에게 당신의 자유롭고 용감한 생각이 나에게 준 기쁨을 드립니다. 나는 그것에서 큰 기쁨을 느낍니다. 나는 유례없는 말들이 유례없이 잘 표현된 것을 발견합니다.' 휘트먼이 칭찬한 도시와 폭도들의 맹렬한 적이었던 소로도 이 새로운 작가가, 세계가 지금까지 본 최고의 민주주의자이며, 초인적인 것을 제안하고, 위대한 유형의 작가라고 선언하며 경의를 표했다. 당시 브라이언트는 편집 작업과 선량한 시민으로서의 일에 몰두하고 있었는데, 종종 브루클린으로 가서 불굴의 아메리카인과 함께 걸으며 이야기했다.

오래지 않아, 로세티, 스윈번, 테니슨은 새로운 행성이 그들의 시야에 들어온 것을 봤고, 민주주의의 물결이 왕좌와 사회의 계급 구조를 뒤흔들 때 전 세계에서 우상 숭배자와 모방자가 생겨났다. 멀리 일본에서는 열렬한 젊은 학생들이 휘트먼의 시구를 원어로 읽거나 아리시마[아리시마 타케오有島武郎]가 번역한 부드러운 운율로 읽기도 했다.

한편으로는 휘트먼이 표방한 민주주의 정신을 높이 평가하면서도 해밀턴-웹스터 경제의 문화와 태생적, 교육적 연관이 있는 제임스 러셀 로웰은 미학과 문학에 대한 사랑, 뉴잉글랜드의 급속한 산업화와 남부의 노예 제도에 대한 불안감으로 말년까지 갈등하며 괴로워했다. 생애 초기에 그는 당시 사회를 휩쓸고 있던 모든 동요와 의견의 흐름에 거의 자신의 의지와는 반대로 얽히게 되었다. 그는 뉴잉글랜드 방언을 그의 『비글로우 문서Biglow Papers』의 도구로 사용해, 멕시코 전쟁을 신랄한 문체로 공격하면서, 전쟁을 지지하는 평화주의자, 전쟁을 통해 표를 얻으려는 선동가, 전쟁을 부추기는 '두 얼굴의 정치인'을 향해 '새로운 자유The New Freedom[*]의 시대에 그렇게 행동했다면 감옥에 갔을지도 모르는 분노를 폭발시켰다.

거의 같은 시기에 로웰은 올리버 웬델 홈즈에게 편지를 써서 전쟁에 반대하고, 노예 제도에 반대하며, 절제[금주]에 찬성하고, 빈민층의 상황을 개선하고 사회 전반을 개혁하는 데 찬성하며, 사회주의를 일종의 응용 그리스도교로 묘사하게 될 날을 예고했다. 로웰이 아무리 예술적, 고전적, 전통적 성향이 강한 사람이라 해도 동시대의 부름을 거부할 수 없었고, 미래에 대한 긴장된 우려도 견딜 수 없었다. 과거를 탐구하는 데 열심이었다면, 그는 지평선을 살펴보는 데도 똑같이 열심이었다. 1850년에 그는 이렇게 썼다. '내 시는 지금까지 규칙적이고 자연스러운 순서를 가지고 있다. 첫 번째는 사랑과 존재 자체를 의식하기 시작한 존재의 단순한 행복, 그다음은 자유, ─ 이 두 가지는 아름다움과 함께 나에게 나타났다 ─ 그리고 이제 나는 아름다움 그 자체를 따라 더 많은 것을 시도할 것이다. 다음으로, 내가 살아 있다면, 내가 본 그대로의 삶을 보여줄 것이다.' 좀 더 담백한 시구에서 그는 내면의 갈등을 표현했다.

파르나수스를 등반하는 로웰이 있다
운율로 묶인 주장들isms의 짐짝을 메고.
언덕 꼭대기에 그는 결코 도달하지 못할 것이다
그가 노래와 설교의 차이를 배우기 전에는.

『월든』의 작가로 기억되는 데이비드 헨리 소로는 좌익의 극단적인 한계를 넘어, 모든 '실용적인' 관심사를 뛰어넘어 휘트먼과 마찬가지로 자신이 태어난 농부-장인의 질서에 충실했다. 정원과 작업장에서 손재주가 뛰어나고, 취향이 소박하며, 원하는 게 별로 없고, 쉽게 그것들을 구할 수 있었던 소로는 노예를 소유한 농장주만큼이나 부유한 부르주아들의 지나치게 정교한 매너와도 거리가 멀었다. 그는 뉴잉글랜드 출신이었지만 대니얼 웹스터를 환호하는 청중의 일부가 아니었다. 그에게 산업 및 금융 사회의 거대한 고딕 양식의 옹벽은 들판, 숲, 개울에서 자유로울 수 있도록 태어난 인간 정신을 엄청난 무게로 짓누르는 것이었다.

그래서 그는 교회와 국가, 그들의 요구, 세금, 명령, 질책, 의식, 주장 등을 모두 거부했고, 정치를 지극히 해로운 경우를 제외하고는 지루한 헛수고로, 정통 종교를 지적인 인간의 범위를 완전히 벗어난 것으로 비웃었다. 언젠가 그는 엄숙하게 선언한 적이 있다. '이 선물들로 모든 사람들이 알 것이다. 나 헨리 소로는 내가 가입하지 않은 어떤 단체의 회원으로도 간주되기를 원하지 않는다.' 매사추세츠 주는 교회 지원을 위해 세금을 내라는 명령을 내렸지만, 그는 이를 거부하고 감옥에 갇혔다. 그는 인두세poll tax도 마찬가지로 납부하지 않았고, 그 불복종으로 인해 감옥에서 하룻밤을 보냈다.

소로는 자연의 아이로 자란 사람 특유의 성품으로, 기계 문명의 침입, 그것의 판에 박힌 틀, 그 벽돌 벽과 거리, 그것의 끊임없는 상품 생산, 더 많은 상품 생산으로 인류를 사물과 법으로 파묻어 버리는 것에 대해 격렬하게 분개했다. 에머슨은 '소로보다 더 진정한 아메리카인은 존재하지 않았다'고 외쳤는데, '이교도 문화로 가득 찬 원시적인 들판과 숲의 시절에'라고 덧붙이고 싶었을지도 모른다.

§

반대파들 중에서도 랄프 왈도 에머슨은 보편적 관점으로 현대의 모든 것을 아우르며 날카로움과 높은 표현력에서 쉽게 1등을 차지했다. 칸트나 헤겔의 방식을 따르는 체계를 만들지 않았다는 점에서 그는 괴테와 마찬가지로 철학자는 아니었지만, 칼라일이 말했듯이, 그는 번쩍이는 섬광으로 이 어두운 골짜기의 모든 구석을 비췄다. 마르크스와 엥겔스가 '역사는 계급 투쟁의 이야기'라는 유명한 발표로 유럽을 놀라게 하기 6년 전, 에머슨은 1841년 보스턴에서 열린 〈보수주의자〉 강연에서 이렇게 선언했다. '국가를 분열시키는 두 정당, 즉 보수주의 정당과 혁신주의 정당은 매우 오래된 정당이며, 국가가 만들어진 이래로 세계의 소유권을 놓고 분쟁을 벌여왔다. 이 다툼은 시민 역사의 주제다. 보수주의 정당은 가장 오래된 세계의 귀족 계급과 군주제를 확립했다. 귀족과 평민, 모국과 식민지, 오래된 사용과 새로운 사실에 대한 수용, 부자와 가난한 자의 전투는 모든 국가와 시대에 거듭 나타난다. 전쟁은 전장, 국회, 교회 총회synod에서 벌어질 뿐만 아니라 매 시간마다 상반된 이점으로 모든 사람의 가슴을 동요하게 만든다.'

　당시 그 누구도 에머슨보다 더 재산과 정치의 밀접한 관계를 이해하지 못했다. 그는 정치에 관한 에세이에서 차분하게 언급했다. '우리는 동풍이나 서리를 현명하게 책망할 수 있다. 대부분의 구성원이 자신의 입장을 고려하지 않고 자신이 처한 이해관계를 옹호하는 정당처럼 말이다…… 일반적으로 우리의 정당들은 원칙의 정당이 아니라 상황의 정당이다. 플랜테이션 이익이 상업적 이익과 충돌하는 정당, 자본가들의 정당과 직공들의 정당과 같은 것이다.'

　그것의 장점에 대해 언급할 때, 그는 보수 정당은 '인구의 가장 온건하고 유능하며 교양 있는 부분으로 구성되어 소심하고 단지 재산을 방어할 뿐'이며, 보수주의의 대사제인 대니얼 웹스터는 재산의 이익과 육체적 삶의 주창자라고 생각했다. 이런 상황에서 에머슨은 '철학자, 시인, 종교인이라면 당연히 자유무역, 폭넓은 참정권, 형법의 법적 잔인성 폐지, 젊은이들과 가난한 사람들이 권력과 부의 원천에 접근하는 것을 모든 면에서 용이하게 하기 위해 민주주의자에게 투표하기를 원할 것'이라고 생각했다. 그러나 그는 이상주의적 망상에 빠져 있지는 않았다. 오히려 그는 대중 정당을 의심의 눈초리로 바라보았고, 그 목표에서 파괴적이고 이기적이며, 이면에 가지고 있는 신성한 목표가 없고, 민주주의에 희망과 미덕을 주는 자질이 결여되어 있다고 생각했다.

에머슨은 폭넓은 철학적 기반 위에서 시와 에세이, 강연을 통해 노예 제도의 문제점을 전방위적으로 파헤쳤다. 매사추세츠의 신중함이 무덤처럼 침묵하고 있던 그 순간, 그는 노예 제도에 큰 타격을 입혔다. 공립학교를 둘러싼 동요 속에서 그는 오랫동안 가난한 사람들을 방치해 온 부자들의 교육에 대한 분노는 자라나는 세대를 법과 질서의 지배하에 복종시키려는 욕망에서 비롯된 것이라고 외쳤다. '이 나라에서 교육의 대의가 가장 간절하게 촉구되는 근거는 무엇인가? 국민이 권력을 가지고 있고, 동일한 경쟁과 보상에 대한 취향으로 고무된 지성인, 독서, 무역 및 통치 계급에 동조하도록 교육받지 않으면, 그들은 사법부의 가장 행렬을 뒤집어엎고 아마도 부 자체의 신성한 권리 증서에 손을 대고 땅을 새롭게 분배할 것이다.' 그 어떤 것도 그를 침묵시키지 못했고, 어떤 기관도 그를 두렵게 할 수 없었다.

그런 다음 정통 종교의 공포에 대해 그는 계속 이어나갔다. '종교는 같은 영혼으로 가르친다…… 안식일이나 다른 종교 제도를 소중히 여기지 않는다면 그것들을 유지하는 것에 대해 걱정하지 말라. 그들은 이미 재산의 수호자로서 시장 가치를 획득했다. 만약 성직자와 교인들이 실패한다면 상공회의소와 은행장, 국가의 지지자들과 지주들이 분노하여 그들을 지지하기 위해 모일 것이다.'

에머슨은 정치와 사회에 대한 이러한 현실적인 시각에 전념하면서 신학적인 문제에 있어서도 기존의 관습에서 자연스럽게 벗어났다. 목회를 위해 훈련받은 그는 몇 년 후 문학적 자유를 누리는 삶을 위해 목회를 떠났고, 콩코드의 세속 강단에서 평판에 집착하는 대부분의 사람들에게 큰 고통을 안겨주며 떠오르는 대로 자신의 생각을 말했다. 자신의 자질과 임마누엘 칸트의 도움을 받아 이성과 자연을 통해 신에 도달한 에머슨은 1838년 하버드 신학교에서

한 연설 때문에 거의 30년 동안 하버드에서 공식적으로 연설할 수 없게 될 정도로 대부분의 정통 그리스도교 전통을 부드럽게, 그러나 단호하게 폐기했다. 규범적인 신앙 조항들을 하나하나 차례대로 포기하고 에머슨은 남은 여생을 자신의 말대로 '공인된 자유인'으로 살면서 마음의 잎이 싹트는 대로 신과 인간에 대해 자유롭게 사색하는 삶을 살았다.

모든 신학적 속박에서 해방된 에머슨은 새로운 과학, 특히 진화론의 함의와 그것이 삶과 문학에 미치는 영향을 파악할 준비가 되어 있었다. 1833년 초에 그는 뷔퐁과 라마르크가 인내심을 갖고 연구해 풍성한 결실을 맺은 파리의 식물원을 방문했고, 얼마 지나지 않아 고대인의 발달 교리와 다윈의 길을 닦은 선구자들의 대담한 가설을 모두 연구하기 시작했다. 『종의 기원』이 출간되기 몇 년 전, 에머슨은 다윈의 구체적인 인과론과는 구별되는 일반적인 의미의 변화 또는 진보라는 진화 개념이 삶과 행동, 종교에 관한 모든 이론을 뒤집어엎을 운명이라는 것을 발견했다.

이와 관련하여 그의 통찰력 있는 안목과 다양한 지식은 놀라웠고, 그의 예지력 또한 놀라웠다. 그의 작품 여러 구절에서 날아오르는 과학의 불꽃의 영향을 추적할 수 있는데, 특히 1854년에 행한 〈시와 상상력〉에 대한 강의에서 간결하게 드러난다. '우리가 자연이라고 부르는 이 웅장한 호텔과 편의시설은 최종적인 것이 아니다. 처음에는 풍자가, 그다음에는 광범위한 힌트가, 그다음에는 영리한 타격이 주어지면서, 자연에서 멈춰 있는 것은 죽음뿐이며, 창조물은 이동하는 바퀴를 달고 있다는 것을 암시한다…… 얇거나 단단한 모든 것이 비행 중이다. 나는 이러한 확신이 화학의 매력이라고 믿는다 ― 우리는 옛 형태의 흔적도 없이 증류기에서 동일한 상형avoirdupois 물질을 가지고 있다. 그리고 동물의 변태에서도 그다지 적지 않은데, 땅벌레와 파리에서, 알과 새에서, 배아와 사람처럼 모든 것이 옷을 벗고 옛 형태에서 새로운 형태로 탈바꿈하며, 모든 것을 묶는 법칙이라고 부르는 보이지 않는 끈cord 외에는 아무것도 고정되어 있지 않다. 그 비밀의 끈이나 법칙은 동물, 식물, 행성을 불문하고 모든 다양성을 통해 잘 알려진 본성을 드러낸다. 그리고 관심은 점차 형체에서 숨어 있는 방법method으로 옮겨진다……

모든 다양성은 통일성으로 해결되기 위해 달려간다. 해부학, 골해부학은 각 종류에서 정체 또는 점진적인 상승을 보여주며, 낮은 것은 높은 형태를 가리키고, 높은 것은 가장 높은 것으로, 탄성 자루elastic sack*의 액체에서 방사형, 연체동물, 관절형, 척추동물에서 사람에 이르기까지 마치 전체 동물 세계가 인류의 기원을 전시하는 헌터리안 박물관Hunterian Museum[런던에 있으며 의학과 과학의 역사에 관련된 유물들을 소장하고 있다]일 뿐인 것처럼 보인다.' 이 말은 『종의 기원』이 인쇄되기 5년 전에 아메리카에서 나온 말이다!

더욱이 에머슨은 허버트 스펜서가 새로운 과학적 교리를 자세히 설명하기 전에 그것이 사회적 사고에 가져올 혁명을 예견했다. 그는 방금 언급한 강연에서 '통일과 발달의 암시는 우리의 정치, 무역, 관습, 결혼, 아니, 낮은 자연에 기초한 종교와 문학의 상식적인 측면, 즉 최종적인 것으로 간주되는 물질세계를 관리하는 가장 명확하고 경제적인 방식을 뒤흔든다'고 언급했다. 그로부터 몇 년이 지난 후, 에머슨은 이 강연을 반복하면서 처음 강연한 이후 발표된 다윈의 이론에 대한 언급을 추가했을 뿐이다. 물론 그는 새로운 복음에 대해 낙관적이고 고상한 어조를 취하면서 초월주의의 높은 철학을 대체하기는커녕 그것과 연관시켰지만, 그렇다고 해서 그것이 그를 전통 학파의 성직자들과 동일시되게 하지는 않았다.

그가 솔직하게 말했듯이, 자연에 대한 새로운 관점은 오래된 종교적 교리의 뿌리에까지 이르렀다. '편협한 종파주의자는 천문학을 감당할 수 없다. 그의

---

* 생물학에서 사용되는 용어로, 어떤 구조나 기관이 압력을 받아도 원래의 형태로 돌아올 수 있는 특성을 지니고 있음을 말한다. 예를 들어 세포나 조직에서 물질의 흐름이나 형태 변화를 설명할 때 이러한 비유를 사용할 수 있다. 즉, 액체가 담겨 있는 공간이 탄력 있는 주머니처럼 작용하여, 그 안의 물질이 필요에 따라 변형되거나 이동할 수 있지만, 일정한 조건을 만족하면 다시 원래 상태로 돌아갈 수 있다

교회의 신조는 교회 문 앞에서 마른 나뭇잎처럼 쭈글쭈글해진다.' 그 말은 이미 나갔고, 몇몇은 그 말을 들었다. 이제는 돌이킬 수 없었다.

에머슨 주변에는 브룩 농장에서 공동체 생활을 실험하고 〈다이얼The Dial〉을 통해 저널리즘을 연구하며 에세이를 쓰고 강연하고 설교하는 등 뉴잉글랜드 최초의 사상가인 브론슨 알콧, O.A.브론슨, W.H. 채닝, 마거릿 풀러, 엘리자베스 피바디, 시어도어 파커 등 여러 개혁가와 사색가가 모여 '초월 클럽The Transcendental Club'이라고 불렸다. 어떤 재담가가 말했듯이, 그들 중 누구도 똑같이 생각하지 않는다는 점에서 한마음이었지만, 그들은 그 시대의 지식인 계층에 상당히 큰 파장을 일으켰다.

여성운동가 마거릿 풀러는 메리 울스턴크래프트의 정치 이론을 사회 및 경제 설명의 무대로 옮겨와 새로운 노선을 제시하고, 유럽 문학에 대한 폭넓은 지식과 비평 능력— 한동안 〈다이얼〉의 편집자, 이후 호레이스 그릴리의 〈뉴욕 트리뷴〉 특별 기고자로 활동 —으로 여성이 취향과 의견 면에서 남성의 공정한 경쟁자가 될 수 있음을 보여주었다. 산업 사회의 악이 유토피아적 사회주의 노선의 공동체 설립으로 뿌리 뽑힐 것이라고 헛되이 상상했던 실험가들에게 브론슨 알콧은 시범을 보여줌으로써 의도치 않게 그 세대의 공산주의적 꿈을 없애는 데 도움을 주었다. 비록 알콧의 식민지 프루틀랜드Fruitlands는 더 거창한 계획인 브룩 농장처럼 실패했지만, 실용적인 사람들이 예측한 대로 교육 이론에 한 세기를 뛰어넘는 반향을 일으켰다. 조롱을 퍼부은 편집자들의 말처럼 〈다이얼〉을 창간한 사람들이 '모르몬교도들보다 훨씬 더 미친 괴짜들'이었다 해도, 사실 이 잡지는 스타일과 내용 면에서 영국의 더 부피가 크고 장황한 리뷰나 아메리카의 무거운 잡지들과 비교했을 때, 미래가 보여주었듯이, 성공적인 동시대 잡지들보다 생활에 더 밀착한 기사를 실어 호평을 받았다.

남북전쟁이 끝나고 노예 제도가 폐지되지 않았다면, 좌익 문학 교수들의 인간화 및 도시화 사상이 19세기 말 수십 년 동안 아메리카의 지적 삶에 완전히 다른 방향을 제시했을 것이라는 데는 의심의 여지가 없다. 그러나 결과적으로 미합중국 중기 문학적 에너지의 상당 부분은 노예제 문제로 전환되지 않았다. 노예 문제는 로웰이 고전을 탐독할 때에도 그를 괴롭혔고, 소로의 국가에 대한 날카로운 반감을 자극했으며, 에머슨을 가장 격앙된 심정으로 몰아넣었고, 해리엇 비처 스토우에게 영감을 주어 그 범위가 좁고 일시적이지만 당대에 센세이션을 일으킨 『톰 아저씨의 오두막』을 쓰도록 만들었다.

존 G. 휘티어에게 노예 제도는 모든 면에서 압도적인 이슈였다. 노예제 폐지 운동의 선동가인 윌리엄 로이드 개리슨의 눈에 띄어 일찍이 노예제 폐지 운동에 뛰어든 휘티어는 노예제 자체를 위한 시를 쓰는 데는 별다른 흥미를 느끼지 못했다. 아직 소년이었을 때 그는 바이런보다는 윌버포스[William Wilber-force]가 되겠다고 선언했고, 노예 제도를 둘러싼 논쟁에 자신의 본성을 모두 쏟아부어, 그의 표현대로, 신의 부성父性과 인간의 형제애를 온전히 공유할 자격이 있는 노예들을 생각할 수밖에 없었다. 로웰과 마찬가지로 그도 자신의 가장 큰 관심사가 살아 있는 현재의 문제임을 인정했다.

> 그리고 한 명의 몽상가가 태어났고,
> 그는 사명을 완수하기 위해,
> 뮤즈의 유령을 떠나
> 여론의 방앗간의 크랭크를 돌렸고,
> 그의 소박한 노래 갈대를
> 잘못된 것들과의 전쟁에서 무기로 만들었다.

노예 제도가 사라지면서 휘티어의 엄청난 양의 시가 단순한 역사적 문서가 되고, 나머지는 가혹한 비평가들에 의해 동요와 소박한 광고 문구라고 무시당했더라도, 농부–장인의 아들이 휘트먼보다 더 뛰어난 손놀림으로 근면하고 신을 두려워하는, 가정을 소유한 요먼 계층의 위대한 모습을 부조浮彫한 것은 사실이었다. '선한 회색 시인[월트 휘트먼]'이 전차 기관사와 기술자, 그들의 태도와 도덕을 노래했다면, 휘티어는 노예 제도에 대한 집착에도 불구하고 쟁기꾼, 건초꾼, 농촌 주부들을 노래한 시인이었다. 한겨울 동안 눈의 차가운 봉쇄로 고립된 외딴 북부 농가에서 긴 겨울을 보내본 사람이라면, 시인이 그 장면과 그 분위기를 어떤 모습으로 포착했는지 알고 있다.

§

사변적이고 상상력이 풍부한 문학의 위대한 창작자들이 정치인과 언론인의 관심을 끌었던 갈등과 어떤 관계에서 움직였고 그 관계에서만 그들을 이해할 수 있다는 것은 사실이지만, 물론 당시의 문학이 사회 경제라는 머리 아래로 분류되어야 한다는 것은 아니다. 전혀 그것과는 거리가 멀다. 쿠퍼, 심스, 어빙, 로웰 같은 사람들의 작품에는 경제적 지위에서 비롯된 미묘한 감정이 무수히 많은 영향을 미쳤지만, 그들의 주된 관심사가 매 순간 작품과 시대적 이슈의 관련이라는 것을 따르지는 않았다. 그것은 문학과 관련해서는 찾아볼 수 없는 논리적 강도의 확신을 가정하는 것이다. 반대로, 기계, 과학, 노예제, 그리고 농장주와 제조업자, 장인과 농부의 충돌에도 불구하고, 대체로 종교적인 것으로 분류되는 인간의 운명 문제, 극적인 모험 이야기, 고전적인 과거, 승화된 가십(인류의 주요한 지적 오락), 육지와 바다에서 아메리카인의 다양한 삶에 대한 관심은 미합중국 중기의 상상력 넘치는 작가들에 의해 계속해서 공급되었다. 이러한 관점에서 볼 때 아메리카 문화의 어떤 국면도 그들의 감시를 피할 수 없었다고 할 수 있다. 이 시대는 그들의 눈을 통해 재구성할 수 있다.

과학, 세속적 사고, 기계의 발전이 전통적 관습에 미치는 영향이 가장 극심했던 뉴잉글랜드에서 종교적 사상과 무엇보다도 청교도적 집착이 무자비한 분석의 대상이 되는 것은 당연한 일이었다. 그것이 바로 호손의 최고의 재능을 흡수한 심리적 작동이었다. 브룩 농장에서의 공동체 생활 경험에 환멸을 느끼고 회의주의의 소용돌이에 휩싸인 그는 태도와 도덕을 연구하는 학생이 되었다.

  무자비한 강철로 민주당원인 호손은 위대하고 선한 자, 높고 존경할 만한 자의 행동을 해부했고, 사회의 기둥들을 불의한 일을 저지르는 사형집행인으로 묘사하는 데 정확성을 기했다. 의사와 같은 태도로, 그는 청교도 양심의 깊은 곳, 죄에 대한 두려움, 엄격한 실용적 감각, 신의 섭리와 편의 및 성공의 연관성을 탐구했다. 그는 또한 기존의 신조를 거부하고 나침반이나 방향타 없이 초월적인 배에 오른 새로운 자유주의에 대해 탐구했으며, 용해하는 철학*과 청교도 문화의 관계를 고려했다. 그것은 죄에 대해서는 자립을, 지옥이나 천국에 대해서는 보상을, 권위에 대해서는 사상의 자유를 제공했는데, 이는 순진한 구원의 계획을 가진 사람들에게는 매우 혼란스러운 과정이었지만 호손은 에머슨의 자신감에 찬 낙관주의의 지원 없이도 논리적 결론에 도달하기 위해 자신의 길을 추구했다. 실제로 그는 콩코드의 현자가 철학을 제공한 무너져가는 질서에 대한 사실주의적인 소설가라고 불릴 수 있다.

  청교도 해체의 또 다른 국면은 희생적인 사랑 후 그녀의 집과 정원으로 은퇴하여 삶의 실체와 신비에 대해 고민한 애머스트의 은둔 시인 에밀리 디킨슨의 모호한 시구에 반영되어 있다. 어떤 의미에서 그녀는 무한에 대해 고독하게 사색하는 힌두교도에 비유되기도 하지만, 그녀의 경이로움 속에서 기묘한 재치가 빛나기 때문에 비유가 완전히 정확하지는 않다. '항구를 늘린다고 해서 바다가 줄어드는 것은 아니다…… 우리가 말하는 것은 끝났기 때문에 어떤 메시지도 최고의 메시지는 아니다…… 추측을 멈춘 삶에서 당신과 나는 집처럼 느껴서는 안 된다…… 유예된 음악처럼, 해외에서의 외로운 유창함…… 복수의 상황에서 단수가 되는 것은 하나의 영웅주의다.' 그런 맥락에서 그녀

---

* 원문은 'dissolving philosophy'다. 이 맥락에서 '용해하는 철학'은 당시의 기존 종교적, 사회적 규범에 도전하는 초월주의 및 기타 새로운 자유주의 철학의 신흥 사상과 신념을 가리킨다. 이러한 철학은 오랫동안 미합중국 문화를 지배해 온 경직되고 정통적인 신념과 관습, 특히 청교도에 뿌리를 둔 신념을 '용해하고' 있었다.

는 무난하고 편한 신조를 비판하기도 했다. 에밀리 디킨슨은 생전에 자신의 작품이 출판되는 것을 허락하지 않았고, 박수를 받지도 않았으며, 자신을 기리는 연회에도 참석하지 않았기 때문에 그녀는 포즈와 배려 없이 투명한 진정성을 가지고 그 일을 해냈다.

상상력이 풍부한 문학 작가들이 그린 아메리카 모험의 물리적 배경과 여러 부문의 풍속도 그 못지 않은 정확성으로 그려졌다. 물질적, 정신적으로 뉴잉글랜드는 호손의 소설에서, 뉴욕은 쿠퍼의 이야기에서, 플랜테이션 남부는 터커, 심스, 케네디의 소설에서, 남서부는 조지프 글로버 볼드윈, 데이비드 크로켓, 어거스터스 볼드윈 롱스트리트의 소설에서, 중서부는 제임스 홀의 삐걱거리는 로맨스와 캐롤라인 커클랜드의 영리한 에칭에서 우리 앞에 펼쳐져 있다. 멕시코 국경 너머의 남서부 지역도 앨버트 파이크의 산문과 시에서 선명한 음표로 표현되었다.

만약 우리가 훌륭한 늙은 부호를 보고 싶다면 쿠퍼의 『모니킨스』에서 영국인 복장을 한 그를 만날 수 있다. 노예를 소유한 웅장한 스타일의 농장주는 케네디의 『제비 헛간: 혹은 올드 도미니언 체류Swallow Barn; or, a Sojourn in the Old Dominion』에서 그의 저택 응접실을 가로질러 간다. 극남의 활기찬 경마꾼, 농장주, 농부, 노예, 가난한 백인들이 롱스트리트의 『조지아 풍경Georgia Scenes』을 가득 메우고, 앨라배마와 미시시피의 영리한 농장주와 변호사들은 구식 버지니아 신사들에 비해 너무 영리해서 볼드윈의 『플러시 타임스Flush Times』에서 다시 살아난다. 데이비드 크로켓의 자서전에는 거칠게 다듬어진 페이지에 개척 시대의 정치적 장면이 영원히 보존되어 있다.

바다도 소홀히 하지 않았다. 미합중국 중기는 클리퍼선이 먼바다로 아메리카 무역품을 실어 나르며 도시 전체를 캐세이Cathay[중국의 별칭으로 거란족이 강성했던 시대에서 기원]의 부로 풍요롭게 만든 낭만적인 해양 사업의 시대였다. 닻을 올리고, 돛을 펼치고, 바람을 가르며, 모든 곳을 돌고, 모든 항구를 방문한 강인한 선원들은 그들의 서사시를 만들 자격이 충분했고, 또 찾을 수 있었다. 1841년, 리처드 헨리 데이나는 돛대를 세우기 2년 전의 생생한 바다, 갑판, 야드암, 소금과 타르 냄새, 넓은 수역의 드라마를 당대 독자들을 매료시킨 이야기로 모든 육지인의 문 앞에 가져왔고, 그 이야기가 쓰인 언어만큼이나 오래도록 살아 숨쉴 것이다.

허먼 멜빌은 더 넓고 깊은 경험에서, 더 유희적이고 신비로운 본성에서, 더욱 강력한 심해의 삶의 이야기를 발전시켰다. 그는 사무원과 상인의 쉬운 길을 포기하고 일부러 선원 선실의 고난과 억압을 선택했으며, 깃펜과 장부의 지루한 일상을 난파, 폭동, 선상 반란, 식인종의 흥미진진한 모험으로 바꾸었다. 항해의 황금기인 1851년에 출간된 『모비 딕』은 인간과 자연 사이의 영원한 적대감을 상징하는 듯하면서도 사실과 공상 사이에 독자를 매달리게 하는 기발함, 의심, 미스터리로 가득한 스릴 넘치는 이야기였다. 색채와 철학이 풍부한 이 로맨스는 멜빌이 다시는 같은 높이로 올라갈 수 없을 만큼 풍성했다. 비록 그의 전기를 쓰고 그의 천재성에 경의를 표하는 것은 이 세대의 몫이지만, 그는 의심할 여지 없이 보편적인 문학의 주목할 만한 인물 중 한 명이다.

§

수많은 힘들이 아메리카의 문학적 관심을 국내 문제와 주제에 집중시키는 경향이 있었지만, 아메리카인의 정신을 고전과 현대 유럽 양식에 지속적으로 종속시키기 위해 노력한 다른 세력도 있었다. 그중에서도 아메리카인들이 영국의 기성 문학을 즉각적으로 접할 수 있게 하고 독립전쟁으로 인해 정치에서 거부된 지방의 지위를 문자로 영속화하는 데 도움을 준 영어 사용보다 더 강력한 힘은 없었다. 영국 작가들은 여전히 모델과 문체의 전범을 제공했다. 영국의 비평은 예리하게 느껴졌고 대체로 폄하하는 쪽이었다. 반면에 영국으로부터의 찬사는 간절히 원해졌고, 이 모든 것은 월터 스콧과 시드니 스미스의 보수주의든 바이런과 셸리의 급진주의든 신세계의 생활과는 다른 정서에 부합하려는 노력을 의미했다.

더욱이 저작권법의 부재는 외국 권위의 멍에를 강화했다. 당시 유행하던 체제 아래서 아메리카 출판사들은 영국과 유럽 작가들의 작품을 마음껏 '해적질'할 수 있었는데, 즉 그들의 동의를 구하거나 로열티를 지불하지 않고도 아메리카에서 책을 발행할 수 있었다. 그 결과 외국 소설, 희곡, 시, 역사, 비평이 수많은 값싼 판본으로 복제되어 물질적으로나 정신적으로나 여러 가지 중요한 측면에서 이질적인 문학이 시장에 넘쳐났다. 예를 들어, 하퍼스 출판사는 1842년에 선별된 소설을 출판하기 시작했는데, 그 수가 600여 권에 달했을 때 아메리카 작가의 작품은 8~10권에 불과했다.

아메리카의 잡지들도 같은 관행에 따라 외국 동시대 작가들의 리뷰, 기사, 비평을 한 푼도 지불하지 않고 가져다 썼다. 구세계 최고 비평가의 리뷰를 무료로 얻을 수 있는데 굳이 아메리카 작가에게 책에 대한 논평의 보수를 지불할 필요가 있을까? 물론 일부 민감한 출판사들은 출판권을 요구하고 그 특권에 대한 대가를 지불하기도 했지만, 경쟁이 너무 치열해서 그런 산뜻한 미덕이 대규모로 행사될 수는 없었다. 1891년에 이르러서야 아메리카 작가와 명예로운 출판인들이 의회에서 국제 저작권법을 만들어냈고, 영국의 라이벌로부터 아메리카의 선철銑鐵을 보호하고자 하는 신사들은 문학을 동등한 위치에 놓고 공해상에서 해적질을 쓸어버리듯 문학에서도 해적판을 쓸어버리는 데 동의했다.

유럽의 사례에서 영감을 얻고, 문체에서 유럽의 경쟁에 매일같이 직면하고, 산문과 운문의 기본선이 과거에 의해 영원히 마련되었다고 확신한 많은 아메리카 작가들은 주변에서 급증하는 경제적, 종교적 갈등으로부터 다른 땅의 주제와 리듬으로 전환했다. 그들 중 일부는 유럽 문화의 단단한 갑옷에 자신의 강한 힘줄을 끼워 맞추기 위해 최선을 다했고, 구세계의 금속에 대한 그들의 적응력을 시험하기 위해 대담하게 구세계를 초대했다. 롱펠로우는 이 학파에 속해 있었다. 고전에 정통한 학자이자 단테를 처음 수입한 사람, 하버드 단테 클럽의 회장이었던 그는 휘트먼이 싫어하는 우아함을 선호했다. 휘트먼은 우여곡절이 많고 꺼끌꺼끌한 구어체의 아메리카 언어를 사랑했다. 롱펠로우는 기존 언어의 교수이자 교과서 집필자, 문학 강사였으며 중세를 좋아했고, 훌륭한 학자였으나 본질적으로 창의적이기보다는 파생물이었고, 인디언 설화인 『히아와타의 노래*The Song of Hiawatha*』를 쓸 때에도 기존의 관습적 모델에 충실했다.

그는 많은 학문을 쌓았고, 정통파는 아니더라도 보수적인 성직자들의 정서를 공유한 청교도였다. 휘트먼이 대중의 곁을 떠돌아다니는 것을 선택했다면, 롱펠로우는 조용한 숲속에서 고요한 교사로 남았다. 아마도 그 역할에서 그는 활기찬 시인보다 농업과 제조업에 종사하는 더 많은 청중에게 말을 걸었을 것이다. 어쨌든 그는 '숭고한 머리로 별을 치지는 못하더라도' 아메리카인도 훌륭한 빅토리아 시대 사람처럼 시구를 다듬고 불을 지필 수 있다는 것을 보여주었다.

롱펠로우만큼 유럽 문화에 깊이 빠져들지는 않았지만, 아메리카 땅에서 쓰인 최초의 위대한 시의 저자 윌리엄 컬런 브라이언트는 대부분의 시에서 시민이 아닌 시인으로서 연단과 시장의 소란스러움에서 멀리 떨어져 있었다. 뉴잉글랜드의 젊은 시절부터 공격적인 연방주의자로 활동했던 그는 나중에 〈뉴욕 이브닝 포스트〉의 편집장으로서 온건한 자유무역 지지 민주당원이 되었으며, 노예 제도를 둘러싼 논쟁에서 공화당으로 넘어가기도 했다.

그러나 정치적 논쟁의 열정이 그의 리드미컬한 시구를 통해 솟구치지는 않았다. 평범한 비평가들에 의해 청교도로 분류되는 경우가 많지만, 인간과 자연의 합일을 상징하는 엄숙한 행렬로서 완전한 융합으로 끝나는 그의 우주적 관점에서 청교도적인 것은 아무것도 없었다. 사생활에서의 규칙성과 평온함, 편집 작업에 대한 양심적 헌신, 공적 업무에 대한 깊은 관심, 작가와 정치인의 고귀한 모범을 찬양하려는 열망, 아메리카 시민권의 가치에 대한 확고한 믿음, 정신의 순수성, 미덕에 대한 존중 등 브라이언트에게는 의심할 여지 없이 많은 청교도적 변형이 있었다. 이러한 모든 자질을 열거하고 그의 모든 글을 조사했을 때 코튼 매더가 신의 섭리에 대해 느낀 경이나 로저 윌리엄스의 예수의 온유함에 대한 깨달음 같은 것은 어디에서도 찾을 수 없었다. 「타나톱시스Thanatopsis」의 노트가 고상한 비관주의의 노트가 아니라면 보편적 문학에서 그것을 찾기는 어려울 것이다.

그의 비관주의 역시 젊었을 때 시작한 밭고랑을 갈고, 품위 있고 만족스럽게 끝까지 일하는 엄정한 의무와 양립할 수 있었다. 또한 다방면에 걸친 생활 방식과도 양립할 수 없었다. 브라이언트는 동화와 자연의 작은 서정에 빠져들고, 활기찬 휘트먼과 긴 산책을 즐기며 대화를 나누고, 정치인들의 고문관으로 봉사할 수 있었다. 하지만 그는 쇠망치를 들고 성문을 두드리는 용감한 기사는 아니었다. 고정된 자산에 의해 유지되는 살롱의 향기 속에 머무는 나른한 탐미주의자도 아니었다. 브라이언트는 충실한 시인이자 성실한 시민이었다.

기질적으로 정반대의 극에는, 브라이언트의 열렬한 추종자였지만 여러모로 독특한 미합중국 중기의 가장 이국적인 시인 에드거 앨런 포가 있었다. 그는 휘트먼처럼 자신의 시간과 환경을 사랑하지도 않았고, 롱펠로우처럼 그곳에서 도망치지도 않았으며, 소로처럼 자연 속에서 피난처를 찾지도 않았고, 에머슨처럼 낙관주의 속에서 평온한 휴식을 취하지도 않았다. 그는 도발적인 지성의 힘으로 창조적인 예술의 열쇠를 찾았고, 아메리카 문단에서 영웅 숭배가 유행하던 시절에 현재의 양식을 거침없이 공격하여 '토마호크 맨'이라는 칭호를 얻었다. 비평가로서 그는 위트, 시, 유머의 본질에 대한 원칙을 세웠고, 로맨스나 시를 쓸 때는 자신만의 규칙을 지켰다.

시를 '아름다움의 리드미컬한 창조'라고 정의한 포는 산문의 음악을 찾기 위해 수학적 계산과 음색 구성에 힘쓰며 금욕적인 열정으로 자신의 상상력의 법칙을 따르려고 노력했다. 그 결과 아이디어가 아니라 깊은 신비의 음표로 진부함에서 벗어난 잊혀지지 않는 경쾌한 리듬이 탄생했다. 로웰의 말처럼 포의 5분의 2가 '퍼지[설탕, 버터, 우유로 만든 연한 사탕]'였다면, 그 나머지는 그가 살았던 시대를 '아름다운' 문학의 연대기로 기록할 만큼 강력했다.

소재를 위해 아메리카 생활에서 돌아선 낭만주의자들 중에는 당대의 가장 저명한 역사가 4~5명이 포함되어야 한다. 워싱턴 어빙은 마치 개인적인 빚을 갚기라도 하듯 동포들에게 조지 워싱턴의 화려하지는 않지만 풍요로운 삶을 보여준 후 스페인을 두 번째 고향으로 선택했고, 콜럼버스와 그라나다 정복에 대한 이야기로 양국 국민을 매료시켰다. 수년간의 여행을 통해 스페인의 산과 계곡, 길가와 여관, 붐비는 도시의 거리, 조용한 수도원의 회랑은 그에게 고국의 풍경처럼 친숙해졌고, 그는 스페인의 도서관에 있는 '오래되고 방치된 풍부한 책들'을 그의 젊은 조국의 최신 원고보다 더 사랑했다.

마찬가지로 스페인의 로맨스에 매료된 윌리엄 히클링 프레스콧은 멕시코와 페루의 정복을 빛나는 탐험의 주제로 선택했고, 할럼[Henry Hallam], 기조, 밀먼[H. H. Milman], 티에리 등 유럽의 권위 있는 학자들이 그를 동료로 인정할 정도로 힘 있는 글을 썼다. 독일인 교육을 받은 밴크로프트의 노샘프턴 학교에서 어린 시절을 보낸 제임스 로스롭 모틀리는 잭슨 민주주의에 약간 염증을 느꼈지만, 유럽의 자료에 대한 재능을 발휘하여 네덜란드 공화국의 산처럼 높은 문학에 생동감이 있으면서 품위 있는 한 권을 추가했다.

프랜시스 파크먼은 주로 아메리카 대륙에 국한된 탐험을 하면서도 깊고 넓은 연구를 위해 북아메리카에서 영국과 프랑스 사이의 갈등을 선택했다. 보스턴에서 식료품 사업을 하며 쌓은 부친의 부를 바탕으로 좁은 지역적 유대 관계에서 벗어난 조지 티크너는 무르익은 학자이자 뛰어난 노동자였으며, 매콜리[Thomas Babington Macaulay]가 빅토리아 여왕에게 추천할 정도로 학식 있고 또한 너무도 매력적인 스페인 문학사를 썼다. 이처럼 헤겔이 심오한 역사철학을 집필하며 아메리카에서 미래의 땅을 보았던 바로 그 시대에 아메리카의 가장 뛰어난 역사학자들은 다른 나라의 유서 깊은 과거에서만 가장 매력적인 주제를 찾을 수 있었다.

§

작가, 편집자 및 출판사의 관심을 끌었던 동일한 관심사, 관습, 갈등과 일반적으로 상상력이 풍부한 문학을 통해 진행된 외국 호소력과의 동일한 경쟁은 낭만적인 소설과 병행하는 낭만적인 드라마인 연극에서 그 상대를 가졌다. 지성계에서 청교도적인 금기는 이제 확실히 지나갔고, 변경에서 사탄의 위엄과 씨름하는 복음주의 종파들 사이에서만 미약하게 남아 있었다. 한때 모든 연극과 관련된 것은 악마로 여겨졌던 바로 그 영역에서 모든 것이 순수해져서 초월주의자들이 발레까지 즐기게 되었다.

드라마 분야의 확장에서는, 출판과 마찬가지로 기계적인 요소가 효과적으로 작용했다. 여느 때와 마찬가지로 돈과 돈을 기반으로 한 여가는 드라마에 대한 지역적 후원을 제공했지만, 철도와 증기 항해술의 발달은 대륙, 실제로는 대서양 유역 전체를 연극 제작을 위한 극장으로 변화시켰다. 더 많은 부와 전국에 널리 퍼진 철도 덕분에 가장 유명한 배우들이 도시에서 도시로 빠르게 이동할 수 있게 되었고, 자본가들은 산업 주식과 채권처럼 오락 사업에 돈을 투자하도록 장려되었다. 그 결과 과잉 생산이 이어졌고, 예를 들어 필라델피아에서는 1828~29년 한 시즌 동안 다섯 개의 극장이 파산하는 사태가 발생하기도 했다.

이 시기가 끝나기도 전에 해안에서 해안까지의 모든 도시에서 극작가와 배우를 구하기 위한 입찰이 이어졌다. 49년 광부들[1849년 골드러시 때 캘리포니아로 몰려간 사람들]이 캘리포니아에 판잣집을 짓고 무대가 있어야 한다고 선언한 지 얼마 지나지 않아 나무 오두막에 거친 판자를 못으로 박은 무대에 호주 극단이 도착해 진지한 관객들에게 〈오셀로〉를 선보였고, 프랑스 보드빌 극단은 곡괭이를 휘두르는 관객들로부터 큰 웃음을 이끌어냈다. 철도의 도움으로 에드윈 포레스트, 조지프 제퍼슨, 제임스 H. 해킷, 그리고 모든 주요 토종 배우들은 아메리카에서 제작된 연극을 레퍼토리에 포함시켜 적어도 미시시피 동쪽까지 전국을 '순회'했다.

철도가 증기 항해와 함께 발전하지 않았다면, 아메리카 극예술의 과정은 더 민족주의적이었을 것이라고 상상할 수 있다. 확실히 시대의 격변, 눈에 띄는 주제, 열정, 재능은 진정한 힘을 가진 토착 작품들이 탄생하게 했고, 그것을 해석할 수 있는 아메리카 배우들은 제작 작업에 아낌없이 자신의 삶을 바쳤다. 그러나 대서양 항해로 인해 에드먼드와 찰스 킨, 찰스 매튜스, 주니어스 브루터스 부스, 윌리엄 찰스 매크레디, 찰스와 패니 켐블 등 유명 외국 배우들이 영국 영어로 쓰인 영국 희곡을 들고 몰려들면서 자신들에게도 호의를 베풀어달라고 간청했다. 뉴욕이 주요 입항지였기 때문에, 메트로폴리스의 자본가들은 외곽 도시를 성공의 지류로 삼음으로써 얻을 수 있는 입장료 수입의 규모를 재빨리 감지했다. 이 기회를 통해, 막대한 수입輸入으로 이윤 창출 본능이 자극되어 '스타' 시스템이 이 사업에서 극적인 단계로 탄생했고, 뉴욕 중심의 극장 시스템이 외부의 영향을 강화하면서, 아메리카 극예술은 고유한 문화와 정체성이 명확히 형성되지 못했다.

외국 배우와 외국 연극에 맞서 아메리카 배우와 극작가들은 이국적인 것에 대한 대중의 사랑, 전통에 대한 지속적인 강조, 권위에 대한 존중 등 고집스러운 문제들을 해결해야 했다. 아메리카의 문제와 심리에 대해 목소리를 내고자 하는 배우의 열망이 아무리 깊더라도, 그는 민주주의를 주제로 다룰 때 자신의 연극이 더욱 설득력 있고 예술적이어야 한다는 것을 경험을 통해 잘 알고 있었다. 아메리카인의 삶에 대한 충성심으로 개인적인 호소력과 제작 실험을 통해 뉴욕보다는 유럽의 홍수에 덜 침수된 보스턴과 필라델피아의 작가들이 창작 활동에 모든 신경을 집중하도록 자극한 에드윈 포레스트보다 이를 더 잘 이해한 사람은 없었다. 아메리카식 흉내 내기로 유명한 제임스 H. 플래킷도 셰익스피어의 유쾌한 인물들을 좋아했지만, 지역 극작가들을 격려하는 데 지치지 않았다. 시인 롱펠로우조차 보딘 칼리지의 졸업 연설에서 토종 드라마를 더 많이 감상해 달라고 호소하고 그 분야에서 자신의 능력을 시험해 보았지만, 외국적인 콘셉트의 『스페인 학생*The Spanish Student*』을 통해서였다.

국가적 이상주의의 자극 아래, 모든 외국과의 치열한 경쟁에도 불구하고 1860년 미합중국 중기가 끝나기 전까지 아메리카 작가들의 희곡이 최소 700편 이상 제작되었다. 모든 단계에서 이 작품들은 초기 공화국 시대에 비해 희곡에 대한 관심과 힘이 엄청나게 성장했음을 보여주었다. 그러나 안타깝게도 저작권 보호의 부재로 인해 특히 남부에서 이 작품들이 출판된 사례는 비교적 적었고, 후손들은 그 성격과 예술적 역량을 추측할 수밖에 없었다. 그러나 인쇄된 희곡과 뉴스 보도를 통해 1825년부터 1860년 사이에 아메리카 독립혁명의 사건과 인물을 소재로 한 희곡만 150여 편이 제작되었다는 사실이 밝혀졌다. 국가 은행을 둘러싼 전투, 잭슨의 승리, 휘그당과 민주당의 선거운동, 메인 주와 오리건 주의 경계를 둘러싼 분쟁, 골드 러시, 멕시코 전쟁, 모르몬교의 유타 이주 등 당시의 모든 경제적, 정치적 투쟁이 배우의 예술 분야로 침공했다. 국내 연극 중에서는 『립 밴 윙클』이 선두를 차지했으며 양키, 농장주, 농부, 흑인, 시골 사람, 선원, 마을 사람들이 반복적으로 그리고 종종 교묘하게 묘사되었다.

계급 구조에서 쫓겨난 대중을 주제로 한 연극이 당시 아메리카에서 가장 인기 있는 드라마 중 하나였다는 것은 중요한 의미가 있다. 유럽이 정치적 격변을 거듭하고 아메리카가 잭슨주의 전쟁에 이어 플랜테이션과 자본주의 세력 사이의 투쟁으로 들끓는 가운데 필라델피아의 극작가 리처드 몽고메리 버드는 대중을 주인공으로 한 비극에 유리한 지적 분위기를 발견했다. 이에 부응하여 그는 로마의 노예들이 주인에 대항하여 봉기한 것을 기념하는 『검투사 *The Gladiator*』, 스파르타의 폭정에 맞선 테베인들의 반란을 그린 『펠로피다스 *Pelopidas*』, 스페인 정복자들에 대한 인디언의 반란을 그린 『오랄루사 *Oralloossa*』 등을 썼다. 휘그당원이자 노예 제도의 확고한 반대자인 버드는 당시 유행하던 연설 형식을 통해 스파르타쿠스의 혀에서 노예제 폐지론이 다시 한 번 튀어나오게 했다.

피 흘리는 비참함의 신음 소리로 웃음을 만들어내는

로마의 악마들에게 죽음을!

노예들이여, 일어나라! 지금은 네가 죽일 시간이다!

죽여라 사정없이 ― 분노와 자유를 위해!

예속된 자들을 위한 자유 ― 자유와 복수!

에드윈 포레스트는 북부의 관객을 환호하게 만든 『검투사』를 천 번 이상 공연했고, 버드와 포레스트가 죽고 남부의 노예들이 해방된 후에도 『검투사』는 뉴욕의 광고판에 계속 등장했다.

같은 정신으로 기획되어 당시의 민주적 정서에 호소하는 로버트 T. 콘래드의 역사극인 『잭 케이드*Jack Cade*』는 튜더 왕조 영국의 농노와 요먼들의 봉기를 묘사하면서 에드윈 포레스트가 해석한 대니얼 셰이즈의 용기를 기리는 작품으로, 앤드루 존슨과 그의 추종자들을 만족시킬 만한 공연을 선보였을 것이다. 요컨대, 미합중국 중기 시대의 유머, 가십, 관습, 더 깊은 열정이 때로는 우연히, 때로는 미묘하게, 때로는 열광적으로, 무대로 들어와, 마치 조너선 에드워즈가 괴짜들에게 저주를 설교한 게 천 년 전인 것처럼 보이게 만들었다.

§

드라마와 비슷하지만, 특히 오페라적 측면에서는 더 승화되고 산업과 과학의 냉혹한 합리화 과정과는 더 떨어져 있는 아메리카의 음악 작곡 및 제작 예술은 해외로부터 더 커다란 경쟁에 직면했다. 프랑스, 이탈리아, 영국의 오페라단이 아메리카 시장에서의 실험을 위해 더 빠르고 안전한 증기선에 승선했고, 특히 독일의 가수와 연주자들이 콘서트와 교육 분야를 개척하기 위해 몰려들었다. 결국, 당시 세계의 걸작 음악의 뿌리는 언제나 그랬듯이 이성이나 무역보다 더 오래된 종교적, 군사적 정서에 깊숙이 자리 잡고 있었으며, 중기의 아메리카는 본질적으로, 지독할 정도로, 경제적이었다.

어쨌든 아메리카 국민은 종교적 정서에 통일성을 부여하고 경건한 음악의 상관적 정교함을 후원하는 유럽의 국가 기관과 비교할 수 있는 단일 교회의 지배를 받지 않았다. 주로 농부와 장인에게 호소하고, 대규모 군사 및 해군 시설을 불신하는 잭슨 민주주의는 전쟁과 군사 영웅을 숭배했지만 종종 음악 제작을 자극하는 지속적인 상무尙武 정신을 키우지 못했다. 게다가 경제 발전의 급격함 속에서 서정적인 작곡에 도움이 되는 조용한 노래와 사색의 삶을 위한 공간은 거의 없었고, 이 나라 어디에서도 모호하고 이국적인 인디언 신화를 제외하고는 풍부한 민속을 구축할 수 있는 토대를 찾을 수 없었다.

미적 감상에 필요한 인구 집중과 후원을 위한 부를 제공하는 대도시 중심지에서는 음악적 발전의 역사적 배경에 특별한 혼란이 있었다. 예를 들어, 오랫동안 찬송가 합창에 익숙했던 보스턴은 종교적 자유주의의 영향으로 오라토리오를 통해 세속 음악의 영역으로 나아갔고, 유럽 오페라의 봉건주의에 대해 냉담한 반응을 보였다. 개신교 성공회 종파가 강하고 트리니티 교회Trinity Church가 공화국 초기에 오라토리오를 공연하기 시작한 뉴욕에서는 유럽이 제시하는 모든 것, 특히 사회적으로 필연적인 귀결이 있는 오페라에 대한 관심을 불러일으키기가 더 쉬웠다. 세 번째 유형에 속하는 필라델피아의 퀘이커교도들은 종교적 예배나 엄격한 교도들의 가정에서는 성악이나 기악을 사용하지 않았지만, 청교도적인 열정이 덜한 그들은 1820년에 조직된 음악기금협회Musical Fund Society가 도시에서 교향악 시대를 열었을 때 세속 음악을 받아들이는 것이 간단한 문제라는 것을 알게 되었다. 뉴올리언스는 스페인과 프랑스계 출신으로, 주로 카톨릭을 신봉하는 반봉건적 지주가 경제의 중심이어서 부유한 후원자를 보유하고 있었고, 지리적으로 보스턴이나 필라델피아와는 음악적 취향이 달랐기 때문에, 프랑스와 이탈리아 오페라를 처음으로 진심으로 환영했다.

하지만 구세계의 예술 분야에서 토종의 재능을 꽃피우는 데 유리한 조건을 가진 도시는 없었다. 대구와 면화로 돈을 벌어 외국 음악가들에게 지불하는 것이 토종 작곡가를 육성하는 것보다 더 쉬웠다. 정말로 당시 어떤 방법으로 든 창의적인 음악 교수진이 깨어날 수 있었다 해도 말이다. 따라서 그러한 분 야의 리더십은 자연스럽게 그리고 완전히 유럽인에게, 특히 독일인의 손으로 넘어갔다. 예를 들어, '아메리카 오케스트라 음악의 아버지'로 불리는 하노버 출신의 고틀리프 그라우프너는 조지 왕의 런던 연대聯隊를 거쳐 사우스캐롤 라이나 주 찰스턴에 표류했다가 워싱턴이 사망한 해에 보스턴에 정착했다. 그 곳에서 그는 최대한 모을 수 있는 현지 및 외국인 연주자들의 도움을 받아 아 메리카 최초의 오케스트라를 조직했다.

1848년 조국으로부터의 대이주 시기에 아메리카로 건너온 또 다른 독일인 칼 제란은 보스턴의 헨델과 하이든 협회의 지도자가 되어 40여 년 동안 아메 리카 각지에서 오케스트라 및 합창 페스티벌을 조직하고 지휘했으며, 그 공로 를 인정받아 아낌없는 후원금과 찬사를 받았다. 독일 난민들은 또한 게르마니 아오케스트라Germania Orchestra를 창단하여 주요 도시에서 콘서트를 열고 새 로운 시도가 이루어지는 곳마다 오케스트라 음악의 수준을 높이는 데 기여 했다. 하노버 왕국에서 온 테오도르 토머스는 신세계를 구세계의 음악적 길 로 이끈 사업의 성공 사례로 미합중국 중기 최고의 영예를 안을 만하다. 그는 1845년 뉴욕에 도착해 뉴욕 최초의 실내악단을 창단하고 여생을 아메리카의 예술 발전을 위해 헌신했다. 이 외국인 음악가들 중 누구도 최고의 거장은 아 니었지만 미합중국 국민은 그들 모두에게 큰 빚을 지고 있다.

외국인의 업적을 기리는 의무도 중요하지만, 정착민의 참여와 협력을 간과 하는 것은 실수다. 확실히, 흥행 측면에서 보면 매사추세츠의 로웰 메이슨은 연대기에서 한 자리를 차지할 만하다. 조지아 주의 한 은행에서 점원으로 일 하던 그는 종교 음악을 편찬하여 즉각적인 인정을 받았고, 1827년 태어난 지 얼마 안 된 보스턴의 헨델과하이든협회Handel and Haydn Society의 지휘자가 되어 23년 동안 그 직책을 맡은 후 거주지를 뉴욕으로 옮겼다. 교회 음악의 편찬자이자 합창단의 조직자, 오르간 공장의 동업자, 공립학교의 음악 강사

양성을 위한 컨벤션의 창시자로서 메이슨은 당대의 민주주의에 지울 수 없는 인상을 남겼다.

외국의 침공과 '아메리카 음악의 소멸을 위한 체계화된 노력'에 토종 작곡을 통해 저항하려는 노력을 소홀히 하는 것은 의심할 여지 없이 똑같은 실수일 것이다. 이러한 이상을 염두에 두고, 필라델피아의 윌리엄 H. 프라이와 브루클린의 조지 F. 브리스토는 오페라적인 비행을 시도했다. 1858년 뉴욕에서 공연된 프라이의 〈레오노라Leonora〉는 큰 박수를 받았지만, 불길한 기운이 감돌면서 박수갈채는 금세 사라졌다. 브리스토의 〈립 밴 윙클〉은 최고의 외국 오페라단 중 한 곳에서 공연했지만 같은 운명을 맞이했다. 그의 오라토리오와 교향곡도 아메리카 문화사에서 일시적인 사건에 지나지 않았다. 이 토종 예술가들이 영속적인 것을 만들지 못했다 해도, 심지어 유럽의 모델에 의존해야만 했다 해도, 그들은 적어도 약간의 상업적 이득을 취하면서 진지하게 자신의 나라에서 창조적 천재성을 표현하고 불러일으키기 위해 노력했다. 그들의 타고난 재능이 어떻든 간에 그들은 전 세계의 위대한 작곡가들 중 극소수만이 거기에 성공한, 대중의 후원에 전적으로 의존해야 했고, 대중의 평결은 그들에게 불리했다.

일반적인 문화 수준을 높이는 데 열중하는 민주주의 사회에서 당연히 그렇듯이, 당대의 놀라운 음악적 성취를 이룬 것은 대중을 흥미롭게 하고 교육하는 기관들이었다. 실제로 당시의 연대기에는 이 특별한 예술에 전념하는 학회, 아카데미, 학교, 음악원, 출판 관련 단체의 설립에 관한 기록이 가득하다. 1815년 보스턴에서 조직된 헨델과하이든협회를 시작으로 수십 년 동안 음악 진흥을 위한 다양한 종류의 협회가 생겨났으며, 그중 가장 주목할 만한 협회는 1820년에 설립된 필라델피아음악기금협회, 1833년 보스턴음악아카데미, 1852년 뉴욕음악아카데미, 1851년 밀워키음악원, 1847년 뉴욕리더크란츠 등이었다. 대중의 열정은 커리큘럼에 음악 과목이 추가된 교육 기관에도 지지를 보냈고, 1838년 보스턴은 공립학교에 이러한 과목을 도입하여 용감한 모범을 보였다. 존 퀸시 애덤스가 잭슨 민주주의에 의해 거부당했을 때 세상의 종말이 왔다고 생각했던 옛 연방주의자들은 대중이 정치 권력을 장악하면서 국가의 예술적 감각이 소멸되었다고 정당하게 말할 수 없었다.

매년 새로운 부를 창출하는 상업적인 기업조차도 수백만 명의 음악적 관심을 심화시키기 위해 다양한 방법으로 음모를 꾸몄다. 이 시기는 조너스 치커링의 주도하에 대량 생산에 가까운 아메리카식 피아노의 정규적인 제조가 시작된 시기였다.

1818년 부의 유혹을 느낀 캐비닛 제작자의 견습생이었던 치커링은 보스턴으로 건너가 헨델과하이든협회에 가입하여 음악 작곡과 악기 제작의 매력에 빠져들었고, 이후 직접 사업에 뛰어들었다. 수많은 고안을 통해, 그는 아메리카산 피아노의 내구성을 전 세계에 알렸고, 사업 수완을 발휘해 비교적 저렴한 가격으로 시장에 출시했다. 치커링은 이전에는 소수의 사람들만 즐기던 피아노를 수천 명이 소유할 수 있게 함으로써 음악 교육과 취향의 보급에 크게 기여했으며, 악기 거래로 얻은 부를 가난한 인재의 양성을 위해 아낌없이 기부했다. 그의 산업의 부산물 중 하나는 피아노 연주와 피아노 작곡에 대한 국가적 집중이었는데, 모든 음악이 다양한 시대와 특정한 이유로 피아노라는 악기와 결합된 역사이다.

§

아메리카를 식민지 시대의 문화 질서에서 벗어나게 한 경제적, 사회적 힘의 흐름은 음악의 난해한 영역까지 영향을 미쳤고, 회화, 조각, 드로잉 등 인간과 자연을 묘사하는 예술에 더욱 깊은 영향을 미쳤다. 물론 음악과 마찬가지로 이 분야에서도 전통과 고전 교육으로 인해 문화적 지체가 있었지만, 사건의 행진은 꾸준했다. 제퍼슨과 한 번, 잭슨과 또 한 번의 전투에서 패배한 구파의 신사들은 루이 14세의 궁정인들처럼 고전과 신에 언어적, 도덕적 지원을 굳건히 의지했다. 잭슨주의 농부들의 주도로 이루어진 경제적 아메리카 제국의 서진西進에 반대했던 것처럼, 그들은 정신적 문제에 대한 지침을 얻기 위해 토착 세력이 아닌 유럽을 바라봤다. 이들에게 부유하고 좋은 집안 출신 사람들이 예술을 지배할 권리는 제임스 1세나 루이 14세가 정치적인 문제에서 같은 권리를 가졌던 것처럼 신성한 권리였다.

따라서 붓을 쥔 사람들이, 펜을 만지작거리는 사람들이 고전에 집중한 것처럼, 그림에서 트럼불의 의식儀式 정신을 계승한 것은 당연한 일이었다. 실제로 청교도적 금기의 약화와 더불어 더 많은 골동 미술품의 모델과 사본이 수입되고, 부유한 후원자들이 생계수단을 제공하고, 아카데미와 연계된 학교들이 아메리카인들에게 고전을 기반으로 한 교육을 시작하고, 학생들이 새로 획득한 부와 더 쉬워진 여행으로 이탈리아의 옛 거장들을 공부할 수 있게 되면서, 전통적인 예술에 적응하려는 노력은 더욱 많아졌다.

미합중국 중기의 화가 중 웅장한 스타일의 존 밴덜린은 가장 탁월한 존재일 것이다. 뉴욕 킹스턴의 대장장이 견습생 출신의 존 밴덜린은 폐허로 변한 카르타고에 있는 마리우스를 묘사해 나폴레옹 1세로부터 훈장을 받았고, 그의 〈아드리아네〉는 그것을 모사한 로마의 학생들로부터 박수갈채를 받았다. 같은 식으로, 이제 토착민 지망생들의 도움으로 등장한 조각에서 토가 또는 그리스 커튼이 드레스 코트와 원통형 바지 위에 드리워진 국가의 큰 정치인의 이미지를 제공했다. 토리당이 워싱턴을 왕으로 만들 수는 없었지만, 적어도 로마의 원로원 의원이나 황제의 이미지로 만들 수는 있었다. 자신의 삶이나 시대와 무관한 먼 과거에서 주제를 선택한 예술가들에게 아메리카 정치 영웅들의 배경으로 직물로 드리워진 그리스 기둥을 사용하는 것은 완벽하게 적절해 보였다.

하지만 삶에서와 마찬가지로 예술에서도 웅장한 스타일의 철학과 실천은 그 안티테제를 가지고 있었다. 모든 곳에서 그들의 반대자들이 신성을 독점하고 있다는 사실에 직면한 민주주의의 옹호자들은 지도와 영감을 얻기 위해 신에서 자연으로 눈을 돌렸다. 낮에는 구름처럼, 밤에는 불기둥처럼 민주주의 대중 앞에 나섰던 장 자크 루소는 자연으로의 회귀를 통한 해방의 복음을 전파했다. 같은 맥락에서 토머스 제퍼슨은 아메리카 독립선언서를 낭독하고 미합중국 중기에 울려 퍼진 폭죽을 터뜨릴 때 먼저 '자연의 법칙'에 호소하고, 그다음에는 '자연의 신'의 법칙에 호소했다. 1776년 대륙회의의 더 독실하고 보수적인 형제들은 그에게 '신의 섭리의 보호에 대한 확고한 의존'을 헌법의 마지막에 삽입하도록 강요했다. 민주주의적 정치인이 지지를 호소했던 모든 것을 포괄하고 모든 것을 지탱하는 자연에 대해 새 시대의 시인들은 찬사를 보냈고, 과학자들은 끈질기면서 혁명적인 집념으로 그것을 탐구했다.

인위적이고 의례적인 정부와 구별되는 민주주의의 본질인 '자연적인' 정부에 대한 호소가 예술을 통해 자연으로 돌아가자는 단순한 요구로 이어졌다. 30~40년대의 혁명적 격변으로 지식인들이 새로운 사상에 흥분하고 있던 유럽에서 아메리카의 예술 학생들은 반항적인 정신을 접하게 되었다. 그리고 어떤 이유이든 해외에 갈 수 없었던 사람들은 자연주의의 영향으로 잭슨 민주주의의 불길 아래에서 필Peale과 트럼불의 방식이 고국에서 붕괴되는 것을 보았다. 1853년 아메리카의 한 미술 평론가는 새로운 시대의 기질을 위한 재능에 대하여 '우리 예술의 미래 정신은 본질적으로 서부 평원처럼 광대하고, 숲처럼 장엄하며, 강처럼 관대해야 한다'고 외쳤다.

이러한 분위기에 부응하여 가장 독특한 작품들이 프레드릭 E. 처치, 존 F. 켄셋, S.R. 기포드, 토머스 콜, 호머 D. 마틴과 같은 풍경화가들에 의해 만들어졌다. 이들은 허드슨 강 계곡의 풍경에 대한 강렬한 집착으로 인해 허드슨 강 화파로 알려지게 되었다. 세세한 부분까지 사진처럼 담아낸 이들의 작업은 기술적으로는 부족했지만, 신화와 장엄함의 세계를 그린 망명자들보다 현실에 더 가깝게, 즉 이해의 범위 안에 있는 주제에 더 가까이 다가갔다고 할 수 있다.

모방 예술에서의 관심의 전환은 인쇄에 혁명을 일으킨 새로운 기술 과정에 의해 촉진되었으며, 오래된 거장들의 작품을 값싸게 복제할 수 있게 된 것 외에도 살아 있는 사물을 소재로 작업하고자 하는 아메리카 예술가들에게 시장과 기회가 확대되었다. 이 시기는 신진 잡지, 대중 역사서, 여행서, 선물용 책, 삽화집 등이 등장하고 정치 카툰이 확산된 시기이기도 했다.

그리고 이 모든 것이 예술에 민주주의를 가져와, 판화가와 화가들이 자국의 도시와 농촌의 풍경과 자국민— 인디언, 도시 거주자, 시골뜨기, 사기꾼, 흑인, 무용수, 정치인 —에 대해 호기심을 가진 국가의 수요를 충족시키기 위한 작품을 공급하게 만들었다. 1834~39년에 발행된 『저명한 아메리카인의 국립 초상화 갤러리』, 1843년에 하퍼스가 내놓은 '천 개의 역사적 판화로 장식된' 거대한 가족 성서, 그리고 『대서양 기념품』, 『볼티모어 북』, 『숙녀의 앨범』, 그 외 백여 권의 책에 사용된 진지하고 무거운 작업 외에도 정치 및 사회 풍자화가 완전히 홍수처럼 쏟아져 나왔다. 인쇄된 글씨가 소실되었다 해도, 그 시대를 해석한 예술가들의 풍부한 스케치로 — 휘그당, 공화당, 민주당, 앤드루 잭슨 앞뒤의 모든 위대한 인물들, 여성의 권리, 금주, 노예제 폐지, 노동, 사회주의, 카톨릭, 모르몬교, 밀러주의Millerism 등 — 당시의 정치와 사회상을 재구성할 수 있을 정도다.

화가, 조각가, 판화가들의 주제와 애정이 향하지 않은 다른 방향에서는 미합중국 중기의 과학적, 산업적 추진력이 크게 작용했다. 국내 제조업체가 보호 관세의 혜택을 최대한 누리면서 의류, 가구 및 모든 종류의 상품에서 외국 수입품에 맞서기 위해서는 예술적 재능의 협력이 필요했다. 실용적인 것에 더 가깝고, 대중의 호감을 얻기 위해 미술 아카데미와 경쟁하겠다는 솔직한 선언과 함께 1825년 뉴욕에 국립 디자인 아카데미가 설립되었다. 화가이자 발명가였던 새뮤얼 F.B.모스의 지도력과 영감으로 경쟁 기관에 대한 공개적인 비판이 이루어졌고, 후원자와 옹호자들이 권력, 직위, 계급에 복종하는 것을 비난했다. 1853년에 문을 연 필라델피아 여성 디자인 학교와 '삶의 유용한 목적에 예술과 과학을 적용하는 데 영원히 헌신한' 뉴욕 쿠퍼 연구소는 산업계의 요구 사항과도 맞닿아 있었다. 이미 도제식 교육으로 뒷받침되는 수공예는 기계 시대의 강철 손가락과 공장식 사고방식 앞에 무너졌고, 모든 예술이 영원히 지속될 복제의 마른 부패 속에서 소멸하지 않는 한 제품에 대한 오래된 애정에 필적할 만한 어떤 대체물이 고안되어야 한다는 것이 분명해졌다.

§

대도시를 탄생시키고, 거대한 노동자 계급을 창출하고, 서부로 이동을 가속화하고, 미시시피 강 동쪽 지역을 철도로 연결하고, 민족주의적 민주주의의 실질적인 기반을 제공한 기술 혁명, 즉 '모든 영역을 침범한 기술 혁명'은 자연스럽게 지역 시장 타운에 적합한 수동인쇄기 저널리즘을 파괴하고 근대의 괴물 저널리즘으로 나아가는 길을 제시했다. 1844년 멕시코 전쟁에서 큰 효과를 발휘하며 성공을 거둔 전신은 사건 보도의 모든 과정을 완전히 바꾸어 놓았고, 이전의 정치 및 문학 기구와 구별되는 신문을 가능하게 만들었다. 자기磁氣 전신의 비공개 시연을 목격한 호레이스 그릴리는 모스에게 '당신의 발명품으로 당신은 신문사를 뒤엎을 겁니다'라고 말했다. 몇 년 만에 전신선이 신문사 편집국을 워싱턴은 물론 아메리카의 다른 모든 지역과 연결하면서 정치 저널리즘은 분권화되었다.

동시에 동력인쇄기의 꾸준한 발전으로 대규모 생산이 가능해졌다. 1814년 〈런던 타임스〉가 증기로 인쇄된 것은 이듬해 나폴레옹의 몰락보다 더 중대한 사건이었으며, 1846년 〈필라델피아 레저Philadelpia Ledger〉 사무실에 호Hoe 실린더 윤전기가 설치되어 염가 언론penny press의 승리를 알렸다. 1833년 1센트짜리 일간지 〈뉴욕 선〉이 창간되면서 아메리카에는 새로운 시대가 열렸다고 해도 과언이 아니다. 2년 후 제임스 고든 베넷은 〈뉴욕 헤럴드〉를 창간하면서 처음부터 정당 원칙과 정치에 대한 경멸을 표명하고 ― '대중을 잡기 위한 일종의 강철 덫' ― 스캔들과 협박이 난무하는 일상생활의 뉴스를 수집하고 보도하는 사업에 충실하겠다고 선언했다. 얼마 지나지 않아 동서남북 모든 도시에 문해력이 낮은 계층까지 도달하는 값싼 일간지가 등장했다.

또 다른 세대에서는 새로운 보도 및 인쇄 기계에 자금을 조달하기 위한 자본의 요구가 증가하면서 구파의 독립 편집자들이 현장에서 쫓겨나게 되었다. 그러나 〈스프링필드 리퍼블릭〉의 새뮤얼 보울스, 〈리치먼드 인콰이어러〉의 토머스 리치, 〈뉴욕 타임스〉의 헨리 J. 레이먼드 등 몇몇 사람들은 세기 중반에도 초창기의 개인 저널리즘을 유지하며, 시간이 지나면 저널리즘을 집어삼킬 익명성의 파멸이 다가오는 상황에서도 원칙과 용기를 지켜나갔다. 그럼에도 호레이스 그릴리는 자신이 편집하는 신문을 소유할 수 있었고, 그의 말처럼 '억울하고 고통받는 사람들의 탄원에 귀를 열어둘 수' 있었다. '비록 그들이 자신들을 대변하는 것에 대해 수임료를 지불할 수 없었고, 신문을 주로 후원하는 사람들이 신문에 역정을 내고 종종 그것에 의해 폭로당했지만 말이다. 브라질이나 일본에서 벌어지는 사건인 듯이 옆 동네의 압제와 타락에 민감한 마음, 몇 세기 전 아시아의 터키인이나 이교도들이나 저지른 [터무니없는] 일인 듯이 우리나라에서 부를 축적하고 사치를 누리는 범죄를 폭로하고 책망할 준비가 된 펜을 가져야 한다.'

인쇄 및 삽화 예술의 기술적 발전으로 말 그대로 수백 개에 달하는 주간지와 월간지가 등장하여 몇 달 동안 번성했다가 망각의 늪으로 가라앉았다. 1830년에 창간되어 남북전쟁이 끝난 후에도 계속 발행된 〈고디의 레이디 북 Godey's Lady's Book〉은 순결한 마음에 맞는 섬세한 소설과 자수 및 식탁 관리에 관한 세련된 기사를 성공적으로 결합하여 금전적으로 가장 풍성한 수확을 거뒀다. 원고료를 지불할 수 있는 돈이 생기면서 당대 최고의 재능을 가진 사람들의 글이 시시껄렁한 글들과 뒤섞였다.

문학에 헌신한 잡지들 중, 1850년에 창간된 〈하퍼스 매거진〉과 그로부터 7년 후 창간된 〈애틀랜틱 먼슬리〉, 두 개의 월간지만이 오래된 〈북미 리뷰〉와 함께 20세기까지 살아남아 행운의 축제를 이어갔다. 다양한 기간에 걸쳐 나온 수십 개의 금주운동, 종교, 노예제 반대, 노동, 개혁, 과학, 특정 분야의 잡지가 방치된 도서관의 서가에 높이 쌓여갔다. 적당한 시기가 오면 그 자료들은 미합중국의 사회 및 지성사를 조명하는 귀한 자료들로 대출될 터였다. 저널리즘과 문화회관lyceum은 '성인 교육'을 국민 생활의 한 요소로 만들었다.

§

미합중국 중기와 초기 공화주의 시대를 구분 짓는 사회적, 경제적 조건은 필연적으로 교육 기관과 관행에 깊은 영향을 남겼고, 아메리카의 대중 학습에 새로운 힘과 새로운 방향을 부여하여 이 나라가 대중의 교육에서 계급적 경직성, 종파, 자선의 낙인을 제거하는 데 있어 전 세계를 선도할 수 있게 했다. 당시 영국의 대학과 예비학교는 여전히 부계의 영지를 관리하거나 교회, 육군, 해군 또는 공무원으로 진출하려는 신사들을 위한 센터로 일반 대중과 멀리 떨어져 있었으며, 가난한 사람들에게는 정부의 보조금으로 마지못해 종파적 자선 학교에서 제공하는 기초적인 교육 외에는 거의 아무것도 제공하지 않았다. 나폴레옹 1세 치하의 프랑스는 교육을 국가의 영역으로 끌어들여 초등교육을 확대했고, 역대 정부도 약간의 수정을 가하며 제도를 이어갔지만 야심 찬 빈민층을 가로막는 장벽은 허물어지지 않았다. 프로이센도 계급 교육 프로그램을 마련했다. 틸지트 조약에서 왕은 '국가는 잃어버린 물리적 힘을 지적인 힘으로 대체해야 한다'고 말했지만, 교육 계획은 계급에 따라, 즉 대중은 '신의 섭리가 정한' 상태에 머물러야 하고 특권층은 고등교육의 혜택을 누려야 한다는 원칙에 따라 이루어졌다. 이러한 예들이 당시 유럽의 오래된 문화권에서 아메리카 민주주의가 본보기로 삼았던 방식이었다. 그것들은 지성에 대한 모험을 거의 제공하지 않았고, 오히려 상류층의 특권과 쾌락을 보장하기 위한 학문적 장치에 불과했다.

이제 아메리카, 특히 북부 사회 질서의 모든 상황은 교육 영역에서 봉건주의의 엄격한 노선을 유지하는 데 반대했다. 미합중국의 산업 지역에는 고정된 토지 소유 귀족이 없었으며 기득권을 가진 성직자 또는 군사 기관도 없었다. 노동자 계급과 농민들이 권리를 누리고 일정한 경제적 잉여를 누리고 있었기 때문에, 이들을 무지 속에 가두거나 식민지 시대부터 내려온 자선적인 '다 쓰러져가는 학교'에 만족하게 하는 것은 불가능했다.

자치 정부를 지향하고 투표권을 가진 농부와 장인으로 구성된 이 나라에 자존심을 지킬 수 있는 교육 프로그램은 세금으로 지원되고, 종파를 초월해 자유롭고 개방적인 공립학교 시스템뿐이었다. 인간 본성을 존중하는 위대한 제퍼슨주의 전통은 직업이 재능에 따라 열려 있어야 한다는 것을 요구하지 않았는가? 공화주의적인 건국의 아버지들은 교육을 공화주의의 힘의 원천으로 생각하지 않았는가?

사실, 다양한 세력이 결합하여 대중 교육 이론을 실질적인 성과로 전환시켰다. 정치적 민주주의의 부상과 함께 공립학교에 대한 이상주의자들의 요구가 효과적으로 추진되었는데, 잭슨주의 시대에 활기를 되찾은 조직화된 노동은 입법자들에게 자유롭고 평등한 공립학교 설립을 요구하는 데 앞장서게 되었다. 자연과학 정신이 지식인 계급의 정신을 변화시키고 사회 과정의 세속화를 위해 노력하는 동안, 종교 종파의 증가와 그들과의 끝없는 경쟁으로 인해 작전의 속도가 빨라졌다.

더욱이 자선 학교에서 교육을 받으면 카톨릭의 영향을 받을 가능성이 높은 아일랜드와 유럽 이민자들의 증가는 모든 성향의 개신교 신자들을 두려워하게 만들어, 그들로 하여금 교황의 권위보다는 세속주의를 기꺼이 받아들이게 만들었다. 마지막으로, 에머슨이 보기에 잭슨 민주주의의 놀라운 급진주의는 한때 가난한 사람들의 자녀를 교육하기 위해 주머니에서 돈을 빼앗는 것에 저항했던 토지 소유자들이 대중 훈육을 위한 기관을 지원하기 위한 기금을 호소하는 데 더 쉽게 응하게 만들었다. 따라서 공화정이 민주주의가 되면서 대중 교육 문제는 여러 각도에서 공격을 받았다.

물론 아메리카 연방 제도의 특성상, 그 모델로 자주 연구된, 프로이센 제도의 군사적 획일성과 같은 것은 불가능했다. 따라서 교육 운동은 주마다 그 형태와 힘이 달랐고, 정치적 민주주의가 가장 발전한 지역, 즉 농업이 발달한 서부와 산업이 발달한 동부에서 자연스럽게 가장 강력해졌다.

실제로 그것은 정부의 행동을 방해할 기득권 세력의 종파적 이해관계가 적은 변경 주에서 가장 빠른 진전을 이루었다. 의심할 여지 없이 리더십의 영광은, 1817년에 입법부가 초등학교에서 대학에 이르는 전체 교육 프로그램을 종이 위에 자세히 스케치하고 1827년에 일반 학교의 기초를 마련했으며 1837년에 연방에 가입한 후 문학, 과학 및 예술, 법학 및 의학의 네 가지 학과가 있는 대학을 설립한 미시건에 속할 것이다. 이는 여러 가지 측면에서 세계적으로 선구적인 일이었다. 다른 주에서도 이러한 시스템의 일부를 구축했지만, 기초부터 고등교육 기관까지 완벽하게 구축한 곳은 없었다. 1848년에는 귀머거리, 벙어리, 맹인 교육 기관을 추가하고, 1855년에는 농업 및 산업 대학을 조직했으며, 15년 후에는 여성에게 대학 문호를 개방하여 이 제도의 민주주의를 완성하는 것 외에 미시건에는 할 일이 남아 있지 않았다.

전통과 기득권을 가진 오래된 주에서는 종파가 더 확고하게 자리 잡고 있었고 종교적 신념과 기부금에 기반한 수많은 학교가 이미 활발하게 운영되고 있었기 때문에 이 급진적인 모범을 따르기가 쉽지 않았다. 과거에 전진적인 발걸음을 내디뎠던 사립학교는 이제 재산권 자체가 위태로워졌기 때문에 자연스럽게 민주주의의 침입에 반발했다. 주 법에 의해 카운티와 타운이 지역 교육을 위해 세금을 통해 자금을 모금할 수 있는 권한이 주어졌고, 번영하는 지역에는 훌륭한 학교가 있었지만 낙후된 지역에는 비참한 교육기관이 있거나 아예 없었으며, 그러한 체제하에서 잘사는 사람들은 변화를 택해야 할 명분이 거의 없었고 불행한 사람들을 도와야 할 이유도 쉽게 찾을 수 없었다. 에머슨의 주장에도 불구하고 많은 상인과 농부들은 장인과 노동자의 이익을 위해 세금을 감내하는 것을 꺼렸고, 소녀들이 지속적인 교육 특권을 공유해야 한다는 생각 자체가 존경할 만한 사고방식에 반하는 것이었다.

이러한 강력한 세력에 맞서 동부의 교육 개혁가들은 진전을 이루는 데 어려움을 겪었다. 이 흐름을 깨기 위해 그들은 위협의 논리를 사용할 수밖에 없었다. 그들은 재산 소유주들에게 이제 막 권리를 부여받은 무지한 민주주의의 위험을 지적하고, 문맹률 조사를 통해 이미 그 위험이 얼마나 큰지 증명했다. 그들은 유럽으로부터의 이민자가 계속 증가함에 따라 그 위험이 커지고 있음을 보여주었고, 시민권에 대한 교육을 통해 외국인들이 곧 자신의 손에 쥐어질 투표용지를 올바르게 사용할 수 있도록 준비시킬 수 있다고 주장했다.

교육은 또한 빈곤과 구세계의 군주제에서 수입된 혁명의 전염병, 아메리카 노동 계급 사이에서 커지고 있는 급진주의, 사회주의 및 무정부주의 사상의 확산, 공중 보건에 대한 새로운 과학적 요구 사항에 대한 무지한 사람들의 반대 등 다른 모든 질병에 대한 만병통치약으로 제시되었다. 이러한 주장은 사건들로 인해 더욱 강화되었다. 종교 종파 간의 분쟁, 학교의 모든 학생들을 신학적 편견에 굴복시키려는 각 교단의 투쟁, 학부모들의 저항이 모두 합쳐져 세금으로 지원되고 성직자의 통제에서 벗어난 일반 공립학교에 대한 수요가 증가했다. 아메리카가 비종교국으로 변한 것은 아니었지만, 어느 한 종파가 전 국토를 지배할 만큼 강하지는 않았다. 그리고 세속적 교육은 모든 종파가 동의할 수 있는 유일한 것이었다. 이러한 추진력에 정치에서와 마찬가지로 교육에서도 특권을 파괴하고 야심 찬 개인이 전문직으로 올라갈 수 있는 사다리를 제공하기로 결심한 잭슨 민주주의의 상향 압박이 더해졌다.

30년대와 40년대에 교육 운동은 강력한 정치적 세력이 되었다. 더 나은 수업을 유치하기 위해 예산이 증액되고, 교사의 급여가 인상되고, 국가의 감독이 도입되고, 수업 연한이 연장되고, 학교 건물과 교과서가 개선되고, 교육 진흥을 위한 협회가 설립되고, 교육 저널이 창간되었다. 세기 중반까지 뉴욕, 매사추세츠, 펜실베이니아는 안정적인 기반 위에 초등교육 시스템을 구축했지만, 여전히 고등교육은 주로 수업료와 기부금으로 지원되는 민간 사업으로 맡겨졌다.

뉴저지와 델라웨어에서 개혁가들은 교육구district가 자율적으로 행동할 수 있도록 허용하는 법령 이상의 어떤 것도 입법부로부터 얻어낼 수 없었다. 남부에서는 1860년 대격변이 일어나기 전까지 주 전체에 걸친 공교육 시스템은 실제로 작동하지 않았다. 볼티모어, 찰스턴, 서배너, 뉴올리언스 등 남부의 대도시에서는 세금으로 지원되는 학교가 있었고, 대부분의 남부 주에서는 학교 기금 조성, 허용법*제정, 빈민층을 위한 초등교육 기관 보조금 지급 등 중요한 조치들이 시작되었다. 거의 모든 주에서 주, 카운티, 교육구 단위로 조직을 설립하여 미래를 위한 골격의 틀을 마련했다. 민주주의적 동정심에서 가장 앞섰던 노스캐롤라이나는 1863년 북부군이 눈앞에 와 있는 상황에서도 초등학교를 위한 프로젝트를 수행하고 교사들을 위한 체계적인 교육을 실시하는 등 의미 있는 실험을 했다. 그러나 플랜테이션 귀족이 지배하고 과학과 산업주의의 주요 흐름에서 벗어난 남부는 일반적으로 상류층을 위한 몇 안 되는 사립 교육 기관과 대학 학습의 기초가 되는 고전 교육에 만족했다.

한편, 농부-장인 민주주의에서 예상되었던 대로, 농업 및 기술 교육을 옹호하는 사람들이 현장에 나타났다. 늘 그렇듯이 실험은 민간 자금으로 먼저 이루어졌다. 1824년 스티븐 밴 렌슬리어가 설립한 렌슬리어 폴리테크닉 Rensselaer Polytechnic은 세기 중반에 이르러 4년 과정의 정규 공과 대학으로 발

---

* 19세기 미합중국 교육의 맥락에서 '허용법permissive laws'은 일반적으로 특정 행동이나 선택을 의무화하지 않고 허용하거나 허락하는 법률을 의미한다. 다음은 그 시대에 허용법에 포함되었을 수 있는 몇 가지 주요 예시이다. 1.학교 출석법: 19세기 초, 많은 주에서 아동의 등교를 허용하지만 의무화하지는 않는 허용적 등교법을 통과시켰다. 학교 출석을 의무화하는 강제 출석법은 세기 후반에 이르러서야 널리 제정되었다. 2.학교 자금 지원 및 설립: 허용법은 종종 지역사회가 공립학교를 설립할수 있도록 허용하고 이러한 학교에 자금을 지원하기 위한 지방세 부과 메커니즘을 제공했다. 이러한 법은 학교 설립을 의무화하지는 않았지만 지역사회가 원할 경우 학교를 설립할 수 있는 선택권을 부여했다. 3.커리큘럼 결정: 허용적인 법률은 표준화된 커리큘럼을 강요하는 대신 지역 교육청에 커리큘럼 선택에 대한 상당한 재량권을 허용했다. 4.교사 인증: 초창기에는 허용직인 법률에 따라 지방 당국이 국가가 정한 요건 대신 자체적으로 교사 인증 기준을 설정할 수 있었다. 이로 인해 지역에 따라 교사의 자격 요건이 달라질 수 있었다. 5 분리 및 통합: 일부 주에서는 지역 학군이 학생들의 인종 분리 또는 통합 여부를 결정할 수 있도록 허용하는 법률이 있었다. 인종 통합에 대한 의무가 제정된 것은 세기 후반, 특히 20세기에 들어서면서부터이다. 전체적으로 일련의 허용법은 당시 교육 정책의 분권화된 특성을 반영하여 지역사회가 교육을 제공하는 방식에 대해 스스로 선택할 수 있는 틀을 제공했다.

전했다. 펜실베이니아의 몇몇 열정적인 시민들은 주 농업 위원회의 후원으로 1855년 농업 고등학교를 설립했고, 이 학교는 훗날 펜실베이니아 주립대학이 되었다. 이 기관이 문을 열고 2년 뒤, 앞서 언급했듯이 미시건은 농업 대학을 설립했다. 거의 같은 시기에 하버드와 예일대에서 과학 학부가 시작되었다.

이렇게 기계 및 농업 교육의 진흥을 위해 광대한 공공 토지를 헌납한 1862년의 위대한 모릴 법안을 위한 길이 준비되었다. 재정적 지원이 이루어졌을 때 그 정신은 이미 속도를 내고 있었다. 따라서 우리는 물질적인 우주 정복에서 민주주의의 시녀인 기술 교육의 기초가 멋진 40년대와 발효 중인 50년대에 안전하게 마련되었다고 말할 수 있다. 같은 시기, 여러 지역에서 민간 기업에 의해 법학과 의학 학교가 설립되었고, 기존의 도제 시스템이 교실과 실험실에서 더 높은 수준의 훈련 기회로 보완되었다.

또한 당시의 인본주의에 따라 정신병자를 위한 국가 기관이 설립되고 치료 가능한 사람들을 분리하고 치료하려는 노력이 체계적으로 발전함에 따라 신체 결함자 및 비행 청소년의 특수 훈련에 대한 관심이 증가했다. 귀머거리, 벙어리, 맹인에 대한 연구는 과학적 정신으로 진행되었고, 이러한 부류의 결함자들을 사회에서 유용한 일을 할 수 있도록 준비시키는 것이 대중의 관심사가 되었다. 1848년에 설립된 뉴욕 소년원New York House of Refuge[*]과 같은 산업 교육을 위한 소년원이 청소년 범죄자 구명 운동이 널리 퍼지면서 각지에 생겨났다. 식민지 시대 뉴잉글랜드의 청교도 법에 따라 '죄 있는' 아이들을 대하던 것에서 크게 한 걸음 나아간 것이다! 동부에서는 이러한 실험이 대개 종파적 성격을 띠고 부분적으로 주의 보조금으로 유지되었지만, 서부에서는 일반적으로 주의 재정에서 정기적으로 보조금을 받는 공식적인 지원 속에 수행되었다.

---

[*] 뉴욕 소년원은 미합중국 최초로 설립된 소년원으로 1824년 뉴욕 맨해튼의 바워리에서 문을 열었으며 1839년 화재로 소실된 후 1854년에 랜달스 섬으로 이전했다가 1935년 문을 닫았다. 1848년에 설립되었다는 저자의 말은 착오로 보인다.

따라서 현대 공교육의 모든 필수적인 특징은 19세기 중엽에 미합중국에서 해결되었거나 상당히 예견되었다고 할 수 있다. 의심할 여지 없이 구세계, 특히 프로이센 체제에서 빌린 것이 엄청났지만 모든 경우에 유럽의 사상은 이 민주주의라는 증류기를 통해 구현되었다. 유럽에 비해 덜 경직되고 계층화된 아메리카 사회는 과학과 기술의 냉혹한 행진에 더 빨리 적응했다. 기술의 승리로 하우나 리처드 호, 매코믹, 허시 같은 보잘것없는 장인이 왕자 수십 명보다 더 중요한 인물이 될 수 있다는 사실은 자랑할 것도 없고, 부정할 수도 없는 혁명적인 사실이었다. 봉건적 질서에서 비롯된 계급적 자부심은 응용 과학에 기반을 둔 산업 체제에 부적합했다. 게다가 그런 사회에서 비의적인 집단에서 발전한 고등 학문의 대부분은 마술이나 신비주의와 비슷해 보였고, 그 많은 부분은 의심할 여지 없이 거기서 비롯된 것이었다. 이 자연스러운 과정의 결과가 '아메리카는 세계 최고의 반쪽짜리 교육 국가'라는 자주 반복되는 관찰에 묘사된 조건이라면, 여전히 악의적인 차별 없이 질문할 수 있다. '누구의 기준에 따라, 어떤 움직일 수 없는 중심에서 바라본 것인가?' 하지만 이러한 논쟁에서 역사학자는 생물학자나 물리학자보다 더 큰 실질적인 관심을 갖지 않는다.

　민주주의의 과정에 충실하게, 미합중국 중기의 교육 혁명은 필요에 따라 이름 없는 수천 명의 노동자들에 의해 이루어졌다. 그러나 이 분야의 연대기에 과학, 문학, 정치 분야의 인물보다 가치가 덜하지 않은 이름이 있기 때문에, 몇 명의 뛰어난 인물을 완전히 침묵으로 지나치는 것은 리더십의 강력한 요소를 무시하는 것이다.

　이 명단의 꼭대기에는 브라운 대학을 졸업한 호레이스 만이 놓여야 한다. 그는 '정신과 도덕의 더 큰 영역'을 위해 법학을 포기하고, 사문화된 매사추세츠 학교법을 교실과 지역 지성계를 위해 살려내고, 공장에서의 아동 노동을 교육의 장벽이라고 공격하고, 생리학과 위생의 교육적 가치를 연구했다, 음악 도입과 체벌을 없애고, 결함 있는 사람들과 비행 청소년을 도울 방법을 인내심을 갖고 모색하고, 학교에서 동등한 특권을 얻기 위한 여성들의 투쟁을 돕고, 아이디어를 찾기 위해 유럽을 방문하고, 마지막으로 중서부의 안티오크 대학으로 가서 황무지에서 교육이라는 대의에 그의 생애의 나머지를 바쳤다.

모든 면에서 만의 동료였던 헨리 바너드는 예일대와 독일에서 교육을 받았으며, 1835년 청소년 비행 문제에 대한 아메리카의 공헌, 1845년 미합중국 최초의 주 교사 협회 설립, 로드아일랜드의, 3개 타운을 제외한, 모든 타운에 곧 500권 이상의 장서를 보유할 정도로 활발한 도서관 조직, 학교 문제에 대한 논문 집필, 1855년 초대 회장으로 활동한 아메리카교육발전협회 설립을 도왔고, 프뢰벨 유치원에 대한 아메리카 최초의 기록을 출판하고, 〈아메리카 교육학 저널American Journal of Education〉을 창간하여 25년 이상 편집했으며, 교사들을 위해 코메니우스, 루소, 페스탈로치의 저서를 번역하고, 신생 위스콘신 대학을 지휘하고, 연방 교육국에서 일했으며, 그 자체가 그의 노력의 결과였으며, 명예와 감사로 가득한 89세의 노년에 그의 경력을 마감했고 그의 많은 기념비가 시간을 견디고 현재까지 곳곳에 서 있다. 또한 몽상가이자 인본주의자였던 브론슨 알콧도 무시할 수 없는데, 그는 주의 막강한 권력에 우려를 품고 오히려 건전한 물리적 환경 속에서 온화하게 지혜를 키우는 개인적인 사업의 본보기가 되는 길을 택한 인물이다.

문맹과 무지에 맞선 이 위대한 전쟁에는 보통 독학으로 교육을 받고 무거운 가사 책임을 짊어진 수많은 유능한 여성들이 참여했는데, 이들은 교육을 위해 전선에서 싸우거나 성별 때문에 특별한 부담을 안고 싸웠다. 17명의 형제 중 16번째로 태어난 엠마 윌라드는 여성을 위한 전체 교육 프로그램을 재구성하는 데 기여했다. 그녀의 활동은 동시대 남성들처럼 폭넓게 이루어졌다. 그녀는 우주 역사, 천문학, 지리학에 관한 텍스트를 썼고, 드 소쉬르 부인의 『진보적 교육Progressive Education』을 번역하여 캠페인에 참여했고, 3년 동안 8천 마일이 넘는 거리를 패킷보트, 운하 바지선, 무대로 이동하며 군중 앞에서 대의를 호소했다. 교육 협회 설립의 선구자 중 한 명이었고, 헨리 바너드와 함께 런던에서 열린 교육 회의에 참석하여 여성의 새로운 참정권을 주장하고 배서 Vassar 컬리지의 전조인 트로이 여성 신학교를 반세기 전에 설립하기도 했다.

엠마 윌라드의 여동생인 알미라 펠프스 부인은 경력에서 덜 다채로웠지만, 여성을 위해, 고전에 대한 과학의 전쟁을 벌여 언니에 뒤지지 않는 지칠 줄 모르는 열정을 보였다. 라이먼 비처의 13자녀 중 장녀인 캐서린 비처는 가정을 이끌면서 가정 과학 교육의 필요성을 발견했고, 넘치는 에너지로 이 주제에 대한 저술과 강연을 통해 관심을 고조시켰다. 비처는 자신의 이상을 지속시키고 여성들의 고등 직업 교육을 발전시키기 위해 1852년 여성교육협회Woman's Education Association를 설립했다.

뉴잉글랜드의 또 다른 역동적인 딸인 메리 라이언은 주당 75센트의 기숙사비를 받으며 공립학교 교사로 시작하여 교육과 연구를 병행하며 교육계에서 영향력 있는 위치에 올랐다. 일찍이 여성을 위한 신학교를 세우겠다고 서원한 그녀는 '갈비[구약성서 창세기에 나오는 하와가 아담의 갈비뼈로 만들어졌다는 인류 탄생 신화를 언급한 것] 공장'과 '개신교 수녀원'이라는 비웃음에도 불구하고 마운트 홀리오크 칼리지의 기반을 넓고 깊게 닦아 그 서약을 이행했다.

에머슨의 초월주의자 그룹 중 한 명인 엘리자베스 피바디는 보스턴에서 출판사를 경영하며 한 시즌 동안 〈다이얼〉을 발행한 후 칼 슈어츠 부인을 통해 프뢰벨 유치원에 관심을 갖게 되었고, 초기 아메리카 프뢰벨 운동의 주도적인 인물이 되었다. 그녀는 자신의 기관을 설립하고 독일에서의 실험을 현지에서 연구한 후, 1868년 아메리카에서 유치원 교사를 위한 훈련 학교를 조직했다. 미스 피바디가 기초 교육을 확대하는 동안 도로시아 딕스는 불치의 정신병자와 사회에 개선과 회복을 약속하는 정신병자를 분리하는 것이 중요하다는 점을 전국에 일깨워 인도적인 자선 활동을 펼쳤다.

§

미합중국 중기의 정치를 관통하는 계급과 이념의 갈등이 고등교육의 영역에서보다 더 미묘하게 표현된 교육 분야는 없었으며, 당연히 재정 지원, 행정 통제 및 커리큘럼의 모든 문제, 즉 대학 시스템에서 분리할 수 없는 요소들이 관련되어 있었다. 본질적으로 고등교육을 위한 기관을 지원하는 방법은 학비 — 자선적인 경쟁이 존재하는 한 불가능한 방법 — 부유층의 기부금, 대규모 종교 단체의 십시일반으로 조성된 기부금, 국고 보조금 등 네 가지뿐이었다.

특히 북부의 부유하고 좋은 집안은 일반적으로 해밀턴-웹스터 당에 속해 있었기 때문에 고등교육이 사립 기관에 의해 독점되어 있는 한 고등교육에 대한 통제권이 잭슨 민주주의로 이전될 가능성은 많지 않았다. 따라서 대중 정당이 상류층에 쉽게 접근할 수 있는 길을 확보하려면 — 그리고 고도로 활성화된 개인주의가 그러한 접근할 수 있는 사다리를 요구했다면 — 입법 조치를 통해 기존 기관을 정복하는 것과 토지 공여와 공공 세입으로 지원되는 새로운 주립대학을 설립하여 부자들을 세무서를 통해 장부로 데려오는 것, 이 두 가지 선택밖에 없었다.

결국, 나중에 판명되었듯이, 선택의 여지는 전혀 없었다. 1819년에 결정된 유명한 다트머스 대학 사건에서 마셜 대법관이 정치적 통제에 의한 기존 대학 정복 시도를 좌절시켰기 때문이다. 다트머스 판결은 기부금으로 운영되는 교육 기관의 이사회를 정치적 간섭으로부터 보호함으로써 사실상 고등교육 영역의 상당 부분을 후계자 선정, 기부금 모금 및 지출, 총장 및 교수 선임, 커리큘럼의 문자와 정신을 직접 결정할 수 있는 권한을 가진 시민들로 구성된 사기업이 영원히 점유하고 통제해야 한다고 선언했다.

이 유명한 소송의 이야기에는 당시 경제와 정치의 흥미로운 국면이 드러나 있다. 다트머스 대학은 조지 3세 시대에 왕실 칙허장에 의해 설립되었으며, 무역회사를 모델로 한 소규모의 영속적인 이사회에 의해 운영되었다. 자연스럽게 이사회는 당의 방침을 고수하는 강경한 연방주의자들의 손에 넘어갔다. 그러나 제퍼슨 민주주의가 급부상하면서 뉴햄프셔 주, 그리고 대학에서도 불만이 나타났다. 새로운 세력의 압력을 받은 민주당 입법부와 주지사는 이 칼리지를 유니버시티로 바꾸고, 이사회를 확대하고, 정치인들을 대거 임명하여 사실상 주립 기관으로 탈바꿈시킴으로써 이 대학을 장악하려고 시도했다.

이러한 제퍼슨주의의 책략에 밀리지 않기 위해 연방주의 진영은 법원을 통해 주 입법부와 싸우기 시작했고, 결국 그 충실한 연방주의자 존 마셜이 여전히 키를 잡고 있던 워싱턴의 대법원으로 소송을 가져갔다. 마셜의 장악력은 전에 비해 많이 떨어져 있었지만, 여전히 강력한 것은 사실이었다. 매우 현명하게도 구 이사회는 제퍼슨주의의 모든 것에 강력한 반대자였던 대니얼 웹스터를 변호인으로 선임하여 사법적인 전투를 벌였다. 엑서터 주 법원에서 재판이 열렸을 때, 웹스터는 루퍼스 초트가 말했듯이, 그다지 '좋은 취향'으로 보이지 않는 '파토스'를 순수한 법적 논쟁에 도입해 감상적인 연설을 했다.

워싱턴의 대법원에서 웹스터는 동일한 전술을 사용하여 연방주의자의 감정과 단어 패턴에 대한 영리한 호소를 통해 자신의 법적 논거를 풍부하게 하고 장식했는데, 제퍼슨과 그의 모든 성과를 거의 헤아릴 수 없는 강도로 증오한 마셜에게는 그 어느 것도 스쳐 지나가지 않았다. 마셜은 쉽게 확신을 가지게 되었지만, 애초에는 신중한 임명을 통해 현재의 영향력을 꾸준히 행사하고 있는 대법원의 대다수가 웹스터와 구 이사회에 반대했던 것으로 보인다. 신중하면서도 용감했던 마셜은 동료들이 자신의 의견에 동조할 때까지 결정을 연기했다. 마침내 결정이 내려졌을 때, 조지 왕이 대학에 부여한 칙허장은 계약이며, 계약의 의무는 독립혁명 당시 주 정부로 이전되었고, 연방 헌법에 따라 주 의회는 그 구속력을 '손상'시킬 수 없다고 발표했다. 요컨대, 교육 기업에 대한 정치적 간섭은 있을 수 없다는 것이었다.

따라서 아메리카의 고등교육에 대한 통제권을 발전시킬 수 있는 길이 확실히 열렸다. 사학 재단— 대개 종교적 기원을 가졌고 회의론자들은 대학에 거의 기부하지 않기 때문에 —은 대중의 폭풍우로부터 안전하게 역사적인 사명을 이어갈 수 있었다. 다트머스 교리의 보호 아래 하버드, 예일, 프린스턴과 같은 기존 대학들은 빈약한 기부금을 늘리기 위해 천천히, 아주 천천히 기부금을 모았다. 그리고 같은 방식으로 감리교, 침례교, 장로교, 그리고 다른 모든 종파들이 동부와 남부에, 그리고 국경이 석양을 향해 전진함에 따라 서부 전역에 새로운 대학을 설립했다. 소규모 대학은 일반적으로 재정이 취약하고 주로 수업료와 신자들의 기부금과 신학적인 정신으로 운영되며 일반적으로 사업에 가장 적극적이고 관심이 있는 교단의 성직자들에 의해 운영되었다.

그럼에도, 이러한 발전과 병행하여 남부와 서부에서 주립대학들이 성장했다. 성장은 더디게 진행되었는데, 사립 대학과 종파 대학 간의 경쟁과 농민들이 고등교육 지원을 위해 많은 세금을 내기를 꺼렸기 때문이었다. 그중 사례를 위해 한 곳을 꼽으라면, 토머스 제퍼슨이 영감을 주었고, 그가 죽기 1년 전인 1825년에 개교한 버지니아 대학을 빼놓을 수 없다. 주 입법부가 설립하고 주지사와 의회가 임명한 방문 이사회가 관리하며, 이론상으로는 종파적 통제로부터 자유롭고, 설립자의 정신을 반영하여 기존 준신학 기관의 고전적 전통을 깨고 광범위한 커리큘럼을 제공해, 학생들이 고대 언어, 현대 언어, 수학, 자연철학, 도덕철학, 화학, 의학, 법학의 8개 프로그램 중에서 과목을 선택할 수 있도록 허용했다. 제퍼슨은 최고 수준의 교육을 보장하기 위해 국내외에서 찾을 수 있는 최고의 교수를 선발하여 초대 교수진을 채워서 그의 후계자들, 특히 높은 학식보다는 교단의 정통성을 가장 중요하게 여겼던 소규모 종파 대학에 고귀한 모범을 보여주었다.

그럼에도 제퍼슨의 실험이 주목할 만한 것은 다른 주, 심지어 잭슨 민주주의가 승리한 서부에서도 공공기관의 조직자들로부터 작은 찬사를 받았으며, 이는 부분적으로는 성직자의 영향, 상류층 사이에서 뉴잉글랜드 전통의 확산, 그리고 후기에는 적어도 1841년에 개교한 미시건 대학의 경우와 같이 대학 조직에 대한 프로이센 개념의 유입으로 인한 것일 수 있다. 결국 이 시대의 민주주의가 사법 통제의 상위 범위에서와 마찬가지로 고등교육에서 천천히 발현된 것은 놀라운 일이 아니었다.

커리큘럼과 관련하여 과학과 인문학 과목을 옹호하는 사람들은 태고부터 내려온 고전의 독점을 깨뜨리는 데는 거의 성공하지 못했다. 신구 사립대학에 대한 성직 계층의 통제는 그리스어, 라틴어, 논리학, 도덕철학에 대한 철저한 고착을 보장했고, 제퍼슨의 도전적인 버지니아 대학을 비롯한 새로운 주립대학들도 특정 교파 소속 이사회의 주도권에서 벗어날 수 없었다. 하지만 비바람을 피할 수 있었던 대학들은 신학, 법학, 의학보다 덜 미묘하게 실용적인 세속적 관심사의 영향을 완전히 피할 수는 없었다.

한 비평가가 '근대 산업의 종교'라고 불렀던 과학은 대학 교과 과정에서 꾸준히, 혹은 점진적으로 진전을 이루었고, 웹스터의 절친한 친구이자 후원자였던 애버트 로렌스가 하버드에 설립한 로렌스 과학 학교와 뉴욕, 뉴헤이븐 철도 회사New York, New Haven Railroad의 창립 멤버 중 한 명인 부자 상인 조지프 셰필드의 재정 지원으로 예일대에 셰필드 과학 학교가 설립되면서 정점에 이르렀다. 과학에 대한 인식이 높아짐에 따라 정치 경제와 현대 언어에 대한 인식도 높아졌다. 1820년에서 1835년 사이에 하버드, 예일, 컬럼비아, 다트머스, 프린스턴, 윌리엄스는 미합중국 중기 시대의 성직자들로부터 물려받은 존경할 만한 주제에 상업 및 경영학을 추가하여 '경제학'이 교육과 학습의 인기 있는 주제가 될 시대를 예견했다.

1835년에는 4명, 1860년에는 77명이 독일 대학에 재학 중이었다는 수치로 알 수 있듯이, 아메리카 학생들이 독일로 이동하고 이들이 아메리카 대학 생활의 지도자 자리를 차지하기 위해 돌아오면서 학문 분야에서 이미 세속적이고 비판적인 경향이 가속화되었고, 문화 곳곳에서 실용적이고 세속적인 관심사에 몰두하는 현상이 나타나기 시작했다.

§

아메리카가 유럽에서 빌린 것이 아무리 무거워도, 아메리카의 정치 제도, 사회 관습 및 지적 발전은 미래의 운세를 점치려던 구세계 철학자들의 생각을 사로잡았다. 기계 공정은 이미 비틀거리는 농민, 봉건 영주, 성직자 대열 위로 7리그 부츠를 신고 행진하고 있었다. 그리고 망루에 선 모든 사람들, 즉 내일을 자신 있게 맞이하는 사람들과 한탄으로 시간을 채우는 사람들은 영국 외교 전문지 〈포린 쿼털리Foreign Quaterly〉가 '뿔 달린 손과 돼지 머리에 강인하고 인내심이 강하며 파렴치하고 육식성이며 거짓말에 놀라운 천재성을 지닌'이라고 묘사한 잭슨 민주주의에 주목해야만 했다.

수많은 여행자들이 메뚜기떼처럼 아메리카 땅으로 내려왔고, 문학적 표현에 재능이 있는 사람들은 아메리카 생활의 모든 국면에 대한 책을 썼다. 그리고 그들의 성찰과 엄격함이 모두 철저하게 선별되었을 때, 아메리카 제도에 대한 비평가와 친구들은 모두 이쪽의 실험자들이 아니라 고국의 집단과 계급을 향해 말하고 있다는 것이 분명해졌다. 드 토크빌의 아메리카 민주주의에 관한 모든 장은 자신의 정치적 기조를 반영하고 있으며, 그가 프랑스에서 떠돌았던 정치적 흐름과 관련이 있다. 잭슨이 대통령으로 승승장구하던 시기에 쓴 해리엇 마티노의 아메리카 사회에 관한 책도 마찬가지였다. 자유주의적이고 인도주의적인 마인드를 가지고 아메리카를 여행한 그녀는 아메리카에서 자신이 관심을 갖고 있던 문제와 가장 직접적으로 맞닿아 있는 아메리카인의 삶의 단계를 가장 선명하게 보았다. 올리버 웬델 홈즈는 '침략이 아니라 존재의 적나라한 사실에 의해 우리는 피지배자의 의지가 아닌 다른 것에 기반을 둔 모든 정부에 영원한 위험이자 잠들지 않는 위협이 된다'고 썼다. 메이틀랜드는 오랜 뒤에 또 다른 연설에서 이렇게 외쳤다. '이것이 바로 모든 역사의 통일성이다.'

옮긴이 | 김석중

서울에서 태어나 연세대 철학과를 졸업했다. 출판계에서 번역과 편집을 하고 있다. 옮긴 책으로『성서 시대사』,『여자는 무엇을 욕망하는가』,『마음을 들여다보면』,『소년 시대』,『미식 예찬』,『교양 노트』,『유모아 극장』,『이야기가 있는 사랑수첩』등이 있다.

미국 문명의 역사

1 농업 시대

초판 1쇄 발행 2025년 1월 15일

지 은 이 찰스 A. 비어드
옮 긴 이 김석중

펴 낸 곳 서커스출판상회
주   소 경기도 파주시 광인사길 68 202-1호(문발동)
전화번호 031-946-1666
전자우편 rigolo@hanmail.net
출판등록 2015년 1월 2일(제2015-000002호)

ISBN 979-11-87295-94-5 04940
     979-11-87295-93-8 (세트)